中華大藏經編輯局編

中華大藏經

漢文部分

七一

中華書局

圖書在版編目(CIP)數據

中華大藏經:漢文部分.第71册/《中華大藏經》編輯局編. —
北京:中華書局,1984.4(2023.11 重印)
ISBN 978-7-101-01265-1

Ⅰ.中… Ⅱ.中… Ⅲ.大藏經 Ⅳ.B941

中國版本圖書館 CIP 數據核字(2016)第050271號

内封題簽:李一氓
裝幀設計:伍端端

中華大藏經(漢文部分)

第七一册

《中華大藏經》編輯局 編

*

中華書局出版發行

(北京市豐臺區太平橋西里38號 100073)

http://www.zhbc.com.cn

E-mail:zhbc@zhbc.com.cn

北京建宏印刷有限公司印刷

*

787×1092毫米 1/16 · 61¾印張 · 2插頁

1984年4月第1版 2023年11月第4次印刷

定價:600.00元

ISBN 978-7-101-01265-1

中華大藏經(漢文部分)

第七十一册目録

佛說大白傘蓋總持陀羅尼經　何十一

大元發[illegible]大師[illegible]譯

敬礼一切最妙上師

夫欲修習白傘蓋佛母者寂靜室內於軟
穩種上坐已然發願云爲六道一切有情
於輪廻中令得解脫故願我成究竟正覺
而發願已面前空中想白傘蓋佛會彼等
處以真實心念三歸依已佛會消融爲光
融入自身自身成光然後念莎末斡呪想
一切皆空於其空中花月輪上想白色唵
字唵字放光其光復回字種變成白傘金
柄柄上嚴唵字其字放光復回字種變成
白傘蓋佛母一面二臂具三目金剛跏趺
而坐右手作無怖畏印左手執白傘當胸
嚴飾種種瓔珞身色潔白如雪山上日光
明照具喜悅相顯無自性應觀如鏡中像
然欲誦呪時自己心中蓮花日輪上唵字
周圍遶心呪及長短總持等於彼放光遣
除自他一切罪障及間斷等想已然後讀
誦若疲倦時欲奉施食則面前置施食念
唵啞吽三字呪攝受變成甘露面前空中
召請白傘蓋佛母爲首并二十二山塚所
居陰母及七種佛并十方正覺三種具美
淨梵帝釋伴遶等已想舌變成金剛光筒
誦奉食呪曰
唵薩嘌斡合二怛達遏哆烏室祢折席嚓怛
末喃哩吽發怛喺擔末哩渴渴兮渴兮
誦三遍或五遍已然誦讚嘆禱祝求索願
事等畢奉送佛會其施食棄於淨處回向
善根矣

啞吟耶怛達遏哆烏室祢折西嚓引怛末喃
哩捺麻啞末囉唧怛嚓囉祢梵語
聖一切如來頂髻中出白傘蓋佛母餘無能
敵摠持敬禮最上三寶此云
如是我聞一時出有壞住三十三天善法妙
好諸天所居之處與大比丘并大菩提勇識
及天主帝釋衆等集尒時出有壞坐蓮花座
入於普觀頂髻三昧速然出有壞從頂髻中
出現如是摠持密呪法行敬禮正覺及一切
菩提勇識敬禮正覺敬禮妙法敬禮大衆敬
禮七俱胝真實究竟正覺及聲聞大衆等敬
禮所有世間壞怨等敬禮所有預流等敬禮
所有一來等敬禮所有不還等敬禮所有世　何十二
間真實超越等敬禮所有入實者等敬禮大
仙呪咀及有加祐力能等敬禮所有誦持明
呪獲成就者等敬禮淨梵敬禮帝釋敬禮緊
威具美能令退屈苦行之主者等敬禮具美
嚴五手印無愛子之所歸敬處敬禮具美能
摧壞三層宮城住於墓地之中一切陰母所
歸敬處敬禮出有壞如來種佛敬禮蓮花種
佛敬禮金剛種佛敬禮寶珠種佛敬禮大象
種佛敬禮少童種佛敬禮龍種佛敬禮勇固
部器械王佛敬禮無量光佛敬禮不動佛敬
禮藥師琉璃光王佛敬禮娑羅主王花實圓
滿佛敬禮釋迦牟尼佛敬禮寶上王佛敬禮
最妙普賢佛敬禮衆明主佛敬禮目圓滿烏
巴鉢香上王佛彼等處敬禮已出有壞母一
切如來頂髻中出白傘蓋佛母餘無能敵大
廻遮母以此決斷一切出者邪魔亦能決斷
餘者一切明呪亦能廻遮非時橫夭亦能令

有情解脫一切繫縛亦能廻遮一切憎嫌惡
夢亦能摧壞八萬四千邪魔亦能歡悅二十
八宿亦能折伏八大房宿亦能廻遮一切冤
讎亦能摧壞最極暴惡一切憎嫌惡夢亦能
救度毒藥器械水火等難
無有能敵大緊母　大撥朴母大力母　何十二
大熾然母大威力　大白蓋母大力母　三
熾然掛纓白衣母　聖救度母具嗔皺
勝勢金剛稱念珠　蓮花昭明金剛名
無有能敵具念珠　金剛墻等摧壞母
柔善佛等供養母　柔相威力具大母
聖救度母大力母　不殺金剛鐵鎖母
金剛少童持種母　金剛手種金念珠
大赤色及寶珠母　種明金剛稱頂髻
種相窈窕金剛母　如金色光具眼母
金剛燭及白色母　蓮花眼及月光母
手印聚彼等一切力故願令擁護於我擁護
於我
唵吟室遏捺不囉引二合折嚓引也怛達遏哆
烏室祢折席嚓怛巴嘚哩合二吽嘁隆合二撥沒
末捺葛囉吽嘁隆合二席怛沒末捺葛囉吽嘁
隆合二麻曷覓得也三哈合末室渴捺葛囉吽嘁
隆合二撥囉覓能合二慈上舌三哈合末室渴捺葛囉
吽嘁隆合二薩沒斡丁六上舌室達捺能席譖沒末
捺葛囉吽嘁隆合二薩斡也室渴囉室渴薩屹
囉曷捺覓得嚓能薩捺葛囉吽嘁隆合二撥丁六
囉室帝捺能屹囉曷薩曷悉囉覓嚓能薩捺
葛囉吽嘁隆引二合啞室捺吟能折帝嚓能捺
色曷引上屑得得囉捺麻不囉薩怛捺葛囉吽
嘁隆引二合啞希怛捺麻麻曷屹囉曷捺能覓

能捺雕上薩捺曷囉吽能隆引二合囉塞龍囉
嚩沒攞護於我
出有壞母一切如來頂髻中出白傘蓋佛母
金剛頂髻大廻遮母具千大臂母有千大首
母具十萬俱胝目不二熾燃具種相金剛寬
廣大白母主宰三界中圍母一切時中擁護
於我擁護於我
唵國王難盜賊難火難水難毒藥難器械難
外國軍兵難飢饉難寃讎難疾疫難霹靂難
非時橫夭難地震動難星箭難國王刑罰難
天難龍難閃電難飛空難惡獸忿怒難
又復天魔龍魔非天魔風神魔飛空魔尋香
魔疑神魔大腹行魔施㝵魔夜叉魔餓鬼魔
空行母魔食肉魔出者魔癡袋魔臭魔身臭
魔令枯瘦魔令忘魔令顛狂魔令癲癇魔令
鎮伏魔奎宿魔彼等一切之中願我獲得安
穩吉祥
又奪威力鬼奪容顏鬼食產宮鬼飲血鬼食
胞胎鬼食肉鬼食脂鬼食髓鬼食脂衣鬼取
命鬼食嘔吐鬼食大便鬼食小便鬼食竅流
鬼食殘鬼食唾鬼食涕鬼食涎鬼食膿鬼食
施食鬼食鬘鬼食香鬼食香氣鬼奪意鬼食
花鬼食菓鬼食苗鬼食燒施鬼等之中願我
獲得安穩吉祥
彼等一切及一切魔所造明呪以此決斷將
杵擊之遍遊行所造明呪以此決斷將杵擊
之空行與空行母所造明呪以此決斷將杵
擊之大獸主所造明呪以此決斷將杵擊之
無愛子所造明呪以此決斷將杵擊之飛空
及真實作等所造明呪以此決斷將杵擊之

大黑及陰母等所造明呪以此決斷將杵擊
之持人頭器所造明呪以此決斷將杵擊之
令勝及作蜂蜜與令義皆成所造明呪以此
決斷將杵擊之四姊妹所造明呪以此決斷
將杵擊之卑隆上屹哩帝及喜主與集主等所
造明呪以此決斷將杵擊之無善淨所造明
呪以此決斷將杵擊之壞怨所造明呪以此
決斷將杵擊之離欲所造明呪以此決斷將
杵擊之密主金剛手所造明呪以此決斷將
杵擊之
敬礼出有壞母一切如來頂髻中出白傘蓋
佛母擁護於我擁護於我
唵啞癊怛捺辮室渴不囉末悉不怛喻迥能
塞嗦怛末喁哩合二囉辮嚩辣渴嗦渴嗦嚩
嗦囉覔嗦覔嗦秦能捺秦能捺覔能捺覔能
捺吽吽發怛發怛莎曷
馨馨發怛和和發怛啞母屹英發怛啞不囉
帝曷怛發怛不嘶末囉怛發怛啞須囉喻嘚
囉末渴發怛
薩嚟末帝併辭發怛薩嚟末併京辭發怛薩
嚟末啞須哩辭發怛薩嚟末麻嚕寧辭發怛
薩嚟末割嚕矴辭發怛薩嚟末葛能嗪令喻
辭發怛薩嚟末悉屹哩合二捺令辭發薩嚟末
麻和囉寧辭發怛薩嚟末也塞輕辭發怛薩
嚟末囉塞屹囉星辭發怛薩嚟末不哩矴辭
發怛薩嚟末喻唽嘖辭發怛薩嚟末母矴辭
發怛薩嚟末孤雖末雖寧嚟發怛薩嚟末莫
怛矴辭發怛薩嚟末葛怛布怛祢辭發怛薩
嚟末嘶葛能寧辭發怛薩嚟末烏能麻能寧
辭發怛薩嚟末攞英辭發怛薩嚟末啞不塞

麻哩辭發怛薩嚟末呵嚩能音怛囉難帝辭發
怛薩嚟末吠令辣駄上屹矴辭發怛薩嚟末吠
令併令屹矴辭發怛薩嚟末囉哩辭發怛薩
嚟末屹哩怛葛囉麻祢葛戈令矴辭發怛屹
囉捺併咄怛辭發怛啣嘚捺不囉折葛吠上
捺令帝矴辭發怛哆鈴布屹矴辭發怛薩嚟
末帝哩提屹辭發怛薩嚟末室囉麻祢辭發
怛薩嚟末喻得夜嗦哩辭發怛撥耶葛囉麻
吠上葛囉也辭發怛薩嚟末啞令達薩怛京
辭發怛覔嗦上捺撥哩辭發怛撥吠令滅[illegible]上
末屹祢英辭發怛薩嚟末戈烏麻哩英辭發
怛喻怛囉祢英辭發怛麻曷不囉怛隆上屹哩
辭發怛末捌囉合二山隆上葛辣也不囉怛隆上屹
囉囉撥也發怛麻曷葛辣也麻得哩葛捺捺
麻塞屹哩怛英發怛
喻折紫併英發怛不囉黑末祢也發怛啞屹
愛祢英發怛麻曷葛哩英發怛葛辮嗦能上曷
帝英發怛喻能上嘚哩英發怛喉烏得哩英
發怛孤名哩英發怛不囉啞英發怛撈摩能
帝英發怛囉嘚哩英發怛葛辣囉嘚哩英發
怛耶麻怛能帝英發怛葛巴哩英發怛啞帝
麻屹帝塞麻折捺末帝捺英發怛
凡有有情於我起憎嫌心等者起暴惡心等
者能奪威力等者又復奪顏容鬼食產宮鬼
等食血鬼等食凝脂鬼等食肉鬼等食脂鬼
等食髓鬼等食胎衣鬼等取命鬼等食嘔吐
鬼等食大便鬼等食小便鬼等食竅流鬼等
食殘鬼等食涎鬼等食涕鬼等食唾鬼等食
膿鬼等食施食鬼等食鬘鬼等食香氣鬼等
食香鬼等食花鬼等食菓鬼等食苗鬼等食

嬈施鬼等
具罪惱心者等具忌嫌心者等具暴惡心者
等又復所有天魔等龍魔等非天魔等風神
魔等飛空魔等尋香魔等疑神魔等大腹行
魔等施礙魔等夜叉魔等餓鬼魔等食肉魔
等出者魔等瓶袋魔等臭魔等身臭魔等令
枯瘦魔等令何十顛狂魔等令厭魅七魔等令忘魔
等鎮伏魔等空行母魔等宿魔等獄帝魔
等陰母令喜魔等遍遊行具瓔魔等拔剌魔
等又復一日瘦病亦所有二日病三日病四
日病七日病恒常瘦病無盡瘦病癲癇病出
者依風起病依膽起病依痰起病依俱集起
病一切疾病身病等願令遣除
又復身分病不進飲食病眼病鼻病口病項
頸病心病咽喉病耳病齒病心熱惱病腦病
半肋病背節病腹病腰病殺道病腿胋病脛
病手病足病肢病衆肢病等願令遣除願令
擁護大白傘蓋佛母金剛頂髻大廻遮母以
此十二由旬內出者起屍者空行母者又復
痠病疥瘡痒瘡苴瘡癩瘡皴烈瘡痔瘡燒瘡
疣瘊瘡妙瘡又枯瘦恐怖病及寶毒及和合
毒厭禱毒并火難水難又鬪爭結怨損害非
時夭壽又復嘚哩二合麻布割虫嘚哩辣怛蟲
蝮蝎蚖虵鼠狼獅子虎熊羆并熊狼水獸及
猶如蚕蠅取他性命彼等一切明呪悉皆繫
縛一切威儀繫縛餘者一切明呪繫縛一切
諸魔明呪悉皆願令繫縛
怛得也達唵啞捺吟啞捺吟唵折得帝唵折
得帝唵引囉末喇囉囉哩末壓上嘛末嘛末喇
囉鉢祢癹怛吽吽癹怛癹怛

吽能隆二合末捺癹怛莎曷
凡有行人以此一切如來頂髻中出白傘蓋
佛母餘無能敵大廻遮母或樺皮或白氎或
樹皮上書寫已或戴身上或項頸上則能直
至終身以毒不能害以器械不能害以火不
能焚以水不能漂以寶毒不能中以和毒不
能害以呪毒不能壞非時夭壽不能使一切
冤讐及所有惡友等凡一切處爲悅愛所愛
故也又能恒河沙俱胝八萬四千金剛種等
亦擁護亦救護亦覆護彼等作悅意所愛敬
之又能八萬四千大劫之中得宿命智又世
世生處不受施尋羅剎餓鬼臭及身臭等身
又不受人中何一貧窮之身又具足八無量無數恒
河沙數正覺出有壞之福祿也又能一切如
來頂髻中出白傘蓋佛母餘無能敵大廻遮
母恒受持則不行梵行亦成梵行不能忍則
亦能成忍不清淨則亦爲清淨無近住戒得
近住戒不持齋戒亦成齋戒設尒所造五無
間罪則能清淨無餘往昔業障悉皆消滅若
欲女人求子則能受持一切如來頂髻中出
白傘蓋佛母餘無能敵大廻遮母者獲得具
足壽命福德威力之子命終之後往生極樂
世界又人病牛病畜病疫病及損害及惹病
尋及鬪戰餘他一切軍兵之中則能以此一
切如來頂髻中出白傘蓋佛母餘無能敵大
廻遮母安置於幢頂上作廣大供養已將幢
置大城門上或宮宅之中或村坊之中或聚
落之中或川原之中或寂靜之處於餘無能
敵大廻遮母處作廣大供養則能速然國界
安寧亦能家善疫病尋與損害鬪爭餘他一

切軍兵也　末喇囉鉢祢遣魔擁護呪
寧引得也達唵室唦沒末壓上嘛末壓上嘛擁護
於我擁護於我莎曷室渴囉室渴麻沒唵吽
室唦沒末能嘛末能嘛末喇囉二合擁護於我
囉室渴囉室渴麻沒末喇囉末祢英吽癹怛
莎曷　恒常持心呪
唵薩嚩末怛何十一達遏唦烏室祢折九啞斡浪屹帝
摩冷嘛叮㖿囉室祢唵囉斡囉斡嘛渴嘛渴
嘛囉嘛囉覔能嘛囉覔能嘛囉秦嘛秦嘛覔
沒嘛覔沒嘛吽吽癹怛癹怛莎曷
增長身觀心呪
唵薩嚩末怛達遏唦烏室祢折吽癹怛癹怛
莎曷　攝受呪
寧得也達唵啞捺令啞捺令渴薩銘渴薩銘
唵引囉唵引囉星烏捺巽切身星同上薩嚩末莫嘛啞
溺室達捺啞溺室提矴薩嚩末怛達遏唦烏
室祢折席怛怛末嘚哩吽癹怛莎曷
堅甲呪
吽麻麻吽祢莎曷
應作明滿修習彼所有龍王等依時降雨矣
正覺與菩提勇識天及非天并人與尋香一
切世間等皆大歡喜出有壞所說之處現前
讃揚
佛說大白傘蓋總持陀羅尼經
白傘蓋佛母總讃嘆禱祝偈
唵蓮花月輪妙座上　金剛跏趺身色白
左手當胸執白蓋　具白傘處稱讃礼
右手結於無畏印　喜笑及身具窈窕
一切正覺所攝授　佛母汝處稱讃禮
一切所伏有情處　隨類化現種種身

大寶莊嚴極美妙　悅意母處稱讚礼
唵無有能敵大緊母　大搬朴母大力母
大熾然母大威母　大白蓋母大力母
熾然掛纓白衣母　聖救度母大嗔瀸
勝勢金剛稱念珠　蓮花昭明金剛名
無有能敵具念珠　金剛墻等摧壞母
柔善佛等供養母　柔相威力具大母
聖救度母大力母　不死金剛鐵鋑母
金剛少童持種母　金剛手種金念珠
大赤色及寶珠母　種明金剛稱頂髻
種相窈窕金剛母　如金色光具眼母
金剛觸及白色母　蓮花目及月光母
何土　十末
手印聚處稱讚礼　出有壞母白蓋母
釋迦頂髻中出母　金剛頂髻廻遶母
千臂千手大具母　大俱胝之具眼母
不二熾燃具種相　金剛廣傳大白母
主宰三界中圍母　最極於我求擁護
最極於我乞覆護　唵國王賊怖水火毒
器械飢饉邪魔疾　霹靂非時并夭壽
地震國王刑罰等　閃電飛空諸怖散
惡獸虎等大難中　一切時中乞覆護
其天魔等諸魔碍　能奪威力并餓鬼
風膽痰等大病中　一切時中乞覆護
貪癡嗔等諸煩惱　十不善業五無間
所遮自性罪業等　惡趣苦果怖畏中
愚資我今求覆護　以大慈悲之鐵鉤
猶如愛子乞護持　一切時中擁護我

大白傘蓋總持讚嘆禱祝偈竟　何土

佛說大白傘蓋總持陀羅尼經

校勘記

一　底本，影印宋磧砂藏本。

一　一頁上二行譯者，南作「元天竺俊辯大師唧嚩銘得哩連得囉磨寧及求請人譯主僧真智等譯」；徑、清作「元天竺俊辯大師唧嚩銘得哩連得囉磨寧及譯主僧真智等譯」。

一　一頁中四行夾註「此云」，南、徑、清作「華言」。

一　一頁中六行「太菩提」，南、徑、清作「大菩提」。

一　一頁中一七行首字「威」，南作「或」。

一　三頁上二〇行「荳瘡」，徑、清作「痘瘡」。

一　三頁下二五行「白傘蓋」，徑、清作「大白傘蓋」。

一　三頁下二九行「攝授」，徑、清作「攝受」。

一　四頁上五行「勝勢」，徑作「聖世」。

佛頂大白傘蓋陀羅尼經 鶴岳八幡宮 三
光祿大夫大司徒三藏法師沙囉巴奉　詔譯
如是我聞一時婆伽梵在三十三天善法堂
中與諸比丘諸大菩薩天主帝釋無量衆俱
尒時婆伽梵數座而坐即入普觀烏瑟尼沙
三昧時婆伽梵忽從肉髻演出秘密微妙法
行　一
南謨一切諸佛諸大菩薩衆　南謨佛陀耶
南謨達摩耶　南謨僧伽耶　南謨七俱胝佛諸
大聲聞衆　南謨世間所有阿羅漢衆　南謨
一切預流衆　南謨一切一來衆　南無一切不還
衆　南謨世間諸正行衆　南謨諸向正行衆南
謨以呪詛厭禱亦能饒益諸大天仙衆　南謨
成就持明衆　南謨大梵天王衆　南謨天
主帝釋衆　南謨嚧陀囉合二耶烏摩般帝娑
醯夜耶衆　南謨無愛子五大手印而敬禮
衆　南謨摧三界城樂慶寒林母鬼恭敬摩
訶迦辣衆　南謨婆伽梵如來俱囉耶　南
謨蓮華俱囉耶　南謨金剛俱囉耶　南謨
寶珠俱囉耶　南謨大象俱囉耶　南謨孺
童俱囉耶　南謨龍種俱囉耶　南謨婆伽
梵如來應正等覺勇堅部器械王佛　南謨
婆伽梵如來應正等覺無量光佛　南謨婆
伽梵如來應正等覺不動尊佛　南謨婆伽
梵如來應正等覺藥師琉璃光王佛　南謨
婆伽梵如來應正等覺娑羅樹華普遍開敷
王佛　南謨婆伽梵如來應正等覺釋迦牟
尼佛　南謨婆伽梵如來應正等覺寶幢王
佛　南謨婆伽梵如來應正等覺普賢王佛
南謨婆伽梵如來應正等覺毗盧遮那佛

南謨婆伽梵如來應正等覺廣目優鉢羅華
香幢王佛　如是敬禮諸佛等已婆伽婆帝
佛頂大白傘蓋無有能敵般囉合二當雞囉母
能滅一切部多鬼魅斷諸明呪解脫繫縛遠
離夭橫憂惱惡夢摧壞八萬四千妖魔及八
執曜復能使令二十八宿生大歡喜亦能移
迴一切寃害所有一切起毒害者并諸惡夢
皆使殄滅又能救除毒藥器械水火等難
無敵大勢力　暴惡大力母　熾燄威光母
白蓋大力母　焰鬘白衣母　多羅顰蹙相
稱鬘勝金剛　蓮相金剛相　具鬘無能敵
金剛墻摧母　諸善天恭敬　二善相大威光
救度大力母二　金剛鋌諸等　金剛童持種
持杵種金鬘　赭色寶珠母　光明金剛鬘
羂索母持杵　眼如金光母　金剛炬白母
蓮華日月光
諸手印衆願擁護我願擁護我
唵唎瑟羯拏般囉合二舍悉多合二耶一薩唎嚩
合二怛他伽路二　烏瑟尼沙悉怛引怛鉢帝唎
二合吽覩嚧雍三二合暫鉢拏迦唎吽覩嚧雍四二合悉
耽二合嚩拏迦唎吽覩嚧雍五二合摩唱拏伽唎吽
覩嚧雍六二合摩訶遏婬耶二合三囉佉拏迦唎吽
覩嚧雍七二合鉢囉遏婬耶二合三嚩佉拏迦唎吽
覩嚧雍八二合薩唎嚩二合覩瑟怛二合喃九悉耽二合
鉢拏迦唎吽覩嚧雍十二合薩唎嚩二合藥叉囉刹
薩吃囉二合訶喃毗耽薩拏迦唎吽覩嚧雍十二合
撥覩囉尸底喃十吃囉二合訶薩訶悉囉二合喃
十毗耽薩拏迦唎吽覩嚧雍十二合阿室怛二合頻
舍帝喃拏义怛囉二合喃鉢囉二合薩怛拏迦唎
吽覩嚧雍十二合阿室怛二合喃摩訶吃囉一合訶喃

毘耽薩拏伽唎吽覩嚧雍十二合囉义囉义許十
願擁護我願擁護我
婆伽婆帝佛頂大白傘蓋金剛頂髻般囉二合
當雞囉母千手千臂有百千俱胝那眼不二
熾燄之相金剛廣大母於三界內得大自在
願擁護我願擁護我
二嚕國王怖賊寇怖火怖水怖　三　毒藥怖兵器怖
他兵來侵怖饑饉怖寃害怖疾疫怖霹靂怖
非時橫死怖　地震動怖　星射怖　獄怖　天怖　龍怖
電怖　飛空怖　惡獸怖　復有天魅　龍魅　非天魅
風神魅　飛空魅　尋香魅　人非人魅　大腹行魅
施碍魅　羅义魅　餓鬼魅　空行母魅　食肉魅　部
多魅　甕腹魅　臭鬼魅　奇臭鬼魅　塞建陀魅　昏
忘魅　顛魅　魘魅　伏魅　唎鉢帝魅　於諸鬼魅　願
安隱我　又復食神者　食精氣者　食胎者　食血
者　食膏者　食肉者　食脂者　食髓者　食產者　奪
命者　食吐者　食不淨者　食小便者　食漏水者
食殘食者　食吐者　食涎者　食涕者　食膿者　食
施食者　食鬘者　食香者　食香氣者　奪意者
食華者　食果者　食五穀者　食燒施者
於是等中願安隱我
如是等衆及諸鬼魅所造明呪悉皆斷除釘
金剛鐝遍行所造明呪悉皆斷除釘金剛鐝
空行空行母所造明呪悉皆斷除釘金剛鐝
大鉢偹鉢帝所造明呪悉皆斷除釘金剛鐝
無愛子所造明呪悉皆斷除釘金剛鐝飛空
正衆所造明呪悉皆斷除釘金剛鐝摩訶迦
辣諸母鬼衆所造明呪悉皆斷除釘金剛鐝
持髑髏者所造明呪悉皆斷除釘金剛鐝能
勝作事辦諸事業所造明呪悉皆斷除釘金

剛鏁四姊妹眾所造明呪悉皆斷除頂金剛鏁毗訖利帝慾樂自在集主等眾所造明呪悉皆斷除釘金剛鏁無衣勸善所造明呪悉皆斷除釘金剛鏁阿羅漢所造明呪悉皆斷除釘金剛鏁離慾所造明呪悉皆斷除釘金剛鏁寮迹金剛手所造明呪悉皆斷除釘金剛鏁

南謨婆伽婆帝佛頂大白傘蓋母願擁護我願擁護我

唵阿悉怛阿拏辣囉迦二合鉢囉二合波悉普二合吒毗迦悉怛引怛鉢帝唎一二合摋辣摋辣二迦怛迦怛陁囉陁囉三毗陁囉毗俺囉四親陁親陁五頻陁頻陁六吽吽七發吒發吒莎囀訶八醯醯發吒九呼呼發吒十阿牟羯耶發吒十一阿鉢囉二合帝訶怛引耶發吒十二鉢囉鉢囉二合怛耶發吒十三阿素囉鼻怛囉二合婆拏迦囉耶發吒十四薩唎囀二合提鞞毗藥二合發吒十六薩唎囀二合拏伽毗藥二合發吒十七薩唎囀二合阿素唎毗藥二合發吒十八薩唎囀二合麻引嚕帝耶毗藥二合發吒十九薩唎囀二合伽盧帝毗藥二合發吒二十薩唎囀二合建闥唎二合鼻毗藥二合發吒二十一薩唎囀二合緊那囉毗藥二合發吒二十二薩唎囀二合麻呼囉訖毗藥二合發吒二十三薩唎囀二合夜义毗藥二合發吒二十四薩唎囀二合囉义娑毗藥二合發吒二十五薩唎囀二合毗唎二合帝毗藥二合發吒二十六薩唎囀二合鞞闍貧毗藥二合發吒二十七薩唎囀二合部帝毗藥二合發吒二十八薩唎囀二合俱嚧二合斑帝毗藥二合發吒二十九薩唎囀二合補怛尼毗藥二合發吒三十薩唎囀二合迦吒補丹尼毗藥二合發吒三十一薩唎囀二合悉乾帝毗藥二合發吒三十二薩唎囀二合悟麻帝毗藥二合發吒三十三薩唎囀二合闍夷毗藥二合發吒三十四薩唎囀二合阿鉢悉麻二合唎毗藥二合發吒三十五薩唎囀二合烏悉怛二合囉訖帝毗藥二合發吒三十六薩利囀二合都嚧二合藍訖唎二合帝毗藥二合發吒三十七薩唎囀二合突瑟毗唎二合契帝毗藥二合發吒三十八薩唎囀二合摋唎毗藥二合發吒三十九薩唎囀二合訖唎二合怛耶二合迦囉二合麻尼迦窟嚧二合帝毗藥二合發吒四十訖囉拏鞞怛怛囉二合毗藥二合發吒四十一貧闍鉢囉二合沙迦薩唎囀二合突闍唎二合地帝毗藥二合發吒四十二突嚧二合補帝毗藥二合發吒四十三薩唎囀二合底唎二合提訖毗藥二合發吒四十四薩唎囀二合沙囉二合麻尼毗藥二合發吒四十五薩唎囀二合毗姪耶二合怛唎毗藥二合發吒四十六摋耶羯囉麻度羯囉耶毗藥二合發吒四十七薩唎囀二合阿唎達二合薩怛訖毗藥二合發吒四十八毗姪耶二合摋唎毗藥二合發吒四十九摋都嚧二合必藥二合婆訖尼夷毘藥二合發吒五十薩唎囀二合戈麻唎夷毘藥二合發吒五十一鞞姪耶二合囉遮夷毘藥二合發吒五十二摩訶鉢囉二合當雞囉毘藥二合發吒五十三囀日囉二合商迦辣鉢囉二合當雞囉摋耶發吒五十四麻訶迦辣耶麻帝唎二合伽拏那麻悉訖唎二合怛夷發吒五十五毖瑟拏二合鞞夷發吒五十六勃囉二合訶牟二合尼夷發吒五十七阿祁尼夷發吒五十八麻訶羯唎夷發吒五十九羯辣檀遲夷發吒六十因帝唎二合夷發吒六十一嚧帝唎二合夷發吒六十二戈麻唎夷發吒六十三遮囉醯夷發吒六十四摋門帝夷發吒六十五嚧底唎二合夷發吒六十六羯辣囉底唎二合夷發吒六十七耶麻丹帝夷發吒六十八羯鉢栗夷發吒六十九阿地穆帝尸摩舍拏婆悉尼夷發吒七十

若有眾生於我起毒害心者　起暴惡心者　食神者　食精氣者　食胎者　食血者　食膏者　食肉者　食脂者　食髓者　食產者　奪命者　食吐者　食不淨者　食小便者　食漏水者　食殘食者　食唾者　食涎者　食涕者　食臟者　食施食者　食鬘者　食香者　食香氣者　奪意者　食花者　食果者　食五穀者　食燒施者

復有起嗔恨心者　起毒害心者　起暴惡心者　天魅眾　龍魅眾　非天魅眾　風神魅眾　飛空魅眾　尋香魅眾　人非人魅眾　大腹行魅眾　藥刹魅眾　囉刹魅眾　餓鬼魅眾　空行母魅眾　食肉魅眾　部多魅眾　癭腹魅眾　臭鬼魅眾　奇臭鬼魅眾　塞建陁魅眾　昏忌魅眾　顛魅眾　魘魅眾　伏魅眾　利鉢帝魅眾　熖魔魅眾　禽魅眾　母鬼喜魅眾　遍羅魅眾　除棘魅眾

或有疫熱病一日二日三日四日病或常熱病極煩熱病時發病部多鬼病風黃痰病眾和合病所有熱病頭痛半頭痛願皆消除

復有硬噎病眼病鼻病口病項病心病喉痛耳痛齒痛心痛腦痛脅痛背痛腹痛腰痛隱密處痛脞痛腨痛手痛足痛肢節等痛願令消除願擁護我

大白傘蓋金剛頂髻般囉二合當雞囉母十二由旬結金剛界所有部多起屍空行母等及鬼熱病瘡疥癬癩漏瘻癰疽痒疔枯瘠風驚瞖毒蠱毒禳禱水火怨恨冤家惱害非時橫死復有底麻補伽蜂底蝲怛虮蛇蠖蝎鼠毒龍虎獅子熊羆豺狼如諸毒蜂奪害命者如是悉

以明呪繫縛威神繫縛諸明呪繫縛所有鬼
魅亦皆繫縛哆姪耶二合他唵阿拏隸阿拏隸
二毖瑟帝毖瑟帝三鼻引囉鼻引囉四嚩日
囉二合陁引唎五斑陁斑陁六嚩日囉二合跛尼
登吒七吽吽登吒登吒八吽覩嚧雍二合斑陁
登吒莎嚩訶二九若人賫此佛頂大白傘蓋般
囉二合當雞囉母陀羅尼經或七以樺皮貝葉素
氎書寫是已或帶身上或繫於項當知是人
盡其生年毒不能害并諸器械水火寶毒蠱
毒呪詛皆不能害亦無夭橫所有鬼魅等衆
見者無有不生歡喜有八萬四千金剛部衆
生大歡喜常加守護於八萬四千大刧之中
得宿命智生生世世不生藥乂羅刹富單那
迦吒富單那畢部多鬼等諸惡趣中亦不受
生於貧窮下賤獲得無量無邊恒河沙數諸
佛福德之聚
若人持此佛頂大白傘蓋般囉二合當雞囉母
陀羅尼經者不梵行者亦成梵行不持戒者
亦成持戒不清淨者亦成清淨不布薩者亦
成布薩不清齋者亦成清齋若有五無間罪
及無始來所有宿殃舊業陳罪盡滅無餘
若有女人設欲求男能受持斯佛頂大白傘蓋
般囉二合當雞囉母陀羅尼經者便生智慧之
男福德壽命色力圓滿命終之後隨得往生
極樂國土　若遭人病孳畜病疫癘惱害鬪
諍逼迫他兵侵擾一切厄難賫此佛頂大白
傘蓋無有能敵般囉二合當雞囉母陁羅尼繫
幢頂上廣伸供養作大佛事奉迎斯呪安城
四門或諸聚落都邑村野禮拜恭敬一心供
養所有兵陣隨即消滅疫癘諸病惱害鬪諍
他兵侵擾一切災厄悉皆消滅
路姪耶二合他一唵瑟覩嚧甕二合斑陁斑陁二
願擁護我願擁護我莎嚩訶四囉乂囉乂鉾
唵吽瑟覩嚧甕二合斑陁斑陁二嚩日羅二合願
擁護我三囉乂囉乂鉾四嚩日囉二合鉢尼夷
吽登吒莎嚩訶五
唵薩唎嚩二合多他伽路一烏瑟尼沙二阿嚩
盧雞帝三牟唎二合陁帝佐囉引瑟四
唵撥辣撥辣一伽陁伽陁二陁囉陁囉三毖
陁囉毖陁囉四親陁親陁五頻陁頻陁六吽
吽登吒登吒薩嚩訶七
唵薩唎嚩二合多他伽路烏瑟尼沙吽登吒登八
吒莎嚩訶二
路姪耶二合他唵阿拏隸二阿拏隸三伽薩弥
四伽薩弥五鼻引囉六鼻引羅七莎引弥八
莎引弥九薩唎嚩二合佛陁十阿帝瑟他二合拏
十一阿帝瑟提二合帝十二薩唎嚩二合多他伽路十三
烏瑟尼沙十四悉怛多鉢底唎十五二合吽登吒莎嚩
訶十六吽麻麻吽尼十七莎嚩訶十八
若能依佛修習所有一切諸天龍王隨順時
序降霔甘雨
爾時一切諸佛諸大菩薩天龍藥乂揵達縛
阿素洛揭路荼緊捺洛莫呼洛伽人非人等
一切大衆聞佛所說皆大歡喜信受奉行

佛頂大白傘蓋陁羅尼經

佛頂大白傘蓋陀羅尼經

校勘記

一　底本，普寧藏本。此經僅普寧藏本收録，故無校。

唐言誦聖妙吉祥真實名

譯經律論習密教土番譯主嘉厓洛門　釋智　譯

敬禮孺童相妙吉祥
復次吉祥持金剛　難調伏中勝調伏
勇猛超出三界內　自在金剛寂中勝
眼如白蓮妙端正　面皃圓滿若蓮花
自手執持勝金剛　時時仰上作拋擲
復次第現忿等像　亦有無邊持金剛
勇猛調伏難調者　具威猛相極怖畏
於金剛尖出勝光　自手向上令拋擲
有大慈悲及智慧　方便益生極殊勝
具足喜樂安隱心　示有忿怒之形相
於行正覺行中尊　衆皆來集身恭謹
向彼如來末遏鑁　究竟正覺禮敬已
於前恭敬伸合掌　端坐正念而告白
遍主與我作饒益　益我慈悲於我故
如幻網中成究竟　願我真實獲菩提
有諸煩惱亂其心　不解泥中而沒溺
爲利一切有情類　令獲無上之果故
究竟正覺出有壞　是有情師及導師
亦大記句達真性　了知根心殊勝者
彼出有壞之智身　是大頂旋言詞主
亦是智身自超出　妙吉祥智勇識者
何十
誦彼殊勝真實名　是甚深義廣大義
二
無比大義勝柔軟　初善中善及後善
過去正覺等已說　於未來中當演說
現在究竟等正覺　亦遍數數皆宣說
大幻化網本續中　持大金剛持密呪
如彼無邊諸佛勑　妙音宣暢今當說

世尊究竟正覺等　願成真實持呪故
如我決定未出間　當勲堅固而受持
遠離煩惱令無餘　於諸誤解捨離故
即以無別無異心　爲諸有情願宣說
密自在者持金剛　向如來前說是言
告白畢已而合掌　以身恭敬坐其前
復次釋迦出有壞　究竟正覺兩足尊
於自面門殊勝舌　廣長横遍令舒演
顯現三種世界內　調伏四魔諸怨敵
有情皆具三惡趣　爲現清淨微笑相
於其清淨梵音中　遍滿三種世界已
爲持金剛大力者　密自在主而答說
具足有大慈悲者　汝爲利益有情故
具足智身妙吉祥　誦真實名是大益
能作清淨除罪業　於我精勲應諦聽
善哉吉祥持金剛　手持金剛汝善哉
密主我爲此事故　爲汝巧妙令宣說
汝今一心應諦聽　唯然末遏鑁善哉
何十
復次釋迦出有壞　一切密呪大種性
三
密呪明呪持種性　於其三種令觀察
世間及出世間性　顯作世間大種性
殊勝廣大手印種　大種大髻應觀察
言詞之主演偈頌　密呪王者具六種
將令顯出於無二　無生法者自宣說

啞阿（引長）依倚（引）烏鄔（引）唉哀（引）阿喎（引）噉啞
悉伍（合二）吽嗞哩（合二）伍（句二）嘿捺沒隆（合二）伍（句二）囉
（上）嗱沒吺（句三）毋怛嘿（句四）怛囉（合二）咄不囉（合二）伍
嘿（句五）唵（句六）末剌囉（合二）帝疣折（合二）捺嘮（句七）渴情
嗏不囉（合二）嘿嘿捺毋吟（合二）怛英嘿捺葛（合二）也
斡（引）宜說囉啊囉鉢撥捺拽矴捺麻

此下十四頌出現三十七菩提中圓證金剛菩提心即是八十六名數

如是正覺出有壞　究竟正覺啞中出
啞者一切字中勝　是大利益微妙字
諸境之內出無生　即此遠離於言說
是諸說中殊勝因　令顯一切諸言說
大供養者是大欲　一切有情令歡喜
大供養者即大嗔　一切煩惱廣大怨
大供養者是大癡　亦愚癡心除愚癡
大供養者即大忿　即是忿恚之寃讎
大供養者大貪欲　一切貪欲皆除斷
大欲即是於大樂　大安樂者大喜足
大境色與廣大身　大色并及大形像
大明及與大廣大　大中圍者是廣大
持於廣大智慧器　鈎煩惱鈎大中勝
普聞妙聞皆廣大　顯中即是廣大顯
解者執持大幻化　大幻化中成利益
大幻化內喜中喜　大幻化中施幻術
大施主中最爲尊　大持戒中持殊勝
於大忍辱即堅固　以大精進悉弃捨
以大禪定住靜慮　以大智慧令持身
具足大力大方便　大願勝智是大海
大慈自性無量邊　亦是大悲勝智慧
有大智慧具大智　大解即是大方便
具大神通及大力　大力及與大速疾
何十
復大神通大名稱　大力令他令摧伏
四
三有大山悉能壞　持大堅固大金剛
大緊即是大雄勇　於大怖中施怖畏
尊者大種即殊勝　上師密呪大殊勝
住在於彼大乘相　大乘相中最殊勝

此下二十四頌三句是出現衆明王中圓寂讚清淨法界一百八名數

廣大正覺衆明主　具大寂默大寂默
大密呪中令出現　有大密呪自性理
欲得十種到彼岸　住於十種彼岸中
十彼岸到是清淨　即是十種彼岸理
尊者十地自在者　住在於彼十地中
具知十種之自性　持於十種清淨者
十種義相義中義　自在寂默十力主
作諸利益無有邊　具有十種大自在
離彼無始戲論主　真如自性清淨主
言說真實不諱句　如其所說而依行
於無二中說無二　住於真實邊際中
無我師子具音聲　外道惡獸極怖畏
遊行一切有義中　速疾猶若如來心
勝及最勝怨中勝　於轉輪者施大力
集中之師集中勝　集王集主集自在
執持愛護大靈驗　大義不受他恩念
句王句主能言詞　句中自在句無邊
以真實句說真實　於彼四諦宣說者
何十　五
不還之中復不還　教如緣覺及獨覺
種種決定超出中　彼諸大中獨一因
苾蒭羅漢即漏盡　調伏諸根并離欲
獲得安樂無怖畏　成滿清凉亦無濁
明解及與於神足　世間善逝勝明解
於我不執不執我　住於二種諦理中
能到輪迴之彼岸　所作已畢住露地
於一智中而出現　以智慧器破一切
法王妙法具顯現　於世間中勝明照
以法自在法中王　能演妙道令宣說
有義成就滿誓願　捨離一切諸虛妄
無盡法界實離妄　勝妙法界極無盡

具大福田勝福足　智中廣大殊勝智
具足智者解有無　無二種中而積集
諸常見中勝禪定　誓修靜慮是智王
自解各各皆不動　最上勝者持三身
具足正覺五身性　遍主五種智自性
首冠莊嚴五覺性　持五種眼離執著
令諸正覺皆增長　正覺尊子勝纖妙
勝智出有出生處　出現法中離三有
獨一堅固金剛性　初生已作有情主
現空性中自超出　勝智妙智如大火
以大光明遍照耀　以智慧明令顯現
是有情燈智慧炬　具大威勢顯光明
是勝呪主明呪王　密呪王者作大益
具大肉髻希有頂　大虛空主說種種
是諸正覺勝自性　具足有情歡喜眼
能令增長種種相　諸大仙等皆供讚
令持三種之密呪　大記句者持密呪
尊者守護三寶故　宣說最勝三乘法
真勝有義之羂索　是大執持金剛索
金剛鐵鉤大羂索
此下十頌句是出現不動佛中圍故讃大圓鏡智即三十二名數
怖畏金剛施怖畏　金剛王者六面怖
六眼六臂力具足　亦具骨相咬牙者
曷辢曷辢具百面　是獄王主魔中王
何十　六
有力金剛能作怖　名稱金剛金剛心
幻化金剛具大腹　金剛中生金剛主
是金剛心如虛空　不動獨髮相嚴身
所著大象生皮衣　大緊呵呵皆哮吼
希希聲吼能作怖　若作笑者有響笑
金剛喜笑大哮吼　金剛勇識大勇識

金剛王者大安樂　金剛堅者大歡喜
金剛吽者吽聲吼　器中執持金剛箭
金剛劍斷令無餘　衆持金剛具金剛
一種金剛能退敵　熾炎金剛施惡眼
金剛頭髮如炎熾　金剛降臨大降臨
具足百眼金剛眼　身中具有金剛毛
金剛毛者獨一身　指甲增長金剛尖
以金剛心皮堅硬　執金剛髮具吉祥
以金剛髮而莊嚴　呵呵響笑決定吼
具六種字金剛聲　大柔和聲大音聲
三世界中獨一音　遍虛空界聲哮吼
諸有聲中皆殊勝
此下四十二頌句是出現無量壽佛中圍故讃妙觀察智即有七十五名數
真實無我真實性　即是真際無有字
宣說空性衆中勝　甚深廣大聲哮吼
即是法螺具大聲　亦法揵稚大音聲
超越無住圓寂性　十方法中即大鼓
無色有色中微妙　具種種相意中生
何十　七
具諸相者顯吉祥　執持影相使無餘
無能過中大名稱　三界之中大自在
住於最極聖道中　大興盛中之法幢
三世界中一孺童　長老尊者四生主
三十二相具莊嚴　三界所愛於中妙
是世間解為勝師　是世勝師無怖畏
救世間尊意無私　救中救者而無上
盡空邊際悉受用　解一切中智慧海
解散一切無明殼　亦能破壞三有網
能滅無餘諸煩惱　到彼輪迴大海岸
勝智灌頂具頭冠　真實究竟令莊嚴
滅除三種諸苦惱　滅三毒得三解脫

決定解脫諸障難　任於如空平等中
超越一切煩惱垢　能解三時及無師
諸有情中即大尊　功德帶中之鬘帶
諸有身中即解勝　虛空道中真實任
持於如意大寶珠　遍主一切寶中勝
圓滿是大如意樹　勝妙淨餅大中勝
能作有情諸利益　遣順有情而利益
亦解善惡及時辰　遍主解記具記句
解時及解有情根　亦能作於三解脫
具足功德解功德　解法讚嘆現吉祥
吉祥之中最吉祥　吉祥名稱善名稱
大止息中大法筵　大歡喜中大音樂
恭敬承侍悉具足　勝喜名稱性吉祥
具勝施勝是尊者　微妙歸趣堪歸救
於世怨中勝中勝　離一切怖無有餘
頂髻及髻各分埵　頭髮摸撥戴頭冠
五面具有五種髻　五髻各繫苑髻帶
即是禿髮大勲息　行淨梵行勝慹息
大苦行者建苦行　微妙淨宮喬答弥
梵婆羅門解淨梵　超圓寂時得淨梵
脫離纏縛解脫身　解脫圓寂是圓寂
超越悲哀滅悲哀　微妙決定近出離
能除苦樂之邊際　離欲身中而超越
不可比量無與等　何十　非見非顯非朗然　八
雖性不改亦普遍　微細無漏離種性
無塵離塵即無垢　離失捨除放過愆
最極寤寤覺自性　諸解諸明即微妙
識心超越於法性　持理即是無二智
離虛妄者默然成　修於三世正覺行
正覺無垢亦無邊　最初正覺亦無因

獨一智眼無垢染　具足智身即如來
以句自在廣宣說　演勝丈夫法中王
宣陳微妙殊勝處　詮說師子無與等
於勝觀察殊勝喜　積聚威勢是入意
熾炎光中吉祥相　手臂光耀令顯現
殊勝大醫即尊者　能離痛剌無有上
亦是諸藥枝茂樹　對治諸病大怨讎
今意三界中殊勝　吉祥遊宿具中圍
十方一切虛空界　建立法幢極微妙
遊行唯一廣大傘　即具慈悲妙中圍
吉祥蓮花舞自在　廣大邊主大寶傘
具於正覺大威勢　持於一切正覺身
是諸正覺大修習　是諸正覺唯正法
金剛大寶灌頂相　諸大寶性即自在
世間自在諸法性　持金剛者一切王
一切正覺即大心　一切正覺在心中
一切正覺之大身　亦是一切正覺語
金剛日是具大明　金剛月是無垢光
離欲等中是大欲　何十　種種諸色熾炎光　九
金剛跏趺正等覺　執持真實究竟法
吉祥正覺蓮花生　亦能攝持正覺藏
復持種種幻化王　廣大正覺持明呪
聰明金剛即大劍　真實清淨殊勝字
是廣大乘除苦惱　金剛法者廣大器
金剛甚深唧哪唧　金剛智慧依義解
諸到彼岸皆究竟　一切地中具莊嚴
真實清淨無我法　真實智月殊勝光
廣大精進幻化網　本續一切殊勝主
金剛坐者具無餘　持於一切智慧身
一切殊勝妙智慧　即是心地持往復

一切正覺之大心　復持種種之化輪
是一切體殊勝性　亦持一切體自性
即無生法種種義　持於一切法自性
廣大智慧剎那中　解持諸法無遺餘
現解一切諸法者　勝持寂默真實際
殊勝不動自性淨　持於正覺妙菩提
一切正覺現於前　智火熾炎光顯盛
此上二十四頌讚平等性智故即是出現寶生佛中圍即一百四十八數
隨樂成就微妙義　一切惡趣悉清淨
諸有情中殊勝尊　一切有情令解脫
煩惱敵中獨勇猛　威猛能破愚癡慫
具吉祥智而嚴身　執持堅固之惡相
能令動於百種手　舉步相中而作舞
吉祥百手皆圓滿　遍空界中令作舞
大地中圍一界分　以一足跟堅踏之
以足爪甲界分內　淨梵世界盡令押
無二一義法之義　即微妙義無怖義
亦種種識具色義　於心意識具相續
體義無餘數歡喜　愛空之性殊勝智
捨離三有之貪欲　二有歡喜廣大者
色皃鮮潔若白雲　光明殊勝如秋月
亦如初出妙日輪　爪如赤銅光皎潔
頭冠殊勝尖未青　勝髮亦復紺青色
大寶光明具吉祥　正覺化身莊嚴具　十
諸百世界皆令動　何十　而能具彼神足力
持於廣大實性念　四念住中靜慮王
以十覺支爲花香　即是如來功德海
解八道支義理故　是解真實正覺道
於諸有情大分着　亦如虛空無所着
一切有情意中生　速疾猶如有情意

解諸有情根與義　能奪有情諸心意
亦解五蘊實性義　清淨五蘊令受持
決定出彼諸邊際　亦能出於決定中
向決定出道中住　宣說一切決定出
拔十二支三有根　持於清淨十二種
具有四諦之義相　解持八種之心識
十二實義令具足　十六實性現體解
以二十種成菩提　勝解一切正覺相
一切正覺幻化身　無邊億界令出現
彼諸剎那現了解　亦解剎那諸有義
種種乘者方便理　利益去來皆了解
決定出於三乘者　住在於彼一乘果
諸煩惱界清淨性　盡能滅除諸業果
過於一切江海中　寂靜如行中出現
煩惱及與隨煩惱　及以習氣皆弃捨
以於大悲智方便　於諸有情作利益
一切想義皆弃捨　亦令滅除心識意
能緣一切有情心　亦解一切有情意
何十　十一
在彼一切有情心　隨順一切有情意
充滿一切有情心　令諸有情心歡喜
成就究竟無錯謬　一切謬解皆捨離
於三義中無疑智　諸我三種功德性
五蘊義理三時中　於諸剎那能分別
一剎那中正等覺　持於一切正覺性
無身之身身中勝　解了諸身之邊際
種種諸相諸處顯　大寶即是大寶首
此下十五頌讚成所作智故一頌有義成就佛中圍即五名數
解了一切正覺者　正覺菩提即無上
出密呪處無文字　大密呪者是三種
諸密呪義令增長　大明點者無文字

大空即是五種字　空明點者六種字
種種諸空無種種　十六半半具明點
亦無支分超於數　即四靜慮之初首
了解一切靜慮支　明解靜慮種族性
具靜慮身身中勝　受用身者一切勝
化身即是殊勝身　持彼化現之種性
種種化現十方中　依法利益於有情
自在之天天中天　非天自在非天主
自在無滅天之師　作壞作壞即自在
三有寂靜令超越　唯一師者有情師
名稱普於十方界　施法之主廣大者
備足莊嚴慈鎧者　以慈悲心為堅甲
智慧如劍持弓箭　欲離不解煩惱敵
能降勇猛魔怨者　兼除四種怖畏魔
亦能退諸魔軍旅　究竟正覺救世間
是堪供讚礼敬處　亦是恒常承侍境
應供詠處最殊勝　真堪礼敬勝上師
一步能遊三世界　如空無邊實鎮押
清淨三明是清淨　具六神通隨六種
菩提勇識大勇識　大神足者超世間
達彼智慧之實性　亦獲智慧之體性
一切自明令他明　殊勝丈夫於一切
超離一切諸譬喻　能智所智殊勝主
何十　十二
尊者即是法施主　宣說四種手印義
有情奉施殊勝主　決定所入三種住
微妙義中淨吉祥　三世間中大勝福
具足吉祥皆成辦　曼祖悉哩勝吉祥
此五頌如次結讚五智大圓鏡清淨法界妙觀察平等性成所作智如次讚一智也
勝施金剛我敬礼　真實邊際我敬礼

出現空性我敬礼　正覺菩提我敬礼
正覺貪着我敬礼　正覺欲者我敬礼
正覺歡喜我敬礼　正覺戲論我敬礼
正覺微笑我敬礼　正覺笑者我敬礼
正覺語者我敬礼　正覺心者我敬礼
出現無者我敬礼　出現正覺我敬礼
出現虛空我敬礼　出現智者我敬礼
幻化網者我敬礼　正覺顯論我敬礼
一切一切我敬礼　彼智身者我敬礼

持金剛金剛手此妙吉祥智勇識不共真實名是出有壞之智身一切如來之智身汝令應當生大歡喜滿淨意樂增長無上即能清淨身語意三之密若不能究竟不能清淨地者令到彼岸福智二足皆悉圓滿令其清淨義無有上若未解者令解未得者令得自此至於一切如來微妙法理真實持故我為宣說開示顯解令其攝受　持金剛金剛手此者我於汝種性中及一切密呪法性攝受

何十　十三

中而作攝受　持金剛金剛手此真實名者即是一切如來最極清淨真實潔淨一切智智之性身語意三之密亦是一切正覺菩提即能了解真實究竟諸正覺故亦是無上一切如來體解一切善逝法界於諸勝中而能破壞一切諸魔之力一切十力中即十力之十力一切智智性中即一切智智之性是諸法中之勑真實成就一切正覺亦是一切大菩提勇識福智二足真實究竟無垢最極清淨也亦是一切聲聞緣覺出生之處具足人天境界是大乘之體性出生諸菩薩行處即一切聖道之邊際也亦是察度諸解脫道決

定出生處亦是不斷如來種性增長菩提勇
識大勇識種族種性亦能攝伏於他一切作
狂敵者破壞一切外道退捨四魔軍將之力
亦是真實攝受一切衆生決定成熟一切趣
向聖果諸淨梵四宮之靜慮諸一心之禪定
也亦是調伏身語意三精懃禪定能離一切
合集亦捨一切煩惱及隨煩惱滅除一切障
礙解脫一切繫縛亦是解脫一切諸蘊滅諸
乱心成辦一切出生處捨離一切盛衰事亦
能閞閉一切諸惡趣門開示解脫衆樂勝道
令其不入輪廻之中而能轉大法輪建立一
切如來傘蓋幢旗一切妙法正法之宮亦是
菩提勇識於密呪門而修習者速得成就亦
是了解菩薩摩訶薩精懃般若波羅密多之
究解了一切精懃無二戲論之空性一切到
彼岸之二足究竟真實清淨一切究竟地各
各了解諸聖四諦一心體解一切諸法四種
念住此真實名者乃至一切正覺功德能作
真實究竟也　持金剛手此真實名者
能滅有情身語意三之行無餘罪業亦能清
淨一切有情諸惡趣類令其退捨一切惡趣
真實斷除一切業障無有遺餘能生一切相
續八難者令其不生能滅八種怖畏能破一
切惡夢決定能盡一切惡相能滅一切惡見 何十 十四
及諸惡魔亦能遠離一切怨魔之行增長一
切福善亦能除滅諸惡覺觀令其不生破滅
一切憍慢威勇我執不生一切苦惱憂愁亦
是一切如來之心諸菩薩之密一切聲聞緣
覺之大密一切密呪及其手印真實增長諸
不可說念及正念增長無上善巧智亦能具

足無患諸力自在亦能增長吉祥柔善微妙
名稱善說偈讚嘆美亦能真實除滅一切病
患廣大怖畏亦是極清淨中最極清淨極能
作清淨中最極能作清淨極成辦中最極成
辦極吉祥中最極吉祥諸欲歸依者爲作歸
依欲宮殿音爲作宮殿欲擁護者爲作擁護
欲親軍將者爲作軍將欲州渚者爲作州渚
欲依仗者爲作無上依仗欲過三有大海者
爲作舟舡亦是除滅一切病苦之藥王分別
取捨之決智摧諸惡見大闇之明智能滿一
切有情誓願如摩尼寶珠亦能獲得妙吉祥
智身一切智智之性令得五眼見清淨智亦
是財施法施無畏施真實捨故令六波羅密
而得圓滿亦是福慧二足及諸靜慮令究竟
故能得十地亦能捨離二邊故即無二法性
非餘法性無綺飾故即是真實自性亦是如
來清淨智自性故即真實邊際之自性亦能
除滅百千惡見叢林故即一切如來真空之
自性此真實名者即是無二法性義之真實 何十 十五
名若有誦持演說者是一切法不可說之自
性也　持金剛手若有善男子善女人
依密呪門修習者於此出有壞妙吉祥智勇
識一切如來智身無二真如之真實名是頂
髻之珠者文字句義一切通徹無有遺犯亦
無增減每日三時若持若誦若讀若說思惟
義理依時爲他解說時各各應想妙吉祥智
勇識身向諸門中令心止處於愛樂實性門
中誠實作想了解一切殊勝法智慧無濁信
心具足相續繫念一心禪定者彼諸三世及
無始世一切正覺菩提勇識等皆來集會得

解一切法并現其身一切正覺菩提勇識以
身語意三業與自種性真實攝受一切正覺
菩提勇識將諸利益而作饒益能得一切法
中無怖無畏辯說無礙復有一切諸阿羅漢
聲聞緣覺攝持聖法心中亦皆現身復有調
伏一切諸惡大金剛王及持大金剛等爲護
諸有情故將變化身現種種形令其精神威
勢無能攝伏能成一切密呪手印記句中圍
無餘密呪明呪王并頻那夜迦諸惡魔怨并
諸退壞一切他不能者及大母等於其晝夜
各剎那時諸威儀中潛伏其身爲作救護復
有淨梵帝釋并釋近臣大力摧伏如伏孾童
及大自在種族猫子大黑作戲自在獄主水
神孤屏囉鬼子母等擁護十方世界者恒常
相續若晝若夜若行若住若坐若臥若睡若
覺入定出定獨住在衆潛伏其身爲作救護
或住村邑聚落川原國界王宮門限門樓大
路小路四達三岔村中店舍空舍山藪江川
叢林大叢林若不作淨昏醉放逸之處恒常
一切門中晝夜潛伏殊勝救護成勝妙樂更
復天龍施㝵乾闥婆阿脩羅迦樓羅緊那羅
摩睺羅伽人與非人衆耀遊宿及諸天母集
主七母諸施㝵母并食肉母此合集一心一
意并諸軍將眷屬離使能爲一切潛伏救護 何十 十六
增長精神具足色力威勢殊勝無病延壽持
金剛金剛手此真實名頂髻珠者若起誓願
日日三時無遺念誦三遍書寫令讀時想念
出有壞妙吉祥智勇識身與此相同而作禪
定者以此利益故不經多時即妙吉祥變化
於像令其得見亦見盡虛空界所處者一切

正覺菩提勇識種種身相大有情者於何時
分依何所作不墮地獄趣不生惡道中不生惡
種性不生邊地下賤亦得諸根具足不作邪
見亦不生邪見家不生無佛國中生值佛國
時不捨正法亦不遠離不生長壽天中不生
飢饉疫疾刀兵等刼不生五濁惡世不遭王
怖惡怖賊怖於世世中不逢下劣貧窮之怖
不值纖𥿻毀謗輕賤惡名惡語之怖畏恒常
得生本性高貴勝族中能成一切端嚴勝相
顏色美妙於諸世人皆悉愛樂可意若與相
隨情和悅樂見者歡喜於諸人中端正嚴好
具大福相發言無滯隨所生處得宿命智受
用廣大多諸部從所受無盡眷屬無盡於有
情中最極殊勝亦復具足殊勝功能自然具
足六波羅蜜所有功德經於淨梵四宮具足
念及正念方便願力智亦是一切諸數義中
得無怖畏及能言說無有愚癡句句顯了成
大聰慧具有廣解無懈怠心少欲知足利益
何十　十七
廣大情無愛著即是一切有情殊勝所信之
處亦成恭敬師及上師此人先所未聞工巧
伎藝神通一切教法若文若義皆悉解了戒
及活命最極諸行最極清淨微妙出家及成
近圓不令忘失一切智智性大菩提心決定
不入聲聞羅漢緣覺乘中持金剛金剛手如
是具足無量功德亦有如是無量無邊廣大
功德　持金剛金剛手誦此真如真實名者
即是真實執持微妙丈夫者聚集微妙福慧
具足一切正覺功德最極速疾求故不經多
時能成真實究竟無上菩提於多劫中不入
涅槃為諸有情中多現無上妙法十方世界

中詮演妙法大鼓之聲相續不盡其聲哮吼
為大法王
唵薩末捺麻一啞末无二娑末无三比熱捺
末日囉四合啞啞江啊五不囉二合吉帝巴利熱
捺六薩麻捺馬七拽恋怛八薩末怛他遏怛
九嘿捺葛野十曼袒悉哩巴利熱捺釘一十彖
巴怛影伍阿二十唵薩末怛他遏怛嘧哩捺野
三十喝囉喝囉唵吽嘧哩四十末遏鍐五十嘿捺彖
恅六十末機說囉七十摩訶鉢撥八十薩末捺麻遏
喝捺九十阿麻辯續巴哩熱捺一二十捺麻恋哩捺
葛囉二合末啞二二十

復次吉祥持金剛　懇分歡喜而合掌
如來尊者出有壞　敬禮究竟正覺已
復次尊者密自性　持金剛之金剛王
所餘種種同住處　高聲如是而白言
尊者我等亦隨喜　善哉善哉說善哉
為彼欲求解脫果　有情為無救度者
我等真實救度者　作護菩提大利益
宣說幻化微妙理　此是清淨微妙道
亦是甚深極廣大　大義有情作利益
一切正覺境界者　諸正覺等皆已說
出有壞妙吉祥智勇識　所誦真如之真實名
出有壞世尊如來所說已畢
三世諸佛真實說　諸秘密中真實王
何十　十八
此妙吉祥真實名　真實無私而翻譯
為護真實善根故　一切有情皆真實
真實斷除諸煩惱　速成真實究竟佛
真實不解於方言　不應真實伸言詞
為妙吉祥真實名　具不思議真實德
見真實益捨是非　隨力真實而翻對

真實失義文倒處　智者真實後正之
講經律論習密教功德司副使詮教法師　道圓　綴文
專心此經文　菩提即不遠
付與信菩提　逐日誦三卷
文殊瓔珞呪
唵嘧哩嘚梨囉割米撥野啞不割舍鉢囉底
褐怛嘧哩夜吽吽發怛莎賀
十二因緣呪
英嚓唫麻引二合形恪切身不囉二合末斡引形恪結
矴商引遏多纈末嚓怛二合矴商引㩀養祢哏
捺嘆梡二合斡引弱引麻訶引實囉二合麻捺英
梵云阿耶曼袒悉哩捺麻阿悉怛二合舌怛葛
捺
此云聖者文殊師利一百八名讚
甘泉馬蹄山中川守分真師姪　智慧　譯
敬禮真實一切解
最極清淨真正心　至尊頂中恒頂禮
一切諸佛同教勑　文殊諸名我演說
何十　十九
妙色相好端嚴身　一切色中最為尊
諸相隨好能解了　文殊勇猛是真實
具不思議思想斷　藝能廣大之所出
三身貫穿不思議　如是意量不思議
空性定力以自然　空性法者真實具
空自性者極樂慕　三有法者空性示
一切解處觀一切　彼此一切部類主
一切有情眾中尊　一切有情悉敬禮
一切五趣亦復然　能摧一切諸邪魔
他怨敵者悉殄滅　能師子吼人中尊
煩惱柔軟離諸惡　諸障垢染悉皆除
一切有情來擁護　如是解脫於九有

具揆撥者垂髮者　任於淨梵王宮中
手捻數珠持器杖　淨不淨者方便聚
美音文殊恒作主　蓮花所成蓮花根
金色蓮花最殊勝　蓮花之座極廣大
執持潔淨曼陀花　吉祥善任具勝意
亦是正覺是獨覺　亦是先世已成佛
具有神通之自在　是四真諦之數主
具於千眼護世間　亦是具才九有主
亦是各蘭有情尊　才能最極諸類尊
亦是所生獸王尊　如是具力世愍生
諸類巧辯悉調伏　佛子是佛是真佛
身如千日光爍爛　亦是滿月星耀主
亦是水神天王子　摩醯首羅大主王
亦是娑竭諸龍王　亦是具衆蘊之主
非天脩羅具主種　地主耀首吧∸悉遏 三合
諸天勇猛集會尊　諸天聚集恭敬禮
護界神中離垢尊　世間無漏攝爲尊
解世事者世間尊　具彼慧解是真實
種種行事并擁護　諸惡魔黨不敢觸
悉解甚深微細法　法師親引集三事
出三毒痛如醫王　難降伏者悉降伏
具智慧者能了解　具世間量能聿者
亦是福慧如意樹　菩提枝葉花莊嚴
解脫果熟三事集　有情同類依類尊
入衆生意尊衆意 何十　解梵行者離垢尊 二十
亦是星耀衆之主　亦是忍辱大仙主
亦是補處具王位　亦是十地等覺尊
有情商主內爲尊　最勝教主涅槃師
亦是虛空地水王　亦是火風之性主
亦是真實如意珠　衆生所須皆成就

諸出有壞悉敬禮　猶如寶珠我敬禮
文殊師利我讚誦
唵末遏鑿怛捺麻薩怛捺
如是相好讚誦已　領解心中恒誦持
一切惡業皆遠離　證得最極清淨果
一百八名及餘名　丈夫三時恒誦持
所生之意悉隨心　無疑心中皆證得
殊勝相好憶持者　造無間業悉清淨
諸不清淨之惡業　如是一切皆除滅
臨終捨壽往異方　惡相惡境若現時
以清淨心恒憶持　勇猛文殊親得見
具智人中極清淨　誰能讀誦能憶持
若要證得佛果者　無疑心中決證得
聖者文殊師利一百八名　竟
梵云阿耶曼祖悉哩　帝悉搭 二合
此云聖者文殊師利讚
甘泉馬蹄山中川守分真師姪　智慧　譯
敬禮出有壞語中具才者
諸集衆中極殊勝 何十　猶如滿月奪衆光 二十一
無明煩惱悉清淨　文殊師利我讚禮
焰髮分垂極明顯　寶珠燦爛體端嚴
眼目紺青熾焰身　文殊師利我讚禮
甘露一味深柔軟　入意之音聲響亮
真實妙法之寶藏　文殊師利我讚禮
娑婆世界一切處　誰能量度雨滴數
煩惱垢染悉棄捨　文殊師利我讚禮
觀文殊眼及身色　亦如曼陀觀無厭
諸法以鉢持供養　文殊師利我讚禮
任十方界諸佛處　廣大音聲常讚嘆
有情最極之本師　文殊師利我讚禮

聖者文殊我讚嘆　如是所集諸福善
盡施法界諸有情　速證涅槃之正路
聖者文殊師利讚
哀請攝受偈
歸命帝網極三際　無盡三寶垂愍念
攝受帝王增福壽
七佛祖師大聖主　文殊菩薩垂愍念
攝受施主增福壽
牟尼寶積大慈尊　文殊菩薩垂愍念
攝受弟子增福慧
果成先劫大聖主　文殊菩薩垂愍念
願我獲得無生智
妙吉祥尊大聖主　海會聖衆垂愍念
攝受此會所有衆
願除爲意惡因障　稱意道中垂引示
塵沙惑障皆得除
發願偈
以此善根願成佛　成已壞諸過愚怨
生老病死苦海中　廣度輪迴諸有情
未達真理所生處　願獲治政閑辦王
精修三學得純熟　常恒利他不退轉
所有一切諸如來　究竟菩薩諸聲聞
離塵垢法得堅固　諸菩提處恒恭敬
求修美譽之妙法　馥郁遠布十方界
若成究竟正覺時 何十　恒常奉獻於供養 二十二
能作依主歸投者　謙恭敬仰具德人
如是正覺知識處　願我恒時而親近
福德鞏固若須弥　慧性明朗日月照
名稱遠布似虛空　如斯三種常願成
壽延百載逾百秋　無病享用得增長

決定出生大乘種　如斯五種常願成
所有懐毒來到此　或在地上或居空
常與衆生起慈心　晝夜依時脩妙法

六波羅蜜偈

現世諸物如幻化　受施能捨亦皆空
如是布施隨所得　布施波羅皆圓滿
堅持禁戒離垢染　具足清淨無所犯
離於禁戒之取着　持戒波羅皆圓滿
此身地水與火風　四法和合本性空
種種加害無嗔恚　忍辱波羅皆圓滿
精進無涯決定脩　懈怠垢障不能侵
身心具足如是力　精進波羅皆圓滿
如幻如化諸等持　勇猛無怖之正受
猶如金剛之三昧　禪定波羅皆圓滿
空無相願三脫門　三世平等一味真
體達諸覺如如理　智慧波羅皆圓滿
一切如來之所説　光明熾盛威神力
菩提勇識精進力　我今所願皆成就

何十　二十三末

迴向文

歸命吉祥智勇識　詮演真實甚深義
我今讀誦施衆生　同獲吉祥金剛智

捺麽囉嘚捺吞嘚囉吞也引也捺麽曼呢室哩吞英孫麻引囉莫怛也怛涅達引唵啊囉嗜覓囉嗜熟寧覓熟寧商嗉祢覓商嗉祢商嗉也覓商嗉也覓麻令嘜也斡形嚕嚕撥令吽吽吽發怛發怛發怛莎引訶引唵啞吽啊囉鉢撥捺弱

聖妙吉祥真實名經

大明太宗文皇帝御製真實名經序

蓋聞真實名經者是諸如來超出有壞智身極顯密微妙正覺菩提其義深廣猶如意大寶珠寶中最勝故能利益有情增長福慧超離塵垢脫除過愆消弭煩惱解釋魔障令彼一切清淨圓滿即登彼岸昔曼殊室利弘大慈悲發大誓願以是最妙吉祥作大方便敷揚奧旨拯拔淪迴以此饒益功德無際朕惟如來施教但欲使人爲善夫爲善者爲臣爲忠爲子爲孝忠臣孝子行一事而不敢以忘君出一言而惟恐以辱親盡心於夙夜而毫髮之欺敝不敢以萌於心鞠躬於朝夕而頃刻之暫亦不敢以違於志心惟一於善而無纖芥之惡若是者則何有於愆尤煩惱但爲不善之人不忠於君不孝於親悖禮傷道積愆累惡所謂報業亦如此人乎施如仰面唾天反見自汙背拳搏擊反見自傷觸犯憲條身入狴犴即爲地獄如茲果報不爽絲忽若此輩流業蘊不忠不孝之心一旦苟能改悟移不忠以爲忠移不孝以爲孝去惡而爲善則即善人而已朕弘垂慈念推廣慈仁故以是經功德與之懺悔猶熱濯寒泉頓得清涼饑餐香積頓能成飽貧窮卑賤即得高勝年齡不永皆得長壽諸種善根圓滿具足若當露居而忽成樓宇若涉波濤而忽遇舟航如蓮華之出水不染於泥如鵾鵬之運遊逍遙雲漢凡修善之士欲求佛道堅持禁戒精進不已能究竟是經求真實顯密奧義即得五眼清淨六識皆空自然超萬有而無心含萬動而恒寂歸清塵君妙踐真如是用光闡大猷敷賛玄化彰述厥旨以冀流通致力於斯者宜盡心焉

永樂九年七月十五日

文殊菩薩五字心呪

啊囉鉢撥捺　[illegible]

ཨ་ར་པ་ཙ་ན

金剛頂經五字真言勝相云若人纔誦一遍如誦八萬四千十二圍陁藏經若誦兩遍文殊普賢隨逐左被護法善神在其人前又善男子善女人有能持此真言纔誦一遍即入如來一切法平等一切文字亦皆平等速得成就摩訶般若又若誦一遍能除行人一切苦難若誦兩遍除滅億劫生死重罪若誦三遍三昧現前若誦四遍總持不忘若誦五遍速成無上菩提若人一心獨處閑靜梵書五字輪壇依法念誦滿一月已曼殊菩薩即現其身或於空中演說法要是時行者得宿命智辯才無礙神足自在勝願成就福智具足速能胥證如來法身但心信受經十六生決定正覺

輪字觀門依師稟受之

唐言誦聖妙吉祥真實名

校勘記

一　底本，影印宋磧砂藏本。

一　八頁上經名前，徑、清有經序一篇，茲據徑山藏本附録於卷後，即一五頁中一行至末行「大明……十五日」。

一　八頁上一行經名，南作「唐言誦聖妙吉祥真實名經」；徑作「聖妙吉祥真實名經」；清作「此云誦聖妙吉祥真實名經」。

一　八頁上二行譯者，徑、清作「元講經律論習密教土番譯主聶崖沙門釋智譯」。

一　九頁中二三行「亦具」，徑、清作「亦是」。

一　一〇頁上一六行第一一字「拶」，徑、清作「拶」。下同。

一　一〇頁上二五行第二字「往」，徑、清作「性」。

一　一〇頁中八行首字「今」，徑、清作「入」。

一　一〇頁中末行第九字「是」，徑、清作「於」。

一　一〇頁下二七行第二字「十」，徑、清作「七」。

一　一一頁下一一行末字「令」，徑、清作「今」。

一　一二頁上一二行「幢旟」，南、徑、清作「幢旗」。

一　一三頁下二行「講經」，徑、清作「元講經」。

一　一三頁下一五行「甘泉」，徑、清作「元甘泉」。次頁中一七行同。

一　一三頁下二三行末字「具」，南作「真」。

一　一四頁上二八行「商主」，南、徑、清作「商主」。

一　一四頁上二九行第七字「王」，徑、清作「主」。

一　一四頁中八行第八字「造」，南、徑、清作「遠」。

一　一四頁中一四行「聖者文殊師利一百八名竟」，徑、清無。

一　一四頁下三行「聖者文殊師利讚」，徑、清無。

一　一四頁下一八行第一三字「愚」，徑、清作「患」。

一　一五頁上末行經名前，徑、清有心呪一篇，茲據徑山藏本附録於卷後，即一五頁下一行至末行「文殊……受之」。

一　一五頁上末行經名，徑、清無。

聖者文殊師利發菩提心願文　何十

巴看落目尾傳

甘泉馬蹄山中川守分真師姪　智慧　譯

敬礼一切諸佛菩薩

救護一切面前住　究竟發於菩提心
一切有情作利益　輪迴有情至彼岸
癡心嗔心本自性　壓貪貢高本自性
如從今日至菩提　未證中間不復造
惡業貪嗔皆捨離　制學依行恒歡喜
隨喜正覺解所行　自己恒時所修善
不取菩提之正路　若一有情未出離
住於暗劫恒化利　無量不思議劫中
願常恒遊佛淨土　某甲執名所作罪
十方界中普皆聞　自己身語之惡業
於一切趣恒清淨　意中惡業亦清淨
無邊惡業不復造

聖者文殊師利性昔爲啞馬國王時於雷音王佛所發此菩提心願文

聖者文殊師利發菩提心願文

校勘記

一　底本，影印宋磧砂藏本。

一　一七頁上三行「甘泉」，徑、清作「元甘泉」。

一　一七頁上八行首字「如」，徑、清作「始」。

彰所知論序　何六

正奉大夫同知行宣政院事康　復　序

夫出三界者惟佛佛以大事因緣故出
現於世憫化群生此亘古不磨之善也
大元帝師洞徹三乘性行如春仁而穆穆不
可量
裕皇潛邸久知師之正傳敬諳請師數教於
船師篤施靜志弘揚
帝緒大播宗風彰其所知造其所論究
其文理推其法義皎如日月廣於天地
蓋如來之事非聖者孰能明之總統雪
巖翁英姿間世聽授過人久侍師之法
席默譯此論見傳於世公昔與予會闡
交情相照受同昆仲公固肯予爲序予
抗塵幻海絕筆踈硯豈足發正教之光
耶公咲之曰汝何謙哉予不敢辭遂序
焉

彰所知論卷上
大元帝師發合思巴造
宣授江淮福建等處釋教總統法主大藏經佛智大師沙羅巴譯
敬禮金剛上師
敬禮諸佛菩薩
偏知見所知憐憫示羣生敬禮最上智
當演彰所知謂器情世界道法與果法
并諸無爲法略攝列爲五
器世界品第一
謂器世界所成之體即四大種種具生故地
堅水濕火煖風動是等大種最極微細者曰
極微塵亦名隣虛塵不能折釋彼七隣虛爲
一極微彼七極微爲一微塵彼七微塵爲一
透金塵彼七透金塵爲一透水塵彼七透水
塵爲一兎毛塵彼七兎毛塵爲一羊毛塵彼
七羊毛塵爲一牛毛塵彼七牛毛塵爲一遊
隙塵彼七遊隙塵爲一蟣量彼七蟣量爲一
蝨量彼七蝨量爲一麥量彼七麥量爲一指
節三節爲一指二十四指横布爲一肘量四
肘爲一弓五百弓量成一俱盧舍八俱盧舍
成一由旬此是度量世界身相成世界因由
一切有情共業所感云何成耶從空界中十
方風起互相衝擊堅密不動爲妙風輪其色
青白極大堅實深十六洛义由旬廣量無數
由暖生雲名曰金藏降澍大雨依風而住謂
之底海深十一洛义二萬由旬廣十二洛义
三千四百半由旬其水摶擊上結成金如熟
乳停上凝成膜即金地輪故水輪減唯厚八
洛义餘轉成金厚三洛义二萬由旬金輪廣
量與水輪等周圍即成三倍合三十六洛义
一萬三百五十由旬其前風輪娑婆界底地
水二輪四洲界底於地輪上復澍大雨即成
大海被風鑽擊精妙品聚成妙高山中品聚
集成七金山下品聚集成輪圍山雜品聚集
成四洲等其妙高躰東銀南瑠璃西玻瓈珂
北金所成餘七唯金四洲地等雜品所成彼
輪圍山唯鐵所成其妙高量入水八萬踰繕
那比於餘山皆悉高妙名曰妙高然後次第
七金山者一踰乾陁羅山高四萬由旬二伊
沙陁羅山高二萬由旬三佉得羅柯山高一
萬由旬四修騰娑羅山高五千由旬五阿輪
割那山高二千五百由旬六毗泥怛迦那山
高千二百五十由旬七居民陁羅山高六百
二十五由旬三藏論疏云一持雙山二持軸山三檐木山四善見山五馬耳山六象鼻山七魚觜山四大洲外有輪圍山高三百一十
二由旬半彼等廣量各各自與出水量同七
金山間諸龍王等游戲之處名曰戲海八山
間七海近妙高者一踰乾陁羅海廣八萬由
旬二伊沙陁羅海廣四萬由旬三佉得羅柯
海廣二萬由旬四修騰娑羅海廣一萬由旬
五阿輸割那海廣五千由旬六毗尼怛迦那
海廣二千五百由旬七尼民陁羅海一千二
百五十由旬盈八功德水八山七海其相咸
方外海味鹹尼民陁羅至輪圍山二山相去
三洛义二萬二千由旬其外海水雖無有分
由妙高色東海色白南海色青西海色紅北
海色黃現是等色故稱四海是彼周邊三十
六洛义七百五十由旬外輪圍山周圍三十
六洛义二千六百二十五由旬其外海南贍
部洲者狀若車廂狹向鐵圍三由旬半餘三
邊者各二千由旬周圍六千三由旬半有二
中洲東遮摩羅此云猫牛西婆羅摩羅此云猫牛勝贍
部中央摩竭陁國三世諸佛所生之處次此
向北度九黑山有大雪山名具吉祥其山北
邊有香醉山是二山間有大龍王名曰無熱
所居之池曰阿耨達此云無熱其狀四方面各五
十由旬周圍二百由旬池內偏滿八功德水
從此池內出四大河東殑伽河從象口中流
出銀沙共五百河流歸東海南辛渡河從牛
口中流出瑠璃沙共五百河流歸南海西縛
芻河從馬口中流出頗梨珂沙共五百河流
歸西海北悉怛河從獅子口流出金沙共五

百河流歸北海是彼四河從無熱池右遶七匝隨方而流是香山北度二十由旬彼處有嵓名難陁嵓面各五十由旬周圍二百由旬高三由旬半又有八千小嵓其嵓北邊度二十由旬有娑羅樹王名曰善住其根入地四十弓量高八十弓量七重行樹羅列圍遶東邊度二十由旬有緩流池其狀圓相廣五十由旬周圍一百五十由旬又有八千小池盈八功德水內有蓮花葉若牛皮其莖如軸花若車輪味美如蜜是處又有帝釋臨戰所乘象王名曰善住與八千象寒四月時住金嵓所熱四月時住善住所雨四月時住緩流池無熱池側有贍部樹菓實味美其量如甕熟時墮水出贍部音龍化為魚吞噉是菓殘者遍流成贍部金由此樹名故号贍部此洲向西有烏伷國大金剛宮持種所居金剛乘法從彼而傳南海之中山曰持舡觀音菩薩居止其頂聖多羅母居止山下東有五峯文殊菩薩居止其上有十六大國千數小國又有三百六十種人有七百二十種異音其外海東洲曰勝身狀若半月對妙高邊三百五十由旬餘邊六十由旬周圍六千三百五十由旬其洲二邊有二中洲北提訶(此云身)南毗提訶(此云勝身)是彼三洲越餘洲等七多羅樹或曰洲人相皃端嚴其身勝故名曰勝身其外海北洲曰鳩婁其狀四角畟(初力)方相似邊各二千由旬周圍八千由旬其洲二邊有二中洲一名鳩婁(此云有勝)二高羅婆(此云有勝邊)彼洲人等所有受用出如意樹臨歿七日其如意樹出不美音報曰當七日死或曰洲人卑舌即割食肉鬼音故曰鳩婁是不美音其外海西洲曰牛貨形如滿月徑二千五百由旬周圍七千五百由旬有二中洲南舍拂(此云具謟)北嗢怛羅曼怛哩拏(此云上)彼洲人等多寶牛貨故曰牛貨洲海山等向下皆悉八萬由旬近金地故近贍部洲是割棘洲金洲月洲等者係贍部洲餘大洲等小洲亦尒次上空中四萬由旬純淨無礙勝堅風輪從右而旋日月星宿空居天等依止而住　日輪者火珠所成徑五十一由旬周圍百五十三由旬厚六由旬零十八分上有金緣其上復有金銀瑠璃玻瓈珂等秀成四角日天子等所居宮殿由風運行一晝一夜遶四大洲日行向北時日即長南行時短行南北間時晝夜停由遊處光即有寒暑為冬夏際北行六月南行六月行至中道曰日月廻星輪歷遍謂曰一歲　月輪者水珠所成徑五十由旬周圍百五十由旬厚六由旬零十八分其上復有金銀瑠璃玻瓈珂等秀成四角月天子等所居宮殿是彼日月相去遠近自影增減由增一分即生上半十五分畢謂曰圓滿由減一分即生下半自影覆彼十五分畢曰不圓滿由增減故名曰宿空由一晝夜名曰宿地如是三十名曰一月　諸星宿者空居天宮諸寶所成其狀皆圓小一牛吼中三牛吼大六牛吼周圍三倍係四王眾其妙高山有四層級始從水際向上相去十千由旬即初層級從妙高山傍出十六千由旬向上相去一萬由旬即二層級傍出八千由旬向上相去一萬由旬即三層級傍出四千由旬向上相去一萬由旬即四層級傍出二千由旬彼妙高山其頂四角各秀一峯高四由旬半廣百二十五由旬周圍五百由旬有藥叉神於中止住是山頂上三十三天中央城曰善見純金所成高一由旬半面各二千五百由旬周萬由旬其城體金俱用百一雜寶嚴飾其地柔軟如兜羅綿是城四面有一萬六千寶柱寶桴寶椽寶簷四面四門又有千數關一小門四大衢道有諸小衢其四門側五百天子皆服堅鎧守護是門城中有帝釋殿曰最勝處亦曰殊勝殿其狀四方高四百由旬半面各二百五十由旬周千由旬百一郄敵一一郄敵各有七樓一一樓各七小樓一一小樓各七池沼一一池沼各七蓮花一一花上各有七數童男童女奏種種樂歌舞歡娛善見城東有諸所乘曰眾車苑高千由旬南臨戰處曰麤惡苑西諸行處曰相雜苑北游戲處曰歡喜苑縱廣同前其苑等外度二十由旬有善地曰眾車麤惡相雜歡喜量同四苑善見東北有如意樹名波利闍多亦名圓生樹根深五十由旬高百由旬枝條傍布五十由旬能施欲樂下有盤石曰阿嚛(二合)摩麗歌色白如氎面各五十由旬周二百由旬善見西南諸天集處名善法堂周九百由旬其狀圓相是堂中央有帝釋座純金所成其座周圍有三十二輔臣之座咸皆布列三十三天向上度八萬由旬於空界中依風而住諸寶所成離諍天宮量若妙高山頂二倍上度一億六萬由旬於空界中依風而住諸寶所成兜率天宮量如離諍縱廣二倍上度三洛叉二萬由旬

於空界中依風而住諸寶所成化樂天宮量如兜率縱廣二倍上度六洛叉四萬由旬於空界中依風而住諸寶所成他化自在天宮量同化樂縱廣二倍此即欲界上有初禪如是四洲七山妙高輪圍欲界六天并初禪等謂四洲界一數至千爲小千界一小鐵圍山圍遶此小千界一數至千爲中千界一中鐵圍山圍遶此中千界一數至千爲三千大千世界一大鐵圍山圍遶如是有百億數四洲界等皆悉行布鐵圍山等諸洲山間黑暗之處無有晝夜舉手無見初禪天量等四洲界二禪天量等小千界三禪天量等中千界四禪天量等三千大千世界其相去量皆倍倍增謂曰色界無色界者無別處所若有生者何處命終即彼生處住無色定故曰無色

情世界品第二

謂情世界總有六種一者地獄二者餓鬼三者傍生四者人五者非天六者天此等六種名義云何謂斫壞肢躰故曰地獄飢渴所逼故曰餓鬼傍覆而行故曰傍生意多分別故名曰人摩㝹沙義身及受用雖與天同徵分鄙劣或由無酒故曰非天阿修羅義從梵身生遊戲娛樂或應供養故謂曰天是提婆義地獄者贍部洲下過二萬由旬曠廓四方二萬由旬純鐵所成火焰洞然有八熱獄一曰更活二曰黑繩三曰衆合四曰號叫五曰大號叫六曰炎熱七曰大炎熱八曰無間　更活獄者生彼有情先業所感執衆器仗互起冤憎遍相斫害段段墜落悶絶暫死空音更活彼等有情即便更活復相斫害彼壽量者四天王天一生之期爲一晝夜如是筭數壽五百歲受是苦楚　黑繩獄者其獄卒等於有情身從頂至足拼界黑繩以火鋸鈌解斫肢躰由先業力解下上生彼壽量者忉利天一生之期爲一晝夜如是筭數壽一千歲受是苦楚　衆合獄者生彼有情以鐵鎚打或二鐵山猶如羊頭二山相合研磕摧壞二山開時復自然活又被摧壞彼壽量者離諍天一生之期爲一晝夜如是筭數壽二千歲受是苦楚　號叫獄者生彼有情怖熱鐵池入稠林中火焰熾盛求歲焚燒由先業力其舌縱廣千由旬量有一大牛鐵角鐵甲架鐵犁鏵火焰熾盛耕犁其舌彼壽量者兜率天一生之期爲一晝夜如是筭數壽四千歲受是苦楚　大號叫獄者亦與前同其苦倍增彼壽量者化樂天一生之期爲一晝夜如是筭數壽八千歲受是苦楚　炎熱獄者三重鐵城火焰洞徹内受苦楚彼壽量者他化自在天一生之期爲一晝夜如是壽數萬六千歲受是苦楚　極炎熱獄者亦同其前其苦倍增彼壽量者等半中劫受是苦楚　無間獄者於鐵室内身一聚焰受極苦楚彼壽量者等一中劫　十六增獄者八熱獄傍面各四所一煻煨增深皆没膝有情遊彼纔下足時皮肉與血俱燋爛墜餘剩其骨舉足還生平復如本　二屍糞增不淨淤泥没有情腰於中多有攢矩吒虫紫利如針鑽皮透骨唖食其髓　三鋒刃增復有三種一刀刃路謂於此中仰布刀刃以爲大道有情游彼纔下足時皮肉與血俱斷碎墜舉足還生平復如本二劒葉林謂此林樹純以銛利劒刀爲葉有情遊彼風吹葉墜斬刺肢躰骨肉零落有烏駮狗齧掣食之　三鐵刺林名銛摩利謂此林樹有利鐵刺長十六指有情被逼上下樹時其刺銛利上下鑱刺是等有情血肉皮等掛染刺上唯剩觔骨有鐵觜烏探啄有情眼睛腦髓争競而食刀刃路等三種雖殊而鐵仗同故一增攝　四烈河增名曰無渡徧蒲極熱烈灰汁水有情入中或浮或没或逆或順或横或竪被蒸被煑骨肉糜爛如大鑊中蒲成灰汁置稻米等猛火下燃米等於中上下廻轉舉躰糜爛有情亦然設欲逃避於兩岸上有諸獄卒手執刀鎗槊捍令廻無由得出此河如塹前三似苑彼等名曰近邊地獄入寒獄者一曰水疱二曰疱裂三阿吒吒四阿波波五嘔喉喉六裂如欝鉢羅花此云青蓮花七裂如蓮花八裂如大蓮花　水疱獄者生寒氷間極甚嚴寒隨身生疱曰水疱獄彼壽量者摩伽陁國所有大斛八十斛麻百年除一若芝麻盡彼壽亦尒　疱裂獄者由極嚴寒其疱而裂黃水漏流彼壽量者倍前二十　阿吒吒獄者由大嚴寒咬齒忍耐彼壽量者倍前二十　阿波波獄者忍寒音聲彼壽量者倍前二十　嘔喉喉獄者由寒號泣出是苦聲彼壽量者倍前二十　裂如欝鉢羅花獄者嚴寒身裂如欝鉢羅花葉彼壽量者倍前二十　裂如蓮花獄者嚴寒身裂如蓮花開彼壽量者倍前二十　裂如大蓮花獄者身裂越前如大蓮花開數多葉彼壽量者倍前二十　孤獨獄者在贍部提曠野山間一

晝一夜受苦受樂相雜受故八熱地獄八寒地獄近邊孤獨如是名爲十八地獄　餓鬼者王舍城下過五百由旬有餓鬼城名曰黄白亦云慘淡彼鬼王曰閻羅法王共三十六眷屬等居其類有四一者外障二者内障三者飲食障四者障飲食　一外障者飲食音聲亦不得聞　二内障者獲微飲食口若針竅不能得入設能入口咽如馬尾無能得過設若過咽腹若山廓不能飽滿雖滿腹中脛如草莖無能舉動受此大苦　三飲食障者見飲食時無量獄卒執諸器仗守禦無獲　四障飲食者食飲食時由業所感鐵丸銅汁瀉置口中從下流出如是四種皆是餓鬼彼壽量者人間一月爲一晝夜如是筭數壽五百歲即當人間一萬五千歲或居人間寒林等處食血肉等皆餓鬼類　三傍生者多居河海亦如酒糟混漫而住以大食小以小食大互相驚怖由海波濤住所不定或處人天彼壽量者長如龍王壽半中劫短如蚋等壽一刹那身量無定　四人者住四大洲八中洲等及諸小洲彼壽量者如贍部洲人初成劫時其壽無量次後漸減今六十歲次後漸減至十歲間復次漸增無有定量北鳩婁人定壽千歲東勝身人壽五百歲西牛貨人壽二百五十歲除北鳩婁餘有夭横彼等受用北鳩婁洲食自然稻衣服瓔珞出如意樹餘三洲者食穀肉等資實受用彼等身量贍部提人肘量八肘西牛貨人身十六肘北鳩婁人三十二肘人等面相亦如洲狀其小洲人亦如大洲身各減半故如是說　五非天者

妙高水際下過一萬一千由旬山曠廓間光明城内阿修羅王曰羅睺羅（此云攝腦）衆眷屬居又過一萬一千由旬星鬘城内阿修羅王名曰項鬘衆眷屬居又過一萬一千由旬堅牢城内阿修羅王名曰妙鎮又曰大力衆眷屬居又過一萬一千由旬甚深城内阿修羅王名曰毗摩質多羅（此云絲種種亦云紋身）衆眷屬居常共帝釋比對鬭諍城曰具金殿名奏樂如意樹王名即怛鉢栗聚集之處名曰賢財石名善賢苑名普喜妙喜最喜甚喜善地亦名普喜妙喜最喜甚喜臨戰所乘象名無能敵遊戲所乘象名壘雪馬曰峭脖是等非天共三十三天諍須陀味及修羅女爲戰諍故從山廓出身服金銀琉璨玻璨珂等堅固鎧甲手執劒槊標鎗弓箭領四部軍彼阿修羅王羅睺羅項鬘妙鎮毗摩質多羅等或前三來或四皆來是時帝釋五守護衆一住戲海願樂白法龍王等衆與非天軍鬭戰令廻龍若不勝去堅首所共二守護復與修羅鬭戰又若不勝去持鬘所共三守護復與鬭戰又若不勝去恒憍所共四守護復與鬭戰又若不勝去四王所共五守護復與鬭戰四大天王率四軍衆服實堅鎧執諸戈拔鬭戰多分四天王勝若不能却去忉利天前白帝釋曰我等守護不能廻彼阿修羅衆王應却敵如是白已天主帝釋乘善住象告三十三天衆等曰汝等應知今修羅軍至妙高頂當服堅鎧取所乘車與修羅戰說是語已彼諸天子各服寶鎧執持戈仗去衆車苑取所乘車入麁惡苑轉身心惡出善見城共彼修羅相敵鬭戰

若修羅勝侵至城内若天得勝逐修羅軍至第一海鬭戰之時天與非天斷其頸腰彼等即死手足若斷復生如本若薄伽梵辟支佛轉輪聖王住世間時諸阿修羅不起諍心設若相持諸天必勝世間善增天衆亦勝世不善增阿修羅勝是故諸天護持善事　天者欲界六天色界十七無色界四欲界六天者蘇迷盧山第一層級堅首衆居第二層級持鬘衆居第三層級恒憍衆居持雙山上北方有城名阿那迦嚩帝多聞天王藥叉衆居如是東方城名賢上有大天王名曰持國乾闥衆居西方有城名曰衆色有大天王名曰廣目龍神衆居南方有城名曰增長有大天王名曰增長焰鬘衆居餘四層級七金山等日月星宿鐵圍輪山贍部洲山多羅樹所四王部衆亦住止住咸屬四王是謂一部彼壽量者人五十歲爲一晝夜如是壽量經五百年若其身量一俱盧舍四分之一　三十三天妙高頂上天主帝釋住最勝處共非天女名曰妙安同衆天女受諸欲樂無有厭足復有臨戰所乘象王名曰善住遊戲苑中所乘象王名曰藹羅筏拏（此云持地子）二象周圍各七由旬各以八千小象衆居又有馬王名迅疾風與八千馬居天主輔臣數三十三是故名曰三十三天諸天子等耽五欲樂若放逸時有大天鼓鼓聲出音警諸天曰諸行無常有漏皆苦諸法無我寂滅爲樂與修羅軍鬭戰之時出除苦音警曰天願得勝願修羅敗宮殿城池樹集石等如前所辨彼天壽量人間百歲爲一晝夜如是筭數壽一千歲其天身量半

踰闍那　焰摩天者三十三天共非天諍此離諍故名離諍天彼天壽量人二百歲為一晝夜如是筭數壽二千歲其天身量二踰闍那　兜率陁天者有慈氏尊紹世出世法王之位受大法樂謂曰兜率是俱樂義人間四百年彼天一晝夜壽四千歲身量四踰闍那化樂天者自化受用謂曰化樂人間八百年彼天一晝夜壽八千歲身量八踰闍那　他化自在天者受用他化謂曰他化自在彼中天王威德自在即是魔主人間千六百年彼天一晝夜壽量萬六千歲身量十六踰闍那下從無間至他化自在天謂之欲界躭着欲樂所食段食故如是說　色界一十七天者四靜慮攝　初禪三天者謂梵衆梵輔大梵彼天壽量梵衆半劫梵輔一劫大梵一劫半彼天身量次第半由旬一由旬一由旬半二禪三天者謂少光無量光極光彼天壽量少光二劫(以上四天四十中劫為一大劫以下諸天八十中劫為一大劫)無量光四劫極光八劫彼天身量少光二由旬無量光四由旬極光八由旬　三禪三天者少善無量善廣善彼天壽量少善一十六劫無量善三十二劫廣善六十四劫彼天身量少善十六由旬無量善三十二由旬廣善六十四由旬　四禪八天者無雲福生廣果三是凡居無煩無熱善現善見色究竟五是聖居名曰五淨居彼天壽量無雲百二十五劫福生二百五十劫廣果五百劫無煩一千劫無熱二千劫善現四千劫善見八千劫色究竟一萬六千劫彼天身量無雲一百二十五由旬福生二百五十由旬廣果五百由旬無煩一千由旬無熱二千由旬善現四千由旬善見八千由旬色究竟一萬六千由旬始從梵衆至色究竟皆名色界出離欲樂非離色故故名色界　無色界四天者無有身色亦無處所從定分四空無邊處識無邊處無所有處非想非非想處彼天壽量空無邊處二萬大劫壽量識無邊處四萬大劫無所有處六萬大劫非想非非想處八萬大劫彼等四處謂無色界非離定色出離麁色故名無色彼等壽量謂歲劫時其量云何時最少者名為刹那百二十刹那為一怛刹那六十怛刹那為一羅婆三十羅婆為一年休多(此云須臾)三十年休多為一晝夜三十晝夜即為一月十二箇月即是一年劫有六種一中劫(或名別劫)二成劫三住劫四壞劫五空劫六大劫一中劫者或贍部人從無量歲漸漸減至八萬歲時即成劫攝從八萬歲減至十歲謂中劫初復增八萬歲減至十歲為一輾轉如是增減十八數者為十八中劫然後十歲至八萬歲中劫後際前後中間十八輾轉為二十中劫二成劫者始從風輪至無間獄生一有情器世界成經一中劫如前已說　情世界者此三千界火壞後成從極光天天人命終生大梵處孤生疲倦嗚呼君有同分生此界者有何不可發如是心雖非念力極光天人有命終者即生彼處先生之心而作是念由我貪生故世咸稱人祖大梵如次梵輔梵衆他化自在乃至四王次第而生北鳩婁洲西牛貨洲東勝身洲南贍部洲次第而生時贍部洲人壽無量歲飲食喜樂有色意成身帶光明騰空自在如色界天有如是類地味漸生其味甘美色白如蜜其香馥郁時有一人稟性躭味嗅香起愛取嘗便食亦告餘人隨學取食食段食故身光隱沒由衆業感日月便出照耀四洲次地味隱復生地餅其味甘美色紅如蜜競躭食之地餅復隱次林藤生競躭食故林藤復隱有非耕種自然稻生衆共取食此食麁故即餘滓穢根道俱出尒時諸人隨食早晚取香稻食後時有人稟性懶墮長取香稻儲宿為食餘亦隨學香稻隱沒隨共分田慮防遠盡於己分田生悋護心於他分田有懷侵奪故生爭競是時衆人議一有德封分田主衆所許故謂曰大三末多王(此云衆所許)王多有子相續紹王嫡子號曰光妙彼子善帝彼子最善彼子靜齋是等謂曰成劫五王靜齋王子名曰頂生彼子妙帝彼子近妙彼子具妙彼子嚴妙是等謂曰五轉輪王嚴妙王子名曰捨帝彼子捨雙彼子捨固尼彼子固室彼子善見彼子大善見彼子除碍彼子金色彼子具分彼子離惡彼子妙高彼子定行彼子甚吼音彼子大甚吼音彼子能安彼子方主彼子賢壓彼子能廣彼子大天此王種族五千相承其最後子七千相承曰阿思摩迦王最後子八千相承曰鳩婁王其最後子曰具頭王有九千王其最後子名曰龍音有一萬王其最後子怛彌留怛一萬五千其最後子名瞿曇氏此即甘蔗裔彼子相承甘蔗王種一千一百數其最後子甘蔗種王名曰增長(即懿師摩王)王有四子一名面光二名象食三名調伏象四名嚴鐲稱釋迦氏嚴鐲有

子名曰嚴錫足彼子致所彼子牛居彼子獅
子頬王有四子一名淨飯二名白飯三名斛
飯四名甘露飯淨飯王子即婆伽梵次名難
陁白飯王二子一名帝沙(達調)二名難提迦斛
飯王二子一名阿尼婁馱一名跋提梨迦甘
露飯王二子一名阿難一名提婆達多婆伽
梵子名羅睺羅釋迦種族至斯終矣　又別
種王依法與教如來滅度後二百年中印土
國有王名曰無憂法王於贍部提王即多分
中結集時而爲施主與隆佛教後三百年贍
部西北方有王名曰割尼尸割三結集時而
爲施主廣興佛教梵天竺國迦濕彌羅國勒
國龜茲(音丘慈)　(何六)捏巴辣國震旦國大理國西夏(十六)
國等諸法王衆各於本國興隆佛法如來滅
度後千餘年西番國中初有王曰呀乞嚟賛
普二十六代有王名曰袷陁朶嚟思顏賛是
時佛教始至後第五代有王名曰߯賛思甘
普時班弥達名阿達陁譯主名曰端美三波
羅飜譯教法修建袷薩等處精舍流傳教法
後第五代有王名曰乞嚟߯提賛是王召請
善海大師蓮花生上師迦摩羅什羅班弥達
衆成就人等共毗盧遮那羅佉怛及康龍尊
護等七人飜譯教法餘班弥達共諳譯主廣
飜教法三種禁戒興流在國後第三代有王
名曰乞嚟倈巴瞻是王界廣時有積那弥多
并濕連怛羅菩提班弥達等共思割斡吉祥
積酌羅龍幢等已飜校勘未飜而飜廣興教
法西番王種至今有在班弥達等飜譯譯主
善知識衆廣多有故教法由興
北蒙古國先福果熟生王名曰成吉思(紅)始

成吉思從北方王多音國如鐵輪王彼子名
曰斡果戴時稱可罕紹帝王位疆界益前有
子名曰古偉紹帝王位
成吉思皇帝次子名朶羅朶羅長子名曰
蒙哥亦紹王位王弟名曰
忽必烈紹帝王位降諸國土疆界豐廣皈
佛教法依法化民佛教倍前光明熾盛帝有(何六)(十七)
三子長曰　真金豐足如天法寶莊嚴二曰
忙各辣三曰納麻賀各具本德係嗣亦尒茲
是始從釋迦王種至今王種

彰所知論卷上

彰所知論卷上
校勘記

一　底本，影印宋磧砂藏本。
一　一八頁上二行序者，徑、清作「元正奉大夫同知行宣政院事廉復譔」。
一　一八頁上一九行造者，徑、清作「元帝師發合思巴造」。
一　一八頁上末行「析釋」，南、徑、清作「具釋」。
一　二一頁下二行第一四字「頸」，徑作「脛」。
一　二二頁中九行「故名無色」，徑作「故無名色」。
一　二三頁中一行「北方」，徑作「比方」。
一　二三頁中二行「斡果戴」，徑、清作「幹果戴」。

彰所知論卷下

始帝王祖三末多王是時田分互起侵盜初發偷盜被王推問言不曾偷始起妄語王法誅戮即有殺害不善法生介時衆生造不善法命終之後即生傍生次生餓鬼漸生地獄次無間獄生一有情時成劫終如是有情行諸不善壽量漸減受用乏少閻浮提人壽八萬歲無間地獄生一有情是二同時如是情世界成十九中劫器世界成即一中劫如是成劫二十中劫閻浮提人八萬歲時始爲住劫住劫亦經二十中劫至十歲時刀兵災起唯七晝夜疾疫災起七月七日飢饉災起七年七月七日多分死歿餘者相覩起希見心互相睠戀遠離煞害漸生善故壽量受用復增益盛至八萬歲增上之時轉輪王出依法化民下減之時婆伽梵出拔濟衆生增減時間獨覺出世令諸有情而作福田住劫亦經二十中劫始壞劫初情世界壞無間獄中無有情生先生業盡即生別趣若有未盡生上地獄或別世界地獄中生無間獄空如是向上地獄漸空生餓鬼趣如是餓鬼傍生趣空人趣之中除鳩婁人餘并欲天無師法然獲初靜慮生初禪天北鳩婁人生欲界天獲初靜慮生初禪天無師法然獲二靜慮生二禪天從無間獄至梵世空如是亦經十九中劫然後四洲有七日出初不降雨藥草叢林悉皆枯槁二日出時溝池乾涸三日出時兢伽河等悉皆枯竭四日出時無熱池竭五日出時海水沒膝六日出時大海亦竭七日出時彼器世界一聚火聳從無間獄直至梵世以火燒壞經一中劫壞劫總經二十中劫空劫亦介如是成住壞空即八十劫總此八十名一大劫爲梵衆等壽量之數　器世界壞有其三種火水風壞者亦如前說如是七次後世界復成又被水壞至二禪天從極光天即生大雲降注大雨其器世界如水化鹽銷鎔皆盡彼水自竭一水災次復七火災度七火災還有一水如是水災滿至七次復七火災後世界成被風災壞至三禪天其風之力吹散妙高何況其餘第四禪天雖無外災是等有情生與殿生命盡殿隱如是器情世界并成壞等咸皆說已　復次因果相續緣生法者因緣相藉而生故曰緣生緣生有二一外緣生二內緣生外緣生者成世界法如種生芽如前已說　內緣生者如有無明即有行等名順緣生如無明滅即行等滅名逆緣生順緣生者有七復次約位約遠續約連縛約剎那約三際約二重因果約三惑等約位者於宿生中諸煩惱分位中五蘊即名無明由無明勝故如是說已下皆以從勝爲名行等諸法各具五蘊行者宿世所造善不善業位間五蘊識者於母胎中正結生時一剎那位所有五蘊名色者結生識后六處生前其間五蘊名者受想行識四蘊名名色者處胎分位羯邏藍(此云和合亦云凝滑)頞部曇(此云皰結)閉尸(此云肉團)鍵南(此云堅實)鉢羅奢佉(此云肢體節力等生)等五名色六處者處母胎中從眼等生至三和合未了別境位間五蘊觸者根境識三和合未能了別苦樂之因位間五蘊受者已了三受因差別相嬰兒之時至未起婬位間五蘊愛者即年盛時能了婬欲未廣追求位間五蘊取者爲得種種上妙資具周遍馳求位間五蘊有者因馳求故積集能牽當來果業位間五蘊生者由是業力從此捨命正結當有位間五蘊老死者從當來生名色至受位間五蘊一切有部說約位緣生即是遠續連縛亦介經部宗者無約位說約遠續者謂無明與明相違是心所法發行之因行者所發起業福及非福不動等業識者由業引令識生名色者胎中五蘊六處者眼等根生觸者根境識三和合了別是心所法受者由彼所生苦樂捨等愛者貪著樂境取者尋求彼境有者由彼發起成當生業生者由業相續結生老死者令生彼生究竟轉死連縛亦介　約剎那者謂由一剎那十二有支緣生具足由貪行殺癡謂無明斷命即行於諸境事了別名識五蘊同俱總稱名色住名色根說名六處根境識三和合有觸曰觸爲受貪即是愛與此相應諸纏名取所起身語二業名有如是諸法集起名生熟變名老滅壞名死　約三際者謂無明與行屬過去攝名曰因支識等五支屬現在攝名曰果支愛取有三屬現在攝名曰未來因支生老死二支屬未來攝名曰果支過去二支現在八支未來二支故十二支約兩重因果者有二一前際二後際前際者謂無明是惑行即是業彼二因支由彼所生識等五支即是果支一重因果現在愛取二支是惑有即是業三當來因由彼所生當生老死即是果支一重因果如是十二有支兩重因果　約三惑者謂無明愛取三即是惑

行有二即是業謂之集諦識等七支即是苦謂之苦諦是順緣生者無明滅即行滅無明滅則了無我智即是道諦若無明滅生因行滅引業滅故識等五支滅由是滅故起發後業愛取等滅由是滅故生老死等皆悉亦滅即是滅諦說四諦已器情緣生及四諦等皆五法攝一色法二心法三心所法四不相應法五無爲法一色法者即是色蘊五根五境無表色等十一法言五根者謂眼根極微如香荾雖音花在眼星上傍布而住耳根極微如捲樺皮居耳穴内鼻根極微如雙爪甲居鼻頞内舌根極微形如半月布在舌上身根極微亦如身量從頂至足遍在身根根是塵故不能緣境言五境者色謂眼緣之境有其二種一顯色二形色顯色者有其四種青黃赤白形色者有十六種長短方圓高下正不正光影明暗雲煙塵霧等二十數聲謂耳緣之境有其二種一有執因如語等二無執因如鼓聲等有記無記各二爲四此復可意及不可意差別成六香謂鼻緣之境有其四種一好香二惡香等不等故差別成四味謂舌緣之境有其六種甘酸苦辛鹹淡觸謂身緣之境因觸四大果觸滑澁重輕冷熱飢渴等言無表色者謂律儀不律儀俱相違色此是色蘊二心法者有六謂眼耳鼻舌身意識六即是識蘊三心所有法者有四十六一大地法者有十種受謂領納想謂令心執境思謂令心運動作意謂令心緣境勝解謂令心於境印可即是令心於所緣境無怯弱義欲謂希求觸謂和合了境慧謂揀擇念謂令心於境明記不忘定謂令心專注一境如是十種遍一切心名大地法二大善地法者有十信謂令心於境澄淨不放逸謂恒習善法守護心性輕安謂心堪任性捨謂令心平等慚謂於諸功德及有德者恭敬而住愧謂於罪見怖無貪謂不着有漏無嗔謂於諸有情不樂損害不害謂怜愍有情令無損惱勤謂於善令心勇悍如是十種徧諸善心名大善地法三大煩惱地法者有六種癡謂愚癡即是無明無智無顯逸謂放逸不修諸善怠謂懈怠心不勇悍不信謂心不澄淨惛沉謂身心相續無堪任性是昧重義掉舉謂心不寂靜如是六種徧煩惱心名大煩惱地法四大不善地法者有二種一者無慚謂於諸功德及有德者令心不敬二者無愧謂於諸罪中不見怖畏如是二種徧不善心名大不善地法五小煩惱地法者有十種忿謂令心憤發根謂於忿所緣事中數數尋思結怨不捨諂謂心曲誑謂惑化嫉謂不忍他德惱謂堅執諸罪由此不受如理諫誨覆謂隱藏自罪慳謂於已法財令心悋惜憍謂染着自身所有色力種族等事令心傲逸害謂於他能作逼迫如是十種唯修所斷徧意識地名小煩惱地法六不定法者有八種尋謂令心於境麄轉爲相伺謂令心於境細轉爲相悪作謂悪所作業是追悔義睡眠謂不能任持身心相續令心昧略嗔謂令心於有情等樂爲損害貪謂愛着有漏慢謂令心恃舉疑謂令心猶豫如是八種於前諸地無有定故名曰不定對法集論并五蘊論說十一善内了知四諦名曰無癡隨煩惱中執不淨爲淨染污作意勝解名非理作意邪勝解根本煩惱内於諸諦理顛倒推度染污慧分名不正知隨煩惱内於諸所緣不能明記染污念分名曰失念於諸所緣令心流蕩染污定分名曰散乱對法藏論無如是說以上心所除受想二皆行蘊攝心所法竟不相應行者有十四種謂有情相續律儀相應有別物曰得與彼律儀不相應有別物曰不得諸有情類同作事業曰衆同分若生無想有情天中有法能令心心所滅是實有物名曰無想果復有別法能令心心所滅名曰無想定無想者定名或定無想名無想定如下所說聖者相續想受等滅是實有物名滅盡定有情始生住未死間名曰命根先無今有曰生令暫時住曰住轉變曰老變壞曰無常即有爲四相能詮自體謂曰名身詮義究竟謂曰句身是二所依謂曰文身等十四法又義攝内破和合衆曰不和合所造業果於自成熟猶如負債終不磨損物等亦繫不相應行一切有部色心所三有別物經部師說是彼三法假說分位除彼受想四十有六心所有法及不相應名曰行蘊無爲法者至下當知如是色法即名十界除無表色是眼等十心法七界謂六識及意根界若說處時是彼七法一意處攝心所有法不相應法無爲法無表色等總名法界亦名法處如是所說所知五法五蘊并十二處及十八界

道法品第三

復次道者謂彼少欲知足具種性者身心遠

離種種群雜住近事戒等應當勤聞若廣聞已思所聞義思已應修謂當修止觀多貪修不淨觀多嗔修慈悲觀多癡修分別緣生觀多我修分別界觀多散亂修數息觀止觀成已修勝解故如法了解內外身名身念住如法了解苦樂捨等名受念住如法了解六識心法名心念住如法了解想行無爲名法念住修此四法是智資糧道集資糧已　修加行道煖位之中已生惡令斷未生惡令不生已生善令增長未生善令生如是四法名四正勤政[illegible]頂位之中欲善法定勤樂善定作意善心　定揀擇善定如是名四神足忍位之中行世正見澄淨名信樂修善法曰進明記不忘曰念專注一境曰定知取捨法曰慧修此五法能生善法故曰五根世第一位中修信進念定慧等五能破相違故曰五力此是加行道見道位中了知四諦名曰正見正語發起名正思惟如法正說名曰正語捨不善業名曰正業弃捨邪命名曰正命希求善法名正精進明記不忘名曰正念專注一境名曰正定如是八法名八聖道支此是見道見道所斷分別煩惱及得相等謂欲界苦諦貪嗔慢無明疑有身見邊執見戒禁取見見取邪見集滅二諦各除三見七七十四道諦所斷除上二見欲界四諦共三十二色界四諦各各除嗔共二十八無色亦然如是三界見道所斷八十有八　修道位中明記善法名念覺支揀擇取捨名慧覺支希求精進名勤覺支證無漏喜名喜覺支身心任性名輕安覺支不爲世法所牽無着無礙名捨覺支令心住境名定覺支修此七支名曰修道修道所斷俱生煩惱得相無記有漏善等欲界之中貪嗔癡無明四各具九品共三十六色界之中第一靜慮除嗔餘三各各九品成二十七如是二三四靜慮亦亦色界總有一百八數無色界亦然如是三界修道所斷總有一百五十二數　次證十無學法者謂正見正思惟正語正業正命正進正念正定正解脫正解脫知見是無學道

果法品第四

復次果者如上所說三十七品菩提分法爲自解脫輪廻發心利根極速三生證阿羅漢一生修順解脫分善名資糧道二生修順决擇分善名加行道三生亦如沙門證第四果鈍根懶墮即不定故如沙門者向預流等四者名果向預流者加行道前情器所攝皆苦自性即是苦諦復次彼因業及煩惱是名集諦令彼解脫即是滅諦復次彼因即是道諦修習純熟由彼次第證見道時初觀苦諦四法性者轉變名無常三苦名苦實有與我非一蘊故名空實有與我別故名無我現證四智次觀集諦四法性者如種苦理故因等現苦理故集相續苦理故生隨順苦理故緣現證四智次觀滅諦四法性者苦因滅故滅苦果息故靜超有漏故妙脫輪廻離現證四智次觀道諦四法性者通行義故道契正理故如修無念智故行現證三智此十五者名初果向第十六者以彼道諦求超諸有故出現證一智此等十六是住初果已證四諦十六行相修習純熟欲界修道所斷九品煩惱之中斷前五品即一來向斷第六品即一來果彼一來者復來欲界受一生故下三品者欲界之中一生斷故現證行相修習純熟斷七八品名不還向斷第九品名不還果彼不還者斷盡欲界一切煩惱必不還來欲界生故現證上界諸地行相修習純熟四靜慮四無色各九煩惱斷初靜慮一品爲始至斷有頂八品爲終名阿羅漢向斷第九品名阿羅漢果彼阿羅漢者三界煩惱斷盡無餘名阿羅漢經云乾慧地等八者聲聞資粮道即乾慧地欲愛枯乾根境不偶是所修善名乾慧地種性地者即加行道必不成佛定成聲聞獨覺種性名種性地八人地者是初果向至阿羅漢果名八人地具見地者是住初果四諦行相現證見故名具見地薄地者是一來果欲界煩惱多分斷故名曰薄地離欲地者是不還果離欲界中貪欲等故名離欲地已辦地者即阿羅漢苦已知集已斷滅已證道已修名已辦地聲聞地者即不來不還阿羅漢三名聲聞地辟支佛地者如上所說三十七品菩提分法唯自一人欲證菩提如是發心修百大劫以最後身生無佛世不假師教成證獨覺此有二種一麟角二部行麟角喻者唯一而居具聖德行部行類者與衆群居

究竟正覺者如上所說三十七品菩提分法爲諸有情而成佛故發起大悲勝菩提心奉侍諸佛悉令歡喜利益他故行六度行三無數劫究竟成佛者釋迦如來昔爲陶師名曰大光明於大釋迦如來之處始初發心至初無數劫奉侍七萬五千佛其最後佛名曰寶

曁第二無數劫奉侍七萬六千佛其最後佛名曰燃燈第三無數劫奉侍七萬七千佛其最後佛名曰勝觀其六度者以大悲心於諸有情所有資具悉皆惠施爲普度太子時施波羅蜜究竟圓滿未離貪欲被析肢體心無少恚爲忍辱仙時忍戒二行究竟圓滿爲婆羅門子時視底沙佛住火界定忘下一足經七晝夜旋遶讚曰

天地此界多聞室　逝宮天處十方無
丈夫牛王大沙門　尋地山林徧無等

如是讚已便超九劫進波羅蜜究竟圓滿處圓滿處金剛座初夜分時降諸群魔後夜分時金剛喻定定慧二行究竟圓滿如是處金剛座降魔之前三無數劫修福智足奉侍諸佛六度雖圓即異生身坐金剛座證見修道成等正覺聲聞衆中因時不說了知諸法無我空悲施行三輪體空十地行相果時不說報身及四智等　正覺法者六種所攝謂身智斷利他大悲德具足等　身者有二一者色身二者法身色身者具三十二相八十種好即自性身度乾闥婆及苾陵伽故示現乾闥婆王及轉輪聖王即化身　然諸佛等種性身量壽命國土及根機等有種種異二法身者有十無學法諸佛等同　智者有二一者徧智二者正智徧智者謂了蘊界處因果體性故曰徧智二正智者謂知四諦中無常等法故曰正智　斷者有二一斷煩惱障二斷所知障斷煩惱障者謂對治貪等根本煩惱及隨煩惱令斷滅故二斷所知障謂對治能障境時自性無知之法令斷滅故　利他者有二一者於諸有情安置解脫弃捨相違令住於道二者於諸有情安置善趣弃捨於惡令住於善大悲及德次下當說諸聖者等共功德者有十一種謂無諍願智四無礙解六通四靜慮四無色四無量八解脫十勝處八徧處三等持等　無諍者謂依第四靜慮心願諸有情勿緣己身生諸煩惱思惟等持故名無諍　願智者謂依第四靜慮心以願爲先引如智起如願了知故名願智　四無礙解者一法無礙解知諸法名故二義無礙解正知義故三詞無礙解正知言詞故四辯才無礙解正知正理故名四無礙解　六通者一神境通遊行石壁等無礙故天耳通若近若遠諸異音聲皆了知故三天眼通能隨所應取彼障隔極細遠等諸方色故四他心通能知他心有無欲故五宿住通知自及他宿世事故六漏盡通知世出世一切道故前五有漏依第四靜慮第六無漏依第九故

四靜慮者初靜慮具有五支一尋二伺三喜四樂五等持二靜慮中具有四支一內等淨二喜三樂四等持三靜慮中具有五支一行捨二正念三正慧四受樂五等持四靜慮中具有四支一行捨清淨二念清淨三非苦樂受四等持　四無色者修加行時思無邊空及無邊識無所有故以正定時除色依餘四蘊第四名者由想昧劣謂無明勝得非想名有昧劣想名非非想如是次第空無邊處識無邊處無所有處非想非非想處名四無色若加滅盡定亦名九次第定　四無量者謂慈悲喜捨四中初二無嗔爲體喜即喜受捨即無貪所緣境者欲界有情所有嗔害及有欣慰欲貪嗔等如次對治　八解脫者依初二靜慮一內有色想觀諸外色解脫不淨想轉作青瘀想以色觀色二內無色想觀諸外色解脫內無色觀三依後靜慮淨解脫身所證具足住觀一切色作淨光鮮如是三種及四無色定爲次四解脫滅受想定爲第八解脫依有頂心諸聖者等厭麤受想以寂靜定滅心心所名滅盡定　十徧處者謂周徧觀察地水火風青黃赤白及空與識二無邊處依第四靜慮緣欲可見色於地等處周徧觀察無有間隙十中前八無貪爲體後二如次空識無色爲其自性　八勝處者一內有色想觀外色少二內有色想觀外色多三內無色想觀外色少四內無色想觀外色多內無色想觀外色青黃赤白爲四足前成八八中初二如初解脫次二如次解脫後四如第三解脫若尒八勝處與三解脫何殊荅前修解脫唯能棄背此修勝處能制所緣隨所樂欲而終不起修解脫等一爲諸惑已斷更遠二爲於定得勝自在故能引起無諍等德及勝神通由此便能轉變諸事起留捨等種種作因故　三三摩地者謂空無相無願空三摩地者謂空非我二種行相相應等持無相三摩地者謂緣滅諦四種行相相應等持涅槃無相離十相故名曰無相能緣彼定得無相名無願三摩地者謂緣餘諦十種行相相應等持非常苦因可厭患故道如船筏必應捨故能緣彼定得無願名皆爲超過現所對故此等功德俱解脫阿羅漢辟支佛如來共

故名共功德慧解脱者無三等持及四無量
故　如來不共功德者有十八種謂十力四
無所畏三念住及一大悲　十力者一處非
處智力二諸業異熟智力三靜慮解脱等持
等至智力四根上下智力五種種勝解智力
六種種界智力七徧趣行智力八宿住隨念
智力九生死智十漏盡智力　四無所畏者
一正等覺無畏二漏盡無畏三説障無畏四
説道無畏由有智力於他不懼故名無畏
言三念住者謂如來説法諸弟子等一向恭
敬能正受行如來緣之不生歡喜捨而安住
正念正知是謂如來第一念住諸弟子衆惟
不恭敬不正受行如來緣之不生憂感捨而
安住正念正知是謂如來第二念住諸弟子
衆一類恭敬能正受行一類不敬不正受行
如來緣之不生歡感捨而安住正念正知是
謂如來第三念住此三皆用念慧爲體故名
念住大悲者於諸世間晝夜六時觀察世間
執苦執樂執應調伏隨應利樂故名大悲大
乘所説如來十八不共法三不護等彼聲聞
乘未曾聞故

無爲法品第五

復次無爲法者有其三種一虛空二擇滅三
非擇滅謂虛空無爲者虛空但有無礙爲性
由無障礙遍一切處名虛空無爲色於中行
其餘所有門窗竅隙所有明暗等空及阿伽
色等皆非無爲二擇滅無爲者謂無漏智斷
諸障染見修二道所顯真理名擇滅無爲三
非擇滅無爲者謂能求礙未來法生得滅異
前名非擇滅得不因擇但由闕緣名非擇滅

此三無爲一切有部許有實物經部師説無
有造作問真如豈非無爲耶答彼即無我以
殻聞乘不説法無我故人無我者即無常等
十六行相三諦行相即是有爲滅諦行相惟
擇滅法非餘法故如是器情道果無爲所知
五者總攝一切所知法故情器之法即是苦
諦成彼之因即是集諦道果二法即是道諦
擇滅無爲即是滅諦虛空非擇二種無爲三
種非四諦攝苦集二諦有漏法故道滅二諦
無漏法故如是所説世出世間有爲無爲所
知法已

種相圓具足　叡智皇太子
數數求請故　慧幢吉祥賢
念住日藏論　起世對法等
依彼造此論　有情所知輪
機宜有無邊　纂略列爲五
謂器情道果　并無爲法等
故今明開示　冏冏曉解者
惟茲彰所知　解已復示他
此論文句等　弃義懈怠過
智者并啓請　惟願垂忍納
所生諸善根　周徧虛空界
我共諸衆生　願證無上果

彰所知論者爲
菩薩
真金皇太子求請故
法王上師薩思迦大班彌達足塵頂授比丘
發思巴慧幢吉祥賢昔壬寅仲秋下旬有
三畢宿直日於大吉祥薩思迦法席集竟
持經律論妙音并智獅子筆授

彰所知論卷下
大經云森羅及萬像一法之所印重重交
光歷歷齊現非法界之現量歟彰所知論
者迺
先皇裕宗皇帝聖明睿思神智明鑒慜邪見
之衛惑傷正塗之壅底勸請
帝師法王利樂有情故闡揚至覺真理原始
要終修習次第之大旨也弘而密奥而典
古錦純金隨器受用義攝爲五至當歸一
所言情器世界者非若夫群盲摸象之異
執或言一氣或曰自然直指心造詳明劫
初羅籠八極之外剖析隣虛之内如像臨
鏡如指在掌言道法者以少欲知足聞思
修慧三十七菩提分爲其因言果法者以
資糧加行見道修習無學爲其果言無爲
者四聖諦中之滅諦理也由其五法總攝
一切所知法故故曰彰所知論真智靈知
豈見聞覺知之謂乎深入緣起窮法實相
蓋依念處日藏起世對法相應之義而錯
綜其宏綱也然則他化天王通力觀世界
微塵數之雨滴猶目覩所受用物聲聞起
神用觀三千大千世界如掌中菴摩羅果
况正徧知之妙用其孰能語於此盛矣優
曇瑞世天開玉曆之期像教中興時際金
輪之治欽惟
聖制云
皇天之下一人之上西天佛子大元帝師璽
篆賜玉寵渥彌隆其尊師重道爲萬世帝
王之彝典也行宣政院同知廉公正奉風
承授記深樂佛乘一日以江浙總統沙羅

巴大師所譯彰所知論傳之前松江府僧録管主八大師師續雕大藏聖教偶其時忻獲至寶鋟梓隨函屬余序其後辞不獲免輒述教起之由致至於發揚聖教之碎美則備于公之本序云耳

大元大德丙午十月既望江西前吉州路官講報恩寺講經釋克巳序

彰所知論卷下

校勘記

一　底本，影印宋磧砂藏本。

一　二四頁上一行與二行之間，[徑]、[清]有「元帝師癸合思巴造」、「宣授江淮福建等處釋教總統法性三藏弘教佛智大師沙羅巴譯」各一行。

一　二四頁中二五行第四字「藍」下夾註左「疑滑」，[南]、[徑]、[清]作「凝滑」。

一　二七頁上二四行「智者」，[清]作「正智者」。

一　二七頁中四行首字「共」，[徑]、[清]作「言」。

一　二七頁中五行「勝處」，[徑]、[清]作「偏處」。

一　二七頁中六行「偏處」，[徑]、[清]作「勝處」。

一　二八頁上七行第六字「智」，[徑]、[清]作「智力」。

一　二八頁上末行第一二字「闕」，[南]、[徑]、[清]作「闕」。

一　二八頁下五行「明鑒」，[徑]、[清]作「睿鑒」。

一　二九頁上四行末字「碎」，[南]、[徑]、[清]作「粹」。

一　二九頁上六行「大元」，[徑]、[清]無。

白雲祖師初學記序 鶴岳八幡宮

初學記者白雲祖師清覺之所作也覺公以先聖之後爲瞿曇之學文字語言所以開羣迷引後進發揚三乘十地之要使之入佛知見惟恐人不爲佛其心切切如此夫人生而靜天之性也感於物而動性之情也生而靜故各具此靈明知覺之妙感而動故皆有障蔽流蕩之失釋氏有憂之袪其障蔽返其流蕩或勸或誘或怖或證使歸於一乘拉而六道衆生波旬外道其趣不一佛以正道扶持救護千經萬偈不憚於煩者良以此也夫玉不琢不成器人不學不知道白雲祖師敷揚演說以直一切俾由初地以至十地直與如來等正妙覺其與佛心何以異哉白雲宗主明仁奉以奏

御

聖上乙覽之餘命錄入大藏以傳久遠是亦如來開悟羣生之仁也孟頫豈勝歡喜讚歎之至謹敘于卷首云皇慶二年三月七日集賢侍講學士中奉大夫趙孟頫序

初學記

記者經論之流類也佛滅度後三乘聖賢或記已往之事跡或說未來之報應或敘當世之化源或採摭經法直明佛意撰集文籍隨作者意以立其名大小乘三藏後聖賢撰集是也但西域多名經論東夏多名記集其實一也今名記者即彼論也又復記即錄也順理善法可記錄故記錄三乘十地之法以示初心令其習學又記即荅也初心好學者請問起行造修之法故作此荅而云論者循環研覈義理分明令初心者易於習學而言學者效也效習不已自有所見有所見者即名爲覺既覺悟已務於起行行必到家名究竟覺覺即佛也然必在於初心故名初學亦示不輕之意也文云千里一步爲初斯良證也

西京寶應寺沙門釋　清覺述

此是記主之街位也總別三重一西京是總寶應寺是別西京非止一寺故二寶應寺是總沙門釋是別寺容四衆人故三沙門釋是總祖師尊諱是別釋子非一故述字通於能所祖師是能述記文是所述也西京是四京之一地名洛陽即周公之所營者後漢建都于此漢以火德王天下改曰雒陽有唐仍舊號令屬河南府寶應寺依龍門山住山在洛陽之西今不言山名而舉地名者西京是大都之稱餘杭亦有龍門山故寶應寺即記主受經之處記主於熙寧二年禮海慧大師出家受具後海慧說偈勸發游方元祐八年掛錫于古杭靈隱寺僧俗問法者紛紛而來住持懶菴童和尚請師駐錫於寺後白雲菴爲師初誕日有白雲滿室因以白雲自稱茲菴之名黙與心契從而居焉由是白雲之名流芳益著且白爲衆色之本絜淨無瑕之謂雲者應用而來來無所從用謝而去去無所至而能含潤法雨益濟萬物重重無盡有雲像焉廣說法喻如華嚴經聖人無名爲物立稱嚮頌人天良有以也沙門是出家之通號釋字是本師之姓氏紹隆繼踵宜其具稱上清下覺記主尊諱也字本然號白雲姓孔氏即至聖文宣王五十二世孫也其宗人孔宣義有真讚可考進士孔璿集宋朝朝士與諸禪講讚文數十篇刊行於世其餘始末具在本傳述而不作謙之至也

南山大普寧寺嗣孫　道安　注

佛道不可不學生死不可不憂

此二句是一部之總意也記主乘願力以出興爲衆生而製作所以開宗立教者意在於此佛道華梵影畧約揀爲言可以離貧窮受富貴度生死越苦輪雖有正助權實之不同皆名佛道故淨名經中說佛道品對治疑執人天界中不可不學不學則貧窮無福慧入生死險道矣故次句云生死不可不憂也生死事大無常迅速豈可安然坐待酸痛學道之士常將此二字貼在鼻尖上作箇對治法門古人用心如此其急今人豈可不憂也

區區枉過浮生智慧翻成愚拙

此明不學之過也有智之人爲智所使祇陪人事營理世緣但於名利留心何暇叅尋佛道或復高推聖境世智辯聰不特虗度光陰翻更沉淪苦趣可謂愚拙之甚矣

莫怪學道不成時人盡挍邪甯

問學佛法者不爲不多少得成功者所謂勤修苦行非涅槃因豈非學道者枉費工夫耶故作此荅由不得其正途所以不成其道

三

欲得不遭欺誑莫離十地三乘

十地三乘階降次第如人還家明識道路則不爲人牽引欺誑矣然十地三乘經論互出華嚴所說十地唯是一乘大品所說十地通攝三乘同性經中三乘之人各有十地所謂聲聞十地緣覺十地菩薩十地各有其名菩薩十地名同華嚴義則有異今文十地叅用華嚴之名橫攝大品之義籠絡諸經自成一家意在通而不局也言三乘者亦有多種一者一乘三乘小乘名爲三乘二者大乘中乘小乘名爲三乘此即菩薩緣覺聲聞也此中自有三義一則融一乘同大乘合二乘同小乘故唯三也二則大乘中自有三乘如入大乘論說三則小乘中亦有三乘如小論中自有聲聞法緣覺法及佛法問既有佛法何名小乘荅此中佛法但慈悲愛行異於二乘耳今文三乘當於何種一中當其第二二中全用三說雖約機約法約喻不同並通諸文而不局不局定意在勸發行人造修出界而不局於文字教限也

若是不依正法恰如登樹捉魚又似井中撈月

十地三乘是其正法捨此別修如緣木求魚獼猴救月此喻不修之人也正法云何如下文說

頓教妙覺佛乘十地稱呼菩薩五果緣覺辟支四果六通羅漢三果二果一果諸漏未有神通般若悟心見性名目稱呼內凡

此示十地三乘之位也自第六遠行地至第九法雲地是菩薩乘次前第五果是緣覺乘四果阿羅漢是聲聞乘三二一三進未能至聲聞退不可居凡位故云諸漏未有神通當是聲聞乘向見修二位也般若悟心見性名目稱呼內凡者聲聞有二位初九二聖九位又二外九內九外凡自分爲三初五停心二別相念三總相念此三俱屬外凡亦名資糧位人天二乘創心入道修此三門對治凡習內凡有四謂暖頂忍世第一此四亦名加行位又名四善根二凡共七通名七方便位文云般若悟心見性者人天外凡於三法中淘練已久悟般若心見真如性策勤加行趣於聖果即入見道位也其次聖位亦分爲三一見道當於初果二修道當於第二第三三無學道當於第四聲聞乘位方究竟也問文云十地稱呼菩薩今此何云六至九耶荅第九法雲地即他經中第十地名今云十地猶約他經說也問頓教妙覺佛乘應不在十地三乘之數耶荅此位正是所修之果三乘十地是能修之因由歷三乘十地次第漸修因行已圓頓證妙覺故此特云頓教由漸入頓即漸修頓悟之衡量也問既云由漸入頓只合自小之大先說一果二果次第至於佛乘文中何得倒置耶荅此順佛經從本起末要令學者返本還源故云於一佛乘分別說三

四

若修果位不成總是著空著有

五

證宗論云悟道不證果者名爲著空病講經不證果者名爲著有病天下三乘教藏堆積如山並不見箇三乘道人者何皆因著空著有病也問佛法以空有爲門令人修造弘傳之者或毀空讚有或破有讚空或云空淺有深或云空深有淺各憑經論成熟機緣除此二門別無可托今皆目之爲病莫不與經論相違麼荅經論所談歸於中道執著一邊即是病源是故目之爲著空著有病也

要知經藏根源余今爲君解說非是貪道多言初學要知子細

問修行之人既悟無常迅速便當火急修行然未看經遇緣即宗安知不落空有二病耶荅要知經藏根源余今爲君解說記主可爲慈悲深厚無問自談者也古人曰不請而教孰云不欺既無請者何必多言荅初學要知子細言貪道者佛法初來僧人皆名道士自稱貧道今循古說也

猶如明鏡當前照見古今邪正

喻明可見然喻中具法鏡但照見妍醜短長今曰古今邪正乃約法說

塵沙諸佛出來此事終無移改

塵沙即恒沙也尋念過去佛亦應說三乘佛佛道同誰敢移改

學道先求因地果位直是修行若非果滿功圓雖是口快舌端决定非干正法

前三句修行實效後二句徒事虛文又初二句因地覺心要與果位名目相應後三句皆是返顯之辭也

初學先求因地

因地二字法喻立名地能生成荷載若無種子則無所生修行之人莫不以發心爲因發大乘心得大乘果發小乘心得小乘果未有發小心而得大果者是故經云因地不直果招紆曲記主深恐初學之機洗心非正故此特云初學先求因地而言學者猶飾也器不飾則無以爲美觀人不學則無以有懿德若夫爲學日益爲道日損損之則道業踰高益之則學功踰遠故形將俗人而永隔心與世情而懸反矣

初從戒定慧修須知名目般數

上句摽下句生起下文之意題云初學即以此三法爲篇首者當知此三皆名學也初修學人必以此三法爲因地者爲對世間舊邪三學立正三學以對治之亦示翻邪歸正之意也戒以防非止惡定即息慮靜緣慧乃破惑證真此三法門俱當修學修學之門依其次第故經云依因此戒得生諸禪定及滅苦智慧所以爾者身口所發事在戒防三毒勃興要由心起今則先以戒捉次以定縛後以慧殺理次然矣然此三法正是經律論三藏所詮之義通名學者諸佛菩薩本意欲令人學戒學定學慧故以經律論三藏而詮示之故云三學非爲學於文字言教而已故大小乘諸教中皆云增上戒學增上定學增上慧學不言增上經學律學等標題云初學先求因地即繼之戒定慧修良有以也名目般數如下文說

五分戒香熏體一言萬部都收小乘因名四諦辟支十二因緣菩薩須行六度佛乘十力安排

五分者即戒定慧解脫解脫知見也轉五蘊內身爲五分法身分世出世間之異今五分香皆稱爲戒者以戒爲初由戒生故戒之一字無所不包故下句云一言萬部都收雖云一言通目應機不同故下文云小乘因名四諦等然此諦緣度力由三乘及佛得名不同其實皆從戒中生起

逕磨胎息禪定千里一步爲初到此歡喜地成立作內凡基址

初句正明定體次句明其要義後二句功成得名且言胎息者約喻立名喻如有情初入胎時但有一息持其肉塊漸至長大成形出胎是時未辨好惡修禪定者持心一處若存若亡一切善惡都不思量直至功成不離最初一念故下文云千里一步爲初到此歡喜地成者此地本是菩薩十地中之初名華嚴瓔珞皆同此名乃在住行向三賢之後言內凡者或指三賢爲內凡十信爲外凡既曰歡喜地成何故又曰內凡耶答今此是三乘十地不與華嚴瓔珞是同名爲歡喜者在凡夫位中方將發心慕樂入道故得歡喜之名如經云若有衆生深種善根善修諸行乃至發如是心即得超凡夫位住歡喜地成就多歡喜多淨信等尚未向於初果何况菩薩地之初位耶言內凡者如小乘四位中初方便位分二一外凡五停心觀等二內凡四加行位等從四加行方入初果謂之見道位即下指見道沙門是也

四諦苦集滅道真如般若依持聲色同含實相經云見道沙門

問前以諦緣度等分配三乘今何只舉四諦法耶答證宗論云起首修行是四諦法當知四諦是初修行人入頭處也其次十二因緣六度萬行名目雖殊亦不出此四諦之法真如般若依持聲色同含實相者修行之人深觀四諦功成見道之相經云見道沙門者前云內凡是方便位今此正當見道位下去是修道位於道有所見故方曰真修即是先悟後修之意小乘經論皆如此說

既知登地已去初禪四果漸生華嚴法界理事真如一體三身分開法性法相合成佛性佛心勿論有情無情攝屬圓覺妙用

初句躡跡上文次句依正二報如下文說初果得初禪二果得二禪等今云初禪四果者舉初後以攝中間也既有漸之一字次第漸入漸證至於極果皆由四諦而起也華嚴法界理事者華嚴四法界不出理事二門三身一體性相合論情與非情皆

同妙用並是功成證極之相也
道士別號虛無神仙謂之元氣造化虎龍交遘乾坤離女坎男急急修性養神進火先須煉已
虛無元氣同出而異名虎龍交遘道家者流圓形永命之術也世傳天師於龍虎山求白日上昇之法燒丹煉藥水火呪術其源出於彼山石洞之中雖云玄妙未免輪迴若不進修終從敗壞
孔子太極太素孟子養浩為真莊子杀寥宴默老子萬物歸根更有多般名目理實無形無名
周易鉤命訣云天地未分之前謂之一氣於中轉有五運謂太易太初太始太素太極今言太極太素不約次第趣舉二名也雖非孔子之言乃宗孔子之教也孟子曰我善養吾浩然之氣旻塞乎天地之間杀寥出於莊子宴默乃記家述其道也老子云萬物芸芸各歸其根理實並是假名本無形狀也
大道須排十地均攤乃作三乘釋道儒分三教經書山海無窮若能收屬道德徒勞萬户千門文字皆指數沙統屬三乘十地
以佛教會通儒道二教也所以會者儒首戒律道助禪那門户不同其致是一亦示海攝百川全收之義也初二句總舉其本次二句㕍總為別次二句以本奪末後二句攝末歸本
第一須陀洹果
十地三乘是誰建立有二義前九位是漸教二乘衆生業行建立佛菩薩等依而住持第十位是頓教大乘佛及菩薩願行建立有情衆生依而住持問下文多依法華所立法華宗於會三歸一今但說三乘不言一乘何耶答頓教大乘即一乘也會前三乘歸一佛乘故經云初以三乘引導衆生然後但以大乘而度脫之今文但云大乘不言一乘者一則爲順經文二則所宗三乘故問此頓教大乘即一乘者為在十地之外爲在十地之內若爾何失二俱有過若云十地之內者既云三乘十地安得三乘之外又有一乘耶若云十地之外者既云三乘十地如何又出十地之外耶答據今現文即在十地之內雖云一佛乘即是會三所歸之一亦是對三顯一也若據證宗論說妙覺大乘當第十一位三乘十地總會歸于頓教大乘即是會漸歸頓之意也記主二文不同二俱有理第一須陀洹果者即聲聞乘中第一果也此當菩薩十地中第二離垢地向下二果是其第三地三果是其第四地四果是其第五地五果辟支是其第六地第六入菩薩乘是其第七地第七是其第八地第八是其第九地第九是其第十地第十立名妙覺地則在菩薩十地之外有何所以踰越初歡喜地却以二地為初乃至十地爲九却以妙覺揍成十數耶答自有深意初歡喜地是見道位是出世之初基菩薩依此修於三學三學之內戒最在初二離垢地正表持戒因地既云初從戒定慧修所以取戒度為初位也又況初歡喜地表於布施布施非出家人所尚出家當以戒行為先問大品中說乾慧十地第九菩薩地十名佛地謂之三乘共十地法何不用此却將菩薩十地增減立名耶有此例否答金剛十八住中第十七證道住配歡喜地第十八上求佛地中國土淨具足方以第二離垢為第一乃至以法雲為第九等覺地為第十與此例同又菩薩十地攝佛因位一乘三乘聲聞人天等並在其中故得引用聖師立教據自所證而說不可拘其出處也
進修一果一向證得一分報身一重身先出現一分塵垢去除
言果向者果乃酬於趣向之因向者向於果故合先向而後果今不爾者意在果故修證果向蓋不同時皆以苦集滅道而為進修之本如俱舍說證得一分報身者由是漸次十位滿後稱為圓滿報身故弥陀懺中禮清淨海衆總名滿分二嚴身者即是從一至九皆名為分直至第十方得稱滿運心普禮故云清淨大海衆也一重身光出現重字宜作上聲呼即不輕之謂若作平聲義者一重兩重以表重重之義如云一燈二燈至百千燈不妨後後益明也一分塵垢去除即是第二離垢地名也到此位矣法爾自知破戒有罪故性不殺盗等性本自然不由人教故云離垢即離破戒之垢也
使超欲界六天已得初禪小果
六欲天者一四天王天二忉利天三夜摩

天四兜率天五化樂天六他化自在天此之六天未離欲心故名欲界今須隨洹已預聖人流類已絕欲心故云超越初禪小果初禪非小果小果得於初禪初禪有三天一梵衆二梵輔三大梵言初禪者禪有四界此當第一故名初禪梵語禪那此云靜慮靜即定也定能發慧故經云不假禪那無有智慧以此三天爲初果人報身受用之土也

世間名利不求煩惱客塵不染終日背塵合覺經中立作預流已預聖人流類諸漏未得盡除更須七返人天漸入有餘涅槃

初三句對前顯勝後三句對後彰劣中二句正立果名既入聖流蝇利蝸名終不介[十二]意一切衆生不成聖果者皆由客塵煩惱所惧今不染著則自然背塵合覺矣梵語須陀洹此云預流預者入也流者類也已預聖人流類故言諸漏者諸言不一要畧有三謂欲漏有漏無明漏漏者煩惱現行令心連注流散不絕名之為漏如漏器漏舍深可厭惡損汚處廣毀責過失立以漏名既未盡除則人天未免言七返者七来人中七生天上如七步蛇所螫毒力定故前三果皆名有餘涅槃故云漸入

恐為小器易盈勿向人前誇道誓求無上菩提早達漏盡那含便是生死彼岸

初二句誡其自伐後三句勸其進修

死時吉祥好相直展一指示人其屍不臭不壞從来表法如然得意生身此是道臕迤邐增深精進熏修助道

吉祥好相不受病纏坐脫立亡之謂也一指示人表得一果也二果展二指三果展三指例此知之其屍不臭不壞表得初果故故云從来表法如然意生身有三種一三昧樂正受意生身勢力任意故二覺法自性性意生身隨理自在如意現生故[十三]三種類俱生無[六]作行意生身即事無相隨機赴意自在故上皆望後佛爲生死望前不足名意生身今此義當第一種也迤邐次第漸進之義助道有二義通途言之除此三乘十地為正道外皆是助道如日用六事法等二則寂後頓教妙覺佛乘是其正道從初至九皆助道前義爲優何者文云精進熏修助道意云精進之人除此三乘十地之外熏修百行皆為助道如壽禪師一日行百八件方便等也

第二斯陀含果

斯陀含是梵語此云往薄地亦名一往来

且言往薄地者謂此二果聖人已斷欲界六品修惑煩惱漸薄故名往薄地又名一往来如本位說

進修二果二向證得二分報身兩重身光出現便與發光相對

初三句例上可知言發光者即是菩薩十地中第三地也

惟是自覺自知切莫誇逞外人

果位聖人權現凡身與其同事者意在攝生終不自言我真菩薩等乃自覺自知之謂也

已超梵衆梵輔便生色界二禪此位諸漏未盡凡夫習氣未除更須一往一来或生欲界天上梵語斯陀含果此云更一往来

初二句對前顯勝次二句對後彰劣後四句正釋本名色界二禪自有三天一少光天二無量光天三徧淨光以此三天為報身受用之土不揀聖凡皆有習氣雖證果聖人亦所不免但有厚薄之殊故今特以凡夫二字揀之也或者不定之辞不定生於欲界天中或生人間故也更一往来證成上義

切要安身寂静勿令俗事縈牽精進波羅日用早令金鑛分離已見無生無滅又知無我無人正好著力[六]修行報荅[十四]四恩三有堪消施主供養已成無相福田不獨人間慶賀更兼神鬼欽崇

初四句立志金鑛舉喻佛性真金煩惱鑛穢早使分離佛性顯時煩惱滅也次四句成功無生滅證真常無我人明佛性四恩有二義三有從畧說後四句銷供道業既成堪可銷受人間供養也福田二字喻說堪為人間種福之田言無相者不作有為因果之想即達三輪體空之意也人間慶賀者可謂一人得道萬口稱賢

第三阿那含果

梵語阿那含此云不還亦云不来亦云出欲淤泥出欲淤泥者謂欲界煩惱二性繁雜如淤泥不殊今此聖者已永離故名為出也不還之義如下文明然此那含三界通說有其七種別辦成三欲界一種色界五種無色界一於四果中第三果人行相

最廣者以是有學位終故
進修三果三向證得三分報身三重身光出現位同焰慧一般
初三句例前第三果人位次即與菩薩十地中第四焰慧地是同也
已出初禪二禪又見三禪境界此位諸漏已盡生死永不沉淪梵語阿那含果此云更不往還蟬蛻便歸寂滅跳出煩惱火坑一者壽等太虛二者極樂無憂三者不負擅越四者不枉出家
初二句所依土三禪三天一少淨二無量淨三徧淨以此三天為此位聖人報身受用之土次十句對前顯勝初二句直明次二句翻梵次二句喻顯後四句成功
汝是教門祥瑞令人稽首歸依未成無上菩提早是人間希罕願君勇力修行六通羅漢在近
初二句稱讚次四句勸進
第四阿羅漢果
阿羅漢是梵語或言無翻名含三義故一曰不生亦曰無生二曰殺賊三曰應供含此三義故存梵名也
進修四果四向證得四分報身四重身光出現正是漏盡聲聞
初三句例前後一句證果前位已云諸漏已盡今云正是漏盡聲聞豈不重繁前約勝進說今是自分說漏亦多種今方俱盡即諸漏已盡等也
梵語阿羅漢果此云應受供養便有三明六通草畧為君解說一者聲明不惑二者色明眼辨三者思明無疑更有六通作證天眼通而無礙天耳通徹遠聞他心通彼意念宿命通記前生漏盡通達無我變化通得自由
初二句翻梵成唐應受供養應字平呼有三義一應永害煩惱賊二應受人天廣大供養三應不受後有今惟一義人所熟聞故第二位云堪銷施主供養今云應受供養優劣非無前以功業堪銷今則正當職分前但人間今兼天矣次十二句具說三明六通初二句總標言三明者一宿命明二天眼明三漏盡明知三世故說此三明宿命知過去天眼知未來漏盡知現在即六通中之三也餘三不得稱明者餘三劣故身通但是工巧天耳但聞聲他心緣他別想是故餘三但得名通此如婆沙中說次三句三明却與適說不同第一聲明乃在五明之初第二色明義同天眼第三思明義當漏盡然且強配記主必別有據也後七句就六通於中初句總標其次六句句各一通目連尊者始得六通即是此也通之與明經論皆異並如智論第三廣說恐煩不引
真是漸教小乘理合一身自度譬如駈羊拽車獨自牽出火宅
初二句誡勸次二句喻明羊也非是駕車之器以表此位道力卑薄未達大乘深妙不堪為人法師且可自度而已
報屬十三梵天稱呼六通羅漢
初句所依土比前位之上更增加四禪四天為報身受用之土言四天者一福生二福愛三廣果四無想次句依德立號
第五辟支佛果
辟支佛是畧梵語具云辟支迦羅此翻緣覺下文與此唐梵影畧也言緣覺者觀察十二因緣而悟道故法華經云為求緣覺者說應十二因緣法是此義也或曰因緣起覺故名緣覺即是觀緣悟道之意亦翻獨覺出無佛世無師自悟故此有麟角部行之不同避煩不録
進修五果五向證得五分報身五重身光出現現前五地一般漸教二乘了畢到此緣覺最尊
初三句例前次云現前五地一般在菩薩十地中第六現前地今趍為第五位此中不配初地故已如向說後二句結屬二乘之名
報屬十八梵天此是大乘停半獨覺獨自覺知未可為人師範猶如將鹿拽車獨自牽出三界
初句正明色界四禪總有十八天今云爾者第四禪中具有九天前羅漢位云報屬十三梵天者自四禪中第一天起至四天而住正當四界四禪十八天中第十天起至第十三住也今此本是第四禪中第五天起至第九天而住正當四界四禪中第十四天起至第十八天住也二處之文並舉末後一天為數故云報屬十八梵天如此則此位自有五天為報身受用之土言五天者一無煩天二無熱天三善見天四善現天五色究竟天通名五淨居天也此

是大乘停半者以此十地作大小一分時
前五是小乘後五是大乘今當第五位故
云爾也獨覺獨自覺知釋名未可爲人師
範誡勸末後二句喻說鹿非駕車之用以
表此位權漸二乘方得大乘中路即不堪
爲人師範且可自度而已

欲作三乘教主直須十地安身暫宿門外草
庵莫住化城小果昔日五千退席盡是聲聞
緣覺譬如貧窮乞人得少便爲豊足恰是衆
囊醍醐見佛咸德走去不堪受斯大法正是
憍慢比丘犀猊生得狐兎鸞鳳産下鵄鵂

初二句立理次十句引證並是法華經文
後二句喻明

奉勸後賢高德莫學小器辟支

上句勸下句誡

第六遠行地

後四位是菩薩乘即第六七八九之四位
也菩薩是畧梵語具云菩提薩埵菩提佛
道名也薩埵秦言大心衆生有大心入佛
道名菩提薩埵更有多名既異翻不定今
用梵音也遠行在十地中當第七位令云
第六者用彼名而不用其義也在彼約其
多劫修行故云遠行今則不爾下文自說

修行得到此位證得六分報身

六分報身例前位說從初發心加功用行
今至有相功用後邊出過世間二乘道故
至此真如無相邊際最難得到故云修行
得到此位也

棄下聲聞緣覺遠求無上菩提梵語阿毘跋
致此云不退道心譬如下水之舟湍流不須
多力習成定慧工夫勢力速如飛去總是修
行如此何愁佛法無人初從得意生身今已
超遷五位若無魔難干懷十地如觀掌内

初四句立理釋名此名有二釋初云遠求
無上菩提名遠行地次云不退道心亦名
不退地經云菩薩到此地以自所行智慧
力故出過一切二乘之上故云棄下聲聞
緣覺次曰遠求無上菩提釋遠行二字與
彼本地所釋不同彼約從前說今約次後
說也阿鞞跋致是梵語亦云阿惟越致此
云不退轉智論云無生忍法即是阿鞞跋
致無生忍乃此位之勝進也故特用此以
立位名經云譬如有人乘船入海以善巧
力不遭水難故下文云譬如下水之舟湍
流不須多力此二句約喻習成定慧工夫
等是合法後六句舉前況後總是修行如
此等是慶幸次四句正述初句指前第一
今當第六故云超遷五位也古人云道高
魔盛地位到此非人間可惑只恐魔来撈
嚴五十種魔爲此發也

巳出色界禪天見住空無邊處

以無色界四天中空無邊處天爲報身受
用之地

九所有相虛妄如今驗在目前如夢幻泡影
電方知佛語無虛水影鏡像迷人三界盡遭
呑噉選甚二皇五帝誰怕晉宋齊梁自古英
雄征戰從頭屈指高賢早知無我無人爭甚
浮名浮利

初六句以教照心總知不實後六句以今
驗古徒枉前功

第七不動地

成唯識論云無分別智任運相續相用煩
惱不能動故名不動地

此位七分報身巳到識無邊處法身空有齊
肩報身均攤十地應身變化無窮乃是道人
活計

初句能依身次句所依土即四空天之第
二天也次三句別說三身以此地中具三
身故若在華嚴則說十身相作矣末句結
屬當人

此位名稱不動引舉楞嚴頌云妙湛總持不
動首楞嚴王希有消我億劫顛倒不歷僧祇
法身寒山有詩一首吾心有似秋月影現碧
潭皎潔世間無物比論教我如何宣說可謂
秋江一點依稀大海潮平恍惚冰壺雪寶表
裏瑩徹無瑕可憐心地洒然

初句標名次十句引證後五句喻顯引證
中初五句引經次五句引詩既引詩而又
引經者義理相同故世出世間之法皆如
此故引經證中初句舉經次句讚佛次句
讚法次句斷障末句悟道所以引此者前
說所證三身今舉妙湛總持爲證表不妄
談也末句據文演義欠一獲字非欠也蓋
悟至此本具法身不必言獲引詩證中初
句舉名次即四句詩也既悟至此惟證乃
知理圓言偏固難說也喻顯中初四句舉
喻第五句合法喻上不動之義佛體不動
無有作意如月不降百水不升慈善根力
法爾如此亦如鏡像隨形所現鏡且不動
可見心地洒然矣

堪嗟城市喧喧愁見六塵衮衮佛賜華海軋坤爭那迷人不見木虫不知木外井魚不信井餘區區聲色之中杳杳𧾷形之内牽羊来赴市中捕魚已安砧上

初二句世緣妨道次二句佛境難知後六句喻顯凡庸故興愍念

今蒙佛贈三乘頓生極樂國土 二十一

有能修此三乘教法必能證此三乘聖果出欻樊籠入蓮花淨域原其所自皆佛贈我也

第八善慧地

依真如理體起無碍智用成就微妙四無碍解善說法故名善慧地

到此八分報身

地地增高故云八分比後欠二已前皆不及矣

已至二十七天呼為無所有處

無所有處乃第二十七天有本云八字悟也

喻如大牛之車灌頂法王子位名為受職菩薩

始入大乘下位也生在佛家名之為兒受灌頂法王子之職位故下句云名為受職菩薩

理合說法度人見有六根功德普徧三千大千眼有八百功德十方普現眼前耳有千二功德聽聲遠徹遐迩鼻有八百功德能觀百億界香舌有千二功德說法力在舌根身有八百功德遣化隱現身中意有千二功德六根智慧主宰得是六根清淨紹佛說法傳燈

初句按定次下通妨間有何因緣說法度人荅見有六根功德等初二句摠標次十二句正明六根功德末二句結顯本位六皆名根者皆有生長義故又皆是竅穴門户四大為其體質由此謂之根門

法華第十九品留與法師看詳

法華經法師功德品第十九正說六根功德故

法華第二十品不輕菩薩化人正法像法滅後增上慢者橫行不依菩薩正路計著邪法乱人是時不輕禮拜拜告邪慢比丘請行十地正道勿將非法陷人邪慢有大勢力惡口罵詈不輕不用虛妄授記汝是無智比丘當是四部惡人不信三乘十地二百億刦地獄 二十二 邪慢豈可不聞不輕尚遭打擲況復老身孤寒甘伏被邪毀辱

初二句總標次十五句舉經證據聖化尚然末後四句邪法盛行凡身寧免

第九法雲地

慈陰妙雲覆涅槃海名法雲地

到此九分報身

隨位增微故

上至三界之頂已出二十八天

即非非想天為此報身受用之土出即到也以是三界之頂上無隣居故名出也非是迥然出離也

名為等覺大乘乃是法師正位露地車駕白牛

等覺有二義一即齊等等於妙覺故二即等級比於妙覺猶較一等故云約等妙覺亦名如来雖等而修亦名菩薩今當後義在華嚴中此名當第十地或合等覺於此地中今從此說既以後位名妙覺佛乘故以此位寄等覺也乃是法師正位揀異前文之辟前云理合說法度人約勝進說也露地車駕白牛亦是揀異前文之辟前位云大牛之車乃臨門三車中所許之者有名無實今云露地牛車乃四衢所授者方是實果與前牛車黑白有異

西天二十八代佛種似此傳燈箇箇稱呼菩薩神通比佛一般真是釋迦心印果位照據分明臨滅上升虛空出現一十八變三昧心火自焚空中舍利如雨

初五句以人驗法後五句以果驗人言二十八代者自佛囑迦葉展轉于今以心傳心歷代不絕乃至菩提達磨自西来東傳於此土譬如一燈傳百千燈燈燈不絕故云佛種似此傳燈言佛種者紹隆佛種之謂也心印即是正法眼藏涅槃妙心之異名也心心相授如印印物故云心印後五句中初句摠標後四句證驗若非釋迦心印親傳安得如此

迦葉結集經藏統屬大乘小乘先了辟支一半次言十地滿心惟有妙覺同宗果位看他高下聖說凡聽無疑叫喚醉醒修行凡說凡聽爭詎轉使衆生瞌睡

初二句摠標次四句別釋後四句揀異如来在世根熟易調一稟尊言無不懸契世尊滅後末世無闘須用結集大小乘藏以應大小乘機故律中有言過去六佛中四

佛結集經教故佛法久住於世二佛不結集經教故佛法速滅故知佛所說法須用結集也

惟有十地正修其餘那堪屈指三乘久煉成功爭那時流性急人愛易學易成恰似畫餅不飽哀哉古道茆生不免編排十地

初四句正顯此宗之要次二句喻明妄集之非後二句因示述作之意

第十妙覺地

此地乃頓教大乘也已前三乘皆漸今稱頓教者即是佛乘十地中本無妙覺地佛意慈悲下接三乘同居十地勸三乘人學佛故也三乘及佛所以異者謹按藏經脩行格式其塑像及畫像等四果羅漢及五果辟支皆是二乘小仙其塑畫形像只依常僧相貌以表小乘人也其菩薩大仙者披瓔珞持環釧頂花冠以表受職法師大仙也今此妙覺一佛乘人頂上旋螺髮項背焰光胷題卍字身黃金色以表功行圓滿故此特立頓教之名也言妙覺者功行既足朗然大悟離覺所覺故云妙覺惟識論云金剛喻定現在前時斷佛地障即入妙覺也是故妙覺名無上士無上士者無所斷故

到此十分報身是名超出三界

上句圓滿報身下句二十八天羅籠不住

初以三乘誘引實以佛乘度脫獨此名為頓教向下摠是漸修歡喜離垢發光焰慧難勝現前遠行不動善慧法雲妙覺已終十住十行十向十地十一功圓

此即頓漸分宗佛說一大藏經不出漸頓二字於中則有約機約法約喻不同捨父逃逝照鏡迷頭此約機以明漸頓漸設五時頓無二諦約法以明漸頓登九層之臺漸一綫之絲約喻以明漸頓雖然機教相須以喻顯法其實一道也宗途既異故今分之初二句引經證成次二句已如向說次四句具列地名後二句出此教意問今文不用初歡喜地何故亦總列耶答非不用也但以歡喜為入道之方便當外凡位未預聖流故不數也若無方便安入正乘故復列耳後二句別出頓教佛乘之意故舉三賢十聖會入華嚴大乘同性經云所有聲聞法辟支佛法菩薩法諸佛法如是一切諸法皆悉流入毘盧遮那智藏大海斯良證也

般若文殊智滿涅槃普賢行成継紹釋迦種智到此弥勒下生

文殊智普賢行各自表法釋迦則總具上二入大寂定則弥勒當下生矣

善財童子規矩五十知識徧叅今歸善住樓閣盧舍那身在玆

如華嚴說此是善財於我何預若有敬慕心亦當如是學

華海藏裏安身極樂國中永壽大寶華王座上自在師子哮吼佛為一大因緣今日悟佛知見已入無餘涅槃降伏群魔外道三身四智已辦八解六通久成無為無相解脫覺海無来無去法身法界齊平心包塵塵刹刹化出六道四生六合乾坤內外天地是佛子孫

初二句所依土次二句能應身次二句化事畢次二句道力備次六句德相具足後三句功用圓成三身四智八解六通諸佛分上所具之德相業用也法報化三身如前七地說言四智者轉識所成即平等性智妙觀察智成所作智大圓鏡智八解六通乃華嚴二句經文文云獲六神通得八解脫謂之八無學果本來成佛故曰久成生佛體同故云化出六道或云五道四生即卵胎濕化也今此三界皆是我有其中衆生悉是吾子即知天地是佛子孫矣

畧舉法華作證爾時諸梵天王并及諸天帝釋護世四大天王及大自在天主眷屬百千萬數合掌稽首禮我請我轉正法輪若但讃佛大乘衆生沒在於苦不能信是正法破法不肯信故

並是法華經文第十句云衆生沒在於苦有本云沒有一人在苦傳寫之訛也

再舉法華作證今此三界我有其中悉是吾子但係有形有名不可與佛比肩三界獨稱最尊隱顯聖允慈父

初三句引證後四句隨機

三乘十地說已是為佛法正宗普願法界衆生同入薩婆若海

此是結勸流通正法聖師設教貴在流通普被將来遐益群品

初學記終

初學記

校勘記

一　底本，元普寧藏本。此經僅元普寧藏本收録，無校。

正行集

西京寶應寺沙門釋　清覺述

九君子者不在乎貴不在乎賤不在乎貧不在乎富唯在乎行也君子之體德行以成之孝敬以加之故其廣固貞淨世莫得焉其廣也如海其固也如山其貞也如松其淨也如水如海之廣者深不可量闊不可測滅之不降添之不盈渾之不能使其濁織之不能改其清亦乃隱於珠懷其寶浩渺廓落無不納焉如山之固者高而不危久而不朽移之不動搖之不傾幽靜不能使其絕塵埃不能合其有亦乃隱於賢藏於仙崎嶇曠邈無不產焉如松之貞者榮枯莫知蒼翠長在霜雪不能令其凋冬夏不能變其色如水之淨者濟滑各色平濬自然鑑物不能遁其形潤澤不能踰其利九君子者寬宏大量高識遠見理其性靜其神修其德蘊其行以教以緒無纖無恣不悔不驕絕毀絕譽不彰他人之過不行自己之非和其光而同其塵薦其賢而任其德禮無不恭事無不從孝無不順義無不忠躰察智慧審別賢愚不以多求而亂心不以貪暴而害己不以塗炭而樂禍不以忘舊而逐新故任道而含弘常堅心而守志此四者大人君子之要道也又須行同日月量比山川順四時合萬物行同日月者使之無偏照量比山川者使之無邊改順四時者使之有期信合萬物者使之知動靜故曰君子有德四方美之郡守有德百姓欽之鄉閭有德衆人仰之家尊有德門風顯之

皇天無親惟德是輔如蓬生於麻中不扶而自直如蘭雜於叢芳不待薰而自馨不以利己而損人不以非他而自是不以卑人而自尊不以輕人而自重不以非道而交友不以結怨而讎人不竊無義之財不受無功之賞施恩而不望報報恩而恨不深故書云臨之以財則見其廉近之以色則見其貞告之以危則見其勇醉之以酒則見其態莊子曰遠使之而觀其忠近使之而觀其敬煩使之而觀其能卒問之而觀其智急期之而觀其信寵貴之人觀其不驕奢榮顯之人觀其不矜誇少者觀其恭敬好學者觀其廉潔務行老者觀其思慎而不踰父子之間觀其慈孝兄弟之間觀其和友鄉閭之間觀其信義君臣之間觀其忠惠是故慎初護末砥名礪行邪正不變其心反覆不改其志臨下以寬居上不危如此則可為廓之材求免愆瑕矣

四十八等

聖人則天法地　賢人杳冥難測
道人心無滯碍　覺人知其本性
捨人知無便與　戒人察其罪福
忍人口無過失　進人修無懈怠
定人心無散亂　智人遠於機變
義人推功讓德　審人視聽不非
政人公道不私　省人非財不納
安人心無異動　隱人遁世育德
恭人禮度不虧　敬人尊上愛下
信人言無反覆　謹人不越禮度
寬人臨下不危　深人遠見未萌
善人內行不嗔　行人好述善事
謀人深知遠見　忠人事君盡節
讓人薦賢任能　儉人節用不費
孝人奉侍不闕　明人不處暗事
辯人不納閑詞　學人親近知識
慈人心無殺害　富人濟貧惠物
貴人敬佛重僧　達人不貪五慾
清人不染俗塵　靜人覺意知空
大人心包天地　好人舉善薦賢
愚人不知慚恥　癡人不鑑名賢
頑人不懼公法　惡人常好殺生
濁人不分明白　俗人貪財戀色
逆人不孝父母　小人不識尊卑

九君子立身為人無逾此四十八等但以大道合其體則是聖人賢人之倫若孝不行於家慈不行於己恩不行於親惠不及於人義不施於友忠不施於國勇不救於危謀不信於善寬不臨於下明不審於事見非親而親者謟也見親貧而踈者逆也背善向惡謀陷忠良親附小人不近君子者此乃上天不容之物何足言之賢者欽於德愚者重於財綺羅華飾者須知有布素之衣珍殽玉食者須知有糟糠之饌雕墻峻宇者須知有茅茨之室積粟千鍾者須知有斗筲之儲榮官大爵者須知有寃屈之害安居樂處者須知有驅役之勞躍馬揮鞭者須知有負擔之苦人有危困急難當須救之不可坐看成敗見危不救者非人也不自知足者非人也見貧不濟者非人也不改已過者非人也施恩望報者非人也為貴欺賤者非人也輕上慢下者非人也取侫害人者非人也在公納私者非人也不孝父母者非人也不友兄弟者非人也

不和六親者非人也不樂好事者非人也夫人須通三才懷六藝志四方具五美斷四惡除三惑思九畏知四懼莫睡眠演胎息愼言語節飲食此乃謹身節用之本也又須立彼四門成其具美事君立忠門事父母立孝門事朋友立義門事師長立謹門忠門謂見危致命也孝門謂色養恭敬也義門謂心無遷改也謹門無所懈怠也

三教之説其義一同

儒教則仁義禮智信歸於忠孝君父焉

釋教則慈悲救苦歸於化誘群迷焉

道教則寂默恬澹歸於無貪無愛焉

六　三十未

是故三教之言可守而尊之尋而究之既洞其微達其源自然得聖人賢人之道善人君子之行也如此則佐國何憂乎陰陽不順風雨不時百姓不安人民不泰治家則何憂乎兄弟不睦六親不和禮樂不行上下不正余為此集不敢深其意飾其詞所貴臣導盲俗垂于後世言之不足故為讚以申之

讚曰

美哉君子　惟善則履　存忠存孝

不識其嗜　行不逾經　言不逾史

靖默端莊　高導深旨　向善背惡

披心求理　貧則自樂　富亦好義

嗟乎斯人　實不容易

正行集終

白雲宗宗主臣僧明仁承奉

都功德使司劄付皇慶元年十月二十八日

拜住怯薛第一日

嘉禧殿内有時分對速古兒赤那懐帖里馬赤李

羅察兒同知觀音奴等有來本司官大司

徒都功德使輦真吃剌思張都功德使副

使阿里牙答思

特奉

聖旨沙剌巴譯來的藥師儀軌藥師供養法更白

和尚勅學記悳行與省部文書交江浙省

白雲宗開板印了呵都交大藏經裏入去

者麼道

聖旨了也欽此已蒙　中書省移咨行省欽依

行下各路去訖臣僧明仁肅恭

寵命就大慈隱寺命工鋟梓印造欽依入藏

流通所集洪因端為祝延

皇帝萬萬歲

皇太后睿筭齊年

皇后同壽萬年

太子諸王千秋文武官僚常居祿位更冀

國泰民安雨暘時若

佛日增輝法輪常轉者　鶴岳八幡宮

皇慶二年四月　日臣僧明仁謹題

正行集

校勘記

一　底本，元普寧藏本。此經僅元普寧藏本收録，無校。

佛說壞相金剛陀羅尼經

光祿大夫司徒三藏法師沙囉巴奉 詔譯

如是我聞一時婆伽梵在金剛場爾時如來神力加持金剛手身成金剛已即日入金剛三摩地是時金剛手承佛神力及一切如來諸菩薩等加持力故金剛忿怒說此最妙金剛心陀羅尼無斷無壞諦實堅固無有能碍亦無怯退一切衆生皆令怕怖能與衆生摧伏煩惱斷諸明呪鎮諸明呪及摧諸行能破他行摧折諸魔解諸魔執勾攝一切諸部多衆復令一切諸修明呪未成就者令得成就既成就者不令唐捐所有希願皆使如意亦能祐護一切衆生息災增益復能禁止迷悶諸惡有情皆是陀羅尼神呪之力金剛手承佛神力即說呪曰

那謨 囉拏吒夜(引)耶那謨贊吒嚩日囉(二合)拔拏戌 摩訶夜伽悉拏(引)拔怛曳怛姪他 唵怛囉(二合)吒 怛囉(二合)吒 覩邏(一合)吒耶 覩邏(合二)吒耶 室菩吒 室菩吒 室婆吒耶 室婆吒耶孤哩拏孤哩拏(合二)孤哩拏(合二)拔耶 孤哩拏(合二)拔耶 薩哩嚩(合二)薩埵尼 跋多(重呼)跋多 三跋多(重呼)耶 一跋多(重呼)耶 鉢囉(合二)麻 鉢囉(合二)麻 三鉢囉(二合)麻耶 三鉢囉(合二)麻耶 薩哩嚩(合二)菩(重呼)怛尼孤吒孤吒 三孤吒耶 三孤吒耶 薩哩嚩(二合)設咄嚕(二合)喃 葛吒葛吒 三葛(重呼)吒耶三葛(重呼)吒耶 薩哩嚩(合二)呲怛耶(二合)嚩日囉(三合)嚩日囉(二合)室菩(二合)吒 嚩日囉(二合)嚩日囉(三合)葛吒 嚩日囉(三合)嚩日囉(三合)麻吒嚩日囉(三合)嚩日囉(二合)麻他嚩日囉(三合)嚩日囉(三合)阿吒訶薩尼辣嚩日囉(三合)蘇嚩日囉(三合)曳莎嚩訶(引)醯菩曾(尼)曾菩曾吉哩(三合)拏孤嚕弭哩粗嚕孤嚕孤嚕 嚩日囉(二合)毘匝耶莎嚩訶 吉哩吉辣(引)耶 莎嚩訶 葛吒葛吒麻吒麻吒囉吒囉吒 摩吒拏鉢囉(二合)摩吒拏(引)曳莎嚩訶 撥囉尼撥囉訶囉訶囉 薩囉薩囉麻囉耶嚩日囉(二合)呲怛(引)囉 拏曳莎嚩訶

親多(重呼)親多(重呼)頻多(重呼)頻多(重呼)麻訶吉哩吉辣(引)耶 莎嚩訶 班多(重呼)班多戈邏(合二)多(中呼)戈邏多(二合)吉哩吉辣(引)耶莎嚩訶 粗嚕粗嚕 贊吒吉哩吉辣耶 莎嚩訶 怛囉(二合)薩耶 怛囉(二合)薩耶 嚩日囉(三合)吉哩吉辣耶 莎嚩訶(引)訶囉訶囉嚩日囉(二合)多(重呼)囉耶 莎嚩訶(引)鉢囉(二合)訶囉 鉢囉(合)訶囉嚩日囉(三合)鉢囉(二合)班匝拏曳 莎嚩訶(引)麻帝室提(二合)囉嚩日囉(二合)蘇帝室提(二合)囉嚩日囉(二合)鉢囉(二合)帝室提(二合)囉嚩日囉(二合)麻訶(引)嚩日囉(二合)阿鉢囉(二合)帝 訶怛嚩日囉(三合)阿摩葛(重呼)嚩日囉(二合)伊醯 嚩日囉(二合)室葛浪(合)嚩日囉(二合)耶 莎嚩訶 多囉多(重呼)囉帝哩帝哩 覩魯覩魯 薩哩嚩(二合)嚩日囉(二合)孤闌阿(引)嚩哩(二合)怛耶莎嚩訶(引)阿毋嵩麻(引)囉耶癹吒(半音)那麻三滿多 嚩日囉(三合)喃 薩哩嚩(二合)嚩辣阿嚩哩怛(三合)耶 麻訶(引)嚩日囉(三合)麻訶(引)嚩烈 葛怛閉 怛怛烈 阿撥烈 曼吒辣麻(引)曳 阿帝嚩日囉 麻訶(引)嚩烈 毘葛(重呼)囉拏阿積帝佐辣佐辣帝帝哩(二合)帝帝哩(二合)定葛(重呼)烈多(重呼)訶多訶 底撥拔帝 帝哩帝哩班名(重呼)班多(重呼)麻訶(引)嚩烈 嚩日囉(二合)昂葛佐辣(引)耶 莎嚩訶

那謨囉拏吒夜耶 那謨贊吒嚩日囉(二合)拔拏曳麻訶夜伽悉拏拔怛曳怛姪他 唵訶囉訶囉嚩日囉(三合)麻他麻他嚩日囉 覩(重呼)拏覩(重呼)拏嚩日囉(三合)多訶多訶嚩日囉(合三)拔撥拔撥 嚩日囉多(重呼)囉多(重呼)囉嚩日囉(合三)多(重呼)囉耶多(重呼)囉耶嚩日囉(二合)多(重呼)嚕拏多(重呼)嚕拏嚩日囉(合二)親多(重呼)親多(重呼)嚩日囉(合三)頻多(重呼)頻多(重呼)嚩日囉(三合)吽癹吒(半音) 那謨贊吒 嚩日囉(三合)孤嚕(二合)陁(重呼)耶 呼嚕呼嚕帝瑟陁(二合)帝瑟陁 班陁(重呼)班陁(重呼)訶拏訶拏 阿弥哩(二合)帝 吽癹吒(半音)

罪業咸清淨　盡除一切苦　諸經之根本
莊嚴妙德相　有情諸損根　命盡及夭擂
值遇不豐饒　并諸天弃背　親友返憎害
觸惱婆羅門　撓害不和睦　財乏并擾惱
憂感苦逼迫　逢難貧困苦　惡星曜呪詛
被諸魔侵害　由姙懷憂感　夢見不吉祥
沐浴皆清淨　應聽最勝經　若有淨善心
着諸淨潔衣　依佛甚深行　受持此經者
由是威神力　是彼諸有情　所有病苦等
悉令盡消滅　福壽皆增益　遠離諸罪垢
珠芥香蔓草　無瑕寶栴檀　王金剛杵花
閻浮水金瓶　或以銀爲瓶　繫淨絲爲滿
數念二十一　或滿百八遍　壞相金剛呪
國王常沐浴

佛說壞相金剛陀羅尼經

鶴岳八幡宮

湖州路歸安縣大慈隱寺住持皇叔宗沙不揀沈明仁於至大三年五月初九日
延慶司官海音都 延慶使特奉
皇太子令旨江南白雲宗[illegible]來的沈宗[illegible]有將[illegible]真言[illegible]
白雲宗陀羅尼經壞相金剛陀羅尼經[illegible]經本好生刊板印造交大藏經裏收
去流通者欽此欽惟
皇太子殿下宿植善根深通 佛教撤邊
令旨依上刊雕流傳天下仰祝
[illegible]
佛法流通凡有見聞同歸善果者
至大三年三月　日白雲宗宗主沈明仁謹題

佛説壞相金剛陀羅尼經

校勘記

一　底本，元普寧藏本。此經僅元普寧藏本收録，無校。

佛說文殊菩薩最勝真實名義經

光祿大夫大司徒三藏法師 沙囉巴奉 詔譯

南無文殊菩薩

吉祥持金剛 能調難調伏 勇猛勝三界
自在祕密主 目若青蓮葉 面滿如蓮華
執持金剛杵 以手擲復擲 化現顰眉等
無邊執金剛 亦有降惡魔 威猛大怖畏
放大杵餤光 拋擲金剛杵 大悲大智慧
方便利羣生 或踊躍歡喜 或現忿怒相
皆導諸佛教 躬詣世尊所 頂禮婆伽梵
如來正等覺 合掌心恭敬 蹲踞而白言
徧主願慈愍 饒益我等故 當以幻化網
令我證菩提 無智諸愚癡 煩惱困苦溺
亦為如是等 剋證無上果 究竟正等覺
世尊調御師 了達三摩耶 諸根性欲等
智身婆伽梵 大頂言詞主 大智所出生
文殊智慧埵 宣揚最勝名 深廣寂靜義
大法無等倫 初中後皆善 過去佛已說
未來佛當說 現在佛今說 三世皆如是
大教幻化網 持密金剛手 無量衆歡喜
惟願宣妙音 佛說祕密語 我等能受持
決定心堅固 至成等正覺 為滅諸煩惱
斷除愚智故 隨順差別機 願說最勝法
密主金剛手 仰白世尊已 至成而合掌
恭敬住面前 爾時釋迦佛 最上兩足尊
而於面門中 大舒廣長舌 徧滿三界中
降伏四魔衆 為除惡趣故 唯然示微笑
復出美梵音 徧聞於三界 稱讚祕密主
大力金剛手 汝以大悲心 廣為利羣生
殷勤勸請說 文殊智義名 淨除諸罪垢

最上大義利 讚言金剛手 善哉大善哉
為汝祕密主 我今當善說 一心應諦聽
唯然婆伽梵 爾時釋迦佛 開示祕密法
持密明呪種 觀照三部種 世出世間種
徧照世大種 大印最上種 烏瑟尼沙種

已上序分計二十四頌

伽陁言詞主 六種密呪王 不二相應生
宣說無生法

阿阿(引一)壹醫(引二)嗢污(引三)伊愛(引四)烏奥(引五)暗惡(緊呼六)悉提(二合)埵毗哩(二合)帝(一句)悉(引)拏積哩(二合)帝囉含普(緊呼)駄(二句)母駄囊(三句)怛囉(二合緊呼)陁殷囉(二合)帝囊(四句)唵嚩日囉(二合)帝刹拏(二合)覩(緊呼)珂砌(引)怛(一句)鉢囉(二合)惹(引)惹(引)拏穆哩(二合)陁夷(二句)惹(引)拏伽(引)耶(三句)縛(引)吉(引)輸嚩(二合)囉(四句)阿囉跛左曩野帝那謨(緊呼)

已上幻化網究竟計三頌

如是婆伽梵 菩提阿字生 阿字為寂勝
大義微妙字 大生無生義 遠離於言相
音聲殊勝因 能顯諸言相 大貪大供養
衆生皆歡喜 大嗔大供養 諸煩惱大怨
大癡大供養 癡心除愚癡 大忿大供養
大忿大怨害 大欲大供養 能除諸愛欲
大欲及大樂 大喜及大染 大色及大身
大相及大皃 大名大廣慱 廣大曼荼囉
持大智慧劒 勝大煩惱鈎 大名大義譽
大光大明照 善智持大幻 大幻成義相
大幻寂妙樂 大幻施幻化 大施寂上尊
尸羅持為寂 大忍辱堅固 大精進勇猛
大禪住正受 大般若持身 大力大方便
大願大智海 大慈性無量 大悲心殊妙

般若具大智 善巧大方便 大神變大力
勇健大速疾 大神變徧聞 大力大敵怨
摧壞三有山 執持金剛杵 威猛大勇健
大怖作大畏 尊者寂勝種 上師密呪尊
安住大乘理 大乘理寂勝

已上三十七菩提曼荼囉讚金剛菩提心

八十六名計二十四頌

大毗盧遮那 大寂大牟尼 從大密呪生
大祕密理性 得十波羅蜜 住十波羅蜜
淨十波羅蜜 十波羅蜜理 十地自在尊
十地安隱住 十智清淨我 十智淨堅固
十相十利義 牟尼十力尊 周徧成利益
具十大自在 無始無戲論 我及真如淨
真語與實語 如語不異語 不二說無二
安住真實際 無我師子吼 振外道惡獸
行游於有義 如來速疾意 勝勢勝究勝
大力轉輪王 衆師衆中勝 衆尊大自在
大勢威崇重 大教無能勝 語主言詞巧
主宰無邊詞 實語演實義 宣說四聖諦
不退阿那含 聲聞辟支佛 雖種種出生
同一真實相 漏盡阿羅漢 離欲勝根境
無畏得安樂 清涼無煩惱 圓滿明行足
善逝世間解 無我不執我 安住二諦理
超出輪迴際 所作皆已辦 純一智所生
慧刀而破壞 正法法王光 徧照於世間
法王法自在 宣說寂勝道 成就諸義利
離諸分別相 分別界無盡 顯微妙法界
具福修福聚 智慧出大智 正智了無有
修集二資粮 常普勝相應 禪定意微妙
示身相不動 三身勝根本 正覺五身性

周徧五智性　五佛妙寶冠　五眼淨無著
增長諸正覺　最勝諸佛子　智不生三有
法能斷輪迴　金剛一實性　生作有情主
虛空自然生　大慧大智火　大光而徧照
智光大熾盛　世燈大智炬　大威大光明
明王大神呪　密呪大義利　大頂希有頂
虛空現衆相　諸佛無我性　具世歡喜眼
增長種種色　供讚大仙尊　持三部密呪
最上三寶尊　說最上三乘　不空羂索勝
執持金剛索　金剛鉤大索

已上毘盧遮那佛曼荼囉讚清淨法界智一百八名計二十四頌令三句

四

能怖金剛怖　六面忿怒王　六眼六臂力
骨相咬利牙　百面大笑相　皺鬘德迦王
金剛力怖畏　金剛稱及心　大幻金剛腹
金剛主能生　金剛藏虛空　不動一髻尊
身披大象皮　訶訶聲大惡　四四聲大怖 大笑字吼聲
金剛喜笑聲　金剛大菩薩　金剛王大樂
金剛相大喜　金剛呪吽吽　執持金剛箭
利劍斷煩惱　金剛金剛相　金剛破他軍
熾盛金剛眼　銛利熾盛髮　雨大金剛雨
百目金剛眼　身具金剛毛　金剛毛徧身
金剛爪銛利　金剛藏皮堅　金剛殊勝鬘
金剛妙莊嚴　訶訶吒大聲　六字金剛聲
文殊大音聲　徧徹於三界　乃至虛空界
音聲最殊勝

已上不動佛曼荼囉讚大圓鏡智七十一名計一十頌

無我真如性　實際無文字　談空大牛王
深廣大法音　吹於大法螺　擊大法犍稚
持大如意寶　衆寶中最上　廣大成劫樹
最上大賢瓶　饒益諸衆生　隨宜而利樂
淨通非淨通　時三摩耶通　了達衆生根
善巧三解脫　功德通法通　廣大利吉祥
吉祥最吉祥　名稱吉祥譽　止息踊躍喜
大咲復大樂　恭敬而承侍　喜稱大吉祥
大施最勝尊　微妙堪歸依　大怖最上怨
消除諸驚怖　尸棄室籠吒　若胝路垂髻
五面五頂髻　五維髻嚴花　圓頂大懃息
持最上梵行　苦盡大苦行　淨住喬荅摩
梵行知梵行　涅槃證梵行　離縛解脫身
解脫寂靜性　證寂滅涅槃　速得妙圓寂
決斷苦樂邊　盡遠離諸欲　無勝無等倫
無顯亦無着　不易隨用徧　無漏微細種
無塵離塵淨　離失無過愆　善覺悟佛性
一切智通達　超過識法性　無二智可觀
圓成無分別　三世正覺行　正覺無始終
最初佛無因　一智眼清淨　如來妙智身
不住於涅槃　十方鳴法皷　無色現妙相
意生種種色　衆色吉祥光　現無餘影像
最勝大名譽　三界大自在　住最上聖道
興建大法幢　三界童子身　耆年世主相
或三十二相　端嚴勝三界　了達世間師
世間師無畏　為世作依怙　救護而無上

五

受用虛空藏　一切智智海　劈破無明𣪍
摧壞生死網　淨除諸煩惱　出度輪迴海
戴智灌頂冠　莊嚴正等覺　斷除三種苦
得三種解脫　遠離一切障　住等虛空性
超出煩惱垢　三世悉同然　諸衆生大龍
現功德山頂　解脫諸煩惱　勝住虛空道
大說自在說　勝說說法王　無上無比等
無勝師子吼　普觀咸欣喜　殊勝威光鬘
妙光吉祥相　手光徧熾盛　為大良醫師
能除諸病苦　尒是妙藥樹　對治諸病怨
端嚴超三界　星宿曼荼羅　周徧十方界
普建大法幢　及張大傘蓋　慈悲為道場
吉祥蓮華舞　徧覆大寶蓋　諸佛大威光
持諸正覺身　諸佛大相應　諸佛同一教
金剛寶灌頂　衆寶自在主　世間自在主
諸執金剛尊　一切佛大心　而住諸佛心
一切佛大身　亦是諸佛語　金剛日大明
金剛月淨光　離貪等大貪　衆色熾盛光

六

正覺跏趺坐　持佛勝義法　正覺蓮華生
攝持徧知藏　持諸幻化王　持明大覺王
金剛劍大利　清淨最勝字　大乘斷煩惱
大器金剛法　金剛甚深義　金剛慧了義
圓滿波羅蜜　佛地為莊嚴　清淨無我法
智月殊勝光　大懃幻化網　一切教中主
最勝金剛座　盡持諸智身　大普賢妙慧
地藏持世主　諸佛大法藏　化輪持種種
諸性最勝性　諸性持自性　無生法羣義
持諸法自性　大慧剎那間　覺了一切法
現證一切法　能仁真實際　安住清淨性
成正等正覺　一切佛現前　大智燄光明

已上無量壽佛曼荼囉讚妙觀察智二百七十五名計四十二頌

隨心成妙義　淨除諸惡趣　救諸羣生尊
度脫諸衆生　獨破煩惱障　摧壞愚癡慢
智勝持吉祥　堅持可畏相　運動百手臂
舉足舞蹈相　吉祥百手臂　周徧虛空舞

或以一足按 盡彼金輪際 或舒足一指
徧覆梵天界 一義無二法 勝義法無壞
種種表色等 心識俱相續 於有相空性
二種染着心 捨離三有染 成三有大樂
猶如清淨雲 亦如秋皎月 妙如初日輪
指甲赤銅光 寶冠帝青色 寶髮大紺青
吉祥摩尼光 莊嚴化身佛 震動百世界
神足具大力 正念持自性 念住正定王
七覺妙花香 如來功德海 了知八聖道
成正等覺道 一切衆生類 無着如虛空
衆生意中生 遠應有情意 了知諸根境
奪諸有情意 了五蘊實義 見五蘊清淨
安住出生際 善巧而出生 住向出生道
音示出生法 拔十二枝根 十二相清淨
四聖諦義相 八智從覺生 十二真實義
十六相實性 二十正覺相 諸佛皆了知
諸佛變化身 出現無量數 一念皆現證
刹那了諸義 種種方便乘 為利有情故
雖說三乘法 住果唯一乘 煩惱界清淨
盡除諸業界 已渡諸苦海 相應行所生
煩惱隨煩惱 習氣盡斷除 大悲智方便
有義利有情 斷除諸想義 諸識法盡滅
緣諸衆生意 了達衆生心 安住衆生意
隨彼心趣入 滿足衆生意 令衆生歡喜
成就竟無亂 遠離諸謬解 三義無疑智
衆義三德性 五蘊義三時 一念能分別
刹那證菩提 持諸佛自性 無身身妙身
了解身實際 出現諸色像 如意大寶幢

已上寶生佛曼荼羅讚平等性智一百四名計二十四頌

諸佛悉了達 無上大菩提 大呪離文字
大呪三種性 出生密呪義 大點離文字
大空五字門 圓點空百字 一切相非相
十六半半點 無支超算數 住四靜慮上
通達定支分 了知定本因 三昧身最上
受用身最勝 化身亦復然 持佛變化性
普徧十方界 化度諸有情 所有天中天
天主非天主 長生天主師 降魔大自在
超出三有難 唯一天人師 名聞徧十方
為大法施主 以慈悲二法 為堅固甲冑
執智劍弓箭 破煩惱賊軍 降伏大惡魔
盡除四魔難 亦降諸魔部 正覺救世間
應供應讚禮 恒時當親近 恭敬堪承事
稽首最上師 一步越三界 徧伏虛空界
三明淨無垢 六道六念等 菩薩摩訶薩
神通超出間 智慧到彼岸 智證如如性
自他覺圓滿 大補特伽羅 喻所不能及
智所不能知 最上施法主 宣示四印義
人天堪恭敬 引導三乘法 清淨最上義
三界大賢分 具足諸吉祥 妙德勝吉祥

已上有義成就佛曼荼羅讚成所作智九十五名計一十五頌

歸命金剛大勝施 歸命真如實際理
歸命頂禮空性生 歸命無上佛菩提
歸命頂禮佛所愛 歸命頂禮佛所欲
歸命頂禮佛欣喜 歸命頂禮佛大悅
歸命頂禮佛正念 歸命頂禮佛喜笑
歸命頂禮佛正語 歸命頂禮諸佛心
歸命頂禮從無生 歸命頂禮諸佛生
歸命頂禮虛空生 歸命頂禮智所生
歸命最上幻化網 歸命諸佛大嬉戲
歸命一切一切智 歸命頂禮正智身

已上結讚大圓鏡智清淨法界智妙觀察智平等性智成所作智如次各一頌

金剛手執金剛菩薩摩訶薩我今說此文殊智菩薩摩訶薩清淨不共最勝名義者是諸世尊一切如來真實智身汝應生大無上歡喜清淨信解之心所有身語意密未得究竟清淨圓滿及諸地位波羅蜜門福智資粮於最上義未了解者令得解了未得證者令得證故乃至一切如來法藏悉能攝持是故我今分別解說皆為開發究竟解悟而為攝受金剛手執金剛菩薩摩訶薩我以一切秘密呪本然法性於根本性而為攝受

已上初輪功德計一十二頌句

金剛手執金剛菩薩摩訶薩汝今當知最勝名義是一切智智清淨身語意三秘密門真實能證一切如來正等正覺大三摩地善入一切如來無上法界是諸勝勢降伏魔力成就如來十力功德具一切智一切種智諸法聖教成就諸佛清淨圓滿福德智聚出生一切諸大菩薩聲聞緣覺三乘聖種亦令人天安住大乘諸菩薩行入正聖道皆得解脫不斷佛種復能增長菩薩聖衆調伏外道摧壞四魔攝持衆生決定成熟同歸聖道住三摩地行四梵行而於禪那心住一境成就瑜珈身語意業亦能斷除根本煩惱及隨煩惱即能離繫一切結縛解脫諸蘊息諸散乱出生資具普濟困苦關惡趣門開解脫道不復趣入輪迴生死轉大法輪建立如來正教法幢

旗幡傘蓋安住如來廣大法教速疾成就一切菩薩祕密行門復能覺了勤修三昧一切菩薩相應般若波羅蜜多了知菩薩空行無二具足一切波羅蜜藏圓滿一切清淨佛地得四真諦聖智現前一心安住四正念處乃至圓滿諸佛功德

已上第二輪功德計五十二頌句

金剛手執金剛菩薩摩訶薩此最勝名義能除一切衆生身語意業諸惡罪垢亦能遠離一切惡趣及得斷除一切業障永不復生八無暇流息除八怖破諸惡夢一切怪相消滅呪咀鬼魅留難及離一切衆魔怨結增長善根福德利益不復暫起非理作意斷除一切增上我慢我執見等不生一切憂悲苦惱亦是一切如來心藏了知如實菩薩密行了知成諸聲聞緣覺大祕密行相印明呪了知如實最勝法義正念正知生大智慧住安樂行色力自在獲得吉祥安隱清淨最妙戲事得大名譽美妙句偈称揚讚歎亦能消除一切疾病及大恐怖若復有人欲得清淨即得清淨欲得淨除即得淨除欲得富饒即得富饒欲得吉祥即得吉祥欲得歸向作所歸處未得道者令得道位無救度者而為救度無覆護者令得覆護欲求國土令得國土欲依伏者而為依伏度生死海為作舟航能除病苦作大醫王於取捨法為了別智亦為智光照破惡見愚癡暗藪

文殊智菩薩摩訶薩猶如意寶隨其所欲利益一切皆令圓滿如實了知一切智智具足五眼修諸財施無畏法施六波羅蜜得四無畏安住十地大福智藏三摩地門皆得圓滿如實了知法性無二如實了知色相差別如實了知種種億數色相清淨如來自性悉皆空故此最勝名義無二法義若有受持開示顯發則能利益一切衆生令離邪見煩惱稠林

已上第三輪功德計五十二頌句

金剛手執金剛菩薩摩訶薩嚩伽梵文殊智菩薩摩訶薩一切如來智身最勝尊重無二名義如佛頂髻大摩尼寶若善男子善女人樂修習者依此最勝祕密行門每日三時記念思惟句偈義理文句圓正受持讀誦無諸錯乱真實如法為人解說依各各名一一諦觀文殊菩薩智身住普門行一心信受得勝解心了知諸法最上勝義證無礙智悉能了達彼三世事及無始時復得一切諸佛及諸菩薩來現其前出生開示一切法門一切諸佛及諸菩薩以身語意於根本性真實攝受一切諸佛及諸菩薩共所加持饒益攝受獲一切法無畏辯才通達聲聞羅漢緣覺所有諸法而能觀照無我自性調伏諸惡大忿怒王執金剛等救度世間作大利益化現種種無量身相有大光明具諸威力復能成就一切呪印現證三昧曼荼羅法所有一切密呪明呪諸大明王諸惡魔類頻那夜伽諸惡魔怨敵當櫱羅大無能勝於晝夜中而常衛護復有梵王帝釋嚕陀羅天那羅延天童子天大自在天迦哩底迦天大黑天儞底計說羅天餓摩天王水神火神毗沙門天訶利帝母乃至擁護十方世界神於日夜中常當衛護若行若住若坐若卧若睡若覺或獨處禪定一或出入禪定一切時中常當衛護或獨居止或居闤闠或居王城聚落村邑巷陌空舍四衢門廟山林江河一切住處若淨若穢放逸等處恒當衛護常得安隱復有天龍夜叉乾闥婆阿修羅迦樓羅緊那羅摩睺羅迦人非人等及諸宿曜集主母衆七母鬼衆藥叉女衆毗舍遮女衆一切鬼母如是等衆并諸眷屬增長壽命獲大吉祥

已上第四輪功德計一十九頌句

金剛手執金剛菩薩摩訶薩若有於此最勝名義如佛頂髻大摩尼寶每日三時精進無懈專一受持書寫讀誦正念思惟文殊菩薩摩訶薩智身色相具足由是力故不久速見菩薩化身又復得見諸佛菩薩住虛空中化現無量種種色身此大有情永不復墮一切惡趣當來不生卑賤種族不生邊地諸根不具又復不生諸邪見家亦不受生無佛刹土生值佛國不捨正法永不生於長壽天中不生飢饉鬬戰劫中不生五濁惡世生生世世遠離王難盜賊怨對不生貧窮及困苦處不闕輕賤毀謗惡語生生世世生賢善家尊貴人中圓滿色相端嚴具足於世間中無不愛敬凡所生處人皆喜見出言誠實人所信受得宿命智有大眷屬具大財富增益無盡最上功德皆悉具足六波羅蜜及方願智力自性功德亦復具足修四梵行圓滿具足正念正知於諸議論無有怖畏言詞明了辯才無礙無懈怠心知足少欲須能安慰一切衆生如阿闍黎師長無異恭敬承事工巧技藝神通智等外論教典若文若義昔所未聞悉皆

洞達戒足壽命諸行清淨常樂出家圓滿直
圓於一切智永不忘失大善提心不復趣入
聲聞羅漢緣覺境界
已上第五輪功德計五十二頌句
金剛手執金剛菩薩摩訶薩此家勝名義具
足無量無邊功德故復能出生如是無量無
邊種種功德之聚
十三
金剛手執金剛菩薩摩訶薩善善男子真實
受持最勝名義者當知是人究竟福德智慧
資粮速疾圓滿諸佛功德不久成證阿耨多
羅三藐三菩提安住世間不般涅槃為諸衆
生徧十方界建大法幢擊大法鼓作大法王
演說無盡無上妙法即說呪曰
已上摠結五輪功德
唵引薩哩嚩二合達哩摩二合一句引阿婆引嚩二合二句
娑嚩二合婆引嚩三句尾秫呼緊馱引四嚩日囉二合
遏阿引暗𠿒引嚩句五鉢囉二合訖利二合帝婆哩秫呼緊
馱引句六薩哩嚩二合達哩摩二合曳觀陀句七薩哩
嚩二合達他引誐多句八慕那迦引耶句九曼祖室
利二合句十婆哩秫呼緊帝引馱句引十一穆婆引陀引
曳帝句十二阿阿呼緊三句十
唵引薩哩嚩二合達他引誐多啜哩二合陀耶句一
訶羅訶囉句三唵引吽引啜哩二合婆伽梵三句惹
那穆哩引二合帝句四婆引訖引濕伐二合囉句五摩
訶引婆引摸句六薩哩嚩二合達哩摩二合伽伽
拏句八阿摩辣素婆哩秫帝怛引句九達哩摩二合
馱覩惹引那伽哩婆二合阿句十
爾時吉祥金剛手　歡喜踊躍而合掌
稽首頂禮婆伽梵　世尊如來正覺等
復次尊者祕密主　大金剛手忿怒王
共同一切大衆等　讚歎祕密作是言
世尊我等皆歡喜　善哉善哉能善說
慈悲利益及衆生　成就正等菩提果
佛為世間大導師　引示咸歸解脫道
宣說幻化網妙理　皆是清淨微妙道
最上方廣甚深義　普為世間作利益
此是諸佛聖境界　一切如來盡宣說
已上流通分頌句
鸖岳八幡宮

佛說文殊菩薩最勝真實名義經

湖州路歸安縣大慈隱寺住持白雲宗宗攝沈明仁
於至大二年十二月初九日延慶司官海音都延
慶使特奉
皇太子令旨江南白雲宗送經來的沈宗攝回去有將
家勝真實名義經佛說白傘盖陀羅尼經佛說
壞相金剛陀羅尼經這經本好生刊板印造交
大藏經裏入去流通者欽此欽惟
皇太子殿下宿植善根深通
佛教欽遵
令旨依上刊雕流傳天下仰祝
皇圖鞏固
佛法流通凡有見聞同歸善果者
至大三年三月　日白雲宗宗攝沈明仁謹題

佛說文殊菩薩最勝真實名義經
校勘記

一　底本，元普寧藏本。此經僅元普寧藏本收録，無校。

藥師琉璃光王七佛本願功德經念誦儀軌卷上

善護尊者造　大元三藏沙門　沙囉巴奉　詔譯

南無藥師琉璃光王如來

修儀軌者沐浴清淨著諸新鮮上妙衣服食清淨食遠離煩惱無垢淨心思惟憶念三寶功德及經功德發諦信心修四無量觀若在家者受持八支近住禁戒值良辰時如月八日啓建道場於適意所灑掃清淨嚴設種種幢幡傘蓋用諸粉末或布花位建大香壇於內安置鑄瀉繪塑舍利佛像及設出世間諸尊聖賢等位隨力陳設種種供養一一像前各置七燈各懸七首雜色綵幡及諸上品燒香名花塗香妙食種種伎樂七寶八吉祥賢瓶等皆當預備隨力命僧讀誦此經大般若經方廣經等或一七日三七五七七至七七日修建道場念誦修持如是供養既陳設已會集大衆依次安庠修性空觀從定而起緣諸有情修四無量觀發菩提心既修辦已觀想十方一切諸佛菩薩亦復如是加持攝授如是思惟加持攝授處所曰

三寶真實力一切諸佛諸大菩薩加持攝授力二種資粮圓滿果報力不可思議清淨法界力彼佛菩薩最妙廣大誓願所成清淨國土今依七佛本願功德經中儀軌會集十方一切諸佛諸大菩薩護法聖衆宮殿壇場及諸所有一切供養國土莊嚴惟願轉成猶如世尊無量壽佛國土莊嚴種種功德等無有異彼佛國土地平如掌衆寶所成縱廣正等廣博嚴麗細滑柔軟甚可愛樂清淨無穢光明晃耀香氣芬馥如妙栴檀普散種種上妙天花多有浴池以諸妙寶周遍間砌復以種種金寶銀寶真珠妙寶沙布其底復有種種優波羅華拘物頭華波頭摩華艷冶歆側彌覆其上又有種種奇妙可愛雜色禽鳥出和雅音適悅衆意歡喜交集飛騰上下又有種種微妙天寶砌飾池沼盈滿流注八功德水清淨嚴好甚可愛樂復有種種天妙寶樹一一寶樹復有種種寶華寶菓滋茂繁盛欄楯莊嚴處處行列一一枝上懸掛種種天妙珠瓔摩尼衆寶金寶鈴鐸不鼓自鳴出美妙音宣暢妙法如是種種莊嚴寶地

其勝妙殿皆以七寶莊嚴間飾光明熾盛徧照十方無量世界十方國土皆現於中有如是等無量國土縱廣正等邊際差別一一嚴顯非三界境超出世間此由如來善根威力淨惟識性之所成就如來所都諸大菩薩無量衆等及諸天龍夜叉健達婆阿修羅揭路茶緊那羅摩訶洛伽人非人等常所游歷喜翫法味安隱快樂真實恒住饒益有情遠離垢染憂悲苦惱永無魔事勝諸莊嚴如來莊嚴城闕宮殿以大念慧勝解所生乘奢摩他毘婆舍那入空無相無願普解脫門妙寶花王無量無邊功德莊嚴大寶殿內諸寶獅子蓮花座上善名稱吉祥王如來寶月智嚴光音自在王如來金色寶光妙行成就如來無憂最勝吉祥王如來法海雷音如來法海勝慧遊戲神通如來藥師琉璃光王如來本師釋迦牟尼如來及十方界一切如來諸大菩薩護法聖衆會集處所仗諸聖者殊勝願力隨諸果報願得如法最勝殊妙出生成就又諸內外隨名種性樂欲出生種種上妙人天資具飲食衣服瓔珞伎樂如三蘊經普賢行願之所出生種種最妙供養雲海如是隨願轉成種種莊嚴資具普徧充滿供養雲海惟願如是隨心圓滿又願聖衆亦復如是加持攝授歡喜受用如是三徧又曰三寶真實力

一切諸佛諸大菩薩加持攝授力二種資粮圓滿果報力不可思議清淨法界力惟願如是隨願成就隨願成就如是三遍攝授加持供養已

召請諸聖者膝輪跪地合掌持華召請曰

一心奉請善名稱吉祥王如來寶月智嚴光音自在王如來金色寶光妙行成就如來無憂最勝吉祥王如來法海雷音如來法海勝慧遊戲神通如來藥師琉璃光王如來本師釋迦牟尼如來十方三世一切如來應正等覺諸大菩薩等當慈愍念是諸世尊大慈大悲爲利當來後五百歲像法轉時一切有情業障覆蔽種種疾病之所逼迫憂悲苦惱常被撓害及諸貧窮困苦有情而作義利亦爲人天利益安樂依諸如來善巧方便廣大殊勝微妙上願威神力故今爲我等 某甲 及諸衆生作依怙故作救護故作勢力故虔誠召請惟願聖衆降臨道場香壇會所願賜攝授

一心奉請我等導師釋迦牟尼佛爲利有情於贍部洲示涅槃相復往他方如來神通游戲自在利樂有情惟願世尊大慈大悲憶念昔願不捨弘誓我等亦繫所化衆生已被恩德今爲 某甲 一切有情作依怙故作救護故作勢力故虔誠召請惟願降臨供養香壇降

臨會所願賜攝授
一心奉請曼殊師利菩薩摩訶薩救脫菩薩
摩訶薩金剛手菩薩摩訶薩及諸菩薩摩訶
薩一切聖衆大慈大悲憶念往昔宣說七佛
本願功德經時向大衆前發大誓願遵奉佛
教受持經典諸菩薩衆今爲某甲一切有情
作依怙故作救護故作勢力故虔誠召請惟
願降臨供養香壇降臨會所願賜攝授
一心奉請往昔會上親蒙如來之所付囑汝
等同一眞實天語承佛敎勑誓護正法四部
大衆亦願護持七佛如來本願功德經者大
梵天王天主帝釋持國天王增長天王廣目
天王多聞天王等及諸護法聖衆今爲某甲
一切有情作依怙故作救護故作勢力故虔
誠召請惟願降臨供養香壇降臨會所願賜
攝授
一心奉請往昔會上諸佛面前向諸大衆發
大誓願若復有人受持讀誦恭敬供養七佛
如來本願功德經者我等眷屬衛護是人令
脫衆難所有願求悉令滿足誓願護持者
宮毘羅大將　跋折羅大將　迷企羅大將
安底羅大將　頞你羅大將　珊底羅大將
因陁羅大將　波夷羅大將　魔虎羅大將
眞達羅大將　招住羅大將　毘羯羅大將
汝等大將當憶往昔所發善願今者某甲及諸
有情作依怙故作救護故作勢力故虔誠召
請惟願降臨供養香壇降臨會所願賜攝授
　至此當誦召請偈
如是召請觀想諸聖各從本國以神通力乘
空而來於勝妙宮諸寶獅子蓮花座上安八

如來及安法寶於第二層復安序分諸菩薩
位或設侍從諸菩薩位面前安設曼殊師利
菩薩救脫菩薩金剛手菩薩三菩薩位暨覺
諸尊往昔誓願作饒益行第三左邊安設十
二藥义大將右邊安設大梵天王天主帝釋
四門安設四大天王酬昔本願亦當觀想所
有供養資具如前儀軌思惟觀想
次用功德水等通行禮拜申供曰
南無歸依供養十方三世一切善逝諸大菩
薩衆
南無歸依供養如來應正等覺善名稱吉祥
王佛無量百千萬億菩薩衆
南無歸依供養如來應正等覺寶月智嚴光
音自在王佛無量菩薩衆
南無歸依供養如來應正等覺金色寶光妙
行成就佛無量百千萬億菩薩衆
南無歸依供養如來應正等覺無憂最勝吉
祥王佛無量菩薩衆
南無歸依供養如來應正等覺法海雷音佛
無量菩薩衆
南無歸依供養如來應正等覺法海勝慧遊
戲神通佛無量菩薩衆
南無歸依供養如來應正等覺藥師琉璃光
王佛日光遍照月光遍照無量菩薩衆
南無歸依供養如來應正等覺本師釋迦牟
尼佛三萬六千菩薩衆
南無歸依供養曼殊師利菩薩救脫菩薩金
剛手菩薩諸大菩薩衆
南無歸依供養大梵天王天主帝釋四大天
王護法聖賢衆

南無歸依供養宮毘羅大將十二藥义衆
　次奉供養曰
諸大聖前我今以此妙功德水塗香妙花燒
香明燈上食伎樂微妙音聲幢幡傘蓋諸供
養具及十方界所有種種無主攝持人天慾
樂上妙資具復以總持大明神力諦信願力
加持增長供養雲海亦如普賢行願所出供
養雲海充滿虛空如是最勝供養資具我以
供養諸大聖衆我某甲等自從無始生死已
來所作一切諸惡罪業及作種種應作不作
不應而作諸不善業有如是等一切罪業我
今眞實盡皆懺悔三世諸佛及諸有情所有
善根我皆隨喜所有十方一切如來我今勸
請轉大法輪所有世燈欲般涅槃我今勸請
莫入涅槃久住世間利樂有情如是世尊在
會聖衆當愍念我是諸世尊大慈大悲爲利
當來後五百歲像法轉時一切有情業障覆
蔽種種疾病之所逼迫憂悲苦惱常被撓害
及諸貧窮困苦有情而作義利亦爲人天利
益安樂是彼世尊應正等覺七佛如來往昔
會上善巧方便發大最勝微妙誓願加持攝
授我等導師釋迦牟尼佛亦復如是宣說經
典加持攝授曼殊菩薩救脫菩薩金剛手菩
薩摩訶薩衆眞實成就彼佛世尊所說聖語
圓滿各各廣大本願亦爲圓滿此經義利成
就諸聖付囑聖語加持攝授大梵天王天主
帝釋四大天王十二藥义護法聖衆諸優婆
塞昔於會上發大誓願衛護此經及受持人
是故我等亦如諸聖宣說本願功德儀軌修
建道場會集一切諸佛菩薩海會聖衆陳設

種種供養資具稱揚聖號奉諸供養今蒙垂恩會集道場伏願諸聖垂賜恩德憐念弘誓圓滿我等此會道場亦願某甲我等有情見前獲得如經所說功德善利如是三說

復次當於諸聖一一供養發願祈禱且初稱念善名稱吉祥王佛如來名號申諸供養祈願云

南無歸依供養婆伽梵如來應正等覺善名稱吉祥王佛如是七遍

次申供養等

今對諸佛諸大菩薩聖衆面前若聞善名稱吉祥王佛如來名號正念思惟稱揚聖號恭敬供養禮拜七遍威神之力亦如善名稱吉祥王如來所發勝願惟願我等一切有情所有病苦逼切其身熱病諸瘧蟲道厭魅起屍鬼等種種怖畏之所惱害惟願我等乃至證得無上菩提如是所有災難病苦願皆消滅願盡消滅

復願我等及諸有情所有種種盲聾瘖瘂白癩癲狂衆病困苦惟願我等乃至證得無上菩提諸根具足所有一切疾病困苦願盡消滅

又願我等及諸有情爲貪嗔癡之所纏縛造無間罪及諸惡行誹謗正法不修衆善當墮地獄及諸惡趣受諸痛苦惟願我等如是所有五無間罪及諸業障願皆消滅乃至證得無上菩提不復墮落三惡趣道常受人天殊勝快樂

又願我等及諸有情所有種種貧窮困苦少乏衣食瓔珞卧具財貨珍寶香華伎樂願令我等乃至證得無上菩提所有衣食瓔珞卧具財貨珍寶香華伎樂悉願資生增盛豐足

又願我等及諸有情或被枷鎖繫縛其身及以鞭撻受諸苦惱願令我等乃至證得無上菩提所有種種繫縛鞭撻一切苦惱願得解脫悉皆消滅

又願我等及諸有情所有種種無救無歸苦火逼迫於險難處爲諸惡獸熊羆獅子虎豹犲狼蚖蛇蝮蝎之所侵惱欲斷其命受大苦楚願令我等乃至證得無上菩提所有恐怖皆得解脫諸惡獸等悉起慈心常得安樂

又願我等及諸有情所有種種互相鬬戰言詞諍論因生憂惱驚恐怕怖願令我等乃至證得無上菩提所有種種鬬諍言詞願皆解散驚怖苦惱願盡消滅慈心相向

又願我等及諸有情爲自活命入於江海遭大惡風吹其船舫無有洲渚而作歸依極生憂惱願令我等乃至證得無上菩提無諸怖畏皆得隨心至安隱處受諸快樂

又願我等從此命終即得往生如來應正等覺善名稱吉祥王佛國王之中諸寶蓮花獅子座上蓮花化生證得種種陀羅尼門三摩地門一切功德復於導師善名稱吉祥王如來十方諸佛聽聞妙法承事供養蒙佛歡喜經須臾間於諸佛國無礙得入

南無歸依供養婆伽梵如來應正等覺寶月智嚴光音自在王佛如是七遍

次申供養等

今對諸佛諸大菩薩聖衆面前若聞寶月智嚴光音自在王佛名號正念思惟稱揚聖號恭敬供養禮拜七遍威神之力亦如寶月智嚴光音自在王佛所發最勝微妙上願惟願我等一切有情爲營農業及商賈事欣樂躭著令心擾亂廢修菩提殊勝善法墮落生死不能出離各各備受無量無邊衰老病死憂悲苦惱惟願我等乃至證得無上菩提衣服飲食資生之具金銀珍寶隨願充足所有善根皆得增長亦不捨離菩提之心諸惡道苦咸蒙解脫

又願我等及諸有情若爲寒熱饑渴逼身受大苦惱惟願我等惟願此身爲最後身乃至證得無上菩提先世罪業悉皆消滅捨諸苦惱受人天樂

又願我等及諸有情若有女人以種種苦逼切其身心生厭惡及臨產時受大苦惱如是所有種種苦惱願皆消滅亦願當生爲最後生乃至證得無上菩提常爲男子

又願我等及諸有情或與父母兄弟姉妹妻子眷屬及諸親友行險難處爲賊所侵受諸苦惱惟願我等乃至證得無上菩提如是所有於險難處爲賊所侵之所苦惱願皆解脫衆難消滅

又願我等及諸有情行於闇夜作諸事業被惡鬼神之所惱亂極生憂苦惟願我等乃至證得無上菩提如是所有諸惡苦難從闇至明諸惡鬼神起慈悲意與大精進承事供養

又願我等及諸有情行鄙惡事不信三寶智慧尠少不修善法根力覺道念定總持皆不修習惟願我等乃至證得無上菩提智慧漸增深信三寶悉皆修學三十七品菩提分法

又願我等及諸有情意樂鄙劣於二乘道修行而住棄背無上勝妙菩提惟願我等乃至證得無上菩提念菩提心捨二乘見於無上覺得不退轉

又願我等及諸有情見劫將盡贍部洲等火欲起時生大憂怖苦惱悲泣由彼前身惡業力故受斯衆苦無所歸依惟願我等乃至證得無上菩提如是憂苦悉皆消滅受清涼樂

又願我等從此命終即得往生寶月智嚴光音自在王佛國土之中諸寶蓮花師子座上蓮花化生證得種種陀羅尼門三摩地門一切功德復於導師寶月智嚴光音自在王如來十方如來聽聞妙法承事供養蒙佛歎喜經須臾間於諸佛國無礙得入

南無歸依供養婆伽梵如來應正等覺金色寶光妙行成就佛 如是十遍

次申供養等

今對諸佛諸大菩薩聖衆面前若聞金色寶光妙行成就如來名號正念思惟稱揚聖號恭敬供養禮拜七遍威神之力亦如金色寶光妙行成就如來所發最勝微妙上願惟願我等及諸有情造作種種屠害之業斷諸生命由斯惡業受地獄苦設得爲人短壽多病或遭水火刀毒所傷當受死苦願令我等乃至證得無上菩提所有惡業悉皆消滅無病長壽不遭橫死

又願我等及諸有情作諸惡業以力竊奪或盜財物當墮惡趣設得爲人生貧窮家乏少衣食常受困苦惟願我等乃至證得無上菩提所有惡業悉皆消滅衣服飲食無所乏少願得豐足

又願我等及諸有情所有衆生更相凌慢共爲讎隙迺互殺害惟願我等乃至證得無上菩提如是苦惱願得消滅各起慈悲猶如父母

又願我等及諸有情所有衆生由諸貪慾嗔癡纏覆在家出家男女七衆毁犯如來所制學處造諸惡業虛受信施當墮地獄受諸苦報惟願我等乃至證得無上菩提所有惡業悉皆消滅斷諸煩惱敬奉尸羅於身語意善能防護永不退轉陁羅尼曰

怛姪他 一 悉帝悉帝蘇悉帝 二 穆捊尼 三 穆乞乂 二合 尼 四 穆帝 五 毘穆帝 六 阿摩麗 七 毘摩麗 八 任伽例 咽四 闌若揭哩 二合 毘 十 囉那揭哩 二合 毘 十一 薩哩 二合 嚩阿哩 二合 他薩陁尼 十二 般囉摩哩 二合 他薩陁尼 十三 摩那昔 十四 摩訶摩那昔 十五 阿喻菩帝 十六 阿嚩窒菩帝 十七 毘多婆夷 十八 蘇嚩哩 二合 尼 十九 鉢囉 二合 訶摩瞿瑟 二十 鉢囉 二合 訶摩覩瑟 二合 胝帝 廿一 薩哩 二合 嚩阿哩 二合 提秫 廿二 薩哩 二合 嚩阿婆囉那 廿三 阿婆囉胝帝 廿四 薩哩 二合 嚩陁阿鉢囉 二合 帝訶帝 廿五 捊覩嚕 二合 沙瑟帝 廿六 菩陁俱胝 廿七 婆瑟胝帝那摩 廿八 薩哩嚩 二合 怛他誐多喃 廿九 莎嚩訶 三十

是彼世尊如來應正等覺金色寶光妙行成就佛坐菩提樹觀見衆生爲貪嗔癡之所纏繞衆病所逼怨家得便或時橫死復由惡業墮地獄中受大極苦爲利是等苦惱衆生爲除業障究竟安住無上菩提說此神呪我等誠心誦持神呪攝授之力惟願我等及諸有情所有極重五無間罪及諸業障悉皆消滅所有希求究竟圓滿臨命終時是彼世尊金色寶光妙行成就如來慈悲護念從此命終即得往生如來應正等覺金色寶光妙行成就佛國土之中諸寶蓮花師子座上蓮花化生證得種種陀羅尼門三摩地門一切功德復於導師金色寶光妙行成就如來十方如來聽聞妙法承事供養蒙佛歎喜經須臾間於諸佛國無礙得入

南無歸依供養婆伽梵如來應正等覺無憂最勝吉祥王佛 如是七遍

次申供養等

今對諸佛諸大菩薩聖衆面前若聞無憂最勝吉祥王佛名號正念思惟稱揚聖號恭敬供養禮拜七遍威神之力亦如無憂最勝吉祥王如來所發最勝微妙上願惟願我等及諸有情常爲憂苦之所纏逼惟願我等乃至證得無上菩提所有憂悲及諸苦惱悉皆消滅亦願不受愛別離苦長壽安穩

又願我等及諸有情造諸惡業生在無間黑暗之處大地獄中受諸苦惱惟願我等蒙無憂最勝吉祥王如來身光照觸所有業障悉皆消滅乃至證得無上菩提解脫衆苦生人天中隨意受樂

又願我等及諸有情造諸惡業殺盜邪婬於其現身受刀杖苦當墮惡趣設得人身短壽多病生貧賤家衣服飲食悉皆乏少常受寒熱饑渴等苦身無色光所感眷屬皆不賢良惟願我等乃至證得無上菩提隨所願求飲食衣服悉皆充足如彼諸天身光可愛得善眷屬

又願我等及諸有情若爲藥义諸惡鬼神之
所嬈亂奪其精氣受種種病及諸苦惱惟願
我等乃至證得無上菩提諸惡藥义及諸鬼
神悉皆退散各起慈心所奪精氣復得如本
一切病苦皆得解脫
又願我等從此命終即得往生無憂最勝吉
三
祥王佛國土之中諸寶蓮花獅子座上蓮花
十三
化生證得種種陁羅尼門三摩地門一切功
德復於導師無憂最勝吉祥王如來十方如
來聽聞妙法承事供養蒙佛歡喜經須臾間
於諸佛國無礙得入
南無歸依供養婆伽梵如來應正等覺法海
雷音佛如是七遍
次申供養等
今對諸佛諸大菩薩聖衆面前若聞法海雷
音佛名號正念思惟稱揚聖號恭敬供養禮
拜七遍威神之力亦如法海雷音如來所發
最勝微妙上願惟願我等及諸有情若生於
彼邪見之家於佛法僧不生淨信遠離無上
菩提之心惟願我等乃至證得無上菩提無
明邪慧日夜消除於三寶所深生正信不復
退轉無上菩提之心
又願我等及諸有情生在邊地由近惡友造
衆罪業不修善品三寶名字曾不經耳命終
之後墮三惡趣彼諸衆生暫時得聞法海雷
音如來名字亦聞法雲法海音聲聞此法音
惟願我等及諸衆生乃至證得無上菩提所
有如是業障消除遇善知識不墮惡趣於菩
提心永不捨離
又願我等及諸有情衣服飲食卧具醫藥資
生所須悉皆乏少由此因緣生大憂苦爲求
覓故造衆惡業惟願我等乃至證得無上菩
提衣服飲食卧具醫藥資生所須隨念皆得
無不具足
又願我等及諸有情由先惡業共相鬭諍作
不饒益弓箭刀杖互爲損害惟願我等一切
衆生乃至證得無上菩提以諸刀杖互爲相
害各起慈心不相傷害悉皆退散不善之念
亦不自生况於前人欲斷其命常行喜捨各
各資具受用等物生知足心無復侵擾
又願我等從此命終即得往生法海雷音佛
國土之中諸寶蓮花獅子座上蓮花化生證
十四末
得種種陁羅尼門三摩地門一切功德復於
導師法海雷音如來十方如來聽聞妙法承
事供養蒙佛歡喜經須臾間於諸佛國無礙
得入

藥師琉璃光王七佛本願功德經念誦儀軌卷上

藥師琉璃光王七佛本願功德經念誦儀軌卷上

校勘記

一　底本，元普寧藏本。此經僅元普寧藏本收録，無校。

藥師琉璃光王七佛本願功德經念誦儀軌卷下

善護尊者造 大元三藏沙門 沙囉巴奉 詔譯

南無藥師琉璃光王如來

南無歸依供養婆伽梵如來應正等覺法海勝慧遊戲神通佛 如是七遍

次申供養等

今對諸佛諸大菩薩聖衆面前若聞法海勝慧遊戲神通佛名號正念思惟稱揚聖號恭敬供養禮拜七遍威神之力亦如法海勝慧遊戲神通如來所發最勝微妙上願惟願我等及諸有情造衆惡業種植耕耘損諸生命或復興易欺誑他人戰陣兵戈常爲殺害惟願我等乃至證得無上菩提資生之具不假營求隨心滿足

又願我等及諸有情造十惡業殺害等罪由此因緣當墮地獄惟願我等乃至證得無上菩提於十善道皆得成就不墮惡趣

又願我等及諸有情不得自在繫屬於他或被禁繫扭械枷鎖鞭杖苦楚乃至極刑惟願我等乃至證得無上菩提所有厄難禁繫鞭撻皆得解脫獲得自在威德滿足

又願我等及諸有情造諸惡業壽命短促於諸時中不遭夭橫臨命終時暫時耳聞法海勝慧遊戲神通如來名號正念現前解脫衆難常生中國受勝妙樂惟願我等乃至證得無上菩提永離諸難常受人天殊勝妙樂

又願我等從此命終即得往生法海勝慧遊戲神通佛國土之中諸寶蓮花獅子座上蓮花化生證得種種陁羅尼門三摩地門一切功德復於導師法海勝慧遊戲神通如來十方如來聽聞妙法承事供養蒙佛歎喜經須臾間於諸佛國無礙得入

南無歸依供養婆伽梵如來應正等覺藥師琉璃光王佛 如是七遍

次申供養等

今對諸佛諸大菩薩聖衆面前若聞藥師琉璃光王佛名號正念思惟稱揚聖號恭敬供養禮拜七遍威神之力亦如藥師琉璃光王如來所發最勝微妙上願惟願我等及諸有情以三十二大丈夫相八十隨好莊嚴其躬明熾燃照耀無量無邊世界惟願我等令諸有情亦復如是等無有異

又願我等及諸有情身如琉璃內外明徹淨無瑕穢光明廣大功德巍巍身善安住燄網莊嚴過於日月惟願我等及諸有情乃至證得無上菩提如藥師琉璃光王如來等無有異幽冥衆生悉蒙開曉互得相見隨意所趣作諸事業

又願我等及諸有情是彼藥師琉璃光王如來而以無量智慧方便復令我等及諸衆生乃至證得無上菩提皆得無盡所受用物莫令衆生有所乏少

又願我等及諸有情行邪道者惟願我等及諸有情乃至證得無上菩提悉令安住菩提正路若行聲聞獨覺劣乘皆以大乘願安立之

又願我等及諸有情於佛法中修行梵行一切皆令得不缺戒善防三業無有毀犯惟願我等乃至證得無上菩提設有毀犯還得清淨不墮惡趣

又願我等及諸有情諸根不具醜陋頑愚盲聾瘖瘂攣躄背傴白癩癲狂種種病苦之所纏逼惟願我等及諸衆生乃至證得無上菩提所有病苦悉皆消滅諸根具足端嚴智慧

又願我等及諸有情貧窮困苦無救無歸無醫無藥無親無家惟願我等及諸有情乃至證得無上菩提衆病消除眷屬增盛資財無乏身心安樂

又願我等及諸有情爲女人身百惡逼惱極生厭惡願捨女身惟願我等及諸有情乃至證得無上菩提一切皆得轉女成男具丈夫相

又願我等及諸有情爲魔羅網及諸外道之所纏縛若墮種種惡見稠林惟願我等及諸有情乃至證得無上菩提皆當攝授遠離邪見令生正見漸令修習諸菩薩行速證無上正等菩提

又願我等及諸有情王法所拘幽禁牢獄枷鎖鞭撻乃至極刑復有衆多苦楚之事逼切憂惱無暫樂時惟願我等及諸有情乃至證得無上菩提仗佛威力一切憂苦皆得解脫

又願我等及諸有情饑火所惱爲求食故造諸惡業惟願我等及諸有情乃至證得無上菩提仗佛威力能令皆得上妙飲食隨意飽滿復以法味而得安樂

又願我等及諸有情身無衣服蚊蟲寒熱之所逼惱惟願我等及諸有情乃至證得無上菩提仗佛威力隨其所好即得種種上妙衣服寶莊嚴具香花伎樂適意相忭皆令豐足無諸苦惱又願具足聖所愛戒遠離煩惱之

所逼迫於普解脫久住安樂從此命終即得
生生藥師琉璃光王佛國土之中諸寶蓮花
獅子座上蓮花化生證得種種陁羅尼門三
摩地門一切功德復於導師藥師琉璃光王
如來十方如來聽聞妙法承事供養蒙佛歡
喜經須臾間於諸佛國無礙得入
南無歸依供養婆伽梵如來應正等覺釋迦
牟尼佛 如是七遍
次申供養等
今對諸佛諸大菩薩聖衆面前若聞釋迦牟
尼佛名號正念思惟稱揚聖號恭敬供養禮
拜七遍威神之力我等導師釋迦牟尼佛爲
利當來一切有情業障覆蔽種種疾病之所
逼迫憂悲苦惱常被撓害及諸貧窮困苦有
情而作義利亦爲人天利益安樂攝授圓滿
七佛如來善巧方便廣大殊勝微妙上願歡
喜而告曼殊室利若復有人捨諸煩惱欲供
養彼如來本願微妙功德經晝夜六時思惟
其義應先敬造七佛形像可於淨處以諸香
華懸繒幡蓋上妙飲食及諸供養而爲供養
七日清淨持八戒齋於彼淨處應發勝誓願
生彼佛如來國中於諸有情當起利樂大慈
悲心即說呪曰
怛姪他 一 矩彌矩彌 二 曳蔑尼彌呬 三 麼帝
麼帝 四 薩嚩 二合 陁怛他誐多 五 三麼姪帝瑟
致帝 六 阿帝摩帝 七 婆俐鉢婆秫陁尼 八 薩
哩嚩 三合 鉢邦那設耶 九 麼麼菩帝 十 菩多帝
蔑 十一 嗚蔑矩蔑 十二 菩陁 十三 佉姹婆哩秫陁尼
十四 馱蔑尼馱彌 十五 蜜嚕蜜嚕 十六 蜜嚕室佉哩
十七 薩哩 二合 嚩阿伽邏彌哩 二合 覩 十八 尼婆囉尼

十九 菩帝蘇菩帝 二十 菩陁阿底瑟提帝摯 廿一 囉
乾覩彌 廿二 薩哩 二合 嚩帝嚩 廿三 三藐阿三藐 廿四
薩摩那訶嘓覩 廿五 薩哩 二合 嚩菩馱 廿六 菩提薩
埵 廿七 設彌設彌 廿八 鉢囉 二合 設曼覩彌 廿九 薩哩
嚩 二合 曳底 合 鉢姹婆別陁耶 三十 部烏哩尼 三十一
部囉耶彌 三十二 薩哩嚩 二合 阿設耶 三十三 毘琉璃耶
鉢囉 二合 帝婆昔 三十四 薩哩嚩 二合 鉢婆乞义 二合 陽
伽哩莎訶 三十五
若有善男子善女人以此琉璃寶光陁羅尼
呪至心誦持滿千八遍彼諸如來及諸菩薩
悉皆護念執金剛菩薩并諸釋梵四天王等
亦來衛護是人所有五無間罪一切業障悉
皆消滅無病延壽亦無橫死及諸疾疫他方
盜賊欲來侵境鬬諍戰陣言訟讎隙饑歉旱
澇如是等怖一切皆除共起慈心有所願求
無不遂意亦復如是惟願我 某甲 等一切有情
爲作饒益故依經儀軌修建道場會集七佛
一切如來聖衆面前供養發願誦陁羅尼云
何攝授如經所說一切攝授功德善利願令
我等及諸有情於今現世悉皆獲得惟願慈
悲願垂攝授諸如來語真實正等無有變易
願與我等願以真實現獲攝授現獲攝授
蠲除無明最勝燈　能除病苦妙良藥
微妙最上諸法寶　歸依供養我敬禮
最上法寶真實攝授力惟願我等生生世世
執持一切微妙法寶願垂攝授願垂攝授
大聖曼殊室利童子菩薩摩訶薩心離衆垢
蕩無纖瑕具足種種無量功德清淨光明莊
嚴身體復能淨除諸惡趣道一切人天修羅
龍王持種仙等咸皆頂禮蓮花足塵我亦如

是歸依敬禮
南無歸依供養大聖曼殊室利菩薩摩訶薩
如是七遍
次申供養等
婆伽梵曼殊室利爲彼惡世一切有情業障
覆蔽種種疾病之所逼迫憂悲苦惱常被撓
害種種惡見之所纏繞漸漸墮落鄙下地位
憐愍是等一切衆生故令人聞彼如來名號
決定菩提得不退轉所有罪業一切障難悉
皆消滅令諸魔類不復欺凌諸惡苦惱使令
殄滅及諸希求亦令圓滿隨心滿足是故導
師釋迦牟尼佛說此七佛如來名號最勝廣
大微妙上願經時特爲啓請於衆會前白言
世尊我於當來末法之時若復有人於此經
典受持讀誦或復爲他演說開示若自書寫
若教人書恭敬尊重而以種種花香塗香末
香燒香華鬘瓔珞播蓋伎樂而爲供養令諸
淨信男子女人得聞七佛名號乃至睡中亦
以佛名令其覺悟復以上妙五色繒綵而裹
奏之灑掃淨處安高座上是時四大天王與
其眷屬及餘無量百千天衆皆詣其所供養
守護受持經者當知是處無復橫死亦復不
爲諸惡鬼神奪其精氣設已奪者還得如故
身心安樂是故亦如經中所說大聖妙旨真
實正等無有變易不捨本誓惟願住此供養
香壇受用供養亦願住彼如來會前勸請警
覺往昔弘誓圓滿我等儀軌道場亦願我等
一切有情見前獲得 如經所說功德善利願
垂攝授願賜攝授
南無歸依供養救脫菩薩摩訶薩 如是七遍

次申供養等

大聖救脫菩薩爲彼惡世一切有情煩惱困苦憐愍饒益是等衆生故對世尊前在大衆中而白佛言世尊於後末世像法起時若有衆生爲諸病苦之所逼惱身形羸瘦不能飲食喉脣乾燥目視皆暗死相現前父母親屬朋友知識啼泣圍遶身卧本處見彼琰魔法王之使引其神識將至王所然諸有情有俱生神隨其所作善惡之業悉皆記録授與彼王王即依法問其所作隨彼罪福而處斷之是時病人親屬知識若能爲彼歸依藥師琉璃光如來及諸如來種種莊嚴如法供養而彼神識或經七日或二七日至七七日如從夢覺復本精神皆自憶知善不善業所得果報由自證見業報不虛乃至命難亦不造業供養法者大德阿難若有病人及餘災厄欲令脫者當爲其人七日七夜持八齋戒應以飲食及餘資具隨其所有供佛及僧晝夜六時恭敬供養禮拜七佛如來讀誦此經四十九遍燃四十九燈造彼如來形像七軀一一像前各置七燈其七燈狀圓若車輪乃至四十九夜光明不絕造雜綵旛四十九首并一長旛四十九尺放四十九生大德阿難是爲供養如來法式若刹帝利灌頂王等災難起時所謂人衆疾疫難他國侵逼難自界叛逆難星宿變恠難日月薄蝕難非時風雨難過時不雨難彼刹帝利灌頂王等爾時當於一切有情起大悲心放大恩赦脫諸幽厄苦惱衆生如前法式供養藥師琉璃光如來及諸如來由此善根及彼如來本願力故令其國界即得安隱風雨順時穀稼成熟國内衆生無病安樂又無暴惡藥叉等神共相惱亂一切惡相悉皆隱沒而刹帝利灌頂王等皆得增益壽命色力無病自在是故亦如經中所說大聖妙旨真實正等無有變易不捨本誓惟願住此供養香壇受用供養亦願住彼如來會前勸請警覺往昔弘誓圓滿我等儀軌道場亦願我等一切有情見前獲得如經所說功德善利願垂攝授願賜攝授

南無歸依供養金剛手菩薩摩訶薩

南無歸依供養大梵天王天主帝釋持國天王增長天王廣目天王多聞天王諸優婆塞及諸護法一切聖衆 如是七遍

次申供養等

金剛手菩薩摩訶薩大梵天王天主帝釋持國天王增長天王廣目天王多聞天王諸優婆塞及諸護法一切聖衆往昔在彼衆會面前真實天語白言世尊我等大衆皆已得聞七佛本願殊勝功德及見諸佛親承供養世尊若於其處有此經典及七佛名陁羅尼法流通供養乃至書寫我等悉皆承佛威力即往其處擁護於彼國王大臣城邑聚落男子女人勿令衆苦及諸疾病之所惱亂我等即是報諸佛恩亦令是等不爲橫死鬬諍戰陣言訟讎隙亦皆消滅有所願求無不遂意常得安穩財食豐足一切時中常當衞護世尊我等親於佛前自立要誓若有淨信男子女人憶念我者應誦此呪即說呪曰

怛姪他 一 阿矩麽矩陁羅矩 二 麽麽矩矩麗 二 訶呼醯 四 麽囉 二合 麽囉 二合 麽囉 二合 麽囉 二合 五 粗粗麗 六 粗麗莎嚩 二合 訶 七

若有淨信男子女人誦七佛名及此神呪讀誦書寫恭敬供養現世皆得無病長壽離衆苦惱不墮三塗得不退轉乃至菩提彼諸佛土隨意受生常見諸佛得宿命智念定總持無不具足如是發大弘願要誓

爾時執金剛菩薩摩訶薩詣彼佛所白言世尊爲護未來持經之人令無衆惱所求滿足我今爲說陁羅尼曰

南無馺多喃 一 三藐三菩陁喃 二 南無薩哩嚩 二合 嚩日囉 二合 陁囉喃 三 怛姪他 四 唵嚩日坐 二合 嚩日里 五 摩訶嚩日哩 二合 六 嚩日囉 二合 婆設陁哩尼 七 三麽三麽三曼須 八 阿鉢囉 二合 帝訶䭾嚩日哩 二合 九 設麽設麽 十 鉢囉 二合 設曼覩 十一 薩哩嚩 二合 毘耶 二合 陁耶 十二 矩嚕矩嚕 十三 薩哩嚩 二合 伽囉 二合 麽尼 十四 薩摩耶麽奴瑟麽 二合 囉婆伽梵 十五 嚩日囉 二合 婆尼 十六 薩哩嚩 二合 阿商彌鉢哩脯囉夷莎嚩 二合 訶 十七

世尊若復有人持七佛名憶念彼佛本願功德并持此呪讀誦演說我令彼人所願滿足無所乏少若欲見我問善惡者應當書寫此經造七佛像并執金剛菩薩像皆於像身安佛舍利於此像前如上所說以諸香華懸繒幡蓋上妙飲食及諸伎樂而爲供養禮拜旋遶於衆生處起慈悲心受八戒齋日別三時澡浴清淨三時更衣從白月八日至後月十五日每日誦呪一百八遍心無散亂我於夢中即現自身共爲言說隨所求者皆令滿足是故亦如經中所說大聖妙旨真實正等無有變易不捨本誓惟願住此供養香壇受用

供養亦願慈悲圓滿我等儀軌道場又願我
等一切有情見前獲得如經所說功德善利
願垂攝授願賜攝授
復願七佛本願功德經及諸經典一切法寶
久住世間流布十方願大興隆增盛利樂又
願我等受持法門及國界中所有人民及諸
孳畜而生種種疾病疫癘種種患難旱澇霜
雹損壞苗稼妖孽變怪一切惡相不吉祥事
惱害衆生如是等類諸惡鬼神常在於國往
來惱害起諸災難如是等難我某甲等由先
業招或現業感及爲方所祖宗相繼與某甲
等身命國界威力自在眷屬資具人民孳畜
一切盛事而作障礙於諸鬼神以諸方便隨
各所宜悉皆調伏棄捨怨恨惱害之心以慈
善心辟除向前諸不吉祥一切惡事願皆隱
没從今向去使諸鬼神莫起惡心勿作障礙
隨各部類於諸聖前令自發願安立要誓住
三摩耶常行善事如是現前願垂攝授願賜
攝授
吉祥威德優婆塞十二藥叉大將者
南無歸依供養宮毘羅藥叉大將
南無歸依供養跋折羅藥叉大將
南無歸依供養迷企羅藥叉大將
南無歸依供養安底羅藥叉大將
南無歸依供養頞你羅藥叉大將
南無歸依供養珊底羅藥叉大將
南無歸依供養因陁羅藥叉大將
南無歸依供養波夷羅藥叉大將
南無歸依供養摩虎羅藥叉大將
南無歸依供養真陁羅藥叉大將
南無歸依供養招住羅藥叉大將
南無歸依供養毘羯羅藥叉大將
次申供養等
吉祥威德優婆塞十二藥叉衆一一大將各
有七億藥叉眷屬當慇念我昔在會上真實
天音同時舉聲而白佛言世尊我等今者蒙
佛威力得聞藥師琉璃光王等如來名號於
諸惡趣無復怖畏我等相率皆同一心乃至
盡形歸佛法僧誓當荷負一切有情爲作義
利饒益安樂隨於何處城邑聚落空閑林中
若有此經流布讀誦或復受持七佛名號恭
敬供養者我等眷屬衛護是人令脫衆難所
有願求悉令滿足
爾時世尊讃諸藥叉大將言善哉善哉大藥
叉將汝等念報七佛如來恩德常應如是利
益安樂一切有情亦如讃許惟願今時引領
調順一切善衆赴此供養以慈愍心受用供
養圓滿我等儀軌道場亦願我等一切有情
見前獲得如經所說功德善利願垂攝授願
賜攝授
復願七佛本願功德經及諸經典一切法寶
久住世間流布十方願大興隆利樂有情又
願我等受持法門及國界中所有人民及諸
孳畜而生種種疾病疫癘種種患難旱澇霜
雹損壞苗稼妖孽變怪一切惡相不吉祥事
惱害衆生如是等類諸惡鬼神常在於國往
來惱害起諸災難如是等難我某甲等由先
業招或現業感及爲方所祖宗相繼與某甲
等身命國界威力自在眷屬資具人民孳畜
一切盛事而作障礙於諸鬼神以諸方便隨
各所宜悉皆調伏棄捨怨恨惱害之心以慈
善心辟除向前諸不吉祥一切惡事願皆隱
没從今向去使諸鬼神莫起惡心勿作障礙
隨各部類於諸聖前令自發願安立要誓住
三摩耶常行善事如是現前願垂攝授願賜
攝授
如是一一申諸供養發願祈禱已
復次誦陁羅尼令作沐浴復於諸聖通申供
養又祈禱云
依七佛如來本願功德經儀軌修建香壇供
養道場奉請婆伽梵如來應正等覺七佛如
來釋迦牟尼佛一切聖衆稱揚聖號恭敬禮
拜亦如本願發大誓願對諸聖前懺悔罪業
隨喜善根請轉法輪勸住世間諸善根力及
仗威德微妙上願攝授之力伏願
大聖皇帝　無始已來所有罪業願盡消滅
無諸疾病壽命延長天冠永固寶域無疆出
出世間種種盛事願得豐富圓滿二種福智
資粮究竟願證三界法王正等正覺金剛寶
位百官黎庶一切人民無内外難安樂豐足
究竟願證無上菩提又願國内一切人民及
諸衆生所有疾疫種種災難禾稼不熟寇賊
侵逼不吉祥事願令殄滅風雨順時五穀豐
登孳畜增益一切人民及諸衆生永受快樂
當來願生極樂世界面見世尊聽聞妙法速
得圓滿二種資粮克證無上佛果菩提又願
法寶永住世間願大興隆利樂有情
復次求索忍納奉送者
婆伽梵如來應正等覺七佛如來我等導師
釋迦牟尼佛菩薩聖衆我某甲等爲諸有情

請作利益故然由我等惡世衆生心行鄙劣皆不清淨無知放逸身語意業共煩惱俱供養資具不能具足垢染觸汚修彼儀軌不能如法爭諸聖意所有罪愆惟願聖衆不捨慈悲憐愍我等願垂忍納又願我等所有善事莫令轉爲諸障礙事惟願如是願垂攝授願賜攝授

十三末

奉送者

汝今利益有情已　隨所希求賜成就
奉送世尊歸本土　當請慈悲願降臨

惟願世尊具大慈悲憐愍我等已作利益請諸聖衆以大神通願歸本土

藥師琉璃光王七佛本願功德經念誦儀軌卷下

藥師琉璃光王七佛本願功德經念誦儀軌卷下

校勘記

一　底本，元普寧藏本。此經僅元普寧藏本收録，無校。

藥師琉璃光王七佛本願功德經念誦儀軌供養法

大元三藏沙門[illegible]詔譯

我此周徧所有地　無諸瓦礫沙等穢
平正如掌而殊勝　願成純淨琉璃地
莊嚴猶如極樂國　諸寶間錯花徧覆
寶樹寶池皆具足　咸暢微妙大法音
從出世間善根生　種種妙寶所成就
復具無量大光明　諸佛菩薩願安住
本無去來增減身　圓滿微妙上願故
猶如白光明相生　為救世間願降臨
清淨廣博妙寶座　遠離一切障礙身
依平等性願常住　大安隱座請納受
清淨法界性不動　大悲觀察諸有情
圓滿大覺諸妙行　三世導師願降臨
為利困苦諸有情　示現降跡世淤泥
不被三有塵所染　啓請願住蓮花座
導師已陞蓮花座　拯拔三界薩埵尊
身語意三諸攝授　惟願加被於我等
然住光明大樂性　憐愍我等衆生故
悲雲彌布十方界　願降悉帝諸寶雨
東方無勝世界中　善名稱佛無量衆
遠離煩惱圓滿願　為利聖施主願降臨
東方妙寶莊嚴國　寶月智嚴無量衆
蠲除散亂鬬諍故　為利聖施主願降臨
東方圓滿寶積國　金色寶光無量衆
延壽臨終獲授記　為利聖施主願降臨
東方無憂世界中　無憂最勝無量衆
無諸苦惱除業障　為利聖施主願降臨
東方法幢世界中　法海雷音無量衆
蠲除邪見諸障難　為利聖施主願降臨
東方善住寶海國　法海勝慧無量衆
圓滿淨土三摩地　為利聖施主願降臨
東方純淨琉璃界　藥師日月遍照衆
圓滿相好降魔故　為利聖施主願降臨
無上牟尼善逝衆　無量功德諸佛力
不捨上妙諸行願　為利聖施主願降臨
經劍徧知斷惑業　語業自在燃法炬
圓滿我等經功德　是故聖衆願降臨
若人歸依脫病苦　成就無上牟尼願
淨除臨終剩苦惱　為利我等願降臨
對治慾樂得自在　大梵帝釋諸護法
優婆塞等啓請衆　利有情故願降臨
祕密自在心生子　調伏憎愛善惡相
圓滿七佛上妙願　具大神力願降臨
希有神力護功德　為部主尊諸怖畏
宮毘羅將啓請衆　利有情故願降臨
大悲不違本誓願　慈念衆生八如來
我今誠信設此壇　同諸大衆願降臨
一切善逝婆伽梵　以大慈悲垂愍念
我等亦具福德分　惟願請住此寶座
世尊神通威德力　憐愍我等有情故
世尊大慈願降臨　啓請唯願住此座
我等奉獻供養間　惟願安住此道場
納受閼伽供養等　亦為圓滿我等願
譬如如來降生時　一切諸天作沐浴
我以清淨天妙水　亦復如是而沐浴
真智自性本清淨　無有能所執煩惱
淨除衆生薰染故　盥沐諸聖衆手足
煩惱困渴諸有情　清涼法水令充足
淨除我等諸垢染　奉此瓶水願納受
獅子象王良馬等　金剛摩尼日月輪
無垢清淨蓮花座　於無住性願安住
諸法自性本清淨　無力一切垢染相
隨順世間恭敬法　請住無著蓮花座
不般涅槃大悲性　不捨煩惱無染故
自性無著本清淨　請住清淨蓮花座
煩惱毒遍諸有情　大悲甘露能淨除
圓滿微妙上願故　稽首頂禮善逝衆
由煩惱業苦逼迫　觀彼衆生與大悲
為除煩惱發弘願　七佛聖衆我敬禮
具足種種功德寶　妙相莊嚴淨智身
人天供養身金色　頂禮如來天中天
法界清淨湛然性　徧十方界化現身
摩尼寶王如來等　供養讚歎我敬禮
無上三寶功德寶　敬信獲福不思議
能救一切薩埵尊　應供三寶我敬禮
世尊大慈妙莊嚴　正遍知尊大導師
能施福慧如大海　於諸如來我讚禮
自性本淨離諸慾　能令解脫諸惡趣
一味甚深玄妙理　寂靜妙法我讚禮
證解脫道示解脫　奉持尸羅應恭敬
出生功德勝福田　諸衆中尊我讚禮
好樂廣者亦如別文廣讚三寶
佛身所有諸嚴飾　大人相好極莊嚴
為除垢染圓滿願　是故奉此曼荼辣
因緣自性所出生　所有天妙閼伽水
奉獻善逝海會衆　為利有情願納受
因緣自性所出生　所有種種天妙華
奉獻善逝海會衆　為利有情願納受
因緣自性所出生　所有種種天妙香

奉獻善逝海會衆　爲利有情願納受
因緣自性所出生　所有種種天妙燈
奉獻善逝海會衆　爲利有情願納受
因緣自性所出生　所有種種天妙水
奉獻善逝海會衆　爲利有情願納受
因緣自性所出生　所有種種天妙食
舉獻善逝海會衆　爲利有情願納受
因緣自性所出生　所有種種天妙樂
奉獻善逝海會衆　爲利有情願納受
因緣自性所出生　所有種種天妙衣
奉獻善逝海會衆　爲利有情願納受
所有種種供養具　及諸世閒諸供養
奉獻善逝海會衆五　爲利有情願納受四
所有種種諸妙藥　爲除一切諸病苦
奉獻善逝海會衆　爲利施聖主願納受
七佛如來海會前　我今奉獻大寶輪
斷除三有輪廻苦　願轉無上妙法輪
七佛如來海會前　我今奉獻摩尼寶
斷除貧窮困乏苦　受用資具願豐足
七佛如來海會前　我今奉獻美女寶
蠲除無明諸幽闇　願證般若佛母趣
七佛如來海會前　我今奉獻輔臣寶
了達三乘微妙智　究竟圓滿諸功德
七佛如來海會前　我今奉獻良馬寶
出離三有獲神足　速願往詣諸佛刹
七佛如來海會前　我今奉獻大象寶
斷除惡見依大乘　速往徧知解脫城
七佛如來海會前　我今奉獻將軍寶
調伏煩惱諸寃敵　願證離憍最勝理
我昔所造諸惡業　皆由無始貪嗔癡

從身語意之所生　一切我今皆懺悔
十方所有諸衆生　二乘有學及無學
一切如來與菩薩　所有功德皆隨喜
十方所有世閒燈　最初成就菩提者
我今一切皆勸請　轉於無上妙法輪
諸佛皆欲示涅槃　我悉志誠而勸請
唯願久住刹塵劫　利樂一切諸衆生五
所有禮讚供養福　請佛住世轉法輪
隨喜懺悔諸善根　回向衆生及佛道
如經所說諸功德　爲利施聖主及衆生
唯願八大如來衆　速令成就垂攝授
妙相華開而清淨　隨好果嚴端正身
見聞憶念獲吉祥　善名稱佛我讚禮
大人相好莊嚴身　具大希有慈悲心
圓音周徧塵沙界　供養善名稱王佛
我以清淨功德水　猶如殑伽水無盡
奉獻善名稱王佛　惟願慈悲哀納受
波頭摩華曼陁羅　優婆羅等香氛氳
奉獻善名稱如來　惟願慈悲哀納受
精妙香林悅意香　普徧芬馥天妙香
奉獻善名稱如來　惟願慈悲哀納受
妙好光明具吉祥　能除無明幽闇燈
奉獻善名稱如來　惟願慈悲哀納受
鬱金栴檀等相和　及諸種種塗香水
奉獻善名稱如來　惟願慈悲哀納受
諸藥精品而適意　珍饈美味上妙食
奉獻善名稱如來　惟願慈悲哀納受
所有箜篌伎樂等　及諸一切微妙音
奉獻善名稱如來　惟願慈悲哀納受
所有種種諸妙藥　爲除一切諸病苦

奉獻善逝海會前　爲利施聖主願納受
如是種種供養具　及諸世閒諸供養
奉獻善逝海會前　爲利施聖主願納受
我昔所造諸惡業　皆由無始貪嗔癡
從身語意之所生　一切我今皆懺悔
十方所有諸衆生　二乘有學及無學
一切如來與菩薩　所有功德皆隨喜
十方所有世閒燈　最初成就菩提者
我今一切皆勸請　轉於無上妙法輪
諸佛若欲示涅槃　我悉志誠而勸請
惟願久住刹塵劫　利樂一切諸衆生
所有禮讚供養福　請佛住世轉法輪
隨喜懺悔諸善根五　回向衆生及佛道六
導師常爲作依怙　饒益一切諸有情
克證一切安樂事　願令吉祥常安隱
寶月蓮花妙莊嚴　徧知一切所知法
猶如大海身廣博　寶月智嚴我讚禮
摩尼妙寶清淨身　猶如月光除困苦
亦若蓮花不染著　供養最妙端嚴身
我以清淨無垢染　最妙淨潔殑伽水
奉獻光音王如來　利有情故願納受
我以水陸之所生　所有種種妙寶華
奉獻光音如來前　利有情故願納受
十方一切世界中　所有種種天妙香
奉獻光音如來前　利有情故願納受
能除一切無明闇　猶如日月光燈燭
奉獻光音如來前　利有情故願納受
能除犯戒諸垢染　所有適意諸塗香
奉獻光音如來前　利有情故願納受
十方一切世界中　所有種種天妙食

奉獻光音如來前　利有情故願納受
摩尼寶鈴無上音　及諸微妙伎樂等
奉獻光音如來前　利有情故願納受
所有種種諸妙藥　爲除一切諸病苦
奉獻光音如來前　利有情故願納受
如是種種供養具　及諸世間諸供養
奉獻光音五如來前　爲利七施聖主願納受
我昔所造諸惡業　皆由無始貪嗔癡
從身語意之所生　一切我今皆懺悔
十方所有諸衆生　二乘有學及無學
一切如來與菩薩　所有功德皆隨喜
十方所有世間燈　最初成就菩提者
我今一切皆勸請　轉於無上妙法輪
諸佛若欲示涅槃　我悉志誠而勸請
惟願久住刹塵劫　利樂一切諸衆生
所有禮讚供養福　請佛住世轉法輪
隨喜懺悔諸善根　回向衆生及佛道
世尊救護大慈悲　憐愍一切諸衆生
猶如一子垂加護　願令吉祥常安隱
身如閻浮真金色　威光超過千日輪
亦如無垢光明幢　金色寶光我讚禮
清淨身如閻浮金　妙相端嚴特無垢
金色寶光而淨徹　供養導師妙色身
清淨無垢而適意　諸天最妙功德水
奉獻金色光如來　利有情故願納受
如是最妙花香燈　最妙塗香最妙食
及諸伎樂供養具　供養金色光如來
所有種種諸妙藥　爲除一切諸病苦
供養金色光如來　利有情故願納受
如是種種供養具　及諸世間諸供養

奉獻金色光如來　爲利施聖主願納受
我昔所造諸惡業　皆由無始貪嗔癡
從身語意之所生　一切我今皆懺悔
十方所有諸衆生　二乘有學及無學
一切如來與菩薩　所有功德皆隨喜
十方所有世間燈　最初成就菩提者
我今一切皆勸請　轉於無上妙法輪
諸佛若欲示涅槃　我悉志誠而勸請
惟願久住刹塵劫　利樂一切諸衆生
所有禮讚供養福　請佛住世轉法輪
隨喜懺悔諸善根　回向衆生及佛道
所有被溺生死海　爲諸衆生作依怙
亦作國土五眷屬衆　願令八吉祥常安隱
究竟涅槃獲妙樂　能除衆生諸困苦
救護六道吉祥王　無憂最勝我讚禮
度三有海到彼岸　究竟涅槃證妙樂
安住法界最妙身　供養出離三有尊
善逝無憂最勝處　波頭摩華曼陁羅
優婆羅華香芬氳　所有可愛妙花鬘
最勝燒香適意香　如是種種香雲海
及諸種種妙飲食　天妙珍饍諸供養
莊嚴衆多金蓮華　摩尼寶燈供養具
徧地塗飾微妙香　散諸種種悅意花
衆寶嚴飾勝妙殿　及詠歌讚美妙音
珠寶瓔珞光熾盛　如是無量莊嚴具
一一周徧虛空界　供養無憂吉祥王
勝妙傘蓋金寶柄　徧覆諸寶瓔珞網
張堅圓滿甚可愛　供養無憂吉祥王
所有種種諸妙樂　爲除一切諸病苦
奉獻無憂吉祥王　利有情故願納受

如是種種供養具　及諸世間諸供養
奉獻無憂吉祥王　爲利施聖主願納受
我昔所造諸惡業　皆由無始貪嗔癡
從身語意之所生　一切我今皆懺悔
十方所有諸衆生　二乘有學及無學
一切如來與菩薩　所有功德皆隨喜
十方所有五世間燈　最初成九就菩提者
我今一切皆勸請　轉於無上妙法輪
諸佛若欲示涅槃　我悉志誠而勸請
惟願久住刹塵劫　利樂一切諸衆生
所有禮讚供養福　請佛住世轉法輪
隨喜懺悔諸善根　回向衆生及佛道
現前諸得淨法身　清淨無虛無顛倒
清淨語能令清淨　願令吉祥常安隱
甚深妙音海潮音　振大法音摧異論
能除煩惱諸困苦　法海雷音我讚禮
法音徧振三千界　六十種音化群生
妙趣甚深如大海　供養世尊最妙音
寶蓋彌覆虛空界　普徧寶鬘瓔珞雲
香水悅意如大海　降澍閼伽甘露雨
普徧芬馥妙香雲　超過日月光燈燭
布散無盡摩尼花　種種百味上妙食
及諸無量伎樂等　徧虛空界而供養
如是最勝諸資具　乃至兜率陁天界
所有妙華曼陁羅　諸天最妙莊嚴具
一切無上諸供養　及我清淨心化現
奉此如來聖會前　虔誠恭敬而供養
所有種種諸妙藥　爲除一切諸病苦
奉獻法海雷音佛　爲利施聖主願納受
如是種種供養具　及諸世間諸供養

奉獻法海雷音佛　為利施聖主願納受
我昔所造諸惡業　皆由無始貪嗔癡
從身語意之所生　一切我今皆懺悔
十方所有諸衆生　二乘有學及無學
一切如來與菩薩　所有功德皆隨喜
十方所有世間燈　最初成就菩提者
我今一切皆勸請　轉於無上妙法輪
諸佛若欲示涅槃　我悉志誠而勸請
唯願久住刹塵劫　利樂一切諸衆生
所有禮讚供養福　請佛住世轉法輪
隨喜懺悔諸善根　回向衆生及佛道
所有大雄降誕時　成就一切諸盛事
一切成就皆成就五　十願令吉祥常安隱
不可測量大法慧　清淨法界而遊戲
究竟一切所知法　遊戲神通我讚禮
克證微妙諸神通　法身覆護諸有情
勝慧遊戲化群生　供養微妙自性身
因緣自性所出生　所有天妙閼伽水
奉獻遊戲神通佛　為利施聖主願納受
因緣自性所出生　所有種種天妙華
奉獻遊戲神通佛　為利施聖主願納受
因緣自性所出生　所有種種天妙香
奉獻遊戲神通佛　為利施聖主願納受
因緣自性所出生　所有種種天妙燈
奉獻遊戲神通佛　為利施聖主願納受
因緣自性所出生　所有種種天妙水
奉獻遊戲神通佛　為利施聖主願納受
因緣自性所出生　所有種種天妙食
奉獻遊戲神通佛　為利施聖主願納受
因緣自性所出生　所有種種天妙樂

奉獻遊戲神通佛　為利施聖主願納受
所有種種諸妙藥　為除一切諸病苦
奉獻遊戲神通佛　為利施聖主願納受
如是種種供養具　及諸世間諸供養
奉獻遊戲神通佛　為利施聖主願納受
我昔所造諸惡業　皆由無始貪嗔癡
從身語意之所生五　十二一切我今皆懺悔
十方所有諸衆生　二乘有學及無學
一切如來與菩薩　所有功德皆隨喜
十方所有世間燈　最初成就菩提者
我今一切皆勸請　轉於無上妙法輪
諸佛若欲示涅槃　我悉志誠而勸請
唯願久住刹塵劫　利樂一切諸衆生
所有禮讚供養福　請佛住世轉法輪
隨喜懺悔諸善根　回向衆生及佛道
所有最初降生時　山林大地皆震動
一切有情生歡喜　願令吉祥常安隱
能除病苦藥上尊　身如琉璃寶映徹
光明照觸得解脫　藥王如來我讚禮
猶如日光除黑闇　亦如月光除困苦
能治衆生三毒苦　供養藥師琉璃光
猶如世間大醫王　能除煩惱困苦病
如淨琉璃寶智身　供養能除三毒苦
所有微妙閼伽水　及諸世間功德水
奉獻藥師光如來　為利衆生願納受
所有種種天妙花　及諸世間諸妙花
奉獻藥師光如來　為利衆生願納受
所有種種天妙香　及諸世間諸妙香
奉獻藥師光如來　為利衆生願納受
所有種種天妙燈　及諸世間諸妙燈

奉獻藥師光如來　為利衆生願納受
所有種種天妙塗　及諸世間諸妙塗
奉獻藥師光如來　為利衆生願納受
所有種種天妙食　及諸世間諸妙食
奉獻藥師光如來　為利衆生願納受
所有種種天妙樂　及諸世間諸妙樂
奉獻藥師光如來　為利衆生願納受
所有種種諸妙藥　為除衆生諸病苦
奉獻藥師光如來　為利施聖主願納受
如是種種供養具　及諸世間諸供養
奉獻藥師琉璃佛　為利施聖主願納受
我昔所造諸惡業　皆由無始貪嗔癡
從身語意之所生六　十二一切我今皆懺悔
十方所有諸衆生　二乘有學及無學
一切如來與菩薩　所有功德皆隨喜
十方所有世間燈　最初成就菩提者
我今一切皆勸請　轉於無上妙法輪
諸佛若欲示涅槃　我悉志誠而勸請
唯願久住刹塵劫　利樂一切諸衆生
所有禮讚供養福　請佛住世轉法輪
隨喜懺悔諸善根　回向衆生及佛道
所有往詣菩提時　大地六種皆震動
令諸魔羅衆憂惱　願令吉祥常安隱
大悲方便生釋種　降伏難勝魔羅衆
身如金山甚端嚴　釋迦法王我讚禮
日種善逝薩埵尊　救護三有天中天
不動世尊釋迦王　供養端嚴牟尼尊
所有種種天妙水　及諸世間諸妙水
奉獻釋迦牟尼王　為利施聖主願納受
所有種種天妙華　及諸世間諸妙華

奉獻釋迦牟尼王　爲利施聖主願納受
所有種種天妙香　及諸世間諸妙香
奉獻釋迦牟尼王　爲利施聖主願納受
所有種種天妙燈　及諸世間諸妙燈
奉獻釋迦牟尼王　爲利施聖主願納受
所有種種天妙塗　及諸世間諸妙塗
奉獻釋迦牟尼王　爲利施聖主願納受
所有種種天妙食　及諸世間諸妙食
奉獻釋迦牟尼王　爲利施聖主願納受
所有種種天妙樂　及諸世間諸妙樂
奉獻釋迦牟尼王　爲利施聖主願納受
所有種種諸妙藥　爲除衆生諸病苦
奉獻釋迦牟尼佛　爲利施聖主願納受
如是種種供養具　及諸世間諸供養
奉獻釋迦牟尼佛　爲利施聖主願納受
我昔所造諸惡業　皆由無始貪嗔癡
從身語意之所生　一切我今皆懺悔
十方所有諸衆生　二乘有學及無學
一切如來與菩薩　所有功德皆隨喜
十方所有世間燈　最初成就菩提者
我今一切皆勸請　轉於無上妙法輪
諸佛若欲示涅槃　我悉志誠而勸請
惟願久住剎塵劫　利樂一切諸衆生
所有禮讚供養福　請佛住世轉法輪
隨喜懺悔諸善根　回向衆生及佛道
最初轉大法輪時　宣說四種聖諦法
能仁名聞轉增盛　願令吉祥常安隱
猶如虛空寂無相　離染出生諸功德
救拔衆生解脫道　一切妙法我讚禮
法性等流十二教　本無生滅離戲論

憶念成就諸功德　善種妙法我讚禮
蠲除愚智大日王　除輪迴苦藥上尊
淨諸困苦甘露王　供養一切諸妙法
所有種種天妙水等至回向衆生及佛道
樂廣作者應當讚歎般若佛母救度佛母等
受持經律論藏教　手執鉢盂錫杖等
奉侍導師諸法上　供養聲聞諸聖衆
猶如智劍大鋒利　自證一切緣起性
能現種種諸神變　供養緣覺諸聖衆
所有種種天妙水等至回向衆生及佛道
三世一切正等覺　一切真智自性身
容顏奇妙語自在　曼殊室利我讚禮
心淨遠離諸垢染　莊嚴無垢功德光
人天頂禮蓮花足　供養曼殊大菩薩
所有種種天妙水等至回向衆生及佛道
救拔一切衆生苦　度脫三有諸結縛
引導最上解脫道　救脫菩薩我讚禮
救脫菩薩摩訶薩　其身紅色蓮花座
右手執持妙法藏　供養左拳而按胯
所有種種天妙水等至回向衆生及佛道
持執三世正等覺　身語意等諸秘密
降伏群魔大明王　執金剛杵我讚禮
執持三世正等覺　所有一切妙法藏
持秘密王眷屬衆　恭敬供養稱讚禮
所有種種天妙水等至回向衆生及佛道
具大慈悲神通力　憶念能脫諸苦難
徧照衆生如杲日　恭敬供養徧照尊
所有種種天妙水等至回向衆生及佛道
月光徧照大菩薩　其身白色蓮花座
二臂說法印念珠　恭敬供養稱讚禮

所有種種天妙水等至回向衆生及佛道
天主帝釋執杵神　諸天神王魔部主
東方天神眷屬衆　供養讚歎而敬禮
火者享用祀火神　大仙神王魔部主
東南仙衆眷屬衆　供養讚歎而敬禮
執持寶杖焰魔神　陰母神王魔部主
南方焰魔眷屬衆　供養讚歎而敬禮
遠離真諦具美神　夜义神王魔部主
西南夜义眷屬衆　供養讚歎而敬禮
執持胃索水天神　龍衆神王魔部主
西方龍王眷屬衆　供養讚歎而敬禮
執持壽命風天神　持種神王魔部主
西北風王眷屬衆　供養讚歎而敬禮
執持寶棒羅义神　守護寶藏魔部主
北方羅义眷屬衆　供養讚歎而敬禮
具主宰者誘引神　毘難神王魔部主
東北具主眷屬衆　供養讚歎而敬禮
上方一切諸天衆　日天月天執曜天
星宿諸天眷屬衆　供養讚歎而敬禮
下方龍王主地神　捧持大地摩訶手
守三摩耶眷屬衆　供養讚歎而敬禮
伏諸煩惱具功德　救護世間薩埵尊
妙如真寶解脫身　奉上無比諸供養
所有種種閼伽水　及諸世間功德水
奉獻守護十方神　爲利施聖主願降臨
所有種種天妙花等至回向衆生及佛道
斷除欲界淤泥染　而住色界梵王位
大梵天王娑婆主　供養大梵眷屬衆
三面六臂降修羅　周徧一切平等性
光曜天界大神力　供養大天那羅延

上界諸天最勝處　親瞻彌勒救護尊
及諸兜率陁天子　聖施主虔誠奉供養
對治修羅天中主　三目觀察於三世
衞持佛教四部衆　供養天主帝釋尊
居止妙高帝釋前　隨順方便輔政化
一切諸天眷屬衆　供養圓滿聖施主願
具大清淨諦信心　摧壞貢高我慢山
侍從導師遵奉教　供養八部眷屬衆
所有種種天妙水等至回向衆生及佛道
東方持國大天王　其身白色持琵琶
守護八佛東方門　供養讚歎而敬禮
供養等同前至回向衆生及佛道
南方增長大天王　其身青色執寶劒
守護八佛南方門　供養讚歎而敬禮
供養等同前至回向衆生及佛道
西方廣目大天王　其身紅色執羂索
守護八佛西方門　供養讚歎而敬禮
供養等同前至回向衆生及佛道
北方多聞大天王　其身綠色執寶叉
守護八佛北方門　供養讚歎而敬禮
供養等同前至回向衆生及佛道
宮毗羅等藥叉王　各領七億眷屬衆
誓願守護如來教　稽首諸大藥叉王
具大威德優婆塞　藥叉大將宮毗羅
其身黃色執寶杵　主領七億藥叉衆
誓願守護如來教　供養讚歎而敬禮
具大威德優婆塞　藥叉大將跋折羅
其身白色執寶劒　主領七億藥叉衆
誓願守護如來教　我今恭敬奉供養
具大威德優婆塞　藥叉大將迷企羅

其身黃色執寶棒　主領七億藥叉衆
誓願守護如來教　我今恭敬奉供養
具大威德優婆塞　藥叉大將安底羅
其身綠色執寶鎚　主領七億藥叉衆
誓願守護如來教　我今恭敬奉供養
具大威德優婆塞　藥叉大將頞你羅
其身紅色執寶叉　主領七億藥叉衆
誓願守護如來教　我今恭敬奉供養
具大威德優婆塞　藥叉大將珊底羅
其身煙色執寶劒　主領七億藥叉衆
誓願守護如來教　我今恭敬奉供養
具大威德優婆塞　藥叉大將因陁羅
其身紅色執寶棍　主領七億藥叉衆
誓願守護如來教　我今恭敬奉供養
具大威德優婆塞　藥叉大將波夷羅
其身紅色執寶鎚　主領七億藥叉衆
誓願守護如來教　我今恭敬奉供養
具大威德優婆塞　藥叉大將摩虎羅
其身白色執寶斧　主領七億藥叉衆
誓願守護如來教　我今恭敬奉供養
具大威德優婆塞　藥叉大將真達羅
其身黃色執羂索　主領七億藥叉衆
誓願守護如來教　我今恭敬奉供養
具大威德優婆塞　藥叉大將招住羅
其身青色執寶鎚　主領七億藥叉衆
誓願守護如來教　我今恭敬奉供養
具大威德優婆塞　藥叉大將毗羯羅
其身紅色執寶輪　主領七億藥叉衆
誓願守護如來教　我今恭敬奉供養
所有種種天妙水等至回向衆生及佛道

未證無上菩提間　由業但生於三界
身命寧受諸障礙　誓願不捨菩提心
然後放施食次作沐浴後結皈酬恩後中讚曰
導師善名稱吉祥　其身黃色無威印
八大上願獅子座　我今供養稱讚禮
導師寶月智嚴佛　其身黃色施妙印
八大上願獅子座　我今供養稱讚禮
導師金色寶光佛　其身黃色說法印
四大上願獅子座　我今供養稱讚禮
導師無憂最勝佛　其身紅色三昧印
四大上願獅子座　我今供養稱讚禮
導師法海雷音佛　其身白色說法印
四大上願獅子座　我今供養稱讚禮
善逝法海勝慧佛　其身青色說法印
四大上願獅子座　我今供養稱讚禮
藥師琉璃光王佛　其身青色施妙印
十二上願獅子座　我今供養稱讚禮
導師釋迦師子尊　其身黃色說法印
發大誓願獅子座　我今供養稱讚禮
始從過去無數劫　慈念困苦諸衆生
究竟微妙弘願故　供養八大如來尊
過去無數時已前　所發微妙最上願
今爲圓滿誓願故　供養八大如來尊
聖教廣大如虛空　勝義無緣超戲論
圓音妙相遍知性　供養般若諸佛母
無始薰習空自性　能說種種性空法
示現理趣童子相　大智文殊我讚禮
救護六道八難苦　度脫苦海到彼岸
令入涅槃大導師　救脫菩薩我讚禮
金剛寶身無能動　密呪大明神力王

能調難調諸有情　金剛手尊我讚禮
善逝主尊豁正覺　十地自在或法王
或現童子利有情　供養如是無量種
世尊藥師琉璃光　執持最勝妙法藏
利樂衆生如日月　光明最勝我讚禮
受持經律論藏教　手執鉢盂錫杖等
奉侍導師諸法上　供養聲聞諸聖衆
東方百施天帝釋　其身黄色執寶杵
乘坐白色大象座　我今供養稱讚禮
東南火神大梵仙　其身紅色執軍持
乘坐紅色羖羊座　我今供養稱讚禮
南方焔鬘陰母王　其身青色執寶杖
乘坐青色水牛座　我今供養稱讚禮
西南離諦夜义王　其身黑色執寶劍
乘坐大力起屍鬼　我今供養稱讚禮
西方水神婆嚕那　其身白色執虵索
乘坐那伽水獸座　我今供養稱讚禮
西北風神婆耶毘　其身煙色執綵旗
乘坐緑色大鹿座　我今供養稱讚禮
北方施礙矩毘羅　其身黄色執鼠囊
乘坐青色馬王座　我今供養稱讚禮
東北具主魔羅王　其身白色執寶义
乘坐青色牛王座　我今供養稱讚禮
上方一切諸天衆　日天月天執曜天
星宿諸天眷屬衆　供養稱讚而敬禮
下方龍王主地神　捧持大地摩訶手
守三摩耶眷屬衆　供養讚歎而敬禮
衛護佛教優婆塞　方便隨機化現身
宮毘羅等藥义將　大藥义衆稱讚禮
吉祥威德優婆塞　暴惡猛烈甚可畏
宮毘羅并跛折羅　毘羯羅等我供養
所有禮讚供養福　請佛住世轉法輪
隨喜懺悔諸善根　回向衆生成佛道
爲我愚癡無知故　所修善事有乖違
今爲救護諸衆生　惟願尊者垂忍納
未究主尊殊勝力　所有不備及昧劣
於如是等有所違　惟願尊者請忍納
利益我等有情已　隨所希求賜成就
奉送世尊歸本土　當請慈悲願降臨

藥師琉璃光王七佛本願功德經念誦儀軌供養法

藥師琉璃光王七佛本願功德經念誦儀軌供養法

校勘記

一　底本，元普寧藏本。此經僅元普寧藏本收録，無校。

密跡力士大權神王經偈頌序　杜一

古汴龍華寺住持沙門智昌述

蓋聞瞿曇演教普利含生歷代諸師三分科經謂序分正宗分流通分穢跡金剛說神通大滿陀羅尼法術靈要門經者北天竺國三藏沙門無能勝與三藏沙門阿質達霰同譯二經同卷闕流通分已入大藏經伊字函第一卷中是故如來於涅槃臺左脇化現穢跡明王三頭八臂降伏螺髻梵王說呪劃四大寶印書符四十二道結五指印契普利有情歷代以來持呪行法者僧俗甚多未達信受奉行先二師同譯後宋會稽沙門智彬將此經重行校勘治定補闕流通題曰佛入涅槃現身神王頂光化佛說大方廣大圓滿大正徧知神通道力陀羅尼經今此經中說大權神王降伏螺髻梵王復次住世梵王啟請復化現出三頭八臂忿怒相執持器仗與前無異本王寂定次化王晝出三頭八臂頂上化佛相儀劃四大寶印書四十二靈符指結五印契悉皆付與螺髻梵王受持奉行爾時化佛與螺髻梵王摩頂授記號清淨光明如來已於是化王復隱入本王身中本王紫金光聚隱入金棺荼毗之後各分舍利頂戴奉行所說呪符印五指印契已在前伊字函二經內今此經中更不重述前說本呪內闕九字呪句續次添入今廣福大師僧錄管主八歸命三寶獨心內典集成偈頌補闕流通亦曰密跡力士大權神王經廣行遍布後有持呪行法之者了明前後經旨詳而行持自利利他福報無窮集此功勳上答

佛恩祝

聖人壽願冀

佛日重輝法輪常轉

密跡力士大權神王經偈頌　杜一　二

元廣福大師僧錄管主八撰

歸命最上乘　依經入流通　願共諸衆生
同證光明中　廣福心無慮　幻身四生出
小習學經書　忘却真如理　留心在教典
早晚叅經旨　心昏未曉得　念念資熏修
無有間斷期　若不訪究竟　光明四大歸
何時再出遇　今逢大覺尊　廣開方便門
鏤梓施梵書　遍布不全璧　未至逡巡間
遐邇八分足　皆是正徧祐　覺皇慈悲方
雖省真空理　萬行未曾畢　三世諸佛說
如來一大事　皆從衆生起　衆生無貪嗔
諸佛因何說　權行實化彼　初生至涅槃
金棺銀槨裹　天人四衆啼　螺髻惡神王
息宰立一國　衆生被食噉　我佛又出世
青黑八臂王　手執八物誅　此魔便歸依
衆生免遭迍　等覺勝慈悲　授與惡魔記
臣佐眷屬類　累劫清淨陀　海會得省悟
權化實忿怒　遭誅蓮藏界　永無惡念起
是佛慈悲門　持念不空矣　依經達修行
已見真如際　但求世間事　無果不隨意（杜一　三）
若不志誠者　虛勞難得遂　愚蠢勸高智
不是誑言語　若不真語者　願入擊毬獄
四十二道祕　四大寶篆文　大權金剛意
六印指爪上　無得亂曲之　我今詳經意

末法定在世　護教護君主　當來彌勒世
正像末法時　隨類一體出　本智化後智
化佛宣容語　大權化次王　次王慈悲書
願得經中義　一切衆生悟　曉暮勤叅禮
念念長不息　看閱大華嚴　無有推其理
海幢比丘問　方省能仁意　佛開最上乘
諸人盡可入　印經施諸方　大覺本無語
念念資隨類　身語及意業　無有厭怠時
拙口鈍詞舌　無能敢下筆　不昧真如理
末法一萬年
三寶印證無增減
八部威嚴常加護
苗裔甘蔗刹帝清淨種爲大因緣末法能
傳授跋提河邊雙樹寂滅定八部懊惱
世主號哭倒
諸國帝王同時來佛會搥胷跌脚哽噎啼
哭禮聲動三界日月光明暗愁雲憏霧
山崩地裂吼
飛鳥悲鳴草木枯乾萎源泉涸竭海水騰
波起凡有物像無不掛孝衣羅漢應真

不曉真諦理
菩提薩埵達其化理趣了悟無常安禪如
虛空不生不滅留感潤生裏十二緣生
葉落方見跡
蠢動含靈本有成佛性三界諸天前赴涅
槃供諸大帝王哀戀慕如來螺髻輕蔑　廿一　四
商量差仙取
諸天便差大力呪仙取各執寶杵收攝魔
王去纔嗅穢氣鑠在禁中圍無法取歸
諸天前來禮
願佛慈悲慈悲哀納受魔鬼災害一方食
生命劫奪室女欲樂快活受積骨如山
願佛化歸順
諸王動哭如來寂滅後貢高我慢惡鬼不
敬信諸天差仙七日不還歸愁悶滴淚
來禮金棺軀
能仁慈父順人歸寂滅衆生造惡感得魔
王出螺髻苦害食噉衆生肉願佛慈悲
去邪衆生主
根本智佛常樂寂光已後智化現三頭八

臂立都攝寶印火輪金剛揮罥索鈴音
八龍纏身臂（右一手開山印二手金剛杵三手寶鈴四手寶印戟　左一手都攝印二手火輪三手罥索四手寶劒）
九目三面利劒寶印戟青黒藍㶉髮赤上
竪起次佛宣呪大現光明輝無量魔王　廿一　五
盡赴恭敬禮
腕慣寶鋜足按閻浮界右足印空綵裙繚
繞起智火洞然塞滿虛空中讀誦受持
定到無生位
加持本呪四十三字毋頂光如來親說伽
陀啓法界含識世主及無數聽說梵音
圓滿陀羅尼（前呪内闕九字呪句續添入）
唵引　咈吼唨嘾　摩訶般囉　哏那嘘
吻只吻　醯摩尼　微吉微　摩那栖
唵撥剟囉　嗚深暮唨嘾　唅唅
吽吽　發發　發發　薩訶（今添入呪句唵撥剟嚗醯摩尼吽吽發）
無念觀定歸依三寶竟次發菩提不求人
天果願諸衆生同證無上乘情器變空
自魔遣教淨

四無量起心月輪中吽光昇虛空無量諸
佛至鏡像影滅本體神王出髮硃尖嚴
化身端嚴處
三枚九瞬手執六件寶劫火熾然安詳忿
怒勢吽光再召智佛一念至灌漱濯足
五種香華備
撈吽啝和智句不二一青心喉頂十方諸
佛赴甘露灌頂注滿光明器身口意淨
究竟我佛誦
南無本師釋迦牟尼佛南無化身釋迦牟
尼佛南無大權神王佛（各念十聲）念誦祕章
心口相應和十萬百萬定證涅槃路
左心所化大權神王出威嚴顯赫非天非
人禮眉放毫光十方世界知華鬘寶蓋
諸天奏樂起（住世梵王啓請流通）杜一 六
時有梵王名曰救世主統領梵衆來禮金
棺軀仰告大神不壞金剛體衆生危險
如來慈悲出
大神告言救世梵王聽我從金棺示現一
七日天人哀請降伏螺髻鬼起義不善

來犯慈悲主
世尊勑我宣諭四衆知不謂小事怎生出
塵世如來示滅四果諸天疑囑累流通
經文到處立（化濁世爲淨土轉凡質作佛身）
海會菩薩聲聞緣覺侶八部天龍晝夜常
守護戒定慧修諸事莊嚴就菩提先發
阿耨多羅證
法身無相生滅如何說愚癡暗昧邪見忿
怒諍婬欲昏迷火宅疑城起㭊透眞如
那時方到得
頂光化佛宣說神咒起求於初果直至如
來地五根五力菩提入聖諦日月四洲
豈有晝夜理
慈悲喜捨六度萬行起覺恒清虛頓證佛
骨髓十地三賢成就不離體衆生根漸 杜一 七
盡是成佛器
如來智日周徧法界際光明朗耀衆生貪
瞋癡生者見常死者見斷絕無常無斷
第一眞消息
救世梵王領諸梵天衆旋遶金棺禮拜向

大神我自隨佛遊歷十方中寶杵金剛
未有大聖尊
神王宣諭救世梵王聽我從正徧後智化
現出名曰密跡力士大神王調伏螺髻
顯示後衆生
寶印鎮心靈文四十二掃除妖恠盡歸東
方世螺髻貢高道佛入滅去生滅無相
緣畢順寂定
善逝智力我與難比並菩薩羅漢神力如
爪土世尊不思却似大地土魔王私念
神通爲第一
如來緣畢示現入滅相魔鬼憍慢不禮敬
如來破其窟宅取彼二部歸令還神觀
天人休懊惱
諸天四衆心中十分喜魔王宮殿盡到及
崩摧魔屬兇黨戰戰兢兢倒或是二仙
神通依然起
魔王商議如來再出世或是二仙壞我境
界去忖已神力不能達得知兩眼淚下
早晚禍生矣

頂光化佛口中誦伽陀光明照耀微塵世
界虛三界魔王宮殿如墨漆不敢違逆
攝取衆生去
謊得螺髻八識不在體大臣徒黨地上漸
漸起消滅穢跡魔類盡歸依惟願慈悲
留我殘生軀　二部呪仙各還神通力
悶絶不醒逃生無走路魂飛膽散開口説
不得二部呪仙各還神通力瞻仰大神
今日得還歸
大神叱責咄哉螺髻鬼甚大愚癡我慢躭
樂欲毒心不改犯著慈悲主汝應速悔
捨邪歸正理
汝心不悔早早求懺除全你性命瞻禮涅
槃去你於前世強施慧衆生福盡樂足
墮入泥犂去
心業不善造罪如山嶽百千徒黨聚集一
處居百千萬人每日受災殃一人自有
八識四蛇隨
六情對執舉念無非惡招誘羣生八十八
使逼百惱相牽又添二十惡十二時中

受殃從此起
兇惡徒黨天魔爲眷屬勾引衆生纔入魔
黨聚動以萬人遭殃受大誅獨存四大
五蘊六根主
意識不顯五根常宛轉六塵色法七漏八
垢動九結十纏十二被牽縛二十五有
百八煩惱生
八萬塵勞回心即時轉八識便轉直至解
脫道不動五蘊便證法王身百惑顛倒
頓除百法證
百二十惡轉爲功德果八萬四千轉爲光
明相皆汝心造非從外處來青天無物
黑雲鼓扇起
忽然雲收日月圓明鑒靉靆陰晦不從外
處見是汝一心本自圓正迷悟時當體
不損些兒理
回汝惡念便歸登正路寶雨宮殿華鬘等
奉獻法界如來菩薩四果僧天龍世主
盡入無爲洲
螺髻梵王便向大神禮兩眼淚滴五體投

地啓懺悔從前作過不正理俱發聲言
南無釋迦禮　螺髻王於二仙處求懺悔
二部呪仙各還神通力儼然如故衛遶神
王立螺髻師衆發露求懺除白言聖者
愍念休生疑
螺髻啓告善來大仙知我昔習學惡業因
緣至剛強凌物損他衆生軀今逢宣化
我今頭面禮
魔王宮殿大作佛事起天地晴霽日月增
光輝飛走忻歡來遶金棺體雙樹變白
鞠恭接足禮
大權神王領諸魔髻鬼大臣徒黨二仙同
瞻禮佛會四衆八部諸天仙各啓恭敬
同聲説偈禮
種種妄想由彼無明起造作諸幻魔王爲
眷屬如來指教不入魔黨趣扶宗立教
永遠無改意
黄金出鑛無明所覆黠油在麪中永遠難
抜出鑛油分別麪白黄金赤捨邪歸正
黄白無二種

法界通化三界四生類唯心一起不在別
處覓初遇明師不入邪曲路今逢大覺
免入輪迴獄
黃金打就眼耳鼻舌身金性無變盆盤釵
釧等萬品千差本性甚分明鎔金性定
眞空自在用
四魔作礙如來慈悲起麻訶葛剌大權忿
怒出觀音大智馬項獄帝主因門不捨
來救衆生苦
悲心門開救世無爲智慈雲普布胎卵濕
化覆惸毒邪見不入菩提路權實相登
盡歸究竟處
神王聞僞八臂搖撼動九目顧眄按石蹺
足立方圓智火紫金棺中出散壞幻術
消滅螺髻鬼
祕章功能普施末法世十善初入惡口臭
穢誦十方諸佛聞誦神咒音授記當來
直至無說地
文殊普賢觀音金剛藏菩提薩埵舍利空
生悟目連迦葉四果應眞侶讚言善哉

香華供養慶
三界諸天忿怒金剛衆聞此咒音屈身侍
衛立凡有所願無有不果遂未能達理
速獲菩提路（誦本咒靈驗畫符印香木雕杵試驗治百病一切等事）
誦我咒王如旱逢甘雨相擊戰敗再逢大
將至孤露之人路逢父母豕膏肓老病
方逢耆婆醫
誦念咒師無得生疑慮神王欽遵駈使隨
你用天人脩羅地獄餓鬼趣耳聞咒音
盡得解脫去
惡心持念尚獲殊勝果精嚴專注心口相
應和其餘功能不如伽陀力善男信女
持念得利益
書此咒印絹紙貝多葉寶網衣繒華髮寶
篋上隨其所儀諸天龍神護寶蓋幢頂
古佛宴然坐
若一微塵墮咒於物上風吹微塵落在衆
生身所得福報如似恒河數彩畫頂像
除却阿鼻獄

沉箋檀木工巧跋折羅寶杵執持杵像要
拏心香華燈塗果蓏飲食奉供養釋迦
忿怒大神尊
香水和泥雕塑慈悲像百種莊嚴美器安
杵像虔誠結印不動十萬遍杵搖水涌
那時方明證
杵像放光言語及神變大覺慈尊左心化
現出靈瑞萬端心生大歡喜果乘願力
再誦三十萬
神王靈感持誦得法語設一盆器滿盛清
淨水誦我祕章晝夜不斷聲水涌杵動
光明神通證
行住坐卧心口常持誦果熟三昧通達神
交用所行祠廟神祇皆拱奉隨逐不捨
不敢違尊命
四百四病及諸妖精怪蠱毒陰祟害他衆
生命患人宿業多生寃債病朱書祕咒
永遠除瘥去
誦念咒師虔誠加持水朱書方印四十二
道祕煎摺疊封護帶於身上燃爲丸兒

到口除百病
無人書寫寶印靈應符香木雕就蘸砂印
於紙如前翦丸靈驗無有二頂光化佛
放大毫光起
首題過去現在及未來諸佛同音宣說根
本呪成道涅槃無不宣此音情界四生
天龍六部誦
淨信男女專心稱祕音欲求佛果世間諸
事就如來薩埵慈悲生大憫放光動地
顯大神變用
呪師夢中現其所求事都攝先結一切呪
王祖古徃帝王儲君并大臣身心病疾
持念無不應
都攝頓除水涌藥光出服下痓癳百病難
生起日月薄蝕風雨不依時五星失度
逼迫衆生苦
人災國凶歲儉逆賊起君臣失措五路都
攝録仰視虛空立期誦呪起保國安寧
永無災禍起
魏周唐武毀滅佛法僧不聽出家修行明

眞性驅逼僧尼還俗差役重毀滅宗乘
定入阿鼻輪
但誦寶王結前都攝印苾芻困苦轉與惡
王所彼自悔責懺悔心歸依塔廟依然
精舍伽藍起
金銀銅鐵香篆龍形像瓮釭水滿投像於
水際娑竭羅龍手印都攝録水涌像動
空中鳴雷震
牟尼火化大權神王佛三種名號及誦佛
世尊大澍甘雨遍灑閻浮地久雨損物
止雷得晴霽
象馬駞牛禽獸難調制時行疾病但飲神
呪水蛇鼠惡蟲損他諸般物水灑屋地
自然他無跡
所有禁制一一說不盡慇懃仔細請看正
經去超凡入聖皆是你自心不達眞如
枉去錯用心
夜叉惡鬼山精并地靈水府巖穴樹石一
切廟魍魎邪魔久住人間反侵犯家國
都攝除遣了

金蠶蛇蠱骷髏金銀蝎蜈蚣蝦蟆一切蠱
神衆飲食中下殺壞良人命寶印靈符
佩帶無所損
狼心狗犿人面畜生類生年日月乳名達
得知硃書彼名脚心踏實地大手都攝
悔責頭面禮
心智頑鈍無所知分曉欲求智慧都攝伽
陀用香服呪印嘿與大辯才總持多聞
愽雅多究竟
貧窮受苦誦念給孤富長生不死戒定與
菩提惠施衆生後世大貴富學習神卅
紫磨黃金勝
分段身形變易常不壞定入分段神通長
自在似鳥飛空徃來無罣礙頂上出火
脚下出水海
變易無礙聖凡難測度像前禁山誦念如
前作住居乏水穿鑿香甜水衆生病證
即時消散去
素無子息祕呪都攝録百病婦女鬼胎廷
年滯祖宗見禍男女行孝義鬼恠山魈

呪印即平覆
染勞傳尸邪鬼夢交感鼻口四肢巨富去
採寶若遭官訟囚禁便得免臨敵交鋒
逆賊自然息
求於佛地無不成就者佛滅降伏天魔及
闡提一切世事種種無不遂寶王密語
放光如來說
常樂我淨繫縛心猿意所願不果善逝皆
虛說真語實語如來無誑語阿耨多羅
三藐三菩提
伽陀靈驗諸佛菩薩說聲聞天仙印符畫
像設宿昔大願禪那精進力梵志外道
聰明如黑漆
寶杵神王如何敢自誂頂上化佛宣說神
呪語忿怒騰身八臂所執物普放無量
百寶光明出
頂光化佛亦放大人相合掌端坐口放無
量光互相照映散壞幻術災消滅穢跡
調伏螺髻鬼
三界諸天四王忉利等六道修羅住世梵

王衆世主恭敬大衆跪膝禮宣說神通
圓滿密呪音
爾時神王頂光化佛說大方廣大圓滿神
通力正徧知覺聽法天人衆得淨法眼
各獲三昧證
提携螺髻先遣二部歸前後圍繞同到涅
槃所化佛神王遍歷十方去化佛說法
利濟衆生主
大權神王宣諭四衆聽適來我佛宣說神
呪音魔官城壍盡倒不留存臭氣遠蒸
化成優鉢果
根本智佛示現千百億常住不滅佛住佛
滅去衆生祈禱立大誓願持坐處安養
幻化法身軀
堅持苾芻坐住多寶塔精嚴頻證釋迦牟
尼尊誓願驅使奉承持呪人獲六神通
得大解脫門
神王說誓恐人生疑忌惟願如來照察真
實際爲作證明破諸衆生疑不懷疑怖
再闡雷音起

爾時如來雖般涅槃寂左心示現百寶光
明出十方諸佛放光灌金體菩薩聲聞
四衆生希奇
螺髻我慢臣左眷屬類同聲讚歎心中十
分喜道眼照徹達空真如理塵沙佛國
等覺妙覺地
頂光化佛熙怡微笑起告示神王大衆聽
宣語根本智佛釋迦牟尼陀失照降伏
作業螺髻鬼
化佛宣說根本智佛滅螺髻惡逆左心力
士出人天驚疑收攝魔天歸代佛行事
真如慈悲出
天魔拱手望著智佛禮臣屬部衆緣熟當
受記在會清信各發菩提意永無退轉
堅固誓願持
放光如來舒手摩螺頂善哉善學捨邪歸
正路得蒙授記領悟真如性改故重新
勇猛精進力螺髻王得蒙授記名曰清淨光明佛
梵王得記同來善知識六十億劫修諸菩
薩位廣於十方供養恒沙佛累劫修行

證入如來地
螺髻證得清淨光明佛調御丈夫十號皆
具足佛壽二萬天人聽法音廣宣流布
應以雜類身
示現二乘聲聞緣覺侶即現佛身一乘至
理趣胎卵濕化上至菩薩乘蠢動含靈
皆聽光明音
證得初果直至辟支位遠行法雲十地滿
心住成就無上佛果大菩提正像末法
佛壽二萬歲
光明如來入滅寂定已次第授與一尊菩
薩繼今日所歸大臣眷屬類次第所證
光明如來體
其佛國土皆名無垢世天龍八部四衆盡
歸依與今所宣清淨光明佛並無差別
同住無垢世
無垢世界菩薩二乘人八部威靈四衆聽
法音光明如來同今化佛宣大滿神呪
四十二道聖
清淨如來緣畢涅槃已三昧智火焚身收

舍利建立寶塔高至梵天所天人四衆
供養作福處
爾時螺髻與諸同來類蒙化如來授與菩
提記歡喜勇銳即獲無量乘一時之間
大作佛事起
大權神王諦聽化佛說心中踊躍歡喜讚
歎禮告示清衆螺髻諸上人宿業所感
得大善利喜
神王再宣本師釋迦佛示現入滅愍汝末
法世有情包識失了功德利調伏螺髻
有勞如來出
我今所顯身相現威儀根本智佛左心化
現出大滿神呪頂光化佛宣所作功德
誦呪法儀式（本體神王結印儀式）
都攝寶印左右無名指屈向掌中二指相
靠竪中指左上右下捻同指頭指直竪
大拇中節底
手印加呪世間所有事惡人邪鬼皆向呪
師禮捨惡逆心尊命聽驅使不敢違逆
誓願堅固力

禁山寶印右手無名曲四指平直進退各
七步一呪一印左右上下顧散其呪印
自然惡心止
無雷寶印惡風雹雷震暴雨霖久中指無
名小頭指直竪大拇捻中節左手印呪
雲散日光出
頓病寶印右手莊嚴啓頭指中指屈向掌
中裏三指並直五勞七傷無一呪一印
一百八徧奇
五路寶印左右無名指曲向掌中八指皆
直立卒死生人散印於心上高聲誦呪
魂魄還殼體
惡人鬼神欲犯持呪主出入不祥追捕逃
亡軀晝夜賊盜牛馬猪羊類飛禽走獸
情識不捨去
神王示教衆會善知識五大寶印信受奉
行已四枚正印四十二道祕傳授末法
展轉流通去
大權別化忿怒次王出威儀進止與本元
無異本體神王寂然入定住執物不動

從此留像儀本體神王化現次王忽然於虛空至
次二神王乘空忽然至手提貝多白氎數
丈餘魚膠磬粉諸般顏色聚畢筆纔動
像嚴無二異
次二神王來遶金棺軀啼哭作禮白言智
佛知螺髻殃害本佛歸眞際左心所化
本體神王出
本體神王調伏螺髻歸化我分身小王流
末世神通變化惟願如來知放光印證
表記於凡世
次化神王圍繞神王禮白言聖者大聖化
我出與衆施設以假存眞實願王放光
照察眞實語
寂定如來毫光棺中出本體神王百寶光
明輝寶光二道灌在化王頂諸佛印證
流傳於凡世寂定如來放光本體神王放光灌化王頂
化王即時右手引筆起聖像端嚴三頭及
八臂九目閃爍執索都圓備頂光如來
合掌端嚴啓次王畫八臂相儀寶印靈符
左踏寶石右印蹺足立八龍纏臂一切神

變異本體神王一一都無異大衆瞻仰
即時光明出
貝葉所畫宿命功德智智印香木一寸八
分刻篆文深直分明細磨硃印在素帛
永遠無災滯
宿命智印印已呑服竟即獲三昧分段證
變易凡夫幻體難證總持門垢膩之行
頓證淨妙心
宿命功能感得現世果手足心中塔上如
意寶未成最上早獲智辯才心眼靈明
諸法自然成
第二隱蔽無見自在印香木一寸七分刻
之用如是圜篆方法照前同無爲空寂
堪擬如來論
三類騰空自在無礙印香木一寸五分如
是定髻中衣物徧體印呪文周遊塵中
方省菩薩行
神氣交合自在密呪印一寸二分深直文
篆定蘸硃印心人非人等敬不能達空
自省難比論

次王所畫四大寶印已堪與衆會速畫四
十二梵夾靈文貝多葉上成一一分明
不離梵字體
次化神王所畫符印訖大衆悲喜次王合
掌禮啓白本體化我神王知并及大衆
聽我說端的
五濁惡世婬欲爲根本生熱二臟腹內作
生理髮毛爪齒涕唾及膿血筋骨髓腦
盡是腥羶物
日月風持旋轉爲晝夜金木水火土居方
隅重羅睺計都月孛三宿動四斗分界
七星拱北斗
角亢爲首二十八貟將盈虧變惟人間主
禍福天罡河魁紫炁照人美一四天下
帝釋爲主宰
根本智佛所化大千界百億日月五星列
諸宿主持方隅災福氣候等衆生逆境
皆是你自修
末法善人須從惡黨類促命短壽捨我慈
門俗闡提心發損害惢匆意呪印緊切

依然佛在世
大權忿怒告示化王知善哉大悲汝能作
此事普滿衆生均霑大惠恩大行願力
衆生得利益（本體神王讚歎次子）
次二神王所作能事畢寶印靈符對衆親
付囑螺髻親授梵夾靈文禮你成佛威
本支神王力
慈善根力大衆賢聖力諸佛菩薩加被威
神力累劫專心持誦廣流布勿令末法
衆生遭大苦
次王告示頂光如來說大滿呪王手指結
印起五種寶印列宿四十二各存神用
禁制由汝意
本呪功能說之不可盡精嚴加持詔示諸
神異水涌波動寶杵橫飛轉像儀光出
言語端的奉 二十三
夢中禪定親見釋迦尊法報化身大權神
王像妙音撫須凡有所求禱神交氣合
五緣法物隱（次二神王隱）
次二化王放大光明出本體神王光明從

頂起二王交灌融變化王隱本體神王
入寶依然舉
化王既隱力士神王說適來所化忿怒明
王出晝我三頭八臂及按石威儀進止
寶印靈符祕（圓明無相）
釋迦智佛左心力士起大權所化次王從
空至虛空法界無量諸如來皆從毗盧
遮那心印出
螺髻鞠恭合掌頭面禮多蒙提携攝受歸
正路自前惡念今日盡斷除悟自真如
與佛同一體
化佛授記螺髻無疑慮證果成就冷煖自
得知一行部衆同受菩提記我佛慈悲
魔屬得善利
力士告言螺髻菩薩聽祕章流布直至不
退地聽法大衆右邊神王立白言大聖
今日方見跡
螺髻白言如來示寂滅左化神王頂光如
來出我佛說呪力士談經義守護流布
不敢違佛勅

螺髻發願如來印證知末法衆生天魔外
道欺分身遍滿百億閻浮提掃除妖精
衆生無災滯
時大神王說是經呪已八臂器仗頂光如
來泯紫金光聚漸漸近金軀光明身相
盡入如來體 二十四
明空寂樂妙有真空虛迦葉離佛鷄足山
中住觀行顛倒徒弟晨朝議必是如來
早晚入滅去（繫縛歸空寂示現舍利）
付氎千疋纏裹善逝體金棺銀槨自然空
中起拘尸羅城四門都遊履頭陀執薪
三昧火自起
八萬四千分身真舍利儀散情界寶塔從
此起天上龍宮先分二停去彌勒出世
迦葉焚身體
信受奉行依經流通頌諸佛慈愍赦我差
錯過誓願四生同證唯心座真實無語
八識蓮宮理
多生障翳方逢良藥餌今生慶幸省得無
消息昧覺羣生自省求出離根本圓明

那理常自在
念佛功德利濟法界內情器二處十方無
窮類耳聞佛聲頓絕三惡趣各請承當
元來本是你
密跡力士大權神王經偈頌

社一　二十五

密跡力士大權神王經偈頌

校勘記

一　底本，清藏本。
一　六六頁上一行序名，南作「佛說密跡力士大權神王經序」。
一　六六頁上二行述者，南無。
一　六六頁中一四行至一五行「密……撰」，南作「延祐己未季冬古汴龍華寺住持沙門智昌謹叙」。
一　六七頁上一二與一三行之間，南有「佛說密跡力士大權神王經」、「北天竺國三藏阿質達霰沙門無能勝奉詔譯」兩行。
一　六七頁中一四行「貢高」，南作「功高」。
一　六八頁下一五行第一五字「到」，南、徑作「倒」。
一　六九頁下四行「師衆」，南、徑作「帥衆」。
一　七〇頁下末行第一四字「丸」，南作「元」，次頁上三行第六字同。
一　七一頁上一七行第六字「儉」，南作「歛」。
一　七二頁中一〇行「魔官」，南、徑作「魔宮」。
一　七四頁下六行「端的」下，南有夾註「次王說法」。
一　七五頁上六行「成佛」，南作「承佛」。
一　七五頁上八行第一五字「被」，南作「彼」。
一　七五頁下一一行第一一字「履」，南作「覆」。

密呪圓因往生集序　封十

竊惟總持無文越重玄於化表祕詮有象數大用於域中是以佛證離言廓圓鏡無私之照教傳密語呈神功必効之靈一字包羅統千門之妙理多言沖邃總五部之旨歸衆德所依群生攸仰持之則通心于當念誦之則滅累于此生妙矣哉脫流幻之三有拔險趣之七重蹡蓮社之淨方掃雲朦之沙界促三祇於頃刻五智克彰圓六度於剎那十身頓洒其功大其德圓巍巍乎不可得而思議也以茲秘典方其餘教則妙高之落衆峯靈耀之掩群照矣宗壽夙累所鍾久纏疾療湯砭之暇覺雄是依爰用祈叩真慈懺摩旣往虔資萬善整滌襟靈謹録諸經神驗秘呪以爲一集遂命題曰密呪圓因往生焉然欲事廣傳通利兼幽顯故命西域之高僧東夏之眞侶校詳三復華梵兩書雕印流通永規不朽云爾時大夏天慶七年歲次庚申孟秋望日

中書相賀宗壽謹序

密呪圓因往生集目録

密呪圓因往生集

甘泉師子峯誘生寺出家承旨沙門智廣編集
北五臺山大清涼寺出家提點沙門慧眞編集
蘭山崇法禪師沙門金剛幢譯定

歸命大智海毗盧遮那佛

持誦神呪儀

夫欲誦持陁羅尼神呪者先須歸依三寶發大菩提心已然後依法持念眞言今依五字陁羅尼法念誦神呪有其四種一者三摩地念謂觀所念明呪本尊口中流出光明入自口中右旋安布心月輪中如水精珠布於明鏡之上心准念此是也二者言意念謂依前心月觀諸呪字口中出聲不高不下不緩不急如是而念所出聲勢猶如搖鈴是也三者金剛念謂依前入於字觀密合脣齒小令其

舌微動而念是也四者降魔念謂内以悲心爲本外現威怒之相顰眉厲聲而念是也如是四種雖有差別不離一念爲無二也又有二種一無數持念謂不持念珠不定時數行住坐卧恒常持念二有數持念謂手指數珠限定時數或百或千隨應持念若人誦持祕密神呪要應依師依經而受持之然須求於曉梵音者指決字句不令訛轉一一分明專志持誦於前四種念法隨取其一依法念誦無有間斷所祈勝果決得成就

金剛大輪明王呪

捺麻厮嘚哈也（四合）韈（切身）萬（引）喃（引）薩哈末（二合）怛達（引）遏怛（引）喃（引）唵 覓囉精覓囉精麻訶（引）桵屹囉（二合）末唎哈（二合）末唎囉（二合）薩怛薩怛 薩囉帝薩囉帝 嘚囉（二合）英（一合）麻禰矴西嚩啊屹哈（二合）嘚嚩（引二合）嚢 西嘚囉（二合）英 覓嚩麻禰 三末（舌齒）啰禰 嘚囉寧韈嚢（切身）莎（引）訶（引）（四）

阿閦如來念誦法云

由誦此眞言　如再入輪壇　失念破三昧
菩薩與聲聞　身口二律儀　四重五無間
是等諸罪障　悉皆得清淨

又甘露軍荼利菩薩念誦儀云次結金剛輪菩薩印誦密言以入曼荼羅者受得三世無障礙三種菩薩律儀由入曼荼羅身心備十微塵刹世界微塵數三麽耶無作戒禁或因屈伸俯仰發言吐氣起心動念廢忘菩提之心退失善根以此印契密言殊勝方便誦持作意能除違犯愆咎三麽耶如故倍加光顯能淨身口意故則成入一切曼荼羅獲得灌頂三麽耶（其印相者二手内相叉直竪二頭指相並以二中指纏二頭指初節前各頭相拄二大指並申直結印當心念誦密語若未入壇不許作法者以此眞言即當入壇作法不成濫法也）

淨法界呪

唵 嚂

瑜伽蓮華部念誦法云若觸穢處當觀頂上有法界生字放赤色光所謂嚂字於所食物皆加持此字即不成穢觸於一切供養香華等皆加此字放白色光即無穢觸所供養物皆遍法界

文殊護身呪

唵 齒臨（直音疾陵）

文殊根本一字陁羅尼經云若誦此呪能消一切災障一切惡夢一切怨敵能滅五逆十惡一切罪業能除一切惡邪呪法亦能成辦一切善事種種呪中是諸佛心能令一切所願皆得滿足若發大心誦之一遍即能守護自身若誦兩遍力能守護同伴若誦三遍力

能守護一宅中人若誦四遍力能守護一城中人若誦五遍力能守護一國中人若誦六遍力能守護一天下人若誦七遍力能守護四天下人

一字輪王呪

唵部林（直隆云引 音没）

末法中一字心呪經云

佛告諸佛子　汝等今善聽　我今說此呪
具足諸功德　當來惡世時　我法將欲滅
能於此時中　護持我末法　能除世間惡
毒害諸鬼神　及諸天魔人　一切諸呪法
若聞此呪名　皆悉自摧伏　我滅度之後
布分舍利已　當隱諸相好　變身爲此呪
佛有二種身　真身及化身　若能供養者
福德無有異　此呪亦如是　一切諸天人
能生希有心　受持及供養　所得諸功德
如我身無異　此呪王功德　我今但略說
三字總持呪

唵啞吽

瑜伽大教主經云唵字是大遍照如來啞字是無量壽如來吽字是阿閦如來又成佛儀軌云

由誦此唵字　加持威力故　縱觀想不成
於諸佛海會　諸供養雲海　真實具成就
由諸佛誠諦　法爾所成故　由適誦啞字
摧滅諸罪障　獲諸悅意樂　等同一切佛
超勝衆魔羅　不能爲障礙　應受諸世間
廣大之供養　由吽字加持　虎狼諸毒蟲
惡心人非人　盡無能陵屈　如來初成佛
於菩提樹下　以此印密言　摧壞天魔衆

七俱胝佛母心大准提呪

捺麻薩不怛二合喃引薩滅三莫噤　光引低喃引怛涅達　唵　拶令足令　準寧葛訶引

准提陁羅尼經云佛言此呪能滅十惡五逆一切罪障成就一切白法功德持此呪者不問在家出家飲酒食肉有妻子等不揀淨穢但依我法無不成就至心持誦能使短命衆生增延壽命及除無量病苦迦摩羅疾尚得除差何況餘病若不消差無有是處若誦此呪一百八遍如是不絕滿四十九日毎有善惡吉祥災變准提菩薩令二聖者常隨其人所有善惡心之所念皆於耳邊一一具報又誦此呪能令國王大臣長者婆羅門等生愛敬心見即歡喜隨其所願悉得成就若有無福無相求官不遷貧苦所逼常誦此呪能令現世得輪王福所求官位必當稱遂若常持誦水不能溺火不能燒毒藥刀兵冤家病苦皆不能害又若依法誦滿一百萬遍便得往詣十方淨土歷事諸佛得聞妙法速證菩提

大佛頂白傘蓋心呪

捺麻㕑怛(二合)達(引)須還怛(引)也㗚囉訶(二合)矴

薩滅三莫嗏薛怛㘓達(引)唵 啊捺令覓折

寧 覓(引)囉末唎囉(二合)嗏哈末䛤嗏末䛤嗏

禰末唎囉(二合)鉢(引)禰 登(怛)吽能嚨(引二合)登

(怛)莎(引)訶

萬行首楞嚴經云佛告阿難是佛頂章句出生十方一切諸佛十方如來因此呪心得成無上正徧知覺十方如來執此呪心降伏諸魔制諸外道十方如來乘此呪心坐寶蓮華於微塵國轉大法輪摩頂授記拔濟群苦所謂地獄餓鬼畜生盲聾瘖瘂五苦諸橫同時解脫賊難兵難王難獄難飢渴貧窮應念銷散若我說是呪之功德從旦至暮音聲相聯字句中間亦不重疊經恒沙劫終不能盡若諸衆生以紙素白氎書寫此呪貯於香囊是人心昏未能誦憶或帶身上或書宅中當知是人盡其生年一切諸毒所不能害阿難若佛滅後末世衆生有能自誦若教他誦者水不能溺火不能燒大小毒氣入此人口成甘露味一切惡星鬼神毒人不能起惡當知是呪常有八萬四千那由他恒河沙俱胝金剛藏王菩薩種族一一皆有諸金剛衆而爲眷屬晝夜隨侍設有衆生於散亂心非三摩地心憶口持是金剛王常隨從彼諸善男子何況決定菩提心者此諸金剛藏王精心陰速發彼神識是人應時心能記憶八萬四千恒河沙劫周遍了知得無疑惑劫劫不生貧窮下賤不可樂處此諸衆生縱其自身不作福業十方如來所有功德悉與此人由是得於恒河沙阿僧祇不可說不可說劫常與諸佛同生一處無量功德如惡叉聚同處熏修永無分散是故能令破戒之人戒根清淨未得戒者令其得戒未精進者令得精進無智慧者令得智慧不清淨者速得清淨不持齋戒自成齋戒是善男子持此呪時設犯禁戒於未受時持呪之後衆破戒罪無問輕重一時消滅縱經飲酒噉食五辛種種不淨一切諸佛菩薩金剛天仙鬼神不將爲過縱不作壇不入道場亦不行道誦持此呪還同入壇行道功德若造五逆無間重罪及諸比丘比丘尼四棄八棄誦此呪已如是重業猶如猛風吹散沙聚悉皆滅除更無毫髮若有衆生從無量劫來所有一切輕重罪障從前世來未及懺悔若能讀誦書寫此呪身上帶持若安住處莊宅園館如是積業猶湯消雪不久皆得悟無生忍若有女人未生男女欲求孕者至心憶念或帶身上便生福德智慧男女求長命者即得長命命終之後隨願往生十方佛土若諸國土飢荒疫癘刀兵賊難寫此神呪安城四門支提幢上令國土人奉迎禮拜恭敬供養一切災厄悉皆消滅風雨順時五穀豐殷兆庶安樂災障不起惡星出現種種災異有此呪地悉皆消滅十二由旬成結界地諸惡災祥永不能入是故如來宣示此呪汝及未來諸修行者於此呪心不生疑悔是

善男子於此父母所生之身不得心通十方
如來便爲妄語

大寶樓閣根本呪

捺麻　薩哈末二合怛達引過怛引喃引唵
覓布韓過哈哈二合麻禰不囉二合哈　怛達引
過怛禰嚓哈折二合禰　麻禰麻禰　須不囉
二合哈　覓麻令薩引過囉　過哈合覓引哈
吽吽　嚩韓嚩辣莫嚓滅幹浪雞矴　唔纈
引瀰實提二合怛　過哈哈二合莎引訶

善住陀羅尼經云若有衆生聞此陁羅尼受
持讀誦修習憶念求大成就乃至聞名或復
手觸或佩身上或纔眼視或書經卷或書帛
素或書墻壁一切衆生若有見者五逆四重
誹謗正法誹謗聖人捕獵屠膾盲聾背傴瘖
瘂癩病貧窮下劣魔網邪見惡星陵害彼等
諸人乃至四生諸衆生類聞此陁羅尼名者
決定證得無上菩提若書衣中若置幢上及
以脾板乃至聞聲手觸及影其身轉復觸於
餘人決定不退無上菩提能於現世獲衆功
德遠離諸罪於諸世間皆得敬愛於一切處
皆得供養一切國王王子宰官後宮并諸眷
屬皆得歡喜離於貧窮不受世苦毒藥刀杖
水火等難諸惡獸等不能爲害離諸怖畏無
一切病臨命終時心不散動一切諸佛現前
安慰引安覺安乃至夢中見百千佛刹及見
諸佛菩薩圓遶一切諸魔不能障礙一切寃
家不得其便增長善根獲無量福何況久能
持誦其福不可校量又不假時日不限齋戒
常於清旦誦一百八遍所求之事皆得成就

大寶樓閣心呪

唵　麻禰末唎哈二合吽

若此心呪誦十萬遍即見一切如來誦二十
萬遍得見一切佛土若誦三十萬遍得成一
切曼茶羅一切眞言法悉得成就乃至若誦
一百萬遍得一切如來灌頂佛地與一切如
來同會若造五逆罪誹謗聖人誹謗正法應
入阿鼻地獄者誦呪一千遍所作罪業悉皆
消滅得不退位悟宿命智得六根清淨兼獲
世間種種事業隨意成就

大寶樓閣隨心呪

唵　麻禰嚓哩吽發

若誦隨心呪滿一萬遍所有神鬼作障礙者
悉來接足禮拜白言持明者救護我等勿斷
我命所使我者決定得了我皆成就乃至誦
十萬遍得見一切如來彼等如來作是言善
男子汝欲所往諸佛刹土皆得隨意無有障
礙及得種種世間出世間法心所樂求皆得
成就

功德山陁羅尼呪

捺麽莫嚓引也　捺麽嚓吟麻二合引也　捺
麽珊過引也　西寧寧嚕嚕　西豁勃加嚕
吉勤鉢二合吉勤鉢二合　西嚓吟　布嚕吟莎
訶引

大集經云若人誦此呪一遍如禮大佛名經四萬五千四百遍又如轉大藏經六十萬五千四百遍造罪過十剎土入阿鼻大地獄受罪劫盡更生念此呪一遍其罪皆得消滅不入地獄命終決定往生西方世界得見阿彌陁佛上品上生

不動如來淨除業障呪

捺麽囉捺　嚩囉二合也引也　唵葛上葛你
葛上葛禰　哴撥禰哴撥禰　嚩哴二合怛禰
嚩哴二合怛禰　嚩囉引二合薩禰嚩囉引二合薩
禰不囉二合帝訶捺不囉二合帝訶捺薩吟末二合
葛吟麻二合鉢囉二合鉢囉引禰銘　莎引訶引

拔濟苦難陁羅尼經云若有善男子善女人至誠禮敬不動如來應正等覺受持此呪先所造作五無間業四重十惡毀諸賢聖謗正法罪皆悉除滅臨命終時彼不動佛與諸菩薩來現其前讚歎慰喻令其歡喜復告之言令來迎汝應隨我往所從佛國彼命終已決定往生不動如來清淨佛土

釋迦牟尼滅惡趣王根本呪

唵捺麽末過斡矴　薩吟末二合豁勃吟過二合
帝鉢哩商嚓你囉引嘮引也　怛達引過怛
引也　啊囉訶二合矴　薩滅三莫嚓引也怛
涅達引唵商嚓你商嚓你　薩吟末二合鉢引
哪　覓商嚓你　勲寧覓勲寧　薩吟末二合
葛吟麻二合　啊引斡囉捺　覓勲寧孤嚕
莎引訶引

拔濟苦難陁羅尼經云若有善男子善女人至誠禮敬滅惡趣王如來受持此呪萬四千劫常憶宿命所在生處得丈夫身具足諸根深信因果善諸伎術妙解諸論好行惠施厭捨諸欲不造惡業離諸危怖具正念慧衆所愛重常近善友恒聞正法求菩提心曾無暫捨以諸功德而自莊嚴具善律儀怖諸惡業恒無匱乏調柔樂靜於天人中常受快樂速證無上正等菩提終不退於十到彼岸願常利樂一切有情諸所修行非事自利在所生

處常得見佛護持正法預賢聖衆

佛頂無垢淨光呪

唵嘚吽二合也嚩勃薩哈末二合怛達引遏怛㗚

吽二合嚇也遏哈吽二合囉辢嚇哈麻二合嚇覩

遏哈吽二合珊訶囉　㗚余珊商嚇也鉢引啷

薩哈末二合怛達引遏怛　薩滿多實禰二合折

覓麻辢覓熱寧　莎引訶引

佛頂放無垢光一切如來心陁羅尼經云此陁羅尼是九十九百千俱胝那由他殑伽沙如來同所宣說若有衆生得見聞隨喜者所有三世一切罪業當墮地獄惡趣乃至傍生悉皆破滅若書此呪安於塔中如九十九百千俱胝那由他殑伽沙等如來一一如來全身舍利置於塔中而無有異若有此塔生恭敬者所有過去短命之業而得消除復增壽命諸天護持此人命終捨此身時便得往生安樂世界若誦一遍同彼十殑伽沙等如來所而種善根獲大福報五無間業悉皆滅盡乃至地獄傍生餓魔羅界一切罪障皆得解脫復得長壽命盡即生安樂世界乃至若有專注念誦久患瘡瘕便得痊差意所求事皆悉獲得若復有人聞念誦聲所有罪障悉得解脫其念誦聲觸於傍生及諸蟲蟻一切業道悉得解脫若於塚間掘取骸骨呪其沙土二十一遍散於骨上彼之神識隨其方處所墮地獄悉皆解脫生善逝天若誦百千遍命終之時被餓魔王使以索繫頸牽入餓魔羅界彼界之内一切地獄悉皆破壞返生怖畏尋令迴還而得解脫謂彼行人法王之使住靜慮道無有疑惑欲生安樂世界隨願往生也

佛頂尊勝呪

尊勝總持如本經

尊勝心呪

唵没隆二合莎引訶引

佛頂尊勝陁羅尼經云此呪能破一切地獄琰魔王界傍生之苦迴趣善道此呪不可思議有大神力若復有人一經於耳先世所造一切惡業悉皆消滅當得清淨勝妙之身隨所生佛土諸天所生之處憶持不忘若人欲總須臾憶念此呪還得增壽身口意淨亦無苦痛隨其福利悉蒙安隱亦令一切如來之所瞻視一切天神常爲侍衞人所敬重惡障消除一切菩薩同爲覆護諸佛淨土及諸天宫一切菩薩甚深行願隨意遊入悉無障礙捨此身已即得往生種種微妙諸佛刹土

觀自在菩薩六字大明心呪

唵　麻禰鉢能銘二合吽

莊嚴寶王經云此六字大明是觀自在菩薩微妙本心若人持誦此呪於持誦時有九十

殑伽河數如來微塵菩薩集會天龍藥叉虛空神等而來衛護七代種族皆得解脫腹中諸蟲當得不退菩薩之位又若依法念誦是人則得無盡辯才清淨智聚及大慈悲日日得具六波羅蜜圓滿功德是人口中所出之氣觸他人身蒙所觸者即起慈心離諸嗔毒當得不退菩薩疾證阿耨菩提若以此呪戴持之者則同如來金剛之身以手觸於餘人之男其蒙所觸者及所見有情皆速得入菩薩之位而永不受生老病死愛別離苦又如滿四大洲男女等人一切皆得七地菩薩之位彼菩薩衆所有功德與念此呪一遍功德而無有異若人書寫此六字大明陁羅尼則同書寫八萬四千法藏而無有異若人以天金寶造作如微塵數如來形像不如書寫此六字中一字功德若有得此六字大明是人貪嗔癡毒不能染著其有戴持在身中者是人亦不染著貪嗔癡病

文殊菩薩五字心呪

啊囉鉢拶捺

金剛頂經五字眞言勝相云若人纔誦一遍如誦八萬四千十二圍陁藏經若誦兩遍文殊普賢隨逐加被護法善神在其人前又善男子善女人有能持此眞言纔誦一遍即入如來一切法平等一切文字亦皆平等速得成就摩訶般若又若誦一遍能除行人一切苦難若誦兩遍除滅億劫生死重罪若誦三遍三昧現前若誦四遍總持不忘若誦五遍速成無上菩提若人一心獨處閑靜梵書五字輪壇依法念誦滿一月已曼殊菩薩即現其身或於空中演說法要是時行者得宿命智辯才無礙神足自在勝願成就福智具足速能皆證如來法身但心信受經十六生決成正覺（輪字觀門衣師稟受）十九

觀自在菩薩甘露呪

捺麼囉捺　㗚囉二合也引也　捺麻啊引吟拶二合斡浪雞矴說囉引也磨㗚薩咄引也麻訶引薩咄引也麻訶引葛引嚕禰葛引也怛涅達引唵󠄀𡁠身切你𡁠身切你　葛引𡁠身切你莎訶引

觀音陁羅尼經云若欲誦此呪者所有過現四重五逆謗方等經一闡提罪悉皆消滅無有遺餘身心輕利智慧明達若身若語悉能利樂一切衆生若有衆生廣造一切無間等罪若得遇此持呪人影暫映其身忽得共語或聞語聲彼人罪障悉皆消滅又若欲利益一切有情者每至天降雨時起大悲心仰面向空誦眞言二十一遍其雨滴所霑一切有情盡滅一切惡業重罪皆獲利樂

藥師瑠璃光佛呪

捺麼末過斡矴　唅折嘶唔嚕　唅𡁠身切吟

拽二合　不囉二合末囉引嚩引也　怛達引遏
怛引也　啊囉訶二合矴　薩滅三莫嚩引也
怛涅達引唵　吽折精吽折精　麻訶引吽
折精吽折精囉引嚩薩嘢遏矴　莎引訶引

藥師七佛功德經云藥師瑠璃光如來得菩提時由本願力觀諸有情遇衆病苦瘦瘧乾痟黃熱等病或被厭魅蠱道所中或復短命或時横死欲令是等病苦消除所求願滿光中演說此陁羅尼若見男子女人有病苦者應當一心爲彼病人清淨澡漱或食或藥或無蟲水呪一百八遍與彼服食所有病苦應皆消滅若有所求至心念誦皆得如意無病延年命終之後生彼世界得不退轉乃至菩提

阿彌陁佛根本呪

捺麼囉捺嘚囉二合也引也　捺麻啊引吟拽
合啊彌怛引末引也　怛達引遏怛引也啊
囉訶二合矴薩滅三莫嚩引也　怛涅達引唵
啊密嘌二合矴啊密嘌二合多納末二合永　啊密
嘌二合怛三末永　啊密嘌二合怛遏吟吽二合
啊密嘌二合怛西寧　啊密嘌二合怛矴精　啊
密嘌二合怛覓悔磷二合盧間切引矴　啊密嘌二合怛
覓屹磷同上怛　遏引彌你　啊密嘌二合怛
遏遏捺　難引吟帝二合葛吟　啊嚤嘌二合怛
嫩努覓　斯斡二合吟　薩吟末引二合　吟達二合

薩引嚩你　薩吟末二合葛　吟麻二合屹令二合
折　疙折二合嚷　葛吟　莎引訶

無量壽如來念誦儀云此陁羅尼纔誦一遍則滅身中十惡四重五無間罪一切業障悉皆消滅若苾芻苾芻尼犯根本罪誦七遍已即時還得戒品清淨誦滿一萬遍獲得不忘失菩提心三摩地菩提心顯現身中皎潔圓明猶如淨月臨命終時見無量壽如來與無量俱胝菩薩衆會圍遶來迎行者安慰身心則生極樂世界上品上生證菩薩位

阿彌陁佛心呪

唵　啊密嘌二合怛　矴精　曷囉吽

誦滿十萬遍得見弥陁佛

阿彌陁佛一字呪　據諸師所傳更加唵啊彌怛嚩并莎訶字亦得

唵紇哩

大樂金剛三昧經般若理趣釋云唵紇哩字具四字成一真言賀字門者一切法因不可得義囉字門者一切法離塵義塵者所謂五塵亦名能取所取二種執著伊字門者自在不可得二點惡字義惡字名爲涅槃由覺悟諸法本不生故二種執著皆遠離證得法界清淨紇哩字亦云慚義若具慚愧不爲一切不善耶具一切無漏善法是故蓮華部亦名法部由此字加持於極樂世界水鳥樹林皆演法音如廣經中所說若人持此一字真言能除災禍疾病命終已後當生安樂國土得上品上生此一通修觀自在心真言行者亦能助餘部修瑜伽人也

無量壽王如來一百八名陁羅尼曰

曩謨 末遏斡矴 啊鉢哩彌怛引 余吟合二

謁引捺 須彌禰實耶合二 怛矴咗囉引嘇引

也 怛達引遏怛引也 啊囉訶合二矴 薩

滅三莫嚩引也 怛涅達引 唵 薩吟末

二合 珊厮葛引二合囉 鉢哩熟嚩 嚩吟麻

二合矴 遏遏捺 薩母遏矴 莎末引斡

覓熟箄麻訶引捺也 鉢哩斡引吟 莎引

訶引

決定光明王如來經云若有衆生得見此陁羅尼及聞名號至心書寫受持讀誦供養禮拜短壽之人復增長壽滿足百歲若復有人若自書若教人書於後不墮地獄餓鬼畜生閻羅王界業道冥官永不於是諸惡道中受其惡報若書此呪則同書寫八萬四千法藏便同修建八萬四千寶塔若有五無間地獄之業由是功德力故其業障等皆悉消除臨命終時九十九俱胝佛面現其前來迎是人往生於彼佛國土中又書此呪當來永不受其女身四天王等暗中衛護若聞此呪永不受飛鳥四足多足等身速成無上菩提爾時世尊說是伽陁曰

若入大悲精室中　耳暫聞此陁羅尼

設使六度未圓滿　是人速證天人師

智炬如來心破地獄呪

捺麻 啊實怛二合 石低引喃引 薩滅三莫嚩

光引 低引喃引唵 謁引捺引斡末引西

溺哩溺哩 吽

別行經云此呪若誦一遍無間地獄碎如微塵於中受苦衆生悉生極樂世界若梵書此呪於鐘鼓鈴鐸作聲木上等有諸衆生得聞聲者所有十惡五逆等罪悉皆消滅不墮惡趣之中

毗盧遮那佛大灌頂光呪

唵　麽遏　眛哴撈捺　麻訶引　毋能囉二合

麻禰鉢啼能麻二合嘬斡　不囉二合斡吟怛二合也

吽

不空羂索經云若有如法受持讀誦滿千萬遍則獲七大善夢入大曼拏羅會若有過去一切十惡五逆四重諸罪燼然除滅若聞此呪二三七遍經耳根者即得除滅一切罪障若諸衆生具造十惡五逆四重諸罪數如微塵滿斯世界身壞命終墮諸惡道以此眞言加持土沙一百八遍散亡者屍骸上或散墓上塔上彼所亡者若在地獄餓鬼修羅傍生等中以此眞言加持力故應時即得光明及身除諸罪報捨所苦身往於西方極樂國土蓮華化生直至成佛更不墮落復有衆生連年累月瘵黄疾惱苦楚萬端是病人者先世業報以是眞言於病者前一二三日每日高聲誦此眞言一千八十遍則得除滅宿業病障若爲鬼嬈魂識悶亂失音不語持眞言者加持手一百八遍摩捫頭面以手按於心上額上加持一千八十遍則得除差若諸鬼神魍魎之病加持五色線索一百八結繫其病者腰臂項上及加持衣則便除差

金剛薩埵百字呪

唵　末喇囉二合薩咄　薩麻也　麻鵽身切鉢

引斡也　末喇囉二合薩咄　嘚永二合那　鉢

帝實達二合　喃吟二合囊銘末斡　須多商銘

末斡　須波商銘末斡　啊鵽身切囉屹二合多

銘末斡　薩吟末二合西滌身切銘　不囉二合也

嘮　薩吟末二合葛吟麻二合　須撈銘即怛

實哩二合曩　孫嚕吽　訶訶訶訶　和末過

桄　薩吟末二合怛達　遏怛　末喇囉二合麻

銘悶引撈　末喇哩二合末斡　麻訶引薩麻

也　薩咄　啞

此呪求願補闕功德無量散在諸經又名句中隨宗迴轉誦者知之

十二因緣呪

唵　英嗏吟麻引二合　形珞身切不囉二合末斡引

形引珞齒舌矴善引怛達引遏多　纈末嗏怛

二合矴善引撈　養禰哴嗏　喫桄　斡引溺

引　麻訶引實囉二合麻捺英　莎引訶引

令此呪句唯經翻譯即是頌曰

諸法從縁起　如來說是因　彼法因縁盡

是大沙門說

若造佛像安置舍利如芥子許或為法頌安置其中如我現身等無有異凡修功德誦此慶成

摩利支天母呪

怛涅達　唵　把打吃剌馬廝　巴囉吃剌馬廝　嗚打耶馬廝　㖿囉馬廝　啞立晉馬廝　馬哩晉馬廝　嗚麻馬廝　末捺馬廝　古嚕麻馬廝　精巴囉馬廝　馬合執巴囉馬廝　喑㗳捺喲馬廝　蘘喝

請雨呪

佛寶力故大龍王等速來在此閻浮提內所祈請處降澍大雨而說呪曰

只囉只囉　至哩至哩　足吟足吟

佛寶力故咄諸龍王於閻浮提請雨國內降澍大雨而說呪曰

癹囉癹囉　哩哩哩哩　咈哩咈哩　怛涅達　癹囉癹囉　呬唎呬唎　蘇嚕蘇嚕　啞晉喃　只癹只癹　石哩石哩　咻咈咻咈

截雨呪

唵　薩吟末　麻馬合囉麻帝　吃吟帝　吽

某甲等願擁護

如此神呪或誦三遍七遍二十一遍

截雹呪

唵　薩吟斡割哩麻

心呪

唵馬合怛㗚昌也　麻禰囉嘮捺　薩麻也　薩吟斡　吽癹怛

如此神呪或誦三遍七遍二十一遍

數珠功德法

夫數珠者記心之竒術積功之初基持之者成德戴之者滅垢世出世果莫不由斯故今依經略示其相然准金剛頂瑜伽念珠經云

珠表菩提之勝果　於中間絶為斷漏
繩線貫串表觀音　母珠以表無量壽

愼莫驚過越法罪　皆由念珠積功德
硨磲念珠一倍福　木槵念珠兩倍福
以鐵爲珠三倍福　熟銅作珠四倍福
水精眞珠及諸寶　此等念珠百倍福
千倍功德帝釋子　金剛子珠俱胝福
蓮子念珠千俱胝　菩提子珠無數福
佛部念誦菩提子　金剛部法金剛子
寶部念誦以諸寶　蓮華部珠用蓮子
羯磨部中爲念珠　衆珠間雜應貫串
念珠分別有四種　上品最勝及中下
一千八十以爲上　一百八珠爲最勝
五十四珠以爲中　二十七珠爲下類
二手持珠當心上　靜慮離念心專注
本尊瑜伽心一境　皆得成就理事法
設安頂髻及掛身　或安頸上及安臂
所說言論成念誦　以此念誦淨三業
由安頂髻淨無間　由帶頸上淨四重
手持臂上除衆罪　能令行者速清淨
若修眞言陁羅尼　念諸如來菩薩名
當獲無量勝功德　所求勝願皆成就

密呪圓因往生集

密呪圓因往生集　校勘記

一　底本，明永樂北藏本。
一　七七頁中二行「金剛大輪明王呪」，南作「大輪呪」。
一　七七頁中五行「七俱胝佛母」，南無。
一　七七頁中六行「大佛頂」，南無。
一　七七頁中七行首字「大」，南無，第八字同。
一　七七頁中八行首字「大」，南無。又末字「呪」，南無。
一　七七頁中九行「不動如來」，南無。
一　七七頁中一〇行「釋迦牟尼」，南無。
一　七七頁中一一行首二字「佛頂」，南無，第八、九字同。
一　七七頁中一二行「觀自在菩薩六字大明心呪」，南作「六字呪」。
一　七七頁中一三行「文殊菩薩五字心呪」，南作「文殊五字呪」。
一　七七頁中一四行「菩薩」，南無。
一　七七頁中一五行「光佛」，南無。又「阿彌陀佛」，南作「彌陀」，一六行第一至第四字，第七至第一〇字同。
一　七七頁中一七行「王如來」，南無。
一　七七頁中一八行「智炬如來心」，南無。
一　七七頁中一九行「毗盧遮那佛」，南無。
一　七七頁中一九行與末行之間，南有「摩利支母呪」一行。
一　七七頁中末行「金剛薩埵」，南無。
一　七七頁下一行「摩利支天母呪」，南無。
一　七七頁下三行「數珠功德法」，南

無。

一七九頁中四行「啞字」，南作「啊字」。九行同。

一七九頁中一四行第八字「印」，清作「即」。

一八〇頁下一行「無問」，徑作「無間」。

一八〇頁下一五行第一二字「土」，南作「上」。

一八三頁中五行「罪障」，徑作「羅障」。

一八四頁上一行第三字「河」，清作「沙」。

一八四頁上四行「清淨」，清作「清濟」。

一八四頁上六行第三字「他」，徑作「在」。

一八四頁上九行第二字「男」，南、徑、清作「身」。

一八四頁中一二行「曼殊」，徑作「文殊」。

一八四頁中一三行第一二字「時」，徑作「持」。

一八四頁下一六行「雨滴」，南、徑、清作「雨滴」。

一八八頁上八行至本頁下一四行「摩利……二十一遍」與本頁下一五行至次頁上末行「數珠……皆成就」，南互置。

一八八頁下一九行「菩提」，南作「菩薩」。

顯密圓通成佛心要集序

宣政殿學士金紫崇祿大夫行給事中知武定軍節度使事上護軍潁川郡開國公食邑二千戶同修國史陳覺 撰

昔如來居出世之尊垂化人之道闡揚大教誘掖群迷開種種之門方便雖陳於万法入圓圓之海旨趣皆歸於一乘然而顯教密宗該性含相顯之義派分五教總名素怛覽密之部囊括三藏獨号陁羅尼習顯教者且以空有禪律而自違不盡究竟之圓理學密部者但以壇印字聲而爲法未知祕奥之神宗遂使顯教密教矛楯而相攻性宗相宗鑿枘而難入互成非毀謗議之心生焉競執邊隅圓通之性懵矣向匪至智孰龢異端事必有

一

成人能弘道今顯密圓通法師者時推英悟天假辯聰驟戲權於名師十五歷於學肆參禪訪道愽遠多聞內精五教之宗外善百家之奥利名不染愛惡非交猒而獻處都城肆志叢堅積累載之勤悴窮大藏之淵源撮樞要而誠誦在心剖義理而若指諸掌以謂所聞大小之教不出顯密之兩途皆證聖之要津入眞之妙道覽其文體則異猶盤盂自列於方圓歸乎正理則同若器室咸資於無有而學者妄生異議昧此通方因是錯綜靈編纂集心要文成一卷理盡万途會四教總歸於圓宗收五密咸入於獨部和乳酪之味都作醍醐采雲霞之滋並爲甘露誠諸佛之會要爲後人之指南使披覽者似獲隨意之珠所求皆遂遵依者如喰善見之果無疾不瘳覺學愧荒虛辭非華麗曾因暇日得造吾師每覩揮麈之談願廣窺斑之見屬當傳世爰託撰文素慙舒理之能聊著冠篇之引

顯密圓通成佛心要集卷上 并供佛利生儀

五臺山金河寺沙門　道㲀　集

原夫如來一代教海雖文言浩汗理趣淵冲而顯之與密統盡無遺顯謂諸乘經律論是也密謂諸部陁羅尼是也爰自摩騰入漢三藏漸布於支那無畏來唐五密盛興於華夏九流共仰七衆同遵法無是非之言人析修證之路暨經年遠誤見弥多或習顯教輕誣密部之宗或專密言昧黷顯教之趣或攻名相鮮知入道之門或學字聲罕識持明之軌遂使甚深觀行變作名言祕密神宗翻成音韻今逈不揆瑣才雙依顯密二宗略示成佛

二

心要庶冀將來悉得圓通故依教理略啓四門一顯教心要二密教心要三顯密雙辨四慶遇述懷已下四段之中爲避文繁或略用豐數或義引經文覽者應知且初顯教心要者謂賢首清凉共判如來一代時教而有五種一小乘教謂阿含等六百餘卷經婆沙等六百餘卷論說一切法從因緣生明三界不安了人空眞理修自利之行忻小乘之果二大乘始教有二一法相宗謂深密佛地等數十本經瑜伽唯識等數百卷論說一切法皆是唯識了二空眞理修六度萬行趣大乘佛果於中多談法相之義二無相宗謂諸部般若等千餘卷經中百門等數本論文說一切法本來是空無始迷情妄認爲有欲證菩提以爲所得修習萬行於中多談無相空義斯之兩宗皆是大乘初門故名曰始始者初也三一乘終教謂法華涅槃等四十餘部經實性佛性等十餘部論說一切衆生有佛性從本已來靈明不昧了了常知無始迷倒不自覺悟欲成佛果須先了悟自家佛性後方稱性修習本有無量妙行多談法性是大乘盡理之教故名曰終終者盡也四一乘頓教謂楞伽思益經文達磨所傳禪宗說一切妄相本空眞心本淨元無煩惱本是菩提唯談眞性不依位次成佛故名曰頓五

三

不思議乘圓教謂花嚴一經十地一論全說毗盧法界普賢行海於中所有若事若理若因若果一具一切重重無盡攝含諸教無法不收稱性自在無障無礙迥殊偏說故名爲圓此之五教前前者是淺是權後後者是深是實若以圓教望之前四皆是應根權施設也今且據對待而論言前四是權圓教爲實若定執圓教爲實前四教亦非圓教偏者五教俱備偏圓共讚通教方足已下爲圓教中具含前教行門故不別說今依圓教修行略分爲二初悟毗盧法界後修普賢行海且初悟毗盧法界者謂華嚴經所說一眞無障礙法界或名一心於中本具三世間一器世間謂一切國土二衆生世間謂一切有情三智正覺世間謂一切聖人四法界一事法界二理法界三事理無礙法界四事事無礙法界一切染淨諸法未有一法出此法界此是一切凡夫聖人根本之眞心也亦是根本之眞身況言眞心而有二種一同教眞心二別教眞心於同教中復有二種一終教眞心二頓教眞心且初終教眞心者故首楞嚴經云當知虛空生汝心內猶如片雲點太淸裏況諸世界在虛空耶釋曰眞心猶如太淸之天十方虛空猶似一片之雲即知眞心極大虛空極小虛空比於眞心尙尒極小況諸世界在虛空中耶又云空生大覺中如海一漚發有漏微塵國皆依空所生大覺即是眞心異名眞心釋大覺如大海虛空微小似一浮漚況諸國土皆依虛空生而若比眞心即是小中之小又云眞心徧圓含裹十方反觀父母所生之

身如彼十方虛空之內吹一微塵若存若亡又云不知色身外洎山河虛空大地咸是妙明真心中物又云一切世間諸所有物皆即菩提妙明真心既言皆即菩提妙明真心非是世間諸法在真心內別有其體即知盡法界所有虛空大地情與非情全是一味妙明真心凝然清淨不增不減一切衆生從無始來迷知此心妄認四大爲身緣慮爲心譬如百千箇澄清大海不認但認一小浮漚若了四大之身緣慮之心緣生無性全是真心如了浮漚緣生無體全是海水近有緣生乎覽楞經聞斯窮大真心體然來征余事論云此是如來撰說體是自心迷倒不見安齊不信且知齊書諧子云北冥有魚其名爲鯤鯤之大不知其幾千里化而爲鳥其名爲鵬鵬之背不知其幾千里怒而飛其翼若垂天之雲將徙於南冥水擊三千里摶扶搖而上者九万里列子云世豈知有此物哉大禹行而見之伯益知而名之夷堅聞而志之不可爲自目不覩觀家不悟有此物耶俗書所說有相物情蟲余何況物來所說無相真心也實性論云声居者不知宇宙之遍乘是也後頓教一心者謂絕待一心弥滿清淨中不容他一切妄相本來是無絕待真心本來清淨華嚴經云法性本空寂無取亦無見性空即是佛不可得思量起信論云一切諸法從本已來離言說相離名字相離心緣相畢竟平等無有變易不可破壞唯是一心故名真如謂前終教隨衆生迷說有色身山河虛空大地世間諸法今謂衆生翻妄歸真了達色身山河虛空大地世間諸法全是一味妙明真心今頓教中本無色身山河虛空大地世間諸法本是一味絕待真心故清凉云總不說法相唯辨真性即知周徧法界本是一味絕待真心寂然清淨不生不滅不增不減欲要易解周遍法界喻似一顆瑩淨圓珠朗然清淨無影無像無內無外清凉云照體獨立物我一如達磨云我法以心傳心不立文字即傳此心

曹溪云明鏡本清淨何假拂塵埃亦是此心也一切衆生從無始來不了此心妄見諸相猶如眼病擮見空華圓覺經云妄認四大爲身相六塵緣影爲自心相譬彼病目見空中華若了真心本無諸相如虛空中本無華圓覺經云如來因地修圓覺者知是空華即無輪轉亦無身心受彼生死非作故無本性無故今頓教中空華之物其爲切要今時然禪宗禪者極廣浩乎開示此心多不入神如葉公好龍真龍現前懼然不顧若未悟此心非是真禪是故欲修禪行先須了悟此一心也二別教一心者謂一真無障礙大法界心含三世間具四法界全此全彼而無障礙即知包羅法界圓裹十方全是一真大法界心於此一真大法界內所有若凡若聖若理若事隨舉一法亦皆全是大法界心乃至唯舉一塵亦皆全是大法界心花嚴經云華藏世界所有塵一一塵中見法界又一塵既是大法界心於此一塵大法界內復舉一塵亦皆全是大法界心若横若竪重重舉之重重皆是大法界心故清凉大師於華嚴地品疏說帝網無盡一心也一切衆生從無始來迷妄不知無盡法界是自身心於中本具帝網無盡色心功德即與毗盧遮那身心齊等却將自家無障無礙佛之身心顛倒執爲雜染衆生譬如金輪聖王統四天下身智具足富樂無比忽然昏睡夢爲蟻子於夢位中但認已爲蟻子不覺本是輪王毗盧盡法界之佛世前智者應知今但衆迷真執妄之蟻是故欲求成就究竟佛果切須悟此毗盧法界若未悟此法界縱經多劫修習萬行徒自勞苦不得名爲真實菩薩亦不能生如來家故華嚴經云不了於自心云何知正道彼由顛倒慧增長一切惡清凉云不依此悟所作非真自爲

修行元來結業此無盡法界一心人罕能知知亦難信信亦難解解亦難修此境是以多劫善根不惜不解上前声明如言如發其有宿熏圓極宜此聽意若能俗悟在懷當日生於傳家恐人離信今舉側現之如法先珠林說有一術人路行見一人諸擔上奇籠子可受升餘告揩人云我步行處極錢寄君籠子內顯相許耳揩人籠是往人便語云任君入耳乃跳入能子中籠子非大術人非小揩之佛行也不覺童行數十里人人於一樹下生食乃呼術人共食術人云我自有飲食煮人視之見籠中有穢推器物數食告擔人云我欲與婦共食即口中吐出一女子家見蒜黄二人共食食巳其夫使歷婦告誅人我有外夫欲求共食夫若覺時君刃道之婦俠口中出一丈夫共食三人籠擔人不過索良以其夫身動欲覺共外夫告中全云且去其婦即置外夫口中器勿欲食亦豈口中其夫覺巳後置婦在口中云云此是世開小術尚尔童重相容而無障礙豈況毗盧無障礙法界耶嫌須諦而信之思而群之勿要高推聖境處虔一生者我後修普賢行海者既得了悟無障礙法界於自本心於中本具十華藏世界微塵數相好帝網無盡神通功德與十方諸佛更無差別奈無始爲執妄情習以性成卒難頓盡致令自家毗盧功德不能盡得自在受用故須稱自家毗盧法界修本有普賢行海令無盡功用疾得現前華嚴經云修此法者少作功力疾得菩提雖普賢行海浩汗無涯一藏經中所說行門皆是華嚴普賢之行但應攝淺根名支流出也今就觀行略示五門一諸法如夢幻觀二真如絕相觀三事理無礙觀四帝網無盡觀五無障礙法界觀且初諸法如夢幻觀者即當事法界觀謂常觀一切染淨諸法全體不實皆如夢幻此能觀智亦如夢幻華嚴經云譬如夢中見種種諸異相世間亦如是與夢無差別又云度脫諸衆生令知法如幻衆生不異幻了幻無衆生又金剛經云一切有爲法如夢幻泡影如露亦如電應作如是觀肇公云虛兮妄兮三界不實夢兮幻兮六道無物一切衆生從無始來執一切法而爲

實有致使起惑造業循環六道若常想一切名利怨親三界六道全體不實皆如夢幻則愛惡自然淡薄悲智自然增明此夢幻觀圓覺滅中名惑幻消塵觀天台名假觀亦名方便隨緣止謂分明警照曰觀寂然不動曰止即覺中便有止止中便異觀乃止鏡幻還也餘諸止觀准此解之若人蟒信解圓被而順偏俾東不眩習礙此萎幻觀者塵作不淨觀謂觀身五種不淨一種子不淨謂父母精血赤白二色和合成故習處論云是身種不淨非餘妙寶物不由白淨生但從臭道出二住處不淨謂在母臟中生藏之下熟臟之上不淨流溢汗膿充滿被中住故又海山云不淨乃作於業汗餘便爲飲食三自體不淨謂三十六物皆是不淨共和合故言三十六者外有十二謂腦毛爪森染污大小二適曠滴淨唾洟有十二二皮獲由肉腸腸腸膜胃髓腸膜中有十二心肝臟師膠脊腸胃生藏熱藏亦殘白瘀即知從實至見皆是不淨求蟲師云華囊盛糞穢血之聚不淨淨淨蟲蛔住穢蛔蛔劉孔亦所不及四自相不淨謂九瘡常流諸穢惡故言九表蓄兩耳出塞兩眼出眵洟兩鼻出膿涕口出涎唾大便道出屎小便道出尿智度論云鍾鍾不淨物充滿於身中常流出不淨如塚囊囊胸五究竟不淨謂命終身壞肆脹臭歸暖盛蛆分不禁近故天台云假足至棄從聚至見膳身觀瘵唯見肆脹壞爛大小便道蟲膿淨出臭劍死絢心地觀無云患義自身臭穢不淨穢知死婀舍光明經云我微久來情此身臭穢臟流不可愛雖常供養懷怨害終歸棄我不知思觀自身竟從觀絕人者男若女所有之身吉具五種不淨乃至義一如出間有情之身皆是不淨故起信論云應觀世間一切有身悉皆不淨種種穢污無一可樂無觀皆是不淨貪愛之心自然不起何合經該皆有圖王嗜欲無獄有一比立以備纔曰目爲時淡寢鼻見轉淨囊口爲涎唾器膿是聚聚舍但王無竺目爲色所觀荒貪道見之惡出家修道場天台云畢觀不淨能成大車御海中慶依之得度或作骨璨觀感先觀想自身鋼上皮肉爛墜唯見白骨漸漸從綠至真想於一頭皮肉爛墜見白骨骨乃至全身皆見白骨既見自身一具骨環分明現已後觀依人嬰望亦爾觀筭二具己漸次觀於一房一寺一城一國乃至遍地以海爲處骨骸充滿爲人觀心增長樓却微覓至鼓漸略而觀唯見一國皆見骨璨漸見一城一寺一房一具又於一具中乃至漸漸唯見眉間少許白骨見眉間己專法一緣漾然而住如是修習乃至得定此觀成數一初貪愛害然消云或作數息觀起從淺至深次第遍修先須調和自家氣息不注不滑專注一心數出入息先數入息後數出息從一至十然而復始想心在數不令數亂若覺白心不假功力任還從一至十住數息中然更一心臍息出入若息入時心乃息之氣鼻至責從喉至心臍從鄉脂乃至觔觔者息出時心亦隨之息出際

身爲至一昧一寧等一心恒隨息之出入若覺心息任運相依然更繫念唯在層關或在身鄉安止其心觀息住身如珠中錦爲今爲暖爲損息益苦覺身滿想於猶索然見譯觀須細之息及觀全身三十六物肉外不淨又觀心識利鄉不住如是於昔覺息出入通諸毛孔心微關明臟見身內三十六物及諸惡戶方更精循其諸行門更有別說忽紫且止如經中說觀出入息三世諸佛入道之初門也或作義空觀應通作意推尋今此之身本來無我但是色心二法和合爲相色有地水火風之四類所謂毛髮爪齒皮肉筋骨髓腦垢色即是其地涕唾膿血汗液涎沫痰淚精氣大小便利皆是其水暖是其火動轉是風心有受想行識之四類所謂領納是受取像是想造作是行了別是識於此八賊河者是義若皆是我即有八我又況色中發有三百六十賊骨賊賊各則皮毛筋肉肝心肝智各不同是謂心數筭亦各不同見不是開者不是怨賊有此衆多之物不知定取何者爲我若皆是我我即百千一身之中多生如亂厭此之外復無別法翻覆推我皆不可得便知此身但是衆緣假和合相本來無我升皆實夜經亦此觀善妙爲一切衆生從無始來執身爲我因實此我貪求名利欲榮益我慎遠論境恐從攝我恩攝之情非理計較中既昔觀此身本來無我即三事自識三李與識三界自雜也或作法空觀應須諦觀此身色心二法色有地水火風心有受想行識於此法一一論觀皆從緣生御無自性八法當當昔是空也初心行者宜習此等觀門隨心所以或一或二乃至五鏗皆得非習心觀法門唯貴終鍊建之有味說之言凌也二真如絕相觀者即當理法界權於中安心復有三門一者常觀通法界唯是一味清淨真如本無差別事相此能觀智亦是一味真如華嚴經云一切法無生一切法無滅若能如是解諸佛常現前又七祖禪師云無念念者即念真如六祖釋無念云無者無諸相念者念真如此乃想念諸法全是真如雖然想念本無想念之相故起信論云雖念無有能念可念此中所想真如即是前頓教中所說絕待真心也此門行者常想一切諸法唯是一味清淨真如本無生滅是名真如三昧亦名一行三昧亦名無生三昧二者若念起時但起覺心故七祖云念起即覺覺之即無修行妙門唯在於此即此覺心便名爲觀此亦雖起覺心本無起覺之相此門行者一切時中心念若起但起覺心便是修行要妙之門三者攝心

即差動念便乖但攝心無寄理自玄會故華嚴經云法性本空寂無取亦無見性空即是佛不可得思量又古德云實相言思斷真如絕見聞此是安心處異譯徒云云此但任其本性自照更不起新生慧解故圓覺經云但諸菩薩及末世衆生居一切時不起妄念於諸妄心亦不息滅住妄想境不加了知於無了知不辨真實又賢首云若起心作凡行聖行非是真行不作一切行行心無寄是名大行此門即以本性自照名觀此門行者一切時中心無所寄是名真修歸諸論依万行於万行中心無所寄又體來衆要七代相顯前佛心要而有三門攝盡緣遺一見性門究須了根絕待真心一切妄知本無真心本淨即心是佛非眼外求即萬頌彼一心是也二安心門如上所吹想念具如等三門是也三發行門須借體菩薩六度万行具依三門即是正禪隨調一門便成編見速毒云我法以心傳心不立文字此心是一如衆生清淨本覺亦名佛性藏未佛道類緣此心即是見性門又云如是安心所觀壁觀今修道人心住真理寂然無爲簡似雜壁不起分則即是安心門又云如是發行所謂四行一報怨行謂修道人若受苦時當自念言我彼往昔無數劫中弃本逆末流浪諸趣多起緣增速害無限今雖無紀是我宿怨惡業果無非天幸人所能見與甘心忍受都無緣諸經云逢苦不憂何以故識達故二觀行調修遺人若得勝報榮事等事當自念言一切諸法皆從緣生是我過去修因所感今方得之緣盡還無何喜之有得失隨緣心無嗜成喜風不動喚風不生三無所求行世人長逮無無貪著名之爲求皆者悟真理稱修反三界九居猶如火宅有身皆苦謙稱而安終三界內無所願樂經云有求皆苦無求乃禁四稱法行謂性淨真理日之爲法而此理性本無法等一切万惡聽稱理性修布禪等一切万善斯之四行即是發行門又草堂禪師圓覺驗中亦有三門大同於此一先悟圓覺性顯一味清淨真心二次發菩提心謂大慈大智大悲三後修菩薩行謂大度万行等法漸之三門禪學之者甚爲切要若不圓錄三門集由禪諸邪見謂古來禪宗諸家謗餘多分但應書時相宜者唯說見性或但言安心或只談發行又於安心發行中復各有多途或但明一途等云云今此諸門心若通違然後緘覽禪家禪教乃各知其皆歸三事理無礙觀者即當事理無礙法界謂常觀一切染淨事法緣生無性全是真理真理全是一切

染淨等法如觀波全是濕濕全是波故起信論云雖念諸法自性不生而復即念因緣和合善惡之業苦樂等報不失不壞理不假事也如濕性即一不礙波浪成多雖念因緣善惡業報而亦即念性不可得真不礙理也如波濕雖多不礙全是濕性若皆假空中三觀者說想一切諸法緣生無性寂體全空即是空觀如鏡中像全無實體若想一切諸法對有不實皆如夢幻即是假一如鏡中像有而不實者想一切諸法全是一味妙明真心妙明藏無教所明廣大真心是也即具中觀如鏡明時此之三觀或單修一門或漸次具修或一時齊容任昭取捨四帝網無盡觀者即當事事無礙法界觀於中略示五門一禮敬門二供養門三懺悔門四發願門五持誦門初禮敬門者謂想盡虛空遍法界塵塵剎剎帝網無盡三寶前各有帝網無盡自身每一一身各禮帝網無盡三寶每一一三寶前各有自家帝網無盡身禮更相此一門盡未來際無有休歇念念相續無有間斷身語意業無有疲厭或坐中作此觀想或燒香禮佛暫時歛念入此觀門功德無盡清淨云不入此觀後自疲勞或且入此門類遍法界純具此觀佛或坐設等身一尊前且想一身禮更蓋難入且想十身佛每一尊前有一身禮書之稱熟稱增百尊千尊乃至無盡下準此門習之二供養門想盡虛空遍法界塵塵剎剎帝網無盡三寶前各有帝網無盡自身每一一身各出帝網無盡供具所謂香華燈燭衣服飲食幢幡傘蓋瓔珞雲樓閣雲等每一一身所出供具各供養帝網無盡三寶每一一三寶前有帝網無盡身供養與想此一門盡未來際無有休歇念念相續無有間斷身語意業無有疲厭或坐中想此供養或佛前燒香奉華時暫入此觀或無香華但合掌入此觀門功德亦無窮盡三懺悔門想盡虛空遍法界塵塵剎剎帝網無盡三寶前各有帝網無盡身每一一身盡皆志誠懺悔帝網無盡罪障所謂自從無始迄至

今身所造五逆十惡等罪煩惱所知等障每一一身懺悔帝網無盡罪障每一一罪障有帝網無盡身懺悔想此一門盡未來際無有休歇念念相續無有間斷身語意業無有疲厭或坐中想此懺悔或佛前禮懺時作此觀門四發願門想盡虛空遍法界塵塵剎剎帝網無盡三寶前各有帝網無盡身每一一身各發帝網無盡願所謂無邊眾生誓願度無邊煩惱誓願斷無邊佛法誓願學無邊福智誓願集無上菩提誓願成并自心所樂善願盡想發之每一一身發帝網無盡願每一一願有帝網無盡身發想想此一門盡未來際無有休歇念念相續無有間斷身語意業無有疲厭或坐中或佛前念發願時作此想五持誦門想盡虛空遍法界塵塵剎剎帝網無盡三寶前各有帝網無盡身每一一身各持帝網無盡真言教法諸佛菩薩名號每一一真言教法諸佛菩薩名號有帝網無盡身持誦想此一門盡未來際無有休歇念念相續無有間斷身語意業無有疲厭或持課誦經等持法作此觀想覺然後持誦甚妙上之五門無分其餘行門準此習之若習相即觀者而有四句一者一即一謂觀一毛即一耳時一耳同時即即一毛二者一切即一三者一即一切此兩句應念而觀之稍觀一切塵即一佛時一佛同時即即一切塵四書一切即一切誦觀一切人即一切佛時一切佛門時知即一切人華句之中一切諸法俱塵觀之者習相入觀者亦有四句一者一攝一帝之入一誦觀一人佛一佛帶之將入一菩薩中如東鏡攝南鏡事之將入西鏡中二者一攝一切帶之入一謂觀一花攝一切河帶之將入一山中三者一切攝一帶之入一切謂鏡一切塵攝一佛帶之將入一切毛中四者一切攝一切帶之入切之切謂一切鏡攝一切神當之將帶一切一海中句之中一切諸法例準觀之入相即相入二觀隨觀香句之中後者起觀此變等多融觀心恐緊不示但事心修緣自例曉達皎張公法界觸序云但使學人其此然於自心心慧復明自見果無之義不在儀究緣與稱列科賦若習因時具見相應觀者是隨觀一法門時具

是法界諦法也其餘玄門例此門之者有獨習圓來觀三止者謂行者觀一人時便成三觀三止且說一人之身具明三修人身假觀有故名俗諦人身緣生無性色體空故名真諦人身假相刹自性緣諦全是家無真理名中道諦然此三諦體用無礙空有相緣即一而三即三一法本如是依此三體行者觀察成三觀三止謂行者心觀人身假相幻有名假觀即此心了假相時離實有換名方便隨緣止又觀人身然體全空名為空觀即此觀心了色空特離於色蹤實有之觀名體真止又凝人身舉體全是中道實性名中觀觀即此觀心雙相有執及雖體空破名遠纔二遠分則止如是觀心於一念中齊見三諦義立三觀雙三種執義立三止三辯三止只是一心即一常六即六常一於此一心變同所觀三諦觀用空有無礙之境境當融復當歷然既觀一人之身而成緣三止觀一切法例皆如是間曰夫大行盡觀念何以此當網相即等觀今人起無禪唯無豈不妄役身心耶答云若此見者是者想外來無念舊尚來得於真無念真無念又念本無無何能更得念與無之之無礙想得寶無念但是無益行中之一行豈得想逃無盡之圓行非此門答意出華嚴大究若不習帝網相即等觀無不能得無礙佛果今人云有小根并性不能吾即當四法界所費是也此法門即纔淨參山難以懷昔人云染淨諸法舉體全是無障礙法界之心此能觀智亦想全是法界之心華嚴經云知一切法即心自性成就慧身不由他悟又清涼云礙法界觀者依即當四法界所謂常觀想一切五無障若知觸物皆心方了心性今此無障礙法界中本具三世間四法界一切染淨諸法未有一法出此法界而此法界全此全彼乎無障礙則知根根塵塵全是無障礙法界若於四威儀中常觀根根塵塵皆是重重無盡法界即習普眼之境界也此觀本是常修習一切時三門時節門然理前自上來所說諸多觀門或樂揀修者或修一二者任情皆得但專切修鍊一生不剋三生必圓又行者須起思想想得現前常現不隱方是華嚴圓教真行清涼疏主專華無礙十玄門中多有六句前五句是起想修鍊錄得現前更不想鍊雖不想鍊常現不隱

方成第六行句法界觀云深細思之令現在前圓明顯現稱行境界（圭山禪師釋云思之令現爲眞解也已現）（即不更思雖不更思而亦常現不隱方爲實行）又一行禪師云先須起想想得現前然後用般若空而淨除之即成不思議大用頓入佛果若不起心觀之錯會般若意也縱尒入空亦失圓頓之道圓宗行者鍊修功至豁然言亡慮絕十三了了分明方爲眞行若得如是四威儀中常見不思議境界願修道者於此留心本來如是但昧之不見又修心行者或有諸魅善惡夢境或違種種魔障或現種種違順境界或聞種種善惡之聲或諸魅蟲蟻身上行走或身心不安多思多慮或入觀時種種相現不與本觀相應等皆須觀之如夢如幻全體非實或觀之皆是自家眞心起信論云當念唯心境界則滅終不爲惱上來顯敎心要竟

二密敎心要者謂神變疏鈔曼茶羅疏鈔皆判陀羅尼敎是密圓也前顯敎圓宗須要先悟毗盧法界後依悟修滿普賢行海得離生死證成十身無礙佛果如病人得好藥方須要自知分兩炮炙法則合成服之方能除病身安今密圓神咒一切衆生幷因位菩薩雖不解得但誦持之便具毗盧法界普賢行海自然得離生死成就十身無礙佛果如病人得合成妙藥雖不知分兩和合法則但服之自然除病身安故首楞嚴經云諸佛密咒秘密之法唯佛與佛自相解了非是餘聖所能通達但誦持之能滅大過速登聖位又云神咒是諸佛密印佛佛相傳不通他解賢首般若疏云咒是諸佛秘密之法非因位所解但當

誦持不須強釋又遠公涅槃疏云眞言未必詳是天竺人語翻譯者不解是以不翻又天台止觀云上聖方能顯密兩說凡人但能宣傳顯敎不能宣傳密敎也自古諸師皆說陀羅尼因位聖賢不能曉解但信而持之滅障成德（問曰何以諸佛密咒不通也解答云謂咒圓解偏解生咒義是以不通他解密）（義本此不可思之故法華鈔云修證法不難其義故云密言也）諸般若經云總持猶妙藥亦如天甘露能療衆惑病服者常安樂又理趣經中如來說有五藏一經藏如牛乳二律藏如酪三論藏如生酥四般若藏如熟酥五陀羅尼藏如醍醐醍醐之味乳酪等中最爲第一能除諸病令諸有情身心十四安樂（西天多用顯翻療病）陀羅尼若經律等中最爲第一能除諸罪令諸衆生解脫生死速證涅槃安樂法身彼理趣疏云性德力大密咒功強解行雖劣解脫則疾問曰賢首大師等但判華嚴經爲圓餘敎皆非今判陀羅尼又是圓敎豈不違賢首等耶答云圓宗有二一顯圓二密圓賢首但據顯敎正判華嚴爲圓今神變疏鈔曼茶羅疏鈔顯彼顯圓判斯密敎亦是圓宗顯密既異乃諸師無違也依密圓修鍊亦分爲二一持誦儀軌二驗成行相且初持誦儀軌者謂眞言行者每日欲依法持誦時先須金剛正坐（以右腳押左腳上或隨意坐亦得）手結大三昧印（二手仰掌展舒以右手在左手上二大拇指甲相著安臍輪下此印能滅一切狂亂妄念雜染思惟）澄定身心方入淨法界三昧謂想自身頂上有一梵書囕字此字遍有光明猶如明珠或如滿月想此字已復以左手結金剛拳印（以大拇指搯無名指根第一節餘四指握大拇指作拳此印能除內外障染就一切功德成）右手持數珠口誦淨法界眞

言二十一遍眞言曰

唵囕（或單持囕字又名覽字）[梵字]（此是梵書囕字）此淨法界囕字若想若誦能令三業悉皆清淨一切罪障盡得消除又能成辦一切勝事隨所住處悉得清淨衣服不淨便成淨衣身不澡浴便當澡浴若用水作淨不名眞淨若用此法界心囕字淨之即名畢竟清淨如靈丹一十五粒點鐵成金眞言一字變染令淨偈云囉字色鮮白空點以嚴之（梵書囉字上安空點即成覽字也）如彼髻明珠置之於頂上眞言同法界無量衆罪除一切觸穢當加此字門（若實外浴不具無水洗合）（闕新淨衣但用此囕字淨之若外緣具者齊用水了著新淨衣此囕字淨之即內外）（俱清淨也廣如眞言儀軌經說）摘次誦護身眞言二十一遍

眞言曰

唵齒臨（二合彈舌呼之）[梵字]（此是梵書唵齒臨）

若誦此咒（字已下例準知之）能滅五逆十惡一切罪業能除一切種種病苦灾障惡夢邪魅鬼神諸不祥事而能成辦一切勝事令一切所願皆得圓滿此咒是諸佛心若人專心誦一遍能守護自身一切鬼神天魔不敢侵近誦兩遍能守護同伴誦三遍能守一宅中人誦四遍能守護一城中人乃至七遍能守護四天下人（上二咒文殊根本一字經各持一百八遍亦得）次誦六字大明眞言一百八遍眞言曰

唵麼捉鉢訥銘（二合）吽

[梵字]（二合）[梵字]

若誦此咒隨所住處有無量諸佛菩薩天龍八部集會又具無量三昧法門誦持之人七代種族皆得解脫腹中諸蟲當得菩薩之位是人日日得具六波羅蜜圓滿功德得無盡辯才清淨智聚口中所出之氣觸他人身蒙

所願者蠲諸嗔毒當得菩薩之位假若四天下
人皆得七地菩薩之位彼諸菩薩所有功德
與誦六字呪一遍功德等無有異此呪是觀
音菩薩微妙本心若人書寫此六字大明則
同書寫八萬四千法藏所獲功德等無有異
若以金寶造如來像數如微塵不如書寫此
六字中一字功德若人得此六字大明是人
貪嗔癡不能染著若戴持此呪在身者亦不
染著貪嗔癡病此戴持人身手所觸眼目所
觀一切有情速得菩薩之位永不復受生老
病死等苦說此六字大明竟有七十七俱胝
佛一時現前同聲說准提呪即知此六字大
十六
明與准提真言次第相須也(廣如大乘莊嚴寶王經說)然
後結准提印當於心上以准提真言與一字
大輪呪一處同誦一百八遍竟於頂上散其
手印(或有不樂大輪呪若只持根本真言亦得准提印法以二手無名指并小指相又於內二中指直豎相拄二頭指屈附二中指掌一節二大拇指押右手無名指中節有積召二頭指來去正結印誦呪欲記數時於自身分手指上記或准提菩薩手臂上記或於觀心上記數十記皆得或結印誦得一千八十遍更好或一百八遍外但以左手作金剛拳印右手掐數珠持亦得若忩忙者只散持之)
七俱胝佛母心大准提陀羅尼真言曰
南無颯哆喃三藐三菩馱俱胝喃怛你也(合二)他
[illegible](合二)
唵折隸主隸准提娑婆(合二)訶部林(合二)
[illegible](合一)[illegible](合二)
佛言此呪能滅十惡五逆一切罪障成就一
切白法功德持此呪者不問在家出家飲酒
食肉有妻子不揀淨穢但志心持誦能使短
命衆生增壽無量迦摩羅疾尚得除差何況
餘病若不消滅無有是處若誦滿四十九日

准提菩薩令二聖者常隨其人所有善惡心
之所念皆於耳邊一一具報若有無福無相
求官不遂貧苦所逼者常誦此呪能令現世
得輪王福所求官位必得稱遂(禪宗傳燈錄中引古人云俱胝只念三行呪便得名超一切人是也)
若求智慧得大智慧求
男女者便得男女凡有所求無不稱遂似如
意珠一切隨心又誦此呪能令國王大臣及
十七
諸四衆生愛敬心見即歡喜誦此呪人水不
能溺火不能燒毒藥怨家軍陣強賊及惡龍
獸諸鬼魅等皆不能害若欲請梵王帝釋四
天王閻羅天子等但誦此呪隨請必至不敢
前次所有驅使隨心皆得此呪於南贍部洲
有大勢力移須彌山竭大海水呪乾枯木(能生)
花果何況更能依法持誦不轉肉身得大神
足往梵率天若求長生及諸仙藥但依法誦
呪即得見觀世音菩薩或金剛手菩薩授與
神仙妙藥隨取食之即成仙道得延壽命齊
於日月證菩薩位若依法誦滿一百万遍便
得往詣十方淨土歷事諸佛普聞妙法得證
菩提若欲成就壇法不同諸部廣修供養掘
地香塗之所建立但以一新鏡未曾用者於
佛像前隨月十五日夜面向東方置鏡坐前
隨力莊嚴諸供養具燒安息香及淨水然後
結印在於心上呪鏡一百八遍以囊盛鏡常
持隨身每欲念誦但以鏡壇置於面前結印
誦呪若不能逐日對鏡念誦但於十齋日對
鏡念誦除十齋日外不對鏡壇持誦亦得(密藏之上今此鏡壇最爲要妙標顯一切諸聖無纔者但想一鏡者於壇前持誦亦錄悉壇經誓多說想成壇法持誦爲上或不能想鏡壇者但只尊法持呪十齋日者所謂一日八日十四日十五日十八日二十三日二十四日二十八日二十九日三十日)此准

提呪一切諸佛菩薩等同說獨部別行揔攝
二十五部真言壇法准梵本有(十萬)偈說文龍
樹菩薩以偈讚曰
准提功德聚　寂靜心常誦　一切諸大難
無能侵是人　天上及人間　受福如佛等
遇此如意珠　定獲無等等(讚如諸菩提經并持明藏龍樹儀軌又此准提或名准泥或名尊那等但是梵音不同耳)大輪一字呪即
部林是也亦名末法中一字心呪此呪於末
法時法欲滅時有大勢力能於世間作大利
益能護如來一切法藏能降伏一切八部之
衆能摧世間一切惡呪是一切諸佛之頂是
文殊菩薩之心能施一切衆生無畏能與一
十八
切衆生快樂凡有修持隨意得果同如意珠
能滿一切之願若誦此呪於四方面五百驛
內諸惡鬼神皆自馳散諸惡星曜及諸天魔
不敢侵近若持誦餘一切真言恐不成就即
用此呪共餘真言一處同誦持之決定成就
若不成就及無現驗其呪神等即當頭破七
分是知此呪能助一切真言疾得成就或別
持此呪亦得(廣如文殊儀軌經法中一字心呪經說)於上來次第
持誦至准提呪若不能結得准提印者但以
左手作金剛拳印右手持珠誦之或不能從
前淨法界真言等次第持誦者只持准提神
呪更或根鈍不能具受此准提者只唵字已
下持之唵字已上是歸敬詞唵字等是正呪
也每持誦了却用右手作金剛拳印口誦吽
字真言而印五處先印額上次印左肩次印
右肩次印心上後印喉上印竟頂上散之能
除一切魔障成就一切勝事或比至持誦先
印五處亦得又隨所住處欲辟除鬼神結金

剛界但誦准提眞言呪香水二十一遍八方
上下灑之即成辟除結界又正持誦時准俱
胝陀羅尼經金剛頂經五字陀羅尼頌等數
本經敎中說隨根所樂亦有多種一瑜伽持
但想心月中布字謂想自心如一月輪湛然
清淨内外分明以梵書嵩唵字安心月中以
𠰏折𠰏隸亥主𠰏隸亥准𠰏提𠰏娑婆𠰏訶　十九
字從前右旋次第周布輪緣（吽去声之）終而復始
二出入息持誦出入息中想有眞言梵字息
出字出息入字入字字朗然如貫明珠不得
間斷（或息出時想自心月輪中九聖梵字出字連環皆有五色光明從自口中流入准提菩薩口中右旋安布准提菩薩心月輪内若息入時想准提菩薩心月輪中字亦字還皆有五色光明從准提菩薩口出流入自口中右旋安布心月輪内如是終而復始想之甚妙）三金剛持脣齒不動舌不至嘑但口
中微動四微聲持但令自耳聞之不緩不急
字字須得分明稱之五高聲持令他聞之滅
罪後有二種持誦一無數持誦謂不持珠定
數常無間斷持之二有數持誦謂掐數珠每
日須得限定其數不須闕少（若掐數珠所獲功德諸經廣讚如數珠功德經說若有人手持數珠唯不念誦佛名及陀羅尼者此人亦獲福無量又金剛頂念珠經偈云若安頂髻淨無間由戴項上滅四重手持皆上除衆罪能令行人速清淨又一字頂輪儀軌若用菩字眞言加持數珠七遍用持誦持一遍成千遍若掐數珠至母珠却迴不得越過母珠）每日依法持誦時須限定其時
分若一時持謂早晨若二時持并黃昏若三
時持加正午（若忙務者不拘時分但有暇時持之）若上根持誦
須得三密相應一身密結印二語密誦呪三
意密或想眞言梵字或緣持誦之聲或想准
提菩薩或想菩薩手中所執杵瓶花果等物
故神變經疏云若用三密為門不須經歷劫
數具修諸行只於此生滿足諸波羅蜜又正

持誦未滿一百八遍不得共人語話若欲語
話時於自舌上想一梵書文盤字纔語話不
成間斷問曰為當只持一道眞言功德成就
為復廣持多本眞言功德成就荅有二門一
者隨根所樂門謂根有多種好樂不同或有
樂持三道五道十道乃至百道等中間隨根
所樂不同皆得持誦二者疾得成就門謂欲
求一切功德疾得成就宜專持誦一道眞言
成時一切眞言功德皆悉成就故文殊儀軌
經說若欲一切功德成就不得於別眞言而
起恩想是也如上雖有數道眞言皆是持誦
准提眞言之次第問曰既專誦一呪疾得成
就何以多示准提眞言令人持誦荅云一為　二十
准提總含一切諸眞言故准提能含諸呪諸
呪不含准提如大海能攝百川百川不攝大
海（准提總含諸呪如下所明）二為准提壇法人易成辦故
但以一新鏡未曾用者便是壇法不同餘呪
建辦壇法須得揀選淨處香泥塗地廣造佛
像多用供具方能成就（有財物者廣造佛像多辦供具於佛像前安置鏡壇對之持誦更妙）三為准提不揀染淨得持誦故
不問在家出家飲酒食肉有妻子等皆持誦
不同餘呪須要持戒方得誦習（今為俗流之輩帶妻挾子飲酒噉肉是其常業雖遭人教示習性難以防護若不是此大不思議呪法救能如是人等何日得出生死其有齋戒清淨依法持齋者更為勝妙妙准提經云何況更能結齋具戒依法持誦不持空身性禁呪丈得入神足是也）所以多示准提眞
言令人持誦若有崇持餘眞言者隨心皆得
勿要定執一途耳（若專誦一呪疑先起圓信雜五部呪皆是成佛之門若受一缺餘多求勝法也）又眞言行者每日對鏡初欲持
誦時或只依前先想自身頂上有一梵書文
盤字猶如明珠然後持課又准大乘觀想曼

拏羅經持明藏成就儀軌經尊勝佛頂修瑜
伽法等數十本經敎中說或想自身頂上文
盤字變作三角火輪從頂至足燒盡自身遍
同法界唯見清淨（設有五無間罪用此字燒身亦皆除滅無遺）次
想一梵書𠰏阿字生成自身（謂阿字即是無相法界從無相法界生成行者之身）
後想一文暗字在自頂門十字　二十一
縫中（謂暗字即是十方諸佛光明法水用灌佛子之頂此是秘密灌頂法門）然
後持誦或想自心如一月輪圓滿清淨於月
輪中有一梵書嵩唵字（如來因位多年修道不得菩提後習此法於一切衆分便成正覺謂唵字具含無量法門是一切眞言之母一切如來皆因觀想此字而得成佛）
或心月輪中想一𠰏阿字（謂阿字是盧舍那佛身法界亦是菩提心若人想念能生無量功德）
或心月輪中想一嵩
吽字（謂吽字攝金剛部一切眞言是金剛部主身亦是三解脫門若常想念能除一切罪障成就一切功德）或舌上想一文盤字或嵩吽字
想竟然後持誦或想自身頸上出大蓮華於
蓮華上現出𠰏阿字復想阿字變成月輪又
想月輪變成嵩吽字吽字變成五股金剛杵又
想此杵移於舌上方得名為金剛舌然後持
誦（於二手中亦想阿字阿字變成月輪月輪變成嵩吽字吽字變為白色五股金剛杵方得名為金剛手然後結一切印）或想准提九聖梵字每
一一字有種種光明安自身分之中所謂想
嵩唵字安頭上𠰏折字安兩目𠰏隸字安項
頸𠰏主字安於心𠰏隸字安兩肩文准字安
臍中𠰏提字安兩髀𠰏娑婆（二合）安兩脛𠰏訶
字安兩足想安布已然後持誦（持明藏儀軌經說若於准提菩薩法中求成就者先觀菩薩根本微細字輪安自身分一一分明是人先身所誦一如畢業除停數有所求決定成就安布九字數細數說也）觀想
字所有功德廣如諸陀羅尼經中說之（此上數門若四成儀中常恐之頭妙尼文經中想眞書字者皆是梵字中是此方文字故一字頂輪王儀軌云所書大藏字中於覺字非是儀方文有大抄用力）或有不

能想梵字者但只專心持誦亦具一切三密故大悲心經云陀羅尼是禪定藏百千三昧常現前故若人緊切持誦時或逢種種魔障或忽然怕怖或舌難持誦或身心不安或多嗔多睡或見諸異相或於呪反生疑心不欲持誦等云云若對治者應觀梵書唵字或囕字或觀阿字等但隨觀一字彼境界自然消滅若分別心多當觀唵字即成無分別若著有心多應觀阿字即因緣法本空也（此上一且約顯教說若具談之一一字皆具一切字一切字一一字皆具一切諸佛菩薩光明神用）問曰何以梵字皆有如是不思議神用答謂每一一字即體是諸佛菩薩身心故又即體是離相法界故又即體是教理行果故所以有不思議神用（西天梵字法尒有世界初成時梵王傳說不同此方字是蒼頡等創製）若尒應西天梵字皆有不思議神用何得偏說真言中字答謂真言中字法尒諸佛不思議力加持故法性如是故偏有神用如此方言語是一唯呪急急如律令等語呪火不燒呪水不熱蓋作呪語偏有功用非餘一切言語皆有如是功用西方字亦尒字雖是一謂作真言中字偏有神用非餘一切字皆有如是神用也問曰上說對壇結印誦呪等豈不是有相耶答云圓宗無障礙法界體上本具無盡法門禪宗無相法門但是無盡門中之一門耳今密宗壇法手印真言即體便是無障礙法界也（如華嚴經說妙十玄門中託事顯法門證金色世界即是本性[illegible]法門勝熱婆羅門火聚刀山即是般若門[illegible]等是也有人云持呪結印壇是事相者此乃只被[illegible]外道見也非是佛之意耳又首楞嚴經[illegible]云持誦神呪[illegible]）

（一佛不由神呪而得成道[illegible]）問曰上引古來諸師皆云呪是諸佛秘密之法非因位所解何却如前解說阿字是毗盧佛身吽字是三解脫門等耶答云准賢首般若心經疏及神變疏并密藏諸陀羅尼經意而有二門一不可說門謂呪是諸佛密法佛佛相傳不通他解但當誦持不須強釋二強說門謂真言中廿三隨舉一字或作人或作法橫豎該羅自在解說舉要而言無盡法門於一字中攝無盡方是陀羅尼字義就此言之假使十方諸佛經恒沙劫共說真言一字中義亦不能盡何況餘人說者尚難豈況受者所以且於一字中少分或作人或作法而解說之前說阿字是毗盧佛身吽字是三解脫門等即是強說中少分一途之義餘處有文解釋真言字義句義皆是此強說門中少分一途義耳（諸真言於一一字中或作二義或作十義乃至百義解釋名少分義若作一義解釋名一途義）上言唯佛所知不通他解者據密教本宗不可說門言也（此不可說門義當顯圓宗果分此強說門義當顯圓宗因分）問曰或有眾生欲除種種災障或欲增長福慧或欲祈證聖果等為當只依前儀軌持誦耶為復更別有方法耶答曰但只依前儀軌持誦凡有所求決定成就或有樂隨所求之事各別作法者今與略示法式准千手千眼觀自在菩薩修行儀軌經七俱胝大明陀羅尼經神變經疏及諸真言儀軌等說有五種壇法所謂息災法增益法敬愛法降伏法出世間法若作息災法者（為除災難等[illegible]）行者面向北交脚豎膝而坐像面向南於准提像前安置鏡壇（[illegible]白色[illegible]

[illegible]）觀准提作白色所獻花菓飲食并自身衣服皆作白色塗香用白檀燒香用沉水燃酥燈以慈心相應從月一日初夜時起首至月八日滿每日三時澡浴三時換衣至日滿時或斷食或食三白食（三白食謂乳酪粳米飯或粥）（[illegible]心想之亦得[illegible]）若念誦時前次第持誦至准提呪誦一百八遍已然後但從唵字誦之妙言曰

唵折隸主隸准提與某甲除災難娑婆訶（[illegible]）若作增益法者（[illegible]）行者面向東廿四跏趺而坐像面向西於准提像前安置鏡壇（[illegible]）觀准提作黃色所獻花菓飲食并自身衣服等皆作黃色塗香用白檀加少欝金燒白檀香燃芝麻油燈以喜悅心相應從月九日日初出時起首至十五日滿每日准前三時澡浴換衣至日滿時准前斷食及三白食念誦如前妙言曰

唵折隸主隸准提與某甲所求如意娑婆訶（[illegible]）若作敬愛法者（[illegible]）行者面向西結賢坐像面向東於准提像前安置鏡壇（[illegible]）觀准提作赤色身著緋衣所獻花菓飲食并自身衣服盡皆赤色塗香用欝金燒香以丁香蘇合香蜜和燒之燃諸菓油燈以喜怒心相應從十六日後夜時起首至二十三日滿每日澡浴

斷食念誦法唯前行妙言曰　唵折隸主隸
准提令一切人敬愛某甲娑婆訶（稱名及隨所爲事倘）
（事前知）若作降伏法者（爲降伏一切惡毒鬼神及惡龍獸擾害一切有
情者及調伏一切惡人執圖不忠生反逆心者及滅三寶毀真言者就與持呪人作諸障
難者如是一切惡人持呪行者違大慈悲作此法若爲自己所求及有怨讎作此法者
得諸經說必定反招災禍及得盡世療職學者知之）行者面向南作二十五
蹲踞坐左脚押右脚像面向北於准提像前
安置鏡壇（更觀一青色三角壇於三角壇中又想壇字或土壇字尊像飲具）（行者自身觀想壇又三字壇中壇亦得像前只坐式一三角壇中或）
青色或黑色著青黑衣自身衣服亦皆青色
獻青色花是花不香花及曼陁羅花等飲食
用石榴汁染作黑色或作青色塗香用栢木
閼伽用牛尿以黑色花及芥子栢木塗香等
各取少分置閼伽水燒安息香然芥子油燈
以忿怒心相應從二十四日午時或夜半起
首至月盡日滿每日澡浴斷食念誦法唯前
行妙言曰　吽折隸主隸准提吽發吒（二合）吾
（[illegible]）
若作（[illegible]）
出世間法者（[illegible]）行者在於山間深谷殊勝巖窟
清淨伽藍遷大悲心常樂利樂無邊有情同
准提王菩薩伏託無盡諸佛菩薩大悲願力
助護限四月四日一期之內阻絕人客默斷
語言三密相應心無間斷行者面向東（餘方本得）

（[illegible]）
像前安置鏡壇像面向西於准提
（[illegible]）
（[illegible]）心諦想准
提菩薩具無盡相好光明於菩薩心月輪中
想有九聖字壇行者想自心月輪中亦有九
字壇并自身分中想布九聖之字（心月輪布字并身分布）二十六
（如前已蒙）所獻花菓飲食香燭等於上息災增益
敬愛三法之中所說物色皆得用之行者衣
服但一切新淨者皆得作法就中黃衣最吉
又行者不須苦節勞形恐心神散亂於行住
坐卧四威儀中皆得三密修習於見聞覺知
唯觀頭阿字（於一真清淨法界亦常作勤行）依前次第軌儀
持誦至准提真言從頭無記無數專精念誦
勤策身心不令懈怠欲近成就時必有種種
障起應作降伏息災等法隨行者根性差別
於其中間必獲三昧現前即於定中見無數
佛會聞妙法音證得十地菩薩之位（此法一輪求）
（出世間若欲於此法中求成就者須滿預前持誦准提真言五百萬遍或七百萬遍或千）
（[illegible]）二驗成行相者謂准泥陁
羅尼經金剛頂經蘇悉地等共十餘本經皆
說真言行者用功持誦或夢見諸佛菩薩聖
僧天女或夢見自身騰空自在或渡大海
或浮江河或上樓臺高樹或登白山或乘師
子白馬白象或夢見好花菓或夢見著黃衣

白衣沙門或喫白物吐黑物或吞日月等即
是無始罪滅之相或正持誦時見諸燄光明
或見空中遍地奇特之花或見諸佛菩薩聖
僧天仙等或見諸佛淨土或自遊佛國親承
供養或暫時聞經於多劫或見燈光高一二
尺乃至一丈或無火爐中自有煙起或見佛二十七
像幡蓋自動或聞諸佛菩薩種種美聲或覺
自身巍巍高大或齒落重生或髮白返黑或
身顏白不生蟲虱或貪嗔癡心自然消滅或
總持不忘一字能演多義或智慧頓生自然
通曉一切經律論或一切三昧法門自然現
前或福德頓高四衆歸仰等云云（此上是經文所說今）
（[illegible]）若逢如上之事但是福
慧增長近成就相莫生疑惑之心勿起取捨
之念應觀所逢境界皆是致阿字或文覽字
等（或想如夢幻一切心想皆是法界）若得如是應驗更須築
發三業加功誦持不得宣說呪中境界銜賣
與人唯同道者不爲名利敬讚方得說之若
成就時而有九品初下三品者若下品成就
能攝伏一切四衆凡有所求舉意從心一切
天龍而來問訊又能伏一切蟲獸及鬼魅等
中品成就能驅使一切天龍八部能開一切
伏藏或要入脩羅宮龍宮便得入之去住隨
心上品成就便得仙道乘空往來天上天下
而得自在世出世事無不通達中三品者若
下品成就便得諸呪仙中爲王住壽無數歲
福德智慧三界無比中品成就便得神通往
餘世界爲轉輪王住壽一劫上品成就現證
初地已上菩薩之位上三品者若下品成就

得至五地已上菩薩之位中品成就得至八地已上菩薩之位上成就三密變成三身只於此生得證無上菩提之果此是持呪人九品成就若直求成佛不須求下三品等成就若准神變驗有五品成就一現至信位二至初地三至四地四至八地五至成佛此局當經今通依諸經故說有九品謂准提真言摠含諸部神呪問曰云何得知准提摠含諸部神呪答謂一藏經中神呪不出二十五部一佛部謂諸佛呪二蓮華部謂諸菩薩呪三金剛部謂諸金剛神呪四寶部謂諸天呪五羯磨部謂諸鬼神呪此五部每部復各有五即成二十八二十五部今准提摠攝二十五部故准提經云獨部別行摠攝二十五部又云若欲召二十五部天魔等專誦此呪隨請必至又云五部金剛四天王共結摠持三昧界又大教王經云七俱胝如來三身讚說准提菩薩真言能度一切賢聖若人持誦一切所求悉得成就不久證得大准提果是知准提真言密藏之中最爲第一是真言之母神呪之王准提真言既摠攝二十五部真言准提鏡壇亦摠攝二十五部壇法謂二十五部中壇法或用形像二十印法梵字等各各不同今准提鏡壇摠攝此一切諸壇法也故准提解云提攝二十五部大曼茶羅梵語曼茶羅此云壇也是知號壇薄尊家上能滅一切罪障能生一切功德眼見身藏作義利樂故昔人云壇者生也出生盤畫功悉故壇者集也無邊聖賢然會之驗如方珠向月水出圓鏡對日火生磁石引鐵琥珀拾芥尚有難測功用况諸佛不思議壇法爾今有寡見闇者迷於密教見用微壇卻生毀謗然三世如來未有一佛不依壇法而得成道度衆生也幸賴見闇遠改斯響上來密教心要竟

顯密圓通成佛心要集卷上　二

誘掖余手切余石切丁鐙鍑上徒耶反下又證反嚴鏧下郁否反瘳穀周誣武夫反驟佚反卜撲磧上渠安反下恩果反

顯密圓通成佛心要集卷上

校勘記

一　底本，影印宋磧砂藏本。

一　九一頁上二行小字右「崇禄」，徑、清作「榮禄」。

一　九一頁上八行「究兢」，南、徑、清作「究竟」。

一　九一頁上一〇行末字「柄」，南、徑作「枘」。

一　九一頁上一七行末字「樞」，南、徑、清作「樞」。

一　九一頁上二六行「隨意」，清作「如意」。

一　九一頁上二七行第九字「喰」，南作「湌」；徑、清作「食」。

一　九一頁中一行夾註「并供佛利生儀」，徑、清無。

一　九一頁下一八行夾註左五「智」，清作「者」。

一　九二頁上一四行夾註左二「声」，清作「聲」。

一　九二頁中一行第一一字「拂」，徑作「出」。

一　九二頁中四行「身相」，徑、清作「自身相」。

一　九二頁中七行夾註右一「紬」，南、徑、清作「緇」。

一　九二頁下九行夾註左「器勿」，南、徑作「器物」。

一　九二頁下二〇行夾註左三「支」，徑作「之」。

一　九三頁上一一行夾註右二「肺」，徑作「腑」。

一　九三頁上一五行夾註右二「流」，徑、清作「血」。

一　九三頁上一六行夾註右「臾劇」，徑、清作「臾極」。

一　九三頁中一四行夾註左六「作」，徑作「他」。

一　九三頁下一八行夾註右「怨增」，徑、清作「怨憎」。

一　九三頁下二七行夾註左一五「復」，清作「後」。

一九四頁上一五行首字「相」，經、清作「想」。

一九四頁中一〇行第八字「樂」，清作「發」。

一九四頁中二〇行夾註左「其餘」，經、清作「若其餘」。

一九四頁下一四行夾註右四「却」，經作「即」。

一九五頁中三行首字「台」，經作「竺」。

一九五頁中七行夾註左「秘法」，經作「密法」。

一九五頁中一八行「荅云」，經作「合云」。

一九五頁下二行夾註「持藍字亦得」，經、清作「持嚧字亦得」。又「梵書唵嚧字」，經作「梵書唵嚧」。

一九五頁下七行「瓶如」，清作「譬如」。

一九五頁下一一行夾註左「洗治」，南、經、清作「洗浴」。

一九六頁上一九行夾註右一三「給」，南、經、清作「結」。

一九六頁中末行夾註右「二十三」，南作「二十二」。

一九六頁下一五行「星曜」，南、經、清作「星曜」。

一九七頁上二一行夾註右末「項」，經、清作「頂」。

一九七頁上二二行夾註左一〇「成」，南、經作「或」。

一九七頁中二七行夾註右「一呪」，南、經、清作「二呪」。

一九七頁下四行夾註右五「閞」，南、經、清作「間」。

一九八頁上二八行夾註右末「今」，南作「又」。

一九八頁下一五行夾註左五「壇」，經無。

一九八頁下二九行首字「密」，經作「蜜」。

一九九頁上八行「鏡境」，經、清作「鏡壇」。

一九九頁上二六行夾註右四「析」，經、清作「祈」。

一九九頁中九行夾註左「但作」，南作「俱作」。

一〇〇頁上二行第七字「上」，南、經、清作「上品」。

一〇〇頁上二五行夾註左一一「呪」，經、清作「况」。

一〇〇頁上二七行夾註左六「斯」，經作「其」。

顯密圓通成佛心要集卷下

五臺山金河寺沙門　道㲀　集

三顯密雙辯者若雙依顯密二宗修者上上根也謂心造法界帝網等觀口誦准提六字等呪此有二類一久修者顯密齊運二初習者先作顯教普賢觀已方乃三密加持或先用三密竟然後作觀二類皆得余雖下劣心尚顯密雙修故仁王般若陀羅尼釋并仁王儀軌皆云若不修三密門不依普賢行願得成佛者無有是處又華嚴經字輪儀軌云夫欲頓入一乘修習毗盧遮那法身觀者先應發起普賢行願復以三密加持身心則能悟入文殊師利大智慧海是知上根須要顯密雙修中下之根隨心所樂或顯或密科修一門皆得然顯圓華嚴諸佛共讚菩薩同遵西天東夏上智上賢無不歸心為大教廣行人多見聞不假讚揚密圓神呪是諸佛之頂菩薩之心功能廣大利樂無邊為時流少知今略叙述亦分為二一叙述密呪功德深廣二問答密呪法器勝劣且初叙述密呪功德深廣者粗依聖教略出十門廣有無量為人多不知密義深勝故以十門讚揚用警未聞若實一向偏顯讚密亦非通人華嚴經云受一非餘魔所攝持勸諸後學若顯若密或性或相行則任在一門信須圓通無礙切同盲人摸象子洗足余曾有偈云大聖親宣五教文千門萬戶入天真遍觀受一非餘者盡是佛家不了人又既准提總攝二十五部即知已下十門皆說准提陀羅尼功德也

一護持國王安樂人民門　二能滅罪障遠離鬼神門　三除身心病增長福慧門　四凡所求事皆不思議門　五利樂有情救脫幽靈門　六是諸佛母教行本源門　七四衆易修金剛守護門　八令凡同佛如來歸命門　九具自他力現成菩提門　十諸佛如來尚乃求學門　初護持國王安樂人民門者謂秘密藏諸陀羅尼經皆說陀羅尼能護持國王安樂人民故寶星陀羅尼經云一切國土中所有陀羅尼流行之地令其人王常得擁護勢力自在亦能擁護王之政化所有王子妃后宰相輔臣諸官將等皆得擁護令獲安樂國中所有內外怨敵謀計奸詐疾疫飢饉亢旱水澇惡獸毒龍如是一切不祥之事皆悉斷滅復令財穀豐饒庫藏盈溢花菓榮盛人民安樂又寶藏陀羅尼經說陀羅尼流行之處能擁護國王王子妃后公主百寮輔相令其災難消滅所願圓滿善神加護不令鬼魔來相繞惱復於國內獲十種果報一國中無他兵怨賊侵嬈二國中無諸星宿變怪而起災患三國中無惡鬼神行諸疾疫善神衛護萬民安樂四國中無諸風火霜雹等難五國中人無怨家得便六國中人不為諸魔所逼七國中人無諸橫死八國中五穀成熟甘菓豐足九國中善龍入境依時降雨無有旱澇不調之名十國中人不為虎狼兕獸諸惡雜毒損害又七佛神呪經云陀羅尼若日月失度能使正行穀米不登能使豐登大臣謀反惡心自滅疾疫刀兵悉能擁之又云其諸人王欲得現世安樂離衆患難其王應當勤心讀誦陀羅尼亦當勸於后妃婇女諸王子等勤心修習又守護國界主陀羅尼經云何以偏說護於國主謂國主若安樂時萬民安樂是以偏說護於國主葉衣觀自在菩薩經云陀羅尼能除一切有情災禍疾疫飢儉劫賊刀兵水旱不調星宿失度亦能增長福德國界豐盛人民安樂國王男女皆得長壽又蘇婆呼童子經云離真言外更無別法能與衆生樂者廣如諸陀羅尼經中說之昔有大遼國天佑皇帝法輪廣運佛慧流通堅持蜜呪聿獲神功遂得禾登九穗麥秀两岐寶祚恒安兆民永樂斯乃陀羅尼之驗也

二能滅罪障遠離鬼神門者謂菩提場莊嚴陀羅尼經最勝摠持經樓閣陀羅尼等二十餘本經皆說若書寫陀羅尼置佛像中塔中杵中或書在幢上堂殿上或於素竹帛上或樺皮牆壁板木等上有衆生得覩視者或身手觸者或影中過者或真言字上塵飄在身者又或書之戴在頂上者身上者衣中者或書之幡上若風吹幡動其幡所指處衆生或書鐘鼓鈴鐸螺鈸等出聲物上有聞聲者此上來所說諸衆生等縱有五無間之罪謗佛不懺之業悉皆滅盡來世生諸佛國何况親誦持者故昔人云五無間之極覺應念雲消十惡業之巨愆纔聞霧散又隨求頌云縱犯波羅十惡罪煞阿羅漢及尊親五逆根本七無遮應念隨聲並消滅真言聖力功無量故我稱讚不思議又末法中一字呪等諸陀羅尼經說持呪者於四方向五百驛內諸惡星曜鬼神天魔等盡皆馳散而去有發善心守護者不去

若有固關不去作障破者便令頭破百分身心粉碎由是行者無諸魔障得至菩提問曰有人言持呪者能惹魔障今何却說能離魔

障荅曰此是闇巷之談聖教無文今密部諸
經皆說陁羅尼能離魔障且置勿論如顯教
法華經中恐有講誦修習法華者有魔障起
故說陁羅尼品令除惡魔故彼經云若不順
我呪惱亂說法者頭破作七分如阿梨樹枝
又釋摩訶衍論令坐禪人須得誦呪除魔又
止觀云若諸魔障惱亂坐禪行者當誦大乘
方等教中諸治魔呪若出禪時亦當誦呪又
金光明經說十地菩薩尚以呪護持何況凡
夫故首楞嚴經云若不持呪而坐道場令其
身心遠諸魔事無有是處又云末世衆生樂
修三昧恐同邪魔應當勸令持我神呪若未
四
能誦寫於禪堂或戴身上一切諸魔所不能
動如是等文藏教弥多現見世人被鬼神惱
害持呪者尚能除得況於自己敢惱害耶
三除身心病增長福慧門者謂聖六字陁羅
尼經普賢陁羅尼經文殊一字呪等十五餘
本經皆說眞言行人能除種種身心病苦言
身病者所謂一切熱病冷病風病瘧病眼病
耳病鼻病舌病口病齒病脣病喉病面病頭
病項病胷病脅病腹病手病背病臂病髆病
髀病膝病脚病痔病痢病痰病氣病淋病疔
病腫病班病疥病疱病癩病癬病痒病瘡病
狂病癲癇病鬼魅病舉要而言或四大種種
病或五臟種種病或鬼神所作種種病或宿
業所感種種病如是等病以神呪不思議力
悉能除愈故持句神呪經大悲心陁羅尼經
皆云陁羅尼能令枯木還生花菓況有情病
而不除也問曰真言行者許加持鬼神療他人病不荅謂妙臂童子經蘇悉地經等皆云若求上品大成就事不得用真言加持鬼神業諸蟲蛇除他人病作此能妨大

事後學聖依佛語識之致之者貴大悲深廣護菩薩心不在所造故罥索經云除鬼神病須三業清淨具慈悲心此諸菩薩方能爲之 又一切貪嗔癡心病
自然消滅故白傘蓋陁羅尼經云若有宿習
貪心等不能除滅應當一心誦我神呪如摩
登伽女與阿難是曩劫恩愛以我呪力愛心
永斷成阿羅漢彼是婬女無心修行神呪冥
資速證無學何況本心求菩提者又大悲經
五
云志心稱念陁羅尼婬欲火滅邪心除又如
意輪等諸陁羅尼經說眞言行人現能增長
一切福慧凡所出言人皆信愛所用衣物財
寶等衆意從心能令五百由旬內人天鬼神
盡來歸仰又自然通曉一切經律論并世間
典籍或得摠持不忘日記千頌故大佛頂經
云若讀若誦陁羅尼者此諸衆生縱其自身
不作福業十方如來所有功德悉與此人又
云若持神呪不生疑悔是善男子於此父母
所生之身不得心通十方諸佛便爲妄語又
云未精進者令得精進無智慧者令得智慧
等云云如世間藥餌尚能令人去除睡眠增
長精神豈況神呪不生智慧耶又不空羂索神呪心經云若有四衆受持齋戒專心持誦神呪七遍不雜異語當知是人現世定得二十種勝利云何二十一者身無衆病安隱快樂二者由先業力雖有病生而還除愈三者身體柔軟皮膚光澤面目端明四者衆人愛敬五者[illegible]六者多獲財寶隨意受用七者所有財寶[illegible]藏水火不能侵損八者所作事業皆善成就九者所有種植不被惡龍爲害風雨十者若有[illegible]災損所復持誦神呪加持厭或水[illegible]七遍已於其田中八方結界上下[illegible]尒時皆即除滅十一者不爲一切暴惡鬼神羅刹等吸奪精氣十二者一切有情見聞歡喜愛樂尊重常無厭足十三者常不悔長一切怨讎十四者設有怨纏遠自消滅十五者人非人等不惱侵害十六者[illegible]蠱道不著十七者煩惱纏垢不復現行十八有刀毒水火不能傷害十九者諸天善神常隨衛護二十者生生不離慈悲喜捨又下一卷觀世音神呪經云若有淨信善男子善女人[illegible]持呪者現身獲得十種勝利何等爲十一者身常無病二者恒爲十方諸佛攝受三者財寶衣食受用無盡四者能伏怨敵而無所畏五者令諸尊貴恭敬信伏六者蠱毒鬼魅不能中傷七者一切刀杖所不能害八者水不能溺九者火不能燒十者終不橫死

四尼所求事皆不思議門者謂觀自在儀軌
經文殊師利儀軌經一字頂輪等十餘本經
皆說眞言行人求成就時用四種物一者弓
箭鉞斧鈎輪杵鏡或數珠鉼鉢袈裟等僧家
所用種種之物二者雄黃雌黃等種種藥物
三者取河岸上土和埿作師子象馬牛驢或
鵝鶴孔雀金翅鳥等種種禽獸之形四者或
塑畫彫刻種種佛菩薩明王等形像隨心所
樂科作一事依法成已而置壇中如法誦呪
六
若得火焰出時或手執或塗身或乘之與助
伴知識飛騰虛空或有人見成就者或成就
者見彼人等揔得騰空遊諸世界供養諸佛
菩薩皆壽命一劫獲初地百法明門若煙出
時依前用之得諸仙中爲王住壽万万歲若
煖氣出時得一切人天敬愛所求如意此是
上中下三品成就相也若火光出上品煙出中品煖氣出下品也又云若火光現得一切呪中神呪常來擁護八部之衆皆常恭敬一切神呪用之皆得殊勝靈驗若煙相現隨所去處而無障難所求遂心者煖氣現得一切諸人并鬼神等同心敬愛
西方有一人得上品成就引五百人昇空如
此方淮南王藥成鷄犬舐鼎皆得昇空故昔
人云淮南成道犬吠雲中王喬得仙劍飛天
上藥力尚尒況佛不思議呪耶神變蹤云人
手執仙方未曾和合服用却謗白日昇空者
以爲虛談全成不可又大教王等諸陁羅尼
經說或令人追龍女爲妻降藥叉作奴執驅
索入修羅宮呪死鬼令開伏藏或說成於聖
藥或說勸於財寶等云云顯教之中此事罕

聞故先德云三乘教外別有持明是也問曰諸佛本意令斷貪嗔等何却令人起貪心求世事名利等耶答云諸佛有不思議度生方便謂有衆生不肯直求菩提且隨其所樂令持呪求之由神呪不思議力所求之事盡得遂心一切罪業亦得消滅自然超凡入聖如小兒有病不肯服藥被有智醫人塗在母乳其小兒本食母乳不覺服著良藥除却病苦故羂索心呪經云若有衆生設以諂曲爲求富貴名利等得聞此呪彼諸衆生生生處處成就智慧福聚之香神變疏云真言境界十地菩薩尚非其境況生死中人乎有人云陀羅尼者令人有所希求反被附衆生者此是隨求外別取無尒全同斷見外道今佛教說睞日求之不見求相是貪無求非同水石全不希求也教觀音鈔云離念念求而無能求所求之相又況諸佛大慈大悲豈可故意故害衆生

五利樂有情救脫幽靈門者謂大寶樓閣經大悲心經牟梨呪等十五餘本經皆說若有衆生得見持呪人身者或聞語音者或影中過者盡滅十惡五逆之罪來世生諸佛國又持呪人眼所見者身所觸者諸有情等亦滅一切罪來世生諸佛國又持呪人路行有風吹衣此風已去所吹者或江河中洗身此水已去所漂者或天雨時仰空誦呪其雨滴所霑者或山項上誦呪盡目所觀處如上所說諸衆生等皆得滅一切罪來世生諸佛淨土蓮花化生如世間有毒藥處下風過者觸著風時便致損傷尚有難側功力況不思議神呪耶又羂索經說若聞陀羅尼而生毀謗者亦獲利益如人惡心入龍腦栴檀等林中斫截踐踏龍腦樹等其人亦身惹香氣故佛頂頌云神通勝從不思議陀羅尼門最第一又無垢淨光經云空羂索經佛頂尊勝經隨求經等皆說若亡人廣造惡業死墮三塗真言行者即稱亡人名字專心誦呪亡者應時得離惡趣生於天上又以真言呪土砂或蓮花散亡者墓上骸上亡者即得生於諸佛淨土又亡人衣物或身分骨肉等得持呪人影暎著亦得生諸佛國又書陀羅尼置亡人骨上骸上亡人即得生於天宮故先哲云塵飄影爍神諷天宮土散水霑識分惡趣問曰亡人造業既成已墮三塗之中云何真言行者或稱亡人名字或呪土砂置骸塚上便令亡人轉惡道苦得佛國樂耶非唯俗士懷疑兼乃緇流難信答云智者以譬喻得解今舉喻況之如世禁呪之人禁火不燒禁刀不斫禁蛇不螫尚能變有毒而作無毒豈況如來神呪不能改苦得樂耶又如列子書說師文善彈琴正當春時而叩商弦以召南呂涼風𢡟至草木成實商金音屬秋南呂八月律由得秋氣草木成實正秋而叩角弦以激夾鍾涼風徐迴草木發榮角木音屬春夾鍾二月律由春氣草木發花當夏而叩羽弦以召黃鍾霜雪交下川池暴凍羽水音屬冬黃鍾十一月律得冬氣故凝陰冰凍及冬而叩徵弦以激蕤賓陽光熾烈堅立散徵火音屬夏蕤賓五月律得夏氣故堅冰消散此是世間彈琴之術尚能變秋作春更冬爲夏況如來大不思議神呪豈不能改惡道苦得佛國樂耶又莊子云六合之外聖人存而不論華嚴經說十地菩薩一舉足量智功德九地菩薩不能知況我如來是諸聖中王所有秘密心印豈可以凡夫妄情而欲籌量者哉其猶井坎之魚爭知東海之深廣也唯宜諦而信之故觀世音菩薩秘密藏神呪經云若有受持神呪之者凡有所作必得成就唯須深信不得生疑持呪之者乾能利樂有情故曉由靈准千手千眼觀世音菩薩大悲心陀羅尼經說其持呪人不受十五種惡死一者不令其人飢餓困苦死二者不爲枷禁杖楚死三者不爲冤家讐對死四者不爲軍陣相殺死五者不爲虎狼惡獸殘害死六者不爲毒蛇蚖蝎所中死七者不爲水火焚漂死八者不爲毒藥所中死九者不爲蠱毒所害死十者不爲狂亂失念死十一者不爲山樹崖岸墜落死十二者不爲惡人厭魅死十三者不爲邪神惡鬼得便死十四者不爲惡病纏身死十五者不爲非分自害死又不空羂索神呪心經說誦呪之人臨命終時得八種勝利一者臨命終時見觀自在菩薩作沙門相來現其前歡喜慰喻二者安隱命終無諸苦痛三者將捨命時眼不反戴口無欠呿手不紛擾足不蹴舒揮不滯便利無穢墮脉四者將捨命時住正憶念盡絶亂怨五者當命終時不覆面死六者將捨命時得無量歡七者親捨命已隨願往生諸佛淨國八者常與菩友不相捨離又十一面觀世音神呪經說誦呪之人得四種功德一者臨命終時得見諸佛二者終不墮諸惡趣三者不因險厄而死四者得生極樂世界

六是諸佛母教行本源門者謂一切諸佛皆從陀羅尼所生樓閣經云真言是諸佛之母成佛種子若無真言終不能成無上正覺又三藏教盡從陀羅尼所出故最上大乘寶王經中說有四乘一聲聞乘二緣覺乘三方廣大乘四最上金剛乘謂陀羅尼藏是也一切法皆從金剛乘陀羅尼中流出神變鈔云千流萬派起自崐崘積石之山十二分經出乎總持秘密之藏又萬行總從陀羅尼所流謂真言中每一一字全是無相法界萬行無不從法界所流故持明藏儀軌經云唵字即是無相法界神變疏云無相法界全是真言真言全是無相法界又真言亦名三藏有持呪者皆號三藏謂真言中每一一字皆含戒定慧三且萬行不出六度六度不離三學麤真

言名三藏即知真言總含萬行真言是總行其餘法門是支流行門也

問曰上引經云陀羅尼是禪定藏百千三昧常現前故今又說真言總含三藏即知真言備含一切禪定之門何以今時禪者不許持呪耶答云准禪傳說竺天華夏古來禪德皆兼持行何呪神呪是無相定門指佛心印耶故白傘蓋陀羅尼頌云開無相門圓顯宗字字巍然金剛定又云瑜伽妙旨傳心印摩訶衍行總持門如龍樹菩薩准傳燈錄是西天禪宗第十四祖節慕持明藏經弘揚唯提神呪一行禪師是中夏聖人贊述神變真言習者禪師得宿命通廣示持呪軌儀受持禪師人向教上乘法直教持攝嚴言古來禪師豈不許持呪耶又禪宗既說一切諸法皆是真知持誦真言豈非是真如耶今有或禪戒講是弘密呪恐失已利心生藏臨皆持現在未來資防惡報故佛頂無垢光明陀羅尼經說昔無垢婆羅門為人宣說秘密神呪有先明長者先有多人歸仰恐失己利而生嫉心興惡心已便得癩病受大苦惱直至命終墮於黑闇大地獄中受苦一劫又墮餓鬼中受苦一劫復生地獄中受苦一劫方得為人生無爲因以宿緣力承遇無垢婆羅門作大菩薩宣說密呪聞之無害永彼呪力死生天上等上誡讚之讚益但有遠讚華無錄羅劫光明長者長也蓋為密呪是讚御心即有無量明王諸天龍神等諸持致使謗之著現世多得癩病奉勸時流切宜慎之

七四眾易修金剛守護門者謂一切四眾但解言語者行住坐臥四威儀中而易誦習又但口誦便是真行能除煩惱安樂法身不假備遍教典如病人得藥服之便能除病身安不在廣會醫書故般若經云總持猶妙藥亦如天甘露能療眾惑病服者常安樂佛頂陀羅尼疏云齋戒不稟而自備果證不遠而不可消難變利自行化他因人果人靡不由此而辦其事又曼茶羅疏云念如來之神呪心心暗契如來心諷菩薩之密言願願冥符菩薩願何生死而不逃何涅槃而不得若依餘宗修行須要廣知聖教明悟真心然後修行方是正行若未悟而修皆非正行如世病人須要廣知醫書明閑藥性方得治病若即萬中難得一也是知神呪行門省略功德甚深普引七眾速至菩提最為要道故義淨三藏云昇天乘龍役使百神利生之道唯呪是親

問曰夫依顯教須得依教生信依信生解依解起行行成得果今密宗神呪不令生解但誦持之便得道果既越常規難以生信答曰如世間病人不解醫方遇神妙藥而服食之便得病除身安彼既不解藥性何得病除身安世藥尚尒況如來不思議呪耶又如來之教不可以一理推既言顯密有異不須一概要解起信鈔云膠柱調絃全歸愚者守株待兔且非智人唯宜信而持之速得道果若不生信空無所獲大悲心經說誦持呪者一切所求皆得果遂唯除於呪生疑又云若有生疑不信其人百萬劫中常處惡道不聞三寶又諸經說真言行者四威儀中有無量天龍八部諸金剛眾常守護之故廣大圓滿無礙大悲心陀羅尼經云誦持陀羅尼者是無畏藏龍天善神常護持故又云若能如法誦呪即有一切善神龍王金剛密跡常隨衛護不離其側如護眼睛如護己命又持呪者若在空山曠野獨宿孤眠是諸善神番代宿衛辟除災障若在深山迷失道路善神王化作善人示其正道若逢賊陣被他抄掠墮落他國善神龍王接還本土若在山林曠野乏少水火龍王護故化出水火故彼頌云龍天眾聖同慈護百千三昧頓薰修又大佛頂陀羅尼經說設有眾生於散亂心口持神呪常有八萬四千那由他恒河沙俱胝金剛藏王菩薩種族一一皆有諸金剛眾而為眷屬晝夜常隨侍衛此人縱令魔王求其方便終不可得諸小鬼神去此善人十由旬外若魔眷屬欲來侵擾是善人者諸金剛眾而以寶杵碩碎其首猶如微塵恒令此人所作如願故彼頌云八萬四千金剛眾行住坐臥每隨身密部諸經廣說護持誦呪之人欲要知者請看藏教

八令凡同佛如來歸命門者謂真言行者持誦神呪課數滿時身語意三所作善惡之業皆成無漏功德法門故白傘蓋頌云誦滿一萬八千遍遍入於無相定号成堅固金剛幢自在得名人中佛縱使罵詈不為過諸天常聞梵語聲大悲心陀羅尼經云誦持陀羅尼者口中所出言音若善若惡一切天龍聞者皆是清淨法音又偈云譬如靈丹藥點鐵成金寶誦持陀羅尼變凡作賢聖又神變疏云真言行者能令三業即同本尊三業又持呪行者得諸佛歸命故佛頂偈云十方世界諸如來護念歸命受持者是也

九具自他力現成菩提門者謂顯教中有自力他力二門十住論念佛鏡等說一自力門謂修六度萬行等名難行道如人陸地步行千里程則遲到二他力門謂念佛等名易行道如人水路乘船行千里程則疾到今真言中密具自他二力謂大乘寶王等諸經中說真言行者日日得具六波羅密圓滿功德又佛頂頌云不持齋者名持齋不持戒者名持戒僧破二百五十戒比丘尼犯八波羅闍念佛頂陀羅尼便得具足齋戒彼佛頂經云菩薩行門隨行則具令不行而備直神呪之力具足萬行斷言不誑矣則是自力門又真言中每一一字皆是諸佛全身未法中一字

呪經云吾滅度之後變身作此呪等即是他力門又諸經說真言行者現世能成無上菩提故樓閣經云我於無量俱胝百千劫雖行苦行猶不得菩提由纔聞陁羅尼故加行相應便成正覺又五字陁羅尼頌云諸佛本誓力現成諸聖事即於一坐中便成最正覺又陁羅尼序云若學蘊於心即凡夫三業成功德聚只於此生便得菩提何勞修進多劫又神變疏判陁羅尼為大不思議成佛神通乘謂依餘門成佛如乘羊馬行千里程經久方到依陁羅尼門成佛如乘神通行千里程舉意便到所至處雖無異所乘法有遲疾也又餘門成佛如磨黃石取如意珠依真言門成佛如神通力取如意珠又云如餘菩薩為求菩提難行苦行如救頭燃經無量劫尚不能得如是成就真言行者不虧法則只於此生得菩提也故神變鈔云頓超地位譬之以神通速離經病喻之以呪術又大教王經云若不依祕密課誦修行終不成於無上菩提也

十諸佛如來尚乃求學門者如大乘莊嚴寶王經說諸佛亦求神呪何況凡夫而不持誦耶故彼經說觀音菩薩一毛孔中有無量國土無量諸佛菩薩等普賢菩薩入觀音一毛孔中經十二年不知分齊又云觀音有六字大明陁羅尼一切如來皆不知其所得之處因位菩薩云何得知乃至說蓮花上佛成佛竟方經歷諸佛求此六字大明等問曰佛具一切智豈不知得陁羅尼也答有三義一者表此陁羅尼最勝最深令人生於尊重所以

言佛不知而自求之二者謂權教中佛不能知得圓宗密呪如小乘極果不能知得大乘深法三者密宗神呪即體便是圓圓果海故佛不得如釋大乘論說圓圓海佛亦不得今六字大明准提神呪即體便是圓圓果海也今寄部一切神呪當顯妙中所詮法也實而論之具分能所詮一切妙呪說文當顯幟中業詮旨也今六字准提當顯教中果海也問印實王經只言六字大提佛不知得云何今覽准提佛亦不知得答云佛實王經說六字大明已便說中提是知准提同是果海又佛知佛說者真言於五部中佛部所收今准提轉出五部之外若非圓圓果海是何法耶又又問曰夫真言音但是能詮言義即以譬名句文為體何得判為圓圓果海答云若作此開直是未知密蔽宗旨今寄教中秘密神呪即是所詮之法一切說文是能詮言如上已茂又設樂神呪便藏能並若中此問但是小叢之見解也謂小乘教中能詮言教多以譬十四名句文為體大乘指教義以譬名句文為體成以喻識為體給教中說以無性真如為體頌義之中以既特真如為體圓教中義成以十去為體成海印三昧為體彼顯教中能詮之害尚介即是絕待真如十玄門等呪密宗持呪當顯照中一真法界即又釋學耶行論都生減門中能詮之秘會相歸性以真妙為觀成多一心為性真如門中即起特真加為譬又善深玄理論不動本源論此二論中費畢瞬說不二果海當彼二為中能詮之言以何為體以理推微即如以不二果海為體拔能詮言尚介即是不二果海咒令六字大明者長神呪義當依二論中所詮法耶又自古諸師皆云秘密神呪是諸佛心印唯佛得知華圓依所辭又今華嚴寶王經說佛亦不知持呪若華圓圓果海是何法耶顯諸學者歷讚體之初滔易情問曰何以圓圓果海諸佛不得答云謂圓圓果海是本性成就之法表非是諸佛修因斷障所得故又表迥出因果之外故所以言諸佛不得而自求之據實而論諸佛皆知得也故賢首云性德果海即十佛境界是也問曰六字大明准提神呪既是圓圓果海即是十佛境界何以凡夫而得持誦答云今密教中說以真言不思議力令凡夫三業同如來三業而得持誦又密宗神呪若據所知所解即

唯是諸佛境界今因位凡夫雖非知解但當持誦自然滅障成德超凡入聖也斯之一義語驚俗聽理越常情人既罕聞觸流難信博學上智細而詳之於上三義任情取捨上來十門略述密部盡依經典非是下愚能知密旨故神變鈔云金剛手方可探其賾遊花眼始能窺其奧二問答密呪法器勝劣者問曰上之十門盡敘述圓教中真言為當一切真言而有勝劣五教各不同耶為復一切真言而無勝劣皆是圓教耶答云准神變疏而有二門一隨他意門一切真言而有勝劣諸部不同又清涼疏主於經律論三藏之外立一雜藏收陁羅尼而成四藏三乘各四成十二十五藏既三乘中各有陁羅尼例知五教下亦各有密呪也如諸阿含經中呪即是小教諸般若經中呪即是始教金光明經中呪即是終教楞伽經中呪即是頓教大乘莊嚴寶王經中六字大明准提神呪即是圓教又上來十門中所引諸陁羅尼經多是圓教梵語陁羅尼此云總持即以教理行果四法為體五教中陁羅尼各總含攝當教中教理行果也五教勝劣今舉密呪之令初學易知一小乘如纖二始教如綱三終教如纖擬教如金五圓教以如悲殊四二隨自意門一切真言更無勝劣皆是毗盧遮那大不思議祕密心印一代教中乃至鬼神所說真言皆是毗盧遮那如來欲普門益生全體變作枝果神顯而說真言非實恩油脫說真言除難皆介又賢首清涼以義判教一經之中容有多教即知一切經中真言皆是圓教一切真言名總持者能總含攝無盡教理行果也實而言之數用二門妙契佛心故神變疏云真言行者能於差別中解無差別義於無差別中解差別義當

知是人善達真言相也問曰上說密部包廣
包深難思難議未審此法被何根器答云所
被根器亦有二門一就隨他意門真言既有
五教不同根器亦乃五種各異五教中陀羅
尼各揔被當教中上中下三根也故曼荼羅
疏中亦說陀羅尼通被勝劣諸根二就隨自
意門一切陀羅尼皆被不思議圓根故佛頂
頌云神通勝化不思議陀羅尼門最第一今
有未曾鑽仰密教者多云陀羅尼藏唯被下
根斯言甚謬且諸經中說陀羅尼或名最上
乘或名無上乘或名金剛乘或名不思議乘
豈可唯被下根耶故清涼云以淺為深有符
十六
理之得以深為淺有謗法之愆冀諸學者切
宜留心不得固執先聞而生輕忽五天中要
顯密雙明方是通人上來顯密雙辨竟
四慶遇述懷者謂如來一代聖教不出顯密
兩門（仁王經鈔云如來一切教不越顯密兩宗）於顯教中雖五教
不同而華嚴一經最尊最妙是諸佛之髓菩
薩之心具包三藏揔含五教（梵本有十萬偈此方已翻譯者有八十卷六十卷四十卷等雖文義廣博其中最精要者唯別行普賢行願品一卷經文是華嚴之關鍵修行之樞機可讚可崇西天道流無不依之修行也）於密部中
雖五部有異而准提一呪最靈最勝是諸佛
之母菩薩之命具包三密揔含五部（梵本有十萬偈此方已翻譯者有諸師諸本雖儀式精異其中最綱要者准大唐善無畏三藏所譯一卷經文是諸賢之領袖七眾之藥餌可偉可尚東夏高德無不依之持誦也）今此兩
宗准纂靈記并義淨傳說自如來滅度已後
時人不聞不知（不聞顯圓不知密圓）至龍樹菩薩七百
年中出世雙弘顯密圓宗方乃流行人世今
居末法之中得值
天佑皇帝菩薩國王率土之內流通二教一

介微僧幸得遭逢感慶之心終日盈懷似病
人逢靈丹妙藥窮夫得如意寶珠情躍不已
形於詠言乃成頌曰
數年何幸頓忘愁　顯密雙逢稱所求
五部神功功可賴　十玄妙觀觀無休
音高音下真言轉　身去身來華藏遊
法界眾生歡喜事　只疑都在我心頭
顯密圓通成佛心要卷下
供佛利生儀一本
夫祈道者若非上供三寶下拯四生福慧無
由增長今於密藏之內錄出要妙之門冀諸
四眾依而行之若欲供養佛法僧三寶者應
十七
先於三寶像前五體投地普禮遍法界無盡
佛法僧三寶口誦普禮真言七遍真言曰
唵（引）嚩日囉（二合）勿（沸反一）[梵字] 由真言不
思議力自然遍法界無盡三寶前皆有自身
盡皆禮拜奉事也（每至聖像或入寺禮拜等時並誦此真言）方始
以飲食香花等隨力所辦之物并盛飲食器
物等皆以普通吉祥印印之（右手拇指與無名指相捻餘三指皆舒散）誦淨法界真言加持二十一遍真言曰
嚂[梵字] 由誦嚂字真言加持及手印力其飲
食器物等自然清淨遍法界也次誦無量威
德自在光明勝妙力變食真言加持二十一
遍真言曰
那謨薩嚩怛他蘗多嚩盧枳帝唵參婆囉參
[梵字]
婆囉吽
[梵字] 由加持力其飲食等即變成諸天
種種餚饍上味奉獻供養滿十方佛法僧三
寶亦為讚歎勸請隨喜功德後結出生供養
印（二手當心合掌以十指右壓左頭相交發安在頂上）誦出生供養真
言二十一遍真言曰
唵[梵字] 由誦唵字真言及印不思議力自
然遍法界有無盡香花燈燭幢幡傘蓋衣服
卧具樓閣宮殿音樂歌舞等種種諸供養具
盡供養遍法界無量佛法僧三寶諸天等（若無飲食香花但佛像前手結此印口誦此真言亦自然有無盡供養遍供養法界無盡諸三寶也）若施諸仙以淨飲食盛滿一器誦前變食
呪二十七遍投於淨流水中即變成天仙美妙
之食供養百千俱胝恒河沙數諸仙彼諸仙
等得加持食各各成就根本所願諸善功德（若有善男子善女人等以此密言加持於食施諸仙者令現世壽命延長福德安樂心所見聞正解清淨具足成就）
十八
（覺天威德一切冤讎不能侵害）若濟餓鬼每
於晨朝及一切時悉無障礙取一淨器盛少
淨水置少飯及諸餅食以左手執器右手作
寶手印（以大拇指壓頭指中指小指舒無名指用撚食上施仙食方作此印）誦
前變食呪七徧加持已然後稱四如來名號
南無多寶如來（能除餓鬼慳悋業得福德圓滿）南無妙色身
如來（能破餓鬼醜陋形得色相具足）南無廣博身如來（能令餓鬼喉咽寬大所施之食悉皆充足）南無離怖畏如來（能除餓鬼一切怖畏得離鬼趣）
稱四如來名号已彈指七遍取於食器
於淨地上展臂瀉之（或淨石上水食盡上淨足器中皆得）作此
施已於四方百千俱胝那由他恒河沙數餓
鬼前各有摩伽陀國七七斛食受此食已悉
皆飽滿盡捨鬼趣生於天上（若有比丘比丘尼優婆塞優婆夷常以此密言及四如來名号加持於食施餓鬼便能具足無量功德短命之者壽命延長求福之者福德增榮又得顏色鮮潔清淨遠能滿足檀波羅蜜一切非人夜叉羅剎諸惡鬼神皆畏此人不敢侵害）若欲施水取水一掬用甘
露呪呪之七徧散於空中其水一滴即皆變
成十斛甘露一切餓鬼並得飲之無有乏少

皆得飽足甘露呪曰

南無素嚕皤耶怛他揭多耶怛姪他唵素嚕

素嚕皤囉素嚕皤囉素嚕皤囉素嚕莎訶

（曼荼羅此云丈夫遇道者祈）

（疑焉來上若不供諸佛菩薩何奐晏智拔求事餓下筆不濟諸仙餓鬼何處行焰以度靈壇有情之流無遺斯業）若救地獄誦智炬如來心破地

獄真言一遍無間地獄碎如微塵於中受苦

衆生悉生極樂世界真言曰

曩謨阿灑吒悉底喃三麼也（合二）三母馱故鐵

喃唵艮讇（合二）曩嚩婆悉蹄哩提哩吽

（十九）（若書此陀羅尼於鐘鼓鈴鐸作聲木上等有情衆生得聞者所有十惡五逆等罪悉皆消滅不墮諸惡趣中又九十五種經中說書寫陀羅尼利樂有情者皆用西天梵字非是國方文字也如或漢字變蘇書之更妙）若救一切亡靈者應誦不空羂索

毗盧遮那佛大灌頂光真言謂若有衆生具

造十惡五逆四重諸罪數如微塵滿斯世界

身壞命終墮諸惡趣誦此真言加持土砂一

百八遍散亡者屍上骨上或墓塚上彼所亡

者若在地獄餓鬼傍生修羅等中以此真言

神通威力加持土砂之力應時即得光明及

身除諸罪報捨所苦身往於西方極樂國土

蓮華化生更不墮落直至成佛真言曰

唵阿謨伽尾嚧左曩摩賀母捺囉（合二）麼抳鉢

納麼（合二）入嚩（合二）攞鉢囉（合二）韈哆野吽（引）

（及用鍮鉢等書此諸真言置亡人骨上或骨上喜妙故偈云真言字觸屍骨亡者即生淨土中見佛聞法親授記速證無上大菩提）若欲利益一切有情

者每至天降雨時起大悲心仰面向空誦聖

觀自在菩薩甘露真言二十一遍其雨滴所

霑一切有情盡滅一切惡業重罪皆獲利樂

又若誦此陀羅尼者所有過現作四重五逆

謗方等經一闡提罪悉皆消滅無有遺餘身

心輕利智慧明達若身若語悉能利樂一切

衆生若有衆生廣造一切無間等罪若得過

此持明人影暫映其身忽得共語或聞語聲

彼人罪障悉皆消滅真言曰

曩謨囉怛曩（合二）怛囉（合二）夜（引）野曩謨阿（引去）哩

也（合二）嚩路枳帝濕嚩（合二）囉（引平）野冐地薩怛嚩

野（合二）摩賀薩怛嚩（合二）野摩訶迦（引）嚕抳迦

野怛你也（合二）他（引）唵（引）度頻度頻迦度頻婆

嚩（合二）賀

（樂書只唵字已下持之唵字已上是故持唵字者是正呪也若書此陀羅尼於鐘鼓鈴鐸等一切出聲物上或有幢幡吹振出聲一切衆生聞此聲者悉皆清淨命終得生西方淨土）若欲利樂一切四生等有情者

應書大寶廣博樓閣善住秘密陀羅尼於

幢上堂殿上或素氍上或紙帛上或經卷上

或墻壁牌版等上有諸衆生暫得眼見者或

手觸者或身觸者或影中過者及餘人轉觸

此人者又或書之戴在頂上者身上者衣中

者或書出聲物上有聞聲者或讀者或誦者

或但聞此陀羅尼名者如是衆生等縱有不

孝父母者不敬沙門者不敬婆羅門者不敬

耆舊者誹謗正法者誹謗聖人者應墮地獄

者誹謗諸佛者誹謗菩薩者煞阿羅漢者造

五逆罪者煞婆羅門者煞牛犢者抄劫竊盜

者故妄語者不與取者邪染者兩舌者麁惡

語者輕秤小斗者強奪財物者匿他財物者

負言背信者捕獵者屠煞者甦膾者如是等

罪悉皆消滅決定當得阿耨多羅三藐三菩

提能於現世獲無量百千功德常得國王王

子宰官及諸四衆歡喜敬愛不受世間種種

諸苦毒藥刀杖水火等難一切師子虎狼諸

惡禽獸不敢爲害又無一切諸盜賊難諸鬼

神難諸邪魅難諸毒虵難又現身不受一切

諸病所謂一切瘧病眼病耳病鼻病舌病齒

病脣病喉病頭病項病諸支分病手病背病

腰病膀病痔病淋病痢病瘻瘡病髀病脚病

疔病腫病瘰癧病班病肚病疥病瘡病癩病

癬病如是等病悉不著身不爲厭禱蠱毒呪

詛著身無橫災死臥安覺安臨命終時心不

散亂一切諸佛現前安慰又一切傍生鹿鳥

蚊蝱飛蛾蟻蟻乃至胎生卵生濕生化生諸

有情等聞此陀羅尼名者或身觸者或影中

過者決定當得無上菩提等云云

大寶廣博樓閣善住秘密陀羅尼曰

曩謨薩嚩怛他（引）蘖多（去）南（引）唵（二）尾補攞

蘖陛（三）麼抳鉢囉（合二）陛（四）怛他多（五）你捺捨

寧（六）麼抳麼抳（七）蘓（上）鉢囉（合二）陛（八）尾麼黎

娑（九）（引）蘖囉（十）儼鼻鑠（一十）吽（二十）吽（三十）入嚩（合二）

攞入嚩合二攞四十沒馱尾盧枳帝五十麌嚩夜合二
[illegible]合二[illegible]四十[illegible]五十[illegible]合二
地瑟耻合二多上蘖陛六十娑嚩合二訶七十
[illegible]合二[illegible]六十[illegible]合二[illegible]十

又若一人於高山頂上誦此陀羅尼者盡一眼所見衆一切衆生皆得滅一切罪業得離一切地獄業得免一切傍生身上來諸咒藏中香有數本不同皆是前後三藏西天諸國語音有異但依一本翻持無得揀擇寡學之者多分受一非餘可審聖賢奇語後人勿疑斷之

上來供佛利生諸真言等若不能都各誦持書寫得皆用准提真言亦得故持明藏儀軌經云此准提呪似如意珠若有行人處處用之皆得成就是也

供佛利生儀一本

二十二

顯密圓通成佛心要并供佛利生儀後序

門人比丘　性嘉　述

恭聞大日雄尊始王華嚴之界圓音妙法遍周帝網之區稱其性演重重無盡之門就其根開種種有限之義爰自結集之後洎于翻譯已還五藏八藏以殊分一乘三乘而異設若通舉其大柄振其宏綱則唯密及顯斯可得而稱矣謂密言玄妙統五部之真詮顯字淵沖貫十宗之微旨應根泒異涇渭雙流會旨源同清濁共濕然而去聖時遐群生見差或密顯偏修或有空別立或學聲字迷神呪之本宗或滯名言昧佛經之正意雖有觀心照性然多背正趍邪各計斷常競封人法弘性弘相商參乎起於多端宗律宗禪水火交騰於異義遂使涵溺性海罕挹波瀾燦燦義天難窺光彩斯蓋未遇通人與開示焉今我親教和尚諱道㲀字法幢俗姓杜氏雲中人也家傳十善世禀五常始從齠齓之年習於儒釋之典天然聰辯性自仁賢博學則侔羅什之多聞持明則具佛圖之靈異禪心鏡淨神遊華藏之間戒體氷清行出塵勞之外加以霜松潔操水月虛懷曲己利人輕身為法恒思至理匿在鑿蹄每念生靈情於佛證

廿三

由是尋原討本採異搜奇研精甫僅於十旬析理遂成於一卷号之曰顯密圓通成佛心要并供佛利生儀其文則精而簡約其義則淵奧該弘窮顯密之根源盡修行之歧路四門朗朗如皓月之呈輝十段明明若群星之列耀五法界之妙觀燦爛於行間三秘密之神宗昭彰於字下包括鷲峯之妙典弥綸龍藏之遺文會萬法以無遺皆歸圓教融諸呪而不滯盡是總持使瓦礫並作於真金草木悉成於妙藥實乃破張異見端正前修依之則無塞不通弘之則無根不被其猶出匣之鏡動則臨人射空之箭發必有中盡善盡美煥質熏文有玄之又玄之宗秘之又秘之趣使將來者開卷便知聖旨得意皆是全才貧子獲衣內之珠輪王雪夢中之耻北秀南能之心印詎假躬參西林東社之靈編無勞親閱真可謂登覺山之捷徑濟苦海之迅航一十二分教之菁華八萬四千行之鈐鍵扶學人之疑脈有類金錍斷釋子之邪心無殊寶劍復有供佛供僧之秘法濟仙濟鬼之玄門拯幽靈之神方利含生之聖術其功德之廣大逾五岳之崢嶸其利益之宏深越四溟之浩森若非鍊智鍊神精教精理內憑呪力外感佛加曷以著斯絕妙之文哉 性嘉叨承宿幸忝會此生自得伏膺親家誨道七十子仲尼門下入室徒忻一千輩黃梅山中傳衣匪預雖滴露之添江之力輕塵無足岳之能但竭愚衷聊為後序所願萬靈密佑四衆圓修長然心要之燈恒照愚冥之路云爾

切以藏海汪洋深廣莫窺其涯涘聖途坦蕩指歸直造於根源粉圓通顯密之要門極性相有空之至理惟持明者斯問津焉 晉王八緣幸釋流叨逢聖世聲欽熾焰佛法莫盛於當今車書混同華竺咸歸於至化眷此靈塵之寶奚其龜續之緘敬鏤刻於斯文俾流通而入藏恭願 苗來

法輪大轉億萬年睿筭永祝

帝齡

佛日高懸一大事因緣俱明本智文英武烈子孝臣忠干戈息於八方風雨調於六合功能最勝筆舌奚殫恩有普資自他俱利者

卍

顯密圓通成佛心要集卷下

校勘記

一　底本，影印宋磧砂藏本。

一　一〇二頁上一行經名下，徑有夾

註「供佛利生儀附」，清有夾註「供佛利生佛附」。

一〇二頁中一三行「圓滿」，徑、清作「圓成」。

一〇二頁中一四行「繞惱」，徑、清作「嬈惱」。

一〇二頁下五行第三字「大」，徑無。

一〇二頁下六行「蜜呪」，徑作「密呪」。

一〇二頁下二五行第一〇字「句」，南作「向」，徑、清作「面」。

一〇三頁上二一行第二字「項」，南、徑、清作「頸」。

一〇三頁中二八行夾註左一「蟲」，南、徑、清作「蠱」。

一〇三頁中末行夾註右一「而」，南、徑、清作「面」。

一〇四頁上一四行夾註右「水石」，南、徑、清作「木石」。

一〇四頁上二七行「難側」，徑、清作「難測」。

一〇四頁中一二行「土砂」，徑、清作「砂土」。

一〇四頁中一八行第七字「商」，徑、清作「商」。下同。

一〇四頁中二二行夾註左六「疑」，徑、清作「凝」。

一〇四頁中二三行第八字「鮭」，徑、清作「蕤」，下同。又「堅立散散」，徑、清作「堅冰消散」。

一〇五頁下二二行第一六字「易」，徑作「亦」。

一〇六頁中九行夾註右一三「所」，徑、清作「中」。又左末字「又」，徑、清無。

一〇六頁中一八行夾註左四「尚」，徑作「當」。

一〇六頁中二六行「十佛」，徑、清作「十方」。

一〇六頁下一行「因位」，徑作「位因」。

一〇七頁上二四行夾註左七「大」，徑、清無。

一〇七頁中一行「盈懷」，南、徑、清作「有懷」。

一〇七頁中二行「情躍」，南作「踴躍」，徑作「喜躍」。

一〇七頁中九行「一本」，南、徑、清無。

一〇七頁中一〇行第一二字「極」，南、徑、清作「拯」。

一〇七頁下一行夾註左四「相」，徑作「指」。

一〇七頁下八行「諸仙」，清作「諸山」。

一〇九頁上七行夾註左「呵席」，南、徑、清作「呵斥」。

一〇九頁上一二行「一本」，南、徑、清無。

一〇九頁上二六行「宗律」，徑作「宗立」。

一〇九頁中五行「虛慄」，南、徑、清作「虛襟」。

一〇九頁中末行「性嚞」，徑、清作「性嘉」。

福州長溪縣永泰鄉欽儀里奉佛弟子[illegible]
菩薩名經印施入于大藏伏冀
今上皇帝　聖壽無疆　府縣官僚同資祿位　二親恩[illegible]
咸證菩提　時紹興二十九年歲次己卯五月　謹題

菩薩名經諸佛品序卷第一　衡

前住建州大同禪院傳法沙門　緒　述

教流東夏大法熾然貝葉既興鴻臚秘典通行天下三乘之理方便辯也權衡有殊位次差別浩劫聖功不可得而思議彦章居士閱藏教五周經律論粵首未始有異旨謂如來為一大事因緣示現欲使衆生悟佛知見無一衆生不成佛者菩薩翊從先佛法會諸經互載未深内典莫究淵源總集洪名據以心目法通寶藏沛澤人天未由衆生得聞授持啓迪難遭之想謹序　其

再序

常不輕居士羅　濬　集

迦維羅國域天下之至中淨飯大王馭金輪之至貴喜慧後裔甘蔗靈苗統攝萬方彌綸四海乘六牙之白象降神母之右脇晃宿合時波羅誕貴圓明妙相三十二以莊嚴端正粹容八十種而具足於是覺一性之夢幻覽筴定以薰修遊四門而諦觀應生死之難免遂逾春城於午夜駕乾陟而出王門諦觀何遲之悉擅無以趣其真又覩摩羅之非想何以臻其妙坐斷毗盧聖凡路絶六年行滿七覺華開直證三菩提圓融一切智尼連河岸牛女獻糜鹿野苑中吉祥奉草坐金剛王之寶座威振大千開甘露味之法門聲聞沙界功成名遂福報兩全痛我雙樹之間薪窮火滅偉哉涅槃之妙返本還源文殊普賢法海於中華龍樹馬鳴闡宗風於印度之呪護明菩薩能為釋迦文佛彌勒開士當證慈氏如來刻茲補處動獻敢忘數演恭惟十地神德豈不贊襄擾手有文山岳不能比其固編而成集日月無以並其明暗也敢以涓滴之微貲陪於滄渤者冀與我同志者共為瞻仰焉謹序

勝鬘夫人請佛文

出大藏寶積經

信禮常住三寶

我聞如來声　世間煩難遇
斯言若真實　當賜汝衣服
若彼佛世尊　為利世間現
必應見哀愍　令我覩真相
言念須臾頃　佛放虛空中
現不思議身　普放大光明
勝鬘及眷屬　皆悉來集會
合掌瞻仰禮　稱嘆大導師
如來妙色身　世間無與等
無比不思議　是故今敬禮
如來色無盡　智慧亦復然
一切法常住　是故我皈依
善調心過惡　及與身四種
到不思議地　是故今謹禮
知諸法爾燄　智身無罣礙
於法無忘失　故我今謹禮
稽首過稱量　稽首無等倫
稽首法自在　稽首超思惟
哀愍覆護我　及法種增長
逮及最後身　當在如來前

我所有福業　今世及餘生
由斯善根力　彭佛當攝受

菩薩名經諸佛品第一

南無毗婆尸佛
南無式棄佛
南無拘留孫佛
南無拘那含佛
南無迦葉佛
南無釋迦牟尼佛
南無一萬一千九十三佛
南無五千五百佛
南無過去三十五佛
南無過去五十三佛
南無二萬億威音王佛
南無二千億燈明佛
南無二千億雲自在燈王佛
南無五百華首百億金剛藏佛
南無十二光佛
南無七寶如來
南無過現未來三世一切諸佛
南無東方阿閦如來一切諸佛
南無東南方無優德如來一切諸佛
南無南方栴檀德如來一切諸佛
南無西南方寶施如來一切諸佛

南無西方無量明如來一切諸佛
南無西北方華德如來一切諸佛
南無北方相德如來一切諸佛
南無東北方三乘行如來一切諸佛
南無上方廣衆德如來一切諸佛
南無下方明德如來一切諸佛
南無極樂世界恒河沙數四十八彭
大慈大悲無齊限數同名阿彌陀佛
南無上香劫一切諸佛諸大菩薩衆
南無光味劫一切諸佛諸大菩薩衆
南無無垢劫一切諸佛諸菩薩衆
南無莊嚴劫一千諸佛諸菩薩衆
南無星宿劫一千諸佛諸菩薩衆
南無賢劫一千諸佛諸大菩薩衆
南無妙智劫一切諸佛諸菩薩衆
南無淨持劫一切諸佛諸菩薩衆
南無妙音声劫一切諸佛菩薩衆
南無應往劫一切諸佛諸菩薩衆
南無愛見劫一切諸佛諸菩薩衆
南無寶開敷劫一切諸佛諸菩薩衆
南無無任劫一切諸佛諸大菩薩衆
南無清淨意劫一切諸佛諸菩薩衆
南無光耀劫一切諸佛諸菩薩衆
南無喜樂劫一切諸佛諸菩薩衆

南無能度劫一切諸佛諸菩薩衆
南無具足劫一切諸佛諸菩薩衆
南無照明劫一切諸佛諸菩薩衆
南無阿摩勒劫一切諸佛諸菩薩衆
南無上香劫一切諸佛諸菩薩衆
南無善覺劫一切諸佛菩薩衆
南無寶莊嚴劫一切諸佛菩薩衆
南無有實劫一切諸佛諸菩薩衆
南無喜滿劫一切諸佛諸菩薩衆
南無大相劫一切諸佛諸菩薩衆
南無寶明劫一切諸佛諸菩薩衆
南無妙音滿劫一切諸佛菩薩衆
南無離衰劫一切諸佛諸菩薩衆
南無大光劫一切諸佛諸菩薩衆
南無淨除劫一切諸佛諸菩薩衆
南無陀羅尼劫一切諸佛菩薩衆
南無難勝光王劫諸佛菩薩衆
南無波羅林劫一切諸佛菩薩衆
南無淨樂劫一切諸佛諸菩薩衆
南無梵歎劫一切諸佛諸菩薩衆
南無欣樂劫一切諸佛諸菩薩衆
南無大演劫一切諸佛諸菩薩衆
南無善見劫一切諸佛諸菩薩衆
南無名聞劫一切諸佛諸菩薩衆

南無善化劫一切諸佛諸菩薩衆
南無樓油劫一切諸佛諸菩薩衆
南無觀明劫一切諸佛諸菩薩衆
南無成剌劫一切諸佛諸菩薩衆
南無樂生劫一切諸佛諸菩薩衆
南無寶成劫一切諸佛諸菩薩衆
南無無塵劫一切諸佛諸菩薩衆
南無禮禅劫一切諸佛諸菩薩衆
南無憙觀劫一切諸佛諸菩薩衆
南無勇猛劫一切諸佛諸菩薩衆
南無寶明劫一切諸佛諸菩薩衆
南無無各劫一切諸佛諸菩薩衆
南無勝滿劫一切諸佛諸菩薩衆
南無正安隱劫一切諸佛諸菩薩衆
南無照明劫一切諸佛諸菩薩衆
南無首華劫一切諸佛諸菩薩衆
南無大欣劫一切諸佛諸菩薩衆
南無明察劫一切諸佛諸菩薩衆
南無清淨劫一切諸佛大菩薩衆
南無光明劫一切諸佛大菩薩衆
南無大名稱劫一切諸佛菩薩衆
南無淨光劫一切諸佛大菩薩衆
南無賢天劫一切諸佛大菩薩衆
南無電光明劫一切諸佛菩薩衆

南無善決定劫一切諸佛菩薩衆
南無善住劫一切諸佛大菩薩衆
南無不可嫌劫一切諸佛大菩薩衆
無無不可訶劫一切諸佛大菩薩衆
南無華作劫一切諸佛大菩薩衆
南無多盧劫一切諸佛大菩薩衆
南無勝声劫一切諸佛大菩薩衆
南無成就善劫一切諸佛菩薩衆
南無妙蓮華劫一切諸佛菩薩衆
南無善眼劫一切諸佛大菩薩衆
南無婆羅劫一切諸佛大菩薩衆
南無梵讃嘆劫一切諸佛菩薩衆
南無散華劫一切諸佛諸大菩薩衆
南無華積劫一切諸佛諸大菩薩衆
南無星喻劫一切諸佛諸大菩薩衆
南無精進德劫一切諸佛大菩薩衆
南無善生劫一切諸佛諸菩薩衆
南無寶炬劫一切諸佛諸菩薩衆
南無歡憙劫一切諸佛諸菩薩衆
南無淨光劫一切諸佛諸菩薩衆
南無勝遊劫一切諸佛諸菩薩衆
南無圓滿劫一切諸佛諸菩薩衆
南無寂靜音劫一切諸佛大菩薩衆
南無天勝劫一切諸佛諸大菩薩衆

南無梵光明劫一切諸佛大菩薩衆
南無功德月劫一切諸佛諸菩薩衆
南無寂靜慧劫一切諸佛諸菩薩衆
南無善出現劫一切諸佛諸菩薩衆
南無集堅固劫一切諸佛諸菩薩衆
南無妙勝主劫一切諸佛諸菩薩衆
南無十功德劫一切諸佛諸菩薩衆
南無普光幢劫一切諸佛諸菩薩衆
南無勝行劫一切諸佛諸大菩薩衆
南無悅樂劫一切諸佛諸大菩薩衆
南無善光劫一切諸佛諸大菩薩衆
南無青蓮華劫一切諸佛菩薩衆
南無善地劫一切諸佛諸大菩薩衆
南無無所得劫一切諸佛諸菩薩衆
南無最勝劫一切諸佛諸菩薩衆
南無妙月劫一切諸佛諸菩薩衆
南無高顯劫一切諸佛諸菩薩衆
南無妙德劫一切諸佛諸菩薩衆
南無無量光劫一切諸佛大菩薩衆
南無莊嚴劫一千諸佛大菩薩衆
南無過去淨明德佛國八十億大菩薩
摩訶薩衆
南無韋提希山帝釋宮中九十九宮一俱
胝菩薩衆

南無釋迦牟尼佛娑婆世界七十二俱胝那由他菩薩

南無無量光佛剎二十五俱胝那由他菩薩摩訶薩

南無世燈佛剎六千俱胝那由他大菩薩摩訶薩衆

南無無垢光佛剎二十五俱胝那由他菩薩摩訶薩衆

南無吉祥峰佛剎二千一百俱胝那由他菩薩摩訶薩

南無仁王佛剎一千俱胝那由他大菩薩摩訶薩衆

南無光明王佛剎一十二俱胝那由他菩薩摩訶薩

南無無畏佛剎六十九俱胝那由他菩薩摩訶薩

南無難忍佛剎十八俱胝那由他菩薩摩訶薩衆

南無寶藏佛剎九十俱胝那由他菩薩摩訶薩衆

南無大光佛剎二十二俱胝那由他菩薩摩訶薩衆

南無龍樹佛剎一千四百菩薩摩訶薩衆

南無師子佛剎一千八百菩薩摩訶薩衆

南無華幢佛剎一俱胝大菩薩摩訶薩衆

南無大圓鏡智金剛波羅蜜出生盡虛空徧法界一切波羅蜜菩薩摩訶薩

南無平等性智寶波羅蜜出生盡虛空徧法界一切波羅蜜菩薩摩訶薩

南無妙觀察智法波羅蜜出生盡虛空徧法界一切波羅蜜菩薩摩訶薩

南無成所作智業波羅蜜出生盡虛空徧法界一切波羅蜜菩薩摩訶薩

南無一切如來菩提心金剛薩埵菩薩等盡虛空徧法界同一體性金剛界生身一切菩薩摩訶薩

南無一切如來菩提心金剛王菩薩等盡虛空徧法界同一體性金剛界生身一切菩薩摩訶薩

南無一切如來菩提心金剛歡菩薩等出生盡虛空徧法界一切波羅蜜菩薩摩訶薩

南無一切如來菩提心金剛善哉菩薩等出生盡虛空徧法界一切波羅蜜菩薩摩訶薩

南無一切如來功德金剛寶菩薩等出生盡虛空徧法界一切波羅蜜菩薩摩訶薩

南無一切如來功德聚金剛光菩薩等出生盡虛空徧法界一切波羅蜜菩薩摩訶薩

南無一切如來功德聚金剛幢菩薩等出生盡虛空徧法界一切波羅蜜菩薩摩訶薩

南無一切如來功德聚金剛笑菩薩等出生盡虛空徧法界一切波羅蜜菩薩摩訶薩

南無一切如來智慧門金剛法菩薩等出生盡虛空徧法界一切波羅蜜菩薩摩訶薩

南無一切如來智慧門金剛利菩薩等出生盡虛空徧法界一切波羅蜜菩薩摩訶薩

南無一切如來智慧門金剛因菩薩等出生盡虛空徧法界一切波羅蜜菩薩摩訶薩

南無一切如來智慧門金剛語菩薩等出生盡虛空徧法界一切波羅蜜菩薩摩訶薩

南無一切如来大精進金剛業菩薩等
出生尽虚空徧法界一切波羅蜜菩
薩摩訶薩
南無一切如来大精進金剛護菩薩等出
生尽虚空徧法界一切波羅蜜菩薩
摩訶薩衆
南無一切如来大精進金剛牙菩薩等
出生尽虚空徧法界一切波羅蜜菩
薩摩訶薩
南無一切如来大精進金剛拳菩薩等
出生尽虚空徧法界一切波羅蜜菩
薩摩訶薩
南無一切如来離垢繒金剛鬘菩薩等
出生尽虚空徧法界一切波羅蜜菩
薩摩訶薩
南無一切如来妙法音金剛歌菩薩等
出生尽虚空徧法界一切波羅蜜菩
薩摩訶薩
南無一切如来神通業金剛舞菩薩等
出生尽虚空徧法界一切波羅蜜菩
薩摩訶薩
南無一切如来真如薫金剛焚香菩薩
等出生尽虚空徧法界一切波羅蜜菩
薩摩訶薩

南無一切如来勝莊嚴金剛華菩薩
等出生尽虚空徧法界一切波羅蜜菩
薩摩訶薩
南無一切如来常普照金剛燈菩薩等
出生尽虚空徧法界一切波羅蜜菩
薩摩訶薩
南無一切如来戒清凉金剛塗香菩薩等
出生尽虚空徧法界一切波羅蜜菩
薩摩訶薩
南無一切如来四攝智金剛鈎菩薩等
出生尽虚空徧法界同一躰性金剛界
生身一切成辦波羅蜜菩薩摩訶
薩
南無一切如来適悦心金剛嬉戲菩薩等
出生尽虚空徧法界同一躰性金剛界
生身一切供養雲海諸菩薩摩訶薩
衆
南無一切如来善巧智金剛索菩薩等
出生尽虚空徧法界同一躰性金剛
界生身一切奉教波羅蜜菩薩摩訶
薩衆
南無一切如来堅固智金剛鎖菩薩等
出生尽虚空徧法界同一躰性金剛界
生身如来使者波羅蜜菩薩摩訶

薩
南無一切如来歡樂智金剛鈴菩薩等
出生尽虚空徧法界同一躰性金剛界
生身一切如来隨順波羅蜜菩薩摩訶
薩
南無一切如来神變末尼寶網弭覆頂
髻菩薩
南無一切如来放大光輪末尼寶珠雷音頂
髻菩薩
南無一切空中衆雜顯照末尼寶珠莊嚴
頂髻菩薩
南無虚空無差別表示摩尼寶網覆
髻菩薩
南無一切如来圓光摩尼寶雷聲頂
髻菩薩
南無諸佛大神通遍照幢寶珠網覆
髻菩薩
南無一切彭海音聲末尼珠王頂髻
大菩薩

菩薩名經諸佛品第一

菩薩名經卷第一

校勘記

一　底本，宋崇寧藏本。本經共十卷，僅宋崇寧藏本收録，無校。

菩薩名經諸菩薩品第二　衡
常不輕居士羅　潛　集
南無東方仙人山金剛勝菩薩三百諸菩
薩衆
南無南方勝峰山法慧菩薩五百諸菩
薩衆
南無西方金剛山精進行菩薩三百諸菩
薩衆
南無北方香積山香象菩薩三百諸菩
薩衆
南無東方寶柱菩薩九百万億諸菩
薩衆
南無南方法才菩薩五百萬億諸菩
薩衆
南無西方善任菩薩十恒河沙諸菩
薩衆
南無北方虚空性菩薩百千万億諸菩
薩衆
南無東方梵上菩薩九万九億百千那由他菩
薩衆
南無南方持成菩薩九万九億諸大菩
薩衆
南無西方大智菩薩九万九千諸大菩
薩衆

南無北方大光菩薩九万九千諸大菩
薩衆
南無東方九十九億百千万同名梵勝菩
薩衆
南無南方九十九億百千万同名不隣陀羅
菩薩
南無西方九十九億百千万同名大功德菩
薩衆
南無北方九十九億百千万同名藥王菩
薩衆
南無東北方清凉山文殊菩薩一万諸菩
薩衆
南無海中金剛山法起菩薩一千二百諸菩
薩衆
南無東南方支提山天冠菩薩一千諸菩
薩衆
南無西南方光明山賢勝菩薩三千諸菩
薩衆
南無北方香風山香光菩薩五千諸菩
薩衆
南無清淨彼岸城目真隣陀窟諸大菩
薩衆
南無摩蘭陀國無礙龍王建立諸大菩
薩衆

南無菴浮梨摩國見億藏諸大菩
薩衆
南無海中莊嚴窟一切諸大菩薩摩
訶薩
南無毗舍離南善任根諸大菩薩摩
訶薩
南無摩度羅城滿足窟諸菩薩摩
訶薩
南無甘菩遮國出生慧諸大菩薩摩
訶薩
南無震旦國那羅延窟諸菩薩摩
訶薩
南無觀音菩薩　或曰觀世音　或曰觀自在
南無文殊菩薩　或曰妙吉祥　或輭首童真
南無彌勒菩薩　或曰慈氏　或曰阿逸多
此迺梵漢不同神變有異秘
多類此故俱存而不敢忽也
南無三世平等音聲頂髻菩薩
南無一切如来法輪音声頂髻菩薩
南無平等示現一切如来師子座冠菩薩
南無普周法界虚空光影冠菩薩
南無陀羅尼功德持一切祕藏菩薩
南無無邊功德辨幢遊戲鳴音菩薩
南無一切如来師子座冠菩薩

南無大金山淨光明威德王藏菩薩
南無金剛实勝臂相莊嚴藏菩薩
南無淨明勝照威德王藏菩薩
南無照一切世間莊嚴藏菩薩
南無隨順等觀一切衆生菩薩
南無降伏一切諸根境界菩薩
南無安慰一切衆生苦聲菩薩
南無諸大山王牙相擊聲菩薩
南無一切佛化光影頂髻菩薩
南無智負大海樂說辯才菩薩
南無法界光影末尼珠冠菩薩
南無會同一切超頂輪王菩薩
南無分別金光明決定王菩薩
南無無數俱致劫普生智菩薩
南無善光無垢住持威德菩薩
南無佛母般若波羅蜜多菩薩
南無嚩日囉鉢訥摩說哩菩薩
南無了一切句句義大乘菩薩
南無一切佛變化影像髻菩薩
南無一切三世名輪聲髻菩薩
南無徧息世間苦惱音菩薩
南無放一切如來光場珠髻菩薩
南無一切虛空壞語寶髻菩薩
南無出一切三世名聲髻菩薩

南無無垢妙淨寶月手光菩薩
南無一切衆生不請之友菩薩
南無大雲寶旃檀香清涼菩薩
南無大名遠震寶幢莊嚴菩薩
南無積累清淨金光威神王菩薩
南無分別光明辯解散句菩薩
南無生無量福積累覩葉菩薩
南無光明遍照高貴德王菩薩
南無十方精進師子娛樂神通菩薩
南無慚愧安定發衆意行菩薩
南無觀察勝法蓮華慧王菩薩
南無一切普現莊嚴藏菩薩
南無一切相莊嚴淨德藏菩薩
南無金剛焰德相莊嚴藏菩薩
南無破一切障勇猛智王菩薩
南無摧一切魔軍智幢王菩薩
南無諸法自在功德華子菩薩
南無無量功德智莊嚴住菩薩
南無為諸生示現細行神足菩薩
南無如來種性成就無退菩薩
南無威儀化衆示無瞋恚菩薩
南無普觀諸國莊嚴變現菩薩
南無無量辯才幢英變音菩薩
南無法界差別彰智神通菩薩

南無一切相莊嚴淨德藏菩薩
南無金剛焰德相莊嚴藏菩薩
南無破一切障勇猛智王菩薩
南無摧一切魔軍智幢王菩薩
南無諸法自在功德華子菩薩
南無無量功德智莊嚴住菩薩
南無為諸生示現細行神足菩薩
南無如來種性成就無退菩薩
南無威儀化衆示無瞋恚菩薩
南無普觀諸國莊嚴變現菩薩
南無無量辯才幢英變音菩薩
南無法界差別彰智神通菩薩
南無論解子義廣說神足菩薩
南無樂說無礙神足幢名稱菩薩
南無一切相莊嚴淨勝藏菩薩
南無無礙焰淨光德威王菩薩
南無見一切田莊嚴瓔珞菩薩
南無不斷如來性出世意菩薩
南無一切化佛光明髻菩薩
南無得無邊辯才無畏菩薩
南無淨寶光明威德王菩薩
南無出生一切佛藏冠菩薩
南無出現一切世間冠菩薩
南無一切法界遍滿光菩薩

南無卽發心轉法輪菩薩
南無波頭摩勝功德菩薩
南無普照法界虛空冠菩薩
南無超出一切世間冠菩薩
南無一切世間安慰音菩薩
南無一切聲差別樂說菩薩
南無莊嚴相星宿山王菩薩
南無觀佛定善根莊嚴菩薩
南無大悲理趣雲雷声菩薩
南無虛空庫無閡智藏菩薩
南無金剛不動光神通菩薩
南無天言說堅固音声菩薩
南無持一切清淨吉祥菩薩
南無相莊嚴星宿聚王菩薩
南無思惟諸法無障礙菩薩
南無一切佛現在藏冠菩薩
南無滅一切世苦惱音菩薩
南無大雲金山有德王菩薩
南無陀羅尼善根成任菩薩
南無常樂集一切功德菩薩
南無師子相無礙光曜菩薩
南無十力清淨威光藏菩薩
南無山王不動威光藏菩薩
南無普音不動威光藏菩薩

南無普清淨無尽福光菩薩
南無雲音海光無垢藏菩薩
南無普眼境界智莊嚴菩薩
南無持佛金剛秘密義菩薩
南無無礙清淨智德藏菩薩
南無持一切衆生彭藏菩薩
南無毗盧遮那彭光明菩薩
南無普勝無上威德王菩薩
南無化現法界彭月王菩薩
南無諸法神通自在王菩薩
南無淨無量網明燈王菩薩
南無一切声性空殿声菩薩
南無如意寶三昧金剛菩薩
南無無邊攀緣出意菩薩
南無電莊嚴鳴音王菩薩
南無種種樂說莊嚴藏菩薩
南無震一切法海雷音菩薩
南無起平等心轉法輪菩薩
南無離一切佛法慢瞖菩薩
南無善百千開華智菩薩
南無淨密金無疑王菩薩
南無珠莊嚴瓔珞行菩薩
南無師子吼鳴音王菩薩
南無陀羅尼自在王菩薩

南無兩時無有出生菩薩
南無無量志莊嚴菩薩
南無普賢衆色光菩薩
南無摩莫雞金剛母菩薩
南無白傘蓋頂輪王菩薩
南無聖無邊頂輪王菩薩
南無觀自在如意輪菩薩
南無光明輪勝威德菩薩
南無一切法得自在菩薩
南無示一切大彭音菩薩
南無師子奮迅吼声菩薩
南無清淨光明莊嚴菩薩
南無彭轉無礙法輪菩薩
南無畢竟功德成就菩薩
南無曼殊尸利童真菩薩
南無奮怒月黶金剛菩薩
南無降伏一切魔輪菩薩
南無一切法海雷声菩薩
南無照法界理趣覺菩薩
南無一切具足智幢菩薩
南無神通遊戲光炎菩薩
南無如來齊光照曜菩薩
南無鳩摩羅浮童男菩薩
南無三曼陀颰陀羅菩薩

南無智慧普照明藏菩薩
南無隨順平等善根菩薩
南無優鉢羅花勝藏菩薩
南無無礙清淨智藏菩薩
南無無礙妙音遠藏菩薩
南無淨一切功德藏菩薩
南無毗盧遮那光明菩薩
南無熒惑仙人五住菩薩
南無甚定普照神通菩薩
南無無思議光孩童菩薩
南無光明遍照寶藏菩薩
南無除一切煩惱慧菩薩
南無破一切黑暗王菩薩
南無一切行深智王菩薩
南無金剛婆叉神通菩薩
南無金剛妙入神通菩薩
南無金剛最上莊嚴菩薩
南無發同心轉法輪菩薩
南無從地踊持世王菩薩
南無得一切法自在菩薩
南無鉢蘭拏賒嚩哩菩薩
南無具大精進步意菩薩
南無無憧志莊嚴王菩薩
南無一切法自在王菩薩

南無大雲蕭雨心王菩薩
南無大雲慧雨充遍菩薩
南無大雲清淨由王菩薩
南無行思議脫門菩薩
南無出威蓮華開身菩薩
南無寂根威儀寂行菩薩
南無過名声威德藏菩薩
南無淨臂無礙光明菩薩
南無一切善根寶聚菩薩
南無說佛法丈夫月菩薩
南無療一切衆生病菩薩
南無海得寶嚴淨意菩薩
南無最上蓮華吉祥菩薩
南無極難敵精進大菩薩
南無震吼深妙音声菩薩
南無金剛髻梨明妃菩薩
南無摧伏一切魔怨菩薩
南無照法界牟尼冠菩薩
南無妙菩提牟尼冠菩薩
南無常憂念一切人菩薩
南無出現一切佛藏菩薩
南無如來種性勝誦菩薩
南無無垢寶月王光菩薩
南無開敷功德寶花菩薩

南無大千無數億劫行菩薩
南無有執境界無怒菩薩
南無壞金剛慧明照菩薩
南無百千功德莊嚴菩薩
南無能解甚深義郎菩薩
南無轉法持衆寶輪菩薩
南無淨明威德王藏菩薩
南無相莊嚴淨德藏菩薩
南無如來族姓成首菩薩
南無不可思議光王菩薩
南無虛空掌珠寶髻菩薩
南無仙人賢力王印菩薩
南無衆生功德香音菩薩
南無分別一切法意菩薩
南無一切寂定自在菩薩
南無如意定智神通菩薩
南無思惟最勝無邊菩薩
南無功德寶髻智王菩薩
南無思惟一切法意菩薩
南無善勇猛蓮華髻菩薩
南無大功德深美音菩薩
南無功德自在大光菩薩
南無陀羅尼勇健力菩薩
南無毗盧遮那智藏菩薩

南無威德光明王藏菩薩
南無星宿王光照藏菩薩
南無如來性起妙德菩薩
南無不可壞精進王菩薩
南無彌智光明幢王菩薩
南無護持正法山王菩薩
南無壞衆界放光明菩薩
南無淨衆光自在王菩薩
南無蓮華功德大梵菩薩
南無不空奮迅界菩薩
南無無憂勝威德菩薩
南無無分明發行菩薩
南無功德王光明菩薩
南無不受戒攝受菩薩
南無斷一切諸難菩薩
南無憂動諸法王菩薩
南無心不捨諸慧菩薩
南無金瓔珞明德菩薩
南無得辯才音声菩薩
南無普吉祥威力菩薩
南無勢力自在王菩薩
南無一切佛藏冠菩薩
南無普照三世覺菩薩
南無功德山威力菩薩

南無功德珊瑚上菩薩
南無最勝自在王菩薩
南無法界光明覺菩薩
南無福德須弥上菩薩
南無常微笑寂根菩薩
南無波頭摩道勝菩薩
南無破諍一切義菩薩
南無住一切悲見菩薩
南無斷一切惡法菩薩
南無能捨一切事菩薩

菩薩名經大菩薩品卷第二

菩薩名經諸大菩薩品第三 衡

常不輕居士羅 濬 集

南無俱蘇摩德藏菩薩
南無金莊嚴光明菩薩
南無光明常照手菩薩
南無住持世間手菩薩
南無無邊步奮迅菩薩
南無虛空平等智菩薩
南無波頭摩華藏菩薩
南無須弥山燈王菩薩
南無一切法自在菩薩
南無無垢眼山王菩薩
南無得脫一切傳菩薩
南無法雲王滿足菩薩
南無無障礙受記菩薩
南無光明威德聚菩薩
南無發無分別行菩薩
南無無邊功德稱菩薩
南無無邊功德生菩薩
南無衆生無礙藏菩薩
南無無量心莊嚴菩薩
南無諸法無疑德菩薩
南無摠持自在王菩薩
南無金剛密跡主菩薩

南無發心轉法輪菩薩
南無淨衆生寶勇菩薩
南無一切法神足王菩薩
南無金剛拳金剛菩薩
南無央俱施金剛菩薩
南無光聚頂輪王菩薩
南無摧碎頂輪王菩薩
南無金剛種族生菩薩
南無鴉玻計始你菩薩
南無忿怒軍荼利菩薩
南無摩层技折唎菩薩
南無黑羅畢金剛菩薩
南無功德清淨藏菩薩
南無如来族姓誦菩薩
南無寶莊嚴堅意菩薩
南無無尽功德藏菩薩
南無俱素摩勝藏菩薩
南無紅蓮華勝藏菩薩
南無持衆生金剛菩薩
南無華光王大智明菩薩
南無弥帝隸刀利菩薩
南無大光明網照藏菩薩
南無那羅延德藏菩薩
南無宿王光照藏菩薩

南無智金剛威光菩薩
南無觀世自在王菩薩
南無金瓔珞明德菩薩
南無毗闍延多羅菩薩
南無毗栗急多羅菩薩
南無功德寶一光菩薩
南無功德安寶光菩薩
南無無畏十力吼菩薩
南無出生一切法王菩薩
南無離一切憂暗菩薩
南無衆智山峰王菩薩
南無不思議吉祥菩薩
南無一切義吉祥菩薩
南無破一切光王菩薩
南無自性出生王菩薩
南無大威神吉祥菩薩
南無金剛意神通菩薩
南無阿里迦摩細菩薩
南無虞羅摩摩細菩薩
南無烏那野摩細菩薩
南無金剛弥佉羅菩薩
南無支囀囉摩細菩薩
南無破一切魔王菩薩
南無金剛獻馱里菩薩

南無蓮華吉祥生菩薩
南無金剛光踰口菩薩
南無善威儀善行菩薩
南無無垢金光明菩薩
南無誐誐曩巘惹菩薩
南無清淨妙音聲菩薩
南無尾說嚩日囉菩薩
南無除一切罪障菩薩
南無尾說鉢訥摩菩薩
南無破一切幽暗菩薩
南無具大神通王菩薩
南無師子莊嚴王菩薩
南無魔界行不污菩薩
南無正等心轉法輪菩薩
南無金剛最上明菩薩
南無三昧自在王菩薩
南無持日月三世菩薩
南無降三世明王菩薩
南無持一切福相菩薩
南無功德王影像菩薩
南無大吉祥天女菩薩
南無葉衣觀自在菩薩
南無甘露軍荼梨菩薩
南無所受則能說菩薩

南無魔界行不污菩薩
南無正等心轉法輪菩薩
南無金剛最上明菩薩
南無三昧自在王菩薩
南無持日月三世菩薩
南無降三世明王菩薩
南無持一切福相菩薩
南無功德王影像菩薩
南無大吉祥天女菩薩
南無葉衣觀自在菩薩
南無甘露軍荼梨菩薩
南無所受則能說菩薩
南無無性出生王菩薩
南無尒焰聖覺達菩薩
南無一切語言智菩薩
南無陀羅尼威德菩薩
南無金剛智威德菩薩
南無功德最勝誦菩薩
南無福須弥勝誦菩薩
南無菩提寂靜声音菩薩
南無發悟本致声菩薩
南無金華光明德菩薩
南無遍悅一切冠菩薩
南無如来種姓勇菩薩

南無菩提勝主王菩薩
南無超欲無虛跡菩薩
南無天言辞鳴音菩薩
南無法慧光焰王菩薩
南無第一功德名稱菩薩
南無師子金剛勝菩薩
南無飽蒲一切音菩薩
南無樂欲如来声菩薩
南無照一切道燈菩薩
南無大雲身遍王菩薩
南無覺無底離垢菩薩
南無師子步雷音菩薩
南無十上月童眞菩薩
南無須弥藏龍仙菩薩
南無蓮華具行劫菩薩
南無龍威德上王菩薩
南無蓮華孫那利菩薩
南無慧明無畏悳菩薩
南無樂欲世尊声菩薩
南無成就第一義菩薩
南無威德覺乾悳菩薩
南無照一切方燈菩薩
南無住無垢藏王菩薩
南無分別無著意菩薩

南無思惟虛空意菩薩
南無法憙慧光明菩薩
南無思惟無礙意菩薩
南無百目蓮華髻菩薩
南無海月光大明菩薩
南無普覺悅意声菩薩
南無普智雲日幢菩薩
南無金焰圓滿光菩薩
南無觀察蓮華幢菩薩
南無普寶髻華幢菩薩
南無善解處非處菩薩
南無優鉢羅德藏菩薩
南無音吉祥威力菩薩
南無如法住山王菩薩
南無無邊意童子菩薩
南無百光所照明菩薩
南無不動步超越菩薩
南無毗俱胝明妃菩薩
南無慧光無礙眼菩薩
南無無礙勝藏王菩薩
南無動衆生離塵菩薩
南無普觀見无尽菩薩
南無菩薩遍照相菩薩
南無妙覺頂髻菩薩

南無無邊觀行菩薩
南無无量發起菩薩
南無智功德幢菩薩
南無第一莊嚴菩薩
南無大勝天王菩薩
南無不空發行菩薩
南無无障礙發菩薩
南無无境界行菩薩
南無无垢奮迅菩薩
南無一切行淨菩薩
南無合百千德菩薩
南無无量精進菩薩
南無羅網光明菩薩
南無无量光明菩薩
南無无邊精進菩薩
南無智稱發行菩薩
南無无鈌奮迅菩薩
南無不退轉輪菩薩
南無不空奮迅菩薩
南無柔軟音響菩薩
南無摩訶薩埵菩薩
南無薩陀波崙菩薩
南無衆德莊嚴菩薩
南無分別辨覺菩薩

南無功德王慧菩薩
南無因陀羅網菩薩
南無斷一切憂菩薩
南無清淨三輪菩薩
南無雲山吼声菩薩
南無思惟大悲菩薩
南無志得佛声菩薩
南無善夜月華菩薩
南無得如来住菩薩
南無高貴德王菩薩
南無青蓮華眼菩薩
南無破邪見魔菩薩
南無住一切聲菩薩
南無憂波羅眼菩薩
南無不疲倦意菩薩
南無大須弥山菩薩
南無不動華步菩薩
南無拔陀波羅菩薩
南無無量德寶菩薩
南無淨住王子菩薩
南無法雨十方菩薩
南無三昧遊戲菩薩
南無大智居士菩薩
南無因陀羅德菩薩

南無斷諸惡道菩薩
南無波頭摩藏菩薩
南無不可思議菩薩
南無國土莊嚴菩薩
南無樂說無滯菩薩
南無發行成就菩薩
南無波頭摩眼菩薩
南無尼民陀羅菩薩
南無清淨聲光菩薩
南無羅網莊嚴菩薩
南無不取諸法菩薩
南無無邊鷄兜菩薩
南無諸功德身菩薩
南無斷諸嚴王菩薩
南無山峰住持菩薩
南無法樂莊嚴菩薩
南無因陀羅幢菩薩
南無無障礙智菩薩
南無須彌山聲菩薩
南無山相莊嚴菩薩
南無住持寂靜菩薩
南無不可嫌稱菩薩
南無尼拘律王菩薩
南無甘露黠王菩薩

南無過一切道菩薩
南無無邊自在菩薩
南無不虛行力菩薩
南無離衆生相菩薩
南無諸道不亂菩薩
南無化無知訢菩薩
南無訢轉法輪菩薩
南無訢無差別菩薩
南無訢不離佛菩薩
南無無邊寶嚴菩薩
南無智流布嚴菩薩
南無功德王明菩薩
南無无邊威德菩薩
南無无差別嚴菩薩
南無轉諸行嚴菩薩
南無常發精進菩薩
南無赤蓮華相菩薩
南無一切法行菩薩
南無邊辯才菩薩
南無不斷辯才菩薩
南無稱名離結菩薩
南無住律儀菩薩
南無妙華蓋嚴菩薩
南無大悲莊嚴菩薩

南無觀音定嚴菩薩
南無華生高德菩薩
南無威德自在菩薩
南無無異行嚴菩薩
南無等不等觀菩薩
南無無邊寶藏菩薩
南無淨諸業障菩薩
南無象香手者菩薩
南無師子行步菩薩
南無分別身觀菩薩
南無無住法行菩薩
南無觀見無常菩薩
南無無障淨月菩薩
南無不厭患劫菩薩
南無得深智辯菩薩
南無蔽塞諸障菩薩
南無摩尼光王菩薩
南無金剛勝意菩薩
南無散諸恐怖菩薩
南無相好積藏菩薩
南無摩尼金剛菩薩
南無虛空無垢菩薩
南無虛空勝藏菩薩
南無觀世音母菩薩

南無勝頂輪王菩薩
南無一切義成菩薩
南無寶月光明菩薩
南無金剛連瑣菩薩
南無金剛羂索菩薩
南無定自在王菩薩
南無制多雷音菩薩
南無紅蓮華手菩薩
南無斷諸惡趣菩薩
南無遠塵勇猛菩薩
南無有情上智菩薩
南無香華上智菩薩
南無高貴德光菩薩
南無妙覺王王菩薩
南無道場声音菩薩
南無出三世覺菩薩
南無本覺音菩薩
南無不動王王菩薩
南無大智法幢菩薩
南無寶藏上意菩薩
南無金剛功德菩薩
南無如意光積菩薩
南無淨音聲王菩薩
南無玄通華光菩薩

南無福山威光菩薩
南無離垢上智菩薩
南無遍照上智菩薩
南無遠塵上智菩薩
南無金剛上智菩薩
南無大慧威光菩薩
南無紅蓮華藏菩薩
南無離垢威光菩薩
南無智照威光菩薩
南無寺勝威光菩薩
南無無能勝冠菩薩
南無龍王頂髻菩薩
南無福德高幢菩薩
南無光明高幢菩薩
南無智慧高幢菩薩
南無末尼高幢菩薩
南無神通高幢菩薩
南無覺慧高幢菩薩
南無香無高幢菩薩
南無普照高幢菩薩

菩薩名経卷第三

菩薩名經諸大菩薩品第四　衡

常不輕居士羅　濬　集

南無釋迦牟尼菩薩
南無如意光積菩薩
南無鼻揉多羅菩薩
南無栴檀勝藏菩薩
南無福德勝藏菩薩
南無勇脩行智菩薩
南無阿離念彌菩薩
南無提婆羅大菩薩
南無僧伽羅剎菩薩
南無無思議光菩薩
南無曇摩阿偈菩薩
南無比辰妙見菩薩
南無蓮華勝藏菩薩
南無須帝鍮鉡菩薩
南無婆莊嚴藏菩薩
南無婆藪槃豆菩薩
南無蔔羯羅王菩薩
南無大寶伽羅菩薩
南無須涅多羅菩薩
南無阿差耶末菩薩
南無擊金剛慧菩薩
南無功德相藏菩薩

南無寶日光明菩薩
南無功德寶光菩薩
南無達摩達帝菩薩
南無破樓提婆菩薩
南無勒那多羅菩薩
南無盤頭達多菩薩
南無曇昧摩提菩薩
南無南方淨土菩薩
南無金剛吉祥菩薩
南無福德莊嚴菩薩
南無摩訶彌盧菩薩
南無一切出生菩薩
南無福妙高誦菩薩
南無梵王頂髻菩薩
南無法華光瑞菩薩
南無波女羅提婆菩薩
南無無迦略曳菩薩
南無訶梨跋暮菩薩
南無婆修跋摩菩薩
南無俱蘇摩德菩薩
南無無量力吼菩薩
南無牟脩輪陀菩薩
南無栴檀吉祥菩薩
南無福德吉祥菩薩

南無清淨月藏菩薩
南無光明吉祥菩薩
南無一切寶手菩薩
南無不退地王菩薩
南無妙幢天幢菩薩
南無變化夜义菩薩
南無妙思議藏菩薩
南無哩弥你弥菩薩
南無灌頂吉祥菩薩
南無變化秘密菩薩
南無音遍照冠菩薩
南無金剛妙音菩薩
南無金剛顛羅菩薩
南無金剛薩寫菩薩
南無金剛步尼菩薩
南無金剛光明菩薩
南無金剛藏王菩薩
南無金剛擣尼菩薩
南無金剛秫羅菩薩
南無金剛波舍菩薩
南無金剛藥剎菩薩
南無金剛巧業菩薩
南無金剛足進菩薩
南無摩秫嚕底菩薩

南無如意光明菩薩
南無得妙音声菩薩
南無蜱曇摩細菩薩
南無帝祖摩細菩薩
南無寶嚴海悲菩薩
南無伊迦慧吒菩薩
南無羯塵金剛菩薩
南無大雲密藏菩薩
南無最勝作意菩薩
南無善寂解脫菩薩
南無無分別光菩薩
南無如来奉大菩薩
南無療煩惱病菩薩
南無善時鵝王菩薩
南無寶藏月光菩薩
南無降大千界菩薩
南無鼻掬多羅菩薩
南無三輪清淨菩薩
南無三昧開華菩薩
南無无邊作行菩薩
南無極慧王大菩薩
南無妙得彼岸菩薩
南無歡慧高王菩薩
南無不斷大彭菩薩

南無大海深王菩薩
南無妙辨嚴王菩薩
南無勝德赤衣菩薩
南無難敵精進菩薩
南無摩尼金剛菩薩
南無嚴王影像菩薩
南無大成就主菩薩
南無善思而思菩薩
南無梅呾羅耶菩薩
南無蓮華勝上菩薩
南無意不缺戒菩薩
南無最上寶智菩薩
南無大神變王菩薩
南無清淨雨王菩薩
南無常慧悅根菩薩
南無月靨忿怒菩薩
南無蓮華慧藏菩薩
南無山自在王菩薩
南無功德光王菩薩
南無一切印主菩薩
南無離塵勇猛菩薩
南無功德華王菩薩
南無健陀訶盡菩薩
南無最上智智菩薩

南無福山威德菩薩
南無無垢上智菩薩
南無勝蓮華藏菩薩
南無照十方冠菩薩
南無妙菩提髻菩薩
南無大慈勝誦菩薩
南無婆羅帝王菩薩
南無寂靜帝王菩薩
南無最勝帝王菩薩
南無不動帝王菩薩
南無善根雷声菩薩
南無勇猛雷音菩薩
南無成就彰行菩薩
南無毗盧遮那菩薩
南無智照威德菩薩
南無普勝威德菩薩
南無善利智眼菩薩
南無無映蔽冠菩薩
南無普光勝誦菩薩
南無智照勝誦菩薩
南無善華神通菩薩
南無成就宿緣菩薩
南無調御衆生菩薩
南無寶德智威菩薩

南無金寶曜首菩薩
南無善思義意菩薩
南無翳日月光菩薩
南無執離意王菩薩
南無妙色莊嚴菩薩
南無無垢上智菩薩
南無悅諸方寂菩薩
南無不動至王菩薩
南無常持志誠菩薩
南無根常喜笑菩薩
南無建若干光菩薩
南無大雲護子菩薩
南無大辯聚王菩薩
南無步不動跡菩薩
南無神通妙華菩薩
南無無上寶智菩薩
南無道場珠冠菩薩
南無婆羅王德菩薩
南無消諸憂冥菩薩
南無德寶較飾菩薩
南無遊步到明菩薩
南無言行相應菩薩
南無白智幢真菩薩
南無地最上王菩薩

南無一切吉利菩薩
南無無滅進意菩薩
南無照四千里菩薩
南無潤疾顯明菩薩
南無明見光賢菩薩
南無大海深王菩薩
南無大氷伽羅菩薩
南無喜以眼見菩薩
南無止一切蓋菩薩
南無特嚴歡好菩薩
南無變衆法王菩薩
南無樂歡佛声菩薩
南無視處悉吉菩薩
南無福光平等菩薩
南無普利可見菩薩
南無隨智勇行菩薩
南無度不動跡菩薩
南無空寂顯明菩薩
南無悅持無怒菩薩
南無大雲星光菩薩
南無得上授記菩薩
南無人中之天菩薩
南無緊那羅王菩薩
南無柔音軟響菩薩

南無大雲福田菩薩
南無妙心開意菩薩
南無深密解脫菩薩
南無大雲現道菩薩
南無思於大哀菩薩
南無金網莊嚴菩薩
南無羅鄰師利菩薩
南無涅羅師利菩薩
南無惟闍師利菩薩
南無曇摩師利菩薩
南無軷陀師利菩薩
南無檀那師利菩薩
南無月光莊嚴菩薩
南無大雲彭華菩薩
南無大雲順師菩薩
南無顯音契王菩薩
南無諸法變王菩薩
南無雲雷振聲菩薩
南無佛陀師利菩薩
南無偌那師利菩薩
南無群那師利菩薩
南無思無量義菩薩
南無持佛英輪菩薩
南無持過地力菩薩

東

南無蓮華吉藏菩薩
南無功德山王菩薩
南無持佛金剛菩薩
南無魔界香音菩薩
南無無量示現菩薩
南無造智知識菩薩
南無羅鄰那竭菩薩
南無栴檀德藏菩薩
南無光明焰藏菩薩
南無不染行處菩薩
南無善意覺觀菩薩
南無不可近意菩薩
南無樹王印勝菩薩
南無菩提爽相菩薩
南無無等煩惱菩薩
南無無邊發王菩薩
南無求善法王菩薩
南無蘇利耶藏菩薩
南無四無礙智菩薩
南無分別辯覺菩薩
南無光焰功德菩薩
南無畢竟淨意菩薩
南無無障礙燈菩薩
南無蓮華德藏菩薩

照明藏菩薩
懷愛樂菩薩
常不輕菩薩
德山勇菩薩
普照勇菩薩
智照勇菩薩
天主王菩薩
三品淨菩薩
盧舍德菩薩
寂主王菩薩
衆主王菩薩
在所吉菩薩
珎寶念菩薩
解脫王菩薩
佛功德菩薩
入無諍菩薩
德吉勝菩薩
不着行菩薩
捨女飾菩薩
好疑問菩薩
無速行菩薩
善變化菩薩
樂意生菩薩
阿泥察菩薩

調慢意菩薩
慈不聲菩薩
妙吉祥菩薩
常精進菩薩
名稱勇菩薩
三界尊菩薩
化主王菩薩
遍悅德菩薩
法主王菩薩
智炬燈菩薩
善心念菩薩
和呵末菩薩
大氣力菩薩
持甘露菩薩
任無量菩薩
無垢焰菩薩
不動搖菩薩
不速見菩薩
正報答菩薩
摩尼那菩薩
永斷疑菩薩
不虛現菩薩
持祠身菩薩
無盡華菩薩

端嚴藏菩薩
察無㝵菩薩
悲旋潤菩薩
善上乘菩薩
燈明王菩薩
種姓生菩薩
月盛滿菩薩
合曼掌菩薩
道勝子菩薩
栴檀那菩薩
長壽王菩薩
手樂趣菩薩
賢頭明菩薩
妙香口菩薩
智山光菩薩
不可生菩薩
金城山菩薩
雨山鼎菩薩
離砍迹菩薩
芙蓉吉菩薩
意神靈菩薩
無量志菩薩
總敎王菩薩
普照月菩薩

華戲慧菩薩
德嚴華菩薩
最高辯菩薩
滅衆病菩薩
伽睺多菩薩
波頭摩菩薩
不違信菩薩
智山幢菩薩
明爽成菩薩
上名意菩薩
延壽王菩薩
師子香菩薩
不休息菩薩
妙香說菩薩
光声陽菩薩
普照明菩薩
大處廢菩薩
安處度菩薩
心信悅菩薩
增長志菩薩
妙色光菩薩
蓮華目菩薩
增去志菩薩
放光月菩薩

妙名月菩薩　大進趣菩薩
地輪音菩薩　正定意菩薩
大進徤菩薩　大雲性菩薩
首藏華菩薩　意信淨菩薩
出衆寶菩薩　摠豪王菩薩
無邊行菩薩　珠頂王菩薩
不等觀菩薩　寶甚持菩薩
神通華菩薩　大辯藏菩薩
等不等菩薩　無盡智菩薩
現寶蓋菩薩　持一切菩薩
安立行菩薩　石磨王菩薩
諸神通菩薩　普稱尊菩薩
出力勢菩薩　無退進菩薩
慧剛意菩薩　雨覺雨菩薩
珠相炎菩薩　慧茂藏菩薩
上場王菩薩　無愚現菩薩
如佛威菩薩　靜正幢菩薩
智燈光菩薩　那羅達菩薩
和輪調菩薩　慚愧林菩薩
無量明菩薩　無邊禪菩薩
大威光菩薩　須薩和菩薩
須弥深菩薩　跋陀和菩薩

菩薩名經大菩薩品卷第四

菩薩名經大菩薩品卷第五　衛
常不輕叟羅　濬　集
光明轉菩薩　智功德菩薩
普光明菩薩　勝光明菩薩
曇無竭菩薩　寶莊嚴菩薩
寶牟尼菩薩　寶蒲足菩薩
星宿變菩薩　不空說菩薩
大光明菩薩　大尊師菩薩
星宿王菩薩　那羅延菩薩
佛華手菩薩　不驚怖菩薩
上莊嚴菩薩　不發覩菩薩
寶光明菩薩　得勝慧菩薩
自在觀菩薩　思益勝菩薩
離諸有菩薩　名智稱菩薩
無垢稱菩薩　無盡意菩薩
大勢至菩薩　金剛藏菩薩
無所發菩薩　光明幢菩薩
光明勝菩薩　師子慧菩薩
妙香象菩薩 廿廿五　莎羅胎菩薩
不空見菩薩　降伏魔菩薩
勝上身菩薩　常精進菩薩
堅精進菩薩　清淨藏菩薩
法自在菩薩　不可盡菩薩
求妙法菩薩　德明王菩薩

天音声菩薩　超福聚菩薩
無礙眼菩薩　心無礙菩薩
虛空藏菩薩　大香象菩薩
解脫月菩薩　持一切菩薩
瑠璃光菩薩　歡喜王菩薩
得普影菩薩　慈仁智菩薩
離垢淨菩薩　不盡欲菩薩
法印藏菩薩　師子吼菩薩
金剛意菩薩　持寶炬菩薩
大海意菩薩　不邪見菩薩
善中善菩薩　淨王光菩薩
棄惡法菩薩　超山頂菩薩
無憂德菩薩　無比心菩薩
山樂說菩薩　不虛嚴菩薩
勇猛德菩薩　斷諸蓋菩薩
月光明菩薩　自在天菩薩
那羅德菩薩　可供養菩薩
任佛声菩薩 廿廿五　南無淨菩薩
最勝意菩薩　善任意菩薩
不捨行菩薩　妙声吼菩薩
華莊嚴菩薩　善導師菩薩
金剛眼菩薩　斷諸疑菩薩
讚賢劫菩薩　增長意菩薩
覺菩提菩薩　心勇猛菩薩

觀自在菩薩　大樂說菩薩
無緣觀菩薩　德曜王菩薩
超魔見菩薩　離塵幢菩薩
寂靜光菩薩　虛空勝菩薩
龍王髻菩薩　勝成就菩薩
成就有菩薩　寶印手菩薩
佛幢上菩薩　降魔音菩薩
大自在菩薩　離垢光菩薩
梵王髻菩薩　地震音菩薩
善威儀菩薩　師子意菩薩
世主音菩薩　普見眼菩薩
廣大覺菩薩　無邊觀菩薩
妙鼓声菩薩　功德山菩薩
摩留天菩薩　須弥山菩薩
無障礙菩薩　入功德菩薩
然燈手菩薩　金剛步菩薩
高精進菩薩　善思議菩薩
娑伽羅菩薩　常舉手菩薩
摩尼髻菩薩　寂靜心菩薩
智慧猛菩薩　步三界菩薩
莊嚴王菩薩　無垢智菩薩
變化業菩薩　光明意菩薩
法雞兜菩薩　無垢藏菩薩
弥畱王菩薩　寶功德菩薩

寶蓋山菩薩　轉女根菩薩
日鶏兜菩薩　寶尸棄菩薩
須弥幢菩薩　星宿味菩薩
常悲泣菩薩　雲光明菩薩
大威德菩薩　决定法菩薩
離諸惡菩薩　無邊行菩薩
無邊幢菩薩　世間炬菩薩
任持華菩薩　無障眼菩薩
甘露声菩薩　無邊見菩薩
無礙見菩薩　法雲吼菩薩
斷諸魔菩薩　無邊光菩薩
作光明菩薩　華悳藏菩薩
無量緣菩薩　不休息菩薩
越三界菩薩　大莊嚴菩薩
無量力菩薩　金剛力菩薩
無量辯菩薩　離諸難菩薩
無邊捨菩薩　珎離難菩薩
不虛稱菩薩　師子力菩薩
無邊手菩薩　不虛得菩薩
離男相菩薩　不虛藏菩薩
不入胎菩薩　常憙嚴菩薩
善思行菩薩　無邊辯菩薩
無著手菩薩　不動行菩薩
離女相菩薩　畢竟思菩薩

不虛珎菩薩　深行珎菩薩
常悲藏菩薩　具戒珎菩薩
袈裟相菩薩　紹佛種菩薩
天善友菩薩　善知識菩薩
珎無慳菩薩　珎不乱菩薩
普名聞菩薩　不虛見菩薩
自在力菩薩　智自在菩薩
梵音声菩薩　寶沙羅菩薩
不虛行菩薩　無邊眼菩薩
無跡行菩薩　智流布菩薩
高華德菩薩　無怖畏菩薩
無邊明菩薩　寶吉祥菩薩
德王明菩薩　不虛名菩薩
不虛力菩薩　寶行列菩薩
任功德菩薩　得無畏菩薩
利益行菩薩　善思藏菩薩
轉女難菩薩　多精進菩薩
無貪手菩薩　甘露味菩薩
寶弥樓菩薩　無量光菩薩
憙自在菩薩　壞諸論菩薩
無畏音菩薩　無礙嚴菩薩
無量声菩薩　無相藏菩薩
方弥樓菩薩　眼名聞菩薩
智窟德菩薩　無邊音菩薩

三有吉菩薩　波羅延菩薩
具足意菩薩　净生德菩薩
金剛行菩薩　轉諸難菩薩
無礙音菩薩　真妙音菩薩
無邊姓菩薩　衆出要菩薩
求利世菩薩　不忘念菩薩
得功德[廿五]菩薩　婆訶[四]王菩薩
智生德菩薩　大美德菩薩
優鉢羅菩薩　寶婆羅菩薩
流布王菩薩　衆一相菩薩
無上智菩薩　方流布菩薩
智出德菩薩　智精進菩薩
須弥王菩薩　不虛見菩薩
旃檀德菩薩　善威儀菩薩
無邊珎菩薩　無量意菩薩
觀定嚴菩薩　二牟陀菩薩
善利意菩薩　阿嚕那菩薩
名聞慈菩薩　一切利菩薩
清淨慧菩薩　至光英菩薩
炎熾妙菩薩　大名聞菩薩
不思議菩薩　明埵髻菩薩
惟念安菩薩　無量音菩薩
堅師子菩薩　獨遊步菩薩
捨所念菩薩　及智積菩薩

須弥山菩薩　虛空王菩薩
寶靜慧菩薩　堅淨信菩薩
堅固意菩薩　離垢意菩薩
無勝持菩薩　寂靜慧菩薩
治世間菩薩　如来聚菩薩
毗俱胝菩薩　超三界菩薩
大迅疾菩薩　佛毫相菩薩
無法行菩薩　計始你菩薩
金剛弓菩薩　金剛友菩薩
精進手菩薩　須弥德菩薩
截意慧菩薩　金剛愛菩薩
金剛劍菩薩　善名稱菩薩
功德首菩薩　大慈生菩薩
如来手菩薩　不空王菩薩
金剛覺菩薩　金剛輪菩薩
金剛光菩薩　平等任菩薩
智慧首菩薩　智上智菩薩
寶上智菩薩　日上智菩薩
月上智菩薩　香花幢菩薩
持威光菩薩　月威光菩薩
離垢幢菩薩　無着幢菩薩
遍照幢菩薩　遠塵幢菩薩
日威光菩薩　寶威光菩薩
清淨眼菩薩　離垢眼菩薩

無着眼菩薩　普見眼菩薩
善利眼菩薩　虛空眼菩薩
名聞慈菩薩　遍照藏菩薩
妙覺冠菩薩　遍照冠菩薩
遠塵光菩薩　梵高幢菩薩
持吼声菩薩　日月光菩薩
德慧涌菩薩　名稱涌菩薩
普照涌菩薩　大慈涌菩薩
智現涌菩薩　高幢勝菩薩
遍照勝菩薩　虛空勝菩薩
高王王菩薩　世王王菩薩
山王王菩薩　梵王王菩薩
尊王王菩薩　寂靜音菩薩
海潮音菩薩　無着音菩薩
持声音菩薩　智高覺菩薩
虛空覺菩薩　離垢覺菩薩
無着覺菩薩　覺悟覺菩薩
普明覺菩薩　維摩詰菩薩
無量行菩薩　善功德菩薩
金光明菩薩　寶意珠菩薩
常調身菩薩　雜花眼菩薩
金剛子菩薩　妙真金菩薩
蓮花身菩薩　龠泉彩菩薩
香象王菩薩　放光王菩薩

光照明菩薩　大雷音菩薩
薩和檀菩薩　韋羅摩菩薩
天勝藏菩薩　妙勝藏菩薩
阿遮羅菩薩　蓮花藏菩薩
淨目藏菩薩　華勝藏菩薩
功德藏菩薩　不邪見菩薩
福德藏菩薩　佛勝藏菩薩
如来藏菩薩　輭吉祥菩薩
神通華菩薩　分別明菩薩
上寶月菩薩　白香象菩薩
樂說頂菩薩　華威德菩薩
毗婆尸菩薩　根吉祥菩薩
功德施菩薩　和和檀菩薩
大域龍菩薩　薩惒樓菩薩
師子作菩薩　德光曜菩薩
金剛任菩薩　大威勇菩薩
無上慧菩薩　婆陀和菩薩
重勝上菩薩　無所有菩薩
金剛軍菩薩　蘇達那菩薩
師子憍菩薩　釋摩男菩薩
轉女身菩薩　金剛女菩薩
慈世子菩薩　須摩提菩薩
阿述達菩薩　摩帝驪菩薩
大方廣菩薩　伊波勒菩薩

神變光菩薩
無邊身菩薩
宿王華菩薩
上行意菩薩
向闍浮菩薩
炎熾藏菩薩
金剛智菩薩
徧照幢菩薩
日威德菩薩
華上智菩薩
無着智菩薩
遠塵智菩薩
月威德菩薩
敵音聲菩薩
端嚴幢菩薩
普明眼菩薩
普照冠菩薩
離塵光菩薩
寂靜光菩薩
大三昧菩薩
神變光菩薩
神通光菩薩
殊勝涌菩薩
法涌德菩薩
法帝王菩薩
象帝王菩薩
梵帝王菩薩
山帝王菩薩
衆帝王菩薩
天帝玉菩薩
開寤覺菩薩
斷幽冥菩薩
普光覺菩薩
觀無任菩薩
勇猛軍菩薩
摧過各菩薩
勇猛力菩薩
淨三輪菩薩
妙旃檀菩薩
無邊勝菩薩
妙離塵菩薩
成就行菩薩
勝智彭菩薩
法光明菩薩
法速疾菩薩
賢吉祥菩薩
童子光菩薩
無諍論菩薩

衆尊王菩薩
度衆生菩薩
大弥樓菩薩
法王吼菩薩
如言行菩薩
無攀緣菩薩
衆勝王菩薩
深說者菩薩
常明曜菩薩
不離音菩薩
無盡慧菩薩
令信樂菩薩
無岸智菩薩
思無礙菩薩
金剛色菩薩
一切淨菩薩
示現灰菩薩
遠塵智菩薩
遍說智菩薩
無毀冠菩薩
道場髻菩薩
德增勇菩薩
大慈勇菩薩
法勇德菩薩
慧光曜菩薩
世光曜菩薩
意善住菩薩
無抂相菩薩
須弥光菩薩
消強意菩薩
能擁護菩薩
至誠英菩薩
蓮華界菩薩
衆諸安菩薩
聖慧業菩薩
將功勳菩薩
淨梵施菩薩
贊事業菩薩
處天華菩薩
無限法菩薩
名聞意菩薩
已辦積菩薩
自在門菩薩
十種力菩薩
有十力菩薩
大聖慈菩薩
無所越菩薩
遊寂默菩薩

在於彼菩薩
無數天菩薩
極重藏菩薩
因超越菩薩
威神聖菩薩
大部界菩薩
以山護菩薩
持三世菩薩
有功勳菩薩
宣名稱菩薩
時節王菩薩
示現有菩薩
光遠照菩薩
山師子菩薩
有取施菩薩
莫能勝菩薩
爲最幢菩薩
喜悅稱菩薩
無損減菩薩
無着天菩薩
大明燈菩薩
執功勳菩薩
無等倫菩薩
奮迅慧菩薩
根蓮華菩薩
功德分菩薩
利益六菩薩
無所讀菩薩
定化王菩薩
不捨誓菩薩
放香光菩薩
如香象菩薩
非不言菩薩
持山嵓菩薩
石山王菩薩
常下手菩薩
常喜根菩薩
法勇王菩薩
過諸蓋菩薩
遺分味菩薩
山積王菩薩
金剛志菩薩
如實見菩薩
摧異論菩薩
神通王菩薩
聖者月菩薩
金剛齊菩薩
大樹王菩薩

石山陰菩薩　覺吉祥菩薩
師子志菩薩　善丈夫菩薩
金剛明菩薩　白毫相菩薩
阿逸多菩薩　摩摩吉菩薩
摩里支菩薩　聖祖拏菩薩
金剛敷菩薩　最勝行菩薩
金剛速菩薩　童子相菩薩
含嚩里菩薩　嚩囉呬菩薩
金剛明菩薩　師子行菩薩
力士藏菩薩　鄔哩反菩薩
穰虞利菩薩　大隨永菩薩
勝義心菩薩　大供養菩薩
熾盛光菩薩　嚩彔你菩薩
得光王菩薩　羯磨拳菩薩
法金剛菩薩　無差步菩薩
上金光菩薩　毗婆訶菩薩
頂真胝菩薩　不可說菩薩
成就意菩薩　吉祥生菩薩
妙高王菩薩　龍吉祥菩薩
吉祥藏菩薩　無邊視菩薩
無兩有菩薩　覺吉祥菩薩
三寶尊菩薩　摩囉大菩薩
普緣觀菩薩　盧空庫菩薩
普智幢菩薩　等持藏菩薩

光吉祥菩薩　能念慧菩薩
普嚴相菩薩　普戒慧菩薩
離塵步菩薩　摩尼藏菩薩
蓮華戒菩薩　智金剛菩薩
寂靜慧菩薩　藥王軍菩薩
蓮華利菩薩

菩薩名經大菩薩品卷第五

菩薩名經大菩薩品卷第六　衡

常不輕君士羅　潘　集

福德王菩薩　如理慧菩薩
普供養菩薩　一相慧菩薩
勢力慧菩薩　虛空慧菩薩
那伽慧菩薩　華齒王菩薩
念莊嚴菩薩　智慧芽菩薩
勝法王菩薩　無怨勝菩薩
無悔厭菩薩　性莊嚴菩薩
達空際菩薩　了佛種菩薩
住佛智菩薩　化德藏菩薩
日光明菩薩　如來藏菩薩
肩多意菩薩　光明覺菩薩
喜信淨菩薩　大海智菩薩
廣大覺菩薩　阿僧伽菩薩
英吉祥菩薩　根吉祥菩薩
奕吉祥菩薩　重勝王菩薩
福德光菩薩　廿廿六　金山王菩薩
奮迅王菩薩　師子相菩薩
選遊步菩薩　蓮華子菩薩
如來林菩薩　炎德藏菩薩
智行足菩薩　擇戰鬪菩薩
善繫意菩薩　毗婆訶菩薩
勝行王菩薩　大勢德菩薩

憍目兜菩薩　因坻達菩薩
幢吉祥菩薩　念吉祥菩薩
得成就菩薩　寶仙人菩薩
虛空明菩薩　世間利菩薩
平等心菩薩　不究竟菩薩
天王光菩薩　自在光菩薩
緊迦羅菩薩　消除王菩薩
甘露光菩薩　無性光菩薩
天中天菩薩　深意王菩薩
變化界菩薩　自性光菩薩
無餘幢菩薩　無畏王菩薩
無邊華菩薩　世間光菩薩
寶檀華菩薩　最勝子菩薩
金剛吼菩薩　殊致羅菩薩
證真常菩薩　一切勇菩薩
秘密藏菩薩　提波羅菩薩
分別明菩薩　龍王吼菩薩
雷電吼菩薩　大勤勇菩薩
福德音菩薩　堅牢慧菩薩
安詳步菩薩　吉祥幢菩薩
質直行菩薩　歡喜根菩薩
出生王菩薩　普遍花菩薩
智吉祥菩薩　出法藏菩薩
離取捨菩薩　法吉祥菩薩

妙幢手菩薩　妙金剛菩薩
財吉祥菩薩　勝天王菩薩
達頭羅菩薩　高炬王菩薩
蓮華勝菩薩　功德聚菩薩
無吾我菩薩　大空藏菩薩
大悲心菩薩　廿六　不置遠菩薩
哀雅威菩薩　金寶藏菩薩
懷日藏菩薩　勝華藏菩薩
南無淨菩薩　南無雨菩薩
南無恒菩薩　南無止菩薩
南無上菩薩　南無華菩薩
南無山菩薩　南無月菩薩
南無空菩薩　南無高菩薩
南無白菩薩　南無象菩薩
龍明菩薩　佛愛菩薩
思義菩薩　行林菩薩
勝林菩薩　力林菩薩
智林菩薩　梵頂菩薩
日幢菩薩　持藏菩薩
妙德菩薩　佛意菩薩
人意菩薩　祠意菩薩
達意菩薩　月上菩薩
非義菩薩　寶女菩薩
音守菩薩　惠積菩薩

威行菩薩　一王菩薩
具足菩薩　無感菩薩
普賢菩薩　遍吉菩薩
導師菩薩　藥王菩薩
天蔽菩薩　地藏菩薩
智稱菩薩　智勝菩薩
多声菩薩　智作菩薩
善數菩薩　淨声菩薩
妙智菩薩　大勝菩薩
合聚菩薩　名勝菩薩
智力菩薩　勇德菩薩
德勝菩薩　樂行菩薩
寶行菩薩　寶火菩薩
法作菩薩　勝慧菩薩
智象菩薩　日德菩薩
寶面菩薩　普至菩薩
無憂菩薩　奮迅菩薩
妙勝菩薩　妙意菩薩
香象菩薩　日光菩薩
日藏菩薩　寶炬菩薩
雲王菩薩　山王菩薩
不退菩薩　愛作菩薩
精進菩薩　無怨菩薩
燈手菩薩　寶手菩薩

恋亐

廣心菩薩　禪食菩薩
能勝菩薩　天眼菩薩
吉意菩薩　持意菩薩
天官菩薩　妙生菩薩
龍勝菩薩　龍德菩薩
地持菩薩　寶掌菩薩
愛見菩薩　大山菩薩
廣思菩薩　常憶菩薩
無垢菩薩　堅意菩薩
普行菩薩　善勝菩薩
寶作菩薩　寶月菩薩
思益菩薩　月山菩薩
智山菩薩　樂作菩薩
勝意菩薩　智澤菩薩
賢首菩薩　見愛菩薩
勝讚菩薩　無言菩薩
寂意菩薩　山峰菩薩
普光菩薩　海慧菩薩
速行菩薩　不瞬菩薩
天山菩薩　大將菩薩
善臂菩薩　深行菩薩
善見菩薩　寶路菩薩
百光菩薩　金山菩薩
寶天菩薩　海民菩薩

寶輪菩薩　難可菩薩
大力菩薩　淨心菩薩
離垢菩薩　大月菩薩
捨罪菩薩　金髻菩薩
普眼菩薩　善月菩薩
寂行菩薩　淨勝菩薩
勝聚菩薩　網明菩薩
難叵菩薩　星得菩薩
善力菩薩　增意菩薩
大意菩薩　持世菩薩
住意菩薩　持地菩薩
寶臂菩薩　深辯菩薩
華手菩薩　寶德菩薩
過彭菩薩　戒利菩薩
雲音菩薩　轉彭菩薩
演華菩薩　寶華菩薩
上德菩薩　乘辯菩薩
樂衆菩薩　愛天菩薩
樂佛菩薩　寶嚴菩薩
持熱菩薩　德海菩薩
普利菩薩　無染菩薩
善戒菩薩　增上菩薩
滅相菩薩　常勝菩薩
增法菩薩　增友菩薩

勝衆菩薩　日寳菩薩
樂勝菩薩　上嚴菩薩
勝怨菩薩　一盖菩薩
寳盡菩薩　勝數菩薩
淨門菩薩　智德菩薩
等行菩薩　重智菩薩
寳光菩薩　妙眼菩薩
增勇菩薩　持法菩薩
寳象菩薩　寳陳菩薩
普守菩薩　調御菩薩
勇行菩薩　香德菩薩
法德菩薩　明輪菩薩
智衆菩薩　益意菩薩
普明菩薩　自在菩薩
得力菩薩　德積菩薩
安住菩薩　持明菩薩
名德菩薩　鉤鏁菩薩
法積菩薩　行行菩薩
得念菩薩　巨山菩薩
破疑菩薩　安立菩薩
進力菩薩　大德菩薩
堅力菩薩　淨因菩薩
帝王菩薩　善意菩薩
觀華菩薩　隱密菩薩

高生菩薩　悉成菩薩
明燈菩薩　無邊菩薩
智親菩薩　華王菩薩
華身菩薩　善擇菩薩
法上菩薩　香德菩薩
大音菩薩　大明菩薩
無病菩薩　妙宿菩薩
善覺菩薩　過行菩薩
陰雲菩薩　演香菩薩
法生菩薩　不動菩薩
安王菩薩　金蓋菩薩
有德菩薩　無驚菩薩
智積菩薩　照方菩薩
德守菩薩　富足菩薩
選擇菩薩　智高菩薩
次德菩薩　自燈菩薩
帝得菩薩　衆歸菩薩
妙性菩薩　轉胎菩薩
声德菩薩　明音菩薩
釋衆菩薩　迦葉菩薩
難提菩薩　德眼菩薩
慈心菩薩　報恩菩薩
作明菩薩　大相菩薩
無有菩薩　智藥菩薩

善来菩薩　大明菩薩
甚深菩薩　華聚菩薩
妙德菩薩　蒲彭菩薩
圓覺菩薩　財首菩薩
普平菩薩　光子菩薩
覺音菩薩　善護菩薩
月子菩薩　善目菩薩
智王菩薩　慈氏菩薩
密室菩薩　賢護菩薩
常笑菩薩　直意菩薩
喜王菩薩　金色菩薩
寂觀菩薩　衆相菩薩
消災菩薩　息災菩薩
難有菩薩　雷音菩薩
信近菩薩　常勤菩薩
善業菩薩　教示菩薩
德手菩薩　造行菩薩
奕光菩薩　辯聚菩薩
喜手菩薩　常觀菩薩
持進菩薩　大慧菩薩
佛眼菩薩　香王菩薩
寳首菩薩　施首菩薩
善首菩薩　梵德菩薩
月音菩薩　明幢菩薩

寶眼菩薩 月幢菩薩
日眼菩薩 齊藏菩薩
寶覺菩薩 明光菩薩
海声菩薩 智涌菩薩
静光菩薩 主声菩薩
飛梯菩薩 生勝菩薩
行登菩薩 善目菩薩
了生菩薩 發意菩薩
明天菩薩 衆善菩薩
補處菩薩 星德菩薩
光聚菩薩 釋幢菩薩
樂見菩薩 聖光菩薩
地意菩薩 惠光菩薩
德色菩薩 月勝菩薩
法首菩薩 寶賢菩薩
目首菩薩 智首菩薩
如相菩薩 天鬢菩薩
寶相菩薩 月藏菩薩
生毀菩薩 無著菩薩
大乘菩薩 馬光菩薩
淨意菩薩 空無菩薩
聖天菩薩 法益菩薩
天王菩薩 龍勝菩薩
速疾菩薩 清辦菩薩

天親菩薩 安慧菩薩
高德菩薩 威儀菩薩
雲蔭菩薩 藥藏菩薩
龍猛菩薩 慧頂菩薩
不離菩薩 散脂菩薩
法來菩薩 天友菩薩
德慧菩薩 慧炬菩薩
慧法菩薩 寶日菩薩
華德菩薩 曠野菩薩
普視菩薩 大光菩薩
普廣菩薩 無言菩薩
寶詰菩薩 持人菩薩

東寺

寶車菩薩 僧崖菩薩
瞿沙菩薩 光味菩薩
聞首菩薩 善多菩薩
堅惠菩薩 得忍菩薩
不眴菩薩 首立菩薩
惠法菩薩 海慧菩薩
乘雲菩薩 利賓菩薩
稱土菩薩 手視菩薩
妙臂菩薩 妙寶菩薩
仁王菩薩 日王菩薩
無火菩薩 無作菩薩
目法菩薩 因光菩薩

安樂菩薩 許鄰菩薩
日光菩薩 能忍菩薩
識諦菩薩 曇鼻菩薩
大車菩薩 成毗菩薩
難得菩薩 遠住菩薩
最上菩薩 能降菩薩
極高菩薩 仙人菩薩
無涼菩薩 父師菩薩
自明菩薩 自息菩薩
白幢菩薩 太祖菩薩
善了菩薩 暗幢菩薩
許弥菩薩 開光菩薩
真寶菩薩 智欲菩薩
智孫菩薩 妙財菩薩
口猛菩薩 大慈菩薩
蟬眉菩薩 太白菩薩
作法菩薩 世上菩薩
具足菩薩 梵授菩薩
妙曜菩薩 普蒲菩薩
寶授菩薩 常慈菩薩
印拳菩薩 義拳菩薩
智拳菩薩 覺林菩薩
普華菩薩 慧聚菩薩
囊嚴菩薩 常修菩薩

龍授菩薩　智上菩薩
作愛菩薩　普寤菩薩
普意菩薩　普念菩薩
星光菩薩　明照菩薩
金藏菩薩　智光菩薩
梵初菩薩　慧積菩薩
慧德菩薩　義意菩薩
燈明菩薩　慧授菩薩
仁授菩薩　帝授菩薩
德王菩薩　離憂菩薩
常慧菩薩　行慧菩薩
月觀菩薩　定藏菩薩
寶信菩薩　立彰菩薩
意行菩薩　周旋菩薩
龍施菩薩　面王菩薩
施樂菩薩　過步菩薩
英首菩薩　妙心菩薩
吉行菩薩　勝達菩薩
智意菩薩　甘首菩薩
玄遠菩薩　善發菩薩
普戒菩薩　善寶菩薩
圓光菩薩　船藏菩薩
梵光菩薩　照光菩薩
地声菩薩　法種菩薩

寶信菩薩　立彰菩薩
意行菩薩　周旋菩薩
龍施菩薩　面王菩薩
施樂菩薩　過步菩薩
英首菩薩　妙心菩薩
吉行菩薩　勝達菩薩
智意菩薩　甘首菩薩
玄遠菩薩　善發菩薩
普戒菩薩　善寶菩薩
圓光菩薩　船藏菩薩
梵光菩薩　照光菩薩
地声菩薩　法種菩薩
福相菩薩　衆上菩薩
光明菩薩　月勝菩薩
羅睺菩薩　法超菩薩
法輪菩薩　辯意菩薩
電得菩薩　寶賢菩薩
成行菩薩　人明菩薩
光觀菩薩　淨王菩薩
正起菩薩　超倫菩薩
慧幢菩薩　樂慧菩薩
寶髻菩薩　光莫菩薩
意彰菩薩　執御菩薩
聞辯菩薩　大御菩薩

日曜菩薩　月淨菩薩
御衆菩薩　受音菩薩
無受菩薩　執誦菩薩
質遊菩薩　首具菩薩
德臻菩薩　敬見菩薩
轉女菩薩　真陳菩薩
清脩菩薩　勝譽菩薩
專行菩薩　寶勇菩薩
妙錦菩薩　過行菩薩
法識菩薩　泵燄菩薩
歡樂菩薩　雨滴菩薩
名意菩薩　布演菩薩
長壽菩薩　顯德菩薩
賢力菩薩　辯聰菩薩
識機菩薩　帝天菩薩
百千菩薩　山岳菩薩
井宿菩薩　智稱菩薩
威神菩薩　光勝菩薩
悟意菩薩　山寂菩薩
月髮菩薩　銀光菩薩
華月菩薩　导有菩薩
定藏菩薩　施藥菩薩
快譬菩薩　尊官菩薩
見人菩薩　月吉菩薩

法藏菩薩　住定菩薩
定意菩薩　善聞菩薩
月照菩薩　無進菩薩
上善菩薩　驍猛菩薩
福田菩薩　善慧菩薩
應聲菩薩 [illegible]　吉祥菩薩 [illegible]
救世菩薩 [illegible]　總持菩薩 [illegible]
燉煌菩薩 [illegible] 法師　印手菩薩 [illegible] 法師

菩薩名錄大菩薩品卷第六

菩薩名經大菩薩品卷第七　衡

常不輕居士羅浩集

寶積菩薩　天光菩薩
藥上菩薩　法光菩薩
無比菩薩　勝涌菩薩
智香菩薩　水智菩薩
無畏菩薩　地慧菩薩
寶堅菩薩　光德菩薩
妙声菩薩　修成菩薩
普香菩薩　不樂菩薩
善行菩薩　不諍菩薩
寶藏菩薩　無名菩薩
大法菩薩　明首菩薩
善住菩薩　敬首菩薩
大德菩薩　慧首菩薩
散華菩薩　尊重菩薩
師子菩薩　金華菩薩
月輪菩薩　鸚鵡菩薩
月光菩薩　根土菩薩
法王菩薩　無性菩薩
大悲菩薩　世親菩薩
安隱菩薩　勇衆菩薩
善德菩薩　海智菩薩
手見菩薩　信淨菩薩

離言菩薩　聞月菩薩
雨音菩薩　依義菩薩
除慢菩薩　陳那菩薩
破魔菩薩　善吉菩薩
勝藏菩薩　疑心菩薩
海天菩薩　大龍菩薩
孩童菩薩　大相菩薩
寶勝菩薩　慧威菩薩
淨意菩薩　離愛菩薩
寶語菩薩　孔雀菩薩
廣德菩薩　惟速菩薩
光山菩薩　大勇菩薩
普華菩薩　毗權菩薩
持色菩薩　妥惠菩薩
勝山菩薩　無任菩薩
善眼菩薩　善思菩薩
普現菩薩　智淨菩薩
常觀菩薩　善宿菩薩
寶心菩薩　長生菩薩
勝彩菩薩　慧聚菩薩
深声菩薩　幢幡菩薩
寶乗菩薩　無彌菩薩
寶林菩薩　末底菩薩
天吉菩薩　你嚩菩薩

普見菩薩　世間菩薩
善意菩薩　遠行菩薩
得大菩薩　隱身菩薩
合山菩薩　淨天菩薩
離暗菩薩　深慧菩薩
發教菩薩　遠離菩薩
勝眼菩薩　伊祢菩薩
水天菩薩　深光菩薩
過力菩薩　童子菩薩
儒首菩薩　大現菩薩
利莽菩薩　大天菩薩
離憂菩薩　大意菩薩
華耳菩薩　智鈎菩薩
珠瓔菩薩　回猛菩薩
轉華菩薩　勤首菩薩
普彩菩薩　妙住菩薩
珠髻菩薩　賢愛菩薩
善衆菩薩　尊那菩薩
執炬菩薩　目前菩薩
上衆菩薩　内行菩薩
應持菩薩　白衣菩薩
普德菩薩　電髮菩薩
壞魔菩薩　妙嚴菩薩
慧見菩薩　無動菩薩

壞怨菩薩
寂滅菩薩
轉法菩薩
宿王菩薩
梵上菩薩
得念菩薩
星宿菩薩
寶德菩薩
寶蒲菩薩
法天菩薩
帝德菩薩
利世菩薩
樹王菩薩
辯積菩薩
屈伸菩薩
極進菩薩
不樂菩薩
天進菩薩
上意菩薩
多羅菩薩
覓首菩薩
令首菩薩
童男菩薩
高幢菩薩

普信菩薩
普步菩薩
普照菩薩
寶達菩薩
嚴王菩薩
速辯菩薩
勝授菩薩
仲授菩薩
法涌菩薩
日德菩薩
日觀菩薩
廣聞菩薩
摩帝菩薩
勝志菩薩
一行菩薩
學行菩薩
德項菩薩
海德菩薩
寶虵菩薩
車意菩薩
幻意菩薩
長意菩薩
美光菩薩
剛通菩薩

妙有菩薩
列宿菩薩
智手菩薩
寶明菩薩
寶樂菩薩
樂善菩薩
上行菩薩
寶火菩薩
安立菩薩
世德菩薩
現諦菩薩
梵意菩薩
智慧菩薩
月德菩薩
大声菩薩
尸棄菩薩
奕識菩薩
生德菩薩
弗妙菩薩
敵音菩薩
思行菩薩
項德菩薩
禪食菩薩
提舍菩薩

日盛菩薩
施勝菩薩
離感菩薩
普音菩薩
一塵菩薩
觀月菩薩
德惠菩薩
善授菩薩
應持菩薩
福光菩薩
明覓菩薩
彩慧菩薩
月王菩薩
金光菩薩
思心菩薩
善數菩薩
弥樓菩薩
上彩菩薩
健辯菩薩
火焰菩薩
電音菩薩
憙樂菩薩
首咸菩薩
城樂菩薩

耶舍菩薩
大海菩薩
上音菩薩
雜頂菩薩
愛趣菩薩
慧宗菩薩
方闡菩薩
常憂菩薩
地智菩薩
方等菩薩
慈衆菩薩
稱衆菩薩
憙月菩薩
辯音菩薩
雲光菩薩
德首菩薩
上首菩薩
善生菩薩
退怨菩薩
頂王菩薩
護明菩薩
普光菩薩
遍光菩薩
賢光菩薩

儒童菩薩
篤進菩薩
術詳菩薩
千相菩薩
首藏菩薩
賢儒菩薩
愛憙菩薩
天讚菩薩
歡曜菩薩
習苦菩薩
寶王菩薩
豪賢菩薩
閑淨菩薩
寶計菩薩
力盛菩薩
慧声菩薩
極微菩薩
吉善菩薩
濤象菩薩
銀幢菩薩
辟摩菩薩
善御菩薩
端嚴菩薩
行志菩薩

漫陁羅睺音菩薩　師子奮迅行菩薩
大集經云若為人天調伏衆生是不為難若
為畜調伏衆生是乃為難
東方海中瑠璃山種種色蟲毒蛇菩薩
無死窟馬菩薩
善住窟羊菩薩
南方海中玻璨山上色窟猕猴菩薩
普彨窟鷄菩薩
法床窟犬菩薩
西方海中菩提月山金剛窟猪菩薩
香功德窟鼠菩薩
高功德窟牛菩薩
北方海中功德相高山明星窟師子菩薩
浄道窟兎菩薩
喜樂窟龍菩薩
如是十二獸晝夜常行閻浮提内人天恭敬功
德成就已於諸佛發深重彨一日一夜常令
一獸遊行敎化餘十一獸安住修行終而復始
南無十方一切諸佛眞如正法眼藏
南無十方一切諸佛所說諸大法藏
南無拘留孫如來天龍宫法藏
南無拘那含佛天龍宫一切法藏
南無迦葉佛国天龍宫一切法藏
南無釋迦如来天龍宫一切法藏

南無西印度黒蜂山寺一切法藏
南無沮渠国大乗十二部法藏
南無北印度石壁八字捨身法藏
南無四大州界神州大国一切法藏
南無易州石徑湖州恒安石窟經像
南無西方二十八祖聖宋六祖禪師
南無一切律師譯經法師受持三藏衆
南無釋迦如来螺髮二十六萬寳塔
南無釋迦如来舍利八萬四千宝塔
南無釋迦如来六十四髮寳塔

菩薩名經大菩薩品卷第七

菩薩名經辟支佛品卷第七

前住建州浦城大同禪院沙門　[illegible]述

道無今古學者勞形未之乎道理極饒
謂窮之益遠法輪三轉示導人天緣覺
覺此聲聞聞此辟支妙果卓乎獨存先師
之智自明通變亟測究竟涅槃是之諸
聖解脫之場罕生類聚無始漩澓與道
背馳常不輕居士潛心內典深達法源集
辟支聖号舉一例諸與佛名經同也雖
板施行流通末世法雨所滋道芽增秀
福基妙刹同殖聖因翻譯已來輔教者
多矣未及於此抑有所待也謹序

再序

常不輕居士羅　潛　集

法華經云若有衆生從佛世尊聞法信
受慇懃精進求自然慧樂獨善寂深
知諸法因緣是名辟支佛乘所謂辟支佛
者自調身口意匪啻利他心入理水之淺深
譬白馬之浮渡出火宅之樊籬駕麋鹿之
羊車我佛定父子而全付家珍拂擁蹤而
頓開寶藏一相一味之雨霑其類而敷
榮中根中葉之微隨其宜而受潤直使
盡虛空界不復聲聞無邊衆生悉成
菩薩也謹序

菩薩名經辟支佛品卷第七

常不輕居士羅　潛　集

無憂波遮羅辟支佛　十二婆羅墮辟支佛
十同名婆羅辟支佛　持槐那秖梨辟支佛
那伽羅尸棄辟支佛　多伽羅尸棄辟支佛
婆私瑟吒辟支佛　雷電光明辟支佛
帝耆念觀辟支佛　阿耨婆達辟支佛
無憂波耳辟支佛　菩婆他淨辟支佛
心得解脫辟支佛　能作憍慢辟支佛
憂波吉沙辟支佛　修行不著辟支佛
見人飛騰辟支佛　無毒身心辟支佛
婆藪陀羅辟支佛　阿科審諦量辟支佛
多子長者辟支佛　度生死海辟支佛
波羅奈王辟支佛　毗流帝梨辟支佛
阿耨菩提辟支佛　播哩濕嚩辟支佛
栴檀香辟支佛　婆呬吒辟支佛
烏歧你辟支佛　多伽囉辟支佛
毗流帝辟支佛　樂無為辟支佛
阿利多辟支佛　梨沙婆辟支佛
毗耶離辟支佛　俱薩羅辟支佛
乾陀羅辟支佛　婆利多辟支佛
可波羅辟支佛　泰摩利辟支佛
修陀羅辟支佛　摩訶男辟支佛
施婆羅辟支佛　憂威支辟支佛

善任辟支佛　劬多辟支佛
差摩辟支佛　留閣辟支佛
賢德辟支佛　牛齒辟支佛
和里辟支佛　金香辟支佛
須摩辟支佛　漏盡辟支佛
慧根辟支佛　愛學辟支佛
善賢辟支佛　輪那辟支佛
弗沙辟支佛　無患辟支佛
希尚辟支佛　受學辟支佛
親軍辟支佛　妙声辟支佛
迦羅辟支佛　無比辟支佛
普愛辟支佛　歡憙辟支佛
愛見辟支佛　火身辟支佛
無畏辟支佛　智身辟支佛
有香辟支佛　髻末辟支佛
難捨辟支佛　歡憙辟支佛
心上辟支佛　達陀辟支佛
斷有辟支佛　高去辟支佛
憍慢辟支佛　得脫辟支佛
鷄畫辟支佛　轉覺辟支佛
吉沙辟支佛　髮淨辟支佛
無歩辟支佛　斷愛辟支佛
去垢辟支佛　無漏辟支佛
善吉辟支佛　遮羅辟支佛

得勝辟支佛　世光辟支佛
稱世辟支佛　蘇摩辟支佛
月出辟支佛　小子辟支佛
曇摩辟支佛　莎升辟支佛
普光辟支佛　伱弥辟支佛
深意辟支佛　大帝辟支佛
月愛辟支佛　離垢辟支佛
香醉辟支佛　南無辟支佛
聰明辟支佛　善觀辟支佛
究竟辟支佛　善目辟支佛
善慶辟支佛　除惡辟支佛
善妙辟支佛　宣絺辟支佛
同菩提辟支佛　阿悉多辟支佛
盡憍慢辟支佛　善香擔辟支佛
不退去辟支佛　無憍慢辟支佛
阿少羅辟支佛　不可心辟支佛
不可比辟支佛　直福德辟支佛
修曇摩辟支佛　婆沙羅辟支佛
憂波頭辟支佛　憂波留闍辟支佛
最後身辟支佛　華盛辟支佛
福德辟支佛　月淨辟支佛
善法辟支佛　大勢辟支佛
善智辟支佛　唯黑辟支佛
應求辟支佛　隨意辟支佛

意根辟支佛　無識辟支佛
意辟支佛　寶辟支佛
稱辟支佛　覺辟支佛
見辟支佛　聞辟支佛
識辟支佛　香辟支佛
親辟支佛　黑辟支佛
吉辟支佛　獨辟支佛
尋辟支佛　耳辟支佛
時辟支佛　車辟支佛
敵辟支佛　退辟支佛

菩薩名經辟支佛品第七

菩薩名經阿羅漢品卷第八　衡

前住南嶽大同禪院沙門　紹南　述

明天下之事而昧於理者有之理事無礙窮
未來際越天壤而同時未形有分之初辨所不
能言一會徧周業通三世昔如來發大悲心
四十九年一味醍醐平等法施開道證果妙契
無生居士內薰等慈視人憂懸若己有之開
賢善之門集聲聞尊者聖號警所未聞
供養一須陀洹經述不可量預流初果其功
尚爾況聲聞應真功德如何哉道之晦明
應時適變聖人之道亦寓之時謹俟來哲以
廣清曉謹序

菩薩名經阿羅漢品第八

常不輕居士羅　濬　集

法華經云若有衆生內有智性從佛世尊
聞法信受慇懃精進欲速出三界自求
涅槃是名聲聞乘佛設權教引導衆
生若無我佛慈悲不免羊車馳騁靈山
法會記莂親承或以密行嚴淨七寶華
佛或以多聞直至通王如來智慧過人妙
趣華光善逝神足第一懸應擁護世尊
須菩提之解空亦得雍容無相富樓那
之說法猶能端拱法明以至憍陳如之等
憍梵羅門之兄弟迦旃延之論義學無
學之聖人或曰光明或稱寶相或成正覺
或作尊師或以枯花破顏或乃大善知識
餘其妙利宏贊莫窮輒敘徽猷以昭
來哲云爾

紹興二十一年歲次辛未七月羅　濬　序

菩薩名經阿羅漢品第八

常不輕居士羅　濬　集

南無毗婆尸佛六百二十万声聞衆
南無尸棄佛八十万声聞比丘衆
南無隨葉佛一十万声聞比丘衆
南無拘樓孫佛四万声聞比丘衆
南無拘那含佛三万声聞比丘衆
南無迦葉佛二万声聞比丘衆
南無釋迦佛一千二百五十声聞衆
彌勒佛龍華初會九十九億声聞衆
彌勒佛龍華二會九十六億声聞衆
彌勒佛龍華三會九十三億声聞衆
人壽七万歲時無間佛去七百俱胝獨覺衆
西瞿陀尼州第一賓度羅跋羅墮闍尊
者眷屬一千阿羅漢等衆
迦濕彌羅国第二迦諾迦伐蹉尊者眷屬
五百阿羅漢等衆
東勝身州第三迦諾跋釐墮闍尊
屬六百阿羅漢衆
北俱盧州第四蘇頻陀尊者眷屬七
百阿羅漢等衆
南贍部州第五諾距羅尊者眷屬八
百阿羅漢等衆
耽沒羅州第六跋陀羅尊者眷屬
九百阿羅漢等衆
僧伽荼州第七迦理迦尊者眷屬一
千阿羅漢等衆
鉢剌拏州第八伐闍羅弗多羅尊者
眷屬一千一百阿羅漢
香醉山中第九戍博迦尊者眷屬
九百阿羅漢等衆
三十三天第十半託迦尊者眷屬
一千三百阿羅漢等衆
畢利颺瞿州第十一羅怙羅尊者眷
屬一千一百阿羅漢
半度波山第十二那迦犀那尊者眷
屬一千二百阿羅漢
廣脇山中第十三因揭陀尊者眷
屬一千三百阿羅漢
可住山中第十四伐那婆斯尊者眷屬
一千四百阿羅漢衆
鷲峯山中第十五阿氏多尊者眷
屬一千五百阿羅漢

持軸山中第十六注荼半迦尊者眷
屬一千六百阿羅漢
迦葉命阿難撰集三藏于時承命來會
八万四千阿羅漢衆
百子同産尊者（昔長者婦生一肉摶開佛言七日當見內有 開敷有百男兒皆出家證得阿羅漢）
名稱土産尊者（[illegible]年長母[illegible]中[illegible]出家已 [illegible]家老故兄[illegible]上座[illegible]已）
優鉢尸披羅尊者（兄弟二人[illegible]外所生後得羅漢果）
睒多輸柯尊者（阿育王弟爲兄所化後證羅漢）
童子迦葉尊者（八歲得道證阿羅漢果）
優波離尊者（律經一藏悉皆此尊者所記）
雙福尊者（生下證果）　雙德尊者（兄弟雙生）
端正尊者（十三證果）　殊好尊者（亦[illegible]）
菩提曼陀羅尊者　弗沙婆陀羅尊者
目連子帝須尊者　畢陵迦婆蹉尊者
尾瑟女末氐尊者　鉢捺摩嚩底尊者
陀羅婆摩羅尊者　拘摩羅迦葉尊者
優鈿摩君江尊者　比利陀婆遮尊者
摩呵迦延那尊者　摩咥里制多尊者
路摩尚抵迦尊者　達磨恒邏多尊者
復鉢尸披羅尊者　頻鞞摩訶納尊者
沓婆摩羅子尊者　難提蜜多羅尊者
種子須提那尊者　伽羅須末那尊者
聾摩耆恒耆尊者　持律優波離尊者
摩訶大迦葉尊者　優樓頻螺迦葉尊者

摩訶迦旃延尊者　摩訶拘絺羅尊者
難陀孫陀羅尊者　難陀留樓那尊者
阿若憍陳如尊者　弥多羅尼子尊者
陀驃迦盧尊者　波頭先羅尊者
陀婆波羅尊者　跋提梨迦尊者
憍梵波提尊者　僧伽提婆尊者
樹提陀婆尊者　呵利難陀尊者
尸陀槃居尊者　窣吐羅那尊者
耶殊陀羅尊者　旃陀跋闍尊者
那羅達多尊者　摩拏羅他尊者
差野嚩底尊者　蘇祢嚩多尊者
鉢囉嚩囉尊者　比擔沒羅尊者
尾瑟女羅尊者　設播沒羅尊者
軍頭婆嘆尊者　拆疑離日尊者
婆提婆羅尊者　周利般兎尊者
耆利摩難尊者　蕭彭盛明尊者
爲人所敬尊者　阿嫖波誓尊者
跋提釋王尊者　摩那吝陀尊者
耶奢蜜多尊者　闍賓寧王尊者
達摩蜜多尊者　迦那提婆尊者
僧伽筏蘇尊者　鄔波世羅尊者
室利毱多尊者　商諾迦衣尊者
笈房鉢氐尊者　阿奴律陀尊者
婆末羅子尊者　俱瑟耻羅尊者

二十億耳尊者　小陀羅婆尊者
婆那婆蹉尊者　跋陀婆梨尊者
優波扇多尊者　羅吒婆羅尊者
曇昔闍頭尊者　婆跋羅荼尊者
瞿沙拔摩尊者　耆尸披羅尊者
優波斯那尊者　鑾瘥地羅尊者
君頭婆嘆尊者　伽耶迦葉尊者
那提迦葉尊者　大目揵連尊者
修迦妬路尊者　僧伽摩寺尊者
槃蔔拐伽聖尊者　頗離伐底尊者
迦多演那尊者　曇摩波羅尊者
僧伽蜜多尊者　薩婆難陀尊者
鄔波摩那尊者　帝須達多尊者
阿毗達磨尊者　迦旃延子尊者
奢摩達多尊者　提婆設摩尊者
瞿沙跋摩尊者　佛陀羅刪尊者
浮陀提婆尊者　周羅般陀尊者
優波帝須尊者　曇無波離尊者
弥多達子尊者　僧伽婆秀尊者
末多連那尊者　阿菟樓馱尊者
衆室莊嚴尊者　天須菩提尊者
優鉢羅色尊者　阿佗羅迦尊者
你哩尾拏尊者　鳩摩邏多尊者
阿由波羅尊者　尸陀槃尼尊者

鄔波摩那尊者　帝須達多尊者
阿毗達磨尊者　迦旃延子尊者
奢摩達多尊者　提婆設摩尊者
瞿沙跋摩尊者　佛陀羅剛尊者
浮陀提婆尊者　周羅般陀尊者
優波帝須尊者　曇無波離尊者
孫多達子尊者　僧伽婆秀尊者
末多婆那尊者　阿菟樓馱尊者
衆寶莊嚴尊者　天須菩提尊者
優鉢羅色尊者　阿佉羅迦尊者
你哩尾拏尊者　鳩摩邏多尊者
阿由波羅尊者　尸陀槃尼尊者
上恩夷花尊者　施興忻樂尊者
大根名聞尊者　多聞阿難尊者
阿泥樓豆尊者　有賢無垢尊者
須跋陀羅尊者　迦留陀夷尊者
聞声得果尊者　旃檀藏王尊者
施幢無垢尊者　目陀德惠尊者
婆蘇槃豆尊者　法界四樂尊者
曼樓頻螺尊者　佛陀密多尊者
那延羅目尊者　佛陀難提尊者
末田底迦尊者　難陀多化尊者
優波毱多尊者　敎說常住尊者
商那和修尊者　達磨波羅尊者

伽耶天眼尊者　定果得業尊者
莊嚴無憂尊者　憶持因緣尊者
破邪神通尊者　堅持三藏尊者
毒龍歸依尊者　同聲稽首尊者
毗羅胝子尊者　闍提首那尊者
悲密世間尊者　獻花提記尊者
眼光定力尊者　伽耶舍那尊者
涉底甚益尊者　陂闍提婆尊者
解空無垢尊者　伏陀密多尊者
富那耶舍尊者　不著世間尊者
解空第一尊者　羅度無盡尊者
金剛破魔尊者　衛護世間尊者
無憂禪定尊者　無作惠善尊者
千劫惠善尊者　旃檀德香尊者
金仙竟意尊者　摩訶剎利尊者
一念解空尊者　無量本行尊者
無業宿盡尊者　攞身無常尊者
千劫悲願尊者　瞿匹那含尊者
解空定空尊者　成就因緣尊者
堅通精進尊者　薩陀波崙尊者
乾陀訶利尊者　解空自在尊者
摩訶那提尊者　見人飛騰尊者
不空不有尊者　周利槃特尊者
瞿沙比丘尊者　師子比丘尊者

修行不著尊者　摩利不動尊者
三昧甘露尊者　解空無名尊者
七佛難提尊者　金剛精進尊者
方便法藏尊者　觀行月輪尊者
阿那衍那尊者　拂塵三昧尊者
辟支轉智尊者　山頂龍泉尊者
羅網思惟尊者　劫賓覆藏尊者
神通億耳尊者　具壽但提尊者
法王菩提尊者　法藏永劫尊者
無邊自在尊者　菩薩声尊者
但那含尊者　波羅密尊者
鉢多羅尊者　無邊声尊者
舍利佛尊者　婆沙波尊者
阿闍說尊者　均鄰儒尊者
舍舍觀尊者　達貳伽尊者
阿毗者尊者　鞞多羅尊者
拔法梨尊者　修密多尊者
摩永唆尊者　耆婆伽尊者
摩訶那尊者　提那伽尊者
弗提羅尊者　叵舍羅尊者
悉伽婆尊者　釋迦稱尊者
檀弥離尊者　陁焉俱尊者
賢劫首尊者　金剛味尊者
一乘味尊者　婆私吒尊者

心平等尊者
樂覆藏尊者
斷煩惱尊者
利婆多尊者
最勝意尊者
特伽羅尊者
善圓滿尊者
波頭摩尊者
迦難晋尊者
阿濕卑尊者
福德首尊者
舍遮獨尊者
威儀多尊者
議跣勝尊者
無垢藏尊者
阿僧伽尊者
周陁婆尊者
燈導首尊者
自在王尊者
須達那尊者
士應真尊者
聲響應尊者
光明燈尊者
功德相尊者

不可比尊者
頗羅墮尊者
傳俱羅尊者
讚妙法尊者
須彌燈尊者
彌沙塞尊者
智慧燈尊者
旃檀藏尊者
香焰幢尊者
摩尼尊者
利婆彌尊者
乾陁羅尊者
陁頭僧尊者
德淨悟尊者
降伏魔尊者
金富樂尊者
任世間尊者
甘露法尊者
超法雨尊者
德妙法尊者
堅固心尊者
應赴供尊者
壓劫空尊者
執寶炬尊者

忍生心尊者
白香象尊者
讚歎彭尊者
聲別衆尊者
羅餘習尊者
勝辯空尊者
憙無著尊者
栴檀羅尊者
奄羅蘭尊者
頂生光尊者
須那利尊者
韋藍王尊者
法首尊者
衆德首尊者
瞿伽梨尊者
除疑網尊者
除殺憂尊者
光明網尊者
坐清凉尊者
法盡障尊者
淨除垢尊者
無盡慈尊者
那羅達尊者
天明尊尊者

阿氏多尊者
識自生尊者
定拂羅尊者
離淨語尊者
福業除尊者
修無德尊者
善無著尊者
心定論尊者
薩和檀尊者
直福德尊者
提婆長尊者
成大利尊者
蘇頻陁尊者
金剛藏尊者
日照明尊者
無量光尊者
無垢德尊者
修善行尊者
無憂眼尊者
和倫調尊者
盡諸業尊者
颰陁怒尊者
行彭持尊者
無盡智尊者

徧具足尊者
神通化尊者
憙信靜尊者
無量光尊者
幻化空尊者
蓮華淨尊者
利亘羅尊者
無垢稱尊者
自在主尊者
明世界尊者
超絕倫尊者
定華至尊者
普莊嚴尊者
棄忠法尊者
無盡慈尊者
大塵障尊者
知眼明尊者
樹雲雨尊者
普光明尊者
那羅德尊者
法上尊尊者
樂說果尊者
無憂德尊者
惠金剛尊者

寶蓋尊尊者
思善識尊者
摩訶南尊者
金剛惠尊者
金剛明尊者
拘那意尊者
調定藏尊者
天音聲尊者
大威光尊者
離慢意尊者
持世界尊者
無邊身尊者
散勝幢尊者
無身行尊者
常悲愍尊者
光明焰尊者
堅固行尊者
不動羅尊者
心觀淨尊者
師子尊尊者
精進辨尊者
觀無邊尊者
行無邊尊者
義成眊尊者

善住義尊者
師子作尊者
無相空尊者
勝清淨尊者
淨那羅尊者
師子頰尊者
訶摩羅尊者
師子臆尊者
分別身尊者
質直行尊者
大幟妙尊者
普焰光尊者
具足儀尊者
得佛智尊者
悟真常尊者
滅惡趣尊者
斂不息尊者
導大衆尊者
菩薩慈尊者
尋聲應尊者
注法水尊者
惠廣增尊者
拔無羅尊者
法荼迦尊者

德普洽尊者
行忍慈尊者
勇精進尊者
有自空尊者
法自在尊者
大寶光尊者
普調懸尊者
壞魔軍尊者
淨解脫尊者
智行爲尊者
劫賓那尊者
高遠行尊者
如意新尊者
寂靜行尊者
破冤賊尊者
性海通尊者
攝衆心尊者
常隱行尊者
拔衆苦尊者
數劫定尊者
得定通尊者
六根盡尊者
思薩埵尊者
鉢利羅尊者

莎伽陁尊者
提善法尊者
水潮聲尊者
衆具德尊者
弥遮仙尊者
首正念尊者
梵音天尊者
覺性解尊者
修善業尊者
不動意尊者
孫陁羅尊者
曼殊行尊者
法輪山尊者
法無住尊者
如意輪尊者
無比校尊者
利婆多尊者
持三昧尊者
金毛師尊者
阿那悉尊者
辯才王尊者
聲龍種尊者
富伽耶尊者
香金手尊者

須弥登尊者
提多迦尊者
智慧海尊者
不思議尊者
尼馱伽尊者
淨菩提尊者
因地果尊者
精進山尊者
無量光尊者
阿逸多尊者
聖峰慧尊者
阿利多尊者
衆和合尊者
天鼓聲尊者
首光焰尊者
多伽羅尊者
普賢行尊者
威德聲尊者
名無盡尊者
普勝山尊者
行化國尊者
誓南山尊者
行傳法尊者
摩拏羅尊者

光善現尊者
降魔軍尊者
持太醫尊者
德自在尊者
闍夜多尊者
義法勝尊者
闍提歷尊者
可波羅尊者
禪定果尊者
達磨直尊者
受勝果尊者
法會藏尊者

惠依正尊者
首焰光尊者
藏律行尊者
朕龍王尊者
奉摩利尊者
施婆羅尊者
無垢尊尊者
聲皈依尊者
不退轉尊者
持善法尊者
心勝修尊者
帝歡喜尊者

菩薩名經大阿羅漢品第八

菩薩名經阿羅漢品第九　衛
常不輕歷羅　唐　集

菩薩声尊者　堅事衆尊者
俱絺羅尊者　大福尊者
善任尊者　任道尊者
大忍尊者　餘慶尊者
妙耀尊者　歲土尊者
金髻尊者　雷德尊者
雷音尊者　香彩尊者
馬頭尊者　明首尊者
金首尊者　教首尊者
衆首尊者　犇德尊者
羼提尊者　悟達尊者
法燈尊者　離垢尊者
天王尊者　無勝尊者
月淨尊者　不動尊者
休息尊者　調達尊者
普光尊者　智積尊者
寶幢尊者　善意尊者
善服尊者　寶勇尊者
寶見尊者　惠積尊者
惠持尊者　寶勝尊者
道仙尊者　帝網尊者
明網尊者　寶光尊者

善調尊者　奮迅尊者
修道尊者　大相尊者
持世尊者　光英尊者
摧教尊者　善思尊者
法眼尊者　梵勝尊者
光曜尊者　直意尊者
摩帝尊者　惠覓尊者
曇摩尊者　歡喜尊者
遊戲尊者　道世尊者
等明尊者　普等尊者
惠作尊者　助勸尊者
難勝尊者　善德尊者
歡喜尊者　直意尊者
梵勝尊者　光曜尊者
摩帝尊者　道世尊者
曇摩尊者　惠覓尊者
遊戲尊者　寶涯尊者
覩身尊者　華王尊者
德首尊者　善見尊者
善宿尊者　愛光尊者
花光尊者　善根尊者
德頂尊者　妙臂尊者
龍猛尊者　弗沙尊者
德光尊者　散結尊者

淨正尊者　善觀尊者
大力尊者　電光尊者
寶伏尊者　善星尊者
羅旬尊者　慈地尊者
慶友尊者　世友尊者
蒲宿尊者　闡陀尊者
丈夫尊者　淨藏尊者
淨眼尊者　羅睺尊者
昧声尊者　祥呪尊者
斷業尊者　伽耶尊者
善法尊者　損悟尊者
鴆舍尊者　大藥尊者
月盖尊者　喜見尊者
自明尊者　慈仁尊者
賢首尊者　最上尊者
金剛尊者　無比尊者
師翻尊者　信澄尊者
敬端尊者　法通尊者
所行尊者　頂擅尊者
調馬尊者　愛波尊者
大名尊者　雲姓尊者
舟師尊者　邪祇尊者
頂陀尊者　澄指尊者
僧護尊者　滿柔尊者

龍覺尊者　羅祉尊者
法護尊者　耶舍尊者
善護尊者　法勝尊者
法錢尊者　善陁尊者
牛護尊者　護命尊者
能護尊者　巨髗尊者
耆唆尊者　目唆尊者
根護尊者　意慧尊者
住高尊者　三相尊者
七色尊者　依沙尊者
福增尊者　聽聰尊者
龍護尊者　尊那尊者
先明尊者　須俱尊者
勝支尊者　遍照尊者
天軍尊者　法增尊者
寶珠尊者　栴檀尊者
長爪尊者　爪手尊者
花手尊者　尼提尊者
法語尊者　憂沙尊者
那殊尊者　護國尊者
護主尊者　頭髻尊者
妙髻尊者　妙觀尊者
意速尊者　妙意尊者
多意尊者　離苦尊者

尊勝尊者　作業尊者
菓果尊者　大犇尊者
蓮華尊者　三色尊者
大意尊者　尾嚾尊者
善肘尊者　娑破尊者
堅牢尊者　尼娑尊者
拘羅尊者　娑陁尊者
面王尊者　般兖尊者
釋王尊者　月光尊者
果衣尊者　輪提尊者
善來尊者　咒地尊者
盧遮尊者　須弥尊者
致足尊者　無畏尊者
弥奚尊者　奚盛尊者
鹿頭尊者　順拔尊者
重姓尊者　寶天尊者
華天尊者　金財尊者
乞兒尊者　私檀尊者
妙顏尊者　大化尊者
先度尊者　月明尊者
分那尊者　受彼尊者
叔離尊者　賢光尊者
弥離尊者　娑差尊者
一心尊者　斯尼尊者

如致尊者　寶蓋尊者
三藏尊者　迦渠尊者
難陁尊者　金色尊者
妙聲尊者　海生尊者
尼娑尊者　般他尊者
香身尊者　化生尊者
佛提尊者　蒱足尊者
象力尊者　吉祥尊者
童子尊者　全天尊者
鉢默尊者　多寶尊者
慧月尊者　等觀尊者
馬聲尊者　象護尊者
蒱致尊者　那先尊者
圓蒱尊者　白淨尊者
望蒱尊者　無憂尊者
献蜜尊者　至遠尊者
拯遠尊者　等活尊者
儒童尊者　衆賢尊者
左取尊者　指鬘尊者
龍軍尊者　迦丁尊者
大聚尊者　婆耶尊者
等會尊者　婆破尊者
善勝尊者　馬師尊者
施羅尊者　牛呞尊者

長憙尊者
善和尊者
大光尊者
善意尊者
浮弥尊者
仙道尊者
陂利尊者
愚路尊者
大路尊者
跋提尊者
尒摩尊者
左受尊者
瞿沙尊者
法叔尊者
提婆尊者
霧氣尊者
佛護尊者
抄兒尊者
覺意尊者
不舍尊者
海氏尊者
開門尊者
雷吼尊者
尊上尊者

上寶尊者
寶力尊者
大遍尊者
離越尊者
無賊尊者
牛王尊者
帶毒尊者
浮陀尊者
離謂尊者
難陀尊者
婆羅尊者
私婆尊者
婆已尊者
妙音尊者
法巨尊者
意天尊者
上勝尊者
普友尊者
德力尊者
雨氏尊者
慧積尊者
決意尊者
無害尊者
心念尊者

知根尊者
法力尊者
愛子尊者
超施尊者
樂道尊者
排頭尊者
尊施尊者
華氏尊者
上華尊者
導衆尊者
炎光尊者
剛丘尊者
福力尊者
善乘尊者
雨積尊者
慧力尊者
散施尊者
供養尊者
建立尊者
尊法尊者
眼愛尊者
良田尊者
堅刃尊者
善賢尊者

宿王尊者
忻樂尊者
世愛尊者
是隱尊者
鮮潔尊者
吉善尊者
導師尊者
坻舍尊者
慧光尊者
善樂尊者
以時尊者
尊敬尊者
智最尊者
慧善尊者
見敬尊者
月行尊者
智力尊者
寂意尊者
奉行尊者
流江尊者
智兵尊者
供味尊者
聞上尊者
慧上尊者

慧施尊者
執光尊者
勝施尊者
最英尊者
好顏尊者
法乘尊者
義氏尊者
上華尊者
導衆尊者
曰法尊者
梵音尊者
寶藏尊者
施華尊者
意悅尊者
山積尊者
正施尊者
施世尊者
寶受尊者
樂慧尊者
月訓尊者
愛英尊者
寶上尊者
持地尊者
月英尊者

樂音尊者
明炎尊者
慶世尊者
福首尊者
重王尊者
福供尊者
德稱尊者
雄施尊者
龍力尊者
雨音尊者
多堅尊者
月愛尊者
極施尊者
勝友尊者
愛上尊者
月天尊者
動光尊者
識愛尊者
憙愛尊者
首力尊者
仁力尊者
日藏尊者
供柔尊者
堅進尊者

善安尊者　吉利尊者
福威尊者　承御尊者
力天尊者　達目尊者
上金尊者　月華尊者
善蓋尊者　知愛尊者
堅施尊者　雪色尊者
造義尊者　四眼尊者
月寂尊者　御審尊者
拯音尊者　寶供尊者
壽命尊者　尊友尊者
施奕尊者　日月尊者
降根尊者　寶捨尊者
樂德尊者　自在尊者
天氏尊者　蕭明尊者
月氏尊者　強步尊者
智光尊者　護法尊者
堅燈尊者　祥幢尊者
巖好尊者　石王尊者
進施尊者　重施尊者
天愛尊者　勝王尊者
學氏尊者　恐傷尊者
豊贍尊者　訓寂尊者
進士尊者　照上尊者
憙兵尊者　紫藏尊者

勝兵尊者　善多尊者
雄天尊者　寶施尊者
樂御尊者　寶域尊者
法音尊者　月施尊者
甚調尊者　欣憙尊者
善應尊者　闇最尊者
炎味尊者　闇吼尊者
月首尊者　慧殊尊者
勇步尊者　海意尊者
愛施尊者　貴施尊者
勤涼尊者　樂尊尊者
石樂尊者　大威尊者
多福尊者　樂施尊者
樂成尊者　樂目尊者
法氏尊者　大神尊者
外示尊者　海身尊者
退施尊者　施藥尊者
愛音尊者　青蓮尊者
修成尊者　尊燈尊者
月上尊者　大樂尊者
日施尊者　安上尊者
威英尊者　威神尊者
勝力尊者　施明尊者
甚諦尊者　華施尊者

普施尊者　捨嫉尊者
無限尊者　誠英尊者
月藏尊者　所生尊者
力施尊者　意錦尊者
超步尊者　有志尊者
愛目尊者　其法尊者
力步尊者　無喻尊者
俱進尊者　智威尊者
郡氏尊者　上首尊者
愛經尊者　衆郡尊者
炎樂尊者　甚調尊者
多豊尊者　法住尊者
寶威尊者　與護尊者
石氏尊者　思兵尊者
斷施尊者　樂諧尊者
建致尊者　意行尊者
愛術尊者　施耀尊者
勇施尊者　根意尊者
覓嫉尊者　水天尊者
音心尊者　法音尊者
上與尊者　樂辯尊者
法與尊者　梵天尊者
尊氏尊者　智結尊者
福慧尊者　二財尊者

功福尊者　尊寶尊者
仁賢尊者　福愛尊者
妙好尊者　了想尊者
具戒尊者　法稱尊者
執鎧尊者　上意尊者
賢天尊者　無懼尊者
勇猛尊者　調支尊者
言支尊者　養友尊者
樹目尊者　樂法尊者
園觀尊者　柔爽尊者
法事尊者　尊支尊者
藥氏尊者　覺友尊者
須達尊者　樂愛尊者
柔音尊者　勝支尊者
月賢尊者　師子尊者
堅強尊者　地尊尊者
月耀尊者　善施尊者
尊燈尊者　頻陛尊者
那先尊者　端正尊者
海意尊者　意樂尊者
弋拏尊者　等觀尊者
近讀尊者化貴寶塔入寶王塔天尊者
寶手尊者手中金寶隨稽頭有地尊者
那尊者

菩薩名經大阿羅漢品第九

東寺

菩薩名經比丘尼品卷第千　衡
常不輕居士羅　集
南無本師釋迦牟尼佛
南無山海慧自在通王佛　慶喜尊者
摩訶波闍波提比丘尼與眷屬六千等衆
法華經云當得作佛号衆生喜見如來
羅睺羅母耶輸陀羅比丘尼與眷屬等衆
法華經云當得作佛号具足千万光相如來
跋陀羅卑梨耶比丘尼
拔陀軍拘夷國比丘尼
擕利舍曇弥比丘尼
提舍瞿曇弥比丘尼
尸羅婆遮那比丘尼
波梨遮羅夷比丘尼
跋頭蘭闍那比丘尼
拔陀毗離比丘尼
向奴波摩比丘尼
摩利呵梨比丘尼
拔陀婆羅比丘尼
瘦瞿吾弥比丘尼
曇摩提那比丘尼
生死極苦比丘尼
長抓梵志比丘尼
師子頻呻比丘尼

毗摩達比丘尼
拘那羅比丘尼
曇摩提比丘尼
蘇毗提比丘尼
闍知羅比丘尼
嗢鉢羅比丘尼
婆遮羅比丘尼
遮羅夷比丘尼
恒伽達比丘尼
青蓮華比丘尼
孫陀利比丘尼
金光明比丘尼
醯摩闍比丘尼
毗舍御比丘尼
提婆脩比丘尼
優迦羅比丘尼
摩陀利比丘尼
摩鄧女比丘尼
婆遮羅比丘尼
優多羅比丘尼
擅多比丘尼
降提比丘尼
天與比丘尼
奢陀比丘尼
須夜摩比丘尼
赤般婆比丘尼
鐵薩羅比丘尼
善安隱比丘尼
羅跋叱比丘尼
蓮華色比丘尼
阿羅婆比丘尼
真珠鬘比丘尼
奢拘利比丘尼
梨軍支比丘尼
阿晃羅比丘尼
迦旃延比丘尼
優多羅比丘尼
伽羅伽比丘尼
須陀摩比丘尼
優迦摩比丘尼
因提闍比丘尼
遮波羅比丘尼
毗舍御比丘尼
無畏比丘尼
瑚那比丘尼
光明比丘尼
陀摩比丘尼
素摩比丘尼

蓮華比丘尼
輸那比丘尼
日光比丘尼
婆須比丘尼
善愛比丘尼
柰女比丘尼
蘇羅比丘尼
白淨比丘尼
賢比比丘尼
兀手比丘尼
誧弥比丘尼
須蔓比丘尼
明月比丘尼
數那比丘尼
寶珠比丘尼
醜陋比丘尼
幟摩比丘尼
淨撿比丘尼
慧湛比丘尼
道儀比丘尼
玄藻比丘尼
光淨比丘尼
法彝比丘尼
法緣比丘尼
最勝比丘尼
瞿甲比丘尼
普照比丘尼
守迦比丘尼
微妙比丘尼
善摩比丘尼
朱泥比丘尼
老兒比丘尼
呻號比丘尼
婆泥比丘尼
世羅比丘尼
波曇比丘尼
法與比丘尼
摩羅比丘尼
醜女比丘尼
叔離比丘尼
奢摩比丘尼
妙相比丘尼
道容比丘尼
慧玉比丘尼
慧木比丘尼
淨稱比丘尼
寶賢比丘尼
僧猛比丘尼

僧盖比丘尼
曇勇比丘尼
淨㵎比丘尼
道貴比丘尼
妙禕比丘尼
惠勝比丘尼
德樂比丘尼
令王比丘尼
曇暉比丘尼
惠緒比丘尼
妙智比丘尼
法淨比丘尼
法相比丘尼
法勝比丘尼
超明比丘尼
智勝比丘尼
惠曜比丘尼
業首比丘尼
僧端比丘尼
法盛比丘尼
道馨比丘尼
道瑗比丘尼
令宗比丘尼
明盛比丘尼

淨理比丘尼
淨秀比丘尼
僧述比丘尼
法宣比丘尼
淨行比丘尼
僧念比丘尼
惠暉比丘尼
淨賢比丘尼
法全比丘尼
淨曜比丘尼
曇徽比丘尼
道綜比丘尼
善妙比丘尼
惠瓊比丘尼
曇簡比丘尼
僧勑比丘尼
惠濬比丘尼
僧果比丘尼
道壽比丘尼
妙音比丘尼
曇備比丘尼
惠果比丘尼
僧基比丘尼
令首比丘尼

智賢比丘尼
淨練比丘尼
惠力比丘尼
僧威比丘尼
僧茂比丘尼
惠喬比丘尼
忽朗比丘尼
曇羅比丘尼
普勑比丘尼
寶英比丘尼
曇寅比丘尼
僧辯比丘尼
龍比丘尼
善比丘尼

法延比丘尼
僧律比丘尼
僧要比丘尼
法藏比丘尼
華光比丘尼
寶歇比丘尼
令惠比丘尼
惠燈比丘尼
普要比丘尼
道林比丘尼
道照比丘尼
僧化比丘尼
淨比丘尼
濡比丘尼

菩薩名經比丘尼品第十

謹按金剛頂瑜伽尊禮懺悔文

普為梵釋四王天龍八部帝主人王師僧父母及善知識道場衆等法界有情並願斷除諸障皈命懺悔

至心懺悔弟子衆等自從無始曠大劫來至于今日迷無我覺計有我人我計既興常緣我所根塵浩渺識蔭奔波擊動身心猶如電轉清淨眼耳鼻舌身意一念不覺翻作六師偷法王財供邊見賊賊既熾盛破涅槃城殘害法身焚燒慧命如此等罪數越塵沙由迷至迷莫測終始今始覺悟深悔自慚曉夜驚惶身心戰慄永斷迷覺貪愛我人投涅槃城歸安樂國以無我覺降伏六師收法王財納三聖藏資給慧命增益法身燃法性燈常炤無盡行顯理事塵界不迷三寶三乘誓當弘護迷覺之罪隨懺消滅懺悔迴向已至心皈命禮三寶

至心發願弟子衆等及法界有情始從今日乃至無上菩提念念堅固念念勝進身心自得辯說無礙於一念中具足一切種智須知諸法畢竟空寂而常度脫一切衆生同證涅槃不以涅槃為證發願已至心皈命禮三寶

金剛頂瑜伽尊禮懺悔文

東寺

菩薩名經序後

古之學道無自虛空入者道不可以虛空入則佛書之傳烏可已耶此大藏之積所以警悟後來而世人能於經中求入古佛至覤譬如乘舟入海扶杖登途豈有不達其所往哉不輕居士愍其卷帙繁委奉塵涉世之人不能盡覽於是編集諸聖名號毗盧人天森羅眼界覩其文者能生十地之心回是想着克證菩真之果辟支利智亦莫不然率天下之人權喜踴躍共作龍華上客其利豈不博哉輒書一二以附其後

前住和州褒禪山天寧慧空禪寺 嗣衣 謹跋

菩薩名經釋音第一卷

閑 閑 齋 齊 臆 步 胝 纸

第二卷

輗 軟 緔 赴 恒 埠 閩 㲺

第三卷

錚 夫 崙 倫

第四卷

揉 有 㬐 𣪋

第五卷

壥 鄽 齋 齊 𩏡 和 梟 西

第六卷

坻 遲 鬐 渠 鬚 須 眴 𥅀

第七卷

感 戚 髫 鐵 烁 夬 髭 雌

第八卷

衎 濟 𦿔 本 㝵 礙

第九卷

摩 釋 乎 毖 敘

第十卷

茺 㷇 鄰 登 璞 樸

東寺

梵本大悲神呪
唵。那謨婆葛斡諦。啞哩雅合二斡盧結諦說囉
耶。菩提薩埵耶。麻訶薩埵耶。麻訶葛嚕聶葛
耶。怛爹塔。唵。薩哩斡合二班塔那齊怛那葛囉
耶。薩哩斡合二巴波薩摩都嚕合二薩摩忒合二束
沙捺葛囉耶薩哩斡合二月錢不囉合二攝麻那。
曲五　十一
葛囉耶。薩哩惟合二丢巴的囉合二斡月納攝那
葛囉耶。薩哩斡合二婆夷束的囉合二納耶。怛楔
那麻斯乞哩擔伊擔啞哩雅合二斡盧結諦說
囉。怛斡尼辣斡茶。納麻嚇哩合二怛巖。啞斡哩
怛合二耶沙引咩。薩哩吮哩合二塔。薩塔那束婆
積怛那。薩哩斡合二薩埵南。巴波麻哩葛合二月
束塔那。怛爹塔。啞斡盧吉。盧葛麻牒盧葛葛牒
伊兮歇麻訶菩提薩埵。兮菩提薩埵。兮麻訶
菩提薩埵。兮不囉合二耶菩提薩埵。兮葛嚕聶
葛。斯麻合二囉嚇哩合二怛巖。伊兮歇。啞哩雅合二
斡盧結諦說囉。八囉麻埋的哩合二稷達。葛嚕
聶葛。鄔嚕鄔嚕葛哩麻合二。薩塔耶薩塔耶月
閃。敵歇敵歇彌。啞曩葛莾葛麻。月航葛麻麻
訶瀉塔猶吉說囉。多和多和。惟哩顏合二諦。麻
訶惟哩顏合二諦。塔囉塔囉。尼說囉。佐辣
佐辣月麻辣麻辣牟哩諦合二。啞哩雅合二斡盧
結諦說囉。屹哩合二沙納合二節那。拶吒母鄔吒朗屹哩
合二怛攝哩囉藍波。不囉合二藍波月藍波。麻訶瀉塔

說塔塔囉。巴辣巴辣。麻訶巴辣。麻辣麻辣。麻
訶麻辣。佐辣佐辣。麻訶佐辣。屹哩合二沙納合二麻
八屹徹合二屹沙納合二斡哩納合二屹哩合二沙納合二
八攝聶哩合二渴合二答那。兮巴的麻合二訶斯答合二
拶耶葛囉。聶沙拶哩說囉。屹哩合二沙納合二薩
哩波合二屹哩合二怛拽屹牛合二巴徹答。伊兮歇
斡囉訶母渴。的哩合二波囉怛訶尼說囉。捺囉
耶納波辣兜巴。徹攝塔哩。兮尼辣斡茶。兮麻
訶訶辣訶辣。月沙聶哩節合二怛盧葛楔囉葛
月沙捺攝那。對沙月攝捺攝那。謨訶月沙捺
攝那。聶哩謨合二屹徹合二納。和羅和羅。捫拶捫
拶。謨和羅謨和羅。訶辣訶辣。麻訶巴的麻合二
納潑薩囉薩囉。瀉咧瀉咧。蘇嚕蘇嚕。勃錢勃
錢。補塔耶補塔耶。補塔雅咩。怛斡玧辣斡茶。
伊兮歇。玧辣斡茶。伊兮歇。吮麻斯錢合二怛心
訶母渴。訶薩訶薩。捫拶捫拶捫麻。訶吒割訶薩
聶哩納合二牒聶。伊兮歇。蒲蒲麻訶瀉塔猶吉
說囉。班塔班塔吮咱。薩塔耶薩塔耶。徹閃斯
曲五　十二
麻合二囉斯麻合二囉端唵合二。兮婆葛灣。盧葛月
盧葛斯端合口呼之答塔葛達。答達兮弥。答兒攝合二
南。不囉合二薩塔雅弥莎訶。瀉塔耶莎訶。麻訶
瀉塔耶莎訶。瀉塔猶吉說囉耶莎訶。玧辣竿
茶耶莎訶。斡囉訶莫渴耶莎訶。心訶謨渴耶
莎訶。麻訶那囉心訶謨渴耶莎訶。瀉塔月牒

引塔囉耶莎訶。巴的麻合二訶斯怛耶莎訶。麻
訶巴的麻合二訶斯怛耶莎訶。斡資囉合二訶
斯怛合二耶莎訶。麻訶斡資囉合二訶斯怛合一耶
莎訶。屹哩合二實納合二薩哩巴合二屹哩合二怛雅
屹牛合二巴徹達耶莎訶。麻訶葛辣謨鄔割塔
囉耶莎訶。拶屹囉合二猶塔塔囉耶莎訶。商渴
攝布達聶哩合二納怛納葛囉耶莎訶。補塔納
葛囉耶莎訶。吮麻斯竿合二塔的攝斯錢合二悍
屹哩合二沙納節捺耶莎訶。吮麻訶斯怛合二月
渴囉合二拶哩麻合二聶斡薩納耶莎訶。盧吉說
囉耶莎訶。麻訶盧吉說囉耶莎訶。薩哩斡合二
瀉提說囉耶莎訶。囉屹徹合二囉屹徹合二愓合口呼之
莎訶。鄔嚕鄔嚕囉屹徹合二牟哩諦合二南莎訶。
那謨婆葛斡諦。啞哩雅合二斡盧結諦說囉耶。
菩提薩埵耶。麻訶薩埵耶。麻訶葛嚕聶葛耶。
瀉鑁甸都弥。滿的囉合二巴達聶莎訶。
十三末

梵本大悲神呪
曲五

梵本大悲神咒

校勘記

一　底本，明洪武南藏本。此經僅明洪武南藏本收録，無校。

法苑珠林序　起

朝議大夫蘭臺侍郎隴西李儼字仲思撰

二十九紙　第一卷

自夫六爻爰起八卦成列肇有書契
昭乎訓典鳳篆龍圖金簡玉字百家
異轍万卷分區雖理究精微言殫物
範而紀情括性未出於寰中原始要
終詎談於俗外亦有藏史之說園吏
之談寶經浮誕錦籍紆怪同鏤氷而
無成若書空而匪實與夫貫華妙旨
寫葉玄詞二乘之宏博八藏之沈秘
競以淺深較其優劣亦循蟻垤之小
比峻於嵩華牛涔之微爭長於江漢
夫其顯了之義隱密之規解脫之門
摠持之苑前際後際並契眞如初心
末心咸歸正覺導迷生於慾海情塵
共心垢同消引窮子於慈室衣寶與
髻珠雙至化溢恒沙之境功被微塵
之劫大哉至矣不可得而稱焉洎偕
兩徵周室佩日通漢蔡愔西涉竺蘭
東遊金口之詞寶臺之旨盈緗積牆
被乎中域而卷軸繁夥條流深曠實
相眞源卒難詳覽曁我皇唐造物

聖上君臨玄教聿宣緇徒允合傳輝
寫液照潤區宇梵響讃音喝呞都甸
弘宣之盛指喻難極屬有西明寺大
德道世法師字玄惲是釋門之領袖
也幼㠎聚砂落飾綵衣之歲慈般授
蟻資成具受之壇戒品圓明與吞珠
而等護律義精曉隨照鏡而同欣愛
慕大乘洞明實相爰以英博召居西
明遂以五部餘閑三藏徧覽以為古
今綿代制作多人雖雅趣佳詞無足
於博記所以搴文囿之菁華嗅大義
之瞻蔔以類編錄号曰法苑珠林摠
一百篇勒成十袟義豐文約紐虞氏
之博要跡宣道鏡晞祐上之弘明其
言以美其道斯著舉至賾而遺包妙
門而必盡但文繁則情惰義略則寡
聞不欲虛攡浮詞假盈卷軸以事不
可却文翰似多披覽日久還知其要
故於大唐摠章元年歲在執徐律惟
沽洗三月三十日纂集斯畢庶使緗
玄詞者探卷而得意珠軌正道者披
文而飲甘露繹之以知微觀之而覩
奧與環景而齊照將旋穹而共久

法苑珠林卷第一

西明寺沙門釋道世撰

劫量　三界　日月　六道　千佛
敬佛　敬法　敬僧　致拜　福田
歸信　士女　入道　慚愧　獎道
說聽　見解　宿命　至誠　神異
感通　住持　潛遁　妖怪　變化
眠夢　興福　攝念　發願　法服
燃燈　懸幡　香華　唄讚　敬塔
伽藍　舍利　供養　受請　輪王
君臣　納諫　審察　思慎　儉約
懲過　和順　誡勗　忠孝　不孝
報恩　背恩　善友　惡友　擇交
眷屬　校量　讖辯　愚戇　詐偽
墮慢　破邪　富貴　貧賤　債負
諍訟　誣謗　祝術　祭祀　占相
祈雨　園菓　漁獵　慈悲　放生
救厄　怨苦　業因　受報　罪福
欲蓋　四生　十使　十惡　六度
懺悔　受戒　破戒　受齋　破齋
賞罰　利害　酒肉　穢濁　病苦
捨身　送終　法滅　雜要　傳記

劫量篇第一　劫災有二一小二大

初明小三災　此有六部

述意部　疫病部　刀兵部
飢饉部　相生部　對除部

述意部第一

夫劫者蓋是紀時之名猶年号耳然則時無別體約法而明所以聖教弘宣多所攸載者雖非理觀之沖規亦懲勸之幽旨也若迺涉迷津於曩識微塵之數易窮返覺路於初心僧祇之期難滿此迷悟之異也自有無間獄中等芥城而限命先行天上儔衣石以受形此善惡之殊也至若娑婆世界謂俄頃為百齡袈裟剎土將永劫以浹日斯染淨之別也統而言之不過大小大小之內各有三焉大則水火風而為災小則刀饑疫以成害是知六年華觀終焚煬於沈灰千梵瓊臺卒漂淪於驟雨加復診候無徵雩祈失効霜戈接刃星劍交鋒酷毒生人崩亡殆盡恐三界而未悟嗟六道而悲夫

疫病部第二

依智度論云何名為劫荅曰依西梵正音名為劫𢶏颰陁劫𢶏者（亦名劫波秦言分別時節）阿毗曇論云佛世尊說一小劫者名颰陁者（秦言善有亦名為賢以多人出世故名賢劫也）又立世阿毗曇論云佛世尊說一小劫者名為一劫二十小劫亦名一劫四十小劫者亦名一劫六十小劫亦名一劫八十小劫名一大劫云何一小劫名為一劫是時提婆達多比丘住地獄中受異熟業報佛說住壽一劫云何二十小劫亦名一劫如梵先行天二十小劫是其壽量佛說住壽一劫云何四十小劫亦名一劫如梵衆天壽量四十小劫佛說住壽一劫云何六十小劫亦名一劫如大梵天壽量六十小劫佛說住壽一劫云何八十小劫名一大劫佛說劫中世界經云二十小劫壞次經二十小劫壞已空次經二十小劫起成次經二十小劫起成已住是二十小劫起成已住者幾多已過幾多未過八小劫已過十一小劫未來第九一劫現在未盡此第九一劫幾多已過幾多未來未來定餘六百九十年在（至聖末巳卯年翻此經為斷）是二十小劫中間有三小災次第輪轉一疾疫災二刀兵災三飢饉災（此三小災諸經論列名前

復不同若依長阿含中阿含起世等初列刀兵次列飢饉後列疫病若依俱舍毗曇婆沙論等初列刀兵次列疫病後列飢饉若依瑜伽對法論等初列飢饉後列刀兵若攝年月長短次第依瑜伽對法論者是也

今且依立世阿毗曇論云此即第九中即當第三災此劫由飢饉故盡佛言是二十小劫世界起成得住中第一劫小災起時有大疾疫種種諸病一切皆起剡浮提中一切國土所有人民等遭大疾疫一切鬼神起瞋惡心損害世人壽命短促唯住十歲身形銼小或一搩手或二磔手或三磔手於其自量則八磔手所可資食稊稗爲上人髮衣服以爲第一唯有刀仗以自莊嚴是時諸人不行正法非法貪著耶見等業日夜生長諸惡鬼神處處損人是時大國王種悉皆崩亡所有國土次第空廢唯有小郡縣是其所餘相去遼遠各在一處如是人者疾病困苦無人布施湯藥飲食以是因緣壽命未應盡橫死無數一日一夜無量衆生疾病疫死由行惡法得是果報於此中生劫濁而起捨命已後墮三惡道時一郡縣次復荒蕪唯少家在

相去轉遠各在一處疾疫死者無人送埋是時土地白骨所覆乃至居家次第空盡是時劫末唯七日在於七日中無量衆生遭疫死盡設有在者各散別處時有一人合集剡浮提內男女唯餘一萬留爲當來人種唯此萬人能持善行諸善鬼神欲令人種不斷絕故擁護是人以好滋味令入毛孔以業力故人種不斷過七日後是大疫病一時息滅一切惡鬼皆悉捨去隨諸衆生飲食衣服應念所須天即雨下陰陽調和美味出生身形可愛安樂無病譬如親愛久不相見忽得聚集生喜樂心共相携持不相捨離是前劫人壽命十歲後劫人民從其而生壽命最長二十千歲如此功德自然得成與善法相應身口意善捨壽命後生善道中從天捨命還生人道自然賢善戒品具足捨壽已後更生天道久久如是初劫中間疫病窮盡次第二劫來續二十千歲是劫中間第一壽量是人從前二十千歲人所生神力自在資生具足壽命

四十千歲人天道生久久如是說名第二劫中間第二壽量四十千歲資生具足壽命六十千歲久久如是說名第三劫中間第三壽量六十千歲從六十千歲至八十千歲是時女年五百歲尒乃行嫁是時諸人唯有七病謂大小便利寒熱淫慾飢老等如是時中一切國土冨貴豐樂無有怨賊反逆盜竊村落次比雞鳴相聞耕種雖少收實巨多衣服財寶稱意具足安坐受樂無所馳求壽命八十千歲時住阿僧祇年乃至衆生未起十惡從起十惡因此百年則減十歲次復百年復減十歲次第漸減至餘十歲最後十歲住不復減長極八萬短至十年若佛不出世次第如此若佛出世如正法住衆生壽命暫住不減隨正法稍減壽命漸減

刀兵部第三

依立世阿毗曇論云佛說一小劫者名爲一劫如是同前乃至八十小劫名大劫中至二十小劫起成住中第二小災起由大刀兵人壽十歲時三

毒邪見日夜生長父母兒子兄弟眷屬互相鬪諍何況他人是時諸人起鬪諍已仍相手僻或以瓦石刀仗互相怖畏四方諸國互相伐討一日一夜害死無量如是過失自然而生人行不善得是果報於此中生刧濁而起是時人家一時沒盡縱有餘殘各各分散是時刧末餘七日在於七日中手執草木即成刀仗由此器仗互相殘害怖畏困死是時諸人怖懼刀仗迸竄林藪或度江水隱蔽孤洲或入坑窟以避災難或時相見仍各驚走恐怖失心或時仆地譬如麞鹿遭逢獵師如是七日刀兵橫死其數無量設有在者各散別處時有一人合集剡浮提男女唯餘一萬留爲當來人種於是時中皆行非法唯此百人能行善法諸善鬼神欲令人種不斷絕故擁護是人以好滋味令入毛孔以葉力故於刧中間留人種子自然不斷過七日後是大刀兵一時息滅一切惡鬼皆悉捨去隨諸衆生所須衣食應念所須天即雨下陰陽調和

美味出生身形可愛相好還復一切善法自然而起清涼寂靜安樂無病慈悲心起無惱害意互得相見生喜樂心譬如親愛久不相見忽得聚集生喜樂心共相携持不相捨離從其十歲展轉行善生人天中至二十千歲乃至壽命八十千歲住阿僧祇年自外同前不煩重述

飢饉部第四

依立世阿毗曇論云從一小刧乃至八十小刧住刧中第三刧小災起時由大飢餓災欲起時由天亢旱一切人民遭大疾疫一切鬼神起瞋惡心損害世人壽命短促唯住十歲身形短小或二三磔手所食穇稗人髮爲衣猶爲上服刀仗自嚴不相恭敬貧窮困苦愚癡耶見日夜生長穀貴飢饉舍羅柯行見他資糧便往奪食以此因緣餓死無數一切衆生生刧濁中自然而起造作惡業天不降雨四五年中由大旱故覓生草菜尚不可得何況米穀一切禽獸悉取食之於一日一夜飢餓死者其數無量郡縣

空盡唯少家在相去轉遠不行正法三毒轉盛貧窮困苦日夜相應是時六七年間天不降雨由大旱故思欲見水尚不可得何況飯食是刧中間唯七日在一日一夜餓死無數縱有在者各散別處時有一人合數剡浮提內男女大小共一萬人留爲當來人種人能行善諸善鬼神欲令人種不斷絕故擁護是人以好滋味令人毛孔以葉力故人種不斷過七日後是飢餓一時息滅一切惡鬼皆悉捨去所須衣食天即雨下陰陽調和美味出生身形可愛相好遂復一切善法自然而起清涼寂靜安樂無病慈悲入心無惱害意譬如親愛久不相見忽得聚集生喜樂心共相携持不相捨離從於十歲展轉行善生人天中壽命長遠至二十千歲乃至八十千歲自外法因並同初述（依立世中三災各經七日若依餘經論說飢饉七年七月七日疾病七月七日刀兵極經七日）故瑜伽論云謂人壽三十歲時方始建立當介之時精妙飲食不可復得唯煎煮朽骨共爲讌會若遇得一粒稻麥粟稗等子重

若末尼珠藏置箱篋而守護之彼諸有情多無氣勢顛僵在地不復能起由飢儉故有情之類亡歿殆盡如此儉災經七年七月七日七夜方乃得過彼諸有情復共聚集起下猒離由此因緣壽不退減儉災遂息又若人壽二十歲時本起猒患今乃退捨尒時多有疫氣瘴癘災擴熱惱相續而生彼諸有情遇此諸病多悉殞歿如是病災七月七日七夜方乃得過彼諸有情復共聚集起中猒離由此因緣壽量無減病災乃息又人壽十歲時本起猒患今還退捨尒時有情展轉相見各起猛利煞害之心由此因緣隨執草木及以瓦石皆成最極銳利刀劍更相殘害死喪終盡如是刀災極經七日方乃得過

相生部第五

依中阿含經云過去有輪王出世名曰頂生奉持齋法脩行布施國中貧者出財用給後經多時猒國中有貧窮者不能出物用給恤之人轉窮困因窮便盜他物其主捕伺收縛送詣刹利頂生王所曰白天王此人盜我物願天王治王問彼人曰汝實盜耶彼曰實盜所以者何以貧困故若不盜者便無自濟王即出財而給與之語盜者曰汝等還去後莫復作由斯之故人作是念我等亦應盜取他物於是各競行盜是謂因貧無物不能給恤故人轉窮困因盜滋甚故彼人壽轉減形色轉惡父壽八萬歲子壽四萬歲彼人壽四萬歲時有人復盜送王王聞已便作是念若我國中有盜他物更出財物盡給與者如是竭藏盜遂滋甚我今寧可作極利刀若我國中有偷盜者便收捕取坐高標下斬截其頭作此念已便勑行之於後彼人効此利刀持行刼物捉彼物主截斷其頭因貧盜甚刀殺轉增故彼人壽轉減形色轉惡父壽四萬歲子壽二萬歲人壽二萬歲時時彼盜者便作是念王若知實或縛鞭我或殯罸錢或貫標上我寧妄言欺誑王耶念已白王我不偷盜是為因貧無物不能給恤盜煞轉增便妄言兩舌故彼人壽轉減形色轉惡父壽二萬歲子壽一萬歲人壽一萬歲時人便嫉妬耶婬轉增故彼人壽轉減形色轉惡父壽一萬歲子壽五千歲人壽五千歲時三法轉增非法欲惡貪耶法故父壽五千歲子壽二千五百歲人壽二千五百歲時復三法轉增兩舌麁言綺語故彼壽轉減形色轉惡故父壽二千五百歲子壽千歲人壽千歲時一法轉增耶見是也因一法增故彼人壽轉減形色轉惡父壽千歲子壽五百歲人壽五百歲時彼人不孝父母不能尊敬沙門梵志不行順事不作福業不見後世罪故父壽五百歲子壽二百五十歲或二百歲今若長壽或壽百歲或不啻者佛復告比丘曰未來久時人壽十歲女生五月即便出嫁人壽十歲時有穀名稗子為第一美食如今粇粄以為上饌所有酥油鹽蜜甘蔗一切盡沒唯行十惡業道者為人所敬都未有善母於其子極有害心子亦於母極有害心父子兄弟姊妹親屬展轉相向

有賊害心猶如獵師見彼鹿巳極有害心人壽十歲時乃有七日刀兵刼感彼若捉草即化成刀若捉樵木亦化成刀以此刀兵各各相煞彼於七日刀兵刼過七日便止尒時亦有人生慙耻羞愧猒惡不愛彼人七日刀兵刼時便入山野在隱處藏過七日巳則從山野於隱處出更互相見生慈愍心極相愛念猶如慈母唯有一子與久離別遠來相見極相愛念便作是語諸賢我今相見今得安隱我等由坐生不善心令親族死盡我等寧可共行善法離斷殺業行善法巳壽便轉增形色轉好壽十歲人生子壽二十壽二十人復作是念若求善者壽色轉好我等應可更增行善共離不與取行是善巳壽便轉增人生子壽四十歲復離耶婬行是善巳壽色轉好人生子壽八十歲復離妄言行是善巳壽色轉好人生子壽百六十歲壽百六十巳復離兩舌行是善巳壽色轉好人生子壽三百二十歲復離麤言行是善巳壽色轉好人生子壽六百四十歲復離綺語行是善巳壽色轉好人生子壽二千五百歲復離貪嫉行是善巳壽色轉好人生子壽五千歲復離瞋恚行是善巳壽色轉好人生子壽一萬歲復離邪見行是善巳壽色轉好人生子壽二萬歲復離非法欲惡貪行邪法我等寧可離此三惡不善法行是善巳壽色轉好人生子壽四萬歲壽四萬歲時孝順父母尊重恭敬沙門梵志奉行順事脩習福業見後世罪行是善巳人生子壽八萬歲人壽八萬歲時此閻浮洲極大豐樂多有人民村邑相近如雞一飛女年五百歲乃當出嫁唯有七病寒熱大小便利婬慾飢渴老等更無餘患時有王名螺爲轉輪王聰明智慧有四種軍整御四天下七寶千子具足端正勇猛無畏能伏他衆統領大地乃至大海不以刀仗以法教令令得安樂餘有疾病飢饉作法延促並皆同前

對除部第六

依新婆沙論云然有聖言說彼對治謂若有能一日一夜持不煞戒於未來生決定不逢刀兵災起若能以一訶梨怛鷄菓起殷淨心奉施僧衆於當來世決定不逢疫病災起若能以一團食施諸有情於未來世決定不逢飢饉災時問如是三災餘洲有不荅無根本災而有相似謂瞋增盛身羸劣數加飢渴此說二洲北拘盧洲亦無罪業而生彼故又彼無有瞋增盛故

述曰衆生固執無思悛革慳貪嫉妬惡業逾盛所以人情嶮阻凶毒泌流令入末法人物俱惡所有依正兩報致令日夜衰耗故付法藏經云阿恕伽王自爲僧行食時賓頭盧用酥澆飯阿恕伽王白言大聖酥性難消能不爲疾耶尊者荅曰不爲患也何以故佛在時水與今酥等是故食之終不成病尒時尊者欲驗斯事使手入地下至四萬二千餘里即取地肥而示於王王今當知衆生薄福肥膩之味皆流入地是故世間福轉衰滅王供養巳歡喜而退良由世尊韜光未盈百年尚有斯微況今向有二千豈有

精味故瑜伽論云三災起時尒時有情復有三種最極衰損壽量衰損依止衰損資具衰損者所謂壽量極至十歲依止衰損者謂其身量極至一磔手或復一握資具衰損者尒時有情唯以稗為食中第一以髮為衣中第一以鐵為莊嚴中第一五種上味悉皆隱沒所謂酥蜜油鹽等味及甘蔗變味

第二大三災（此有四部）

時量部　時節部　壞劫部

成劫部

時量部第一

依新婆沙論云劫有三種一中間劫二成壞劫三大劫中間劫復有三種一減劫二增劫三增減劫減者從人壽無量歲減至十歲增者從人壽十歲增至八萬歲增減者從人壽十歲增至八萬歲復從八萬歲減至十歲此中一減一增十八增減合二十中劫世間成二十中劫成已住此合名成劫經二十中劫世間壞二十中劫壞已空此合名壞劫總八十中劫合名大劫成已住中二十中劫初一唯減後一唯增中間十八亦增亦減故對法論云由此劫數顯色無色界諸天壽量也

時節部第二

依奘法師西國傳云陰陽曆運日月旋璣稱謂雖殊時候無異隨其星建以標月名時極短者謂之刹那也

如新婆沙論云彼刹那量云何可知有作是言依施設論說如中年女緝績毳時抖擻細毛不長不短齊此說為怛刹那量彼不欲說毛縷短長但說毳毛從指開出隨所出量是怛刹那問前問刹那何緣乃引施設說怛刹那量答此中舉麁以顯於細以細難知不可顯故謂百二十刹那成一怛刹那六十怛刹那成一臘縛此有七千二百刹那三十臘縛成一牟呼栗多此有二百一十六千刹那三十牟呼栗多成一晝夜此有少二十不滿六十五百千刹那此五蘊一晝一夜經於尒所生滅無常有說此麁非刹那量如我義者如壯士彈指頃經六十四刹那有說不然如我義者如二壯夫摯斷衆多迦尸細縷隨尒所縷斷經尒所刹那有說不然如我義者如二壯夫執挽衆多迦尸細縷有一壯夫以至那國百練剛刀捷疾而斷隨尒所縷斷經尒所刹那有說猶麁非刹那量實刹那量世尊不說如世尊說譬如四善射夫各執弓箭相背攢立欲射四方有一捷夫來語之曰汝等今可一時放箭我能遍接俱令不墮於意云何此捷疾不苾芻白佛甚疾世尊佛言彼人不及地行藥叉地行捷疾不及空行藥叉空行捷疾不及四大王衆天彼天捷疾不及日月二輪二輪捷疾不及堅行天子此薄日月輪車者此等諸天展轉捷疾壽行生滅捷疾於彼刹那流轉無有暫停由此故知世尊不說實刹那量問何故世尊不為他說實刹那量答無有有情堪能知故又依安般經云於一彈指頃心有九百六十　又仁王經云一念有九十刹那一一刹那中復有九百生滅又菩薩處胎經云

一彈指須有三十二億百千念念念
成形形皆有識佛之威神入微識
中皆令得度又毗曇論合有十二重
一名刹那二名怛刹那三名羅婆四
名摩睺羅五名日夜六名半月七名
一月八名時九名行十名年十一名
雙十二名劫一刹那者翻爲一念百
二十刹那爲一怛刹那翻爲一瞬六
十怛刹那爲一息一息爲一羅婆三
十羅婆爲一摩睺羅翻爲一須臾三
十摩睺羅爲一日夜計有六百三十
八萬刹那僧祇律云二十念爲一瞬
二十瞬名一彈指二十彈指名一羅
預二十羅預名一須臾一日一夜有
三十須臾日極長時晝有十八夜有
十二極短時晝有十二夜有十八春
秋分便等又智度論云晝夜六分有
三十時春秋分時晝夜各十五時餘
時增減五月晝時有十八夜有十二
十月夜時有十八晝有十二
依奘法師西國傳云居俗日夜分爲
八時（晝四夜四於一時各有四分）一月盈至滿謂之白分
月虧至晦謂之黒分或十四日十五

日月有大小故也白前黒後合爲一
月六月合爲一行日游在内北行也
日游在外南行也揔此二行合爲一
歲又分一歲以爲六時正月十五日
至三月十五日漸熱也三月十六日
至五月十五日盛熱也五月十六日
至七月十五日雨時也七月十六日
至九月十五日茂時也九月十六日
至十一月十五日漸寒也十一月十
六日至正月十五日盛寒也如來聖
教歲爲三時正月十六日至五月十
五日熱時五月十六日至九月十五
日雨時也九月十六日至正月十五
日寒時也或爲四時春夏秋冬也依
論計之十五夜爲半月兩半月爲一
月三月爲一時兩時爲一行一行即
半年六月也兩行爲一年二年半爲
一雙此由閏故以閏月兼本月此謂
月雙非閏雙也若以五年兩閏雙者
二年半有一閏豈立隻乎積此時數
明劫有四種一别劫二成劫三壞劫
四大劫從人壽十歲漸至八萬歲經
多時八萬歲又漸減至十歲爲一别

劫對餘揔故名爲别也若以事格量
依雜阿含經云一由旬城高下亦尒
滿中芥子百年取一芥盡劫猶不盡
案此即爲别劫也若據大劫即以八
十由旬城爲量也樓炭經云以二事
論劫一云有一大城東西千里南北
四千里滿中芥子百歲諸天來下取
一芥子盡劫猶未盡二云有一大石
方四十里百歲諸天來下取羅穀衣
拂石盡劫猶未窮此亦應是别劫也
第二有成劫四十壞劫亦尒所以然
者世間成時二十别劫住時二十别
劫壞時二十别劫空時二十别劫此
中以住合成以空合壞故各四十别
劫揔此成壞合有八十别劫爲一大
劫若更舒之别有六劫一别二成三
住四壞五空六大若更束之則有三
劫一小劫二中劫三大劫小則别劫
中則成壞隨一大則揔成與壞欲界
中壽一劫是小劫初禪三天壽劫是
中劫二禪已去壽劫是大劫外國俗
筭有六十位過此已後不可數故名
阿僧祇此數年爲劫數一至六十位

名阿僧祇劫此是大劫量也故智度論經云以百由旬城爲量百年取一芥故喻以迦尸羅天衣百年一拂百由旬石爲量者此並格量大劫也即案索訶世界(舊云娑婆世界)一大劫中千佛出世尋夫劫波之号不可以時數之故以假石芥城等准爲一期之候即約前中具合成住壞空等四劫也如前從十歲增至八萬復從八萬還至十歲經二十返一小劫二十小劫爲一成劫以年筭之則經八千萬萬億百千八百萬歲也止一爲小劫矣今成劫已過入住劫來復經八小劫釋迦牟尼如來於住劫中當第四佛尚餘九百九十六佛於後續次而出

依奘法師西國傳云夫數量之稱謂踰繕那(舊云由旬又曰踰闍那又曰由延皆訛略)踰繕那者自古聖王一日運行也舊傳一踰繕那四十里矣印度國俗乃三十里聖教所載唯十六里故毗曇論四肘爲一弓五百弓爲一拘盧舍八拘盧舍爲一由旬一弓長八尺五百弓長四百丈四百丈爲一拘盧舍一里有三百六十步一步有六尺合有二百一十六丈爲一里二里有四百三十二丈計前五百弓有四百丈爲一拘盧舍猶欠三十二丈不滿二里計一拘盧舍減有二里計八拘盧舍減十六里爲一由旬若依雜寶藏經一拘盧舍有五里計毗曇八拘盧舍爲一由旬合有四十里

壞劫部第三

依長阿含經云三災上際云何若火災起時至光音天爲際若水災起時至徧淨天爲際若風災起時至果實天爲際三災欲起時世間人皆行正法正見不倒修十善行行此法時有人得第二禪者即勇身上昇於空中住聖人道天道梵道高聲唱言諸賢當知無覺無觀第二禪樂人聞此聲已即修無覺無觀身壞命終生光音天是時地獄衆生罪畢命終來生人間復修無覺無觀得生光音天畜生餓鬼阿須倫乃至六欲皆生光音天尒時先地獄盡後畜生盡已次餓鬼阿須倫乃至他化自在天盡已然後人盡無有遺餘此世敗壞乃成爲災

又順正理論云乃至地獄無一有情尒時名爲地獄已壞諸有地獄定受業者業力置他方獄中由此准知傍生鬼趣時人身內無有諸蟲與佛身同若時人趣此洲一人無師法然得初靜慮從靜慮起唱如是言離生喜樂甚樂甚靜餘人聞已皆入靜慮命終並得生梵世中乃至此洲有情都盡是名已壞贍部洲人東西二洲例此應說北洲命盡生欲界天由彼鈍根無離欲故生欲界天已靜慮現前轉得勝依方能離欲乃至人趣無一有情尒時名爲人趣已壞若諸天趣欲界六天隨一法然得初靜慮乃至並得生梵世中尒時名爲欲天已壞如是欲界無一有情名欲界中有情已壞若時梵世隨一有情無師法然得二靜慮從彼定起唱如是言定生喜樂甚樂甚靜餘天聞已皆入彼靜慮命終並得生極光淨乃至梵世中有情都盡如是名已壞有情世間唯器世間空曠而住餘方世界一切有

情感此三千世界業盡於此漸有七日輪現諸海乾竭衆山洞然洲渚三輪並從焚燎風吹猛焰燒上天宮乃至梵宮無遺灰燼自地火焰燒自地宮非他地災能壞他地由相引起故作是說下火風飄焚燒上地謂欲界火猛焰上昇為緣引生色界火焰餘災亦尒如應當知如是始從地獄漸滅乃至器世界盡揔名壞劫

又觀佛三昧經云天地始終謂之一劫劫盡壞時火災將起一切人民皆背正向邪競行十惡天久不雨所種不生依水泉原乃至四大駛河皆悉枯竭久久之後風入海底取日上大城郭於須彌山邊置本道中[長阿含經云其後久久有大黑風暴起海水深八万四千由旬吹使雨披取日宮殿置於須弥山半去地四万二千由旬安日道中乃至七日火第取之沫用盛然離心論云劫壞之時有七日輪徑遊乾陸山從彼而去又說云分一日曷七日又說云從附昇地獄下出日衆生業力致]一日出時百草樹木一時彫落二日出時四大海水從百由旬乃至七百由旬內其水自然枯涸三日出時四大海水千由旬乃至七千由旬內水展轉消盡四日出時四大海水深千由旬五日出時四大海水縱廣七千由旬乃至竭盡[長阿含經云五日出已其後海水猶深猶如春雨後亦如牛跡中水遂至涸盡不漬人足也]六日出時此地厚六萬八千由旬皆悉煙出從須弥山乃至三千大千剎土及八大地獄靡不燒滅煙盡無餘人民命終皆依須弥山及六欲諸天皆悉命終宮殿皆空一切無常不得久住七日出時大地須弥山漸漸崩壞百千由旬永無遺餘山皆洞然諸寶爆裂煙焰震動至于梵天一切惡道皆悉蕩盡罪終福至皆集第十五天十四天以下盡成灰塁新生天子未曾見此普懷恐懼舊生天子各來慰勞勿生恐怖終不至此人民命終生光音天以念為食光明自照神足飛行或生他土若生地獄地獄罪畢亦生天上若罪未畢復移他方無日月星宿亦無晝夜唯有大冥謂之火劫火災果報致此壞敗劫欲成時火乃自滅更起大雲漸降大雨滴如車軸是時此三千大千剎土水徧其中乃至梵天故瑜伽論云又諸有情能滅壞業增上力故及依六種所燒事故復有六日輪漸次而現彼諸日輪望舊日輪所有熱勢踰前四倍既成七已熱遂增七去何名為六所燒事一小大灌坑由第二日輪之所枯竭二小河大河由第三日輪之所枯竭三無熱大池由第四日輪之所枯竭四大海由第五日輪及第六一分之所枯竭五蘇迷盧山及以大地體堅實故由第六一分及第七日輪之所燒然即此火焰為風所皷展轉熾威極至梵世如是世界皆悉燒已乃至灰墨及與餘影皆不可得從此名為器世間已壞滿足二十中劫如是壞已復二十中劫住

云何水災謂過七火災已於第二靜慮中有俱生水界起壞器世間猶水消鹽此之水界與器世間一時俱沒如是沒已復二十中劫住云何風災謂七水災過已復七火災從此無間於第三靜慮中有俱生風界起壞器世間如風乾支節復能消盡此之風界與器世間一時俱沒從此壞已復二十中劫住如是略說世間已壞又

依順正理論云此水火風三大災起
遍有情類令捨下地集上天中初火
災興由七日現有說如是七日輪行
猶如鴈行分路旋運有說如是七日
輪行上下為行分路旋運中間各相
去五千踰繕那次水災興由降瀑雨
有作是說從三災邊空中欻然雨熱
灰水有餘復說從下水輪起湧沸水
上騰漂浸決定義者即此邊生後風
災興由風相擊有作是說從四定邊
空中欻然飄擊風起有餘復說從下
風輪起衝擊風上騰飄鼓此決定義
准前應知三災起時云何次第要先
有間起七火災其次定應一水災起
此後無間復七火災度七火災還有
一水如是乃至滿七水災復有七火
災後風災起如是揔有八七火災一
七水災一風災起水風災起皆次火
災自水風災必火災起故災次第理
必應然何緣七火方一水災極光靜
天壽勢故謂彼壽量極八大劫故至
第八方一水災由此應知要度七水
八七火後乃一風災由偏淨天壽勢

力故謂彼壽量六十四劫故第八火
方一風災如諸有情脩定漸勝所感
異熟身壽漸長由是所居亦漸久住
故毗曇論偈云
七火次第過　然後一水災
七七火七水　復七火後風
又對法論云如是東方無間無斷無
量世界或有將壞或有將成或有正
壞或壞已住或有正成或成已住如
於東方乃至一切十方亦尒如是若
有情世間若器世間業煩惱力所生
故業煩惱增上所起故揔名苦諦又
雜心論問何故壞劫不至第四禪荅
淨居天故彼無上地主即彼般涅槃
故亦不下生下地非數滅故若彼住
經壞劫者亦不然增上福力生彼處
故內擾亂非故若彼地內有擾亂者
則外有災患彼初禪內有覺觀火擾
亂故外為火災燒第二禪內喜水擾
亂故外為水災所漂第三禪內有出
入息風擾亂故外為風災所壞閗第
四禪未曾有擾亂者何得不常荅剎
那無常所壞故第四禪地不定相續

隨彼天生宮殿俱起若天命終彼亦
俱沒耳

成劫部第四

依起世經云尒時復經無量久遠不
可計數日月時起大重雲乃至偏覆
梵天世界既偏覆已注大洪雨其滴
甚麤或如車軸或復如杵經歷百千
萬年彼雨水聚漸漸增長乃至天所
住世界其水偏滿然彼水聚有四風
輪之所住持何等為四一名為住二
名安住三名不墮四名牢主彼雨斷
已復還自退下無量百千萬億由旬
當於尒時四方一時有大風起其風
名為阿那毗羅吹彼水聚混亂不停
水中自然生大沫聚大風吹沫擲置
空中從上造作梵天宮殿微妙可愛
七寶間成所謂金銀琉璃玻瓈赤珠
硨磲碼碯有斯梵天世間出生彼大
水聚復更退下無量百千萬億由旬
如前四方風起名阿那毗羅由此大
風吹擲水沫復成宮殿魔身天牆壁
住如梵身天無異唯有寶色精麤異
耳如是次造他化自在天展轉至夜

摩天六天次第具足如梵天無異精麁異耳時彼水聚轉復減少乃更退下無量百千億萬由旬湛然渟住彼水聚中四方淨沫水上厚六十八億由旬周閞無量大風吹沫復造須彌山四寶所成復吹水上淨沫爲三十三天七寶所成又吹水沫於須彌山半腹之間四萬二千由旬爲日月天子宮殿皆七寶成以是因緣世間便有七日宮殿安住現在又吹水沫於海水上高萬由旬爲空居夜叉造玻瓈宮殿城郭亦尒又吹水沫於須彌山四面各去山一千由旬大海之下作四面阿脩羅城七寶莊嚴又復大風吹水聚沫造作餘大寶山如是展轉吹水沫過四大洲八萬小洲須彌山王并餘一切大山之外周匝安置名大輪圍山高廣正等六百八十萬億由旬牢固眞寶金剛所成難可破壞如是大風吹掘大地漸漸深入乃於其中置大水聚湛然渟積以此因緣便有大海又起世經云此大海水何因緣故如是鹹苦不堪飲食此有三因緣何等爲三一者從火災後經無量時起大重雲弥覆凝住後降雨滴注滿世界彼大雨汁洗梵身天一切宮殿次洗廣天宮殿次洗他化自在天化樂天兜率天夜摩天宮殿洗已洗彼宮時所有鹹辛苦味悉皆流下次復洗須彌山及四大洲八萬小洲諸餘大山等如是洗時淩漬流蕩其中以是因緣令大海鹹不堪飲食第二此大海水大神大身衆生在其中住所有屎尿流出海中以是因緣其水鹹苦不堪飲食第三此大海水古昔諸仙曾所呪故願海成其鹽味不堪飲食以是因緣令大海鹹不堪飲食又依順正理論云所言成劫者謂從風起乃至地獄始有情生謂此世間災所壞已二十中劫唯有虛空過此長時次應復有等住世成劫便至一切有情業增上力空中漸有微細風生是器世間將成前相風漸增盛成立如前所說風輪水輪金輪等然初成立大梵天宮乃至夜摩天宮復起風輪等是謂成立外器世間由有情力謂光淨久集有情天衆既多居處迫迮諸福減者應散居下此器世間初一有情極光淨殁生大梵處空宮殿中後諸有情亦從彼殁有生梵輔有生梵天有生他化自在天宮漸漸下生乃至人趣後生餓鬼傍生地獄法尒後成壞必最初若初一有情生無間獄二十中成劫應知已滿此後復有二十中劫名成已住次第而起立世阿毗曇論云一切器世界起作已成時二種界起長謂地大雨界風界起吹火界蒸鍊地界風界恒起吹一切物使成堅實既堅實已一切諸寶種類皆得顯現如是多時六十小劫究竟已度

又長阿含經云此三及地爲四災四劫除地說三爲大劫唯未至第四禪爲淨居天故無上地可生即於彼處涅槃亦不下生非數滅故變成天地天地更始了無所有亦無日月地涌甘泉味如酥蜜時光音諸天或有福盡來生或樂觀新地性多輕躁以指嘗之如是三轉得其甜味食之不已漸

生麁肌失天妙色神足光明冥然大暗後大黑風吹彼海水漂出日月置須彌邊安日道中遶須彌山照四天下時諸人輩見出則歡見入則懼自玆以後晝夜晦朔春秋歲數終而復始劫初成時諸天來下為人皆悉化生身光自在神足飛行無有男女尊卑衆共生世故名衆生有自然地味猶如醍醐亦如生酥味甜如蜜其後衆生以手試嘗遂生味著漸成摶食光明轉滅無復神通食地味多者顏色麁悴其食少者顏色光澤遂生勝負因緣勝負故便生是非地味稍歇咸皆懊惱咄哉為禍無復地味又生地皮狀如薄餅地皮又滅又生地膚地膚滅故依增一經又生自然地肥味甘如蒲萄酒

又樓炭經云地肥不生更生兩枝蒲萄其味亦甘久久食多共相形笑兩枝蒲萄不生更生粇米無有糠糩不加調和備衆美味衆生食之生男女形又增一經云時諸天子情欲意多者便成女人故有夫妻之名其後衆生婬泆轉增遂夫妻共住其餘衆生壽福行盡後光音天來生此間在母胎中因此世間有處胎生尒時造瞻婆大城乃至一切城郭自然粇米朝刈暮熟暮刈朝熟刈後隨生

又依中阿含經米長四寸未有莖秆時有衆生併取日糧如是相斆乃至併取五日粇米漸生糠糩刈已不生遂有枯株尒時衆生懊惱悲泣各封田宅粇米以為壃畔其衆自藏己米盜他田穀無能決者議立一平等主善護人民賞善罰惡便有刀杖等物考楚殺戮此是生老病死之原由有田地致此諍訟故各共減割以供給之故選一人形貌尊雅甚有財德請以為主於是始有民主之号田宅舍屋之名天下豐樂不可具述奉行十善哀念人民如父母愛子人民敬主如子敬父人壽大久豐樂無極

又依順正理論云初受段食故身漸堅重光明隱沒黑暗便生日月衆星從玆出現由漸耽味地味便隱從玆復有地皮餅生競耽食之地餅復隱尒時復有林藤出現競耽食故林藤復隱有非種香稻自生衆共取之以充所食此食麁故殘穢在身為欲蠲除便生二道因斯遂有男女根生由二根殊形相亦異宿習力故便相瞻視因此遂生非理乃至由有劫盜過起詮量衆內一有德人各以所收六分之一雇令防護封為田主因斯故立剎帝利名大衆欽承恩流率土故復名大王未有多王自後諸王此王為首

又長阿含經云佛告比丘有四事長久無量無限不可以日月歲數而稱計也云何為四一時世間災漸起壞此世時中間長久不可以日月歲數而稱計也二者此世間壞已中間空曠無有世間長久迥遠不可以日月歲數而稱計也三者天地初起向欲成時中間長久不可以日月歲數而稱計也四者天地成已久住不壞不可以日月歲數而稱計也是為四事長久無量無限不可以日月歲數而計量也

頌曰
百劫芥易盡　三災理自傾　石火無恒焰
電光非久停　飢窮自相噉　刀兵競相征
疫病無醫効　空勞怨苦聲　親戚無相救
殘害有餘情　遺文虛滿簡　徒欣富貴盈
太息波川逝　悲斯苦業縈　生滅恒數逼
煎迫未安寧

法苑珠林卷第一

大宋咸平元年奉
勅印
編録道慧大師賜紫沙門臣[illegible]
内品監印經院臣陳[illegible]
内侍殿頭高品勾當印經院臣鄭[illegible]

法苑珠林卷第一
校勘記

一　底本，金藏廣勝寺本。
一　一六三頁中二行「朝議」，磧、南、徑、清作「朝散」。又第一三字「宇」，徑無。
一　一六三頁中三行首字「自」，磧、南、徑、清作「洎」。
一　一六三頁中一〇行「二乘」，磧、南、徑、清作「三乘」。
一　一六三頁中一一行「蟻垤」，磧、南、清作「蟻蛭」。
一　一六三頁中一九行首字「兩」，南、徑、清作「雨」。又第四字「室」，磧、南、徑、清、麗無。
一　一六三頁下一行第一二字「合」，磧、南、徑、清作「洽」。
一　一六三頁下三行第一三字「疛」，磧、南、徑、清無。
一　一六三頁下一一行「博記」，磧、南、徑、清作「傳記」。
一　一六三頁下一二行「瞻蔔」，磧、南、徑、清作「薝蔔」。
一　一六三頁下一二行末字至次行首字「摠一」，磧、南、徑、清作「事總」。
一　一六三頁下一五行第一二字「遺」，磧、南、徑、清作「無遺」。
一　一六三頁下一八行第五字「似」，磧、徑作「以」。
一　一六三頁下二〇行首字「沽」，徑、清作「姑」。
一　一六三頁下末行後，徑有「法苑珠林序」一行。
一　一六四頁上一行「法苑珠林卷第一」，徑作「法苑珠林卷第三」；清作「法苑珠林目録」。又「西明寺沙門釋道世撰」，徑作「唐上都西明寺沙門釋道世玄惲撰」；清無。
一　一六四頁上二行至二一行「劫量……傳記」，徑無。
一　一六四頁上一五行「誣謗」，磧、南、清作「謀謗」。
一　一六四頁上二一行與二二行之間，

一　清有經名「法苑珠林卷第一」、撰者「唐西明寺沙門釋道世撰」各一行。

一　一六四頁上二二行「劫量篇」，自此始至本經末卷篇名、部目，徑於卷初別出目録兩卷，其間有出入者另行出校。又「第一」，徑作「第一之一」。又「劫灾有二一小二大」，徑無。

一　一六四頁上末行「初明小三災此有六部」，磧、南作「初小有六部」；徑作「小三災部」；清作「第一小三災別有六部」。

一　一六四頁中一行至二行「述意部……對除部」，徑無。

一　一六四頁中三行「部第一」，徑無。以下部與序數相連者，徑均無。

一　一六四頁中一二行「俄傾」，磧、南、徑、清作「俄頃」。

一　一六四頁中一六行第九字「煬」，磧、南、徑、清作「蕩」。

一　一六四頁下一行夾註右「亦名」，磧、南、徑、清作「二名」。又左「多人」，磧、南、徑、清、麗作「多賢人」。

一　一六四頁下七行第三字「異」，磧、南、徑、清無。

一　一六四頁下八行「先行」，磧、南、徑、清作「衆」。

一　一六四頁下一〇行第一二字「衆」，磧、南、徑、清作「輔」。

一　一六四頁下一九行「第九一劫」，磧、南、徑、清作「第九劫」。

一　一六四頁下二〇行第一二、一三字「未來」，磧、南、徑、清無。

一　一六四頁下二一行夾註左「爲斷」，磧、南、徑、清作「爲斷矣」。

一　一六五頁上一行夾註右第一〇、一一字「阿含」，磧、南、徑、清無。

一　一六五頁上四行第一〇字「云」，磧、南、徑、清作「之」。

一　一六五頁上五行「飢饉」，磧、南、徑、清作「飢餓」。

一　一六五頁上一一行「或一揲手」，磧、南、徑、清、麗無。

一　一六五頁上二一行第六字「疫」，麗無。

一　一六五頁中二一行「二十」，磧作「世」。

一　一六五頁下一七行「不減」，磧、南、徑、清作「不滅」。

一　一六六頁上一七行「百人」，磧、南、徑、清、麗作「萬人」。

一　一六六頁上二一行「大刀」，磧、南作「大力」。

一　一六六頁中八行第二字「外」，磧、南、徑、清作「別」。

一　一六六頁下四行「飯食」，磧、南、徑、清作「飲食」。

一　一六六頁下九行第一三字「人」，磧、南、徑、清、麗作「入」。

一　一六六頁下一三行第九字「遂」，磧、南、徑、清作「還」。

一　一六六頁下一九行夾註右三「世」，磧、南、徑、清作「世論」。

一　一六七頁上五行第九字「集」，磧作「樂」。

一六七頁上九行「殞歿」，磧、南、徑、清作「損沒」。

一六七頁上二〇行「齋法」，磧、南、徑、清作「法齋」。

一六七頁中一行「曰白」，磧、南、徑、清、麗作「白曰」。

一六七頁中二一行首字「殞」，徑、清、麗作「損」。

一六八頁上二行第八字「乃」，磧、南、徑、清無。

一六八頁上七行第二字「劫」，南、徑、清作「起」。

一六八頁上一〇行「極相」，磧、南、徑、清作「情極」。

一六八頁上一一行第一〇字「令」，磧、南作「今」。

一六八頁上一二行第三字「坐」，磧、南、徑、清作「昔」。

一六八頁中一五行末字「渴」，磧、南、徑、清作「食」。

一六八頁下六行第九字「似」，磧、南、徑、清作「以」。又末字「身」，磧、南、徑、清、麗作「身力」。

一六八頁下一一行「嶮阻」，磧、南、徑、清作「險惡」。

一六八頁下一二行首字「今」，麗作「令」。

一六八頁下二一行「衰滅」，磧、南、徑、清作「衰減」。

一六九頁上三行第八字「者」，磧、南、徑、清、麗作「壽量衰損者」。

一六九頁上一〇行「第二大三災」，徑作「大三災部」。又「此有四部」，徑無。

一六九頁上一一行至一二行「時量部……成劫部」，徑無。

一六九頁中一一行「抖擻」，磧、南、徑、清作「抖捒」。

一六九頁中一四行第一三字「說」，磧、南、徑、清作「論說」。

一六九頁下二一行「九百六十」，磧、南、徑、清作「九百六十轉」。

一七〇頁上四行第六字「名」，磧、南、徑、清無。

一七〇頁上八行第九字「那」，磧、南、徑、清無。

一七〇頁上一一行「一日夜」，磧、南、徑、清作「一日夜一日夜」。

一七〇頁上二〇行「十月」，磧、南、徑、清作「十一月」。

一七〇頁上二二行夾註「一一時」，磧、南、徑、清作「二時」。

一七〇頁中一二行「熱時」，磧、南、徑、清作「熱時也」。

一七〇頁中一三行第四字「也」，磧、南無。

一七〇頁中一九行「雨閏」，磧、南、徑、清作「兩閏爲閏」。

一七〇頁下二行第七字「一」，磧、南、徑、清無。

一七〇頁下一七行第一〇字「東」，麗作「來」。

一七一頁上八行第九字「等」，磧、南、徑、清無。

一七一頁上一六行第一三字「稱」，麗作「穜」。

一　一七一頁上一九行第九字「乃」，磧、徑作「及」。
一　一七一頁上二〇行第二字「裁」，南、徑、清作「載」。
一　一七一頁中二二行第三字「先」，磧、南、徑、清作「生」。
一　一七二頁上一四行末字「大」，磧、南、徑、清作「夭」。
一　一七二頁上一七行夾註左「有七日輪住遊乾陁山」，徑、清作「由乾陀山後有七日輪住」，又「從彼而去」，磧、南作「彼而去」；徑、清作「從彼而出」。
一　一七二頁上一八行夾註左末「致」，磧、南、徑、清作「故耳」。
一　一七二頁中二行夾註右「轉深」，磧、南、徑、清作「轉滅」。又左「人軀」，磧、南、徑、清作「人物」。
一　一七二頁中一一行末字「夭」，磧、南、徑、清、麗作「天上」。
一　一七二頁中二一行末字「乃」，磧、南、徑、清作「及」。
一　一七二頁下九行第七字「及」，磧、南、徑無。
一　一七二頁下一六行第三字「有」，磧作「生」。
一　一七二頁下二二行第六字至末行第九字「一……說」，磧、南、徑、清無。
一　一七三頁上四行第九字至次行第一〇字「有……運」，磧、南、徑、清無。
一　一七三頁上七行第七字「災」，磧、南、徑、清、麗作「定」。
一　一七三頁上一二行第四字「衡」，磧、南、徑、清無。
一　一七三頁上一四行「有間」，磧、南、徑、清作「無間」；麗作「有問」。又第三字「起」，南作「超」。
一　一七三頁上一六行「乃至」，磧、南、徑、清作「及至」。
一　一七三頁中一行末字「火」，磧、南、徑、清、麗作「八」。
一　一七三頁中一四行第九字「主」，磧、南、徑、清、麗作「生」。
一　一七三頁下二行末字「耳」，至此，徑卷第三終，卷第四始。且有「劫量篇第一之餘」、「大三災部之餘」各一行。
一　一七三頁下一一行「牢主」，磧作「宇土」；南、徑、清作「牢住」。
一　一七三頁下一七行第五字「所」，磧、南、徑、清無。
一　一七四頁中四行第六字「廣」，磧、南、徑、清作「魔」。
一　一七四頁下五行「梵天」，磧、南、徑、清作「梵衆」。
一　一七五頁上一行第三字「肌」，磧、南、徑、清作「肥」。
一　一七五頁上八行末字「味」，磧、南、徑、清作「味味」。
一　一七五頁上一七行第二字「甘」，磧、南、徑、清作「甞」。
一　一七五頁上一八行第一〇字「吏」，磧、南、徑、清作「便」。
一　一七五頁上二二行「欲意」，磧、南、

經、清作「意欲」。

一　一七五頁中一五行「財德」，磧、南、經、清作「才德」。

一　一七五頁中一六行第一一字「號」，磧、南、經、清作「名」。

一　一七五頁下七行第二字「詮」，磧、南、經、清作「佥」。

一　一七五頁下九行第一三字「二」，磧、南、經、清、麗作「土」。

一　一七五頁下一〇行末字「王」，磧無。

一　一七五頁下一八行「天地」，磧、南、經、清作「大地」。

一　一七六頁上八行卷末經名，經無（未換卷）。

法苑珠林卷第二　霸　三十七函

三界篇第二　西明寺沙門釋道世撰

初明四洲　此有十部　三界有二初明四洲二明諸天

述意部　會名部　地量部
山量部　界量部　方土部
身量部　壽量部　衣量部
優劣部

夫三界定位六道區分麁妙異容苦樂殊跡觀其源始不離色心撿其會歸莫非生滅生滅輪迴是曰無常色心影幻斯謂苦本故涅槃喻之於大河法花方之於火宅聖人啓悟息駕反源超出三有漸道十地也尋世界立體四大所成業和緣合與時而作數盈災起復歸于滅所謂短壽者謂其長壽長者見其短矣夫虛空不有故厥量無邊世界無窮故其狀不一於是大千爲法王所統小千爲梵王所領須弥爲帝釋所居鐵圍爲藩牆之城大海爲八維之浸日月爲四方之燭揔揔群生於茲是宅瑣瑣含識莫思塗炭沉俗而翫則迂誕之眷言大道而察乃掌握之近事耳但世宗周孔雅伏經書然辯枯宇宙臆度不了易稱玄天蓋取幽深之名莊說蒼天近在遠望之色於是野人信明謂是青如碧儒士據典謂乾黒如漆青黒誠異乖體是同儒野雖殊不知是一然則俗尊天名而莫識實豈知六欲之嚴麗十梵之光明哉若夫區界現事猶莫之知不思妙義固其已矣竊惟方等大典多說深空梵長含樓炭辯章世界而文博偈廣卒難撿究今摘要略用標敀致耳

會名部第二

長阿含起世經等四洲地心即是須弥山山外別有八山圍如須弥山下大海深八萬四千由旬其邊八山大海栁廣八千由旬中有八功德水（依順正理論云一甘二冷三輭四輕五清淨六不臭七飲時不損喉八飲已不傷腹也）如是漸小至第七山下水廣一千二百五十由旬其外鹹海廣於無際海外有山即是大鐵圍山四周圍輪并一日月晝夜迴轉照四天下名爲一國土即以此爲量數至滿千鐵圍繞訖名一小千復至一千鐵圍繞訖名爲中千世界即數中千復滿一千鐵圍繞訖名爲大千世界其中四洲山王日月乃至有頂各有萬億（舊云百億者錯寫也）成則同成壞則同壞皆是一化佛所統之處名爲三千大千世界号爲娑婆世界梵本正音名爲索訶世界依自誓三昧經云娑訶世界者（漢言忍界謂此土人物剛強雖忍事故立名号爲忍）其佛号曰能仁以別束廣名曰三界一欲界二色界三無色界初欲界者欲有四種一是情欲二是色欲三是食欲四是婬欲二色界有二一是情欲二是色欲無色界有一情欲初具四欲強色微故云欲界第二色界色強欲微故号色界第三無色界色絶欲劣故名無色界（更依華嚴辯三千大千世界乃有多種不煩廣述也）

地量部第三

依華嚴經云三千大千世界以無量因緣乃成且如大地依水輪水輪依風輪風輪依空輪空輪无所依然衆生業感世界安住故智度論云三千大千世界皆依風輪爲基又新翻菩薩藏經云諸

佛如來成就不思議智故而能得知諸風雨相知世有大風名烏盧博迦乃至衆生諸有覺受皆由此風所搖動故此風輪量高三拘盧舍於此風上虛空之中復有風起名曰雲風輪此風輪量高五拘盧舍於此風上虛空之中復有風起名瞻薄迦此風輪量高十踰繕那於此風上虛空之中復有風起名吠索縛迦此風輪量高三十踰繕那又此風上虛空之中復有風起名曰去來此風輪量高四十踰繕那如是舍利子次第輪上六萬八千拘胝風輪之相如來應正等覺依止大慧悉能了知舍利子最上風輪名為周徧上界水輪之所依止其水高量六十八百千踰繕那為彼大地之所依止其地量高六十八千踰繕那舍利子是地量表有一三千大千世界又樓炭經云此地深二十億萬里下有金粟亦二十億萬里下有金剛亦二十億萬里下有水際八十億萬里下有無極大風深五百二十億萬里此雖六重前四是地輪第五

是水輪第六是風輪金光明經云此地深十六萬八千由旬下有金沙金沙正是金粟下有金剛地釋云前風輪堅固不可沮壞有大洛那力人以金剛杵擊之杵碎風輪無損大洛那力者是第四梵王那羅延力是佛身力亦名那羅延風輪風輪上次有水輪水輪者依立世經云深一百一十三萬由旬滅風輪三十八萬由旬以衆生業力水不流散如食未消不墮熟藏又如倉貯米內外物持水輪亦尒外由有風持不散如世間撰酪為蘇此風力順轉此水成金水深一百一十三萬由旬既順成金水但厚八十萬由旬所略三十三萬由旬皆屬金地金地輪中從少向多應厚十二洛沙一洛沙有十萬由旬此輪縱廣一等

山量部第四

今據三千大千世界之中諸佛世尊皆垂化現生現滅導聖導凡約一四天下即以一日月所照臨處以蘇迷盧山為中（舊云妙高山舊名須彌山又曰迷留亦云彌樓山此皆訛略耳）高三百三十六萬里四寶所成

東面黃金南面琉璃西面白銀北面玻瓈在大海中亦深三百三十六萬里據金輪上如起世經云須彌山下有八重山初山名佉提羅高四萬二千由旬上闊亦尒七寶所成其須彌山佉提羅山二山之間闊八萬四千由旬周帀無量佉提羅山外有山名曰伊沙陁羅高二萬一千由旬上闊亦尒七寶所成二山之間闊四萬二千由旬周帀無量伊沙陁羅山外有山名曰游乾陁羅高一萬二千由旬上闊亦尒七寶所成二山之間二萬一千由旬周帀無量游乾陁羅山外有山名曰善見高六千由旬上闊亦尒七寶所成二山相去一萬二千由旬周帀無量善見山外有山名曰馬半頭高三千由旬上闊亦尒七寶所成二山之間闊六千由旬周帀無量馬半頭山外有山名曰尼民陁羅高一千二百由旬上闊亦尒七寶所成二山之間闊二千四百由旬周帀無量尼民陁羅山外有山名毗那耶迦高六百由旬上闊亦尒七寶所成二

山之間闊一千二百由旬周匝無量
毗那耶迦山外有山名斫迦羅（隋言輪圍即鐵圍山是也）高三百由旬上闊亦尒七寶所
成二山之間闊六百由旬周匝無量
上列諸山中間皆是海水水皆有憂
鉢羅華鉢頭摩華拘牟陁華奔荼
利迦華等諸妙香物徧覆於水去斫
迦羅山其間不遠亦有空地青草徧
布即是大海於大海北有大樹王名
曰閻浮樹身周圍有七十由旬根下
入地二十一由旬高百由旬乃至枝葉
四面垂覆五十由旬長阿含經云其
山空地中有大海水名欝禪那此水
下轉輪聖王道廣十二由旬俠道兩
邊有七重墻七重欄楯七重羅網七
重行樹周匝交餝七寶所成閻浮提
地輪王出時水自然去其道平現去
海不遠有山名欝禪山去此山不遠
有山名金壁過此山已有山名雪山
縱廣五百由旬深五百由旬雪山中
間有寶山高二十由旬雪山埵出高
百由旬其山頂上有阿耨達池縱廣
五十由旬其水清冷澄淨無穢七寶

砌壘其池底金沙充滿華如車輪根
如車轂華根出汁色白如乳味甘如
蜜池東有殑伽河從牛口出從五百
河入于東海池南有新頭河從師子
口出從五百河入于南海池西有博
叉河從馬口出從五百河入于西海
池北有斯陁河從象口出從五百河
入于北海依奘法師西國傳其贍部
洲之中地者阿那婆荅多池也（唐云無熱惱舊曰阿耨達池訛也）在香山之南大雪山之北周八
百里矣金銀琉璃頗胝餝其岸焉金
沙弥漫清波皎鏡十地菩薩以願力
故化爲龍王於中潛宅出清冷水屬
贍部洲是以池東面銀牛口流出殑
伽河（舊曰恒河又曰恒伽訛也）遶池一匝入東南海池
南面金象口流出信度河（舊曰辛頭河者訛也）遶
池一匝入西南海池西面瑠璃馬口
流出縛芻河（舊曰博叉河者訛也）遶池一匝入西
北海池北面頗胝師子口流出徙多
河（舊曰私陁河者訛也）遶池一匝入東北海或曰
潛流下地出積石山即徙多河之流
爲中國之河源也時無輪王應運贍
部洲地有四主焉南象主則暑溫宜

象西寶主乃臨海盈寶北馬主寒勁
宜馬東人主和暢多人故象主之國
躁烈篤學特閑異術寶主之鄉無禮
義重財賄馬主之俗天資獷暴情忍
殺戮人主之地風俗機慧仁義昭明
四主之俗東方爲上其居室則東闢
其戶旦則東向以拜人主之地南面
爲尊方俗殊風斯其大槩至於君臣
上下之禮憲章文軌之儀人主之地
無以加也清心釋累之訓出離生死
之數象主之國其理優矣斯皆著之
經誥問諸土俗博關今古詳考見聞
然則佛興西方法流東國通譯音訛
方言語謬音訛則義失語謬則理乖
故曰必也正名乎貴無乖謬矣又起
世經云阿耨達宮中有五柱堂阿耨
達龍王恒於中止佛言何故名爲阿
耨達其義云何此閻浮提所有龍王
盡有三患唯阿耨達龍無有三患云
何爲三一者所有諸龍皆被熱風熱
沙著身燒其皮肉及燒骨髓以爲苦
惱唯有阿耨達龍無有此患二者所
有龍宮惡風暴起吹其宮內失寶餝

衣龍身自現以爲苦惱唯阿耨達龍
王無如此患三者所有龍王各在宫
中相娛樂時金翅大鳥入宫搏撮或
始生方便欲取龍食龍怖懼常懷熱
惱唯阿耨達龍無如此患若金翅鳥
王生念欲往即便命終故名阿耨達
阿耨達者秦言無惱佛告比丘雪山右面
有城名金毗離其城北有七黑山黑
山北有香山其山常有歌舞唱伎音
樂之聲山有二窟一名爲晝二名善
晝天七寶所成柔輭香潔猶如天衣
妙音乾闥婆王從五百乾闥婆在其
中止又順正理論云四洲之中唯贍部
洲有金剛座上窮地際下據金輪諸
最後身菩提薩埵將登無上正等菩
提皆坐此座起金剛定以無餘依及
餘依及餘處所有堅固力能持此座
又長阿含經云佛告比丘有四大天
神何等爲四一者地神二者水神三
者風神四者火神此之四大各共有
之故地神生惡見言地中無水火風
時我知此地神所念即往語言汝嘗
生念言地中無水火風耶曰地中實
無水火風也我時語言汝勿生此念
謂地中無水火風所以者何地中有
水火風但地大多故地大得名佛告
比丘我爲彼地神除其惡見示教利
喜得法眼淨水中有地火風火中有
地水風風中有地水火但初大多故
偏得名也

界量部第五

依立世阿毗曇論云大鹹海外有山
名曰鐵圍入水三百一十二由旬半出
水亦然廣亦如是周迴三十六億一
萬三百五十由旬從剡浮提南際取
鐵圍山三億六萬六百六十三由旬
從剡浮提中央取東弗于逮中央三
億六萬六百由旬從剡浮提中央取
西瞿耶尼中央三億六萬六百由旬
從剡浮提北際取北鬱單越北際四
億七萬七千五百由旬從鐵圍山水
際極西鐵圍山水際遥度十二億二
千八百二十五由旬鐵圍山水際周
迴三十六億八千四百七十五由旬
從此須彌山頂至彼須彌山頂邊十
二億三千四百五十由旬從此須彌
山中央至彼須彌山中央十二億八
萬三千四百五十由旬從此須彌山
根至彼須彌山根十二億三千十五
由旬如是義者佛世尊說依長阿含經云閻浮提其地縱廣七千由旬西瞿耶尼其地縱廣八千由旬東弗于逮其地縱廣九千由旬北鬱單越其地縱廣十千由旬

方土部第六

尋夫方志人別不同惣有二種一凡
二聖若約方言之即有四種所謂四
天下人若以住處言之四天下中合
有四千八處則有四千八種之人若
直案閻浮提一方言之如樓炭經說
大國惣有三十六人亦同之若委别
論則有二千五百小國人亦同之又
一一國中種類若干胡漢羌蠻
夷楚越各隨方土色類不同未可具述
故樓炭經云此南閻浮提種類差别
合有六千四百種人但惣彰大數不
別其名長阿含經云佛告比丘此四
天下有八千天下圍繞其外復有大
海水周帀圍遶八千天下復有大金
剛山遶大海水金剛山外復有第二
大金剛山二山中間窈窈冥冥日月

神天有大威力不能以光照及於彼八大地獄也第一北鬱單越者依長阿含經云須彌山北天下有鬱單越國其土正方縱廣一万由旬人面亦方像彼地形有大樹王名菴婆羅園七由旬高百由旬枝葉四布五十由旬多有諸山浴池華菓豐茂無數衆鳥和鳴地生輭草槃縈右旋色如孔翠香如婆師輭若天衣其地柔輭以足蹈地地凹四寸舉足還復地平如掌無有高下彼土四面有四阿耨達池各縱廣百由旬以七寶砌出四大河廣十由旬衆鳥和鳴彼土無有溝坑荆棘株杌亦無蚊虻毒蟲地純衆寶陰陽調柔四氣和順百草常生無有冬夏其土常有自然粇米不種自生無有糠糩如白華聚猶忉利天食衆味具足其土常有自然釜鍑有摩尼珠名曰焰光置於鍑下飯熟光滅不假樵火不勞人功其土有樹名曰曲躬葉葉相次天雨不漏彼諸男女止宿其下復有香樹高七十里華菓繁茂其菓熟時皮破自烈自然香出

或高六十里五十里小者五里其菓熟時皮破自然出種種衣或出種種嚴身之具或出種種器或出種種食或戲河中有衆寶船彼方人民欲入中洗浴游戲時脫衣岸上乘船中流娛樂訖已度水遇衣便著先出先著後出後著不求本衣次至香樹樹爲曲躬其人手取樂器調弦並以妙聲和弦而行詣園娛樂其土中夜阿耨達龍王數數時起清淨雲周徧世界而降甘雨如搆牛乳頃以八味水潤澤普洽於中夜後淨無有翳空中清明海出涼風微吹人身舉體快樂其土豐熟人民熾盛設須飲食以自然粇米著於釜中以焰光珠置於釜下飯自然熟珠光自滅諸有來者自恣食之其主不起飯終不盡若其主起飯則盡賜其飯鮮潔如白華聚其味如天無有衆病氣力充足顏色和悅無有衰耗其土人身顏貌同等不可分別其貌少壯如閻浮提二十許人其人口齒平正潔白無間髮紺青色無有塵垢髮垂八指齊眉而止不長

不短若其土人起欲心時有熟視女人而捨之去彼女隨往詣園林若彼女人是彼男子父親母親骨宍中表不應行欲者樹不曲蔭各自散去若非親者樹則曲蔭隨意娛樂一日二日或至七日尒乃捨去（立世阿毗曇論云北洲人不案女不迎妻不買不賣若男子欲娶女時諦觀彼女若女欲差男時亦須諦視男子若不見視餘女報言是人看汝即爲夫妻男不見女看餘男報言是女看汝亦爲夫妻若自相見便即相隨共往別處若多欲者一生之中數唯至五其中品者或四或三亦有將行至死無欲彼人懷姙有惡食者耳）彼人懷妊七日八日便產隨生男女置於四衢大交道頭捨之而去有諸行人經過其邊出指含欶指出甘乳充徧兒身過七日已其兒長成與彼人等男向男衆女向女衆彼人命終不相哭泣莊嚴死屍置四衢道捨之而去有鳥名憂慰禪伽接彼死屍置於他方（依立世論云其鳥啄屍將去至山外而便噉食）又其土人大小便時地爲開坼便利訖已地還自合其土人民無所繫戀亦無畜積壽命常定死盡生天彼人何故壽命常定其人前世修十善行身壞命終生鬱單越壽命千歲不增不減是故彼人壽命正等若有人能施沙門婆

羅門及施貧窮乞兒疾病困苦者給
其衣食乘轝華鬘塗香牀榻房舍又
造塔廟燈燭供養其人命終生鬱單
越壽命千歲不增不減其土不受十
善舉動自然與十善合身壞命終生
天善處是故彼人得稱爲勝於三天
下其土最上故秦言最上　立世
論云彼土人民悉皆白淨人所莊飾
鬚髮翠黑恒如剃周羅五日頭髮自
然長橫七指無有增減順正論云北
俱盧洲形如方座四邊量等面各二
千旣說界方面各二千已具其義邊
有二中洲一矩婆洲二憍拉婆洲此
二洲皆有人住第二東弗于逮依長
阿含經云須彌山東有天下名弗于
逮其土正圓縱廣九千由旬人面像
彼地形有大樹王名伽藍浮圖七由
旬高百由旬枝葉四布五十由旬造
天地經云東方人物勝閻浮提人彼
土用綿綃共相市易依長阿含經云
彼土人壽二百歲少出多減（樓炭經云人壽三百歲也）
飯食魚宍（立世論云自不殺生不令他殺若有自死則食其宍）以穀帛
珠璣共相市易人有婚禮嫁娶（立世論云東弗
婆提人其多欲者一生之中其數至十其中品者或至五六亦有修行至死無欲東西二洲人皆無黑色飾同剡浮提身有種種色彼人頭髮並飾齊前被髮上下兩衣若下覆上衣纏身而已）
依順正理論云東勝身洲東狹西廣三
邊量等形如半月東三百五十三邊
各二千此東洲東邊廣南洲南際故
東如半月其洲邊有二中洲者一提
訶洲二毗提訶洲此二洲皆有人住第
三俱耶尼者依長阿含經云須彌山
西天下名俱耶尼其土形如滿月縱
廣八千由旬人面像彼地形有大樹
王名曰斤提圖七由旬高百由旬枝
葉四布五十由旬（起世經云於彼樹下有一石牛高一由旬以此因緣名瞿陁尼世云牛貨）
人壽三百歲以牛馬珠玉共相
市易人物亦勝閻浮提立世論云彼
土人或自殺生或令他殺死則食宍
同剡浮提人若眷屬死送喪山中燒
屍棄去或置水中或埋土裏或著空
地東西二洲大同剡浮提婚禮亦同
其欲多者一生之中數至十二其中
品者數或至十亦有修行至死無欲
彼人莊飾並皆被髮上下著衣依順
正理論云西牛貨洲圓如滿月逕二千
五百周圍七千半其洲邊有二中洲
者一舍摲洲二嗢怛羅漫里拏洲皆
有人住第四閻浮提者依長阿含經
云須彌山南有天下名閻浮提其土
南狹北廣縱廣七千由旬人面像此
地形有大樹王名閻浮提圖七由旬
高百由旬枝葉四布五十由旬（起世經云於此
樹下有閻浮那檀金聚高二十由旬以此勝金出此樹下名閻浮那樹金）復有金翅
鳥王樹名俱利睒婆羅圖七由旬高
百由旬枝葉四布五十由旬阿脩羅
王有樹名曰善盡圖七由旬高百由
旬枝葉四布五十由旬忉利天有樹
名曰晝度圖七由旬高百由旬枝葉
四布五十由旬閻浮提人人壽百歲
中夭者多初十無知二十少知猶未
黠了三十欲意盛四十所行無端五
十所習不忘六十慳著七十體性遲
衰耗經於三百冬夏春三万六千食
中間或有不具者　立世阿毗曇論云
剡浮提人衣服莊飾種種不同或有
長髮分爲兩髻或有剃落鬚髮或有
頂留一髻餘髮皆除名周羅髮或有
拔除髮鬚或剪髮剪鬚或有編髮或

有被髮或有剪前被後令圓或有裸形或著衣服覆上露下或露上覆下或上下俱覆或止障前後此洲人民所食多種不可具述婚禮市易現事可知然論云剡浮提人一生欲事無數無量不同餘三洲人少欲亦有修行至死無欲依順正理論云南贍部洲有邊洲一名遮末羅洲二名筏羅遮羅洲此二洲中皆有人住

身量部第七

依立世經云閻浮提人命促至十歲時身形短小或長二搩手三搩手於其自身則有八搩手毗曇論云閻浮提人至百歲時身長三肘半或長四肘（長阿含經云長三肘或有不定者大位言之）弗婆提人長八肘瞿耶尼人長十六肘欝單越人長三十二肘

壽命部第八

如毗曇說閻浮提人壽命不定有其三品上壽一百二十五歲中壽一百歲下壽六十歲其間中夭者不可勝數且依劫減時說有此品若據劫初壽命無量或至八萬四千依長阿含經閻浮提人人壽百二十歲中夭者多東弗于逮人人壽二百歲（樓炭經云人壽三百歲）西俱耶尼人人壽三百歲北欝單越人人壽千歲（餘三方人並有中夭者唯此洲人定壽千年也）

衣量部第九

依起世經云閻浮提人身長三肘半衣長七肘闊三肘半瞿陁尼人弗婆提人身衣與閻浮提等量欝單越人身長七肘衣長十四肘上下七肘阿脩羅身長一由旬衣長二由旬闊一由旬重半銖起利沙（隋言半兩餘說阿脩羅大小不定如四海質多阿修羅四倍高須彌山）

優劣部第十

長阿含經云佛告比丘閻浮提人有三事勝拘耶尼人何等為三一者勇猛强記能造業行二者勇猛强記勤修梵行三者勇猛强記佛出其土拘耶尼人有三事勝閻浮提人何等為三一者多牛二者多羊三者多珠玉閻浮提有三事勝弗于逮何等為三一者勇猛强記能造業行二者勇猛强記能修梵行三者勇猛强記佛出其土弗于逮有三事勝閻浮提何等為三一者其土極廣二者其土極大三者其土極妙閻浮提有三事勝欝單越何等為三一者勇猛强記能造業行二者勇猛强記能修梵行三者勇猛强記佛出其土欝單越復有三事勝閻浮提何等為三一者無所繫屬二者無有我所三者壽定千歲閻浮提人亦以上三事勝餓鬼趣餓鬼趣有三事勝閻浮提何等為三一者長壽二者身大三者他作自受閻浮提人亦以上三事勝金翅鳥金翅鳥復有三事勝閻浮提何等為三一者長壽二者身大三者宮殿閻浮提以上三事勝阿須倫阿須倫復有三事勝閻浮提何等為三一者宮殿高廣二者宮殿莊嚴三者宮殿清淨閻浮提人以上三事勝四天王天復以三事勝閻浮提何等為三一者長壽二者端正三者多樂閻浮提人亦以上三事勝忉利天焰摩天兜率天化樂天他化自在天此諸天復有三事勝閻浮提何等為三一者長壽二者端正三者多樂

諸天部第二（此別有二十二部）

辯位部第一

如婆沙論中說天有三十二種欲界有十八無色界有四合有三十二天也第一欲界卜天者一名千手天二名持華鬘天三名常放逸天四名日月星宿天五名四天王天六名三十三天（梵名忉利天摘）七名炎摩天八名兜率陁天九名化樂天十名他化自在天（初星宿及後四此五居空千手華鬘放逸四天忉利此五在山與地下第九住處說）第二色界有十八天者初禪有三天一名梵衆天二名梵輔天三名大梵天（此大梵天無別住處但於梵輔有層臺高顯嚴博大梵天王獨於上住以別群下於此三天之中梵衆是庶民梵輔是臣大梵是君唯此初禪有其君臣民庶之別自此已上悉皆無也）二禪之中有三天一名少光天二名無

量光天三名光音天第三禪中亦有三天一名少淨天二名無量淨天三名徧淨天第四禪中獨有九天一名福生天二名福愛天三名廣果天四名無想天（此無想天亦無別所但與廣果同階別處以是外道所居故今二種別名也）五名無煩天六名無熱天七名善現天八名善見天九名色究竟天（亦名阿迦膩吒天名色界合有十八天）第三無色界中有四天一名空處天二名識處天三名無所有處天四名非想非非想處天（是名三界揔有三十二種天也）問曰未知此三十二天幾凡幾聖答曰二唯凡住五唯聖住自餘二十五天凡聖共住所言二唯凡住者一是初禪大梵天王二是四禪中無想天中唯是外道所居問曰何故此二唯凡住耶答曰爲大梵天王不達業因唯說我能造化一切天地人物恃此高慢輕蔑一切聖人故不與居又無想天中唯是外道脩無想定以生其中受五百劫無心之報外道不達謂爲涅槃受報畢已必起邪見來生地獄以是義故一切聖人亦不生中也所言五唯聖人居者謂從廣果已

上無煩無熱等五淨居天唯是那含羅漢之所住也縱凡生彼天者要是進向那含身得四禪發於無漏起熏禪業或起一品乃至五品方乃得生凡夫無此熏禪業故不得生也若言那含生彼理則無疑問曰阿羅漢既是無生何故亦云生彼天者答曰此應言欲界那含生彼而得羅漢非謂先是羅漢而生彼也自餘二十五天凡聖共居不言可悉若摠據大小乘說合有四天故涅槃經云有四種天一世間天二生天三淨天四義天世間天者如諸國王生天者從四天王乃至非想非非想天淨天者從須陁洹至辟支佛義天者十住菩薩摩訶薩以何義故十住菩薩名爲義天以能善解諸法義見一切法是空義故

會名部第二

第一四天王者依長阿含經云東方天王名多羅咤此云治國主（智度論云提頭賴吒）領乾闥婆及毗舍闍神將護弗婆提人不令侵害南方天王名毗瑠璃此云增長主（智度論名毗樓勒叉）領鳩槃茶及薜荔神

將護閻浮提人西方天王名毗留博叉此云雜語主（智度論云毗樓博叉）領一切諸龍及冨單那將護瞿耶尼人北方天王名毗沙門此云多聞主領夜叉及羅剎將護欝單越人智度論云天帝釋具依梵音應云提婆那因釋迦者（秦言能也）提婆（言天）因（言主）合而言之是能天主也須夜摩天者（秦言妙善）兜率陀者（秦言妙足）須涅蜜陀者（秦言化樂）婆舍跋提者（秦言他化自在天也）梵天王名曰尸棄（秦言大頂別云大響）首陀婆天者（秦言淨居天且依智度論迷要釋此少多自外天已上天名具如婆沙論為文煩故不可具錄也）中阿含經云時有異比丘來詣佛所稽首佛足退住一面白佛言世尊何因緣名釋提桓因佛告比丘釋提桓因本為人時行於頓施沙門婆羅門貧窮困苦施以飲食錢財燈明等以堪能故名釋提桓因復何因緣名冨蘭陀羅告曰彼本為人時數數行施衣被飲食乃至燈明故名冨蘭陀羅復何因緣故名摩訶婆告曰本為人時名摩伽婆即以本為名復何因緣故名娑婆婆告曰本為人時以婆詵私衣布施供養故名娑婆婆復

何因緣故名憍尸迦告曰本為人時為憍尸迦姓故復何因緣故名舍脂鉢低告曰彼舍脂為天帝釋第一天后復何因緣故名千眼告曰本為人時聰明智慧於一坐間思千種義觀察稱量故復何因緣故名因提利告曰天帝於諸三十二天為主故佛告比丘然彼釋提桓因本為人時受持七種受得天帝釋何等為七謂供養父母乃至等行惠施如經偈說為天帝釋

業因部第三

問曰六趣之報造何業生答曰依智度論說六趣之業不過善惡各有三品上者生天中者生人下者生四惡趣若依此義但善上品即得生天不分散定別耶若依業報差別經中具說十善得生天趣具分定散三界差別經云復有十善能令衆生得欲界天報具脩增上十善得生欲界天報此則欲界散善業也復有十業能令衆生得色界天報為脩有漏十善與定相應此則色界定善業也復有四

業能令衆生得無色界天報一者謂過一切色想滅一切有對想入空處定二者過一切空處定入識處定三者過一切識處定入無所有處定四者過一切無所有處定入非想非非想處定以是四業得無色界報若尒此界何故不言十善業者應言此界是無色報離色而脩遠離身口是故據地但言四業不就十善也然上來所說皆是如來分別業報因果相當不差異也若依善戒經說僧持二百五十戒尼持三百七十八戒亦是生天之業故四分律偈云

明人能護戒　能得三種樂　名譽及利養
死得生天上

此據欲界天說又如正法念經說或因持戒不殺不盜不婬由斯三善亦得生天此亦生欲界天因別時之說然非局此三即得生天也又如溫室經說洒僧淨業亦得生天及上界報此亦別時之意非將洒僧散善得生上界但是欲界天報又如涅槃經說慈母於恒河救兒兒母俱死得生梵

天此是散心之慈不以餘定善助豈得生天此但據遠因非局散慈則得上生亦如一闡涅槃不墮四趣義亦如是故正法念經云若身不殺盜婬口不妄語不綺語不兩舌不惡口持此七戒得生四天王天若能持七種戒得生化生天此有上中下若持不殺戒得生四天王處若持不殺不盜得生三十三天若持不殺不盜不邪婬得生夜摩天若持不殺不盜不邪婬不妄語兩舌惡口綺語得生兜率陁天受世間戒信奉佛戒不殺不盜不邪婬不妄語兩舌惡口綺語得生化樂天他化自在天又長阿含經云先於佛所淨脩梵行於此命終生忉利天使彼諸天增益五福一者天壽二者天色三者天名稱四者天樂五者天威德又雜阿含經云尒時世尊告比丘過去世時拘薩羅國有彈琴人名曰鹿牛於拘薩羅國人間遊行止息野中有六廣大天宮天女來至拘薩羅國鹿牛彈琴人所語鹿牛彈琴人言阿舅阿舅為我彈琴我當歌儛鹿

牛彈琴者言如是姊妹我當為汝彈琴汝當語我是何人何由生此天女荅言阿舅且彈琴我當歌儛於頌歌中自說所以生此因緣彼人即便彈琴彼六天女即便歌儛第一天女說偈歌言

若男子女人　勝妙衣惠施　施衣因緣故
所生得殊勝　施所愛念物　生天隨所欲
見我居宮殿　乘虛而游行　天身如金聚
天女百中勝　觀察斯福德　迴向中之最

第二天女復說偈言

若男子女人　勝妙香惠施　愛念可意施
生天隨所欲　見我處宮殿　乘虛而游行
天身若金聚　天女百中勝　觀察斯福德
迴向中之最

第三天女復說偈言

若男子女人　以食而惠施　可意愛念施
生天隨所欲　見我居宮殿　乘虛而游行
天身如金聚　天女百中勝　觀察斯福德
迴向中之最

第四天女復說偈言

憶念餘生時　曾為人婢使　不盜不貪嗜
勤修不懈怠　量腹自節身　分飡救貧人

今見居宮殿　乘虛而遊行　天身如金聚
天女百中勝　觀察斯福德　供養中為最

第五天女復說偈言

憶念餘生時　為人作子婦　嫜嫗性狂暴
常加麤惱言　執節脩婦禮　卑遜而奉順
今見處宮殿　乘虛而遊行　天身如金聚
天女百中勝　觀察斯福德　供養中為最

第六天女復說偈言

昔曾見行路　比丘比丘尼　從其聞正法
一宿受齋戒　今見處天宮　乘虛而遊行
天身如金聚　天女百中勝　觀察斯福德
迴向中之最

尒時拘薩羅國鹿牛彈琴人而說偈言

我今善來此　拘薩羅林中　得見此天女
具足妙天身　既見又聞說　當增脩善業
緣今脩功德　亦得生天上

說是語已此諸天女即沒不見

受生部第四

第一四天王天受生者依長阿含智度論等四天王天皆有婚嫁行欲如人然受化生初生如二歲小兒在其膝上（依順正理論云如五歲小兒別經云男生坐毋右膝女生坐毋左膝上也）兒來

未久便知飢渴自然寶器盛百味食
若福多者飯色自白中者青色下者
赤色若渴寶器甘露漿如食之色飲
不留停如蘇投火食訖便與諸天等
量初生出時憶昔往業戲已忘念
第二忉利天受生者依毗耶婆仙人
問佛經云大仙當知三十三天遊戲
受樂於樹林中行見彼天子天女同
一處坐心喜愛樂速生彼處如線穿
珠牽線珠走不生異道即於生時彼
天婦女手華生彼女見已自知有兒
即以此華授與夫言若今得子可生
歡喜彼天見之喜心增上必知其妻
得天童子二天心喜七日滿已長鬘
旋動清淨無垢天衣具足即彼天來
生七日之中憶念我某處退生此天
中某我父母我作善業極生喜喜生
已則心欲得即便行往詣彼處如醉
象行臂如象鼻洪圓纖長胷則平正
臂如金色上下身麁中身則細行則
庠審深心勇健胷如弓弛背骨平直
兩脞洪滿如芭蕉樹善知天法髭鬚
短細天香甚香爪甲赤薄身體香潔

無主莊嚴取以嚴身天無病苦於宮
殿中次第漸行見無主天女見天童
子一切悉來圍遶而往作如是言聖
子善來此汝宮殿我無夫主久離夫
主獨有童子我今年少妙色具足應
相供養乳若金瓶面如蓮華開敷之
色如雲電行端正可喜我是天女今
相供養奉給走使此戲樂處如是婦
女而來近之奉給供養彼三十三天
有善法堂天衆集處有八萬四千柱
皆是衆寶所成入者無諸惡觸蚊虻
等過亦無眠睡懈怠頻申等過無量
百千天女欲心戲笑無有嫉心鬪諍
等過頰淨無垢如月鏡輪天女之法
以香彩色用點頰額以莊嚴面天女
詠聲共相娛樂起世經云彼於天中
或在天子或在天女或於坐處或兩
膝內或兩股間忽然而生初生出時
即如人間十二歲兒若是天男即在
天子坐處膝邊隨一處生若是天女
即在天女兩股內生既出生已彼天
即稱是我兒女初生之時以自業故
得三種念一自知從某處死二自知

今此處生三知彼生是此業果是此福
報作是念已便思念食即於其前有
衆寶器自然盛滿天須陁味種種異
色有衆寶器其須陁味色最白淨若
報中者其色稍赤若福下者其色稍
黑彼天子以手把取天須陁味內其
口中即漸消融如蘇置火即自消融
無復形影若有渴時即於其前有天
寶器盛滿天酒隨福上中下白赤黑
色略說如前入口消融亦同前說飲食
既訖身遂長大麁細高下與舊男女
等無有異此諸天子天女等身既充
足各隨意趣或詣園苑看其樹自然
種種衣服瓔珞華鬘飲食音樂伍垂
隨取無量億數諸天玉女在此園中
未見如是以業熟故了了分明憶宿
世事如視掌中由見天女迷諸色故
正念覺智此心即滅既失前念著現
在欲口唯唱言此等皆是天玉女耶
天玉女耶此則名爲欲愛所縛順正
理論云諸天初受生時身量云何且
六欲諸天初生如次如五六七八九
十歲人生已身形速得圓滿色界天

衆於初生時身量周圓具妙衣服一切天衆皆作聖言為彼言詞同中印度然不由學自解其言

界量部第五

依起世經云須彌山下別有三級諸神住處其最下級縱廣正等六十由旬其第二級縱廣正等四十由旬其最上級縱廣正等二十由旬皆有七重牆院乃至諸鳥各出妙音莫不具足此三級中皆有夜叉住須彌山半高四萬二千由旬有四大天王所居宮殿須彌山上有三十三天宮殿帝釋所居三十三天已上一倍有夜摩天又更一倍有兜率天又更一倍有化樂天又更一倍有他化自在天他化天上又更一倍有梵身天梵身天下於其中間有羅摩波旬諸宮殿倍梵身天上有光音天倍光音天上有徧淨天倍徧淨天上有廣果天倍廣果天上有不麁天不麁天下其間別有諸天宮殿所居之處名無想衆生倍不麁天上有不煩天倍不煩天上有善見天倍善見天上有善現天倍善現天上有阿迦尼吒諸天宮殿阿迦尼吒天已上更有天名無邊空處無邊識處無所有處非想非非想處此等皆名諸天住處如是界分衆生居住若來若去若生若滅邊際所極此世界中所有衆生生老病死墮是道中至此不過是名娑婆世界無量剎土諸餘十方亦復如是又立世阿毗曇論云從剡浮提向下二萬由旬是無間地獄從剡浮提向下一萬由旬是焰摩世間地獄處此二中間有餘地獄（對亦有遠近此論不述也）從此向上四萬由旬是四天王住處從此向上八萬由旬是三十三天住處從此向上十六萬由旬是夜摩天住處從此向上三億二萬由旬是兜率陁天住處從此向上六億四萬由旬是化樂天住處從此向上十二億八萬由旬是他化自在天住處有比丘問佛世尊從剡浮提至梵處近遠如何佛言比丘從剡浮提至梵處甚遠甚高譬如九月十五日月圓滿時若有一人在彼梵處放一百丈方石墜向下界中間無礙到於後歲九月圓滿時至剡浮提地無量光天復遠一倍從無量光天至徧勝光天復遠一倍從徧勝天至少淨天復遠一倍從少淨天至無量淨天復遠一倍從無量淨天至徧淨天復遠一倍從徧淨天至無雲天復遠一倍從無雲天至福生天復遠一倍從福生天至廣果天復遠一倍從廣果天至無想天復遠一倍從無想天至善現天復遠一倍從善現天至善見天復遠一倍從善見天至不煩天復遠一倍從不煩天至不燒天復遠一倍從不燒天至阿迦尼吒天復遠一倍而說偈言

從阿迦尼吒　至剡浮提地　放大磐石山
六萬五千年　五百三十五　中間若無礙
方至於剡浮

智度論云譬如從色界初際下一丈石經一萬八千三百八十三年方至於地

法苑珠林卷第二

甲辰歲高麗國分司大藏都監奉

法苑珠林卷第二

校勘記

一　底本，麗藏本。

一　一八一頁上一行經名，徑無（未換卷）。又撰者，磧作「大唐上都西明寺沙門釋道世字玄惲撰」，南作「唐上都西明寺沙門釋道世字玄惲撰」，徑無（未換卷），清作「唐西明寺沙門釋道世撰」。

一　一八一頁上二行「三界篇第二」，徑作「三界篇第二之一」。

一　一八一頁上三行「初明四洲　此有十部」，磧、南作「四洲有十二部」；徑作「四洲部」；清作「初明四洲此別十部」。

一　一八一頁上四行至七行「述意部……優劣部」，徑無。

一　一八一頁上七行與八行之間，磧、南、清有「述意部第一」；徑有「述意」各一行。

一　一八一頁上一一行「喻之」，磧、南、徑、清作「喻云」。

一　一八一頁中三行「玄天」，磧、南、徑、清作「天玄」。

一　一八一頁中一三行「部第二」，徑無。下至一八七頁中一三行「部」字，與序數相連者例同。

一　一八一頁中一八行夾註左末「也」，磧、南、徑、清無。

一　一八一頁下九行夾註「事故」，磧、南作「故事」；徑、清作「故」。又左「爲忍」，磧、南、徑、清無。

一　一八一頁下一七行夾註左「多種」，磧、南、徑、清作「多重」。

一　一八一頁下二〇行第一三字「輪」，磧、南、徑、清無。二一行第二字及第七字同。

一　一八二頁上一行第一三字「得」，磧、南、徑、清作「行」。

一　一八二頁上五行「雲風輪」，磧、徑作「風雲輪」。

一　一八二頁中二行「十六万八千」，磧、南、徑、清作「十八万」。

一　一八二頁下一二行「二萬」，磧、南、徑、清作「闍二萬」。

一　一八三頁上一三行「水名」，磧、南、徑、清作「水名曰」。

一　一八三頁上末行「澄淨」，磧、南、徑、清作「澄徹」。

一　一八三頁中三行「殑伽河」，磧、南、徑、清作「恒伽河」。

一　一八三頁中一一行第三字「矣」，磧、南、徑、清無。

一　一八三頁中一二行「皎鏡十地」，磧、南、徑、清作「皎鏡大地」。

一　一八三頁中一八行「逸池」，清作「逸河」。

一　一八三頁中二〇行夾註右「舊曰」，磧、南、徑、清作「舊說曰」。

一　一八三頁下五行第一〇字「慧」，磧、南、徑、清作「變」。

一　一八三頁下一〇行第八字「累」，磧作「素」。

一　一八三頁下一二行第五字「土」，磧、南、徑、清作「士」。又第八字

「閦」，磧作「閦」，南作「閦」。

一 一八四頁上七行第三字「達」，磧、南、徑、清無。

一 一八四頁上八行「金毗離」，磧、南、徑、清作「毗金離」。

一 一八四頁上一〇行第七字「窟」，磧、南、徑、清作「崛」。

一 一八四頁上一一行第二字「天」，磧、南、徑、清無。

一 一八四頁上一七行「餘依及」，磧、南、徑、清無。又「堅固力」，磧、南、徑、清作「堅力」。

一 一八四頁上末行第一一字「曰」，磧、南、徑、清作「答曰」。

一 一八四頁中一九行第九字「遙」，磧、南、徑、清作「遥」。

一 一八四頁下六行夾註左「由旬」，磧、南、徑、清作「由旬也」。

一 一八四頁下八行「方志」，磧、南、徑、清作「方土」。

一 一八四頁下一三行「三十六」，磧、南、徑、清作「三十六之大國」。

一 一八四頁下一五行第一二字「眷」，磧、南、徑、清作「虜」。

一 一八四頁下一七行第八字「闍」，磧、南、徑、清無。

一 一八五頁中一一行第六字「擧」，磧、南、徑、清作「構」。又第九字「項」，磧、南、徑、清無。

一 一八五頁中一八行第四字「賜」，磧、南、徑、清作「竭」。

一 一八五頁下二行第八字「隨」，磧、南、徑、清作「隨逐」。

一 一八五頁下八行夾註左「共往」，磧、南、徑、清作「其往」。

一 一八五頁下九行夾註左二「或」，磧、南、徑、清無。

一 一八五頁下一七行夾註右二「立」，磧、南、徑、清無。又左末「食」，磧、南、徑、清作「食也」。

一 一八六頁上五行首字「善」，磧、南、徑、清作「惡」。

一 一八六頁上一三行「憍抵婆洲」，磧、南、徑、清作「憍拉洲」。

一 一八六頁中三行第四字「理」，磧、南、徑、清無。又末字「三」，磧、南、徑、清無。

一 一八六頁中一〇行第一三字「大」，磧、南、徑、清無。

一 一八六頁中末行第一二字「二」，磧、南、徑、清無。

一 一八六頁下七行夾註左「名閻浮那樹金」，磧、南、徑、清作「故名閻浮那檀金」。

一 一八六頁下一二行第三字「畫」，磧、南作「盡」。

一 一八六頁下一七行「疾痛」，磧、南、徑、清作「疾病」。

一 一八六頁下末行第五字「或」，磧、南、徑、清作「或有」。

一 一八七頁上三行「此洲」，磧、南、徑、清作「四洲」。

一 一八七頁上一一行第一一字「促」，磧、南作「足」。

一 一八七頁上一五行夾註左「大伍」，南、徑、清作「大位」。

一八七頁上一八行「壽命」，磧、南、徑、清作「壽量」。

一八七頁上二二行「此品」，磧、南、徑、清作「此三品」。

一八七頁下一四行第二字「以」，磧、南、徑、清作「人亦以」。

一八七頁下一七行第五字「以」，磧、南、徑、清作「亦以」。又「四天王天」，磧、南、徑、清作「四天王天四天王天」。

一八七頁下末行「多樂」，至此，徑卷第四終，卷第五始。且有「三界篇第二之二」一行。

一八八頁上一行「諸天部第二」，徑作「諸天部」，清作「二諸天部」。又「此別有二十二部」，磧、南作「此別有二十二部也」，徑無，清作「別有二十二部」。

一八八頁上二行至九行「辯位部……送終部」，徑無。

一八八頁上一〇行「部第一」，徑無。以下「部」字與序數相連者例同。

一八八頁上一四行首字「千」，磧、南、徑、清作「于」。又第九字「天」，磧、南、徑、清無。

一八八頁上一六行夾註左末「攝」，磧、南無。

一八八頁上一八行夾註左「具如下」，磧、南、徑、清作「其如下」。

一八八頁上二二行夾註左「之別」，磧、南、徑、清作「之則」。

一八八頁中四行「二名福愛天」，磧作「二福慶天」，南、徑、清作「二名福慶天」。

一八八頁中五行夾註「同階別處」，磧、南作「同皆別處」，徑、清作「同皆一處」。

一八八頁中六行夾註左「也」，磧、南、徑、清無。

一八八頁下四行「五品」，磧、南、徑、清作「九品」。

一八八頁下八行末字「謂」，磧、南作「是」。

一八九頁上四行第一三字「及」，磧、南、徑、清無。

一八九頁上七行夾註左一「也」，徑、清無。又夾註「言天」，徑、清作「此言天」。又夾註「言主」，徑、清作「此言主」。

一八九頁上九行「須涅」，磧、南、徑作「須洹」。

一八九頁上一一行夾註左「爲文煩」，磧、南、徑、清作「說爲文繁」。

一八九頁上一八行第九字「本」，磧、南、徑、清無。

一八九頁上二二行第五字「娑」，磧、南、徑、清無。末行第一一字同。

一八九頁下八行第五字「雜」，磧、南、徑、清作「離」。

一八九頁下一二行「七十八」，磧、南、徑、清作「四十八」。

一八九頁下一八行「欲界」，磧、南、徑、清作「欲界色界」。

一八九頁下二〇行「酒僧」，磧、南、徑、清作「浴僧」。二一行同。

一 一九〇頁中三行「頌歌」，磧、南、徑、清作「歌頌頌」。

一 一九〇頁下四行第一一字「婥」，磧、南、徑、清作「童」。

一 一九〇頁下末行夾註右七「如」，磧、南、徑、清作「如生」。又左四「母」，磧、南、徑、清作「父」。又左末「也」，磧、南、徑、清無。

一 一九一頁上一一行第六字「生」，磧、南、徑、清作「忽生」。

一 一九一頁上一三行第四字「天」，磧、南、徑、清作「生」。

一 一九一頁上一四行第七字「心」，磧、南、徑、清無。

一 一九一頁上一七行「喜生」，磧、南、徑、清作「生喜」。

一 一九一頁上一九行第三字「臂」，磧、南、徑、清作「譬」。二〇行首字同。

一 一九一頁中一行「以嚴」，磧作「嚴」；南作「莊」；徑、清作「莊嚴」。

一 一九一頁中二行「天女」，磧、南、徑、清作「天女天女」。

一 一九一頁中六行末字「之」，磧、南、徑、清作「足」。

一 一九一頁中二一行第一二字「已」，磧、南、徑、清無。

一 一九二頁下一六行第三字「五」，磧、南、徑、清作「至」。

一 一九二頁下卷末經名，徑無（未換卷）。

法苑珠林卷第三　西明寺沙門釋道世撰

三界篇第二　諸天之餘

身量部第六

依雜心論云七極微塵成一阿耨池上塵彼是最細色天眼能見及菩薩輪王得見七阿耨塵爲銅上塵七銅上塵爲水上塵七水上塵爲兎毫上塵七兎毫上塵爲一羊毛上塵七羊毛上塵爲一牛毛上塵七牛毛上塵成一嚮游塵七嚮游塵成一蟣七蟣成一蝨七蝨成一穬麥七穬麥成一指二十四指爲一肘四肘爲一弓去肘五百弓爲一拘屢舍八拘屢舍名一由旬故說偈言

七塵成阿耨　七耨成銅塵　水兎牛毛塵
皆從於七起

故論中即以此拘屢舍用量天身從四天王身乃至阿迦尼吒身故婆沙論云四天王身長一拘留舍四分之一若依正法念經說四天諸身其量脩短一同王身（毗曇亦同）如三十三天身長半拘留舍帝釋身長一拘留舍燄摩天身長一拘留舍四分之三（若言帝釋長燄摩天者如經說以其過去脩伴恭敬業故得偏長也）兜率天身長一拘留舍與帝釋等化樂天身長一拘留舍及拘留舍四分之一他化自在天身長一拘留舍半（欲界諸天身量如是）

第二色界身量者依毗曇論說梵衆天身長半由延梵福樓天長一由延大梵天長一由延半光天長二由延無量光天長四由延光音天長八由延少淨天長十六由延無量淨天長三十二由延徧淨天長六十四由延福愛天長百二十五由延福生天長二百五十由延廣果天長五百由延無想天亦尒無悕望天長千由延無熱天長二千由延善見天長四千由延善現天長八千由延色究竟天長萬六千由延

第三無色界無形不可說（據大乘亦有細色但經論略而不說）

衣量部七

問曰諸天衣服云何荅曰如經說云欲界六天中皆服天衣飛行自在看之似衣光色具足不可以世間繒綵

比之色界諸天衣服雖号天衣其猶光明轉勝轉妙不可名也如起世經云四天王天長半由旬衣長一由旬闊半由旬重半兩三十三天身一由旬衣長二由旬闊一由旬重半兩夜摩天身長二由旬衣長四由旬重半兩四分之一兜率陁天身長四由旬衣長八由旬闊四由旬重半兩八分之一化樂天身長八由旬衣長十六由旬闊八由旬重半兩十六分之一他化自在天身長十六由旬衣長三十二由旬闊十六由旬重半兩三十二分之一魔身諸天身長三十二由旬衣長六十四由旬闊三十二由旬重半兩六十四分之一自此已上諸天身量長短與衣正等無差起世經云欲界諸天衣服種種莊嚴不可具述然化樂他化二天所著衣服隨心大小輕重亦尒色界諸天不著衣服如著不異頭雖無髻如似天冠無男女相形唯一種長阿含經云忉利天衣重六銖䬸摩天衣重三銖兜率陁天衣重一銖半化樂天衣重一銖他

化自在天衣重半銖順正理論云色界天衆於初生時身量周圓具如衣服

壽量部第八

依阿毗曇論云天壽量者如人間五十歲爲四天王天一日一夜即用此日月歲數四天王天壽命五百歲計人間日月九百萬歲即是等活地獄一日一夜如是日月歲數等活地獄壽五百歲計人間百歲爲三十三天一日一夜如是日月歲數三十三天壽千歲計人間三億六百萬歲即是黑繩大地獄一日一夜如是日月歲數黑繩地獄壽千歲計人間二百歲爲䬸摩天一日一夜如是日月歲䬸摩天壽二千歲計人間十四億四百萬歲即是衆合大地獄一日一夜如是日月歲數衆合大地獄壽二千歲計人間四百歲爲兜率陁天一日一夜如是日月歲數兜率陁天壽四千歲計人間五十七億六百萬歲即是呼地獄一日一夜如是日月歲數呼地獄壽四千歲計人間八百歲爲化樂

天一日一夜如是日月歲數化樂天壽八千歲計人間二百三十億歲即是大呼地獄一日一夜如是日月歲數大呼地獄壽八千歲計人間一千六百歲他化自在天一日一夜如是日月歲數他化自在天壽一萬六千歲計人間九百二十一億六百萬歲即是熱大地獄一日一夜如是日月歲數熱大地獄壽一萬六千歲計衆熱大地獄壽其半劫無擇大地獄壽一劫畜生趣極長壽亦一劫如地持論龍餓鬼等極長壽五百歲

第二計色界壽命者即用劫爲量初梵衆天壽命半劫梵福樓天壽一劫大梵天壽一劫半少光天四劫光音天八劫少淨天十六劫無量淨天三十二劫徧淨天六十四劫福愛天一百二十五劫福光天二百五十劫廣果天五百劫無想天亦尒無悕望天千劫無熱天二千劫善見天四千劫善現天八千劫色究竟天一萬六千劫

第三計無色界天壽命者空處天二

法苑珠林卷第三　第六張　起

萬劫識處天四萬劫無所有處天六萬劫非想非非想處天八萬劫三界皆有中天唯鬱單越及兜率天最後身菩薩及無想天皆定壽命不說中夭餘有中夭也順正理論此亦同然北俱盧人於人趣福力最強鈍根薄塵多諸快樂無攝受過死必上生餘同前說

問曰此火劫起時上至初禪悉皆燒盡何故論云大梵天王得壽一劫半耶答曰此言一劫半者據積六十小劫爲一劫半不據大劫若據水火風大劫說者猶是一劫合成八十小劫小中尚少二十小劫與彼一劫半壽義不相違也云何知然如舊俱舍論名爲別劫立世阿毗曇論名爲小劫新俱舍論新婆沙論名爲中劫此三名別體唯是一時量共等如阿含經說謂從人壽八萬四千歲百年減一乃至十歲還從十歲復增至八萬四千歲一上一下尒計時分名一中劫量別小亦同若依俱舍論說謂天地始終三災一運盡時始名大劫隨一水火

法苑珠林卷第三　第七張　起

風災要經八十中劫如以一中劫壞一中劫成十九中劫衆生次第住二十中劫正住十九中劫次第壞空此則一中劫隨逢一火風壞器世界十九中劫隨逢飢病刀壞衆生世界以如斯義是故毗曇說如是言是處最後住是處最初空衆生最後住者謂是最下阿鼻地獄也是處最後空衆生最初住者其則不定若據火劫即是初禪若約水劫是其二禪若約風劫是其三禪以此而論是故一大劫中具彼六十中劫并空劫中二十別劫合有八十小劫始爲一大劫辯劫如是次顯無違今言初禪第一梵衆天壽命半劫者當知據彼一別劫中半劫二十中劫爲言第二梵輔天壽命一劫者所謂據彼一別劫四十中劫爲語第三大梵天壽命一劫半者當知據彼一別劫半六十中劫而說以如斯義故不相違也初禪如是二禪已上當知皆據三災大劫以明壽量不據中別劫也二禪之中第一少光天壽命二劫第二無量光天壽命

法苑珠林卷第三　第八張　起

四劫第三光音天壽命八劫若言水災既至二禪光音諸天何以得壽八大劫者應知於彼七火災後方有一水災起上及二禪是光音得壽八大劫也三禪之中第一少淨天壽命十六劫第二無量淨天壽命三十二劫第三偏淨天壽命六十四劫若言風災既至三禪何以偏淨諸天得壽六十四大劫者此亦應知彼六十三運水火災後方有一風災起是故偏淨得壽六十四劫云何知然此如毗曇中說於七火劫次第起後然有一水災起如是七七四十九火起時是則有其一七水災合說即有五十六劫更復於此五十六劫之後復有七火劫起於此七火之後方有一風災起壞及三禪并前即爲六十四劫以如斯義是故偏淨得壽六十四劫故彼毗曇說是偈言

七火次第過　然後一水災　七七火七水
復七火後風

問曰此四天識處壽命既倍空處未知後之二天何故不倍前耶答曰如

婆沙論中說有三論師俱釋此義第一說者謂彼空識二處各有無量行及餘皆捨一切入等行故壽命相倍空處以有無量行故得一萬劫壽餘行復得一萬劫壽是故合得二萬劫壽識處以有無量行故得二萬劫壽餘行復得二萬劫壽以此倍前故得四萬劫壽上地更無無量行故壽不倍一說如是第二師說者謂彼空識二處各有定慧二種行故壽命相倍定得一萬劫壽慧行復得一萬劫壽是故合得二萬劫壽識處定行得二萬劫壽慧行復得二萬劫壽以此倍前故得四萬劫壽上之二地但有定行而無慧行是故壽命不復相倍二說如是第三師說者謂彼四無色處定壽報分各唯有其二萬劫壽由有離欲不離欲不離欲故是故壽命有倍不倍空處地中以其未離自地欲故是故但有二萬劫壽識處地中二萬劫者是其定壽由離空處欲故復得二萬劫以此倍前故得四萬劫壽無所有處二萬劫者是其定壽由離

空識二處欲故復四萬劫壽非想地中二萬者是其定壽由離下之三地欲故復得六萬劫壽以如斯義是故非想地中得其八萬劫壽三說如是義顯於斯也

住處部第九

問曰諸天住處其義云何答曰如婆沙論說天雖有三十二住處但有二十八重以彼四空絕離形報故無別處徧在欲色二界之中但隨欲色二界衆生成就四空無色業者隨命終處即便受彼無色界報故無別處不同大乘說有色也其二十八重者謂須彌山根從地上昇去地四千由旬遶山縱廣一萬由旬是于手天於中止住復上昇一倍繞山八千由旬是彼持花鬘天於中止住復上一倍遶山四千由旬是彼常放逸天於中止住復上一倍遶山四千由旬是彼日月星宿天於中止住復上一倍遶山四千由旬是彼四天王天於中止住（其中由有七種金山是四天王城邑聚落悉在其中也）復上昇四萬由旬至須彌山頂縱廣四萬由旬

其中有善見城縱廣一萬由旬面別有其千門三十三天於中止住即從此山昇虛空四萬由旬有處如雲七寶所成其猶大地是燄摩天於中止住復上一倍有地如雲七寶所成是兜率陁天復上一倍有地如雲七寶所成是化樂天復上一倍有地如雲七寶所成是化自在天如是乃至色界究竟天皆悉有地如雲七寶所成相去皆倍不煩具說依順正理論云三十三天迷盧山頂其頂四面各二十千若據周圍數成八萬有餘師說面各八十千與下際四邊其量無別山頂四角各有一峯其高廣量各有五百有藥叉神名金剛手於中止住守護諸天於山頂中有宮名善見面二千半周萬踰繕那金城量高一踰繕那半其地平坦亦眞金所成俱用百一雜寶嚴餝地觸柔輭如妒羅綿於踐蹋時隨足高下是天帝釋所都大城城有千門嚴餝壯麗門有五百青衣藥叉勇健端嚴長一踰繕那量各嚴鎧仗防守城門於其城中有殊

勝殿種種妙寶具足莊嚴蔽天宮故名殊勝面二百五十周千踰繕那是謂城中諸可愛事城外四面四苑莊嚴是彼諸天共游戲處一衆車苑謂此苑中隨天福力種種車現二麁惡苑天欲戰時隨其所須甲仗等現三雜林苑諸天入中所玩皆同俱生勝喜四喜林苑極妙欲塵雜類俱臻歷觀無猒如是四苑形皆異方一一周千踰繕那量居各有一如意池面各五十踰繕那量八功德水湛滿其中隨欲四苑花鳥香林莊飾葉果差別難可思議天福城外西南角有大善法堂三十三天時集論辯制伏阿素洛等如法不如法事

起世經云佛告比丘以何因緣諸天會處名善法堂三十三天集會坐時於中唯論微細善語深義稱量觀察皆是世間諸勝要法眞實正理是以諸天稱爲善法堂又何因緣名波婁沙迦苑（隋言麁澁）三十三天王入已坐於賢及善賢二石之上唯論世間麁惡不善戲謔之語是故稱波婁沙迦又何

因緣名雜色車苑三十三天王入已坐於雜色善雜色二石之上唯論世間種種雜色相語言是故稱爲雜色車苑又何因緣名雜亂苑三十三天常以月八日十四日十五日放其宮內一切婇女入此園中令與三十三天衆合雜嬉戲不生障閡恣其歡娛受天五欲具足功德游行受樂是故諸天共稱此園爲雜亂苑又何因緣彼天有園名爲歡喜三十三天王入其中已坐於歡喜善歡喜二石之上心受歡喜復受極樂是故諸天共稱彼園以爲歡喜又何因緣名波利夜怛邏拘毗陁羅樹彼樹下有天子住名曰末多日夜常以彼天種種五欲功德具足和合游戲受樂是諸天遂稱彼樹以爲波利夜怛邏拘毗陁羅樹

廣狹部第十

問曰天量廣狹云何荅曰如婆沙論說須彌山頂面別縱廣八萬四千由旬其中平可居處但有四萬由旬炎摩天倍前四萬其地縱廣八萬由旬

如是乃至他化自在天處次第倍前其地縱廣六十四萬由旬四禪之地廣狹不定有其兩說　第一說者初禪廣如一四天下二禪如小千世界三禪如中千世界四禪廣如大千世界　第二說者初禪如小千世界二禪廣如中千世界三禪廣如大千世界　第四禪地寬廣無邊不可說其分齊（諸師評之第二說是）問曰初禪廣如小千世界乃至第四禪地廣無邊者未知於他大千之上爲當共有初禪梵天乃至共有色究竟天爲當於彼一一四天下上各各別有初禪梵天乃至別有色究竟天耶荅曰如樓炭經說一一四天下上各各別有皆悉不同故彼說云三千世界之中有百億四天下須彌大海鐵圍四天王天乃至各說百億色究竟天此文斯顯無勞致惑又如順正理論云小者是卑下義以除上故如截角牛積小成餘亦非攝彼問曰既彼一一四天下上乃至各有色究竟天者是則處別可不相障礙耶荅曰雖各有億同居一處而

不妨礙其猶光明迭相涉入相徧到
亦無障礙彼亦如是以彼色細妙故
故經中說色界諸天下來聽法六十
諸天共坐一鋒之端而不迫窄都不
相礙以斯文驗何所致疑矣故數譬云初禪如鄉
二禪如縣三禪如洲四禪如國

莊飾部第十一

如智度論云須彌山高三百三十六
萬里四寶所成東面黃金西面白銀
南面琉璃北面玻瓈四邊遶山半有
游乾陁山各高四萬二千由旬四天
王各居一山長阿含經云北面天金
所成光照北方西面水精所成光照
西方東面天銀所成光照東方南面
天瑠璃所成光照南方智度論云四
天王各居其城東方城名上賢南方
城名善見西方城名周羅北方城有
三一名可畏二名天敬三名衆歸又
長阿含經云般遮翼白世尊言一時
忉利諸天集善法堂有所講論時四
天王隨其方面各當位坐提頭賴吒
天王在東方坐其面西向帝釋在前
毗樓勒叉天王在南方坐其面北向

帝釋在前毗樓波叉天王在西方坐
其面東向帝釋在前毗沙門天王在
北方坐其面南向帝釋在前時四天
王皆先坐已然後我坐又立世阿毗曇
論云如忉利天善見大城周圍四萬
十千由旬純金爲城之所圍遶高十
由旬城上埤堄高半由旬門高二由
旬其外重門高一由旬半十十由旬
有一一門城之四面爲千門樓是諸
城門衆寶所成種種摩尼之所嚴飾
於大城四分之一中央金城帝釋住
處十二由旬有二門四面四百九十
九門復有一小門凡五百門是城形
相翼衛四兵柵塹樹池雜林宮殿作
唱伎樂及諸外戲種種寶莊不可具
說是城中央寶樓重閣名皮禪延多
樓長五百由旬廣二百五十由旬周
迴一千五百由旬其閣四邊却敵寶
樓東邊二十六所三面各二十五所
凡一百一所一一却敵方二由旬周
迴八由旬其却敵上復有寶樓高半
由旬以爲觀望一一却敵有七女天
一一女天有七婇女樓閣之內有萬

七百房室一一房內有七天女一天
女婇女亦七其天女者並是帝釋正
妃其外却敵及內諸房凡四億九萬
四千九百正妃三十四億六萬四千
三百婇女妃及婇女合有三十九億
五萬九千二百皮禪延多重閣最上
當中央圓室廣三十由旬周迴九十
由旬高四十五由旬是帝釋所住之
處並是琉璃所成衆寶廁塡又雜阿
含經云帝釋宮中有毗闍延堂有百
樓觀有七重重有七房房有七天后
后各七侍女尊者大目揵連游歷小
千界無有如是堂觀端嚴如毗闍延
堂者依起世經云其天宮城內雕飾
受欲歡樂不可具說如是說如是處
者釋提桓因與阿脩羅女舍脂共住
帝釋化身與諸妃共住一切諸妃作
是思惟帝釋與我共住眞身與舍脂
共住是其城內四邊住處衢巷市鄽
並皆調直是諸天城隨其福德屋舍
多少衆寶所成平正端直是天城路
數有五百四陌相通行列分明皆如
基道四門通達東西相見巷巷市鄽

寶貨盈滿其中天上有其七市第一
穀米市第二衣服市第三衆香市第
四飲食市第五華鬘市第六工巧市
第七婬女市處處並有市官是諸市
中天子天女往來貿易商量貴賤求
索增減稱量斷數具市鄽法雖作是
事以爲戲樂無取無與無我所心脫
欲所須便可提去若樂相應隨意而
取若不相應便作是言此物奇貴非
我所須市中間路輭滑可愛衆寶莊
嚴懸諸天衣竪立幢幡音樂等聲恒
無斷絕又有聲言善來善來願食欲
飲我今供養是善見大城帝釋住處
復有天州天郡天縣天村周匝徧布
（自外諸天處寶莊飾香樂隨處盈滿受報快樂不可錄盡矣）善見大城
北門之外經二十由旬有大園林名
曰歡喜周迴一千由旬此中有池亦
名歡喜方百由旬深亦如是天水盈
滿四寶爲塼壘其底岸城東門外有
園名曰衆車有池名質多羅城南門
外有園名之惡口池亦同名城西門
外有園名雜園池亦同名園池大小
並同前說華菓鳥林種種翔鳴綺飾

莊嚴不可述盡

奏請部第十二

如立世阿毗曇論云時帝釋將諸天
衆欲園遊戲至善法堂諸天圍遶恭
敬入園善法堂內最中柱邊有師子
座帝釋卅坐左右二邊各十六天王
行列而坐其餘諸天隨其高下依次
而坐時天帝釋有二太子一名栴檀
二名脩毗羅是忉利天二大將軍在
三十三天左右而坐時提頭賴吒天
王依東門坐共諸大臣及與軍衆恭
敬諸天得入中坐時毗留勒叉天王
依南門坐共諸大臣及軍衆恭敬諸
天得入中坐時毗留博叉天王依西
門坐時毗沙門天王依北門坐（並如前也得入中坐）
是四天王於善法堂世間善惡奏
聞帝釋及忉利天時佛世尊說如是
事是月八日四天王大臣徧行世間
次第觀察當於今日若多若少受持
八戒若多若少皆行布施若多若少
修福德行若多若少恭敬父母沙門
婆羅門家內尊長月十四日十五日
亦如是若無多人受持八戒布施恭

敬尒時四王往法堂所諮問帝釋諮
如是事是時諸天帝釋聞此事已生
憂惱心說如是言是事非善非法家
中諸天尊長諸天眷屬方應減損脩
羅伴侶日向增多若受持八戒布施
修福恭敬沙門尊長等四王諮問諸
天帝釋心生歡喜說如是言是事甚
善如法諸天眷屬日向滋多脩羅伴
侶稍就減少故引佛說祇夜偈言

是四王大臣　八日巡天下　四天王太子
十四觀世間　十五時最勝　四王好名聞
故自行世間　觀察諸善惡　是世間人意
與道法相應　善尊有多人　行施受菩薩
伏瞋能修道　男女福增益　是時忉利天
得信甚歡喜　數數生隨喜　四大王善說
諸天樂眷屬　轉轉得增多　願修羅伴侶
日日就損減　隨意念正覺　法正說聖衆
諸天安樂住　心常生歡喜　世果出世果
人道所能得　善於佛法僧　住於三寶境
我今爲汝等　說三賢善道　若人求眞實
捨惡修行善　有如是寶貨　由少能獲多
如諸忉利天　行小善生天　帝釋等諸天
大福德名聞　聚集善法堂　及諸餘住處

男女善行香　四王所奏聞　清淨天所愛
重習徧諸天
通力部第十三
依樓炭經云在欲色二界中間別有魔宮其魔懷疾譬如石磨磨壞功德也縱廣六千由旬宮牆七重一切莊嚴猶如下天上來七天具有十法一飛來無限數二飛去無限數三去無礙四來無礙五天身無有皮膚體肋脈血宍六身無不淨大小便利七身無疲極八天女不産九天目不瞬十身隨意好青則青好黄則黄好餘色亦尒又有十事一飛行無極二往還無極三天無盜賊四不相說身善惡五無有相侵六諸天齒等而通七髮紺青色澤長八尺八天人青色髮亦青色九欲得白者身即白色十欲得黑色身即黑色起世經亦云一切諸天有十別法何等為十一諸天行時來去無邊二諸天行時來去無礙三諸天行時無有遲疾四諸天行時足無蹤跡五諸天身力無患疲勞六諸天之身有形無影七一切諸天

無大小便八一切諸天無洟唾九諸天之身清淨微妙無皮宍筋脈脂血髓骨十諸天之身欲現長短青黄赤白大小麁細隨意悉能並皆美妙端嚴殊絶令人愛樂一切諸天有此十種不可思議又諸天身充實洪滿齒白方密髮青齊整柔輭潤澤身有光明及有神力騰虛飛游眼視無瞬瓔珞自然衣無垢膩如順正理論云四天王衆升見三十三天非三十三天升見夜摩天等然彼若得定所發通一切皆能升見於上或依他力升見上天謂得神通及上天衆引接往彼隨其所應或上天來亦能見若上界地來向下時非下化身下眼不見非其境界故如不覺彼觸故上界地來向下時必化下身為令下見地居天立世阿毗曇論云剡浮提人若離通力及因他功力不能見障外等色餘三洲人若離他功力則不能見障外等色六欲諸天若離神通及他功力於自處所不能通見障外之色若遠觀時唯見鐵圍山内不能見於山外

之色大梵天王於自宮殿若離神通及他功力不能得見障外等色若遠觀時唯見一千世界之内
身光部第十四
依智度論云諸天業報生身光者欲界諸天身常光明以燈燭明珠等施及持戒禪定等清淨故身常光明不須日月所照色界諸天行禪離欲修習火三昧故身常出妙光明勝於日月及欲界果報光明離欲天取要言之是諸光明皆由心清淨故得若論釋佛常光面各一丈諸天光明大者雖無量由旬於丈光邊蔽而不現
又優婆夷淨行經云佛告毗舍佉如來有六種光明何謂為六一青光二黄光三赤光四白光五紅光六紫光光色照明是名如來六種光明
又長阿含經云佛告諸比丘螢火之明不如燈燭之明燈燭之明不如炬火炬火之明不如積火積火之明不如四天王四王宮殿衣服身光不如三十三天乃至展轉色究竟天光明不如自在天光明自在天光明不如

佛光明從螢光明至佛光合集尒所光明不如苦諦集諦滅諦道諦光明是故諸比丘欲求光明者當求苦集滅道光明又人有七色云何爲七有人金色有人火色有人青色有人黃色有人赤色有人黑色有諸天阿須倫有七色亦復如是

又立世阿毗曇論云剡浮提衆生色身種種不同東弗婆提西瞿耶尼人唯除黑色餘色同剡浮提人北鬱單越一切人民悉皆白淨四天王有種色色有紺有赤有黃有白一切欲界諸天色皆亦如是云何諸天色有四種如初受生時若見紺華則紺色餘皆如是

市易部第十五

依起世經云閻浮提人所有市易或以錢寶或以穀帛或以衆生瞿陁尼人所有市易或以牛羊或摩尼寶弗婆提人所有市易或以財帛或以五穀或摩尼寶鬱單越人無復市易所欲自然如起世經云欲界諸天如四天王天三十三天皆有市易游觀悅

神其實不同世人如前所述

婚禮部第十六

如起世經云餘三天下悉有男女婚嫁之法鬱單越人無我我所樹枝若垂男女便合無復婚嫁諸龍金翅鳥阿脩羅等皆有婚嫁男女法式略如人間六欲諸天及以魔天皆有嫁娶略說如前從此已上所有諸天不復婚嫁以無男女異故四天下人若行欲時二根相到流出不淨一切諸龍金翅鳥等若行欲時二根相到但出風氣即得暢適無有不淨三十三天行欲之時根到暢適亦出風氣如前龍鳥無異夜摩天執手成慾兜率陁天憶念成慾化樂天熟視成慾他化自在天共語成慾魔身諸天相看成慾並得暢適成其慾事又立世論云四天王天若索天女女家許已乃得迎接或貨或買欲界諸天亦復如是剡浮提人及餘三洲四天王天忉利天等要須和合成慾夜摩天相抱爲慾兜率天執手爲慾化樂天共笑爲慾他化天相視爲慾西瞿耶尼人受

諸欲樂兩倍勝於剡浮提人如是展轉乃至他化自在天受欲兩倍勝於化樂天餘四洲人並有惡食者有胎長者四天王處諸女天等無有惡食無有胎長者亦不生兒亦不抱兒男女生時或於膝上或於眠處皆得生兒若於女處者天女作意此是我兒男天亦言此是我兒則唯一父一母若於父膝眠處生者唯有一父而諸妻妾皆得爲母亦有修行至死無欲四天王天生欲事無量無數亦有修行至死無欲一切欲界諸天亦尒凡一切女人以觸爲樂一切男子不淨出時以爲樂欲界諸天泄氣爲樂又新婆沙論云引契經說劫初時人無男女根形相不異後食地味男女根生由此便有男女相異色界離叚食故無此二根有說男女二根欲界有用非於色界是故彼無鼻舌二根欲界有用非於色界是故彼問色界天衆爲女爲男荅應作是說彼皆是男雖無男根而有餘丈夫相又能離染故說男

飲食部第十七

如起世經云一切衆生有四種食以資諸大得自住持何等爲四一麁段及微細食二觸食三意思食四識食何等衆生應食麁段及微細食如閻浮提人等飯麨豆宍等名爲麁段食按摩澡浴拭膏等名爲微細食自外三洲下人及六欲諸天等並以麁段微細爲食自此已上色界無色天並以禪悅法喜爲食無復麁段微細食也問曰何等衆生以觸爲食荅曰一切卵生得身故以觸爲食何等衆生以思爲食若有衆生意思資潤諸根增長如魚鼈蛇蝦蟆伽羅瞿陁等及餘衆生以意思潤益諸根壽命者此等皆用思爲食何等衆生以識爲食所謂地獄衆生及無邊識處天等皆用識持以爲其食四天王天並食須陁味朝食一撮暮食一撮食入體已轉成身是須陁味園林池苑並自然生是須陁味亦能化作佉陁尼等八種飲食一切欲界諸天食亦皆如是色界諸天從初禪乃至徧淨以喜爲

食無色界已上諸天以意業爲食

問曰諸天飲食云何荅曰如經說云欲界諸天隨其貴賤好惡不同其福厚者隨其所思無不具足飲則甘露盈杯食則百味俱至其福薄者雖有飲食恒不稱心以不足故猶下食來故經云譬如諸天共寶器食隨其福德飯色有異上者見白中者見黃下者見赤色界諸天以禪悅爲味若以四食言之唯有觸食法也

僕乘部第十八

問曰諸天僕乘云何荅曰如經說云如欲界六天有僕乘僕謂僕從乘謂騎乘以六欲天皆有君臣妻妾尊卑上下卑必從尊下必隨上乘者以六欲天皆有雜類畜生諸天欲游隨意乘之或乘象馬或乘孔雀或乘諸龍若依婆沙論說忉利天已下具有象馬鳧鴈鴛鴦孔雀龍等自餤摩天已上悉無象馬四足衆生唯有教放逸鳥實語鳥赤水鳥等訶責諸天誡不放逸　問曰若無象馬四足衆生彼天欲游何所乘耶荅曰即如論說還

自釋言雖無象馬諸天欲出以福力故即有象馬隨心化起任意所乘竟化滅此教放逸鳥等徧在六天皆悉有之常與諸天爲師訶責放逸不唯餤摩已上偏獨有也　問曰此鳥既是畜生何得與天爲師如正法念說此鳥本爲人時於三天下教化之師諸天本是所化衆生由信受化故布施持戒今得生天其鳥本爲師時爲名利破戒其心不實今作天鳥然由教化微善力故今得生天由本化師故與諸天爲師若見諸天放逸即來訶責諸天見聞各生慚愧改不放逸

眷屬部第十九

問曰諸天眷屬多少云何荅曰如論云色界諸天不可說甚多謂彼諸天非男非女無相匹配生則化起死還化滅依正兩報宮殿自隨以禪定爲樂不可說其眷屬多少也欲界諸天則有男女相匹配故大吉義呪經云護世四王典領四方提頭賴吒天王領乾闥婆衆毗留博义天王領究槃荼衆毗留勒义天王領諸龍衆毗沙

門天王領夜叉衆此之四王各有九十一子姿貌端正有大威力皆名曰帝此天王合有三百六十四子能護十方有釋提桓因典領四維大梵天王典領上方又智度論云一切山河樹木土地城郭一切鬼神皆屬四天王來故皆隨從共來是諸鬼神中有不得般若經卷者是故來至般若波羅蜜處供養礼拜亦為利益其忉利天巳上眷屬轉多不可具說數也如忉利天巳下眷屬多者如帝釋具有九十億那由他天女并有千子及有諸臣無量共為眷屬故經偈云

帝釋普應諸天女　九十二億那由他
天女各各自謂言　天王獨與我娛樂

乃至少者猶有一萬天女以為眷屬更不減此也

貴賤部第二十

問曰諸天貴賤云何荅初欲界六天皆有貴賤以有君臣民庶妻妾別故如帝釋天中帝釋為君三十二天為臣自餘天衆是民女中悅意夫人是后諸餘天女是妾自餘五天類皆如

此色界之中唯局初禪三天有貴有賤大梵是君梵輔是臣梵衆是民自此巳上諸天受報同等更無貴賤也

貧富部第二十一

問曰諸天貧富云何荅曰如正法念經說如燄摩天巳上乃盡色界諸天貧富皆等忉利天巳下報有厚薄貧富之別其福厚者一切具足果報有餘其薄福者雖有衣服七寶宮殿食常不足故彼經說曾有薄福諸天以患飢故下來至此剡浮人中摘酸棗而食人見形殊遂怪問之彼則荅言我非是人我薄福諸天雖有宮殿上妙衣服食常不足故故來於此摘棗食之汝不須怪廣如經說（由前作戒忍等缺不行施）

送終部第二十二

如四天王天乃至阿迦尼吒天若眷屬死不送不燒不棄不埋如光焰沒無有屍骸以化生故四天王天自殺令他殺死不食宍忉利諸天亦然夜摩天上至阿迦尼吒天不自殺生亦不令他殺死不食宍以化生故死無遺質也頌曰

三界擾擾　六道茫茫　往還不巳
受苦未央　報纏數逼　楚痛分張
寔由惡業　感此危亡　焉知溺水
詎識舟航　基累重擔　未肯翺翔
願出纖土　游息淨方　一念歸正
萬壽無疆

法苑珠林卷第三

編録通慧大師賜紫沙門日雲滕校勘

法苑珠林卷第三

校勘記

一　底本，金藏廣勝寺本。

一　一九七頁中一行經名，徑無（未換卷）。又撰者，徑無（未換卷）；清作「唐西明寺沙門釋道世撰」。

一　一九七頁中二行「三界篇第二」，磧、南、徑、清無。又「諸天之餘」，徑、清無。

一　一九七頁中三行「部第六」，徑無，以下「部」字與序數相連者例同。

一　一九七頁中一三行首字「肘」，磧、南、麗作「村」。

一　一九七頁下一行「之三」，麗作「之二」。

一　一九七頁下二行夾註左七「故」，徑、清無。

一　一九七頁下二〇行「部七」，磧、南、清作「部第七」。

一　一九七頁下二一行末字「云」，磧、南、徑、清、麗作「六」。

一　一九八頁上一行「其猶」，磧、南、徑、清作「衣如非衣其猶」。

一　一九八頁上三行第六字「長」，磧、南、徑、清作「身長」。

一　一九八頁上四行第一二字「身」，磧、南、徑、清作「身長」。

一　一九八頁上六行「長四由旬」，磧、南、徑、清作「長四由旬闊二由旬」。

一　一九八頁中一二行「六百」，磧、南、徑、清作「六十」。

一　一九八頁中一五行第一二字「歲」，磧、南、徑、清、麗作「歲數」。

一　一九八頁下二行第一二字「億」，磧、南、徑、清作「億萬」。

一　一九八頁下五行「他化」，磧、南、清作「爲他化」。

一　一九八頁下一二行首字「論」，磧、南、徑、清無。

一　一九八頁下一七行「福愛天」，磧、南、徑、清作「福慶天」。

一　一九九頁上五行第一二字「亦」，磧、南、徑、清作「亦皆」。

一　一九九頁上一九行末字「一」，磧、南、徑、清作「一年」。

一　一九九頁上二一行第八字「計」，磧、南、徑、清、麗作「許」。

一　一九九頁中四行第八字「火」，磧、南、徑、清、麗作「火水」。

一　一九九頁下四行「光音」，磧、南、徑、清作「何以」。

一　一九九頁下一三行第一三字「是」，磧、南、徑、清無。

一　一九九頁下二二行「四天」，磧、南、徑、清作「四無色天」。

一　二〇〇頁上一二行首字「是」，磧、南、徑、清作「命」。

一　二〇〇頁中一行「非想」，磧、南、徑、清作「非想非非想」。四行同。

一　二〇〇頁中一一行第一三字至一三行首字「命……同」，磧、南、徑、清無。

一　二〇〇頁中一五行「于手天」，磧、南、徑、清作「堅手天」；麗作「千手天」。

一二〇〇頁中二二行夾註右八「山」，磧、南、徑、清無。又左三「邑」，磧、南、徑、清無。又左末「也」，磧、南、徑、清無。

一二〇〇頁下一行第四字「善」，磧、南、徑作「喜」。

一二〇一頁上一行第一一字「蔽」，磧、南、徑、清作「映蔽」。

一二〇一頁上二行「五十」，磧、南、徑、清作「五十踰繕那」。

一二〇一頁上一四行「諦辯」，磧、南、徑、清作「辯論」。

一二〇一頁中五行第一二字「放」，麗作「於」。

一二〇一頁中一六行第一一字「是」，磧、南、徑、清、麗作「是故」。

一二〇一頁下九行夾註左「第二」，南作「第一」。

一二〇一頁下末行第九字「億」，磧、南、徑、清作「百億」。

一二〇二頁上六行夾註左「如國」，至此，徑卷第五終，卷第六始，且有「三界篇第二之三」、「諸天部之餘」各一行。

一二〇二頁上一一行第五字「各」，磧、南、徑、清作「谷」。

一二〇二頁上一三行「西面」，徑、清作「西面天」。

一二〇二頁中一四行第二字「翼」，磧、南、徑、清作「亦」。

一二〇二頁中一六行首字「說」，南、徑、清作「述」。

一二〇二頁下一行第八字「内」，南、徑、清作「室」。又第一三字「一」，磧、南、徑、清、麗作「一一」。

一二〇三頁上一二行「善來善來」，磧、南、徑、清作「善哉善來」。

一二〇三頁上一五行夾註右「莊飾」，磧、南、徑、清作「莊嚴」。

一二〇三頁中一五行夾註左「也」，磧、南、徑、清作「見」。

一二〇三頁下一行「法堂」，磧、南、徑、清作「善法堂」。

一二〇三頁下一三行「菩薩」，磧、南、徑、清作「布薩」。

一二〇三頁下一五行「四大王」，磧、徑作「四天王」。

一二〇三頁下一七行「法正」，磧、南、徑、清作「法王」。

一二〇四頁上一行第五字「香」，磧、南、徑、清、麗作「者」。

一二〇四頁上二行首字「重」，麗作「熏」。

一二〇四頁中一行第四字「便」，磧、南、徑、清作「便利」。

一二〇四頁中二一行第八字「離」，麗無。

一二〇四頁下一二行第四字「光」，磧、南、徑、清作「光明」。

一二〇五頁上六行「有人黑色」，磧、南、徑、清作「有人白色有人黑色」。

一二〇五頁上一一行末字至次行第二字「種色色」，磧、南、徑、清、麗作「四種色」。

一二〇五頁上一三行第五字「亦」，磧、南、徑、清作「亦復」。

一二〇五頁上一五行「如是」，磧、南、徑、清作「如是也」。
一二〇五頁上一八行「衆生」，磧、南、徑、清作「衆寶」。
一二〇五頁上二〇行「以財帛」，磧、南、徑、清作「使財帛」。
一二〇五頁中七行末字「聚」，磧、南、徑、清、麗作「娶」。
一二〇五頁中一五行「億念」，磧、徑、麗作「憶念」。
一二〇五頁下八行「男天」，磧、南、徑、清作「天男」。
一二〇五頁下一四行第三字「以」，磧、南、徑、清、麗作「以此」。
一二〇五頁下末行末字「男」，磧、南、徑、清作「男也」。
一二〇六頁上八行末字「叚」，磧、南、徑、清無。
一二〇六頁上二一行「佉陁尼」，磧、南、徑、清作「佉陀摩尼」。
一二〇六頁上二二行第一二字「皆」，磧、南、徑、清無。

一二〇六頁下二行第一三字「乘」，磧、南、徑、清、麗作「乘乘」。
一二〇六頁下三行「六天」，磧、南、徑、清作「六欲天」。
一二〇六頁下六行「如正法念」，磧、南、徑、清作「答如正法念經」；麗作「正法念經」。
一二〇六頁下一〇行「名利」，磧、南、徑、清作「名利故」。
一二〇七頁上七行第二字「來」，磧、南、徑、清作「管」。
一二〇七頁上八行第八字「是」，磧、徑、清無。
一二〇七頁中二行「大梵」，磧、南、徑、清作「大梵天」。
一二〇七頁中三行第九字「等」，磧無。
一二〇七頁中一七行第一三字「若」，磧、南、徑、清無。
一二〇七頁中一八行第四字「送」，麗作「逆」。
一二〇七頁下二行第四字「央」，磧、南作「殃」。

一二〇七頁下卷末經名，徑無（未換卷）。

法苑珠林卷第四　西明寺沙門釋道世撰

日月篇第三　此有一十三部

述意部　星宿部　日宮部
月宮部　寒暑部　照用部
虧盈部　昇雲部　震雷部
礔電部　降雨部　失候部
地動部

述意部第一

若夫世界未成之前二儀尚昧衆生貯糧之後三光乃昭動寶意之深慈啓吉祥之幽思御陽精而流曜澄陰魄而騰暉馳風驛而運行應旋璣而合度紀寒暑於三際繫朝夕於四洲雖歷象於上天亦表徵於下土至若德契元良驅輪黃道義乖魚朮轉鏡玄途三舍可迴奬善言而効祉五重時現示惡地而肅䂸仰鑒玄文俯躬懲勸日月之用其大矣哉

星宿部第二

如大集經云尒時娑伽羅龍王白殊致羅婆菩薩言大士是星宿者本誰所說誰作大星小星誰作日月何日之中何星在先於虛空中復誰安置三十日十二月年云何爲時繫屬何處姓何字誰何善何惡何食施若爲是晝是夜日月星宿復若爲行等汝於諸聖中第一最尊願愍我龍具足解說我等聞已脫苦奉行尒時殊致羅婆菩薩告諸龍言過去世時此賢劫初有一天子名曰大三摩多端正少雙才智聰明以正行化常樂寂靜不樂愛染常樂潔身王有夫人多貪色欲王既不幸無處遂心曾於一時見驢群命根相出現欲心發動脫衣就之驢見即交遂成胎藏月滿生子頭耳口眼悉皆似驢唯身類人而復麁澁駁毛被體與畜無殊夫人見之心驚怖畏即便委棄投於廁中以福力故處空不墜時有羅刹婦名曰驢神見兒不污念言福子遂於空中接取洗持將往雪山乳哺畜養猶如已子等無有異及至長成教服仙藥與天童子日夜共游復有大天亦來愛護此兒飯食甘菓藥草身體轉異福德莊嚴大光照曜如是天衆同共稱

美号為佉盧虱吒(演言)驢脣大仙聖人
以是因緣彼雪山中并及餘處悉皆
化生種種好華好菓好藥好香種種
清流種種好鳥在所行住普皆豐盈
以此藥菓滋益因緣其餘形容麁相
悉轉身體端正唯脣似驢是故名為
驢脣仙人是驢脣仙人學於聖法經
六萬年翹於一脚日夜不下無有倦
心天見大仙如是苦時諸梵衆及帝
釋天并餘上方欲色界等和合悉來
禮拜供養乃至龍衆脩羅夜叉一切
雲集所有仙聖修梵行人皆來到此
驢聖人邊覲設供養已合掌問言大
仙聖人欲求何等唯願為我諸天說
之若我能即當相與終不恪惜尒時
驢脣聞是語已內心慶幸荅諸天言
必能稱我情所求者今當略說我念
宿命過去劫時見虛空中有諸列宿
日月五星晝夜運行守常度為於天
下而作照明我欲了知分別識解暗
瞑故不憚劬勞此賢劫初無如是事
汝等一切諸天龍神憐我故來願說
星辰日月法用猶如過去量立安施
造作便宜善惡好醜如我所願具足
說之一切天言大德仙人事甚深非
我境界若為憐愍一切衆生如過去
時願速自說尒時佉盧瑟吒仙告一
切天言初置星宿昴為先首衆星輪
轉運行虛空告諸天衆說昴為先首
其事是不尒時日天而作是言此昴
宿者常行虛空歷四天下恒作善事
饒益我等知彼宿屬於火天是時衆
中有一聖人名大威德復作是言彼
昴宿者我妹之子其星有六形如似
剃刀一日一夜歷四天下 行三十時
屬於火天姓鞞耶 尼屬彼宿者祭之
用酪

復次置畢為第二宿屬於水天姓頗
羅墮畢有五星形如立叉一日一夜
行三十五時屬畢宿者祭用鹿宍

復次置觜為第三宿屬於月天即是
月子姓毗梨伽耶 尼星數有三形如
鹿頭一日一夜行十五時屬觜宿祭
根及菓

復次置參為第四宿屬於日天姓婆
私失絺 其性大惡多於瞋忿止有一
星如婦人黶一日一夜行三十五時
屬參宿者祭用醍醐

復次置井為第五宿屬於日天姓婆
私失絺 其有兩星形如脚跡一日一夜
行十五時屬井宿者以粇米華和蜜
祭之

復次置鬼為第六宿屬歲星天歲星
之子姓炮波那 毗其性如溫和樂修
善法其有三星猶如諸佛胷滿相一
日一夜行三十時屬鬼宿者亦以粇
米華和蜜祭之

復次置柳為第七宿屬於蛇天即姓
蛇氏止有一星如婦人黶一日一夜
行十五時屬柳星者祭用乳糜

右此七宿當於東門

復次置南方第一之宿名曰七星屬
於火天姓賓伽耶尼其有五星形如
河岸一日一夜行三十時屬七星者
宜用粇米烏麻作粥祭之

復次置張為第二宿屬福德天姓瞿
曇彌其星有二形如脚跡一日一夜
行三十時屬張宿者將毗羅婆菓以
用祭之

復次置翼宿為第三宿屬於林天姓憍陳如其有二星形如脚跡一日一夜行十五時屬翼星者用青黑豆煑熟祭之

復次置軫為第四宿屬沙毗梨帝天姓迦遮延蠍仙之子其星有五形如人手一日一夜行三十時屬軫星者作莠稗飯而以祭之

復次置角為第五宿屬喜樂天姓質多羅延尼乾闥婆子止有一星如婦人黶一日一夜行十五時屬於角者以諸華飯而用祭之

復次置亢為第六宿屬摩姤羅天姓迦旃延尼其有一星如婦人黶一日一夜行十五時屬亢星者當取菉豆和酥蜜煑以用祭之

復次置氐為第七宿屬於火天姓蛭吉利多耶尼一日一夜行三十五時屬氐宿者取種種華作食祭之

右此七宿當於南門

次復置西方第一之宿其名曰房屬於慈天姓阿藍婆耶尼房有四星形如瓔珞一日一夜行三十時屬房宿者以酒宍祭之

次復置心為第二宿屬帝釋天姓羅延那心有三星形如大麥一日一夜行十五時屬心星者以粇米粥而用祭之

次復置尾為第三宿屬獵師天姓迦遮耶尼尾有七星形如蠍尾一日一夜行三十時屬尾星者以諸菓根作食祭之

次復置箕為第四宿屬於水天姓摸义迦栴延尼箕有四星形如牛角一日一夜行三十時屬箕宿者取尼枸陁皮汁祭之

次復置斗為第五宿屬於火天姓摸伽邏尼斗有四星如人拓地一日一夜行四十五時屬斗宿者以粇米華和蜜祭之

次復置牛為第六宿屬於梵天姓梵嵐摩牛有三星形如牛頭一日一夜行於六時屬牛宿者以醍醐飯而用祭之

次復置女為第七宿屬毗紐天姓帝利迦遮耶尼女有四星如大麥粒一日一夜行三十時屬女宿者以鳥宍祭之

右此七宿當於西門

次復置北方第一之宿名為虛星屬帝釋天婆婆天子姓憍陳如如虛有四星其形如鳥一日一夜行三十時屬虛星者煑烏豆汁而用祭之

次復置危為第二宿屬多羅拏天姓單那尼一日一夜行十五時屬此危宿者以粇米粥而用祭之

次復置室為第三宿屬蛇頭天蠍天之子姓闍都迦尼拘室有二星形如脚跡一日一夜行三十時屬室宿者以宍血祭之

次復置壁為第四宿屬林天婆婁那子姓陁難闍壁有二星形如脚跡一日一夜行四十五時屬壁星者以宍祭之

次復置奎為第五宿屬富沙天姓阿瑟吒排尼奎有一星如婦人黶一日一夜行三十時屬奎宿者以酪祭之

次復置婁為第六宿屬乾闥婆天姓何含婆婁有三星形如馬頭一日一

夜行三十時屬婁星者以大麥飯并宍祭之

次復置胃為第七宿屬閻摩羅天姓跋伽毗胃有三星形如鼎足一日一夜行四十時屬胃宿者以粇米烏麻及以野棗而用祭之

右此七宿當於北門

此二十八宿有五宿行四十五時所謂畢參氐斗壁等二十八宿言義廣多難時深趣不具宣我今略說是宿時同聞諸天皆悉歡喜尒時佉盧瑟吒仙人於大衆前合掌說言如是安置日月年時(此置日月年時經向一卷以文多故不錄之)大小星宿何者名為有六時耶荅曰正月名暄暖時三月名種作時五月六月名求降雨時七月八月名物欲熟時九月十月名寒凍之時十一月十二月合此十二月大雪之時是十月分為六時又大星宿其數有八所謂歲星熒惑星鎮星太白星辰星日星月星荷邏睺星又小星宿有二十八所謂從前昴至胃諸星是也我作如是次第安置汝等皆得見聞於意云何尒時一切天人仙人阿修羅龍及那羅等皆悉合掌咸作是言如今天仙於天人閒最為尊重乃至諸龍及阿修羅無能勝者智慧慈悲最為第一於無量劫不忘憐愍一切衆生故獲福報一切天人之閒無有如是智慧之者如是法用更無衆生能作是法皆悉隨喜安樂我等善哉大德安隱衆生是時佉盧瑟吒仙人復作是言此十二月一年始終如此方便大小星等剎那時法皆已說竟又復安置四天大王於須彌四方面所各置一王是諸方所各饒衆生是時一切大衆皆稱善哉歡喜無量是時天龍夜叉阿修羅等日夜供養復於後過無量世更有仙人名伽力出現於世後更別說置於星宿小大月法時節要略(見如經說)今且列二十八宿所屬不同各有靈衛故大集經云尒時佛告娑婆世界主大梵天王釋提桓因四天王言過去天仙云何布置諸宿曜辰攝護國土養育衆生大梵天王等而白佛言過去天仙分布安置諸宿曜辰攝護國土養育衆生於四方中各有所主東方七宿一者角宿主於衆鳥二者亢宿主於出家求聖道者三者氐宿主水生衆生四者房宿主行車求利五者心宿主於女人六者尾宿主洲渚衆生七者箕宿主於陶師南方七宿一者井宿主於金師二者鬼宿主於一切國王大臣三者柳宿主雪山龍四者星宿主巨富者五者張宿主於盜賊六者翼宿主於商人七者軫宿主須羅吒國

西方七宿一者奎宿主行船人二者婁宿主於商人三者胃宿主於婆樓迦國四者昴宿主於水牛五者畢宿主一切衆生六者觜宿主鞞提訶國七者參宿主於剎利

北方七宿一者斗宿主澆部沙國二者牛宿主於剎利及安多鉢竭那國三者女宿主鴦伽摩伽陀國四者虛宿主那遮羅國五者危宿主著華冠六者室宿主乾陁羅國輸盧那國及諸龍蛇腹行之類七者壁宿主乾闥婆善樂者大德婆伽婆過去天仙如

是布置四方諸宿攝護國土養育衆
生
尒時佛告梵王等言汝等諦聽我於
世間天人仙中一切知見最爲殊勝
亦使諸曜辰攝護國土養育衆生汝
等宜告令彼得知如我所分國土衆
生各各隨分攝護養育分國多少各
屬二十八宿
問曰此之諸星形量大小云何荅曰
依增一阿含經云大星一由旬小星
二百步樓炭經云大星圍七百里中
星四百八十里小星二十里星是諸
天宮宅瑜伽論云諸星宿中其星大
者十八拘盧舍其中者十拘盧舍最
小者四拘盧舍
述曰若依内經此諸星宿並是諸天
宮宅内有天住依報所感福力光現
若依俗書即云是石故宋時星落殞
星如石或云非星是天河石落故俗
書云天河共地河相連故河内時有
石落如須彌象圖山經云天空有河
名耶摩羅於虛空中行久有大石小
砂時有漏失即執爲星此非正經是

俗所造妄述流行非是佛說
唐貞觀十八年十月丙申後汾州幷
州文水縣兩界天大雷震空中雲内
落一石下大如碓觜脊高腹平其文
水縣丞張孝靜共汾州官同奏當時
西域摩伽陁菩提寺長年師來到西
京内外博知
勑問荅云是龍食二龍相諍故落下
如石准此而言何必天落即云是星
夫遙天之物非凡度量今人難知莫
若天地俗云天爲精氣日爲陽精星
爲萬物之精儒教所安也星有墜落
乃爲石矣精若是石不可有光性又
質重何所繫屬一星之徑大者百里
一宿首尾相去數萬百里之物數萬
相連闊狹從斜常不盈縮又星與日
月光色同耳但以大小差別不同然
而日月又當石耶石既牢密烏兎焉
容石在氣中豈能獨運日月辰宿若
皆是氣氣體輕浮當與天合往來
環轉不得背違其間遲疾理寧一等
何故日月五星二十八宿各有度數
移動不均寧當氣墮忽變爲石地既

滓濁法應沈厚鑿土得泉乃浮水
上積水之下復有何物江河百谷從
何處生東流到海何爲不溢歸塘尾
閭渠何所到沃焦之石何氣所然潮
約去還誰所節度天漢懸指那不散
落水性就下何故上騰天地初開便
有星宿九州未畫列國未分翦疆區
野若爲躔次封建以來誰所制割國
有增減星無進退災祥禍福就中不
差懸象之大列星之夥何爲分野止
繫中國昴爲旄頭匈奴之次西胡東
夷彫題交趾獨弃之乎以此而求迄
無了者豈得以人事尋常抑必宇宙
之外乎
凡人所信惟耳與目自此之外咸致
疑焉儒家說天自有數義或渾或蓋
乍穹乍安計極所周苑維所屬若
有親見不容不同若所測量寧足依
據何故信凡人之臆說疑大聖之妙
指而欲必無恒沙世界微塵數劫乎
而鄒衍亦有九州之談山中人不信
有魚大如木海上人不信有木大如
魚漢武帝不信弦膠魏人不信火布

胡人見錦不信有蟲食樹吐絲所成吳身在江南不信有千人氈帳及來河北不信有二萬石船皆實驗也如世有祝師及諸幻術猶能履火蹈刃種爪移井儵忽之閒千變萬化人力所為尚能如此何妨神通感應不可思量寶幢百由旬座化成淨土踊生妙塔乎

又王玄策西國行傳云王使顯慶四年至婆栗闍國王為漢人設五女戲其五女傳弄三刀加至十刀又作繩伎騰虛繩上著履而擲手弄三仗刀楯槍等種種關伎雜諸幻術截舌抽腸等不可具述

日宮部第三

依起世經云佛告諸比丘日天宮殿縱廣正等五十一由旬上下亦尒以二種物成其宮殿正方如宅遥看似圓何等為二所謂金及玻瓈一面兩分皆是天金成清淨光明一面一分是天玻瓈成淨潔光明有五種風吹轉而行何等為五一名為持二名為住三名隨順轉四名波羅呵迦五名

將行彼日天宮之前別有無量諸天於前而行行時各常受樂皆名牢行（依長阿含經云日天宮牆及地薄如華施為五風所持也）又日宮殿中有閻浮檀金以為妙輦舉高十六由旬方八由旬莊嚴殊勝天子及眷屬在彼輦中以天五欲具足受樂日天子身壽五百歲子孫相承皆於彼治宮殿住持滿足一劫日天身光出照於輦輦有光明復照宮殿光明相接出巳照曜徧四大洲及諸世閒日天身輦及宮殿有一千光明五百光明傍行而照五百光明向下而照日天宮殿常行不息六月北行於一日中漸移北向六俱盧舍（依雜寶藏經有五里）未曾暫時離於日道六月南行亦一日中漸移南向六俱盧舍不差日道日宮殿六月行時月天宮殿十五日中亦行尒許

月宮部第四

如起世經云佛告比丘月天子宮殿縱廣正等四十九由旬四面垣墻七寶所成月天宮殿純以天銀天青瑠璃而相間錯天分天銀清淨無垢光

甚明曜餘之一分天青瑠璃亦甚清淨表裏映徹光明遠照亦為五風攝持而行（五風如前）月天宮殿依空而行亦有無量諸天宮殿引前而行恒受快樂於此月殿亦有大輦青瑠璃成輦高十六由旬廣八由旬月天子身與諸天女在此輦中以天種種五欲功德和合受樂隨意而行彼月天年月壽五百歲子孫相承皆於彼治然其宮殿住於一劫彼月天子身分光明照彼青輦其輦光明照月宮殿月宮殿光照四大洲彼月天子有五百光向下而照有五百光傍行而照是故月天名千光明亦復名為涼冷光明

又何因緣月天宮殿漸漸現耶佛荅此月三因緣一背相轉二青身諸天形服瓔珞一切悉青常半月中隱覆其宮以隱覆故月漸而現三從日天宮殿有六十光明一時流出障彼月輪以是因緣漸漸而現

復何因緣是月宮殿圓淨滿足亦三因緣故令如是一尒時月天宮殿面相轉出二青色諸天一切皆青當半

月中隱於十五日時形最圓滿光明熾盛譬如於多油中然火熾炬諸小燈明皆悉隱翳如是月宮十五日時能覆諸光三復次日宮殿六十光明一時流出障月輪者此月宮殿十五日時圓滿具足於一切處皆離翳障是時日光不能隱覆復何因緣月天宮殿於黑月分第十五日一切不現此月宮殿於黑月分十五日最近日宮由彼日光所覆翳故一切不現復何因緣名為月耶此月宮殿於黑月分一日已去乃至月盡光明威德漸漸減少以此因緣名之為月（西方一月分為黑白初月一日至十五日名為白月十六日已去至於月盡名為黑月此方通攝黑月合為一月也）復何因緣月宮殿中有諸影現此大洲中有閻浮樹因此樹故名閻浮洲其樹高大影現月輪又瑜伽論云由大海中有魚鼈等影現月輪故有其內有黑相現（依西國傳云過去有兔行菩薩行天帝試之索肉欲食輸身火中天帝愍之取其燒兔置於月內令未來一切衆生舉目睹之知是過去菩薩行慈之身）

寒暑部第五

依起世經云復何因緣夏時生熱佛

言日天宮殿六月之間向北行時一日常行六俱盧舍未曾捨離日所行道但於其中有十因緣所有光明照觸彼十種山令其生熱復何因緣有諸寒冷日天宮殿六月已後漸向南行復有十二因緣能生寒冷於須彌山佉提羅迦山二山之間有須彌海闊八萬四千由旬周迴無量其中衆華悉皆徧滿香氣甚盛月天光明照觸彼海此是第一寒冷因緣第二伊沙陁羅山第三游乾陁山第四善現山第五馬片頭山第六尼民陁羅山第七毗那耶迦山第八輪圍大山第九閻浮洲中所有諸河流行之處日天照觸故有寒冷第十瞿陁尼洲諸河倍多第十一弗婆提諸河倍多第十二鬱單越諸河倍多此之十二諸河流水日天光明照觸寒冷（前之生熱十二次前八山外第九是空中去地万由旬有夜叉宮殿第十是四大洲山合為第十也）又立世阿毗曇論問言云何冬寒云何春熱云何夏時寒熱是冬時水界最長未減盡時草木由溼未萎乾時地大溼滑火大向下水界上升所以知

然深水最暖淺水則冷寒節已至日行路照炙不久陽氣在內食消則速以是事故冬時則寒云何春熱時水界長起減已盡草木乾萎地已燥壚水氣向下火氣上升何以知然深水則冷淺水則熱冬時已過日行內路照炙則久身內火羸故春熱云何夏時冷熱是大地八月日中恒受照炙大雲降雨之所灑散地氣蒸鬱若風吹時蒸氣消已是時則寒若風不起是時則熱是故夏中有時寒熱（西方四月為一時但立春夏冬故不立秋故立三時也）又起世經云以何因緣有諸河水流於世間佛告比丘以有日故有熱有熱故有炙有炙故有蒸有蒸故有汗溼以汗溼故一切山中汗流為水以成諸河

照用部第六

依長阿含經云劫初長成時天地大闇有大黑風吹大海水開取日以照天下著須彌半安日道中行旋繞四天下照燭衆生又起世經云尒時世間便成黑暗是時忽然出生日月及諸星宿便有晝夜年歲時節尒時日

天昇大宮殿從東方出繞須彌山半腹而行於西方没已還從東出尒時衆生復見日天從東方出各相告言諸仁者還是日天光明宮殿再從東出右繞須彌當於西沒第三見已亦相語言是天光明流行此也故有如是名字出又智度論云日月方圓五百由旬而今所見不過如扇處處經云佛語阿難人眼所見知四十二萬由旬人眼所見又立世阿毗曇云云何為夜云何為晝因日故夜因日故晝欲界者自性黑暗日光隱故是則為夜日光顯故是則為晝又起世經云佛告諸比丘若閻浮洲日正中時弗婆提洲日則始没瞿耶尼洲日則初出鬱單越洲正當半夜若瞿耶尼洲日正中時此閻浮洲日則始没鬱單越洲日則初出弗婆提洲正當半夜若鬱單越洲日正中時瞿耶尼洲日則始没弗婆提洲日則初出閻浮洲中正當半夜若弗婆提洲日正中時鬱單越洲日則始没閻浮洲中日則初出瞿耶尼洲正當半夜

佛告比丘若閻浮洲人所謂西方瞿耶尼人以為東方瞿耶尼人所謂西方鬱單越人以為東方鬱單越人所謂西方弗婆提人以為東方弗婆提人所謂西方閻浮洲人以為東方南北二方亦復如是

虧盈部第七

依立世阿毗曇論云云何黑半云何白半由日黑半由日白半日恒逐月行一一日相近四萬八千八十由旬日日相離亦復如是若相近時日日月圓被覆三由旬又一由旬三分之一以是事故十五日月被覆則盡是日黑半圓滿日日離月亦四萬八千八十由旬月日日開三由旬又一由旬三分之一以是事故十五日月則開淨圓滿世間則名白半圓滿日月若最相離行是時月圓世間則說白半圓滿日月若共一處是名合行世間則說黑半圓滿若日隨月後行日光照月光月光麁故被照生影此月影還自翳月是故見月後分不圓以是事故漸漸掩覆至十五日覆月

都盡隨後行時是名黑半若日在日前行日日開淨亦復如是至十五日具足圓滿在前行時是名白半

又起世經問言復有何因緣於冬分時夜長晝短佛答比丘曰天宮殿過六月已漸向南行每於一日移六拘盧奢無有差失當於是時日天宮殿在閻浮洲最極南垂地形狹小日過速疾以此因緣於冬分時晝短夜長復何因緣於春夏時晝長夜短佛答云日天宮殿過六月已漸向北行每一日中移六俱盧奢無有差失異於常道當於是時在閻浮洲處中而行地寬行久所以晝長以此因緣春夏晝長夜分短促

智度論云如阿鞞跋致品中所說日月歲節者日名從旦至旦初分中分後分夜亦有三分一日一夜有三十時春秋分時十五時屬晝十五時屬夜餘時增減若五月至晝十八時夜十二時十一月至夜十八時晝十二時一月或三十日半或三十日或二十九日半或二十七日半有四種月

一者日月二者世間月三者月月四者星宿月日月者三十日半世間月者三十日月月者二十九日加六十二分之三十星宿月者二十七日加六十分之二十一閏月者從日月世間月二事中出是名十三月或十三月名一歲是歲三百六十六日周而復始菩薩知日中分時前分已過後分未生中分無住處無相可取曰分空空無所有到三十日時二十九日滅云何和合成日月無故云何和合而為歲以是故佛言世間法如幻如夢但是誑心法菩薩能知世間日月歲和合能知破散無所有是名巧分別（依經人多薄福日月災變或有赤日赤月種種微惡具如經說）

昇雲部第八

依起世經云於世間中有四種雲一白二黑三赤四黃此四雲中若白色雲者多有地界若黑色雲者多有水界若赤色雲者多有火界若黃色雲者多有風界有雲從地上昇在虛空中一俱盧奢二三乃至七俱盧奢住或復有雲上虛空中一由旬乃至七由旬住或復有雲上虛空中百由旬乃至七百由旬住或復有雲從地上虛空千由旬乃至七千由旬住乃至劫盡長阿含經云劫初時有雲得至光音天（依經雲亦多種或有五色慶雲而現或有赤雲黑雲種種而現不可盡說備如仁王經等具述）

震雷部第九

依起世經云佛告諸比丘或有外道來問汝云何因緣故虛空中有是聲耶汝應荅云有三因緣更相觸故雲聚空中有音聲出何者為三一雲中風界與地界相觸著故便有聲出二於雲中風界與彼水界相觸著故即便聲出三於雲中風界與彼火界相觸著故即便聲出所以者何譬如樹枝相揩即有火出此亦如是（依經雷亦多種或有雷車鼓鬼神拍手擊故俗云擂為天鼓於中亦有霹靂多者霹靂而死見受報也）

擊電部第十

依起世經云佛告諸比丘或有外道來問汝云何因緣故虛空中忽生電光汝應荅云有二因緣雲中出電何等為二一東方有電名曰無厚南方有電名順流西方有電名墮光明北方有電名曰百生樹二者或有一時東方所出無厚大電與彼西方墮光明電相觸相對相磨相打以如是故從彼虛空雲聚之中出生大明名曰電光或復南方順流大電與彼北方百生樹大電相觸相對相磨相打以如是故出生電光譬如兩木風吹相著忽然火出還歸本處（依經或先有雷無電或先有電後雷相擊火出霹靂人物也）

降雨部第十一

依分別功德論云雨有三種一天雨二龍雨三阿脩羅雨天雨細霧龍雨甚麁喜則和潤瞋則雷電阿脩羅為共帝釋鬪亦能降雨麁細不定（依經雨亦多種或有無雲而雨或有先雲而雨或有因龍而雨或有不依龍而雨寔由衆生自業所感具如經說也）

失候部第十二

如起世經云佛告諸比丘有五因緣能障礙雨令占師不測增長迷惑記天必雨而更不雨何者為五一於虛空中雲興雷作伽荼伽荼瞿廚瞿廚等聲或出電光或復有風吹冷氣至如是種種皆是雨相諸占察人及天文師等悉見此時必當降雨尒時羅睺

阿脩羅王從其宮出便以兩手撮彼雨雲擲置海中此是第一雨障因緣占者不知而竟不雨第二有時虛空起雲雲中亦作伽荼等聲亦出電光復有風吹冷氣來時占者覓相剋天降雨尒時火界增上力生即於其時雨雲燒滅此名第二雨障因緣占者不知而遂不雨第三有時虛空中起雲雲中亦作伽荼等聲亦出電光復有風吹冷氣來時占者見巳記天必雨以風界增上力生則吹雲擲置於彼迦陵伽磧中或置諸曠野中或置摩運那磧地此名第三雨障因緣占者不知而遂不雨第四有諸衆生為放逸汙清淨行故天不依時雨第五為閻浮提人有不如法慳貪嫉妬邪見顛倒故天則不雨（此二作法並同前說長阿含經亦同相似也）以此因緣相師迷惑占雨不定增一阿含經云日月有四重翳使不得放光明何等為四一者雲二者風塵三者煙四者阿須倫使覆日月不得放光明比丘亦有四結覆蔽人心不得開解一者欲結二者瞋恚三者愚癡四者利養覆蔽人心不得開解四分律亦有四種喻同前一者婬欲二者飲酒三者捉錢寶四者邪命有此四法亦令佛法不明了故頌曰

火氣上升煙　雲氣聾崿雲　神龍吐津霧
揚埃坋人塵　酒為放逸門　婬為生死源
金銀生患重　邪命壞戒根

地動部第十三

依佛般泥洹經云阿難叉手問佛欲知地動幾事佛語阿難有三因緣一為地倚水上水倚於風風倚於空大風起則水擾水擾則地動二為得道沙門及神妙天欲現感應故所以地動三為佛力自我作佛前後巳動三千日月萬二千天地無不感發天人鬼神多得開解

又大方等大集念佛三昧經云一切大地六種震動一動徧動等徧動二震徧震等徧震三涌徧涌等徧涌四吼徧吼等徧吼五起徧起等徧起六覺徧覺等徧覺是六各三合十八相如是東涌西沒西涌東沒南涌北沒北涌南沒中涌邊沒邊涌中沒

又立世阿毗曇論云佛告富樓那復有大神通威德諸天若欲震動大地即能令動若諸比丘有大神通及大威德觀地大相令小小相令大欲令地動亦能震動令地動有風名鞞嵐婆此風常吹俱動不息風力上升有風下吹亦有傍動是風平等圓轉相持又智度論云地動有四種一火二龍三金翅鳥四天二十八宿等又諸羅漢諸天等亦能地動又增一阿含經云佛在舍衛城告諸比丘有八因緣而地大動此地深六十八千由延為水所持水依虛空或復是時虛空風動而水亦動水動地便大動是初動也若比丘得神足所欲自在觀地如掌能使地大動是二動也若復諸天有大神足有大威力能使地動是三動也若復菩薩在兜術天欲降神下生是時地動是四動也若菩薩自知在母胎中地為大動是五動也若菩薩知滿十月當出母胎地為大動是六動也若菩薩出家於道場坐降伏魔怨終成等覺地為大動是七動

也若未來於無餘涅槃界而般涅槃
地爲大動是八動也（依經地動亦有多種或有地動聖人出世有山動四果聖人出世或有諸佛菩薩出世或動一世界多世界亦有薄福衆生感得地動損破傷正兩報共如經說也）述曰自下略叙俗書天地初分
陰陽形變之意謂有五重一元氣二
太易三太初四太始五太素
第一元氣者依河圖曰元氣無形洶
洶濛濛偃者爲地伏者爲天禮統曰
天地者元氣之所生萬物之祖
皇甫士安帝王世紀曰元氣始萌謂
之太初三五歷紀曰未有天地之時
混沌如鷄子溟涬始可濛鴻滋分歲
起攝提元氣啓肇
帝系譜曰天地初起溟涬濛鴻即生
天皇治萬八千歲以木德王
列子曰夫有形者生於無形則天地
安從生（張湛注曰天地無所從生而自然生）故有太易有太
初有太始有太素變而爲一一變而
爲七七變而爲九九者變之究也乃
復變而爲一一者形變之始也清輕
者上爲天濁重者下爲地沖和氣者
爲人故天地含精萬物化生也故易上
繫曰易有太極是生兩儀兩儀生四

象四象生八卦八卦定其吉凶也
春秋感精符曰人主與日月同明四
時合信故父天母地兄日姊月（父天於圓丘之禮也母地方澤之祭也兄日於東郊姊月於西郊也）春秋說題辭曰天
之爲言填也居高理下爲人經群陽
精也含爲太一分爲殊名故立字一
大爲天
春秋繁露曰天有十端天爲一端地
爲一端陽爲一端陰爲一端土爲一
端人爲一端金爲一端木爲一端水
爲一端火爲一端凡十端天亦喜怒
之氣哀樂之心與人相副以類合之
天人一也春喜氣故生秋怒氣故殺
夏樂氣故養冬哀氣故藏四者天人
同有之爾雅曰穹蒼蒼天也（李巡曰古時人質仰視天形穹隆而高其色蒼蒼故曰穹蒼也）春爲蒼天（李巡曰春萬物始生其色蒼蒼故曰蒼天也）夏爲昊天（李巡曰夏万物壯其氣昊昊故曰昊天也）
秋爲旻天（李巡曰秋万物成熟皆有文章故曰旻天旻文也郭景純曰旻猶愍也愍万物彫落）冬爲上天（李巡曰冬陰氣在上万物伏藏故曰上天也郭景純曰言時無事在上臨下而已）
廣雅曰天圓廣南北二億三萬三
千五百里七十五步東西短減四步
周六億十萬七百里二十五步從地
至天一億一萬六千七百八十一里

半下度之厚與天高等
孝經周天七衡六間曰周天有七衡
而六間者相去萬九千八百三十三
里三分里之一合十一萬九千里從
內衡以至中衡從中衡以至外衡各
五萬九千五百里
洛書甄曜度曰周天三百六十五度
四分度之一丈度爲千九百三十二
里則天地相去十七萬八千五百里
論衡曰日一日行一度一度二千里
日晝行千里舒疾與騏驥之步相類
也
白虎通曰日行遲月行疾一度月行
十三度十九分度之七日月徑千里
又計日行路有其內外從極北至極
南相去九百九十由旬經一百八十
日日行從內至外又經一百八十日
日行從外至內是故名行言日行六
十里者由輪大故曰逆天行以行遲
故唯六十里是故一年有十二月六
月北行六月南行揔有三百六十度
行路也白虎通日月所以滿缺何歸
功於日也三日成魄八日成光二八

十六轉而歸功晦至朔旦受符復行也月有大小何天左旋日月右行日行遲月行疾月及日爲一月至二十九日未及七度即須三十日過七度日不可分故乍小明有陰陽即有閏月何周天三百六十五度四分度之一十二月日不亟十二度故三年一閏五年再閏也明陰不足陽有餘閏者陽之餘也

徐整長歷曰月徑千里周圍三千里下於天七千里尚書者靈曜之日光照三十萬六千里又地說書曰月照四十五萬里

列子曰孔子東遊見兩小兒辯鬬問其故一小兒曰我以日始出去人近而日中時遠一小兒以爲日初出時遠而日中時近也一兒曰日初出大如車蓋及其中纔如槃蓋此不爲遠者小而近者大乎一小兒曰日初出滄滄涼涼及其中如探湯此不爲近者熱而遠者涼乎孔子不能決也兩小兒笑曰孰謂汝多智乎

桓譚新論曰余小時聞閭巷言孔子東遊見兩小兒辯鬬問其故一兒曰我以日始出時近日中時遠一兒以日初出遠日中時近長水校尉關子陽以爲天去人上遠而四傍近以星宿昏時出東方其間甚疎相去丈餘夜半在上視之甚數相去唯一二尺日爲天陽火爲地陽地陽上昇天陽下降今置火於地從傍與上診其熱遠近不同乃差半焉日中在上當天陽之衝故熱於始出從太陽中來故涼西在桑榆大小雖同氣猶不如清朝也

論衡曰夫日月不圓視若圓者去人遠也夫日火精在地水火不圓在天火何故獨圓日月在天猶五星五星猶列星不圓光曜若圓何以明之春秋之時星霣宋都視之如石石也不圓是知日月五星亦不圓也

論衡曰儒言日中有三足烏日者火也烏入中燋爛安得如立然烏日氣也

詩推度災曰月日三日成魄八日成光蟾蠩體就穴鼻始萌（宋均注曰決鼻兎也）

春秋演孔圖曰蟾蠩月精也春秋元命包曰陰精爲月日行十三度常詘任而受（受陽精也）受明精在内故金水内景

河圖始開曰黄泉之埃上爲青雲赤泉之埃上爲赤雲白泉之埃上爲白雲玄泉之埃上爲玄雲（淮南又載）河圖括地象曰崑崙山出五色雲氣

易說卦曰巽爲風撓萬物者莫疾風風以動之河圖帝通紀曰風者天地之使也

尒雅曰四氣和爲通正謂之景風（李巡曰景風太平之風也）南風謂之凱風東風謂之谷風北風謂之涼風西風謂之太風焚輪謂之頹（郭注曰風從上下）扶搖謂之猋（從上下也）風與火爲忳（音屯忳成貝也）因風爲飄日出而風爲暴風而雨土爲霾（音埋）陰而風爲曀

易稽覽圖曰降陽爲風降陽之動不鳴條

易說卦曰震爲雷動萬物者莫大於雷河圖帝通紀曰雷天地之皷也

左傳照二曰藏冰以時則雷出震棄冰不用則雷不發而震

春秋元命包曰陰陽合而爲雷

師曠占曰春雷始起其音柏柏格格其霹靂者所謂雄雷旱氣也其鳴依音音不大霹靂者所謂雌雷水氣也師曠占曰春分雨雷有音如雷非雷音在地中其所住者兵起其下無槧而雷名曰天狗行不出三年其國亟

河圖始開圖曰激陽為雷

易賛覽圖曰陰陽和合其電耀耀也其光長春秋元命包曰陰陽激為雷

史記天官書電者陰陽之動也

穀梁傳曰隱公曰霆雷謂急雷令之霹靂也

尔雅曰疾雷為霆蜺郭朴注曰雷之急激者謂之霹靂也

說文曰震霹靂振物也

釋名曰霹靂折也震戰也所擊輙破若攻戰也異苑曰沙門釋慧遠捿神廬岳甞有游龍翔其前遠公有奴以石擲中仍騰躍上昇有傾風颷煒公知是龍之所興登山燒香會僧齊聲唱偈於是霹靂迴向投龍之石雲雨乃除異苑曰乞伏虜亟虐暴惡甞中霹靂其挺引身出外題背四字表其亟匿國少時為涉去所弃

頌曰

日月長懸　天曜常暉　晝金夜玉
孰與玄期　出則晃朗　沒巳還晞
虧盈隱顯　晦朔旋璣　星辰列位
福壽靈威　聖人建立　隨業增微
雲龍相會　升降分離　擊動雷電
寒暑應時

法苑珠林卷第四

大宋咸平元年奉　勅雕

法苑珠林卷第四

校勘記

- 底本，金藏廣勝寺本。
- 二一一頁中一行經名，[徑]無（未換卷）。又撰者，[磧]作「大唐上都西明寺沙門釋道世字玄惲撰」；[南]作「唐上都西明寺沙門釋道世字玄惲撰」；[徑]無（未換卷）；[清]作「唐西明寺沙門釋道世撰」。
- 二一一頁中二行「日月篇第三」，[徑]作「日月篇第三之一」。又「此有一十三部」，[徑]無。
- 二一一頁中三行至七行「述意部……地動部」，[徑]無。
- 二一一頁中八行「第一」，[徑]無。以下部目下序數「第二」直至「第十三」例同。
- 二一一頁中一一行「流曜澄」，[磧]、[南]、[徑]、[清]作「澄流駕」。
- 二一一頁中一七行「惡垗」，[磧]、[南]、[徑]、[清]作「兆民」。

一 二一一頁中末行「大星」，磧、南、徑、清作「大聖」。

一 二一一頁下二行第三字「日」，磧、南、徑、清作「日月」。

一 二一一頁下一二行「群命」，磧、南、徑、清作「命群」。

一 二一一頁下二二行「飯食」，磧、南、徑、清作「飲食」。

一 二一二頁上五行第五字「滋」，磧、南、徑、清作「資」。

一 二一二頁上九行「如是苦」，磧、徑作「受如是苦」。

一 二一二頁上一三行首字「驢」，磧、南、徑、清作「驢脣」。

一 二一二頁上一九行第九字「守」，磧、南、徑、清作「而守」。

一 二一二頁中二行第一一字「事」，磧、南、徑、清作「其事」；麗作「此事」。

一 二一二頁中一九行第二字「子」，磧、南、徑、清作「天子」。

一 二一二頁中二〇行「宿祭」，磧、南、徑、清作「宿者祭用」；麗作「宿者祭」。

一 二一二頁中末行首字「私」，徑、清作「利」。

一 二一二頁下四行第四字「其」，磧、南、徑、清作「其於」。

一 二一二頁下八行第一〇字「如」，磧、南、徑、清、麗無。

一 二一二頁下一五行第五字「儅」，徑、清作「當」。下同。

一 二一二頁下一八行「七星」，磧、南、徑、清作「此星」。

一 二一二頁下二一行「脚跡」，磧、南、徑、清作「人之脚跡」。

一 二一三頁上六行第七字「之」，磧、南、徑、清作「人」。

一 二一三頁上一二行第六字「用」，磧、南、徑、清無。

一 二一三頁上一七行第四字「互」，磧、南、徑、清作「氐」。一九行第二字同。

一 二一三頁上二一行「次後」，徑、清作「復次」。

一 二一三頁中一〇行末字「摸」，磧、南、徑、清作「持」。

一 二一三頁中二〇行第一二字「飯」，磧、南、徑、清無。

一 二一三頁下五行第一二字「如」，磧、南、徑、清、麗無。

一 二一三頁下末行首字「何」，磧、南、徑、清、麗作「阿」。

一 二一四頁上一〇行「難時」，磧、南、徑、清作「特難」；麗作「難得」。

一 二一四頁上一一行第一二字「佉」，磧、南、徑、清無。

一 二一四頁上一五行首字「月」，麗作「月二月」。又「三月」，麗作「三月四月」。

一 二一四頁下四行第七字「生」，南、徑、清作「主」。

一 二一四頁下六行第七字「生」，磧、南、徑、清無。

一 二一五頁上五行第五字「辰」，磧、南、徑、清作「星辰」。

一　二一五頁上二二行「久有」，磧、南、徑、清作「亦有」。
一　二一五頁中四行第七字「雁」，麗作「雉」。
一　二一五頁中一一行「天地」，磧、南、徑、清作「天也」。
一　二一五頁下五行首字「約」，磧作「汋」；南、徑、清作「汐」。
一　二一六頁上二行首字「吴」，磧、南、徑、清、麗作「吴人」。
一　二一六頁上五行「種爪」，磧、南、徑、清作「種瓜」。
一　二一六頁上六行「何妨」，磧、南、徑、清作「何況」。
一　二一六頁上一四行「具述」，至此，徑卷第六終，卷第七始，且有「日月篇第三之餘」一行。
一　二一六頁中二行第五字「行」，磧、南、徑、清無。
一　二一六頁中三行夾註右末「及」，磧、南、徑、清無。又左末「也」，南、徑、清作「地」。
一　二一六頁中一七行第五字「日」，磧、南、徑、清作「日天」。
一　二一六頁中末行第六字「天」，磧、南、徑、清、麗作「二」。
一　二一六頁下三行正文第七字「殿」，磧、南、徑、清無。
一　二一六頁下五行第一三字「举」，磧作「擧」；麗作「與」。
一　二一六頁下八行「天年月壽」，磧、南、徑、清作「天子身壽」。
一　二一六頁下一一行第一二字「月」，磧、南、徑、清無。
一　二一六頁下一八行第六字「故」，清作「諸」。
一　二一七頁上一八行第一〇字「現」，磧、南作「高」。又末字「有」，麗作「於」。
一　二一七頁中九行第一〇字「月」，磧、南、徑、清、麗作「日」。
一　二一七頁中一二行第五字「片」，磧、南、徑、清作「耳」。
一　二一七頁中一九行夾註左末字「也」，麗作「四」。
一　二一七頁下一行第九字「冷」，磧、南、徑、清無。
一　二一八頁上一一行第九字「日」，磧、南、徑、清作「月」。
一　二一八頁上一八行第三字至次行第五字「日……洲」，磧、南、徑、清無。
一　二一八頁上二一行首字「中」，磧、南、徑、清無。又「半夜」，磧、南、徑、清作「夜半」。
一　二一八頁中一一行末字「日」，磧、南、徑、清無。
一　二一八頁中一三行第一三字「盡」，磧、南、徑、清作「晝」。
一　二一八頁下一七行第一〇字「旦」，磧、南、徑、清作「日」。
一　二一九頁上一五行夾註右「災變」，南、徑、清作「交變」。
一　二一九頁中六行夾註左「具述」，磧、南、徑、清作「具述也」。
一　二一九頁下七行第四字「生」，磧、

南、徑、清無。

一　二一九頁下八行夾註右三「戒」，磧、南、徑、清作「文」。

一　二一九頁下九行夾註左末「也」，磧、南、徑、清無。

一　二一九頁下二一行第七字「復」，磧、南、徑、清無。

一　二二〇頁上一五行「依時」，磧作「依」；南、徑、清作「降」。

一　二二〇頁上一七行夾註左末「也」，磧、南、徑、清無。次頁中四行夾註左末同。

一　二二〇頁上一九行第七字「四」，磧、南、徑、清無。

一　二二〇頁中五行「鞬崿」，磧、南、徑、清作「[illegible]鞬」。

一　二二〇頁中一三行第一二字「所」，磧、南、徑、清無。

一　二二〇頁中一五行「二千」，磧、徑、清作「三千」。

一　二二〇頁下二〇行「母胎」，磧、徑作「母胞」。

一　二二一頁上四行夾註「共如經說也」，磧、南、徑作「具如經說」；清作「其如經說」；麗作「具如經說也」。

一　二二一頁上七行末字「津」，磧、南、徑、清、麗無。

一　二二一頁上一二行「溟津」，南、徑、清、麗作「溟涬」。一四行同。

一　二二一頁中一七行夾註左「昊昊」，磧、南、徑、清作「昊」。

一　二二一頁中一八行夾註左「旻旻」，磧、南、徑、清作「旻」；麗作「旻天」。

一　二二一頁中一九行夾註左一一「時」，磧、南、徑、清無。

一　二二一頁中二〇行夾註左「而已」，磧、南、徑、清作「而已也」。

一　二二一頁下四行「十一」，磧作「十七」。

一　二二一頁下一三行「月行疾一度」，磧、南、徑、清作「日行一度」；麗作「月行疾日行一度」。

一　二二一頁下一七行第九字「經」，磧、南作「從」。

一　二二一頁下一九行第九字「逆」，麗作「遲」。

一　二二二頁上二行第六字「何」，磧、南作「行」。又第一一字「月」，磧、南、徑、清無，三行第六字同。

一　二二二頁上六行第二字「何」，磧、南、徑、清作「行」。

一　二二二頁中四行首字「楊」，磧、南、徑、清作「陽」。

一　二二二頁中八行第三字「今」，磧、南、清、麗作「令」。

一　二二二頁中一三行「若圓」，磧、南、徑、清作「若圓若圓」。

一　二二二頁中一七行「如石」，磧、南、徑、清無。

一　二二二頁中二〇行第三字「入」，磧、南、徑、清作「火」。

一　二二二頁中二二行第七字「日」，麗無。

一　二二二頁中末行第六字「穴」，磧、南、徑、清作「決」。

一二二二頁下四行末字「赤」，磧、南、徑、清作「青」。

一二二二頁下八行末字「風」，磧、南、徑、清作「於風」。

一二二二頁下一一行「四氣」，磧、南、徑、清作「四時」。

一二二二頁下一四行夾註右四「曰」，磧、南、徑、清作「暴」。又正文第八字「焱」，徑、清作「猋」。又夾註「從上下也」，南、徑、清作「從下上也」。

一二二二頁下一五行第二字「火」，磧、南、徑、清作「之」。又夾註左末「也」，磧、南、徑、清無。又正文第五字「因」，磧、南、徑、清作「回」。

一二二二頁下二一行「照二」，麗無。

一二二三頁上一行末字「格」，磧、南、徑、清無。

一二二三頁上五行末字「雲」，磧、南、徑、清作「雷」。

一二二三頁上一三行「振物」，磧、南、徑、清作「震動」。

一二二三頁上一六行第一三字「奴」，麗作「怒」。

一二二三頁上一七行「有傾」，磧、南、徑、清作「有頃」。

一二二三頁上二〇行「乞伏」，磧、南、徑、清作「乞佛」。

一二二三頁中一行「常暉」，磧、南、徑、清作「恒暉」。

一二二三頁中四行末字「微」，磧、南、徑、清作「徽」。

一二二三頁中卷末經名，徑無（未換卷）。

法苑珠林卷第五　西明寺沙門釋道世撰

六道篇第四　此六趣即為六部　四十三張　起

諸天部　此別四部

述意部　會名部　受苦部

報謝部

述意部第一

夫論天報識復豐華服玩光新身形輕妙而自在天上更是魔王無想定中翻為外道四空之頂邪執不輕六欲之間迷惑殊重不能受持般若供養涅槃憍慢轉增我人逾感所以頭華萎顇腋汗流衿寶殿歇光羅衣聚膩憑斯淨心悉皆殲蕩普為四王忉利兜率燄摩化樂他化梵王梵輔光音徧淨廣果那含不煩不熱善見善現空處識處不用處非非想處乃至攢窮他界豎極上天或復端坐華臺動逾劫數凝神玉殿一視千年願令自然之服不離身形善法之堂永蒙游觀絕生離之病無戰陣之勞長謝五衰常豐七寶色像端嚴容儀煒燁永離苦因清昇樂果也

會名部第二　法苑珠林卷五　第二張　霸

問曰云何名六趣依毗曇論云趣者名到亦名為道謂彼善惡業因道能運到其生趣處故名為趣亦可依所造之業趣彼生處故名為趣又趣者歸向之義謂所造業能歸向於天乃至地獄也

問曰唯有此六趣定更有餘道耶荅曰且據一家不增減說若依樓炭經中亦說九道眾生共居一菩薩道二緣覺道三聲聞道帖前六道以凡聖同居為欲相化也天者如婆沙釋名光明照耀故名為天又天者巔也巔謂上顛萬物之中唯天在上故名顛也又天者顯也顯謂高顯萬物之中唯天獨高在上顯露故名顯也

問曰何故彼趣名天荅曰於諸趣中彼最勝最樂最善妙最高故名天趣有說先造作增上身語意妙行往彼生彼令彼相續故名天趣有說光明增故名天以彼自然光常照晝夜故聲論者說能照故名天以現勝果照了先時所修因故復次戲樂故名天以

常游戲受勝樂故
問曰諸天形相云何荅曰其形上立
問曰語言云何荅曰皆作聖語又立
世阿毗曇論云天名提婆謂行善因
於此道生故名提婆今略論諸天報
身之相所謂諸天皆無骨宍亦無大
小便利不淨身放光明無別晝夜報
得五通形無障礙故正法念經云譬
如一室然五百燈光明不相逼迫諸
天手中置五百天亦復如是不窄不
妨又彼經云彼夜摩天或有一百或
有一千共聚在一蓮華鬚同坐不妨
不隘不窄以善業故自業力故又智
度論云第三徧淨天六十人坐一針
頭而聽法不相妨礙又正法念經云
尒時夜摩天王為諸天說偈云

若人心念佛　是名善命人　不離念佛故
是為命中命　若人心念法　是名善命人
不離念法故　是為命中命　若人心念僧
是名善命人　不離念僧故　是為命中命

又夜摩天中有三大士常為放逸諸天
而演說法何等為三一者夜摩天王
牟修輪陁菩薩二者善時鵝王菩薩
三者種種莊嚴孔雀王菩薩是三大
士常為利他而演說法或有令得聲
聞菩提或有令得緣覺菩提

受苦部第三

今述諸經具明諸天趣苦光明色界
無色界苦上界雖勝仍有微苦故成
實論云上二界中雖無麁苦而有微
細苦何以知之四禪中說有行立卧
隨有四故皆應有苦又色界有眼耳
身識即此識中所有諸受名為苦樂
從一威儀求一威儀求一威儀故知
有苦又無理解變著已報失時大苦
如經中說唯得道者將命終時無憂
苦色今既是凡寧無憂喜論中無苦
者以苦相微故說言無如食少鹽故
言無鹽非是一向唯樂無苦由上界
樂行寂滅不著不能發起麁貪恚瞋
故名無苦無樂又無刀杖等苦故言無
苦非無微苦故涅槃經云世間雖有
上妙清淨園林然死屍處中則為不
淨衆共捨之不生愛著色界亦尒雖
復淨妙以有身故諸佛菩薩悉共捨
之若不作此觀名不修身故知有苦
又法句喻經云有四比丘坐於樹下
共相問言一切世間何者最苦一人
言天下之苦無過婬慾一人言世間
之苦無過飢渴一人言世間之苦無
過瞋恚一人言天下之苦莫過驚怖
共諍苦義紛紜不止佛知其言往到
其所問諸比丘向論何事即起作禮
具白所論佛言比丘汝等所論不究
苦義天下之苦莫過有身飢渴寒熱
瞋恚驚怖色欲怨禍皆由於身夫身
者衆苦之本患禍之元勞心極慮憂
畏万端三界蠕動更相殘害吾我縛
著生死不息皆由身與欲願離世苦
當求寂滅攝心守正泊然無想可得
泥洹此最為樂故知未得聖智滅此
三界之身當非苦耶問曰色界有身
有苦可尒無色無形苦受何生荅曰
彼報精微凡小不覩無其麁礙非無
色廣論有無被在別章故智度論云
上二界死時退時生大懊惱甚於下
界譬如極高墮摧碎爛又成實論云
苦樂隨身至於四禪憂喜隨心至於
有頂

問曰生上天者離惡積善何故報盡
即入三塗荅曰凡夫無始已來惡業
無窮一日貪瞋尚受千形況惡既多
暫伏結生報福既盡昔業時熟還墮
三塗何所致惑故成實論云人在色
無色界謂是涅槃臨命盡時見欲色
中陰即生邪見謂無涅槃謗無上法
當知彼中有不善業又智度論云非
有想非無想天中死墮阿鼻地獄中
故知三界輪轉皆苦第三明欲界諸
天苦者謂彼天中鬪戰之時遞相加
害身心俱苦若割服節斷而復生斬
首截頭則有死苦如毗曇說欲界諸
天有十業道離不律儀雖天不害天
而害餘趣亦有截手截足斷而還生
若斬首則死展轉相奪乃至十業道
皆有又福欲盡時五衰相現則大憂
惱故涅槃經云天上雖無大苦惱事
然其身體柔輭細滑見五相時極受
大苦如地獄苦等無差別如和毒藥
初美後苦故正法念經偈云
如蜜和毒藥　是則不可食　天樂亦如是
退沒時大苦　業盡懷憂惱　捨離諸天女
退時大苦惱　不可得譬喻　善業欲盡時
如燈焰欲滅　不知何所趣　心生大苦惱
天上欲退時　心生大苦惱　地獄眾苦毒
十六不及一　一切諸焰輪　愛力之所作
愛鏁縛眾生　至諸險惡道　三界如轉輪
業繫輪不斷　是故捨愛欲　離欲得涅槃
又涅槃經云雖復得梵天之身乃至
非想非非想天命終之時還墮三惡
道中雖為四天王乃至他化自在天
身命終生於畜生道中或為師子虎
兕豺狼象馬牛驢等故知天報盡時
其身大苦既有斯難即須披誠跡條
此業懺令伏滅若人造罪受報盡已
後時修善設生天上由昔餘殃天中
微受故正法念經云若於先世有偷
盜業尒時自見諸天女等奪其所著
莊嚴之具奉餘天子若於先世有妄
語業諸天女等聞其所說生顛倒解
謂其惡罵若於先世以酒施於持戒
之人或破禁戒而自飲酒或作麴釀
臨命終時其心悶亂失於正念墮於
地獄若於先世有殺生業壽命短促
速疾命終若於先世有邪婬業見諸
天女皆悉捨已共餘天子互相娛樂
是則名曰五衰相也以其持戒五種
缺故業網所縛受此業報又天帝釋
復觀業果於殿中叫嘆大地獄十八
隔處殺生偷盜邪婬妄語業墮此地
獄具受眾苦從地獄出生餓鬼中壽
命長遠從餓鬼中死生畜生中互相
殘害從畜生中死若生人中身色顦
顇無有威德若有餘業得生天中身
量形貌皆悉減劣一切眾寶莊嚴之
具光明微少不為天女之所愛敬天
女背叛捨至餘天智慧薄少心不正
直為餘天子之所輕笑若諸天眾與
阿脩羅鬪戰之時為他所殺以餘業
故

報謝部第四

依新婆沙論云諸天中將命終位先
有二種五衰相現一小二大云何名
為小五衰相一者諸天往來轉動從
嚴身具出五樂聲善奏樂人所不能
及將命終位此聲不起有說復出不
如意聲二者諸天身光赫弈晝夜相
照身無有影將命終時身光微昧有

說全滅身影便現三者諸天膚體細滑入香池浴纔出水時水不著身如蓮華葉將命終位水便著身四者諸天種種境界悉皆殊妙漂脫諸根如旋火輪不得暫住將命終位專著一境經於多時不能捨離五者諸天身力強盛眼嘗不瞬將命終時身力虛劣眼便數瞬云何為大五衰相一者衣服先淨今穢二者華冠先盛今萎三者兩腋忽然流汗四者身體欻生臭氣五者不樂安住本座前五衰相現已或可轉時天帝釋以有五種小衰相現不久當有大衰相現心生怖畏作是念言誰能救我如是衰厄我當歸依便自了知除佛世尊無能救護壽詣佛所求哀請救佛為說法便得見諦令彼衰相一時皆滅故於佛前歡喜踊躍作諸愛語說此伽他曰

大仙應當知　我即於此座　還得天壽命
唯願尊憶持

又折伏羅漢經云昔忉利天宮有一天壽命垂盡有七種瑞現一項中光滅二頭上華萎三面色變四衣上有塵五腋下汗出六身形瘦七離本座即自思惟壽終之後下生鳩夷那竭國疥癩母猪腹中作豚甚預愁苦不知何計餘天語言今佛在此為衆說法唯佛能脫卿之罪耳即到佛所稽首作禮未及發問佛知告曰一切萬物皆歸無常汝素所知何為憂愁得離豚身常誦三自歸如是日三却後七日天即壽盡下生維耶離國作長者家子在母胞胎日三自歸始生墮地亦跪自歸其母免身又無惡露母傍侍婢怖而棄走母亦深怪謂之熒惑意欲殺之父知貴子令好養之年向七歲與其輩類於道邊戲遇舍利目連兒前禮衆聖驚怪具說天上事此兒請佛到家佛為說經兒及父母內外親屬皆得阿惟越致此云不退

依經天有多種具如前三界篇中二十二門說今對六道略述四門

感應緣略引六驗

晉居士史世光　晉沙門釋惠嵬
宋命氏有二女　魏沙門釋僧鸞
魏居士椽弦超　梁沙門釋慧韶

夫十惡緣巨易惑心塗万善力微難感靈性狃心頻發函狀屢聞正法罕逢教沉道喪所以一息不追則万劫永別剎那暫隔則千代長離良由信毀相競善惡交侵愚惑之徒輕舉邪風淳正之輩時遭倿逼所以教流震旦六百餘年崔赫周虜三被殘屏禍不旋踵殃及已身致招感應之徵善惡之報是以建安感夢而疾瘳文宣降靈而病愈吴王圍寺舍利浮光齊主行刑刀尋刃斷宇文毀僧而瘡潰拓拔廢寺而膿流孫皓溺像而陰疼赫連兇頑而震死古今善惡禍福徵祥廣如宣驗冥祥報應感通冤魂幽明搜神旌異法苑弘明經律異相三寶徵應聖迹歸心西國行傳名僧高僧冥報拾遺等卷盈數百不可備列傳之典謩懸諸日月足使目覩唐猜來惑故經曰行善得善報行惡得惡報易曰積善之家必有餘慶積惡之家必有餘殃信知善惡之報影響相從苦樂之徵猶來相赴余尋傳記四千有餘故簡靈驗各題篇末若不引證邪病難除餘之不盡冀補茲處

晉史世光者襄陽人也咸和八年於武昌死七日沙門支法山轉小品疲而微卧聞靈座上如有人聲史家有婢字張信見世光在靈上著衣恰具如平生語信云我本應墮龍中支和上為我轉經曇護曇堅迎我上第七梵天快樂處矣護堅並是山之沙彌已亡者也後支法山復往為轉大品又來在座世光生時以二幡供養時在寺中乃呼張信持幡送我信曰諾便絕死將信持幡俱西北飛上青山如琉璃色到山頂望見天門光乃自提幡遣信令還與一青香如巴豆曰以上支和上信未還便遙見世光直入天門信復道而還倏忽蘇活亦不復見手中香也幡亦故在寺中世光與信於家去時其六歲兒見之指語祖母曰阿耶飛上天婆為見不世光後復與天人十餘俱還其家俳佪而去每來必見簪恰去必露髻信問之荅曰天上有冠不著此也後乃著天冠與群天人鼓琴行歌徑上母堂信問何用屢來曰我來欲使汝輩知罪福

也亦兼娛樂阿毋琴音清妙不類世聲家人小大悉得聞之然聞其聲如隔壁障不得親察也唯信聞之獨分明焉有頃去信自送見光入一黑門有頃來出謂信曰舅在此曰見榜撻楚痛難勝省視還也舅坐犯殺罪故受此報可告舅母會僧轉經當稍免脫舅即輕車將軍報終也　右一出冥祥記

晉長安釋慧嵬不知何人止長安大寺戒行澄潔多栖處山谷修禪定之業有一無頭鬼來嵬神色無變乃謂鬼曰汝無頭便無頭痛之患一何快哉鬼便隱形復作無腹鬼來但有手足嵬又曰汝既無腹便無五藏之憂一何樂哉須臾復作異形嵬皆隨言遣之後久時天甚寒雪有一女子來求寄宿形貌端正衣服鮮明姿媚柔雅自稱天女以上人有德天遣我來以相慰喻談欲言勸動其意嵬執志貞確一心無擾乃謂女曰吾心若死灰無以革囊見試女遂陵雲而逝顧謂歎曰海水可竭須彌可傾彼上人者秉志堅貞後以晉隆安三年與法

顯俱游西域不知所終續有釋賢護姓孫涼州人來止廣漢閻興寺常習禪為業又善律行纖豪無缺以晉隆安五年卒臨亡口出五色光明照滿寺內遺言使燒身弟子行之既而支節都盡唯手一指不然因埋之塔下　右一出梁朝高僧傳

宋侖氏二女東官曾城人也是時祖姊妹元嘉九年姊年十歲妹年九歲里越愚蒙未知經法忽以二月八日並失所在三日而歸粗說見佛九月十五日又失一旬還作外國語誦經及梵書見西域沙門便相開解明年正月十五日忽復失去田間作人云見其從風徑飄上天父母號懼祀神求福既而經月乃反剃頭為尼被服法衣持髮而歸自說見佛及比丘尼曰汝宿世因緣應為我弟子舉手摩頭髮因墮落與其法名大曰法緣小曰法綵臨遣還曰可作精舍當與汝經法也女既歸家即毀除鬼座繕立精廬夜齋誦夕中每有五色光明流泛峯嶺若燈燭云女曰此後容止華

雅音制詮正上京風調不能過也剌史韋朗就里並迎供養聞其談說甚敬異焉於是溪里皆知奉法　右一出冥祥記

魏西河石壁谷玄中寺沙門曇鸞未詳氏族鴈門人家近五臺山神迹靈異怪逸于民鸞因患氣疾周行醫療行至汾川秦陵故城入城東門上望青雲忽見天門洞開六欲階位上下重復歷然齊覩由斯疾愈後往江南陶隱居處求覓仙方莫益長壽及屆山所接對欣然便以仙方十卷用酬來意還至浙江有鮑郎子神者一鼓涌浪七日便止正值波初無由得渡鸞便往廟所以情祈告必如所請當為起廟須臾神即現形狀如二十來告鸞曰若欲渡者明旦當得願不食言及至明晨濤由鼓怒纔入船裏怗然安靜依斯達到梁帝見重因出勅為江神更起靈廟後辭帝還魏境欲往名山依方修治行至洛下逢中國三藏菩提流支鸞往啓曰佛法頗有長生不死法勝此土仙經者乎支

唾地告曰是何言歟非相比也此方何處有長生不死法縱得長年少時不死終輪三有即以觀經授之曰此大仙方依之修行當得解脫生死永絕輪迴後移住汾州北山石壁玄中寺一心依經作淨土業春秋六十有七臨至終日幡華幢蓋高映院宇香氣蓬勃音聲繁鬧預登寺者並同矚之以魏興和四年卒於平遙山寺年六十有七　右一出梁高僧傳

魏濟北郡從事掾弦超字義起以嘉平中夜獨宿夢有神女來從之自稱天玉女東郡人姓成公字知瓊早失父母天帝哀其孤苦遣令下嫁從夫當其夢也精爽感寤嘉其美異非常人之容覺寤欽想若存若亡如此三四夕顯然來游駕輜軿從八婢服綾羅綺繡之衣姿顏容體狀若飛仙自言年七十視之如十五六女車上有壺榼清白琉璃五具飲啖奇異饌具遂下酒啖與義起共飲食謂義起曰我天上玉女見遣下嫁故來從君不謂君德宿時感運宜為夫婦不能

有益亦不為損然行來常可得駕輕車乘肥馬飲食常得遠味異膳繒素可得充用不乏然我神人不為君子亦無妒忌之性不害君婚姻之義遂為夫婦贈其詩一篇其文曰

飄颻浮勃述數曹雲石滋芝英不須潤至德與時期神仙豈虛降應運來相之納我榮五族送我致禍衰

此其詩之大較其文二百餘言不能悉錄兼注易七卷占卜吉凶等義起皆通其旨作夫婦經七八年父母為義起取婦之後分日而嫌分夕而寢夜來晨去倏忽若飛唯義起見之餘人不見雖居闇室輒聞人聲常見蹤跡然不覩其形後人怪問漏泄其事玉女遂便求去云我神人也雖與君交不願人見而君性疏漏我往與君積年交結恩義不輕一旦分別豈不愴恨勢不得久各努力呼侍御人下酒啖食發簏取織成裙衫兩襠賜與義起又贈詩一首把臂告辭涕泣流離肅然昇車去若飛迅義起憂感積日殆至委頓後到濟北魚山陌上西

行遥望曲道頭有一馬車似如瓊馳前到果是玉女也遂披帷相見悲後喜控左授接同乘至洛遂爲室家尅復舊好至于太康中猶在但不日日往來每於三月三日五月五日七月七日九月九日旦十五日輒下往來經宿而去張茂先爲作神女賦

右一出搜神記

梁蜀郡龍淵寺沙門慧韶姓陳本潁川太丘人少欲多智聰敏不群春秋五十卒於本寺摩訶衍堂中時成都民應始豐賢者因病氣絶而心上煗五日方醒云被攝至閻羅王聞處分云迎法師須臾便至王下殿合掌頂禮更無言說唯書文書作一大政之字韶出外坐於曠路樹下見一少童以柒栁箕擎生袈裟令韶著之有十僧來迎豐識和慈二禪師幡蓋烈道騰虛而去又當終夕有安浦寺尼久病悶絶醒云送韶法師及五百僧登七寶梯到天宮殿講堂中其地如水精牀席華整亦有麈尾机桉蓮華滿池韶就座談說少時便起送別者令

歸其生滅冥祥感見類此以天監二年七月三日卒于龍淵寺春秋五十有四右一出梁高僧傳

人道部此別七部

述意部　會名部　住處部

業因部　貴賤部　貧富部

受苦部

述意部第一

夫論人道之中身形浮僞多諸罪業喜造僭瑕仁智道消恩良義絶所以崔杼弑君高自害父七雄並爭萬國連蹤互騁憍奢各衒婬蕩淳風永盡美化不行三毒競興十纒爭發四流浩漫五蓋幽深顛倒無明轉復滋甚遂使生同險樹命等危城口蜜易消井藤難久壠頭松下哭響摧殘廣巷重門悲聲嗚咽令爲人中悉皆懺悔絓是圓首方足上智下愚西盡瞿耶東極于逮北窮單越南罄閻浮乃至板屋氈帷文身被髮飲血茹毛巢居穴處雕蹄黒齒倒住傍行弱水毛浮危峯繩渡邊城遠戍裝甲負戈繫縛鏁囚擔金捧木並願各修禮讓人氣孝慈息放蕩之心斷婪婬之色質書

金石體類嵩華八苦不侵九横長謝也

會名部第二

如婆沙論中釋人名止息意故名爲人謂六趣之中能止息意故名爲人謂於六趣之中能止息煩惱惡亂之意莫過於人故稱止息意也又人者忍也謂於世間違順情能安忍故名爲忍又立世阿毗曇論云何故人道名摩㝹沙此有八義一聰明故二爲勝故三意微細故四正覺故五智慧增上故六能別虛實故七聖道正器故八聰慧業所生故說人道爲摩㝹沙又新婆沙論問何故此趣名末奴沙荅昔有轉輪王名曼馱多告諸人曰汝等欲有所作應先思惟稱量觀察尒時人即如王敎欲有所作皆先思惟稱量觀察便於種種工巧業處而得善巧以能用意思惟觀察所作事故名末奴沙有說先造作增長下身語意妙行往彼生令彼生相續故名人趣有說多憍慢故名人以五趣中憍慢多者無如人故有說能寂

靜意故名人以五趣中能寂靜意無如人者故契經說人有三事勝於諸天一勇猛二憶念三梵行

住處部第三

如新婆沙論云此四天下人住四大洲謂贍部洲毗提訶洲瞿陁尼洲拘盧洲亦住八中洲何等爲八謂拘盧洲有眷屬一矩拉婆洲二憍拉婆洲毗提訶洲有二眷屬一提訶洲二蘇訶洲瞿陁尼洲有二眷屬一舍擷洲二嗢怛羅漫怛里拏洲贍部洲有眷屬一遮末羅洲二筏羅遮末羅洲此八洲中人形短小如此方侏儒有說七洲是人所住遮末羅洲唯邏剎娑居此有說此所說八即是四大洲之異名以一一洲皆有二異名故如是說者應如初說此八中洲一一復有五百小洲以爲眷屬於中或有人住或非人住或有空者也

問曰人趣形貌云何荅曰其形上立然贍部洲人面如車箱毗提訶人面如半月瞿陁尼人面如滿月拘盧洲人面如方池

問曰語言云何荅曰世界初成一切皆作聖語後以飲食時有情不平等故及諂誑增上故便有種種語乃至有不能言者

業因部第四

依業報差別經中作四句分別一者有業得身樂報而心不樂如有福凡夫二者有業得心樂報而身不樂如薄福羅漢三者有業得身心俱樂如有福羅漢四者有業得身心俱不樂如薄福凡夫諸如此等皆悉報得此苦樂也

又菩薩藏經云尒時世尊告賢守長者曰長者當知我觀世間一切衆生爲十苦事之所逼迫何謂爲十一者生苦逼迫二者老苦逼迫三者病苦逼迫四者死苦逼迫五者愁苦逼迫六者怨苦逼迫七者苦受逼迫八者憂受逼迫九者痛惱逼迫十者生死流轉大苦之所逼迫我見如是十種苦事逼迫衆生爲得阿耨菩提出離如是逼迫事故以淨信心捨釋氏家趣無上道復次長者我觀世間一切衆

生於無數劫具造百千那庾多拘胝過失常爲十種大毒箭所中何謂爲十一者愛毒箭二者無明毒箭三者欲毒箭四者貪毒箭五者過失毒箭六者愚癡毒箭七者慢毒箭八者見毒箭九者有毒箭十者無有毒箭長者我見衆生爲於十種毒箭所中求阿耨菩提求斷如是毒箭故以淨信心捨釋氏家趣無上道

貴賤部第五

若以四方言之則北鬱單越無貴無賤彼無僕使之殊故無貴賤餘之三方皆有貴賤以有君臣庶民之別大家僕使之殊故有貴賤別類也揔束貴賤合有六品一貴中之貴謂輪王等貴中之次謂粟散王等三貴中之下謂如百僚等四賤中之賤謂駈驚豎子等五賤中之次謂僕隸等六賤中之下謂婢妾等麁采如是細分難盡

貧富部第六

若以四方言之則北鬱單越最富平等東西二方處中然有優劣南閻浮

提最貧四方不同如經具述又閻浮提人貧富不定各有三品上者如轉輪王總攝四方富包四海一切所須無不備足即如經說輪王福力最大若出世時感五奇特七寶來應五奇特者一者感於世界之中平正清淨流泉浴池處處皆有二者感天甘露生於殿庭王渴飲之身輕愈病三者感大海水減一由旬各於內畔涌出金沙之道使王行之游四天下四者感於牛頭之香生於海岸王取燒之香氣劣感逆風遠聞四十里香死者聞之悉皆還活五者於迦眞隣陁之鳥生於海中王抱觸之身心猗適勝過六欲天之樂以斯義故往生論說偈云

寶性功德草　柔軟左右旋　觸者生勝樂
過迦眞隣陁

七寶具足千子雄猛（如前經說）第二富中者謂如粟散王等第三富中下者謂如樹提伽等（貧亦有三準之可解）

受苦部第七

夫論人道唯苦非樂愚著爲樂失者

爲苦妄見爲樂實見爲苦故付法藏經云世間衆苦不可願樂此身不堅腐敗危脆猶如聚沫須臾變滅端正容貌甚可愛著衰老既至將安所在外覆薄皮謂爲嚴飾膿血肉流惡濟不淨有爲無常甚大迅速一視息頃四百生滅譬如虛空震雷起雲暴風卒起尋復散滅五欲不堅亦復如是共相愛樂安隱快樂無常既至誰有存者世間衆苦甚難久居故知人身唯苦無常理應生猒速求解脫一切有爲衆苦積聚如癰如廁如箭入心生老病死輪轉無際無常敗壞速朽之法如臨死囚命不云遠譬如牢獄人無可愛樂猶路上菓衆所苦擲止身可惡會歸磨滅烏鵲狐狼競共噉食風吹日暴青爛臭處髮毛牙齒狼藉在地如此之身當何愛樂宜勤方便速求解脫縱使富貴如天終歸磨滅外相似好內恒憂懼故大莊嚴論云如人著金鏁雖能繫於人王位亦如是恒有憂懼相守護念若夫則大愁猶以衣食遮故名樂辛苦中横生

樂想故賓頭盧爲優陁延王說法偈云

王位雖尊嚴　代謝不暫停　輕疾如電光
須臾歸衰滅　王位極富逸　愚者情愛樂
衰滅無時至　苦劇過下賤　王者居高位
名聞滿十方　端正甚可愛　種種自嚴身
譬如臨死者　著華鬘瓔珞　捨命未幾時
王位亦如是　王者譬如王　常懷諸恐怖
行住及坐時　乃至一切時　於其親踈中
恒有疑懼心　臣民宮妃后　象馬及珍寶
國土諸所有　一切是王物　諸王捨命時
皆棄無隨者

又涅槃經佛說偈云

一切諸世間　生者皆歸死　壽命雖無量
要必有終盡　夫盛必有衰　合會有離別
壯年不久停　盛色病所侵　命爲死所吞
無有法常住　諸王得自在　勢力無等雙
一切皆遷滅　壽命亦如是　衆苦輪無際
流轉無休息　三界皆無常　諸有無有樂
有道本性相　一切皆空無　可懷法流動
常有衰患者　恐怖諸過惡　老病死衰惱
是諸無有邊　易壞怨所侵　煩惱所纏裹
猶如蠶處繭　何有智慧者　而當樂是處

此身苦所集　一切皆不淨　扼縛癰瘡等
根本無義利　上至諸天身　皆亦復如是
諸欲皆無常　故我不貪著　離欲善思惟
而證於眞實
故寶頭盧尊者語王云大王宜善觀察何有五欲而得常者何有王位而得久停何有國界而不遷滅何有珎寶而不散失何有欲樂常恒不變何有合會而不離散一切五欲體性實苦皆從妄想而生於樂故王位亦苦無安如夢所見覺則知虛是故智者應生猒離即知一切內外所遷皆是無常雖可麁細似異然剎那不住是住是同故經說由色苦故十時差別一者膜時二者泡時三者皰時四者宍團時五者肢時六者嬰孩時七者童子時八者少年時九者盛壯時十者衰老時若非時無常不應從膜乃至老死良由三毒猛火燒心熾然不絕故受斯苦依經云人亦多種具如前三界篇中四天下洲品類廣說也

感應緣略引一十八驗

春秋演孔圖曰孔子長十尺大九圍坐如蹲龍立如牽牛就之如昴如斗

吳越春秋曰伍子胥見吳王僚僚望其顏色甚可畏一丈十圍眉間一尺王僚與語三日辭無復者胥知王好之每入言語偘偘有勇壯之氣

涼記曰呂光字世明連結豪賢施與侍士身長八尺四寸目重童左肘生宍印性沈重質略寬大有度量時人莫之識唯王猛布衣時異之曰此非凡人

河圖玉版曰從崑崙以北九萬里得龍伯國人長三十丈生萬八千歲而死從崑崙以東得大秦國人長十丈從此以東十萬里得佻國人長三丈五尺從此國以東十萬里得中秦國人長一丈

龍魚河圖曰天之東西南北極各有銅鐵額兵長三千萬丈三千億萬人天之東西南北極各有金剛敢死力士長三千萬丈三千億萬人天中大平之都有甲都食鬼鐵面兵長三千萬丈三千億萬人

鴻範五行傳曰秦始皇時有大人身長五丈足跡六尺夷狄服見於臨洮天

秦曰勿大行夷狄之道將受其禍云

魏志曰天竺國人皆長一丈八尺車離國男女皆長八尺

魏志曰咸熙二年襄武縣言有大人現長三丈餘跡長三尺二寸白髮著黃單衣黃巾拄杖呼民王始語云今當太平

神異經曰東南有人焉周行天下其長七尺腹圍如長其頭其頭髮頒亂也不飲食朝吞惡鬼三千暮吞三百但吞不咋此人以鬼為飯以霧露為漿名天郭一名食邪吞食邪鬼一名黃父今黃父鬼俗人依此人而名之

神異經曰西北海外有人焉長二千里兩腳中間相去千里腹圍一千六百里但飲酒五卅天酒甘露不食五穀魚肉忽有飢時向天乃飽好游山海間不犯百姓不干萬物與天地同生名無路之人言無路者高大不可為路一名仁禮曰仁人一名信禮曰信人一名神與天地俱生而不滅故曰神也

蜀王本記曰秦襄王時宕渠郡獻長人長二十五丈六尺

外國圖曰大秦國人長丈五尺猨臂長脇好騎馲駝

詩含神霧曰東北極有人長九寸國語曰孔子曰僬僥長三尺短之至也

魏略西域傳曰短人國在康居西北男女皆長三尺衆甚多康居長老傳聞嘗有商迷惑失道而到此國國中甚多貝珠夜光明珠商度此國去康居可萬餘里

魏略曰倭南有侏儒國其人長三四尺去女王國四千餘里

外國圖曰僬僥國人長尺六寸迎風則偃背風則伏眉目具足但野宿一日僬僥長三尺其國草木夏死而冬生去九疑三萬里

列子曰從中州以東四十萬里得僬僥國人長一尺五寸東北極有人名諍人長九寸秦始皇二十六年有大人身長五丈足跡六尺夷狄皆伏有十二人現于臨洮孔子曰僬僥長三尺短之至也長者不過十數之極也今有五丈之人此則無類而生也是歲秦初兼六國喜以為瑞鑄金人十二以像之南戍五嶺北築長城西徑臨洮東至遼東徑數千里故大人先見於臨洮明禍亂所起也後十二年而秦亡也（右此一十七驗各依本錄記也）

王莽建國四年池陽有小人景長尺餘或乘車或步行操持萬物大小各自稱三日正管子曰涸澤數百歲谷之不水不絕者生慶忌慶忌者其狀若人長四寸衣黃冠戴黃蓋乘小馬好疾游以其名呼之可使千里外一名反報然池陽之景或者慶忌也乎又曰涸小水精生蚳蛭者一頭而兩身其狀若蛇長八尺以其名呼之可使取魚鼈（右二事見搜神記）

脩羅部（此別七部）

述意部　會名部　住處部

業因部　眷屬部　衣食部

戰鬪部

述意部第一

夫論脩羅道者生此一途偏多諂曲或稱兵鬪亂興師相伐形容長大恒弊飢虛體貌麁鄙每懷瞋毒稜層可畏擁聳驚人並出三頭重安八臂跨山蹋海把日擎雲天上求飡海中釀酒如斯之類悉為歸依經是阿須輪王睒婆利等毗摩質多之眷屬佉羅騫馱之朋流乃至婆稚羅睺之等侶含脂跋陀之氣類並願除憍慢習離諂曲心殿堂光明蘭籍豐滿休兵息刃止恚防貪無復兩刃之苦永絕藕絲之痛樂聞正法渴仰大乘捨離弊惡之身受端嚴之質任持國境擁護邦家興建法城弘益慧日也

會名部第二

云何名阿脩羅道者依立世阿毗曇論釋云阿脩羅者以不能忍善不能下意諦聽種種教化其心不動以憍慢故非善健兒又非天故名阿脩羅餘經亦云阿須倫今依新婆沙論云梵本正音名素洛素洛是天彼非天故名阿素洛復素洛名端正彼非端正名阿素洛又長阿含經云脩羅生女端正生男多醜故云不端正或名不飲酒此有二釋一由過去持不飲酒戒宿習餘力云不飲酒二由本因好酒四天下採華布海釀酒不成變為鹹水既不得酒乘便全斷故云不飲酒神婆沙論云或說天趣由諂曲

覆故無決定者或說鬼趣由有含脂
故得與諸天交通故伽陁經云有鬼
有畜有天正法念經亦云有鬼有畜
或云劣天劣天者是毗摩質多毗摩
質多毗摩質多者此云響高亦云穴
居謂大海水底出大音聲自唱云我
是毗摩質多故云響高居在海穴故
云穴居

住處部第三

依正法念經云脩羅居在五處住一
在地上眾相山中其力最劣二在須
彌山北入海二萬一千由旬有脩羅
名曰羅睺統領無量阿脩羅眾三復
過二萬一千由旬有脩羅名曰勇健
四復過二萬一千由旬有脩羅名曰
華鬘復過二萬一千由旬有脩羅名
曰毗摩質多此中出聲徹於海外自
云我是毗摩質多阿脩羅故云響高
其毗摩之母依阿含經云劫初成時
昔有光音天入海洗身水精入身生
一卵經八千歲乃生一女身若須彌
千頭少一頭有千眼口別有千少一
口別四牙牙上出火猶若霹靂有二
十四脚有九百九十九手此女有時
在海浮戲水精入身生一卵復經
八千歲生毗摩質多有九頭頭有千
眼口常水出手有千少一脚唯有八
納香山乾闥婆女生舍脂羅睺舍脂
羅睺者是帝釋取為夫人羅睺阿脩
羅亦云障日月是帝釋前軍先救日
光射脩羅眼令不見天眾故彼以手
障之由有勢力多共天諍又新婆沙
論問諸阿素洛退住何處有說妙高
山中有空缺處如覆寶器其中有城
是彼所住問何故經說阿素洛云我
所部村落住鹹海中而阿素洛王住
彼山內有說大鹹海中於金輪上有
大金臺高廣各五百踰繕那臺上有
城是彼所住阿素洛王亦有四苑一
名慶悅二名歡喜三名極喜四名可
愛如三十三天有波利夜怛羅樹阿
素洛王所居樹亦有阿素洛其形云
何荅其形上立問語言云何荅皆作
聖語問何趣所攝有說是天趣有說
鬼趣攝

又起世經云須彌山王東面去山過
千由旬大海之下有鞞摩質多羅阿
脩羅王國土住處縱廣八萬由旬七
重欄楯七重金銀鈴網外有七重多
羅行樹皆是七寶所成莊嚴挍飾不
可述盡大城之中別立宮殿名曰設
摩婆帝宮城縱廣一萬由旬七重城
壁並七寶合成高百由旬厚五十由
旬園池華菓眾鳥和鳴廣說如經不煩具錄須彌
山王南面過千由旬大海之下有踊
躍阿脩羅王宮殿其處縱廣八萬由
旬須彌山王西面亦千由旬大海水
下有奢婆羅阿脩羅王宮殿其處縱
廣八萬由旬須彌山王北面過千由
旬大海水下有羅睺羅阿脩羅王宮
殿其處縱廣八萬由旬住處精妙共前相似摩
婆帝城王所住處有羅睺羅阿脩羅
王聚會之所亦名七頭其處縱廣八
萬由旬牆壁欄楯各有七重七寶合
成四面左近並有眾多諸小阿脩羅
不可述盡備如經說

業因部第四

依業報差別經中具說十業得阿脩
羅報一身行微惡二口行微惡三意

行微惡四起於憍慢五起於我慢六起於增上慢七起於大慢八起於邪慢九起於慢慢十迴諸善根向阿脩羅趣若依正法念經廣說四種脩羅業因不同若約餘經多由瞋慢及疑三種因業得彼生報

又雜阿含經云阿脩羅前世時曾為貧人居近河邊常渡河擔薪時河水深流復駛疾此人數為水所漂殆死得出時有辟支佛詣舍乞食歡喜即施食訖空中飛去貧人見之因以發願願我後身長大一切深水無過膝者以是因緣得此極大身四大海水不能膝立大海中身過須彌手據山頂下觀忉利天

春屬部第五

依正法念經云第一羅睺阿脩羅王有四玉女從憶念生一名如影二名諸香三名妙林四名勝德即此四女一一皆有十二那由他侍女以為眷屬悉皆圍繞阿脩羅王共相娛樂恣情受樂不可具說第二名勇健威勢次勝第三名花鬘威勢更勝第四名

毗摩質多威勢眷屬倍數更不可稱計自餘臣妾左右僕使亦不可說即知貴賤懸殊不可一槩而論

衣食部第六

若依正法念經說脩羅衣食自然冠纓衣服純以七寶鮮潔同天所飡飲食隨念而生悉皆百味與天同等如大論說彼之衣食雖復勝人其若喫時是則不如人也謂彼凡所食時末後一口要變作青泥亦如龍王雖食百味末後一口要當變作蝦蟆是故經說不如人也

戰鬬部第七

如增一阿含經云尒時世尊告諸比丘受形大者莫過阿須倫王形廣長八萬四千由延其口縱廣千由旬或欲觸犯日時倍復化身十六萬由旬往日月前日月王見已各懷恐怖不寧本處以形可畏故日月王懼不復有光明然阿須倫不敢前捉日月何以故日月威德有大神力壽命極長顏色端正受樂無窮住壽一劫復是此閻衆生福祐令日月不為阿須倫

所見觸惱時阿須倫便懷愁憂即於彼沒

又長阿含經云阿脩羅大有威力而生念言此忉利天王及日月諸天行我頭上誓即日月以為耳璫漸大瞋恚加欲捶之即命舍摩梨毗摩質多二阿脩羅王及諸大臣各辦兵仗往與天戰時難陁跋難陁二大龍王身繞須彌周圍七匝山動雲布以尾打水大海浪灌須彌忉利天曰脩羅欲戰矣諸龍鬼神等各持兵從次交鬬天若不如皆奔四天王宮嚴駕攻伐先白帝釋帝釋告上乃至他化自在天無數天衆及諸龍鬼前後圍繞帝釋命曰我軍若勝以五繫縛毗摩質多阿脩羅將還善法堂我欲觀之脩羅亦曰我衆若勝亦以五繫縛帝釋還七葉堂我欲觀之一時大戰兩不相傷但觸身體生於痛惱於帝釋現身乃有千眼執金剛杵頭出煙焰脩羅見之乃退敗即擒質多脩羅繫縛將還遥見帝釋便賜惡口帝釋荅曰我欲共汝講說道義何須惡口壽天

千歲少出多減惡心好鬬而不破戒
大修布施故然以諂慢故受此身（餘須以諂
心懷福而受此身也）觀佛三昧經云此毗摩質多羅
阿脩羅王母鬼食法唯噉淤泥及渠
藕根其兒長大見於諸天婇女圍繞
即白母言人皆伉儷我何獨無其母
告曰香山有神名乾闥婆其神有女
容姿美妙色踰白玉身諸毛孔出妙
音聲甚適我意念為汝娉適汝願不
阿脩羅言善哉善哉願母往求尒時
其母行詣香山告彼樂神我有一子
威力自在於四天下而無等倫汝有
令女可適吾子其女聞已願樂隨從
時阿脩羅納彼女已未久之間即便
懷孕經八千歲乃生一女其女顏容
端正挺特天上天下更無有比面上
姿媚八萬四千左邊右邊各有八萬
四千前後亦尒阿脩羅見以為殊異
如月處星甚為奇特憍尸迦聞求女
為妻脩羅聞喜以女妻之帝釋立字
号曰悅意諸天見之歎未曾有視東
忘西視南忘北乃至毛髮皆生悅樂
帝釋至歡喜園共諸婇女入池游戲

尒時悅意即生嫉妒遣五夜叉往白
父王今此帝釋不復見寵與諸婇女
自共游戲父聞此語心生瞋恚即與
四兵往攻帝釋立大海水踞須彌山
頂九百九十九手同時俱作撼喜見
城搖須彌山四大海水一時波動帝
釋驚怖靡知所趣時宮有神白天王
言莫大驚怖過去佛說般若波羅蜜
王當誦持鬼兵自碎是時帝釋坐善
法堂燒眾名香發大誓願般若波羅
蜜是大明呪是無上呪是無等等呪
審實不虛我持此法當成佛道令阿
脩羅自然退散作是語時於虛空中
有刀輪帝釋功德故自然而下當阿
脩羅上時阿脩羅耳鼻手足一時盡
落令大海水赤如蜂珠時阿脩羅即
便驚怖遁走無處入藕絲孔

感應緣（略引三驗）

西國志云中印度在瞻波國西南山
石澗中有脩羅窟有人因游山修道
遇逢此窟人遂入中見有脩羅宮殿
處妙精華乍類天宮園池林菓不可
述盡阿脩羅眾既見斯人希來到此

語云汝能久住以不荅云欲還本處
脩羅既見不住遂施一桃與食訖脩
羅語言汝宜急出恐汝身大窟不得
容言訖走出身遂增長形貌麁大人
頭纔出身大孔塞遂不出盡自尒已
來年向數百唯有大頭如三碩甕人
見共語具說此緣人愍語云我等鑿
石令汝身出其事云何荅云恩澤人
奏國王具述此意君臣共議此非凡
人力敵千人若鑿令出儻有不測之
意誰能抗之因此依舊時人号為大
頭仙人唐國使人王玄策已三度至
彼以手摩頭共語了了分明近有山
內野火燒頭燋黑命猶不死西國志
六十卷國家修撰奉
勅令諸學士畫圖集在中臺復有四
十卷從麟德三年起首至乾封元年
夏末方訖余見玄策具述此事
又奘法師傳云䭾那羯磔迦國屬南
印度都城東西據山間各有大寺其
寺有婆毗吠伽論師（唐言明辯）於觀自在
菩薩（舊云觀世音菩薩是）絕粒而服水三年立志
祈請侍見弥勒菩薩於是觀自在乃

爲現色身今在城南大山巖執金剛神所誦金剛呪三年神授云此巖石内有阿素洛宮舊云阿脩羅宮如法行請石壁當開可即入中待弥勒出我當相報又經三年呪芥子擊於石壁豁然洞開時有百千萬衆觀覩驚歎論師跨門再三顧命衆人唯有六人從入餘者謂是毒蚰窟懼而不入論師入已當即石門還合如壁

又玄奘法師云貞觀十三年奘在中印度摩伽陁國那爛陁寺見一俗人説云有一人好色每承經言脩羅生男極醜生女端正聞彼山内有阿脩羅窟別有宮殿甚精姝好同天佳妙其人思欲願見脩羅女共爲匹對常受持呪精勤三年三年將滿所祈遂願其人先是弟子親友臨去召弟子相伴同去弟子于時亦隨同行既呪有徵遂到宮門門首儻者極嚴志誠求請門人令通夫入門人爲通具述來意脩羅女喜報守門人云來者幾人報云二人女報門人呪者來入同伴者且住門外門人來報誦呪者引入

弟子見引入已自身不覺已到自家舍南門立自尒已來更不知彼人消息弟子因此發心捨家修道願在伽藍供養三寶其人具向奘法師述因緣

法苑珠林卷第五

法苑珠林卷第五

校勘記

一　底本，金藏廣勝寺本。二二八頁上九行至次頁上末行原版或缺或殘，以麗藏本補換。

一　二二八頁中一行經名，徑無（未換卷）。又撰者，磧作「大唐上都西明寺沙門釋道世撰」；南作「唐上都西明寺沙門釋道世撰」；徑無（未換卷）；清作「唐西明寺沙門釋道世撰」。

一　二二八頁中二行「六道篇第四」，徑作「六道篇第四之一」。又「此六趣即爲六部」，徑無；清作「此有六部」。

一　二二八頁中二行與三行之間，磧、南有「天人阿脩羅鬼畜生地獄」一行；清有「諸天部人道部阿脩羅部鬼神部畜生部地獄部」一行。

一　二二八頁中三行「此別四部」，徑無。

一　二二八頁中四行至五行「述意部……報謝部」，徑無。

一　二二八頁中六行「部第一」，徑無，下至二三〇頁下一六行「部」字與序數相連者例同。

一　二二九頁中一二行第三字「領」，磧、南、徑、清作「嚳」。

一　二二八頁中一八行第七字「玉」，徑、清作「王」。又末字「令」，磧、南、徑、清作「今」。

一　二二八頁中二一行第三字「常」，磧、南、徑、清作「恒」。本頁下二一行第九字及次頁上一行首字同。

一　二二八頁下一二行「相化」，磧、南、徑、清作「相傚」。

一　二二八頁下一八行第七字「妙」，磧、南、徑、清作「最妙」。

一　二二九頁上末行「輪陁」，南、徑、清作「樓陁」。

一　二二九頁中三行「緣覺菩提」，磧、南、徑、清作「緣覺菩提無上菩提」。

一　二二九頁中八行末字「卧」，磧、南、徑、清作「坐卧」。

一　二二九頁中一四行「憂喜」，磧、南、徑、清作「憂苦」。又「論中」，磧、南、徑、清作「論中云」。

一　二二九頁中一八行第一二字「苦」，磧、南、徑、清無。

一　二二九頁下一三行第一一字「願」，磧、南、徑、清無。

一　二二九頁下一四行首字「當」，磧、南、徑、清作「本當」。

一　二二九頁下一九行首字「色」，磧、南、徑、清、麗作「細色」。又第六字「被」，磧、南、徑、清作「備」。

一　二三〇頁上一二行「股節」，磧、南、徑、清作「肢節」。

一　二三〇頁上一四行第六字「離」，磧、南、徑、清作「雜」。

一　二三〇頁上二〇行「和毒藥」，磧、南、徑、清作「蜜和毒藥」。

一　二三〇頁中一二行末字「條」，磧、南、徑、清作「滌」。

一　二三〇頁中二一行「悶亂」，磧、南、徑、清作「迷亂」。

一　二三〇頁中末行末字「諸」，磧作「請」。

一　二三〇頁下三行第一二字「天」，磧、南、徑、清無。

一　二三〇頁下一五行「故」，至此，徑卷第七終，卷第八始，且有「六道篇第四之二」、「諸天部之餘」各一行。

一　二三一頁上一行第二字「全」，磧、南、徑、清作「令」。

一　二三一頁上五行首字「旋」，磧作「捉」。

一　二三一頁上九行第三字「先」，磧、南、徑、清作「鮮」。又第一一字「先」，磧、南、徑作「光」。

一　二三一頁上一二行第三字「或」，磧、南、徑、清作「不」。

一　二三一頁中八行「日三」，麗作「三日」。

一　二三一頁中一二行第四字「怖」，磧、南、徑、清作「持」。

一　二三一頁中一四行「舍利」，磧、南、徑、清作「舍利弗」。

一　二三一頁中一五行第五字「禮」，磧、南、徑、清、麗作「作禮」。

一　二三一頁中一八行夾註左「二十二」，磧、南、徑、清作「三十二」。

一　二三一頁中二一行「僧鷲」，麗作「雯鷲」。

一　二三一頁下七行第二字「旋」，麗作「放」。

一　二三一頁下九行「病愈」，磧、南、徑、清作「疾愈」。

一　二三一頁下一七行末字「唐」，磧、南、徑、清作「當」。

一　二三二頁上四行第九字「靈」，麗作「座」。又第一三字「恰」，徑作「恰」。

一　二三二頁上一一行「青山」，磧、南、徑、清作「一青山上」；麗作「一青山」。

一　二三二頁上一八行「阿郎」，磧、麗作「阿郎」；徑、清作「阿爺」。

一　二三二頁上二〇行第六字「恰」，南、徑、清、麗作「恰」。

一　二三二頁中四行第八字「送」，磧、南、徑、清無。

一　二三二頁中六行第一〇字「坐」，磧、南、徑、清作「生」。

一　二三二頁中九行「何人」，磧、南、徑、清作「何處人」。

一　二三二頁中一九行第五字「談」，磧、南、徑、清作「廣談」。

一　二三二頁下二行「閻興寺」，磧、南、徑、清作「閻興寺」。

一　二三二頁下一四行「失去」，磧、南、徑、清作「失之」。

一　二三二頁下二二行第五字「誦」，磧、南、徑、清作「誦經」。

一　二三二頁下末行「云女曰」，磧、南、徑、清作「二女自」。

一　二三三頁上八行「故城」，磧、南、徑、清、麗作「故墟」。

一　二三三頁上九行「洞開」，磧、南、徑、清作「調開」。

一　二三三頁上一〇行第五字「齊」，麗作「鷲」。

一　二三三頁上一九行首字「恬」，磧作「怗」。

一　二三三頁中八行「蓬勃」，磧、南、徑、清作「蓬焞」。

一　二三三頁中一三行「天玉女」，磧作「天王女」。

一　二三三頁中一七行第八字「韜」，磧、南作「轁」。

一　二三三頁下六行第六字「數」，磧、南、徑、清、麗作「救」。

一　二三三頁下八行末字「衰」，磧、南、徑、清、麗作「災」。

一　二三三頁下一五行「不覩」，南作「不覩」。

一　二三三頁下二二行「飛迅」，麗作「迅飛」。

一　二三四頁上一一行第一二字「如」，磧、南、徑、清、麗作「知」。

一　二三四頁上二行「披惟」，磧、南、徑、清、麗作「披帷」。

一 二三四頁上四行第五字「至」，磧、南、徑、清作「生」。
一 二三四頁上一一行「五十」，磧、南、徑、清作「五十四」。
一 二三四頁上一七行第二字「柒」，磧、南、徑、清作「漆」。
一 二三四頁上一八行「幡蓋烈道」，磧、南、徑、清作「幢蓋列道」。
一 二三四頁中四行「此別七部」，磧、南作「此有八部」，徑無，麗作「此別八部」。
一 二三四頁中五行至六行「述意部……受苦部」，徑無。
一 二三四頁中六行「貧富部」，磧、南作「貧富部　眷屬部」。
一 二三四頁中七行「部第一」，徑無，下至二三六頁上二二行「部」字與序數相連者例同。
一 二三四頁中一〇行「高臣」，磧、南、徑、清作「商臣」。又「萬國」，徑、清作「六國」。
一 二三四頁中一一行「連蹤」，徑、清作「連縱」。、「互騁」，磧、南作「互聘」。
一 二三四頁中二一行「繫縛」，磧、南、徑、清作「囹圄」。
一 二三四頁中二二行末字「氣」，磧、南、徑、清作「稟」。
一 二三四頁下一行「八苦」，南、徑、清作「八難」。
一 二三五頁上七行第九字「等」，磧、南、徑、清無。
一 二三五頁上八行第二字「有」，磧、南、徑、清、麗作「有二」。一一行第一三字同。
一 二三五頁下一三行「庶民」，磧、南、徑、清作「民庶」。
一 二三五頁下一六行「貴中之次」，磧、南、徑、清作「二貴中之次」。
一 二三五頁下一七行「駘駑」，南、徑、清作「臺奴」。
一 二三六頁上四行第五字「即」，徑、清無。
一 二三六頁上一二行第三字「劣」，磧、南、徑、清作「彌」。
一 二三六頁上一三行第九字「於」，磧、南、清無。
一 二三六頁上二二行「受苦部第七」，磧、南作「眷屬部第七」。
一 二三六頁上末行「愚著」，磧、南、徑、清作「愚者」。又「失者」，磧、南、徑、清作「識者」。
一 二三六頁中五行第一一字「肉」，磧、南、徑、清作「內」。又末字「瘡」，磧、南、徑、清、麗作「露」。
一 二三六頁中一六行「烏鵲」，磧、南、徑、清作「鳥鵲」。
一 二三六頁中二二行第七字「相」，磧、南、徑、清作「想」。又第一一字「若」，麗作「苦」。又第一二字「夫」，磧、南、徑、清、麗作「失」。
一 二三六頁中末行「猶以」，磧、南、徑、清作「猶如」。又「辛苦中」，磧、南、徑、清作「辛苦之中」。
一 二三六頁下一行「說法」，磧、南、徑、清作「說法經」。

一　二三六頁下八行「王者」，磧、南、徑、清作「佛言」。

一　二三六頁下二○行「可懷」，磧、南、徑、清、麗作「可壞」。

一　二三七頁上一三行末字「是」，磧、南、徑、清作「不」。

一　二三七頁上二○行夾註左末「也」，磧、南、徑、清無。

一　二三七頁上二一行「略引一十八驗」，徑、清作「略引二十驗」，並舉要如下：「孔子長十尺大九圍　伍子胥長一丈大十圍　呂光長八尺四寸　龍伯國人長三十丈　天之東西南極人各長三千萬丈　秦始皇時有大人長五丈　僬僥國人長三尺　天竺國人皆長一丈八尺　襄武縣有大人現長三丈餘　東南有人其長七尺　西北海外有人長二千里　秦襄王時有人長二十五丈六尺　大秦國人長一丈五尺　短人國男女皆長三尺　侏儒國人長三四尺　又僬僥國人長一尺五寸　東北極諍人長九寸　王莽時有人長一尺餘　涸澤生慶忌　涸小水精生蚳」。

一　二三七頁中二行「一丈十圍眉間一尺」，徑、清作「長一丈大十圍眉間一尺」。

一　二三七頁中六行「侍士」，徑、清、麗作「待士」。又「目重童」，磧、南作「目童子」；徑、清作「目重童子」。

一　二三七頁中二二行第一○字「時」，徑、清作「二十六年」。

一　二三七頁中末行第一○字「服」，徑、清作「皆服有十二人」。

一　二三七頁中末行末字至本頁下一行末字「夭……云」，徑、清作「孔子曰僬僥長三尺短之至也長者不過十數之極也今有五丈之人此則無類而生也是歲秦初兼六國喜以爲瑞鑄金人十二以像之南戍五嶺北築長城西徑臨洮東至遼東徑數千里故大人先見於臨洮明禍亂所起也後十二年而秦亡」。

一　二三七頁下二行至三行「車離國」，磧、南、徑、清作「離車國」。

一　二三七頁下八行末字「其」，磧作「是」。

一　二三七頁下一二行「黃父」，磧、南、徑、清作「黃火」，夾註右同。

一　二三七頁下一六行第七字「乃」，磧、南、徑、清作「仍」。

一　二三七頁下二二行「大五尺」，徑、清作「一丈五尺」。

一　二三八頁上一六行第六字至本頁中二行第四字「秦……也」，徑、清無。

一　二三八頁中三行末字「尺」，徑、清作「一尺」。

一　二三八頁中五行第五字「正」，麗作「止」。

一　二三八頁中六行第二字「不」，徑、清作「下」。

一　二三八頁中九行「或者」，磧、南、徑、清作「者或」。

一　二三八頁中一二行夾註右「二事」，

經、清作「三事」。又左「搜神記」，至此，經卷第八終，卷第九始，且有「六道篇第四之三」一行。

一　二三八頁中一三行「脩羅部」，經、清作「阿修羅部」。又「此別七部」，經無。

一　二三八頁中一四行至一六行「述意部……戰鬪部」，經無。

一　二三八頁中一七行「部第一」，經無，以下「部」字與序數相連者例同。

一　二三八頁中末行第一〇字「經」，磧、南、經、清作「絓」。

一　二三八頁下二〇行第一三字「本」，磧、南、經、清無。

一　二三八頁下二二行「乘便全斷」，磧、南、經、清作「則便令斷」；麗作「乘便令斷」。

一　二三九頁上四行第九字至五行第二字「毗摩質多毗摩質多」，磧、南、經、清無；麗作「毗摩質多」。

一　二三九頁上八行「穴居」，磧、南、經、清作「穴居也」。

一　二三九頁上一九行「阿含」，磧、南、經、清、麗作「長阿含」。

一　二三九頁中七行「日月」，麗作「日日」。

一　二三九頁中一九行「亦有」，磧、南、經、清作「亦有問」。

一　二三九頁下一五行第四字「緌」，磧、南、經、清無。又夾註右「精妙」，磧、南、經、清作「精好」。

一　二四〇頁上五行首字「業」，磧、南、經、清無。

一　二四〇頁上一四行第三字「膝」，磧、南、經、清、麗作「過膝」。

一　二四〇頁中末行第七字「令」，磧、南、經、清作「令」。

一　二四〇頁下五行第五字「即」，磧、南、經、清、麗作「取」。

一　二四〇頁下一〇行第五字「灌」，磧、南、經、清作「冠」。

一　二四〇頁下一九行第一一字「於」，磧、南、經、清作「於是」。

一　二四〇頁下二二行第八字「賜」，經、清作「肆」。

一　二四一頁上三行夾註右四「而」，磧、南、經、清作「故」。

一　二四一頁上四行第五字「毋」，磧、南、經、清作「此」。

一　二四一頁上九行第七字「念」，磧、南、經、清作「令」。

一　二四一頁中三行末字「與」，磧、南、經、清作「興」。

一　二四一頁中五行「喜見」，磧、南、經、清作「善見」。

一　二四一頁中一二行首字「審」，磧、南、經、清作「真」。

一　二四一頁中一五行第五字「阿」，磧、南、經、清無。

一　二四一頁中一七行末字「孔」，磧、南、經、清作「孔中」。

一　二四一頁中一八行「略引三驗」後，經、清舉要如下：「贍波國脩羅窟大頭仙人　南印度婆毗吠伽論師祈見彌勒　摩伽陀國有一人見修

羅女」。

一　二四一頁中二二行第四字「華」，磧、南、徑、清作「華卉」。

一　二四一頁下四行第一三字「大」，磧、南、徑、清無。

一　二四一頁下一二行「玄筞」，磧作「玄榮」。一八行同。

一　二四二頁上一行第五字「令」，磧、南、徑、清作「今」。

一　二四二頁上二行第一一字「云」，磧、南、徑、清作「方」。

一　二四二頁上一九行第八字「儻」，磧、南、徑、清作「儅」。

一　二四二頁中三行「捨家」，磧、南、清作「俗家」。

一　二四二頁中四行第一三字「述」，磧、南、徑、清作「述此」。

一　二四二頁中卷末經名，徑無（未換卷）。

法苑珠林卷第六　西明寺沙門釋道世撰

六道篇第四之二

鬼神部　此別十一部

述意部　會名部　住處部

列數部　業因部　身量部

壽命部　好醜部　苦樂部

貴賤部　舍宅部

述意部第一

夫論鬼神之法特喜妖邪冥寄之中偏多罪戾或處幽巖乍依高隴絕澗深藂之裏荒郊芳野之中異種音聲特奇形勢搖動凡識恐怖愚情假使威光虛為怪相或復鳥形魚首人面獸心或鼓樂絃歌鳴桴響鐸如斯之類悉皆懺悔繼是九州房廟萬國之靈姑蘇太伯延陵季子禹川文命宿澤須注水若山精風師雨伯豐隆列缺迴祿陵侯或駕竹為龍飛鳧代鴈形依高廟體附重樓行雨去來分風上下爰及黃頭大將針髮鬼神編利勒那縣荼羅剎三千眷屬五百徒黨悉為懺悔復有極重之障稱為餓鬼眼光似電咽孔如針不聞水漿之名永絕粇糧之味肢節一時火起動轉五百車聲今日善根並皆霑被當願飢渴之鬼飲食自然嫉娟鬼神無復諂誑光榮佛法擁護世間衛像防經長伸供養蹤善記惡永得熏修也

會名部第二

問曰云何名鬼道者如立世論云鬼道名閦多為閻摩羅王名閦多故其生與王同類故名閦多復說此道與餘往還善惡相通故名閦多又新婆沙論問何故彼趣名閉戾多答施設論說如今時鬼世界王名琰摩如是劫初時有鬼世界王名批多是故往彼生彼諸有情類皆名閉戾多即是批多界中所有義從是以後皆立此名有說由造作增長增上慳貪身語意惡行往彼生故感飢渴業經百千歲不聞水名豈能得見況復得觸或有腹大如山咽如針孔雖遇飲食而不能受有說被驅役故名鬼恒為諸天處處驅役常馳走故有悕望故名鬼謂五趣中從他有情悕望多者無過此故由此因緣故多鬼趣又鬼神者婆沙論中鬼者畏也謂虛怯多畏故名為鬼又希求名鬼謂彼餓鬼恒從他人希求飲食以活性命故名希求也

住處部第三

如婆沙論說餓鬼有二住一正二邊第一正住者說之不定彼論說云此閻浮提五百由旬之下有餓鬼界彼閻羅王領是其正處又善生優婆塞經亦同此說五百由旬之下有閻羅鬼王城周迊四面七萬五百千由旬王領鬼衆於中止住又如五道苦經說此之餓鬼正住彼鐵圍兩山中間故說偈言

鐵圍兩山間　不覩日月光　餓鬼聚其中　償其宿罪故

第二邊住處者如婆沙論說亦不定有其二種一有威德二無威德彼有威德者住山谷或住空中或住海邊皆有宮殿果報過人彼無威德者或依不淨糞穢而住或依草木塚墓而止或依屏廁故區而居皆無舍宅果

法苑珠林卷第六　第四張　霸

報劣人又如論說四天下中悉有鬼住東西二方有威德無威德鬼於北方中唯有威德鬼住無有無威德鬼以其報勝故如是乃至忉利天中亦有威德鬼神住應彼諸天所驅使故自上諸天更無住處故新翻婆沙論亦云四大天衆及三十三天中唯有大威德鬼與諸天衆守門防邏導從給使有說於此贍部洲西有五百渚兩行而住（依舊婆沙論云閻浮提西有五百鬼城於此五百自有兩列矣）於兩行渚中有五百城二百五十城有威德鬼住二百五十城無威德鬼住是故昔有轉輪王名儞弥告御者摩怛梨曰吾欲游觀汝可引車從是道去令我見諸有情受善惡業果時摩怛梨即如王教引車從於二渚中過時王見彼有威德鬼首冠華鬘身著天衣食甘美食猶如天子乘象馬車各各游戲見無威德鬼頭髮蓬亂裸形無衣顏色枯悴以髮自覆執持瓦器而行乞匃見已深信善惡業果問鬼趣形狀云何荅多分如人亦有傍者或面似猪或似種種餘惡禽獸如今

法苑珠林卷第六　第五張　霸

壁上彩畫所作問語言云何荅劫初成時皆作聖語後時隨處作種種言或有說者隨從何處命終生此即作彼形即作彼語評曰不應作是說若從無色界歿來生此趣可無形無言耶應作是說隨所生處言形亦尒

列數部第四

依正法念經云餓鬼大數有三十六種行因不等受報各別

一鑊湯鬼（由受他雇殺生受鑊湯煎煑或受他寄抵拒不還故受斯報）

二針口臭鬼（以財雇人令行殺戮故咽如針鋒滴水不容也）

三食吐鬼（丈夫勸婦施婦慳惜言無故常食吐也）

四食糞鬼（由婦人誑夫自噉飲食惡嫉夫故常食吐糞也）

五食火鬼（由禁人飲食令其自死受火燒嘷叫飢渴苦也）

六食氣鬼（名食美食不施妻兒常因飢渴唯得嗅氣也）

七食法鬼（為求財利為人說法身常飢渴身由請盡宗情說法命得存立也）

八食水鬼（由酤酒加水以惑愚人不持齋戒常患焦渴也）

九悕望鬼（由賈賣詐偽取物常患飢渴先靈祭祀而得食之也）

十食唾鬼（以不淨食誑出家人身常飢渴恒被火燒以求人唾兼食不淨）

十一食鬘鬼（以前世時盜佛華鬘用自莊嚴若人遭事以鬘賞祭因得鬘食也）

十二食血鬼（由殺生血食不施妻子受此鬼身以血塗祭方得食之）

十三食肉鬼（由以衆生身肉臠臠稱之貪賣欺誑因受此報多詐醜惡人惡見之祭祀雜肉方得食之）

法苑珠林卷第六　第六張　霸

十四食香鬼（由賣惡香多取賈直唯食香煙後受窮報）

十五疾行鬼（若有破戒而披法服詐取財物言為佛僧人竟不施與便自食之由受此報常食不淨由燒其身）

十六伺便鬼（由詐巧取財不修福業因受此報身毛火出伺人氣力不淨以自存活）

十七黑闇鬼（由枉法繫人牢中因無所見常處闇故受闇處惡蛇猛獸刀割苦）

十八大力鬼（由偷盜人物施與惡友不施福田因受此報大力神通多被苦惱）

十九熾然鬼（由破城抄掠殺害百姓因受此報舉哭叫奔身火然後得為人常被劫奪）

二十伺嬰兒便鬼（由枉嬰兒心生大恚因受此報常伺人便能害嬰兒也）

二十一欲色鬼（由好婬欲不施福田因受此報遊行人間與人交會妄為妖怪以求活命）

二十二海渚鬼（由行曠野見病苦人欺奪財物生海渚中受寒熱苦十倍過人）

二十三閻羅王執杖鬼（由前世時親近國王大臣專行暴惡因受此報為王給使作執杖鬼）

二十四食小兒鬼（由說呪術誑取人財物殺害豬羊死墮地獄從受此報常食小兒）

二十五食人精氣鬼（由詐為親友我為汝護令他當力歿陣而死竟不救護故受斯報）

二十六羅剎鬼（由殺生命以為大會故受此報飢火所燒）

二十七火燒食鬼（由慳嫉覆心喜嫉僧食先隨地獄從出受大爐燒身鬼也）

二十八不淨巷陌鬼（由以不淨食與梵行之人因墮此報常食不淨也）

二十九食風鬼（由見出家人來乞許而不施與因受此報常患飢渴如地獄苦）

三十食炭鬼（由典主刑獄禁其飲食因受此報常食火炭也）

三十一食毒鬼（由以毒食令人喪命因墮地獄從出為鬼常就餓極食毒火燒其身也）

三十二曠野鬼（由曠野湖池造已施人惡口決破令行人渴乏故受斯報常患飢渴大燒其身也）

三十三塚間食灰土鬼（由盜佛華賣已活命故受此報常食死人燒屍熱灰也）

三十四樹下住鬼（由見人種樹為施人作蔭遂心斫伐取材而用故墮樹中常被寒熱也）

三十五交道鬼（由盜行路人糧以殺害故常被鐵鋸截身因支道祭祀取食自活也）

三十六魔羅身鬼（由行邪道不信正真圖壞魔鬼當破人善法也）
依順正理論云鬼有三種謂無少多財無財復有三炬鍼　臭口炬口鬼者此鬼口中常吐猛焰熾然無絕身如被燎多羅樹形此受極慳所招苦果鍼口鬼者此鬼腹大量如山谷口如鍼孔雖見種種上妙飲食不能受用飢渴難忍臭口鬼者此鬼口中常出極惡腐爛臭氣過於糞穢沸溢廁門惡氣自熏恒空嘔逆設遇飲食亦不能受飢渴所惱狂嗷亂奔少財亦有三謂鍼毛臭毛癭鍼毛鬼者此鬼身毛堅剛鋸利不可附近內鑽自體外射多身如麞中毒箭怖狂走時逢不淨少濟飢渴臭毛鬼者此鬼身毛臭甚常穢薰爛肌骨蒸坌腸腹衝喉變歐荼毒難忍攫體拔　毛傷裂皮膚轉加劇苦時逢不淨少濟飢渴言癭鬼者謂此鬼咽惡業力故生於大癭如大癰腫熱晞酸疼更相劇齧臭膿涌出爭共取食少得充飢多財亦有三謂希祠希棄大勢希祠鬼者此鬼常時往祠祀中饗受他祭生處法尒時歷異方如鳥陵空往還無礙由先勝解作是希望我若命終諸子孫等必當祠我資具飲食由勝解力生此鬼中乘宿善因感此祠祀或有先性愛親知為欲皆令豐足資具以不如法積集珎財慳悋居心不能布施乘斯惡業生此鬼中住本舍邊便穢等處親知追念為請沙門梵志孤窮供施崇福彼鬼見已於自親知及財物中生己有想又自明見慳果現前於所施田心生淨信相續生長捨相應業由此便成順現法受乘斯力故得資具豐饒希棄鬼者此鬼欲常收他所棄吐殘糞穢等用充所食亦得豐饒謂彼宿生慳過失故有飲食處見穢或空樂淨見穢亦由現福如其所應各得豐饒飲食資具生處法尒所受不同不可推徵祠到所以如地獄趣異熟生色斷已還續餘趣則無於人趣中有勝念智修梵行等餘趣中無如天中隨欲衆具皆現如斯等事生處法然不可於中求其定量大勢鬼者大同前婆沙論說又瑜伽論云鬼趣有三一者外障鬼謂彼有情由習上慳生鬼趣中常與飢渴相應皮宍枯槁猶如火炭頭髮蓬亂脣口乾焦常以其舌舐掠口面飢渴慞惶處處馳走所到泉池為諸有情手執刀杖護不令覷或變成膿血自不欲飲是名外障鬼二者內障鬼謂彼有情口如針炬其腹寬大縱得飲食自不能食是名內障鬼謂有餓鬼名猛焰鬘隨所飲噉皆被燒然由此因緣飢渴大苦是名無障鬼若夫善名利物感報怡愉惡是損他招果摧折但善類登山理為難上惡如崩隊其實可易行是以天宮閑曠來蹤蓋寡地獄樊籠往人爭湊也

業因部第五

如智度論說惡有三品但造下品之惡即生餓鬼趣中依如十地論亦同此說於十惡業隨造何業一一先生三塗後得人身若依正法念經說若起貪嫉邪佞諂曲欺誑於他或復慳貪積財不施皆生鬼道從鬼命終多生畜生道中受遮吒迦鳥身恒常飢

渴受大苦惱唯飲天雨仰口而承不得更飲餘水是故常困飢渴也依業報差別經說具造十業生餓鬼中一身行輕惡二口行惡三意行輕惡四慳溢多貪五起非分惡六諂曲嫉妒七起於邪見八愛著資生即便命終九困飢而亡十枯渴而死以是業生餓鬼中

又分別功德論云有諸沙門行諸禪觀或在塚間或在樹下時在塚間觀於死屍夜見飢鬼打一死屍沙門問曰何以打此死屍耶荅曰此屍困我如是是以打之道人曰何以不打汝心打此死屍當復何益也於須臾頃復有一天以天曼陁羅華散此臭屍沙門問曰何為散華此臭屍耶荅曰由我此屍得生天上此屍即是我之善友故來散華報往昔恩道人荅曰何不以華散汝心中乃散臭屍夫為善惡之本皆心所為乃捨本求末耶

身量部第六

如五道經說餓鬼形量極大者長一由旬頭如大山咽內如針頭髮蓬亂形容羸瘦拄杖而行如是者極衆鼻小者如有知小兒或曰三寸中間形量依經具說不可備錄

壽命部第七

如觀佛三昧經說其有餓鬼極長壽者八萬四千歲短則不定依成實論極長壽者七萬歲短亦不定若依優婆塞經說極長壽者一萬五千歲如人間五千年為餓鬼中一日一夜如是日夜即彼鬼壽一萬五千歲計此人間日月歲數當二千七百万歲也若依正法念經說有鬼壽命五百歲如人間十年為餓鬼一日一夜如是日夜壽五百歲計此人間日月歲數當一百八十万歲也

好醜部第八

如婆沙論云鬼中好者如有威德鬼形容端正諸天無異又一切五岳四瀆山海諸神悉多端正名為好也第二醜者謂無威德鬼形容鄙惡不可具說身如餓狗之腔頭若飛蓬之亂咽同細小之針脚如朽槁之木口常垂涎鼻常流涕耳內生膿眼中血出諸如是等名為大醜

苦樂部第九

如婆沙論說鬼中苦者即彼無威德鬼恒常飢渴累年不聞漿水之名豈得逢斯甘饍設值大河欲飲即變為炬火縱得入口即腹爛燋然如斯之類豈不苦哉第二鬼中樂者即彼有威德中富足豐美衣食自然身服天衣口飡天供形常優縱策乘輕馳任情游戲共天何殊如斯之類豈不樂哉

問曰斯樂便勝於人何故經說人鬼殊趣荅曰經說鬼神不如人道略述二意一受報公顯不及於人為彼鬼神晝伏夜游故不及於人二虛怯多畏不及於人雖有威德以報卑劣常畏於人縱晝夜值人恒避路私隱

問曰既劣於人何得威德報同於天荅然由前身大行檀故得受威報由前身諂曲不實故受斯鬼道也

貴賤部第十

如婆沙論云有威德者即名為貴無威德者即名為賤又為鬼王者即名

爲貴受驅使者即名爲賤貧富如何荅有威德者多饒衣食僕使自在即名爲富身常驅驅恒被敦役麁食不聞弊服難值如斯之類即名爲貧也

舍宅部第十一

如婆沙論說有威德者便有宮宅七寶莊嚴一切山河諸神悉有舍宅依之而住無威德者如浮游浪鬼飢渴之徒悉無舍宅權依塚墓暫止叢林草木巖穴是其居處

故莊嚴論云佛言我昔曾聞有大商主子名曰億耳入海採寶既得迴還與伴别宿失伴慞惶飢渴所逼遂見一城謂爲有水往至城邊欲索水飲然此城者是餓鬼城到彼城中四衢道頭衆人集處空無所見飢渴所逼唱言飢渴所逼又見一城謂爲有水往至城邊欲索水飲然此城者是餓鬼城到彼城中四衢道頭衆人集處空無所見飢渴所逼唱言水水諸餓鬼輩聞是水聲皆來雲集誰慈悲者欲與我水此諸餓鬼身如燋柱以髮自纏皆來合掌作如是言願乞我水億耳語

言我渴所逼故來求水尒時餓鬼聞億耳爲渴所逼自行求水悕望都息皆各長歎作如是言汝可不知此餓鬼城云何此中而索水耶即說偈言

我等處此城　百千萬歲中　尚不聞水名
況復得飲者　譬如多羅林　熾然被火焚
我等亦如是　肢節皆火然　頭髮悉蓬亂
形體皆毀破　晝夜念飲食　慞惶走十方
飢渴所逼切　張口馳求索　有人執杖隨
尋逐加楚撻　搥打不得近　我等憂此苦
云何能得水　以用慧施人　我等先身時
慳貪極嫉妒　不曾施一人　漿水及飲食
自物不與他　抑彼令不施　以是重業故
今受是苦惱

感應緣 略引六驗

宋司馬文宣　宋王胡　宋李旦
唐眭仁蒨　臨川諸山鬼怪
雜明俗中鬼神

宋司馬文宣河內人也頗信法元嘉九年丁母難弟喪月望旦忽見其弟身形於靈座上不異平日迴遑歎嗟諷求飲食文乃試與言曰汝平生時修行十善若如經言應得生天若在

人道何故乃生此鬼中耶說吟俯仰默然無對文宣即夕夢見其弟云生所修善業報生天旦靈牀之鬼是魔魅耳非其身也恐兄疑怪故詣以白兄文宣明旦請僧轉首楞嚴經令人撲擊之鬼乃逃入牀下又走戶外形稍醜惡舉家駭懼詈叱遣之鬼云餓乞食耳積日乃去頃之母靈牀頭有一鬼膚體赤色身甚長壯文宣長息孝祖與言往反荅對周悉初雖恐懼末稍安習之鬼亦轉相附狎居處出入殆同家人於時京師傳相報告往來觀者門巷疊跡時南林寺有僧與靈味寺僧含沙門與鬼言論亦甚款曲鬼云昔世嘗爲尊貴以犯衆惡受報未竟果此鬼身去寅年有四百部鬼大行疾厲所應鍾災者不忓道人耳而犯橫極衆多濫福善故使我來監察之也僧以食與之鬼曰我自有粮不得進此食也含曰鬼多知我生何來何因作道人荅曰人中來出家因緣本誓願也問諸存亡生死所趣略皆荅對具有靈驗條次繁多故不曲

載舍曰人鬼道殊汝既不求食何爲久留鬼曰此間有一女子應在收捕而奉戒精勤故難可得比日督留用此故也藉亂主人有愧不少自此已後不甚見形後往視者但聞語耳時元嘉十年也至三月二十八日語文宣云暫來寄住而汝傾家營福見畏如此邪得久留孝祖云聽汝寄住何故據人先亡靈筵耶答曰汝家亡者各有所屬此座空設故權寄耳於是辭去

宋王胡者長安人也叔死數載元嘉二十三年忽見形還家責胡以脩謹有闕家事不理罰胡五杖傍人及鄰里並聞其語及杖聲又見杖瘢迹而不覩其形唯胡猶得親接叔謂胡曰吾不應死神道須吾筭諸鬼錄今大從吏兵恐驚損墟里故不將進耳胡亦大見衆鬼紛鬧若村外俄然叔辭去曰吾來年七月七日當復暫還欲將汝行游歷幽途使知罪福之報也不須費設若意不已止可茶來耳至斯果還語胡家人云吾今將胡遊觀

畢當使還不足憂也胡即頓臥牀上泯然如盡叔於是將胡遍觀群山備覩鬼怪末至嵩高山諸鬼過胡並有饌設餘施味不異世中唯薑甚脆美胡欲懷將還左右人笑胡云止可此食不得將還也胡末見一處屋宇華曠帳筵精整有二少僧居焉胡造之二僧爲設雜菓檳榔等胡游歷久之備見罪福苦樂之報乃辭歸叔謂胡曰汝既已知善之可脩何宜在家白足阿練戒行精高可師事也長安道人足白故時人謂爲白足阿練也甚爲魏虜所敬虜主事爲師胡既奉此練於其寺中遂見嵩山上年少僧者游學衆中胡大驚與叙乖闊問何時來二僧荅云貧道本住此寺往日不憶與君相識胡復說嵩高之遇此僧云君謬耳豈有此耶至明日二僧無何而去胡乃具告諸沙門敘說往日嵩山所見衆咸驚怪即追求二僧不知所在乃悟其神人焉元嘉末有長安僧釋曇爽來游江南具說如此也

宋李旦字世則廣陵人也以孝謹質

素著稱鄉里元嘉三年正月十四日暴死心下不冷七日而蘇唅以飲粥宿昔復常云有一人持信幡來至牀頭稱府君敎喚旦便隨去直北向行道甚平淨既至城閣高麗似今宮闕遣傳敎慰勞問呼旦可前至大廳事上見有三十人單衣青幘列坐森然一人東坐被袍隱机左右侍衞可有百餘視旦而語坐人云當示以諸獄令世知也旦聞言已舉頭四視都失向處乃是地獄中見群罪人受諸苦報呻吟號呼不可忍視尋有傳敎稱府君信君可還去當更相迎因此而還至六年正月復死七日又活述所見事較略如先或有罪囚寄語報家道生時犯罪使爲作福稍說姓字親識鄉伍旦依言尋求皆得之又云甲申年當行疾癘殺諸惡人佛家弟子作八關齋戒修心善行可得免也旦本作道家祭酒即欲棄籙本法道民諫制故遂兩事而常勸化作八關齋

宋尚書僕射滎陽鄭鮮之元嘉四年從大駕巡京至都夕暴亡乃靈語著

人曰吾壽命之盡早應過世賴比歲
來敬信佛法放生布施以此功德延
駐數年耳夫幽顯報應有若影響豈
放落俗務崇心大教于時勝貴多皆
聞云（右三驗出冥報記也）
唐睦仁蒨者趙郡邯鄲人也少事經
學不信鬼神常欲試其有無就見鬼
人學之十餘年不能得見後徙家向
縣於路見一人如天官衣冠甚瞱瞱
乘好馬從五十餘騎視仁蒨而不言
後數見之常如此經十年凡數十相
見後忽駐馬呼仁蒨曰比頻見君情
相眷慕願與君交游蒨即拜之問公
何人耶答曰吾是鬼耳姓成名景本
弘農西晉時爲別駕今任胡國長史
仁蒨問其國何在王何姓名答曰黃
河已北總爲臨胡國國都在樓煩西
北沙磧是也其王即是故趙武靈王
今統此國總受太山控攝每月各使
上相朝於太山是以數來過此與君
相遇也吾乃能有相益令君預知禍
難而先避之可免橫害唯死生之命
與大禍福之報不能移動耳仁蒨從

之景因命其從騎常掌事以是贈之
道隨蒨行有事令先報之即介所不
知當來告我於是便別常事恒隨逐
如侍從者須有所問無不先知時大
業初陵岑之象爲邯鄲令子文本年
未弱冠之象請仁蒨於家教文本書
蒨以此事告文本仍謂曰成長史語
我有一事羞君不得道既與君交亦
不能不告君鬼神道亦有食然不能
得飽常苦飢若得人食便得一年飽
衆鬼多偷竊人食我既貴重不能偷
之從君請一飡蒨既告文本文本即
爲具饌備設珍善蒨曰鬼不欲入人
屋可於外水邊張幕設席陳酒食於
上文本如其言至時仁蒨見景兩客
來坐從百餘騎既坐文本向席再拜
謝以食之不精亦傳景意辭謝初文
本將設食仁蒨請有金帛以贈之文
本問是何等物蒨云鬼所用物皆與
人異唯黃金及絹爲得通用然亦不
如假者以黃色塗大錫作金以紙爲
絹帛最爲貴上文本如言作之及景
食畢令其從騎更代坐食文本以所

作金錢絹贈之景深喜謝曰因睦生
煩郎君供給郎君頗欲知壽命乎文
本辭云不願知也景笑而去數年後
仁蒨遇病不甚困篤而又不起月餘
日蒨渠常掌事掌事不知便問長史長
史報云國內不知後月因朝太山爲
問消息相報至後月長史來報云是
君鄉人趙某爲太山主簿主簿一員
闕薦君爲此官故爲文案經紀召君
耳案成者當死蒨問請將案出景云
君壽應年六十餘今始四十但以趙
主簿橫徵召耳當爲請之乃曰趙主
簿相問睦兄昔與同學恩情深至今
幸得爲太山主簿適遇一員官闕明
府令擇人吾已啓公公許相用兄既
不得長生命當有死死遇濟會未必
當官何惜一二十年苟生延時耶今
文書已出不可復止願決作來意無
所疑也蒨憂懼病逾篤景謂蒨曰趙
主簿必欲致君君可自往太山於府
君陳訴則可以免蒨問何因見府君
景曰鬼者可得見耳往太山廟東度
一小嶺平地是其都所君往自當見

之蒨以告文本文本爲具行裝數日
景文告蒨曰文書欲成君許懼不可
免急作一佛像彼文書自消蒨告文
本以三千錢爲畫一座像於寺西壁
記而景來告曰免矣蒨情不信佛意
尚疑之因問景云佛法說有三世因
果此爲虛實答曰皆實蒨曰即如是
人死當分入六道耶得盡爲鬼而趙
武靈王及君今尚爲鬼耶景曰君縣
内幾戶蒨曰萬餘戶又曰獄囚幾人
蒨曰常二十人已下又曰萬戶之内
有五品官幾人蒨曰無又曰九品已
上官幾人蒨曰數十人景曰六道之
義分一如此耳其得天道万無一人
如君縣内無一五品官得人道者萬
有數人如君縣内九品數十人入地
獄者萬亦數十如君獄内囚唯鬼及
畜生最爲多也如君縣内課役戶就
此道中又有等級因指其從者曰彼
人大不如我其不及彼者尤多蒨曰
鬼有死乎曰然蒨曰死入何道答曰
不知如人知生而不知死彼之事蒨
問曰道家章醮爲有益不景曰道者

被天帝揔統六道是爲天曹　閻
羅王者如人間天子太山府君如尚
書令錄五道神如諸尚書若我輩國
如大州郡每人間事道上章請請福
如求神之恩天曹受之下閻羅王云
以某月日得某甲訴云云宜盡理勿
令枉濫閻羅敬受而奉行之如人奉
詔也無理不可求免有枉必當得申
何爲益也蒨又問佛法家修福何如
景曰佛是大聖無文書行下其修福
者天神敬奉多得寬有若福厚者雖
有惡道文簿不得追攝此非吾所識
亦莫知其所以然言畢即去蒨一二
日能起便愈文本父卒還鄉里蒨寄
書曰鬼神定是貪諂往日欲郎君飲
食乃尒殷勤比知無復利相見殊落
漠然常掌事猶見隨本縣爲賊所陷
死亡略盡僕爲掌事所道如常賊不
見竟以獲全貞觀十六年九月八日
文官賜射於玄武門文本時爲中書
侍郎與家兄太府卿及治書侍御史
馬周給事中韋琨及臨對坐文本自
語人云尒　右一驗出冥報記

臨川間諸山縣有妖魅來常因大風
雨有聲如嘯能射人其所著者如蹄頭
腫大毒有雌雄雄急雌緩急者不過
半日緩者不延經宿其有旁人常以
救之救之小免則死俗名曰刀勞鬼
故外書云鬼神者其禍福發揚之驗
於世者也老子曰昔者得一者天得
一以清地得一以寧神得一以靈谷
得一以盈侯王得一以爲天下禎然
則天地鬼神與我並生者也氣分則
性異域立則形殊莫能相兼也生者
主陽死者主陰性之所託各安其方
太陰之中怪物存焉　右二驗出搜神記
韓詩外傳曰死爲鬼鬼者歸也精氣
歸於天肉歸於土血歸於水脈歸於
澤聲歸於雷動作歸於風眼歸於日
月骨歸於木筋歸於山齒歸於石膏
歸於露髮歸於草呼吸之氣復歸於
人
禮記祭義曰宰我曰吾聞鬼神之名
不知其所謂子曰氣之也者神之盛
也鬼也者鬼之盛也合鬼與神教之
至也依崔鴻十六國春秋前涼錄曰張傾

安定馬氏人初傾之叙麹儉儉有恨言恨言是月光見白狗攸劒斫之傾委地不起左右見儉在傍遂乃暴卒

依神異經曰東北方有鬼星石室三百戶而共所石傍題曰鬼門門晝日不閉至暮則有人語有火青色 右此四驗出其御覽

南陽宋定伯年少時夜行逢鬼問曰言鬼尋復問之卿復誰定伯誑之言我亦鬼鬼問欲至何所荅曰欲至宛市鬼言我亦欲至宛遂行數里鬼言步行太遲可共遞相擔也定伯曰大善鬼便先擔定伯數里鬼言卿大重將非鬼也定伯言我新死故身重耳伯因復擔鬼鬼略無重如是再三定伯復言我新死不知鬼悉何所畏忌鬼荅言唯不喜人唾於是共行道遇水定伯令鬼先度聽之了無聲音定伯自度漕漼作聲鬼復言何以聲定伯曰新死不習度水故尒勿怪吾也行欲至宛定伯便擔鬼著頭上急持之鬼大呼聲咋咋然索下不復聽之徑至宛市中下著地化為一羊便賣

之恐其變化為羊唾之得錢千五百乃去于時石崇言定伯賣鬼得千五百文 右此一驗出列異傳

趙泰傳曰泰曾奄然而絕有使二人扶而從西入趣宫治合有三重黑門周匝數十里高梁瓦屋是日亦有同死者男子五六千人皆在門外有吏著帛單衣持筆疏人姓名男女左右別記謂曰莫動當將汝入呈太山府君名薄在第二十須臾便至府君西向坐邊有持刀直衛左右至者案名一一呼入至府君所依罪輕重斷之入獄案范朴子曰按九鼎記及青靈經並云人物之死俱有鬼也

魏孫恩作逆時吳興紛亂一男子避急突入蔣侯廟始入門木像彎弓射之即死行人及守廟者無不必見 右此一驗出幽冥錄

畜生部 此別十部

述意部　會名部　住處部
身量部　壽命部　業因部
受報部　修福部　苦樂部
好醜部

述意部第一

夫論畜生癡報所感種類既多條緒非一稟茲穢質生此惡塗頓罷慧明唯多貪恚所以蜂蠆蘊毒蛇蝮懷瞋鴿雀嗜婬豺狼騁暴或復被毛戴角抱尋銜珠觜巨鋒芒爪甲長利或復聽物往還受人驅策犬勤夜吠鷄競曉鳴牛弊田農馬勞行陣肌肉於是消耗皮膚為之零落或可潛藏草澤遂被罝羅竄伏陂池橫遭罾網如是畜生悉皆懺悔乃至鵾鵬大質螻蟻細軀偃鼠飲河鷦鷯巢木水生陸產羽族毛群錦質紫鱗丹鰓頳尾如此之流悉皆代為懺悔當令信根清淨捨此惡形慧命莊嚴復茲天報無復驅馳之苦永離屠割之悲縱意逍遙隨心放蕩飲啄自在鳴噣無為出彼樊籠免乎繫縛也

會名部第二

畜生者如婆沙論中釋生謂衆生畜謂畜養謂彼橫行稟性愚癡不能自立為他畜養故名畜生問曰若以畜養名畜生者如諸龍水陸空行豈

可為人所養名為畜生耶答曰養者義寬具滿人間及以六天不養者處狹唯在人中山野澤內又古昔諸龍亦為人養具在文史今從畜養偏多故名畜生又立世論云畜生梵名底栗車由因諂曲業故於中受生故復說此道衆生多覆身行故說名底栗車

依新婆沙論名為傍生故問云何傍生趣答其形傍故行亦傍故形亦傍是故名傍生有說彼諸有情由造作增上愚癡身語意惡行往彼生閒鈍故名傍生謂此偏於五趣皆有如捺落迦中有無足者如孃矩吒蟲等有二足者如鐵嘴烏等有四足者如黑駮狗等有多足者如百足等於鬼趣中有無足者如毒蛇等有二足者如烏鵄等有四足者如狐狸象馬等有多足者如六足百足等於人趣三洲中有無足者如一切腹行蟲有二足者如鴻鴈等有四足者如象馬等有多足者如百足等於拘盧洲中有二足者如鴻鴈等有四足者如象馬等無有無足及多足者彼是受無惱害業果處故四天王衆天及三十三天中有二足者如妙色鳥等有四足者如象馬等餘無者如前釋上四天中唯有二足者如妙色鳥等餘皆無者空居天處轉勝妙故問彼處若無象馬等者如何為乘亦聞彼天乘象馬等云何言無答由彼諸天福業力故作非情數象馬等形而為御乘自娛樂也

依樓炭經說畜生不同大約有其三種一魚二鳥三獸於此三中一一無量魚有六千四百種鳥有四千五百種獸有二千四百種於彼經中但列揔數不別列名正法念經種數不同有四十億亦不列名

住處部第三

如新婆沙論問傍生本住何處答本所住處在大海中後時流轉徧在諸趣問其形云何答多分傍側亦有竪者如緊捺落畢舍遮醯盧索迦等問語言云何答劫初成時皆作聖語後以飲食時分有情不平等故諂誑增上故便有種種語乃至有不能言者

又舊婆沙論說畜生住處乃有邊正之別第一正住者或說在鐵圍兩界之閒冥闇之中或在大海之內或在洲渚之上第二邊住者謂在五趣之中如地獄中或有無足畜生如彼蛇等或有二足者如彼烏鳩等或有四足者如彼狗等（此中或有毒狗或有化者不定）於鬼趣中亦有無足二足四足多足畜生謂彼有威德鬼中亦有象馬駝驢等無威德鬼中唯有狗等脩羅趣中（一同鬼趣中說）於天趣中唯有二足四足畜生更無餘種（然欲色二界諸天有具不具報化畜生一如前天中說）

身量部第四

如菩薩處胎經云第一大鳥不過金翅鳥頭尾相去八千由旬高下亦尒若其飛時從一須彌至一須彌終不中止廣如經說第二獸者不過於龍如阿含經說難陀跋難陀二龍其形最大繞須彌山七帀頭猶山頂尾在海中第三魚身者不過摩竭大魚如四分律說摩竭大魚身長或三百由旬四百由旬乃至極大者長七百

虫句故阿含經云眼如日月鼻如大山口如赤谷若依俗書莊周說云有大鵬其形極大鴻鵬之背不知幾千里將欲飛時擊水三千里翼若垂天之雲搏扶搖而上去地九萬方乃得逝要從北溟至於南溟一飛六月終不中息（此當內典小金翅鳥俗情不測謂有大鵬之鳥）俗書復說水獸大者不過巨靈之鼇龜其形最大首冠蓬萊海中游戲亦不說其高下長短也（此蠢衆同小小之摩竭不可較其優劣也）莊周說小鳥之微不過於鷦螟之鳥蚊子鬚上養子有卵鬚上乳其卵不落（此香未達內典衆生受報極小者形如微塵天眼方觀故內律云佛令比丘濾水而飲舍利弗乃多攝而濾猶有細蟲因此七日不飲水身形枯顇佛知而故問汝云何顯顇答言佛令濾水而飲弟子纖多攝濾以天眼觀蟲猶尚而過如諸中濾水必以護生命不犯飲水故身顯顇佛告舍利弗若以天眼觀一切人民無有活者自今已後但聽肉眼看水清淨其內無蟲即得開飲故知衆生微報處契皆編於寺豈同鷦螟之質大也）

壽命部第五

如毗曇說云畜生道中壽極長者不過一劫如持地龍王及伊羅鉢龍等壽極短者不過蜉蝣之蟲朝生夕死不盈一日中間長短不可具述如智度論說佛令舍利弗觀鴿過未前後各八萬劫猶不捨鴿身故知畜生受

報長遠非凡所測也

業因部第六

依業報差別經中說具造十業得畜生報一身行惡二口行惡三意行惡四從貪煩惱起諸惡業五從瞋煩惱起諸惡業六從癡煩惱起諸惡業七毀罵衆生八惱害衆生九施不淨物十行於邪婬若依正法念經說畜生種類各各差別業因得報亦各不同備如經說不可具述若依地持具造十惡一一能令衆生墮於地獄畜生餓鬼中後得人身猶有習報（具如餘篇中說）

受報部第七

依賢愚經云尒時有諸估客欲詣他國其諸商人共將一狗至於中路衆賈頓息伺人不看狗便盜宍衆人瞋打而折其脚棄野而去時舍利弗天眼見狗癧躄飢餓困篤垂死著衣持鉢入城乞食得已持出飛至狗所慈心憐愍以食施與狗得其食活命歡喜即為狗說微妙之法狗便命終生舍衛國婆羅門家後舍利弗獨行乞食婆羅門見而問言尊者獨行無沙

彌耶舍利弗言我無沙彌聞卿有子當用見與婆羅門言我有一子字曰均提年既孤幼不任使令比前長大當用相與後至七歲以其兒付令使出家便受其兒將至祇桓聽為沙彌漸為說法心開意解得阿羅漢果功德悉備均提沙彌始得道已自以智力觀過去世本造何行遭聖獲果覩見前身作一餓狗蒙和上恩今得人身并獲道果欣心內發而自念言我蒙師恩得脫諸苦今當盡身供給所須求作沙彌不受大戒佛告阿難由過去世迦葉佛時均提出家少年聲好善巧讚唄人所樂聽有一老僧音聲濁鈍不能經唄已得羅漢功德皆具年少比丘自恃好聲見而訶之聲如狗吠時老比丘便呼年少汝識我不我得羅漢儀式悉具年少聞說心驚毛竪惶怖自責即於其前懺悔過咎由其惡言五百世中常受狗身由其出家持淨戒故今得見我蒙得解脫又智度論云愚癡多故受蚰蜒蜣蜋螻蟻鵂鶹角鵄之屬諸騃蟲鳥龍樹

菩薩或云婬欲情多故受鶩身或云愚癡多故亦受鶩身此二鶩身為同為異答謂習欲生者是水鳥鳧鴨之流習癡生者是陸鳥鵄梟之類或晝覓夜亦見由欲生故恒多連飛並汎鳥之類或夜見晝不見由癡生故恒多夜游伺鼠鵄亦二種習欲生者是老鵄則晝見夜不見習癡生者是角鵄則夜見晝不見又長阿含及增一經云金翅鳥有四種一卵生二胎生三濕生四化生皆先大布施由心高陵虛苦惱衆生心多瞋慢生此鳥中有如意寶珠以為瓔珞變化萬端無事不辨身高四十里衣廣八十里長四十里重二兩半食黿鼉魚鼈以為段食樓炭經云其食能消一切寶金銀等寶唯除金剛也洗浴衣服為細滑食亦有婚姻兩身相觸以成陰陽壽命一劫或有減者大海北岸一樹名究羅瞋摩高百由旬蔭五十由旬樹東有卵生龍宮卵生金翅鳥宮樹南有胎生龍宮胎生金翅鳥宮樹西有溼生龍宮溼生金翅鳥宮樹北有化生龍宮化生金翅鳥宮各各縱廣六千由

旬莊飾如上若卵生金翅鳥飛下海中以翅摶水水即兩披深二百由旬取卵生龍隨意而食之華嚴經云此鳥食龍所扇之風風若入人眼人眼則失明故不來人間恐損人眼也胎溼化等亦復如是涅槃經云雖不能食受三歸者有化龍子於六齋日受齋八禁時金翅鳥欲取食之銜上須彌山北大鐵樹上高十六萬里求覓其尾了不可得鳥聞亦受五戒又覩佛三昧經云金翅鳥王名曰正音於衆羽族快樂自在於閻浮提日食一龍王及五百小龍於四天下更食日日數亦如上周而復始經八千歲死相既現諸龍吐毒不能得食飢逼慞惶求不得安至金剛山從金剛山直下從大水際至風輪際為風所吹還上金剛山如是七返然後命終以其毒故令十寶山同時火起難陀龍王懼燒此山即降大雨渧如車軸鳥肉消盡唯餘心存心又直下七返如前住金剛山難陀龍王取為明珠轉輪聖王得為如意珠若人念佛心亦如是又樓炭長阿含經等云龍還有四皆先多瞋恚心曲不端大行布施今受

此形由施福故以七寶為宮宮之所在前金翅鳥中說也身高四十里衣長四十里廣八十里重二兩半神力自在百味飲食最後一口變為蝦蟆若自化眷屬發於道心乞施皂衣能使諸龍各興供養者沙不雨身及離衆患亦能變身為蛇等不遭蝦蟆及金翅鳥食黿鼉魚鼈以為段食洗浴衣服為細滑食亦有婚姻身相觸以成陰陽壽命一劫或有減者得免金翅鳥食唯有十六王一娑竭二難陀三跋難陀四伊那婆羅五提頭賴吒六善見七阿盧八伽句羅九伽毗羅十阿波羅十一伽㝹十二瞿伽㝹十三阿耨達十四善住十五憂睺伽波頭十六得叉迦

又樓炭華嚴經云娑竭龍王住須彌山北大海底宮宅縱廣八萬由旬七寶所成牆壁七重欄楯羅網嚴飾其上園林浴池衆鳥和鳴金壁銀門門高二千四百里廣二千二百里彩畫殊好常有五百鬼神之所守護能隨心降雨群龍所不能及住淵涌流入海青瑠璃色又海龍王經云龍王白

法苑珠林卷第六　第三十七張　楠

佛言我從劫初正住大海從拘樓秦佛時大海之中妻子甚少今者海龍眷屬繁多佛告龍王其於佛法出家違犯戒行不捨直見不墮地獄如斯之類壽終已後皆生龍中佛告龍王拘樓秦佛時九十八億居家出家違其禁戒皆生龍中拘那含牟尼佛時八十億居家出家毀戒恣心壽終之後皆生龍中迦葉佛時六十四億居家出家犯戒皆生龍中於我世中九百九十億居家出家鬪諍誹謗經戒死生龍中今已有出者以是之故在大海中諸龍妻子眷屬不可稱計泥洹後多有惡優婆塞違失禁戒當生龍中或墮地獄

又僧護經云尒時世尊告僧護比丘汝於海中所見龍王受此龍身牙甲鱗角其狀可畏臭穢難近以畜生道障出家法不能得免金翅鳥王之所食噉龍性多睡有五法不能隱身一生時二死時三婬時四瞋時五睡時復有四毒不能如法一以聲毒故不能如法若出聲者聞則害人二以見毒故不能如法若見身者必能害人三以氣毒故不能如法若被氣噓必能害人四以觸毒故不能如法若觸身者必能害人

法苑珠林卷第六　第三十八張　楠

修福部第八

如菩薩處胎經云佛告智積菩薩吾昔一時無央數劫為金翅鳥王七寶宮殿後園浴池皆七寶成心得自在如轉輪王乃能入海求龍為食時彼海中有化生龍子於其齋日奉持八禁時金翅鳥王身長八千由旬左右兩翅各長四千由旬以翅斫海取龍水未合頃飛銜龍出鳥欲食龍時先從尾而呑到須彌山北有大鐵樹高下六萬里銜龍至彼欲得食噉求龍尾不知處以經日夜明日龍始出尾語金翅鳥化生龍者我身是也我不持八齋法者汝即灰滅時金翅鳥聞悔過自責佛之威神甚深難量我有宮殿去此不遠共我至彼以相娛樂龍即隨鳥至宮觀看今此眷屬不聞如來八關齋法唯願指授禁戒威儀若壽終後得生人中尒時龍子具以禁戒法便讀誦之即於鳥宮而說頌曰

法苑珠林卷第六　第三十九張　霸

我是龍王子　修道七萬劫　以針刺樹葉
犯戒作龍身　我宮在海水　亦以七寶成
摩尼玻瓈珠　明月珠金銀　可隨我到彼
觀看修佛事　復益善根本　慈潤悉周遍

尒時鳥聞龍子所說受八關齋法口自發言從今以後盡形壽不殺生如諸佛教金翅鳥眷屬受三自歸已即從龍子到海宮殿彼有七寶塔諸佛所說諸法深藏別有七寶函滿中佛經見諸供養猶如天上龍子語鳥我受龍身劫壽未盡未曾殺生嬈觸水性時龍子龍女心開意解壽終之後皆當得生阿弥陁佛國

苦樂部第九

如經說云如有福龍依報快樂具足妻妾伎女衣服飲食象馬七珎無不備有優樂自在過逾於人乃至六欲天中亦有鳥獸自在受樂亦有薄福諸龍日別熱沙爆身為諸小蟲之所唼食又如人間畜生驅策鞭打擔輕負重馳騁走使不得自在乃至水陸

空行乏少水草　共相殘害又復鐵圍
山間兩界〃畜生恒居暗瞑受苦無間
無暫時樂如是說苦不可具陳

好醜部第十

如經說云如龍驥麟鳳孔雀鸚鵡山
雞晝雉爲人所貴情希愛樂如獼猴
犲狼虎兕蚖蝮服鳥梟鵄等人所惡見
不喜聞音如是好醜陳列難盡貴賤
可知不可具述

感應緣　略引其七

黃初有魅怪　蜀山有猳國怪
越山有鳥怪　季桓子井有羊怪
晉懷瑤家地有犬怪
臯辛氏時有狗怪
西國行記人畜交孕怪

魏黃初中頓丘界有人騎馬夜行見
道中有物大如兔兩眼如鏡跳梁遮
馬令不得前人遂驚懼墮馬魅便就
把驚怖暴死良久得蘇蘇已失魅不
知所在乃便上馬前行數里逢一人
相問訊已說向者事變如此今相得
爲伴甚佳歡喜人曰我獨行得君爲
伴快不可言君馬行疾且前我在後

隨也遂共行語曰向者物何如乃令
君懼怖耶對曰其身如兔而眼如鏡
形甚可惡伴曰試顧視我耶人顧視
之猶復是也魅便跳上馬人遂墜地
怖死家人怪馬獨歸即行推覓於道
得之宿昔乃蘇說狀如是

蜀中西南高山之上有物與猴相類
長七尺能作人行善走逐人名曰猳
國一名馬化或曰玃猨伺道行婦女
有長者輙盜取將去人不得知若有
行人經過其傍皆以長繩相引猶故
不免此物能別男女氣臭故取女男
不知也若取得人女則爲家室其無
子者終身不得還十年之後形皆類
之意亦迷惑不復思歸若有子者輙
抱送還其家產子皆如人形有不養
者其母輙死故懼怕之無敢不養及
長與人不異皆以楊爲姓故今蜀中
西南多諸楊率皆是猳國馬化之子
孫也

越地深山中有鳥大如鳩青色名曰
治鳥穿大樹作巢如五六升器戶口
徑數寸周飾以土堊赤白相分狀如

射侯伐木者見此樹即避之去或夜
冥不見鳥鳥亦知人不見便鳴喚曰
咄咄上去明日便急上去咄咄下去
明日便宜急下若不使去但言笑而
已者人可止伐也若有穢惡及其所
止者則有虎通夕來守人不去便傷
害人此鳥白日見其形是鳥也夜聽
其鳴亦鳥也時有觀樂者便作人形
長三尺至澗中取石蟹就人火炙之
人不可犯也越人謂此鳥是越祝之
祖也

季桓子穿井獲如土缶其中有羊焉
使問之仲尼曰吾穿井而獲狗何耶
仲尼曰以丘所聞羊也丘聞之木石
之怪夔蝄蜽水中之怪是龍罔土
中之怪曰賁羊夏鼎志曰罔象如三
歲兒赤目黑色大耳長臂赤爪索縛
則可得食王子曰木精爲游光金精
爲清明晉元康中吳郡婁縣懷瑤家
忽聞地中有犬子聲隱其聲上有小
穿大如蚓瑤以杖刺之入數尺覺如物
乃掘視之得犬子雌雄各一目猶未
開形大如常犬也哺之而食左右咸

往觀焉長老或云此名犀犬得之者
令家富昌宜當養之以目未開還置
穿中覆以磨礱宿昔發視左右無孔
還失所在瑤家積年無他禍福也
大興中吳郡府舍中又得二枚物如
初其後太守張茂為吳興兵所殺尸
子曰地中有犬名曰地狼有人名曰
無傷夏鼎志曰掘地而得狗名曰賈
掘地而得豚名曰邪掘地而得人名曰
聚聚毋傷也此物之自然無謂鬼神
而怪之然則與地狼名異其實一物
也淮南萬畢曰千歲羊肝化為地
宰蟾蜍得苽卒時為鶉此皆因氣作
以相感而成也高辛氏有老婦人居
於王宮得耳疾歷時醫為挑治出頂
蟲大如繭婦人去後置以瓠籬覆之
以盤俄尒頂蟲乃化為犬其文五色
因名盤瓠遂畜之時戎吳強盛數侵
邊境遣將征討不能禽勝乃募天下
有能得戎吳將軍首者贈金千斤封
邑萬戶又賜以少女後盤瓠銜得一
頭將造王闕王診視之即是戎吳為
之柰何群臣皆曰盤瓠是畜不可官

秩又不可妻雖有功無施也少女聞
之啓王曰大王既以我許天下矣盤
瓠銜首而來為國除害此天命使然
豈狗之智力哉王者重言霸者重信
不可以女子微軀而負明約於天下
國之禍也王懼而從之令少女隨盤
瓠將女上南山山草木茂盛無人行
迹於是女解去上衣為僕豎之紒著
獨拘之衣隨盤瓠升山入谷止于石
室之中王悲思之遣往視覓天輒風
雨嶺震雲晦往者莫至蓋經三年產
六男六女盤瓠死後自相配偶為夫
妻織績木皮染以草實好五色衣服
裁制著用經後母歸以語王王遣追
之男女天不復雨衣服褊褳言語侏
離飲食蹲踞好山惡都王順其意有
詔賜以名山廣澤號曰蠻夷蠻夷者
外癡內黠安土重賜以其受異氣於
天命故待以不常之伴田作賈販無
關繻符傳租稅之賦有邑君長皆賜
印綬冠用獺皮取其游食於水今即
梁漢巴蜀武陵長沙廬江郡夷是也
周糝雜魚肉叩槽而號每祭盤瓠其

俗至今故世稱赤髀橫裙盤瓠子孫
右六條出搜神記
奘法師西國記云僧伽羅國（雖非印度之國路次所出）
此國本寶渚也多有珍寶棲止
鬼神其後南印度有一國王女娉鄰
國吉日送歸路逢師子侍衛之徒棄
女逃難女居輦中心甘喪命時師子
王負女而去入深山處幽谷捕鹿採
菓以時資給既積歲月遂孕男女形貌
同人性種畜也男漸長大力格猛獸
年方弱冠人智斯發請其母曰我何
謂乎父則野獸母乃是人既非族類
如何配偶母乃述昔事以告其子曰
人畜殊途宜速逃逝曰我先已逃不
能自濟其子於後逐師子父登山踰
嶺察其游止可以逃難伺父去已遂
擔負母下趣人里母曰宜各慎密勿說事
源人或知聞輕鄙我等於是父國國
非家族宗祀已滅投寄邑人人謂之
曰尒曹何國人也曰我本此國流離
異域子母相攜來歸故里人皆哀愍
更共資給其師子王還無所見追戀
妻兒憤恚既發便出山谷往來村邑

咆哮震吼暴害人物殘毒生類邑人輙出逐取而殺擊鼓吹貝負弩持鉾群從成旅然後免害其王懼仁化之不洽也乃縱獵者期於擒獲王躬率四兵衆以万計掩捕林藪彌跨山谷師子震吼人畜僻易既不擒獲尋復招募其有擒執師子除國害者當酬重賞或旌茂績子聞王之令乃謂母曰飢寒以久宜可應募或有所得以相撫育母曰言不可若是彼獸雖是畜也猶是汝父豈以艱辛而興逆害子曰人畜異類禮義安在既以違阻此心何異乃袖小刃出應招募是時千衆萬騎雲屯霧合師子踞在林中人莫敢近子即其前父遂馴伏於是乎親愛忘怒乃剸刃於腹中尚懷慈愛猶無忿毒乃至刳腹含苦而死王曰斯何人哉若此之異也誘之以福利震之以威禍然後具陳始末備述情事王曰逆哉父而尚害况非親乎畜種難馴凶情易動除民之害其功大矣斷父之命其心逆矣重賞以酬其功遠放以誅其逆則國典不虧王言

不貳於是裝二大船多儲糧糗母留在國周給賞功子女各從一舟隨波飄蕩其男船泛海至此寶渚見豐珍玉便於中止其後商人採寶復至渚中乃殺其商主留其子女如是繁息子孫衆多遂立君臣以位上下建都築邑據有疆域以其先祖擒執師子因舉元功而為國號其女船者泛至波剌斯西神鬼所魅產育群女故今西大女國是也故師子國人形貌卑黑方頤大顙情性獷烈安忍鴆毒斯亦猛獸遺種故其人多勇健斯一說也若據佛法所記則依起世經昔此寶洲大鐵城中五百羅剎女之所居也

又屈支國東境城北天祠前有大龍池諸龍易形交合牝馬遂生龍駒之子方乃馴駕所以此國多出善馬聞諸先志曰近代有王號曰金花政教明察感龍馭乘王欲終沒鞭觸其耳因即潛隱以至于今城中無井取彼池水龍變為人與諸婦人會生子驍勇走及奔馬如是漸染人皆龍種恃

力作威不恭王命王乃引構突厥殺此人少長俱戮略無噍類城今荒蕪人煙斷絕　右二驗出奘法師傳

述曰數見愚俗邪說之人云貴賤不同人畜殊別何有人作畜生畜生作人佛說虛誑恐不依實若汝守愚不信佛言者何故前列俗典書史具述目驗所覩豈亦不信如行恩含忍即同楚子蛭痾疾皆愈宋公不禱妖星夕退若也行惡如漢鴆趙王如意為狗成肉齊殺彭生立豕為祟近事尚然況復行因善惡業報昇沉殊趣累劫受殃也

法苑珠林卷第六

甲辰歲高麗國分司大藏都監奉
勑彫造

法苑珠林卷第六

校勘記

一 底本，麗藏本。

一 二四九頁上一行經名，磧、南、清作「法苑珠林卷第六」，并夾註「六道之二」；徑無(未換卷)。又撰者，磧、南作「大唐上都西明寺沙門釋道世撰」；清作「唐西明寺沙門釋道世撰」；徑無(未換卷)。

一 二四九頁上二行「六道篇第四之二」，磧、南、徑、清無。

一 二四九頁上三行「此別十一部」，徑無。

一 二四九頁上四行至七行「述意部……舍宅部」，徑無。

一 二四九頁上八行「部第一」，徑無，下至二五三頁上五行「部」字與序數相連者例同。

一 二四九頁上一一行「芀野」，磧作「野芀」；南、徑、清作「野芿」。

一 二四九頁上一三行「烏形魚質」，磧、南、徑、清作「烏魚形質」。

一 二四九頁上一七行「頃注水若」，磧、南、徑、清作「須王水府」。

一 二四九頁上一八行第一三字「鴈」，磧無；南、徑、清作「爲」。

一 二四九頁中一行「水漿」，磧、南、徑、清作「漿水」。

一 二四九頁中一〇行第七字「名」，磧、南、徑、清無。

一 二四九頁中一二行第八字「名」，磧、南、徑、清作「多」。

一 二四九頁下一行第九字「多」，磧、南、徑、清作「名」。

一 二四九頁下二行「婆沙論中」，磧、南、徑、清作「婆沙論中云」。

一 二四九頁下七行第一〇字「住」，磧、南、徑、清作「住處」。

一 二四九頁下末行第七字「區」，磧、南、徑、清作「塸」。

一 二五〇頁中一〇行「鑊湯鬼」，磧、南、徑、清作「鑊身鬼」。

一 二五〇頁中一二行夾註右五「婦」，磧、南、徑、清無。

一 二五〇頁中一四行「食火鬼」，磧、南、徑、清作「食食鬼」。又夾註「令其目死受火燒」，磧、南、徑、清作「令其合死故受火燒」。

一 二五〇頁中一五行夾註右「名食」，磧、南、徑、清作「多食」。又左「困飢渴」，磧、南、徑作「因飢渴」。

一 二五〇頁中一八行夾註左「而得」，南、徑、清作「即得」。

一 二五〇頁中二一行夾註右九「子」，磧、南、徑、清作「又」。

一 二五〇頁中二二行夾註右「臠臠」，磧、南作「臠」；徑、清作「臠割」。

一 二五〇頁下一行夾註右末「真」，磧作「直」；南、徑、清無。

一 二五〇頁下六行夾註右「惡反」，磧、南、徑、清作「惡友」。

一 二五〇頁下一一行夾註左「執杖鬼」，徑、清作「執仗也」。

一 二五〇頁下一三行「食人精氣鬼」，磧、南、徑、清作「食精氣鬼」。

一 二五〇頁下一五行「火燒食鬼」，磧、南、徑、清作「燒食鬼」。又夾註右「隨地」，磧、南、徑、清作「墮地」。又左「燒身鬼也」，磧作「燒身鬼」；南、徑、清作「燒身也」。

一 二五〇頁下二〇行夾註左首字「人」，磧、南、徑、清無。

一 二五〇頁下末行夾註右「常破」，磧、南、徑、清作「常被」。

一 二五一頁上一行夾註左三「當」，南、徑、清作「常」。

一 二五一頁上三行首字「財」，磧、南、徑、清無。

一 二五一頁上五行第九字「受」，南、徑、清作「爲」。

一 二五一頁上八行末字「常」，磧、南、徑、清作「恒」，末行首字及本頁中一三行第一一字同。

一 二五一頁上一三行「鋸利」，磧、南、徑、清作「銛利」。

一 二五一頁上一四行末字「逢」，磧、南、徑、清作「若逢」。

一 二五一頁上二〇行首字「如」，磧、南、徑、清作「加」。又第六字「唏」，磧、南、徑、清作「怖」。

一 二五一頁中四行第一三字「先」，磧、南、徑、清作「先世」。

一 二五一頁中一一行末字「業」，磧、南、徑、清作「心」。

一 二五一頁中一六行「空樂淨見穢」，磧、南作「空樂見穢空樂淨見穢」；徑、清作「空樂穢見空樂淨見穢」。

一 二五一頁中一八行第六字「祠」，磧、南、徑、清作「詞」。

一 二五一頁下四行第五字「掠」，磧、南、徑、清作「略」。

一 二五一頁下六行第三字「覷」，磧、南、徑、清作「趣」。

一 二五一頁下一一行第八字「夫」，磧、南、徑、清作「失」。

一 二五一頁下一二行「怡愉」，磧、南、徑、清作「恬愉」。

一 二五二頁上四行第八字「惡」，磧、南、徑、清作「輕惡」。

一 二五二頁上七行第二字「困」，磧作「因」。又第一三字「業」，徑、清作「業故」。

一 二五二頁上一五行「天爰」，磧、南、徑、清作「天文」。又第一二字「此」，磧、南、徑、清作「一」。

一 二五二頁上一九行「何不以華散」，磧、南、徑、清作「何以不散花」。

一 二五二頁中一二行夾註右「二千」，磧作「一千」。

一 二五二頁中二一行第三字「身」，磧、南、徑、清作「頡」。

一 二五二頁中末行第四字「常」，磧、南、徑、清作「恒」。又「血出」，磧、南、徑、清作「出血」。

一 二五二頁下一四行第八字「公」，磧、南、徑、清作「分」。

一 二五二頁下一八行第一三字「於」，磧、南、徑、清無。

一 二五三頁上三行「驅驅」，磧、南、徑、清作「區區」。

一 二五三頁上四行「貧也」，至此，徑

卷第九終，卷第十始，並有「六道篇第四之四」、「鬼神部之餘」各一行。

一　二五三頁上一〇行「居處」，磧、南、徑、清作「處所」。

一　二五三頁上一七行第三字至二〇行第九字「飢……言」，磧、南、徑、清無。

一　二五三頁中一〇行第一三字「憂」，徑、清作「受」。

一　二五三頁中一一行「慧施」，徑、清作「惠施」。

一　二五三頁中一六行「宋王胡　宋李旦」，徑、清作「長安王胡　廣陵李旦　滎陽鄭鮮之」。

一　二五三頁中一九行「頗信法」，磧、南、徑、清作「頗信佛法」。

一　二五三頁下一行「説吟」，磧、南、徑、清作「沉吟」。

一　二五三頁下二行第六字「宣」，磧、南、徑、清無。

一　二五三頁下四行首字「魁」，磧、南、徑、清作「魅」。

一　二五四頁上末行首字「斯」，南、徑、清作「期」。

一　二五四頁中三行第一一字「過」，磧、南、徑、清作「遇」。

一　二五四頁中四行第四字「施」，磧、南、徑、清作「族」。

一　二五四頁中六行第八字「末」，磧、南作「未」。

一　二五四頁中一三行第七字「主」，磧、南、徑、清作「主主」。

一　二五四頁中一四行首字「練」，磧、南、徑、清作「諫」。

一　二五四頁下二行第二字「死」，磧、南、徑、清作「病」。

一　二五四頁下三行第三字「復」，磧、南作「往」。

一　二五四頁下一六行第一〇字「稍」，磧、南、徑、清作「稱」。

一　二五四頁下一九行第五字「戒」，磧、南、徑、清無。又「修心」，徑、清作「心修」。

一　二五四頁下二〇行第一〇字「録」，徑、清作「籙」。

一　二五五頁上五行夾註右「三驗」，磧、南、徑、清作「三人」。

一　二五五頁上七行末字「鬼」，磧、南、徑、清作「皃」。

一　二五五頁上一〇行「五十」，磧、徑、清作「五千」。

一　二五五頁中三行第一〇字「常」，磧、南、徑、清作「掌」。

一　二五五頁中四行第五字「須」，磧、南、徑、清作「頃」。

一　二五五頁中一〇行第五字「飢」，磧、南、徑、清作「飢渴」。

一　二五五頁中二一行第一三字「紙」，清作「經」。

一　二五五頁下二一行首字「君」，磧、南、徑、清無。

一　二五六頁上五行首字「記」，磧、南、徑、清作「訖」。

一　二五六頁上二二行第一一字「彼」，磧、南、徑、清作「後」。

一 二五六頁中一行「是爲」，磧、南、徑、清作「是謂」。

一 二五六頁中四行第五字「毎」，磧、南、徑、清作「毎斷」。

一 二五六頁中一二行「文簿」，磧、南、徑、清作「文字」。

一 二五六頁中一八行「所道如常」，磧、南、徑、清作「所導常如」。

一 二五六頁中末行夾註右二「一」，磧、南、徑、清無。

一 二五六頁下七行第九字「者」，徑、清作「之」。

一 二五六頁下九行「禎然」，徑、清作「貞然」。

一 二五六頁下末行「十六」，磧、南、徑、清無。

一 二五七頁上四行「石室」，磧、南、徑、清作「石室屋」。

一 二五七頁上九行首字「言」，磧、南、徑、清作「誰」。

一 二五七頁上一一行第八字「宛」，磧、南、徑、清作「宛市」，二一行第四字同。

一 二五七頁上一九行「漕灌」，磧、南、徑、清作「漕漼」。

一 二五七頁中一行第七字「羊」，磧、南、徑、清作「並」。

一 二五七頁中三行夾註「列異傳」，磧、南、徑、清作「例異傳」。

一 二五七頁中四行「奄然」，磧、南、徑、清作「死」。

一 二五七頁中六行「數十」，磧、南、徑、清作「數千」。

一 二五七頁中七行「男子」，磧、南、徑、清作「男女」。

一 二五七頁中八行第六字「跣」，徑、清作「抄」。

一 二五七頁中一一行第一〇字「至」，磧、南、徑、清作「主」。

一 二五七頁中一九行「此別十部」，磧、南、清作「此有十部」；徑無。

一 二五七頁中二〇行至末行「述意部……好醜部」，徑無。

一 二五七頁下一行「部第一」，徑無，以下「部」字與序數相連者例同。

一 二五七頁下二行末字「緒」，磧、南、徑、清作「蔓」。

一 二五七頁下六行「爪甲」，磧、南、徑、清作「爪牙」。

一 二五七頁下九行第一〇字「可」，磧、南、徑、清無。

一 二五八頁上一〇行第一一字「故」，磧、南、徑、清作「以行旁故」。

一 二五八頁上一二行「闇鈍」，磧、南、徑、清作「彼闇鈍」。

一 二五八頁中七行「天乘」，磧作「大乘」。

一 二五八頁中一四行第三字「有」，磧、南、徑、清無。

一 二五八頁下七行「烏鳩」，磧、南、徑、清作「烏鴟」。

一 二五八頁下一三行夾註左「畜生」，磧、南、徑、清作「畜生者」。

一 二五九頁上三行「鴻鵬」，磧、南、徑、清作「大鵬」。

一 二五九頁上八行第一〇字「鼈」，

磧、南、徑、清作「龜」。一〇行夾註
右二同。
一　二五九頁上一一行「鵂螟」，磧、南、
徑、清作「鵂」。一六行夾註左同。
一　二五九頁上一三行夾註右「天眼
方覩」，磧、南、徑、清作「凡眼不
覩」。
一　二五九頁上一四行夾註右「而故」，
磧、南、徑、清作「其故」。又「答言」，
磧、南、徑、清作「答佛言」。又左
「漂水沙」，磧、南、徑、清作「粟水
沙」。
一　二五九頁上末行末字「受」，磧、南、
徑、清作「壽」。
一　二五九頁中一二行第二字「中」，
磧、南、徑、清無。又夾註「如餘篇」，
磧、南、徑、清作「其餘篇」。
一　二五九頁下末行「鵂鷲」，磧、南、
徑、清作「鵂鷲」。
一　二六〇頁上一行「多故」，磧、南、
徑、清作「欲」。
一　二六〇頁上二行第九字「此」，磧、
南、徑、清作「問此」。
一　二六〇頁上四行第一二字「類」，
磧、南、徑、清作「類者」。六行首字
同。
一　二六〇頁上八行第六字「習」，磧、
南、徑、清作「習欲」。
一　二六〇頁中四行夾註右六「則」，
磧、南、徑、清無。
一　二六〇頁中一六行第二字「山」，
磧、南、徑、清無。
一　二六〇頁下一二行「阿盧」，磧、南、
徑、清作「阿虛」。
一　二六〇頁下二二行第八字「能」，
磧、南、徑、清無。
一　二六一頁上四行「違犯戒行」，磧、
南、徑、清作「違戒犯行」。
一　二六一頁上一一行「出家」，磧、南、
徑、清無。
一　二六一頁中二行第一一字「被」，
磧、南、徑、清作「彼」。
一　二六一頁中一三行第四字「須」，
磧、南、徑、清作「須臾」。
一　二六一頁下四行「海水」，磧、南、
徑、清作「海內」。
一　二六一頁下二一行第七字「爆」，
磧、南、徑、清作「搏」。
一　二六二頁上二行「暗暝」，磧、南、
徑、清作「瞑冥」。
一　二六二頁上三行「具陳」，至此，徑
卷第十終，卷第十一始，並有「六
道篇第四之五」、「畜生部之餘」各
一行。
一　二六二頁上七行第四字「兕」，磧、
南、徑、清作「蛇」。
一　二六二頁上一四行「臯辛氏」，磧、
南、徑、清作「高辛氏」。
一　二六二頁上一九行首字「把」，磧、
南、徑、清作「把捉」。
一　二六二頁中二行「而眼」，磧、南、
徑、清作「兩眼」。
一　二六二頁中五行第一二字「覔」，
磧、南、徑、清作「見」。
一　二六二頁中末行第一〇字「自」，
磧、南、徑、清作「白」。

一　二六二頁下一五行第三字「軀」，磧、南、徑、清作「蚯」。又第一三字「罔」，磧、南、徑、清作「罔」，一六行第一一字同。

一　二六二頁下一九行「清明」，磧、南、徑、清作「清明也」。

一　二六二頁下末行「大如」，磧、南、徑、清作「大於」。

一　二六三頁上四行「還失」，磧、南、徑、清作「遂失」。

一　二六三頁上五行「二牧」，磧、南、徑、清作「二枚」。

一　二六三頁上一〇行「毋傷」，徑、清作「無傷」。

一　二六三頁上一四行「睾辛氏」，磧、南、徑、清作「高辛氏」。

一　二六三頁中六行末字至七行首字「盤瓠」，磧、南、徑、清作「盤瓠盤瓠」。

一　二六三頁中八行第一三字「紛」，徑、清作「扮」。

一　二六三頁中九行「拘之叉」，磧、南作「拗之叉」；徑、清作「拗之衣」。

一　二六三頁中一二行「爲夫」，磧、南、徑、清作「因爲次」。

一　二六三頁中一九行第九字「伴」，磧、南、徑、清作「律」。

一　二六三頁中二〇行「閒澀」，磧、南、徑、清作「關繻」。

一　二六三頁中末行首字「周」，磧、南、徑、清作「用」。

一　二六三頁下一六行「游士」，磧、南、徑、清作「遊止」。

一　二六四頁上六行「僻易」，徑、清作「辟易」。

一　二六四頁上一〇行第三字「曰」，磧、南、徑、清無。

一　二六四頁上一一行第一二字「害」，磧、南、徑、清作「害父」。

一　二六四頁上一三行「何異」，徑、清作「何冀」。

一　二六四頁中四行第一二字「復」，磧、南、徑、清作「後」。

一　二六四頁中一〇行首字「西」，磧、南、徑、清作「四」。

一　二六四頁下二行第一〇字「噍」，磧、南、徑、清作「遺」。

一　二六四頁下一一行第一一字「崇」，磧、南、徑作「祟」。

一　二六四頁下一二行第四字「行」，磧、南作「得」。

一　二六四頁下卷末經名，徑無（未換卷）。

霸

法苑珠林卷第七　西明寺沙門釋道世撰　董

六道篇第四之三

地獄部　此別八部

述意部　會名部　受報部
時量部　典主部　王都部
業因部　誡勗部

述意部第一

夫論地獄幽酸特為痛切刀林聳日劍嶺參天沸鑊騰波炎爐起焰鐵城晝掩銅柱夜然如此之中罪人徧滿周慞困苦悲號叫喚牛頭惡眼獄卒凶牙長叉柱肋肝心碓擣猛火逼身肌膚淨盡或復舂頭擣脚煮魄烹魂裂膽抽腸屠身膾肉如斯之苦何可言念於是沉浮鑊湯之裏偃仰鑪炭之中肉盡戈劍之端骨碎枯形之側鐵牀之上詎可安眠銅柱之間何宜久附眼中帶火啼淚不垂口裏含煙叫聲難出如此之處猶為輕者所以寒冰之內儻遇溫風炭火之中若蒙涼氣便為歡樂即復欣然脫在阿鼻稟形始奇酸楚鐵牆縱廣八萬由旬

爆聲震駭臭煙蓬勃如魚在鏊脂血燋然間無暫樂觸緣皆苦動轉不得纏縛甚嚴東西交過上下通徹此間劫燒徙寄他方他方劫盡還歸此處如是展轉經無量劫願令修福悉皆懺悔當願鑊湯清淨變作華池鑪炭灰氳化成香蓋危昂劍樹即是瓊林翁欝刀山貞如鷲嶺銅柱變色永豎法幢鐵網改形方開淨土牛頭獄卒棄鞭還持五戒怨家和解寧有帶念之容債主喜歡人無含瞋之色亡頭失首之客藉此完全粉骨糜筋之士因茲平復也

會名部第二

問曰云何名地獄耶答曰依立世阿毗曇論云梵名泥犁耶以無戲樂故又無喜樂故又無行出故又無福德故又因不除離惡業故故於中生復說此道於欲界中最為下劣名曰非道因是事故故說地獄名泥犁耶如婆沙論中名不自在謂彼罪人為獄卒阿傍之所拘制不得自在故名地獄亦名不可愛樂故名地獄又地者底

也謂下底萬物之中地最在下故名
爲底也獄者局也謂拘局不得自在
故名地獄又名泥黎者梵音此名無
有謂彼獄中無有義利故名無有也
問曰地獄多種或在地下或處地上
或居虛空何故並名地獄荅曰舊翻
地獄名狹處局不攝地空今依新翻
經論梵本正音名那落迦或云捺落
迦此摠攝人處苦盡故名捺落迦故
新婆沙論云問何故彼趣名捺落迦
荅彼諸有情無悅無愛無味無利無
喜樂故名那落迦或有說者由彼先
時造作增長增上暴惡身語意惡行
往彼令彼相續故名捺落迦有說彼
趣以顛墜故名捺落迦如有頌言
顛墜於地獄　足上頭歸下　由毀謗諸仙
樂寂脩苦行
有說捺落名人迦名爲惡惡人生彼
處故名捺落迦問何故最下大者名
無間耶荅彼處恒受苦受無喜樂間
故名無間問餘地獄中豈有歌舞飲
食受喜樂異熟故不名無間耶荅餘
地獄中雖無異熟喜樂而有等流喜

樂如於施設論說等活地獄中有時
涼風所吹血宍還生有時出聲唱言
等活彼諸有情欻然還活唯於如是
血宍生時及還活時暫生喜樂間苦
受故不名無間也
受報部第三
如新婆沙論云問曰地獄在何處荅
曰多分在此贍部洲下云何安立有
說從此洲下四萬踰繕那至無間地
獄底無間地獄縱廣高下各二萬踰
繕那次上一萬九千踰繕那中安立
餘七地獄謂次上有極熱地獄次上
有熱地獄次上有大嘷叫地獄次上
有嘷叫地獄次上有衆合地獄次上
有黑繩地獄次上有等活地獄此地
獄一一縱廣萬踰繕那次上餘有一
千踰繕那是白墡五百踰繕那是
泥有說從此泥下有無間地獄在於中央餘七
地獄周迴圍繞如今聚落圍繞大城
問曰若尒施設論說當云何通如說
贍部洲周圍六千踰繕那三踰繕半
二一地獄其量廣大云何於此洲下
得相容受荅曰此贍部洲上尖下闊

猶如穀聚故得容受由此經中說四
大海漸入漸深又一一大地獄有十
六增謂各有四門一一門外各有四
增一塘煨增謂此增內塘煨沒膝二
屍糞增謂此增內屍糞泥滿三鋒刃
增謂此增內復有三種一刀刃路謂
於此中仰布刀刃以爲道路二劒葉
林謂此上純以銛利劒刃爲葉三鐵
刺林謂此林上有利鐵刺長十六指
刀刃路等三種雖殊而鐵林同故一
增攝四烈河增謂此增內有熱鹹水
并本地獄以爲十七如是八大地獄
并諸眷屬便有一百三十六所是故
經說有一百三十六捺落迦故長阿
含經云大地獄其數摠八其八地獄
各有十六小地獄圍繞如四天下外
有八萬天下而圍繞八萬天下外復
有大海海外復有大金剛山山外復
有山亦名金剛（樓炭經云大鐵圍山）二山中間日
月神天威光並不照八大地獄者一
想二黑繩三㞙壓四叫喚五大叫喚
六燒炙七大燒炙八無間（樓炭及餘經名有不同者）
（猶翻有訛正大意並同也）第一想地獄十六者其中衆

生手生鐵爪遞相瞋忿以爪相𫽑應手宍墮想以為死故名其想復次其中衆生懷害想手執刀劍遞相斫刺劓𫌭割身碎在地想謂為死冷風來吹尋復活起彼自想言我今已活久受罪已出想地獄慞惶求救不覺忽到黑沙地獄熱風暴起吹熱黑沙來著其身燒皮徹骨身中熖起迴旋周還身燒燋爛其罪未畢故使不死久受苦已出黑砂地獄到沸屎地獄有沸屎鐵丸自然滿前驅迫罪人使把鐵丸燒其身手復使撮著口中從咽至腹通徹下過無不燋爛有鐵觜蟲唼宍達髓苦毒無量受罪未畢復不肯死久受苦已出沸屎獄到鐵釘地獄獄卒撲之偃熱鐵上舒展其身以釘釘手足周徧身體盡五百釘苦毒號吪猶不復死久受苦已出鐵釘地獄到飢鐵地獄即撲熱鐵上消銅灌口從咽至腹通徹下過無不燋爛餘罪未盡猶復不死久受苦已出飢地獄到渴地獄即撲熱鐵上以熱鐵丸著其口中燒其脣舌通徹下過無不燋爛苦毒啼哭久受苦已出渴地獄到一銅鑊地獄獄卒怒目捉罪人足倒投鑊中隨湯涌沸上下迴旋身壞爛熟萬苦並至故令不死久受苦已出一銅鑊至多銅鑊地獄捉罪人足倒投鑊中隨湯涌沸上下迴旋舉身壞爛以鐵鉤取投餘鑊中悲叫苦毒故使不死久受苦已出多銅鑊地獄至石磨地獄捉彼罪人撲熱石上舒展手足以大熱石壓其身上迴轉揩磨骨宍糜碎苦毒切痛故使不死久受苦已出石磨獄至膿血地獄膿血沸涌罪人於中東西馳走湯其身體頭面爛壞又取膿血食之通徹下過苦毒難忍故令不死久受苦已乃出膿血地獄至量火地獄有大火聚其火熖熾驅迫罪人手把熱鐵斗以量火聚徧燒身體苦熱毒痛吟呻號哭故令不死久受苦已出量火獄到灰河地獄縱廣深淺各五百由旬灰湯涌沸惡氣熢㶿迴波相搏聲響可畏從底至上鐵刺縱撗其河岸上有劍樹林枝葉華實皆是刀劍罪人入河隨波上下迴覆沈沒鐵刺刺身內外通徹膿血流出苦痛萬端故令不死乃出灰河至彼岸上到劍樹林被劍割刺身體傷壞復有豺狼來嚙罪人生食其宍走上劍樹時劍刃下向下劍樹時劍刃上向手舉手絕足踏足斷皮宍墮落唯有白骨筋脉相連時劍樹上有鐵觜鳥啄頭食腦苦毒號叫故使不死還入灰河隨波沈沒鐵刺刺身苦毒万端皮宍爛壞膿血流出唯有白骨浮漂於外冷風來吹尋便起立宿對所牽不覺忽至鐵丸地獄有熱鐵丸獄鬼驅使捉之手足爛壞舉身火燃萬毒並至故令不死久受苦已乃出鐵丸獄至斤斧地獄捉此罪人撲熱鐵上以熱鐵斤斧斫其手足耳鼻舌身體苦毒號叫猶不令死久受罪已出斤斧獄至豺狼獄其群豺狼競來齰掣宍墮骨傷膿血流出苦痛萬端故令不死久受苦已乃出豺狼獄至劍樹獄入彼劍林有暴風起吹劍樹葉墮其身上頭面身體無不傷壞有鐵觜鳥啄其兩目苦痛悲

號故使不死久受苦已乃出劒樹獄至寒氷獄有大寒風吹其身上舉體凍傷皮宍墮落苦毒叫喚然後命終身爲不善口意亦然斯墮想地獄懷懼毛竪第二黑繩大地獄有十六小地獄周匝圍繞各縱廣五百由旬何故名黑繩其諸獄卒捉彼罪人撲熱鐵上舒展其身以熱鐵繩絣之使直以熱鐵斧逐繩道斫罪人作百千段復次以鐵繩絣鋸鋸之復大懸熱鐵繩交橫無數驅迫罪人使行繩間惡風暴起吹諸鐵繩歷絡其身燒皮徹宍燋骨沸髓苦毒萬端餘罪未畢故令不死故名黑繩久受苦已乃出黑繩至黑沙地獄乃至寒氷地獄然後命終不可具述餘十六地獄受苦痛事准前同法然受苦加重由惡意向父母佛及聲聞即墮黑繩地獄苦痛不可稱計第三堆壓大地獄亦有十六小地獄圍繞各縱廣五百由旬何故名堆壓有大石山兩兩相對人入此中山自然合堆壓其身骨肉糜碎山還故處苦毒萬端故使不死復有大

鐵象舉身火然哮呼而來蹴蹋罪人婉轉其上身體糜碎膿血流出號咷悲叫故使不死復捉罪人卧大石上以大石壓復取罪人卧地鐵杵擣之從足至頭皮宍糜碎膿血流出万毒並至餘罪未畢故令不死故名堆壓久受苦已乃出堆壓地獄到黑沙地獄乃至寒氷地獄然後命終但造三惡業不修三善行即墮堆壓地獄苦痛不可稱計

第四叫喚大地獄亦有十六小地獄圍繞各縱廣五百由旬何故名叫喚地獄獄卒捉罪人擲大鑊中又置大鐵鑊中熱湯涌沸煮彼罪人號咷叫喚苦辛痛酸又取彼罪人擲大鏊上反覆煎熬久受苦已乃出叫喚至黑沙地獄乃至寒氷地獄尒乃命終由瞋恚懷毒造諸行惡故墮叫喚地獄

第五大叫喚地獄亦有十六小地獄圍繞大小同前何故名大叫喚地獄取彼罪人著大鐵釜中久置鐵鑊中熱湯涌沸煮彼罪人又擲大鐵鏊上反覆並熬號咷大叫苦痛辛酸餘罪未畢故

使不死名大叫喚久居苦已出大叫喚乃至寒氷地尒乃命終由習衆邪見爲愛網所牽造卑陋行墮大叫喚地獄

第六燒炙地獄亦有十六小地獄圍繞大小同前何故名燒炙將諸罪人置鐵城中其城火然内外俱赤燒炙罪人又著鐵樓上其樓火然内外俱赤又擲著大鐵陶中其陶火然内外俱赤燒炙罪人皮宍燋爛萬毒並餘罪未畢故使不死故名燒炙久受苦已出燒炙地獄乃至寒氷地獄然後命終爲燒炙衆生故墮燒炙地獄長夜受此燒炙苦

第七大燒炙地獄亦有十六小地獄圍繞大小同前何名大燒炙地獄謂將諸罪人置鐵城中其城火然内外俱赤燒炙罪人皮宍燋爛萬毒並至有大火坑火焰熾盛其坑兩岸有大火山捉彼罪人貫鐵叉上竪著火中然火燒炙皮宍燋爛餘罪未畢故使不死久受苦已出大燒炙乃至寒氷尒乃命終由捨善果業爲衆惡行故墮

大燒炙地獄

第八無間地獄亦有十六小地獄圍繞（大小同前）何名阿鼻地獄此云無間地獄何名無間獄卒捉彼罪人剥取其皮從足至頂即以其皮纒罪人身著火車上輪碾熱地周迴往反身體碎爛皮宍憧落萬毒並至故使不死又有鐵城四面火起東焰至西焰至東南北上下亦復如是焰熾迴遑間無空處東西馳走燒炙其身皮宍燋爛苦痛辛酸萬毒並至罪人在中久乃開門其諸罪人奔走往趣身諸支節皆火焰出走欲至門門自然閉餘罪未畢故使不死又其中罪人舉目所見但見惡色耳聞惡聲鼻聞臭氣身觸苦痛意念惡法彈指之頃無不苦時故名無間地獄久受苦已從無間出乃至寒氷地獄尒乃命終為重罪行生惡趣業故憤無間地獄受罪不可稱計名八大地獄各歷十六受罪如前

又觀佛三昧海經云阿鼻地獄者縱廣正等八千由旬七重鐵城七層鐵網有十八隔周匝七重皆是刀林復有七重劒林四角有四大銅狗廣長四十由旬眼如掣電牙如劒樹齒如刀山舌如鐵刺一切身毛皆然猛火其煙惡臭有十八獄卒口如夜叉六十四眼散迸鐵丸狗牙上出高四由旬牙端火流燒前鐵車輪輞出火鋒刃劒戟燒阿鼻城赤如融銅獄卒八頭六十四角角頭火然火化成鋼復成刀輪輪輪相次在火焰間滿阿鼻城城內有七鐵幢火涌如沸鐵融流迸涌出四門上有十八釜沸銅涌漫滿城中二隔間有八萬四千鐵蟒大蛇吐毒火中身滿城內其蛇哮吼吼如天震雷雨大鐵丸五百夜叉五百億蟲八萬四千觜頭上火流如雨而下滿阿鼻城此蟲若下猛火火熾照八萬四千由旬獄上衝大海水沃燋山下貫大海底形如車輪若有殺父害母罵辱六親命終之時銅狗化十八車狀如寶蓋一切火焰化為玉女罪人遙見心喜欲往風刀解時寒急作聲寧得好火安在車上然火自爆即便命終坐金車上瞻玉女者皆捉鐵斧斬截其身屈申臂頃直落阿鼻從上隔下如旋火輪至於下隔身體隔內銅狗大吼齧骨唼髓獄卒羅刹捉大鐵叉叉頭令起徧體火焰滿阿鼻獄閻羅王大聲告勑曰癡人獄種汝在世時不孝父母邪慢無道汝今生處名阿鼻獄如是展轉經歷大苦說不可盡地獄一日一夜受罪如閻浮提六十小劫如是大劫具五逆者受罪五劫復有衆生犯四重禁虛食信施誹謗邪見不識因果斷學般若毀十方佛偷僧祇物婬妷無道逼掠淨戒尼姊妹親戚造衆惡事此人罪報臨命終時此等罪人經八万四千大劫復入東方十八隔中如前受苦南西北方亦復如是身滿阿鼻獄四支復滿十八隔中阿鼻地獄有十八小地獄小地獄中各有十八寒氷地獄十八黑闇地獄十八小熱地獄十八刀輪地獄十八劒輪地獄十八火車地獄十八沸屎地獄十八鑊湯地獄十八灰河地獄五百億劒林地獄五百億刺林地獄五百億銅柱

地獄五百億鐵機地獄五百億鐵網
地獄十八鐵窟地獄十八鐵丸地獄
十八尖石地獄十八飲銅地獄如是
阿鼻大地獄中有此十八地獄一一
獄中別有十八隔小地獄始從寒氷
乃至飲銅摠有一百四十二隔地獄
各有四業不同然歷此獄受苦皆徧
又起世經云佛告諸比丘阿毗至大
地獄中亦有十六諸小地獄而為眷
屬以自圍繞各廣五百由旬所有衆
生有生者出者住者惡業果故自然
出生諸守獄卒各以兩手執彼地獄
諸衆生身撲置熾然熱鐵地上火
焰直上一向猛感而覆於地便持利
刀從脚踝上破出其筋手捉挽之乃
至頂筋皆相連引貫徹心髓痛苦難
論如是挽已令駕鐵車馳奔而走其
車甚熱光焰熾然所行之處純是洞
然熱鐵險道去已復去隨獄卒意無
暫時停次向何方稱意即去隨所去
處獄卒挽之未曾捨離隨所經歷銷
鑠罪人身諸宍血無復遺餘往昔人
非人時所作業者一切悉受以不善

報故從於東方有大火聚忽尒出生
熾然赤色極大猛焰一向焰赫南西
北方四維上下各各如是諸大火聚
之所圍繞漸漸逼近受諸苦痛從
於東壁出大火焰直射西壁到已而
住從於西壁出大火焰直射北壁從
於北壁出大火焰直射南壁從下於
上自上於下縱横相㩻上下夾射熱
光赫奔騰焰相衝尒時獄卒以諸罪
人擲置六種大火聚內乃至受於極
嚴切苦命亦未終彼不善業未畢未
盡於其中間具足而受此阿毗至大
地獄中諸衆生等以諸不善業果報
故經無量時長遠道中受諸苦已地
獄四門還復更開於門開時諸衆生
等聞聲見開向門而走作如是念我
等今者必應得脫彼人如是大馳走
時其身轉復燃猛烈譬如壯夫執乾
草炬逆風而走彼炬既然轉復熾感
彼諸衆生走已復走彼人身分轉更
熾然欲舉足時宍血俱撤欲下足時
宍血還生及到獄門其門還閉既不
得出其心悶亂覆面倒地徧燒身皮

次燒其宍復燒其骨乃至徹髓烟焰
洞然其烟蓬㶿其焰炎赫煙焰相離
熱惱復倍彼人於中受極嚴苦惡業
未滅一切悉受此阿毗至大地獄中
於一切時無有須臾暫受安樂如彈
指頃如是次第具受此苦世尊告諸
比丘作如是言汝應當知彼世中間
別有十地獄何等為十一頞浮陁地
獄二泥羅浮陁地獄三阿呼地獄四
呼呼婆地獄五阿吒吒地獄六搔揵
提迦地獄七優鉢羅地獄八波頭摩
地獄九奔荼梨地獄十拘牟陁地獄
何因何緣名頞浮陁地獄耶此諸衆
生所有身形猶如泡沫是故名為頞
浮陁地獄復何因緣名泥羅浮陁地
獄此諸衆生所有身形譬如宍段是
故名為泥羅浮陁地獄復何因緣名
阿呼地獄此諸衆生受嚴切苦逼迫
之時叫喚而言阿呼阿呼甚大苦也
是名為阿呼地獄
復何因緣名呼呼婆地獄此諸衆生
為彼地獄極苦逼時叫喚而言呼呼
婆呼呼婆是故名為呼呼婆地獄

復何因緣名阿吒吒地獄此諸衆生
以極苦惱逼切其身但得唱言阿吒
吒阿吒吒然其舌聲不能出口是故
名爲阿吒吒地獄
復何因緣名搔揵提迦地獄此諸衆
生地獄之中猛火焰色如搔揵提迦
華是故名爲搔揵提迦地獄
復何因緣名優鉢羅地獄此諸衆生
地獄之中猛火焰色如優鉢羅華是
故名爲優鉢羅地獄
復何因緣名拘牟陁地獄此諸衆生
地獄之中猛火焰色如拘牟陁華是
故名爲拘牟陁地獄
復何因緣名奔荼梨迦地獄此諸衆
生地獄之中猛火焰色如奔荼梨迦
華是故名爲奔荼梨迦地獄
復何因緣名波頭摩地獄此諸衆生
地獄之中猛火焰色如波頭摩華是
故名爲波頭摩地獄
又三法度論經云地獄有三一熱二
寒三邊熱地獄者依薩婆多部有八
大地獄一等活亦名更活或獄卒唱
生或冷風吹活兩緣雖異令活一等

名等活地獄二名黑繩地獄先以繩絣
後以斧斫三名衆合地獄亦名衆磕
兩山下合以磕罪人四名呼呼地獄
亦名叫喚地獄獄卒逼趂叫呼而走
五名大呼亦名大叫喚地獄四山火
起欲迸無路故名大叫喚地獄六名
熱地獄亦名燒然火鐵挾近於中受
熱七名衆熱地獄亦名大燒然山火相
爆弗炙罪人八名無擇地獄亦名無
間一投苦火永無樂間既苦無間何
所可擇此八地獄在閻浮洲下重疊而
住依三法度論云前二有主治次三
少主治後三無主治然此八爲本二
各有十六圍一面有四四四而合揔
有十六通本爲十七八箇十七合有
一百三十六所罪人於中受熱惱苦
第二寒地獄亦八一名頞浮陁地獄
由寒苦所切宍生細皰二名尼賴浮
陁地獄由寒風吹通身成皰三名阿
吒吒地獄由脣動不得唯舌得動故
作此聲四名阿波波地獄由舌不得
動唯脣得動故作此聲五名嘔喉地
獄由脣舌不得動以喉內振氣故作

聲六名鬱波羅地獄此是青蓮花此
華葉細由宍色細擗似此華烈日而開
七名波頭摩地獄此是赤蓮花由宍
色大擗似此華開八名分陁利地獄此
是白蓮華由彼骨擗似此華開前二
從身相受名次三從聲相受名後三
從瘡相受名故俱舍論云於此八中
衆生極寒所逼由身聲瘡變異故立
此名依三法度論云前二爲可叫次
四不可叫後三不叫此八在洲間著
鐵圍山底仰向居止罪人於中受寒
凍苦第三邊地獄者依三法度論云
亦三一山間二水間三曠野受別業
報此應寒熱雜受若論壽報命有
延促
又立世毗曇論云世尊說有大地獄
名曰黑闇各各世界外邊悉有皆無
覆蓋此中衆生自舉手眼不能見
雖復日月具大威神所有光明不照
彼邑諸佛出世大光徧照因此光明
至得相見住在山世界鐵輪外邊名
曰界外是寒地獄於兩山間有十名
一名頞浮陁乃至第十名波頭摩彼

中衆生傍行作向上想猶如守宮鐵輪外邊常作傍行是其身量如頞多大因冷風觸其皮坼破譬如熟瓜如竹筆林被大火燒爆聲吒吒如是衆生被寒風觸骨破爆聲吒吒遠徹因是聲故互得相知有諸衆生此中受生若有衆生於此間死多往生彼寒氷地獄在鐵輪外若餘世界有衆生死應生寒氷地獄多彼世界鐵輪外生兩界中間其最狹處八萬由旬在下無底向上無覆其最廣處十六萬由旬

時量部第四

如起世經云佛言如憍薩羅國斛量胡麻滿二十斛高戚不槩有一丈夫滿百年已取一胡麻如是次第滿百年已復取一粒擲著餘處擲滿二十斛胡麻盡已尒所時節我說其壽猶未畢盡且以此數略而計之如是二十頞浮陁壽為一泥羅浮陁壽二十泥羅浮陁壽為一阿呼呼壽二十阿呼呼壽為一呼呼婆壽二十呼呼婆壽為一阿吒吒壽二十阿吒吒壽為一搵揵

提迦壽二十搵揵提迦壽為一憂鉢羅壽二十憂鉢羅壽為一拘牟陁壽二十拘牟陁壽為一奔荼黎迦壽二十奔荼黎迦壽為一波頭摩壽二十波頭摩壽為一中劫

又那先比丘問佛經云如世間火不如泥犁中火熱如持小石著世間火中至暮不消取大石著泥犁火中即消亦如有人作惡死在泥犁中數千萬歲其人不死亦如大蟒蛟龍等以沙石為食即消如人懷胎腹中有子不消此並由善惡業力致使消與不消如人所作善惡隨人如形影隨身人死但亡其身不亡其行譬如然火夜書火滅字存火至後成今世所作行後世成之

又如鉢頭摩地獄中火焰熾盛罪人去此火一百由旬火已燒炙若去六十由旬罪人兩耳已聾無所聞知若去火五十由旬其罪人兩目已盲無所復見如瞿波利比丘已懷惡心謗舍利弗目揵連身壞命終墮此鉢頭摩地獄中

又如起世經云波頭摩地獄所住之處若諸衆生離其處所一百由旬便為彼獄火焰所及若離五十由旬所住衆生為彼火薰皆盲無眼若離二十五由旬所住衆生身之宍血燋然破散謂於梵行出家人邊生汙濁心故損惱心故毒惡心故不利益心故無慈心故無淨心故自受斯殃是故於一切梵行人所起慈身口意業常受安樂尒時世尊說此伽陁曰

世間諸人在世間　舌上自然生斤斧
所謂口說諸毒惡　還自衰損害其身
應讚歎者不稱譽　不應讚者反談美
如是名為口中諍　以此諍故無樂受
若人博戲得貲財　是為世間微諍事
於淨行人起濁心　是名日中大鬪諍
如是三十六百千　泥羅浮陁地獄數
五頞浮陁諸地獄　反墮波頭摩獄中
以毀聖人致如是　由口意業作惡故

典主部第五

如問地獄經及淨度三昧經云揔括地獄有一百三十四界先述獄主名字處所閻羅王者昔為毗沙國王經

與維陁始生王共戰兵力不敵因立誓願為地獄主目佐十八人領百萬之衆頭有角耳皆悉忿懟同立誓言後當奉助治此罪人毗沙王者今閻羅王是十八大臣者今諸小王是百萬之衆諸阿傍是

又長阿含經云閻浮提南有金剛山內有閻羅王宮縱廣六千由旬(問地獄經云住獄間城縱廣三萬里金銅所成)晝夜三時有大銅鑊自然在前若鑊入宮內王見怖畏捨出宮外若鑊出宮外王入宮內有大獄卒臥王熱鐵上鐵鉤擘口洋銅灌之從咽徹下無不燋爛事竟還與婇女共相娛樂彼諸大臣同受福者亦復如是

問地獄經云十八王者即主領十八地獄一迦延典泥犁二屈遵典刀山三沸進壽典沸沙四沸典佛屎五迦世典黑耳六𡸣嵯典火車七湯謂典鑊湯八鐵迦然典鐵牀九惡生典𡸣山十寒冰(經闕王名)十一毗迦典剝皮十二遙頭典畜生十三提薄典刀兵十四夷大典鐵磨十五悅頭典水地獄十六

鐵丼(經闕王名)十七身典蛆蟲十八觀身典洋銅

又淨度三昧經云復有三十地獄各有主典不煩具錄但列五官名字者一者鮮官禁殺二者水官禁盜三者鐵官禁婬四者土官禁兩舌五者天官禁酒

問地獄經云閻羅王城之東西南北面列諸地獄有日月光而不明淨唯黑耳獄光所不照人命終時生中陰中陰者已捨死陰未及生陰其罪人乘中陰身入泥犁城泥犁城者(漢言寄餘城又云閉城也)是諸罪人未受罪之間共聚是處巧風所吹隨業輕重受大小身臭風所吹成就罪人麁醜之形香風所吹成就福人微細之體

王都部第六

如起世經云當閻浮洲南二鐵圍山外有閻摩王宮殿住處縱廣正等六千由旬七重牆壁七重欄楯七重鈴網其外七重多羅行樹周帀圍繞雜色可觀七寶所成於其四方各有諸門一一諸門皆有却敵樓櫓臺殿園苑華池有種種美菓彌滿香風遠薰

衆鳥和鳴王以惡業不善果故於夜三時及晝三時自然有赤融銅汁在前出生其王宮殿即變為鐵五欲功德皆沒不現王見此已怖畏不安諸毛皆豎即便出外若在宮外即走入內時守獄者取閻摩王高舉撲之置熱鐵地上其地熾然極大猛威光焰炎赫撲令臥已即以鐵鉗開張其口赤融銅汁寫置口中時閻摩王被燒脣口次燒其舌後燒咽喉復燒大腸及小腸等次第燋然從下而出尒時彼王作如是念一切衆生以於往昔身作惡行口作惡行意作惡行并餘衆生同作業者皆受此苦願我從今捨此身已更得身時但於人間相逢受生於如來法中當得信解剃除鬚髮著袈裟衣得正信解從家出家既出家已願得通證生死已盡梵行已立所應作者皆已作訖更不復於後世受生發如是等熏習善念即於所住宮殿還成七寶猶如諸天五欲功德現前具足以三業善便得快樂又新婆沙論問諸地獄卒為是有情數

為是非有情數耶　荅若以鐵鑊繫縛初生地獄有情往琰摩王所者是有情數若以種種苦具於地獄中害有情者是非有情數贍部洲下有大地獄贍部洲上亦有邊地獄及獨地獄或在谷中或在山上或在曠野或在空中於餘三洲唯有邊地獄獨地獄無大地獄所以者何唯贍部洲人造善猛利彼作惡亦復猛利非餘洲故有說北拘盧洲亦無邊地獄等是受純淨業果處故問若餘無大地獄者彼諸有情造無間業斷善根等當於何處受異熟耶荅即於此贍部洲下大地獄受問地獄有情其形云何荅其形如人問語言云何荅彼初生時皆作聖語後受苦時雖出種種受苦痛聲乃至無有一言可了唯有斫刺破列之聲

業因部第七

如十輪經云有五逆罪為最極惡何者為五故心殺父母阿羅漢破壞聲聞和合僧事乃至惡心出佛身血諸如是等名為五逆若人於五逆中作

一逆者不得出家受具足戒若聽出家則犯重罪應擯令出若已有出家具諸威儀者不應加其鞭杖及諸繫閉復有四種大罪同於四逆犯根本罪何者為四殺辟支佛是名殺生犯根本罪婬阿羅漢比丘尼是名邪婬犯根本罪若人捨財與佛法僧主掌此物而輙用之是名為盜犯根本罪若人倒見破壞比丘僧是名破僧犯根本罪若人於此四根本罪中犯二罪皆悉不聽佛法中出家設使出家不得聽受具足戒若受具者應驅令出以有出家威儀法故不應鞭杖繫閉奪其生命如是皆犯根本罪非逆罪也有根本罪亦是逆罪有是逆罪非根本罪有非根本罪亦非逆罪何者為逆罪亦是根本罪若人出家受具足戒得見諦道斷其命根是名逆罪亦根本罪也如是衆生於我戒律中應驅令出何者為根本罪非逆罪若人在我法中出家如是凡夫衆生故害其命若以毒藥或墮其胎是名犯根本非逆罪也若有四方

僧物飲食敷具悉不應與同共利養若有衆生於佛法僧而生疑心此中出家乃至見他讀誦而作留難乃至一偈此非根本罪亦非逆罪是名甚惡近於逆罪如是衆生若不懺悔除其罪根終不聽使佛法中出家設使出家受具足戒不悔過者亦驅令出何以故不信正法毀謗三乘壞正法眼欲滅法燈斷三寶種減損人天而無利益墮於惡道此二種人名謗正法毀呰賢聖地獄劫壽增長如是諸惡業已是名根本大重罪也何者是不威儀根本法罪若比丘故婬故殺凡夫不與而取犯故妄語於此四根本中若犯二罪一切比丘所作法事悉不聽入四方僧物飲食臥具皆悉不得共同受用然帝王大臣一切羣官不應加其鞭杖繫閉刑罰乃至奪命是名根本罪體性相也何故名為根本重罪若人作如是行身壞命終墮於惡趣作如是行是惡道根本是故名為根本罪也譬如鐵丸雖擲空中終不暫住速疾投地如是五逆犯

四重業及二種衆生毀壞正法誹謗
賢聖如是等十一種罪中若人犯一
一罪者身壞命終墮阿鼻地獄又如
正法念經說阿鼻地獄苦千倍過前
七大地獄壽經一劫其身長大五百
由旬造四逆人四百由旬造三逆人
三百由旬造二逆人二百由旬造一
逆人一百由旬彼五逆業人臨欲死
時唱喚失糞咽喉抒氣如是死滅中
有色生不見其對其身猶如八歲小
兒閻羅王然焰鐵羂繫縛其咽及東
兩手頭面向下足在於上經二千年皆
向下行多燒焰驅先燒其頭次燒其
身彼六欲天聞彼阿鼻地獄中氣即
皆消散何以故以阿鼻獄人極大臭
故
又觀佛三昧海經云佛告阿難若有
衆生殺父害母罵辱六親作是罪者
命終之時揮霍之間譬如壯士屈申
臂頃直落阿鼻大地獄中化閻羅王
大聲告勑癡人獄種汝在世時不孝
父母邪慢無道汝今生處名阿鼻地
獄作是語已即滅不現尒時獄卒復

驅罪人從於下隔乃至上隔經歷八
萬四千隔中揩身而過至鐵網際一
日一夜乃至周徧阿鼻地獄一日一夜
比此閻浮提日月歲數經六十小劫
如是壽命盡一大劫具五逆者其人
受罪足滿五劫復有衆生犯四重禁
虛食信施誹謗邪見不識因果斷學
般若毀十方佛偷僧祇物婬妷無道
逼略淨戒諸比丘尼姉妹親戚不知
慙愧毀辱所親造此惡事此人罪報
臨命終時刀風解身偃仆之間身如
鐵華滿十八隔中一一華八萬四千
葉一一葉頭身手支節各在一隔地
獄不大此身不小徧滿如此大地獄
中經歷八萬四千大劫此泥犁滅復
入東方十八隔中如前受苦此阿鼻
獄南西北方經十八隔謗方等經具
五逆罪破壞僧祇汙比丘尼斷諸善
根如此罪人具衆罪者身滿阿鼻獄
四支復滿十八隔中此阿鼻獄但燒
此獄種種衆生劫欲盡時東門即開
見東門外清泉流水華菓林樹一切
俱現是諸罪人從下上走到上隔中

手舉刀輪時虛空中雨熱鐵丸走趣
東門既至門閫獄卒羅刹手捉鐵叉
逆刺其眼鐵狗嚙心悶絕而死死已
復生見南門開如前不異如是西門
北門亦復如是如此時間經歷半劫
阿鼻獄死生寒冰中寒冰獄死生黑暗處八
千萬歲目無所見受大蟲身婉轉腹
行諸情暗塞無所解知百千狐狼牽
掣食之命終之後生畜生中五千萬
身受鳥獸形還生人中聾盲瘖瘂病
癩癰疽貧窮下賤一切諸衰以為嚴
飾受此賤形經五百身後復還生餓
鬼道中餓鬼道中遇善知識諸大菩
薩呵責其言汝於前身無量世時作
無限罪誹謗不信墮阿鼻獄受諸苦
惱不可具說汝今應當發慈悲心時
諸餓鬼聞是語已稱南無佛承佛恩
力尋即命終生四天處生彼天已悔過
自責發菩提心諸佛心光不捨是等
攝受是輩如羅睺羅教避地獄如愛
眼耳故起世經世尊說偈言

若人身口意造業　作已入於惡道中
如是當生活地獄　最為可畏毛竪處

經歷無數千億歲　死已須臾還復活
怨讎各各相報對　由此衆生更相殺
若於父母起惡心　或佛菩薩聲聞衆
此等皆墮黒繩獄　其處受苦極嚴熾
教他正行令邪曲　見人發善必破壞
此等亦墮黒繩獄　兩舌惡口多妄語
樂作三種重惡業　不修三種善根牙
此等癡人必當入　合大地獄久受苦
或殺羊馬及諸牛　種種雜獸鷄猪等
并殺諸餘蟲蟻類　彼人當墮合地獄
世間怖畏相多種　以此逼迫惱衆生
當墮磑山地獄中　受於壓磨舂擣苦
貪慾恚癡結使故　迴轉正理令別異
判是作非乖法律　彼爲刀劒轉所傷
倚恃强勢刼奪他　有力無力皆悉取
若作如是諸逼惱　當爲鐵象所蹴蹹
若樂殺害諸衆生　身手血塗心嚴惡
常行如是不淨業　彼等當生叫喚處
種種觸惱衆生故　於叫喚獄被燒煑
其中復有大叫喚　此由諂曲姧猾心
諸見稠林所覆蔽　愛網彌密所沈淪
常行如是最下業　彼則墮於大叫喚
若至如是大叫喚　熾然鐵城毛竪處

其中鐵堂及鐵屋　諸來入者悉燒然
若作世間諸事業　恒多惱亂諸衆生
彼等當生熱惱處　於無量時受熱惱
世間沙門婆羅門　父母尊長諸耆舊
若恒觸惱令不喜　彼等皆墮熱惱獄
生天淨業不樂修　所愛至親常遠離
喜作如是諸事者　彼人當入熱惱獄
惡向沙門婆羅門　并諸善人父母等
或復害於餘尊者　彼墮熱惱常熾然
常多造作諸惡業　不曾發起一善心
是人直趣阿鼻獄　當受無量衆苦惱
若說正法爲非法　說諸非法爲正法
既無增益於善事　彼人當入阿鼻獄
活及黒繩及兩獄　合會叫喚等爲五
熱惱大熱共成七　阿鼻地獄爲第八
此八名爲大地獄　嚴熾苦切難忍受
惡業之人所作故　其中小獄有十六

誡勗部第八

如起世經云佛告諸比丘有三天使在於世間何等爲三一老二病三死有人放逸三業惡行身壞命終生地獄中諸守獄者應時即來驅彼衆生至閻摩王前白言大王此等衆生昔

在人間縱逸自恣不善三業今來生此唯願大王善敎示之王問罪人汝昔人間第一天使善教示汝善呵責汝豈得不見出現生耶荅言大天我實不見王重告言汝豈不見爲人身時或作婦女或作丈夫衰老相現齒落髮白皮膚緩皺黒黶徧體狀若胡麻脢傴背曲行步跛蹇足不依身左右傾側頭細皮寬兩邊垂緩猶若牛頷脣口乾枯喉舌燥澁身體屈弱氣力綿微喘息出聲猶如挽鋸向前欲倒恃杖而行感年衰損血宍消竭羸瘦尫弱趣來世路舉動沈滯無復壯形乃至身心恒常顫掉一切支節瘦懈難攝汝見之不荅言大天我實見之時王告言汝愚癡人無有智慧昔日既見如是相貌云何不作如是思惟我今具有如是老法未得遠離可作善業使我長夜利益安樂彼人復荅言大天我實不作如是思惟以心縱蕩行放逸故王又告言汝愚癡不修善業當具足受放逸之罪此之苦報非他人作是汝自業今還聚集

自受報也

尒時閻摩王第二呵之告言諸人豈不見第二天使世間出耶荅言大天我實不見王復告言汝豈不見昔在世間作人身時若婦女身若丈夫身四大和合忽尒乖違病苦所侵纏綿困篤或臥大小牀上糞尿汙穢宛轉其中不得自在眠臥起坐仰人扶侍洗拭抱持與飲與食一切須人汝見之不彼人荅言大天我實見之王復告言癡人汝見如是云何不思我今亦有如是之法未離患法可作善業令我當來長夜得大利益大安樂事彼人荅言不也我實不作如是思惟以懈怠心行放逸故王告癡人汝既嬾惰不作善業受此惡報非他人造還自受報

尒時閻摩王第三呵之語言汝愚癡人汝昔作人時豈可不見第三天使世間出耶荅言大天我實不見王復告言汝人間時豈不復見若婦人身若丈夫身隨時命終置於牀上以雜色衣而蒙覆之將出聚落舁帳軒蓋

種種莊嚴眷屬圍繞舉手散髮灰土坌頭極大悲惱號咷哭泣舉聲大叫椎胷哀慟酸哽楚切汝悉見不荅言大天我實見之時王告言癡人汝昔既見如此何不思惟我亦有死未得免離今宜作善為我長夜得大利益彼人荅言大天我實不作如是思惟何以故以放逸故時王告言汝既放逸不作善業自造此惡非他人造得此果報汝還自受以此三使教示呵責已勑令將去時守獄者即執罪人兩足兩臂以頭向下以足向上遙擲置於諸地獄中

夫擁其流者未若杜其源揚其湯者未若撲其火何者源出於水源未杜而水不竆火沸於湯火未撲而湯詎息故有杜源之客不擁流而自乾撲火之賓不揚湯而自止類斯而談可得詳矣厭其果者未若絕其因怖其苦者豈若懲於惡因資於果因未絕而果不窮惡生於苦惡未懲而苦詎息故使絕因之士不猒果而自亡懲惡之賢不怖苦而自離凡百君子書

而誡歟

頌曰

生來死還送　日往復月旋　弱喪昏風動
流浪逐物遷　愚戇失正路　漂沒入重淵
一墜幽暗處　万劫履鋒鋋　六道旋寰苦
三塗未曾全　隨流無人救　悽傷還自憐
歸誠觀物像　方知虛妄筌　苦海深何趣
思登般若船

感應緣　略引七驗

晉居士趙泰驗　晉沙門支法衡驗
趙居士石長和驗　漢函谷鬼驗
盧江縣哭驗　吐蕃國鑊湯驗
唐柳智感判地獄驗

晉趙泰字文和清河貝丘人也祖父京兆太守泰郡察孝廉公府辟不就精思典籍有譽鄉里當晚乃膺仕終於中散大夫泰年三十五時嘗卒心痛須臾而死下屍于地心煖不已屈申隨人留屍十日平旦喉中有聲如雨俄而蘇活說初死之時夢有一人來近心下復有二人乘黃馬從者二人扶持泰腋徑將東行不知可幾里至一大城崔崒高峻城邑青黑狀錫將泰向城門入經兩重門有瓦屋可

數千閙男女大小亦數千人行列而
立吏著皂衣有五六人條疏姓字云
當以科呈府君泰名在二十須臾將
泰與數千人男女一時俱進府君西
向坐簡視名簿訖復遣泰南入黑門
有人著絳衣坐大屋下以次呼名問
生時所事作何罪行何福善諦汝等
辭以實言也此常遣六部使者常在
人間疏記善惡具有條狀不可得虛
泰荅父兄仕宦皆二千石我少在家
修學而已無所事也亦不犯惡乃遣
泰為水官監作吏將二千餘人運沙
裨岸晝夜勤苦後轉泰水官都督知
諸獄事給泰馬兵令案行地獄所至
諸獄楚毒各殊或針貫其舌流血竟
體或被頭露髮躶形徒跣相牽而行
有持大杖從後催促鐵床銅柱燒之
洞然驅迫此人抱臥其上赴即燋爛
尋復還生或炎鑪巨鑊焚煮罪人身
首碎墜隨沸翻轉有鬼持叉倚于其
側有三四百人立于一面次當入鑊相
抱悲泣或劒樹高廣不知限極根莖
枝葉皆劒為之人衆相訾自登自攀

若有欣競而身首割截尺寸離斷泰
見祖父母及二弟在此獄中相見涕
泣泰出獄門見有二人齎文書來語
獄吏言有三人其家為其於塔寺中
懸幡燒香救解其罪可出福舍俄
見三人自獄而出已有自然衣服
完整在身南詣一門云名開光大舍
有三重門朱彩照發見此三人即入
舍中泰亦隨入前有大殿珍寶周飾
精光耀目金玉為床見一神人姿容
偉異殊好非常坐此座上邊有沙門
立侍甚衆見府君來恭敬作禮泰問
此是何人府君致敬吏曰号名
世尊度人之師有頃令惡道中人皆
出聽經時云有百萬九千人皆出地
獄入百里城在此到者奉法衆坐也
行雖虧殆尚當得度故開經法七日
之中隨本所作善惡多少差次免脫
泰未出之頃已見千人昇虛而去出
此舍復見一城方二百餘里名為受
變形城地獄考治已畢者當於此
城更受變報泰入其城見有土瓦屋
數千區各有房巷正中有瓦屋高壯

欄檻彩飾有數百局吏對校文書云
殺生者當作蜉蝣朝生暮死劫盜者
當作豬羊受人屠割婬泆者作鶴鶩
麞麋兩舌者作鴟梟鵂鶹捍債者為
駝騾牛馬泰案行畢還水官處主者
語泰卿是長者子以何罪過而來在
此泰荅祖父兄弟皆二千石我舉考
公府辭不行修志念善不染衆惡主
者曰卿無罪過故相使為水官都督
不尒與地獄中人無以異也泰問主
者曰人有何行死得樂報主者唯言
奉法弟子精進持戒得樂報無有謫
罰也泰復問曰人未事法時所行罪
過事法之後得除以不荅曰皆除也
語畢主者開縢篋檢泰年紀尚有
餘筭三十年在乃遣泰還臨別主
者曰已見地獄罪報如是當告世人
皆令作善善惡隨人其猶影響可
不慎乎時親表內外候視泰五六十
人同聞泰說泰自書記以示時人時
晉太始五年七月十三日也乃為祖
父母二弟延請僧衆大設福會皆命
子孫改意奉法課勸精進時人聞泰

死而復生多見罪福互來訪問時有太中大夫武城孫豐關内侯常共郝伯平等十人同集泰舍欵曲尋問莫不懼然皆即奉法

晋沙門支法衡晋初人也得病旬日亡經三日而蘇活說死時有人將去見如官曹舍者數處不肯受之俄見有鐵輪輪上有鐵爪從西轉來無持引者而轉駛如風有一吏呼罪人當輪立輪轉來轢之翻還如此數人碎爛吏呼衡道人來當輪立衡恐怖自責悔不精進今當此輪乎語畢謂衡曰道人可去於是仰首見天有孔不覺憊尒上昇以頭穿中兩手博兩邊四向顧視見七寶宮殿及諸天人衡甚踊躍不能得上疲而復還下所將衡去人笑曰見何等物不能上乎乃以衡付船官船官行船使為拖工衡曰我不能持拖强之有船數百皆隨衡後衡不曉捉拖踏沙洲上吏司推衡汝道而失以法應斬引衡上岸雷鼓將斬忽有五色二龍推船還浮吏乃原衡罪載衡北行三十許里見好村岸有數万家去是流人衡竊上岸村中饒狗互欲嚙之衡大恐懼望見西北有講堂上有沙門甚衆聞經唄之聲衡遽走趣之堂有十二階衡始躡一階見亡師法柱踞胡牀坐見衡曰我弟子也何以而來因起臨階以手巾打衡面曰莫來衡甚欲上復舉步登階柱復推令下至三乃止見平地有一井口深三四丈塼無隙際衡心念言此井自然井邊有人謂曰不自然者何得成井唯見法柱故倚望之謂衡可復道還去狗不嚙汝衡還水邊亦不見向來船也衡渴欲飲水乃墮水中因便得蘇於是出家持戒菜食晝夜精思為至行沙門比丘法橋衡弟子也

趙石長和者趙國高人也年十九時病一月餘日亡家貧未能及時得殯殯經四日而蘇說初死時東南行見二人治道在和前五十步和行有遲疾二人治道亦隨緩速常五十步而道之兩邊荆棘森然皆如鷹爪見人甚衆群走棘中身體傷裂地皆流血見和獨行平道俱歎息曰佛子獨行大道中前至見瓦屋行樓可數千間有屋甚高上有一人形面壯大著皂袍四縫臨窻而坐和拜之閣上人曰石君來耶一別二千餘年長和尒時意中便若憶此別時也和相識有馬牧孟承夫妻先死已積年歲閣上人曰君識孟承不長和曰識閣上人曰孟承生時不能精進今常為我司掃除之役孟承妻精進居處甚樂舉手指西南一房曰孟妻在此也孟妻開窻見和厚相慰問徧訪其家中大小安否消息曰石君還時可更見過當因書也俄見孟丞執箒提箕自閣西來亦問家消息閣上人曰聞魚龍超精進為信尒何所修行長和曰不食魚宍酒不經口常轉尊經救諸疾痛閣上人曰所傳不忘也語久之閣上人問都録主者審案石君名録勿謬濫也主者案録云餘三十年命在閣上人曰君欲歸不和對曰願歸乃勅主者以車騎兩吏送之長和拜辭上車而歸前所行道更有傳館吏民欵

食儲跱之具倏忽至家惡其屍臭不欲附之於屍頭立見其亡妹於後推之踣屍面上因得蘇活道人支法山時未出家聞和所說遂定入道之志法山者咸和時人也右三人出冥祥記

漢武帝東游未出函谷關有物當道其身數十丈其狀像牛青眼曜精四足入土動而不徙百官驚懼東方朔乃請以酒灌之灌之數十斛而怪物始消帝問其故荅曰此名爲患憂氣之所生此必是秦家之獄地不然則是罪人徒作之所聚也夫酒是忘憂故能消之也帝曰吁博物之士矣於此于

盧江腕樅陽二縣境上有大青小青黑居山野之中時聞有哭聲多者至數十人男女大小如始喪者隣人驚駭至彼奔赴常不見人然於哭地必有死喪率聲若多則爲大家聲若小者則爲小家右二條出搜神傳記

王玄策行傳云吐蕃國西南有一涌泉平地涌出激水遂高五六尺甚熱煑肉即熟氣上衝天像似氣霧有一老

吐蕃云十年前其水上激高十餘丈然始傍散有一人乘馬逐鹿直赴泉中自此已來不復高涌泉中時時見人骸骨涌出垂氎布水須臾即爛或名爲鑊湯此泉西北六七十里更有一泉其熱略等時時感沸殷若雷聲諸小泉溫往往皆然今此震旦諸處多有溫湯准此亦是鑊湯故四分律下文佛言王舍城北有熱湯從地獄中來初出甚熱後流至遠處稍冷爲有餘水相和所以冷也右此一驗出西國傳

唐河東柳智感以貞觀初爲長舉縣令一夜暴死明旦而蘇說云始忽爲冥官所追至大官府使者以智感見已謂感曰今有一官闕故枉君任之智感辭以親老且自陳福業未應便死王使勘之籍信然因謂曰君未當死可權判錄事智感許諾謝吏引退至曹曹有五判官連坐感爲第六其廳事是長官人坐三閒各有牀案務甚繁擁西頭一坐處無判官吏引智感就空坐群吏將文書簿帳來取智感署置於案上而退立階下智感問之

對曰氣惡逼公但遙以案中事荅智感省讀其如人間者於是爲判句文有頃食來諸判官同食智感亦欲就之諸判官曰君既權判不宜食此感從之竟不敢食日別吏送智感歸家蘇而方曉自歸家中日暝吏復來迎至彼而且故知幽顯晝夜相反矣於是夜判冥事晝臨縣職遂以常歲餘智感在冥曹因起至廁於堂西見一婦女年三十許姿容端正衣服鮮明立而掩涕智感問是何人荅曰妾是興州司倉參軍之婦也攝來此方別夫子是以悲傷智感以問吏吏曰官攝案有所案問且以證其夫事介智感因謂婦人曰感長舉縣令也夫人若被勘問幸自分疎無爲牽引司倉俱死無益婦人曰誠不願引之恐官相逼耳感曰夫人幸勿相牽可無逼迫之慮婦人許之既而智感還州先問司倉婦有疾否司倉曰吾婦年少無疾患智感以所見告之說其衣服形貌且勸令作福司倉走歸家見其婦在機中織無患也不甚信之後十餘日司倉婦暴疾死司倉始懼而作福禳之又興

州官二人考滿當赴京選謂智感曰
君判冥道事請問吾選得何官智感
至冥曹以其姓名問小録事録事白
名簿並封在石函中檢之二日方可
得報及期來報仍具二人今年所得
官名号智感以報二人二人至京選吏
部擬其官皆與報不同州官聞之以
語智感後問小録事覆撿簿云定如
所檢不錯也既而選人過門下門下
審退之吏部重名果是冥簿撿報者
於是衆咸信服智感每於冥簿見其
親識名狀及死時日月報之使修福
多得免智感權判三年 其部吏來告
曰已得隆州李司戶授正官以代公
不復判矣智感至州因告李剌史李
德鳳遣人往隆州審焉其司戶已亡
問其死日即吏來告之時也從此遂
絶州司遣智感領囚送京至鳳州界
囚四人皆迸智感憂懼捕捉不獲夜
宿於傳舍忽見其故部吏來告之囚
盡得矣一人死三人在南山西谷中
並已擒縛願公勿憂言畢辞 去智感
即請人兵入南山西谷果得 四囚囚
知走不免因來拒抗智感格 之殺一
囚三囚受縛果如所告智感今在南
任慈州司法光禄卿柳亨爲臨說之
亨爲邛州剌史見智感親問之然御
史裴同節亦云見數人説如此尒耳
驗出冥報記

法苑珠林卷第七

法苑珠林卷第七

校勘記

一　底本，金藏廣勝寺本。二七一頁中、下及次頁上一四行首字至次頁中二行第八字原版殘缺，以麗藏本補、換。

一　二七一頁中一行經名，磧、南、清作「法苑珠林卷第七」並夾註「六道之三」；徑無(未換卷)。又撰者，磧作「大唐上都西明寺沙門道世撰」；南作「唐上都西明寺沙門道世撰」；徑無(未換卷)；清作「唐西明寺沙門釋道世撰」。

一　二七一頁中二行「六道篇第四之三」，磧、南、徑、清無。

一　二七一頁中三行「此別八部」，徑無。

一　二七一頁中四行至六行「述意部……誡勗部」，徑無。

一　二七一頁中七行「部第一」，徑無，以下「部」字與序數相連者例同。

— 二七一頁中一七行「鐵牀」，清作「鐵林」。
— 二七一頁下一行「震駭」，磧、南、徑、清作「震駭」。
— 二七一頁下二行第三字「閒」，磧、南、徑、清作「閑」。
— 二七一頁下五行「願令」，磧、南、徑、清作「願令」。
— 二七一頁下一一行「喜歡」，磧、南、徑、清作「歡喜」。
— 二七二頁上一五行第一一字「有」，磧、南、徑、清無。
— 二七二頁上末行「異熟」，磧、南、徑、清作「異氣」。
— 二七二頁中三行「唯於」，磧、南、徑、清作「准於」。
— 二七二頁中一四行首字「極」，磧、南、徑、清、麗作「有」。
— 二七二頁中一七行「是白墡五百踰繕那」，磧、南、徑、清、麗作「五百踰繕那是白墡」。
— 二七二頁中二一行「三踰繕半」，磧、南、徑、清、麗作「三踰繕那半」。
— 二七二頁下八行第三字「此」，磧、南、徑、清作「此林」。
— 二七二頁下二一行「庫壓」，磧、南、徑、清作「堆壓」，麗作「埠壓」。
— 二七二頁下二二行夾註左「名有」，磧、南、徑、清作「各有」。
— 二七三頁上四行首字「剆」，磧。南、徑、清、麗作「剆剥」。
— 二七三頁中二行第四字「鏤」，磧、南、徑、清作「鏤」，下至次頁中一四行第二字同。
— 二七三頁中七行第七字「捉」，磧、南、徑、清作「置」。
— 二七三頁中八行第一三字「地」，磧、南、徑、清無。一六行第二字同。
— 二七三頁下一行第一〇字「剌」，磧、南、徑、清作「剌」。本行第一一字、四行第二字同。
— 二七三頁下六行「手擧」，磧、南、徑、清作「手攀」。
— 二七三頁下一一行「於外」，磧、南、徑、清作「於水」。
— 二七三頁下一八行末字「其」，磧、南、徑、清、麗作「有」。
— 二七三頁下一九行「竸采」，磧、南、徑、清作「竟來」。
— 二七四頁上八行第一〇字「絣」，磧、南、徑、清作「拼」。下同。
— 二七四頁上一九行「稱計」，磧、南、徑、清作「稱述」。又「庫壓」，磧、南、徑、清作「埠壓」，下至本頁中九行同。
— 二七四頁中三行第八字「提」，磧、南、徑、清、麗作「捉」。
— 二七四頁中一八行「諸行惡」，磧、南、徑、清、麗作「諸惡行」。
— 二七四頁中二一行「久置」，磧、南、徑、清作「又置」。
— 二七四頁中二二行末字「並」，磧、南、徑、清、麗作「煎」。
— 二七四頁下一行第九字「居」，麗作「受」。又第一二字「出」，磧、南、徑、清作「乃出」。

一 二七四頁下二行第六字「地」，磧、南、徑、清、麗作「地獄」。
一 二七四頁下三行「畢陋」，磧、南、徑、清作「異陋」。
一 二七四頁下一〇行第九字「並」，磧、南、徑、清、麗作「並至」。
一 二七四頁下一四行第二字「苦」，磧、南、徑、清作「之苦」。
一 二七四頁下一八行「皮宍」，清作「彼肉」。
一 二七四頁下二〇行首字「捉」，麗作「投」。
一 二七五頁上八行第九字「西」，磧、南、徑、清、麗作「西西」。
一 二七五頁中一行「十八隔」，磧、南、徑、清、麗作「十八隔子」。
一 二七五頁中一四行第一三字「吼」，磧、南、徑、清、麗無。
一 二七五頁中一七行「火熾」，麗作「大熾」。
一 二七五頁中一八行「大海」，磧作「火海」。

一 二七五頁下一〇行「大刧」，磧、南、徑、清作「一大刧」。
一 二七五頁下一三行「婬妷」，磧作「婬妖」。
一 二七六頁上七行「四業」，磧、南、徑、清、麗作「造業」。
一 二七六頁上一四行「猛盛」，磧、南、徑、清作「猛威」。又「而覆」，麗作「面覆」。
一 二七六頁上二〇行第四字「次」，磧、南、徑、清、麗作「欲」。
一 二七六頁中六行「火焰」，磧、南、徑、清作「光焰」。七行同。
一 二七六頁中一八行第六字「燃」，磧、南、徑、清、麗作「熾燃」。
一 二七六頁下二行「蓬焞」，磧、南、徑作「蓬勃」；清作「熢焞」。又「相離」，磧、南、徑、清、麗作「相雜」。
一 二七六頁下一二行「奔茶梨」，磧、南、徑、清作「奔荼梨迦」。
一 二七七頁中五行「山火」，麗作「大火」。

一 二七七頁中九行「爆嚗」，磧、南、徑、清作「博鏟」。
一 二七七頁中一一行第一二字「下」，麗無。
一 二七七頁中末行第八字「以」，麗作「以唯」。
一 二七七頁下一行首字「聲」，磧、南、徑、清、麗作「此聲」。
一 二七七頁下二行第一三字「日」，磧、南、徑、清作「對日」。
一 二七七頁下一〇行首字「四」，磧、南、徑、清作「三」。
一 二七七頁下一八行第七字「自」，磧、南作「目」。
一 二七七頁下二〇行「彼邑」，麗作「彼色」。
一 二七七頁下二一行第七字「山」，磧、南、徑、清、麗作「兩山」。
一 二七八頁上二行「常作」，磧、南、徑、清作「恒作」。
一 二七八頁上三行「其皮」，磧、南、徑、清作「其身」。又「熱爪」，磧、南、

徑、清、麗作「熱惱」。
一　二七八頁上七行末字「彼」，磧、南、徑、清作「此」。
一　二七八頁上一二行「由旬」，至此，徑卷第十一終，卷第十二始，並有「六道篇第四之六」、「地獄部之餘」兩行。
一　二七八頁中六行「世間火」，磧、南、徑、清作「世間火熱」。
一　二七八頁下一一行第七字「閒」，磧、南、徑、清、麗作「時」。
一　二七八頁下一六行「日中」，磧、南、徑、清作「口中」。
一　二七八頁下末行末字「經」，麗無。
一　二七九頁上一行「始生王」，磧、南、徑、清作「如生王」。
一　二七九頁上七行「金剛山」，麗作「金剛」。
一　二七九頁上九行夾註左「金銅」，磧、南、徑、清、麗作「金銀」。
一　二七九頁上一八行「沸典佛屎」，磧、南、徑、清作「沸屎典沸屎」；麗作「沸典沸屎」。
一　二七九頁上末行「水地獄」，磧、南、徑、清作「冰地獄」。
一　二七九頁中一行「鐵筭」，磧、南、徑、清作「典鐵笧」；麗作「鐵笧」。又「十七身」，磧、南、徑、清作「十七名身」。
一　二七九頁中一一行第六、七、八字「泥犁城」，磧、南、徑、清無。又夾註左「寄條」，麗作「密條」。
一　二八〇頁上二行第六字「情」，磧、南、徑、清無。
一　二八〇頁上五行「有邊地獄」，磧、南、徑、清作「有邊地地獄」。
一　二八〇頁中三行第二字「具」，磧、南、徑、清無。
一　二八〇頁中四行「大罪」，清作「本罪」。
一　二八〇頁中一一行第一〇字「中」，磧、南、徑、清無。本頁下六行第一〇字同。
一　二八〇頁中一五行第五字「有」，磧、南、徑、清作「有是」。
一　二八〇頁下一四行首字「夫」，磧、南、徑、清、麗作「人」。
一　二八一頁上三行第八字「墯」，磧、南、徑、清、麗作「皆墮」。
一　二八一頁上五行首字「七」，磧、南、徑、清作「十」。
一　二八一頁上一二行「二千」，磧、南、徑、清作「二十」。
一　二八一頁上二〇行「臂頂」，磧作「臂項」。
一　二八一頁下一行「手舉」，磧、南、徑、清作「手攣」。
一　二八一頁下一〇行末字「病」，磧、南、徑、清作「疥」。
一　二八一頁下一七行第一二字「承」，磧、南、徑、清作「稱」。
一　二八一頁下一八行第四字「令」，磧、南、徑、清、麗作「命」。
一　二八二頁中一〇行首字「常」，磧、南、徑、清作「恒」。
一　二八二頁下一〇行首字「頡」，磧、

南作「壼」；徑、清作「胡」。
一　二八二頁下二一行「愚癡」，磧、南、徑、清、麗作「愚癡人」。
一　二八三頁上末行「昇帳」，磧、南、徑、清作「斗帳」。
一　二八三頁下四行「旋寰」，徑、清作「旋環」。
一　二八三頁下六行「物像」，磧、南、徑、清作「像物」。
一　二八三頁下九行第六字「驗」，徑、清無。下至一二行末字同。
一　二八三頁下一〇行「石長和」，磧作「石長老」。
一　二八三頁下一四行「察孝」，磧、南、徑、清作「舉孝」。
一　二八三頁下一八行「平旦」，麗作「辛咽」。
一　二八三頁下二一行「扶策」，磧、南、徑、清作「夾扶」。
一　二八三頁下二二行「崔嵬」，磧、南作「崔嵬」；徑、清作「崔嵬」。
一　二八四頁上三行「二十」，磧、南、徑、清作「三十」。
一　二八四頁上八行第七字「常」，磧、南、徑、清作「恒」。次頁下九行第一一字、一七行第七字同。
一　二八四頁上一一行第四字「已」，磧、南、徑、清作「日」。
一　二八四頁上一二行第七字「吏」，磧、南、徑、清、麗作「使」。
一　二八四頁上一八行第一一字「起」，磧、南、徑、清作「赴」。
一　二八四頁上二二行「高廣不知限極」，磧、南、徑、清作「高不知限量」。
一　二八四頁中一行「欣競」，徑、清作「欣意」。
一　二八四頁中六行第一二字「衣」，磧、南、徑、清、麗無。
一　二八四頁中一四行第八字「巧」，磧、南、徑、清作「願」。
一　二八四頁中一六行「衆坐」，磧、南、徑、清作「衆生」。
一　二八四頁中一九行「千人」，磧、南、徑、清作「十人」。
一　二八四頁中末行末字「壯」，麗作「牀」。
一　二八四頁下五行首字「駝」，磧、南、徑、清作「驢」。
一　二八四頁下八行第三字「辭」，磧、南、徑、清作「辟」。
一　二八四頁下一五行「滕筥」，徑、清作「滕筥」。
一　二八五頁上二行「常共」，磧、南、徑、清作「常山」。
一　二八五頁上四行「奉法」，磧、南、徑、清作「奉法也」。
一　二八五頁上九行「轉駃」，磧、南、徑、清、麗作「轉駛」。
一　二八五頁上末行「三十」，徑作「二十」。
一　二八五頁中二行第五字「互」，磧、南、徑、清作「牙」。
一　二八五頁中六行「曰起」，麗作「回起」。
一　二八五頁中九行「一井口」，磧、南、徑、清作「井一口」。

一　二八五頁中一一行「唯見」，磧、南、徑、清作「雖見」。

一　二八五頁中二二行「荊棘」，磧、南、徑、清作「棘刺」。

一　二八五頁下二行「行樓」，磧、南作「衒樓」；徑、清作「采樓」。

一　二八五頁下五行「二千」，麗作「二十」。

一　二八五頁下六行第四字「若」，磧、南作「諸」。

一　二八五頁下七行「孟承」，清作「孟丞」。下同。

一　二八五頁下一八行「不忘也語久之」，磧、南、徑、清作「不妄也語久之間」。

一　二八六頁上七行「曜精」，磧作「曜睛」；南、徑、清作「曜睛」。

一　二八六頁上一二行「徒作」，磧、南、徑、清作「徙作」。

一　二八六頁上一三行末字至次行第二字「於此于」，磧、南、徑、清作「於此乎」；麗無。

一　二八六頁上一五行第三字「腕」，磧、南、徑、清作「晼」。

一　二八六頁上二〇行「二恠」，磧、南、徑、清作「二事」。

一　二八六頁中一一行「一驗」，磧、南、徑、清作「一人」。

一　二八六頁中一四行末字「息」，磧、南、徑、清、麗作「見」。

一　二八六頁中二二行第一〇字「悵」，磧、南、徑、清、麗作「帳」。

一　二八六頁下五行第六字「食」，磧、南、徑、清無。

一　二八六頁下六行第九字「日」，磧、南無。

一　二八六頁下一三行第九字「案」，磧、南、徑、清、麗作「來」。

一　二八七頁上三行「録事曰」，磧作「曰名曰」。

一　二八七頁上一〇行第二字「退」，磧作「返」。

一　二八七頁上二〇行「告之」，磧、南、徑、清、麗作「告曰」。

一　二八七頁中一行「拒抗」，磧、南作「指抗」。

一　二八七頁中卷末經名，徑作「法苑珠林卷第十二」。

法苑珠林卷第八　起八

唐上都西明寺沙門釋道世字玄惲撰

千佛篇第五

七佛部第一此別九部

述意部　出時部　姓名部

種族部　道樹部　身光部

會數部　弟子部　父近部

述意部第一

蓋聞九土區分四生殊俗昏波易涤慧業難基久復愛河長流苦海不生意樹未啓心燈故三明大聖八解至人總法界而爲智竟虚空以作身形無不在量極規矩之外智無不爲用絶思議之表不可以人事測豈得以處所論將欲啓愚夫之視聽須示眞人之影迹其猶谷風之隨嘯虎慶雲之逐騰龍感應相招抑惟常理自鹿樹表光金河匿曜故像法衆生歸向有徵雖千佛異迹一智同途大悲平等隨性欲而利生弘誓莊嚴運慈舟而濟溺衆生有感機緣契會也

出時部第二

述曰今據賢劫一代分爲四時一成二住三壞四空就此四中成劫已往壞空未至今在住劫故有千佛出現大約而言三佛已往今是第四釋尊遺法此四時中各分二十小劫總爲八十小劫始爲一大水火風劫名爲賢劫也就住中二十別小劫内依立世阿毗曇論云十一劫是未來八劫是過去今釋迦佛當第九劫内成佛問此賢劫中成壞空劫佛不出世唯取住劫此住劫中復未來唯十一小劫何得頓有九百九十六佛一時出世耶荅曰實如來難古來諸佛亦有斯妨會意稍難今依藥王藥上佛名經等略知途路且先録藥王藥上經文後引佛名經和會劫有延促不同故藥王藥上經云尒時釋迦牟尼佛告大衆言我曾往昔無數劫時於妙光佛末法之中出家學道聞是五十

三佛名聞已合掌心生歡喜復教他人令得聞持他人聞已展轉相教乃至三千人異口同音一心敬礼即得超越無數億劫生死之罪

初千佛者華光佛為首下至毗舍佛於莊嚴劫得成為佛過去千佛是也

此中千佛者拘留孫佛為首下至樓至如來於賢劫中次第成佛

後千佛者日光如來為首下至須彌相佛於星宿劫中當得成佛

若依佛名經過去九十一劫有佛名毗婆尸如來過去三十劫有佛出世名尸棄如來即此劫中復有佛出世名毗舍浮如來問曰此九十一劫為大為小荅曰是大劫也

問曰何以得知依舊婆沙論云釋迦菩薩因地從毗婆尸佛以來種相好業至今第九住劫以經九十一大劫故舊俱舍論云釋迦菩薩由禮底沙佛精進力故得即超九大劫究竟成佛故知九劫既大餘九十一劫寧不是大又依藥王藥上經莊嚴劫賢劫星宿劫各有千佛出世即知此劫亦

是大阿僧祇劫又藥王經中若善男子善女人及餘一切衆生聞是五十三佛名者是人於百千萬億阿僧祇劫不墮惡道依此文勢展轉名莊嚴劫賢劫星宿劫等各有千佛出世故知是過於大劫阿僧祇劫至今賢劫中四佛出世者亦是阿僧祇劫非是住小劫也既是大劫故於賢劫之中千佛出世無所疑也又長阿含經云過去九十一劫有佛名毗婆尸復過去三十一劫有佛出世名尸棄復過去三十一劫有佛出世名毗舍婆此尸棄佛及毗舍婆佛依佛名經即此劫中有二佛出世不別或容阿含翻譯乘此三十一劫也又更一釋云依立世阿毗曇論二十住劫中過去八劫已有三佛出世釋迦當現在第九劫出世即以前九劫已有四佛出世未來猶有十一劫焉知不有多佛出世耶故經云或有一劫中有無量佛出世或無數劫中空過無有一佛出世以此義准縱是小劫多佛出世亦自無妨良由衆生根有强弱故感見不

同也此義難知更惟後哲

述曰此賢劫千佛所化住境限封周統奄及三千大千世界所居土地最為中也以佛是能化之人心實虛中所化之人及以方處亦皆是中故此有金剛之座餘方餘域無此座故佛則不居故瑞應經云此方國土三千日月萬二千天地之中央也佛之威神不生邊地若居邊地地為之傾斜是以古往佛興皆出於此同斯成感良為明證也

如長阿含經云過去九十一劫有佛出世名毗婆尸人壽八万歲復過去三十一劫有佛出世名尸棄人壽七萬歲復過去三十一劫有佛出世名毗舍婆人壽六萬歲復過去此賢劫中有佛出世名拘樓孫人壽五萬歲又賢劫中有佛出世名拘那含人壽四萬歲又賢劫中有佛出世名迦葉人壽二萬歲我今出世人壽百歲少出多減依智度迦延論據釋迦人壽一萬歲時合出世為觀衆生一万歲已來無機可度乃至百歲衆生見苦

敢逼劫欲將末故出乎世故論云劫末佛興世劫初轉輪王出二不同如下輪王篇說

姓名部第三

此下並依增一阿含經云七佛父母姓字經云第一維衛第二式棄佛第三隨葉佛此三佛同姓拘樓（長阿含經云第一名毗婆尸佛第二尸棄佛第三毗舍婆佛）第四拘樓秦佛第五拘那含牟尼佛第六迦葉佛此三佛同姓迦葉（長阿含經云第四名拘樓孫佛第五拘那含佛第六同名迦葉佛）第七今我釋迦牟尼佛姓瞿曇

種族部第四

第一維衛佛第二式棄佛第三隨葉佛此三佛同是剎利王種第四拘樓秦佛第五拘那含牟尼佛第六迦葉佛此三佛同是婆羅門種第七今我作釋迦文佛是剎利王種

第一維衛佛父字槃裱剎利王母字槃頭末陁所治國名剎末提

第二式棄佛父字阿輪拏剎利王母字波羅訶越提所治國名阿樓那和提

第三隨葉佛父字須波羅提和剎利王母字耶舍越提所治國名阿耨憂

摩

第四拘樓秦佛父字阿枝達兜婆羅門種母字隨舍迦所治國名輪訶利提那王字須訶提

第五拘那含牟尼佛父字耶睒鉢多婆羅門種母字欝多羅所治國名差摩越提王字差摩

第六迦葉佛父字阿枝達耶婆羅門種母字檀那越提耶所治國名波羅私王名其隨

第七今我作釋迦文尼佛父字閱頭檀剎利王種母字摩訶摩耶所治國名迦維羅衛先大王名槃提（統而言之總有四種一婆羅門二剎帝利三毗利四首陁然則從二種畢非上尊之所託前二種貴寔正覺之宅生婆羅門德行清高剎帝利威恩選舉智論曰隨時所尚佛生其中故釋迦出剛強之世託王種以擬威迦葉生善順之時居淨行而標德也）

道樹部第五

第一維衛佛得道為佛時於波陁羅樹下

第二式棄佛得道為佛於分塗利樹下

第三隨葉佛得道為佛時於菩薩羅樹下

第四拘樓秦佛得道為佛時於斯利

樹下

第五俱那含牟尼佛得道為佛於烏暫樹下

第六迦葉佛得道為佛時於拘類樹下

第七今我作釋迦牟尼佛為佛時於阿沛多羅樹下

夫纕桷丹楹者非出家之高躅蔭松藉卉者爰入道之清規何者俗以形骸之可貴故華屋以居之道以室家之可累故脫屣而棄之凡百仕人孰能先覺聿我調御之師是日生知成道涅槃初生說法皆依樹下斯其言焉有落髮抽簪排榮剃利可不景慕而置心哉

身光部第六

如觀佛三昧經云毗婆尸佛身六十由旬圓光百二十由旬尸棄佛身長四十由旬圓光四十五由旬通身光一百由旬毗舍婆佛身長三十二由旬圓光四十二由旬通身光六十二由旬拘留孫佛身長二十五由旬圓光三十二由旬通身光五千由旬拘那

舍牟尼佛身長二十五由旬圓光三
十由旬通身光長四十由旬迦葉佛
身長十六丈圓光二十由旬釋迦牟
尼佛身長丈六圓光七尺七佛身並
紫金色（雖有法身平等非有優劣但隨機業異故現化不同是以釋迦牟尼出也紫金色而千比丘咸見輸客十六居士偏視灰色自彼之異佛常一也類此而言謂無惑焉也）依彌勒下生經云身長千尺圓光
二十丈

會數部第七

第一維衛佛前後三會說法初會說經有十萬
比丘皆得阿羅漢
第二會說經有九萬比丘皆得阿羅
漢
第三會說經有八萬比丘皆得阿羅
漢（長阿含經云毗婆尸佛初會弟子有十六万八千人二會弟子有十万人三會弟子有三十六万八千人）
第二式棄佛亦三會說法初會說經有
九萬比丘皆得阿羅漢
第二會說經有八萬比丘皆得阿羅
漢
第三會說經有七萬比丘皆得阿羅
漢（長阿含經云尸棄佛初會弟子有十万人第二第三會數並同）
第三隨葉佛再會說法初會說經有

七萬比丘皆得阿羅漢
第二會說經有六萬比丘皆得阿羅
漢
第四拘樓秦佛一會說經有四萬比
丘皆得阿羅漢
第五拘那含牟尼佛一會說經有三
萬比丘皆得阿羅漢
第六迦葉佛一會說經有二萬比丘
皆得阿羅漢
第七今我釋迦牟尼佛一會說經有
千二百五十比丘皆得阿羅漢
述曰上來所列七佛法度人多少者
此據小乘如來初成佛時創度外道
迴邪入正聲聞弟子以為親侍故限
斯數若據如來一代說法度三乘人
得入道者則無量無邊故奘法師云
依如西域釋迦一代說法揔有三時
第一時中為諸聲聞說有相法為破
外道執令悟得道
第二時中為小行菩薩說無相法為
破聲聞令悟無相大乘
第三時中為大行菩薩雙說有相無
相法為破有相無相法令悟中道究

竟圓教於此三時一一隨機廣化無
量或展轉從三乘弟子邊聞法得道
亦塵沙無數不可以一文定不可以
一義局也

弟子部第八

依長阿含經云毗婆尸佛有二弟子
一名騫荼二名躓沙尸棄佛有二弟
子一名阿毗浮二名三婆婆毗舍婆
佛有二弟子一名扶游二名鬱多摩
拘樓孫佛有二弟子一名薩尼二名
毗樓拘那含佛有二弟子一名憂波
斟多二名鬱多樓迦葉佛有二弟子
一名提舍二名婆羅婆我今有二弟
子一名舍利弗二名大目揵連（上來列名各述二者此據聲聞中第一者故別論之）
毗婆尸佛有執事弟子名無憂尸棄
佛有執事弟子名忍行毗舍婆佛有
執事弟子名寂滅拘樓孫佛有執事
弟子名善覺拘那含佛有執事弟子
名安和迦葉佛有執事弟子名善友
我今有執事弟子名阿難
毗婆尸佛有子名方膺尸棄佛有子
名無量毗舍婆佛有子名妙覺拘樓

孫佛有子名上勝拘那含佛有子名導師迦葉佛有子名進軍我今有子名羅睺羅

久近部第九

依菩薩本行經云毗婆尸佛如來滅後正法住世經二萬歲神閒佛如來滅後正法住世經六萬歲（別經云尸棄佛）拘樓孫馱佛如來滅後正法住世經五百歲拘那含牟尼佛如來滅後正法住世二十九日迦葉佛如來滅後正法住世經於七日釋迦佛如來滅後正法住世五百歲像法住世亦五百歲（依善見論云正法住世一千年）

因緣部第二（此別三部）

述意部　引證部　業因部

述意部第一

夫千佛乘曜萬靈景燭覩機適務極聖和恩所以聖人陳福勸善示禍以戒惡小人謂善無益而不為謂惡無傷而不去然有殃有福之言乃華而不實無益無傷之論則信而有徵是以大聖慈愍哀斯愚惑廣興六度接引四生弘宣二諦停毒三有故乘無限之悲計機賢劫之緣也

引證部第二

依五仙人經云久遠無數劫時有仙人處於林藪四人為主一人供給奉事未曾失意一日遠採菓漿誤不時還日已中四人失食懷恨可為凶祝遂感而死復生人中有梵志能相占之為王復果為王佛言王者則吾是四仙人者拘留秦佛拘那含牟尼佛迦葉佛彌勒佛是也其梵志者調達是也

又智度論云劫盡燒時一切皆空衆生福力十方風至相對相觸能持大水有一千頭人二千手足名為韋紐天是人臍中出千葉金色妙寶蓮華其光大明如萬日俱照華中有人結跏趺坐此人復有無量光明名梵天王心生八子八子生天地人民是梵天王坐蓮華上是故諸佛隨世俗故云寶蓮華上結跏趺坐說六波羅蜜

又大悲經云佛告阿難何故名為賢劫者由此三千大千世界劫欲成時盡為一水時淨居天以天眼觀見此世界唯一大水見有千枝蓮華一一蓮華名為千葉金色金光大明普照香氣芬薰甚可愛樂彼淨居天因見此事心生歡喜讚言希有如此劫中當有千佛出興於世以是因緣遂名此劫號之為賢我滅度後此賢劫中當有九百九十六佛出興於世拘留孫佛如來為首我為第四次復彌勒當補我處乃至最後盧遮如來如是次第汝應當知（餘經後佛號為樓至）

業因部第三

依千佛因緣經云尒時世尊在王舍城耆闍崛山從石室出問阿難言今諸聲聞諸菩薩等皆講何論阿難白佛言世尊諸菩薩衆各各自說宿世因緣時有颰陁婆羅菩薩白佛言我於今日欲少諮問唯願天尊為我解說說是語時八萬四千諸菩薩等各脫瓔珞散佛供養所散瓔珞住佛頂上如須彌山嚴顯可觀有千化佛坐山窟中時諸菩薩白佛言世尊此賢劫千佛過去世時種何功德常生一處

同共一家於一劫中次第當得菩提
法苑珠林第八　第十五張　起
化度衆生
尒時世尊告諸菩薩言吾當為汝分
別廣說汝今當知乃往過去無量百
千萬億阿僧祇劫復過是數此世界
名大莊嚴劫名大寶有佛名寶燈醱
王如來佛壽半劫正法化世住於一
劫像法化世住於二劫於像法中有
一大王名曰光德十善化民如轉輪王
尒時大王敕諸人民誦毗陁論時學
堂中有千童子年各十五聰敏多知
聞諸比丘讚佛法僧有一童子名蓮
華德白善稱比丘言云何名佛法僧
比丘答言
波羅蜜滿足　淨性覺智慧　勝心得成就
故號名為佛　無染性清淨　永離於世間
不覩世五蔭　常住名為法　身心常無為
永離四種食　為世良福田　故稱比丘僧
時千童子聞三寶名各持香華隨從
比丘入塔禮拜見佛色像五體投地
即於像前發弘誓願各發阿耨菩提
心過筭數劫必得成佛如今世尊隨壽
長短皆命臨終時以聞三寶善根因

緣故除却五十一劫生死之業命終
法苑珠林第八　第十六張　起
之後得生梵世自憶往世聞三寶名
得生天上時千梵王各乘宮殿持七
寶華至塔供養於像時千梵王異口
同音而說偈言
慧日大名稱　久住善寂地　聞名除諸惡
自然生梵世　我今頭面禮　歸依大解脫
說此偈已各還梵世毗陁波羅汝今
當知時彼國王十善化人者久已成
佛毗婆尸如來是善稱比丘尸棄如
來是時千童子豈異人乎今拘留秦
佛乃至最後樓至如來是跋陁婆羅
汝今當知我與賢劫千菩薩從彼佛
所聞三寶名始發阿耨菩提心其事
如是佛告跋陁婆羅菩薩言過去無
數阿僧祇劫此娑婆世界有一大國
名波羅奈王名梵德常以善法化諸
人民以國付子出家學道得辟支佛
踊身虛空化十八變時千梵王各以
衣械盛諸妙華至優曇林中供養辟
支佛白佛言大德為我說法時辟支
佛踊身虛空化十八變舒手現足中
有一梵王名曰慧見告餘梵言我見

辟支佛受持五戒以戒齋法當行十
法苑珠林第八　第十七張　起
善觀諸緣起以此善根迴向甚深阿
耨菩提願我作佛過於辟支佛百千
萬億時千梵王命終之後於娑婆世
界千四天下為千轉輪王壽命八萬
四千歲臨終時雪山之中有一婆羅
門聰明多智壽命半劫於先經中
聞過去佛號栴檀莊嚴如來彼佛為
說甚深檀波羅蜜不見施受心行平
等時大仙人聞此事已從雪山出詣
千聖王讚說施法時千聖王各以國
土付其太子出家學道時千聖王於
雪山中各立草菴求無上道即獲五
通飛騰空虛壽命一劫時雪山中有
大夜叉身長四千里狗牙上出高八
十里面十二眼眼出迸血光如融銅
左手持劒右手持叉住聖王前高聲
唱言我今飢渴無所飯食惟王矜愍
施少飲食時千聖王告夜叉言我等
誓願一切施與各各以水澡夜叉手
授以仙菓而令食之夜叉得菓怒棄
置地告聖王言我父夜叉噉人精氣
我母羅剎常噉人心飲人熱血我今

飢急唯須人心血何用菓爲時千聖
王告夜叉言一切難捨無過已身我
等今日不能捨心持用相與是時夜
叉即說偈言
觀心無心相　四大色所成　一切悉能捨
乃應菩薩行
時雪山中有婆羅門名牢度跋提白
夜叉言唯願大師爲我說法我今不
惜心之與血即脫單衣敷爲高座即
請夜叉令就此座時大夜叉即說偈
言
欲求無爲道　不惜身心分　割截受衆苦
能忍猶如地　亦不見受者　求法心不悔
一切無悋惜　猶如救頭然　普濟衆飢渴
乃應菩薩行
時牢度跋提聞是偈已身心歡喜即
持利劒刺胷出心是時地神從地涌
出白牢度跋提唯願大仙慜憐我等
等及山樹神莫爲一鬼捨於身命牢
度跋提告諸神言
此身如幻焰　隨現即變滅　猶如呼聲響
呼已更不應　四大五陰力　其勢不久停
於千萬億歲　未曾爲法死　我今爲法故

以心血布施　愼勿固遮我　障我無上慧
以此布施報　誓願成佛道　若後成佛時
要先度汝等
說此偈已臥夜叉前以劒刺頸施夜
叉血即復破胷出心與之是時天地
大動日無精光無雲而雷有五夜叉
從四方來爭取分裂競共食之食
已大歡躍立空中告千聖王誰能行
施如牢度跋提如此行施乃可成佛
時千聖王驚怖退沒不欲菩提生變
悔心各欲還國時五夜叉即說偈言
不殺是佛種　慈心爲良藥　大慈常安隱
終無老死異　一切受身者　畏殺毒害人
是故諸菩薩　教我不殺戒　汝今若畏死
常行不殺事　云何欲還國　捨靜求憒丙
時千聖王聞此語已皆默然住佛告
颰陁婆羅菩薩汝今當知第一婆羅
門讚檀波羅蜜者過去定光明王佛
是牢度跋提者過去然燈佛是千聖
王出家學道見然燈佛行諸苦行心
生悔恨於一劫中墮大地獄雖墮地
獄菩提願力莊嚴心故火不能燒從
是已後復得值遇燈明王菩薩爲其

說法從地獄出廣爲讚歎過去千佛
解脫稱莊嚴佛乃至自在王佛時千
聖王聞千佛名歡喜敬禮以是因緣
超越九億那由他恒河沙劫生死之
罪跋陁婆羅汝今當知時千聖王豈
異人乎我等賢劫千佛是也

種姓部第三 此別四部

述意部　王族部　種姓部
求皆部

述意部第一

敬尋白淨所承出自懿師摩王聖輪
相纂億葉重暉所以釋迦權應示現
降生託迹既顯苗裔遂彰故應迦毗
丈六金容現三十二相之儀統領三
千大千之化慜彼四流之漂還斯六
度之舟也

王族部第二

如長阿含經云天地初成諸天下來
食其地味變化爲人因有諍起衆議
立主選得一人豪族最尊冊爲國主
以治百姓此即是釋迦先祖之王廣如前劫量篇具說
又依樓炭經云後有他王治化不如

先王其壽遂減生至八萬歲展轉稍減至一萬歲乃至百歲從刧初有王名大人相已來依四分律摠筭合有八萬四千二百五十三王出世其中別有十大轉輪聖王王四天下自外諸王不可備列且列如來七世祖族名諱具録如下故五分律云過去有王名懿摩王(四分名鼓師摩)此王庶子有四名一名照目(長阿含經名日面光)二名聰目(經名食象)三名調象(經名路指)四名尼樓(經名莊嚴)尼樓王有子名烏頭羅烏頭羅王有子名瞿頭羅瞿頭羅王有子名尸休羅尸休羅王有四子一名淨飯二名白飯三名斛飯四名甘露飯若依長阿含經四分律等皆云師子頰王有四子一名淨飯王有二子(一是菩薩二是難陀)第二白飯王有二子(一是調達二是阿難)第三斛飯王有二子(一是摩訶男二是阿那律)第四甘露飯王有二子(一是婆婆二是跋提)依智度論云師子頰王有一女名甘露味甘露味有子名施婆羅依雜阿含經云世尊姑子名低沙比丘是也依分別功德論云阿難有妹出家作比丘尼(不出名字)嫌迦葉訶阿難作小兒者是又大

方便經云白淨王刧初已來嫡嫡相丞作轉輪王迹來二世不作輪王而作閻浮提王又優婆塞戒經云我於初釋迦佛所發心於寶頂佛所滿初僧祇於然燈佛所滿第二僧祇於迦葉佛所滿第三僧祇(俱舍論云逆次逢勝觀然燈寶髻佛所毗婆尸所滿三僧祇若正滿爲言在於勝觀已滿爲語在於飲光經論不同理各據矣良由釋迦高貴古今無比宿植福因今受勝報)

種姓部第三

如十二游經云阿僧祇時有菩薩爲國王父母早喪讓國與弟捨行求道遙見一婆羅門姓曰瞿曇因從學道婆羅門言當解王衣如吾所服受瞿曇姓於是菩薩受瞿曇姓入於深山食果飲水坐禪念道菩薩乞食遂還國界舉國吏民無能識者謂爲小瞿曇菩薩於城外甘蔗園中以爲精舍(佛所行讚經云甘蔗之苗裔釋無勝淨王財寶純備故曰淨飯王案淨飯遠祖乃是瞿曇之後身以其前世居甘蔗園故號甘蔗之苗裔也)於中獨坐時有五百大賊刧取宮物路由菩薩廬邊明日捕賊蹤跡在菩薩舍下因收菩薩前後刧盜法以木貫身立爲尖標血流於地是大瞿曇以天眼見之便

以神足飛來問曰子有何罪酷乃尒乎卿無子孫當何係嗣菩薩荅言命在須臾何陳子孫王使左右弩弓射殺之瞿曇悲哀涕泣下棺斂之取土中餘血以泥團之著二器中還其精舍左血著左器中其右亦然大瞿曇言是道人若其志誠天神當使血化爲人却後十月左即成男右即成女於是便姓瞿曇氏一名舍夷(舍夷者是西方貴姓之稱也)血化爲人乃是宿世之事恐文繁故不可具說所以也又菩薩本行經云甘蔗王次前有王名大茅草即以王位付諸大臣大衆圍繞送王出城剃除鬚髮服出家衣王出家已持戒清淨專心勇猛成就四禪具足五通得成王仙壽命極長至年衰老肉消背曲雖復柱杖不能遠行時彼王仙有諸弟子弟子欲往東西求覓飲食取好輭草安置籠裏用盛王仙懸樹枝上何以故畏諸虫獸來觸王仙時諸弟子乞食去後有一獵師游行山野遙見王仙謂是白鳥遂即射之時彼王仙既被射已有兩滴血出墮

於地即便命終彼諸弟子乞食來還見彼王仙被射命終復見有血兩滴在地即下彼籠將王置地集聚柴木焚燒王屍收骨爲塔復將種種雜妙香華供養彼塔尊重讚歎承事畢了尒時彼地有兩滴血即便生出二甘蔗牙漸漸高大至時甘蔗熟日炙開剖其一莖蔗出一童子更一莖蔗出一童女端正可喜世無有雙時諸弟子心念王仙在世之時不生兒子今此兩童是王仙種養護看視報諸臣知時諸大臣召喚解相大婆羅門教令占相并遣作名彼相師言此童子者既是日炙熟甘蔗開而出生故一名善生又其從甘蔗出故第二復名甘蔗生又以日炙甘蔗出故亦名日種彼女因緣一種無異故名善賢復名水波時彼諸臣取甘蔗種所生童幼小年時即灌其頂立以爲王其賢善女至年長大堪能伏事即拜爲王第一之妃

求聟部第四

如菩薩本行經云時迦毗羅城不遠復有一城名曰天臂彼天臂城有一釋種豪貴長者名爲善覺大富多財積諸珍寶資產豐饒具足威德稱意自然無所乏少舍宅猶如毗沙門王宮殿無異彼釋長者生於八女一名爲意二名無比意三名大意四名無邊意五名髮意六名黑牛七名瘦牛八名摩訶波闍波提（隋言大衆亦云梵天）而此梵天於諸女中年最幼小初生之日爲諸能相婆羅門師觀占其體云此女嫁若生兒者必當得作轉輪聖王王四天下七寶自然千子具足乃至不用鞭杖治民時善覺女年漸長成堪欲行嫁白淨王聞自國境內有一釋氏甚大豪富生於八女端正少雙乃至相師占觀其女當生貴子時淨飯王聞是語已作如是言我今當索是女作妃令我甘蔗轉輪聖王苗裔不絕（此是佛家作如是說又言大慧是菩薩母者此依阿波陀那經文又言輸頭檀王是我之父摩耶夫人是我之母阿波陀那經說檢諸經文此義是實）時淨飯王即遣使人往詣善覺大長者家求索大慧爲我作妃波闍波提（隋言生活本）尒時善覺語彼使言善使仁者爲我諮啓大王言我有八女一名爲意乃至第八名爲大慧何故大王求最小者大王且可待我處分七女竟已當與小女大慧作妃時淨飯王復更遣使語長者言我今不待汝一一嫁七女訖然後取於大慧作妃汝八頭女我盡皆取時善覺釋報大王言若如是者依大王命隨意將去時淨飯王即遣使人一時迎取八女向宮至於宮已即納二女自用爲妃其二女者第一名爲意第八名大慧者自餘六女分與三弟一人與二並妻爲妃時淨飯王納意姊妹內於宮中縱情嬉戲歡娛受樂依諸王法治化四方又菩薩本行經云時甘蔗王有第二妃絕妙端正生於四子一名炬面二名金色三名象衆四名別成其第一善賢妃唯生一子名爲長壽端正可喜世間少雙然其骨相不堪作王時善賢妃如是思惟甘蔗種王有此四子炬面等輩兄弟群强我今唯有此之一子雖極端正而無有雙然其相分不堪爲主作何方便令我此子得紹

王位復作此念是甘蔗王今於我邊無量敬愛深心染著縱情蕩意我今可窮極婦人莊飾之法令王於我重生妣湎若得如心我於屏處當乞求願思惟是巳如上所說莊嚴自身令極殊絶至於王邊王見妃來生重愛敬縱逸其心見王生如是心巳二人眠臥妃白王言大王當知我今從王乞求一願願王與我王言大妃隨意不逆從心所欲我當與妃時妃重質王言若與我願不得變悔王言一與妃願後若悔者當令我頭破作七分妃言大王王之四子炬面等輩願擯出國遣我生子長壽爲王時甘蔗即語妃言我此四子無有過失國境之內有何非祥不聽其住妃又白言王巳先立誓我若悔者頭破七分王告妃言我如前言與妃所願時甘蔗王過此夜後至明清旦集聚四子而告勑言汝四童子今可出去我治化內不得居住遠向他國時四童子蹴跪合掌白父王言大王當知我等四人無有罪惡無諸過咎云何父王忽然

擯我出於國界王勑子言我知汝等寶無過失此非我意驅擯於汝此善賢大妃之意彼妃乞願我不違彼令汝出國時四王子所生之母各求乞隨兒去王報諸妃隨汝意去時妃眷屬及諸臣百姓等各白王言今遣此四子令出國者我等諸臣亦求隨去王言任意時甘蔗王勑諸王子從今巳去若欲婚嫡不得餘處取他外族還於自家姓內而莫令甘蔗種姓斷絶彼諸王子受父王教巳各各自將所生之母并及眷屬資財諸馱乘等即向北方到雪山下經少時住有一大河名婆耆羅溴渡於彼河上雪山頂游涉久停見川寬平無諸坑坎庫阜唯生輭細青草清淨可愛樹林華菓蔚茂敷榮王子見巳共相謂言可於此閒造城治化

尒時王子既安住巳憶父王語於自姓中求覓婚姻不能得婦各納姨母及其姊妹共爲夫妻依於婦禮一隨王敎二恐釋種雜亂相生

尒時日種甘蔗之王召一國師大婆

羅門來語之言大婆羅門我四王子今在何處國師荅言大王當知王之四子巳各出國向於北方乃至巳生端正男女時甘蔗王爲自所愛諸王子故心思欲見意情歡喜而發是言彼諸王子能立國計大好治化彼等王子是故立姓稱爲釋迦以釋迦住大樹蓊蔚枝條之陰是故名爲奢夷耆（夷及反）耶以其本於迦毗羅仙處所住故因城立名故名迦毗羅婆蘇都時甘蔗王三子沒後唯一子在名尼拘羅（隋言剃成）長阿含經云住直樹林又號釋林曰林爲姓又父王聞四子端正曰此眞釋子也

降胎部第四（此別六部）

述意部　現衰部　觀機部

呈祥部　降胎部　獎導部

述意部第一

夫誠心內感則至覺如在形力外彈則法身咫尺是以能仁大師隨緣託機愍該宅之既焚傷欲流之永霧託白淨之宮降摩耶之胎啓黃金之色破無明之闇居兹三感示畫篋之非

眞出彼四門驚浮雲之易滅也
現衰部第二
如因果經云尒時善慧菩薩功行滿足位登十地在一生補處近一切種智生兜率天名聖善爲諸天主說於一生補處之行亦於十方國土現種種身爲諸衆生隨宜說法期運將至當下作佛即觀五事一者觀諸衆生熟與未熟二者觀時至與未至三者觀諸國土何國處中四者觀諸種族何族貴盛五者觀過去因緣誰最眞正應爲父母觀此五已即下生者不能廣利諸天人衆仍於天宮現五種相令諸天子皆悉覺知菩薩期運應下作佛一者菩薩眼見瞬動二者頭上華萎三者衣受塵垢四者腋下汗出五者不樂本坐諸天衆見菩薩有此異相心大驚怖身諸毛孔血流如雨自相謂言菩薩不久捨於我等
尒時菩薩又現五瑞一者放大光明普照三千大千世界二者大地十八相動須彌海水諸天宮殿皆悉震搖三者諸魔宮宅隱蔽不現四者日月星辰無復光明五者天下八部皆悉震動不能自禁是諸天見菩薩身已有五相又覩外五現希有事皆悉聚集到菩薩所頭面禮足白言尊者我等今日見此諸相舉身震動不能自安願爲我釋此因緣耶便荅天言善男子當知諸行皆悉無常我今不久捨此天宮生閻浮提于時諸天聞此語已悲號涕泣心大憂惱舉體血現迷悶於地深歎無常尒時有天子即說偈言

菩薩在於此　開我等法眼　今者遠我去
如盲離導師　又如欲渡水　忽然失橋船
亦似攖孤兒　喪亡其慈母　我等亦如是
失所歸依處　方漂生死流　了無有出緣
我等於長夜　爲癡箭所射　既失大醫王
誰當救我者　滯臥無明牀　長沒愛欲海
永斷尊者訓　未見超出期

尒時菩薩以偈荅曰

我於此不久　當下閻浮提　迦毗羅施國
白淨王宮生　辭父母親屬　捨轉輪王位
出家行學道　成一切種智　建立正法幢
能竭煩惱海　閉塞惡趣門　淨開八正路
廣利諸天人　其數不可量　以是因緣故
不應生憂惱

又智度論問菩薩何以生兜率天上不在上生不在下生是大福德應自在生
荅曰有人言作業熟故應是中生又下生地中結使厚濁上地中結使猛利兜率天上不厚不利智慧安隱故又佛出世時不欲過故於下地生命短壽終時佛未出世若於上地生命長壽未盡復過佛出時故兜率天於六天及梵之中上三下三於彼天下必生中國中夜降神中夜出迦毗羅國行中道爲人說法中夜入無餘涅槃以好中法故中天上生

觀機部第三
如菩薩降胎以四種觀人間一觀時二觀土地三觀種姓四觀生處初觀時者時有八種佛出後第一人壽八万四千歲時乃至第八人壽一百餘歲菩薩如是念人壽百歲佛出時到是名觀時第二觀土地者諸佛常在中國生多豐財寶其土清淨第三觀種

姓者佛生二種姓中若刹利若婆羅門刹利種勢力大故婆羅門種智慧大故隨時所貴佛於中生第四觀生處者何等母人能懷那羅延力菩薩亦能自護淨戒如是觀竟唯中國迦毗羅淨飯王后能懷菩薩如是思已於兜率天下不失正慧入於母胎又佛本行經云尒時兜率天衆之中有一天子名曰金團往昔已來數曾下到閻浮地補處菩薩名曰護明護明知已告金團言金團天子汝數下至閻浮提中汝應知彼城邑聚落諸王種族一生菩薩當生何家金團天子報言尊者我甚知之尊者善聽我今當說護明言善金團言此之三千大千世界有一菩提道場處所在彼閻浮摩伽陁國境界之內是昔諸佛成菩提處如是展轉徧歷天下諸國王處皆不稱菩薩意金團天子復作是言我於閻浮提一切諸國處處聚落處處諸王處處城邑處處刹利各住諸城而是刹利造種種業我爲尊者經歷已來生於無量疲極苦惱心迷意

亂更不復能觀看餘處唯有一刹利元本以來從於大衆平量安立世世轉輪聖王之種乃至甘蔗苗裔已來子孫相承在彼迦毗羅婆蘇都釋種所生其王名爲師子頰王其子名爲輸頭檀一切世間天人之中有大名稱尊者堪爲彼王作子護明菩薩報金團言善哉善哉金團天子汝善觀察諸王家種我亦念在於此家生我今深心如汝所說金團當知我定往生彼家作子金團往昔一生補處菩薩所託家者有六十種功德具足滿於彼家何等六十

彼家本來清淨好種一

一切諸聖常觀彼家二

彼家不行一切惡事三

彼家所生悉皆清淨四

彼家種姓眞正無雜五

彼家係嗣嫡嫡相承無有斷絶六

彼家昔來不斷王種七

彼家所生一切諸王皆是往昔深種善根八

生彼家者常爲諸聖之所讚歎九

彼家生者具大威德十

彼家多有端正婦女十一

彼家多有智慧男兒十二

彼家所生心性調順十三

彼家所生無有戲調十四

彼家生者無所可畏十五

彼家生者不曾怯弱十六

彼家生者聰明多智十七

彼家生者多解工巧十八

彼家生者皆無過罪十九

彼家所生不與世間工巧雜合亦不貪財以爲活命二十

彼家所生常好朋友二十一

彼家所生不以殺害諸蟲諸獸以自活命二十二

彼家種姓常知恩義二十三

彼家種族能修苦行二十四

彼家所生不隨他轉二十五

彼家所生不曾懷恨二十六

彼家所生不結癡心二十七

彼家生者不以怖畏隨順於他二十八

彼家生者畏殺害他二十九

彼家生者無有罪患三十

彼家生者乞食得多 三十一
至彼家者無空發遣 三十二
彼家剛强難可降伏 三十三
彼家法則常出禮拜 三十四
彼家常樂布施衆生 三十五
彼家建立因果勤劬 三十六
彼家所生世間勇健 三十七
彼家生常供養一切諸仙諸聖 三十八
彼家生常供養神靈 三十九
彼家生常供養諸天 四十
彼家生常供養丈夫 四十一
彼家歷世無有怨讎 四十二
彼家名聲威振十方 四十三
彼家一切諸宗爲最 四十四
彼家生者上世已來悉是聖種 四十五
彼家生者於聖種中最爲第一 四十六
彼家生者位是轉輪聖王之種 四十七
彼家生者是大威德人之種性 四十八
彼家生者多有無量眷屬圍繞 四十九
彼家生者所有眷屬不可破壞 五十
彼家生者所有眷屬勝一切人 五十一
彼家生者悉孝養母 五十二
彼家生者皆孝順父 五十三

彼家生者悉皆供養一切沙門 五十四
彼家生者悉皆供養諸婆羅門 五十五
彼家生者豐饒五穀倉庫盈溢 五十六
彼家生者多有金銀硨磲碼瑙一切資財無所乏少 五十七
彼家生者多畜奴婢象馬牛羊一切具足 五十八
彼家生者不曾事他 五十九
彼家生者如是一切衆事具足於世間中無所乏少 六十

佛告金團天子凡是一生補處菩薩處於母胎彼母若有三十二種相具足者乃能堪受菩薩在胎何等爲三十二事一彼母人正德而生二彼母人肢體具足三彼母人德行無缺四彼母人所生得處五彼母人爲行庶幾六彼母人種類清淨七彼母人端正無比八彼母人名字得稱九彼母人身體形容上下相稱十彼母人未曾產生十一彼母有大功德十二彼母常念樂事十三彼母心常隨順一切善事十四彼母無有邪心十五彼母身口及心自然調伏十六彼母心口

無所畏十七彼母多聞總持十八彼母極女工巧十九彼母心無諂曲二十彼母心無諂詐二十一者彼母人心無有瞋恚二十二者彼母人心無有嫉妒二十三者彼母人心無有慳悋二十四者彼母人心無有急速二十五者彼母人心難可迴轉二十六者彼母人體有至德相二十七者彼母人心能懷忍辱二十八者彼母人心有慚有愧二十九者彼母人得薄婬怒癡三十者彼母人行無女家過三十一者彼母人行孝順向夫三十二者彼母人出生一切諸行皆悉具足如是母人乃能堪受一生補處後身菩薩欲入母胎之時取鬼宿日然後乃入於母胎中其受一生補處菩薩胎已前其母必須受八關齋然後菩薩入於彼胎護明菩薩復作是言我受有不爲世間一切錢財五欲快樂故下人間受此一生唯欲安樂諸衆生故哀愍苦惱諸衆生故

呈祥部第四

依佛本行經云尒時護明菩薩冬分

過已至於最勝春初之時一切樹木諸華開敷天氣澄清溫涼調適百草新出滑澤和柔滋茂光鮮徧滿於地正取鬼宿星合之時爲彼諸天說於法要悉令歡喜時淨居天告彼一切諸天大衆言汝等今見護明菩薩欲下生時莫生憂惱何以故彼下生時必定當得成阿耨菩提成已還來至此天宮爲汝說法猶如往昔毗婆尸佛乃至迦葉佛等皆從此去還來到此爲汝說法如前無異

尒時菩薩於夜下生當欲降神入胎時彼摩耶當其夜白淨飯王言大王當知我從今夜欲受八禁清淨齋戒所謂不殺生不偷盜不婬泆不妄語不飲酒不兩舌不惡口不無義語又願不貪欲不瞋恚不愚癡不生邪見我當正見諸衆生等禁戒齋法我當受持我今繫念恒常勤行於諸衆生當起慈心時淨飯王即報夫人言心所愛樂隨意而行我今亦捨國王之位隨汝所行而有偈言

王見菩薩母　從坐恭敬起　如母如姊妹
心不行欲想

菩薩正念從兜率下託淨飯王第一大妃摩耶夫人右脇住已是時大妃於睡眠中夢見有一六牙白象其頭朱色七肢拄地以金裝牙乘空而下入於右脇夫人夢已明旦即向淨飯王言大王當知我於昨夜作如是夢當入於我右脇之時我受快樂昔所未有從今日後我實不用世間快樂此夢瑞相誰占夢師能爲我解時淨飯王召一宮監內侍女人而告之言汝速疾來至外宣勅語我國師大那摩子令追喚八婆羅門大占夢師彼使依王勅已喚得八婆羅門等聞王語已善知諸相善占夢祥即具諮王大王善聽所夢瑞相我當具說如我所見往昔諸仙諸天經於典籍所載爲說偈言

若母人夢見　日天入右脇　彼母所生子
必作轉輪王　若母人夢見　月天入右脇
彼母所生子　諸王中最勝　若母人夢見
白象入右脇　彼母所生子　三界無極尊
能利諸衆生　怨親悉平等　度脫千萬衆
越深煩惱海

尒時占夢婆羅門師白大王言夫人所夢其相甚善大王今者當自慶幸夫人所産必生聖子彼於後時必成佛道名聞遠至時淨飯王聞諸占師說此偈已心大歡喜多以財施時淨飯王聞此相師占觀妃夢云是吉祥之瑞占相之後即於其國迦毗羅城四門之外并衢道頭街巷阡陌有人行處安大無遮義會之施所須飲食財寶宅舍畜生皆悉與之又阿私陁是五通仙人聞菩薩從兜率陁天正念下至淨飯王宮夫人右脇入於胎時放大光明徧照人天一切世界後此大地具足六種十八相動時阿私陁見未曾有事心大驚怖毛竪今有何緣此大地動有何果報時彼仙人少時思惟然後而住心生歡喜踊躍無量不能自勝作是唱言希有大聖不可思議世間當出大富伽羅又菩薩初從兜率下時入母右脇受胎訖已時有一天名曰速往至諸地獄大聲唱言汝諸人輩一切當知菩薩今

從兜率天下入於毋胎是故汝等速發誓願願生人間地獄衆生聞此語已所有衆生往昔已來曾種善根復造雜業以惡强故墮於地獄彼等各各面相覩見猒離地獄復得光明身心安樂復得聞於速往世間諸天之聲捨地獄身即生人中所有三千大千世界諸衆生等往昔已來種善根者皆來於此迦毗羅城四面託生

降胎部第五

如涅槃經云菩薩下時欲色界諸天悉來侍送發大音聲讚歎菩薩以口氣風故令地動又念佛三昧經云菩薩欲降毋胎時三千大千世界悉皆六種震動又因果經云尒時菩薩觀降毋胎即乘六牙白象發兜率宮無量諸天作諸妓樂燒衆名香散天妙華隨菩薩滿虛空中放大光明普照十方以四月八日明星出時降神毋胎于時摩耶夫人於眠寤之際見菩薩乘六牙白象騰虛而來從右脇入身現於外如處瑠璃夫人體安快樂如服甘露顧見自身如日月照心大歡喜踊躍無量見此相已然而覺生希有心即以此狀具告白淨王知尒時白淨王見此瑞已歡喜踊躍不能自勝即召善相婆羅門占之知菩薩處胎出巳成佛功德利益不可具說尒時兜率天衆念言菩薩已生白淨王宮我等亦當下生人間菩薩成佛我得在先為其眷屬聽法作此念已便即下生其數有九十九億諸天下生人間又從他化自在天乃至四天王及色界天王與其眷屬亦皆下生不可稱計菩薩在毋胎行住坐臥無所妨礙不令毋有諸苦患事菩薩至晨朝於毋胎中為色界諸天說種種法至日中時為欲界諸天說法於日晡時為諸鬼神說法於夜三時亦復如是（依普曜經云菩薩在毋胎十月開化訓誨三十六載諸天人民使五聲聞及諸大乘行也）華嚴經云菩薩於毋胎中三千大千世界衆生普見菩薩於胎中如明鏡中見其面像

獎導部第六

如菩薩處胎經云佛告喜見菩薩曰汝欲知過去諸佛滅不滅刹土不耶當知我過去身其數不可稱不可量即以神足入溼生界衆相具足與無數阿僧祇為溼識衆生說法令溼識隨意所願各得解脫入化卵等生隨意所願各得解脫亦復如前復以神足現當來世界入四生中各得解脫亦復如前如我今日在毋胎中與諸十方神通菩薩說不退轉難有之法亦以神通入天四生入地獄四生餓鬼四生畜生四生於星中胎化二生盡漏得疾溼卵二生盡漏稍遲化生胎生是利根人溼卵是鈍根人又佛告阿難諦聽善思念之吾今與汝一一分別大士難有之行阿難白佛言願樂欲聞佛告阿難去此東南方一億一萬一千六十二恒河沙刹彼有世界名曰思樂佛名香熖如來於彼現般涅槃而來至忉利天宮經歷無數阿僧祇劫三十六返作大梵天王三十六返作帝釋身三十六返作轉輪王所度衆生無墮二乘及諸惡趣何以故皆是諸佛神智所感佛告阿難如來有胎分耶無胎分耶阿難白

佛言如來之身無有胎分也佛告阿
難若如來無胎分者云何如來十月
處胎教化說法耶阿難白佛言如來
有胎分者此亦處寂無胎分者亦復
處寂
尒時世尊即以神足現母摩耶身中
坐臥經行敷大高座縱廣八千由旬
金銀梯陛天繒天蓋懸處虛空作
唱妓樂不可稱計復以神足東方去
此娑訶世界萬八千土菩薩大士皆來
雲集南西北方四維亦尒復有下方
六十二億剎土諸神通菩薩亦來大
會上方七十二億空界菩薩亦來雲
集入胎中
尒時文殊師利菩薩白世尊曰此諸菩
薩大士雲集欲聽世尊不思議法如
是三昧億千那由他如今如來入何
三昧居於胎舍與諸大士說不思議
法佛告文殊汝今觀察一住二住乃
至十住一生補處諸方菩薩各當其
位勿相雜錯今此大衆清淨無雜寄
生枝葉亦無穢惡今此座上無有一
人雜穢惡者有退轉者所以者何是
利根不處生死
又問彌勒心有所念幾念幾相識耶
彌勒言舉手彈指之頃三十二億百
千念念念成形形皆有識識念極微
細不可執持佛之威神入彼微識皆
令得度此識教化非無識也

法苑珠林卷第八

法苑珠林卷第八

校勘記

一 底本，金藏廣勝寺本。

一 二九三頁中一行經名，徑作「法苑珠林卷第十三」。

一 二九三頁中二行撰者，磧作「大唐上都西明寺沙門釋道世字玄惲撰」；徑作「唐上都西明寺沙門釋道世玄惲撰」；清作「唐西明寺沙門釋道世撰」；麗作「西明寺沙門釋道世撰」。

一 二九三頁中三行「千佛篇第五」，徑作「千佛篇第五之一」；清、麗作「千佛篇第五此有十五部」。

一 二九三頁中三行與四行之間，清、麗有「七佛部　因緣部　種姓部　降胎部　出胎部　侍養部　占相部　游學部　納妃部　厭苦部　出家部　成道部　說法部　涅槃部　結集部」諸部名。

一 二九三頁中四行「第一」及「此別九部」，徑無。

一 二九三頁中五至七行「述意部……久近部」，徑無。

一 二九三頁中八行「部第一」，徑無，下至二九七頁下一二行「部」字與序數相連者例同。

一 二九三頁中一七行「招抑」，磧、南、徑、清作「招仰」。

一 二九三頁下五至六行「一成二住

三壞四空」，磧、南、徑、清作「一壞二空三成四住」。

一　二九三頁下六行「已往」，麗作「己住」。

一　二九三頁下一〇行第一一字「風」，磧、南、徑、清無。

一　二九三頁下一六行「頓有」，麗作「須有」。

一　二九三頁下一七行第七字「來」，磧、南、徑、清作「所」。

一　二九四頁上五行「初千佛者」，磧、南、徑、清作「其千人者」。又「毗舍佛」，磧、南、徑、清、麗作「毗舍浮佛」。

一　二九四頁上二〇行「得即」，磧、南、徑、清、麗作「即得」。

一　二九四頁中一五行第二字「乘」，磧、南、徑、清作「剩」。

一　二九四頁下一六行「毗舍婆」，磧、南、徑、清作「毗舍浮」。又第一二字「此」，麗無。

一　二九四頁下二二行「時合出世」，磧、南、徑、清、麗作「世時合出」。

一　二九五頁上六行「維衞」，磧、南、徑、清、麗作「維衞佛」。又「式棄佛」，磧、南、徑、清作「式佛」，下同。

一　二九五頁上一〇行夾註左「迦第佛」，磧、南、徑、清、麗作「迦葉佛」。

一　二九五頁中一〇行「其隨」，磧、南、徑、清作「其隋」。

一　二九五頁中一一行「文尼佛」，清作「牟尼佛」。

一　二九五頁中一四行夾註右「毗利」，磧、南、徑、清、麗作「毗舍」。

一　二九五頁中一五行夾註右「智論」，磧、南、徑、清作「智度論」。

一　二九五頁中二〇行「爲佛」，麗作「爲佛時」。下二行磧、南、徑、清、麗同。

一　二九五頁下六行「爲佛」，磧、南、徑、清無。

一　二九五頁下一一行末字「熟」，磧、南、徑、清、麗作「孰」。

一　二九五頁下一四行「剃利」，磧、南、徑、清作「涕利」。

一　二九五頁下一七行第一二字「身」，磧、南、徑、清作「身長」。

一　二九五頁下末行「五千」，磧、南、徑、清作「五十」。

一　二九六頁上三行「二十」，南作「一十」。

一　二九六頁上六行夾註左一「偏」，麗作「徧」。又「佛常」，磧、南、徑、清作「佛恒」。

一　二九六頁上七行夾註左二「也」，磧、南、徑、清無。

一　二九六頁上一〇行「説法初會」，麗無。

一　二九六頁中一〇行第四字「我」，磧、南、徑、清無。

一　二九六頁中一二行第九字「法」，磧、南、徑作「我作」。

一　二九六頁下七行「蹟沙」，磧、南、徑、清、麗作「説法」。

一　二九六頁下八行「三婆」，磧、南、徑、清作「提舍」。

一　二九六頁下九行末字「摩」，磧、南、徑、清無。

一　二九六頁下一一行末二字至次行首二字「憂波尠多」，磧、南、徑、清作「舒般那」。

一　二九七頁上一四行「第二」及「此別三部」，徑無。

一　二九七頁上一五行「述意部……業因部」，徑無。

一　二九七頁上一八行「和恩」，磧、南、徑、清、麗作「弘恩」。又「勸善」，磧、南、徑、清作「以勸善」。

一　二九七頁上末行末字「乘」，磧、南、徑、清作「垂」。

一　二九七頁中一行第六字「機」，磧、南、徑無。

一　二九七頁中五行第一二字「誤」，磧、南、徑、清作「寤」。

一　二九七頁中六行第二字「日」，磧、南、徑、清作「至日」。

一　二九七頁中八行第四字「復」，磧、南、徑、清、麗作「後」。

一　二九八頁上一〇行第九字「誦」，磧、南作「謂」；徑、清作「讀」。

一　二九八頁上一九行末字「從」，磧、南、徑、清作「彼」。

一　二九八頁下六行「臨終」，磧、南、徑、清作「臨命終」。

一　二九八頁下一五行「狗牙」，磧、南、徑、清作「利牙」。

一　二九八頁下一六行「十二眼」，磧、南、徑、清、麗作「十二里」。

一　二九八頁下末行「常噉」，磧、南、徑、清作「恒噉」。

一　二九九頁上一九行首字「等」，磧、南、徑、清、麗無。

一　二九九頁下七行「第三」及「此別四部」，徑無。

一　二九九頁下八行至九行「述意部……求婚部」，徑無。

一　二九九頁下一〇行「部第一」，徑無，以下「部」字與序數相連者例同。

一　二九九頁下一一行第六字「丞」，磧、南、徑、清、麗作「承」，下同。又「懿師」，磧作「憝師」；南、徑、清作「慤師」，次頁上八行夾註同。

一　二九九頁下一二行第四字「業」，磧、南、徑、清作「業」。

一　三〇〇頁中一一行「父母」，磧、南、徑、清作「其父母」。又「捨行」，麗作「捨位」。

一　三〇〇頁中一八行夾註「財得」，磧、南、徑、清作「財德」；麗作「才德」。

一　三〇〇頁下一〇行夾註左二「也」，磧、南、徑、清、麗無。

一　三〇〇頁下一一行「所以」，磧、南、徑、清作「所因」。

一　三〇〇頁下一七行「柱杖」，磧、南、徑、清作「拄杖」。

一　三〇〇頁下一八行「有諸弟子弟子」，磧、南、徑、清作「諸弟子」。

一　三〇一頁上一八行「童幼」，磧、南、徑、清作「童子幼」；麗作「童子」。

一　三〇一頁上一九行「賢善」，磧、南、

經、清作「善賢」。

一　三〇一頁中一行末字「一」，清無。

一　三〇一頁下一七行「象衆」，磧、南、經、清作「家家象衆」。

一　三〇一頁下末行「爲主」，磧、南、經、清作「爲王」。

一　三〇二頁上一行第五字「此」，磧、南、經、清無。

一　三〇二頁上四行「妉湎」，磧、南作「躭緬」；經、清作「沈湎」。

一　三〇二頁上一四行「甘蔗」，磧、南、經、清作「甘蔗王」。

一　三〇二頁上一六行「何非」，麗作「何罪」。

一　三〇二頁中七行「亦求」，磧、南、經、清作「各亦求」。

一　三〇二頁中一五行「庳阜」，磧、南、經、清作「埠阜」。

一　三〇二頁下九行夾註「及夷反」，經、清無。

一　三〇二頁下一三行第二字「日」，經、清作「因」。

一　三〇二頁下一四行「釋子也」。至此，經卷第十三終，卷第十四始，並有「千佛篇第五之二」一行。

一　三〇二頁下一五行「第四」及「此別六部」，經無。

一　三〇二頁下一六行至一七行「述意部……獎導部」，經無。

一　三〇二頁下二〇行「大師」，麗作「本師」。

一　三〇二頁下二一行「永霧」，經、清作「永鶩」。

一　三〇三頁中一八行「永斷」，磧、南、經、清作「永絶」。

一　三〇三頁中二〇行第三字「此」，麗作「世」。又末字「國」，磧、南、經、清作「兜」。

一　三〇三頁中二二行「種智」，磧、南、經、清作「智種」。又「法憧」，磧、南、經、清、麗作「法幢」。

一　三〇三頁下九行第一〇字「於」，磧、南、經、清、麗作「若於」。

一　三〇三頁下一四行「行中道」，磧、南、經、清、麗作「行中道得菩提中道」。

一　三〇四頁中二行首字「元」，磧、南、經、清作「從」。又第五字「從」，磧、南、經、清作「至」。

一　三〇四頁中六行「輸頭檀」，磧、南、經、清、麗作「輸頭檀王」。

一　三〇四頁中一五行第五字「常」，磧、南、經、清作「恒」。本頁下一六行第五字、次頁上四行第五字、次頁中二一行首字同。

一　三〇四頁中一九行「係嗣」，磧、南、經、清作「體胤」。

一　三〇五頁上二行「至彼家者」，磧作「至彼家生者」；南作「彼家生者」；經、清作「彼家至者」。

一　三〇五頁上四行「禮拜」，磧、南、經、清、麗作「禮律」。

一　三〇五頁上八行至上一一行「生常」，磧、南、經、清作「恒常」。

一　三〇五頁中一四行末字「人」，磧、南、經、清無。

一　三〇五頁下三行「諂詐」，磧、南、徑、清作「誑詐」。

一　三〇五頁下一三行「一切諸行」，磧、南、徑、清、麗作「一切諸德一切諸行」。

一　三〇五頁下一七行第二字「胎」，磧、南、徑、清、麗作「母胎」。

一　三〇六頁上七行首字「下」，磧、南、徑、清無。

一　三〇六頁上一三行「時彼摩耶」，磧、南、徑、清作「時時彼摩耶夫人」。

一　三〇六頁上末行末字「妹」，麗作「妹」。

一　三〇六頁中一三行第三字「令」，磧、徑作「今」。

一　三〇六頁中一四行「八婆羅門」，磧、南、徑、清、麗作「八婆羅門八婆羅門」。

一　三〇六頁中一七行「諸仙」，磧、南、徑、清作「神仙」。

一　三〇六頁下一行首字「越」，磧、南、徑、清作「於」。

一　三〇六頁下八行首字「之」，磧、南、徑、清無。

一　三〇六頁下一六行「毛豎」，磧、南、徑、清、麗作「毛孔悉豎」。

一　三〇七頁上一五行末字「觀」，磧、南、徑、清、麗作「欲」。

一　三〇七頁上二〇行「眠寤」，麗作「眠寐」。

一　三〇七頁中一行第一〇字「然」，磧、南、徑、清作「然後」。

一　三〇七頁中三行第三字「王」，磧、南、徑、清無。

一　三〇七頁中一七行夾註左「五聲聞」，磧、南、徑、清、麗作「立聲聞」。

一　三〇七頁下一行第八字「數」，磧、南、徑作「無數」。

一　三〇七頁下一〇行「星中」，磧、南、徑、清作「四生中」。

一　三〇八頁上八行「梯㮳」，徑作「梯階」；清作「梯陛」。

一　三〇八頁上九行「娛樂」，磧、南、徑、清作「妓樂」。

一　三〇八頁上二〇行「各當」，磧、南、徑、清作「名當」。

一　三〇八頁上二二行第八字「今」，磧、南、徑、清作「令」。

一　三〇八頁中一行「生死」，清作「生施」。

一　三〇八頁中卷末經名，徑無（未換卷）。

趙四十九紙

法苑珠林卷第九

西明寺沙門釋道世撰

出胎部第五　此别八部

述意部第一

敬思定光授記遊號能仁玄符合契故託化釋種萌兆於未形之前跡爭於巳生之後照炳人天聯綿曠刧其為源也邃乎勝矣所以坤形六動方行七步五淨雨華九龍灑水神瑞畢臻吉徵揔萃覩諸百代曾未之有然後孕異堯軒産殊禹偰至如黑帝入夢之兆白光滿室之徵徒曰嘉祥詎可擬議身邊則光色一丈眉間則白毫五尺開萬字於胷前躡千輪於足下大略以言三十有二非可以龍顏虎鼻八彩雙瞳方我妙色較其升降者也

迎后部第二

如佛本行經云介時菩薩聖母摩耶懷孕菩薩將滿十月垂欲生時時彼摩耶大夫人父善覺長者即遣使人詣迦毗羅淨飯王所又云夫人父名善智奏大王言如我所知我女摩耶王大夫人懷藏聖胎威德既大若彼産出我女命短不久必然我意欲迎我女摩耶還我安止住於嵐毗尼中共相娛樂盡父子情唯願大王莫生留難乞垂哀愍遣放女來我家産訖即遣送還時淨飯王聞善覺使作是言巳即勅有司其迦毗羅城及提婆陁河兩間之中平治道路具辦幡華種種音樂僕從人物不可稱計送妃至家　自外去去

感瑞部第三

如普曜經云太子滿十月巳臨産之時先現瑞應三十有二一後園樹木自然生菓二陸地生青蓮華大如車輪三陸地枯樹皆生華葉四天神牽七寶交露車至五地中二萬寶藏自然發出六名香好熏徧布遠近七雪山中出五百白師子羅住城門無所嬈害八五百白象子羅住殿前九天為四面雨細澤香潔十其王宫中自然

法苑珠林卷第九　第二張　趙

泉水百味飲食給諸虛渴十一諸龍
玉女在虛空中現半身住十二天萬
玉女執孔雀拂現宮墻上十三諸天
玉女持萬金瓶盛甘露住虛空中十
四天萬玉女手執萬瓶皆盛香水行
住虛空十五天萬玉女手執幢蓋而
住侍焉十六諸天王女羅列而住鼓
百千樂在於虛空自然相和十七四
瀆江河清澄不流十八日月宮殿停
住不進十九沸宿下侍諸星衛從二
十交露寶帳普覆王宮二十一明月
神珠懸於殿堂光明晃昱二十二宮
中燈火為不復明二十三篋笥衣被
被在箷架二十四奇珍瓔珞一切寶
藏自然為現二十五毒蟲隱藏吉鳥
祥鳴二十六地獄皆休毒痛不行二
十七地為大動丘墟皆平二十八四
衢街巷平正散華二十九諸深坑塹
悉皆為平三十漁獵怨惡一時慈心
三十一境內孕婦產者悉男聾盲瘖
啞癃殘百疾皆悉除愈三十二一切
樹神半身出現低首禮侍是為三十二
瑞當此之時壇場左右莫不雅奇歎

未曾有

誕孕部第四

如因果經云菩薩處胎垂滿十月身
諸支節及以相好皆悉具足夫人憶
入園游觀王勅後宮端正婇女凡有
八萬四千以用侍摩耶夫人又擇取
八萬四千端正童女賚持香華往藍
毗尼園王又勅諸羣臣百官夫人皆
悉徒從於是夫人即昇寶轝與諸官
屬及婇女前後道從往藍毗尼園尒
時復有天龍八部亦皆隨從充滿虛
空十月滿足於四月八日日初出時
夫人見後園中有一大樹名曰無憂
華色香鮮枝葉分布極為茂盛即舉
右手欲牽摘之菩薩漸漸從右脅而
出菩薩處胎經云佛告彌勒當知汝
復受記五十六億七千萬歲於此樹
王下成無上正等覺我以右脇生汝
彌勒從頂生如我壽百歲彌勒壽八
萬四千歲我國土土汝國土金我國
土苦汝國土樂

又依菩薩本行經云尒時菩薩見母
立地以手攀樹枝時在胎正念從座

而起自餘一切諸衆生母欲生子時
身體徧痛受大苦惱數坐數起不能
自安其菩薩母熙怡坦然身受大樂
是時摩耶夫人立地以手執波羅义
樹枝訖即生菩薩此是菩薩希奇之
事未曾有法表如來得成於佛已無
疲勞倦能拔一切煩惱諸根割斷一切
諸煩惱結猶如截於多羅樹頭畢竟不
生無相無形無後生法此是如來往
先瑞相

又復一切諸衆生等生苦逼故在於
胎內處處移動菩薩不然從右脇入
還住右脇在於胎內不曾移動及欲
出時從右脇生不為衆苦之所逼切
此是菩薩未曾有事表成佛已盡其
後際修行梵行永無有畏常得快樂
無復諸苦

又菩薩初從母胎右脇正念生時放
大光明悉皆徧照此是菩薩未曾有
事表成佛已裂破無明黑暗之網能
出明淨大智慧光又菩薩初從右脇
出已正心憶念時菩薩母身體安常
不傷不損無瘡無痛菩薩母身如本

無異此是菩薩未曾有法表成佛已行於梵行不缺不減具足不少

又菩薩初從母胎出時無苦無惱安庠而起一切諸穢不能汙染不同衆生譬如如意瑠璃之寶用於迦尸迦衣裹時各不相染此是菩薩未曾有法表成佛已在於世間住於世間世希有法世間穢濁不汙不染

又菩薩初從母胎出時時天帝釋將天細妙憍尸迦衣裹於自手於先承接擎菩薩身此是菩薩未曾有法表成佛已創爲娑婆世界之主大梵天王於先勸請如來說法

又菩薩初從右脇生時四大天王抱持菩薩將向母前示其母言冊大夫人今可歡喜夫人生子既得人身諸天猶尚歡喜讃歎況復於人此是菩薩未曾有法表成佛已無量四衆皆向如來聽受於法依如來教不違不背

又菩薩生已立在於地仰觀於母右脇之時口作是言我此身形從今日後不復更受於母脇中不入胎臥此是於我最末後身我當作佛此是菩

薩未曾有法表成佛已口作是言我今生分一切已盡梵行已立所作已辦不受後有此是如來往先瑞相

又涅槃經云菩薩初生之時於十方面各行七步摩尼跋陀富那跋陀鬼神大將執持幡蓋振動無量無邊世界金色晃曜彌滿虛空難陀龍王及跋難陀以神通力浴菩薩身諸天形像承迎禮拜阿私陀仙合掌恭敬盛年捨欲如棄涕唾不爲世樂之所迷惑出家修道樂於閑寂爲破邪見六年苦行於諸衆生平等無二心常在定初無散亂相好嚴麗莊飾其身所游之處丘墟皆平衣服離身四寸不墮行時直視不顧左右所食之物物無完過坐起之處草不動亂爲調衆生故往說法心無憍慢

招福部第五

如因果經云太子生時于時樹下亦生七寶七莖蓮華大如車輪菩薩即便墮蓮華上無扶侍者自行七步（大善權經云行七步者爲應七覺意也）舉其右手而師子吼云我於一切天人之中最尊最勝無量

生死於今盡矣說是語已時四天王即以天繒接太子身置寶机上釋提桓因手執寶蓋大梵天王又持白拂侍立左右難陀龍王優波難陀龍王於虛空中吐清淨水一溫一涼灌太子身（普曜經云諸天釋梵雨雜名香九龍在上而下香水洗浴菩薩瑞應本起經云梵釋下侍四天大王接菩薩身置金机上皆行本起經云龍王兄弟左雨溫水右雨冷水釋梵天衣裹菩薩身也）身黃金色三十二相放大光明普照三千大千世界迦維羅衛國三千日月萬二千天地之中央也（便有百萬億日月四百萬億天下三千書略舉其要故知華戎之判非易而評海內經云身毒之國是軒轅氏居之郭氏注云天竺國也以此而言天地中央未爲其濫後漢書云以蔥嶺之外猶爲九夷語其壯麗勝於中國吳越春秋云季子入周見章甫之服三代之樂云吳蠻夷之國豈有此乎雖此而辯未必即地爲政故當隨其時代改易不可用於中天爲未常定也）

又智度論問曰何故佛作金色答曰若鐵在金邊則不現今現在金比佛在時金則不現佛在時金比閻浮那金則不現閻浮那金比大海中轉輪聖王道中金沙則不現金沙比金山則不現金山比須彌山金則不現須彌山金比三十三諸天瓔珞金則不現三十三天瓔珞金比燄摩天金則不現燄摩天金比兜率陀天金則不

現兜率陁天金比化自在天金則不現化自在天金比他化自在天金則不現他化自在天金比菩薩身色則不現如是妙色是名金色相又瑞應經云太子初生之時天龍八部亦於虛空作天伎樂歌唄讚頌燒香散華雨衆天衣瓔珞繽紛不可稱數又於樹下忽生四井八功德水瑞應有三十四相不可具說(略同前三十二相中說)

降邪部第六

如瑞應經云太子初生之時是時大王即嚴四兵共諸臣等入園見太子奇瑞如是一喜一懼合掌禮諸天神前抱太子置於七寶象輿之上輿諸群臣婇女諸天作伎隨從入城王未識三寶即將太子往詣天寺太子即入梵天形像皆從坐起禮太子足而語王言大王當知今此太子天人中尊虛空天神皆悉禮敬大王豈不見如是相耶云何而令來此禮我白淨王及諸大臣等歎未曾有即將太子出於天寺還入後宮普曜經云太子至寺說偈言

初生動三千　釋梵須倫神　日月息天王
來稽頭面禮　何有天過是　將吾到其所
超天天中天　天無比況勝　隨俗來現此
現瑞人歡喜　若干種奉養　過聖天中天

於是天王釋梵四王各捨本位尋時來下五體投地禮菩薩足諸天人民百千之衆默然歎咤稱揚洪音歎未曾有歎喜踊躍天地大動天雨衆華百千伎樂不鼓自鳴諸天形像現其本身禮菩薩足則在前住於是頌曰

須彌比芥子　過天龍王變　日月禮勞耶
慧德豈禮敬　三千界自歸　芥子比須彌
牛跡比大海　上尊喻日月　若能禮其尊
功福不可計　各各得安隱　德豐無限量

同應部第七

如瑞應經云當今之時諸釋種姓亦同一日生五百男修行本起經云國中八萬四千長者生子悉男八萬四千廐馬生駒其一特異毛色純白駿髯貫珠故名為騫特奴名闡特

又瑞應本起經云奴名車匿馬名揵陟時王廐中象生白子馬生白駒牛羊亦生五色羔犢如是等類數各五百

王子青衣亦生五百蒼頭(普曜經云五千青衣各生力士)尒時宮中五百伏藏自然發出有諸商人從海採寶而還各賚奇珍奉貢上王諸瑞吉祥當名太子為悉達尒時八王子亦於白淨王同生太子各懷歡喜共制好名又佛本行經云迦維羅閱國有八城合有九百萬戶調達以四月七日生佛以四月八日生佛弟難陁以四月九日生阿難以四月十日生調達身長一丈五尺四寸佛身長一丈六尺難陁身長一丈五尺四寸阿難身長一丈五尺三寸其貴姓舍夷長一丈四尺其餘國種皆長一丈三尺菩薩外家去城八百里姓瞿曇氏作小王主百萬戶名一億王菩薩婦家姓瞿曇氏舍夷長者名水光其婦毋名月女有一城居近其邊生女之時日將欲沒餘明照其家室內皆明因字之為瞿夷晉言明女瞿夷者是太子第一夫人其父名水光長者太子第二夫人生羅雲者名耶維檀其父名移施長者太子第三夫人名鹿野其父名釋長者以有三婦故

太子父王為立三時殿殿有二萬婇女三殿凡有六萬婇女以太子當作遮迦越王故置有六萬婇女

校量部第八

如瑜伽論云四種入胎一正知而入不正知住出二正知入住不正知而出三俱能正知四俱不正知初謂輪王二謂獨覺三謂菩薩四謂所餘有情寶性論偈云

從天退入胎　現生有父母　在家示嬰兒
習學諸伎藝　戲樂及游行　出家行苦行
現就外道學　降伏於天魔　成佛轉法輪
示道入涅槃　諸薄福衆生　不能見如來

瑞應經云太子四月八日夜明星出時生又佛行讚云於三月八日菩薩從右脇生過去現在因果經云二月八日夫人往毗藍尼園見無憂華舉右手摘從右脇出今謂世代既遥譯人前後直就經文難可論辯考求外典如似可見春秋云魯莊公七年即莊王十一年四月辛亥恒星不現星殞如雨撿内外以四月為正也

侍養部第六 此別三部

述意部第一

述意部　養育部　善徵部

夫神妙寂通圓智湛照道絶於形緘之封理畢於生滅之境形識久絶豈實誕於王宮生滅已畢寧假設於侍衛但大聖應生本期利物有感斯現無幽不矚機化萬途受誘非一或假安禪悟道或藉慧解開襟或示嬰孩扶侍或現乳哺資養緣悟多種不可一例此是誘物之能濟俗之術也

養育部第二

依佛本行經云尒時太子既誕生適滿七日其太子母摩耶夫人遂便命終或有師言摩耶夫人壽命筭數唯在七日是故命終雖然但往昔常有是法其菩薩生滿七日已而菩薩母皆取命終何以故以諸菩薩幼年出家母見是事其心碎裂即便命終又薩婆多師云母見生子身體端正希奇之事歡喜不勝即便命終命終之後即便往生忉利天上時淨飯王見夫人命終之後即便喚召釋種皆令雲集而告之言汝等眷屬並是國親

今是童子嬰孩失母乳哺之寄將付囑誰教令養育使得存活誰能憐愍愛如己生時有五百釋種新婦彼等新婦各各唱言我能養育我能瞻看時釋種族語彼婦言汝等一切年少盛壯意耽色欲不能依時養育依法慈憐唯此摩訶波闍波提親是童子眞正姨母是故堪能將息養育童子之身時淨飯王即將太子付囑姨母而告之言善來夫人如是童子應當養育善須護持應令增長依時澡浴又別揀取三十二女令助養育以八女人擬抱太子以八女人洗浴太子以八女人令乳太子以八女人令其戲弄是時摩訶波闍波提白淨飯王言謹依王勑不敢乖違

善徵部第三

又佛本行經云從太子出生已來淨飯王家日日增長一切財利金銀珍寶二足四足無所乏少而說偈言

五穀及財寶　金銀諸衣服　或造或不造
自然得充足　童子及慈母　乳酪酥常豐
慈母少乳者　悉皆得盈溢

時淨飯王所有怨讎自然皆悉生平等心已漸生親厚同一心意風雨隨時無諸災雹亦無擾亂少種多收一切人民如法而行種種布施作諸功德人無枉橫皆並歡喜猶如天上無有差殊以太子威德力故如是諸事莫不成就如偈所說

人世順尊教　不慳亦不惜　無不如法行
慈心不起殺　飢渴既得解　飲食皆充足
一切悉歡喜　並受如天樂

又普曜經云菩薩生已七日其母命終受忉利天上福相適昇彼天五萬梵天各執寶瓶二萬梵魔妻手執寶纓侍菩薩母又瑞應本起經云菩薩本知母人之德不堪受其禮故因其將終而從之生又大善權經云生後七日其母薨福應昇天非菩薩咎又因果經云太子姨母摩訶波闍波提乳養太子如母無異

占相部第七 此別八部

述意部　勅占部　呈恭部
現相部　業因部　同異部
校量部　百福部

述意部第一

夫至聖無方隨緣顯晦澄神虛照應機如響所謂寂滅不動感而遂通於是降神兜率之宮垂像迦毗之域家世則輪王遞襲門望則聖道相因地中三千既殊於洛邑國朝八萬有逾於瞀嶺宗親藉甚熟可詳焉縱呂工之相高帝世謂知人若譬私陁之覩吾師未可同日較其優劣昇沈有異也

勅占部第二

如瑞應經云尒時白淨王令訪得五百聰明相師令占太子相師言是王之子乃是世間之眼猶如眞金有諸相好極爲明淨若當出家成一切種智若在家者爲轉輪聖王領四天下第一之最又白王言有一梵仙名阿私陁具足五通在於香山彼能爲王斷於疑惑時王心自思惟香山途路嶮絕非人能到當以何方請來至此王作念時阿私陁仙遙知其意騰空而來爲王相之王見來已喜慰不可言王及夫人抱太子出欲禮仙人時仙

人止王曰此是天人三界中尊云何而令禮於我耶時彼仙人即起合掌禮太子足王及夫人白仙人曰唯願善相太子仙人相已忽然悲泣不能自勝王及夫人見彼仙悲舉身顫怖生大憂惱如大波浪動於小船即問仙人我子有何不祥而悲泣耶荅言太子相好具足無有不祥但恨我今年壽已百二十不久命終生無想天不覩佛興不聞經法故自悲耳若有衆生具三十二相或生非處久不明顯此人必爲轉輪聖王若三十二相皆得其處又復明顯此人必成一切種智我今觀大王太子諸相皆得其所又極明顯是以決定知成正覺仙人爲王說此語已辭別而退

又佛本行經云大王我今自慨年耆根熟衰朽老邁當於尒時不得覩見失此大利是故我今悲惋自傷非彼不吉即爲大王而說偈言

自恨我有大顚倒　不值此當得道時
空過一生無所聞　豈非是我失大利
我今年老根純熟　死時將至不復賒

念此生分得遭逢　所以一喜一憂懼
大王釋種方興盛　誕此童子福德人
一切諸苦逼世間　此悉能令得安樂

呈恭部第三

依佛本行經云是時摩耶詣童子所至巳持手抱童子頭令向仙人擬如禮拜仙人之足是時童子威德力故其身自轉足向仙人時淨飯王更復共扶迴童子頭令拜仙人童子力故足還自轉向彼仙人時淨飯王復迴童子頭向仙人還復轉足如是至三其阿私陁遙見童子是時童子放常光明照觸大地童子威德端正可喜色純黃金頭如寶蓋鼻直而圓脩臂下垂肢節正等無缺無減具足莊嚴時阿私陁即從座起白於王言大王莫將童子聖頭迴向於我何以故彼頭不合頂禮我足我頭應當頂禮彼足復唱是言希有希有大人出世最大希有大人出世我本從天所聞者即此童子眞實定是如彼不異時阿私陁整理衣服偏袒右臂右膝著地申其兩手抱持童子安其頂上還復本座本座坐巳還下童子置於膝上

現相部第四

如佛本行經云時淨飯王復白仙言大師我意欲令我子常在云何方便及令幼年勿使捨我阿私陁仙復白王言大王我實不能專正決定説是方便令作障礙時淨飯王復語仙人作如是言大師善聽我今當作種種方便設方便巳不令我子從令幼稚及到盛年暫離捨我出家阿私陁仙即問王言大王今者因何事故説如是語時淨飯王報彼仙人阿私陁言尊師當知如我國內所有相師皆語我言若是童子在家當作轉輪聖王以是因緣我如是語阿私陁仙復白王言大王當知彼等相師皆大妄語何以故如是勝相非是轉輪聖王之相令此童子有百善相八十隨形挺特殊好分明炳著皆悉具足時淨飯王問仙人言大師何等是八十隨形好時阿私陁具白王言（具說八十種好其文如經今依勝天王經說）故勝天王經佛自說云八十種好者一無能見頂二頂骨堅實三額廣平正四眉高而長形如初月紺瑠璃色五目廣長六鼻高圓直而孔不現七耳厚廣長埵輪成就八身堅實如那羅延九身分不可壞十身節堅密十一合身迴顧猶如象王十二身有光明十三身調直十四常少不老十五身常潤澤十六身自將衛不待他人十七身分滿足十八識滿足十九容儀具足二十威德遠震二十一一切向不背他二十二住處安隱不危動二十三面門如量不大不長二十四面廣而平二十五面圓淨如滿月二十六無顰蹙容二十七進止如象王二十八容儀如師子王二十九行步如鵝王三十頭如摩陁那菓三十一身色光悅三十二足趺厚三十三爪如赤銅葉三十四行時印文現地三十五指文莊嚴三十六指文明了不闇三十七手文明直三十八手文長三十九手文不斷四十手足如意四十一手足紅白色如蓮華四十二孔門相具四十三行步不減四十四行步

不過四十五行步安平四十六臍深
厚狀如盤蛇團圓右轉四十七毛色
青紅如孔雀項四十八毛色潤淨四
十九身毛右靡五十口出無上香身
毛皆尒五十一脣色赤潤如頻婆菓
五十二脣潤相稱五十三舌形薄五
十四一切樂觀五十五隨衆生意和
悅與語五十六於一切處無非善言
五十七若見人先與語五十八音聲
不高不下隨衆生樂五十九說法隨
衆生語言六十說法不著六十一等
觀衆生六十二先觀後作六十三發
一音荅衆聲六十四說法次第皆有
因緣六十五無有衆生能見相盡六
十六觀者無猒六十七具足一切音
聲六十八顯現善色六十九剛强之
人見則調伏恐怖者見即得安隱七
十音聲明淨七十一身不傾動七十
二身分大七十三身長七十四身不
染七十五光徧身各一丈七十六光
照身而行七十七身清淨七十八光
色潤澤猶如青珠七十九手足滿八
十手足德字依佛說寶女經云於是

寶女問世尊曰如來有三十二大人
之相前世宿命行何功德而致是相
徧布于體佛告寶女吾往古世行無
量德合集衆行由得是相徧于身體
今粗舉要如來之相足安平立大人
相者乃往古世堅固勸助而不退轉未
曾覆蔽他人功德故
如來手足而有法輪大人相者乃往古世
別說與設若干種種施故如來至眞損纖
長好大人相者乃往古世經義救護衆生令
無患故如來手足生網鞔理大人相者乃往
古世未曾破壞他人眷屬故
如來手足柔輭微妙大人相者乃往
古世而以慧施若干種衣細輭服故
如來而有七合充滿大人相者乃往
古世廣設衆施供諸乏故
如來之膝至正無節蹲腸如鹿大人
相者乃往古世奉受經典不違失故
如來之身其陰馬藏大人相者乃往
古世謹慎已身遠色欲決故如來之
身頰車充滿猶如師子大人相者乃
往古世廣修淨業修行備故
如來至眞常於胷前自然卍字大人
相者乃往古世蠲除穢濁不善行故

如來肢體具足成就大人相者乃往
古世施以無畏安慰人故
如來手臂長出於膝大人相者乃往
古世人有作事佐助勸故
如來身淨而無瑕疵大人相者乃往
古世奉行十善無猒足故
如來腦戶充滿弘備大人相者乃往
古世其有病者施若干種藥瞻視療
故
如來師子出大人相者乃往古世殖
衆德本具足備故
如來具四十齒白大人相者乃往古世
志性等仁於衆生故
如來牙齒無有間踈大人相者乃往
古世諫人諍鬪令和合故
如來頰牙大人相者乃往古世則以
微妙意可之物而施與故
如來清白美好鬚眉大人相者乃往
古世善自護已身口心故
如來廣長舌大人相者乃往古世出
言至誠護口之過故
如來疊疊大人相者以無量福供養
究竟心行仁和與衆生願使得覆蓋

故
如來梵聲哀𢡟之音大人相者乃往古世言語柔和與衆人言護口節辭無央數人聞其所語無不悅故
如來瞳子如紺青色大人相者乃往古世常以慈目察衆人故
如來之眼如月初生大人相者乃往古世無麁暴志心性和順故
如來眉間白豪大人相者乃往古世咨嗟歌誦閑居之德衆行故
如來頂上肉髻自然大人相者乃往古世奉敬賢聖禮尊長故
如來肌體柔軟妙好大人相者乃往古世心念合集法品藏故
如來身形紫磨金色大人相者乃往古世多施衣服臥具牀故
如來之體一一毛生大人相者乃往古世離於集會衆闘故
如來之毛上向右旋大人相者乃往古世尊敬於師受善友教誓首從故
如來頭髮如紺青色大人相者乃往古世愍傷群黎不以刀杖而加害故
如來之身平正方圓無有阿曲大人

相者乃往古世已身衆生勸化安之令定意故
如來之脊如大鉤鏁善有威曜巍巍之德大人相者乃往古世爲諸正覺興立形像繕修壞寺其離散者勸使和合施無畏懼其諍訟者化令相順故
汝欲知之吾往世時行於無量不可計會衆德之本故如來宿世奉行如斯乃能致此三十二大人之相也
如第二十二梵聲相中依新婆沙論云如來梵聲相謂佛於喉藏中有妙大種能發悅意和雅梵音如羯羅頻迦鳥及發深遠雷震之聲如帝釋鼓如是音聲具八功德一者深遠二者和雅三者分明四者悅耳五者入心六者發喜七者易了八者無猒
大智度論云如來有梵聲相如梵天王五種聲而從口出一其深如雷二清徹遠聞聞者悅樂三入心敬愛四諦了易解五聽者欲聞無猒菩薩亦有如是五種聲從口中出迦陵毗伽聲相可愛如大鼓音深遠

又新婆沙論問相是何義答標幟義是相義殊勝義是相義祥瑞義是相義問何故丈夫相唯三十二不增不減耶脅尊者說曰若增若減俱亦生疑不違法相說有三十二者世間共許是吉祥義數不增減若三十二相莊嚴佛身則於世間最勝無比若當減者便力闕少若更增者則爲雜亂皆非殊妙故唯尒所三十二丈夫相也
又智度論問是三十二相三業之中何業種耶答曰是意業非身口業是意業利故又六識中是意識種非五識以五識不能分別故
問曰是三十二相幾時能成種答曰極遲百劫極疾九十一劫釋迦牟尼菩薩九十一大劫行辦得三十二相如經中言過去久遠有佛名弗沙時有二菩薩一名釋迦牟尼一名彌勒弗沙佛欲觀釋迦牟尼菩薩心純熟未即觀見之知其心未純熟而諸弟子心皆純熟又彌勒菩薩心已純熟而弟子未純熟是時弗沙佛如是思惟一

人之心易可速化衆人之心難可疾
治如是思惟竟弗沙佛欲使釋迦菩
薩疾得成佛上雪山上入寶窟中入
火禪定是時釋迦菩薩作外道仙人
上山採藥見弗沙佛坐寶窟中入火
禪定放大光明見已心生歡喜信敬翹
一脚立叉手向佛一心而觀目未曾
瞬七日七夜以一偈讚佛

天上天下無如佛　十方世界亦無比
世界所有我盡見　一切無有如佛者

七日七夜諦觀世尊目未曾瞬超越
九劫於九十一劫中得阿耨菩提釋
迦菩薩貴其心思不貴多言若更以
餘偈讚佛心或散亂是故七夜以一
偈讚佛

問曰何故釋迦菩薩心不純熟而弟
子純熟彌勒菩薩自心純熟而弟子
不純耶

荅曰釋迦菩薩饒益衆生心多自為
身少故彌勒菩薩多為己身少為衆
生故

業因部第五

如得無垢女經云佛言菩薩成就四
法得三十二丈夫相何等為四一把
金散佛或散浮圖二常以香油塗如
來塔三種種華香伎樂布施四眷屬
相隨供養和上阿闍梨等尒時世尊
而說偈言

把金散浮圖　香油塗佛塔　施以華香樂
敬心供養師　行如是四法　得三十二相
端正甚奇妙　一切功德具

菩薩成就四法得八十種好何等為
四一種種妙衣莊嚴法座二供養他
人心不生倦三於法師所不作鬬亂
四教諸衆生修菩提行尒時世尊而說
偈言

妙衣嚴法座　供養他不倦　教衆生菩提
易得八十好　菩薩修行此　四種功德故
常於一切時　有勝相莊嚴

同異部第六

如新婆沙論問八十隨好為在何處
荅在諸相間隨諸相轉莊嚴佛身令
極妙好問相與隨好不相障奪耶荅
不尒相與隨好更相顯發如林中華
顯發諸樹佛身如是相好莊嚴又如
金山衆寶雜飾

剛菩薩所得三十二相與輪王相有
何差別荅菩薩所得四事勝一熾盛
二分明三圓滿四得處復有五事勝
一得處二極端嚴三文像深四隨順
勝智五隨順離染

校量部第七

佛阿毗曇經云以一千阿僧祇世界
衆生所有功德成佛一毛孔如是成
佛一毛孔功德徧如來身毛孔功德
成佛一好如是成就八十種好功德
增為百倍乃成如來身上一相所成
就三十二相功德增為千倍乃成如
來額上一白豪相以一千豪相功德
增為百倍乃成如來一頂骨相一切
飛天所不能見頂如是不思議清淨
功德聚成就佛身是故如來於天人
中最為尊勝

百福部第八

依優婆塞戒經云佛言菩薩修一一
相以百福德而為圍繞修心五十具
心五十是則名為百種福德善男子
一切世間所有福德不及如來一毛
功德如來一切毛孔功德不如一好

功德聚合八十種好功德不如一相功德一切相功德不如白毫相功德白毫相功德復不及無見頂相功德是故如來成就具足無量功德是三十二相即是大悲之果報

又新婆沙論問如契經說佛一一相百福莊嚴何謂百福荅此中百思名為百福何謂百思謂如菩薩造作增長足善住相業時先起五十思修治身器令淨調柔次起一思正牽引彼後復起五十思令其圓滿譬如農夫先治畦壠次下種子後以糞水而覆溉之彼亦如是如是善住相業有如是百思莊嚴乃至頂上烏瑟膩砂相業亦復如是由此故說佛一一相百福莊嚴問者五十思耶荅依十業道各有五思謂依離殺業道有五思一離殺思二勸道思三讚美思四隨喜思五迴向思謂迴所修向菩提故乃至正見亦尒是名五十思有說依十業道各起下中上上勝上極五品善思如雜修靜慮有說依十業道各起五思一加行淨二根本淨三後起淨四非尋

所害五念攝受有說緣佛一相起五十剎那未曾習思相續而轉問如是百福一一量云何有說若業能感轉輪王位於四大洲自在而轉是一福量有說若業能感天帝釋位於二天衆自在而轉是一福量有說若業能感他化自在天王位於一切欲界天衆自在而轉是一福量有說若業能感大梵天王位於初靜慮及欲天衆自在而轉是一福量有說娑訶世界主大梵天王勸請如來轉法輪福是一福量問彼請佛時是欲界繫無覆無記心云何名福有說彼住梵世欲來請時先起如是善心我當為諸有情作大饒益請佛轉法輪尒時即名得彼梵福此不應理所以者何非未作時已成就故如是說者彼請佛已還至梵宮後世尊轉法輪時地神先唱如是展轉聲徹梵宮梵王聞已歡喜自慶發純淨心而生隨喜尒時乃至成就此福有說世界成時一切有情業增上力能感三千大千世界是一福量有說除近佛地菩薩餘一切有

情所有能感富樂果業是一福量有說此中一一福量應以喻顯假使一切有情皆悉生盲有一有情以大方便令俱得眼彼有情福是一福量復次假使一切有情皆飲毒藥悶亂將死有一有情令皆除毒心得醒寤彼有情福是一福量復次假使一切有情皆被縛録臨當斷命有一有情俱令解脫一時得命彼有情福是一福量復次假使一切有情壞戒壞見有一有情能令俱時戒見具足彼有情福是一福量評曰如是說所說皆是純淨意樂方便讚美菩薩福量然皆未得其實如實義者菩薩所起一一福量無量無邊以菩薩三無數劫積集圓滿諸波羅蜜多已所引思願極廣大故唯佛能知非餘所測如是所說廣大量福具足滿百莊嚴一相展轉乃至三十二相皆具百福佛以如是三十二百福莊嚴相及八十隨好莊嚴其身故於天上人中最尊最勝

游學部第八 此別四部

述意部　召師部　擁力部

校量部

述意部第一

竊聞一切種智號悉達多樹自三祇之初獨高百刼之末揔法界而爲智竟虛空以作身然身無不在量極規矩之外智無不爲用絶思議之表不可以人事測豈得以處所論將啓愚夫之視聽須示聖人之影迹或復示居外道或復現作童蒙應同類而誘凡隨異形而化物然後稱無上士號天中天良由愚智潛通凡聖難測不思議德而功莫大焉

召師部第二

如佛本行經云時淨飯王知其太子年已八歲（因果經云年至七歲）即會百官群臣宰相而告之言卿等當知今我化內誰最有智智能悉通堪爲太子作師諸臣報言大王當知今有毗奢婆蜜多羅善知諸論最勝最妙如是大師堪教太子（已下略述）王即遣召而告之言尊者大師能教我太子一切技藝諸書論不時蜜多報言大王謹依王命我今甚能心生歡喜即嚴五百釋種童子

前後左右別有無量無邊童子男女隨從太子將昇學堂時彼大師遥見太子威德力故不能自禁遂使其身從座忽起屈身頂禮於太子足禮拜起已四面顧視生大羞慙時蜜多羅生慙愧已於虛空中有一天子名曰淨妙從兜率宮共於無量無邊最大諸天神王而常守護太子在彼虛空隱身不現而說偈言

世間諸技藝　及餘諸經論　此人悉能知
亦能教示他　是勝衆生者　隨順世間故
往昔久習來　今示從師學　出世所有智
諸諦及諸力　因緣所生法　生已及滅無
一念知彼等　名色現不現　猶尚能證知
況復諸文字

尒時天子說此偈已以種種華散太子上即還本宮尒時太子即初就學將好最妙牛頭栴檀作於書版純用七寶莊嚴四緣以天種種殊特妙香塗其背上執持至於毗奢蜜多羅阿闍梨所而作是言尊者闍梨教我何書（自下太子廣爲說書）或復梵天所說之書（今婆羅門書正有十四音是）佉

盧瑟吒書（隋言驢脣）　冨沙迦羅仙人說書（隋言
華）阿迦羅書（隋言節分）　邪寐（七毗反）尼書（隋言大秦國書）
瞢伽羅書（隋言吉祥）　邪那尼迦書（隋言駄書）
鴦瞿梨書（隋言指書）　波羅婆尼書（隋言樹葉）
娑伽羅書（隋言將牛）　父與書（失譯）
波流沙書（隋言惡言）　陁毗荼國書（隋云南天竺）
毗多荼書（隋言起尸）　度其差那婆多書（隋言右旋）
脂羅低書（隋言形人）　僧佉書（隋言等計）
優波伽書（隋言嚴熾）　阿㝹盧摩書（隋言順）
阿婆勿隨書（隋言覆）　陁羅多書（烏場邊山）
毗耶寐奢羅書（隋言雜）　珂沙書（疏勒）
西瞿耶尼書（失譯）　摩那書（科斗）
脂那國書（失譯）　毗多悉底書（尺）
末荼叉羅書（中字）　提婆書（天）
冨數波書（華）　夜叉書（失譯）
那伽書（龍）　阿脩羅書（不飲酒）
乾闥婆書（天音）　緊那羅書（非人）
迦婁羅書（金翅鳥）　摩睺羅伽書（大蛇）　彌伽遮迦書（諸獸音）
迦迦婁多書（烏音）　浮摩提婆書（地居天）
安多梨叉提婆書（虛空天）
欝多羅拘盧書（須彌北）
逋婁婆毗提呵書（須彌東）

烏荖婆書（舉）　䐡荖波書（㩮）
娑伽羅書（失譯）　跋闍羅書（金剛）
梨伽波羅低䩭伽書（佉復）
毗棄多書（食殘）　阿㝹浮多書（未曾有）
奢娑多羅䟔多書（如伏轉）
伽那那䟔多書（竿轉）
優荖波䟔多書（舉轉）
尼荖波䟔多書（㩮轉）
波陁梨佉書（足）
毗拘多羅波陁那地書（於二增上句）
邪婆陁輸多羅書（增十句已上）
末荼婆哂尼書（中有）
梨沙耶婆多波修比多書（諸山苦行）
陁羅尼卑义梨書（觀地）
伽伽那卑麗义尼書（觀虛空）
薩蒲沙地尼山陁書（一切藥草因）
沙羅僧伽何尼書（總覽）
薩婆婁多書（一切種音）

尒時太子說是書已復諮蜜多阿闍梨言此書凡有六十四種未審尊者欲教我何書是時多羅闍於太子說是書已內心歡喜悅豫熙怡蜜懷私慙折伏貢高我慢之心向於太子而說偈言

希有清淨智慧人　善順於諸世間法
自已該通一切論　復更來入我學堂
如是書名我未知　其本悉皆誦持得
是爲天人大尊道　今復更欲覓於師

夫神理無聲因言辭以寫意言辭無跡緣文字以圖音故字爲言蹄言爲理筌音義合符不可偏失是以文字應用彌綸宇宙雖跡繫翰墨而理契乎神昔造書之主凡有三人長名曰梵其書右行次曰佉盧其書左行少者蒼頡其書下行梵佉盧居于天竺黃史蒼頡在於中夏梵佉取法於淨天蒼頡因華於鳥跡文畫誠異傳理則同矣仰尋先覺所說有六十四書鹿輪轉眼筆制區分龍鬼八部字體殊式准梵及佉盧爲世勝文故天竺諸國謂之天書西方寫經同祖梵文然三十六國往往有異譬諸中土猶有篆籀之變體乎安蒼頡古文沿世代變古移爲籀籀遷爲篆篆改成隸其轉易多矣至於傍生八體則有仙龍雲芝二十四書則有揩奠鍼殳名實雖繁爲用益尠然原本定義則體備於六文適時爲敏則莫要於隸法東西之書源亦可得而略究也又佛本行經云時淨飯王復集群臣言何處有師最便武技教我太子諸臣報王此處有釋名爲善覺其子名羼提提婆（隋言忍天）堪教太子兵戎法式其所解知一切凡有二十九種善巧妙術（已下略而不述）忍天白王臣甚能教王爲太子欲游戲故造一園苑名曰勤劬是時太子入彼苑內游戲或令按摩時彼五百釋種臣悉爲其兒古先一切書典教於太子及自釋子亦如是教又復世人積年累月所學問者或成不成太子能於四年之中及餘釋種皆悉學得通達無礙一切自在是時忍天即爲太子而說偈言

汝於年幼時　安庠而學問　不用多功力
須臾而自解　於少日月學　勝他多年歲
所得諸技藝　成就悉過人

尒時太子生長王宮孩童之時游戲未學年滿八歲出閤詣師入於學堂從毗奢多及忍天所二大尊邊受讀諸

書并一切論兵戎雜術經歷四年至十二時種種技能徧皆涉獵既通達已隨順世間悦目適心曾於一時在勤勑園遨游射戲自餘五百諸釋種童亦各在其自已園内嬉戲時有群鴈行飛虛空是時童子提婆達多彎弓而射即著一鴈其鴈被射帶箭遂墮悉達園中時太子見彼鴈帶箭被傷墮地見已兩手安徐捧取已跏趺安鴈膝上以妙滑左手擎持右手拔箭即以蘇蜜封其瘡是時提婆遣使來語太子言我射一鴈墮汝園中宜速付來不得留彼是時太子報使人言鴈若命終即當還汝若不死者終不可得時提婆達復更重遣使人語言若死若活決須相還我手於先善切射得云何忽留太子報言我已於先攝受此鴈所以然者自我發於菩提心來我皆攝受一切衆生況復此鴈而不屬我以是因緣即便相競聚集諸釋宿老智人判決此事是時有一淨居諸天變化作老宿長者入釋會所而作是言誰養育者即是攝受

射著之者即是放捨時彼諸釋宿老諸人一時印可高聲唱云如是如是如仁者言此是提婆達多童子共於太子最初搆結怨讎因緣

捔力部第三

如因果經云太子至年十歲與兄弟捔力與萬眷屬將欲出城于時有一大象當城門住諸人皆不敢前提婆達多以手搏頭即便躃地難陁以足指挑擲著路傍太子以手執象擲著城外還以手接不令傷損象又還穌時諸人民歎未曾有深生奇特四遠人民百千萬億皆集來看園中有七重金鼓銀鼓鍮石銅鐵等鼓各有七枚提婆達多最先射之徹三金鼓次及難陁亦徹三鼓太子嫌弓弱取庫内祖王一良弓無能張者太子在坐以手拼弓聲悉聞城内百千國人及虛空天子舉聲嗟嘆以放一箭徹過諸鼓然後入地泉水流出又徹過大鐵圍山

又佛本行經云是時太子所射之箭天主帝釋從虛空中秉執將向三十

三天至天上已爲此箭故於彼天中建立箭節常以吉日諸天聚集以諸香華供養此箭乃至於今諸天猶有此箭節日又太子執箭一射便穿七鐵猪過七鐵猪已彼箭入地至於黃泉其箭所穿入地之處即成一井於今人民常稱箭井又太子共諸釋種相撲並皆臥地其體不傷又一切釋種一時共撲太子太子以手觸彼皆悉倒地尒時彼釋及諸看衆皆生奇特之心於上虛空無量諸天同以一音而說偈言

十方一切世界中　所有勇健諸力士
悉皆力敵如調達　不及太子聖一毛
大人威德力無邊　暫以手觸皆倒地
聖者威神力廣大　汝等云何欲比方
假使不動須彌山　大小鐵圍甚牢固
并及十方諸山等　一觸能碎如微塵
鐵等強鞕金剛珠　及以諸餘一切寶
大智力能末如粉　況復撲此少力人

尒時諸天說此偈已將諸種種天華散太子上於虛空中隱身不現時淨飯王知其太子所有技能皆悉勝彼

一切諸人自既眼見踊躍喜歡勅喚白象瓔珞莊飾令太子乘將入城內從城門出是時提婆達城外而入見此白象而問人言此象誰許欲將何處其人報言欲將出城擬悉達乘欲入城內提婆達以妒嫉故便以左手執於象鼻右手築頓一下倒地宛轉三匝遂即命終白象臥地塞彼城門象人往來不通出入道路塡塞不能得行復有童子名曰難陀相續而來問知事已即以右手執彼象尾牽取離門可行七步許太子復問誰牽離門衆人言難陀太子言善哉難陀作事善也太子思惟彼等二人雖能示現其自氣力但此象身甚太麁壯於後壞爛臭熏此城門以左手舉象以右手承從於空中擲置城外越七重墻度七重塹既擲過已離城可有一拘盧奢而象墮地即成大坑乃至今者諸人相傳名於此處爲象墮坑即此是也尒時無量百千衆生一時唱言希有奇特未曾聞見而說偈言

調達築殺白象已　難陀七步牽離門

太子手擎在虛空　如以土凷擲城外

集一切福德三昧經云尒時毗耶離大城有大力士名曰淨威德成就大力閻浮提中所有衆生無有等者聞沙門瞿曇成就十力那羅延身復作是念我當往觀沙門瞿曇何如我也即往佛所初覩如來得大信樂禮如來足一心觀佛世尊知已心欲降伏即告目連汝往取吾昔菩薩時爲妙瞿夷釋種捔力時箭目連白佛不知何處尒時世尊從右足放光徧照三千世界之下大金剛輪箭在彼堅住佛告目連汝見箭不目連白言已見佛告目連汝取持來時大目連即下至彼如屈申臂頃一切大衆皆見其去即便持來授與如來佛言此父母生力非神通力若以神通之力是箭即過無量無邊諸佛世界

校量部第四

如集一切諸功德三昧經云佛告目連如一切四天王中一切天子力等一天王力十天王力等三十三天中一天子力一切三十三天中天子力

等一帝釋力十帝釋力等燄摩天中一天子力一切燄摩天中天子力等一燄摩天王力十燄摩天王力等一兜率陁天中一天子力一切兜率陁天中天子力等一兜率陁天王力十兜率陁天王力等一化樂天中一天子力一切化樂天中天子力等一化樂天王力十化樂天王力等他化自在天中一天子力一切他化自在天中天子力等一他化自在天王力十他化自在天王力等一魔天中一天子力一切魔天中天子力等一魔王力十魔王力等半那羅延力十半那羅延力等一那羅延力十那羅延力等一大那羅延力十大那羅延力等一百劫修行菩薩力十百劫修行菩薩力等一千劫修行菩薩力如是已下展轉十重加之乃至十方千千千萬劫修行菩薩力等一無生法忍菩薩力十無生法忍菩薩力等一十地菩薩力十十地菩薩力等一最後身菩薩力是故目連菩薩成就如是力故生便即能行於七步若此世界

佛不不持者便壞不住何以故菩薩當其生已行七步時此界大地縱廣六十千由旬菩薩生已當下足時便當都沒深百千由旬還舉足時復當涌出百千由旬以佛持故令是世界不動無壞衆生無惱最後身菩薩始初生時則便具有如是力假使一切世界衆生悉得具足垂成菩提菩薩之力補於如來處非處智力百千萬億分不及其一乃至筭數譬喻所不能及得具如來應正徧覺此中不明菩薩通力若用通力能以河沙世界置於足指一毛端上擲過無邊恒沙世界如是往來不令衆生有於苦惱如是神力不可稱量不可數知若當如來盡現通力者汝等聲聞尚不能信況餘衆生尒時淨威力士聞說菩薩父母生力聞已驚怪身毛皆竪生希有心憍慢皆滅歸依三寶發無上心

法苑珠林卷第九

法苑珠林卷第九

校勘記

一　底本，金藏廣勝寺本。三一三頁中一行至三一六頁上一〇行原版缺，以麗藏本補。

一　三一三頁中一行經名，磧、南、清作「法苑珠林卷第九　千佛之二」；徑無，（未換卷）。又撰者，磧、南作「大唐上都西明寺沙門釋道世字玄惲撰」；徑無（未換卷）；清作「唐西明寺沙門釋道世撰」。

一　三一三頁中二行「第五」，磧、南作「第六」；徑無。又「此別八部」，徑無。

一　三一三頁中三行至五行「述意部……校量部」，徑無。

一　三一三頁中六行「部第一」，徑無。下至三一七頁下一七行「部」字與序數相連者例同。

一　三一三頁中一〇行「坤形」，磧、南、徑、清作「神形」。

一　三一三頁下末行「雨細」，磧、南、徑、清作「細雨」。又第八字「潔」，磧、南、徑、清作「一」。

一　三一四頁上二行「玉女」，磧、南、徑、清作「王女」。

一　三一四頁上三行「玉女」，南作「王女」。又第三字「執」，磧、南、徑、清作「抱」。

一　三一四頁上一二行「晃昱」，磧、南、徑、清作「晃煜」。

一　三一四頁上一五行第四字「爲」，磧、南、徑、清作「出」。

一　三一四頁上一六行「祥鳴」，磧、南、徑、清作「翔鳴」。

一　三一四頁上二二行「禮侍」，磧、南、徑、清作「頂禮」。

一　三一四頁中九行「徒從」，南、徑、清作「隨從」。

一　三一四頁中一八行「正等覺」，磧、南、徑、清作「等正覺」。

一　三一四頁下七行「煩惱諸根」，磧、南、徑、清作「諸煩惱根」。

一　三一四頁下二一行「智慧光」，磧、南、徑、清作「智慧之光」。
一　三一五頁上七行末字「世」，磧、南、徑、清作「示」。
一　三一五頁下一〇行夾註「百萬億」，磧、南作「一百萬」；徑、清作「一百萬億」。
一　三一五頁下一一行夾註右「故知」，磧、南、徑、清作「故如」。
一　三一五頁下一二行夾註左「其濫」，磧、南、徑、清作「甚濫」。
一　三一五頁下一三行夾註左「此乎」，磧作「此孝」；南、徑、清作「此哉」。又末字「雖」，徑、清作「推」。
一　三一五頁下一四行夾註左末「也」，磧、南、徑、清無。
一　三一六頁上一六行第一一字「寺」，磧、南、徑、清作「祠」。二二行第四字、末行第二字同。
一　三一六頁中一行「息天王」，磧、南、徑、清作「衆天王」。
一　三一六頁中七行「歎吒」，磧、南、徑、清作「歎嗟」。
一　三一六頁中八行「歎喜」，磧、南、徑、清、麗作「歡喜」。
一　三一六頁中一三行第八字「喻」，磧、南、徑、清作「逾」。
一　三一六頁中一六行「當今」，磧、南、徑、清、麗作「當爾」。
一　三一六頁中二〇行「蹇特奴名闡特」，磧作「蹇持奴名闡持」。
一　三一六頁下三行「啇人」，徑、清作「商人」。
一　三一六頁下末行「釋長者」，磧、南、徑、清作「擇長者」。
一　三一七頁上九行「寶性論」，磧、南、徑、清作「實性論」。
一　三一七頁上一五行「佛行讚」，磧、南、徑、清作「佛所行讚」。
一　三一七頁上二一行「十一年」，磧、南、徑、清作「一十年」。
一　三一七頁上二二行「內外」，徑、清作「內外典」。又「正也」，至此，徑卷第十四終，卷第十五始，並有「千佛篇第五之三」一行。
一　三一七頁上末行「第六」，磧、南作「第七」；徑無。又「此別三部」，徑無。
一　三一七頁中一行「述意部　養育部　善徵部」，徑無。
一　三一七頁中三行末字「穢」，磧、南、徑、清作「識」。
一　三一七頁中五行「假設」，磧、南、徑、清作「假資」。
一　三一七頁中九行首字「侍」，麗作「村」。
一　三一七頁中一五行首字「在」，磧作「三」。
一　三一七頁中一九行第五字「云」，磧、南、徑、清無。
一　三一七頁下七行「唯此」，磧、南作「唯比」。
一　三一八頁上二〇行「第七」，磧、南作「第八」；徑無。又「此別八部」，徑無。
一　三一八頁上二一行至末行「述意

部……百福部」，徑無。

一 三一八頁中一行「部第一」，徑無。以下「部」字與序數相連者例同。

一 三一八頁中三行「寂滅」，磧、南、徑、清作「寂然」。

一 三一八頁中七行「呂工」，徑作「呂公」。

一 三一八頁中八行第一〇字「譬」，磧、南、徑、清無。

一 三一八頁中一二行「令訪得」，南作「今訪得」。

一 三一八頁下五行第一〇字「悲」，磧、南、徑、清作「悲泣」。

一 三一九頁上六行末字「如」，磧無；南、徑、清作「令」。

一 三一九頁中六行第二字「今」，磧、南、徑、清作「令」。

一 三一九頁中一一行「暫離」，磧、南、徑、清、麗作「不聽暫離」。

一 三一九頁中二二行夾註「其文如經」，磧、南、徑、清作「文殊經」。

一 三一九頁下八行首字「常」，磧、南、徑、清作「恒」。

一 三一九頁下二〇行「手文長」，磧、南、徑、清作「手文直」。

一 三二〇頁上二行「手色」，磧、南、徑、清作「毛色」。

一 三二〇頁上四行「右靡」，磧、南、徑、清作「右旋」。

一 三二〇頁上五行「赤潤」，磧、南、徑、清作「潤澤」。

一 三二〇頁中九行「別說」，磧、南、徑、清、麗無。

一 三二〇頁中一〇行「經義」，磧、南、麗作「別說經義」；徑、清作「剖說經義」。

一 三二〇頁中一一行第一〇字「鞔」，磧、南、徑、清作「縵」。

一 三二〇頁中一七行「⿱至正正」，磧、南、徑、清作「平正」。又「蹲腸」，麗作「蹲踼」。

一 三二〇頁下一〇行第五字「出」，磧、南、徑、清作「頰」。

一 三二〇頁下一二行「齒白」，磧、南、徑、清作「齒白齊密」。

一 三二〇頁下一五行「諫人」，磧作「救人」。

一 三二〇頁下一七行「意可」，磧、南、徑、清作「可意」。

一 三二一頁上二行「哀戀」，磧作「哀鸞」。

一 三二一頁上九行第六字「豪」，磧、南、徑、清、麗作「毫」。下同。

一 三二一頁上一三行「大人相」，磧、南、徑、清作「大人之相」。

一 三二一頁上一八行第九字「處」，磧、南、徑、清作「之」。

一 三二一頁上一九行「上向」，磧、南、徑、清作「向上」。

一 三二一頁上末行「阿曲」，磧、南、徑、清作「斜曲」。

一 三二一頁中一四行第三字「及」，麗作「乃」。

一 三二一頁中一九行「其深」，磧、南、徑、清、麗作「甚深」。

一 三二一頁中二一行第二字「耳」，

磧、南、徑、清、麗作「了」。

一　三二一頁中末行「大鼓」，麗作「天鼓」。

一　三二一頁下八行第四字「力」，磧、南、徑、清作「有」。

一　三二一頁下一三行第一二字「種」，磧、南、徑、清無。

一　三二二頁上一四行「七夜」，磧、徑作「七日七夜」。

一　三二二頁上一八行「不純」，磧、南、徑、清作「不純熟」。

一　三二二頁下二一行首字「心」，磧、南、徑、清作「思心」。

一　三二三頁上一三行第五、六字「如是」，磧、南、徑、清作「始足」；麗作「如足」。

一　三二三頁上一六行第二字「者」，磧、南、徑、清、麗作「何者」。

一　三二三頁上一七行第五字「殺」，磧、南、徑、清無。

一　三二三頁下二二行「第八」，磧、南、清作「第九」；徑無。又「此別四部」，徑無。

一　三二三頁下末行至次頁上一行「述意部……校量部」，徑無。

一　三二四頁上末行「甚能」，清、麗作「堪能」。

一　三二四頁中一行「童子男女」，磧、南、徑、清、麗作「童男童女」。

一　三二四頁中三行第三字「威」，磧、南作「感」。又末字「身」，磧、南無。

一　三二四頁中四行「忽起」，磧、南作「忽起起」；徑、清、麗作「忽起」。

一　三二四頁中八行「而常」，磧、南、徑、清作「恒常」。

一　三二四頁下二行夾註「華華」，磧、南、徑、清作「華果」。

一　三二四頁下四行夾註左「指書」，磧、南、徑、清作「指言」。

一　三二四頁下六行夾註「失譯」，磧、南、徑、清無。

一　三二四頁下一一行「陁羅多」，麗作「阿陁羅」。

一　三二四頁下一二行夾註「失譯」，磧、南、徑、清作「須彌西」。又正文「珂沙」，磧、南、徑、清作「阿沙」。

一　三二四頁下一三行夾註「失譯」，磧、南作「即此大唐國」；徑、清作「即此國也」。

一　三二四頁下一六行夾註「失譯」，磧、南、徑、清無。

一　三二四頁下一九行夾註「大蛇」，磧、南、徑、清作「天地」。

一　三二五頁上二行夾註「失譯」，磧、南、徑、清作「海」。

一　三二五頁上九行夾註「足」，磧、南、徑、清作「上句」。

一　三二五頁上一〇行夾註左「上句」，磧、南、徑、清作「上凶」。

一　三二五頁上一一行夾註右「十句」，磧、南、徑、清作「上句」。

一　三二五頁上一六行夾註「藥草目」，磧、南、徑、清作「藥草因」。

一　三二五頁上一八行「薩婆妻多」，磧、南、徑、清作「薩婆韋多」。

一　三二五頁中五行「尊道」，磧、南、

徑、清作「導尊」。

一　三二五頁中七行第一二字「諦」，麗作「蹄」。

一　三二五頁中一三行「黃吏」，徑、清、麗作「黃史」。

一　三二五頁中一四行「文畫」，麗作「文書」。

一　三二五頁中末行「揩莫鍼炙」，磧作「揩莫鍼多」；南作「揩莫鍼矣」；徑、清作「楷草鍼殳」。

一　三二五頁下九行「白王」，磧、南、徑、清作「向王云」。

一　三二六頁上二行「涉獵」，磧、南、徑、清作「涉歷」。

一　三二六頁上五行首字「童」，磧、南、徑、清、麗作「童子」。

一　三二六頁上六行「行飛」，磧、南作「飛行」。

一　三二六頁上一一行「提婆」，磧、南、徑、清作「提婆達多」。

一　三二六頁上一五行「提婆達」，磧、南、徑、清作「提婆達多」。

一　三二六頁上一六行第六字「決」，磧、南、徑、清作「快」。

一　三二六頁上一七行首字「功」，磧、南、徑、清作「攻」。

一　三二六頁中一一行第七字「放」，磧作「故」。

一　三二六頁中四行「因緣」，至此，徑卷第十五終，卷第十六始，並有「千佛篇第五之四」、「遊學部之餘」各一行。

一　三二六頁中一五行首字「牧」，磧、南、徑、清作「枚」。

一　三二六頁下五行第七字「已」，磧、南、徑、清作「過已」。

一　三二六頁下一四行「力敵」，磧作「力敬」。

一　三二六頁下一九行「强鞭」，磧、南、徑、清、麗作「強鞕」。

一　三二七頁上九行「填塞」，磧、南、徑、清作「填咽」。

一　三二七頁下五行第八字「一」，磧、南、徑、清無。

一　三二八頁上一行第三字「不」，磧、南、徑、清、麗無。

一　三二八頁上一一行「得具」，磧、南、徑、清、麗作「得具如是十種之力名爲」。

一　三二八頁上一二行「河沙」，磧、南、徑、清、麗作「恒沙」。

一　三二八頁上卷末經名，徑無（未換卷）。

法苑珠林卷第十　趙 五十三紙

西明寺沙門釋道世撰

千佛篇第五 之三

納妃部第九 此別六部

述意部　灌帶部　求誓部

疑謗部　胎難部　神異部

述意部第一

夫法身無形隨應而現機緣萬途故化迹非一或離欲而受道或處染而現權若不示其納妃凡識謗非人種雖示五欲之境不改一心之志故歷王城之四門哀老病死之八苦乃自嗟曰人生若此在世何堪脫屣尋眞其於斯矣故維摩經曰先以欲拘牽後令入佛道也

灌帶部第二

依因果經云太子年大父王勑下餘國却後二月八日灌太子頂皆可來集立爲太子勑既至已諸國王及群目等至時並皆雲集看立太子放大鴻恩

長安西明寺道宣律師者德鏡玄流業高清素精誠苦行畢命終身早得

從師五十餘年栖遑問道志在住持但一事可觀貫成三寶緝綴儀範百有餘卷結集高軌屬有深旨粤以大唐乾封二年仲春之節身在京師城南清宮故淨業寺逐靜修道年至桑揄氣力將衰專念四生又思三會忽以往緣幽靈顧接病漸瘳降勵力虔仰遂感冥應時有諸天四王臣佐至律師房門似人行動躡足出聲律師問言是誰荅言弟子張瓊律師又問何處檀越荅言弟子是第一欲界南天王之第十五子王有九十一子英略神武各御邦都所統海陸道俗區分持犯界別並親受佛教護持善惡使遺法載隆積殖其功也依經即是護世四王南方毗留離王之子常加守衛不徒設也律師又問檀越既不遺德劣故來相看何故門首不入荅云弟子不得師教不敢輒入律師云願入就座入已禮敬伏坐律師又問檀越既篤信三寶又受佛屬護持善來相看何不現形荅言弟子報身與餘人別光色又異驚動衆心共師言

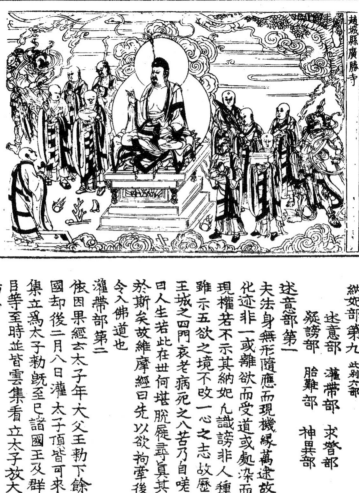

論足得不勞現身律師又問貧道入春巳來氣力漸弱醫藥無効未知報命遠近荅云律師報欲將盡無煩醫藥律師又問定報何日荅云何須道時但知律師不久報盡生第四天彌勒佛所律師又問同伴是誰荅云弟子第三兄張璵通敏超悟信重釋宗撰祇桓圖經百有餘卷列峙天宮無聞地府律師承此告及踊思尋之請述用開道俗又有天人韋琨亦是南天王八大將軍之一臣也四天王合有三十二將斯人為首生知聰慧早離欲塵清淨梵行修童眞業面受佛囑弘護在懷周統三洲住持為最亡我亡瑕殺憂於四部達物達化大濟於五乘所以四有佛教互涉頹綱僧像阽危無非扶衛屢蒙展對曲備嘉猷歎律師緝叙餘風聖迹住持删約撰集於是律師既承靈囑扶疾筆受隨聞隨録合成十卷律師憂報將盡復慮天人將還筆路蒼茫無暇餘事文字亦復踈略但究聖意不存文式所有要略住持教迹不決者並問除

疑以啓心感合有三千八百條勒成十篇一叙結集儀式二叙天女偈頌三叙付囑舍利四叙衣鉢五叙付囑經像六叙付囑佛物七叙結集前後第八第九（此二不成闕於名字）十叙住持聖迹律師既親對冥傳射受遺誥隨出隨疊因雖倦不覺勞苦但恨知之不早文義不周今依天人所說不違三藏教著即皆編録雖從天聞還同佛說始從二月迄至六月日別來授無時暫閑至初冬十月三日律師氣力漸微香幡徧空天人聖衆同時發言從兜率天來請律師律師端坐一心合掌歛容而卒臨終道俗百有餘人皆見香華迎往昇空律師是余同學昇壇之日同師受業雖行殊薰蕕好集無二若見若聞隨理隨事捃摭衆記簡略要集編録條章並存遺法住持利益也

尒時有四天王白宣律師如來臨涅槃時與人天大衆在于香山頂阿耨達池南牛頭精舍住告大迦葉汝將須菩提在須彌山頂吹大法螺召集十方十地諸菩薩及聲聞僧百億梵

釋及四天王等亦召十方諸佛來集香山迦葉隨教大衆雲集尒時世尊跏趺而坐入金剛三昧定大地六種震動又放眉光徧照大千經于七日大衆咸疑不知何緣世尊從三昧起熙怡微笑告諸大衆言我初踰城始出宮門外有揵闥婆王將領部族奏百千天樂來至我所即問我言欲往何所我荅言欲求菩提彼語我言汝定成正覺有拘留孫佛欲入涅槃時付囑我金瓶瓶中有寶塔盛七寶印黃金印有二百白銀印有五將付悉達常使我護若成正覺時我尋來至依言受瓶巳不久成道大梵天王與地神堅牢於菩提樹南以黃金白玉造大金剛壇衆寶莊嚴尒時揵闥婆王白十方佛言我見過去佛初成道時咸昇金剛壇金瓶盛水用灌佛頂成就法王位今見釋尊始得菩提亦如前佛昇金剛壇我聞山王下七重青海内有八功德水往古諸佛欲昇法王位皆登金剛壇用水灌頂我自往取欲灌釋迦頂彼揵闥婆王開瓶

出印塔將瓶取水尒時十方諸佛命
我昇壇我即繞壇三匝從于南面上
西轉而北住至于壇中心自敷尼師
壇禮十方佛諸佛命我坐入金剛三
昧十方來佛又告娑竭龍王汝往大
海底寶馬王洲上頻伽羅山頂彼有
大巖窟名爲金剛藏用貯輪王鍾及
貯法王鍾皆用黃金作七寶白玉用
填其上諸佛出世皆用千鍾灌頂之
上輪王出世亦千鍾灌汝持佛鍾來
不用輪王者即盛八功德水以灌釋
迦尒時龍王承佛敎已即取金鍾以
授十方諸佛諸佛受已命揵闥婆王
汝持彼水來瀉我金鍾内諸佛受已
地爲六種震動十方諸來佛各放白
豪光而彼光明中歎佛寶功德我從
三昧起亦放眉光共諸佛光合成一寶
蓋福覆大千界日月星辰大海諸山
及衆生業報蓋中悉現而是寶蓋
有百億諸佛土諸佛命我起立金壇
又禮十方佛時十方諸佛又告和脩
龍王往頻伽山頂彼山有窟藏諸佛
座輪王座皆用黃金作之如須彌山

佛座九龍繞之輪王座五龍繞之今
法王登位時座于時十方諸佛又命
大魔王及大梵王共輿佛座來至于
金壇上諸佛命我坐我即依言便却
踞坐時十方諸佛以金鍾盛水用灌
我頂諸佛灌已次及四王帝釋魔梵
次第灌之我灌頂已得淨三昧無量
皆來降伏十方諸梵王各執天樂奏
佛法一時皆現地又大動百億諸魔
佛成道曲而諸樂器中皆放光明說
六波羅蜜時揵闥婆王將前七寶印
來授十方佛諸佛受已印我面七竅
佛又告我言今印汝七竅令具七覺
分最初印面門爲揀擇煩惱及諸智
數如是耳目鼻等次第印之又以黃
金印用授十方諸佛諸佛受已即印
我胷三處由獲法印故證得三空智
解了諸佛法次持白銀印又授十方
佛諸佛受已即印我頂及以手足既
得印已證成無漏智具五分法身諸
佛印竟咸舒金色手以摩我頂我得
摩已證百千三昧得千法明門斯等
諸佛法我已久證爲諸衆生故示同

輪王相又示希瑞相我頂及手足皆
放五色光明一一光中具百千樓觀
我諸分身佛並在樓觀中皆如我受
印登大法位我自成道來常持此瓶
塔未曾示汝等今時方現又佛告普
賢大士開缾出寳塔依命出塔已在世尊前立
世尊起禮塔已塔門自開中有眞珠觀其
數十三萬觀別成一印并金疊毗尼
還有十三萬中有五比丘入于滅盡
定佛告文殊汝取我法角黃金爲釦
至彼比丘所吹我出世曲及起深定
曲比丘聞樂音尋從定起問文殊師
利今何佛興世耶荅曰此賢刧中第
四釋迦佛比丘又言我是拘留孫佛
聲聞大弟子彼涅槃時令我住此塔
內守護諸印等乃至樓至佛方始涅
槃尒時比丘即從座起遥禮世尊問
訊起居已又告文殊彼佛勑我釋迦
臨涅槃時汝於諸印中取二十三印
將付釋迦佛滅度之後所有遺敎彼
時衆生垢重邪見不持禁戒諸天龍
神皆不擁護令諸四部無有威德我
留此印與釋迦文佛令大菩薩於後

世中將二十三印徧印遺法印彼四
部無有毀犯若樂讀誦經者印彼人
口無有遺忘若修定人行直心者並
用印之令彼終後晃形不壞或有死
明諸惡衆生見如上瑞皆生欣重心
說是語已塔門還自閉之
求誓部第三
如佛本行經云尒時太子漸向長成
至年十九時淨飯王爲於太子造三
時殿一者煗以擬隆冬第二涼殿以
擬夏暑第三中殿用擬春秋於後園
廣造池臺栽蒔華菓衆人作樂隨時
侍衞不可具陳淨飯王復憶太子初
生之時相師私陁記爲輪
王復記成道作何方便令不出家得
紹王位釋族報王今當速爲太子別
造宮室令諸婇女娛樂是則太子不
捨出家而說偈言
阿私陁所記　決定無移動　諸釋勸立殿
望使不出家
王復語釋種言汝等當觀誰女堪與
太子爲妃尒時五百釋種各各唱言
我女堪爲作妃王復籌量忽取他女

說不稱可則成違負若語太子終不
可道復更思惟可以雜寶作無憂器
持與太子令施諸女密使觀察看太
子眼目瞻矚在誰即娉作妃王即於迦
毗城振鐸唱言從今已去至七日來
我太子欲見諸釋女施與一切雜寶
種種玩弄無憂之器尒時一切諸莊
嚴其身來集宮門欲見太子以太子
威德大故不敢正看但取寶器各各
低頭速疾而過寶器盡已最後一女
波私吒族釋種大臣摩訶那摩其女
名爲耶輸陁羅前後侍從圍繞而來
遥見太子駮峨注睛徐舉雅步瞻觀
直盻目不斜窺漸進前趍來迎太子
如舊相識曾無愧顔即白太子可與
我寶太子報言汝來既遅皆悉施盡
女復白言我有何過汝今欺我不與
寶器太子荅言我不欺汝但汝不及
是時大指邊有一所著印環價直百
千從指脫與耶輸白言我於汝邊可
止直尒許物耶太子報言我之所著
自餘瓔珞任意所取彼女白言我今
豈可剥脫太子止可莊嚴太子作此

語已心不歡喜即迴還去
尒時世尊成佛已後尊者優陁夷而
白佛言云何如來將身一切無價瓔
珞脫持施與耶輸陁羅不能令彼心
喜佛告優陁夷言至心諦聽我當說
之優陁夷言願爲我說尒時佛告優
陁夷言我念往昔無量世時迦尸羅
國內波羅柰城時有一王信邪倒見
而行治化彼王有子造少罪愆父王
驅擯令出國界漸漸行至一天寺中
共婦相隨居停而住食粮罄盡王子
游獵殺捕諸蟲以用活命所獵之處見
一鼉虫趍而殺之即剥其皮內外中
煑其欲向熟汁便竭盡是時王子語
其婦言肉未好熟卿更取水彼王子
婦即便取水婦去已後王子飢急不
能忍耐即食鼉肉一切悉盡不留片
殘時王子婦取水迴還問其夫言此
中鼉肉今在何處王子報言鼉忽然
還活今已走去其婦不信何忽如是
鼉肉已熟云何能走婦心不信而意
思念必是我夫飢急食盡誑我言走
情懷恨心常不歡於後數年其父命

終時諸大臣即迎王子灌頂爲王旣作王已所得衆寶皆悉與妃其妃不悅王語妃言何故顏不悅其夫人即說偈以報王言

最勝大王聽 往昔游獵時 執箭或持刀
射殺野鼉已 剥皮煑欲熟 遣我取水添
食肉不留殘 而誑我言走

佛告優陁夷此汝當知尒時王者我身是也其王后者今耶輸是也我於尒時少許犯觸猶今不喜又佛本行經云尒時大臣摩訶那摩見於太子一切技藝勝妙智能最爲上首而作是言唯願太子受我懺悔我於先時謂言太子不解多種技藝令我心疑不嫁女與我今已知願受我女用以爲妃尒時太子占良吉日及吉宿時稱自家資而辦具禮持大王勢將大王威而用迎納耶輸陁羅以諸瓔珞莊嚴其身又復共五百婇女相隨而往迎取入宮共相娛樂受五欲樂是故說偈言

耶輸陁羅大臣女 名聞蓋國遠近知
占卜吉日取爲妃 迎將來入宮殿內
太子共其受欲樂 歡娛縱逸不知猒
猶如天王憍尸迦 共彼舍脂夫人戲

尒時世尊於後最初得成道已時優陁夷即白佛言未審世尊往昔之時與瞿多彌釋種之女有何因緣乃能令彼捨諸童子直取如來用以爲夫而心娛樂云何而得尒時佛告優陁夷言汝優陁夷至心諦聽其瞿多彌釋種之女非但今世嫌餘釋童而樂於我乃往過去世時亦復如是不用彼等諸釋童子取我爲夫我念往昔雪山之下多有雜類無量無邊諸獸馳游各各相隨任其所食時彼獸中有一㹀虎端正少雙於諸獸中無比類者彼虎如是毛色光鮮爲於無邊諸獸求覓欲取爲對各各皆言汝屬我來汝屬我來復有諸獸自相謂言汝等且待莫共相爭聽彼㹀虎自選取誰即爲作偶彼獸即是我等之王時諸獸中有一牛王向於㹀虎而說偈言

世人皆取我之糞 持用塗地爲清淨
是故端正賢㹀虎 應當取我以爲夫

是時㹀虎向彼牛王說偈荅言

汝項斛領甚高大 止堪駕車及挽犁
云何將此醜身形 忽欲爲我作夫主

是時復有一大白象向於㹀虎而說偈言

我是雪山大象王 戰鬬用我無不勝
我旣有是大威力 汝今何不作我妻

是時㹀虎復以偈荅彼白象言

汝若見聞師子王 膽讋驚怖馳奔走
遺失屎尿狼藉去 云何堪得爲我夫

尒時彼中有一師子諸獸之王向彼㹀虎而說偈言

汝今觀我此形容 前分闊大後纖細
在於山中自恣活 復能存恤餘衆生
我是一切諸獸王 無有更能勝我者
若有見我及聞聲 諸獸悉皆奔不住
我今如是力猛壯 威神甚大不可論
是故賢虎汝當知 乃可爲我作於婦

時彼㹀虎向師子王而說偈言

大力勇猛及威神 身體形容甚端正
如是我今得夫已 必當頂戴而奉承

尒時佛告優陁夷言汝優陁夷應當悟解彼師子諸獸王者即我身是時

彼猝虎者今瞿多彌釋女是也時彼諸獸現今五百釋童子是當於彼時其瞿多彌已嫌諸獸意不願樂聞我說偈即作我妻今日亦然捨諸釋種五百童子既嫌薄已取我爲夫又因果經云時太子至年十七王集諸臣而共議言爲訪索皆有一釋種婆羅門名摩訶那摩其人有女名耶輸陁羅顏容端正聰明智慧賢才過人人禮備舉有如是德故索爲妃太子雖納爲妃然常與妃行住坐臥未曾有世俗之意但修禪觀又普曜經云時諸力士釋種長者啓王若太子作佛斷聖王種王曰何所有玉女宜與太子爲妃以權方便令當試之使上工匠玄端金像以書文字女人德義如吾所流能應娉耳王告左右梵志入迦夷衛國徧瞻周行覩一玉女淨猶蓮華類玉女寶是執杖釋種女名俱夷見太子奇異才術以女俱夷爲菩薩妃又年十七王爲納妃簡選數千最後一女名曰裘夷端正第一神義備舉是則宿命賣華女也雖納爲妃久而不接婦人情欲有附近心太子曰汝却女人有汙垢必汙此褻婦不敢近諸女咸疑太子不男太子以手指妃腹曰却後六年汝當生男遂以有娠又五夢經云太子有三妃第一妃姓瞿曇氏是舍夷長者女長者名水光其婦名餘明婦居近邊城生女之時日將欲沒餘明照其家內皆明因立字之瞿夷（此云明女）即是太子第一妃也第二妃生羅雲名耶檀亦名耶輸其父名移施長者（案瑞應本起善權架妃及智度論並云羅睺羅是第二耶輸生依五夢十二夢經等云第一妃生十二夢經前無如是復闕流通恐是西方諸賢漢別集釋前卷已會之）第三妃名鹿野其父名釋長者太子以三妃故白淨王爲立三時殿（依西方一年立爲三時春夏冬不別立秋用四月爲一時故云三時殿也）殿別有二萬婇女以娛樂太子太子不出家時身作轉輪王別名遮迦越王（此云飛行皇帝）

疑謗部第四

如智度經云菩薩有二夫人一名劬毗耶是玉女不孕二名耶輸陁羅菩薩出家夜有人言太子出家何得有娠汙辱我門釋種欲以火坑焚燒母子耶輸自恨無事立大誓言我若邪行其腹內兒願母子隨火消化耶輸發此願已即投火坑於是火滅母子俱存火變蓮池母處華座知實不虛後生兒似菩薩身父王大喜作百味歡喜丸奉佛佛變五百比丘皆如佛身羅睺持丸與佛鉢中方驗不虛又大善權經云疑菩薩非男是黃門故納瞿夷釋氏之女羅雲於天變沒化生不由父母合會而有

又佛本行經云尒時摩訶波闍波提共彼釋女耶輸陁羅將羅睺羅廣辨供具賚持雜物詣彼神所其神名曰盧提羅迦從神作名其苑亦名盧提羅迦於彼苑中菩薩往昔在家之日常於彼苑按摩遊戲彼苑之內有一大石菩薩往日於上坐起耶輸陁羅釋種之女當於尒時將羅睺羅臥息彼石於後捉石擲著水中遂立誓言我今安誓如實不虛唯除太子更無丈夫共行彼此我所生兒實是太子體胤之息是不虛者今此大石在於水上浮游不沒時彼大石如彼心

安誓在於水上遂即浮泛如芭蕉葉浮於水上不沉不沒亦復如是於時天衆見聞此已生希有心讙譁嘯調踊躍無已嗷喚跳躑歌儛作唱旋裾儛袖又作種種音聲伎樂更爲羅睺羅作其生日耶輸陁羅生息之時是羅睺羅阿脩羅王捉食其月於剎那頃暫捉還放是故立名羅睺羅可喜端正諸人見者莫不歡悅膚體黃白如眞金色然其頭項猶如繖蓋其鼻高隆猶如鸚䳇兩臂脩臑下垂過膝一切肢節無有缺減諸根皃具莫不充備

胎難部第五

如佛本行經云其羅睺羅如來出家六年已後始出母胎如來還其父家之日其羅睺羅年始六歲問曰何故羅睺處在母胎六年不出荅曰羅睺往昔爲王將彼仙人入苑六日不出故在母胎止住六歲大意同前問何故其母耶輸六年懷胎荅故本行經云佛言汝諸比丘我念往昔過無量世有一群牛在於牧所其牛主妻自將一女往至牛群𤘽取乳酪所將二器並皆盈滿其器大者遣女而負其器小者身自擔提至其中路語其女言汝速疾行此間路嶮有大怖畏尒時彼女語其母言此器大重我今云何可得速疾其母如是再三語汝速疾行今此路中大有恐怖尒時彼女而作是念云何遣負最重器更復催促遣令急行其女因此便生瞋恚而白母言母可且兼將此乳器我今暫欲大小便耳而彼母取此大器負擔行已其女於後徐徐後行尒時彼母兼負重擔遂即行至六拘盧舍

尒時佛告諸比丘言汝等若有心疑彼女有瞋恚心乃遣其母負重行六拘盧舍者莫作異見耶輸陁羅釋女是也旣於彼時遣母負重其道路六拘盧舍由彼業障在於生死煩惱之內受無量苦以彼殘業今於此生懷胎六歲亦有經云羅雲由過去塞其鼠孔禁鼠六日不出故處胎六年

神異部第六

如觀佛三昧論云時耶輸陁羅及五百侍女或作是念太子生世多諸奇特唯有一事於我有疑婇女衆中有一女子名脩曼那即白妃言太子是神人也奉事歷年不見其根況有世事復有一女名曰淨意白言大家我事太子經十八年未見太子有便利患況復諸餘尒時諸女各各異說皆謂太子是不能男太子晝寢皆聞諸女欲見太子陰馬藏相尒時太子於其根處出白蓮華其色紅白上下二三華相連諸女見已復相謂言如此神人有蓮華相此人云何心有染著作是語已噎不能言是時蓮中忽有身根如童子形諸女見已更相謂言太子今者現奇特事忽有身根如丈夫形諸女見已不勝喜悅現此相時羅睺羅母見彼身根華華相次如天劫貝二華上乃有無數大身菩薩手執白華圍繞身根現已還沒如前日輪此名菩薩陰馬藏相尒時復有諸婬女等皆言瞿曇是無根人佛聞此語如馬王法漸漸出現初出之時猶如八歲童子身根漸漸長大如少年形諸女見已皆悉歡喜時漸長大如

蓮華幢一一層間有百億蓮華一一蓮華有百億寶色一一色中有百億化佛一一化佛有百億菩薩無量大衆以為侍者時諸化佛異口同音毀諸女人惡欲過患而說偈言

若有諸男子　年皆十五六　盛壯多力勢
數滿於河沙　持以供給女　不滿須臾意

時諸女人聞此語已心懷慚愧懊惱躃地舉手拍頭而作是言嗚呼惡欲乃令諸佛說如此事我等懷惡心著穢欲不知為患乃令佛聞訶猒欲惡各猒女身四千女等皆發菩提二千女人遠塵離垢得法眼淨二千女人於未來世得辟支道

佛告阿難我初成道在熈連河側有五尼揵共領七百五十弟子自稱得道來至我所以其身根繞身七匝來至我所鋪草而坐即作此語我無欲故身根如此如自在天我今神道過踰沙門百千萬億尒時世尊告諸尼揵汝等不知如來身分若欲見者隨意觀之如來積劫修行梵行在家之時都無欲想心不染黑故得斷報猶如寶馬隱顯無常今當為汝少現身分尒時世尊從空而下即於地上化作四水如四大海四海之中有須彌山佛在須彌山正身仰臥放金色光其光晃曜暎諸天身徐出馬藏繞山七匝如金蓮華華華相次上至梵世從佛身出一億那由他雜寶蓮華猶如華幢覆蔽馬藏此蓮華一億有十億層層有百千無量化佛一一化佛百億菩薩無數比丘以為侍者化佛放光照十方界尼揵見已大驚心伏佛梵行相乃至如此不可思議形不醜惡猶如蓮華我今頂禮佛功德海求佛出家皆得道果

猒苦部第十 此別四部

述意部　觀田部　出游部

猒慾部

述意部第一

詳夫三有區分四生稟性共游火宅俱淪欲海蠢蠢懷生喁喁哨類所以法王當洲渚之運覺者應車乘之期道彼戲童歸茲勝地悲憐俗網愍欣出離是以妓女之似橫屍悟宮闈之如敗塚嗟生老之病苦慕出世之常樂故捨國城而高蹈逮降魔而成道也

觀田部第二

如佛本行經云其淨飯王共多釋種并將太子出外野游觀看田種時彼地內所有作人赤體辛勤而事耕墾飛鳥共相殘害即復唱言嗚呼嗚呼世間衆生極受諸苦所謂生老病死兼復受於種種苦惱展轉其中不能得離云何不求捨是諸苦時淨飯王觀田作已共諸童子還入一園是時太子安庠矚眄處處經行欲求寂靜忽見一處有閻浮樹蓊鬱扶疎人所樂見見已即語左右汝等諸人各遠離我我欲私行是時太子發遣左右悉令散已漸至樹下即於草上結跏趺坐諦心思惟衆生有生老病死種種諸苦發起慈悲即得定心離於諸欲棄捨一切諸不善法欲界漏盡即得初禪一切諸天帝釋等見太子在樹蔭坐飛來到太子所礼敬說偈讚已還去時淨飯王須臾之間不見太子心

內即生不喜不樂而問人言我之太子今在何處忽然不見是時諸臣東西南北交橫馳走尋覓太子莫知所在時一大臣遙見太子在彼閻浮樹蔭之下思惟坐禪復見一切樹影悉移唯閻浮陰獨覆太子時彼大臣見太子有是希奇難思議事即大歡喜踊躍不能自勝急疾奔馳走詣王所至已長跪依所見事即說偈言

大王太子今在於　閻浮樹陰下端坐
跏趺思惟入三昧　光明照曜如日山
此實真是大丈夫　樹影卓然不移動
唯願大王自觀察　太子相貌坐云何
譬如大梵諸天王　亦如忉利天帝釋
威神巍巍光顯赫　徧照於彼諸樹林

時淨飯王聞已即詣閻浮樹所遙見太子在彼樹間結跏趺坐譬如黑夜視山頂頭大聚火光出猛明焰威德顯著炳照巍巍如重雲間忽出明月亦如暗室然大淨燈時王見已生大希有奇特之心徧體顫惶身毛悉豎即頭頂禮於太子足歡喜踊躍而作是言善哉善哉此太子大有威德說讚言

如夜大火聚山頂　似秋明月蔽雲間
今見太子坐思惟　不覺毛張身顫慄

時淨飯王說偈讚已更復頂禮於太子足重說偈言

我今再度屈此身　頂禮千輻勝妙足
從生已來至今日　忽復得見坐思惟

時有繫挾筌蹄小兒隨從大王啾唧戲笑有一大臣咄彼小兒作如是言汝小兒輩幸勿唱噭時小兒報彼臣言何故不聽我等喧適尒時大臣即以偈誦答彼一切諸小兒言曰

日光雖極熱猛威　不能迴彼樹陰涼
復有最妙一尋光　威德世間無有匹
思惟端坐於樹下　不動不搖如須彌
悉達太子內深心　樂此樹陰當不捨

佛本行經云菩薩向白淨王說偈言

譬如金屋火熾威　如食甘美毒藥和
如滿池華有蛟龍　王位受樂後大苦

出游部第三

如佛本行經云尒時作瓶天子欲令太子出向園林觀看好惡發猒心故漸教捨離尒時太子聞是聲已即喚馭者可速嚴好車今欲向園觀看時淨飯王知太子欲出勑宣令迦毗羅城一切內外悉遣灑掃清淨安雜香華男女之者而莊嚴之或有老病死亡六根不具者悉令驅逐是時馭者裝飾車乘駕善調馬悉嚴備已白太子言聖子當知今已駕訖尒時太子從東門引道而出欲向園看是時作瓶天子於街巷前正當太子變身化作一老弊人太子見已即問馭者此是何人身體皺皺肉少皮寬眼赤涕流極大醜陋獨示鄙惡不似餘人即向馭者而說偈言

善馭駕乘汝今聽　此是何人在我前
身體不正頭髮稀　為生來然為老至

尒時馭者即為太子而說偈言

此時名為大苦惱　劫殺美色及娛樂
諸根毀壞失所念　肢節舉動不隨心

尒時太子問馭者言此人為是獨一家法如是為當一切悉皆如斯馭者報言非獨一家如斯一切世間皆有此法貴賤雖殊皆未過老太子言若我不離是老宜速還宮老法未過云

何縱逸時淨飯王問馭者具荅如前
王言希有此之形相恐太子出家更增
五欲太子猒捨五欲唯作苦老之觀
後於異辭王從城南門出欲向園觀
王勅道路嚴淨倍加於先尒時作瓶
天子即於太子前化作一病人連骸
困苦命在須臾臥糞穢中宛轉呻噎
不能起舉唱言叩頭乞扶我坐太子
見已問馭者言此是何人腹肚極大
猶如大釜喘息之時身徧顫慓悲切酸
楚不忍見聞馭者以是因緣而說偈
言
太子問於馭者言　此人何故受是苦
馭者奉報於太子　四大不調故病生
太子後於異時從城西門出觀看園
林時作瓶天子於太子前化作一屍
臥在牀上衆人輿行無量姻親圍遶
哭泣椎胷拍頭聲淚如雨大噭號慟
酸哽難聞太子見之心懷慘惻問馭
者言此是何人舁行噭哭說偈問言
王子妙色身端正　問善馭者此是誰
臥於牀上四人輿　諸親圍遶噭喚哭
馭者向太子而說偈言

已捨心意等諸根　屍骸無識如木石
諸親號咷暫圍遶　恩愛於此長別離
太子復問我亦有此死法不以偈報
言
一切衆生此盡業　天人貴賤平等均
雖處善惡諸世間　無常至時無有異
太子後於異時從城北出尒時作瓶
天子以神通力去車不遠於太子前
化作一人剃除鬚髮著僧伽梨偏袒
右肩手執錫杖左掌擎鉢在路而行
太子見已問馭者言此是何人在於
我前威儀整肅行步徐庠直視一尋
不觀左右執心持行不似餘人剃髮
剪鬚衣色純赤不同白衣鉢色紺光
猶如石黛馭者白太子言此名出家
之人常行善法遠離非法善調諸根
善與無畏於諸衆生慈悲不行殺害
護念衆生太子聞已問馭者言汝今
將車向彼出家人邊馭者承命即引
太子向出家人所太子諮問汝是何
人以偈報言
觀見世間是滅法　欲求無盡涅槃處
怨親已作平等心　世間不行欲等事

隨依山林及樹下　或復塚間露地居
捨於一切諸有爲　諦觀真如乞食活
尒時太子爲敬法故從車而下徒步
向彼出家人所頭面頂禮彼出家三
匝圍遶還上車坐即勅馭者迴還宮
中是時宮内有一婦人名曰鹿女遥
見太子歸來入宮因於欲心而說偈
言
淨飯大王受快樂　摩訶波闍無憂愁
宮中婇女極姝妍　誰能當此聖子處
又大善權因果經等尒時太子年漸
長大出家時至故辭父王出四城門
游觀前三所逢生猒唯欣第四出家
諸大相師並知太子若不出家過七
日後得轉輪聖王位王四天下七寶自
至各以所知白王加守修四門各千人
周匝城外一踰闍那内羅置人衆而防
護之東門老頌曰
盧蕉城易犯　危藤復將齧　一隨柯已微
當年信長訣　已同白駒去　復同紅華熱
妍容一旦罷　孤燈徒自設
南門病頌曰
伏枕發危光　痾纏生易折　無因雪岸草

慮逅芒山穴　消渴滕腸腑　爽塞嬰股節
如何俔齡內　憂苦無暫缺
西門死頌曰
纓心雖殊用　滅景寧優劣　一隨業風盡
終歸虛妄設　五陰誠為假　六趣寧有截
零落竟同歸　憂思空相結
北門僧頌曰
俗幻生影空　憂繞心塵噎　於茲排四纓
去矣求三涅　下學背留心　方從窈冥別
已悲境相空　復作池空滅
猒欲部第四
如佛本行經云　尒時太子聞此偈頌
徧體顫慄淚下　如雨愛樂涅槃之樂
清淨諸根　唯求出世　不樂處俗　王共
智臣宮人婇女　種種幻惑太子　時優陁
夷國師之子　侍衛太子　教諸婦人幻
惑之術　而說偈言
汝等婇女輩　大有方便力　巧能幻惑他
善示汝境界　假使離欲人　眞正諸仙等
得見於汝者　必應生欲心　況復此太子
觀汝等娛樂　不能行五欲　終無有是處
愛著之情態　欲為本婦人之體　唯以
丈夫敬重為歡　心不愛著　榮華是離
而說偈言
婦人敬是樂　敬為樂最上　無敬唯有色
如樹無有華
尒時太子說偈報言
世榮雖快樂　有生老病死　此四種若无
我心離不樂　生老病死法　住此生老病
若住生樂心　共鳥獸無異
尒時太子共國師子優陁夷等往復
來去言論之時　日遂至沒　太子既見
日光沒已　便入宮中　共諸婇女行於
五欲快樂　歡喜相共　聚集圍繞而住
其太子妃耶輸陁羅　即於是夜便覺
有娠　太子後於異時　於此五欲極生
猒離　而求出家　而說偈言
世間不淨衆惑邪　無過婦人之體性
衣服瓔珞莊嚴故　愚癡是邊生欲貪
有人能作如是觀　如幻如夢非眞實
速捨無明勿放逸　必得解脫功德身
又瑞應經云　太子年至十四　啓王出
游　因果經云　有婆羅門子名優陁夷
聰明智慧　王令與太子為友　汝可說
之　勿使出家　其依王勅至太子所　而
作是言　王勅令與太子為友　朋友之
法　其要有三　一者見有過失輙相諫曉
二者見有好事深生隨喜　三者在於
苦厄不相棄捨　今獻誠言　願不見責
古世諸王　悉受五欲　後方出家　太子
云何而頓棄捨　太子荅曰　此諸王等
悉不免苦　故吾不同耳
出家部第十一　此別十部
述意部　離俗部　瑞驗部
具服部　使還部　諫子部
差侍部　佛驗部　時節部
會同部
述意部第一
竊以因緣假有　衆生之滯根　法本不
然　至人之妙理　是以三界六趣　造業
障而自迷　八解十智　導歸宗而虛豁
是以能仁大師　隨緣布教　愍衆宅之
既焚　傷欲流之永鶩　託白淨之宮　照
黃金之色　居茲三惑　示晝篋之非眞
出彼四門　猒浮雲之易滅　自嗟人世
漂忽若此　於是天王捧白馬而踰城
給使持寶冠而詣闕　脫屣尋眞　其於
斯矣　雖復秦世籥史　周時子晉　許由
洗耳於箕山　莊周曳尾於濮水　方茲

去俗何其義哉致使慕其德者斷惡以立身歛其風者潔已而修善毀形以成其志故弃鬚髮之美容變俗以會其道故去輪王之華服雖形闕奉親而內懷其孝禮乖事主而心戢其恩澤被怨親以成大順福霑幽顯豈拘小違上智之人依佛語故為益下凡之類虧聖教故為損懲惡則濫者自新進善則通人感化所以仙林始抽簪之地禪河起苦行之迹沐金軀之淨水游道場之吉樹食假獻糜座因施草於是十方智圓六通神足魔兵席卷大覺道成也

離俗部第二

如因果經云尒時太子心自念我年已至十九今是二月復是七日宜應方出思求出家今正是時作此念已身放光明照四天王宮乃至淨居天宮不令人見此光明尒時諸天見此光已皆知太子出家時到即便來下到太子所頭面禮足合掌白言無量劫來所修行願今正成熟太子荅言如汝等語今正是時然父王勑內外官屬嚴見防衛欲去無從諸天白言我等自當設諸方便令太子出使無知者即以神力令諸官屬悉皆困卧耶輸陁羅眠卧之中得三大夢一者夢月墮地二者夢牙齒落三者夢失右臂得此夢已眠中驚覺心大怖懼白太子已具述三夢太子言月猶在天齒又不落臂復尚在當知諸夢虛假不實汝今不應橫生怖畏又語太子如我自忖所夢之事必是太子出家之瑞太子又荅汝但安眠勿生此慮聞已遂眠又普曜經云於時菩薩夜觀妓女百御空中譬如芭蕉九孔不淨無一可樂明星適現即勑車匿起被揵陟適宜此語時四天王與無數閱叉龍等皆被鎧甲從四方來稽首菩薩曰城中男女皆疲極孔雀衆鳥亦疲極寐又本起經云諸天皆言太子當去恐作留難急去遠此大火之聚尒時太子思如是已至於後夜淨居天王及欲界諸天充滿虛空即共同聲白太子言內外眷屬皆悉昏卧今者正是出家之時尒時太子即自往至車匿所以天力故車匿自覺而語之言汝可為我牽揵陟來尒時車匿聞此語已舉身顫怖心懷猶豫一者不欲違太子令二者畏王勑旨嚴峻思惟良久流淚而言大王慈勑如是又今非游觀時又非降伏怨敵之日云何於此後夜之中而忽索馬欲何所之太子又復語車匿言我今欲為一切衆生降伏煩惱結賊故汝今不應違我此意尒時車匿舉聲號泣欲令耶輸陁羅及諸眷屬皆悉覺知太子當去以天神力昏卧如故車匿即便牽馬而來太子徐前而語車匿及以揵陟一切恩愛會當別離世間之事易可果遂出家因緣甚難成就車匿聞已默然無言於是揵陟不復噴鳴尒時太子見明相出放身光明徹照十方師子吼言過去諸佛出家之法我今亦然於是諸天捧馬四足并接車匿釋提桓因執蓋隨從天即便令城北門自然而開不使有聲車匿重悲門閑下關誰當開者時諸鬼神阿須倫等自然開門太子於是從門而

出虛空諸天歌讚隨從至於天曉所
行道路已三踰闍那時諸天衆既從
太子至此處已所爲事畢忽然不現
太子次行至彼跋伽仙人苦行林中
即便下馬撫背而言所難爲事汝作
已畢又語車匿唯汝一人獨能隨我
甚爲希有我今既已至閑靜處汝便
可與揵陟俱還宮也車匿聞此語已
悲號啼泣迷悶躃地不能自勝於是
揵陟既聞被遣屈膝舐足淚落如雨
我今云何而捨太子獨還宮也太子
荅言世間之法獨生獨死豈復有伴
吾今爲欲滅諸苦使故來至此衆苦斷
時然後當與一切衆生而作伴侶又
佛本行經云尒時護世四天王及天
帝釋知太子出家時至各隨其方辦
具莊飾各領一切眷屬百千萬衆前
後道從作諸音樂從四方來三匝圍
繞迦毗羅城各合十指掌低頭曲躬
面向太子側塞虛空復見鬼星與
月合時尒時諸天唱大聲言大聖太
子鬼宿已合今時至矣欲求勝法莫
住於此太子聞已覩諸婇女穢汙不

淨睡眠不覺以手拔髮令㝛又以脚
蹋彼婇女身不覺不知 以外同前
太子既出城外師子吼言要誓證彼
眞如菩提然後還來入此教化而彼
處所有一最大尼拘陁樹神以偈語
太子言
若人欲伐於樹木　要必當盡其根本
如斯物類須斷絕　渡水宜令達彼岸
言語一竟不得虛　作怨亦說莫復喜
尒時太子以偈報彼樹神言
雪山處所可動移　海水能使其枯竭
天公虛空崩落地　我吐言語終不虛
太子脫頭寶冠與車匿報大王而說
偈言
假使恩愛久共處　時至會必有別離
見此無常須臾間　是故我今求解脫
尒時車匿聞此語已而說偈言
假使用鐵持作心　以聞如是言誓語
人誰不心酸楚毒　況我愛戀同日生
尒時太子即說偈報車匿曰
假使我今身血肉　并及肢節筋脉皮
一切磨滅盡消亡　或復性命不令保
我若不捨此重擔　越度諸苦達本源

未證解脫坐道場　終不虛尒還相見
是時車匿舉聲大哭白太子言此馬
雖是畜生猶尚慈悲垂淚而泣蹢踠
出舌舐太子二足況復眷屬當見何
殃尒時太子以手摩馬王揵陟而有偈
言
太子以右羅網指　萬字千輻輪相現
金色柔輭清淨手　用摩馬王揵陟頭
猶如兩人對語言　汝同日生馬揵陟
莫過悲啼生懊惱　汝作馬功已訖了
我若當證甘露味　所可負載於我者
分別密教甚深法　報荅於彼終不虛

剃髮部第三

佛本行經云尒時太子從車匿邊索
取摩尼雜飾莊嚴七寶靶刀自以右
手執刀從鞘拔出即以左手攬捉紺
青優鉢羅色螺髻之髮右手自持利
刀割取以右手擎擲置空中時天帝
釋以希有心生大歡喜捧太子髻不
令墮以天妙衣受接取尒時諸天以
彼勝上天諸供具而供養之尒時淨
居諸天大衆去於太子不近不遠有
一華鬘名須曼那其須曼那華下化

作一淨髮人執利剃刀而立太子語淨髮師汝能爲我淨髮以不其淨髮師報太子言甚能即以利刀剃頭時天帝釋生希有心所落之髮不令一毛墜墮於地一一悉以天衣承之將向三十三天而供養菩薩髮髻冠飾至今不斷

依道宣律師感應記云天人荅律師曰如來初成道至十三年中於祇桓精舍時大梵天王請佛轉法輪十方百億國土諸佛皆悉雲集於大千界中菩薩聲聞八部龍神亦集祇桓介時釋提桓因白佛言世尊我見大梵天王請佛轉法輪今欲洗佛身伏願聽許佛便聽許即時七寶行宮及以香湯水等欲洗佛身佛告阿難汝往菩提樹金剛座西塔取我七寶剃刀并浴金剛盆我欲剃髮阿難依命取來至世尊所佛受刀已普告大衆自我成道已來未曾爲汝等說此刀因緣汝今諦聽我初踰城出時去父王宮可六十里車匿白我言我今少罷頓小停息我聞即停於止息處有一大龍池周匝四十里池多五色蓮華四面華樹令人愛樂我至池水取水洗面忽有二年少來至我所問至何所我荅爲求菩提彼年少言我是此池龍王自有書籍韋陁典記此賢劫中有千佛出我作龍身經于十大劫數見世尊成道及入涅槃至拘留孫佛入涅槃時將一黃金剛盆函中有剃刀自從賢劫三佛已來剃刀及金盆遞相分付令欲請仁者入宮設諸微供未審許不我即隨往至宮受供并將七寶刀以奉上我龍即語我言汝今修道多有魔嬈若欲思惟時常持此刀安于右膝上此刀放光徧汝身上化成千万丈從刀光現作一帳以覆汝身於此刀帳上有百千力士各執其刀外有所擬魔見驚怖不起惡心待汝成道時欲剃鬚髮我將金剛盆自來至汝所我初成道時入河洗浴彼龍持盆至我邊佛告梵王汝取寶刀上昇梵宮并告地神堅牢等從金剛際造金剛臺高七千由旬令如來坐上又告娑竭龍王汝可化身爲八萬四千黃金龍像頭用七寶成身以黃金作之從須彌山下八功德水來灌世尊頂又告天魔汝洗世尊髮命釋提桓因汝執金剛盆以承世尊髮化樂天王化作白銀蓋蔭覆如來頂十方諸佛普來我所各坐金剛臺又執七寶刀十方諸佛以金色手各摩我頂得摩頂已得百千三昧諸來世尊告梵天王汝可取刀剃如來髮時大梵天王執刀欲剃遂不見如來頂上尋有頂亦不見頂佛告梵王我見過去諸佛皆自剃髮一切凡聖無能見我頂者我自剃髮已鬚髮皆盡唯有二鬚雖剃不落剃已入河洗浴時諸梵釋龍王等競來爭取我髮佛告大衆可付梵釋魔龍等各與少許鬚髮復將鬚髮付淨飯王十方諸佛復告我言此梵天王是汝大檀越主汝可爲現頂相令彼執刀重剃鬚髮我聞此語便爲現頂相我持此刀授與梵王大地爲之六種震動刀放大光照百億佛土我雖現頂還上至色界頂介時梵王便昇有頂始剃我

髮後鬀我兩鬚鬚落已便放大光下至閻浮化成二寶塔高至有頂具衆莊嚴我成佛來此塔最先十方諸佛一時告我言將此二鬚塔付與梵王令彼守護使地神堅牢造小金剛塔用盛剃刀及此金盆我見過去諸佛初登正覺皆最初度五人皆報此寶刀手鬀彼鬚雖用刀鬀然刀不至鬚及唱善來已鬚髮自落世尊令既成道可執此刀往鹿苑中如過去諸佛度五人我從彼言即至鹿苑我鬀五拘隣從此已後皆命善來兼後羯磨復告須菩提汝從戒壇出光照百億諸佛及我分身佛皆集戒壇須菩提奉命集已如來從講堂手執剃刀阿難執金盆與人天大衆來至戒壇繞三匝已從北面昇壇告大梵天王汝施工匠及天金鐵我造剃刀又告堅牢神汝施我金剛我欲造小塔用盛此寶刀又告娑竭龍王汝之龍工最巧可爲我造寶刀函諸大人等依言奉施如來神力經于一食須二種皆成其所造剃刀得八萬四千具以

內函中安金剛塔中又告十方佛各施刀塔刀塔其數八十億皆付文殊普賢我涅槃後取諸施塔徧大千界八十億大國一國別置一塔諸閻浮提具八万四千塵勞門者皆望得脫令得出家度脫生死種種利益不可具述佛告文殊過是年已汝持我刀塔至震旦清涼山金剛窟中安置佛告阿難汝往父王宮所取我鬚來付帝釋阿難依命付已佛告帝釋汝將我鬚欲造幾塔帝釋白佛言我隨如來鬚一螺鬚造一塔佛告龍王令造碼碯瓶黃金函將付帝釋用盛螺鬚尒時帝釋使天工匠經三七日方可得成如來以神力故如一食須鬚塔皆成大數有二十六萬佛告天帝汝留三百塔於天上守護自餘諸塔我涅槃後將鬚塔八萬四千付文殊師利於閻浮提如上諸國我法行處流通利益又佛告阿難曰汝往父王所取我鬚來合六十四莖其二莖鬚者已施梵王餘並將來我欲造塔阿難依命取付世尊佛告諸羅剎我施汝

二鬚當造七寶函及造栴檀塔盛鬚威力令汝得諸飲食羅剎白佛言蒙恩施鬚令造塔未審高幾許佛告羅剎可高四十由旬自餘六十鬚亦隨造函塔可高三丈許諸羅剎等依命造塔皆大歡喜又告諸羅剎汝好守護勿使外道惡人魔鬼毒龍妄毀我塔此塔是汝命根以護塔故飲食常豐此塔年別三度放光照汝身以光威力常雨粳粮召蜜菓菜等所須皆足若懷惡心光便不現飲食自消汝若見此惡相當率諸羅剎來至塔所深自悔責塔還放光飲食還足此之鬚塔世尊涅槃時六十鬚塔付彼無言菩薩令守護勿令惡王損壞於閻浮提六十大國內有文字處一國置一塔令地神堅牢用金剛造塔高三丈許用盛鬚函於前六十國內選取名山鑿石爲龕龕門牢封無令後惡國王開損不得久住也

具服部第四

佛本行經云尒時太子既鬀鬚髮已淨居天復化作獵師之形身著袈裟染

色之衣手執弓箭見已語言汝能與我此之袈裟衣不我與汝迦尸衣價直百千億金復為種種栴檀香等之所熏修而說偈言

此是解脫聖人衣　若執弓箭不合著
汝發歡喜心施我　莫惜共我傳天衣

尒時獵師報言善哉今實不惜時淨居天所化之衣從菩薩取迦尸微妙衣飛上虛空如一念頃還至梵天為欲供養彼妙衣故菩薩見已生大歡喜尒時菩薩鬚髮身得袈裟已形容改變既嚴整訖口發如是大弘誓言

我今始名真出家也

使還部第五

佛本行經云於是車匿及馬王悲淚而別太子因說偈言

菩薩初出半夜行　車匿辭別韋揵陟
以苦逼切失威儀　迴還八日乃到宮

車匿及馬既到城已所見城空曠而淚而入其馬揵陟在宮門外欲入門觀瞻太子坐臥之處不見太子淚下如流一切人民眷屬唯見車匿及馬向宮各舉兩手嗷喚大哭流淚滿面而說偈言

彼等婇女心苦切　渴仰欲見太子還
忽覩車匿馬空迴　淚下滿面嗷喚哭
解絕瓔珞妙衣服　散披頭髮身瘦羸
各舉兩手無承望　啼號不眠徹天曉

尒時宮內眷屬懊惱不可具述時大妃耶輸向車匿說如我無夫之婦已見自至從家而出行至山林使我孤單獨在空室何得令心而不破裂即說偈言

我今身心甚大剛　如鐵共石無有異
主捨入山宮內空　何故我今心不破

時淨飯王念太子故憂苦切身迷悶倒地無所醒覺而說偈言

王聞菩薩誓願重　及見車匿揵陟還
忽然迷悶自撲身　猶如帝釋喜幢折

時王醒已而說偈言

揵陟汝馬速疾行　將我詣彼還迴返
我無子故命難活　如重病人不得醫

又普曜經云於是菩薩適出城門迦維羅衛一切群眾知太子去共談而喜俱夷明日從寐起已遙聞眾言覺知已去聽大聲響不見菩薩及馬車匿王心悶絕自投於地聲稱怨苦永絕我望何所依怙俱夷從牀宛轉在地自滅頭髮斷身寶瓔何以痛哉是我道師依持如天而棄我去用復活為思愛未久便復別離淚下如雨不能自勝不見菩薩無不懷慼國中樹木尋時彫落無諸華實諸清淨地悉生塵垢其王聞之與群臣眷屬圍繞行至園觀亦懷悲苦瞿夷心望菩薩當還車匿言菩薩啓王及舍夷得佛道已乃還相見王覩寶衣車匿白馬而獨來還不見太子自投墮地嗚呼阿子明曉經典眾奇異術無不博達今為所至棄國萬民車匿說之我子菩薩為何所游誰為開門其諸天人供養云何車匿白曰唯王聽之我在常處宴然臥寐城門已閉於時菩薩告我被馬城中萬民皆眠不聞天帝開門四天王告勅四神捧其馬足諸百千天帝釋梵以侍送之嚴治道路演大光明散華燒香諸天伎樂同時俱作踊在虛空諸天圍繞以侍送之去也極遠脫衣寶瓔及白馬遣我還

啓王謝妃必至成佛乃還相見勿令愁憂於是瞿夷聞車匿言益用悲哀抱白馬頭以哀歎曰太子乘汝何以獨來顏貌姝妙如月盛滿相好莊嚴便復別去遠近嗟歎莫不悲憐云何獨去誰復將行車匿無狀挽我兩目於時車匿見王瞿夷所說辛苦益悲流淚述前苦諫太子所爲皆應道法令勿復悲

諫子部第六

如佛本行經云淨飯王使二人向山諫太子迴面說偈言

棘刺頭尖是誰磨　鳥獸雜色復誰畫
各隨其業展轉變　世間無有造作人

尒時太子具報使人令王深信因果自然文繁不可廣說又普曜經云父王聞太子出家悲泣垂淚而問之曰何所志願何時能還與吾要誓吾以年朽家國無嗣太子以時而荅偈言

欲得四願不復出家
一不老二至竟無病三不死四不別
神仙五通雖住一刼不離於死王聞重悲斯四願者古今無獲誰能除此

差侍部第七

佛本行經云尒時輸頭檀王告諸釋言汝等諸釋若知時者必須家別一人出家若其釋種兄弟五人令三人出家二人在家若四人者二人出家二人在家若三人者二人出家一人在家若二人者一人出家一人在家若一人者不令出家何以故不使斷我諸釋種故

佛髮部第八

如觀佛三昧經云如來頭上有八萬四千毛皆兩向靡右旋而生分齊分明四觚分明一一毛孔旋生五色光入前十四色光中昔我在宮乳母爲我沐頭時大愛道來至我所悉達生時多諸奇特人若問我汝子之髮爲長幾許我云何荅今當量髮知其尺度即勑我申髮母以尺量長一丈三尺五寸放已右旋成螺文欲納妃時復更量之長一丈三尺五寸我出家時天神捧去亦長一丈三尺五寸今者父王看如來髮即以手申從尼拘樓陁精舍至父王宮如紺琉璃繞城七匝於佛髮中大衆皆見若干色光不可具說斂髮捲光右旋苑轉還住佛頂即成螺文又僧祇律云佛在時每四月一翦髮依薩婆多論雖四月一翦如凡人七日翦髮狀又文殊師利問經云凡人髮長二指當翦或二月日若短而翦是無學菩薩若過二指亦是無學菩薩爪不得長得如一横穀何以故爲搔痒故又四分律云佛言聽諸比丘皮次剪爪極長如一麥應剪髮半月一翦極長兩指若二月一翦（二月者白黑各有十五日當此間三十日爲二月也）又毗尼母經云佛告諸人此髮不可故衣故器盛之當用新物有瞿波羅王子從世尊乞髮佛言應用七寶器盛之供養又四分律云時阿難持故器收世尊髮佛言不應以故器盛如來髮應用新器新衣繒綵若鉢衣裏盛之時有王子瞿波離將軍欲往四方有所征伐來索世尊髮佛言聽彼得已不知安處佛言聽安金塔中若銀塔中若寶塔中若雜繒綵衣裏不知云何持佛言聽象馬車乘頭上肩

上塔時王子持世尊髮去所往征伐得勝還國爲世尊起髮塔亦聽比丘持世尊髮行如上安置彼不洗大小便處持世尊塔佛言不應尒令淨者持彼安如來塔置不好房中巳在上好房中宿佛言不應尒應安如來塔置下房巳在上房宿佛言不應尒置上好房中巳不好房宿彼安如來應安如來塔在上房巳在下房中彼共如來塔同屋宿佛言不應尒彼爲守護堅牢故而畏愼不敢共宿佛言聽安杙上若頭邊眠爲守護塔故聽塔内宿亦爲堅牢塔内藏物故聽宿彼著革屣及捉入塔内佛言不應尒佛言聽塔下坐食不令汙穢不淨若有不淨衆物聚著脚邊食巳持去比歎有征伐人雖不見佛髮將行然有俗人好心造小像及將舍利及寫小字經卷並安頭髮内未知許不答曰聖教無文然有好心欲將經像舍利時准前征將取世尊髮法用安置作小塔子内彌善貪無物造亦聽承繒帛裹内將行至處上好材上如前安置若安被内恐髮垢穢臭氣不淨又軍行在道大小便利急卒不可臨時解頭取之如前佛髮不許便利穢处安置准此經像亦同前法也

時節部第九

如十二游經增一阿含長阿含等並云二十九出家增一阿含二十年在外道法中今推大例如來在世七十九年若二十九出家三十五成道所可化物唯應四十五年而禪要經云釋迦一身化衆生三十九年諸經多十九出家應以爲正故未曾有經云耶輸陁羅言如來取我未過三年旣瑞應經云太子年十七納妃使證十九出家是正也若二十九出家三十五成道經中益少且云二十年外道中學便是五十方始成道足知誤矣良由衆生根行不同見有同異

會同部第十

述曰謂世代流遠戎華音隔譯人不同受言各異雖欲會隨終無定准夫一代之書群賢相襲遂令交互換文魚魯易韻況國有中外書則雲鳥以此往求難得盡一又如黃帝三面樂正一足言無梵漢事有楚越況邪業易聆正法難悉言有中邊迴換書之而得審定無異說者哉

法苑珠林卷第十

大宋咸平元年
奉敕雕造

法苑珠林卷第十

校勘記

一　底本，金藏廣勝寺本。三三三頁中一行至次頁上八行原版缺，以麗藏本補。

一　三三三頁中一行經名，徑無（未換卷）。又撰者，磧作「大唐上都西明寺沙門釋道世撰」；南作「唐上都西明寺沙門釋道世撰」；徑無（未換卷）；清作「唐西明寺沙門釋道世撰」。

一　三三三頁中二行「千佛篇第五之三」，磧、南、清作「千佛之三」；徑無。

一　三三三頁中三行「第九」、「此別六部」，徑無。

一　三三三頁中四行至五行「述意部……神異部」，徑無。

一　三三三頁中四行「灌帶部」，清作「灌頂部」。一五行同。

一　三三三頁中六行「部第一」，徑無，下至三四三頁上一一行「部」字與序數相連者例同。

一　三三三頁中一〇行「不改」，磧、南、徑、清作「不壞」。

一　三三三頁中一一行第四字「四」，磧、南、徑、清無。又第六字「哀」，磧、南、徑、清作「衰」。

一　三三三頁中一三行第一二字「拘」，徑、清作「鉤」。

一　三三三頁下二行「絹綴」，磧、南、徑、清作「綴緝」。

一　三三三頁下七行末字「虔」，磧、南、徑、清作「殷」。

一　三三三頁下一七行末字「不」，磧、南、徑、清無。

一　三三四頁上二二行第八字「究」，磧、南、徑、清作「救」。又末字「式」，磧、南、徑、清作「飾」。

一　三三四頁中三行「衣鉢」，磧、南、徑、清、麗作「付囑衣鉢」。

一　三三四頁中六行第三字「射」，磧、南、徑、清、麗作「躬」。又第一二字「因」，磧、南、徑、清、麗作「日」。

一　三三四頁中八行第一〇字「著」，磧、南、徑、清、麗作「旨」。

一　三三四頁中九行「雖從天聞」，磧、南、徑、清作「雖聞天授」。

一　三三四頁中一六行第五字「莜」，磧、南、徑、清作「蕕」。

一　三三四頁下一二行第六字「百」，磧、南、徑、清無。

一　三三四頁下二一行首字「青」，徑、清作「清」。

一　三三五頁上一三行第四字「諸」，磧、南、徑、清無。

一　三三五頁上末行「輪王座」，磧、南、徑、清作「及輪王座」。

一　三三五頁中一行末字「今」，磧、南、徑、清作「令」。一三行第一一字同。

一　三三五頁中四行第九字「我」，磧、南、徑、清作「我坐」。

一　三三五頁中一二行第三字「十」，磧作「七」。又「諸佛受已印我面」，磧、南、徑、清作「諸佛受印以印我面」。

一　三三五頁下一六行第七字「乃」，麗作「及」。

一　三三六頁上一〇行第五字「腴」，磧、南、徑、清、麗作「暖殿」。

一　三三六頁上一五行「復記成道」，麗作「復記威王復記成道」。

一　三三六頁上一九行第一三字「勸」，麗作「觀」。

一　三三六頁中一行首字「說」，磧、南、徑、清作「脫」。

一　三三六頁中一三行「駊峨」，磧、南、

徑、清作「峨峨」。又「徐舉」，磧、南、徑、清作「舉其」。

一　三三六頁中二二行「彼女」，磧、南、徑、清、麗作「女復」。

一　三三六頁下一〇行「天寺」，磧、南作「大祠」；徑、清作「天祠」。

一　三三六頁下一三行「內外」，磧、南、徑、清作「肉水」；麗作「內水」。

一　三三六頁下末行第三字「恨」，磧、南、徑、清、麗作「瞋恨」。

一　三三七頁上三行第八字「顏」，磧、南、徑、清作「顏容」。

一　三三七頁上六行第五字「已」，磧、南、徑、清作「死」。

一　三三七頁中七行「佛告」，磧、南、徑、清作「佛告彼」。

一　三三七頁中一九行「作偶」，磧、南、徑、清作「匹偶」。

一　三三七頁下一行第七字「牛」，磧、南、徑、清無。

一　三三七頁下一八行第一一字「我」，磧、南、徑、清作「夫」。

一　三三七頁下一九行第八字「王」，磧、徑無。

一　三三七頁下二〇行「甚端正」，磧、南、徑、清作「[illegible]端正」。

一　三三七頁下末行第三字「彼」，磧、南、徑、清、麗作「彼時」。

一　三三八頁上一一行第五字「常」，磧、南、徑、清作「恒」。本頁下一六行首字同。

一　三三八頁上一五行第八字「令」，清作「今」。

一　三三八頁上一六行第二字「玄」，磧、南、徑、清作「立」。

一　三三八頁上二一行「菩薩」，磧、南、徑、清作「太子」。

一　三三八頁中二行「却女人」，磧、南作「都無」；徑、清作「却人」。

一　三三八頁中六行「第一妃」，磧、南、徑、清作「菩薩母」。

一　三三八頁中一三行末字「其」，磧作「英」。

一　三三八頁中一七行末字「越」，磧、南、徑、清無。

一　三三八頁中二〇行「智度經」，磧、南、徑、清、麗作「智度論」。

一　三三八頁中二一行「玉女」，磧、南、徑、清作「王女」。

一　三三八頁下一六行「桉摩」，磧、南、徑、清、麗作「按摩」。又第一一字「之」，磧、南、徑、清無。

一　三三八頁下二二行第一〇字「令」，磧、南、徑、清作「今」。

一　三三八頁下末行末字「心」，磧、南、徑、清無。

一　三三九頁上三行「天衆」，磧、南、徑、清、麗作「大衆」。

一　三三九頁上七行第九字「食」，磧、南、徑、清作「蝕」。

一　三三九頁上一〇行「頭項」，磧、南、徑、清作「頭頂」。

一　三三九頁上一一行第一〇字「膅」，磧、徑、麗作「[illegible]」。

一　三三九頁中一行第七字「翠」，磧、南、徑、清作「搆」。

一　三三九頁中四行第一〇字「大」，磧、南、徑、清作「可」。
一　三三九頁中八行第九字「重」，磧、南、徑、清作「大」。
一　三三九頁中一〇行第五字「且」，麗作「具」。
一　三三九頁中一七行第一一字「其」，磧、南、徑、清作「行其」。
一　三三九頁中二〇行夾註左「處胎」，磧、南、徑、清作「受胎」。
一　三三九頁中二二行「三昧論」，磧、南、徑、清作「三昧經」。
一　三三九頁下七行「畫寢」，磧、南、徑、清作「晝寢」。
一　三三九頁下二一行第六字「法」，磧、南、徑、清作「相」。
一　三四〇頁上七行「於河沙」，磧、南、徑、清作「恒河沙」。
一　三四〇頁上一二行「菩提」，磧、南、徑、清作「菩提心」。
一　三四〇頁上一九行「神道」，磧、南、徑、清作「神通」。

一　三四〇頁中一四行「道果」，至此，徑卷第十六終，卷第十七始，並有「千佛篇第五之五」一行。
一　三四〇頁中一五行「第十」、「此別四部」，徑無。
一　三四〇頁中一六行至一七行「述意部……猒慾部」，徑無。
一　三四〇頁中末行「妓女」，磧、南、徑、清作「觀伎女」；麗作「觀妓女」。
一　三四〇頁下八行「飛鳥」，磧、南、徑、清作「飛鳥喫蟲」。
一　三四〇頁下一三行第六字「盻」，磧、南、徑、清作「盼」。
一　三四一頁上八行「踊躍」，磧、南、徑、清作「踴躍充遍」。
一　三四一頁上一〇行第七字「於」，磧、南、徑、清作「彼」。
一　三四一頁上一一行末字「山」，磧、南、徑、清作「出」。
一　三四一頁上一三行第五字「自」，磧、南、徑、清作「目」。
一　三四一頁上末行「大有威德說」，磧、南、徑、清作「有大威德說偈」；麗作「大有威德說偈」。

一　三四一頁中一〇行「小兒」，磧、徑作「諸小兒」。
一　三四一頁中一二行第三字「誦」，磧、南、徑、清作「頌」。又末字「曰」，磧、南、徑、清無。
一　三四一頁下一行第五字「嚴」，磧、南、徑、清、麗作「嚴飾」。
一　三四一頁下一一行第七字「祓」，徑、清作「散」。
一　三四一頁下一二行第七字「示」，磧、南、徑、清、麗作「爾」。
一　三四一頁下一七行第九字「殺」，麗作「敓」。
一　三四二頁上三行「苦老」，磧、南、徑、清、麗作「老苦」。
一　三四二頁上四行第三字「異」，磧、南、徑、清、麗作「異時」。
一　三四二頁上一八行「聲淚」，磧、南、徑、清作「涕泣」。
一　三四二頁上二二行第七字「輿」，

磧、南作「舉」。

一　三四二頁上末行末字「言」，磧、南無。

一　三四二頁中七行「城北」，清作「城北門」。

一　三四二頁中一四行第五字「純」，磧、南、徑、清作「絶」。

一　三四二頁下四行第六字「人」，磧、南、徑、清、麗無。又第一四字「家」，磧、南、徑、清、麗作「家人」。

一　三四二頁下一六行第七字「王」，磧、南、徑、清作「王王」。又第一〇字「修」，磧、南、徑、清作「循」。

一　三四二頁下一七行「羅置」，磧、南、徑、清作「羅列」。

一　三四三頁上一行首字「慮」，麗作「虛」。

一　三四三頁上八行第一〇字「嗑」，徑、清、麗作「瞌」。

一　三四三頁上九行第九字「留」，磧、南、徑、清作「流」。

一　三四三頁上一二行「態欲」，麗作「欲能」。又「婦人」，磧、南、徑、清作「婦女」。

一　三四三頁中五行末字「无」，磧、南、徑、清作「有」。

一　三四三頁中八行「子優陁夷」，磧、南、徑、清作「優陁夷子」。

一　三四三頁下一行「見有」，徑、清作「其」；麗作「有」。

一　三四三頁下七行「第十一」、「此別十部」，徑無。

一　三四三頁下八行至一一行「述意部……會同部」，徑無。

一　三四三頁下一二行「部第一」，徑無。以下「部」字與序數相連者例同。

一　三四三頁下一四行首字「然」，清作「無」。

一　三四三頁下一六行第一二字「焱」，磧、南作「炎」；徑、清作「火」。

一　三四四頁上三行第一三字「俗」，磧、南、徑、清作「服」。

一　三四四頁上一一行「獻麇」，磧、南、徑、清作「獻麇」。

一　三四四頁上一二行「十方」，磧、南、徑、清、麗作「十力」。

一　三四四頁中三行「困卧」，磧、南作「淳朴」；徑、清作「淳卧」。

一　三四四頁中一三行第五字「空」，磧、南、徑、清作「之」。

一　三四四頁中一七行末字「亦」，磧、南、徑、清作「又」。

一　三四四頁中一八行第四字「又」，磧、南、徑、清作「又彼」。

一　三四四頁下二行「尒時」，磧、南作「今時」。

一　三四四頁下八行第五字「又」，磧、南、徑、清無。

一　三四四頁下九行「衆生」，磧、南、徑、清作「衆王」。

一　三四四頁下二一行首字「城」，磧、南、徑、清作「王」。

一　三四五頁上一三行「衆苦」，磧、南、徑、清作「諸苦」。

一　三四五頁上二〇行第五字「側」，

徑、清作「堋」。又末字「與」，磧、南、徑、清作「已與」。

一　三四五頁上二一行第三字「時」，磧、南、徑、清無。

一　三四五頁中四行第一〇字「此」，磧、南、徑、清作「城」。

一　三四五頁中一一行第一〇字「能」，磧、南、徑、清作「或」。

一　三四五頁中二二行「不令保」，磧、南、徑、清、麗作「不全保」。

一　三四五頁下三行「慈悲」，磧、南、徑、清作「悲戀」。

一　三四五頁下一六行第二字「執」，磧、南、徑、清作「執於」。

一　三四五頁下一八行「右手」，磧、南、徑、清作「左手」。

一　三四五頁下二〇行第二字「慳」，磧、南、徑、清作「慳地」。又第七字「受」，磧、南、徑、清作「乘受」。

一　三四五頁下末行第三字「鬘」，磧、南、徑、清作「頸」。

一　三四六頁上一行「而立」，磧、南、徑、清無。

一　三四六頁上五行第一二字「承」，磧、南、徑、清作「盛」。

一　三四六頁上六行末字「節」，磧、南、徑、清作「櫛」。

一　三四六頁上一〇行首字「桓」，磧、南、徑、清、麗無。

一　三四六頁中一〇行「金盆」，磧、南作「金剛」；徑、清作「金剛盆」。

一　三四六頁中一九行第九字「我」，磧、南、徑、清無。

一　三四六頁中二〇行「我邊」，磧、南、徑、清作「汝邊」。

一　三四六頁中末行首字「令」，磧、南、徑、清作「今」。

一　三四六頁下二行第一三字「八」，磧、南、徑、清作「取八」。

一　三四六頁下一五行第九字「競」，磧、南作「竟」。

一　三四六頁下一七行第八字「付」，磧、南、徑、清作「將付」。

一　三四七頁上一行首字「鬢」，磧、南、徑、清作「頂」。又第八字「落」，磧、南、徑、清、麗作「既落」。

一　三四七頁上七行第一三字「報」，磧、南、徑、清作「執」。

一　三四七頁上一一行第一三字「我」，磧、南、徑、清作「手」。

一　三四七頁上一六行「金盆」，磧、南、徑、清作「金剛盆」。

一　三四七頁上一七行首字「繞」，磧、南、徑、清作「繞壇」。

一　三四七頁上一八行第二字「施」，磧、南、徑、清作「施我」。

一　三四七頁上一九行「堅牢神」，磧、南、徑、清作「堅牢地神」。

一　三四七頁中二行第四、五字「刀塔」，磧、南、徑、清無。

一　三四七頁中四行「八十」，磧、南作「八千」。

一　三四七頁中九行末字「付」，磧、南、徑、清作「付與」。

一　三四七頁中一四行至一五行「方可得成」，磧、南、徑、清作「方得可

成」。

一 三四七頁下一行至二行「盛髭威力」，磧、南、徑、清、麗作「盛髭供養以髭威力」。

一 三四七頁下三行第六字「塔」，磧、南、徑、清、麗作「寶塔」。

一 三四七頁下一〇行第九字「菓」，磧、南、徑、清作「諸果」、

一 三四七頁下一五行「令守護」，磧、南、徑、清、麗作「令加守護」。

一 三四七頁下一九行第六字「黿」，磧、南、徑、清、麗作「黿以内黿中」。又末字「惡」，磧、南、徑、清作「諸」。

一 三四八頁上二行「迦尸」，磧、南、徑、清作「迦尸迦」。八行同。

一 三四八頁中四行第一三字「痠」，磧、南、徑、清作「疲」。

一 三四八頁下一行「悶絶」，磧、南、徑、清作「感絶」。又「聲稱怨苦」，磧、南、徑、清、麗作「舉聲稱怨」。

一 三四八頁下三行第三字「滅」，徑、清、麗作「摵」。

一 三四八頁下四行第五字「持」，磧、南、徑、清作「恃」；麗作「怙」。

一 三四八頁下一〇行「舍夷」，磧、南、徑、清作「瞿夷」。

一 三四八頁下末行第二字「也」，磧、南、徑、清、麗作「是」。又末字「還」，磧、南、徑、清作「還國」。

一 三四九頁上九行「復悲」，至此，徑卷第十七終，卷第十八始，並有「千佛篇第五之六」、「出家部之餘」各一行。

一 三四九頁上一六行「自然」，磧、南、徑、清作「不信自然」。

一 三四九頁中一九行第四字「放」，磧、南作「於」。又第八字「成」，磧、南、徑、清作「還成」。

一 三四九頁下二行「苑轉」，磧、南、徑、清、麗作「宛轉」。

一 三四九頁下三行「在時」，磧、南、徑、清作「在日時」。

一 三四九頁下一二行夾註左末字「也」，磧、南、徑、清無。

一 三四九頁下一八行末字「裏」，磧、南、徑、清作「裏」。

一 三四九頁下二二行第九字「雜」，磧、南、徑、清作「雜寶塔」。

一 三五〇頁上六行「房中」，磧作「内」；南作「房」。

一 三五〇頁上七行「不好」，磧、南、徑、清作「在不好」。

一 三五〇頁上九行「下房中」，磧、南、徑、清作「下房中宿」。

一 三五〇頁上一二行「杙上」，磧、南、徑、清、麗作「杙上若杙上」。

一 三五〇頁上一六行夾註「比數」，徑作「此數」。

一 三五〇頁上一八行夾註左「前征」，麗作「前往」。

一 三五〇頁上一九行夾註右「内彌善」，磧、南、徑、清、麗作「内安彌善」。

一 三五〇頁中九行「二十九」，磧、南、徑、清作「二十九年」。

一 三五〇頁中一三行第三字「部」，

一　磧、南、清作「數」。
一　三五〇頁中一九行「梵漢」，磧、南、徑、清作「胡漢」。
一　三五〇頁中末行經名，徑無（未換卷）。

法苑珠林卷第十一　西明寺沙門釋道世撰　趙

千佛篇第五之四

成道部第十二　此別十部

述意部　乞食部　學定部

苦行部　食糜部　草座部

降魔部　成道部　天讚部

神變部

述意部第一

蓋聞大聖應期有感昭著蔭覆十方化周三界是四生之道首六趣之舟航至如兜率上生閻浮現滅冠日亹胎殞星晦迹林微尼園啓四八之瑞畢利叉樹放十種之光鑒彼四門捐茲五慾捨嚴城而獨往依道樹而超登合四鉢於蓮河度五隣於鹿苑蕩愛著於綿區湔塵𡨧於曩劫慧日既開光清八獄玄功闡化慈照四生敷演一音各隨類解像教攸興其來久矣

乞食部第二

如四分律云尒時菩薩漸漸游行從摩竭國界往至婆羅閱城於彼止宿明旦入城乞食顔貌端正屈申俯仰

行步庠序視前直進不左右顧盻著衣持鉢入羅閱城乞食時摩竭王在高樓上諸目前後圍繞遥見菩薩入城乞食行步庠序即向諸目以偈讚之王即遣信問比丘欲何所詣菩薩荅之山名斑荼婆當於彼止宿使人速還返白王如是事王聞彼使言即嚴好乘乘衆人共尋從即往禮菩薩時王語太子言今可於此住我舉國一切所有及脫此寶冠相與可居王位治化我當爲目時菩薩報言我捨轉輪王出家學道豈可於此邊國王位而處俗耶王今當知猶如有人曾見大海水後見牛跡水豈可生染著心此亦如是豈可捨轉輪王位習粟散小王位此事不然時王前白言若成無上道者先詣羅閱城與我相見菩薩報言可尒尒時王即禮菩薩足繞三匝而去

又佛本行經云菩薩爲摩伽陁國王說云大王我等今實不畏彼毒蛇亦復不畏天雷霹靂亦復不畏於猛火熖彼大風吹燒野澤者但畏五欲境

界所逼何以故諸欲無常猶如劫賊
盜諸功德尒時菩薩即說偈言
五欲無常害功德　六塵空幻損衆生
世間果報本誑人　智者誰能暫停住
愚癡天上不滿意　況復人閒得稱心
欲纖染著不覺知　猶如猛火然乾草
往昔頂生聖王主　降伏四域飛金輪
復得帝釋半座處　忽起貪心便墮落
假令盡王此大地　心猶更欲攝他方
世人嗜欲不知猒　如巨海納諸流水
大王當知彼須彌山下有阿脩羅然
其兄弟各爲貪欲愛一玉女二人相爭
而自鬬戰傷害俱死便說偈言
往昔脩羅兩兄弟　爲一玉女自相殘
骨肉憐愛染著憎　智人觀知不貪欲
菩薩又言或爲五欲故生天生人既
得生已著五欲故投身逐水或復赴
火爲五欲故自求怨讎又說偈言
癡人愛欲故貧窮　繫縛傷殺受諸苦
意望此欲成衆事　不覺力盡後世殃
又佛本行經菩薩說偈言
假使恩愛久共處　時至命盡會別離
見此無常須臾閒　是故我今求解脫

學定部第三

如四分律云時菩薩即向阿藍迦藍
所學不用處定精進不久得證此法
時菩薩捨之而去後往鬱頭藍子處
學有想無想定精進不久得證此法
菩薩思惟此兩處定非涅槃非永寂休
處不樂此法便捨二人而去更求勝法
時菩薩更求勝法者即無上休息法也
時有五人追逐菩薩念言若菩薩成
道當與我等說法
又佛本行經云阿羅邏仙人報菩薩
云諸凡夫人愛於貪欲愛繫縛等苦
一切皆由境界而說偈言
山羊被殺因聲死　飛蛾投燈由火色
水魚懸鉤爲吞餌　世人趣死以境牽
又新婆沙論云佛爲菩薩時猒老病
死出劫比羅伐窣堵城求無上智時
淨飯王釋種五人隨逐給侍二是母
親三是父親母親二人執受樂行得
淨父親三人執苦行得淨當於菩薩
修苦行時母親二人心不忍可即便
捨去菩薩後知苦行非道捨而受食
羹飯蘇乳以油塗身習處中行父親

三人咸謂菩薩狂亂失志亦復捨去
後世尊成佛即作是念彼皆是我父
母親族先來恭敬供養於我今欲酬
報爲何所在天即白言今在婆羅痆
斯國仙人鹿苑　廣事如前
問何故名婆羅痆斯荅此是河名去
其不遠造立王城是故此城亦名婆
羅痆斯
問何故名仙人論處荅若作是說諸
佛定於此處轉法輪者彼說佛是最
勝仙人皆於此處初轉法輪故名仙人
論處若作是說諸佛非定於此轉法
輪者彼說應言仙人住處謂佛出世
時有佛大仙及聖弟子仙衆所住佛
不出世時有獨覺仙所住若無獨覺
時有世俗五通仙住以此處常有諸
仙已住今住當住故名仙人住處有說
應言仙人墮處昔有五百仙人飛行
空中至此遇退因緣一時墮落問何
故名施鹿林荅常有諸鹿遊止此林
故名鹿林昔有國王名梵達多以此
林施與群鹿故名施鹿林如羯蘭鐸
迦長者於王舍城竹林園中穿一池

以施羯蘭鐸迦鳥令其游戲因名施
羯蘭鐸迦池此亦如是故名施鹿林舊翻名迦蘭陀鳥善見論其形如鵲

苦行部第四

尒時菩薩於此鹿林在五拘隣比丘所學於苦行經於六年極生辛苦過其本師以自餓故而不得道徒勞疲形故涅槃經云菩薩當以苦行自誡其心日食一胡麻經一七日粇米菉豆麻子粟糜及以白豆亦復如是各一七日如是修苦行時一切皮肉消瘦皺減如斷生瓠置之日中其目坎陷如井底星宍盡肋出如朽草屋脊骨連現如重線塼所坐之處如馬蹄跡欲坐則伏欲起則偃雖受如是無利益苦然不退於菩提之心

又菩薩處胎經云佛告苦行菩薩昔我所更苦行無數於尼連河邊六年苦行日食一麻一米斯由曩昔向一緣覺犯口四過斷絕一施重受輕報

又大集經云尒時光味菩薩為諸大衆而說偈言

過去無量僧祇劫　種種布施習檀那
清淨尸羅及羼提　精進坐禪學般若
安樂一切衆生故　備忍種種諸苦辛
宮中六萬后妃嬪　棄捨出家如脫屣
獨處六年修苦行　日食一麻一米麥
精進晝夜不睡眠　身形唯有皮骨在
菩提樹下思惟坐　八十萬衆天魔來
四方上下地及空　八十由旬悉充滿
如是魔軍及眷屬　皆能破壞使歸降
成就無上勝菩提　得證第一義諦果

食糜部第五

又佛本行經云尒時六年旣滿至春二月十六日時內心自作如是思惟我今不應將如是食食已而證阿耨多羅三藐三菩提我今更從阿誰邊求美好之食誰能與我彼美食令我食已即便證取阿耨菩提時菩薩心如是思惟之時有一天子知菩薩心如是思惟速往詣於善生村主二女邊至彼處已即告之言汝善生女汝若知時菩薩今欲求好美食菩薩今須最上美食食美食已然後欲證阿耨菩提汝等今可為彼備辦足十六分妙好乳糜是時善生村主二女聞於彼天如是告已歡喜踊躍徧滿其體不能自勝速疾聚集一千牸牛而轂取乳轉更將飲五百牸牛更別日轂此五百牛轉持乳將飲於二百五十牸牛後日轂此二百五十牸牛之乳還更飲百二十五牛後日轂百二十五牛之乳飲六十牛後日轂此六十牛乳飲三十牛後日轂此三十牛乳飲十五牛後日轂此十五牛乳著於一分淨好粇米為於菩薩煑上乳糜其彼二女煑乳糜時現種種相或復出於滿華瓶相或現功德河水淵相或時現於萬字之相或現功德千輻輪相或復現於斛領牛相或現象王龍王之相或現魚相或時復現大丈夫相或復現於帝釋形相或時有現梵王形相或復現出乳糜向上涌滿上至半多羅樹須臾還下或現乳糜向上高至一多羅樹訖還下或現出高一丈狀還入彼器無有一滴離於器而落餘處煑乳糜時別有一善解海筭數筭占相師來至彼之處其見乳糜出現如是諸種相顯善占觀已

作如是語希有希有是誰得此乳
糜而食彼人食已不久而證甘露妙
藥尒時菩薩至於二月二十三日於晨
朝時至彼村主家大門之外默然而
立欲求食女見即便取一金鉢盛貯
安置和蜜乳糜滿其鉢中自手執持
向菩薩前到已即住向菩薩言唯願
尊者受我此鉢和蜜乳糜憐愍我故
時菩薩受彼乳糜持至尼連禪河有
一龍女名尼連茶耶從地踊出手執
莊嚴天妙筌提奉獻菩薩菩薩受已
即坐其上坐其上已取彼善生村主
之女所獻乳糜如意飽食悉皆淨盡
菩薩既食彼乳糜已緣過去世行檀
福報業力薫故身體相好平復如舊
端正可喜圓滿具足無有缺減尒時
菩薩食彼糜訖以金鉢器棄擲河中
時海龍王生大希有奇特之心復為菩
菩薩歎現世故執彼金器擬欲供養
將向自宮是時天主釋提桓因即化
其身作金翅鳥金剛寶嘴從海龍邊
奪取金鉢向忉利宮三十三天常自
供養於今彼處三十三天立節名為

供養金鉢器節從彼已來至今不斷
尒時菩薩食糜已訖從坐而起安庠
漸漸向菩提樹彼之筌提其龍女還
自收攝將歸自宮為供養故而有偈
說
菩薩如法食乳糜　是彼善生女所獻
食訖歡喜向道樹　決定欲證取菩提
依宣律師住持感應記云具論因緣
並在第十卷中瀧帶部內述之時有
四天王手告律師云世尊初成道第
十一年於王舍城中須摩長者園內
告諸大菩薩及大弟子曰我初踰城
時至彼洴沙國路逢牧牛女我語云
我有少飢渴從汝乞飲食彼女荅云
汝何所往荅言求趣菩提又問名字
何等荅言悉達彼女又白我言我讀
韋陁之典云不久有大智人當成正
覺我觀仁者相類音聲是諸佛相我
作此山神經十六大劫過去諸佛我
皆親覲汝可隨我往至住處當與汝
飲食過去迦葉涅槃時付我一澡罐
其項上有雙龍繞下有師子蹲拘留
佛所製遞相付我訖至樓至佛此龍

瓶內具足有八功德水汝若飢渴當
飲此水能消煩惱增長菩提勿輕此
小瓶假使四大海水內此瓶中猶不
能滿中有龍王此賢劫初三佛出世
所有遺法多在瓶內與娑龍宮一無
有二又迦葉佛付我香鑪及一黃金
函將付仁者其香鑪前有十六頭半
是師子半是白象於二獸頭上別起
蓮華臺以臺為鑪相於鑪四緣別起
六銀樓樓出天童可長二寸如是諸
爐童合有九十六每燒香時是諸童
等各各分番來付香鑪後師子向外
而蹲踞從師子頂上有九龍盤繞上
承金蓮華內有金臺即臺為寶子於
臺寶子內有十三萬億真珠大樓觀
各處諸妙香復有十三萬金牒毗尼
藏中有比丘入于滅盡定若至燒香
時其諸鑪頭諸天童子來至寶臺所
各各口出燒香歌曲臺門自開諸比
丘從定而出從其珠觀取香付囑天
童付已臺門自閉從九龍口中又銜
白銀觀為臺眷屬而諸銀臺內皆有
天童子常作天樂讚歎燒香其音清

惟無可爲比衆生聞者生信悟道如來每說法時在大衆前常執香鑪天童取香來授與佛令之供養又有黃金函內盛大般若合三十億偈黃金爲經牒白玉爲界道白銀爲字其函長三寸內有二比丘亦入滅定此函及鑪是拘留佛所製次第付我乃至樓至佛諸佛欲興世皆開此金函披閱經典以般若力天魔不嬈速登正覺今將付囑努力守護勿令損失我受得已於菩提樹下六年苦行常飲此瓶水故除飢渴煩惱亦消也

又我初欲成道入河澡浴受二女乳糜至菩提樹下欲昇金剛壇山神至我所即告我言汝今成道可依往佛若初成道欲昇金剛壇先執香鑪繞壇可行七匝十方諸佛各手捻香付彼鑪中今既成道可依前佛佛依此法繞壇繞樹合三十二匝十方諸佛亦前授香次命人王天王釋梵龍王十地菩薩各前授香佛以威神香聞十方上至有頂受苦衆生聞香解脫諸根具足智慧增長種種神變不可具述又告梵王執彼龍瓶水以灌世尊足人王天王帝釋魔梵各次洗足地爲六種震動如來從足下放金色光坐金色蓮華座十方諸佛各來授香於光明中盧舍那佛出金色手摩釋迦佛頂又說妙法我今十方佛欲白四羯磨授釋迦文佛成無上法王位諸佛秉此羯磨在金壇上天人大衆無量河沙聞佛羯磨一時寂然猶如比丘入第三禪諸佛秉羯磨受法王位已地之六種大動佛放光明普照十方廣作佛事利益凡聖不可具述

草座部第六

如佛本行經云尒時菩薩於河澡浴食乳糜沐身體竟光儀平復如本威力自在安庠面向菩提樹菩薩思惟此菩提道場欲作何座即自覺知應坐草上是時淨居天白菩薩言過去諸佛欲證菩提皆鋪草上而取正覺尒時菩薩思惟誰能與我如是之草左右四顧是時忉利帝釋天王以天智知菩薩心已即化其身爲刈草人去於菩薩不近不遠右邊而立刈取於草其草青綠顏色猶如孔雀王頸柔輭滑澤而手觸時猶如微細迦尸衣色妙而香右旋宛轉菩薩問彼人言賢善仁者汝名字何彼人報言我名吉利菩薩思惟我今欲求自身吉利亦爲他人以求吉利此名吉利在於我前我今決當得證阿耨菩提汝能與我草不其化人報言我能與草是時帝釋即化作人刈草奉菩薩菩薩即取一把自手執持當取草時其地即便六種震動將於此草向菩提樹下持草中路忽有百青雀從十方來右繞菩薩三匝訖已隨菩薩行又有五百拘翅羅鳥又有五百孔雀又有五百白鵝又有五百鴻鸖又有五百白鷗又有五百迦羅頻伽之鳥又有五百命命之鳥又有五百白象皆悉六牙又有五百白馬頭耳烏黑騣尾悉朱長而披撒又有五百牛王並皆斛領猶如黑雲是時復有五百童子五百童女各以種種諸妙瓔珞莊嚴其身五百天子又有五百天女五百寶瓶以諸香華滿於其中盛種種諸妙香水無人

執持自然出行又世間中所有一切吉祥之事皆從四方雲雨而來各在菩薩右邊圍繞三匝已隨菩薩行一切諸天音樂空中歡喜歌讚菩薩不可具述

又瑞應本起經云釋提桓因化為凡夫人執淨輭草菩薩問言汝名何等荅名吉祥菩薩聞之心大歡喜破不吉以成吉祥

又觀佛三昧經云適施草坐地則大動諸佛化作八萬佛樹師子之座或有佛樹高八千里四千里或高百千由旬一切佛樹具足八萬大小不定今釋迦樹最短若千天衣而布其上

又觀佛三昧經云佛告父王如我踰出宮城去伽耶城不遠詣阿輸陁樹吉安天子等百千天子皆作是念菩薩若於此坐必須坐具我今應當獻於天草即把天草清淨柔輭名曰吉祥菩薩受已鋪地而坐是時諸天復見白毛圓如三寸右旋宛轉有百千色流入諸相是諸天子各作是念菩薩今者唯受我草不受汝草時白毛中有萬億菩薩結跏趺坐各取其草坐此樹下一一天子各見白豪中有如此相時有天子名曰悅意見地生草穿菩薩肉上生至肘告諸天子曰奇哉男子苦行乃尒不食多時喚聲不聞草生不覺即以右手申其白毛其白毛端直正長一丈四尺五寸如天白寶中外俱空天見毛內有百億光其光微妙不可具宣諸天見已歎未曾有即放白毛右旋宛轉還復本處是時降魔魔還天宮白毛隨從直至六天無數天子天女見白毛孔通中皆空團圓可愛如梵王幢如來有無量相好一一相中八万四千諸小相好如是不及白豪少分功德

降魔部第七

如因果經云四月七日世尊降魔子時落日停光明月映徹園林華菓榮不待春智度論云尒時天魔將十八萬天魔衆皆來惱佛佛以眉間微光照皆墮落又觀佛三昧經云魔王心怒即欲直前魔子諫曰父王無辜自招瘡殃菩薩行淨難動如地云何可壞又雜寶藏經云昔如來樹下惡魔波旬將八十億衆欲來壞佛便語佛云汝獨一身何能坐此急可起去若不起者我捉汝脚擲著海外佛言我觀世間無能擲我汝於前世時曾於一寺受一日八戒施辟支佛一鉢之飯故生六天為大魔王而我於三阿僧祇劫亦設供養聲聞緣覺不可計數魔言汝道我昔一日持戒施辟支佛食信有其實我亦自知汝亦知我汝自道者誰為證知佛以手指地言此地證我作是語時一切大地六種震動地神即從金剛際出合掌白佛言我為作證有此地來我常在中世尊所說其實不虛佛語波旬汝今先能動此澡瓶然後可能擲我海外尒時波旬及八十億衆不能令動魔王軍衆顛倒自墜破壞

又佛本行經云尒時魔王波旬長子名曰商主即以頭頂禮菩薩足乞求懺悔口唱是言大善聖子願聽我父發露辭謝凡愚淺短猶如小兒無有智慧我今忽來惱亂聖子將諸魔衆現種種相恐怖聖子我於已前曾諮父

言以忠正心雖有智人善解諸術猶尚不能降伏於彼悉達太子況復我等但願聖子恕亮我父我父無智不識道理如是恐怖大聖王子當何取生大聖王子願仁所誓早獲成就速證阿耨菩提

成道部第八

如普曜經云菩薩於樹下坐明星出時豁然大悟年至十九出家三十成道又依般若問論云漚樓頻螺林中成佛又自誓三昧經云初成佛時十方諸佛各送袈裟佛合成一服此衣今在梵天供養又空行三昧經云彌陁佛先我四刼得道維衞佛先我三刼得道有佛名能儒三十滅度迦葉佛十八得道我年二十七得道今從多為定十九出家三十成道此文應允亦與餘義相應善見律云月生三日得一切智泥洹經云佛初出得道並四月八日今以為正

天讚部第九

如華嚴經云尒時如來以自在神力不離菩提樹坐及須彌山頂妙勝殿上夜摩天宮寶莊嚴殿趣兜率天宮一切寶莊嚴殿尒時兜率天王承佛神力以偈頌曰

無礙如來猶滿月　諸吉祥中最第一
來入衆寶莊嚴殿　是故此處最吉祥

華嚴經云尒時如來威神力故十方一切諸佛世界諸四天下一一閻浮提皆有如來坐菩提樹下無不顯現尒時世尊威神力故不起此坐昇須彌頂向帝釋殿尒時帝釋即說偈言

七佛定光諸佛等　諸吉祥中最無上
彼佛曾來入此處　是故此地最吉祥

尒時世尊威神力故不離道樹及帝釋宮向夜摩天寶莊嚴殿尒時天王以偈頌曰

名稱如來聞十方　諸吉祥中最無上
來入摩尼莊嚴殿　是故此處最吉祥

變化部第十

依華嚴經云佛子一切諸佛於念念中悉能出生十無盡智何等為十於一念中悉見一切世界從兜率天命終於一念中悉現一切世界菩薩出生於一念中悉現一切世界菩薩出家於一念中悉現一切世界往詣道場菩提樹下成等正覺於一念中悉現一切世界轉淨法輪於一念中悉現一切世界隨應化導一切衆生悉令解脫於一念中悉於一切世界現莊嚴身隨應衆生於一念中悉現一切世界種種莊嚴無數莊嚴如來自在一切智藏於一念中悉現一切世界清淨衆生於一念中徧一切世界悉現三世一切諸佛於一念中為種種諸根精進欲性故顯現三世諸佛種性成等正覺開導衆生佛子是為一切諸佛於念念中生十無盡智

又智度論云如阿毗曇說一時無二心者若化佛語時化主默然若化主語時化佛亦應默然云何佛一時皆說六波羅蜜

荅曰此如外道聲聞變化耳如佛變化無量三昧力不可思議是故佛自語時無量千萬億化佛亦一時皆語又語外道及聲聞化不能作化如佛世尊化復作化故諸外道聲聞滅後不能留化如佛滅後能留化如佛無異

如毗曇中一時無二心者今佛亦如
是當化語時亦不有心佛心念化欲
令化語即便皆語

說法部第十三 此別三部

述意部　討機部　說益部

述意部第一

蓋聞大聖逗機影迹無方所現之處
無非利益故諦分眞俗事決形心憑
假實而上征寄乘權而下比良由生
老病死無自出之期菩提涅槃得有
修入之證但内典無邊應機而說故
使法輪則柰國初轉僧侶則憍陳始
度至於迦葉兄弟目連朋友西域之
大勢東方徧告二十八天之主一十
六國之王莫不服道而傾心飡風而
合掌於是他化宮裏乃數十地耆闍
山上方會三乘善吉談無得之宗淨
名顯不言之旨伏十仙之外道制六
群之比丘甞前則吐納江河掌内則
搖蕩山谷論劫則方石屢盡辯數則
微塵可窮斯乃三界之大師萬古之
獨步吾自庸才談何以盡從使周公
之制禮作樂孔子之述易刪詩予賜
之言語商偃之文學爰及左元放葛
仙子老聃河上公莊周之等區區二於方
内何足道哉未若義師大法人天軌摸
三千法式洎流中夏益利淵深廣療
三毒傳照百燈相繼不絕胡可勝言

討機部第二

如華嚴經云如來出世譬如日出先
照一切諸大山王次照一切大山次
照金剛寶山然後普照一切大地然
日光不作是意我當先照大山乃至
後照大地由山有高下故照有前後
如來亦尒平等普救然機有利鈍感
佛前後見聞不同大小有異

依彌沙塞律云佛得道七日受解脫
樂有五百乘車載石蜜外國興生路
由樹過車主兄弟二人離謂波利創
奉蜜麨四王奉鉢佛受之已為說二
歸又更七日文鱗龍王奉非人食後
過七日斯那奉食姊妹四人受二歸
依復過七日梵王來請轉法輪又普
曜經云時梵王與六萬八千梵王眷
屬來詣佛所稽首足下請轉法輪佛
受請已言我宿命在波羅柰供養六
百億佛應在此轉法輪由觀樹七日
以報其恩故未說法

又智度論云佛成道已不即說法於
五十七日令撿括機緣然後說法初
七日思大乘法化第七七日用於小
乘以擬衆生

又菩薩瓔珞經云當轉法輪在鹿野
清明園為久飢虛者潤於甘露法

又中本起經云世尊念言吾昔路由
梵志阿蘭迦蘭待吾有禮應往度之
天空中曰此二人已亡七日又念應度
鬱頭藍弗天復告云昨日命終又念
父王昔遣五人一名拘隣二名頞陛三
名跋提四名十力迦葉五名摩訶男
執侍功勤應往度之

又轉法輪經云佛在鹿野樹下時空
中有自然法輪飛來當佛前而轉佛
以手撫之止吾無始來為名色轉輪今
愛意盡不復流轉輪即便住

又十二游經云佛從四月八日至七
月十五坐樹下為一年二年於鹿野
園中為五人說法三年為鬱鞞迦葉
兄弟三人說法滿千比丘四年在象

頭山為龍鬼說法五年時度舍利目連舍利七日得上果目連十五日得上果六年須達共祇陀為佛立精舍有十二佛圖寺有七十二講堂有三千六間屋有五百樓閣七年在拘耶尼園為婆陀和菩薩等八人說般若經（此經一卷明菩行事）八年在柳山為佗真陀羅王弟說法九年在檅澤中為阿掘摩說法十年遂摩竭國為弗沙王說法十一年在恐懼樹下為彌勒說本起經（即修行本起是）十二年還父王國為釋氏八萬四千人說法又中本起經云世尊在摩竭提國六年將還本國王遣優陀延迎佛疑此異前未詳孰定又普曜經云有梵志名優陀王命迎佛別已十二年思得相見佛七日後還本土又分別功德經云佛還本土足昇空行與人頭齊使父王接足而已不欲屈身又大集經云佛成道十六年知諸菩薩任持法藏即於欲色界中間出大寶階大衆俱登中階即上昇虛空又分別功德經云若不得說經處但捔在舍衛以佛在其國二十五年此在諸國此住最久以其國中多諸珍異人多有義祇樹精舍有神異驗衆集之時猕猴飛鳥群類數千悉有聽法寂寞無聲事竟即去各還所止揵椎適鳴已復來集此由國多仁慈故異類影附故智度論云舍衛城有九億家三億明見佛三億信而不見三億不見不聞佛二十五年在彼尚尒若得多信利益無窮

說益部第三

依菩薩臾胎經云尒時世尊示現奇特異像變一切菩薩盡作佛身光相具足皆共異口同音說法互相敬奉各坐七寶極妙高座初一說法純男無女第二說法純女無男第三說法純度正見人第四說法純度邪見人第五說法男女正等第六說法邪正亦等當尒之時法成就而無吾我道果成熟諸佛常法說儀神足第七八萬四千空行法門第八八萬四千無相法門第九八萬四千無願法門一一法門有無量義猶如黠慧之人身有千頭頭有千舌舌有千義欲得究盡此九法門義於百千分未獲其一此是諸佛祕要之藏皆由前身宿學成就（廣明說並備在諸篇）

法苑珠林卷第十一

法苑珠林卷第十一

校勘記

一　底本，金藏廣勝寺本。三五八頁中至次頁上原版缺，以麗藏本補。

一　三五八頁中一行經名，徑無（未換卷）。又撰者，磧作「大唐上都西明寺沙門道世撰」；普作「大唐上都西明寺沙門釋道世撰」；南作「唐上都西明寺沙門道世撰」；徑無（未換卷）；清作「唐西明寺沙門道世撰」。

一　三五八頁中二行「千佛篇第五之四」，磧、普、南作「千佛之四」；徑、清無。

一　三五八頁中三行「第十二」，徑無。又「此別十部」，磧、普、南作「此別有十部」；徑無。

一　三五八頁中四行至七行「述意部……神變部」，徑無。

一　三五八頁中五行「食糜部」，磧、普、南、清作「乳糜部」。

一　三五八頁中七行「神變部」，磧、普、南、清作「變化部」。

一　三五八頁中八行「部第一」，徑無，下至三六四頁中一八行「部」字與序數相連者例同。

一　三五八頁中九行「昭著」，磧、普、南、徑、清作「必形」。

一　三五八頁中一一行「上生」，徑、清作「下生」。又「冠日」，徑、清作「貫日」。

一　三五八頁中一七行「八嶽玄功」，磧、普、南、徑、清作「八嶽立功」。

一　三五八頁下六行第一〇字「彼」，磧、普、南、徑、清無。

一　三五八頁下一五行第一一字「位」，磧、普、南、徑、清無。

一　三五八頁下末行第二字「彼」，磧、普、南、徑、清作「被」。

一　三五九頁上一二行第七字「欲」，磧、普、南、徑、清無。

一　三五九頁上一五行第七字「憎」，磧、普、南、徑、清作「增」。

一　三五九頁上二二行至末行「假使……解脱」，磧、普、南、徑、清作「假使恩愛久　共處至命盡　會別離見此　無常須臾間　是故我棄捨　恩愛永離別　志求無上道　願度一切人」。

一　三五九頁中一二行第一〇字「愛」，磧、普、南、徑、清、麗作「受」。

一　三五九頁中一八行第三字「王」，麗作「王遣」。

一　三五九頁中一九行第一二字「樂」，磧、普、南、徑、清作「欲樂」。

一　三五九頁下五行夾註「廣事」，磧、普、南、徑、清作「庶事」。

一　三五九頁下一四行第四字「大」，磧、普、南、徑、清無。

一　三五九頁下一六行「常有」，磧、普、南、徑、清作「恒有」。二〇行同。

一　三五九頁下一九行首字「空」，磧、普、南、徑、清作「山」。

一　三六〇頁上九行末字「菉」，磧、普、南、徑、清作「紅」。

一三六〇頁中一〇行「食糜」，磧、普、南、徑、清作「乳糜」。

一三六〇頁中一五行第一三字「今」，磧、普、南、徑、清、麗作「令」。

一三六〇頁下六行第一三字「百」，麗作「此一百」。

一三六〇頁下一四行第八字「斛」，麗作「解」。

一三六〇頁下一九行「高至」，磧作「向二」。

一三六〇頁下二一行首字「器」，麗作「彼器」。

一三六〇頁下二二行「彼之處其見」，磧、普、南、徑、清作「彼處見其」。

一三六一頁上六行第一二字「手」，磧、普、南、徑、清無。

一三六一頁上一八行末字「菩」，磧、普、南、徑、清、麗無。

一三六一頁上二二行第一三字「常」，磧、普、南、徑、清作「恒」。

一三六一頁中九行「灌帶部」，清作「灌頂部」。

一三六一頁中二一行「迦葉」，磧、普、南、徑、清作「迦葉佛」。

一三六一頁中二二行第二字「項」，磧、普、南、徑、清作「頂」。

一三六一頁下四行「龍王」，麗作「四龍王」。

一三六一頁下五行「娑龍宮」，磧、普、南、徑、清、麗作「娑竭龍宮」。

一三六一頁下一一行首字「爐」，磧、普、南、徑、清、麗作「天」。

一三六一頁下一二行首字「等」，磧、普、南、徑、清作「子」。

一三六一頁下一四行「金蓮華」，磧、普、南、徑、清作「金華」；麗作「金蓮」。

一三六二頁中六行第九字「今」，麗作「令」。又末字「四」，磧、普、南、徑、清無。

一三六二頁中九行「河沙」，磧、普、南、徑、清作「恒沙」。

一三六二頁中一〇行「第三禪」，麗作「第四禪」。

一三六二頁中二一行「忉利帝釋天王」，磧、普、南、徑、清作「忉利天帝釋天主」。

一三六二頁下七行第一三字「汝」，磧、普、南、徑、清無。

一三六二頁下一二行第八字「百」，磧、普、南、徑、清作「五百」。

一三六二頁下一七行「命命」，磧、普、南、徑、清作「共命」。

一三六二頁下一九行末字「斛」，磧、麗作「解」。

一三六二頁下二二行「五百天子又有五百天女」，磧、普、南、徑、清作「又有五百天女」；麗作「又有五百天子五百天女」。

一三六三頁上一行「出行」，麗作「空行」。

一三六三頁上七行第二字「人」，磧、普、南、徑、清無。

一三六三頁上一四行「若千」，磧、普、南、徑、清、麗作「若干」。

一三六三頁中二行「一一天子」，磧、

普、南、徑、清作「二天子」。又「白豪」，磧、普、南、徑、清、麗作「白毫」，一四行同。

一　三六三頁中一三行第七字「憧」，磧、普、徑、麗作「幢」。

一　三六三頁中一三行至一四行「一……小相好」，磧、普、南、徑、清無。

一　三六三頁中一四行「如是」，磧、普、南、徑、清無；麗作「如是相好」。

一　三六三頁下三行「海外」，磧、普、南、徑、清作「海水」。一五行同。

一　三六三頁下一三行「常在」，磧、普、南、徑、清作「恒在」。

一　三六三頁下一四行「其實」，麗作「真實」。

一　三六三頁下一七行「破壞」，磧、普、南、徑、清、麗作「破壞星散」。

一　三六四頁上一〇行「問論」，磧作「間論」；南、徑、清作「釋論」。

一　三六四頁中三行「神力」，磧、普、南、徑、清作「威神」。

一　三六四頁中一三行「道樹」，磧、普、南、徑、清作「道場」。

一　三六四頁下一一行「顯現」，磧、普、南、徑、清作「現顯」。

一　三六四頁下一八行第七字「聲」，磧、普、南、徑、清、麗作「聲聞」。

一　三六四頁下二一行首字「語」，磧、普、南、徑、清作「諸」。

一　三六四頁下末行第一〇字「化」，磧、普、南、徑、清無。

一　三六五頁上三行「皆語」，至此，徑卷第十八終，卷第十九始，並有「千佛篇第五之七」一行。

一　三六五頁上四行「第十三」及「此別三部」，徑無。

一　三六五頁上五行「述意部……說益部」，徑無。

一　三六五頁上六行「部第一」，徑無，以下「部」字與序數相連者例同。

一　三六五頁上一〇行第四字「無」，麗作「終無」。又第一三字「得」，磧、普、南、徑、清無。

一　三六五頁上一二行第六字「國」，麗作「苑」。

一　三六五頁上一四行第五字「偏」，麗作「之偏」。

一　三六五頁上一六行第一〇字「數」，磧、普、南、徑、清作「弘」。

一　三六五頁上二〇行「搖薄」，磧、普、南、徑、清作「搖動」；麗作「搖蕩」。

一　三六五頁中二行「老耽」，磧、普、南、徑、清無；麗作「老聃」。又「區區二」，磧、普、南、徑、清作「並驅二」；麗作「並區區」。

一　三六五頁中三行「未若我師大法」，磧、普、南、徑、清作「若我大師法」；麗作「若我師大法」。又「軌摸」，磧、普、南、徑、清作「軌模」。

一　三六五頁中四行「淵深」，磧、普、南、徑、清作「弘深」。

一　三六五頁中一六行第一〇字「離」，磧、普、南、徑、清作「雖」。

一　三六五頁中一七行末字「二」，磧、普、南、徑、清、麗作「三」。一九行

第一三字同。

一　三六五頁下五行第七字「化」，磧、普、南、徑、清作「他」。

一　三六五頁下一八行第一四字「輪」，磧、普、南、徑、清無。

一　三六五頁下二一行「十五」，磧、普、南、徑、清、麗作「十五日」。

一　三六六頁上五行第二字「六」，磧、普、南、徑、清作「六百」。

一　三六六頁中一行第一一字「國」，磧、普、南、徑、清無。

一　三六六頁中三行末字「有」，磧、普、南、徑、清、麗作「來」。

一　三六六頁中一八行第七字「法」，磧、普、南、徑、清、麗作「法法」。

一　三六六頁下卷末經名，徑無（未換卷）。

法苑珠林卷第十二　西明寺沙門釋道世撰

千佛篇第五之五

涅槃部第十四此別五部

述意部　韜光部　赴哀部

時節部　弟子部

述意部第一

惟我含靈福盡法王斯逝遂使北首提河春秋八十矣應身粒碎流血何追爭決最後之疑競奉臨終之供於戲智炬慈雲消滅長夜諸子誠可悲夫但法身至寂畢竟無為報化所誘隨機應俗既曰現生焉得無滅凡聖雖殊而莫能免是以微言背痛而方轉甘露假託右脇而還放光明此則無病之迹也及千氍既纏而示雙足金棺將闔而起合掌此示不滅之徵也故灰身示權常住顯實器月之喻其旨明乎

韜光部第二

如智度論云須跋陀羅年一百二十夢見一切人天失眼裸形冥中言云日當墮地破海枯竭風散須彌夢寤已恐怖天曰此是一切智人將入涅槃非關於汝明到林中求欲見佛阿難三不許佛知遙喚前共別

又菩薩處胎經云如來二月八日夜半躬詣僧伽梨鬱多羅僧安陀羅跋薩各三襲施放金棺覬身上以鉢錫杖手付阿難入金剛定碎身舍利佛從金棺出金剛臂問見迦葉牛呞二人阿難荅云牛呞羅漢已入涅槃佛言吾今永取滅度即入金棺寂然不語再三出手問阿難吾為八部說摩訶乘經汝悉聞不對曰唯佛知之又問吾在忉利為母說法汝知不荅曰不知又吾在龍宮說法龍子得道留全身舍利高一百三十丈汝知不荅曰不知吾處母胎十月為諸菩薩現不退轉法輪世尊即以神力現母身中行住坐臥一切雲集入胎含中汝知不荅曰不知阿難大聖豈得不知言不知者欲推如來化功故答不知也

又涅槃經云善男子我於此娑羅雙樹大師子吼者名大涅槃東方雙者破於無常獲得於常乃至北方雙者

破於不淨而得於淨此中衆生爲雙樹故護娑羅林不令外人取其枝葉斫截破壞我亦如是爲四法故令諸弟子護持佛法此四雙樹四王典掌我爲四王護持我法是故於中而般涅槃

又中阿含經云如來介時將詣雙樹四雙欝多羅僧以爲施座僧伽梨爲枕右脇而臥足足相累而故涅槃

又菩薩處胎經云介時八大國王各持五百張白氎栴檀木槨盡內金棺裹以五百張氎纏裹金棺復五百乘車載香蘇油以灌白氎

介時大梵天王將諸梵衆在右面立釋提桓因將諸忉利諸天在左面立彌勒菩薩及十方諸神通菩薩當前立介時世尊欲入金剛三昧碎身舍利於娑婆界轉此眞法作是念已十方世界皆六返震動

起哀部第三

如摩耶經云阿那律昇忉利天以告摩耶摩耶便至棺自爲開合掌起白遠屈來下佛語阿難汝當知爲後不孝衆生故從金棺出問訊毋也僧祇律云於天冠塔邊闍維佛身迦葉赴佛涅槃經云於是迦葉辭佛到伊荼梨山中去舍衛國二萬六千里其山多出七寶甘菓種種香樹雜藥不可稱數亦有麒麟朱雀鳳皇異學道士時有方石平正色如瑠璃縱廣百二十里樹華五色冬夏茂盛列坐石上迦葉前後教授一千弟子皆得羅漢常坐此石誦經行道弟子七人同夕得夢其比丘夢見所坐方石中央分破樹皆拔根復一比丘夢見四十里泉水皆乾竭華悉零落復一比丘夢見枸羅邊坐皆悉傾覆復一比丘夢見閻浮利地皆悉傾陷復一比丘夢見須彌山崩復一比丘夢見金輪王薨復一比丘夢見日月墮落天下失明晨起各以所夢啓白迦葉迦葉告言我曹前見光明地時大動卿等得夢佛將般泥洹耶即勑諸弟子往赴俱夷那國又菩薩處胎經云大迦葉至佛出雙足迦葉說偈云

佛所教化人　　所度已周徧
我行道絶向　　唯恨不見佛

於是繞棺七匝阿難西北角難陁於東北角諸天在後直北去雙樹四十九步大迦葉手執火然香薪又雜阿含經云佛涅槃已雙樹生華垂下供養阿難說偈云

五百氎纏身　　悉燒令磨滅
千領細氎衣　　以衣如來身
唯二領不燒　　最上及儭身

時節部第四

諸經具明闍維之法此文繁故略而不録

如涅槃經云如來何故二月涅槃善男子二月名春陽之月萬物生長是時衆生多生常想爲破衆生如是常心說一切法悉是無常唯說如來常住不變於六時中孟冬枯悴衆不愛樂陽春和液人所貪愛爲破衆生世閒樂故演說常樂我淨亦介爲破世閒我淨故說如來眞實我淨初生出家成道轉妙法輪皆以八日何故涅槃獨十五日佛言善男子如十五日月無虧盈諸佛如來亦復如是入大涅槃無有虧盈以是義故以十五日

入般涅槃又長阿含經云時有香姓婆羅門問阿闍世王曰何等時佛生何等時成道何等時滅度闍王答曰沸星出時生沸星出時出家沸星出時成道沸星出時滅度

何等生二足尊　何等出蘩林苦
何等得最上道　何等入般涅槃
沸星出二足尊　沸星出蘩林苦
沸星得最上道　沸星入般涅槃
八日如來生　八日佛出家
八日成菩提　八日取滅度
二月如來生　二月佛出家
二月成菩提　二月取涅槃
二月生二足尊　二月出蘩林苦
二月得最上道　八月般涅槃城

又薩婆多論云佛以二月八日沸星現時初成等正覺亦以二月八日沸星出時生以八月八日沸星出時轉法輪以八月八日沸星出時取般涅槃

弟子部第五

依智度論云長老大迦葉於耆闍崛山集三藏可度衆生竟隨佛入般涅槃清朝持鉢入王舍城乞食已上耆闍崛山語諸弟子我今日入無餘涅槃一切諸人聞是語已皆大愁憂迦葉晡時從禪定起入衆中坐讚說無常苦空無我如是種種說法已從佛所得僧伽梨持衣鉢捉杖如金翅鳥現昇虛空作十八變於耆闍山頭與衣鉢俱作是願言令我身不壞彌勒成佛時我是骨身還出直入山頭石中如入輭泥入以山還合後人壽八萬四千歲身長八十尺彌勒佛身長一百六十尺佛面二十四尺圓光十里是時衆生聞佛出世無量人等隨佛出家又大悲經云是迦葉以本願力所加持故住虛空中現種種神通變化已以己身火闍維其身闍維身已灰炭不現又薩婆多論云舍利弗目連以不忍見佛泥洹便先泥洹以先泥洹故七萬阿羅漢同時泥洹當於尒時四輩弟子莫不荒亂於時如來以神通力化作二大弟子在佛左右以此緣故衆生歡喜憂惱即除佛爲說法各得利益

結集部第十五此別二部

述意部第一

夫眞諦玄凝法性虛寂而開物導俗非言難建是以不二默訓會於義空之路一音振辯應乎群有之境自我師能仁之出世也鹿野唱其初言金河究其後說契經以誘小學方典以勵大心妙輪區別十二惟部法聚總要八萬其門暨善逝晦跡而應眞結藏始則四含初集經中則五部分戒大寶斯在含識至意爲存拔苦是以金言不可遺謬也

結集部第二此別四部

此中廣明結集具有四時第一依智度金剛仙二論如來在此鐵圍山外共文殊師利及十方佛結集大乘法藏第二依菩薩處胎經及四分律等如來初入涅槃始經七日大迦葉共五百羅漢令到十方世界召得八億八千衆共爲結集三藏第三依智度論如來入涅槃後至夏安居初十五日大迦葉共千羅漢在王舍城結集三藏第四依四分律如來入涅槃後

一百年内爲跋闍子擅行十事大迦
葉共七百羅漢在毗舍離城結集三
藏此下四重依經次第列出庶將來
哲不積餘卜也
大乘結集部第一
依大智度論金剛仙論云文殊師利
結集中明如來在此世界之外不至
他方世界十方諸佛並皆雲集說法
亦名詁經文殊後結集召諸菩薩及
大羅漢無量無邊各言某經我從佛
聞須菩提言金剛般若我從佛聞諸
經當部各有弟子同時聞者並云我
親從佛聞故知不局阿難然阿難則
徧聞諸經餘之弟子則偏局當部
又依涅槃經大聖說法既有三乘傳
法人還有三名一名阿難陁此云歡
喜謂持小乘法藏二名阿難陁跋陁
此云歡喜賢謂持中乘法藏三名阿
難陁娑伽羅此云歡喜海謂持大乘
法藏三名雖異據體唯一故維摩經
云舍利弗問天女曰汝於三乘當何
志求天曰若以小乘法化我作聲聞
若以中乘法化我作緣覺若以大乘
法化我作菩薩故知阿難通持大小
乘人此三人中前二人者有親聞傳
聞故下結集中阿難昇座依智度論
說偈云
佛初說法時　　尒時不聞見
如是展轉聞　　佛游波羅柰
爲五比丘說　　四諦之法輪
五百結集部第二（以此重知不傳實阿難云 親聞第三阿難得言當聞）
依菩薩處胎經云尒時佛取滅度已
經七日七夜時大迦葉告五百阿羅
漢打揵椎集衆卿五百人盡詣十方
諸佛世界諸有得阿羅漢六通者盡
集此閻浮提詣雙樹閒釋迦牟尼佛
今已捨壽起七寶塔今集欲得演出
眞性法身汝等速集聽採微妙之言
尒時五百羅漢受大迦葉教如人屈
申臂頃即到十方恒河沙刹土集諸
羅漢得八億八千衆來集忍界聽受
法言又僧祇律云時大迦葉語諸比丘
結集法藏勿令法滅諸人人欲往餘處結
集迦葉言應住王舍城有五百人臥
具衆皆言尒令阿那律守佛舍利勿
使諸天將去過去迦葉佛滅度時弟
子但知懊惱不覺天持舍利去盡法
人不得供養時阿難不去迦葉與千
人至剎帝山施世尊舍利目連坐次
迦葉四月結集斷於外緣少二人不
滿五百那律復來猶少一人迦葉遣
目連共行弟子梨婆提長老羅漢汝
往三十三天呼提那羅漢提那羅漢
聞佛涅槃不忍見佛行處已入滅度
後遣至尸利沙翅宮喚憍梵波提羅
漢乃至毗沙門天宮命須蜜多羅漢
並已涅槃
又菩薩處胎經云尒時迦葉見衆集
已語優波離卿爲維那唱阿難下即
受敎唱下罰阿難不請佛住壽等已
阿難心意荒亂内自念言佛滅度未
久恥我乃尒即自思惟四諦法已便
於衆前成阿羅漢諸塵垢滅朗然大
悟聖衆稱善諸天歌歎尒時大地六
返震動時大迦葉即使阿難昇七寶
高座迦葉告言佛所說法一言一字
汝勿使有缺漏菩薩藏者集著一處
聲聞藏者集著一處戒律藏者亦集

著一處尒時阿難最初出經胎化藏爲第一中陰藏第二摩訶衍方等藏第三戒律藏第四十住菩薩藏第五雜藏第六金剛藏第七佛藏第八是爲釋迦文佛經法具足矣

尒時阿難發聲唱言我聞如是一時說佛所居處迦葉及一切聖衆憤淚悲泣不能自勝咄嗟老死如幻如化昨日見佛今日已稱言我聞又四分律云尒時世尊在拘尸城末羅國娑羅林間般涅槃諸末羅子洗佛舍利已具辦闍維時大迦葉燒舍利已以此因緣集比丘言我等今可共論法毗尼勿令外道以致餘言譏嫌沙門瞿曇法律若湮其世尊在時皆共學戒而今滅後無學戒者諸長老今可料差比丘多聞智慧是阿羅漢者時即差得四百九十九人皆是阿羅漢多聞智慧者時諸比丘言應差阿難在數中大迦葉言勿以阿難在數中何以故阿難有愛怖癡是故不應令在數中時諸比丘復言阿難是供養佛人常隨佛行親從世尊受所說法必處處疑問世尊是故今者應令在數即便令在數諸比丘皆作是念我當於何處集論法毗尼多饒飲食臥具無乏耶即皆言唯王舍城房舍飲食臥具衆多我等今宜可共往集彼論法毗尼時大迦葉即作白令集王舍城時阿難在道行靜處心自念言譬如新生犢子猶故飲乳與五百大牛共行我今亦如是學人有作者而與五百阿羅漢共行時諸長老皆往毗舍離阿難在毗舍離住時諸道俗皆來問訊阿難多人衆集時有跋闍子比丘有大神力已得天眼知他心智今觀阿難爲是有欲無欲人耶即便觀察是有欲非是無欲今當令其生猒離心即說偈言

靜住空樹下　心思於涅槃
坐禪莫放逸　多說何所作

時阿難聞說已即便獨處精進不放逸寂然無欲時在露地夜多經行過明相欲出時身疲極方欲從臥頭未至枕頃於其中間心得無漏解脫此是阿難未有法時阿難得阿羅漢已即說偈言

多聞種種說　常供養世尊
已斷於生死　瞿曇今欲臥

時大迦葉集比丘僧即作白集論法毗尼時阿難即從座起偏露右肩右膝著地合掌白大迦葉我親從佛聞憶持佛語始從初篇乃至一切揵度諸部毗尼增一都集爲毗尼藏彼即集一切長經爲長阿含一切中經爲中阿含從一事至十事從十事至十一事爲增一阿含集於雜事爲雜阿含如生經本經乃至偈經等如是集爲雜藏有難無難繫相應作處集爲阿毗曇藏時即集爲三藏在王舍城五百阿羅漢共集法毗尼是故言集法毗尼有五百人

千人結集部第三

依智度論云是時佛入涅槃已大迦葉如是思惟我云何使是三阿僧祇難得佛法令得久住應當結集三藏可得久住未來世人可得受行作是語竟住須彌頂撾銅揵椎說此偈言

佛諸弟子　若念於佛

當報佛恩　莫入涅槃
是揵椎音作大迦葉語聲徧至大
千世界皆悉聞知諸有弟子得神力
者皆來集會大迦葉所選得千人
除其阿難盡皆羅漢内外經書諸外
道家十八種大經盡亦讀知皆能論
議降伏異學大迦葉言若我昔常乞
食者常有外道强來難問廢闕法事
今王舍城常設飯食供給千人不得
取多告語闍王給我等食日日送來
不得他行是中夏安居三月初十五
日說戒時集大迦葉入定已天眼觀
今衆中誰有煩惱未盡應逐出者唯
有一人阿難煩惱未盡餘九百九十
九人諸漏已盡清淨無垢大迦葉從
禪定起衆中手牽阿難出言今清淨
衆中結集經藏汝結未盡不應住此
是時阿難慚愧悲泣而自念言我二
十五年隨侍世尊供給左右未曾得
聞如是苦惱佛實大德慈悲含忍念
已白大迦葉言我能有力久可得道
但諸佛法阿羅漢者不得供給左右
使令以是留殘結使不盡斷耳大迦
葉言汝更有罪佛意不欲聽女人出
家汝殷勤勸請佛聽爲道以是佛之
正法五百歲而衰微汝應作突吉羅
懺阿難言我憐愍瞿曇彌又三世諸
佛法皆有四部衆我釋迦文佛云何
獨無
大迦葉復言佛欲涅槃時近俱夷那
竭城背痛四襞欝多羅僧敷臥語汝
言我須水汝不供給是突吉羅罪阿
難荅言是時五百乘車截流而度令
水渾濁以是故不取大迦葉復言正
使水濁佛有大神力能令大海濁水
清淨汝何以不與是汝之罪汝去作
突吉羅懺悔
大迦葉復言佛問汝若有人四神足
好修可住壽一劫若減一劫多陁阿
伽度四神足好修欲住壽一劫若減
一劫汝默然不荅問汝至三汝故默
然汝若荅佛應住一劫若減一劫由
汝故令佛世尊早入涅槃汝作突吉
羅罪懺悔阿難言魔蔽我心是故
無言我非惡心而不荅佛
大迦葉復言汝與佛襞僧伽梨衣以
足蹋上是汝之罪汝應作突吉羅懺
悔
阿難言尒時有大風起無人助我捉
衣時風吹來墮我脚下非不恭敬故
蹋佛衣
大迦葉復言佛陰藏相般涅槃後以
示女人是何可恥汝應作突吉羅懺
悔
阿難言尒時我思惟若諸女人見佛
陰藏相者便自羞恥女人形欲得男
子身修行佛於種種德根以是故我
示女人不爲無恥而故破戒
大迦葉言汝有此六種突吉羅罪盡
應僧中悔過難言諸隨長老大迦葉
及僧所教是時阿難長跪合掌偏袒
右肩脫革屣作六種突吉羅懺悔大
迦葉於僧中手牽阿難出語阿難言
斷汝漏盡然後來入殘結未盡汝勿
來也如是語竟便自閉門尒時諸阿
羅漢議言誰能結集毗尼法藏者長
老阿泥盧豆言舍利弗是第二佛有
好弟子字憍梵波提（秦言牛呞）柔輭和雅
常處閑居住心寂寞能知毗尼法藏

今在天上尸利沙樹園中住遣使請
來大迦葉語下座比丘汝大應僧使
下座比丘歡喜踊躍受僧勑命白大
迦葉言我到彼所陳說何事大迦葉
言汝到彼已語憍梵波提大迦葉等
漏盡阿羅漢皆會閻浮提僧有大法
事汝可疾來是下座比丘頭面禮僧
足右繞三匝如金翅鳥飛騰虛空往
到憍梵波提所頭面作禮語憍梵波
提前迦葉教是時憍梵波提心覺生
疑語是比丘言僧將無鬬諍喚我耶
無有破僧者不佛日滅度耶是比丘
言佛已滅度憍梵波提言佛滅度大
疾世間眼滅逐佛轉法輪將我和上
舍利弗今在何所荅曰先入涅槃憍
梵波提言大師法將各自別離當可
柰何摩訶目伽連子今在何所是比
丘言此亦滅度憍梵波提言佛法欲
散衆生可憐大人過去如是次第問
諸羅漢憍梵波提言我失離欲大師
皆已滅度我不復能下閻浮提住此
般涅槃說是言已作十八變自心出
火燒身身中出水四道流下至大迦
葉所水中有聲說此偈言

憍梵鉢提頭面禮　妙衆第一大德僧
聞佛滅度我隨去　如大象去象子隨

尒時下座比丘持衣鉢還僧是時阿
難中閒思惟諸法求盡殘漏其夜坐
禪經行殷勤求道是阿難智慧多定
力少是故不即得道定智等者乃可
速得後夜欲過疲極偃息却臥就枕
頭未至枕廓然得悟如電光出闇者
見道入金剛定破一切煩惱山得六通
已即夜到僧堂門敲門而喚大迦葉
問言敲門者誰荅言我是阿難大迦
葉言汝何以來阿難言我今夜得盡
諸漏大迦葉言不與汝開門汝從門
鑰孔中來阿難荅言可尒即以神力
從門鑰孔中入禮拜僧足懺悔大迦
葉莫復見責大迦葉手摩阿難頭言
我故為汝使汝得道汝無嫌恨我亦如
是以汝自證譬如手畫虛空無所染
著阿羅漢心亦復如是一切法中得
無所著復汝本座是時僧復議言憍
梵波提已取滅度更有誰能結集經
藏長老阿泥盧豆言是長老阿難於
佛弟子常侍近佛聞經能持佛法常
讚譽是阿難能結集經藏是時長老
大迦葉摩阿難頭言佛囑累汝令持
法藏汝應報佛恩佛在何處最初說
法佛諸弟子能守護法藏者皆已滅
度唯汝一人在汝念應隨佛心憐愍
衆生故集佛法藏是時阿難禮僧已
坐師子牀時大迦葉說此偈言

佛聖師子王　阿難是佛子
師子座處坐　觀衆無有佛
如是大德衆　無佛說威神
如夜無月時　虛空不明淨
諸大智人說　汝佛子當演
何處佛初說　今汝當布施

是時長老阿難一心合掌向佛涅槃
處方如是言

佛初說法時　尒時我不見
如是展轉聞　佛在波羅柰
佛為五比丘　初開甘露門
說四眞諦法　苦集滅道諦
阿若憍陳如　最初得見道
及八萬諸天　聞是得見道

是千阿羅漢聞是語已上昇虛空高

七多羅樹皆言咄哉無常力大如是我等眼見佛說法今乃言我聞便說偈言

我見佛身相　猶如紫金山
妙相衆德滅　唯有名獨存
是故當方便　求出於三界
勤集諸善法　涅槃最安樂

尒時長老阿泥盧豆說此偈言

咄世間無常　如水月芭蕉
功德滿三界　無常風所壞

尒時大迦葉復說偈言

無常力甚大　愚智貧富貴
得道及未得　一切無能免
非巧言妙寶　非欺誑力諍
如火燒萬物　無常死法尒

七百結集部第四

四分律云尒時世尊般涅槃後百歲毗舍離跋闍子比丘行十事言是法清淨佛所聽應兩指抄食得聚落閒得寺內後聽可得常法得和得與鹽共宿得飲闍樓羅酒得畜不截坐具得受金銀彼於布薩日檀越布施金銀而共分之如是揀擇一一撿挍乃至十事非法非毗尼非佛所敎巳皆下舍羅在毗舍離七百阿羅漢集論法毗尼故名七百集法毗尼

依道宣律師感應記云律師問天人曰世尊涅槃後結集法藏儀式云何天人荅曰惟大聖隱顯隨機生滅三藏遺迹結集是因衆集多少律論不等如律中五百七百皆尊大迦葉最爲衆首如大論中高選千人皆同無學至結集巳召外衆集重叙所結有不同者分爲二部依尊迦葉名上座部餘外衆多名大衆部依文殊問經初分二部即其事也通約大小三藏皆阿難出其住處同集王舍城然據文殊集衆略結大乘即在大鐵圍山外二界中間今明儀式初佛滅度經停一月供養舍利方始闍維（依律傳之七日爲行）（迦葉至也）即日焚了置塔亦竟一切大衆往詣舍衛祇桓精舍尊大迦葉使小目連（同名者六人皆大神通也）於僧戒壇鳴鍾集衆時百億四天下凡聖僧等一切皆集便白四羯磨罰賓頭盧及阿難巳阿難昇高座披佛布僧伽梨先誦遺敎經如佛在世約勑之相時大菩薩阿羅漢一切比丘天龍八部聞皆悲泣不能自勝

尒時大迦葉即從座起著布僧伽梨手執尼師壇至高座前敷座具禮阿難巳右繞三匝而立時大梵天王持七寶蓋覆阿難上時天帝釋進七寶案置阿難前羅睺阿脩羅王各執七寶香鑪在阿難前阿難受巳置寶案上他化天王進七寶几在寶案後時魔王波旬持七寶拂授與阿難仍與帝釋俠侍兩邊四天王各侍高座四脚三十二使者在迦葉後各各肅恭胡跪敬聽時大迦葉禮阿難巳又繞三匝至前問訊如佛無異然後問緣如別所說一一依經始從如是乃至末後歡喜奉行

尒時迦葉重問曰我過去諸佛修多羅中一一分部說汝常至佛邊當有教勑阿難荅曰我受世尊敎末世衆生煩惱垢重不能解我敎法不得部類出之汝當分別說也或十章五章隨意而安置令鈍根者易解我法

又問如來在世時教勑優波離及我大迦葉入堂東寶樓觀古佛毗尼及不同相我欲結集為依古佛說為依今世尊教耶答曰我從世尊聞以語大迦葉若結集毗尼當分五部詢往古諸佛所說毗尼一相無二今衆生薄福故說多部我滅度後無智愚人分我教網以為五部十八部乃至五百部雜味薄淡仍是我正法

尒時佛告四天王汝施我碼瑙又告帝釋汝施我金銀又告魔王梵王汝施我天工師又告脩吉龍王羅睺阿脩羅等汝施我明月寶珠及摩尼珠等用為塔燈明天龍王等各依命獻世尊受已以其神力於一念頃諸塔皆成地為六種震動塔放大光從於香山直至戒壇化為金銀臺臺至有頂中有百億佛說諸勝妙法歎持戒功德毀破戒者

佛告阿難如前寶塔今在香山世尊涅槃時付囑帝釋及以四天王世尊涅槃竟將往戒壇南華林外安置九十日待迦葉結集竟最初於某本寫出三藏教次令阿闍世王又寫出五本用我黃金印及以白銀印印迦葉初本及闍王寫者須用七寶印印迦葉某本次以七寶印印魔王寫者梵王寫三本可用白銀印帝釋寫七本可用黃金印娑竭龍王寫八萬經本者俱三色印總以印定之令流布閻浮提及三天下皆用印之既印經已還內金瓶中住戒壇南者為迦葉結集三藏諸教文義皆令圓備欲令阿難隨問出經令無遺忘由此二事令鎮戒壇南迦葉入定後四王帝釋將塔及金瓶往至香山頂經一百年帝釋四王將諸天樂日日來供養法為彼山中五通神仙其數八萬次第於此閻浮洲作粟散王不信正法者為令生信故鎮香山復為育王初不信我法迴彼邪見令生正見興八萬塔

又佛告目連汝往須彌山頂鳴鍾召集十方我本分身諸佛及大千界聲聞菩薩衆等佛放光明大地震動諸佛雲集世尊從座起與分身佛俱共合掌禮塔觀門觀門自開彼黃金塔中有八萬真珠白銀樓觀感佛脩多羅及大毗尼藏諸臺觀上有大摩尼珠以為燈明有六比丘入滅定白銀觀內多有七寶蓮華師子之座其數八百萬一一蓮華座皆有諸佛聲聞形像及八部神衞復有五十比丘入滅盡定佛告普賢汝持我黃金螺至比丘所吹我興世曲并告我涅槃普賢依教吹已此比丘即從滅定起問普賢言今何佛出答釋迦牟尼佛令將涅槃彼比丘即共普賢來至佛所禮敬起居却住一面立塔內有六比丘先白佛言拘留佛涅槃時令我住此塔待至釋迦乃至樓至彼佛勑我言後佛興世入涅槃時結集三藏時當開我觀取我經律一本我此大千界百億諸國土盡有六十四體各取一本將付彼佛令滅度後結集三藏竟時當依我經本書寫莊嚴又隨諸國所用不同得傳文字者皆可用之唯除皮骨土書不得傳寫自外樹葉紙素金寶石鐵等並得用之彼佛令我入定守護經像令付世尊涅槃後迦

葉結集竟流傳諸國也
又佛告娑竭龍王及四天王等汝施我眞珠摩尼金銀等欲造塔觀盛前佛及經像尒時天龍等隨念奉施如來受已即以神力於一食頃皆成珠臺及金銀塔觀各得八百萬盛前經像又告分身佛汝等各施我一塔及一白銀觀鎭我大千界所有遺法不令毀壞諸佛聞已各隨喜施又得百億萬佛並放口光悉皆隨喜又告諸菩薩能持守護我之臺塔傳譯經典當依臺塔經像流布此之臺塔並在香山頂世尊涅槃時勑我及羅雲住持未來惡世開導衆生令離衆苦將至帝釋宮安置歡喜園乃至魔王於塔供養至五百年過五百年已後教流行諸國迄至法滅塔亦上至兜率陀天彌勒既見塔來知我法滅放大光明徧照地獄後遇婁至佛皆得解脫過是年已塔還從兜率天下住娑竭龍宮世尊所造塔及白銀觀付文殊師利普賢觀音將此觀塔周徧大千界一國留一觀及一金塔如震旦也

尒時文殊將塔觀往清涼山金剛窟安置至今流行令前菩薩從臺出經像示彼持者令易流通乃至我之法滅令娑竭大龍收入大海宮內又問一切修多羅藏既結集已當安何國付囑何王今欲結集爲當廣結略結請次第說之荅曰我聞世尊說付囑大迦葉當今廣集又付文殊往大鐵圍山諸菩薩等住處九地有八萬人當今略集付囑阿闍世令寫五本及令帝釋并大梵天王助阿闍世寫我遺教迦葉結集本安置脩羅窟中又問世尊在時我從佛聞若結集竟將我三藏教付囑娑竭龍王今聞汝說與昔聞異荅曰我聞世尊說結集三藏在脩羅窟中經二十年中待文殊結竟方付娑竭龍王又問祇桓精舍有諸古佛及以三藏陰陽書及供養具當付何人荅曰此事因緣並在祇桓圖經說之各有付處不煩此述
又問我從佛聞滅度之後一切毗尼流布閻浮及三天下衆生樂欲所見不同餘百億天下並令流布我欲結

集今對人天汝當荅我荅曰我受佛敎我滅度後汝語大迦葉及文殊師利流我毗尼此閻浮洲三十二國是諸衆生並有大根堪可流行迦葉遺教東弗婆提洲二百六十國西瞿耶尼洲一百三十國並行迦葉遺教自餘天下衆生薄福不堪聞教莫行此法如來滅後四十年中遺行二部此四天下
又問云何二部教荅曰四分十誦律四十年後一百一十年迦葉遺律方行前國如震旦諸國謂之君子國根性輕利得行三部教合四百三國土同此一字文並行前三律教又問云何三部教荅曰行前二部教及以大僧祇如求流離國及餘二天下唯行一部教所謂薩婆多部是也
祇桓寺殿內簷下有四銀臺兩臺內有黃金修多羅白玉爲疊又有兩臺內有毗尼藏黃金爲疊白銀爲字毗尼律藏是龍王書修多羅經藏是魔王書此二藏經並是過去星宿劫前古佛經也於閻浮洲中此之兩部書經

最爲第一至佛涅槃後娑竭龍王收將入宮供養
又迦葉佛時震旦國之一人書大毗尼藏及修多羅藏脩多羅經銀紙金書毗尼律金紙銀書當佘書時在荆州大明寺寫經在蓮華東南臺內律在蓮上西面臺莊嚴供養不可説盡諸百億四天下中文字與此同者斯有鍾張王衞之儔未足爲比如來在日諸國聖人來者多以此經律示之佛去之後文殊師利收此經律安在清涼山金剛窟中
又有臺內有過去佛說毗尼書有三萬八千種百億四天下同此方書者最爲第一
南方天王第三子張璵撰述祇桓圖經一百卷北方天王第十六子造五精舍記有五百卷各在當天
頌曰
遙欣大覺　曠矣神功　四禪無像
三達皆空　千佛異迹　一智心同
表靈降世　敷演開矇　賢劫始四
餘佛潛通　續前有七　繼嗣虔恭
永言鷲室　栖誠梵宮　八相成道
萬德虛融　天人受福　惡止善興
含生藉甚　同感恩隆

感應緣（略引十二驗）

周書記佛生時
周書記佛滅時
史録記佛是大聖
前漢孝武帝已開佛教
前漢哀帝時已行齋戒
秦始皇時亦有佛法至
後漢郊志記佛爲大聖
後漢明帝時三寶具行
西晉海浮維衞迦葉二石像
齊文宣帝時得佛牙至
隋天台釋智顗感見三迦寶階
唐潞州釋曇榮感見七佛現

夫至人應感與世推移慈化無方豈局形教致使聞同解異説一悟殊登位地而上征封迷途而下降全身碎身之相聚塔散塔之儀神光燭而邪計摧靈迹挺而深信服自法水東流道光西照英賢榮感感應寔多故育王表塔創啓隆周釋父景形鬱興炎漢自斯歷代積善彌繁量非五天獨揚神化故經曰正法後被先於北方次及東南至中方滅也今且列漢明已來至今大國隨所見聞三寶靈迹件述三五餘之不盡者備在別傳

案周書異記云周昭王即位二十四年甲寅歲四月八日江河泉池忽然汎漲井水溢出山川振動有五色光入貫太微徧於西方盡作青紅色太史蘇由曰有大聖人生於西方一千年外聲教及此昭王即勑鐫石記之埋於南郊天祠前此即佛生之時也相國呂侯乘騂騮八駿而行求佛因以攘之

周穆王五十三年壬申歲二月十五日平旦暴風忽起損舍折木地動天陰西方白虹十二道太史扈多曰西方聖人滅矣此即佛入涅槃之相也

又案春秋魯莊公七年夏四月恒星不現夜明如日即佛生時之瑞應也良由佛有眞應二身權實兩智三明八解五眼六通神曰不可思議法號心行處滅其道也運衆聖於泥洹其

力也接下凡於苦海巍巍蕩蕩可略言焉故列子云昔吳太宰嚭問孔丘曰夫子聖人歟孔子對曰丘博識強記非聖人也又問三皇聖人歟對曰三皇善用智勇聖非丘所知又問五帝聖人歟對曰五帝善用仁信聖亦非丘所知又問三王聖人歟對曰三王善用時事聖亦非丘所知太宰大駭曰然則孰爲聖人乎夫子動容有閒曰西方之人有聖者焉不治而不亂不言而自信不化而自行蕩蕩乎民無能名焉若將三皇五帝必是大聖孔丘豈容隱而不說便有匿聖之侶以此校量推佛爲大聖也又老子西昇經云吾師化游天竺善入泥洹量此而言優劣可知也前漢孝武帝元狩中霍去病討匈奴至睪蘭過居延山獲昆邪休屠王等又獲金人率長丈餘之到於甘泉宮帝以爲大聖燒香禮拜及開西域遣張騫使大夏還云有身毒國一名天竺始聞浮圖之敎此即佛之形敎相顯之漸也

前漢哀帝元壽年使景憲往大月氏國因誦浮圖經還漢當時稍行浮圖齋戒也

前漢成帝時都水使者光祿大夫劉向傳云向博觀史籍往往見有佛經及著列仙傳云吾搜撿藏書太史創撰列仙圖黃帝以下迄至于今定捜實錄一百四十六人其七十四人已見佛經矣據此而明秦周已前早有佛法流行震旦何以明知今案所列也故佛傳云佛滅後一百一十六年東天竺國有鐵輪王統閻浮提收佛靈骨役使鬼神起八萬四千塔具如下述此九州之地並有遺塔云是育王所造此塔即當此周敬王二十六年丁未之歲故塔興焉世經十二王至秦始皇二十四年焚燒典籍育王諸塔由此見隱

又撿釋道安朱士行等經目錄云秦始皇之時有外國沙門釋利防等一十八賢者齎持佛經來化始皇弗從遂囚禁之夜有金剛丈六來破獄出之始皇驚怖稽首謝焉准此而言則知秦漢已前有佛法也尋道安所載十二賢者亦在七十之數今列仙傳見有七十二人案文殊般泥洹經云佛滅度後四百五十年文殊至雪山中爲仙人說法

又案地理志西域傳云雪山者即葱嶺是也其下有三十六國先來奉漢其葱嶺連亘東至終南文殊來化仙人即斯地也詳而驗之劉向所論可證矣

後漢郊祀志曰佛者漢言覺也將以覺悟群生也統其教以修善心爲主不殺生類專務清淨其精進者爲沙門漢言息惡剔鬄毀容去家出俗絕情洗欲而歸於無爲也又以人死精神不滅隨後受形而行善惡後生皆有報應所貴行善修道以鍊其神鍊而不已以至無生而得佛也身長丈六黃金色項佩日月光變化無常無所不入故能通萬物而大濟群生有經書數千卷以虛無爲宗包羅精麁無所不統善爲宏闊勝大之言可求在於一體之內所明在於視聽之表歸於玄微深遠難測故王公大人觀生

死報應之際莫不懍然自失也餘如漢法本內傳記

後漢明帝時雒陽白馬寺有攝摩騰本中天竺人善風儀解大小乘經常游化爲任至漢永平三年中明皇帝夜夢金人飛空而至乃大集群臣以占所夢通人傅毅奉荅臣聞西域有神其名曰佛陛下所夢將必是乎帝以爲然即遣中郎蔡愔博士弟子秦景等使往天竺尋訪佛法愔等於彼遇見摩騰乃邀還漢地騰誓志弘通不憚疲苦冒涉流沙至乎雒邑明帝甚加賞接於城西門外別立精舍以處之漢地有沙門之始也

又漢明帝遠召摩騰法師來至雒陽於城西雍門外立白馬寺是漢地伽藍之始也相傳云外國國王嘗毀破諸寺唯招提寺未及毀壞夜有一白馬繞塔悲鳴即以報王王即停壞諸寺因改招提以爲白馬故諸寺立名多取則焉

又漢雒陽白馬寺有竺法蘭是中天竺人自言誦經論數萬章爲天竺學者之師時蔡愔既至彼國蘭與摩騰共契游化遂相隨而來會彼學徒留礙蘭乃間行而至既達雒陽與騰同止少時便善漢言愔於西域獲經即爲翻譯所謂十地斷結佛本行四十二章經等五部移都寇亂四部失本不傳江左唯四十二章經今見在可二千餘言漢地見存諸經之始也蘭後卒於雒陽春秋六十餘矣

又漢明帝時天竺國竺法蘭師將畫釋迦倚像是優田王栴檀像師第四作也既至雒陽明帝即令畫工圖寫置清涼臺中及顯節陵上舊像今不復存焉漢地之始此像初也（續晉亦明漢明帝時三寶初來之義）

昔漢武帝穿昆明池底得黑灰以問東方朔朔云不經可問西域梵僧後法蘭既至衆人追以問之蘭云世界終盡劫火洞燒此灰是也朔言有徵信者甚衆

昔維衛及迦葉石像以西晉愍帝建興元年像汎海而來入乎吳松江滬瀆口遥見海中有二人浮游水上漁人莫能就視延巫師祝則謂爲海神祭酒則疑是仙靈或振鐸以請或巾禂往祈並濤涌霧曀逆流遠去奉黃老者謂是天師往迎風浪如初吳縣朱應素奉正法廼請東靈寺帛尼并信齋戒者數人共往迎像於是雲銷日朗風霽波息乘流自到轉身示銘始接登舟其輕如羽未載大車其重若山及處像於吳時舊寺通玄精舍事源委曲已詳舊碑至齊永明七年又有瑞石浮海來入吳境質堅貞固光采鮮潤駕潮截瀾汎若松舟時主書朱法讓即先獲石像朱應之曾孫也被使至吳獲石獻臺是時齊武皇帝初建禪靈重構七層將美莊嚴而瑞不遠至協時應機朝士僉議以爲宜於妙覿式彰法身乃命石匠雷卑等造釋迦文像身坐高三尺五寸連光及座通高六尺五寸盡鐫琢之奇極金臒之巧克乎顯相允副幽禎竊惟石性本沈神感則浮越海適吳滿代荐至雖古今異造而總歸七佛獲瑞之人復緣朱氏秘契冥期終始如一故追序前事以表厥證宋世所獲

二石像立高七尺銘其背上一名維衛佛二名迦葉佛莫識年代而字分明在吳郡通玄寺齊威所造瑞石像舊在禪靈寺

齊文宣皇帝時有先師統上家世涼州年至十三發誓西行至宋元徽三年五月遂發京師到五年方到芮國進到于闐臨發之日有一僧於密室之中出銅函有佛牙方一寸長三寸可將還南方廣作利益先師歡喜頂受如覩佛身此僧又云我於烏纏國取此佛牙甚爲艱難又獲銅印一枚國王面像以封此函先師後聞諸僧供議云烏纏國失却佛牙不知何國福德僧當獲供養先師聞已私懷密喜倍加尊敬於是賫還鍾山十有五載雖復親近而弟子莫知唯密呈靈根寺法穎律師頂戴苦勤出示舊聞龜茲一僧莫知眞僞心多疑僞是時司徒竟陵王文宣王妙合勝慧結志隆芸誠感懇徹函發靈應以永明七年二月八日於西第在內堂法會見佛從東來威容顯曜文宣望身頂禮因而侍立自覺已冠裁及趺踝佛俛而微笑既而唼白如凝雪以手承捧變爲玉稻後移鎮東府以六月二十九日又夢往定林見先師稱疾而臥因問生老病死五通未免法師衣鉢之餘寧可營功德不對曰貧道庫中有無價神寶敬以馮憑宜自取之依言往求見有函匱次第開視多是經像末見小函懸在虛空取而開之光色不恒始言是像而復非像既云非像而復是像文宣從夢而覺心知休徵明旦即遣左右楊曇明密夢諮法師庫中必有異寶宜以惠示先師造次之閒謂求俗珍殊不意是牙乃修常荅旨續更尋思中夜方悟以事難傳說乃躬自到府具叙本源貧道唯示穎律師一人更無知者今檀越感通冥應信而有徵便是不可思議其迹已現寧敢久辱威神以廢佛事今奉歸供養後經三日自送東府文宣得牙十許日又夢在空中狀若牛角長三尺餘神光洞發燭其右臂俄覩一鑷像高亦三尺瞬目而語三稱極佳先師又於于闐得舍利十五枚處處分布枳園禪靈起刹之時悉皆得分以一枚送與文宣文宣時東宮即取淨水試其眞僞浮在鉢中俄頃不見道俗數十精心撿覓永不能得內外周迴莫不疲怠文宣方竭誠懺悔俄尒之閒復於向處忽見在地光高尺餘彩相炳曜衆咸共覩莫不讚美先師所餘二枚各一銀函封題府箧後更撿視與函俱失垂三載後開取佛牙忽於本箧還復得之先有二枚而長獲一凡成三枚同在一處但先銀函猶遂失焉故神化不可測度矣文宣素聞西方有佛牙佛駿喜躍特深到建元三年啓高皇帝遣外國沙門曇摩多羅索供養之具以申虔仰又造小形寶帳擬送西域既而定留如有所得俄而先師屆覩果獲靈瑞即此寶帳迴以供養冥理相契非一朝焉文宣後造寶臺以感帳製寶藏以貯函敬事尊重傾歷心力矣 右前諸事出漢法內傳并雜史

高僧傳幷錄

隋國師智顗者天台山國清寺釋智顗

俗姓陳氏潁川人也宿德英賢自古罕儔常樂山居靜處習禪道俗欽敬君目識重顗初往天台先有青州僧定光久居此山積三十載定慧兼習蓋神人也既達彼山與光相見即陳賞要光曰大善知識憶吾早年山上搖手相喚不乎顗驚異焉智通夢之有在也時以陳太建七年秋九月矣又聞鍾聲滿谷衆咸怪異光曰鍾是召集有緣尒時住也顗乃卜居勝地是光所住之北佛壟山南螺溪之源處既閑敞易得尋眞地平泉清裵回止宿俄見三人皂幘絳衣執疏請云可於此行道於是創建草菴樹以松果數年之間造展相從復成衢會光曰且隨宜安堵至國清時三方總一當有貴人為禪師立寺堂宇滿山矣時莫測其言也顗後於寺北華頂峯獨淨頭陁大風拔木雷霆震吼螭魅千群一形百狀吐火聲嗷駭畏難陳乃抑心安忍湛然自失又患身心煩痛如被火燒又見亡沒二親枕顗膝上陳苦求哀顗依止法忍不動如山故使强輭兩緣所感便滅忽致西域神僧告曰制敵勝怨乃可為勇文多不載陳宣帝下詔曰禪師佛法雄傑時匠所宗訓兼道俗國之望也宜割始豐縣調以充衆費蠲兩戶民用供薪水天台山縣名為安樂令陳郡袁子雄崇信正法每夏常講淨名忽見三道寶階從空而降有數十梵僧乘階而下入堂禮拜手擎香鑪遶顗三匝久之乃滅及大衆同見驚歎山謳其行達靈感皆如此不可具述於開皇十七年十一月二十二日忽語衆吾將去矣言已端坐如定而卒於天台山大石像前春秋六十有七至於滅後而多靈驗到仁壽末年已前忽振錫被衣猶如平昔凡經七現重降山寺一還佛壟語弟子曰案行故業各安隱耶舉衆皆見非敬言問良久而隱

唐潞州法住寺釋曇榮俗姓張氏定州人也神厲氣清觀榮勤攝隨緣通化曾無執著每年春夏立方等般舟至於秋冬各興禪誦乃告衆曰舍利之德挺變無方若苦業有銷請祈可遂乃人人前別置水鉢加以香鑪通夜苦求至明鉢內總獲舍利四百餘粒後時所住堂舍忽自崩壞龕像舍利宛然挺出布在庭中一無所損又至貞觀七年清信士常凝保等請榮於州治法住寺行方等懺法至七月十四日有本寺沙門僧定者戒行精固於道場內見大光明五色間起從上而下中有七佛相好非常語僧定云我是毗婆尸如來無所著至眞等正覺以汝罪銷故來為證然非本師不與受記如是六佛皆同此詞最後一佛云我是汝本師釋迦牟尼也為汝罪銷故來授記曇榮是汝滅罪良緣於賢劫中名普寧佛汝身器清淨後當作佛名普明若斯之應現感靈祥信難圖矣以貞觀十三年卒於法住寺春秋八十有五右二人出唐高僧傳

法苑珠林卷第十二

法苑珠林卷第十二

校勘記

一　底本，金藏廣勝寺本。

一　三七一頁中一行經名，徑無(未換卷)。又撰者，磧、普、南作「大唐上都西明寺沙門釋道世字玄惲撰」；徑無(未換卷)；清作「唐西明寺沙門釋道世撰」。

一　三七一頁中二行「千佛篇第五之五」，磧、普、南、清作「千佛之五」，並置於一行卷次下；徑無（未換卷）。

一　三七一頁中三行「第十四」及「此別五部」，徑無。

一　三七一頁中四至五行「述意部……弟子部」，徑無。

一　三七一頁中六行「部第一」，徑無，下至三七三頁上二一行「部」字與序數相連者例同。

一　三七一頁中一〇行「智炬」，磧、普、南、徑、清作「智炬昏冥」。

一　三七一頁中一一行首字「夫」，磧、南、徑、清作「矣」。

一　三七一頁中一五行「千氎」，磧、普、南、徑、清作「千褺」。

一　三七一頁中一八行「其旨」，磧作「其言」。

一　三七一頁中二一行「失眼」，磧、普、南、徑、清作「失其明眼」。

一　三七一頁中末行「地破」，麗作「地獄」。

一　三七一頁下八行第六字「剛」，磧、普、南、徑、清無。

一　三七二頁上九行「故涅槃」，磧、普、南、徑、清作「般涅槃」。

一　三七二頁上一八行「娑婆界」，磧、普、南、徑、清作「娑婆世界」。

一　三七二頁上二二行末字「白」，磧、普、南、徑、清作「曰」。

一　三七二頁中一五行首字「見」，磧、普、南、徑、清無。

一　三七二頁下二行末字「於」，磧、普、南、徑、清作「捉」。

一　三七三頁中六行「捉杖」，磧、普、南、徑、清、麗作「提杖」。

一　三七三頁中八行「今我身」，磧、普、南、徑、清作「令我身」。

一　三七三頁下一行「第十五」及「此別二部」，徑無。

一　三七三頁下一行與二行之間，清有「述意部結集部」一行。

一　三七三頁下二行「部第一」，徑無。

一　三七三頁下四行第四字「建」，磧、普、南、徑、清作「津」。

一　三七三頁下一三行「結集部第二」，徑作「結集」；清作「結集部第三」。又「此別四部」，磧、南、徑無；清作「又分四種」。

一　三七三頁下二〇行第六字「結」，磧、普、南、徑、清無。

一　三七四頁上五行「部第一」，徑無。以下「部」字與序數相連者例同。

一　三七四頁上九行「詰經」，磧、普、南、徑、清作「話經」。

一　三七四頁上一七行末字「陁」，磧、

普、南、徑、清無。

一　三七四頁中三行第三字「下」，磧、普、南、徑作「千」；清作「于」。

一　三七四頁中八行夾註「以此……常聞」，磧、普、南、徑、清無。

一　三七四頁中一一行第三字「曰」，清無。

一　三七四頁中一四行第六字「詣」，磧、普、南、徑、清無。

一　三七四頁下二行末字「法」，磧、普、南、徑、清、麗作「世」。

一　三七五頁上五行「具足」，磧、普、南、徑、清作「具足無失」。

一　三七五頁上七行「聖衆」，磧、普、南、徑、清作「聖衆皆悉」。

一　三七五頁上一五行「若湮」，磧、普、南、徑、清作「若煙」。

一　三七五頁上一六行末字「可」，磧、普、南、徑、清無。

一　三七五頁上二一行第七字「愛」，磧、普、南、徑、清、麗作「愛恚」。

一　三七五頁中二行末字「我」，磧、普、南、徑、清、麗作「我等」。

一　三七五頁中一〇行第四字「阿」，磧、普、南、徑、清無。

一　三七五頁中一九行第五字「說」，磧、普、南、徑、清作「說偈」。

一　三七五頁下五行末字「右」，磧作「左」。

一　三七五頁下八行「諸部」，磧、普、南、徑、清作「調部」。

一　三七六頁上九行首字「今」，磧、普、南、徑、清作「令」。

一　三七六頁上一二行「大迦葉」，麗作「大迦葉等」。

一　三七六頁中三行第八字「徵」，磧、普、南、徑、清作「徵法」。

一　三七六頁中八行「四褺」，磧、普、南、徑作「四疊」；清作「四氎」。

一　三七六頁中九行第一三字「罪」，磧、普、南、徑、清無。

一　三七六頁中一一行第六字「故」，磧、普、南、徑、清作「之故」。

一　三七六頁下三行第一三字「我」，磧、普、南、徑、清、麗作「我我」。

一　三七六頁下一一行「佛於」，磧、普、南、徑、清作「於佛」。

一　三七六頁下一四行第六字「難」，磧、普、南、徑、清、麗作「阿難」。

一　三七六頁下一六行「突吉羅」，磧、普、南、徑、清、麗作「突吉羅罪」。

一　三七七頁上一〇行第二字「前」，磧、普、南、徑、清作「傳前」。

一　三七七頁上一七行「目伽連」，徑作「目揵連」。

一　三七七頁中一八行「無嫌恨」，磧、普、南、徑、清作「莫嫌恨」。

一　三七七頁下六行第八字「念」，磧、普、南、徑、清、麗作「今」。

一　三七七頁下一六行第二字「方」，普、南、徑、清作「作」。

一　三七七頁下二〇行「四真諦」，磧、普、南、徑、清作「真四諦」。

一　三七八頁上一四行「欺誑」，磧、南作「欺謗」。

一　三七八頁上一五行「法介」，至此，

一　經卷第十九終，卷第二〇始，並有「千佛篇第五之八」、「結集部之餘」、「結集之餘」各一行。

一　三七八頁中三行末二字「毗尼」下，磧、普、南、徑、清有夾註「已下文繁不可備載」。

一　三七八頁中二二行「罰賓」，磧、普、南、徑、清作「罽賓」。

一　三七八頁下一三行「肅恭」，磧、普、南、徑、清作「呈恭」。

一　三七八頁下一九行「常至」，磧、普、南、徑、清作「恒至」。

一　三七九頁上一行首字「又」，磧、普、南、徑、清作「天」。

一　三七九頁上一三行第六字「我」，磧、普、南、徑無。

一　三七九頁中末行第九字「自」，磧、普、南、徑、清作「內」。

一　三七九頁下三行第一二字「定」，磧、普、南、徑、清作「盡定」。

一　三七九頁下一七行第六字「盡」，磧、普、南、徑、清、麗作「書」。

一　三八〇頁上二〇行「兆率」，磧、普、南、徑、清作「兜率陀」。

一　三八〇頁上末行末字「也」，磧、普、南、徑、清無。

一　三八〇頁中一〇行至一一行「令寫……阿闍世」，磧、普、南、徑、清無。

一　三八〇頁下一四行「字文」，磧、普、南、徑、清、麗作「文字」。

一　三八〇頁下一五行「及以」，磧、普、南、徑、清作「乃以」。

一　三八〇頁下一九行「爲疊」，南、徑、清作「爲牒」，二〇行同。

一　三八一頁上四行「修多羅經」，磧、南、徑、清作「及修多羅經」；麗作「其修多羅經」。

一　三八一頁上六行「東南」，磧、普、南、徑、清作「東面」。

一　三八一頁上一七行第一三字「造」，磧、普、南、徑、清作「造立」。

一　三八一頁上二二行「開矇」，磧、普、南、徑、清作「開矇」。

一　三八一頁中七行「吏録」，磧、普、南、徑、清作「史記」；麗作「史録」。

一　三八一頁中八行「已開」，磧、普、南、徑、清作「已聞」。

一　三八一頁中一一行「郊志」，徑、清作「郊祀志」。

一　三八一頁中二一行「信服」，磧、普、南、徑、清作「信立」。

一　三八一頁下一〇行第四字「曰」，磧、普、南、徑、清作「奏曰」。

一　三八一頁下二二行「神曰」，磧、普、南、徑、清作「神用」。

一　三八二頁上七行「三王」，磧、普、南、徑、清作「三皇」。下同。

一　三八二頁上八行第五字「事」，磧、南、徑、清無。

一　三八二頁上一〇行首字「閒」，磧、普、南、徑、清、麗作「間」。

一　三八二頁上一九行第四字「之」，麗作「尺」。

一　三八二頁中四行第九字「往」，磧、普、南、徑、清無。

一　三八二頁中五行第二字「著」，磧、普、南、徑、清作「看」。

一　三八二頁中六行末字「搜」，磧、普、南、徑、清作「檢」。

一　三八二頁中九行第九字「明」，磧、普、南、徑、清作「取」。

一　三八二頁中一〇行「佛滅」，磧、普、南、徑、清、麗作「佛滅度」。

一　三八二頁中一六行「二十四」，清作「一十四」。

一　三八二頁中一八行「經目録」，磧、南、徑、清作「經録目」。

一　三八二頁下二行「般泥洹經」，磧、普、南、徑、清作「般若經泥洹經」。

一　三八二頁下一一行「修善心」，磧、普、南、徑、清作「修善清心」。

一　三八二頁下一二行第一三字「爲」，磧、普、南、徑、清作「名爲」。

一　三八二頁下一六行第一四字「鍊」，磧、普、南、徑、清無。

一　三八三頁上二行末字「記」，磧、普、南、徑、清作「説」。

一　三八三頁上一九行「報王」，磧、普、南、徑、清作「告王」。

一　三八三頁中一〇行「竺法蘭師」，磧、普、南、徑、清作「竺法師」。

一　三八三頁中一三行「顯節陵」，磧、普、南、徑、清作「顯節陵王」。

一　三八三頁中二一行第八字「來」，磧、普、南、徑、清無。

一　三八三頁下三行「如初」，磧、普、南、徑、清作「如故」。

一　三八三頁下七行「末載」，磧、普、南、徑、清、麗作「未載」。

一　三八三頁下一三行第七字「石」，磧、普、南、徑、清作「石像」。

一　三八三頁下一四行「將美」，磧、普、南、徑、清作「壯美」。

一　三八三頁下一五行「瑞不遠至」，磧、普、南、徑、清作「瑞像不遠而至」。

一　三八三頁下一六行第二字「矝」，磧、普、南、徑、清作「矜」。又第六字「彰」，磧、普、南、徑、清作「影」。又「雷畢」，磧、普、南、徑、清作「雷卑石」。

一　三八三頁下一九行第八字「顯」，磧、普、南、徑、清作「頭」。又第一〇字「允」，磧、普、南、徑、清作「元」。

一　三八四頁上七行第八字「到」，清、麗作「至」。又「芮國」，磧、普、南、徑、清作「芮芮」。

一　三八四頁上八行「于闐」，磧、普、南、徑、清作「于闐國」。

一　三八四頁上九行「出銅函」，磧、普、南、徑、清、麗作「出銅函一枚手授先師曰此函」。

一　三八四頁上一三行末字「供」，磧、普、南、徑、清、麗作「共」。

一　三八四頁上一五行「密喜」，徑、清作「默喜」。

一　三八四頁上一七行「靈根」，磧、普、南、徑、清作「靈相」。

一　三八四頁上二一行首字「芸」，磧、普、南、徑、清作「雲」。

一　三八四頁中四行「稱疾」，磧、普、

南、徑、清作「稱病」。
一　三八四頁中七行「馮憑」，磧、普、南、徑、清、麗作「憑託」。
一　三八四頁中一四行「珍妹」，磧、普、南、清作「珍珠」；徑作「真珠」。
一　三八四頁中二二行「鑯像」，磧、普、南、徑、清作「蠟像」。
一　三八四頁中末行首字「高」，磧、普、南、徑、清無。
一　三八四頁下六行第一一字「悔」，磧、普、南、徑、清無。
一　三八四頁下七行末字至次行首字「彩相」，磧、普、南、徑、清作「色彩」；麗作「輝彩」。
一　三八四頁下一二行「一凡」，磧、普、南作「一瓮」；徑、清作「一甕」。
一　三八四頁下一四行第七字「佛」，磧、普、南、徑、清無。
一　三八四頁下一七行「定留」，磧、普、南、徑、清作「逗留」。
一　三八四頁下一八行「届覩」，磧、普、南、徑、清、麗作「届都」。

一　三八四頁下末行「智顗者」，磧、普、南、徑、清、麗作「智者」。
一　三八五頁上七行第一一字「智」，磧、普、南、徑、清、麗作「知」。
一　三八五頁上一三行「報蹤」，磧、普、南、徑、清、麗作「執蹤」。
一　三八五頁上末行「依止」，麗作「依上」。
一　三八五頁中一二行「二十二」，普作「二十四」。
一　三八五頁中一三行「如定」，磧、南作「如是」。
一　三八五頁中一八行第一一字「非」，磧、普、南、徑、清作「伸」；麗作「悲」。
一　三八五頁下一七行第五字「名」，磧、普、南、徑、清作「名爲」。
一　三八五頁下一九行夾註右「右二人」，磧、普、南、清作「有二人」。
一　三八五頁下卷末經名，徑無（未換卷）。

法苑珠林卷第十三　西明寺沙門釋道世撰　趙　二十九紙　六己

敬佛篇第六　此有七部

述意部　念佛部　觀佛部
彌陁部　彌勒部　普賢部
觀音部

述意部第一

夫至人應感慈赴物機色相光明振德於甘露之澤影留圖像遣化於日隱之運所以忉利暫隔猶致刻檀之聖容況堅固長晦孰志疇昔之心哉是故發源西國則優塡創其始移教東域則漢明肇其初沿茲而來匠者踵武聿追法身備極珎寶金石珠玉之飾土木繡畫之姿莫不即心致巧因茲呈妙昔晉代僧衆創造煒絕宋齊帝王製作日新多未記銘懼或失源今錄其殊勝垂範表益也

念佛部第二

夫大聖有平等之相弟子有稱揚之德故十方諸佛同出於淤泥之濁三身正覺俱坐於蓮臺之上隨念何相皆得利益所謂始從出家終成正覺

於其中閒道樹降魔鹿野說法相好圓滿光明炳著身色清淨事等鎔金面貌端嚴猶如滿月齒同珂雪髮似光螺目譬青蓮眉方翠柳八音響亮萬相雍容五眼洞明六通遙飆懸河寫辯連注投機圓三點以成身具五分而爲體帶權實以度物隨眞應以化人或扇廣大之慈風灑滂沱之法雨能使身田被潤即吐無上之牙心樹既榮便茲不彫之葉不來相而來不見相而見爲衆生故隨緣應現十方十億並願歷侍三千大千俱得親承長種福田廣興供養吐邪倒之根拔貪嗔之本修念佛之因證見佛之果故法華經偈云

若人散亂心　入於塔廟中
一稱南無佛　皆共成佛道

又譬喻經云昔有國王殺父自立有阿羅漢知此國王不久命終計其餘命不過七日若命終後必墮阿鼻地獄一劫受苦此阿羅漢尋往化之勸教至心稱南無佛七日莫絕臨去重告愼莫忘此王便叉手一心稱說晝

夜不廢至七日頭便即命終䰟神趣向阿鼻地獄乘前念佛至地獄門知是地獄即便大聲稱南無佛獄中罪人聞稱佛聲皆共一時稱南無佛地獄猛火即時化滅一切罪人皆得解脫出生人中後阿羅漢重爲說法得須陁洹以是因緣稱佛名號所獲功德無量無邊不可爲喻

又觀佛三昧經云昔佛在世時佛爲父王及諸大衆說觀佛三昧經佛有三十二相八十種好身眞金色光明無量時座下有五百釋子以罪障故見佛色身猶如灰人羸婆羅門見已號哭自拔頭髮擧身投地鼻中血出佛安慰曰汝勿號哭吾爲汝說過去有佛名毗婆尸入涅槃後於像法中有一長者名曰月德有五百子聰明多智無不貫練其父長者信敬三寶常爲諸子說佛法義諸子邪見都無信心後時諸子同遇重病父到兒前泣淚合掌語諸子言汝等邪見不信佛法今無常刀切割汝身爲何所怙有佛世尊名毗婆尸汝可稱名諸

子聞已敬父言故稱南無佛復教稱法
及稱僧名稱已命終由稱佛故生四天王
天上壽盡以前邪見還墮地獄獄
卒羅剎以熱鐵叉刺壞其眼受是苦
時憶父教稱念佛因緣從地獄出來
生人中貧窮下賤後式棄佛出亦得值
遇但聞佛名不覩佛形後隨葉佛拘
樓秦佛拘那含佛迦葉佛亦皆聞名
不見其形以聞如是六佛名故今得
與我同生釋種我身端嚴如閻浮金
汝見灰色羸婆羅門皆由前世邪見
故尒汝今可稱過去佛名并稱汝父
亦稱我名及彌勒佛稱已作禮及向
大衆大德衆僧五體投地發露懺悔
邪見之罪諸人受教懺悔說已見佛
金色如須彌山見已白佛我今見佛
三十二相八十種好無量光明作是
語已得須陁洹求佛出家得阿羅漢
三明六通具八解脫佛告比丘我滅
度後若稱我名南無諸佛所獲福德
無量無邊
又觀佛三昧經云昔過去久遠有佛
出世號釋迦牟尼滅度之後有一王

子名曰金幢憍慢邪見不信佛法有
一比丘名定自在語王子言世有佛
像衆寶嚴飾然爲可愛可暫入塔
觀佛形像王子即隨共入塔中見像
相好白比丘言佛像端嚴猶尚如此
況佛真身比丘告言汝今見像不能
禮者應當合掌稱南無佛是時王子
即便合掌稱南無佛還宮繫念塔中
像故即於後夜夢見佛像夢已歡喜
捨離邪見歸依三寶由一入塔稱佛
善根命終得值九百萬億那由他佛
於諸佛所逮得甚深念佛三昧得三
昧故諸佛現前爲其授記從是已來經
於百萬阿僧祇劫不墮惡道乃至今
日獲得甚深首楞嚴定昔王子者今
財首菩薩是以是因緣智者應當如
是學念佛也

觀佛部第三

竊聞法王法力道濟無壃大慈大悲
聲高有頂隨根普雨駿雞密雲觸類
等觀朗同明鏡是以金容誕迹遂致
恒星匿彩月愛舒光便使晨曦掩色
八音纔吐則尼揵輟亂七辯暫宣則富

那旗靡故知威神尊重利益弘深隨
喜見聞則難遭難遇勸諸行者常須
觀佛心存妙色似對目前意想光儀
如臨咫尺雖法身無二隨應說三逗
機引誘乃有多種今且錄經後述靈
驗餘之不盡備在廣文
又觀佛三昧經云昔過去久遠無量
世時有佛出世號寶威德上王時有
比丘與九弟子往詣佛塔禮拜佛像有
見一寶像嚴顯可觀禮已諦視說偈
讚歎後時命終悉生東方寶威德上
王佛國大蓮華中結跏趺坐忽然化
生從此已後常得值佛於諸佛所淨
修梵行得念佛三昧海得三昧已佛
爲授記於十方面各得成佛東方善
德佛者則彼師是其九弟子者作九
方佛謂東南方無憂德佛南方栴檀
德佛西南方寶施佛西方無量明佛
西北方華德佛北方相德佛東北方
三乘行佛上方廣衆德佛下方明德
佛如是十佛由因過去禮塔觀像一
偈讚歎今於十方各得成佛
又觀佛三昧經云昔過去久遠有佛

出世號曰空王入涅槃後有四比丘共爲同學習佛正法煩惱覆心不能堅持佛法寶藏多不善業當墮惡道空中有聲語比丘言空王如來雖復涅槃汝之所犯謂無救者汝等今可入塔觀像與佛在世時等無有異聞空聲已入塔觀像眉間毫相即作念言如來在世光明色身與此何異佛大人相願除我罪作是語已如太山崩五體投地懺悔諸罪由入佛塔觀像毫相懺悔因緣後八十億阿僧祇劫不墮惡道生生常見十方諸佛於諸佛所受持甚深念佛三昧得三昧已爲十方佛現前授記今悉成佛東方有國名曰妙喜佛號阿閦即第一比丘是南方有國名曰歡喜佛號寶相即第二比丘是西方有國名曰極樂佛號無量壽即第三比丘是北方有國名蓮華莊嚴佛號微妙聲即第四比丘是以是因緣行者應當如是數觀佛也

又迦葉經云昔過去久遠阿僧祇劫有佛出世號曰光明入涅槃後有一

菩薩名大精進年始十六婆羅門種端正無比有一比丘於白氎上畫佛形像持與精進精進見像心大歡喜作如是言如來形像妙好乃尒況復佛身願我未來亦得成就如是妙身言已思念我若在家此身叵得即啓父母求哀出家父母答言我今年老唯汝一子汝若出家我等當死子白父母若不聽我者我從今日不飮不食不昇牀坐亦不言說作是誓已一日不食乃至六日父母知識八萬四千諸婇女等同時悲泣禮大精進尋聽出家既得出家持像入山取草爲座在畫像前結跏趺坐一心諦觀此畫像不異如來如來像者非覺非知一切諸法亦復如是無相離相體性空寂作是觀已經於日夜成就五通具足無量得無礙辯得普光三昧具大光明以淨天眼見於東方阿僧祇佛以淨天耳聞佛所說悉能聽受滿足七月以智爲食一切諸天散華供養從山而出來至村落爲人說法二萬衆生發菩提心無量阿僧祇人住於聲

聞緣覺功德父母親眷皆住不退無上菩提佛告迦葉昔大精進今我身是由此觀像今得成佛若有人能學如此觀未來必當成無上道

感應緣　略引五十三驗

自法移東漢教漸南吳佛像靈祥亢物區宇而群錄互舉出沒有殊至於瑞迹蓋無異也今依敘列而罕以代分何者或像陳晉代而曆表隋唐或陶化在人而迹從倚伏故不獲銓次依緣而辯集之　此卷一十五緣

東漢雒陽畫釋迦像緣
南吳建業金像從地出緣
西晉吳郡石像浮江緣
西晉泰山七國金像瑞緣
東晉揚都金像出渚緣
東晉襄陽金像游山緣
東晉荊州金像遠降緣
東晉吳興金像出水緣
東晉會稽木像香瑞緣
東晉吳郡金像傳眞緣
東晉東掖門金像出地緣
東晉廬山文殊金像緣

元魏涼州石像山裂裟出現緣
北涼河南王南崖塑像緣
北涼沮渠丈六石像現相緣

案南齊王琰冥祥記云漢明帝夢見神人形垂二丈身黃金色項佩日光以問群臣或對曰西方有神其號曰佛形如陛下所夢得無是乎於是發使天竺寫致經像表之中夏自天子王侯咸敬事之聞人死精神不滅莫不懼然自失初使者蔡愔將西域沙門迦葉摩騰等賷優塡王畫釋迦倚像帝重之如夢所見也乃遣畫工圖之數本於南宮清涼臺及高陽門顯節壽陵上供養又於白馬寺壁畫千乘萬騎繞塔三匝之像如諸傳備載

吳時於建鄴後園平地獲金像一軀討其本緣即是周初育王所造鎭於江府也何以知然自秦漢魏未有佛法南達何得有像埋瘞于地孫皓得之素未有信不甚尊重置於廁處令執屛籌至四月八日皓如戲曰今是八日浴佛時遂尿頭上尋即通腫陰處尤劇痛楚號嗷忍不可禁太史占

曰犯大神聖所致便徧祀神祇並無効應宮內伎女素有信佛者曰佛爲大神陛下前穢之今急可請耶皓信之伏枕歸依懺謝尤懇有頃便愈遂以馬車迎沙門僧會入宮以香湯洗像慙悔殷重廣修功德於建鄴寺隱痛漸愈也

西晉愍帝建興元年吳郡吳縣松江滬瀆口漁者萃焉遙見海中有二人現浮游水上漁人疑爲海神延巫祝備牲牢以迎之風濤彌盛駭懼而返復有奉五斗米道黃老之徒曰斯吾師也復共往接風浪如初有奉佛居士吳縣朱膺聞之歎曰將非大覺之垂降乎迺潔齋共東靈寺帛尼及信佛者數人至瀆口稽首迎之風波遂靜浮江二人隨潮入浦漸近漸明乃知石像將欲捧接人力未展聊試擧之飄然而起便輿還通玄寺看像背銘一名惟衞二名迦葉莫測帝代而書迹分明擧高七尺施設法座欲安二像人雖數十而了不動復重啓請翻然得起以事表聞朝庭士庶歸心

者十室而九沙門釋法開來自西域稱經說東方有二石像及阿育王塔有供養禮覲者除積劫罪

又別傳云天竺沙門一十二人送像至郡像乃水上不沒不行以狀奏聞下勅聽留吳郡（見高僧傳及旌異記等）

西晉泰山金輿谷朗公寺昔中原值亂永嘉失馭有沙門釋僧朗所居之山常有雲陰俗異其禎威聲振遠天下知聞于時無主英雄負圖七國宗廟敬以崇福焉諸國競送金銅像并贈寶物朗恭事盡禮每陳祥瑞今居一堂門牖常開鳥雀不近雜穢不著遠近嗟異其寺至今向三百五十年

東晉成帝咸和年中丹陽尹高悝往還市闕每張侯橋浦有異光現乃使吏尋之獲金像一軀西域古製光趺並闕悝下車載像至長干巷口牛不復行悝止御者任牛所往遂徑赴長干寺因安置之揚都翕然勸悟者甚衆像於中宵忽放金光歲餘臨海縣漁人張係世於海上見銅蓮華趺丹光游泛乃馳舟接取具送上臺帝令

試安像足恰然同合又之有西域五僧振錫詣悝云昔游天竺得阿育王像至鄴遭亂藏于河濱王路既通尋覓失所近感夢云吾出江東為高悝所得在阿育王寺故遠來相投欲一禮拜悝引至寺五僧見像歔欷涕泣像為之放光照于堂內及繞像形僧云本有圓光今在遠處亦尋當至五僧即住供養至咸和元年南海交州合浦採珠人董宗之每見海底有光浮于水上尋之得光以事上聞簡文帝勅施此像孔穴懸同光色無異凡四十餘年東西別處祥感光趺方乃符合此像華臺有西域書諸道俗來者多不識之有三藏法師求那跋摩曰此古梵書也是阿育王第四女所造時凡官寺沙門慧邃欲求摹寫寺主僧尚恐損金色語邃曰若能令佛放光迴身西向者非余所及邃至誠祈請至於中宵聞有異聲開殿見像大放光明轉坐面西於是乃許摸之傳寫數十軀所在流布至梁武帝於光上加七樂天并二菩薩至陳永定

二年王琳屯兵江浦將向金陵武帝命將沵流軍發之時像身動搖不能自安因以奏聞帝撿之有實俄而鋒刃未交琳眾解散單騎奔北遂上流大定故動容表之天嘉之中東南兵起帝於像前乞願凶徒屏退言訖光照階宇不久東陽閩越皆平沙門慧曉長千領袖行化所及事若風移乃律重閣故使藻繢窮奇登臨極目至德之始加造方趺自晉迄陳五代王臣莫不歸敬亢旱之時請像入宮乘以帝輦上加油覆僧為雨調中途滂澍常候不失有陳運否亟涉訛謠禎明二年像面自西雖正還尒以狀聞帝延入太極設齋行道其像先有七寶冠飾以珠玉可重三斗上加錦帽至曉寶冠掛于像手錦帽猶在頭上帝聞之燒香祝曰若國有不祥還脫寶冠用示徵咎仍以冠在首至明脫掛如昨君臣失色及隋滅陳舉國露首面縛西遷如所表焉隋高祖聞之勅送入京大內供養帝躬立侍下勅曰朕年老不堪久立可令有司造坐像形

相使同其立本像送興善寺像既初達殿大不可當陽乃置北面及明乃處正陽眾雖異之還移北面至明還南如初眾咸愧謝輕略今現在圖寫感矣

東晉孝武寧康三年四月八日襄陽檀溪寺沙門釋道安盛德昭彰播聲宇內於郭西精舍鑄造丈八金銅無量壽佛明年季冬嚴飾成就晉鎮軍將軍雍州刺史郗恢之創莅襄部贊擊福門其像夜出西游萬山遺示一跡印文入石鄉邑道俗一時奔赴驚嗟迎接還本供養後以其夕出住寺門眾咸駭異恢乃改名金像寺至梁普通三年四月八日下勅於律興苑鑄金銅華趺高五尺九寸廣九尺八寸莊嚴既訖沵流送之以承像足立碑頌德劉孝儀文蕭子雲書天下稱最碑現在逮周武滅法律德三年甲午之歲太原公王秉為襄州刺史副鎮將上開府長孫哲志不信法聞有靈感先欲毀除邑中士女被發僧尼聞欲除滅哀號盈路哲見道俗歎惜

瞋怒彌盛逼逐侍從速令摧碎先令
一百人以繩繫頸挽牽不動哲謂不
用心杖監事者各一百牽之如初又
加三百不動如故哲怒逾壯又加五
百牽引方倒聲振地動人皆悚慄哲
獨喜踊即令融毀揚聲唱快便馳馬
欲報刺史纔可百步忽然落馬失瘖
直視四支不舉至夜便卒道俗唱快
于甚哲當毀像時於脈下倒垂衣內
銘云晉太元十九年歲次甲午月朔
日比丘道安於襄陽郭西造丈八金
像一軀此像更三周甲子百八十年
當滅後計年月興廢悉符同焉信
知安師聖人誠無虛記今本所住名
啓法寺所覆之石人鑿取現存焉
又隋末分崩方隅守固襄陽留守竇
盧褒據一部屬王世充有啓法寺
憲法師者為士俗所重數諫竇君令
投唐國竇不從憲與士俗內外通使
京輔遂發兵至襄陽竇固守三度兵
至屠城不陷後知憲情遂密殺之憲
臨終語弟子蘇富妻曰我與汝父見
毀安師金像自尒已來遣迹不嗣我

死後可依造之及武德四年官軍圍
急竇降方恨不取憲語枉殺何酷斯
即於國有功無人申者城平富妻便
從俗服憲有衣資什物並富妻收拾
乃有心擬像不知何摸揲一冶便成
無有缺少當鑄像時天陰雲布雨華
如李偏一寺內富妻性巧財用自富又
於家內造金銅彌勒像高丈餘後夢
憲令其更造佛像乃於梵雲寺造大
像高五十九尺事如別顯昔隋初秦
孝王俊曾鎮襄部聞安師古像形製
甚異乃遣人圖之於長安延興寺造
之初鑄之夕亦感天樂雨華大有靈
瑞像今現在延興寺也
東晉穆帝永和六年歲次丁未依勘
長曆乃三年也二月八日夜有像現
于荊州城北長七尺五寸合光趺高
一丈一尺皆莫測其所從也初永和
五年廣州商客下載欲竟恨船輕中
夜覺有人來奔船驚共尋視了無所
見而船載自重不可更加雖駭其異而
不測也列邁利涉常先諸舶不久遂
達渚宮纔泊水次夜復覺人自船登

岸船載還輕及像現也方知其此時
大司馬桓溫鎮牧西陝躬事頂拜傾
動邦邑諸寺僧衆咸競迎引鏗然不
動有長沙太守江陵滕晈一出滕含以永和
二年捨宅為寺額表郡名承道安法
師襄川綜領請一監護安謂弟子曇
翼曰荊楚士庶始欲信法成其美者
非尒誰歟尒其行矣翼負錫南征締
搆一載僧宇雖就而像設弗施每歎
曰育王寺像隨緣流布但至誠不極
何憂不垂降乎及聞荊城像至欣感
交懷曰斯像余之本誓也必歸我長
沙固可心期難以力致衆咸僉曰必
如所言驗之非遠翼燒香拜請令弟
子三人捧颯然輕舉遂安本寺道俗
慶悅至晉簡文咸安二年始鑄華趺
晉孝武帝太元中殷仲堪為刺史於
中夜出寺西門邏者謂人問而不答
以刀擊之鎗然視乃像也刀擊密處
文現於外有罽賓僧伽難陀禪師者
多識博觀從蜀來荊入寺禮像歎咽
久之翼問其故答曰近天竺失之如
何遠降此土便勘年月悉符同焉看

像光背梵文曰阿育王造也時聞此銘更倍欽重曇翼興念致應之驗也及病將亟像光忽逝翼曰佛示此相病必不振光往他方復爲佛事旬日而終後僧擬光更鑄今者宋孝武時像大放光江東佛法一期甚盛宋明帝太始末像輙垂淚明帝尋崩嗣主狂勃便有宋齊革運荊州刺史沈悠之初不信法沙汰僧尼長沙一寺千有餘僧應還俗者將數百人舉衆惶駭長幼悲泣像爲汗流五日不止有聞於沈呂寺大德玄暢法師訪問所以暢曰聖不云遠無憂不徹去來今佛佛佛想念得無今佛念諸佛乎欲諫檀越不信之心故有斯應問出何經答出無量壽悠之取經尋之殊悅即停沙汰齊永元二年鎮軍蕭穎胄與梁高共荊州刺史南康王寶融起義時像行出殿外將欲下階兩僧見而驚喚乃迴入殿三年穎胄暴亡寶融亦廢而慶歸高祖梁天監末寺主道岳與一白衣淨塔邊草次開塔戶乃見像繞龕行道岳審禮拜不

令澆言及大開堂像亦在座梁鄱陽王爲荊州屢請入城律大功德及感病迎之倍搁不起少日而薨高祖昔在荊陝宿著懇誠屢遣上迎終無以致中大通四年三月遣白馬寺僧璡主書何思遠賫香華供養具申丹欵夜即放光似隨使往明旦承接還復留礙重謁請祈方申從往四衆應慕送至江津至二十三日屆于金陵去都十八里帝躬出迎竟路放光相續無絕道俗欣慶歎未曾有在殿三日竭誠供養（一云停中興寺）設無遮大齋二十七日從大通門出入同泰寺其夜像大放光明勑於同泰寺大殿東北起殿三間兩廈施七寶帳坐以安瑞像又造金銅菩薩二軀築山穿池奇樹怪石飛橋欄檻夾殿兩階又施銅鑊一雙各容三十斛三面重閣宛轉玲瓏中大同二年三月帝幸同泰設會開講歷諸殿禮黃昏始到瑞像殿帝纔登階像大放光照竹樹山水並作金色遂半夜不休及同泰被焚堂房並盡唯佛所居殿存焉太清二年像大流

汗其年十一月侯景亂階大寶三年賊平長沙寺僧法敬等迎像還江陵復止本寺梁後大定七年像又流汗明年二月中宋宣帝崩天保三年長沙寺延火所及合寺洞然煙焰四合欲救瑞像無方可移由來舉必百人介日六人便起天保十五年明帝延像入內禮懺冥感二十三年帝崩嗣主蕭琮移像於仁壽宮又大流汗廣運二年而梁國云滅至開皇七年長沙寺僧法儁等復迎還寺開皇十五年黔州刺史田宗顯至寺禮拜像即放光公發心造正北大殿一十三間東西夾殿九間被運材木在荊上流五千餘里斫村運之至江散放其木流至荊州自然泊岸雖風波鼓扇終不遠去遂引工營之柱徑三尺下礎闊八尺斯亦終古無以加也大殿以沈香帖徧中安十三寶帳並以金寶莊嚴乃至榱桁藻井無非寶華間列其東西二殿瑞像所居並用檀帖中有寶帳華炬並用眞金所成窮極宏麗天下第一大業十二年瑞像數汗

法苑珠林卷第十三　第二十二張　趙　右

其年朱粲賊破掠諸州來至荊邑營
于寺內大殿高臨城北賊上殿上射
城中留守恵之夜以火箭燒之城中
道俗悲悼瑞像滅失其夜不覺像踰
城而入至寶光寺門外立且見像存
合城欣悅賊散看像故處一不被燒
灰炭不及今續立殿不如前者僞梁
蕭銑鳳鳴五年僞宋王楊道生等至
寺禮拜像大流汗身首兩流竟日不
息其年九月大唐兵馬從蜀江下其
月二十日寺僧法通以唐運將統希
求一瑞繞像行道其夜放光明滿堂
至二十五日光彩漸滅其日趙郡王
兵馬入城斯亦慶幸大同故流光爲
其善瑞也至於亢陽之月宰牧致誠
無不畢應至貞觀六年六月大旱都
督應國公武䕶迎像肅齋行道七日
官僚上下立於像前一心觀佛良久
雲氣四布甘雨滂流其年大熟都督
乃捨黃金更度瑞像輦輿幡華莊嚴
衆具備矣今現在江陵長沙寺又有
外國銅像高七尺許古異不甚重之
道安法師在石城長安所送今弟子

法苑珠林卷第十三　第二十三張　趙

於縣中得一舍利有光出之
東晉周玘字宣佩義興陽羨人晉平
西將軍處之第三子也位至吳興大
守家世奉佛其女尤甚精到家僮捕
魚忽見金光溢川暎流而上當即下
網得一金像高三尺許形相嚴明浮
水而住牽排不動馳往白玘玘告女
乃以人船送女往迎遙見喜心禮而
手挽即得上船在家供養女夕夢佛
左膝痛覺看像膝果有穿處便截金
釵以補之玘後以女適吳郡張澄將
像自隨言歸張氏後病卒乃見女在
城墻上姿飾逾於平日內外咸覩俄
而紫雲下迎遂上昇空極目乃沒澄
曾孫事擾戎旅平討孫恩之亂又廢
齋戒不覺失像而光尚在舉家懺悔
祈求備至有一老嫗齎詣貴之索價
極少識是前像方欲雇直失嫗所在
此像遂亡光在張家云
東晉會稽山陰靈寶寺木像者徵士
譙國戴逵所製逵以中古製像略皆
朴拙至於開敬不足動心素有潔信
又甚巧思方欲改斲威容庶參眞極

法苑珠林卷第十三　第二十四張　趙　守五

注慮累年乃得成遂東夏製像之妙
未之有如上之像也致使道俗瞻仰
忽若親遇高平郗嘉賓撮香呪曰
若使有常將復覩聖顏如其無常願
會彌勒之前所拈之香於手自然芳
煙直上極目雲際餘芬裵回馨盈一
寺于時道俗莫不感厲像今在越州
嘉祥寺
東晉太元二年沙門支慧護於吳郡
紹靈寺建釋迦丈六金像於寺南
傍高鑿穴以啓鎔鑄既成將移夜中
雲內清明有華六出白色鮮發四面
翻灑未及於地飜而上歸及曉白雲
若煙出所鑄穴雲中白龍現長數十
丈光彩煙煥徐引繞穴每至前瞻仰
遲徊似歸敬者斯風霽景清細雨而
加香氣像既入坐龍乃昇天元嘉初
徵士譙國戴顒嫌制古朴治像手面
威相若眞自肩以上短舊六寸足趺
之下削除一寸云
東晉義熙元年司徒王謐入宮住東
掖門有寺人於門東見五色光出地
驚而穿之得古形銅盤盤下獲金像

高四尺光趺並具斯又同孫皓之育
王像也因奉入宮宋祖素不甚信及
獲此像加敬欣悟躬禮事焉此像本
在瓦官後移龍光云
東晉廬山文殊師利菩薩像者昔有
晉名臣陶侃字士行建旗南海有漁
人每夕見海濱光因以白侃遣尋俄
見金像陵波而趣船側撿其銘勒乃
阿育王所造文殊師利菩薩像也昔
傳云育王既統此洲學鬼王制獄怨
酷尤甚文殊現處鑊中火熾水清生
青蓮華王心感悟即日毀獄造八萬
四千塔建立形像其數亦尒此其一
也初侃未能深信因果既嘉此瑞遂
大尊重乃送武昌寒溪寺後遷荊州
故遣迎上像初在轝數人可舉令加
以壯夫數十確不移處後更足以事
力輀車牽曳僅得上船船復即沒使
具聞侃聽還本寺兩三人便起沙
門慧遠敬伏威儀迎入廬岫而了無
艱阻斯即聖靈感降惟其人乎故諺
曰陶惟劍雄像以神標雲翔泥宿邈
何遙遙是也隋末賊發衆僧四散有

一老僧失名來辭瑞像像曰尒年老
但住何得相捨遂依言住于時董道
沖賊寇擾江州其徒入山見財物執
僧索金僧曰無可得乃以火炙僧曰
徒受炙死穢晃伽藍何如寺外賊將
出欲殺僧曰行年七十不負佛教待
正念已申頸時可下刀賊然之已見
申頸受刀即便下斫刀反刺心刃出
於背群賊奔怕東走至遠師墓于時
天氣清朗忽有雲如蓋屯黑下布雷
電四繞遂震霹靂賊死六人江州士女
及以衣物多依山藏匿由是賊徒不
敢入山江州郭下焚蕩略盡今在山
東林寺重閣上武德中石門谷風吹
閣北傾將欲射正施功無地僧乃祈
請山神賜吹令正不久復有大風從
北而吹閣還得正如舊
元魏涼州山開出像者至太武大延
元年有離石沙門劉薩何師備在僧
傳歷游江表禮鄮縣塔至金陵開育
王舍利能事將訖西至涼州西一百
七十里番禾郡界東北望御谷山遙
禮人莫測其然也何曰此山崖當有

像出靈相具者則世樂時平如其有
缺則世亂人苦經八十七載至正光
元年因大風雨雷震山巖挺出石像
高一丈八尺形相端嚴唯無有首登
即選石命工安訖還落魏道淩遲其
言驗矣至周元年涼州城東七里澗
忽石出光照燭幽顯觀者異之乃像
首也奉安像身宛然符合神儀彫缺
四十餘年身首異處二百許里相好
昔虧一時還備時有燈光流照鍾聲
飛響皆莫委其來也周保定元年立
為瑞像寺建德將廢首又自落武帝
令齊王往驗乃安首像項以兵守之
及明還落如故遂有廢法國滅之徵
接焉備于周釋道安碑周雖毀教不
及此像開皇通法依前置寺大業五
年煬帝西征躬往禮觀改為感通道
場今像存焉依圖擬者非一及成長
短終不得定云
涼州石崖塑瑞像者昔沮渠蒙遜以
晉安帝隆安元年據有涼土三十餘
載隴西五涼斯最久盛專崇福業以
國城寺塔終非久固古來帝宮終逢

熳爐若依立之劾尤斯及又用金寶終被毁盗乃顧盼山宇可以終天於州南百里連崖綿亘東西不測就而斵窟安設尊儀或石或塑千變萬化有禮敬者驚眩心目有土聖僧可如人等常自經行初無寧舍遥見便行近矚便止視其顏面如行之狀或有羅土全地觀其行跡人纔遠之即便蹈地足跡納納來往不住如此現相經今百餘年彼人説之如此

北涼河西王蒙遜爲母造丈六石像在于山寺素所敬重以宋元嘉六年遣世子興國攻抱罕大敗興國遂死於佛佛氏遜恚恨以事佛無靈下令毁塔寺席逐道人遜後行至陽述山諸僧候於路側望見發怒立斬數人介時將士入寺禮拜此像涙涙横流驚還説之遜聞往視至寺門舉體顫悸如有犯持之者因喚左右扶翼而進見像淚下若泉即稽首禮謝深自尤責登設大會倍更精到招集諸僧還復本業焉觀遜之爲信信不深明攻殺以取豈佛之爲非禁也性以革改爲先任意肆惡知何所而不至初重法識譯大涅槃願同生死後因少念乃使刺客害之今行役失利又咎佛僧殄寺誅僧一何酷濫晚雖弃復不補其僭云今沙州東南三十里三危山（即流四凶之地）崖高二里佛像二百八十龕光相亟發

法苑珠林卷第十三

甲辰歲高麗國大藏都監奉
勅彫造

法苑珠林卷第十三

校勘記

一　底本，麗藏本。

一　三九一頁上一行經名，磧、普作「法苑珠林傳卷第十三」。又撰者，磧作「大唐上都西明寺沙門道世撰」；普作「大唐上都西明寺沙門釋道世撰」；南作「唐上都西明寺沙門道世撰」；徑無（未换卷）；清作「唐西明寺沙門道世撰」。

一　三九一頁上二行「第六」，徑作「第六之一」。又「此有七部」，徑無。

一　三九一頁上三行至五行「述意部……觀音部」，徑無。

一　三九一頁上六行「第一」，徑無。一八行、次頁中一八行部目下序數「第二」、「第三」例同。

一　三九一頁上七行首字「夫」，徑無。

一　三九一頁上一〇行第一一字「昔」，磧、普、南、徑、清作「寫」。

一　三九一頁上一四行第八字「姿」，

磧、普、徑作「賫」。

一　三九一頁上一五行第一二字「煒」，磧、普、南、徑、清作「緯」。

一　三九一頁中一七行「皆共」，磧、普、南、徑、清作「皆己」。

一　三九一頁下一行「至七日頭」，磧、普、南、徑、清作「至于七日」。

一　三九一頁下一三行「灰人」，磧、普、南、徑、清作「灰色」。

一　三九一頁下一七行「五百子」，磧、普、南、徑、清作「五百弟子」。

一　三九二頁上三行首字「天」，磧、普、南、徑、清作「天天」。

一　三九二頁上六行「式棄佛」，磧、普、徑作「式佛」。

一　三九二頁上一五行「諸人」，磧、普、南、徑、清作「請人」。

一　三九二頁中三行「然爲」，磧、普、南、徑、清作「極爲」。

一　三九二頁中一七行「佛也」，至此，徑卷第二十終，卷第二十一始，並有「敬佛篇第六之二」一行。

一　三九二頁下六行第二字「餘」，磧、普、南、徑、清無。

一　三九二頁下九行末字「有」，磧、普、南、徑、清無。

一　三九二頁下一三行「常得」，磧、普、南、徑、清作「恒得」。

一　三九二頁下二一行「由因」，磧、普、南、徑、清作「因由」。

一　三九二頁下末行第八字「昔」，磧、普、南、徑、清無。

一　三九三頁上七行首字「空」，磧、普、南、徑、清作「空中」。

一　三九三頁中一行「菩薩」，磧、普、南、徑、清作「國王子」。

一　三九三頁中八行第一二字「白」，磧、普、南、徑、清作「曰」。

一　三九三頁下五行夾註「略引五十三驗」，磧、普、南作「此略引五十三驗上卷十五緣下卷三十八緣」；徑作「此略引五十二驗驗至下二十二卷盡」；清作「此略引五十二驗驗至下十四卷盡」。

一　三九三頁下九行「陳晉代」，磧、普、南、徑、清作「陳晉宋」。

一　三九三頁下一〇行第六字「迹」，磧、普、南、徑、清作「示」。

一　三九三頁下一一行「辯集之」，磧、普、南、徑、清作「翔集之」。又夾註「此卷一十五緣」，磧、普、南、徑、清無。

一　三九三頁下一二行第五字「盡」，磧、南、徑、清作「畫」。

一　三九四頁上一行與二行之間，徑有「元魏定州金觀音像高王經緣」一行。

一　三九四頁上二行「河南王」，徑、清作「河西王」。

一　三九四頁上三行後，磧、普、南、徑有「宋都城……出聲緣」三十八緣緣目，此緣目見次卷卷初。

一　三九四頁上一一行末字「倚」，磧、普、南、徑、清作「佛」。

一　三九四頁中六行「建鄴寺」，磧、普、南、徑、清作「建安寺」。

一三九四頁中一二行「貴老之往」，磧、普、南、徑、清作「黃老之徒」。又末字「吾」，磧、普、南、徑、清作「天」。

一三九四頁下三行「刧罪」，磧、普、南、徑、清作「罪云」。

一三九四頁下一一行首字「廟」，磧、普、南、徑、清無。

一三九四頁下一七行首字「吏」，磧、普、南、徑、清無。又「光趺」，磧、普、南、徑、清作「足趺」。

一三九四頁下二一行「忽放」，磧、普、南、徑、清作「必放」。

一三九四頁下二二行「張孫世」，磧、普、南、徑、清作「張係世」。

一三九五頁上一行「同合」，磧、普、南、徑、清作「符合」。

一三九五頁上一九行第九字「余」，磧、普、南、徑、清作「途」。

一三九五頁中一二行第八字「僧」，磧、普、南、徑、清作「像」。

一三九五頁中一三行第九字「兀」，磧、普、南、徑、清作「不祥」。

一三九五頁中一六行「三斗」，磧、普、南、徑、清作「三斤」。

一三九五頁中二一行第一一字「祖」，磧、普、南、徑、清無。

一三九五頁中二二行第七字「帝」，磧、普、南、徑、清作「常」。

一三九五頁下一行「同其」，磧、普、南、徑、清作「其同」。

一三九五頁下五行首字「盛」，磧、普、南、徑、清作「殷」。

一三九五頁下七行「播聲」，磧、普、南、徑、清作「擅聲」。

一三九五頁下一二行「奔赴」，磧、普、南、徑、清作「奔走」。

一三九五頁下一九行第五字「逺」，磧、普、南、徑、清作「建興」。

一三九六頁上四行第一〇字「逾」，磧、南、徑、清作「愈」。

一三九六頁上一一行首字「日」，磧、普、南、徑、清作「日次」。又「郭西」，磧、普、南、徑、清作「西都郭」。

一三九六頁上一二行「甲子」，磧、普、南、徑、清作「甲午」。

一三九六頁上一三行「符同」，磧、普、南、徑、清作「符合」。

一三九六頁上一五行「現存」，磧、普、南、徑、清作「今現存」。

一三九六頁中六行第一二字「布」，磧、普、南、徑、清作「有」。

一三九六頁中一〇行第一二字「隋」，磧、普、南、清作「隨」。

一三九六頁中一一行第三字「俊」，磧、普、南、徑、清作「後」。又「襄部」，磧、普、南、徑、清作「襄都」。

一三九六頁中二二行「常先」，磧、普、南、徑、清作「恒先」。

一三九六頁下三行「咸競迎引」，磧、普、南、徑、清作「咸竟奉迎」。

一三九六頁下六行「襄川」，磧、普、南、徑、清作「襄州」。

一三九六頁下八行第三字「誰」，磧、普、南、徑、清作「護」。

一三九六頁下一九行第五字「鎗」，

磧、普、南、徑、清作「鏗」。
一　三九七頁上三行「忽逝」，磧、普、南、徑、清作「忽近」。
一　三九七頁上五行第九字「今」，磧、普、南、徑、清作「金」。
一　三九七頁上一二行「沈呂」，磧、普、南、徑、清作「沈沈召」。
一　三九七頁上一五行「欲諫」，磧、普、南、徑、清作「欲請」。
一　三九七頁中四行「荆陜」，磧、普、南、徑、清作「荆渚」。
一　三九七頁中五行末字「璡」，磧、普、南、徑、清作「摧」。
一　三九七頁中六行首字「主」，磧、普、南、徑、清作「王」。本頁下九行首字同。
一　三九七頁中二二行首字「遂」，磧、普、南、徑、清作「逮」。
一　三九七頁下七行末字「延」，磧、普、南、徑、清作「迎」。
一　三九七頁下一○行「云滅」，磧、普、南、徑、清作「亡滅」。
一　三九七頁下一七行第六字「工」，磧、普、南、徑、清作「上」。
一　三九八頁中三行末字「大」，磧、普、南、徑、清作「太」。
一　三九八頁中四行「精到」，磧、普、南、徑、清作「精進」。
一　三九八頁中一七行第三字「備」，磧、普、徑作「像」。又第八字「嫗」，磧、普、南、徑、清作「姥」，一八行第一二字同。
一　三九八頁中二一行「譙國」，磧作「護國」。
一　三九八頁下三行「郄嘉賓」，磧、普、南、徑、清作「郗嘉賓」。
一　三九八頁下五行第七字「拈」，磧、普、南、徑、清作「捨」。又第一二字「自」，磧、普作「日」。
一　三九八頁下一四行第四字「所」，徑作「於」。
一　三九八頁下一六行第二字「佪」，磧、普、南作「細」。
一　三九九頁上一○行末字至次行首字「怨酷」，磧、普、南、徑、清作「酷毒」。
一　三九九頁中五行第六字「屍」，磧、普、南、徑、清作「皃」。
一　三九九頁中一一行第七字「靈」，磧、普、南、徑、清無。又第一四字「士」，磧、普、南、徑、清作「子」。
一　三九九頁中一九行第一○字「何」，磧、普、南、徑、清作「訶」。末行第八字同。
一　三九九頁中二二行「番禾」，徑、清作「番和」。
一　三九九頁中末行第二字「人」，磧、普、南、徑、清作「而入」。
一　三九九頁下二行第一○字「七」，磧、普、南、徑、清無。
一　三九九頁下六行「涼州」，磧、普、南、徑、清作「治涼州」。
一　三九九頁下一九行第五字「定」下，徑有大段文字，即載於次卷四○八頁中一五行至該頁下一○行「元魏……等記」這段文字。又末

字「云」，磧、普、南、徑、清無。

一　四〇〇頁上一三行第七字「抱」，磧、普、南、徑、清作「於」。

一　四〇〇頁上一四行第三字「佛」，磧、普、南、徑、清無。

一　四〇〇頁中四行「佛僧」，磧、普、南、徑、清作「佛像」。

一　四〇〇頁中五行第五字「云」，磧、普、南、徑、清無。

一　四〇〇頁中卷末經名，徑無（未換卷）。

法苑珠林卷第十四　西明寺沙門釋道世撰　趙

敬佛篇第六之二

觀佛部感應緣之餘

宋元嘉二年劉式之造文殊金像朝夕禮拜須之便失惆悵祈請夙夜匪懈經于五年昏夕時見佛座有光發座至棟式之因燒香拂拭牀帳乃見

失像儼然具存
宋元嘉十二年留元之東陽長山人家以種苧爲業每燒田𣸁輙有一處藜草不然經久怪之不復墾伐後試薄掘得銅坐像高三寸許尋撿其地舊非邦邑莫測何來云
宋元嘉十四年孫彦曾家世奉佛妾王慧稱少而信向年大彌篤誦法華經輙見浦中有雜色光使人掘深二尺得金像連光趺高二尺一寸趺銘云建武六年歳在庚子官寺道人法新僧行所造卽加磨鎣云
宋元嘉十五年羅順爲平西府將戍在上明十二月放鷹野澤同輩見鷹雉俱落于時火燒野平惟有三丈許藜草不然遂披而見焉乃得金菩薩坐像通趺高一尺工製殊巧時定襄令謂盗者所藏乃符界內無失像者遂收而供之
宋衛軍臨川康王在荆州城內築堂三間供養經像堂壁上多畫菩薩圖相及衡陽文王代鎭發爲眠齋悉加泥治乾輙脱畫狀鮮淨再塗猶尒

王不信向亦謂偶尒又使濃塗而畫像徹現炳然可列王復令毀故壁悲更繕改不久抱疾閉眼輙見諸像森然滿目於是廢而不居頗事齋講
宋元嘉中江陵支江張僧定妹幼而奉法志欲出家常供養小形金像以爲前路之資也而父母逼嫁誓志不行而密許郿氏女初不知也及羔鴈旣至女悲呼不就燒香伏地取死此像遂放金光彌竟一村父兄驚其通感止不嫁之張郿二門因大敬僧僧定爲之出家宋丞相南郡王鎭陝乃以其居建精舍焉
宋泰始中東海何敬叔少而奉法隨湘州刺史劉韞監縣遇有栴檀𣪠以爲像旣就無光營索甚勤而平無可獲憑几思之如睡見沙門納衣杖錫來曰檀非可得麁木不堪惟縣後何家桐楯堪用雖惜之苦求可得寤問左右果如言因故求買之何氏曰有楯甚愛患人乞奪曾未示人明府何以得知直求市耶敬叔以事告之何氏敬嘉奉以製光後爲湘府直省中夜

夢像云鼠齧吾足清旦疾歸視像果然云
齊建元中番禺毗耶離精舍舊有扶南國石像莫知其始形甚異常七八十人乃能勝致此寺草茨遇火延及屋在下風煙焰已接尼衆十餘相顧無計中有意不已者試共三四人捧之飄然而起曾無鈞石之重像旣移矣屋亦焚焉每有神光州郡兵寇輙滚汗滿體嶺南以爲常候後廣州刺史劉悛表送出都今應在故蔣州寺中
宋徐州刺史王仲德於彭城宋王寺造丈八金像相好嚴華江右之妙製也北境兵起或貽僧像輙流汗商其多少則難之小大逆可知矣郡人常以候之齊建元初像復流汗其冬魏寇淮上時兖州數郡起義南附鳩略甚衆亦驅迫沙門助其顚守魏軍屠其營壘悉欲夷滅表奏魏臺誣以助亂須及斬決時像大汗殿地流溼魏徐州刺史梁王奉法勤勤至寺親使人以巾帛拭隨拭隨出不已至數十人

交手競拭猶不能止王乃燒香禮拜執巾呪曰衆僧無罪誓自營護必不羅禍若幽誠有感當隨拭即止言已自拭果應手而燥王具事表聞下詔皆見原宥云

齊建元初太原王琰者年在幼稚於交阯賢法師所受五戒以觀音金像令供養遂奉還揚都寄南澗寺琰晝寢夢像立于座隅意甚異之即馳迎還其夕南澗失像十餘盜毀鑄錢至宋大明七年秋夕放光照三尺許金輝晪奪合家同覩後以此像寄多寶寺琰適荊楚垂將十載不知像處及還揚都夢在殿東衆小像内的的分明詰旦造寺如夢便獲於建元元年七月十三日也故琰冥祥記自序云此像自供養庶必永作津梁脩復其事有感深懷沿此徵覯綴成斯記夫鏡接近情莫踰儀像瑞驗之發多自是興經云鎔斵圖繢類形相者爰能行動及放光明今西域釋迦彌勒二像輝用若眞蓋得相乎今東夏景摸神應極著亦或當年群生因會所感假憑木石以見幽異不必尅由容好而能然也故沉石浮深寔闡閩吳之化塵金瀉液用舒彭宋之禍其餘銓示繁方雖難曲辯率其大抵元歸自從若夫經塔顯効旨證亦同事非殊貫故繼其末

梁祖武帝以天監元年正月八日夢檀像入國因發詔募往迎案佛遊天竺記及雙卷優塡王經云佛上忉利天一夏爲母説法王臣思見優塡國王遣三十二匠及賫栴檀請大目連神力運往令圖佛相既如所願圖了還返坐高五尺在祇桓寺至今供養帝欲迎請此像時決勝將軍郝騫謝文華等八十人應募往達具狀祈請舍衛王曰此中天正像不可適邊乃令三十二匠更尅紫檀人圖一相卯時運手至午便就相好具足而像頂放光降微細雨并有異香故優塡王經云眞身既隱次二像現普爲衆生深作利益者是也騫等負第二像行數萬里備歷艱關難以具聞又度大海冐涉風波隨浪至山糧食又盡所將人衆及傳送者身多亡歿逢諸猛獸一心念佛乃聞像後有甲冑聲又聞鍾聲巖側有僧端坐樹下騫登負像下置其前僧起禮像騫等禮僧僧授澡罐令飲並得飽滿僧曰此像名三藐三佛陁金毗羅王自從至彼大作佛事語頃失之尒夜僉夢見神曉共圖之至天監十年四月五日騫等達于揚都帝與百僚徒行四十里迎還太極殿建齋度人大赦斷殺絓是弓刀矟等並作蓮華塔頭帝由此菜蔬斷慾至太清三年五月崩湘東王在江陵即位號元承聖遣人從揚都迎上至荊都承光殿供養後梁大定八年於城北靜陵造大明寺乃以像歸之今現在多有傳寫流被京國云

梁祖天鑒初於本宅立光宅寺造丈八金像圖様既成不爽分寸臨鑄疑銅不足始欲上請忽有使者領銅十五車至云奉勑送寺便即鎔寫一冶即成冠絶通國唯覺高大試以量之乃長二丈二尺以狀奏聞鑄像已成不改元様所續送銅用亦俱盡更重

審量乃增四尺勑云銅初不送何緣乃介豈不以眞相應感獨表神奇乎可鐫著華趺以爲靈誌乃具跡而剋于足下於今存焉梁祖爲父於鍾山造大愛敬寺殿大像神相有之故不重顯廣如別記有梁佛像多現神奇剡縣大石像元在宋初有王所造初有曇光禪師從北來巡行山川爲幽栖之所見此山崇麗乃於峯頂搆小草室聞天樂空聲曰此是佛地如何輙有蹤圄耶光聞南移天台後遂繕造爲佛像積經年稔終不能成至梁建安王患降夢能開剡縣石像病可得愈遂請僧祐律師既至山所規摸形製嫌其先造太爲淺陋恩緒未絕夜忽山崩壓二百餘人其內佛現自頸已下猶在石中乃刻鑿浮石至本仍止既都除訖乃具相焉斯則眞儀素在石中假工除剋故得出現梁太子舍人劉勰製碑於像前耳

梁祖登極之後崇重佛教廢絕老宗每引高僧談敘幽旨又造等身金銀像兩區於重雲殿晨夕禮事五十許

年冬夏躡石六時無缺足蹈石處十指文現遂卒窮祚侯景篡位猶存供養太尉王僧辯誅景修復臺城會元帝陷於江陵江南無主辯乃通欵於齊迎貞陽侯蕭淵明爲帝時江左未定利害相雄辯遣女壻杜龕曲衛宮闕龕性凶頑不見後際欲毀二像爲鋌先令數十人上三休閣令鐫佛項椎鑿始舉二像一時迴顧眄之所遣諸人臂如墮落不自勝舉失瘖如醉杜龕亦介久乃醒寤仍被打築徧身青腫唯見金剛力士可畏之物競來擊之受苦呻吟舉形烘爛膿血交流穿皮露骨而卒此乃近事道俗同知

元魏天平中定州募士孫敬德防於北陲造觀音金像年滿將還常加禮事後爲劫賊橫引禁於京獄不勝拷掠遂妄承罪並斷死刑明旦行決其夜禮拜懺悔淚下如雨啓曰今身被枉當是過去枉他願償債畢誓不重作又發大願云云言已少時依佛如夢見一沙門教誦觀世音救生經經有佛名令誦千徧得度苦難敬德欻

覺起坐緣之了無參錯比至平明已滿百徧有司執縛向市且行且誦臨欲加刑誦滿千徧執刀下斫刀折三段不損皮肉易刀又斫凡經三換刀折如初監當官人莫不驚異具狀聞奏承相高歡表請其事遂得免死勑寫此經傳之今所謂高王觀世音經是也敬德放還設齋報願出在防像乃見項上有三刀痕鄉郭同覩歎其通感見齊書及旌異等記

陳武帝崩兄子蒨立將欲修葬造轀輬車國創新定未遑經始昔梁武帝立重雲殿其中經像並飾珍寶暎奪諸國運雖在陳殿像仍在蒨欲取重雲佛帳珠珮以飾送終人力既足四面齊至但見雲氣擁結流繞佛殿自餘方左開朗無陰百姓怪焉競往看覩須臾大雨横澍雷電振擊煙張鴟吻火列雲中流布光焰高下相涉欻及寶座一時上騰煙火挾之忽然遠逝觀者傾國咸歸奉信雨晴之後覆看故處唯礎存焉至後月餘有人從

東洲來云於此日見殿影像乘空飛海今望海者有時見之又魏氏洛京永寧寺塔去地千尺為天所震其像略同有人東海時見其迹云

北齊末晉州靈石寺沙門僧護守道直心不求慧業願造丈八石像衆僧咸怪其言大後於寺北谷中見有臥石可長丈八乃雇匠就而造佛向經一周面粗了而背猶著地以六具拗舉之不動經夜自翻旦視欣然即就營作移在佛堂晉州陷日像汗流地周兵入境先燒寺塔此像被焚初不變色唯傷二指後欲倒之人牛六十牽挽不遂忽有異僧咸無識者以凡木土墼雜壘圍之須臾便了失僧所在像後降夢信心者曰吾患指痛其人悟而補之隋氏啓運如前開復開皇十五年有盜幡蓋者即夢丈八人入室責之其賊慙怖而送像今現在

周武建德三年猜忌佛法勇意殄滅天下闇冥有宜州姜明者督事夜行經州北百餘里山中行往往常見上山光明怪之因巡行光處見有臥石狀如像形便斵掘尋之乃是鐵礦不可麩鑿故其形礦礎高三丈許欲加磨鎣卒不可觸又向下尋乃有石趺孔穴具足乃共村人以拗舉之其像欻然流下還趣趺孔卓然峙立衆以為奇瑞以奏聞徹時天元嗣歷佛日將融乃改為大像元年仍以其處為大像寺隋祖開運重斯故迹又改為顯除寺討尋其本處非人住又無大石及以鐵礦豈非育王神力之所降感乎大唐因之不改貞觀末寺西置宮名曰玉華像仍舊所在宮東三十里苑內太宗嘗往禮事嫌非華飾捨物莊嚴永徽年中改宮立寺還名玉華今屬坊州陰暗之夕每發光瑞道俗常見故不甚驚怪云

周襄州峴山華嚴寺行像者古來木像莫知其始而面首姝麗瞻仰無已可高五丈許徵應在昔不復具陳及周滅法人藏其首隨開皇乃出如前莊嚴以為坐像號曰盧舍那佛每年祈福以為歸依之所也隨丈將崩兩鼻淚出沾汙懷中金薄剝起淚流有光拭之無變望還如淚貞觀二十三年四月內淚還連出塗漫懷內方圓一尺初未委也及後太宗升霞方知兆見至六月內淚又重出合州同懼不知何禍至七月內漢水汎漲溢入城郭深丈餘沿溺不少今在本寺祈求殷矣（襄陽士俗有少子息者皆往祈之隨其本心男女咸應）

隋開皇中蔣州興皇寺佛殿被焚當陽丈六金銅大像并二菩薩俱長丈六其摸戴顒所造正當棟下于時焰火大盛衆人拱手咸共嗟悼大像融滅忽見欻起移南一步棟梁摧下像得全形四面輙木炭皆去像身五六尺許雖被火焚而金色不變趺下有銘大衆咸駭歎聲滿路今移在白馬寺烏雀無踐至唐永徽二年盜者欲利像銅乃鋸窻櫺子斷將欲拔出遂被夾腕求拔不得脫至曉僧問盜者云有一人著白衣在堂內撮手求脫不得云

隋京師日嚴寺石影像者其形八楞紫石英色高八寸徑五寸內外暎徹

昔梁武太清年中有西域僧將來會
侯景作亂遂安江州廬山西林寺像
頂上隨開皇十年煬帝鎮於揚越廣
搜英異江表文記悉搃收集乃於雜
記中得影像傳即令舍人王延壽往
寺推覓得之自佳晉蕃已來每有行
往常以烏漆函緘之令人馬捧而前
行後登儲貳乃送曲池日嚴寺有令
當寺看已封鏁勿令外人見之寺即
帝之所造也大業之末天下沸騰京邑
僧衆常來瞻覩有住此寺亦未之信
重以見石中金光晃晃疑似像佛耳
仍見名行諸僧互說不同咸言了了
分明面目相狀未曾有昧每慨無所
見又潔齋別懺七日後依前觀之見
有銀塔後又觀之見有銀佛而道俗
同觀往往不同或見佛塔菩薩或見
僧衆列坐或見帳蓋幡幢或見山林
八部或見三途苦相或見七代存亡
一覩觀之間或定或變雖善惡交現
而善相繁焉故來祈者咸前發願往
作何形來生何處依言爲現信爲幽
途之業鏡者也至貞觀六年七月內

下勑入內供養
隨邢州沙河縣寺四面佛者隨祖時
有人入山見僧守護此佛銅身高三
尺餘便請遂許失僧所在諸處聞之
競來引挽都不得起唯沙河寺僧引
之隨手至寺後人寺側獲金一塊上
二鳥形銘云擬度四面佛因度之像
身上都是鳥形後忽失之於寺側瀅
中數有光現尋乃漉出隨後王聞遣
工冶鑄擬之卒不成經二百餘日乃
成終有缺少遂罷
隨時凝觀寺僧法慶開皇三年造夾
紵釋迦立像一區舉高一丈六尺像
功未畢慶身遂卒其日又有寶昌寺
僧大智死經三日而便蘇活遂向寺
僧說云於閻羅王前見僧法慶甚有
憂色少時之間又見像來王前王遽
走下階合掌禮拜此像像謂王曰法
慶造我今仍未畢奈何令死王顧召
一人曰法慶合死未荅曰命未合終
而食料已盡王曰可給荷葉令終其
福業也俄而不見大智蘇活爲寺僧
說之乃令於凝觀寺看之須臾之間

遂見法慶蘇活所說與大智不殊法
慶蘇後常食荷葉以爲佳味及噉餘
食終不得下像成之後數年乃卒其
像儀相圓滿屢放光明此寺雖廢其
像現存
唐武德年中郝州西南慈烏川有郝
積者素有信敬見群鹿常在山上逐
去還來異之掘鹿所止處得石像高
一丈四尺許移出川中村內至今見
存自像出後群鹿因散古老傳云迦
葉佛時所藏有四十區今雖兩現餘
在山隱其形如今王華東鐵礦像相
似不可治護云
唐貞觀十七年九月涼州都督李襲
譽因巡境至州東南昌泉縣界有石
表文合一百一十字乃有七佛八菩
薩上果佛田等字以狀表奏聞有恩
勑覆撿如其所奏下於所司令發急
詔涼府給復一年罪者赦之
唐渝州西百里相思寺北石山有佛跡
十二枚皆長三尺許闊一尺一寸深
九寸中有魚文在佛堂北十餘步見
有僧住至貞觀二十年十月忽寺側

泉內出蓮華形如紅色鬚臺具足大如三尺面合掌出如涕入水成華舟旅往還無不歎訝經日不滅相思寺因以得名一云涪州亦有此寺寺本貧煎由是感施至今常富昔齊荊州城東天子井出錦于時士女取用如人錦不異經月乃歇故如於出不足可怪（見吳均齊春秋蕭誠荊南志說）

唐循州東北興寧縣靈龕寺北石上佛跡三十痕大者長五尺以下循州在一川中東西二百南北百里寺極豐渥近得銅藏面三尺鑪可獲百餘諸盤合等又其銘云僧得福興俗得禍至古傳云晉時此僧在此山隱游大洪嶺至佛跡處有大石窟華菓美茂遂住經宿山神為怪怖之心卓不動曰此不可居山鬼數來望前石山陵雲蓋日遂往登之下望懸絕不可至彼還興寧說之宋代二僧承前不達勇意覆尋其僧誦法華戒行貞潔能伏神鬼乃至見形受戒爰及家屬望前崖上有異光采隔一丈許上下俱絕僧以木為梁度視乃見奇跡十枚色如人肉現于石上貞觀三年又現一跡並放光明輪相具足今有看者多少不同因置靈龕厥取其異又訪其本宋時王家捨梟園為寺即今古堂尚存焉

唐隴西李大安工部尚書大亮之兄也武德中大亮任越州摠管大安自京往省之大亮遣奴婢數人從兄歸至穀州鹿橋宿於逆旅其奴有謀殺大安者候其眠熟夜已過半奴以小劍刺大安項洞之刃著于牀奴因不拔而逃大安驚覺呼奴其不叛者奴婢欲拔刃大安曰拔刃便死可先取紙筆作書畢縣官亦至因為拔刃洗瘡加藥大安遂絕忽如夢者見一物長尺餘闊厚四五寸形似猪宍去地二尺許從戶入來至牀前其中有語曰急還我猪宍大安曰我不食猪宍何緣負汝即聞戶外有言曰錯非也此物即還從戶出大安仍見庭前有池水清淺可愛池西岸上有金像可高五寸須臾漸大而化成為僧披袈裟甚新淨語大安曰被傷耶我今為汝將痛去汝當平復還家念佛修善也因以手摩大安頭瘡而去大安得其形狀見僧背有紅繒補袈裟可方寸許甚分明既而大安覺遂蘇而瘡亦復不痛能起坐食十數日京宅子弟迎至家家人親故來視大安為說被傷由狀及見像事有一婢在傍聞說因言大安之家初行也安妻使婢詣像工為造佛像像成以綵畫衣有一點朱污像背上當令工去之不肯今仍在形狀如郎君所說大安因與妻及家人共起觀像乃同所見無異其背點宛然補處於是歎異信知聖教不虛遂加崇信佛法彌殷禮敬益年不死自佛法東流已來靈像感應者述不能盡略件如前（右一驗出冥報記也）

唐幽州漁陽縣無終戍城內有百許家龍朔二年夏四月戍城火災門樓及人家屋宇並為煨燼唯二精舍及浮圖并佛龕上紙簾蘧等但有佛像獨不延燎火既不燒歸然獨存時人見者莫不嗟異以為佛力支持中山郎餘令既任彼官又家兄餘慶亦支

人郎將齊郡因如使營州並親見其事具爲餘令說之

唐并州城西有山寺寺名童子有大像坐高一百七十餘尺

皇帝崇敬釋教顯慶末年巡幸并州共　皇后親到此寺及幸北谷開化寺大像高二百尺禮敬瞻覩嗟歎希奇大捨珍寶財物衣服并諸妃嬪內宮之人並各捐捨并勑州官長史竇軌等令速莊嚴備飾聖容并就龕前地務令寬廣還京之日至龍朔二年秋七月內官出袈裟兩領遣中使馳送二寺大像其童子寺像披袈裟日從旦至暮放五色光流照崖巖洞燭山川又入南龕小佛嬭弈堂殿道俗瞻觀數千萬衆城中貴賤觀此而遷善者十室而七八焉衆人共知不言可悉

唐西京清禪寺先有純金像一軀長一尺四寸重八十兩隨文帝之所造也貞觀十四年有賊誅德信僞造璽書將一閹豎子詐稱勑遣取像寺僧開奉

勑索不敢拒付之經宿事發像身巳被破唯頭不銷

太宗大怒勅以極刑德信未死之間身巳爛壞徧體瘡潰寺僧更加金如法鑄成 右三驗出冥報拾遺

唐顯慶四年撫州刺史祖氏爲亢旱故諸祈無効有人於州東山見有行像莫測其由將事移徙鏗然不動風聲扇及遠近同趣有潭州人云彼寺失之乃在此耶尋其行路乃現二跡各長三尺相去五百里刺史以元炎既久便往祈請盡州官庶香華步往二十里許泣告情事勤至彌甚使三人捧之飄然應接返還州寺隨路布雲當夕霈下遂以豐足今在撫州

唐永徽年雍州藍田東悟眞寺寺居藍谷之西崖製窮山美殿堂嚴整有像特寺北隟更修別院大石橫礙甚爲妨礙乃以火燒水潑之令散然無以致便以鐵椎打破中獲金像一區四面無縫天然裹甲不知何來像趺全具非工合作亦不識是何珍寶高五寸許今在山寺其年益州光明柱上

有一佛二菩薩現雕削影出初在九隴佛堂長史張緒以聚衆移入光明今現在

唐雍州鄠縣東澧水西李趙曲有金像高三尺六寸并趺光四尺數放光明像形露右髆極威嚴余聞往尋見之趺上銘云秦建元二十年四月八日於長安中寺造女王慧韶感佛泥曰幸遇遺像是以賴身之餘造鑄神摸若誠感必應願使十方同福銘文如此問其獲緣云昔廢二教遂藏於澧水羅仁渦中有人岸行聞渦中有聲亦放光明向村老說便趣水求渦中純沙水出光明便就發掘乃獲前像時尚在周村家藏隱互相供養開在開堂放光自照今在村中

唐龍朔三年春二月沁州像現州北六十餘里在綿上縣界長谷中半崖上有古佛龕中有三鋪石像中央像常放光明照燭林谷村人異之以事聞州遂以達　上上乃勅京師大慈恩寺僧玄秀共使人乘驛往審登到之時即見光明如火流飛出沒然續不

絶時有雲至龕窟其光暫隱雲去光
現便即馳報勑令圖寫重復依審光
還如初頻頻三夕如初照曜至今相
傳光仍不斷此處山林勝地欝茂石
龕佛像古迹甚多莫委其初睹瑞
彌繁

唐益州郭下法聚寺畫地藏菩薩却
坐繩牀垂脚高八九寸本像是張僧
繇畫至麟德二年七月當寺僧圖得
一本放光乍出乍沒如似金環大同
本光如是展轉圖寫出者類皆放光
當年八月　勑追一本入宮供養現今
京城内外道俗畫者供養並皆放光
信知佛力不可測量（家別一本不別引記）

唐麟德二年簡州金水縣北三學山
舊屬益州寺僧慧旻今權例得住益
州郭下空慧寺至麟德元年從州故
往荆州長沙寺瑞金銅像所至誠發
願意欲圖寫瑞像供養訪得巧匠張
淨眼使潔淨如法已畫得六軀未有
靈感至第七軀即放五色神光洞照
内外遠近皆覩經於七日光漸隱滅
道俗驚喜不可具述慧旻將此像來

入長安未及莊飾　并欲畫左右侍者
菩薩聖僧供養具等當時奉
勑令京城巧匠至中臺使百官諸學
士監看令畫西國志六十卷圖有四
十卷慧旻為外無好手就中臺憑匠
范長壽莊畫像在都堂至六月七日
夜至三更初像放五色光明徹照堂
外有守堂人出外起止見堂上火出
謂内失火驚走唱㘁堂内當直官十
人并兵士三十餘人為天熱並露身
眠光照身人人相見身體赤露驚起
具服唯有一官姓石名懷藏素無信
心但見外光看身純黑光照徹旦方
歎其石懷藏發露自責盡誠悔過
亦不見光照身得明及諸院官人兵
士等聞喚見光並來看之聞見之者
並皆發心盡形齋戒諸官人等各畫
一本至家供養（京城道俗共知故不別引記也）

唐龍朔元年下　勑令會昌寺僧會
賾往五臺山修理寺塔其山屬代州
五臺縣備有五　臺中臺最高目極千里
山川如掌上有石塔數千所博石壘
之斯並魏高祖孝文帝所立臺北石

上人馬犬跡蹈文如新頂有大池名
太華泉又有小泉迭相延屬夾泉有
二浮圖中有文殊師利像傳云文殊
師利與五百仙人往清涼山說法故
華嚴經亦云文殊在清涼山說法故
此山極寒不生餘樹唯有松林森聳
山谷南號清涼峯山下有清涼府古
今遺基見不泯滅從臺東南而下三
十里許有古大孚靈鷲寺見有東西
二道場佛事備焉古老傳云漢明帝
所造南有華園二頃許異華開發光
曜人目四邊樹園訪問古老不知根
原每至摩春迄到晚秋華迭開發古
來道俗愛此華奇人間無有拔根移
外栽植並皆不生乃至移出園樹外
栽亦不得生要在園内任之自發良
由文殊所感大聖現徵寔置神仙之
宅豈凡人之所植也若有志誠入此
山者多見伽藍聖僧所居或有飛空
或有緣澗或居山崄或在幽巖或道
或俗不異凡愚過後尋覓不知去處
寺及聖僧出沒不恒非聖靡測
皇帝至龍朔二年　初又令會賾往并

州取吏力財帛使修故寺賾與五臺丞并將二十餘人直詣臺中見石像臨崖搖動身手及至像所乃是方石悽然自責不覩眞身悵恨久之令作工修理二塔并文殊師利像徙倚塔邊忽聞塔開鍾聲振發連椎不絶又聞異香氛氲屢至道俗咸怪歎未曾有又往西臺遥見一僧乘馬東上奔來極急賾與諸人立待其至久而不到就往參迎乃變爲枿恨恨無已然則像相通感有時隱顯鍾響聲氣相續常聞其山方三百里東南脚即連北岳山也西北脚即是天池也中有佛光山仙華山王子塔古寺六所解脫禪師僧明禪師遺蹤坐龕身内不壞已積十年定力所持聖賢靡測

大唐乾封二年仲春之月西明寺道宣律師于時逐靜在京師城南清宮故淨業寺修道律師積德高遠抱素日久忽有一天來至律師所致敬申禮具叙暄凉律師問曰檀越何處姓字誰耶荅曰弟子姓王名璠是大吳之蘭臺臣也會師初至建業孫主即

未許之令感希有之瑞爲立非常之廟于時天地神祇咸加靈被於三七日遂感舍利吳主手執瓶傾銅盤内舍利所衝盤即破裂乃至火燒鎚試俱不能損闞澤張昱之徒亦是天人護助入其身中令其神爽通敏荅對諸允今並在天弘護佛法爲事弟子是南天王韋將軍下之使者將軍事務極多擁護三洲之佛法有鬬諍陵危之事無不躬往和喻令解　令附和南大欲即至前事擁内不久當至具令弟子等共師言不久復有天來云姓羅氏是蜀人也言作蜀音廣說律相初相見時如俗禮儀叙述緣由多有次第遂有忽忘次又一天云姓費氏禮敬如前云弟子迦葉佛時生在初天在韋將軍下諸天貪欲所醉　弟子以宿願力不交天欲清淨梵行偏敬毗尼韋將軍童眞梵行不受天欲一王之下有八將軍四王三十二將周四天下往還護助諸出家人四天下中北天一洲少有佛法餘三天下佛法大弘然出家之人多犯禁戒少有　如法

東西天下人少黠慧煩惱難化南方一洲雖多犯罪化令從善心易調伏佛臨涅槃親受付囑並令守護不使魔嬈若不守護如是破戒誰有行我之法教者故佛垂誡不敢不行雖見毀禁愍而護之見行一善萬過不咎事等忘瑕不存往失且人中臭氣上熏空界四十萬里諸天清淨無不厭之但以受佛付囑令護佛法尚與人同止諸天不敢不來韋將軍三十二將之中最存弘護多有魔子魔女輕弄比丘道力微者並爲惑亂將軍棲遑奔至應機除剪故有事至須往四王所時王見皆起爲韋將軍修童眞行護正法故弟子性樂戒律如來一代所製毗尼並在座中聽受戒法因問律中諸隱文義無不決滯　然此東華三寶素有山海水石往往多現但謂其靈而敬之顧訪失由莫知投詣遂因此緣隨而諮請且沈冥之相　以理括之未曾持覩不可以語也

宣師感通記問天人云益州成都多寶石佛者何代時像從地踊出荅曰

蜀都元基青城山上今之成都大海之地昔迦葉佛時有人於西耳河造之擬多寶佛全身相也在西耳河鷲山寺有成都人往彼興易請像將還至今多寶寺處爲海神蹋船所沒初取像人見海神子岸上游謂是山芝遂即殺之因尒神瞋覆沒人像俱溺同在一船其多寶舊在鷲頭山寺古基尚在仍有一塔常有光明令向彼土道由郎州過大小不等三千餘里方達西耳河河大闊或百里或五百里中有山洲亦有古寺經像尚在无僧住經同此文時聞鍾聲百姓殷實每年二時供養古塔塔如戒壇三重石砌上有覆釜其數極多彼土諸人但言神冢每發光明人以蔬食祭之求其福祚也其地西北去嶲州二千餘里附去天竺非遠往往有至彼者（自下云云）至晉時有僧於此地見土墳隨出隨除終不可平後掘開深怪其尒乃深掘丈餘獲像及人骨在船其髏骨肘脛悉皆麁大數倍過於今人即迦葉佛時閻浮人壽二萬歲時人也今時劫減命促人小固其常然不可怪也初出之時牽曳難得弟子化爲老人指揮方便須臾至周滅法暫隱到隋重興更復出之蜀人但知其靈從地而出亦不測其根源見其花趺有多寶字因遂名焉又名多寶寺又問多寶字是其隸書出於亡秦之代如何迦葉佛時已有神州書耶荅亡秦李斯隸書此乃近代遠承隸書之興興於古佛之世見今南洲四面千有餘洲莊嚴閻浮一方百有餘國文字言音同今唐國但以海路遼遠動數十萬里重譯莫傳故使此方封守株杌不足怪也師不聞乎梁顧野王大學之太博也周訪字源出沒不定故王篇序云有開春申君墓得其銘文皆是隸字撿春申是周武六國同時隸文則非吞併之日也此國篆隸諸書尚有茫昧寧知迦葉佛時之事史非其耳目之所聞見也

又問今西京城西高四土臺俗諺云是蒼頡造書臺如何云隸書字古時已有荅云蒼頡於此臺上增土造臺觀鳥迹者非無其事且蒼頡之傳此土罕知其源或云黃帝之日或云古帝王也鳥迹之書時變一途今所絕有無益之言不勞述也

又有天人姓陸名玄暢來謁律師云弟子是周穆王時生在初天本是迦葉佛時天爲通化故周時暫現所聞高四土臺者其本迦葉佛於此第三會說法度人至穆王時文殊目連來化穆王從之即列子所謂化人者是也化人示穆王高四臺是迦葉佛說法處因造三會道場至秦穆公時扶風獲一石佛穆公不識弃馬坊中穢汙此像護像神瞋令公染疾公又夢游上帝極被責跡覺問侍臣由余便荅云臣聞周穆王時有化人來此土云是佛神穆王信之於終南山造中天臺高千餘尺基趾見存又於蒼頡臺造神廟名三會道場公今所患殆非佛爲之耶公聞大怖語由余曰吾近獲一石人衣冠非今所製弃之馬坊將非此是佛神耶由余聞往視之對曰此眞佛神也公取像澡浴安清淨

處像遂放光公又怖謂神瞋也牢三牲以祭之諸善神等擎弃遠處公又大怖以問由余荅曰目聞佛神清潔不進酒肉愛重物命如護一子所有供養燒香而已所可祭祀餅菓之屬公大悅欲造佛像絕於工人又問由余荅曰昔穆王造寺之側應有工匠遂於高四臺南村內得一老人姓王名安年百八十自云曾於三會道場見僉之曰今年老無力能作所住村北有兄弟四人曾於道場內爲諸匠執作請追共造依言作之成一銅像相好圓備公悅大賞賚之彼人得財並造功德於土臺上造重閣高三百尺時人號之高四臺或曰高四樓其人姓高大者名四或曰兄弟四人同立故也或取大兄名以目之故高四之名至今稱也

又問目連舍利弗佛在已終如何重見荅曰同名六人此目連非大目連也至宇文周時文殊師利化爲梵僧來游此土云欲禮拜迦葉佛說法處并往文殊所住之處名清涼山徧問

道俗無有知者時有智猛法師年始十八反問梵僧何因知有二聖餘迹荅曰在秦都城南二十里有蒼頡造書臺即其地也又云在沙河南五十里青山北四十里即其處也

又問沙河青山是何語荅曰渭水終南山也此僧便從渭水直南而步遠到高四便云此是古佛說法處也于時智猛法師隨往禮拜不久失梵僧所在智猛長大具爲太常韋卿說之請其臺處依本置寺遂奏周主名三會寺至隋大業廢入大寺因被廢毀配入菩提今京城東市西平康坊南門東菩提寺西堂佛首即是三會寺佛釋迦如來度大迦葉後十二年中來至此臺其下見有迦葉佛舍利周穆身游大夏佛告彼王見有古塔可返禮事王問何方佛荅在鄗京之東南也西天竺國具有別傳去歲長年是師子國僧年九十九夏是三果阿那含人聞斯勝迹躬至禮拜又請奏欲往北代清涼山文殊師利菩薩坐處

皇帝聞喜勑給驛馬內使及弟子官佐二十餘人在處供給諸官人弟子等並乘官馬唯長年一人少小已來精誠苦行不乘雜畜既到代州清涼山即肘行膝步而上至中臺佛堂即是文殊廟堂從下至上可行三十餘里山石劖利入肉到骨無血乳出至于七日五體投地布面在土不起不食七日滿已忽起踊躍指揮四方上下空界具見文殊師利菩薩聖僧羅漢從者道俗數十人有見不見復有一蟒蛇身數里從北而來直向長年長年見喜銜師脚過變爲僧形諸人怕懼皆悉四散唯長年一人心不驚動種種靈應不可具述所請遂願還返京都今現化度安置或請內受戒或巡歷諸山

律師問天人曰自昔相傳文殊在清涼山領五百仙人說法經中明文殊是久住娑婆世界菩薩娑婆則大千摠號如何偏在此方荅曰文殊是諸佛之元師隨緣利見應變不同大士大功非人境界不勞評泊但知仰信多

在清涼山五臺之中今屬北代州西見有五臺縣清涼府皇唐已來有僧名解脫在巖窟亡來三十餘年身肉不壞似如入滅盡定復有一尼亦入定不動各經多年聖迹伽藍菩薩聖僧仙人仙華屢屢人見具在別篇豈得不信

又問今五臺山中臺之東南三十里見有大孚靈鷲寺兩堂隔澗猶存南有華園可二頃許四時發釆色類不同四周樹圍人移華栽別處種植皆悉不生須在園內方得久榮人究年月莫知來由或云漢明所立或云魏孝文帝栽植古老相傳互說不同如何為實荅云俱是二帝所作昔周穆王之時已有佛法此山靈異文殊所居周穆於中造寺供養及阿育王亦依置塔漢明之初摩騰是阿羅漢天眼亦見有塔請帝立寺其山形像似靈鷲名曰大孚者信也由帝深信佛法立寺勸人元魏孝文北臺不遠常來禮謁見人馬行迹石上分明其事可驗豈唯五臺獨驗今終南山太白太華五岳名山皆有聖人為住持佛法令法久住有人設供感訃徵應事在別篇不繁此述也

又問今涼州西番（音盤）禾縣山裂像出何代造耶荅云迦葉佛時有利賓菩薩見此山人不信業報以殺害為業于時住處有數萬家無重佛法者菩薩救之為立伽藍大梵天王手造像身初成以菩薩神力能令如真佛不異游步說法教化諸人雖蒙此道猶故不信于時菩薩示行怖畏手擎大石可於聚落欲下壓之菩薩揚威勸化諸人便欸迴心信敬於佛所有殺具變成蓮華隨有街巷華如種植瑞像方攝神力菩薩又勸諸清信士令造七寺南北一百四里東西八十里彌山亘谷處處僧坊佛殿營造經十三年方得成就同時出家者有二萬人在七寺住經三百年彼諸人等現業力大昔所造惡當世輕受不入地獄前所害者在惡趣中又發惡願彼害我者及未成聖我當害之若不加害惡業便盡我無以報共吐大火焚燒寺舍及彼聚落一時焚蕩縱得活又以大水漂溺殺之無一得存時彼山神寺未破前收取此像遠在空中寺破以後下內石室安置供養年月既久石生室滅至劉薩何師禮山逆示像出其薩河者前身元是利賓菩薩身首別處更在別篇

問江表龍光瑞像人傳羅什將來有言扶南所得如何為定荅曰此非羅什所得斯乃宋孝武征扶南獲之昔佛滅後三百年中北天竺大阿羅漢優婆質那以神力加工匠三百年中鑿大石山安置佛窟從上至下凡有五重高三百餘尺請彌勒菩薩指撝作檀室處之玄奘師傳云百餘尺聖迹記云高八丈足趺八尺六齋日常放光明其初作時羅漢將工人上天三往方成第二牛頭栴檀第三金第四玉第五銅像凡夫今見止在下重上四重閉石窟映徹見人藏腑第六百年有佛柰遮阿羅漢生已母亡生扶南國念母重恩從上重中取小檀像令母供養母終生楊州出家住新興寺

獲得三果宋孝武征扶南獲此像來都亦是羅漢神力母今現在時往羅浮天台西方諸處昔法盛曇無竭者再往西方有傳五卷略述此像何忽云羅什法師背負而來耶

宣師因問什師一代所翻之經人多偏樂又持轉盛何耶答曰其人聰明善解大乘以下諸人同時翻譯者並俊乂一代之寶也絕後光前仰之所不及故其所譯以悟達爲先得佛遺寄之意也

又問俗中常論破秦姚興抑破重戒云何得佛意耶答曰此非悠悠凡所籌度何須評論什師德行位在三賢所在通化刪繁補闕隨機而作故大論一部十分略九自餘經論例此可知冥祥感應歷代彌新深會聖旨罕逢難遇又蒙文殊指授令其刪定特異常倫豈以別室見譏頓亡玄致者也

又問邠州顯際寺山出石像者何代所立答曰像是秦穆公所造像元出處是周穆王造寺處也佛去世後育王第四女造又造像塔於此供養于

時此寺有一二三果人住中秦相由余常所奉敬往者迦葉佛時亦於此立寺是彼沙彌顯際造也仍將本名以顯寺額

又問今玉華宮南檀臺山上有甎塔面別四十步下層極壯四面石龕傍有碑甎又有三十餘窯甎古老莫知何代然每聞鍾聲答曰此穆王寺也名曰靈山至育王時勑山神於此造塔西晉末亂五胡控擁劉曜京都長安數夢此山佛現在甎塔中坐語曜曰汝少飲酒莫耽色欲黜去邪佞進用忠良曜不能從後於洛陽酒醉落馬爲石勒所擒初曜因夢所悟令人尋山訪之遂見此像坐小甎塔與夢符同便毀小塔更造大者高一十九級并造寺宇極存壯麗寺名法燈度三百僧住之曜沒趙後寺有四十三人修得三果山神於今塔後又造一寺供三果僧神往太白採取芝草供養聖僧皆獲延齡寺今現在凡人不見所聞鍾聲即是寺鍾也其塔本基雖因劉曜仍是穆王立寺之處也又

是迦葉如來之古寺也至貞觀年中於玉華北慈烏川山上常見群鹿來集其所逐去還來有人異之於鹿集處掘深一丈獲一石像長一丈許現今供養

又問荊州前大明寺栴檀像者云是優填王所造依傳從彼摸來將至梁朝今京師復有何者是本答曰大明是其本像梁高祖崩像來荊渚至元帝承聖三年周平梁後收簿國寶皆入北周其檀像者有僧珍師藏隱房內多以財物贈遺使人像遂得停至隋開皇九年文祖遣使人柳顧言往迎寺僧又求像令鎮荊楚顧是鄉人從之令別刻檀將往恭旨當時訪匠得一婆羅門僧名眞達爲造即今西京大興善寺像是也亦甚靈異本像在荊州僧以漆布漫之相好不及亡眞者本作佛生來七日之身今加布漆乃壯年狀故殊絕異本也大明本是古佛住處靈像不肯北遷故也近有長沙義法師天人冥讚遂悟開發剝除漆布眞容重顯大動信心披覲靈儀全檀所作本無補接光趺殊異象牙

雕刻卒非人工所成興善像身一一乖本

又問涪州相思寺側多有古迹篆銘勒之不識其緣此事云何荅曰此迦葉佛時有山神姓羅名子明蜀人也舊是持戒比丘生憎破戒者發諸惡願令我死後作大惡鬼噉破戒人因願受身作此山神多有眷屬所王土地東西五千餘里南北二千餘里年噉萬人以上此神本曾為迦葉佛足後為弟子彼佛憐愍故來教化種種神變然始調伏與受五戒隨識宿命因不噉人恐後心變故佛留迹育王於上起塔在山頂神便藏於石中塔是白玉所作其神現在其郭下寺塔育王所立見付囑儀

又問南海循州北山興寧縣界靈龕寺多有靈迹此乃文殊聖者弟子為此山神多造惡業文殊愍之便來教化遂識宿命請為留迹我常禮事得離諸惡文殊為現今者是也於貞觀二年山神命終生兜率天別有一鬼來居此地即舊神親家也大造諸惡生天舊神憐之下請文殊為現小迹以化後神又從正法故今此山大小迹現莫匪有由焉見付囑儀

又問沁州北山石窟佛常有光明此像出來久近耶荅曰此窟迦葉佛釋迦佛二時備有往昔周穆王弟子造迦葉佛像

又問渭南終南二山有佛面山七佛澗者荅曰此事同於前南山庫谷天藏是迦葉佛自手所造之藏也今現有十三緣覺在谷內住

又問此土常傳有佛是殷時周昭莊王等造互說不同如何取定荅曰皆有所以弟子夏桀時生天具見佛之垂化且佛有三身法報二身則非凡見並化登地以上唯有化身被該三千百億釋迦隨人所感前後不定或在殷末或在魯莊俱在大千之中前後咸傳一化感見隨機前後何定若據法報常自湛然不足難也

又問漢地所見諸瑞像多傳育王第四女所造其事匪幽冥難得其實此事云何荅曰此實不疑為育王第四女厥貌非妍久而未出常恨其醜乃圖佛形相還如自身成已發願佛之相好挺異於人如何同我之形儀也以此苦邀彌經年月後感佛現忽異本形父具問之述其所願今北山玉華荊州長沙楊都高悝及京城崇敬寺像並是育王第四女造或有書其光趺依梵本書漢人讀者罕識其文育王因將此像令諸鬼神隨緣所感流傳開悟今覩像面莫匪女形其崇敬寺地本是戰場西晉將末有五胡大起兵戈相殺此地特多地下人骨今掘猶得所殺無辜殘害酷濫故諸鬼神搆以鎮之令諸冤魂得生善念周朝滅法神亦徙之隋祖載隆佛還重起

又問幽冥所感俗中常有神去形朽如何重來或經七日多日如生不異荅曰人禀七識識各有神心識為主主雖前去餘神守護不足怪也如五戒中一戒五神五戒便有二十五神一戒破五神去餘者仍在如大僧受戒戒有二百五十神亦戒戒之中感

法苑珠林卷第十四　第四十五張　菁字号

得二百五十防衛比丘若毀一重戒

但二百五十神去餘者常隨

法苑珠林卷第十四

法苑珠林卷第十四

校勘記

一　底本，金藏廣勝寺本。四〇五頁中一行至本頁下一五行原版缺，以麗藏本補。

一　四〇五頁中一行經名，經無(未換卷)。又撰者，磧作「大唐上都西明寺沙門釋道世撰」；南作「唐上都西明寺沙門釋道世撰」；經無(未換卷)；清作「唐西明寺沙門釋道世撰」。

一　四〇五頁中二行「敬佛篇第六之二」，磧無；南、清作「敬佛之二」；經無(未換篇)。

一　四〇五頁中三行「觀佛部感應緣之餘」，磧、南作「感應緣」並夾註「此卷有三十八緣驗」；經無；清作「感應緣」。

一　四〇五頁中四行至本頁下一九行「宋都城……出聲緣」，磧、南、經置於十三卷第一〇版三行後。

一　四〇五頁中五行「東陽」，磧、南、經、清作「都陽」。

一　四〇五頁中一七行「元魏定州金觀音像高王經緣」，清無。

一　四〇五頁中一九行「周晉州」，經、清作「北齊末晉州」。

一　四〇五頁下五行「唐簡州佛跡神光照現緣」，經、清無。

一　四〇五頁下八行「佛跡緣」，磧、南、經、清作「佛跡現緣」。

一　四〇五頁下一五行「澧水」，磧、南、經、清作「澧水」。下同。

一　四〇五頁下一九行後，經、清有「唐故淨業寺天人感應緣」一行。

一　四〇六頁上六行末字「云」，磧、南、經、清作「也」。一二行末字及次頁上五行末字同。

一　四〇六頁上九行「雜色」，磧作「新色」。

一　四〇六頁上一五行「野平」，磧、南、經、清作「野草」。又「三丈」，經、清作「三尺」。

一　四〇六頁上一六行「覓焉」，磧、南、經、清作「覓烏」。

一　四〇六頁上二二行「眠齋」，磧、南、經、清作「寢室」。

一　四〇六頁上末行「陁脫」，磧、經、清作「褫脫」；南作「墮脫」。

一　四〇六頁中一〇行第七字「竟」，磧、南、經、清作「晃」。

一　四〇六頁中一一行「敬僧」，磧、南、經、清、麗作「敬信」。

一　四〇六頁中末行「敬嘉」，麗作「敬喜」。又「湘府」，經作「相府」。

一　四〇六頁下二行「然云」，磧、南、經、清作「然矣」。

一　四〇六頁下四行第一〇字「甚」，磧、南、徑、清作「甚巨」。
一　四〇六頁下五行「草茇」，南、徑、清作「茅茇」。
一　四〇六頁下八行「鈞石」，磧、南、徑作「鈞石」。
一　四〇六頁下一〇行第二字「汙」，磧、南、徑、清、麗作「汗」。又第九字「常」，磧、南、徑、清作「恒」。
一　四〇六頁下一三行首字「宋」，徑、清作「齊」。
一　四〇六頁下一五行第六字「戒」，磧、南、徑、清作「式」。又第一三字「商」，磧、南、徑、清作「滴」。
一　四〇六頁下一七行首字「以」，磧、南作「似」。
一　四〇六頁下一九行「顫守」，磧、南、徑、清作「戰守」。
一　四〇六頁下二一行第二字「湏」，麗作「頃」。
一　四〇七頁上一七行第二字「自」，磧、南、徑、清、麗作「常自」。

一　四〇七頁上二〇行第一二字「爰」，麗作「悉」。
一　四〇七頁上末行第二字「極」，磧、南、徑、清作「亟」。
一　四〇七頁中四行「元歸」，磧、南、徑、清、麗作「允歸」。
一　四〇七頁下一〇行第一三字「絓」，磧、南、徑、清作「但」。
一　四〇七頁下一一行末字至次行首字「菜蔬」，磧、南、徑、清作「蔬食」。
一　四〇八頁上一〇行「空聲」，磧、南、徑、清作「空中而有聲」。
一　四〇八頁上一五行「恩緒」，清作「思緒」。
一　四〇八頁上一七行末二字至次行首二字「至本仍止」，磧、南、徑、清作「至今存焉」。
一　四〇八頁上末行第三字「區」，磧、南、徑、清、麗作「軀」。下同。
一　四〇八頁中八行「數十人」，磧、南、徑、清作「數卒」。又「令鵠」，磧、南、徑、清作「令壞」。

一　四〇八頁中一三行「洪爛」，南、徑、清作「洪爛」。
一　四〇八頁中一五行至本頁下一〇行「元魏……等記」，徑置於十三卷第二七版一九行第五字「定」下；清無。
一　四〇八頁中一六行「常加」，磧、南、徑作「常如」。
一　四〇八頁中末行末字「欻」，磧作「刦」。
一　四〇八頁下二行「百偏」，磧、南、徑作「九百」。
一　四〇八頁下三行第三字「荆」，磧、南、徑、清、麗作「刑」。
一　四〇八頁下七行末字「經」，磧、南、徑無。
一　四〇八頁下八行「在防」，磧、南、徑作「存訪」。
一　四〇八頁下九行「鄉郭」，磧、南、徑、麗作「鄉親」。
一　四〇八頁下一〇行夾註「等記」，至此，徑卷第二十一終，卷第二十

二始，並有「敬佛篇第六之三」、「觀佛部之餘　感應緣第二十九驗始至五十三驗終」各一行。

一　四〇八頁下一四行「仍在」，磧、南、徑、清作「仍舊」。

一　四〇九頁上二行「浴京」，磧、南、徑、清、麗作「洛京」。

一　四〇九頁上四行末字「云」，磧、南、徑、清作「矣」。本頁中一六行末字同。

一　四〇九頁上九行第三字「腹」，磧、南、徑、清、麗作「面腹」。又第一三字「具」，磧、南、徑、清作「具車」。

一　四〇九頁上一五行「圖之」，磧作「圖之」。

一　四〇九頁上一九行「責之」，磧、南、徑、清作「索之」。

一　四〇九頁中一行第六字「斷」，磧、南、徑、清無。

一　四〇九頁中八行第三字「隨」，磧、南、徑、清、麗作「隋」。下至次頁上三行第三字同。

一　四〇九頁下七行夾註右「土俗」，磧、南、徑、清作「士俗」。又左「子息」，磧、南、徑、清作「子胤」。

一　四〇九頁下八行夾註左「感應」，磧、南、徑、清作「感應也」。

一　四〇九頁下一四行「木炭」，磧、南、徑、清作「木炭等」。

一　四〇九頁下一八行第八字「子」，磧、南、徑、清無。

一　四〇九頁下一九行「夾腕」，磧、南、徑、清作「壓腕」。

一　四〇九頁下二一行末字「云」，磧、南、徑、清作「也」。

一　四一〇頁上二行「侯景作亂」，磧、南、徑、清作「時遇侯景作亂」。

一　四一〇頁上一二行第七字「光」，磧、南、徑、清無。又「像佛」，磧、南、徑、清、麗作「佛像」。

一　四一〇頁上二〇行第三字「觀」，磧、南、徑、清無。

一　四一〇頁上末行第三字「業」，徑、清作「有」。

一　四一〇頁中二行「隨郱州」，磧、南、徑、清、麗作「隋郱州」。又「隨祖」，磧、南、徑、清、麗作「隋祖」。

一　四一〇頁中六行第七字「人」，磧、南、徑、清作「入」。

一　四一〇頁中九行「隨後王」，磧、南作「隋後王」；徑、清作「隋後主」。

一　四一〇頁中一二行首字「隨」，磧、南、徑、清、麗作「隋」。

一　四一〇頁中一九行「王顧召」，磧、南、徑、清作「王自顧問」。

一　四一〇頁下一三行「治腹云」，磧、南、徑、清作「治護矣」。

一　四一〇頁下一七行第一〇字「表」，磧、南、徑、清無。又末字「思」，磧、南、徑、清無。

一　四一〇頁下一八行「於所司令發急」，磧、南、徑、清無。

一　四一〇頁下一九行「涼府」，徑、清作「涼州」。

一　四一〇頁下二二行第一三字「步」，磧、南、徑、清作「山」。

一　四一一頁上一行第一〇字「鬚」，磧、南、徑、清作「髻」。
一　四一一頁上六行第三字「子」，磧、南、徑、清無。又末字「人」，磧、南、徑、清作「人中」。
一　四一一頁上七行「故如」，磧、南、徑、清、麗作「故知」。
一　四一一頁上二〇行「法華」，磧、南、徑、清作「法華經」。
一　四一一頁上末行末字「十」，磧、南、徑、清作「七」。
一　四一一頁中四行「宋時」，磧、南、徑、清作「乃宋時」。又「桌園」，磧、南、徑、清作「粟園」；麗作「果園」。
一　四一一頁下一六行夾註左「冥報記」，磧、南、徑、清作「冥祥記」。
一　四一一頁下二〇行第九字「遽」，磧、南、徑、清、麗作「遽蒢」。
一　四一一頁下二一行「獨存」，磧、南、徑、清作「獨在」。
一　四一二頁上九行「長吏」，磧、南、徑、清作「長史」。

一　四一二頁上一〇行「并託」，磧、南、徑、清作「並開拓」。
一　四一二頁上二〇行第九字「隨」，磧、南、徑、清、麗作「隋」。
一　四一二頁中二行第二字「破」，磧、南、徑、清、麗作「鑄破」。
一　四一二頁中七行首字「諸」，磧、南、徑、清、麗作「請」。
一　四一二頁中一八行「横礙」，磧、南、徑、清作「横嶷」；麗作「横礎」。
一　四一二頁中二〇行「鐵椎」，磧、南、徑、清作「鐵鎚」。
一　四一二頁下一行第九字「削」，磧、南、徑、清、麗作「削還」。
一　四一二頁下八行「女王」，徑、清作「十王」。
一　四一二頁下九行第二字「幸」，磧、南、徑、清作「達」。又末字「神」，磧作「坤」。
一　四一三頁上三行「頻頻」，磧、南、徑、清作「頻繁」。
一　四一三頁中六行第四字「莊」，磧、南、徑、清作「裝」。
一　四一三頁中一一行第三字「照」，磧、南、徑、清作「普照」。
一　四一三頁中一七行「官人」，磧作「宦人」。
一　四一三頁下一行第四字「犬」，磧、南、徑、清作「大」。又第六字「蹈」，磧、南、徑、清作「陷」。
一　四一三頁下一二行「不知」，磧、南、徑、清作「不達」。
一　四一三頁下一六行「園內」，磧、南、徑、清作「圍內」。
一　四一三頁下一八行「凡人」，磧、南、徑、清作「凡夫」。
一　四一三頁下二二行「非聖」，磧作「非凡」；南、徑、清作「聖凡」。
一　四一四頁上七行第七字「王」，磧、南、徑、清、麗作「至」。
一　四一四頁上一二行首字「常」，磧、南、徑、清作「恒」。又末字「北」，磧、南、徑、清作「恒」。
一　四一四頁上一四行「解脱」，磧、南、

徑、清作「有解脱」。

一四一四頁上一五行「身内」，磧、南、徑、清、麗作「身肉」。

一四一四頁上一八行「清宫」，磧、南、徑、清作「華清宫」。

一四一四頁上二二行「名璿」，磧、南、徑、清作「名璠」。

一四一四頁中三行第一〇字「瓶」，磧、南、徑、清、麗作「銅瓶」。

一四一四頁中七行第四字「並」，磧、南、徑、清作「業」。

一四一四頁中八行「南天王」，磧、南、徑、清作「南方天王」。

一四一四頁中一〇行第一二字「令」，磧、南、徑、清作「今」。

一四一四頁中一一行首字「大」，磧、南、徑、清作「天」。

一四一五頁上四行第七字「往」，磧作「住」。

一四一五頁上六行第六字「子」，南、徑、清作「于」。又第一三字「芝」，磧、南、徑、清作「兎」。

一四一五頁上一二行第一二字「无」，磧、南、徑、清作「而無」。

一四一五頁上二〇行第五字「後」，磧、南、徑、清、麗作「後見」。

一四一五頁中八行第一〇字「答」，磧、南、徑、清作「答曰」。

一四一五頁中一五行「太博」，徑、清作「太傅」。

一四一五頁下一八行「基趾見存」，磧作「其趾見在」；南、徑、清作「基趾見在」。

一四一六頁上一七行「大兄名」，磧、南、徑、清作「大兄之名」。

一四一六頁中八行「高四」，磧、南、徑、清作「高四臺」。

一四一六頁中一七行「彼王」，磧、南、徑、清、麗作「彼土」。

一四一六頁中一八行首字「返」，南作「趣」。又「鄗京」，磧、南作「鄗高」。

一四一六頁中一九行第一一字「去」，磧、南、徑、清作「云」。

一四一六頁下五行第二字「即」，磧、南、徑、清作「即便」。

一四一六頁下一二行第三字「身」，磧、南、徑、清作「身長」。

一四一六頁下一三行第四字「銜」，磧作「御」。

一四一六頁下一六行「請内」，磧、南、徑、清作「請入内」。

一四一六頁下二二行「元師」，磧、南、徑、清作「元帥」。

一四一七頁上一一行「華裁」，磧、南作「華伏」。

一四一七頁上一二行「須在圍内」，磧、南、清、麗作「唯在圍内」；徑作「唯在圍内」。

一四一七頁上一四行「互説」，徑作「于説」。

一四一七頁上一五行「俱是」，磧、南、徑、清作「但是」。

一四一七頁上一六行首字「王」，磧、南、徑、清無。

一四一七頁上一八行「摩騰」，磧、南、

經、清作「摩騰法師」。
一　四一七頁上一〇行「大孚者」，磧、南、經、清作「大孚孚者」。
一　四一七頁中四行「禾縣」，磧、南、經、清作「和縣」。
一　四一七頁中六行「爲業」，磧、南、經、清作「爲事」。
一　四一七頁中九行第二字「以」，磧、南、經、清作「以後」。
一　四一七頁下一行第一〇字「縱」，磧、南、經、清、麗作「縱盜」。
一　四一七頁下五行第八字「何」，磧、南、經、清作「訶」。
一　四一七頁下六行第四字「河」，磧、南、經、清作「訶」。
一　四一七頁下七行「別篇」，磧、南、經、清作「別篇也」。
一　四一七頁下一五行「檀室」，磧、南、經、清作「壇室」。
一　四一八頁上四行「此像」，磧、南、經、清作「此緣」。
一　四一八頁上九行第二字「又」，磧、南、經、清作「又」。
一　四一八頁上一五行「刪繁」，磧、南、經、清作「那繁」。
一　四一八頁上一八行末字至次行首字「常倫」，磧、南作「恒倫」；經、清作「恒論」。
一　四一八頁下九行第八字「崩」，磧、南、經、清作「既崩」。
一　四一八頁下一九行夾註右「七日」，南作「十日」。又左「乃壯年」，磧、南作「及壯年」。
一　四一八頁下二一行「剥除」，磧、南、經、清作「別除」。
一　四一八頁下末行首字「全」，磧、南、經、清作「令」。
一　四一九頁上八行第一三字「王」，經、清作「主」。
一　四一九頁上一六行末字「儀」，磧、南、經、清作「儀中」。
一　四一九頁中二〇行「難也」，磧、南、經、清作「歎也」。
一　四一九頁下一行「非研」，磧、南、經、清作「非妍」。
一　四一九頁下五行「北山」，麗作「此山」。
一　四一九頁下八行第八字「讀」，磧、南、經、清作「請」。
一　四一九頁下一五行第一〇字「載」，磧、南、經、清作「再」。
一　四二〇頁上二行「常隨」，磧、南、經、清作「恒隨」。
一　四二〇頁上卷末經名，經作「法苑珠林卷第二十二」。

法苑珠林卷第十五　剪 二十一紙

西明寺沙門釋道世撰

敬佛篇第六之三

彌陁部第四 此別六部

述意部　會名部　辯處部
能見部　業因部　引證部

述意部第一

夫避苦求樂寔品物之常情猒濁欣淨是生靈之舊理但行有美惡土成衆妙娑婆五痛由積惡而丘坑安養七珍因習善而華勝業成三輩報爲九品寶臺珍觀假勝念而雀嵬玉沼瓊池藉善心而皎潔花開蓮合驗慈父之非虚浪動波迴聞法言之在耳自非功勤志固行滿因圓何能隨千心而上金臺依十念而昇樂國也

會名部第二

述曰世界皎潔目之爲淨即淨所居名之爲土故攝論云所居之土無於五濁如玻瓈珂等名清淨土法華論云無煩惱衆生住處名爲淨土淨土不同有其四種一法性土以眞如爲體故梁攝論云以蓮華王爲淨土所依譬法界眞如爲淨土所依體故二實報土依攝論云以二空爲門三慧爲出入路奢摩他毗鉢舍那爲乘以根本無分別智爲用此皆約報功德辯其出體三事淨土謂上妙七寶是五塵色性聲香味觸爲其土相故攝論云佛周徧光明七寶處也又華嚴經云諸佛境界相中種種閒錯莊嚴故淨土論云備諸珍寶性具足妙莊嚴又新翻大菩薩藏經云假使如上世界乃至大火洞然如來在中若依經行若住坐臥其處自然八功德水出現於地四化淨土謂佛所變七寶五塵爲化土體故涅槃經云以佛神力地皆柔輭無有丘墟土沙礫石乃至猶如西方無量壽佛極樂世界等又大莊嚴論云由智自在隨彼所欲能現水精瑠璃等清淨世界又維摩經云佛以足指案地現淨等事又十地經云隨諸衆生心所樂見爲示現故此諸經論所明並約化爲淨土由佛神力現故有攝故即無故名化土

辯處部第三

述曰上來雖明土有四種然綱要有二一報土二化土此二即攝理事二土初報土者謂佛如來出世諸善體是無漏非三界所攝故淨土論云觀彼世界相勝過三界道又智度論云有妙淨土出過三界然佛所居無處為處過在十方世界或依法身而安淨土故論云釋迦牟尼佛更有清淨世界如阿彌陁國其彌陁佛亦有嚴淨不嚴淨世界如釋迦佛又涅槃經云我實不出閻浮提界又法華經偈云

常在靈鷲山　　及餘諸住處
衆生見劫盡　　大火所燒時
我此土安隱　　天人常充滿
園林諸堂閣　　種種寶莊嚴

又華嚴經云如來淨土或在如來寶冠或在耳璫或在瓔珞或在衣文或在毛孔如是毛孔既容世界故知十住論云佛舉一步則過恒河沙等三千世界其事如是化土處者但所居化土無別方處但依報土而起麁相或通十方或在當界引接三乘人天等衆如彌陁世尊引此忍界凡小衆生而安淨國或於穢現淨如梵地現淨譬同天宮其事如是或於衆生共相器世界間種子所感於中顯現淨穢境界隨其六道各見不同此皆由外名言熏習因識種成就感得器世界影像相現此影像是本識相分由共相種子與影像相彼現相識為因緣即此共相由內報增上緣即此共相由內報增上緣力感得如此苦樂不同

能見部第四

述曰如凡夫二乘於穢土中見阿彌陁佛諸菩薩等於淨土中見阿彌陁佛據此二說報土則一向純淨應土則有染有淨故淨土論云土有五種一純淨土唯在佛果二淨穢土謂淨多穢少即八地已上三淨穢亭等土謂從初地乃至七地四穢淨土謂穢多淨少即地前性地五雜穢土謂未入性地第五人見後一不見前四第四人見後二不見前三第三人見後三不見前二第二人見後四不見前一第一佛上下五土悉知悉見也

業因部第五

述曰具引經論十說不同或說一行而生淨土如涅槃經云有德國王覺德比丘為護法因緣生不動國又維摩經云直心是菩薩淨土菩薩成佛時不諂衆生來生其國等或說二行而生淨土如梁攝論云出世善法者無分別智及後得智所生善根為出世善法名因或用定慧為乘或說三行而生淨土如涅槃經云思惟三三昧空無作無相而生淨土又觀經云令未來一切凡夫生極樂國當修三業一孝養父母事師不殺修十善業二受三歸具足衆戒不犯威儀三發菩提心深信因果讀誦大乘勸進行者如是三事是名淨業或說四行而生淨土如維摩經云行四無量心是菩薩淨土菩薩成佛時慈悲喜捨衆生來生其國或四攝法是菩薩淨土謂布施愛語利益同事是菩薩淨土成佛時解脫所攝衆生來生其國或說五行而生淨土如淨土論云一者禮拜二者讚歎

三者作願四者觀察五者迴向或說
六行而生淨土如維摩經云布施是
菩薩淨土菩薩成佛時一切能捨衆
生來生其國乃至智慧是菩薩淨土
菩薩成佛時一切智慧衆生來生其
國等或說七行而生淨土如維摩經
云布以七淨華浴此無垢人一者戒
淨二者定淨三者見淨四者度疑淨
五者道非道淨六者行淨七者行斷
智淨前二是方便道次三是見道決
一是修道後一是無學道由斯七淨
得成四道四道既成故報居淨土也
或說八行而生淨土如維摩經云菩
薩成就幾法於此世界行無瘡疣生
于淨土荅云成就八法生于淨土一
饒益衆生而不望報代於衆生受諸
苦惱二所作功德盡以施之三等心衆
生謙下無礙四於諸菩薩觀之如佛
五所未聞經聞之不疑六不與聲聞
而相違背七不嫉彼供不高已利而
於其中調伏其心八常省已過不訟
彼短常以一心求諸功德或說九行
而生淨土如無量壽經云略說三輩

廣說九品具如經說或說十行而生淨土
如維摩經云十善是菩薩淨土菩薩
成佛時命不中夭大富梵行所言誠
諦常以軟語眷屬不離善和諍訟言
必饒益不嫉不恚正見衆生來生其
國又彌勒發問經云若欲樂生安養
國者當修十念即得往生何等為十
一者於一切衆生常生慈心二者於
一切衆生不毀其行若有毀者終不
往生三者於一切衆生深起悲心除
殘害心四者發護法心不惜身命於
一切法不誹謗五者於忍辱中生決
定心六者深心清淨不染利養七者
發一切種智心日日常念無有廢忘八
者於一切衆生生尊重心除憍慢心
謙下言說九者於諸談話不生染著
心近於覺意深起種種善根因緣不
生憒丙散亂心十者常念觀佛除去
諸相彌勤當知如是十念一一次第
相續而起不生彼國無有是處或說
三十七品是菩薩淨土菩薩成佛時
念處正勤神足根力覺道衆生來生
其國或如無量壽經云發四十大願

而生淨土上來所說實略雖異隨行一法與理冥符皆得往生安樂國土
優波提舍論偈云

觀彼世界相　勝過三界道
究盡如虛空　廣大無邊際
正道大慈悲　出世善根生
淨光明滿足　如照日月輪

述曰若據實報淨土要修出世無漏
正因與理行相成方得往生若是下
品之人本無正業隨起一行或臨終
日十念雖成唯生化土未能見報具
述觀法備在大小乘禪門十卷中說

引證部第六

阿彌陀鼓音聲王陀羅尼經云尒時
世尊告諸比丘西方安樂世界今現
有佛號阿彌陀若有四衆能正受持
彼佛名號以此功德臨欲終時阿彌
陀即與大衆往此人所令其得見見
已尋生慶悅倍增功德以是因緣所
生之處永離胞胎穢欲之形純處鮮
妙寶蓮華中自然化生具六神通光
明赫奕阿彌陀佛與聲聞俱如來應
供正徧知其國號曰清泰聖王所住
其城縱廣十千由旬於中充滿剎利

之種阿彌陁佛父名月上轉輪聖王其母名曰殊勝妙顏子名曰明奉事弟子名無垢稱智慧弟子名曰覺光神足精勤弟子名曰大化尒時魔王名曰無勝有提婆達多名曰寂靜又無量壽經云佛告彌勒假使三千大千世界猛火爲念阿彌陁佛名故要當於中直過未足爲難

又華嚴經云尒時心王菩薩摩訶薩告諸菩薩言佛子此娑婆世界釋迦牟尼佛刹一劫於安樂世界阿彌陁佛刹爲一日一夜安樂世界一劫於聖服幢世界金剛佛刹爲一日一夜聖服幢世一劫於不退轉音聲輪世界善樂光明清淨開敷佛刹爲一日一夜不退轉音聲輪世界一劫於離垢世界法幢佛刹爲一日一夜離垢世界一劫於善燈世界師子佛刹爲一日一夜善燈世界一劫於善光明世界盧舍那藏佛刹爲一日一夜善光明世界一劫於超出世界法光明清淨開敷蓮華佛刹爲一日一夜超出世界一劫於莊嚴慧世界一切光

明佛刹爲一日一夜莊嚴慧世界一劫於鏡光明世界覺月佛刹爲一日一夜佛子如是次第乃至百萬阿僧祇世界最後世界一劫於勝蓮華世界賢首佛刹爲一日一夜普賢菩薩等諸大菩薩充滿其中

又阿彌陁佛經云佛告諸比丘僧是阿闍世王太子及五百長者子却後無數劫皆當作佛如阿彌陁佛佛言是阿闍世王太子及五百長者子住菩薩道以來無央數劫皆各供養四百億佛已今復來供養我阿闍世王太子及五百長者子等皆前世迦葉佛時爲我作弟子今皆復會是共相值也

感應緣 略引十驗

宋沙門僧亮　宋居士葛濟之

宋比丘尼慧木　宋魏世子

宋沙門曇遠　梁沙門法悅

隨五十菩薩瑞像　隋沙門慧海

唐沙門道昂　唐沙門善胄

宋江陵長沙寺沙門釋僧亮志操剛烈戒德堅淨常結西方願造丈六無

量壽像功用既巨積年不辦聞湘州銅溪山廟甚饒銅器欲化導鬼神取充成辦遂州刺史張邵告以事源請船數艘壯士百人張曰此廟靈驗犯者輒斃且蠻人守護恐此難果亮曰福與君共死則身當張即給人船未至一宿神已預知風震雲冥鳥獸鳴呼俄而亮到霧歇日明未至廟屋二十餘步有兩銅鑊各數百斛見一大蛇長十餘丈從鑊騰出亘身斷道從者百人悉皆退散亮乃整服而進振錫告蛇曰汝前世罪業故受蟒身不聞三寶何由自拔吾造丈六無量壽像聞此饒銅遠來相詣幸可開路使我得前蛇乃舉頭看亮引身而去亮躬率人徒輦取銅器唯牀頭唾壺可容四升有蝘蜓長二尺有餘跳躍出入遂置不取廟器重大十不收一唯勝小者船滿而還守廟之人莫敢拒護亮還都鑄像以宋元嘉九年畢功神表端嚴威光煒曄造像靈異聲傳京師宋文皇帝奉迎還都以歎光未備勅造金薄圓光欲處安樂寺僉以

彭城之塔號同本封且顯居國門送虓像馬至明帝之初以舊邸爲寺請像移住舊在湘宮大殿（右一驗出梁高僧傳）

宋葛濟之句容人稚川後也妻同郡紀氏體貌閑雅甚有婦德濟之世事仙學紀氏亦同而心樂佛法常存誠不替元嘉十三年方在機織忽覺雲日開朗空中清明因投釋筐梭仰望四表見西方有如來眞形及寶蓋幡幢蔽暎天漢心獨喜曰經說無量壽佛即此者耶便頭面作禮濟之敬其如此仍起就之紀授濟手指示佛所濟亦登見半身及諸幡蓋俄而隱沒於是雲日鮮彩五色燭曜鄉比親族頗亦覩見兩三食須方稍除歇自是村閭多歸法者

宋尼慧木者姓傅氏十一出家持小乘戒居梁郡築弋村寺始讀大品日誦兩卷師慧超嘗見經堂木往禮拜輒見屋內東北隅有一沙門金色黑衣足不履地木又於夜中臥而誦習夢到西方見一浴池有芙蓉華諸化生人列坐其中有一大華獨空無人木

欲登華攀牽用力不覺誦經音響高大木母謂其魘驚起喚之木母嘗老口無復齒木常嚼哺飴母爲以過中不得淨漱故年將立不受大戒母終亡後木自除草開壇請師受戒忽於壇所見天地晃然悉黃金色仰望西南見一天人著褋衣衣色赤黃去木或近或遠尋沒不見凡見靈異祕不語人木兄出家聞而欲知乃誑誘之曰汝爲道積年竟無所昭比可養疑當訪出門木聞甚懼謂當實然乃粗言所見唯靜稱尼聞其道德稱往爲狎方便請問乃爲具說木後與同等共禮無量壽佛因伏地不起咸謂得眠蹴而問之木竟不荅靜稱復獨苦求問木云當伏地之時夢往安養國見佛爲說小品已得四卷因被蹴即覺甚追恨之木元嘉十四年時已六十九

宋魏世子者梁郡人也奉法精進兒女遵修唯婦迷閑不信釋教元嘉初女年十四病死七日而穌云可安施高座并無量壽經世子即爲具設經座

女先雖齋戒禮拜而未嘗看經即昇座轉讀聲句清利下啓父言兒死便往無量壽國見父兄及已三人池中已有芙蓉大華後當化生其中唯母獨無不勝此苦乃心故歸啓報語竟復絕母於是乃敬法云

宋何曇遠廬江人也父萬壽御史中丞遠奉法精至持菩薩戒年十八元嘉九年丁父艱哀毀致招疾殆將滅性號踊之外便歸心淨土庶祈感應遠時請僧常有數人師僧含亦在焉遠常向含悔懺宿業恐有緣終無感徹僧含每奬厲勸以莫怠至十年二月十六日夜轉經竟衆僧已眠四更中忽自唱言歌誦歌誦僧含驚而問之遠曰見佛身黃金色形狀大小如今行像金光周身浮焰丈餘幡華翊從充牣虛空瓌妙麗極事絕言稱遠時住西廂中云佛自西來轉身西向當佇而立呼其速去曇遠常日羸喘示有氣息此夕壯厲悅樂動容便起淨手含布香手中并取園華遙以散佛母謂遠曰汝今若去不念吾耶遠

無所言俄而頓臥冢既宿信聞此靈異既皆欣肅不甚悲懼遠至五更忽然而終宅中芬馨數日乃歇右四驗出冥祥記也

梁京師正覺寺釋法悅戒素沙門也齊末初爲僧主止京師正覺寺敬修福業四部所歸悅嘗聞彭城宋王寺有丈八金像乃宋車騎徐州刺史王仲德所造光相之工江右稱最州境或應有災祟及僧尼擯延豐屢像則流汗汗之多少則禍患之濃淡也宋泰始初彭城北屬郡虜共欲遷像引至萬夫竟不能致齊初率州數郡欲起義南附亦驅逼衆僧助守營塹時虜師蘭陵公陷此營獲諸沙門於是盡執二州道人幽縶園裏遣表僞臺誣以助亂像時流汗舉殿皆溼時僞梁王謙鎮在彭城亦多少信向親往像所使人拭之隨拭隨出終莫能止王乃燒香禮拜至心誓曰衆僧無罪弟子自當營護不使羅禍若幽誠有感願拭汗即止於是自手拭之隨拭即燥王具表其事諸僧見原釋悅既欣覩靈異誓願瞻禮而門禁阻隔莫由克遂又昔宋明皇帝經造丈八金像四鑄不成於是改爲丈四悅乃與白馬寺沙門智靖率合同緣欲改造丈八無量壽像以申厥志始鳩集金銅屬齊末亂離復致推遷至梁初方以事啓聞降勅聽許并助造光趺材官工巧隨用資給以梁天監八年五月三日於小莊嚴寺營鑄本量佛身四萬斤銅融寫已竭尚未至胷百姓送銅不可稱計投諸鑪冶隨鑄而摸內不滿猶自如先又馳啓聞勅給功德銅三千斤臺內始就量送而像處已見羊車傳詔載銅鑪側於是飛棄銷融一鑄便滿甫尒之間人車俱失比臺內銅出方知向之所送信實靈感工匠喜踊道俗稱讚及至開摸量度乃踊成丈九而光相不差又有大錢二枚猶見在衣條竟不銷鑠並莫測其然尋昔量銅四萬准用有餘後益三千計闕未滿而祥瑞冥審出自心圖故知神理幽通殆非人事初像素既成比丘道昭常夜中禮懺忽見素所晃然洞明詳視久之乃知神光之異鑄後三日未及開摸有禪師道度高潔僧也捨其七條袈裟助貴開頂俄而遙見二僧跪開像髻逼就觀之儵然不見時靖昭二僧相次遷化勅以像事委之定林僧祐其年九月二十六日移像還光宅寺是月不雨頗有埃塵及明將遷像夜有輕雲徧上微雨沾澤僧祐經行像所係念天氣遙見像邊有光燄上下如燈如燭并聞推懺禮拜之聲入戶詳視揜然俱燃防寺蔣孝孫亦所同見是夜淮中賈客並聞大舡船下催督治橋有如數百人聲將知靈器之重豈人致焉其後更鑄光趺並有風香之瑞自葱河以左金像之最唯此一耳右二驗出梁高僧傳

隋時有阿彌陁佛五十菩薩像者西域天竺之瑞像也相傳云昔天竺雞頭摩寺五通菩薩往安樂界請阿彌陁佛娑婆衆生願生淨土無佛形像願力莫由請垂降許佛言汝且前去尋當現彼及菩薩還其像已至一佛五十菩薩各坐蓮華在樹葉上菩薩取葉所在圖寫流布遠近漢明感夢

使往祈法便獲迦葉摩騰等至雒陽後騰姊子作沙門持此瑞像又達此國所在圖之未幾賫像西返而此圖傳不甚流廣魏晉已來年載久遠又經滅法經像湮除此之瑞迹始將不見隨文帝開教有沙門明憲從高齊道長法師所得此一本說其本起與傳符焉是以圖寫流布徧於宇內時有北齊畫工曹仲達者本是曹國人善於丹青妙盡梵迹傳摸西瑞京邑所推故今寺壁正陽皆其眞範云（右一驗出西域傳記）

隨江都安樂寺釋慧海俗姓張氏清河武城人也善閑經論然以淨土為業專精致感忽有齊州僧道銓賫無量壽像來云是天竺雞頭摩寺五通菩薩乘空往彼安樂世界圖寫儀容既冥會素情深懷禮懺乃覩神光熠爍慶所希幸於是摸寫懇苦願生彼土沒齒為念至夜忽起依常面西禮竟跏趺至曉方逝顏色怡和儼如神在以大業五年五月微患依常面西跏趺而坐至曉方逝春秋六十有九

唐相州寒陵山寺釋道昂未詳其氏魏郡人也履信標宗風神清徹獨懷異操高尚世表慧解夙成殆非開悟結志西方願生安養後知命極預告有緣至八月初當來取別期月既臨一無患問齋時至未景次且吾即昇高座身含奇相鑪發異香援引四衆受菩薩戒詞理切要聽者動心于時七衆圍繞飡承遺味昂舉目高視乃見天衆繽紛絲管繁會中有清音遠聽哀婉天衆高亮告於衆曰兜率陁天樂音下迎昂曰天道乃是生死根本由來非願常祈心淨土如何此誠不遂意耶言訖便覩天樂上騰須臾遠滅便見西方香華伎樂充塞如似圜雲飛涌而來旋環頂上舉衆皆見昂曰大衆好住今西方靈相來迎事須聞往言訖但見香鑪墜手便於高座而終卒于報應寺春秋六十有九即貞觀七年八月內也道俗崩慟觀者如山棱捧將殯殮足下有普光堂等文字生焉還送寒陵山鑿窟處之經春不壞坐固如初又登講之夜時屬陰暗素無燈燭昂舉掌高示便發異光朗照堂宇大衆覩瑞怪所從來昂曰此光手中常有所怪乎自非道會靈章行符鄰聖者何能現斯嘉應者哉

唐西京淨影寺釋善胄瀛州人也善通經論涅槃偏長席談機悟國中第一行年七十有一初患臨終語門人曰吾生正信在心於佛理教無心輕略不慮淨土不生即令拂拭房宇燒香嚴待病來多日委卧不起忽尒自坐合掌語侍人曰安置世尊令坐口云世尊來也曹今懺悔慙愧如是良久曰世尊去矣低身似送因卧曰向者阿彌陁佛來汝等不見耶不久吾當去耳語頃便卒（右三驗出唐高僧傳）

法苑珠林卷第十五

法苑珠林卷第十五

校勘記

一 底本，金藏廣勝寺本。

一 四二六頁中一行經名，徑作「法苑珠林卷第二十三」。

一 四二六頁中二行撰者，磧、普作「大唐上都西明寺沙門釋道世撰」；南作「唐上都西明寺沙門釋道世撰」；徑作「唐上都西明寺沙門釋道世玄惲撰」；清作「唐西明寺沙門釋道世撰」。

一 四二六頁中三行「敬佛篇第六之三」，磧、普、南、清作「敬佛之三」；徑作「敬佛篇第六之四」。

一 四二六頁中四行「第四」及「此別六部」，徑無。

一 四二六頁中五行至六行「述意部……引證部」，徑無。

一 四二六頁中七行「部第一」，徑無，以下「部」字與序數相連者例同。

一 四二六頁中八行第一〇字「常」，磧、普、南、徑、清作「恒」。

一 四二六頁中一〇行首字「衆」，磧、普、南、徑、清作「穢」；麗作「鹿」。又第六字「痛」，磧、普、南、徑、清作「蜀」。

一 四二六頁中一五行末字「千」，普、南、徑、清作「三」。

一 四二六頁下末行第六字「有」，磧、普、南、徑、清作「即有」。

一 四二七頁上五行第二字「漏」，磧、普、南、徑、清作「流」。

一 四二七頁中九行第一二字至一〇行第七字「即……緣」，磧、普、南、徑、清無。

一 四二七頁下二一行「成佛」，磧、普、南、徑、清、麗作「菩薩成佛」。

一 四二八頁上八行末字「淨」，磧、普、南、徑、清無。

一 四二八頁上二二行第三字「常」，磧、普、南、徑、清作「恒」。

一 四二八頁中一二行第四字「不」，磧、普、南、徑、清、麗作「不生」。

一 四二八頁中末行「四十」，磧、普、南、徑、清作「四十八」。

一 四二八頁下四行第二字「盡」，磧、普、南、徑、清作「竟」。

一 四二八頁下六行第七字「照」，磧、普、南、徑、清、麗作「鏡」。

一 四二八頁下一七行首字「陁」，磧、普、南、徑、清作「陀佛」。

一 四二九頁上二行「名曰明」，磧、普、南、徑、清、麗作「名月明」。

一 四二九頁上三行「覽光」，磧、普、南、徑、清作「攬光」。

一 四二九頁上一四行第四字「世」，磧、普、南、徑、清、麗作「世界」。

一 四二九頁中二〇行首字「隨」，磧、普、南、徑、清、麗作「隋」。

一 四二九頁中二一行「善曹」，磧、南、清作「善曾」。

一 四二九頁下三行「遂州」，徑、清作「遂詣州」；麗作「遂詣」。

一 四二九頁下四行第三字「艘」，磧、南、徑、清作「隻」。

一　四二九頁下九行第八字「各」，磧、普、南、徑、清作「容」。
一　四二九頁下一六行第五字「肇」，磧、南、徑、清作「捷」。
一　四二九頁下二一行「煒曜」，磧、普、南、徑、清作「偉曜」。
一　四三〇頁上一行第九字「且」，磧、普、南、徑、清作「旦」。
一　四三〇頁上一七行末三字至次行首字「持小乘戒」，磧、普、南、徑、清作「受持小戒」。
一　四三〇頁上一九行第七字「見」，磧、普、南、徑、清、麗作「建」。
一　四三〇頁中三行第七字「常」，磧、普、南、徑、清作「恒」。
一　四三〇頁中七行「襈衣」，磧、普、南、徑、清作「繏衣」。
一　四三〇頁中一〇行第一一字「昭」，磧、普、南、徑、清作「招」。
一　四三〇頁中二一行首字「女」，磧、普、南、徑、清作「子」。
一　四三〇頁下六行末字「云」，磧、普、南、徑、清作「云云」。
一　四三〇頁下七行第二字「何」，磧、普、南、徑、清作「沙門」。
一　四三〇頁下一〇行第三字「踊」，磧、普、南、徑、清作「誦」。
一　四三〇頁下一二行第一一字「緣」，磧、普、南、徑、清作「煩緣」。
一　四三〇頁下一七行末字「翊」，磧、普、南、徑、清作「翼」。
一　四三〇頁下二二行「淨手」，磧、普、南作「清淨」。
一　四三一頁上三行第四字「宅」，南作「宇」。
一　四三一頁上一一行第八字「郡」，磧、南、清作「群」。
一　四三一頁上一四行第二字「師」，磧、普、南、徑、清作「帥」，又第六字「陷」，麗作「攻陷」。
一　四三一頁上一五行第七字「幽」，徑、清作「誣」。
一　四三一頁上末行第一〇字「門」，磧、普、南、徑、清、麗作「關」。
一　四三一頁中五行第九字「推」，磧、普作「折」。
一　四三一頁中九行第五字「融」，磧、普、南、徑、清作「鎔」。一四行首字同。
一　四三一頁中一〇行第一三字「摸」，磧、普、南、徑、清作「模」。下同。
一　四三一頁中一三行第一三字「櫜」，磧作「排」。
一　四三一頁下四行「靖昭」，磧、普、南、徑、清、麗作「悦靖」。
一　四三一頁下一六行首字「隨」，磧、普、南、徑、清、麗作「隋」。次頁上六行第二字、一三行首字同。
一　四三二頁上五行第六字「湮」，磧、普、南、徑、清作「漂」。又第一二字「殆」，磧、普、南、徑、清作「殄」。
一　四三二頁上一〇行第六字「盡」，磧、普、南、徑、清作「畫」。
一　四三二頁上一一行正文末字「云」，磧、普、南、徑、清作「也」。
一　四三二頁上二〇行第六字至末行

末字「至……九」，徑、清作「以大業五年五月微患至夜忽起依常面西禮竟跏趺而坐至曉方逝春秋六十有九顏色怡和儼如神在道俗悲涼競申接足花香如雨下金寶若山頹充委階墀福慧力矣」。

一 四三二頁中六行第三字「患」，磧、普、南、徑、清作「所患」。

一 四三二頁中一八行第二字「聞」，磧、普、南、徑、清作「親」。

一 四三二頁中二〇行「七年」，磧、普、南、徑、清作「十年」。

一 四三二頁下三行「常有所怪」，磧、普、南、徑、清作「恒有何所怪」；麗作「常有何所怪」。

一 四三二頁下九行「吾生正信在心」，磧、普、南、徑、清作「吾一生正信存心」；麗作「吾一生正心在心」。

一 四三二頁下一三行第六字「今」，磧、普、南、徑、清作「令」。

一 四三二頁下卷末經名，徑無（未換卷）。

法苑珠林經卷第十六敬佛之四　　　蒯

唐上都西明寺沙門釋道世撰

彌勒部第五此別五部

述意部　受戒部　讚歎部

業因部　發願部

述意部第一

惟大覺世雄隨機利物巧施現權之教以救將來之急時經末代命同風燭遂要利生無過見佛以釋尊遺囑於我法中所修行者並付慈氏令悟聖果大聖殷勤理固無妄一念相值終隔四流結妙願於華林感慈顏於兜率能扣冥機雲龍相會故上生經云是諸人等皆於法中種諸善根釋迦牟尼佛遺來付我觀此一言實固可祈自晉代之末始傳斯經暨乎宋明肇興茲會起千尺之尊儀摹方仞之道樹設供上林鱗集大衆於是四部欣躍虔誠弘化每歲良辰三會無缺自齊代馭曆法緣增廣文宣德教彌綸斯業從此巳來大會罕集行者希簡設有脩學安心無法今錄諸經依之修行冀通八正則芬列於紫宮化流十善則暉煥於兜率功被下生澤均初會也

受戒部第二

述曰若是居家白衣未受戒者先受翻邪三歸日別六時隨時便受顯歸三寶自誓不迴必得上生若出家五衆巳受得戒但依修行不須別受若無戒行追空念善亦不得生故智度論云我某甲盡形壽歸依佛歸依法歸依僧如是三說我某甲盡形壽歸依佛竟歸依法竟歸依僧竟如是三說又處胎經佛告彌勒偈云

汝所三會人　是吾先所化
九十六億人　受吾五戒者
次是三歸人　九十二億者
一稱南無佛　皆得成佛道

述曰廣明三歸功力具如敬福論三卷說既受得三歸次須受十善戒法若不行十善定不得上生應具修威儀至一出家人前誠夁巳心至誠懺悔然受云我某甲盡形壽於一切有

情上不簡凡聖不起殺心乃至第十我某甲盡形壽於一切有情上不簡凡聖不起邪見（如是三說）我某甲盡形壽於一切有情上下不簡凡聖不起殺心竟乃至第十我某甲盡形壽於一切有情上下不簡凡聖不起邪見竟（如是三說）此之十善禁防身三過殺盜婬口四過妄言綺語兩舌惡口意三過謂貪瞋邪見此之十種是衆善之根本止則是持作便是犯犯是十惡之本亦是萬禍之殃

讚歎部第三

如菩薩本行經云正使化無數億計人成辟支佛若有人百歲四事供養功德甚多不如有人以歡喜心一四句偈讚歎如來功德無量又如善戒經云以四天下寶供養於佛又以重心讚歎如來是二福德等無差別又大悲經云一稱南無佛名者以是善根入涅槃界不可盡也又若能至誠心念佛功德乃至一華散於空中於未來世諸天梵王其福不盡以其不盡終至涅槃又涅槃經迦葉以偈讚佛言

大悲愍衆生　故令我歸依
善拔衆毒箭　故稱大醫王
世醫所療治　雖差還復生
如來所治者　畢竟不復發
世尊甘露藥　以施諸衆生
衆生既復已　不死亦不生
如來今為我　演說大涅槃
衆生聞祕藏　即得不生滅

又大方等陁羅尼經尒時華聚菩薩即讚佛言

世尊身色如金山　猶如日光照世間
能拔一切諸苦惱　我今稽首大法王
世主法王甚希有　如是妙法復過是
難見難聞亦難遇　若有覩者成正覺

尒時阿須倫以偈讚佛

世尊面目如日月　能滅一切諸黑闇
今復拔濟於我等　我等歸命天中尊

文殊師利問經文殊說偈歎佛云

我禮一切佛　調御無等雙
丈六眞法身　亦禮於佛塔
生處得道處　法輪涅槃處
行住坐臥處　一切皆悉禮
諸佛不思議　妙法亦如是
能信及果報　亦不可思議
能以此祇夜　讚歎如來者
於千萬億劫　不墮諸惡趣

佛言文殊善哉善哉如來不可思議即說偈言

佛生甘蔗姓　滅已更不生
若人歸依佛　不畏地獄苦

（如是三說）又華嚴經偈云

寧受一切苦　得聞佛音聲
不受一切樂　而不聞佛名
所以無量劫　受此諸苦惱
流轉生死中　不聞佛名故

又彌勒菩薩所問本願經云佛告阿難彌勒不獨以偈讚我乃往過世十無央數劫尒時有佛號焰光響作王如來所有梵志長者名曰賢行於此佛所已得不起法忍尒時梵志賢行者今彌勒菩薩是阿難白佛言彌勒得法忍久遠乃尒何以不逮速無上正眞之道成最正覺耶佛語阿難菩薩四事法不取正覺何等為四一淨國土二護國土三淨一切四護一切

是爲四事彌勒本求佛時以是四事故不取佛佛語阿難我本求佛時亦有此四然彌勒發意先我之前四十二劫我於其後乃發道意於此賢劫以大精進超越九劫得於無上正眞之道致最正覺佛告阿難我以十事致最正覺何等爲十一所有一切無所愛惜二妻妾三兒子四頭目五手足六國土七珍寶財物八髓腦九血宍十不惜身命我以十事疾得佛道又大悲經云佛告阿難汝觀如來在路行時能令大地高處令下下處令高高下諸處悉得平正如來過後地輙還復一切樹林傾側向佛樹神現身低頭禮拜如來過後樹輙還復一切丘陵坑坎屏厠臭穢蕀林瓦礫皆悉埽除平正清淨馨香芬烈衆華布地如來足履蹈上而過無情諸物尚皆傾側何況有情而不加敬何以故我本修行菩薩行時於一切人所無不傾側謙下禮敬以是善業得成佛已有情無情如來行時無不傾側低頭禮拜我本曾以清淨微妙稱意資産至心自手施諸衆生以是業報如來行時大地平正埽灑清淨又無瓦礫我於無量諸賢聖所在路行時曾與埽治道路泥治房舍我以平等心無高下埽治令淨於一切時常求善提利益衆生以是善根若佛如來在在處處行來路首自然清淨地平如掌乃至須彌山王高八萬四千由旬在大海中亦深尒許及鐵圍山高十六萬八千由旬亦是金剛堅固佛涅槃時無不傾側低頭禮敬若欲遠避不傾側者亦無是處

由歎如來故乃至舍利弗從他聞歎佛偈亦得道果故普曜經安隆比丘以偈報舍利弗言

吾師天中天　三界無極尊
相好身丈六　神通猶虛空
華熏去五陰　拔十二根本
不貪天世位　心淨開法門

時舍利弗欣然大悅如冥覩明口言善哉昔來抱疑又吾好學八歲從師至年十六靡不周綜行徧天下十六大國自謂已達今乃聞異無上正眞得吾本願由如來過去心淨離著不害衆生故所行之處脚足不汙蟲蟻不損故處處經云佛不著履有三因緣一使行者少欲二現足下輪三令人見之歡喜佛行足去地四寸有三因緣一見地有蟲蟻故二地有生草故三現神足故亦欲令人意止佛行地高下皆平有三因緣一本行四等心欲令一切安隱地在水上水中有神蟲蛾一切值佛足下皆安隱同心立意是故卑者爲高高者爲卑二諸天鬼神行福爲佛除地故高下爲平三佛爲菩薩時通利道徑橋梁度人故從是得福故高下正平欲令人意亦尒

又智度論云世尊身好細薄皮相塵土不著身如蓮華葉不受塵水若菩薩在乾土山中經行土不著足隨嵐風來吹破土山令散爲塵乃至一塵不著佛身若菩薩舉食著口中是時咽喉邊兩處流注甘露和合諸味是味清淨故名味中得上味

又增一阿含經云無恭敬心於佛者

當生龍蛇中以過去從中來今猶無敬多睡癡也又四分律說偈云

有敬長老者　是人能護法
現世得名譽　將來生善道

讚彌勒四禮文（玄奘法師依經翻出）

至心歸命禮當來彌勒佛
諸佛同證無爲體　眞如理實本無緣
爲誘諸天現兜率　其猶幻士出衆形
元無人馬迷將有　達者知幻未曾然
佛身本淨皆如是　愚夫不了謂同凡
知佛無來見眞佛　於茲必得永長歡
故我頂禮彌勒佛　唯願慈尊度有情
願共諸衆生上生兜率天奉見彌勒佛

至心歸命禮當來彌勒佛
佛有難思自在力　能以多刹內塵中
況今現處兜率殿　師子牀上結跏坐
身如檀金更無比　相好寶色曜光暉
神通菩薩皆無量　助佛揚化救含靈
衆生但能至心禮　無始罪業定不生
故我頂禮彌勒佛　唯願慈尊度有情
願共諸衆生上生兜率天奉見彌勒佛

至心歸命禮當來彌勒佛
慈尊寶冠多化佛　其量超過數百千
此土他方菩薩會　廣現神變實寰中
佛身白毫光八萬　常說不退法輪因
衆生但能修福業　屈伸臂頃値慈尊
河沙諸佛由斯現　況我本師釋迦文
故我頂禮彌勒佛　唯願慈尊度有情
願共諸衆生上生兜率天奉見彌勒佛

至心歸命禮當來彌勒佛
諸佛常居清淨刹　受用報體量無窮
凡夫宍眼未曾識　爲現千尺一金軀
衆生視之無厭足　令知業果現閻浮
但能聽經勤誦法　逍遙定往兜率宮
三塗於茲爲永絕　將來同證一法身
故我頂禮彌勒佛　唯願慈尊度有情
願共諸衆生上生兜率天奉見彌勒佛

業因部第四

如來曾有經云下品十善謂一念頃中品十善謂一食頃上品十善謂從旦至午於此時中心念十善止於十惡亦得往生故野干心念十善七日不食生兜率天又上生經云我滅度後四衆八部欲生第四天當於一日至第七日繫念彼天持佛禁戒思念十善行十善道以此功德迴向願生弥勒佛前隨念往生（言七日者且從近說尚感彼天何況一生而不尅獲）又上生經云若有禮敬弥勒佛者除却百億劫生死之罪乃至來世龍華樹下亦得見佛又云我滅度後四衆八部聞名禮拜命終往生兜率天中若有男女犯諸禁戒造衆惡業聞是菩薩大悲名字五體投地誠心懺悔一切惡業速得清淨若有歸依弥勒菩薩當知是人得不退轉弥勒成佛見佛光明即得受記又上生經云佛滅度後若有精勤修諸功德威儀不缺掃塔塗地華香供養行諸三昧讀誦經典如是人等雖不斷結如得六通應當繫念念佛形像稱彌勒名若一念頃受八戒齋修諸淨業命終之時即得往生兜率天上蓮華臺中應時見佛白毫相光超越九十億劫生死之罪隨其宿緣爲說妙法令得不退又增一經云衆生三業造惡臨

終憶念如來功德者必離惡道趣得生天上正使極惡之人以念佛故亦得生天又大集經云若修慈者當捨身命時見十方佛手摩其頂蒙手觸故心安快樂尋得往生清淨佛土又普賢觀經云若有晝夜六時禮十方佛誦大乘經思第一義甚深空法於一彈指頃除百萬億那由他恒河沙劫生死之罪行此法者真是佛子從諸佛生十方諸佛及諸菩薩爲其和上是名具足菩薩戒有不須羯磨自然成就應受一切人天供養又法華經云若有人受持讀誦正憶念解其義趣是人命終爲千佛授手令不恐怖不墮惡道即往兜率天上弥勒菩薩所弥勒菩薩有三十二相大菩薩衆所共圍繞有百千萬億天女眷屬而於中生有如是等功德利益是故智者應當一心自書若使人書受持讀誦正憶念如說修行又智度論云若善男子能行是深般若波羅蜜者當知是人人道中來或兜率天來所以者何三惡道中罪苦多故不得行深般若欲界諸天著淨妙五欲心則狂惑故不能行色界天等深著禪定味故不能行無色界天無形故故不能行以兜率天上常有一生補處菩薩彼中諸天常聞說般若五欲雖多法力勝故是故說二處勝若從他佛國來生此閒斯則轉勝也

又處處經云佛言彌勒不來下有四因緣一有時福應彼閒二是此閒人麁無能受經者三功德未滿四世閒有能說經者故彌勒不下若當來下餘有五十億七千六十萬歲彌勒時人眼皆見四千里由本十種因緣得一不掩人眼明二不損人眼三不覆人眼四不藏人善五不視殺六不視盜七不視婬八不視陰私及人短九諸惡事不視十然燈於佛寺

又佛說彌勒來時經云佛言彌勒佛欲來出時閻浮利內地山樹草木皆焦盡於今閻浮利地周匝六十萬里彌勒出時閻浮利地東西長四十萬里南北廣三十二萬里地生五菓四海之內無山陵嵠谷地平如砥樹木長大人少三毒民多聚落城名汜羅耶夷有一婆羅門名須凡當爲彌勒作父母名摩訶越題彌勒當爲作子相好具足身長十六丈生墮城地目徹視萬里內頭中日光照四千里彌勒得道爲佛時於龍華樹下坐樹高四十里廣亦四十里（大成佛經華枝如龍頭故名龍華樹又有別傳云子從龍宮出故名龍華樹也）用四月八日明星出時得道彌勒佛却後六十億殘六十萬歲當來下（自外大同成佛經說）

王玄策西國行傳云唐顯慶二年勅使王玄策等往西國送佛袈裟至泥婆羅國西南至頗羅度來村東坎下有一水火池若將家火照之其水上即有火焰於水中出欲滅以水沃之其焰轉熾漢使等曾於中架一釜煮飯熟使問彼國王國王荅使人云曾經以杖刺著一金匱令人挽出一挽一深相傳云此是彌勒佛當來成道天冠金火龍防守之此池火乃是火龍火也又智度論云彌勒菩薩爲白衣時師名婆跋梨有三種相一眉閒白豪相二舌覆面相三陰藏相如

是等非是菩薩時亦皆有此相也

又新婆沙論云曾聞尊者大迦葉波入王舍城最後乞食食已未久登雞足山山有三峯如仰雞足尊者入中結跏趺坐作誠言曰願我此身并納鉢杖久住不壞乃至經於五十七俱胝六十百千歲慈氏如來應正等覺出現世時施作佛事發此願已尋般涅槃時彼三峯便合成一掩蔽尊者儼然而住及慈氏佛出現世時將無量人天至此山上告諸衆曰汝等欲見釋迦牟尼佛杜多功德弟子衆中第一大弟子迦葉波不舉衆咸曰我等欲見慈氏如來即以右手撫雞足山頂應時峯㘺還爲三分時迦葉波將磨納鉢杖從中而出上昇虛空無量天人覩斯神變歎未曾有其心調柔慈氏世尊如應說法皆得見諦若無留化如此之事云何有耶有說有留化事問若介世尊何故不留化身至涅槃後任持說法荅所應作者已究竟故謂佛所應度皆已度訖所未度者聖弟子度之有說無留化事問若介迦葉波事云何得有荅諸信敬天神所任持故有說迦葉波介時未般涅槃慈氏佛時方取滅度此不應理寧可說無不說彼默然多時虛住如是說者有留化事是故大迦葉波已入涅槃

發願部第五

惟凡夫力弱習惡來多以住娑婆甚心怯弱初學是法恐畏退敗常發大願扶持此行乃至命終心無障惱隨種善根願共含識自在往生彌勒內衆得至佛前隨念修學證不退轉不願往生於外衆中恐著五欲不得解脫故智度論云有人修少福業聞有福處常願往生及至命終各生其中又大莊嚴論云佛國事大獨行功德不能成就要須願力如牛雖力挽車要須御者能有所至淨佛國土由願引成以願力故福德增長不失不壞常見佛故又如十住論云若人發心求佛不休不息有人以指舉大千世界在空却住不足爲難若發願言我當作佛是人希有何以故世人心劣無大志故又發菩提心論有十大願常悉修行

一者願我先世及以今身所種善根施與一切衆生迴向佛道令我此願念念增長世世所生終不忘失常爲陁羅尼之所守護

二者願我以此善根生處值佛常得供養不生無佛國中

三者願我常近諸佛隨侍左右如影隨形

四者願我既得親近爲我說法成就五通

五者願我通達世諦假名流布解第一義得正法智

六者願我以無猒心爲衆生說示教利喜皆令開解

七者願我以佛神力徧至十方一切世界供養諸佛聽受正法廣攝衆生

八者願我隨順清淨法輪一切衆生聽我法者聞我名者即得捨離一切煩惱

九者願我隨逐衆生將護與樂捨身命財荷負正法除無利益

十者願我雖行正法心無所行亦無

不行爲化衆生不捨正願願我以此十大誓願徧衆生界攝受一切河沙諸願若衆生界有盡我願乃盡然衆生界不可盡故我此大願亦不可盡廣度衆生無邊法界所修善根皆悉迴向無上正覺生彌勒佛前聞清淨法悟無生忍但行住坐臥一生已來所修善根並共法界衆生迴向彌勒佛前速成不退

玄奘法師云西方道俗並作彌勒業爲同欲界其行易成大小乘師皆許此法彌陁淨土恐凡鄙穢修行難成如舊經論十地已上菩薩隨分見報佛淨土依新論意三地菩薩始可得見報佛淨土豈容下品凡夫即得往生此是別時之意未可爲定所以西方大乘許小不許故法師一生已來常作彌勒業臨命終時發願上生見彌勒佛請大衆同時說偈云

南無彌勒如來　　應正等覺

願與含識　　速奉慈顏

南無彌勒如來　　所居內衆

願捨命已　　必生其中

感應緣 略引六驗

晉譙國戴逵　晉沙門釋道安

宋尼釋慧玉　梁沙門釋僧護

隨沙門釋靈幹　唐沙門釋善胄

夫最勝之相妙出無等非直光儀莫寫固亦形好不傳夫以世俗之指爪而匠法身之圓極筭數譬喻豈我萬一自泥洹以來久踰千祀西方像製流式中夏雖依經鎔鑄各務髣髴名士奇匠競心展力而精分密數未有殊絕晉世有譙國戴逵字安道風清肥槩遠遯舊吳宅性居理游心釋教且機思通贍巧擬造化思所以影響法相咫尺應身乃作無量壽挾侍菩薩研思致妙精銳定製潛於帷中密聽衆論所聞褒貶輙加詳改覈准度於豪芒審光色於濃淡其和墨點彩刻形鏤法雖周人盡策之微宋客象楮之妙不能踰也委心積慮三年方成振代迄今所未曾有凡在瞻仰有若至眞俄而迎像入山陰之靈寶寺道俗觀者皆發菩提心高平郗超聞而禮覲遂撮香而誓曰若使有常復覩

聖顏如其無常願會彌勒既而手中之香勃焉自然芳煙直上其氣聯雲餘熏藏蕤溢於衢路凡預聞見皆心喜徧身宋臨川康王撰宣驗記亦載其顯瑞戴公居去靈寶寺百餘步戴嘗中夜而起見寺上有光其明甚熾謂是燔火狼狽往起鄰曲知者咸說驗奔至而寺門靜閉迺像放光明旦衆聞扣門方起共觀咸覩佛堂暉燄洞照于天莫不整躬虔禮歎覺化之無方也宋文帝迎像供養常在後堂齊高帝起正覺寺欲以勝妙靈像鎮撫法殿乃奉移此像舊在正覺寺逵又造行像五軀積慮十年像舊在瓦官寺逵第二子顒字仲若素韻淵澹雅好丘園既負荷幽貞亦繼志才巧逵每製像常共參慮濟陽江夷少與顒友夷嘗託顒造觀世音像致力罄思欲令盡美而相好不圓積年無成後夢有人告之曰江夷於觀世音無緣可改爲彌勒菩薩戴即停手馳書報江信未及發而江書已至俱於此夕感夢語事符同戴喜於神應即改爲

彌勒於是觸手成妙初不稽思光顏
圓滿俄尒而成有識讚仰咸悟因緣
之匪差此像舊在會稽龍華寺尋二
戴像製歷代獨步其所造甚多並散
在諸寺難悉詳録
晉長安五級寺有釋道安姓衞氏常
山扶柳人也形雖不逮於人而聰雋
罕儔七歲讀書再覽能誦年至十三
出家日誦萬言不差一字師敬異之
為受具戒恣其游學至鄴入中寺遇
佛圖澄澄見而嗟與語終日因事澄
為師澄講安覆疑難鋒起安挫銳
解紛行有餘力時人語曰漆道人驚
四鄰安後避地南投襄陽與弟子釋
慧遠等四百餘人度江夜行值雷雨
乘電光而進前行得入一家見門裏
有一馬栿中間懸一馬兜可容一斛
安呼林伯升主人驚出果姓林名伯
升謂是神人厚相奉接既而弟子問
何以知其姓字安曰兩木為林兜容
百升也既至襄陽有一外國銅像形
製古異時衆不甚恭重安曰像形相
致佳但髻形未稱令弟子鑪冶其髻

既而光焰煥炳曜滿一堂詳視髻中
見一舍利衆咸愧服安曰像既靈異
不煩復冶乃止識者咸謂安知有舍
利故出以示衆時襄陽習鑿齒鋒辯
天逸籠罩當時其先藉安高名早以
致書通好承應真履正明白內融慈
訓兼照道俗齊蔭自大教東流四百
餘年雖蕃王居士時有奉者而真丹
宿訓先行上世道運時遷俗未僉悟
自頃道業之隆咸無以匹所謂月光
將出靈鉢應降法師任當洪範化洽
無幽此方諸僧咸有思慕若慶雲東
徂摩尼迴曜一躡七寶之座暫現明
哲之燈雨甘露於豐草植栴檀於江
湄則如來之教復崇於今日玄波溢
漾重盪於代矣文多不悉載及聞安
至止即往脩造既坐稱言四海習鑿齒
安曰彌天釋道安時人以為名荅安
常注諸經恐不合理乃誓曰若所說
不甚遠理願見瑞相乃夢見梵道人
頭白眉毛長語安云君所注經殊合
道理我不得入泥洹住在西域當相
助弘通可時時設食後十誦律至遠

公乃知和上所夢賓頭盧也於是立
座飯之處處成則安既德為物宗學
兼三藏所制僧尼軌範佛法憲章條
為三例一曰行香定座上經上講之法
二曰常日六時行道飲食唱時法三
曰布薩差使悔過等法天下寺舍遂
則而從之安每與弟子法遇等於彌
勒像前立誓願生兜率後至秦建元
二十一年正月二十七日忽有異僧形
甚庸陋來寺寄宿寺房既窄處之講
堂時維那直殿夜見此僧從窻隙出
入遽以白安安驚起禮訊問其來意
荅云相為而來安曰自惟罪深詎可
度脫彼荅云甚可度耳然須更浴聖
僧情願必果具示浴法安請問來生所
生之處彼乃以手虛撥天之西北即見
雲開備覩兜率妙勝之報尒夕大衆
數十人悉皆同見安後營浴具見有
非常小兒伴侶數十來入寺戲須臾
就浴果是聖應也至其年二月八日
忽告衆曰吾當去矣是日齋畢無疾
而卒葬城內五級寺中是歲晉太元
十年也年七十二安未終之前每先

聞羅什在西國思共講析每勸堅取之什亦遠聞安風謂是東方聖人常遙而禮之初安生而便左臂有一皮廣寸許著臂捋可得上下之唯不得出手時人謂之爲印手菩薩安既終後十六年什公方至什恨不相見悲恨無極安既篤好經典志在宣法所請外國沙門僧伽提婆曇摩難提及僧伽跋澄等譯出衆經百餘萬言常與沙門法和詮定音字詳覈文旨新出衆經於是獲正孫綽爲名德沙門論目云釋道安博物多通才經名理又爲之贊曰

物有廣贍人固多宰淵淵釋安專能兼倍飛聲汧隴馳名淮海形雖草化猶若常在有別記云河北別有竺道安與釋道安齊名謂習鑿齒致書於竺道安道安本隨師姓竺後改爲釋世見其二姓因謂爲兩人謬矣（右此二驗出梁高僧傳）

宗尼釋慧玉長安人也行業勤修經戒通備嘗於長安薛尚書寺見紅白光十餘日中至四月八日六重寺沙門來游此寺於光處得弥勒金像高一尺餘慧玉後南渡樊郢住江陵靈收寺元嘉十四年十月夜見寺東樹有紫光爛起暉暎一林以告同學妙光等而悉弗之見也二十餘日玉常見焉後寺主釋法弘將於樹下營禁禪基仰首條閒得金坐像亦高尺許云（右此一驗出冥祥記）

梁剡石城山有釋僧護本會稽剡人也少出家便剋意苦節戒行嚴淨後居剡石城山隱岳寺寺北有青壁直上數十餘丈當中央有如佛焰光之形上有藂樹曲幹垂蔭覆護每經行至壁所輒見光明煥炳聞絃管歌讚之聲於是擎罏發誓願博山鐫造十丈石佛以敬擬彌勒千尺之容使凡厥有緣同覩三會以齊建武中招結道俗初就彫剪踈鑿逾年僅成面璞頃之護遘疾而亡臨終誓曰吾之所造本不期一生成辦第二身中其願剋果後有沙門僧淑纂襲遺功而資力莫由未獲成遂至梁天監六年有始豐令吳郡陸咸罷邑還國夜宿剡溪值風雨晦冥咸皆危懼假寐忽夢見三道人來告云君誠信堅正自然安隱有建安殿下感患未瘳若能治剡縣僧護所造石像得成就者必獲平愈冥理非虛宜相開發也咸還都經年稍忘前夢後出門乃見一僧云聽講寄宿自言去歲剡溪所囑建安王事猶憶此不咸當時懼然荅云不憶道人笑曰宜更思之仍即辭去咸悟其非凡乃倒屣諮訪追及百步忽然不見咸豁尒意解具憶前夢乃剡縣所見第三僧也咸即馳啓建安王王即以上聞勅遣僧祐律師專任像事王乃深信益加喜踊充徧抽捨金貝誓取成畢初僧祐未至一日寺僧慧逞夢見黑衣大神翼從甚壯立于龕所商略分數至明旦初祐律師至其神應若此初僧護所創鑿龕過淺乃鏟入五丈更施頂髻及身相剋成瑩磨將畢夜中忽當萬字處色赤而隆起今像胷萬字處猶不施金薄而赤色存焉像以天監十二年春就功至十五年春竟坐軀高五丈立形十丈龕前架三層臺又造門閣殿堂并立衆

基業以充供養其四遠士庶並提挾香華萬里來集供施往還軌迹塡委自像成之後建安王所苦消瘳王後改封今之南平是也（右一驗出梁高僧傳）

隋西京大禪定道場釋靈幹俗姓李氏金城狄道人也志節恭勤常修淨業依華嚴經作蓮華藏世界海觀及作彌勒天宮觀至開皇十七年遇疾暴悶唯心不冷未敢藏殯後醒述云初見兩人手把文書戶前而立曰官須見師俛仰之間乃與俱往狀如乘空足無所涉到一大園七寶樹林端嚴如畫二人送達便辭而退幹獨入園東西極目但見林地山池無非珍寶焜煌亂目不得正視樹下華座或有人坐或無坐者忽聞人喚云靈幹汝來此耶尋聲就之乃慧遠法師也禮訊問曰此爲何所荅曰是兜率陁天吾與僧休同生於此次吾南坐上者是休法師也遠與休形並非本身頂戴天冠衣以朱紫光㬢絕世但語聲似舊依然可識又謂幹曰汝與我諸弟子後皆生此矣因得覺悟重增故

業端然觀行絕交人物至大業三年禪定初成勑召爲道場上座僧徒一咸莊敬有叙至於八年於本房內所患漸重將欲終卒目精上視不與人對久之乃垂顏如常曰沙門童眞問疾因見是相幹謂眞曰向見靑衣童子二人來召相逐而去至兜率天城外未得入宮若翹足舉望則見城中寶樹華蓋若平立即無所見也傍侍疾者向舉目者是其相矣眞曰若即往彼大遂本願幹曰天樂非久終墜輪迴華嚴藏海是所圖也不久氣絕須臾復童眞問何所見耶幹曰見大水徧滿華如車輪幹坐其上所願足矣尋介便卒（童眞法師是隋日大禪定寺主武德初卒也）以大業八年正月二十九日卒於本寺春秋七十有八

唐西京淨影寺釋善胄俗姓淮氏瀛州人也通敏易悟極閑談激機辯爲心美譽聞徹於仁壽末年奉勑置塔送舍利于梓州牛頭山華林寺巖輿將達感豬八頭突到轝下從行至館驅逐乃走還來如故漸至城治黑蠭四

枚形甚壯偉隨轝旋繞數匝便去既至州館夜放大光明徹屋上如火焰發食頃方滅又掘塔基入深丈餘正當函處得古甆瓶無蓋有水清澄香美乃用盛於函內寺九層浮圖從西南角第二級放光上照相輪如五石甕黃赤如火良久方隱又堂內彌勒僧亦放眉間紫光并二菩薩亦放赤光通照寺院前後七度衆人同見除不來者武德三年八月內終於本寺春秋七十有一（右此二驗出唐高僧傳）

法苑珠林卷第十六

法苑珠林經卷第十六

校勘記

一 底本，金藏廣勝寺本。

一 四三六頁中一行經名，徑無（未換卷）。又「敬佛之四」，徑無；麗作「敬佛篇第六之四」並置於二行與三行之間。

一 四三六頁中二行撰者，磧作「大唐上都西明寺沙門釋道世撰」；徑無（未換卷）；清作「唐西明寺沙門釋道世撰」；麗作「西明寺沙門釋道世撰」。

一 四三六頁中三行「第五」、「此別五部」，徑無。

一 四三六頁中四行至五行「述意部……發願部」，徑無。

一 四三六頁中六行「部第一」，徑無，以下「部」字與序數相連者例同。

一 四三六頁中一五行第五字「遣」，磧、南、徑、清作「遺」。又第一二字「言」，徑作「善」。

一 四三六頁下二二行第一一字「心」，磧、南、徑、清作「一心」。

一 四三六頁下末行第二字「然」，磧、南、徑、清、麗作「然後」。

一 四三七頁上一行第二字「上」，麗作「上下」。二行第一二字同。

一 四三七頁上四行第一三字「下」，磧、南、徑、清無。六行第一一字同。

一 四三七頁上一一行「之殃」，至此，徑卷第二十三終，卷第二十四始，並有「敬佛篇第六之五」、「彌勒部之餘」各一行。

一 四三七頁上二二行第三字「諸」，磧、南、徑、清作「作」。

一 四三七頁中七行第四字「復」，磧、南、徑、清、麗作「服」。

一 四三七頁下二二行「四事」，麗作「以四事」。

一 四三九頁上一行「從中來」，磧、南、清作「從龍中來」；徑作「從龍來」。

一 四三九頁中四行第八字「常」，磧、南、徑、清作「恒」。一一行第三字同。

一 四三九頁中六行「河沙」，磧、南、徑、清作「恒沙」。

一 四三九頁中一五行第五字「爲」，磧、南、徑、清、麗作「必」。

一 四四〇頁上六行「畫夜」，磧、南、徑、清、麗作「晝夜」。

一 四四〇頁上一一行第九字「有」，磧、南、徑、清作「者」。

一 四四〇頁中八行第一〇字「不」，磧、南、徑、清作「未」。一一行第九字同。

一 四四〇頁中一三行末字「得」，磧、南、徑、清作「德」。

一 四四〇頁中一六行第一一字「及」，磧、南、徑、清作「求」。

一 四四〇頁中一七行末字「寺」，磧作「寺中」。

一 四四〇頁中一九行「閻浮利」，磧、南、徑、清作「閻浮刹」。下同。

一 四四〇頁下五行「日光」，磧、南、徑、清作「目光」。

一　四四〇頁下九行第一一字「殘」，南、徑、清作「刼」。

一　四四〇頁下一七行第三字「熟」，磧、南、徑、清作「得熟」。

一　四四一頁上一五行第一四字「磨」，磧、南、徑、清無。

一　四四一頁上二一行「任持」，麗作「住持」。

一　四四一頁中四行第一一字「住」，磧、南、徑、清作「作」。

一　四四一頁中八行「退敗」，磧、南、徑、清作「退散」。

一　四四一頁下八行第五字「常」，磧、南、徑、清無。

一　四四二頁上二行「河沙」，磧、南、徑、清作「恒沙」。

一　四四二頁上一七行第五字「小」，磧、南、徑、清、麗作「小乘」。

一　四四二頁中四行首字「隨」，磧、南、徑、清、麗作「隋」。

一　四四二頁中七行第一二字「我」，磧、南、徑、清作「或」。

一　四四二頁中一一行「安道」，磧、南、徑、清、麗作「安道者」。又末字「肥」，磧、南、徑、清、麗無。

一　四四二頁中一二行「遯舊吴」，磧作「肥遯奮吴」；麗作「肥遯」；南、徑、清作「留遯奮吴」；麗作「肥遯舊吴」。

一　四四二頁中一三行第六字「擬」，磧、南、徑、清作「疑」。又第九字「思」，磧、南、徑、清作「乃」。

一　四四二頁下五行「去靈寶寺百餘步」，磧、南、徑、清作「去靈寶百有餘步」。

一　四四二頁下七行第八字「起」，磧、南、徑、清作「赴」。

一　四四二頁下八行「至而」，磧、南、徑、清作「而至」。

一　四四二頁下一一行第一一字「常」，磧、南、徑、清作「恒」。

一　四四三頁上二行第一一字「咸」，磧、南、徑、清作「感」。

一　四四三頁上一〇行第一一字「入」，磧、南、徑、清作「乃入」。

一　四四三頁上一一行第七字「嗟」，磧、南、徑、清、麗作「嗟異」。

一　四四三頁上一七行「有一馬榻」，磧、南作「有二馬榻」；徑、清作「有二馬枊」。

一　四四三頁中三行第四字「冶」，磧、南、徑、清作「治」。

一　四四三頁中六行第九字「正」，清作「止」。

一　四四三頁中一〇行第二字「頃」，南、徑、清作「須」。又第七字「盛」，清作「咸」。又第一〇字「匹」，磧、南、徑作「近」。

一　四四三頁中一二行「壓靈」，清作「慶雲」。

一　四四三頁中一五行第七字「復」，磧作「獲」。

一　四四三頁中一六行第五字「代」，磧、南、徑、清作「末代」。

一　四四三頁中二〇行「遠理」，磧、南、徑、清作「達理」。又「梵道人」，磧、

南、徑、清作「胡道人」。

一　四四三頁下八行第二字「像」，磧、徑無。

一　四四三頁下一四行「須更」，清、麗作「須史」。

一　四四四頁上二行末字「常」，磧、南、徑、清作「恒」。

一　四四四頁上五行第七字「為」，磧、南、徑、清作「寶」。

一　四四四頁中七行首字「云」，磧、南、徑、清作「也」。

一　四四四頁中一二行第一〇字「覆」，磧、南、徑、清無。

一　四四四頁中一七行第六字「蹠」，磧、南、徑、清作「蹀」。又第八字「逾」，磧、南、徑、清作「移」。

一　四四四頁下一行第八字「誠」，磧、南、徑、清作「識」。

一　四四四頁下四行首字「愈」，磧、南、徑、清作「豫」。

一　四四四頁下一〇行「刬縣」，磧、南、徑、清、麗作「刬溪」。

一　四四四頁下一二行第一二字「住」，磧、南、徑、清、麗作「任」。

一　四四四頁下一五行首字「逞」，磧、南、徑、清作「遠」。

一　四四五頁上一〇行第八字「户」，南、徑、清作「房」。

一　四四五頁上二一行第九字「煒」，磧、南、徑、清作「偉」。

一　四四五頁中四行第九字「精」，徑、清作「睛」。

一　四四五頁中一三行第三字「復」，磧、南、徑、清作「復蘇」。

一　四四五頁中一五行夾註右「隋曰」，磧、南、徑、清作「隋時曰」。又夾註「大禪定寺」，麗作「西大禪定寺」。

一　四四五頁中一七行「有八」，磧、南、徑、清作「有八也」。

一　四四五頁中一九行第一〇字「談」，磧、南、徑、清作「論」。

一　四四五頁中二一行「舍利于」，磧、南、徑、清作「舍利子」。

一　四四五頁中末行第一三字「蠢」，磧、南、徑、清作「蜂」。

一　四四五頁下八行首字「僧」，磧、南、徑、清作「像」；麗作「佛」。

一　四四五頁下一一行夾註「右……傳」，磧、南、清作「右二驗出唐高僧傳內」。

一　四四五頁下卷末經名，徑無（未換卷）。

法苑珠林卷第十七

三十六紙

西明寺沙門釋道世撰

敬佛篇第六之五

敬法篇第七

普賢驗（今入末法作觀者希故經不錄且述四驗）

宋路昭太后　宋沙門釋道溫

宋沙門釋道環　齊沙門釋普明

宋路昭太后大明四年造普賢菩薩乘寶輿白象安於中興禪房因設講于寺其年十月八日齋畢解坐會僧二百人于時寺宇始搆帝甚留心輦蹕臨幸旬必數四僧徒勤整禁衛嚴肅尒日僧名有定就席欠之忽有一僧豫于座次風貌秀舉闔堂驚矚齋主與語往還百餘言忽不復見列筵同覩識其神人矣

宋大明年中有寺統法師名道溫居在秣陵縣既見皇太后叡鑒沖明聖符幽洽滌思淨場研襟至境固以聲藻震中事靈梵表迺創思鎔斲抽寫神華摸造普賢來儀威像寶傾宙珍妙盡天餝所設講齋訖今月八日覩會有限名簿素定引次就席數無盈減轉經將半景及昃吾忽覩異僧豫于座內容止端嚴氣貌秀發舉衆矚目莫有識者齋主問曰上人何名荅曰名慧明問住何寺荅云來自天安言對之閒儵然不見闔堂驚瑰徧筵肅慮以爲明祥所貴幽應攸闡紫山可覿華臺不遠葢聞至誠所感還景移緯澄心所殉發石開泉況帝德涵邇皇功懋洽仁洞乾遐理暢冥外故上王感士剋表大明之朝勸發妙身躬見龍飛之室意若曰陛下慧燭海縣明華日月故以慧明爲人名繼天興祚式垂無壃故以天安爲寺稱神基彌遠道政方凝九服識泰萬彙齊悅謹列言屬縣以詮天休

宋沙門釋道環扶風好時人也本姓馬氏學業淳粹弱齡有聲元嘉二年九月在雒陽爲人作普賢齋道俗四十許人已經七日正就中食忽有一人袴褶乘馬入至堂前下馬禮佛環謂常人不加禮異此人登馬揮鞭忽失所在便見赤光赫然竟天良久而

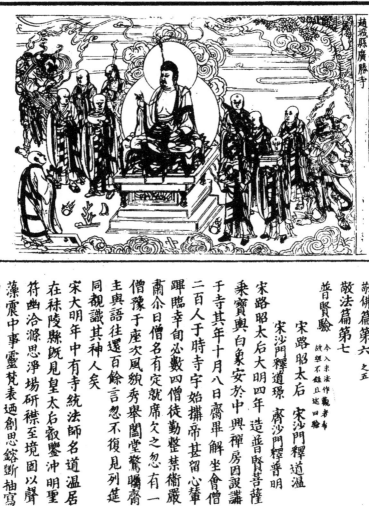

滅後三年十二月在白衣家復作普賢齋將竟之日有二沙門容服如凡直來禮佛衆中謂是常僧不甚尊仰聊問何居荅曰住在前村時衆白衣有張道覺其有異至心禮拜沙門出門行可數十步忽有飛塵直上衝天追目此僧不復知所璟以七年與同學來游京師時司空何尚之始構南澗精舍璟寓居焉夜中忽見四人乘一新車從四傳教來在屋內呼與共載道璟驚其夜至疑而未言因眼闇不覺昇車俄而至郡後沈橋見一貴人著怏被箋布單衣坐牀纛繖形似華蓋鹵簿從衞可數百人悉服黃衣見璟驚曰行艱舟道人精心遠詣旨欲知其處耳何故將來即遣人引送璟還至精舍門外失所送人門閉如故扣喚久之寺內諸僧咸驚相報告開門內之視所住房戶猶故關之右三驗出冥祥記

齊上定林寺有釋普明姓張臨渭人少出家禀性清純蔬食布衣以懺誦為業誦法華維摩二經及諷誦之時有別衣別座未嘗穢雜每至勸發品輒見普賢乘象立在其前誦維摩經亦聞空中唱樂又善神祝所救皆愈有鄉人王道眞妻病請明來祝明入門婦便悶絶俄見一物如狸長數尺許從狗竇出因此而愈明甞行水傍祠巫覡自云神見之皆奔走以宋孝建中卒春秋八十有五右此一驗出唐高僧傳

觀音驗 略引二十驗

秦尚書徐義　秦居士畢覽
晉沙門竺法義　晉沙門竺法純
晉沙門釋開達　晉居士郭宣
晉居士潘道秀　晉居士欒荀
晉沙門釋法智　晉南公子
晉沙門道泰　晉居士孫道德
晉居士劉度　晉居士竇傳
晉沙門竺法純　宋居士張興
宋居士宋琰　魏沙門釋道泰
魏居士孫敬德　魏沙門釋法力

秦徐義者高陸人也少奉法為苻堅尚書堅末兵革鋒起賊獲義將加戮害乃埋其兩足編髮於樹夜中專念觀世音有頃得眠夢人謂之曰今事亟矣何暇眠乎義便驚起見守防之士並疲而寢乃試自奮動手髮既解足亦得脫因而遁去百餘步隱小藂草便聞追者炎馳火炬星陳互繞此藂而竟無見者天明賊散歸投鄴寺遂得免云

秦畢覽東平人也少奉法隨慕容垂北征沒虜單馬逃竄虜追騎將及覽至心誦念觀世音既得免脫因入深山迷惑失道又專心歸念中夜見一道人法服持錫示以途徑遂得還路安隱至家

晉始寧山有竺法義晉興寧中沙門游刃衆典尤善法華受業弟子常有百餘至咸安二年忽感心氣疾病常存念觀世音乃夢見一人破腹洗腸寤便病愈傳亮每云吾先君與義公游處無閑說觀世音神異莫不大小肅然

晉沙門竺法純山陰顯義寺主也晉元興中起寺行牆至上蘭渚買材路經湖道材主是婦人而應共至村所唯許價直遂與同船俱行既入大湖日暮暴風波浪如山純船小水入命在瞬

息念值行無福忽遇斯災又與婦人俱行其以罔懼乃一心誦觀世音經俄有大舟流趣純適時既入夜行旅已絕純自惟念不應有此流船疑是神力既而共度乘之而此小船應時即沒大舟隨波皷盪俄得達岸也

晉沙門釋開達隆安二年登壟採甘草為羌所執時年大飢羌胡相噉乃置達柵中將食之先在柵者十有餘人羌日夕烹俎唯達尚存自達被執便潛誦觀世音經不懈乎心及明日當見噉其晨始曙忽有大虎徑逼群羌奮怒號吼羌各駭怖迸走虎乃前齩柵木得成小闕可容人過已而徐去達初見虎齩柵必謂見害既柵穿而不入心疑其異將是觀世音力計度諸羌未應便及即穿柵迸走夜行晝伏遂得免脫

晉郭宣之太原人也義熙四年為楊思平梁州府司馬楊以輒害范元之等彼法宣亦同執在獄唯一心歸向觀世音菩薩後夕將眠之際忽覩觀菩薩光明照獄宣瞻覿禮拜祈請墊願久之乃沒俄而宣之獨被恩赦既釋依所見形製造圖像又立精舍焉後為零陵衡陽平官

晉潘道秀吳郡人年二十餘為軍亂主北為征固既而軍小失利秀竄逸被掠經數處作奴俘虜異域欲歸無因少信佛法常至心念觀世音每夢寐輒見像後既南奔迷不知道於窮山中忽覩真形如今行像因作禮禮竟豁然不覺失之乃得還路遂歸本土後精進彌篤年垂六十而亡

晉欒荀不知何許人也少奉法嘗作福富平令先從征虜偕值小失利舫遭火垂盡賊亦交逼正在中江風浪駭目荀恐怖分盡猶誦念觀世音俄見江中有一人挺然孤立腰與水齊荀心知祈念有感火賊已切便投水就之體既浮涌脚似履地尋而大軍遣船迎接敗者遂得免濟

晉沙門釋法智為白衣時嘗獨行至大澤中忽遇猛火四方俱起走路已絕便至心禮誦觀世音俄然火過一澤之草無有遺莖者唯法智所處容身不燒於是始乃敬奉大法後為姚興將從征索虜軍退失馬落在圍裏乃隱滿邊荆棘叢中得蔽頭復念觀世音心甚勤至隔滿人遙喚後軍指令殺之而軍過搜覓輒無見者徑得免濟後遂出家

晉南公子敖始平人也戍新平城為乞伏虜兒長樂公所破合城數千人皆被誅害子敖群刃交下或高或低持刀之人忽疲懈四支不隨尒時長樂公親自臨形驚問之子敖聊尒荅云能作馬鞍乃令原釋子敖亦不知所以作此言時後遂得逃逸造小形像貯以香函行則頂戴云

晉沙門釋道泰常山衡唐精舍僧也晉義熙中嘗夢人云君之年命當終六七泰年至四十二便遇篤病慮必不濟悉以衣鉢之資厚為福施又歸誠屬念稱誦觀世音晝夜四日勤心不替時所坐牀前垂帷忽於帷下見人跨戶而入足趺金色光明照屋泰乃褰帷遽視奄然而滅驚欣交萃因大流汗即覺體輕所患平差

晉孫道德益州人也奉道祭酒年過五十未有子息居近精舍景平中沙門謂德必願有兒當至心禮誦觀世音經此可冀也德遂罷不事道單心投誠歸觀世音少日之中而有夢應婦即有孕遂以產男云

晉劉度平原遼城人也鄉里有一千餘家並奉大法造立形像供養僧尼值虜主木末時此縣嘗有逋逃木末大怒欲盡滅一城衆並兇懼分必殄盡度乃潔誠率衆歸命觀世音須之末見物從空中下繞其所住屋柱驚視乃觀世音經使人讀之木末大歡喜用省刑戮於是此城即得免害

晉竇傳者河內人也永和中并州刺史高昌冀州刺史呂護各擁部曲相與不和傳爲昌所用作官長護遣騎抄擊爲所俘執同伴六七人共繫一獄鎖械甚嚴剋日當殺之沙門支道山時在護營中先與傳相識聞其執厄出至獄所候視之隔戶共語傳謂山曰今日困厄命在漏刻何方相救山曰若能至心歸請必有感應傳先亦頗聞觀世音及得山語遂專心屬念晝夜三日至誠自歸觀其鎖械如覺緩解有異於常聊試推盪豁然離體傳乃復至心曰今蒙哀祐已令桎梏自解而同伴尚多無心獨去觀世音神力普濟當令俱免言畢復牽挽餘人皆以次解落若有割剔之者遂開戶走出於警徼之間莫有覺者便踰城徑去時夜已向曉行四五里天明不敢復進共逃隱一榛中須臾覺失因人馬駱驛四出尋捕焚草踐林無不至徧唯傳所隱一畝許地終無至者遂得免還鄉里敬信異常咸佳奉法道山後過江爲謝居士敷具說其事 右十四驗出冥祥記

晉山陰顯義寺時有竺法純未詳何人少出家止山陰顯義寺苦行有德善誦古維摩經晉元興中爲寺上蘭渚買故屋暮還於湖中遇風而船小將沒純唯一心憑觀世音口誦不輟俄見一大流船乘之獲免至岸訪船無主須臾不見道俗咸歎神感後不知所終 右一驗出梁高僧傳

宋張興者新興人也頗信佛法嘗從沙門僧融曇翼時受八戒興嘗爲劫所引夫得走逃妻坐繫獄掠笞積日時縣失火出囚路側會融翼同行經過囚邊妻驚呼闍梨何以賜救融曰貧道力弱無救如何唯宜勤念觀世音庶獲免耳妻便晝夜祈念經十許日於夜夢一沙門以腳蹹之曰咄咄可起妻即驚起鉗鏁桎梏豁然俱解便走趣戶戶時猶閉警防殊嚴既無由出慮有覺者乃還著械尋復得眠又夢向沙門曰戶已開矣妻覺而馳出守備者並已惛睡妻安步而去時夜甚闇行可數里卒值一人妻懼辟地已而相評乃其夫也相符悲喜夜投僧翼翼藏匿之因遂獲免時元嘉初也

宋琰稚年在交阯彼土有賢法師者道德僧也見授五戒以觀世音金像一軀見與供養形製異今又非甚古類元嘉中作鎔鑄殊工似有真好琰奉以還都時年在齠齔與二弟常盡勤至專精不倦後治改弊廬無屋安

設寄京師南澗寺中于時百姓競鑄
錢亦有盜毀金像以充鑄者時像在
寺已經數月琰晝寢夢見立于座隅
意甚異之時日已暮即馳迎還其夕
南澗十餘軀像悉遇盜亡其後久之
像於曛暮間放光顯照三尺許地金
輝秀起煥然奪目琰兄弟及僕役同
覩者十餘人于時幼小不即題記比
加撰錄忘其日月是宋大明七年秋
也至泰始末琰移居烏衣周旋僧以
此像權寓多寶寺琰時暫游江都此
僧仍適荊楚不知像處垂將十載常
恐神寶與因俱絕宋升明末游躓峽
表徑過江陵見此沙門逈知像所其
年琰還京師即造多寶寺訪焉寺主
愛公云無此寄像琰退慮此僧孟浪
將遂失此像深以惆悵其夜夢人見
語云像在多寶愛公忘耳當爲得之
見將至寺此人手自開殿見像在殿
之東衆小像中的分明詰旦造寺
具以所夢請愛公愛公乃爲開殿果
見此像在殿之東如夢所覩遂得像
還時建元元年七月十三日也像今
常自供養庶必永作津梁修復其事
有感深懷沿此徵覿綴成斯記夫鏡
接近情莫踰儀像瑞驗之發多自此
興經云鎔斲圖繢類形相者爰能行
動及放光明今西域釋迦彌勒二像
輝用若眞蓋得相乎今華夏景楷神
應亟著亦或當年群生因會所感假
憑木石以見幽異不必剋由容好而
能然也故沈石浮深寔闡閩吳之化
塵金瀉液用紓彭宋之禍其餘銓示
繁方雖難曲辯率其大旨允歸自從
若夫經塔顯效旨證亦同事非殊貫
故繼其末（右一驗出冥祥記）
魏常山衡唐精舍釋道泰元魏末人
夢人謂曰佘至某年當終於四十二
矣泰寤懼之及至其年遇病甚憂
悉以身資爲福有友人曰余聞供
養六十二億菩薩與一稱觀音福同
無異君何不至心歸依可必增壽泰
乃感悟遂四日四夜專精不絕所坐
帷下忽見光明從戶外而入見觀音
足趺踝閒金色朗照語泰曰汝念觀
世音耶比泰褰帷頃便不復見悲喜
流汗便覺體輕所患悉愈聖力所加
後終延年
魏天平年中定州募士孫敬德造觀
音像自加禮敬後爲劫賊所引不勝
拷楚妄招其死將加斬決夢一沙門
令誦救生觀世音經千徧得脫有司
執縛向市且行且誦臨刑滿千刀斫
自折以爲二段皮宍不傷三換其刀
終折如故視像項上有刀三迹以狀
奏聞承相高歡表請免死勑寫其經
廣布於世今謂高王觀世音經自晉
宋梁陳秦趙國國分十六時經四百
觀音地藏彌勒彌陁稱名念誦獲得
救者不可勝紀具諸傳錄備載
魏末魯郡釋法力未詳何人精苦有
志勤營塔寺欲於魯郡立精舍而材
不足與沙彌明琛往上谷乞麻一載將
還行空澤中忽遇野火車在下風恐
無得免法力倦眠比寤而火勢已及
因舉稱觀未遑稱世音應聲風轉火
焰尋滅安隱還寺又有沙門法智本
爲白衣獨行大澤猛火四面一時同
至自知必死乃合面於地專稱觀音

怪無火燒舉頭看之一澤之草纖豪並燼唯智所伏僅容身耳因此感悟捨俗出家又沙門道集於壽陽西山游行為二劫所得縛繫在樹將欲殺之唯念觀音守死不輟引刀屢斫皆無傷損劫賊怖走集因得脫又沙門法禪山行逢賊危欲害之唯念觀音挽弓射之放箭不得賊遂歸誠投弓於地知是神人怖捨逃逝右二驗出唐高僧傳

頌曰

釋化能仁　觀機降天　衆聖之上
寔惟帝先　夾養怡和　濯粹沖淵
慈誨含識　善誘中玄　恩舒慧炬
燭我宵征　隨機變化　孰識其年
望之靄舉　即亦雲津　懇之以形
悼之以神　三乘既弘　雙林遺身
假唱泥洹　正法常眞

敬法篇第七此有六部

述意部　聽法部　求法部
感福部　法師部　謗罪部

蓋聞寂滅不動是則無象無言感而遂通所以有名有教是以一四之句難聞三千之火易入庶使凝寒靜夜朗月長宵獨處空閑吟誦經典吐納宮商文字分明言味流美詞韻相屬適衆人心利生物善足使幽靈欣躍精神悅豫久習純熟文義洞曉敬心殷誦至誠冥感信知受持一偈福利弘深書寫一言功超數劫是以迦葉頂受靡憚剝皮薩陀心樂無辭灑血此是甘露之初門入道之終德也

聽法部第二

如付法藏經云佛言一切衆生欲出三界生死大海必假法船方得度脫法為清涼除煩惱熱法是妙藥能愈結病法是衆生眞善知識作大利益濟諸苦惱所以然者一切衆生志性無定隨所染習近善則善近惡則惡若近惡友便造惡業流轉生死無有邊際若近善友起信敬心聽受妙法必能令離三塗苦惱由此功德受最勝樂華氏國王有一白象能滅怨敵若人犯罪令象蹋殺後時象廄為火所燒移象近寺象聞比丘誦法句經偈云為善生天為惡入淵象聞法已心便柔和起慈悲心後付罪人但以鼻嗅舌舐而去都不肯殺王見斯已心大惶怖即召諸臣共謀此事智臣白王此象近寺必聞妙法是致然耳今可移近屠肆處繫王用其言象見屠殺惡心猛熾殘害更增是以當知一切衆生志性無定畜生尚尒聞法生慈見殺增害豈況於人而不染習是故智者宜應覺知見惡須棄觀善宜近勤聽經法又於往昔有婆羅門持人髑髏其數甚多詣華氏城中徧行衒賣經歷多時都無買者時婆羅門極大瞋恚高聲罵言此城中人愚癡闇鈍若不就我買髑髏者我當與作惡名聞也尒時城中諸優婆塞聞畏毀謗便將錢買即以銅箸貫穿其耳若徹過者便與多價其半徹者與價漸少都不通者全不與直婆羅門言我此髑髏皆悉無異何故與價差別不等優婆塞言前徹過者此人生時聽受妙法智慧高勝貴其如此相與多價其半徹者雖聽經法未善分別故與少直全不通者此人往昔

都不聽法故不與價時優婆塞持此髑髏往至城外起塔供養命終之後悉得生天以是因緣當知妙法有大功德此優婆塞以聽法人髑髏起塔而供養之尚得生天況能至心聽受經法供養恭敬持經人者此之福報實難窮盡未來必當成無上道是故智者欲得無上安隱快樂應當至心勤聽經法

賢愚經云昔佛在世時舍衛國中須達長者信敬佛法爲僧檀越衆僧所須一切供給須達家内有二鸚鵡一名律提二名賖律提稟性黠慧解人言語見比丘來先告家内令出迎逆阿難後時到長者家見鳥聰黠爲說四諦苦集滅道門前有樹二鳥聞法飛向樹上歡喜誦持夜在樹宿野貍所食緣此善根生四天王盡彼天壽生忉利天忉利壽盡生夜摩天夜摩壽盡生兜率天兜率壽盡生化樂天化樂壽盡生於第六他化自在天他化壽盡還生化樂如是次第還復下至四天王天四天壽盡還復上至他化自在天如是上下經於七返生六欲天自恣受樂極天之壽而無中夭後時命終來生人中出家修道得辟支佛一名曇摩二名修曇摩

賢愚經云昔佛在世時有一比丘林中誦經音聲雅好時有一鳥聞法敬愛在樹而聽時爲獵師所射命終緣此善根生忉利天面貌端正光相晒然無有倫匹自識宿命知因比丘誦經聽法得生此中即持天華到比丘所禮敬問訊以天香華供養比丘比丘具問知其委曲即命令坐爲其說法得須陁洹既得果已還歸天上禽鳥聽法尚獲福報無邊豈況於人信心聽法寧無善報

善見律論云昔佛在世時到瞻婆羅國迦羅池邊爲衆說法時彼池中有其一蛤聞佛池邊說法之聲即從池出入草根下聽佛說法時有一人持杖放牛見佛在坐爲衆說法即往佛所欲聞法故以杖刺地誤著蛤頭即便命終生忉利天以福報故宫殿縱廣十二由旬與諸天女娛樂受樂即乘宫殿往至佛所頭頂禮足佛知故問汝是何人忽禮我足神通光明相好無比照徹此間蛤天人以偈而荅

往昔爲蛤身　於水中覔食
聞佛說法聲　出至草根下
有一牧牛人　持杖來聽法
杖劖刺我頭　命終生天上

佛以蛤天人所說偈爲四衆說法是時衆中八萬四千人皆得道跡蛤天人得須陁洹果合掌而去

求法部第三

如雜寶藏經云昔有一女人聰明智慧深信三寶常於僧次請二比丘就舍供養後時便有一老比丘次到其舍年老根昧素無知曉齋食訖已女人至心求請說法數坐頭前閉目静坐比丘自知不解說法趣其泯眼棄走還寺然此女人至心思惟有爲之法無常苦空不得自在深心觀察即時獲得須陁洹果既得果已向寺求覔欲報其恩然此比丘自審無知棄他逃走倍生慚恥轉復藏避而此女人苦求不已方自出現女人見已具

說蒙得道果因緣賫供報恩差比丘聞甚大慚愧深自剋責亦復獲得須陁洹果是故行者應當至心精誠求法若至心者所求必獲

涅槃經云佛言我念過去作婆羅門在雪山中修菩薩行時世無佛亦無經法時天帝釋觀見菩薩獨在山中修諸苦行即下試之自變其身作羅剎像甚可怖畏往菩薩前口說半偈

諸行無常　是生滅法

說是偈已徧觀四方菩薩聞偈心生歡喜即從坐起以手舉髮四向顧視不見餘人唯見羅剎即便往問大士何處得是半偈此半偈義乃是三世諸佛正道羅剎荅言汝不須問我不食來已經多日處處求索了不能得飢渴苦惱心亂譫語非我本心之所知也菩薩復語若為我說是偈竟我當終身為汝弟子羅剎荅言汝智太過但自憂身都不見念我今飢逼實不能說菩薩復語汝食何食羅剎荅言我所食者唯人煖肉其所飲者唯人熱血菩薩聞已即語羅剎但能具足說是偈竟我當以身奉施供養羅剎荅言誰當信汝為八字故棄所愛身菩薩荅言我今有證梵釋四王諸佛菩薩能為我證羅剎聞已勑聽許說菩薩歡喜即脫皮衣為敷法坐白言和上願坐此座善為我說羅剎即說

生滅滅已　寂滅為樂

說是偈已菩薩深思然後處處石壁道樹書寫此偈竟上高樹投身而下未至地時虛空中出種種聲尒時羅剎還帝釋身接取菩薩安置平地懺悔辭謝頂禮而去緣為半偈捨身因緣超十二劫在彌勒前成無上道

涅槃經云佛言我念過去無量無邊那由他劫此娑婆世界有佛出世號釋迦牟尼為衆生宣說大涅槃經我於尒時從善友所轉聞佛說大涅槃經心中歡喜即欲供養貧無財物遂行賣身福薄不售即欲還家路見一人而復語言吾欲賣身君能買不其人荅言我家作業人無堪者吾有惡病良醫處藥應當日服人肉三兩卿若能以身肉三兩日日見給便當與汝金錢五枚我時聞已歡喜語言慧我七日須我事訖便還相就其人荅言聽汝一日我即取錢往至佛所禮已奉獻然後誠心聽受是經我時闇鈍唯受一偈

如來證涅槃　永斷於生死
若有至心聽　常得無量樂

受是偈已至病人家雖復日日與肉三兩以念偈故不以為痛日日不廢足滿一月其人病差瘡亦平復我時見身具足平復即發菩提願未來世成佛之時亦願號字釋迦牟尼以是因緣今得成佛

又集一切福德三昧經云昔過去久遠阿僧祇劫有一仙人名曰最勝住山林中具五神通常行慈心後作是念非但慈心能濟衆生唯集多聞能滅衆生煩惱邪見能生正見念已便詣城邑聚落處處推求說法之師時有天魔來語仙言我今有佛所說一偈汝今若能剝皮為紙刺血為墨折骨為筆書寫此偈當為汝說最勝仙

人聞已念言我於無量百千劫中常以無事爲他割截受苦無量都無利益我今當捨不堅之身易堅實法歡喜踴躍即以利刀剥皮爲紙刺血爲墨折骨爲筆合掌向天請説佛偈時魔見已愁憂憔悴即便隱去仙人見已作如是言我今爲法不惜身命剥皮爲紙刺血爲墨折骨爲筆爲衆生故至誠不虚餘方世界有大慈悲能説法者當現我前作是語時東方去此三十二刹有佛國土名普無垢其國有佛號淨名王忽住其前放大光明照最勝身苦痛即除平復如故佛即廣爲説集一切福德三昧最勝聞法得無礙辯佛説法已還沒不現最勝仙人得辯才已爲諸衆生廣説妙法令無量衆生住三乘道經千歲後乃命終生淨名王普無垢國由敬法故今得成佛佛告淨威昔最勝者今我身是以當知若有人能恭敬求法佛於其人不入涅槃法亦不滅雖在異土常面覩佛得聞正法

感福部第四

如普曜經云若有賢人聞是經典叉手自歸即捨八事懈怠之本成八功勲何謂爲八一得端正好色二得力勢强盛三得眷屬滋茂四逮得辯才無量五學疾得出家六所行淸淨七得三昧定八得智慧明無所不照若有法師布坐諷誦是經得八座福何謂爲八一得長者座二得轉輪王座三得天帝座四得自在天座五得羅漢座六得菩薩座七得如來座八得轉法輪度脱一切衆生座若有法師須宣是法有讃歎善哉者當得八淸淨行何謂爲八一言行相應無所違失二口言至誠而無虚妄三在於衆會眞諦無欺四所言人信不捨遠之五所言柔輭初無麁獷六其聲悲和猶如哀鸞七身心隨時音聲如梵會中人聞莫不諮受八音響如佛可衆生心若有書是經典得八大藏何謂爲八一得意藏未曾妄捨二所得心藏無所不解分別經法三得往來藏普解一切諸佛經法四得揔持藏一切所聞皆能識念五得辯才藏爲諸衆生頒宣經典皆歡喜受六甚深法藏將護正法七道意法藏未曾斷絶三寶法教八奉行法藏則輙逮得無所從生忍

又華嚴經云善男子假使有人以大海等墨須彌聚筆書寫此經一一品一一法門一一方便一一法門一一句中義味猶不能盡又大乘莊嚴論云諸菩薩於大乘法有十種正行一書寫二供養三流傳四聽受五轉讀六教他七習誦八解説九思擇十修習此十正行能生無量功德又中邊分別論云大乘修有十一書寫二供養三施與他四若他讀誦一心聽聞五自讀六自如理取名味句及義七如道理及名句味顯説八正心聞誦九空處如理思量十已入意爲不退失故

又菩薩藏經云復次舍利子是善男子善女人等受持是經殷重聽聞讀誦解義乃至爲他廣分別説當知是人復得如是十種功德稱讚利益何等爲十一者成就機速慧二者成就捷辯慧三者成就猛利慧四者成就

迅疾慧五者成就廣博慧六者成就甚深慧七者成就通達慧八者成就無著慧九者常現前見一切如來既得見已以清美頌而爲讚歎十者善能如理請問如來又能如理開釋疑難舍利子是名獲得十種功德稱讚利益

復次舍利子是善男子善女人等受持是經讀誦解義乃至爲他廣分別說當知是人復獲如是十種功德稱讚利益何等爲十一者常樂遠離諸不善友二者常樂親近諸善知識三者能緩諸魔所有繫縛四者摧殄諸魔所有軍陣五者善能訶猒一切煩惱六者於一切行心常捐捨七者違背一切向惡趣道八者歸向一切趣涅槃道九者善說一切越度生死清淨之施十者巧能隨學一切菩薩所行軌則又能奉行諸佛教勑如是名爲十種功德稱讚利益又涅槃經云法是佛母佛從法生三世如來皆供養法也

又度無極集經云昔有比丘精進守法所可諷誦是般若波羅蜜其有聞者莫不歡喜有一小兒厥年七歲城外牧羊遥聞比丘誦經聲即詣精舍禮拜聽其經言時說色空聞即悟解便問比丘應荅不可小兒反爲比丘解說其義昔所希聞怪此小兒智慧非凡時小兒即去逐牛至山值一虎害此小兒命終生長者家夫人懷妊口便能說般若波羅蜜從朝至夜初不懈息其長者家怪此夫人謂呼鬼病有比丘至舍聞聲甚喜比丘報言此非鬼病但說尊經夫人出禮比丘復爲說法諸有疑難不能及者盡爲解說衆僧歡喜日月滿足産得男兒適生叉手長跪說波羅蜜夫人産已還復如本比丘言眞佛弟子好養護之此兒後大當爲一切衆人作師吾等悉當從其啓受時兒七歲道法悉備舉衆超絶智度無極經中誤脱皆爲刪定兒毋所至輒開化人長者室家大小五百人衆皆從兒學八萬四千人皆發無上正眞道意五百比丘聞兒所說盡漏意解志求大乘得法眼淨是時兒者則吾身是比丘者迦葉佛是

又舍利弗處胎經云毋懷舍利弗毋亦聰明

高僧傳云毋懷羅什令毋聰明舊誦千偈懷胎巳日得二千偈初成須陁洹果後得斯陁含果

法師部第五

如勝天王經云若有法師流通此經處此地即是如來所行於彼法師當生善知識心尊重之心猶如佛心見是法師恭敬歡喜尊重讚歎又云我若住世一劫若減一劫說是流通此經法師功德不能究盡若此法師所行之處善男子善女人宜應刺血灑地令塵不起如是供養未足爲多如來法輪難受持故

又華嚴經云譬如金翅鳥王飛行虚空安住虚空以清淨眼觀察大海龍王宮殿奮勇猛力以左右翅博開海水悉令兩闢知龍男女有命盡者而撮取之如來應供等正覺金翅鳥王亦復如是安住無礙虚空之中以清

淨眼觀察法界諸宮殿中一切衆生若有善根已成熟者奮勇猛十力正觀兩翅博開生死大愛海水隨其應出生死海除滅一切妄想顛倒安立如來無礙之行

又涅槃經云若有善男子善女人聞是經名生四惡趣者無有是處若有衆生一經耳者悉能滅除一切諸惡無間罪業又云若有衆生一經耳者却後七劫不墮惡道又云若有能知如來常住無有變異或聞常住二字音聲一經於耳即生天上後解脫時乃能證知如來常住無有變易又華嚴經云若聞一句未曾聞法勝得三千大千世界珍寶是菩薩得聞一偈正法生上財想勝得轉輪聖王位又法華經云若善男子善女人受持是法華經若讀若誦若解說若書寫是人當得八百眼功德千二百耳功德八百鼻功德千二百舌功德八百身功德千二百意功德

又涅槃經云我涅槃後若有得聞如是大乘微妙經典生信敬心當知是等於未來世百千億劫不墮惡道又云若有於一河沙佛所發心然後乃能於惡世中不謗是法愛樂是典不能爲人分別廣說若有於二河沙佛所發心然後乃能於惡世中不謗是法正解信樂受持讀誦亦不能爲他人廣說若有於三河沙佛所發心然後乃能於惡世中不謗是法乃至書寫經卷雖爲他說未解深義若有於四河沙佛所發心然後乃能於惡世中不謗是典乃至書寫經卷爲他廣說十六分中一分之義若有於五河沙佛所發心乃至於惡世中爲人廣說十六分中八分之義若有於六河沙佛所發心乃至於惡世中爲他廣說十六分中十二分義若有於七河沙佛所發心乃至於惡世中爲他廣說十六分中十四分義若有於八河沙佛所發心乃至於惡世中書寫經卷亦勸他人令得書寫自能聽受亦勸他人令解聽受如說修行具足能解盡其義味

謗罪部第六

惟今末世法逐人訛道俗相濫傳譯背眞混雜同行不修內典專事俗書縱有抄寫心不至殷既不護淨又多舛錯共同止宿或處在門簷風雨蟲寓都無驚懼致使經無靈驗之功誦無救苦之益寔由造作不殷亦由我人逾慢也故敬福經云善男子經生之法不得顛倒乙字重點五百世中墮迷惑道中不聞正法

又大集經云若有衆生於過去世作諸惡業或毀於法或謗聖人於說法者爲作障礙或抄寫經法洗脫文字或損壞他法或闇藏他經由此業緣令得盲報

又大般若經第四百四十卷云佛言諸善男子善女人等書寫般若波羅蜜多甚深經時頻申欠呿無端戲笑互相輕蔑身心躁擾文句倒錯迷惑義理不得滋味橫事欻起書寫不終當知是爲菩薩魔事

又大乘蓮華藏經云受佛禁戒不護將來各言我是於大乘法亦如冥夜各自說言我得佛法受鐵棒地獄苦事難述從地獄出瘖瘂聾盲不見正

法阿難請戒律論云僧尼白衣等因讀經律論等行語手執翻卷者依忉利天歲數犯重突吉羅傍報二億歲墮麞鹿中常被拉脊苦痛難忍無記戲言捉經律論亦招前報或安經像房堂蒼前者依忉利天歲數八百歲犯重突吉羅傍報二億歲墮豬狗中生若得人身一億歲身常作客栖屑不得自在

又大品經云是人毀呰三世諸佛一切智起破法業因緣集故無量百千萬億歲墮大地獄中是破法人輩從一大地獄至一大地獄若火劫起時至他方大地獄中生在彼間從一大地獄至一大地獄彼間若火劫起時復至他方大地獄中生在彼間從一大地獄至一大地獄如是徧十方獄彼間若火劫起故從彼死破法業因緣未盡故還來是間大地獄中生在此間亦從一大地獄至一大地獄受無量苦此間火劫故復至十方他國土生畜生中受破法罪業苦如地獄中說重罪轉薄或得人身生盲人家生旃陁羅家生除厠擔死人種種下賤家生若無眼若一眼若瞎眼無舌無耳無手所生之處無佛無法無佛弟子處生何以故種破法業積集厚故

又涅槃經云若有不信是經典者現世當為無量病苦之所惱害多為衆生所見罵辱命終之後人所輕賤顏貌醜陋資生艱難常不供足雖復少得麁澀弊惡常處貧窮下賤誹謗正法邪見之家若臨終時或值荒亂刀兵競起帝王暴虐怨家讎隙之所侵逼雖有善友而不遭遇資生所須求不能得雖少得利常為飢渴唯為凡下之所顧識國王大臣悉不齒錄設復聞其有所宣說正使是理終不信受如是之人如折翼鳥不能飛行是人亦尒於未來世不能得至人天善處若復有人能信如是大乘經典本所受形雖復麁陋以經功德即使端正威顏色力日更增多常為人天之所樂見恭敬愛戀情無捨離國王大臣及家親屬聞其所說悉皆敬信若我聲聞弟子之中欲行第一希有事者當為世間廣宣如是大乘經典善男子譬如霧露勢雖欲住不過日出日既出已消滅無餘善男子是諸衆生所有惡業亦復如是住世勢力不過得見大涅槃日是日既出悉能除滅一切惡業

又法華經云若佛在世若滅度後其有誹謗如斯經典見有讀誦書持經者輕賤憎嫉而懷結恨此人罪報汝今復聽其人命終入阿鼻獄具足一劫劫盡更生如是展轉至無數劫從地獄出當墮畜生於無數劫生輒聾瘂諸根不具告舍利弗謗斯經者若說其罪窮劫不盡

頌曰

敎傳三藏　慈訓八因　含情普洽
機悟玄津　威陽夏烈　溫柔晞春
枯燋日夕　光潤爽神　卷即納福
舒即慧申　思之不已　惟益惟新
實稱慈父　巧號能仁　周孔老教
孰與陶均

法苑珠林卷第十七

法苑珠林卷第十七

校勘記

一 底本，金藏廣勝寺本。

一 四四九頁中一行經名，徑無(未換卷)。

一 四四九頁中二行撰者，磧、普作「大唐上都西明寺沙門釋道世撰」；南作「唐上都西明寺沙門釋道世撰」；徑無(未換卷)；清作「唐西明寺沙門釋道世撰」。卷第二十二至二十四同。

一 四四九頁中三行「敬佛篇第六之五」，磧、普、南、徑、清無。

一 四四九頁中四行「敬法篇第七」，徑、清無。

一 四四九頁中五行「普賢驗」，磧、普、南作「普賢驗第六」；徑作「普賢部」；清作「普賢部第六」。又夾註「今入……四驗」，磧、普、南、徑、清無。

一 四四九頁中五行與六行之間，徑、清有「感應緣」並夾註「略引四驗」一行。

一 四四九頁中六行第六字「宋」，清無。

一 四四九頁中七行首字「宋」，清無。又第六字「璟」，磧、普、南、徑、清作「冏」。下至次頁上一七行首字同。

一 四四九頁中一八行「袜陵縣」，磧、普、南、徑、清作「秣陵縣」。

一 四四九頁中二一行「來儀」，磧、普、南、徑、清作「彩儀」。

一 四四九頁下一行第六字「素」，磧、普、南、徑、清作「索」。

一 四四九頁下八行「可覰」，磧、普、南、徑、清作「可覩」。

一 四四九頁下一五行第一三字「稟」，磧、普、南、徑、清作「寓」。

一 四五〇頁上三行「常僧」，磧、普、南、徑、清作「庸僧」。

一 四五〇頁上一〇行第五字「四」，磧、普、南、徑、清作「四人」。

一 四五〇頁上一一行末字「闇」，磧、普、南、徑、清作「閉」。

一 四五〇頁上一三行第三字「快」，普、南、徑、清作「怏」。又第一一字「蠢」，磧、普、南、徑、清作「蠢」。又第一三字「形」，磧、普、南、徑、清、麗作「形」。

一 四五〇頁上一九行夾註左「冥祥記」，磧、普、南作「冥祥記之」；徑、清作「冥祥記云」。

一 四五〇頁中二行第一〇字「祝」，磧、普、南、徑、清、麗作「呪」。三行第一二字同。

一 四五〇頁中四行第一二字「長」，麗作「身長」。

一 四五〇頁中七行夾註右「右此一驗」，磧作「右此驗」；徑、清作「右一驗」。又左「高僧傳」，至此，徑卷第二十四終，卷第二十五始，並有「敬佛篇第六之六」一行。

一 四五〇頁中八行「觀音驗」，徑作「觀音部」；清作「觀音部第七」。又

「略引二十驗」，徑、清作「感應緣略引十八驗」。

一　四五〇頁中九行「秦居士」，徑作「秦東平」；清作「東平」。

一　四五〇頁中一〇行第七字「晉」，清無。

一　四五〇頁中一一行首字「晉」，清無。又「晉居士郭宣」，磧、普、南作「晉居士郭宣之」；徑作「晉太原郭宣之」；清作「太原郭宣之」。

一　四五〇頁中一二行「晉居士潘道秀」，徑作「晉吳郡潘道秀」；清作「吳郡潘道秀」。又「晉居士欒荀」，磧、普、南、徑作「晉居士欒苟」；清作「居士欒苟」。

一　四五〇頁中一三行首字「晉」，清無。又「晉南公子」，磧、普、南、徑作「晉南公子敖」；清作「南公子敖」。

一　四五〇頁中一四行「晉沙門道泰」，徑、清無。又「晉居士孫道德」，徑作「晉益州孫道德」；清作「益州孫道德」。

一　四五〇頁中一五行「晉居士劉度」，徑作「晉遼城劉度」；清作「遼城劉度」。又「晉居士竇傳」，徑作「晉河內竇傳」；清作「河內竇傳」。

一　四五〇頁中一六行「晉沙門竺法純」，徑、清無。又「宋居士張興」，徑、清作「宋新興張興」。

一　四五〇頁中一七行首字「宋」，清無。

一　四五〇頁中一八行「魏居士孫敬德」，徑作「魏定州孫敬德」；清作「定州孫敬德」。又第七字「魏」，清無。

一　四五〇頁下五行末字「云」，磧、普、南、徑、清作「之」。

一　四五〇頁下七行第三字「沒」，南作「役」。

一　四五〇頁下一七行「無間」，磧、普、南、徑、清作「而間」。

一　四五〇頁下一八行「肅然」，磧、普、南、徑、清作「肅然矣」。

一　四五〇頁下二〇行「上蘭渚」，磧、普、南、徑、清作「蘭上」。

一　四五〇頁下二一行「唯許」，磧、普、南、徑、清、麗作「准許」。

一　四五一頁上三行第五字「流」，磧、普、南、徑、清作「泛流」。

一　四五一頁上六行「達岸也」，磧、普、南、徑、清作「達其岸耳」。

一　四五一頁上一〇行「尚存自達」，磧、南無。

一　四五一頁上一二行「徑逼」，磧、普、南、徑、清作「遥逼」。

一　四五一頁上一四行「小閣」，磧、麗作「小闕」。

一　四五一頁上一六行「觀世音」，磧、普、南、徑、清作「觀音」。

一　四五一頁中一行「恩散」，磧、普、南、徑、清作「恩赦」；麗作「恩放」。

一　四五一頁中三行第二字「爲」，磧、普、南、徑、清無。

一　四五一頁中四行末字「亂」，磧、南作「糾」；普、徑、清作「紏」。

一　四五一頁中七行第六字「常」，磧、

普、南、徑、清作「恒」。
一四五一頁中八行第四字「像」，磧、普、南、徑、清無。
一四五一頁中一二行第三字「荀」，磧、普、南、徑、清作「苟」。下同。
一四五一頁中一八行首字「體」，磧、普、南、徑、清作「身」。又第六字「似」，普、清作「以」。
一四五一頁中末行第一〇字「法」，磧、普、南、徑、清無。
一四五一頁下二行「圍裹」，磧、普、南、徑、清作「圍裏」。
一四五一頁下三行第九字「得」，麗作「正得」。
一四五一頁下五行第六字「過」，磧、普、南、徑、清、麗作「遇」。又「徑得」，磧、普、南、徑作「遂得」；清作「因得」。
一四五一頁下八行「乞伏」，磧、普、南、徑、清作「佛佛」。
一四五一頁下九行第四字「害」下，磧、普、南、徑、清、麗有「子教雖分必死而猶至心念觀世音既而次至」十八字。又第五字「子」，麗作「于」。又末字「低」，磧、普、南、徑、清作「餅」。
一四五一頁下一一行「臨形」，磧、普、南、徑、清、麗作「臨刑」。
一四五一頁下一四行第六字「行」，磧、普、南、徑、清無。又末字「云」，磧、普、南、徑、清作「也」，次頁上六行末字同。
一四五一頁下一五行至末行「晉沙門釋道泰……平卷」，徑、清無。
一四五一頁下一七行第九字「便」，磧、普、南作「更」。
一四五二頁上一〇行「殄盡」，磧、普、南、徑、清作「彌盡」。
一四五二頁上一七行「官長」，麗作「宮長」。
一四五二頁上一八行末字至次行首字「一獄」，磧、普、南、徑、清作「入一獄」。
一四五二頁中三行「雅然」，磧、普、南、徑、清作「忽然」。
一四五二頁中四行第八字「今」，麗無。
一四五二頁中八行第七字「激」，磧、普、南作「儌」；徑、清作「徼」。
一四五二頁中一〇行第三字「敢」，磧、普、南、徑、清無。
一四五二頁中一三行「成佳」，徑、清作「咸皆」。
一四五二頁中一六行至末行「晉山陰……梁高僧傳」，徑、清無。
一四五二頁中二〇行第七字「馮」，磧、普、南、徑、清、麗作「憑」。
一四五二頁下九行「桎桔」、「牒然」，磧、普、南、徑、清分別作「桎梏」、「忽然」。
一四五二頁下一五行「相符」，磧、普、南、徑、清作「相扶」。
一四五二頁下一六行「因遂獲免」，磧、普、南作「遇遂免」；徑、清作「遂得免」。
一四五三頁上六行「三尺」，磧作「三天」。

一　四五三頁上七行「奪目」，磧、南作「奪日」。

一　四五三頁上一四行「徑過」，磧、普、南、徑、清作「經過」。

一　四五三頁中四行第七字「績」，磧、普、南作「續」。

一　四五三頁中一〇行第六字「紓」，磧、南作「館」；徑、清作「舒」。

一　四五三頁中一三行夾註右「一驗」，普、徑、清、麗作「二驗」。又左「冥祥記」，磧、普、南、徑、清作「冥祥記也」。

一　四五三頁下五行第四字「招」，磧、普、南、徑、清作「承」。

一　四五三頁下八行「二段」，清、麗作「三段」。

一　四五三頁下一四行「備載」，磧、普、南、徑、清、麗作「故不備載」。

一　四五三頁下二〇行第二字「舉」，磧、普、南、徑、清、麗作「舉聲」。

一　四五三頁下末行「觀音」，磧、普、南、徑、清作「觀世音」。

一　四五四頁上四行「二劫」，普、徑、清作「二賊」。

一　四五四頁上九行夾註右「右三驗」，徑、清作「右二驗」。又左「唐高僧傳」，南、徑、清作「唐僧行遠高僧傳九真法」。

一　四五四頁上一二行「寔惟」，磧、普、南、徑、清作「實爲」。又「沖淵」，磧、普、南、徑、清作「沖源」。

一　四五四頁上一四行「霄征」，磧、南作「霄燃」；徑、清作「霄然」。

一　四五四頁上一七行末字「真」，磧、普、南、徑、清作「宣」。

一　四五四頁上一八行「敬法篇第七」，徑作「敬法篇第七之一」。又「此有六部」，徑無。

一　四五四頁上一九行至二〇行「述意部……謗罪部」，徑無。

一　四五四頁上二〇行與二一行之間，磧、普、南、清有「述意部第一」一行；徑有「述意部」一行。

一　四五四頁上二一行「寂滅」，磧、普、南、徑、清作「寂然」。

一　四五四頁中四行首字「曜」，磧、普、南、徑、清作「躍」。

一　四五四頁中一〇行「第二」，徑無。以下「部」字下序數例同。

一　四五四頁中一八行第八字「信」，磧、普、南、徑、清作「諸」。

一　四五四頁下四行「致然」，磧、普、南、徑、清作「故爾」。

一　四五五頁上一四行「迎逆」，磧、普、南、徑、清作「迎送」。

一　四五五頁上一八行「四天王」，磧、普、南、徑、清作「四王天」。

一　四五五頁下三行第三字「比」，磧作「以」。又末字「答」，磧、普、南、徑、清作「答言」。

一　四五五頁下一〇行「合掌」，磧、普、南、徑、清作「含笑」。

一　四五五頁下二〇行「旣得」，磧、普、南、徑、清作「即得」。

一　四五六頁上一八行第七字「若」，磧、普、南、徑、清作「若能」。

一　四五六頁中一一行第四字「時」，磧、普、南、徑、清作「頃時」。
一　四五六頁中一二行第三字「帝」，磧、普、南、徑、清作「復」。
一　四五六頁中一八行「轉聞」，磧、普、南、徑、清作「傳聞」。
一　四五六頁中二〇行「福薄」，磧、普、南、徑、清作「薄德」。
一　四五六頁下二行末字「慧」，磧、普、南、徑、清、麗作「惠」。
一　四五六頁下八行「若有」，磧、普、南、徑、清作「若能」。
一　四五六頁下一二行「未來世」，麗作「求來世」。
一　四五六頁下二二行末字「折」，普、南、徑、清作「析」。
一　四五七頁上三行「易堅實法」，磧、普、南、徑、清作「易得妙法」。
一　四五七頁上五行「折骨」，磧、普、南、徑、清作「析骨」。八行同。
一　四五七頁上一八行首字「乃」，磧、普、南、徑、清作「而乃」。

一　四五七頁下二行「將護正法七道意法藏」，麗無。
一　四五七頁下一〇行「教他」，磧、普、南、徑、清作「教化」。
一　四五七頁下一二行第六字「修」，磧、普、南、徑、清作「修行」。
一　四五八頁上一五行第九字「常」，磧、普、南、徑、清作「恒」。
一　四五八頁下五行第一三字「舊」，磧、普、南、徑、清作「舊日」。
一　四五八頁下九行「勝天王經」，磧、普、南、徑、清作「勝天子經」。
一　四五八頁下二〇行「博開」，磧、普、南、徑、清作「搏開」。次頁上三行同。
一　四五九頁上二行末字「正」，磧、普、南、徑、清、麗作「止」。
一　四五九頁上四行第四字「海」，磧、普、南、徑、清作「大海」。
一　四五九頁中二行「河沙」，磧、普、南、徑、清作「恒河沙」。下至一六行同。

一　四五九頁中四行第九字「於」，磧、普、南、徑、清無。
一　四五九頁中一六行第五字「有」，磧、普、南、徑、清無。
一　四五九頁中一八行「河沙」，磧、普、南、徑、清作「恒沙」。
一　四五九頁中二一行「其義味」，至此，徑卷第二十五終，第二十六始，並有「敬法篇第七之餘」一行。
一　四五九頁下七行「乙字」，麗作「二字」。
一　四五九頁下一三行首字「令」，磧、普、南、徑、清作「今」。
一　四五九頁下二二行「鐵槍」，磧、普、南、徑、清作「鐵鏘」。
一　四六〇頁上四行「常被拉脊」，磧、普、南、徑、清作「恒被搯脊」。
一　四六〇頁上八行「身常」，磧、普、南、徑、清作「恒常」。
一　四六〇頁上二一行第六字「故」，磧、普、南、徑、清作「起故」。
一　四六〇頁中一一行「鏁隙」，磧、普、

南、徑、清作「鏁詰」。

一　四六〇頁中一二行末字「求」，清作「而」。

一　四六〇頁下一二行「生輙」，磧、普、南、徑、清作「如恒河沙生輙」。

一　四六〇頁下一八行「枯熇」，麗作「枯槁」。

一　四六〇頁下卷末經名，徑無（未换卷）。

法苑珠林卷第十八

西明寺沙門釋道世撰

感應緣 略引四十一驗

漢法本內傳稱漢明帝遣蔡愔秦景王遵等一十八人至天竺國得摩騰法蘭等及佛經像還帝問法王出世何以化不及此騰曰天竺迦毗羅衛國者三千大千世界百億日月中心也三世諸佛皆於彼出乃至天龍人鬼有願行力皆生於彼受佛正化咸得悟道餘處群生無緣感之佛故不往也佛雖不往光相及處或五百年或一千年或千年外皆有聖人傳佛聲教而往化也時帝大悅

又至漢永平十四年正月一日五岳諸山道士六百九十人朝正之次上表請與西域佛道捔試優劣勑尚書令宋庠引入告曰此月十五日大集白馬寺南門立三壇五岳八山諸道士將經三百六十九卷置於西壇二十七家諸子二百三十五卷置於中壇饌食百神置於東壇明帝設行殿在寺門道西置佛舍利及經諸道士等以柴荻火繞壇臨經涕泣曰人主信邪玄風失緒敢延經義在壇以火取驗用辨眞僞便放火燒經並成煨燼道士等相顧失色有欲昇天入地種種呪術並不能得大生愧伏太傅張衍曰卿今無一可驗宜從西域佛法歸騃尒時外道褚善信等于時不荅南岳道士費叔才等自憾而死佛之舍利放五色光上空如蓋覆日映衆摩騰法師踊身高飛神化自在于時天雨寶華得未曾有法蘭法師爲衆說法開化未聞時司空劉峻京師官庶後宮陰夫人四岳諸山道士呂惠通等一千餘人並求出家帝然可之遂立十寺七寺城外安僧三寺城內安尼後遂廣興佛法立寺轉多迄至于今 右此一條出漢法本內傳

晉濟陰丁承字德愼建安中爲凝陰令時北界居民婦詣外井汲水有胡人長鼻深目左過井上從婦乞飲飲訖忽然不見婦則腹痛遂加轉劇啼呼有頃卒然起坐胡語指麾邑中有數十家悉共觀視婦呼索紙筆來欲作書得筆便作胡書横行或如乙或

如已滿五紙投著地敎人讀此書邑
中無能讀者有一小兒十餘歲婦即
指此小兒能讀小兒得書便胡語讀
之觀者驚愕不知何謂婦教小兒起
舞小兒即起翹足以手拚相和須臾
各休即以白德具德具召見婦及兒
問之當時忽忽不自覺知德具欲驗其
事即遣吏齎書詣許下寺以示舊胡
胡大驚言佛經中間亡失道遠憂不
能得雖口誦不具足此乃本書遂留
寫之

晉周閔汝南人也晉護軍將軍世奉
法蘇峻之亂都邑人士皆東西滅遷
閔家有大品一部以半幅八丈素反
覆書之又有餘經數囊大品亦雜在
其中既當避難單行不能得盡持去
尤惜大品不知在何囊中倉卒應去
不展尋按裹回嘆吒不覺大品忽自
出外閔驚喜持去周氏遂世寶之今
云尚在一說云周嵩婦胡毋氏有素
書大品素廣五寸而大品一部盡在
焉又并有舍利銀甖貯之並緘于深
篋永嘉之亂胡毋將避兵南奔經及

舍利自出篋外因取懷之以渡江東
又嘗遇火不暇取經及屋盡火滅得
之於灰燼之下儼然如故會稽王道
子就嵩曾雲求以供養後嘗暫在新
渚寺劉敬叔云曾親見此經字如麻
大巧密分明新渚寺今天安是也此
經蓋得道僧釋慧則所寫也或云嘗
在簡靖寺靖首尼讀誦之

晉董吉者於潛人也奉法三世至吉
尤精進常齋戒誦首楞嚴經村中
有病輒請吉讀經所救多愈同縣何
晃者亦奉法士也咸和中卒得山毒
之病守困晃兄惶遽馳往請吉董何
二舍相去六七十里復隔大溪五月
中大雨晃兄初渡時水尚未至吉與
期投中食比往而山水暴漲不復可
涉吉不能泅遲迴歎息坐岸良久欲
下不敢渡吉既信直必欲赴期乃惻
然發心自誓曰吾救人苦急不計軀
命剋冀如來大士當照乃誠便脫衣
以囊經戴置頭上徑入水中量其深
淺乃應至頸及吉渡政著膝耳既得
上岸失囊經甚悵恨進至晃家三禮

懺悔流涕自責俛仰之間便見經囊
在高座上吉悲喜取看浥浥如有溼
氣開囊視經尚燦如故於是村人一
時奉法吉所西北有一山高嶮中多
妖魅犯害居民吉以經戒之力欲伐
降之於山際四五畝地手伐林木搆
造小屋安設高座轉首楞嚴經百餘
日中寂然無聞民害稍止後有數人
至吉所語言良久吉思惟此客言者
非於潛人窮山幽絶何因而來疑是
鬼神乃謂之曰諸君得無是此中鬼
耶答曰是也聞君德行清肅故來相
觀并請一事想必見聽吾世有此山
游居所託君既來止處相逆冒常懷
不安今欲更作界分當殺樹爲斷吉
曰僕貪此寂静讀誦經典不相干犯
方爲弼比願見祐助鬼答亦復憑君
不見侵剋也言畢而去經一宿前所
芟地四際之外樹皆枯死如火燒狀
吉年八十七亡

晉周璫者會稽剡人也家世奉法璫
年十六便菜食持齋諷誦成具及須
轉經正月長齋竟延僧設八關齋至

鄉市寺請其師竺佛容及支法階竺佛容令持小品齋日轉讀至日三僧赴齋志持小品至中食畢欲讀經方憶意甚惆悵璫家在阪怡村去寺三十里無人遣取至人定燒香訖舉家恨不得經客並蹀踖有頃聞有叩門者言送小品璫愕然心喜開門見一年少著單帢衣先所不識又非人時疑其神異便長跪受經要使前坐年少不進斯夜當來聽經比道人出忽不復見香氣徧一宅中既而視之乃是客經也道俗驚喜客經先在廚中緘鑰甚謹還視其鑰儼然如故於是村中十餘家咸皆奉佛並敬愛璫璫遂出家字曇嶷諷誦衆經至二十萬言云

晉謝敷字慶緒會稽山陰人也鎮軍將軍輶之兄子也少有高操隱于東山篤信大法精勤不勌手寫首楞嚴經當在都白馬寺中寺爲災所延什物餘經並成煨燼而此經正燒紙頭界外而已文字悉存無所毀失敷死時友人疑其得道及聞此經彌復驚異至元嘉八年河東蒲阪城中大災火火自河飛至不可救滅虜戍民居無不蕩盡唯精舍塔寺並得不焚里中小屋有經像者亦多不燒或屋雖焚毀而於煨燼之下時得全經紙素如故一城歎異相率敬信（右此五驗出冥祥記）

東晉孝武之前常山沙門釋道安者經石趙之亂避地于襄陽注般若道行密迹諸經析疑甄解二十餘卷恐不合理乃誓曰若所說不遠理者當見瑞相乃夢見胡道人頭白眉長語安曰君所注經殊合道理我不得入泥洹住在西域當相助弘通可時時設食也後十誦律至遠公云昔和上所夢乃是賓頭盧也於是立坐飯之遂成永則

西晉蜀郡沙門釋僧生小出家以苦行致目爲蜀三賢寺主誦法華經尋常山中誦經時至夜每感虎來蹲前聽誦訖乃去常至諷詠輒見左右四人爲侍年雖衰老而翹勤彌勵遂終其業云

前魏廢帝甘露五年沙門朱士行者講小品經恨章句未盡以此年往西域尋求獲之彼有留難不許東行士行執經王庭曰必大法不傳當從火化便以貝葉經投火一無所損舉國敬異便放達東夏即放光經是也年八十亡依法火焚而屍不壞道俗異之乃具呪曰若眞得道法應毀壞便應聲摧碎遂收而起塔焉

後魏末齊州釋志湛者住太山北人頭山邃谷中銜草寺省事少言人鳥不亂讀誦法華人不測其素業將終時神僧寶誌謂梁武曰北方銜草寺須陁洹聖僧今日滅度湛之亡也無惱而化兩手各鄔一指有梵僧云斯初果人也還葬山中後發看之唯舌如故乃爲立塔表之今塔存焉鳥獸不敢陵踐汙之

後魏范陽五侯寺僧失其名誦法華爲常業初死權殯隄下後改葬骸骨並枯唯舌不壞雍州有僧亦誦法華隱白鹿山感一童子供給及死置屍巖下餘骸並枯唯舌不朽

齊武陵世并東看山人掘見土黃白

又見一物狀如兩脣其中有舌鮮紅赤色以事聞奏帝問道俗沙門法尚日此持法華者六根不壞也誦滿千徧其徵驗矣乃集持法華者圍繞誦經纔始發聲此靈脣舌一時鼓動同見毛竪以事奏聞乃石函緘之（右六驗出梁高僧傳并雜錄記）

後魏高祖太和中代京內閹官自慨刑殘奏乞入山脩道思勅許之乃賫華嚴晝夜讀懺悔不息一夏不滿至六月末鬂鬚生得丈夫相以狀奏聞帝大敬重之於是國中普敬華嚴後尊崇曰（見侯君素旌異記錄之）

宋釋慧嚴京師東安寺僧也理思諧暢見器道俗嘗嫌大涅槃經文字繁多遂加刊削就成數卷寫兩三通以示同好因寢寤之際忽見一人身長二丈餘形氣偉壯謂之曰涅槃尊經衆藏之宗何得以君瑣思輕加斟酌嚴悵然不釋猶以發意苟息多知明夕將臥復見昨人甚有怒色謂曰過而知改是謂非過昨故相告猶不已乎此經既無行理且君禍亦將及嚴驚覺

失晉末及申且便馳信求還悉燒除之塵外精舍釋道儼具所諳聞

宋尼釋智通京師簡靜尼也年貌殊少信道不篤元嘉九年師死罷道嫁為魏郡梁孱甫妾生一男年大七歲家甚貧窮無以為衣通為尼時有數卷素無量壽法華等經悉練擣之以衣其兒居一年而得病恍惚驚悸竟體剝爛狀若火瘡有細白蟲日去升餘痿痛煩毒晝夜號呦常聞空中語云壞經為衣得此劇報旬餘而死（右二驗出冥祥記也）

宋廬山有釋慧慶廣陵人出家止廬山寺學通經律清潔有戒行誦法華經十地思益維摩每夜吟諷常聞暗中有彈指讚歎之聲嘗於小雷遇風波船將覆沒慶唯誦經不輟覺船在浪中如有人牽之倏忽至岸於是篤勵彌勤宋元嘉末卒春秋六十二

齊太原釋慧寶氏族未詳誦經得二百卷德優先達時共知聞以齊武平三年從并向鄴行達艾州失道尋徑入山暮宿巖下室似人居迥無所見

寶端坐室前上觀松樹見有衝枝懸磬去地丈餘夜至二更有人身服草衣從外而至口云此中何為有俗氣寶即具述設敬與共言議問寶云即今何姓統國荅曰姓高氏號齊國寶問曰尊師山居早晚曰吾後漢時來長老得何經業寶侍已誦博頗以自矜山僧曰修道者未應如此欲聞何經為誦之寶曰樂聞華嚴僧即少時誦之便度聲韻諧暢非世所聞更令誦餘經率皆如此寶驚歎曰何因大部經文倏然即度報曰汝是有作心我是無作心夫忘懷於萬物者彼我自得矣寶知為異神也求哀乞住山僧曰國中利養召汝何能自安且汝情累未遣住亦無補至晚捨去寶返尋行跡不知去處寶自躬責為人後達鄴敘之（右二驗出梁高僧傳）

梁有廣州南海郡人何規以歲次協洽月呂黃鍾天監十四年十月二十三日採藥於豫章胡翼山幸非放子逐臣乃類尋仙招隱登峯十所里屑若有來將循曲陌先限清澗或如止

水乍有潔流方從揭厲且就褰攬未濟之間忽不自覺見澗之西隅有一長者語規勿渡規於時即留其人面色正青徒跣搶屨年可八九十面已皺皺鬚長五六寸鬢半於鬚耳聳過於眉眉皆下被眉之長毛長二三寸隨風相靡脣色甚赤語響而清手爪正黃指毛亦長二三寸著布帔下褚布泥洹僧手捉書一卷遥投與規規即奉持望禮三拜語規可以此經與安安王兼言王之姓字此經若至宜作三七日齋若不曉齋法可問下林寺副公副法師者戒行精苦恬憺無為遺嗜欲等豪賤蔬藿自充禪寂無怠此長者言畢便去行十餘步間忽然不覩規開視卷內題名為慧印三昧經經言以至極法身無相為體理出百非義逾名相寂同法相妙等真如言其慧照比理有若金印心冥凝寂故以三昧為名見梁朝僧祐律師弘明集錄也

周祖滅法經籍從灰以後年中忽見空中如困大者有五六飛上空中極目不見全為一段隨風飄飄上下朝宰立望不測是何久乃翻下墮上土墻視乃是大品經之十三卷

陳楊州嚴恭者本是泉州人家富於財而無兄弟父母愛慕言無所違陳太建初恭年弱冠請於父母願得五萬錢往楊州市易父母從之恭船載物而下去楊州數十里江中逢一船載黿將詣市賣之恭念黿當死因請贖之謂黿主曰我正有五萬錢願以贖之黿主喜取錢付黿而去恭盡以黿放江中而空船詣楊州其黿主別恭行十餘里船沒而死是日恭父母在家昏時有烏衣客五十人詣門寄宿并送錢五萬付恭父母曰公兒楊州附此錢歸願依數受也父怪愕恭死因審之客曰兒無恙但不須錢故附歸耳恭父受之記是本錢而皆小溼留客為設食客止明旦辭去後月餘日恭還家父母大喜既止而問附錢所由恭荅無之父母說客形狀及付錢月日乃贖黿之日於是知五十客皆所贖黿也父子驚歎因共往楊州起精舍專寫法華經遂徙家向楊州其家轉富大起房廊為寫經室莊嚴清淨供給豐厚書生常數十人楊州道俗共相崇敬號為嚴法華嘗有親知從貸經錢一萬恭不獲已與貸者受錢以船載歸中路船傾所貸之錢落水而船沒人不被溺是日恭入錢庫見一萬錢溼如新出水恭甚怪之後見前貸錢人乃知溼是所貸者又有賣人至宮亭湖於神廟所祭酒食并上物其夜夢神送物還之謂曰倩君為我持此錢奉嚴法華以供經用旦而所上神物皆在其前於是賣人歎異送達恭處而倍加厚施其後恭至市買經紙少錢忽見一人持錢三千授恭曰助君買紙言畢不見而錢在其怪異如此非一開皇末恭死子孫傳其業隋季盜賊至江都皆相與約勿入嚴法華里里人賴之獲全其家至今寫經不已州邑共見京師人士並悉知委右一驗出冥報記

隋開皇初有楊州僧志其本名誦通涅槃自矜為業岐州東山下村中沙彌誦觀世音經二俱暴死心下俱暖

法苑珠林卷第十八　第十六張

同至閻羅王所乃勑沙彌坐高座甚恭敬之勑涅槃僧銀高座散心不重事訖勑問二俱餘壽皆放還彼涅槃僧情大悵悵恃所誦多問沙彌住處於是兩辭各蘇所在彼從南來至岐州訪得具問所由沙彌言初誦觀音別衣別所燒香呪願然後乃誦斯法不怠更無他術彼謝曰吾罪深矣所誦涅槃威儀不整身口不淨救忘而已古人遺言多惡不如少善於今取驗悔往而返

隋襄州景空寺釋慧意俗姓李臨原人南投於梁興仙城山慧命同師尋討心要專習定業後住景空於聽師舊堂綜業常住不事燈燭晝夜常明有鄉人不信乃請別院百日行道每夜潛往伺之舉家同見禪室大明鄉人信伏率歸受戒開皇初卒預知其終端坐而化又襄陽開皇有法永禪師欲終七日七夜聞音樂異香滿寺因而坐終送向繖蓋山上露坐有同寺全律師臨屍曰願留神明待至七日滿至期全立送屍永側永屍歘然

法苑珠林卷第十八　第十七張

摧變又有岑闍梨姓楊臨原人於寺西傘蓋山泉造誦經堂每誦金光明經感得四天王來聽後讀藏經皆悉不忘計誦三千餘卷服布乞食鉢中之餘飼房内鼠百餘頭皆馴遶爭來就人鼠有病者岑師以手摩捋並皆愈之與同衆沙門智曉共願招集禪徒自行化俗供給定學自知終日急喚汰禪師付囑上佛殿禮辭徧寺衆僧咸乞歡喜於禪居寺大齋日將散謂岑曰往兜率天聽般若去岑曰弟但前去我後七日即來其夜三更坐坐至四更識神徧學寺寺相去十里至汰禪師牀前其明如晝去曉欲遠逝故來相別不得久住汰送出三重門外別訖來入房中踞牀忽然還暗呼弟子問云聞師與人語聲取火通照三門並閉方悟曉之神力出入無閒即遣往問果云已逝岑後七日無何坐終其髑髏全成無縫故知凡聖同居事不可別 右二出唐高僧傳記

隋鄭州寶室寺沙門法藏戒行精淳爲性質直至隋開皇十三年於洛交

法苑珠林卷第十八　第十八張

縣韋川城造寺一所佛殿精妙僧房華麗靈像喈華並皆修滿至大業五年奉勑融併寺塔送州大寺有破壞者藏師並更修補造堂安置兼造一切經已寫八百卷恐本州無好手紙筆故就京城舊月愛寺寫至武德二年閏二月内身患二十餘日乃見一人身著青衣好服在高閣上手把經卷告法藏云汝立身已來雖大造功德悉皆精妙唯有少分互用三寶物得罪無量我今把者即是金剛般若汝能自造一卷令汝所用三寶之物得罪悉滅藏師于時應聲即答言造藏師雖寫餘經未寫金剛般若但願病差不敢違命既能覺悟弟子更無餘物唯有三衣瓶鉢偏袒祇支等皆悉捨付大德及諸弟子並造般若得一百卷未經三五日臨欲捨命具見阿彌陀佛來迎由經威力得生西方不入三塗

隋大業中有客僧行至太山廟求寄宿廟令曰此無別舍唯神廟廡下可宿然而比來寄宿者輒死僧曰無苦

也不得巳從之為設牀於廡下僧至
夜端坐誦經可一更聞屋中環珮聲
須臾神出為僧禮拜僧曰聞此宿者
多死豈檀越害之耶願見護之神曰
遇死者將至聞弟子聲因自懼死非
殺之也願師無慮僧因延坐談說如
食頃問聞世人傳說云太山治鬼寧
有之耶神曰弟子薄福有之豈欲見
先亡乎僧曰有兩同學僧先死願見
之神問名曰一人已生人間一人在獄
罪重不可喚來師就見可也僧聞甚
悅因起出不遠而至一所多見廟獄
火燒光焰甚盛神將僧入一院進見
一人在火中號呼不能言形變不復
可識而血肉燋臭令人傷心此是也
師不欲歷覰耶僧愁愍求出俄而至
廟又與神坐因問欲救同學有得理
耶神曰可得能為寫法華經者便免
既而將曙神辭僧入堂旦而廟令視
僧不死怪異之僧因為說仍即為寫
法華經一部經既成莊嚴畢又將就
廟宿其夜神出如初歡喜禮拜慰問
來意以事告之神曰弟子知之師為

寫經始書題目彼已脫免今又出生
在人間也然此處不潔不可安經願
師還將送向寺言說久之將曉辭訣
而去送經於寺杭州別駕張德言前
任兗州具知其事

唐幽州沙門釋智苑精練有學識隋
大業中發心造石一切經藏以備法
滅既而於幽州西山鑿巖為石室即
磨四壁而以寫經又取方石別更磨寫
藏諸室內每一室滿即以石塞門鎔
鐵錮之時隋煬帝幸涿郡內史侍郎
蕭瑀皇后弟也性篤信佛法以其事
白后后施絹千疋及餘錢物以助成
之瑀施絹五百疋朝野聞之爭共捨
施故苑得遂功苑嘗以役匠既多道
俗奔湊欲於巖前造木佛堂并食堂
寢室而念木瓦難辦恐繁費經物故
未能起作一夜暴雨雷震山明旦既
晴乃見山下有大木松栢數千万為
水所漂流積道次山東少林木松栢
尤希道俗驚駭不知來處推尋蹤迹
遠自西山崩崖倒漂送來此於是遠
近歎服自非福力孰感神助苑乃使

匠擇取其木餘皆分與邑里邑里喜
愧而助造堂宇須之畢成如其志焉
苑所造石經已滿七室以貞觀十三
年卒弟子猶繼其功殿中丞相李玄
獎大理丞采宣明等皆為臨說云臨
至十九年從　駕幽州親問鄉人皆
同不虛 右三驗出冥報記

唐釋道積至貞觀初住益州福成寺
誦通涅槃淨衣澡浴自為常式慈愛
兼濟固其深心終于五月炎氣鬱熱
而屍不腐臭百有餘日跏坐如初道
俗莫不喜賞 一云道蹟

唐釋道裕者不測所住游行醴泉山
原誦法華為業乃數千徧至貞觀年
因疾將終告友人慧廓禪師曰比雖
誦經意望有驗若生善道舌根不朽
可為埋之十年發出若舌朽滅知誦
無功若舌如初為起一塔生俗信敬
言訖而終至十一年依言發之身肉
都盡唯舌不朽一縣士女咸共戴仰
乃函盛舌本起塔於甘谷岸上

唐郊南福水之陰有史村史呵誓者
誦法華經名充令史往還步涉生不

乘騎以依經云哀愍一切故也病終本
邑香氣充村道俗驚怪而莫測其緣
終後十年其妻又殞乃發塚合葬見
其舌根如本生肉乃收葬斯徒衆矣
唐貞觀五年有隆州巴西縣令狐元
軌者信敬佛法欲寫法華金剛般若
涅槃等無由自撿憑彼上抗禪師撿
挍抗乃為在寺如法潔淨寫了褁裹
還歧州莊所經留在莊并老子五千
文同在一處忽為外火延燒堂是草
覆一時灰蕩軌于時任馮翊縣令家
人相命撥灰覔金銅軸既撥灰開其
內諸經宛然如故潢色不改唯箱裹成
灰又覔老子便從火化于時聞見之者
鄉林遠近莫不嗟異其金剛般若經
一卷題字焦黑訪問所由乃初題經
時有州官能書其人雜食行急不獲
潔淨直尒立題便去由是色焦其人
現在瑞經亦存京師西明寺主神察
目驗說之
唐釋曇韻禪師定州人游至隰州行
年七十隋末喪亂隱于離石北千山
常誦法華經欲寫其經無人同志如

此積年忽有書生無何而至云所欲潔
淨寫經並能為之於即清旦食訖入
浴著淨衣受八戒入淨室口含檀香
燒香懸幡寂然抄寫至暮方出明又
如先曾不告倦及經寫了如法奉襯
相送出門斯須不見乃至裝潢一如
正法及至誠受持讀誦七重裹結一
重一度香水洗手初無替廢後遭胡
賊乃箱盛其經置高巖上經年賊靜
方尋不見周章窮覔乃於巖下獲之
箱巾糜爛撥朽見經如舊鮮好京師西明寺道宣律師以貞觀十一年曾至彼州目覩說之也
唐益州西北新繁縣西四十里許有
王李村隋時有書生姓苟氏在此教
學大王書而不顯迹人欲其書然不
肯出乃毆之亦不出遂以筆於前村
東空中四面書金剛般若經數日便
了云此經擬諸天讀之人初不覺其
神也後忽雷雨大注牧牛小兒於書
經處住而不濕觀其地乾燥可有丈
許自外流潦及睛村人怪之尒後每
雨小兒常集其中衣服不溼至武德
年有非常僧語村人曰此地空中有

金剛般若經村人莫汗諸天於上設
蓋覆之不可輕賤因此四周欄楯不
許人畜往至今雨時其地仍乾每至
齋日村人四遠就處設供常聞天樂
聲振哀宛繁會盈耳右五驗出三寶感通記
唐竇家大陳公夫人豆盧氏芮公寬
之姊也夫人信福每誦金剛般若經
未盡卷一紙許久而不徹後一日昏
時苦頭痛四體不安夜臥逾甚夫人
自念儻死遂不得終經欲起誦之而
堂燭已滅夫人因起令婢然燈須臾
婢還廚中無火夫人開門於家人房
取之又無火夫人深益歎恨忽見廚
中有然火燭上階來入堂內直至牀
前去地三尺許而無人執光明若晝
夫人驚喜頭痛亦愈取經誦之有頃
家人鑽燧得火然燭入堂燭光即滅
便以此夜誦竟之自此日誦五徧以
為常法後芮公將死夫人往視公謂
夫人曰吾姊以誦經之福當壽百歲
生好處也夫人至年八十方卒於宅
唐武德中以鄱水使者蘇長為巴州
刺史長將家口赴任度嘉陵江中流

風起船沒男女六十餘人一時溺死唯有一妾常讀法華經船中水入妾頭戴經函誓與俱溺妾獨不沉隨波泛濫須之著岸逐經函而出開視其經了無溼汙今尚存在楊州嫁為人婦而逾篤信

唐邢州司馬柳儉隋大業十年任岐州岐陽宮監至義寧元年為李密來枉被牽引在大理寺禁儉常誦金剛般若經下有兩紙未徧于時不覺眠夢見一婆羅門僧報云檀越宜早誦經徧即應得出儉時忽寤勤誦不懈便經二日至日午時忽有勑喚令儉釋禁將向朝堂奉勑放免又儉別時夜靜房外誦經至於三更忽然聞有異香儉尋香及問家人處處求香來處不得然常誦念晝夜無廢至於終日計得五千餘徧

唐遂州人趙文信至貞觀元年暴死三日後還得蘇即自說云初死之日被人遮擁驅逐將行同伴十人並共相隨至閻羅王所其中見有一僧王先喚師問云師一生已來修何功德師答云貧道從生已來唯誦金剛般若王聞此語忽即驚起合掌讚言善哉善哉師審誦般若當得昇天出世何因錯來至此王言未訖忽有天衣來下引師上天去王後喚遂州人前汝從生已來修何功德其人報王言臣一生已來不修佛經唯好庾信文章集錄王言其庾信者是大罪人現此受苦汝見庾信頗曾識不其人報云雖讀渠文章然不識其人王即遣人引出庾信令示其人乃見一龜身一頭多龜去少時現一人來口云我是庾信為生時好作文章妄引佛經雜糅俗書誹謗佛法謂言不及孔老之教今受罪報龜身苦也此人活已具向親說遂州之地人多好獵採捕蟲魚遠近聞見者共相鑒誡永斷殺業各發誠心受持般若迄今不絕

唐貞觀元年蓬州儀隴縣丞劉弼前任江南縣尉時忽有一鳥於弼房前樹上鳴土人云是惡鳥不祥之聲家逢此鳥殺之不疑劉弼聞懼思念欲修功德禳之不知何福為勝夜夢一僧徧讚金剛般若經令讀誦百徧依命即讀滿至百徧忽有大風從東北而來拔此鳥樹隅舍邊擲巷裏其拔處坑縱廣一丈五尺過後看其風來處小枝大草並隨風迴靡風止還起如故知經力不可思議

唐雒陽賈道羨博識多聞尤好內典貞觀五年為青州司戶參軍事為公館隘窄無處置經乃以繩繫書案兩脚仰懸屋上置內經六十卷坐臥其下習讀志倦日久繩爛一頭遂絕案仍儼然不落亦不傾動如此良久人始接取道羨子為隆州司戶說之云尒

唐吳郡陸懷素家貞觀二十年失火屋宇揔焚爰及精廬並從煙滅有一函金剛般若波羅蜜經獨存經函及褾軸並盡唯有經字竟不被燒尒時人聞者莫不驚歎懷素即高陽許仁則前妻之兄仁則當時目覩於後具自言之（右七驗出冥報記）

唐前大理司直河內司馬喬卿天性純謹有志行到永徽中為楊州戶曹

丁毋憂居喪毀瘠刺心上血寫金剛般若經一卷未幾於廬上生芝草二莖經九日長尺有八寸緑莖朱蓋日瀝汁一升傍人食之味甘如蜜去而復生如此數四鄕同寮數人並向餘令陳說天下士人多共知之

顯慶中平州有人姓孫名壽於海濵游獵見野火熾草木蕩盡唯有一藂茂草獨不焚燎疑此草中有獸遂以火燒之竟不能著壽甚怪之遂入草間尋覓乃見一函金剛般若經其傍又見一死僧顏色不變火不延燎蓋由此也信知經像非凡所測孫壽親自說之

唐隴西李虔觀今居鄭州至顯慶五年丁父憂乃刺血寫金剛般若經及般若心經各一卷隨願往生經一卷出外將入即一浴身後忽聞院中有異香非常郁烈隣側並就觀之無不稱歎中山郎餘令曾過鄭州見彼親友具陳說之

唐曹州濟陰縣西二十里村中有精舍至龍朔二年冬十月野火暴起非常熾盛及至精舍踰越而過焉比僧房草舍焚燎揔盡唯金剛般若經一卷儼然如舊曹州參軍事席文禮說之（右四驗出冥報拾遺）

法苑珠林卷第十八

甲辰歲高麗國分司大藏都監奉勑彫造

法苑珠林卷第十八

校勘記

一　底本，麗藏本。

一　四六七頁上一行經名，徑無（未換卷）。又經名下，磧、南有夾註「敬法之驗」。

一　四六七頁上二行撰者，磧作「大唐上都西明寺沙門釋道世撰」；南作「唐上都西明寺沙門釋道世撰」；徑無（未換卷）；清作「唐西明寺沙門釋道世撰」。

一　四六七頁上二行與三行之間，清有「敬法部第七」一行。

一　四六七頁上四行第六字「驗」，徑、清無。又「晉居士丁德真」，磧、南作「晉居士濟陰丁德慎」，徑、清作「晉濟陰丁德慎」。

一　四六七頁上五行「晉居士周閔」，徑作「晉汝南周閔」；清作「汝南周閔」。又「晉居士董吉」，徑作「晉於潛董吉」；清作「於潛董吉」。

一 四六七頁上六行「晉居士周璫」，徑作「晉會稽周璫」；清作「會稽周璫」。又「晉居士謝敷」，徑作「晉會稽謝敷」，清作「會稽謝敷」。

一 四六七頁上七行首字及第七字「晉」，清無。又「僧靜」，磧、南、徑、清作「靜僧」。

一 四六七頁上八行首字「魏」，磧、南作「晉」。又第七字「魏」，清無。

一 四六七頁上九行首字及第八字「魏」，清無。又第一三字「閣」，南無。

一 四六七頁上一〇行第七字「宋」，清無，一一行首字同。

一 四六七頁上一二行「梁居士何規」，徑、清作「梁南海何規」。

一 四六七頁上一三行「亡名」，磧、南、徑、清作「亡其名」。

一 四六七頁上一四行首字及第七字「隋」，清無。

一 四六七頁上一五行「隋沙門客僧失名」，磧、南作「隋沙門客僧不得名」；徑作「隋客僧不得名」；清作「客僧不得名」。又第八字「唐」，磧、南、徑作「隋」；清無。

一 四六七頁上一六行首字「唐」，清無，下至本頁中二行首字同。

一 四六七頁上一七行「唐隆州令狐元軌」與「唐郊南史呵誓」，磧、南、徑、清互置。其中「郊南」，徑、清作「福水」。

一 四六七頁上一八行「唐益州書生荀氏」與「唐沙門釋雲韻」，磧、南、徑、清互置。

一 四六七頁上一九行「唐都水使者蘇長」與「唐夫人豆盧氏」，磧、南、徑、清互置。

一 四六七頁上二〇行第一一字「人」，徑、清無。二一行第一一字同。

一 四六七頁中一六行第八字「揄」，磧、南、徑、清作「較」。

一 四六七頁中二〇行「諸子」，磧、南、徑、清作「諸子書」。

一 四六七頁下九行「法師」，磧、南、徑、清作「禪師」。

一 四六七頁下一二行「四岳」，磧、南、徑、清作「五岳」。

一 四六七頁下一七行「德真」，磧、南、徑、清作「德慎」。下同。

一 四六七頁下一八行第三字「北」，磧作「此」。

一 四六七頁下一九行第一一字「婦」，磧、南、徑作「婦人」。

一 四六八頁上五行第一〇字「抃」，磧、南、徑、清作「弄」。

一 四六八頁上七行「當時」，磧、南、徑、清作「云當時」。

一 四六八頁上一二行第一三字「世」，磧、南、徑、清作「家世」。

一 四六八頁上一三行第一三字「滅」，磧、南、徑、清作「波」。

一 四六八頁上一五行第九字「囊」，磧、南、徑、清作「臺」。一七行第九字同。

一 四六八頁中四行第五字「雲」，磧、南、徑、清作「云」。

一 四六八頁中八行「誦之」，磧、南、徑、清無。

一 四六八頁中一〇行第四字「常」，磧、南、徑、清作「恒」。本頁下一四行第一三字同。

一 四六八頁下四行第五字「所」，磧、南、徑、清作「所居」。又第一二字「崄」，磧、南、徑作「峻」。

一 四六八頁下一六行「寂静」，磧、南、徑、清作「静寂」。

一 四六八頁下二二行末字「須」，磧、南、徑、清作「頃」。

一 四六八頁下末行第一〇字「設」，磧、南、徑、清作「設受」。

一 四六九頁上一行「笠佛密」，磧、南、徑、清作「竺僧密」。

一 四六九頁上八行「快衣」，磧、南、清作「衣快」；徑作「快衣」。又第一三字「人」，磧、南、徑、清作「人行」。

一 四六九頁上一〇行第四字「斯」，磧、南、徑、清作「期」。

一 四六九頁上一一行「香氣」，磧、南作「白氣」。

一 四六九頁上一六行第二字「云」，磧、南、徑、清無。

一 四六九頁上二〇行第一一字「災」，磧、南、徑、清作「災火」。

一 四六九頁上二一行第一一字「正」，磧、南、徑、清作「止」。

一 四六九頁中二行第四字「河」，磧、南、徑、清作「隔河」。又第一一字「虜」，磧、南、徑、清作「處」。

一 四六九頁中五行「之下」，磧、南、徑、清作「之中」。

一 四六九頁中七行「常山」，磧、南、徑、清作「恒山」。

一 四六九頁中一九行第七字「夜」，磧、南、徑、清無。

一 四六九頁中二二行首字「云」，磧、南、徑、清作「也」。

一 四六九頁下二行第一三字「行」，磧、南、徑、清作「返」。

一 四六九頁下四行第一二字「損」下，磧、南、徑、清有「經乃放光」四字。

一 四六九頁下五行「放光經」，磧、南、徑、清作「放光般若經」。

一 四六九頁下七行第一〇字「法」，磧、南、徑、清作「法屍」。

一 四六九頁下二二行「不朽」，磧、南、徑、清作「不朽矣」。

一 四七〇頁上八行第一一字「閣」，南作「内」。

一 四七〇頁上九行首字「荆」，磧、南、徑、清作「形」。又第九字「思」，磧、南、徑作「恩」。

一 四七〇頁上一〇行第五字「讀」，磧、南、徑、清作「讀禮」。

一 四七〇頁上一三行「後尊常日」，磧、南、徑作「厚尊桓日」；清作「後尊桓日」。又夾註左「録之」，磧、南、徑、清作「述」。

一 四七〇頁上一四行末字「諧」，磧、南、徑、清作「該」。

一 四七〇頁中二行「諳聞」，磧、南、徑、清作「諳聞也」。

一 四七〇頁中五行「梁犀甫妥」，磧、

南、徑、清作「梁犀甫妻」。

一　四七〇頁中六行第三字「窮」，磧、南、徑、清無。

一　四七〇頁中一〇行「磟痛」，磧、南、徑、清作「燥痛」。

一　四七〇頁下一六行「至晚」，磧、南、徑、清作「至晚」。

一　四七〇頁下二一行第八字「胡」，磧作「故」。

一　四七一頁上五行第一一字「鬚」，磧、南、徑、清作「鬢」。又第一三字「髩」，磧、南、徑、清無。

一　四七一頁上八行第一〇字「布」，磧、南、徑、清作「有」。

一　四七一頁上九行第五字「捉」，磧、南、徑、清作「提」。

一　四七一頁上一〇行末字「安」，磧、南、徑、清作「建」。

一　四七一頁上一二行第四字「齋」，磧、南、徑、清作「慶齋」。

一　四七一頁上一九行「比理」，磧、南、徑、清作「此理」。

一　四七一頁上二二行第四字「困」，磧、南、徑、清作「菌」。

一　四七一頁下二〇行夾註右「一驗」，徑作「七驗」。又左「冥報記」，磧、南、徑、清作「冥報記也」。

一　四七二頁上六行「初誦」，磧、南、徑、清作「幼誦」。

一　四七二頁中一行至二行「寺西傘蓋山泉」，磧、南作「繖蓋寺西山泉側」；徑、清作「寺西繖蓋山泉側」。

一　四七二頁中一一行第二字「芩」，南、徑、清作「汰」。第一二字及一九行第一〇字同。

一　四七二頁中一七行第一二字「取」，磧、南、徑、清無。

一　四七二頁下二行第五字「憣」，磧、南、徑、清作「幡」。

一　四七二頁下二一行第一三字「求」，磧、南、徑、清作「來」。

一　四七二頁下二二行「此無別舍」，磧、南、徑、清作「此別無舍」。

一　四七三頁上七行第三字「閙」，磧、南、徑、清作「閙」。

一　四七三頁上一一行第七字「師」，磧、南、徑、清作「若師」。

一　四七三頁上一二行第一三字「廟」，磧、南作「廂」。

一　四七三頁上二〇行首字「僧」，磧、南、徑、清作「其僧」。

一　四七三頁上二一行第一三字「將」，磧、南、徑、清作「將經」。

一　四七三頁中二行第三字「閙」，磧、南、徑、清無。

一　四七三頁中三行「言訖」，磧、徑、清作「言說」。

一　四七三頁中六行首字「唐」，磧、南、徑、清作「隋」。

一　四七三頁中八行「西山」，磧、南、徑、清作「北山」。

一　四七三頁中九行「四壁」，磧、南、徑、清作「四壁」。

一　四七三頁中一〇行末字「融」，磧、南、徑、清作「用」。

一　四七三頁中一五行第八字「嗇」，

南、徑、清作「常」。
一　四七三頁中一六行第三字「湊」，磧、南、徑、清作「臻」。
一　四七三頁中一八行「一夜瀑雨雷震山」，磧、南、徑、清作「一夜暴雨雷電震山」。
一　四七三頁中二〇行「材木」，磧、南、徑、清作「林木」。
一　四七三頁下二行「頃之」，磧、南、徑、清作「須之」。
一　四七三頁下三行「以貞觀」，磧、南、徑、清作「至唐貞觀」。
一　四七三頁下五行第一三字「云」，南、徑作「之」。
一　四七三頁下八行「福成寺」，磧、南、徑、清作「福感寺」。
一　四七三頁下九行「常式」，磧、南、徑、清作「恒式」。
一　四七三頁下一二行夾註「一云道贖」，磧、南、徑、清無。
一　四七三頁下一三行「道裕」，南、徑、清作「遺俗」。

一　四七三頁下二〇行「感共」，磧、南作「皆其」；徑、清作「皆共」。
一　四七三頁下二一行第五字「夲」，磧、南、徑、清作「而」。
一　四七四頁上四行第一二字「徒」，南、徑、清作「表」。
一　四七四頁上七行第一〇字「上」，磧、南、徑、清作「土」。
一　四七四頁上八行「裹表」，磧、南、徑、清作「下表」。
一　四七四頁上一〇行第一二字「堂」，磧、南、徑、清作「堂宇」。
一　四七四頁上一四行第一二字「開」，磧、南、徑、清作「閑」。
一　四七四頁上一五行「鄉林」，磧、南、徑、清作「鄉村」。
一　四七四頁中一〇行「周章」，磧、南、徑、清作「周慞」。
一　四七四頁中一一行「箱巾」，磧、南、徑、清作「箱篋」。
一　四七四頁中一二行夾註左「彼州」，磧、南、徑作「彼中」。

一　四七四頁中一三行「西北」，磧、南、徑、清作「西南」。
一　四七四頁中一五行第三字「王」，磧、南、徑、清作「工」。
一　四七四頁中二〇行第七字「漑」，磧、南、徑、清作「濕」。
一　四七四頁下五行夾註右「五驗出」，磧、南、徑作「六驗上」；清作「六驗出」。
一　四七四頁下六行「苪公」，磧、南、徑、清作「芮公」。一九行同。
一　四七四頁下二〇行「吾姉」，磧、南、徑作「五姉」。
一　四七五頁上六行第二字「逾」，磧、南、徑、清作「逾舊」。
一　四七五頁上九行首字「枉」，磧、南、徑、清作「枉」。
一　四七五頁上一〇行末字「眠」，磧、南、徑、清作「眠睡」。
一　四七五頁上一八行第三字「得」，磧、南、徑、清無。
一　四七五頁中二二行「殺之」，磧、南、

經、清作「殺主」。

一　四七五頁下一行首字「徧」，磧、南、經作「偏」。

一　四七五頁下六行首字「故」，磧、南、經、清作「故故」。

一　四七五頁下二一行夾註左「冥報記」，磧、南、經、清作「冥報記也」。

一　四七六頁上一九行「郁烈」，磧、南、經、清作「郁然」。

一　四七六頁上二二行「二十里」，清作「一十里」。

一　四七六頁中三行「事席文禮」，磧、南、經、清無。

一　四七六頁中五行經名，經作「法苑珠林卷第二十六」。

法苑珠林卷第十九

西明寺沙門釋道世撰

敬僧篇第八此有四部

述意部　引證部
敬益部　違損部

述意部第一

夫論僧寶者，謂禁戒守真，威儀出俗，圖方外以發心，弃世間而立法。官榮無以動其意，親屬莫能累其想。弘道以報四恩，育德以資三有。高越人天，重逾金玉，稱為僧也。是知僧寶利益，不可稱紀。故經曰：縱有持戒破戒，若長若幼，皆須深敬，不得輕慢。若違斯言，交獲重罪。若待太公為卿相，則千載無太公；要得羅什為師訓，則萬代無羅什。何得見一僧行過，坐累佛宗；見一人戒虧，便輕上法。止可以道廢人，以人不弘道也。不可以人廢道，以道是人師也。故釋迦佛等是真佛寶，金口所說理行教果是真法寶，得果沙門是真僧寶。致令一瞻一禮，萬累冰消；一讚一稱，千災霧卷。自惟薄福，不逢正化，賴蒙遺迹，幸承餘蔭。金檀銅素，漆紵丹青，圖像聖容，名為佛寶；紙縑竹帛，書寫玄言，名為法寶；剃髮染衣，執持應器，名為僧寶。此之三種，體相雖假，用表真容，敬之永絕長流，蔑之常招苦報。如木非親，母禮則響；逸千齡，凡非聖僧，敬則光逾萬代。是知斯風已扇，遐迩共遵；真資含識，神功罔測。儻有所虧，獲罪彌大。既許出家，理宜革俗。如宋朝無識，初信邪惑，駭動物情，道俗驚怪，後悟鍾鬱還申禮敬。宋室則制纛齴齪江漢崎嶇，詎得反比大國金輪聖御？且如禮云：介者不拜，為失容也。豈同去俗之人，身被忍鎧，握節白衣，理所不可？三寶既同，義須齊敬，不可偏遵佛法，頓弃僧尼。故法不自弘，弘之在人；人能弘道，故須齊敬也。

引證部第二

如梵網經云：出家人法不合禮拜國王父母六親，亦不敬事鬼神。又涅槃經云：出家人不禮敬在家人。

又四分律云：佛令諸比丘長幼相次禮拜，不應禮拜一切白衣。

又佛本行經云：輸頭檀王與諸眷屬百官，次第禮佛已，佛言：王今可禮優波離比丘等諸比丘。王聞佛敕，即從座起，頂禮五百比丘，諸出家者次第而禮。

又薩遮尼乾經云：若謗聲聞、辟支佛法及大乘法，毀呰留難者，犯根本罪。今僧依大小乘經不拜君親，是奉佛教。今乃令禮，反違佛教，俾釋從俗，人即不信佛語，故犯根本罪也。

又順正理論云：諸天神眾不敢希求受五戒者禮，如國君主亦不求比丘禮拜，以懼損功德及壽命故。

又涅槃經云：佛告迦葉：若有建立護持正法，如是之人，應從啓請，當捨身命而供養之，如我於是大乘經說：有知法者，若老若少，故應供養，恭敬禮拜，猶如事火婆羅門等；有知法者，若老若少，故應供養，恭敬禮拜，亦如諸天奉事帝釋。迦葉白佛言：若有長宿護持禁戒，從年少邊諮受未聞，云何是人當禮敬不若當禮敬，是則不名為持戒也。若

是年少護持禁戒從諸宿舊破戒人邊諮受未聞復應禮不若出家人從在家人諮受未聞復當禮不然出家人不應禮敬在家人也然佛法中年少幼小應當恭敬耆舊長宿以是長宿先受具戒成就威儀是故應當恭敬供養

又中阿含經云云何知人勝所謂比丘知有二種人有信有不信若信者勝不信者為不如也謂信人復有二種有數往見比丘有不數往見比丘若數往見比丘者勝不數往見比丘者為不如也謂數往見比丘人復有二種有禮敬比丘有不禮敬比丘若禮敬比丘者勝不禮敬比丘者為不如也謂禮敬比丘人復有二種有問經有不問經若問經者勝不問經者為不如也又舊雜譬喻經云昔有國王出游每見沙門輒下車禮道人言大王止不得下車王言我上不下所以言上不下者今我為道人作禮壽終已後當生天上是故言上不下也又善見律云輸頭檀那王禮佛已白

佛言我今三度禮如來足一佛初生時阿夷相曰若在家者應作轉輪聖王若出家學道必得成佛是時地為震動我見神力即為作禮第二我出游戲有耕田人菩薩在閻浮樹下日時已晡樹影停住不移覆菩薩身我見神力即為作禮第三今迎佛至國佛升虛作十八變如伏外道神力無異即為作禮

又中阿含經云尒時世尊告諸比丘過去世時釋提桓因欲入園觀時勑御者令嚴駕千馬之車嚴駕以竟唯王知時天帝釋即下常勝殿東向合掌禮佛尒時御者見則心驚毛竪馬鞭落地帝釋見已即說偈言

思汝何憂怖　馬鞭落於地

御者說偈白帝釋言

見王天帝釋　為舍脂之夫
所以生恐怖　馬鞭落地者
常見天帝釋　一切諸大地
人天大小王　及四護世主
三十三天眾　悉皆恭敬禮
何處更有尊　尊於帝釋者

而今正東向　合掌修敬礼

尒時帝釋說偈荅言

我實於一切　世間大小王
及四護世王　三十三天眾
最為其尊主　故悉來恭敬
而復有世間　隨順等正覺
名號滿大師　故我稽首禮

御者復白言

是必世間勝　故使天王釋
恭敬而合掌　東向稽首禮
我今亦當禮　天王所禮者

佛告諸比丘彼天帝釋為自在王尚恭敬佛法等比丘出家學道亦應如是恭敬於佛彼天帝釋舍脂之夫敬禮法僧亦復讚歎禮法僧者汝等已能正信出家學道亦當復讚歎禮法僧者

尒時帝釋從常勝殿來下周向諸方合掌恭敬時御者見天帝釋從殿來下住於中庭周向諸方合掌恭敬見已驚怖馬鞭復落地而說偈言

何故憍尸迦　故重於非家
為我說其義　飢渴願欲聞

時天帝釋說偈荅曰

我正恭敬彼　能出非家者
自在游諸方　不計其行止
城邑國土色　不能累其心
不畜資生具　一往無欲定
往則無所求　唯無為為樂
言則定善言　不言則寂定
諸天阿脩羅　各各共相違
人間自共諍　相違亦如是
唯有出家者　於諸諍無諍
於一切衆生　放捨於刀杖
於財離財色　不醉亦不荒
遠離一切惡　是故敬禮彼

是時御者復說偈言

天王之所敬　是必世間勝
故我從今日　當禮出家人

又普達王經云時有夫延國王號名普達典領諸國四方貢獻王身奉佛法未嘗偏枉常有慈心慜傷愚民不知三尊每當齋戒輙登高觀燒香還頭著地稽首為禮國中臣民怪王如此自共議言王處萬民之尊遠近敬伏發言人從有何情欲毀辱威儀頭面

著地群臣數數共議欲諫不敢王勑臣下使嚴駕當行王即與吏民數千人始出宮未遠忽見一道人王便下車却蓋住其群從頭面著地為道人作禮尋從而還施設飲食遂不成行群臣於是乃諫言大王至尊何宜於道路為此乞丐道人頭面著地天下尊貴唯有頭面加為國主不與他同王便勑臣下令求死人頭及牛馬豬羊頭臣下即徧行求索歷日乃得還白王言前被教求死人頭及六畜頭今悉已得王言於市賣之臣下即使人賣之牛馬豬羊頭等皆售但人頭未售王言賤貴賣之趣使其售如其不售便以丐人如是歷日賣既不售丐人又不取者頭皆膖脹臭處不可近之王便大怒語臣下言卿曹前諫言人頭最貴不可毀辱頭面著地禮道人今使賣六畜頭皆售人頭何故丐人無取者王即勑臣下嚴駕當出到城外曠野澤中王有所問群臣人民莫不振悚王即告群臣言卿寧識吾先王時有小兒常執持蓋者不臣

下對曰實識有之王言今此小兒何所在對曰亡已久遠乃歷十七年王言此兒為人善惡何如對言臣等常覩其承事先王齋戒恭肅誠信自守非法不言王告諸臣今若見此兒在時所著衣服寧識之不諸臣對曰雖自久遠臣故識之王顧使從急還內藏取前亡兒衣來須臾衣至曰此是不對曰實是其衣王曰今儻見兒身為識之不臣下皆默然良久臣自嫌闇率覩不別王始欲說本前見道人來到王所王大歡喜起頭面著地為道人作禮臣下莫不歡喜道人就座王叉手具白前緣令故嚴出欲示本末願為此國臣民開導愚癡令知真法道人即為臣下說王本變欲知王者本是先王持蓋小兒常隨先王齋戒一日不犯其後過世魂神還生為王作子令致尊貴皆由宿行臣下大小莫不僉然曰吾等幸遇得覩道人願遂哀愍乞為弟子道人告言我師號曰佛身具足相好獨步三界教授不虛佛今去此乃六千里須臾語須道人飛到舍衛

國王以啓佛彼國人民甚可愍傷今皆誠心願欲見佛唯垂大慈開示真道佛便許可明日到夫延國佛爲王及臣民等說法云欲知普達王及道人本末不阿難言願聞其事佛言乃昔摩訶文佛時王爲大姓家子其父供養三尊父命子傳香時有一侍使意中輕之不與其香罪福響應故獲其殃雖暫爲驅使奉法不妄今得爲王道人本是侍使時不得香人雖不得香其意無恨即立誓言若我得道當度此人福願果合今來度王并及人民王聞佛說其本末意解即得須陁洹國中人民聞經皆受五戒十善以爲常法

又阿育王經云昔阿恕伽王見一七歲沙彌將至屏處而爲作禮語沙彌言莫向人道我禮汝時沙彌前有一澡瓶沙彌即入其中從澡瓶中復還來出而語言王慎莫向人道沙彌入澡瓶中復還來出王即語沙彌言我當現向人說不復得隱是以諸經皆云沙彌雖小亦不可輕王子雖小亦不可輕龍子雖小亦不可輕沙彌雖小能度人王子雖小能殺人龍子雖小能興雲由興雲故致雨雷電霹靂感其所小而不可輕也

又付法藏經云昔佛涅槃一百年後有阿育王信敬三寶常作般遮于瑟大會王至會日香湯洗浴著新淨衣上高樓上四方頂禮遥請衆僧聖衆飛來凡二十萬王之信心深遠難量見諸沙門若長若幼若凡若聖皆迎問訊恭敬禮拜時有一臣名曰夜奢邪見熾盛無信敬心見王禮拜而作是言王甚無智自屈貴德禮拜童幼王聞是已便勑諸臣各遣推覓自死百獸人仰一頭唯使夜奢獨求人首得已各勑詣市賣之餘頭悉售夜奢人頭見者惡賤都無買者數日欲臭衆人見已咸共罵辱而語之言汝今非是旃陁羅人夜叉羅刹云何乃捉死人頭賣夜奢尒時被罵辱已來詣王所而白王言自賣人頭反被罵辱尚無欲見況有買者王復語言若無買者但當虛與夜奢奉敎重賣入市唱告衆人無錢買者今當虛與市人聞已重加罵辱無肯取者夜奢慚愧還至王所合掌白王此頭難售虛與不取反被罵辱況有買者王問夜奢何物最貴夜奢荅王人最爲貴王言若貴何故不售夜奢荅王人生雖貴死則卑賤王問夜奢吾頭若死同此賤不夜奢惶懼怖不敢對王即語言施汝無畏汝當實荅夜奢惶怖俛仰荅王王頭若死亦同此賤王語夜奢吾頭若死同此賤者汝何怪我禮敬衆僧卿若是吾真善知識宜應勸我以危脆頭易堅固頭如何今日止吾禮拜夜奢尒時聞王此語方自悔責改邪從正歸敬三寶以是因緣衆生聞者若見三寶應當至心恭敬禮拜

又四分律云賓頭盧羅漢本是優填王臣由精勤苦行王放出家得阿羅漢果王後每出城參禮寺去城二十里諸佞臣見賓頭不起迎王惡心諫王王於後取佞臣諫危欲殺之賓頭盧見王後來入門便下牀七步迎之王怒曰大德由來難動今避席迎何

耶荅曰王前有好心來故不起迎今懷惡心來若不起迎恐當見殺王歎曰善哉弟子愚癡妄受佞言不識凡聖王請悔過離免一地獄然賔頭盧記王由僧起迎故却後七日必失王位恰如依記被他隣國興兵來捉經十二年鏁脚囚禁　自外七十七

述曰以是義故特須敬慎不得自高恐損來報比見俗人微受官位不生信心妄起高慢呵罵僧尼種種毀辱或立廳前身處高牀遣人拖牽非理恥挫敗善增惡無過此等雖犯王法亦須以理外法雖行內須省愧道俗同凡居住三界未得入聖已來誰之無過然出家之人雖內無實行夾現騐儀身被法服覩相生善見者生恭敬破戒僧尼亦能升座種種說法利益群生前人聞見修持六度展轉相化因修善行未來生處近得人天遠成聖果得此聖已復更展轉利益無窮譬如一燈然百千燈明終不盡量此無盡之法皆由前破戒僧尼說法化功得斯大利既有此益各須自慎

縱欺得百千萬出家之人未能現獲一毫之益唯加惡名流布四海未來生處歷劫受殃故經曰一念之惡能開五不善門如後述之

又雜寶藏經云月氏國王名栴檀罽尼吒聞罽賔國尊者阿羅漢字祇夜多有大名稱思欲相見即與諸臣往造彼國於其中路心竊生念言我今為王王於天下一切人民靡不敬伏自非有德何能任我供養作是念已遂便前進彼國有人告尊者言月氏王與諸群臣從遠來相見唯願整其衣服共相待接尊者荅言我聞佛語出家之人道尊俗表唯德是務豈以服餝出迎接乎遂便靜默端坐不出於是月氏王至其住處見尊者祇夜多覩其威德倍生敬信即前稽首却住一面時尊者欲唾月氏國王不覺前進授唾器時尊者即語王言貧道今者未堪為王作福田也胡為躬自枉屈神駕時月氏王深生慚愧我向者竊生微念已知我心自非神德何能尒也即便為王略說教法王來時道好去如來時王聞教已即便還

國至其中路群臣怨言我等遠從大王往至彼國竟無所聞然空還國時王報言向尊者為我說法來時道好去如來時卿等不解此耶以我往昔持戒布施修造功德以殖王種今享斯位復修積善當來之世必重受福故誠我言王來時道好去如來時群臣聞已稽首謝言臣等下愚竊生妄解大王神德妙契玄旨積德所種故享斯位群臣歡喜言已而退

又十誦律云尒時世尊說本生因緣語諸比丘過去世時近雪山下有三禽獸共住一鷄鳥二獼猴三象是三禽獸初互相輕慢無恭敬行同作是念我等何爲不相恭敬若前生者應供養尊重教化我等尒時鷄鳥獼猴問象言汝念過去何事時是處有大華茇樹象言我小時行此樹在我腹下過象鷄問獼猴言汝憶何事荅言我憶小時坐地捉此樹頭按令到地象語獼猴汝年大我我當敬汝爲我說法象獼猴問鷄鳥言汝憶何事荅言彼有大華茇樹我啖其子於此

大便乃生斯樹長大如是我所憶
獼猴語鷄汝年大我我當供養於汝
當爲我說法尒時象恭敬獼猴從聽
受法爲餘象說獼猴恭敬鷄鳥從聽
受法爲餘獼猴說法鷄鳥爲餘鷄鳥
說法（依四分律鳥騎猴上猴乘象上處處遊行化說法）此三禽獸
先喜殺盜婬妄語後相誡止即捨此
過命終皆生天上尒時世人見獸廣
行善法不侵人穀各自相誡云畜生
尚能恭敬何況我等尒時世人皆相恭
敬奉行五戒命終之後皆得生天佛
語比丘尒時鷄者則我身是獼猴者
舍利弗是象者目連是佛言畜生無
知尚相恭敬自利利他何況汝等以信
出家不相尊敬尒時世尊即說偈言

若人不敬佛　及佛弟子衆
現世人訶罵　後世墮惡道
若人知敬佛　及佛弟子衆
現世人讚歎　後世生天上

佛種種因緣讚歎恭敬法已語諸比
丘從今先受大戒乃至大須臾時是
人應先坐先受水先受飲食

敬益部第三

如寶性論云三寶有六義故須敬也
一者希有義如世寶物貧窮之人所
不能得三寶如是薄福衆生百千萬
世不能值遇故名爲寶二者離垢義
如世眞寶體無瑕穢三寶如是絕離
諸漏故名爲寶三者勢力義如世珍
寶除貧去毒有大勢力三寶如是具
不思議六神通力故說爲寶四者莊
嚴義如世珍寶能嚴身首令身姝好
三寶如是能嚴行人淸淨身故故說
爲寶五者最勝義如世珍寶譬諸物
中勝三寶如是一切世中最爲殊勝
故名爲寶六者不改義如世眞金燒
打磨練不能變改三寶如是不爲世
間八法所改故名爲寶又具六意故
須敬也一佛能誨示法是良藥能傳
通皆利益於我報恩故敬二末代惡
時傳法不易請威加護故須致敬三
爲物生信稟承故敬四示僧尼敬事
儀式五令樂供養法得久住故敬六
爲表勝相故敬故成論云三寶最吉
祥故我經初置

違損部第四

如像法決疑經云乃至一切俗人不
問貴賤不得撾打三寶奴婢畜生及
受三寶奴婢禮拜皆得殃咎故薩遮
尼揵經云若破塔寺或取佛物若教
作助喜若有沙門身著染衣或有持
戒破戒若繫閉打縛或令還俗或斷
其命若犯如是根本重罪決墮地獄
受無間苦以王國內行此不善諸仙
聖人出國而去大力諸神不護其國
大臣諍競四方咸起水旱不調風雨
失時人民飢餓劫賊縱橫疫勵疾病
死亡無數不知自作而怨諸天
又仁王經云國王大臣自恃高貴滅
破吾法以作制法制我弟子不聽出
家不聽造作佛像立統官制等安藉
記錄僧比丘地立白衣高座又國王
太子横作法制不依佛教因緣破僧
因緣統官攝僧典主僧籍若相攝持
佛法不久
又大集經云佛言所有衆生於現在
世及未來世應當深信佛法衆僧彼
諸衆生於人天中常得受於勝妙果
報不久當得入無畏城如是乃至供

養一人為我出家及有依我剃除鬚髮著袈裟片不受戒者供養是人亦得功德乃至入無畏城以是緣故我如是說若復有人為我出家不持禁戒剃除鬚髮著袈裟片有非法惱害此者乃至破壞三世諸佛法身報身乃至盈滿三惡道故佛言若有衆生為我出家剃除鬚髮被服袈裟設不持戒彼等悉已為涅槃印之所印也若復出家不持戒者有以非法而作惱亂罵辱毀呰以手刀杖打縛斫截若奪衣鉢及奪種種資生具者是人則壞三世諸佛真實報身則挑一切天人眼目是人為欲隱沒諸佛所有正法三寶種故令諸天人不得利益墮地獄故為三惡道增長盈滿故

尒時娑婆世界主大梵天王而白佛言若有為佛剃除鬚髮被服袈裟不受禁戒受已毀犯其剎利王與作惱亂罵辱打縛者得幾許罪佛言大梵我今為汝且略說之若有人於萬億佛所出其身血於意云何是人得罪寧為多不大梵王言若人但出一佛身血得

無閒罪尚多無量不可筭數墮於阿鼻大地獄中何況具出萬億諸佛身血也終無有能廣說彼人罪業果報唯除如來佛言大梵若有惱亂罵辱打縛為我剃髮著袈裟片不受禁戒受而犯者得罪多彼何以故是人猶能為諸天人示涅槃道是人便已於三寶中心得敬信勝於一切九十五道其人必速能入涅槃勝於一切在家俗人唯除在家得忍辱者是故天人應當供養何況具能受持禁戒三業相應其有一切國王及以群臣諸斷事者如其見有於我法中而出家者作大罪業大殺生大偷盜大汙梵行大妄語及餘不善但擯出國不聽在寺同僧事業亦不得鞭打亦不應口業罵辱加其身罪若故違法而謫罰者是人便於解脫退落受於下類遠離一切人天善道必定歸趣阿鼻地獄何況鞭打為佛家具持戒者

又十輪經云佛言族姓子有四種僧何等為四一第一義僧二淨僧三瘂羊僧四無慚愧僧云何名第一義僧

諸佛菩薩辟支及四沙門果是七種人名為第一義僧在家得聖果者亦名第一義僧云何名為淨僧諸有能持具足戒者是名淨僧云何名為瘂羊僧不知犯不犯輕重微細罪可懺悔愚癡無智不近善知識不能諮問深義是善非善如是等相名為瘂羊僧云何名無慚愧僧若有為自活命來入佛法悉皆毀犯破和合僧不畏後世放縱六情貪著五欲如是人等名為無慚愧僧（如是四僧並須恭敬）

又大悲經云佛告阿難於我法中但使性是沙門汙沙門行自稱沙門形似沙門當有被著袈裟衣者於此賢劫彌勒為首乃至最後盧遮如來彼諸沙門如是千佛於無餘涅槃界次第當得入般涅槃無有遺餘何以故如是一切諸沙門中乃至一稱佛名一生信者所作功德終不虛設阿難我以佛智測知法界非不測知阿難所有白業得白報黑業得黑報若有淨心諸衆生等作是稱言南無佛者彼人以是善根必定得近涅槃何況值

佛親承供養

法苑珠林卷第十九　第二十二張　魏字

又十輪經云佛言若諸比丘依佛法出家一切天人阿脩羅皆應供養若護持戒不應謫罰閉繫刖其手足乃至奪命惡無是法若有破戒比丘如敗膿壞非梵行而言梵行退失墮落聖道果證爲諸煩惱結使所壞猶能開示一切天龍人非人等無量功德珍寶伏藏是以依我出家若持戒若破戒我悉不聽輪王大臣宰相不得謫罰繫閉加諸鞭杖截其手足乃至斷命況復餘輕犯小威儀破戒比丘雖是死人是戒餘力猶如牛黄是牛雖死人故取之亦如石香死後有用能大利益一切衆生惡行比丘雖犯禁戒其戒勢力猶能利益無量天人譬如燒香香體雖壞熏他令香破戒比丘亦復如是自墮惡道能令衆生增長善根以是因緣一切白衣不應侵毀輕蔑破戒比丘皆當守護尊重供養不聽謫罰繫閉其身乃至奪命尒時世尊而說偈言

瞻蔔華雖萎　勝於諸餘華

破戒諸比丘　猶勝諸外道

法苑珠林卷第十九　第二十三張　魏字

又大集經世尊說偈云

髠頭著袈裟　持戒及毀戒
天人可供養　常令無有乏
如是供養彼　則爲供養我
若能爲敬法　歸依而髠頭
身著袈裟服　說彼是我子
假使毀禁戒　猶住不退地
若有撾打彼　則爲打我身
若有罵辱彼　則爲罵辱我
是人心欲滅　正法大明燈
爲財共鬪諍　刹利同生瞋

又十輪經云譬如過去有王名曰福德若人有犯罪過乃至繫縛三不欲奪命將付狂象尒時狂象捉其二足欲撲其地而見此人著染色衣故狂象即便安徐置地不敢損傷共對蹲坐以鼻舐足而生慈心族姓子象是畜生見染衣人尚不加惡生於害心乃至未來世有旃陀羅王見我法中有人出家堪任法器及不成法器故作逼惱或奪其命命終之後必墮阿鼻地獄

頌曰

法苑珠林卷第十九　第二十四張　魏字

經行林樹下　求道志能堅
既有神通力　振錫逵乘煙
一燈四弘誓　至道莫能先
不貪曠劫壽　何論延促年

感應緣 略引十驗

魏沙門釋曇始　晉沙門釋道開
晉司空何充弱　晉廬山七嶺聖僧
晉沙門釋僧朗　晉沙門釋法相
晉沙門釋法安　宋沙門釋慧全
齊沙門釋慧明　神州諸山聖僧

前魏太武時沙門曇始甚有神異常坐不臥五十餘年足不躡履跣行泥穢中奮足便淨色白如面俗號曰白足阿練也至赫連昌破長安不信佛法刑害僧尼始被白刃不傷由是僧尼免死者衆太武敬重死十餘年形色不改

西晉沙門單道開燉煌人出家山居服練松柏三十年後唯吞小石子行步如飛不耐人樂幽靜在抱腹山多年石虎時來自西平日行七百至鄴周行邑野救諸患苦得財即散徒行

而已石氏將末與弟子來建鄴又南
羅浮遂卒山舍袁彥伯興寧中登山
禮其枯骸云
東晉司空何充弱而信法於齋立坐
數年以待神聖設會於家道俗甚盛
坐中一僧容服垢汙神色低陋自衆
升坐拱默而已一堂怪之謂在謬僻
充亦不平形於顏色及行中食僧飯
於坐事畢提鉢而出堂顧充曰何侯
勞精進耶即擲鉢空中凌虛而逝充
及道俗目送天際追共惋恨稽悔累
句 右三驗出梁高僧傳
晉廬山七嶺同會於東共成峰崿其
崖窮絕莫有升者晉太元中豫章太
守范寧將起學館遣人伐材其山見
人著沙門服凌虛直上既至則迴身
踞其峰良久乃與雲氣俱滅時有採
藥數人皆共瞻覩當時能文之士成
為之興沙門釋曇諦廬山賦曰應真
凌雲以踞峯眇翳景而入冥者也
晉沙門竺僧朗者戒行明嚴華戎敬
異嘗與數人俱受法請行至中途忽
告同輩曰君等留寺衣物似有竊者

同侶即反果乃盜焉
晉太元中於奉高縣金輿山谷起立
塔寺造製形像苻堅之末降庠道人
唯敬朗一衆不敢毀焉于時道俗信
奉每有來者人數多少未至一日輒
已逆知使弟子為具必如言果到其
谷舊多虎常為暴害立寺之後皆如
家畜鮮卑慕容德以二縣租調充其
朝中至今號其谷為朗公谷云
晉沙門梁法相河東人也常獨山居
精苦為葉鳥獸集其左右馴若家獸
太山祠大石函以盛財寶相時山行
宿于其廟見一人玄衣武冠令相開
函言終不見其函石蓋重過千鈞相
試提之飄然而開於是取其財寶以
施貧民後渡江南住越城寺忽遨遊
放蕩俳優滑稽或時躶袒干冒朝貴
鎮北將軍司馬恬惡其不節招而鴆
之頻傾三鍾神氣清怡怡然自若年
八十九元興末卒
晉沙門釋法安者廬山之僧遠法師
弟子也義熙末陽新縣虎暴甚
盛縣有大社樹下有筮神廟左右民

居以百數遭虎死者夕必一兩法安
嘗遊其縣暮投此村民以懼虎早閉
門閭且不識法安不肯受之法安徑
之樹下坐禪通夜向曉有虎負人而
至投樹之北見安如喜如跳伏安前
安為說法授戒虎踞地不動有頃而
去至旦村人追死者至樹下見安大
驚謂其神人故虎不害自茲以後而
虎患遂息衆益敬異一縣士庶略皆
奉法後欲畫像山壁不能得空青欲
用銅青而又無銅夜夢人迁其牀前
云此中有兩銅鍾便可取之安明即
掘得遂以成像後遠法師鑄像安送
一鍾助餘一武昌太守熊無患借觀
之遂留不改宋孝明江陵長沙寺沙
門慧遠者本名黃遷即禪師慧印之
弟子也印每入定見遠是印之先師
雖應為蒼頭故度為弟子常寄江陵
楊家行般舟勤苦歲餘頻有感變一
日十會通見遠身而般舟之處行道如
故自尅終日至期果卒久之現形多
寶寺僧曇珣曰明年二月二十三日
當與天人相迎言已不見珣於是日

設大法會建捨身齋其日苦氣自知
必盡三更中聞空中樂聲香煙甚異
殉曰遠公之契至矣壽尒神逝
宋沙門釋慧全涼州禪師也開訓教授
門徒五百有一弟子性頗麁暴全常
不齒後忽自云得三道果全以其無行
永不信許全後有疾此弟子夜來問
訊時戶猶閉如故全頗驚異欲復驗
之乃語明夕更來因密塞窓戶加以
重關弟子中宵而至徑到牀前謂全
曰闍梨可見信來因曰闍梨過世當
生婆羅門家全曰我坐禪積業豈方
生彼弟子云闍梨信道不篤兼外學
未絕雖有福業不能超詣若作一切
會得飯一聖人可成道果耳全於是
設會弟子又曰可以僧伽梨布施若
有須者勿擇長幼及會訖施衣有一
沙彌就全求衣全謂是其弟子全云
吾欲擬奉聖僧那得與汝廻憶前言
不得擇人便以歡施他日見此沙彌問
云先與汝衣者不大耶沙彌曰非徒
不得衣亦有緣事愧不豫會全方悟
先沙彌者聖所化也弟子久乃過世

過世之時無復餘異唯塚四邊時有
白光全元嘉二十年猶存居在酒泉
右六驗出冥祥記
齊始豐赤城山有釋慧明姓康康居
人祖世避地于東吳止赤城山石室
於是栖心禪誦畢命枯槁後於定中
見一女神自稱老嫗云常加護衛或
時有白猨白鹿白蛇白虎遊戲堦前
馴伏宛轉不令人畏齊竟陵文宣王
聞風祇挹頻遣三使殷勤敦請乃暫
出山至京師到第文宣敬以師禮少
時辭還山苦留不止於是資給發遣
以建武之末卒於山中春秋七十矣
御尋震旦海曲神州諸山伽藍泉巖
石室有修道人所居聖寺時有行者
咸見非一且述三五用為實錄餘之
不盡不可備論
昔晉太元初有燉煌沙門竺曇猷乞
食坐禪強志勤業遊會稽剡縣赤城
山有群虎來前猷為說法一虎獨眠
乃以如意杖打頭有十圍蛇繞之都無
怖色又山神捨宅與之作寺又往赤
城山安坐此山與天台瀑布四明連

屬父老云天台山有聖寺猷往尋之
石橋跨谷青滑難度衡石斷路無由
得達旬宿橋首聞彼行道唱布薩聲便
潔齋自勵忽見衡石淵開猷便前度
具覩精舍神僧燒香中食畢謂曰却
後十年自當來此
齊鄴下大莊嚴寺沙門圓通者感一
神僧夏中聽講夏罷自恣就辭云在
竹林寺邀通過之通具問道經來年
尋至在彼山東鄴之西北神僧迎接
具見門開房宇華敞林木森大經宿
周流意言道合便有終焉之思神僧
為諮大和上乃不許之及還舊路三
里之外反望莫覩後之往者不知其
處
近鄧州有沙門名道勤者於州北倚
立山巖追訪具見周循歷覽實為佳
寺眾具皆備但不見人却下重尋便
失歸路乃於道次築室擬尋汾州東
南介山抱腹巖者山居之僧數見沙
門乘空來往又涼州南洪崖窟沮渠
蒙遜所造碑寺見存有塐聖僧常自
行道人來便止人去尋行故旁側足

跡納納示現然徒衆不可見之（述曰如名僧傳三十卷梁高僧傳十五卷唐高僧傳四十卷及百家史傳凡聖碩德數千餘僧積功殊異道俗所欽或散配諸篇或文繁不錄且列少多示知僧德）

法苑珠林卷第十九

甲辰歲高麗國大藏都監奉勅彫造

法苑珠林卷第十九　校勘記

一　底本，麗藏本。

一　四八二頁上一行經名，徑作「法苑珠林卷第二十七」。

一　四八二頁上二行撰者，磧作「大唐上都西明寺沙門釋道世撰」，南作「唐上都西明寺沙門釋道世撰」，徑作「唐上都西明寺沙門釋道世玄惲撰」，清作「唐西明寺沙門釋道世撰」。

一　四八二頁上三行「此有四部」，徑無。

一　四八二頁上四行至五行「述意部……違損部」，徑無。

一　四八二頁上六行「第一」，徑無。以下部目下序數「第二」、「第三」、「第四」例同。

一　四八二頁中一五行第二字「握」，磧、南、徑、清作「屈」。

一　四八二頁下五行第九字「諸」，磧、南、徑、清作「新」。

一　四八二頁下九行夾註右首字「令」，磧、南、徑、清作「今」。又左「反違」，磧、南、徑、清作「交違」。

一　四八二頁下一〇行夾註左末字「也」，磧、南、徑、清無。

一　四八三頁上三行第九字「當」，南、徑、清作「應」。

一　四八三頁上六行至七行「恭敬供養」，磧、南、徑、清作「供養恭敬」。

一　四八三頁上八行「所謂」，磧、南、徑、清作「如諸」。

一　四八三頁上二二行第一一字「上」，磧、南、徑、清作「我」。

一　四八三頁中五行第三字「有」，磧、南、徑、清作「看」。

一　四八三頁中八行第三字「虛」，磧、南、徑、清作「虛空」。

一　四八三頁中一三行第三字「時」，磧、南、徑、清作「時時」。

一　四八三頁下一三行第四字「法」，磧、南、徑、清作「汝」。

一　四八三頁下一六行第八字「亦」，磧、南、徑、清作「亦當如是敬禮法僧」。

一　四八三頁下一九行第一一字「釋」，磧、南、徑、清無。

一　四八四頁上二〇行第五字「當」，磧、南、徑、清作「常」。

一　四八四頁中一四行「趣使」，磧、南、徑、清作「輙使」。

一　四八四頁中一九行第三字「令」，磧、南、徑、清作「今」。
一　四八四頁中末行「先王」，磧、南、徑、清作「先君」。
一　四八四頁下八行第一〇字「曰」，磧、南、徑、清作「王曰」。
一　四八四頁下一〇行「良久」，磧、南、徑、清作「良久曰」。
一　四八四頁下一八行第一五字「令」，磧、南、徑、清作「今」。
一　四八五頁上一五行「常法」，磧、南作「常住」。
一　四八五頁下二〇行「賓頭」，磧、南、徑、清作「賓頭盧」。
一　四八六頁上二行「恐當」，磧、南、徑、清作「必當」。
一　四八六頁上一七行首字「敬」，磧、南、徑、清無。
一　四八六頁中四行「述之」，磧、南、徑、清作「述之也」。
一　四八六頁中一二行「整其衣服」，磧、南、徑、清作「尊者整衣服」。

一　四八六頁中一三行「尊者」，磧、南、徑、清作「時尊者」。
一　四八六頁中二一行「竊生微念已知我心」，磧、南、徑、清作「已知王心」。
一　四八六頁中二二行第一三字「王」，磧、南、徑、清作「言王」。
一　四八六頁下一七行第八字「何」，磧、南、徑、清作「憶何」。
一　四八七頁上六行夾註左「化說法」，磧、南、徑、清作「教化說法」。
一　四八七頁中一四行「磨練」，磧、南、徑、清作「磨鍊」。
一　四八七頁中一六行第一三字「能」，磧、南、徑、清作「僧能」。
一　四八七頁中二一行「成論」，磧、南、徑、清作「成實論」。
一　四八七頁下一一行「疲勵」，磧、南、徑、清作「疲癘」。
一　四八七頁下一六行第三字「僧」，磧、南、徑、清作「僧事」。
一　四八八頁上一七行第七字「主」，南作「王」。
一　四八八頁中二〇行第六字「家」，磧、南、徑、清作「出家」。
一　四八九頁上一四行「石香」，徑、清作「麝香」。
一　四八九頁中一四行「若人有」，磧、南、徑、清作「若有人」。
一　四八九頁下三行第八字「達」，磧、南、徑、清作「遠」。
一　四八九頁下四行第二字「燈」，磧、南、徑、清作「登」。
一　四八九頁下六行「十驗」，徑、清作「十一驗」。
一　四八九頁下八行首字「昏」，清無，下至一〇行首字同。又「七領」，磧、南、徑、清作「七嶺」。
一　四八九頁下一〇行「釋法安」下，徑、清有「宋沙門慧遠」目錄一條。又第七字「宋」，清無。
一　四八九頁下一九行「單道開」，磧、南、徑、清作「釋道開」。
一　四八九頁下二二行「七百」，磧、南、

徑、清作「七百里」。

一　四九〇頁上一行第一三字「又」，磧、南、徑、清作「入」。

一　四九〇頁上三行末字「云」，磧、南、徑、清作「也」。本頁中九行末字同。

一　四九〇頁上五行第四字「待」，磧、南作「侍」。

一　四九〇頁上九行末字「俟」，磧、南、徑、清作「徒」。

一　四九〇頁上二〇行第六字「杪」，磧、南、徑、清作「眇」。

一　四九〇頁上二一行「竺僧朗」，磧、南、徑、清作「釋僧朗」。

一　四九〇頁中一行「同侶即反果乃盜焉」，磧、南、徑、清作「同旅即反果及盜焉」。

一　四九〇頁中六行第二字「送」，磧、南、徑、清作「逆」。

一　四九〇頁中八行「粗調」，磧、南、徑、清作「粗課」。

一　四九〇頁中一〇行「梁法相」，磧、南、徑、清作「釋法相」。

一　四九〇頁中一七行「俳優」，磧、南、徑、清作「優俳」。

一　四九〇頁下三行末字「徑」，磧、南、徑、清作「逕」。

一　四九〇頁下一一行第一一字「迁」，磧、南、徑、清作「遷」。

一　四九〇頁下一五行「宋孝明」，磧、南、徑、清作「宋孝文時」。

一　四九一頁上二行「樂聲」，磧、南、徑、清作「樂磬聲」。

一　四九一頁上三行「神逝」，磧作「於遊」；南、徑、清作「神遊」。

一　四九一頁上一四行末字「切」，磧、南、徑、清作「勝」。

一　四九一頁中一行第一〇字「塚」，磧、南作「家」。

一　四九一頁中三行夾註「出冥祥記」，南作「出冥祥記也」。

一　四九一頁中七行「老嫗」，磧、南、徑、清作「呂姥」。

一　四九一頁中一〇行第四字「挹」，磧、南、徑、清作「揖」。

一　四九一頁中一五行第一一字「時」，磧、南、徑、清無。

一　四九一頁下三行第一二字「布」，磧、南、徑、清無。

一　四九一頁下九行第一二字「經」，磧、南、徑、清作「徑」。

一　四九一頁下一一行「森大」，磧、南、徑、清作「倭天」。

一　四九一頁下一六行「道勤」，南、徑、清作「道勒」。

一　四九一頁下二〇行「抱腹巖」，磧、南、徑、清作「抱福巖」。

一　四九一頁下二二行第一〇字「埭」，磧、南、徑、清作「素」。

一　四九二頁上二行夾註右「十五卷唐高僧傳」，磧、南、徑、清無。

一　四九二頁上四行卷末經名，徑作「法苑珠林卷第二十七」。

法苑珠林卷第二十

西明寺沙門釋道世撰

致敬篇第九 此有六部

述意部　功能部　普敬部
名號部　會通部　儀式部

述意部第一

原夫上聖垂慈至人利物意欲導四生於寶所運三有於大車師弟異軌而同歸法俗殊途而一致所以立像表眞舉訓常俗寄指筌月出道常規但以妄著我人憍慢滋流隨業漂淪無思悛革良由對迷累劫不識三尊愚癡頑執罕逢十聖是故命如風燭難可駐留形同石火豈容長久況復五濁交侵四蛇常逼而能安忍翫茲虛幻故使大聖慈悲適悲適化陶誘行中要切無過禮懺行道故龍樹十住論云菩薩晝夜各有三時於此六時禮拜十方諸佛懺悔勸請隨喜迴向菩薩來至阿惟越地依此修行速成不退如念東方善德佛等十方諸佛本願力故若有衆生於先佛所種諸善根聞是佛名即能信受便得不退菩提之心亦由愚識常聞惡聲今忽聞喚南無佛名欻然驚喜情處欣慕罪滅福生故經云敬禮此佛能除百萬生死重罪或言能除千劫生死重罪若不依此階級以動凡心則負罪者累劫受殃但聞佛名無不踊躍我有何罪不見眞容雨淚滂流一心合掌我有何善聞佛名號欣喜加敬瞻仰聖顏愛戀無猒用此悲慶信根日增如此通情識心無累則於敬禮常加歸命比見道俗聞唱佛名身雖逐禮心乃外緣中途蹤錯都不省悔無慚無愧於是乎在或有道俗屏處禮拜或昇或沈身心憍慢曾無驚懼不敬之罪於是轉加或有道俗對衆禮拜千僧萬俗高聲唱和急度而禮身不逐拜心不敬思類同點兵但記空名如碓上下勞多無益上來略跡非無斯咎苟求名利不存忠敬依信能入發生智識信既不行能入何寄自下略述五意並依聖教示其眞偽請除妄歸眞功成究竟也

功能部第二

仰惟大覺之慈至極之聖猶祐嘉運冥感應期聞名致敬則勝業攀於須臾憑心相化則妙果成於曠劫故五十三佛聲益微塵之前三千至眞光鑠河沙之後二十五佛功利救苦之厄娑婆七寶不逮一禮之福雖合掌之因似賒而樹王之報漸及故知禮拜稱讚豈虛弃功虔誠呈敬冥益福利故智度論云若菩薩未入法位遠離佛法壞諸善根設在煩惱自不能度安能度人是故不應遠離諸佛譬如嬰兒不離其母行路不離粮食熱時不離涼風寒時不離煖火度水不離堅船病苦不離良醫是故菩薩常不離佛何以故父母親友人天王等不能益我度諸苦海唯佛世尊令我出苦是故常念不離諸佛也

又藥王藥上經云釋迦牟尼佛告大衆言我昔無數劫時於妙光佛末法之中出家學道聞五十三佛名聞已合掌心生歡喜復教他人令得聞持他人聞已展轉相教乃至三千人此

三千人異口同音稱諸佛名一心敬
禮以是因緣功德力故即得超越無
數億劫生死之罪其初千人者始從
華光佛爲首下至毗舍佛於莊嚴劫
得成佛道即過去千佛是也此中千
佛者始從拘樓孫佛爲首下至樓至
佛於賢劫中次第成佛後千佛者始
從日光佛爲首下至須彌相佛於星
宿劫中當得成佛現在十方諸佛善
德如來等亦得聞是五十三佛名故
於十方世界各得成佛若有善男子
善女人及餘一切衆生得聞是五十
三佛名者是人於百千萬億阿僧祇
劫不墮惡道復有人能聞是五十三
佛名者生生之處常得值遇十方諸
佛若復有人能至心敬禮五十三佛
名者除四重五逆及謗方等經皆悉
清淨以是諸佛本誓願故於念念中
即得除滅如上諸罪（三千佛名在諸佛集劫經名號種姓國土等在賢劫經千佛中釋迦當第四成佛也）
又決定毗尼經云若能至心敬禮三十
五佛其人功德無量無邊
又佛名經云若善男子善女人聞此

二十五佛名至心受持讀誦恭敬禮
拜得離地獄餓鬼畜生三惡道若得
除瞋恚愚癡滅百劫重罪常生十方
淨佛國土設復有人滿三千大千世
界七寶一百歲中常用布施猶不如
誦持禮拜二十五佛名功德千分不
及一乃至筭數譬喻所不能知何以
故以衆生善根微薄不得聞此佛名
若善男子善女人得聞此二十五佛
者非於一佛十佛所種諸善根是
人乃於百千萬佛所種諸善根然後
乃得聞此佛名是人超越四十八劫
在前成佛若復有人不信此二十五
佛名得此功德是人當墮阿鼻地獄滿
足百劫舍利弗若比丘比丘尼優婆
塞優婆夷欲懺悔諸罪當淨洗浴
著新淨衣淨治室內敷好高座安置
尊像懸二十五枚幡種種華香供養
誦此二十五佛名日夜六時懺悔滿
二十五日滅四重八重等罪式叉摩
那沙彌沙彌尼亦復如是又文殊問
經讚佛偈云

我禮一切佛　調御無等雙

文六眞法身　亦禮於佛塔
生處得道處　法輪涅槃處
行住坐臥處　一切皆悉禮
諸佛不思議　妙法亦如是
能信及果報　亦不可思議
能以此秖夜　讚歎如來者
於千萬億劫　不墮於惡道

又菩薩本行經云正使化無數億計
人成辟支佛有人百歲四事供養功
德甚多不如有人以歡喜心一四句
偈讚歎如來功德無量
又善生經云以四天下寶供養於佛
又以重心讚歎如來是二福德等無
差別
又大悲經云一稱佛名南無佛者以是
善根入涅槃界不可盡也
述曰既知聖教禮佛功德不可思議是
故行者常須作意不得自慢恐無常
忽至瞻禮無處譬鼠入角路窮何趣
是故經中世尊說偈云

命如風中燈　不知滅時節
今日復明日　不覺死輕至
冥冥從業緣　不知生何道

又上生經云若有禮敬彌勒佛者除却百億生死之罪乃至來世龍華樹下亦得見佛又云我滅度後四衆八部聞名禮拜命終往生兜率天中若有男女犯諸禁戒造衆惡業聞是菩薩大悲名字五體投地誠心懺悔一切惡業速得清淨若有歸依彌勒菩薩當知是人得不退轉彌勒成佛見佛光明即得受記

又增一阿含經云禮佛有五功德一者端正（以見相好生尊上敬）二得好聲（以見佛時三自歸曰南無如來至真等正覺故）三多饒財（以具華香燈明隨力供養故也）四生處高貴（以見佛時心無染著又案右膝著地長跪叉手禮故）五生天上（以念佛功德法尒故）

又金剛三昧經云若有暫聞佛勝智慧深心隨喜不起誹謗者於百千劫不墮三惡道生處值佛乃至念佛法身功德無邊

又普賢觀經云若有晝夜六時禮十方佛誦大乘經思第一義甚深空法一彈指頃除百萬億那由他恒河沙劫生死之罪行此法者眞是佛子從諸佛生十方諸佛及諸菩薩爲其和上是名具足菩薩戒者不須羯磨自然

成就應受一切人天供養

又涅槃經云若於佛法供養一香燈乃至獻一華則生不動國善守佛僧物塗掃佛僧地像塔如母指常生歡喜心亦生不動國此即淨土常嚴不爲三災所動也

普敬部第三

敬惟法身無相應現十方謂四方四維上下俗儒所說唯據此洲洲外有洲古今未說若依內典通窮無際橫亘十方傍羅異域今佛教中娑婆忍土萬億日月四重圍輪大千世界名一佛土此猶據化佛釋迦如來所王之域故華嚴經云盧舍那佛報身如來所王之土復過是數盡十方界非凡所謀故梵網經偈云

我今盧舍那　方坐蓮華臺
周匝千華上　復現千釋迦
一華百億國　一國一釋迦
各坐菩提樹　一時成佛道

如經所云千華千佛即以一葉爲一華故一華千葉千佛現世又如普賢觀經云毗盧遮那法佛如來所王之上

徧一切處其佛住處名常寂光據此明無住之住引凡虛心令其敬仰至理而論安有住處如是十方無量世界諸佛如來無時息化過現未來約凡生滅據化而說若依實教聖化常周功齊法界不可以一域爲局不可以三世限論也今且據釋迦一代現化而述故權受胎八相成道利益淺機漸通大教乃至父母諸親俗尊尚禮如來何況下凡而不虔敬也

又佛說十二佛名神呪除障滅罪經云尒時世尊告彌勒菩薩言彌勒東方去此佛剎有十不可說諸佛剎億百千微塵等過尒許諸剎有一佛土名曰解脫主世界彼世界有一佛名曰

虛空功德清淨微塵等目端正功德相光明華波頭摩瑠璃光寶體香最上香供養訖種種莊嚴頂髻無量無邊日月光明願力莊嚴變化莊嚴法界出生無障礙王如來若善男子善女人犯四重五逆誹謗三寶及犯四波羅夷是人罪重假使如閻浮履地

法苑珠林卷第二十　第十張　紀

愛為微塵二一微塵成於一劫是人
有若干劫罪稱是一佛名號禮一拜
者悉得滅除況復晝夜受持讀誦憶
念不忘者是人功德不可思議而彼
佛世界中有菩薩名無比無障礙王
如來授彼菩薩記當得成佛號曰毫
相日月光明焰寶蓮華堅如金剛身
如毗盧遮那無障礙眼圓滿十方放
光照一切佛剎相王如來
彼東方復有佛名曰一切莊嚴無垢
光如來
南方有佛名曰辯才瓔珞思念如來
西方有佛名曰無垢月相王名稱如
來
北方有佛名曰華莊嚴作光明如來
東南方有佛名曰作燈明如來
西南方有佛名曰寶上相名稱如來
西北方有佛名曰無畏觀如來
東北方有佛名曰無畏無怯毛孔不
竪名稱如來
下方有佛名曰師子奮迅根如來
上方有佛名曰金光威王相似如來
尒時佛告彌勒若有正信善男子善

法苑珠林卷第二十　第十一張　紀

女人稱此十二佛名號之時經於十日
當修懺一切諸罪一切衆生所有功
德皆隨喜勸請一切諸佛久住於世
以諸善根迴向法界是時即得滅一
切諸罪得淨一切業障即得具足成
就莊嚴一切佛土具足無畏具足身
相具足菩薩眷屬圍繞具足無量三
昧具足如意佛剎莊嚴行何耨菩提
而得端正可喜果報尒時世尊而說
偈言

若有善男子　若有善女人
受持此佛名　生生世世中
得他人愛敬　光明威力大
生處為人尊　於後得成佛

又尸迦羅越六向拜經云佛在世時
有長者子名尸迦羅越早起洗浴著
衣六方各向四拜佛入王舍城越遙見
之佛到家問之何為六向拜此應何
法越言父在時教我不知何應佛言
父教汝禮不以身拜越便長跪言願
佛為我解此六意佛言聽之其有長
者黠人能持四戒不犯者今世為人
所敬後世生天上一不殺生二不偷盜

法苑珠林卷第二十　第十二張　紀

三不愛他人婦女四不妄言兩舌貪
恚愚癡不能制此四意者名為月暗
如月盡時光明稍冥能自制惡意者
如月初生其光稍明至十五日盛滿
時也
佛言東向拜者謂子事父母當有五
事一者當念治生二者早起勑令奴
婢時作飯食三者不益父母憂惱四
者當念父母恩重五者父母疾病當
恐懼求醫療之父母視子亦有五事
一者當念令去惡就善二者當教計
筭書疏三者當教持經戒四者當與
娶婦五者家中所有當給與之
南向拜者謂弟子事師當有五事一
者當敬歎之二者當念其恩三者所
教隨之四者思念不猒五者當從後
稱譽之師教弟子亦有五事一者當
令疾知不忘二者當勝他人弟子三
者欲令知巳不忘四者有諸疑難悉
為解說五者欲令弟子智慧勝師
西向拜者謂婦事夫當有五事一者
夫從外來當起迎之二者夫出不在
當炊蒸掃除待之三者不得有婬心

於外夫罵詈之不得還罵作色四者當用夫教誡所有什物不得藏匿五者夫若寢息蓋藏乃臥夫視其婦亦有五事一者出入當敬於婦二者衣食以時與之三者當給與金銀珠璣四者家中所有多少悉用付之五者不得於外躭畜侍御

北向拜者謂人視親屬朋友當有五事一者見之作惡私往屏處諫曉呵止之二者小有急事當奔趣救護之三者所有私語不得為他人說四者當相敬歎五者所有好物當多少分與之向地拜者謂丈夫視奴客婢使亦有五事一者當以時衣食二者病瘦當呼醫治之三者不得妄撾捶之四者有私財物不得奪之五者分付之物當平等與之奴婢事大夫亦有五事一者當早起勿令大夫呼之二者所當作次用心為之三者愛惜大夫物不得棄捐乞丐人四者大夫出入當送迎之五者當稱譽大夫善不得說其惡

向天拜者謂人事沙門道人當用五事一者以善心向之二者擇好言與語三者以身敬之四者當慈慕之五者沙門道人人中之雄當恭敬承事問度世之法沙門道人當以六意視其凡民一者教之布施不得自慳二者教之持戒不得自犯三者教之忍辱不得恚怒四者教之精進不得懈慢五者教之一心不得放意六者教人黠慧不得愚癡如是行之為汝父在時六向禮拜之教也何憂不富迦羅聞已即受五戒作禮而去

名號部第四

夫道與俗反名與實乖得其趣者玄會幽理何以然耶至如俗中相者不許述其名字若論內典諸佛名號稱揚禮敬獲福無量良以諸佛如來大慈愍物降靈在俗濟度為先有心希仰無不蒙益或以口稱或以心念或以身禮三業加敬三毒清涼漸拔有根出於界繫有斯大德故稱得福彼流俗者與上相違且順一生潛諱而已遠祖後孫非諱所及孔門徵在可以鑒諸今依論中諸佛名號標舉義類各有勝能故略釋之以例諸名如西云釋迦此云能仁豈有一佛非能仁也如西云阿彌陀此云無量壽豈有一佛非長壽也如東方善德佛乃至下方廣衆德佛豈有一佛非善德非廣德也只可顯名同異據其功能力用齊等但心思佛名號目覩金容敬心信禮得福無量故十住毗婆沙論歎佛偈云

若有人得聞　說是諸佛名
即得無量福　如為寶月說
我禮是諸佛　今現在十方
其有稱名者　即得不退轉

述曰今創發起一切恭敬者一者謂普及為言切者謂盡際為語恭謂束身翹仰敬謂心無異念若不唱此恐心馳散故勤情恭敬正觀現前也敬禮常住三寶者如涅槃經云若有人聞常住二字是人生生不墮惡趣以法身凝然不變故常報身相續不斷故常化身作用無休故不變又佛身體一隨義說三故釋迦云吾今此身即是法身由是法身所依持故如泥

木靈像造有所表敬誠殷禮獲福無
量輕心毀謗招罪彌殃然後供養嚴
持香華運心周普作用佛事現前不
現前常須普薦香華一切衣服飲食
音樂等事皆共衆生等心供養無令
斷絶故華嚴經中諸菩薩等所行供
養隨心指相如見大山大雲大水大
火即以爲香山香雲八功德水七淨妙
華運心作意無不成供乃至華林菓
樹例准行之禮佛者隨禮十方佛二
十五佛三十五佛五十三佛賢劫千
佛萬五千佛等稱名用意具如前述
懺悔者所有輕重自作教他見作隨
喜義須披析悔前所犯慙愧慊慨銜
悲滿目若不蒙誨示則守死長苦具
明法用如下懺悔篇述勸請者至誠
求願諸佛觀諸衆生巨細無異望得
從願莫捨壽命願住多劫度脱衆生
隨喜者他人作福心生歡喜也迴向
者迴諸福德向無上道發願者願是
能引行是起作若有願無行願則虛
若有行無願行則孤由有行故願不
虛願行相扶證果不虛故懺悔罪中

亦兼有願願於今身償不惡道受即
是通明也自外臨時准用可思

通會部第五

述曰今此所叙威容相狀中邊時俗
各有異儀隨國行之以敬爲本此乃
初心非學不解故須委歷用曉未聞
久行碩德固非所望然中天虔敬振
旦不同彼則拜少而繞多此則拜多
而繞少彼則宍袒露足而爲恭此則
巾履備整而稱敬誠道俗之殊容乃
方土之異等但自審詳儀臨時緩急
若容與朝覲則三業殷勤蔣序忩切
則四支削略斯並行藏在與智出不
思足使加敬盡哀彼我通意者也故
出曜經曰有信士威儀有出家威儀
有大道人威儀有小道人威儀由是
善行趣道之基故生善處以此文證
明知歸信威儀入道之始不可隱略
故序以命之

如俗中周禮有九品之拜出自太祝
之宫斯非内教然禮貴從俗故也一
曰稽首拜謂自拜君之拜也稽訓爲
稽(計切)即久稽留停頭至地少久也二
曰頓首拜謂平敵者如諸侯相拜也
即以頭向下虛搖而不至地也三曰空
首拜此君荅臣下之一拜也即以頭
至手所謂拜手也四曰振動拜謂敬
重之顫慄動變之拜也五曰吉拜謂
而後稽顙謂齊縗不杖以下也言吉
者此殷之凶拜也周以其與吉拜頓
首相近故謂之吉拜即先作稽首拜
後作稽顙是額也以額觸地無容儀
也六曰凶拜謂稽顙而後頓首拜謂
三年服者拜也七曰奇拜謂先屈一
膝即今時所謂雅拜也一説奇拜但
一拜以答臣下之拜也八曰襃拜襃
謂爲報報拜者再拜是也又云襃拜今
時持節之拜也即再拜於神與尸也
九曰肅拜謂但俯下手今時揖者是
也亦指婦人拜又肅拜或至三也空
首奇拜唯一餘則再拜之也上並俗
禮正文鄭康成依位釋之如此今據
内教以禮敬爲初大略爲二即身心
也佛法以心爲其本身爲其末故須
菩提靜觀室内如來嘆爲禮見於法
身蓮華色尼初至寳階如來毀爲拜

於化佛故知靜覿思微念念趣道觀形鑒貌新新在俗能所未免相見齊生我倒現前即爲障道故佛約此而分身心敬也如能即色緣空觀境心造紛紛集起不無染淨知識妄念未可清澄想倒空時緣念斯絶令居凡地力極制御止得如斯念念自然漸能清淨常起兩觀不得單行謂知塵無境是漸背俗謂知識亦無心是漸向真如此策修長時不已分分增明三祇方就也

又大悲經云佛告阿難南無佛者此是決定諸佛世尊名號音聲故稱言南無諸佛故過去有大商主將諸賈人爲摩竭大魚欲來吞舟由三稱南無佛名並皆免難魚聞佛名以善心故捨身後世出家得道何況有人得聞佛名聽聞正法親於佛所種諸善根而不畢定利益

又十誦律佛語優波離稱和南者是口語若曲身者是名心淨若比丘禮時從座起偏袒右肩脱革屣右膝著地以兩手接上座足禮述曰依經云和南者梵語也或云那謨婆南等此猶非正依本正云槃淡唐言我禮或云歸禮歸亦我之本情禮是敬之宗致也或云歸命者義立代於南無也理事符同表情得盡俗人重南無而輕敬禮者不委唐梵之交譯也況復加以和南諸佛迷之彌復大笑又南無者善見論翻爲歸命覺亦云禮大壽又和南者出要律儀翻爲恭敬善見論翻爲度我准此而言恭敬度我義通凡聖豈和南偏在尊師亦通上聖念救生也故經中來至佛所云南無無所著至眞等正覺是名口業稱歎如來德也

敷座部第六

述曰敬尋經律無敷坐具之文但云脱屣禮足今據事用理須坐具故四分律云爲護身護衣護僧臥具故制畜坐具既爲身衣明知須設又坐具之用本是坐時之具所以禮拜之中無其敷之故如來將坐如常敷之唯此比丘自敷而坐不令餘人爲敷今見西僧來至佛前禮者必褰裙以膝拄地合掌長跪口讃於佛然後頂禮此乃遺風猶在恭相可准行之今時僧尼至於佛前並令侍者爲敷坐具此蓋憍慢未是致敬之恭又至佛前躬立待席方始禮者此亦不可又在牀上而設禮者此亦不敬如見尊長即須急拜安得覓席如見君王即須敬拜何得在牀人王凡尊尚恭不高何況法王輒相倫擬雖有餘救終成慢墮故三千威儀經云不得在座上禮也

儀式部第七

述曰此部別有五儀式第一明脱屣者此爲申極敬儀也如此土群臣朝謁之儀皆在殿庭屨屩不脱有時上殿則劍履皆捨此古之法非始今儀天竺國中地多溼熱以革爲屣制令著之如見上尊即令脱却自餘寒國隨有履著行事之時脱足爲敬若是白衣多著靴鞵爲恭初入寺內不勞脱足若入佛堂得脱第一

第二明偏袒者依律云偏露右肩或偏露一肩或偏露一膊所言袒者謂

宍袒也示從依學有執作之務俗中
袖扶右袂便穩於事是也今諸沙門
但出一肩仍有衫襖非袒露法如大
莊嚴論云沙門釋子者肩黒是也外
道通黒沙門露右故有不同律中但
有三衣通肩被服如見長老乃偏袒
之設以衣遮名為偏袒一何可笑也
故知宍袒肩露乃是立敬之極然行
事之時量前為袒如在佛前及至師
僧懺悔禮拜並須依前右袒為恭若
至寺外街衢路行則須以衣覆肩不
得露宍西國溼熱共行不怪此處寒
地人多譏笑故五分律云雖是我語
於餘方不清淨者不行無過也
第三明呈恭者故律云當令一心合
十指爪掌供養釋師子或云叉手白
佛者皆是斂容呈恭制心不令馳散
然心使難防故制掌合而一心也今
禮佛者多有指合掌不合或有指合
而掌開良由心慢而情散也寧開指
而合掌不得合指而開掌欲來求福
反招慢過既知一心合掌之儀即須
五體投地禮之故地持論云當五輪

至地而作禮也又阿含經云二肘兩
膝及頂至為五輪輪謂圓相五處皆
圓能令上下迴轉生福轉多名為輪
也今有西僧禮拜之時多褰足露膝
先下至地然後以肘按地兩掌承空
示有接足之相也若前尊跏趺不垂
脚坐者隨事而行不勞接足今見禮
者二手捺地兩足據後頭不至地亦
是乖慢既知五輪著地之儀即須知
右膝胡跪之相經中多明胡跪胡跪
𨁂跽斯並天竺敬儀不足可怪即是
左右兩膝交互跪地有所啓請悔過
儀也
第四明禮儀者譬論云婆那麻者此
云禮也智度論云禮法有三一是口
禮(謂口云和南是名下禮也)二屈膝頭不至地(此名中禮)三頭
頂至地(是名上禮)下者揖中者跪上者稽首
菩薩禮佛有三一者悔過品二者隨
喜迴向品三者請佛品問禮唯身業
亦通三業耶答禮通三業五輪至地
為除身業不善稱揚名字歌讚佛德
為除口業不善心常緣念若覩目前
為除意業不善為對佛眼故須身禮

為對天耳故須口唱為對他心故須
意念由口業唱故聞慧得成由意業
念故思慧得成由身業禮故修慧得
成由身業禮故戒學得成由意業念
故定學得成由口業唱故慧學得成
上來所述且約五明之若據通門三
業之中三學並攝也
第五明邪正者源此禮法於齊代初
有西國三藏厥號勒那觀此下凡居
在邊鄙不閑禮儀情同猴馬悲心內
溢為翻七種禮法文雖廣周逐要出
之從麁至細對麁為邪對細為正故
階級有七意存後三也
第一名我慢憍心禮者謂依次位心
無恭敬恃尊自德無師仰意恥於下
問諮受無所心無法據雖設拜心馳
外境如碓上下空無所獲一形所作無
境住心輕生薄道徒勞無益外覩似
恭內增慢惑猶如木人情不崇重五
輪不具三業馳散是名慢憍禮也
第二唱和求名禮者雖非慢高心無
淨想粗正威儀身心詐恭見人身輕
急禮人去身墮心疲稍似恭順片有

相扶其福薄少非真供養良由口唱心散是名唱和禮也

第三身心恭敬禮者聞唱佛名便念佛身如在目前相好具足莊嚴晃曜心相成就感對佛身手摩其頂除我罪業是以形心恭敬無有異念供養恭敬情無猒足心想現前專注無昧道利人天爲上爲最功德雖大猶未是智後多退沒是名身心禮也

第四發智清淨禮者良由達佛境界境界慧心明利深知法界本無有礙由我無始順於凡俗非有想非礙礙想今達自心虛通無礙故行禮佛隨心現量禮於一佛即禮一切佛一切佛即是一佛以佛法身體通用融故禮一拜徧通法界如是香華種種供養例同於此法僧加敬我亦同然雖三相別性理無殊故三乘名異解脫體同故知一禮則一切禮一切禮則一禮如是三寶既能通達一切三界六道四生同作佛想供養禮拜自淨身心蕩蕩無障念佛境界心心轉明一拜一起爲尊爲勝即是淨業無窮果報無限是名發智禮也

第五徧入法界禮者良由行者想觀自己身心等法從本已來不離法界不在諸佛身外亦不在諸佛身內亦不在我外亦不在我內自性平等本無增減今禮一佛即徧通諸佛所有三乘位地無漏我身既徧隨佛亦徧乃至法界空有二境依正兩報莊嚴供具無問行財隨緣徧滿不離法界隨心無礙並薦供養隨喜頂禮如一室中懸百千鏡有人觀鏡鏡皆像現佛身清淨明逾彼鏡迭相涉入鏡無不照影無不現此則攝他爲總入他爲別一身既尒乃至一切法界凡聖之身及供養之具皆助隨喜悉同供養有目者見無目者不覩如此行學法界執門大有利益故地持論有現前供養不現前供養不現前供養勝現前供養以難成故既知我身在佛身內如何顛倒妄造邪業不生愧恥又諸佛德用既齊名號亦等隨稱何名名無不盡如稱一釋迦名禮召一切諸佛無不備周如西云釋迦此云能仁豈有一佛非能仁也西云阿彌陀此云無量壽豈有一佛非長壽也西云彌勒此云慈氏豈有一佛非慈氏也故智度論云一佛勝能等一切佛勝能一切佛勝能等一佛勝能設一切佛不化衆生但一佛化生即功歸法界德用徧周是名徧入法界禮也

第六正觀修誠禮者此明自禮自身佛不緣他境他身佛何以故一切衆生自有佛性平等本覺隨順法界緣起熾然但爲迷故唯敬他身已身佛性妄認爲惡縱修此行常爲偏倒若知己身極惡無佛性者縱敬他身終成無益衆生迷惑雖發微善唯將法界供具供養他身無始已來未曾將一燈一香一禮一飡供養己身佛性若能反照本覺則解脫有期故維摩經云如自觀身實相觀佛亦然又云不觀佛不觀法不觀僧以見自身他身平等正法性故已心清淨即是自性住佛性隨力修明是引出佛性三祇果圓即是至得果佛性若據妙達唯局大聖若論下凡雖未頓修不得

不解如涉遠道要藉自身欲見佛性
要覲已佛法僧亦尒體同無二是名
正覲禮也
第七實相平等禮者大意同前猶存
有禮有覲自他兩異今此一礼無自
無他凡聖一如體同用融如如平等
古今無别若見佛可尊可敬即見凡
可卑可慢若起此心還成僻執故般
若經云是法平等無有高下是名阿
耨菩提以實相離念不可以心取不
可以相求不可以禮敬不可以慢情去
高下離尊卑靜亂一原恭怠齊固安
心此意是名平等禮也故文殊禮文
云不生不滅故敬禮無所覲此之一
禮凡夫淺識恐聞反謗上智之人内
行平等外順脩敬内外合冝是名平
等禮也
又增一阿含經世尊所說偈言
若欲禮佛者　過去及當來
說於現在中　當覲於空法
若欲禮佛者　過去及當來
現在及諸佛　當計於無我
善業以先禮　最初無過者
空無解脫門　此是禮佛義
若欲禮佛者　當來及過去
當覲空無法　此名禮佛義
頌曰
稽首三寶　歸誠十方　瞻仰尊敬
益福除殃　機路異色　慈誘同芳
隱顯相發　化應無彊　雖生玆土
感赴殊鄉　覲禮欣慶　禍祚彌長
法性無二　縱隔何傷　虔誠一拜
周徧難量
感應緣　略引一驗
唐左監門校尉馮翊李山龍以武德
中暴亡而心上不冷如掌許家人未
忍殯斂至七日而蘇自說云當死時
被冥收録至一官曹廳事甚宏壯廣
大庭内有囚數千人或枷鏁或杻械
皆北面立滿庭中吏將山龍至廳下
天官坐高牀侍衛如王者山龍問吏
此何官吏曰是王也山龍前至階下
王問汝生平作何福業山龍對曰鄉
人每設齋講常施物同之王曰汝身
作何善業山龍曰誦法華經兩卷王
曰大善可昇階既昇廳上東北間有
一高座如講座者王指座謂山龍曰
可昇此座誦經山龍奉命至側王即
起立曰請法師昇座山龍昇座訖王
乃向之而坐山龍開經曰妙法蓮華
經序品第一王曰請法師下山龍即
下座復立階下顧庭内囚已盡無一
人在者王謂山龍曰君誦經之福非唯
自利乃令庭内衆囚皆以聞經獲免
豈不善哉今放君還去山龍拜辭行
數十步王復呼還謂吏曰可將此人
歷覲諸獄吏即将山龍東行百餘步
見一鐵城甚廣大上屋覆其城城傍
多有小窻或大如小盆或如盂盌見
諸男女從地飛入窻中即不復出山
龍怪問吏曰此是大地獄中多有分
隔罪計各異此諸人者各隨本業赴
獄受罪耳山龍聞之悲懼稱南無佛
請吏求出至院門見一大鑊火猛湯沸
傍有二人坐睡山龍問之二人曰我
罪報入此鑊湯蒙賢者稱南無佛故
獄中諸罪人皆得一日休息疲睡耳
山龍又稱南無佛吏謂山龍曰官府
數移改今王放君去可白王請抄若

不介恐他官不知復追錄君山龍即
謁王請抄王命紙書一行字付吏曰
爲取五道等署吏受命將山龍更歷
兩曹各驗事侍衛亦如此王之遣吏
皆取其官署各書一行訖付山龍龍
持出至門有三人謂山龍曰王放君去
可不少多乞遣我等山龍未言吏謂
山龍曰王放君不由彼然彼三人者是
前收錄君使一人是繩主當以赤繩縛
君者一人是棒主當以棒擊君頭者一
是袋主當以袋歛君氣者見君得還
故乞物耳山龍惶懼謝三人曰愚不
識公請至家備物但不知何處送之
三人曰於水邊若樹下燒之山龍諾
吏送歸家見親眷正哭經營殯具山
龍入室屍傍即蘇後曰剪紙作錢帛
并酒食自送於水邊燒之忽見三人
來謝曰蒙君不失信重相贈遺媿荷
言畢不見山龍自向揔持寺主說寺
主傳向臨說 右一驗出冥報記也

法苑珠林卷第二十

甲辰歲高麗國分司大藏都監奉
勑彫造

法苑珠林卷第二十

校勘記

一　底本，麗藏本。

一　四九五頁上一行經名，[徑]作「法苑珠林卷第二十八」。卷末經名同。

一　四九五頁上二行撰者，[磧]、[普]作「大唐上都西明寺沙門釋道世撰」；[南]作「唐上都西明寺沙門釋道世撰」；[徑]作「唐上都西明寺沙門釋道世玄惲撰」；[清]作「唐西明寺沙門釋道世撰」。卷第二十五、二十六同。

一　四九五頁上三行「此有六部」，[徑]無；[清]作「此有七部」。

一　四九五頁上四行至五行「述意部……儀式部」，[徑]無。

一　四九五頁上五行「會通部」下，[清]有「敎座部」。

一　四九五頁上六行「第一」，[徑]無。以下部目下序數「第二」乃至「第六」例同。

一　四九五頁上一〇行「常規」，[磧]、[普]、[南]、[徑]、[清]作「恒規」。

一　四九五頁上一二行「對迷」，[磧]、[普]、[南]、[徑]、[清]作「封迷」。又「愚戇」，[磧]、[普]、[南]、[徑]、[清]作「惷愚」。

一　四九五頁上一六行「適悲」，[磧]、[普]、[南]、[徑]、[清]無。

一　四九五頁中三行「欻然」，[磧]、[普]、[南]、[徑]、[清]作「忽然」。

一　四九五頁中一三行「蹶錯」，[磧]、[普]、[南]、[徑]、[清]作「闕錯」。

一　四九五頁中一九行「勞多無益」，[磧]、[普]、[南]、[徑]、[清]作「勞無多益」。

一　四九五頁下四行第四字「相」，[磧]、[南]、[徑]、[清]作「想」。

一　四九五頁下六行「鑠河沙」，[磧]、[普]、[南]、[徑]、[清]作「爍恒沙」。

一　四九六頁上四行「毗舍佛」，[磧]、[普]、[南]、[徑]、[清]作「毗舍浮佛」。

一　四九六頁中八行「以衆生」，[磧]作「衆衆生」。

一　四九六頁中二〇行「四重」，[磧]、[南]

作「四種」。

一　四九六頁下六行第二字「以」，徑作「於」。

一　四九六頁下二二行第九字「輕」，磧、普、南、徑、清作「輪」。

一　四九七頁中一二行「萬億」，磧、普、南、徑、清作「百億」。

一　四九七頁中一七行「蓮華臺」，磧、普、南作「蓮華座」。

一　四九七頁中末行「法佛」，磧、普、南、徑、清無。又末字「上」，磧、普、南、徑、清作「土」。

一　四九七頁下二行首字「明」，磧、普、南、徑、清作「明住」。

一　四九七頁下五行末字「常」，磧、普、南、徑、清作「恒」。

一　四九七頁下一一行「佛名」，磧、普、南、徑作「佛名神名」；清作「佛明神名」。

一　四九八頁上九行第二字「照」，磧、普、南、徑、清作「普照」。

一　四九八頁上二二行第一二字「似」，磧、普、南、徑、清無。

一　四九八頁中一行第七字「佛」，磧、普、南、徑、清作「諸佛」。

一　四九八頁中一七行「王舍城」，磧、普、南、徑、清作「王舍城來」。

一　四九八頁中末行第七字「上」，磧、普、南、徑、清無。

一　四九八頁下二行「月暗」，磧、普、南、徑、清作「日暗」。

一　四九八頁下一〇行首字「恐」，磧、普、南、徑、清無。

一　四九八頁下一五行第四字「歎」，磧、普、南、徑、清作「難」。次頁上一二行第四字同。

一　四九九頁上一行第一〇字「罵」，磧、普、南、徑、清作「言」。

一　四九九頁上七行第七字「侍」，磧、普、南、徑、清作「傳」。

一　四九九頁上一三行第一二字「容」，磧、普、南、徑、清無。

一　四九九頁上一七行「大夫」，磧、普、南、徑、清作「丈夫」。下至二一行同。

一　四九九頁上二〇行第八字「丐」，磧、普、南、徑、清無。

一　四九九頁中二行「慈慕」，磧、普、南、徑、清作「戀慕」。

一　四九九頁中五行「凡民」，磧、普、南、徑、清作「凡庶」。又「教之布施不得自慳」，磧、普、南、徑、清作「教施莫慳」。

一　四九九頁中一〇行末字至次行首字「迦羅」，磧、普、南、徑、清作「迦羅越」。

一　四九九頁中一四行「相考」，磧、普、南、徑、清作「祖考」。

一　四九九頁下八行「信禮」，磧、普、南、徑、清作「殷禮」。

一　四九九頁下二一行第二字「常」，磧、南、徑、清作「恒」。

一　五〇〇頁上一行第四字「造」，磧、普、南、徑、清作「遠」。

一　五〇〇頁上二二行「若有行無願行則孤」下，磧、普、南、徑、清有

一「由有願故行不孤」七字。

一五〇〇頁中一行第一〇字「不」，磧、普、南、徑、清作「不入」。

一五〇〇頁中三行「通會部」，清作「會通部」。

一五〇〇頁中一一行第六字「但」，磧、普、南、徑、清作「且」。又第一〇字「儀」，磧、普、南、徑、清作「威儀」。

一五〇〇頁中一四行第七字「哀」，磧、普、南、徑、清作「衷」。

一五〇〇頁中二一行第二字「宮」，磧、普、南、徑、清作「官」。

一五〇〇頁中末行正文第三字「夂」，磧、普、南、徑、清作「久」。

一五〇〇頁下一行首字「曰」，徑、清作「者」。

一五〇〇頁下五行末字「謂」，磧、普、南、徑、清作「謂拜」。

一五〇〇頁下九行第四字「顙」，磧、普、南、徑、清作「顙顙」。

一五〇〇頁下一四行第一一字「又」，磧、普、南、徑、清無。

一五〇一頁上一行第二字「化」，磧、普、南、徑、清無。

一五〇一頁上五行第五字「起」，磧、普、南、徑、清作「趣」。

一五〇一頁上六行「想倒」，徑作「想到」。

一五〇一頁上一九行第四字「畢」，徑作「必」。

一五〇一頁中一一行第三字「南」，磧、普、南、徑、清作「尚」。

一五〇一頁中二一行第四字「之」，磧、普、南、徑、清作「文」。又末字「唯」，磧、南、徑、清作「准」。

一五〇一頁下四行第二字「益」，磧、普、南、徑、清作「蓋」。

一五〇一頁下八行「敬拜」，磧、普、南、徑、清作「敬禮」。

一五〇一頁下九行第一二字「救」，磧、普、南、徑、清作「敬」。

一五〇一頁下一〇行「慢墮」，磧、普、南、徑、清作「隋慢」。

一五〇一頁下二〇行「靴鞵」，磧、普、南、徑、清作「鞾鞋」。

一五〇一頁下二一行「第一」，徑、清作「也」。

一五〇二頁上二行第二字「挾」，磧、普、南、徑、清作「狹」。

一五〇二頁上一九行至二〇行「指合而掌開」，磧、普、南、徑、清作「掌合而指開」。

一五〇二頁上二〇行「情散」，磧、普、南、徑、清作「惰散」。

一五〇二頁上二一行第一一字「欲」，磧、普、南、徑、清作「本欲」。

一五〇二頁上二二行首字「反」，磧、普、南、徑、清作「却反」。

一五〇二頁中二行第四字「至」，磧、普、南、徑、清作「名」。

一五〇二頁中一一行「踉跽」，磧、普、南、徑、清作「踉跪」。

一五〇二頁中二二行第三字「口」，磧、南作「曰」。

一五〇二頁下一四行第六字「憍」，

磧、普、南、徑、清無。

一 五〇二頁下一六行第一〇字「雖」，磧、普、南、徑、清作「雖有」。

一 五〇二頁下一九行「崇重」，磧、普、南、徑、清作「殷重」。

一 五〇二頁下二〇行「慢憍禮」，磧、普、南、徑、清作「我慢禮」。

一 五〇二頁下二一行「慢高」，磧、普、南、徑、清作「高慢」。

一 五〇三頁上一一行「境界」，磧、普、南、徑、清無。

一 五〇三頁上一五行「體通用融」，磧、普、南、徑、清作「體用通和」。

一 五〇三頁中四行首字「不」，磧、普、南、徑、清作「亦不」。

一 五〇三頁中一二行第七字「迭」，磧、普、南、徑、清作「遞」。

一 五〇三頁下一四行「迷惑」，磧、普、南、徑、清作「迷倒」。

一 五〇三頁下一六行「一喰」，磧、普、南、徑、清作「一餐」。

一 五〇三頁下一七行第一二字「故」，磧、普、南、徑、清無。

一 五〇三頁下二一行第九字「是」，磧、普、南、徑、清作「即是」。

一 五〇四頁上二行「體同」，磧、普、南、徑、清作「同體」。

一 五〇四頁上四行第一二字「前」，磧、普、南、徑、清作「前前」。

一 五〇四頁上六行「體同用融」，磧、普、南、徑、清作「體用同融」。

一 五〇四頁上一一行「慢情」，磧、普、南、徑、清作「慢惰」。

一 五〇四頁中一行「解脱門」，磧、普、南、徑、清作「解脱佛」。

一 五〇四頁中二一行第六字「常」，磧、普、南、徑、清作「恒」。

一 五〇四頁下五行第一一字「下」，磧、普、南、徑、清作「止」。又末字「即」，磧、普、南、徑、清作「即止」。

一 五〇四頁下六行第九字「内」，磧、普、南、徑作「内向」。

一 五〇四頁下一四行「牕中」，磧、普、南、徑、清作「窗中」。

一 五〇五頁上二行首字「謁」，普、南、徑、清作「詣」。

一 五〇五頁上七行第六字「遣」，磧、南作「違」；普、徑、清作「遺」。

一 五〇五頁上八行第一一字「彼」，徑作「後」。

一 五〇五頁上一〇行第四字「人」，磧、普、南、徑、清無。

一 五〇五頁上一一行第七字「歙」，磧、普、南、徑、清作「吸」。

一 五〇五頁上一四行末字「諾」，磧、普、南、徑、清作「許諾」。

一 五〇五頁上一六行第三字「室」，普、南、徑、清作「至」。

一 五〇五頁上二〇行夾註左末「也」，南、徑、清無。

法苑珠林卷第二十一　魏

西明寺沙門釋道世撰

福田篇第十　歸信篇第十一

士女篇第十二

福田篇 此有三部

述意部　優劣部　平等部

述意部第一

自大覺泥洹福歸衆聖開士應眞弘揚末教並飛化衆剎隨緣播誘感殊則同室天隔應合則異境對顏是以隨敬一僧則五眼開淨隨施一毫則六度無盡也

優劣部第二

如優婆塞戒經云佛言世間福田凡有三種一報恩田二功德田三貧窮田報恩田者所謂父母師長和上功德田者從得煖法乃至阿耨菩提貧窮田者一切窮苦困厄之人世尊是二種田一報恩田二功德田法亦如是衆僧是三種田一報恩田二功德田三貧窮田以是因緣已受戒者應當至心供養三寶若人共施財物福田施心俱等是三福德等無差別有財心俱等福田勝者得果報勝有田財俱下財物勝者得果則勝有田財俱勝下施心勝者得果亦勝有田財俱勝施心下者得果不如善男子智者施時不爲果報何以故定知此因必得果故

又僧伽吒經云佛告一切勇菩薩言若三千大千世界滿中胡麻以此數轉輪聖王若有人布施如是輪王不如布施一須陁洹若施三千世界諸須陁洹所得功德不如施一斯陁含若施三千世界諸斯陁含不如施一阿那含若施三千世界諸阿那含不如施一阿羅漢若施三千世界諸阿羅漢不如施一辟支佛若施三千世界諸辟支佛不如施一菩薩若施三千世界諸菩薩不如施一如來所起清淨心若於三千世界諸如來所生清淨心不如凡夫聞此法門功德勝彼何況書寫讀誦受持尒時一切大衆白佛言世尊一佛福德有幾量耶佛言譬如大地微塵如恒河沙等衆生悉作十地菩薩如是一切十地菩薩所有功德不如一佛福德之力

又阿毗曇甘露味經云田好有三種一大德田二貧苦田三大德貧苦田云何大德田謂佛辟支四沙門果等云何貧苦田謂畜生老病等云何大德貧苦田謂聖人老病等若施大德田恭敬心得大報若施貧苦田憐愍心得大報若施大德貧苦田恭敬憐愍心得大報是爲福田好云何物好不殺偷奪欺誑得物隨有淨物多少布施是爲物好若布施佛即時一切得福若布施衆僧受用得一切福未受用不得一切福若供養法故得大報若學人聰明大智慧以法故供養是謂供養法布施得富受施竟得樂力壽等功德殊勝得大果報若施畜生受百世報若施不善人受千世報若施善人受千萬世報若施離欲凡夫受千萬億世報若施得道人得無數世報若施佛得至涅槃又布施有六難一憍慢施二求名施三爲力施四强與施五因緣施六求報施

又佛說華聚陁羅尼經云佛言若復有人持以七寶如須彌山等於一劫中布施聲聞辟支佛不如有出家在家人能持一錢以用布施初發菩提心人得福德多比前功德百分千分萬分不及其一乃至筭數譬喻所不能及寶梁經云佛言善男子我今說世有二人應受信施何等為二一勤行精進二得解脫令此施主得大利益有三種施一常施食二僧房舍三行慈心此三福中慈心最勝

又菩薩本行經云須達居家貧窮無有財產至信道德佛教布施須達白佛多施耶少施耶佛告須達所施雖多而獲報少布施雖少而獲報多如施雖多而無至心貢高自大信邪倒見不得快士所施雖多而獲報少猶如田薄下種雖多收實甚少何謂施少而獲大福者如施雖少歡喜恭敬與不望報施佛及辟支四沙門等所施雖少獲報弘大猶如良田所種雖少收實甚多

又智度論云以大悲心施物雖同福德多少隨心優劣如舍利弗以一鉢飯上佛佛即迴施狗而問舍利弗汝以飯施我我以飯施狗誰得福多舍利弗言如我解佛義佛施狗福多佛田第一不如施狗以是故知大福從心不在田也如舍利弗千萬億倍不及佛心所以者何心為內主田是外事故或時布施之福在於福田如億耳阿羅漢昔以一華施於佛塔九十一劫人天中受樂餘福德力得阿羅漢又如阿輸迦王為小兒時以土施佛王閻浮提起八萬塔最後得道施物至賤小兒心薄但以福田妙故得大果報當知大福從良田生若大中之上三事都具心物福田皆妙如佛以好華散十方佛時問曰此布施福云何增長答曰應時施故得福增長如經說飢餓時施得福增多或遠行來時若曠路險道中施若常施不斷或時常念施故施得增廣又增一阿含經云施畜生食者獲福百倍與犯戒人食者獲福千倍施持戒人食獲福萬倍施斷欲仙人食者獲福千萬倍與向須陁洹食者獲福不可計況成須陁洹乎況向斯陁含得斯陁含道乃至那含羅漢辟支如來等其福功德不可稱計又智度論云如大月氏弗迦羅城中有一畫師名曰千那到東方多剎施羅國客畫十二年得三十兩金持還本國於弗迦羅城中聞打鼓作大會聲往見衆僧信心清淨即問維那此衆中用幾許物得作一日食維那答曰用三十兩金足得一日食即以所有三十兩金付維那為我作一日食我明日當來空手而歸其婦問曰十二年作得何物答曰我得三十兩金即問金在何所答言已作福田中種子婦言何等福田答言施與衆僧婦便縛其夫送官治罪斷事大官問以何事故婦言我夫狂癡十二年作得金三十兩不憐愍婦兒盡以與他依如官制取縛將來大官問其夫汝何以不供給婦兒乃以與他答言我先世不行功德今世貧窮受諸辛苦今世遭遇福田若不種福後世復貧貧貧相續無得脫時我今欲

頓捨貧窮以是故盡以金施衆僧大官是優婆塞信佛清淨聞是語已讚言是爲甚難勤苦得此少物盡以施僧汝是善人即脫身瓔珞及所乘馬并一聚落以施貧人而語之言汝始施衆僧衆僧未食是爲穀子未種芽已得生大果方在後耳以是故言難得之物盡用布施其福最多

平等部第三

依大莊嚴論云夫取福田當取其德不應揀擇少壯老弊佛言我昔曾聞有檀越還知識道人詣僧伽藍請諸衆僧但求老大不用年少後知識道人請諸衆僧次到沙彌然其不用沙彌語言何故不用我等答言檀越不用非是我也勸化道人即說偈言

耆年有宿德　髮白而面皺
秀眉齒缺落　背僂支節緩
檀越樂如是　不喜見幼小

時寺中有諸沙彌盡是羅漢皆作是語彼之檀越愚無智慧不樂有德唯貪耆老即說偈言

所謂長老者　不必在髮白
面皺牙齒落　愚癡無智慧

所貴能修福　除滅去諸惡
淨修梵行者　是名爲長老
我破於毀譽　不生增減心
但令彼檀越　獲得於罪過
又於僧福田　誹謗生增減
我等應速往　起發彼檀越
莫令墮惡趣　彼諸沙彌等
尋以神通力　化作老人像
髮白而面皺　秀眉牙齒落
僂脊而柱杖　詣彼檀越家
檀越既見已　心生大歡慶
燒香散名華　速請令就坐
既至須臾頃　還服沙彌形
檀越生驚愕　變化乃如是
爲飲天甘露　容色忽解變

尒時沙彌即作是言我非夜叉亦非羅剎先見檀越選擇耆老於僧福田生高下想壞汝善根故作是化令汝改悔即說偈言

譬如蚊子嘴　欲盡大海底
世間無能測　衆僧功德者
一切皆無能　籌量僧功德
況汝獨一己　而欲測量彼

汝寧不聞如來所說四不可輕王子蛇火沙彌等如菴羅菓内生外熟外生内熟莫妄稱量前人長短一念之中亦可得道於僧福田莫生分別即說偈言

衆僧功德海　無能測量者
佛尚生欣敬　自以百偈讚
況餘一切人　而當不稱歎
廣大良福田　種少獲大利
是故於衆僧　耆老及少年
等心而供養　不應生分別

尒時檀越聞是語已身毛爲豎五體投地求哀懺悔

頌曰

通達四果　善會六情　探玄啓寤
證理懷禎　老少和穆　普敬祇誠
隨緣赴供　播該幽冥

歸信篇第十一　此有三部

述意部　小誠部　大誠部

述意部第一

夫信爲道原功德之母智是出世解脫之基無信不可以登輕舟無智不

可以斷微惑斯道顯然昇沈目覩數見愚夫不信業因能生報果謂貧富自然苦樂天性好醜不由忍恚貴賤非關恭慎衆生自感譬同草木好惡自然豈由因得今依佛經不同外道夫論貧富皆由業緣貴賤非關運命愚智一不可易處妍醜弗可揆身故經云果報好醜定之於業書云命相吉凶懸之於天以此言之軍民業貧者與之而弗得必其相富者住置而常豐故漢文帝以夢而寵鄧通相者占通貧而餓死帝曰能富在我何謂貧乎與之銅山任其冶鑄後遭事遜避餓死人家又寧稟離王侍婢有娠相者占之貴而當王王曰非我之胤便欲殺之婢曰氣從天來故我有娠及子之產王謂不祥捐圂則豬噓棄欄則馬乳而得不死卒為夫餘之王故知業緣命運定於冥地終然不改弗可與奪也故知作善得福為惡受殃業果不謬斯理皎然如何封愚拖迷不寤又昔武丁之時宅有桑穀共生于朝太史占曰野草生朝朝其亡矣武丁恐懼側身修善桑穀枯死商道中興豈非為善而有福也又帝辛之時有雀生烏在城之隅太史占曰以小生大國家必昌帝辛驕暴不修善政商國遂亡豈非為惡之有殃也如是史籍具引非一如何頑固頓乖經史世人共覩春時下種冬則收藏如施有來報咸胎鼈之與掌錢德必現酬致銜珠之與負鹿又昔人一𨠵以濟餒夫尚得扶輪相報今供一齋以施大衆寧無福祿相酬矣

小誡部第二

如涅槃經佛言衆生有二一者有信一者無信有信之人則名可治定得涅槃瘡疣無故無信之人名一闡提名不可治又雜阿含經世尊為婆羅門說耕田偈云

信心為種子　苦行為時雨
智慧為時輗　慚愧心為轅
正念自守護　是則善御者
保藏身口業　知食處內藏
真實為直乘　樂住為懈息
精進為廢荒　安隱為速進
直往不轉還　得到無憂處
如是耕田者　逮得甘露果
如是耕田者　不還受諸有

尒時婆羅門聞已發心出家得阿羅漢道又寶性論云為六種人故說三寶一調御師二調御師法三調御師弟子何等為六種人一大乘二中乘三小乘四信佛五信法六信僧又僧伽吒經云時有一切勇菩提薩埵白佛言世尊何因緣故此會衆生得發菩提佛言一切勇乃往過去無數阿僧祇劫有佛世尊號曰寶德我時作摩納之子此會衆生住佛智慧者往昔之時悉在鹿中我時發願如是諸鹿我皆令住佛智慧中時鹿聞已尋皆發願得如是一切勇此會大衆因彼善根當得阿耨菩提

又正法念經云若有衆生修善以清淨心歸佛法僧十拍手頃不生餘心命終生白摩尼天五欲恣情心意悅樂三歸功德乃至報盡於未來世得至涅槃又無上處經云佛告比丘有三無上處一佛無上處二法無上處

三僧無上處若諸衆生兩足四足無
足多足若色無色有想無想非有想
非無想如來於中說無上處若有衆
生於無上處起信向心者於天人中
得無上果報

大誡部第三

如出生菩提心經云尒時迦葉婆羅
門白佛言世尊發菩提心者應攝幾
許福聚尒時世尊以說偈言

若此佛剎諸衆生　令住信心及持戒
如彼最上大福聚　不及道心十六分
若此佛剎諸衆生　令住信心於法行
如彼最上大福聚　不及道心十六分
若諸佛剎比河沙　皆悉造寺求福故
復造諸塔如須彌　不及道心十六分
若有佛剎如河沙　皆悉徧施諸七寶
如彼最上大福聚　不及道心十六分
如鐵圍山高廣大　造塔無量爲諸佛
如是求福衆生等　不及道心十六分
若諸衆生具滿劫　若頭若膊常擔戴
如彼最勝福德聚　不及道心十六分
如是人等得勝法　若求菩提利衆生
彼等衆生最勝者　此無比類況有上
是故得聞此諸法　智者常生樂法心
當得無邊大福聚　速得證於無上道

又涅槃經云佛讃迦葉若有衆生於
熙連河沙等諸佛所發菩提心乃能
於惡世受持如是經典不生誹謗善
男子若有能於一恒河沙等諸佛世
尊所發菩提心然後乃能於惡世中
不謗是經愛樂是典不能爲人分別
廣說若有衆生於二恒河沙等佛所
發菩提心然後乃能於惡世中不謗
是法正解信樂受持讀誦亦不能爲
他人廣說若有衆生於三恒河沙等
佛所發菩提心然後乃能於惡世中
不謗是法受持讀誦書寫經卷雖爲
他說未解深義若有衆生於四恒河
沙等佛所發菩提心然後乃能於惡
世中不謗是法受持讀誦書寫經卷
爲他廣說十六分中一分之義雖復
演說亦不具足若有衆生於五恒河
沙等佛所發菩提心然後乃能於惡
世中不謗是經受持讀誦廣爲人說
十六分中八分之義若有於六恒河沙
等佛所發菩提心然後乃能於惡世
中不謗是經受持讀誦爲他廣說十
六分中十二分義若有於七恒河沙
等佛所發菩提心然後乃能於惡世
中不謗是法受持讀誦爲他廣說十
六分中十四分義若有於八恒河沙
等佛所發菩提心然後乃能於惡世
中不謗是法受持讀誦亦勸他人令
得書寫自能聽受復勸他人令得聽
受又大悲經云佛告阿難若有衆生
於諸佛所一發信心如是善根終不
敗亾況復諸餘善根譬如有人析破
一毛以爲百分取一分毛沾一滴水
持至我所而作是言我以此水寄付
瞿曇莫令此水而有增減亦莫令風
日飄暴乾竭此水不令鳥獸飲之令
盡勿使異水而有和雜以器盛持莫
置在地如來尒時即受彼寄置恒河
中不令入洄亦復不令餘物揩突如
是水滴在大河中隨流而去使不入
洄復無遮礙諸鳥獸等亦不飲盡如
是水滴不增不減一等如故共大水
聚漸入大海若是水滴毗嵐風起壞
世界時假使是人住世一劫我亦知

是得住一劫彼人尒時至劫盡時而來我所作如是言瞿曇我本寄水今有無耶如來尒時知彼水滴在大海中見知住處不與餘水共相和雜不增不減平等如故持還彼人阿難如是如來應正徧知有大神通無量知見明了無障於受寄人中最尊最勝若於佛所寄付如是微細水滴經於久遠而不斷損此義應知阿難其細毛端者喻心意識恒河者喻生死流一滴水者喻一發心微少善根大海者喻佛如來應正徧知所寄人者喻彼清信婆羅門長者居士等住一劫者喻如來受彼寄水終不斷損亦如彼人寄彼水滴經於久遠不斷一毫如是阿難若於佛所一發信心善根不失何況諸餘勝妙善根我說是人一切悉是趣涅槃果雖餘不善墮在三塗以本善根佛知是已從彼拔出置無畏岸令彼憶識所種善根息一切苦得一切樂

又佛說無畏女經云尒時阿闍世王有女名無畏德端正無比成就最勝殊妙功德年始十二其父王堂閣之上著金寶屐彼處而坐時無畏德女見諸聲聞不起不迎默然而住不共問荅不迎不禮不讓牀坐阿闍世王見無畏德默然而住即告之言汝豈不知此等皆是釋迦如來上足弟子成就大法耶世間福田耶以爲愍念諸衆生故而行乞食汝今既見何故不起不馳不禮不共相問復不讓坐汝今覩見何事故而不起迎尒時無畏白父王言不審大王頗見頗聞轉輪聖王見諸小王而起迎不王言不也復言頗見頗聞師子獸王見野干時爲起迎不王言不也復言頗見頗聞帝釋天王迎餘天不王言不也頗見頗聞大海之神禮敬江河池神不王言不也女言大王如是菩薩發心趣向阿耨菩提轉輪聖王以大慈悲初發心已云何禮敬離大慈悲小王聲聞大王頗有已求無上正覺之道師子獸王而禮小乘野干人耶頗有欲到大智之海欲求善知大法之聚而求牛迹聲聞人耶大王若有親近聲聞人者是人即發聲聞之心若有親近緣覺人者是人即發緣覺之心若有親近正眞正覺之人者是人即發阿耨菩提心尒時阿闍世王復語無畏德女言汝大我慢云何如是見諸聲聞而不奉迎女言大王勿作此語大王亦慢云何不迎王舍城内諸貧窮者王語女言彼非我類我云何迎女言大王初心菩薩亦復如是一切聲聞緣覺亦非我類王語女言汝豈不見諸菩薩等皆悉敬一切衆生女言大王菩薩爲度憍慢瞋惱諸衆生等令彼得起迴向之心是故禮敬一切衆生爲長衆生諸善根本是故禮敬

尒時無畏德菩薩母號曰月光此月光女捨是身已生忉利天號曰光明增上天子若彌勒得菩提時便即出家大第皆見賢劫諸佛悉得供養然後於彼離垢如來所得作大正具足七寶號曰地持供養彼佛已得成阿耨菩提號曰徧光如來

頌曰

封迷昏闇久　褁回夢裏藏
心塵既未洗　怖霑甘露漿
慈顏發暉曜　燭我見朝陽
忽逢善知友　開導益神光
稍悟心澄靜　方猒俗蒼茫
緇徒既肅肅　法侶亦鏘鏘
見者心歡喜　歸誠向道場
若存信邪倒　來苦未何殃

感應緣 略引三驗

晉沙門竺法師
宋居士袁炳
隋沙門釋道仙

晉沙門竺法師者，住會稽，與北中王亘之周旋甚厚，共論死生罪福報應之事，情昧難明，未審有無，因便共要：若有先死，當相報語。既別後，王亘在都，於廟中忽見法師來，王便驚云：「和上何處來？」荅曰：「貧道以某月日命過，罪福皆不虛，應若影響。檀越但當勤修道，以昇濟神明耳。先與君要，故來相語。」言訖不復見。右一驗出續搜神記

宋袁炳字叔煥，陳郡人也。泰始末爲臨湘令，亾後積年，友人司馬遜於將曉間如夢，見炳來，陳叙闊別，訃問安否。既而謂遜曰：「吾等平生立意置論，常言生爲馳役，死爲休息，今日始知定不然矣。恒患在世有人務馳求金幣，共相贈遺，幽途此事亦復如之。」遜問罪福應報定實何如。炳曰：「如我舊見，與經教所說不盡符同，將是聖人抑引之談耳。如今所見，善惡大科略不異也。然殺生故最爲重禁，愼不可犯也。」遜曰：「卿此徵相亦良不可言，當以語白尚書也。」炳曰：「甚善，亦請卿敬情尚書。」時司空簡穆王公爲吏部尚書，炳、遜並其游賓，故及之。往反可數百語，辭去。遜曰：「闊別之久，常思叙集，相值甚難，何不小住？」炳曰：「止蹔來耳，不可得久留，且此輩語亦不容得委悉。」於是而去。初炳來，闇夜，遜亦了不覺所以而明，得覩見炳。既去，遜下牀送之，始躡屐而還，闇見炳脚間有光，可尺許，亦得照其兩足餘地，猶皆闇云。此一驗出冥祥記

隋蜀部灌口山竹林寺釋道仙，本康居國人，以游賈爲業，往來吴蜀，集積珠寶，向直十萬貫。後達梓州牛頭山，值僧說法，深悟跡累，乃沈江頓捨，便投灌口山竹林寺出家。初落髮日，對衆誓曰：「吾不得道，誓不出山。」結志不群，野栖禽獸，入定一坐五日爲期。有客到門，潛通即覺，起共接語。若無人時，端坐靜室，寂若虛空。有時預告明當客至人數若干，形貌服色，恰期明至，數服皆同。時遭酷旱，百姓惶怖，憂稼失色，皆來請祈雨。仙即往龍穴，以杖扣門喚曰：「衆生何爲嗜眠？」如語即寤，當即玄雲四合，大雨普沾，民賴斯澤，貴賤咸賽歛，若天神。隋蜀王秀作鎭岷絡，有聞王者，尋遣追召，全不承命。王勃然動色，親領兵仗往彼擒之，必若固違，可即加刃。仙聞兵至，傍若無人，被僧伽梨，巳端坐禪誦。王達山足，忽降雨雜注，雹雪雷驟，水涌須臾，满川軍藏無計，並憂没命。事既窘迫，乃懺悔歸依，遙禮仙德，垂雲忽散，山路清夷，得達仙所。王躬盡敬，一心歸懺，仙爲說法，重發信心，乃殷勤奉請，邀還成都，至靜衆寺，彌加厚禮，舉郭

恭敬號爲仙闍梨至仁壽年中返于山寺卒葬於彼（右一驗出唐高僧傳）

士女篇第十二（此有二部）

俗男部　俗女部

俗男部第一（此別三部）

述意部　誡俗部　勸導部

述意部第一

夫在家丈夫尊卑有二一貴二賤一富二貧富貴之者人多放逸慠慢貢高輕屑凌下或有乘威籍勢尊巳凌人或有博識聰達恃才凌人或有辯口利詞暢說凌人或有誇豪奢侈輕慢凌人或有美容姿態恃色凌人或有乘肥駿騎恃乘凌人或有資財奴婢恃富凌人如是衆多不可具述衆生愚癡甚爲可愍不知無常將至妄起高心來報湯炭煎煮相待獄卒執又何倏日夕不憂斯事公然喜樂何異豬羊不知死至何異飛蠅貪樂死屍惟古思今富貴非一生滅交謝貴賤同塵富貴者唯見荒墳貧賤者巳同灰壤既知貴賤同灰即須卑巳敬上是以親疎無定貴賤不常苦樂易位昇沈更互也

誡俗部第二

如華嚴經有十種慢業應當遠之一於尊重福田和上阿闍梨父母沙門婆羅門所而不尊重恭敬供養是爲慢業二有諸法師得勝妙法於大乘深法知出生死道得陁羅尼成就多聞具智慧藏善能說法而不信受恭敬供養是爲慢業三聽受法時若聞深法應發離欲心歡喜無量而不讚法師令衆歡喜是爲慢業四起慢心自高凌彼不省巳實不調自心是爲慢業五起計我心見有功德智慧者不讚其美見無德者反說其善若聞讚他於彼人所起嫉妒心是爲慢業六若有法師知是法是律是實是佛語以憎嫉故說言非法非律非實非佛語欲壞他信心故是爲慢業七自敷高座我爲法師不應執事不應恭敬供養餘人諸修梵行尊長有德悉應恭敬供養於我是爲慢業八遠離頻蹙惡眼視彼常以和顏等觀衆生言常柔輭無有麁獷離恚恨心而於彼法師求其過惡是爲慢業九以我慢心於多聞者不往恭敬起聽聞法留難亦不諮問何等爲善何等不善何等應作何等不應作何等業長夜饒益一切衆生作何等行不益衆生作何等行從明入明作何等行從冥入冥如是人輩爲我心漂沒不能得見出要正道是爲慢業十起慢心故不值諸佛難得之法消盡宿世所種善根不應說而說起呵責心更相譏論住如是法應入邪道但菩提心力故而不永捨菩薩所行雖不捨菩薩道而於無量百千萬劫尚不值佛何況聞法是爲慢業又出曜經偈云

衆生爲慢纏　染著於憍慢
爲見所迷惑　不免生死際

故知凡夫爲惡雖少後世深苦獲無邊報如毒在心人意不同白衣營生不知顧死然生不可保死必奄至尋此危命非朝則夕俄頃之間凶變無常徒修田宅愛戀妻兒法句喻經云佛在舍衛國時城中有婆羅門年向八十財富無數爲人難化不識道德不

計無常更作好舍前庠後堂涼臺溫
室東西兩廂廡數十梁唯後堂前距
陽未訖時婆羅門常自經營指授衆
事佛以道眼見此老公命不終日當
就後世不能自知而方忪忪繕治精
神無福甚可憐愍佛將阿難往到其
門慰問老公得無勞倦今作此舍何
所為安公言前庠待客後堂自處東
西二廂當安兒息財物僕使夏上涼
臺冬入溫室佛語老公久聞宿德思違
談講佛有要偈存亡有益欲以相贈
不審可不願小廢事共坐論說不耶
老公答言今正大遽不容坐語後日
更來當共善敘所云要偈便可說之
於是世尊即說偈言
有子有財　愚唯汲汲　我且非我
何有子財　暑當止此　寒當止此
愚多預慮　莫知來變　愚蒙愚蔽
自謂我智　愚而稱智　是謂極愚
婆羅門言善說此偈今實遑遽後來
更論之於是世尊傷之而去老公於
後自授屋椽椽墮打頭破即時命過
家室啼哭驚動四隣佛去未遠便有

此變里頭逢諸梵志數十人問佛從
何所來佛言屬到死老公舍為公說
法不信佛語不知無常今老者忽然
已就後世具為諸梵志更說前偈義
聞之欣然即得道跡於是世尊為說
偈言
愚闇近智　如瓢斟味　雖久狎習
猶不知法　開達近智　如舌嘗味
雖須臾習　即解道要　愚人造行
為身招禍　快心作惡　自致重殃
為行不善　退見悔悋　致涕流面
報由宿習
時諸梵志重聞此偈益懷篤信為佛
作禮歡喜奉行
勸導部第三
惟此慢心通於白黑智愚不免豪賤
共有但去輕論重在俗為甚亦有空
言我美評說賢良譏毀聖德一切白
衣終日行之未嘗一日慙愧發露情
求勝道退省已躬故外書云力慕善
道可用安身力慕孝悌可用榮親亦
有君子高慕釋教遵奉修行貞仁退
讓廉謹信順皆是宿種稟性自然與

道何殊亦有出家之人不依聖教違
犯戒律不學無知與鄙俗無殊然道
俗形乖犯有希數心有明暗過有輕
重故出家之人未犯已前念念入道
善業已熏福基已厚雖有微惡輕愧
而造不能傾動若小慚愧便復清白
若論在俗身居無慚之地心有無愧
之情畜養妻兒財色五欲盈堂滿室
葷辛酒宍隨求所得愛染情深無時
暫捨惡緣同住豈得免之此則明暗
路分黑白殊隔故知明能滅暗暗不滅
明小燈之明已了室內出家之人雖
犯微過前明已成正可光不增暉而
本明常照如器存炷立田安業永也
又出家造惡極難如陸地行船在家
起過即易如海中汎舟又出家修道
易為如海中汎舟在家修福甚難如
陸地行船船雖是同由處有異故遲
疾不同修犯難易是知生死易染善
法難成早求自度勸慕出俗又賢愚
經云出家功德其福甚多若放男女
奴婢若聽人民若自已身出家入道
功德無量非譬為比出家功德高於

須彌深於巨海廣於虛空所以然者
由出家故畢成佛道佛在世時王舍
城中有一長者名曰福增年過百歲
家中大小莫不厭賤聞說出家功德
無量即來佛所求欲出家值佛不在
即往至舍利弗所舍利弗見老不度
如是五百大阿羅漢皆悉不度即出
寺門住門閫上發聲大哭世尊後至
種種慰喻即告目連令其出家目連
即與出家授戒復常為諸年少比丘
之所激切便欲投河沒水而死目連
觀見以神通力接置岸上問知因緣
目連念言此人不以生死怖之無由得
道即令至心捉師衣角飛騰虛空到
大海邊見一新死端正女人見有一
虫從其口出還從鼻入復從眼出從
耳而入目連觀已捨之而去弟子問
言是何女人答言此是舍衛城中大薩
薄婦容貌端正世間少雙其婦常以三奇
木頭鏴鏡照面自覩端正便起憍慢深自愛
著夫甚敬愛將共入海海惡船破沒水而死
漂出在岸此薩薄婦由自愛身死後還生
在故身中作此虫也捨虫身已墮大地獄

受苦無量不復前行見一女人自身負
銅鑊揩鑊著水以火燃沸脫衣入鑊
宍熟離骨沸吹骨出在外風吹尋還
成人自取宍食福增問師是何女人
其師答言舍衛國中有優婆夷敬信
三寶請一比丘一夏供養在於陌頭
作房安置自辦種種香美飯食遣婢
送之婢至屏處選好先食餘與比丘
大家覺問汝不偷食不婢答言無比
丘食訖有殘與我我乃食之若我先
食使我世世自食身宍以是因緣先
受華報後墮地獄次小前行見一宍
樹多有諸蟲圍唼其身無有空處散
喚啼哭如地獄聲弟子問師是何樹
耶目連答言是瀨利吒營事比丘以
自在故費用僧物華果飲食送與白
衣以是因緣受此華報後墮地獄唼
樹諸蟲即介時得物之人次復前行
見一男子周匝多有獸頭人身諸惡
鬼神手執弓弩三隻毒箭鏃皆火燃
競共射之洞身燋燃福增問師此何人
耶目連答言此人前身作大獵師多
害禽獸故受斯苦於後命終墮大地

獄次復前行見一大山下安刀劒見
有一人從上投下剃壞其身投已復
上如前不息福增問師此復何人師
復答言是王舍城王大鬪將以勇猛
故身處前鋒傷煞物命先受此苦後
墮地獄次復前行見一骨山其山高
大七百由旬能障蔽日使海陰黑介
時目連於此骨山一大肋上往來經行
弟子問師是何骨山師答福增言汝
欲知者此即是汝故身骨也福增聞
已心驚毛豎惶怖汗出白和尚言聞我
今者心未裂須願為時說本末因緣
目連告曰生死輪轉無有邊際造善
惡業終無朽敗必受其報昔過去時
此閻浮提有一國王名曰法增好喜
布施持戒聞法慈悲衆生不傷物
命正法治國滿二十年其間閑暇共
人博戲時有一人犯法殺人白以白
王值王碁戲脫答之言隨國法治即
依律斷殺人應死尋即殺之王戲罷
已問諸臣言罪人何所臣答殺竟王聞
是語悶絕躃地水灑乃蘇垂淚而言
宮人伎女象馬七珍悉皆住此唯我一

人獨入地獄我今殺人當知便是㧕陁羅王不知世世當何所趣我今決定不須爲王即捨王位入山自守其後命終生大海中作摩竭魚其身長大七百由旬諸王大臣自恃勢力枉尅百姓殺戮無邊命終多墮摩竭大魚多有諸蟲唼食其身身癢揩山殺蟲汙海血流百里魚一眠時經於百歲飢渴吸水水流入口如注大河尒時適有五百賈客入海採寶值魚張口船疾趣口賈人恐怖舉聲大哭垂入魚口一時同聲稱南無佛魚聞佛聲閉口水停賈人得活魚飢命終生王舍城作汝身也魚死之後夜叉羅剎出置海岸宍消骨在作此骨山法增王者汝身是也緣殺人故墮海作魚福增聞已深畏生死觀見故身解法無常得阿羅漢果

俗女部第二　此別二部

述意部　姧僞部

述意部第一

夫在家俗女患毒多過佛說邪諂甚於男子或假塗面首調飾脂粉或綺羅共服誑誘愚夫或驕弄脣口邪盻歌笑或諮嗟吟詠瞻視看人或出胷露手掩面藏頭或緩步徐行搖身弄影或開眼閉目乍悲乍喜幻惑愚夫令心妄著如是妖僞卒難述盡凡夫迷醉皆爲所惑譬如姧賊種種多詐亦如畫瓶儲糞誑人亦如高羅羂鳥落之亦如密網衆魚投之亦如闇坑盲者陷之亦如飛蛾見火投之亦如蒼蠅貪樂臭屍近則失國破家觸則如把毒蛇外言如蜜內心如鴆家貧困苦皆由女人出外喪身亦由女人室家不和亦由女人男女反逆亦由女人兄弟離散亦由女人宗親疎索亦由女人墜墮惡道亦由女人不生人天亦由女人障善業道亦由女人不入聖果亦由女人如是過患不可具論衆生如是甚爲可愍常爲慾火所燒而不能離致受殃苦尒來不絕也

姧僞部第二

如出曜經云昔舍衛城中有一婦女抱兒持瓶詣井汲水有一男子顏貌端正坐井右邊亦有經云見阿難行美顏貪愛求爲夫婦事在別經彈琴自娛時彼女人欲意偏多躭著彼人彼人亦復欲意熾盛躭著女人女人欲意迷荒以索繫小兒頸懸於井中尋還挽出小兒即死愁憂傷結呼天墮淚自外云云又佛在拘睒彌國國王號曰優填拘留國有逝心名摩因提生女端正華色世間少雙父覩女容一國希有名曰無比隣國諸王僚宷豪姓靡不娉焉父荅曰若有君子容與吾女齊吾將應之佛時行在其國逝心覩佛三十二相八十種好身色紫金巍巍堂堂光儀無上心喜而曰吾女獲匹正是斯人歸語其妻曰吾爲無比得壻促莊飾女當將往也夫妻共服莊嚴光國夫妻俱將至佛妻道見佛跡相好之文光采之色非世所有知爲天尊謂其夫曰此人足跡之理乃尒非世可聞斯將非凡必自清淨無復婬欲將不取吾無自辱也夫曰何以知其然耶妻因說偈言

婬人曳踵行　恚者斂指步

愚者足跡地　　斯跡天人尊
逝心曰非尒女人所知汝不樂者便
自還歸仍自將女詣佛所稽首佛足
白言大仁勤勞教授身無供養有是
鹿女願給箕箒佛言汝以女爲好耶
荅曰生得此女顏容實好世間無雙
諸國王豪姓多有求者不以應之竊
見大仁光色巍巍非世所見貪得供
養故冐自歸耳佛言此女之好爲著
何許逝心曰從頭至足周旋觀之無
不好也佛言惑哉肉眼吾今觀之從
頭至足無一好也汝見頭上有髮髮
但是毛象馬之尾亦皆尒也髮下有
髑髏髑髏是骨屠家豬頭骨亦皆尒
頭中有腦腦者如泥臊臭逆鼻下之
著地莫能蹈者目者是池決之純汁
鼻中有洟口但有唾腹藏肝肺皆尒
腥臊腸胃膀光但盛屎尿腐臭難論
腹爲韋囊裹諸不淨四支手足骨骨
相拄筋攣皮縮但恃氣息以動作之
譬如木人機關作之作之訖畢解剥
其體節節相離手足狼藉人亦如是
有何等好而云少雙昔者吾在目多

樹下第六魔天王莊嚴三女顏容華
飾天中無比非徒此倫欲以壞吾道
意我便爲說身中穢惡即皆化成老
母形壞不復慚愧而去今此屎囊欲
作何變急將還去吾不取也逝心聞
佛所說恧然慚恥無辭復白佛曰若
仁不取者欲以妻優填王可乎佛不
荅焉逝心即送女與優填王王獲女
大喜悅拜父爲太傅爲女興宮伎樂
千人以給侍之王正后師事於佛得
須陁洹道此女譖之於王王惑其言
以百箭射后后見矢不懼都無恚怒
一意念佛慈心長跪向王矢皆遶后
三匝還住王前百矢皆尒王乃自覺
悵然而懼即駕金車白象馳詣佛所
未到下車屏從叉手步進稽首佛足
長跪自陳曰吾有重咎愧在三尊所
以彼婬妖圖欲興耶於佛聖衆有毒
惡念以矢百枚射佛弟子如事陳之
覩之心懼惟佛至尊無量之慈白衣
弟子慈力乃尒豈況無上正真佛乎
我今首過歸命三尊唯佛弘慈原赦
其咎佛歎曰善哉王覺惡悔過此明

人之行也吾受王善意王稽首如是
至三佛亦三受之王又頭腦著地退
就座曰稟氣凡頑忿戾自恣無忍辱
心三毒不除惡行快意女人妖蠱不
知其惡自惟死後必入地獄願佛加
哀廣說女惡魑魅之態入其羅網莫
能自拔我聞其禍必以自誡國人巨
細得以改操佛言用此爲問耶但說
餘義王曰餘義異日稟之不晚女亂
惑意凶禍之大不聞其禍何由遠之
願佛具爲我釋地獄之變及女人之
穢佛言且聽男子有狂愚之惡却覩
女嫉王曰善哉願受明教佛曰士有
四惡急所當知世有婬夫嘗想覩女
思聞嫉聲遠捨正法疑真信邪欲網
所裹沒在盲冥爲欲所使如奴畏主貪
樂女色不計九孔惡露之臭穢溷沌
欲中如豬處溷不覺其臭快以爲安
不計後當在無擇之獄受痛無極住
心在婬吮其洟唾玩其膿血珍之如
玉甘之如蜜故曰欲奴之士斯其一
惡態也又親之養子懷妊生育比得
長大勤苦難論到子成人漂家竭財

膝行肘步因媒表情致彼爲妻若在異城尋而追之不問遠近不避勤苦注意在婬捐志親老既得爲妻貴之如寶欲私相娛樂惡見父母信其妖言或致鬭訟不惟身所從來孤親無量之恩斯其二惡態也又人處世勤身苦勞躬致財賄本有誠信敬道之意尊戴沙門梵志之心覺世非常布施爲福娶妻之後情惑婬慾愚蔽自壅背眞向邪專由女計若有布施之意唯欲發言莊采女色絕清淨行束成小人不識佛經之重誡禍福之所歸苟爲婬使投身羅網必墮惡道終而不改斯其三惡態也又善爲人子不惟養恩治生致財不以養親但以東西廣求婬路懷持寶物招人婦女或殺六畜婬祀鬼神飲酒歌舞合會男女快樂歡娛終日彌多外託祈福內以招姦既醉之後互求方便更相招呼以遂姦情及其獲偶意無以喻婬結縛著無所復識當尒之時唯此爲樂不覺惡露之臭穢地獄之苦痛一則可笑二則可哀譬如狂荻不知

其悲斯其四惡態也男子有是四惡用墮三塗當審遠此乃免苦耳又復聽說女人之惡方便說偈言

以爲欲所使　放意不能安
習近於非法　將何以爲賢
欲爲畜生行　以欲還自殘
溷蟲在臭中　不知爲劇難
如蟲在溷中　不知東與西
結著於婬欲　蓋此亦虫倫
婬既不見道　日夜種罪根
現在君目亂　上下爲迷惛
王法爲錯亂　政治爲迷煩
農夫捨常業　賈人爲珍連
現世更牢獄　死已入太山
當受百種毒　其痛難可言
烊銅灌其口　山車進其身
此輩有百數　難可一二陳
常在三惡道　宛轉如車輪
若世時有佛　而已不得聞
女人最爲惡　難與爲因緣
恩愛一縛著　牽人入罪門
女人有何好　但是諸不淨
何不諦信是　爲此發狂荻

其內甚臭穢　外爲嚴餝容
加又含毒螫　劇如蛇與龍
譬如錦綃矛　羅縠裹鋒芒
愚者覩其表　玩之以自方
智者覺知捨　癡者致死傷
婬欲亦如是　抱刃以自喪
覩新即猒故　所樂亦無常
言爲刀斧裁　笑爲棘與搶
內懷臭穢毒　餝外以華香
愚者見歡喜　不惟後受殃
譬如鴆毒藥　以和甘露漿
癡人貪其味　飲之皆仆僵
亦如薪得火　草木被重霜
所向無不壞　是爲最不祥
女毒甚於是　莫能見其形
覩表不見裏　故有婬欲情
其體甚易見　癡人惜不絕
絕欲以求道　去道如絲髮
人本清淨種　如魚處深淵
羅網四面張　著者不得還
欲網劇於是　結著甚彌堅
知者能自覺　可得脫其緣
譬如飢獲猴　望見熟甘菓

投身冒荊棘　是輩百向憧
亦如魚貪鉤　飛蛾入燈火
專心投危欲　不惟後受禍
佛說如是偈已王歡喜即以頭面著地白佛言實從生年以來不聞女人惡態乃尒男子悖亂隨之憒惡但不知故不制心意從是以後終身自悔歸命三尊不敢復犯爲佛作禮歡喜而退書云仲尼稱難養小人與女子近之則不遜遠之則怨也是以經言妖蠱女人有八十四態大態有八慧人所惡一者嫉妬二者妄瞋三者罵詈四者呪詛五者鎮壓六者慳貪七者好飾八者含毒是爲八大態是故女人多諸妖媚願捨諂邪以求正法早得出家自利利人

又智度論云女人相者若得敬待則令夫心高若敬待情捨則令夫心怖女人如是常以煩惱憂怖與人云何可近親好如說國王有女名曰拘牟頭有捕魚師名術波伽隨道而行遙見王女在高樓上窻中見面想像染著心不暫捨彌歷日月不能飲食母

問其故以情荅母我見王女心不能忘母喻兒言汝是小人王女尊貴不可得也兒言我心願樂不能暫忘若不如意不能活也母爲子故入王宮中常送肥魚鳥肉以遺王女而不取價王女怪而問之欲求何願母白王女願却左右當以情告我唯有一子敬慕王女情結成病命不云遠願垂愍念賜其生命王女言汝去至月十五日於某甲天祠中住天像後母還語子汝願已得告之如上沐浴新衣在天像後住王女至時白其父王我有不吉須至天祠以求吉福王言大善即嚴車五百乘出至天祠既到勑諸從者齊門而止獨入天祠天神思惟此不應尒王爲施主不可令此小人毀辱王女即厭此人令睡不覺王女既入見其睡重推之不寤即以瓔珞直十萬兩金遺之而去後此人得覺見有瓔珞又問衆人知王女來情願不遂憂恨懊惱婬火內發自燒而死以是證知女人之心不擇貴賤唯欲是從

又薩婆多論云寧以身分內毒蛇口中不犯女人蛇有三事害人有見而害人有觸而害人有齧而害人女人亦有三害若見女人而發欲想滅人善法若觸女人身犯中罪滅人善法若共交會身犯重罪滅人善法一若爲毒蛇所害害此一身若爲女人所害害無數身二者若爲毒蛇所害害報得無記身若爲女人所害害善法身三者若爲毒蛇所害害五識身若爲女人所害害六識身四者若爲毒蛇所害得入清衆若爲女人所害不與僧同五者若爲毒蛇所害得生天上人中值遇賢聖若爲女人所害入三惡道六者若爲毒蛇所害故得四沙門果若爲女人所害於八正道無所成益七者若爲毒蛇所害人則慈念而救護之若爲女人所害衆共弃捨無心喜樂以是因緣故寧以身分內毒蛇口中終不以此而觸女人

又增一阿含經云女人有五力輕慢夫主云何爲五一色力二親族之力三田業之力四兒力五自守力是謂

女人有此五力，便輕慢夫主。夫有一力盡覆蔽彼女人，所謂富貴力也。令弊魔波旬亦有五力，所謂色聲香味觸。愚癡之人著此五法不能得度。若聖弟子成就一無放逸力，不為所繫，則能分別生老病死之法，勝魔五力，不墮魔境，至無為處。介時世尊便說此偈：

戒為甘露道　放逸為死徑
不貪則不死　失道為自喪

介時世尊告諸比丘：女人有五欲想。云何為五？一生豪貴之家，二嫁適富貴之家，三使我夫主言從語用，四多有兒，五在家獨得由己。是謂有此五事可欲之想。

又大威德陁羅尼經云：佛告阿難：譬如有大沙聚，將一滴水潤此沙聚，可令徹過。如一婦人以千數丈夫受欲果報，不可令其知足也。其婦人有三法不知猒足：一自莊嚴，二於丈夫邊所受欲樂，三哀美言詞。阿難，其婦女有五胅蟲戶，而丈夫無此。其五胅蟲在陰道中。其一蟲戶有八千蟲，兩頭有口，悉如針鋒，彼之胅蟲常惱彼女，而食噉之，令其動作。動已復行，以彼令動，是故名惱婬婦女人，此不共法，以業果報，發起欲行貪著丈夫，不知猒足。其婦女人若見丈夫，即作美言，瞻視熟視，視已復視，瞻仰觀察，意念欲事，面看邪視，欲取他面，齒銜下脣，面作青紫，以欲心故，額上汗流，若安坐時即不欲起，若復立時復不欲坐，木枝畫地，搖掉兩手，或行三步至第四步，左右瞻看，或在門頰，頻申出息，逶迤屈曲，左手舉衣，右手掐臂，又以指爪而刮齒牙，草枝摘齒，手搔腦後，宣露脚脛，鳴他兒口，平行而蹶，急視諸方，如是等相。當知婦人欲事以發，猒離棄捨，勿令流轉生大瘡中。

又正法念經云：天鳥為諸天說偈云：

婦人非常友　如燈焰不停
彼則是常怨　猶如畫石文
雖親近富者　無物則猒人
有物婦女近　無物婦女捨
與物興供養　作種種功德
其心如火焰　而不可秉執
男如是隨順　如心之所欲
彼如是婦女　而常誑男子
如蛇華所覆　如灰土覆火
色如是覆毒　婦女亦如是
猶如見毒樹　悅眼而不善
婦女如毒華　智者應捨離

又阿含口解十二因緣經云：有阿羅漢以天眼徹視，見女人墮地獄中者甚多，便問佛何以故。佛言：用四因緣故：一由貪珍寶物衣被，欲心多故；二由相嫉妒故；三由多口舌故；四由作姿態婬意多故。以是因緣故墮地獄多耳。

頌曰：

五欲混神因　六賊亂心色
幻皶逐情飄　愛網隨心織
鑄金雖改秋　斬籌方未極
觀鴿既無辯　攀猿此焉息

法苑珠林卷第二十一

甲辰歲高麗國分司大藏都監奉
勑彫造

法苑珠林卷第二十一

校勘記

一　底本，麗藏本。

一　五〇九頁上一行經名，徑作「法苑珠林卷第二十九」。

一　五〇九頁上二行撰者，磧作「大唐上都西明寺沙門釋道世撰」；南作「唐上都西明寺沙門釋道世撰」；徑作「唐上都西明寺沙門釋道世玄惲撰」；清作「唐西明寺沙門釋道世撰」。

一　五〇九頁上三行至五行「福田篇……此有三部」，磧、南作「福田篇第十　此有三部　歸信第十一　士女篇第十二」；徑作「福田篇第十」；清作「福田篇第十此有三部」。

一　五〇九頁上六行「述意部優劣部平等部」，徑無。

一　五〇九頁上七行「第一」，徑無。下至五一三頁上六行部目下序數例同。

一　五〇九頁上一〇行「同室」，磧、南、徑、清作「同空」。

一　五〇九頁上末行「供養」，磧、南、徑、清作「勤供」。

一　五〇九頁下三行第一〇字「田」，磧、南、徑、清作「福田」。

一　五〇九頁下一二行第一一字「即」，磧、南、徑、清無。

一　五〇九頁下一七行「殊勝」，磧、南、徑、清作「餘勝」。

一　五一〇頁上八行「二人」，南、徑、清作「二種」。

一　五一〇頁上二〇行「報施」，磧、南、徑、清作「報恩」。

一　五一〇頁中二二行第一一字「食」，磧、南、徑、清作「食者」。

一　五一〇頁下二行第一〇字「斯」，磧、南、徑、清無。

一　五一一頁上二行第二字「是」，磧、南、徑、清作「元是」。

一　五一一頁上一一行第三字「揀」，磧、南、徑、清無。

一　五一一頁上一八行「背膢支節緩」，磧、南、徑、清作「背傴支節攣」。

一　五一一頁上二〇行「羅漢」，磧、南、徑、清作「阿羅漢」。

一　五一一頁中二行「所貴」，徑、清作「所責」。

一　五一一頁中一一行「膢脊」，徑、清作「僂脊」。

一　五一一頁中一四行「還服」，磧、南、徑、清作「還復」。

一　五一一頁下一九行「此有三部」，徑無。

一　五一一頁下二〇行「述意部小誠部大誠部」，磧、南、清作「述意部小乘部大乘部」；徑無。

一　五一二頁上一〇行末字「常」，磧、南、徑、清作「恒」。

一　五一二頁上一三行「任其」，磧、南、徑、清作「壽任其」。

一　五一二頁上二一行「眹然」，磧、南、徑、清作「皎然」。

一　五一二頁上二二行第九字「毫」，

磧、南、徑、清作「逐」。

一　五一二頁中一行第一三字「商」，磧、南、徑、清作「般」。五行第二字同。

一　五一二頁中一二行「小誠」，磧、南、徑、清作「小乘」。

一　五一二頁中一四行「一者」，磧、南、徑、清作「二者」。

一　五一二頁中一九行第四字「時」，南、徑、清作「特」。

一　五一二頁中二一行第三字「身」，南、徑、清作「自」。

一　五一二頁中二二行「真實爲直乘」，磧、南、徑、清作「直實爲真乘」。

一　五一二頁下一九行「十拍手」，磧、南、徑、清作「一彈指」。

一　五一三頁上六行「大誠」，磧、南、徑、清作「大乘」。

一　五一三頁上九行「以說偈言」，磧、南、徑、清作「以偈說言」。

一　五一三頁上一四行「比河沙」，磧、南、徑、清作「恒河沙」。

一　五一三頁上一六行「如河沙」，磧、南、徑、清作「如恒沙」。

一　五一三頁下二行「若有」，南、徑、清作「若有衆生」。

一　五一三頁下二〇行「復無」，磧、南、徑、清作「無復」。

一　五一四頁下二〇行「大正」，磧、南、徑、清作「大王」。

一　五一五頁上一三行末字至次行首字「王亘」，磧、南、徑、清作「王恒」。一六行同。

一　五一五頁中三行末字「知」，磧、南、徑、清無。

一　五一五頁中一四行「常思」，磧、南、徑、清作「恒思」。

一　五一五頁中一八行第三字「以」，磧、南、徑、清無。

一　五一五頁中二〇行「亦得」，磧、南、徑、清作「示得」。

一　五一五頁下八行「人數」，磧、南、徑、清作「其數」。

一　五一五頁下九行「怖憂」，磧、南、徑、清作「憂苗」。

一　五一五頁下一〇行第八字「雨」，磧、南、徑、清無。

一　五一五頁下一四行「岷絡」，磧、南、徑、清作「岷洛」。又「召全」，磧、南、徑、清無。

一　五一六頁上二行夾註右「一驗」，磧、南、徑、清作「此一驗」。又左「高僧傳」，至此，徑卷第二十九終，卷第三十始。

一　五一六頁上三行至六行「此有二部……勸導部」，徑作「俗男部」。

一　五一六頁上七行「部第一」，徑無。以下「部」字與序數相連者例同。

一　五一六頁上末行第一一字「常」，磧、南、徑、清作「恒」。次頁上三行第八字及次頁下一四行第三字同。

一　五一六頁中一行「更禾」，磧、南、徑、清作「更生」。

一　五一六頁中一四行第九字「反」，磧、南、徑、清作「乃」。

一　五一六頁下一一行第一一字「但」，

磧、南、徑、清作「但發」。

一 五一六頁下一七行第八字「少」，南作「曰」。

一 五一七頁上末行「家室」，磧、南、徑、清作「室家」。

一 五一七頁中三行第一一字「差」，磧、南、徑、清無。

一 五一七頁下九行「葷辛」，磧、南、徑、清作「熏辛」。

一 五一八頁上六行首字「即」，磧、南、徑、清作「即便」。

一 五一八頁上一三行第九字「生」，磧、南、徑、清無。

一 五一八頁上一八行「大薩」，磧作「大菩薩」。

一 五一八頁中七行「飯食」，磧、南、徑、清作「飲食」。

一 五一八頁中九行第一三字「無」，磧、南、徑、清作「不」。

一 五一八頁下五行第四字至次行第五字「前……復」，磧、南、徑、清無。

一 五一八頁下六行第九字「一」，南無。

一 五一八頁下一九行第四字「暮」，磧、南、清作「慕」。

一 五一九頁上一九行至二〇行「第二……奸僞部」，徑無。

一 五一九頁上末行「調飾」，磧、南、徑、清作「雕飾」。

一 五一九頁下八行至九行「父覩女容……諸王」，磧、南、徑、清無。

一 五一九頁下九行「僚寀」，磧、南、徑、清作「官僚」。

一 五一九頁下一六行「珠珍」，磧、南、徑、清作「珠琦」。

一 五一九頁下一七行「至佛」，磧、南、徑、清作「至佛所」。

一 五二〇頁上一行「躁地」，磧、南、徑、清作「踏地」。

一 五二〇頁上五行「箕掃」，南、徑、清作「箕帚」。

一 五二〇頁上一八行「膀光」，磧、南、徑、清作「膀胱」。

一 五二〇頁上一九行「韋囊」，磧、南、徑、清作「革囊」。

一 五二〇頁上二二行「手足」，磧、南、徑、清作「首足」。

一 五二〇頁中二二行第三字「首」，磧作「道」；南、徑、清作「陳」。又第一三字「原」，磧、南、徑、清作「願」。

一 五二〇頁下四行「妖蠱」，磧、南、徑、清作「妖冶」，下同。

一 五二〇頁下一四行第一一字「嘗」，磧、南、徑、清作「恒」。

一 五二〇頁下一五行「思聞」，磧、南、徑、清作「近思」。

一 五二〇頁下一九行末字「住」，磧、南、徑、清作「注」。

一 五二一頁上二行「異城」，磧、南、徑、清作「異域」。

一 五二一頁上五行第一二字「孤」，磧、南、徑、清作「辜」。

一 五二一頁中一行第二字「悲」，磧、南、徑、清作「非」。

一 五二一頁中三行第七字「方」，磧、南、徑、清作「佛」。

一　五二一頁中四行「所使」，磧、南、徑、清作「可使」。

一　五二一頁中七行第二字「蚀」，磧、南、徑、清作「虫」，八行第二字同。

一　五二一頁中一九行第七字「巳」，磧、南、徑、清作「耳」。

一　五二一頁中末行第四字「信」，磧、南、徑、清作「計」。

一　五二一頁下四行末字「方」，磧、南、徑、清作「申」。

一　五二一頁下八行末字「槍」，磧、南、徑、清作「荆」。

一　五二一頁下二二行末字「緣」，磧、南、徑、清作「身」。

一　五二二頁上六行「男子」，磧、南、徑、清作「男女」。

一　五二二頁上九行「難養」，磧、南、徑、清作「難養者」。

一　五二二頁上一〇行「怨也」，磧、南、徑、清作「怨已」。

一　五二二頁上一九行第五字「常」，磧、南、徑、清作「恒」。

一　五二二頁上末行「彌曆」，磧、南、徑、清作「彌歷」。

一　五二二頁下六行「灾會」，磧、南、徑、清作「合會」。

一　五二三頁上二二行第二、三字「蚀蟲」，磧、南、徑、清作「疽蟲」。下同。

一　五二三頁下二行「而常」，磧、南、徑、清作「恒常」。

一　五二三頁下八行第七字「見」，磧、南、徑、清無。

一　五二三頁下一五行第七字「綱」，磧、南、徑、清作「網」。

一　五二三頁下卷末經名，徑無（未換卷）。

法苑珠林卷第二十二　頫

西明寺沙門釋道世撰

入道篇第十三此有四部

述意部　欣猒部
驗疑部　引證部

述意部第一

惟夫道俗形乖淨染殊趣由善惡不等報應不均欲覩仁義威德之風當尋禮儀玄軌之範而能割愛辭親弃榮勢位節食滋味蔬飡苦行麁服蓋形不顧飾玩隨用安身不存名利抑過三毒制止八音三千威儀五百戒相動靜合宜皆有法式八萬修多十二部別敷演授機隨時利物可謂人天之揩摸入道之舟航者也

欣猒部第二

如文殊問經云佛告文殊師利一切諸功德不與出家心等何以故住家者無量過患故出家者無量功德故住家有障礙出家者無障礙住家者行諸惡法出家者離諸惡法住家者是塵垢處出家者除塵垢處住家者溺欲淤泥出家者出欲淤泥住家者隨愚人法出家者遠愚人法住家者不得正命出家者得其正命住家者是憂悲惱處出家者是歡喜處住家者是結縛處出家者是解脫處住家者是傷害處出家者非傷害處住家者有貪利樂出家者無貪利苦住家者是憒丙處出家者是寂靜處住家者是下賤處出家者是高勝處住家者為煩惱所燒出家者滅煩惱火住家者常為他人出家者常為自身住家者以苦為樂出家者出離為樂住家者增長棘刺出家者能滅棘刺住家者成就小法出家者成就大法住家者無法用出家者有法用住家者為三乘毀呰出家者為三乘稱歎住家者不知足出家者常知足住家者魔王愛念出家者令魔恐怖住家者多放逸出家者無放逸住家者為人僕使出家者為僕使主住家者是黑暗處出家者是光明處住家者增長憍慢出家者滅憍慢處住家者少果報出家者多果報住家者多諂曲

出家者心質直住家者常有憂苦出家者常懷喜樂住家者是欺誑法出家者是眞實法住家者多散亂出家者無散亂住家者是流轉處出家者非流轉處住家者如毒藥出家者如甘露住家者失內思惟出家者得內思惟住家者無歸依處出家者有歸依處住家者多有瞋恚出家者多行慈悲住家者有重擔出家者捨重擔住家者有罪過出家者無罪過住家者流轉生死出家者有其齊限住家者以財物為寶出家者以功德為寶住家者隨流生死出家者逆流生死住家者是煩惱大海出家者是大舟舡住家者為纏所縛出家者離於纏縛住家者為國王教誡出家者為佛法教誡住家者伴侶易得出家者伴侶難得住家者傷害為勝出家者攝受為勝住家者增長煩惱出家者出離煩惱住家者如剌林出家者出剌林文殊師利若我毀訾住家讚歎出家言滿虛空說猶無盡此謂住家過患出家功德

又涅槃經云在家迫迮猶如牢獄一切煩惱因之而生出家寬廓猶如虛空一切善法因之增長在家之人內則憂念妻兒外則王役驅馳若富貴高勝則放逸縱情貧苦下賤則飢寒失志公私擾擾晝夜孜孜衆務牽纏何暇修道又郁伽長者經云在家之人多諸煩惱父母妻子恩愛所繫常思財色貪求無猒得時守護多諸憂慮流轉六趣違離佛法當作怨家惡知識想應猒家活生出家心無有在家修集無上菩提之道皆因出家得無上道在家塵汙出家妙好在家繫縛出家解脫在家多苦出家快樂在家下賤出家尊貴在家奴僕出家為主在家由人出家自在在家多憂出家無憂在家重擔出家捨擔在家怱務出家閑靜又出家功德經云若放男女奴婢人民出家功德無量譬四天下滿中羅漢百歲供養不如有人為涅槃故一日一夜出家受戒功德無量又如起七寶塔高至三十三天不如出家功德又大緣經云以一日一夜出家故二十劫不墮三惡道又僧祇律云以一日夜出家修梵行者離六百六千六十歲三塗苦又出家功德經云若為出家者作留礙抑制此人即斷佛種諸惡集身猶如大海現得癩病死入黑闇地獄無有出期又迦葉經云尒時大王太子聞出家功德甚深並皆發心出家已四天下中無一衆生在家者皆悉發心願求出家彼諸衆生既出家已不須種殖其地自然生諸粇米諸樹自然生諸衣服一切諸天供侍給使又佛藏經云當一心行道隨順法行勿念衣食有所須者如來白毫相中一分供諸末代一切出家弟子亦不能盡

又賢愚經云如百盲人有一明醫能治其目一時明見又有百人罪應挑眼一人有力能救其罪令不失目此之二人福雖無量猶不如聽人出家及自出家其德廣大

鬚髮部第三

初欲出家依律先請二師一是和尚二是闍梨（諸法如律）薩婆多論云若先請

和尚受十戒時和尚不現前亦得十戒若闍知死受戒得成闍梨應同又清信士度人經云若欲𩯭髮先於落髮處香湯灑地周圓七尺内四角懸幡安一高座擬出家者坐後復施二勝座擬二師坐欲出家者著本俗服拜辭父母尊親等訖口說偈云

流轉三界中　恩愛不能脫
棄恩入無爲　眞實報恩者

說此偈已脫去俗服善見論云應以香湯洗浴除白衣氣度人經云雖著出家衣只得著泥洹僧及僧祇支未得著袈裟入道場時應來至和尚前胡跪和尚應生兒想不得生惡賤心弟子於師應生父想尊重供養和尚爲種種說法誡勗其心已來向闍梨前坐善見論云以香湯灌頂上說偈讚云

善哉大丈夫　能了世無常
捨俗趣泥洹　希有難思議

說此偈已敎禮十方佛竟復說偈讚云

歸依大世尊　能度三有苦
亦願諸衆生　普入無爲樂

說此偈已然後闍梨乃爲𩯭髮度人經云爲𩯭髮時傍人爲誦出家唄云

毀形守志節　割愛無所親
棄家入聖道　願度一切人

與𩯭髮時當頂留五三髮來至和尚前胡跪和尚問言今爲汝除去頂髮許不荅言好然後和尚爲著袈裟當止著時依善見論復說偈讚云

大哉解脫服　無相福田衣
披奉如戒行　廣度諸衆生

依度人經云既著袈裟已禮佛行道道俗從後繞三匝已復自說偈生慶荷意云

遇哉值佛者　何人誰不喜
福願與時會　我今獲法利

行道匝已又禮大衆及二師竟然後在下行坐受六親拜荷出家離俗意心懷歡喜父母諸親皆爲作禮悅其道意應中前𩯭髮最好令及得齋依毗尼母論云𩯭髮著袈裟已然後和尚爲受三歸五戒等（自外法用不可具述臨時斟酌生善彌勝）

引證部第四

如雜寶藏經云昔有一婦女端正姝妙於外道法中出家修道時人問言顏貌如是應當在俗何故出家女人荅言如我今日非不端正但以小來猒惡婬欲今故出家我在家時以端正故早蒙處分早生男兒兒遂長大端正無比轉覺羸損如似病者我即問兒病之由狀兒不肯道爲問不止兒不獲已而語母言我正不道恐命不全止欲具述無顏之甚即語母言我欲得母以私情欲以不得故是以病耳母即語言自古已來何有此事復自念言我若不從兒或能死今寧違理以存兒命即便喚兒欲從其意兒將上牀地即擗裂我子即時生身陷入我即驚怖以手挽兒捉得兒髮而我兒髮今日猶故在我懷中感切是事是故出家

又智度論云佛法中出家人雖破戒墮罪罪畢得解脫如優鉢羅華比丘尼本生經中說佛在世時此比丘尼得六神通獲阿羅漢果入貴人舍常讚出家法語諸貴人婦女言姊妹可

出家諸貴婦女言我等少壯容色盛美持戒爲難或當破戒比丘尼言破戒便破但出家閙言破戒當墮地獄云何可破荅言墮地獄便墮諸貴婦女笑之言地獄受罪云何可墮比丘尼言我自憶念本宿世時作戲女著種種衣服而說雜語或時著比丘尼衣以爲戲笑以是因緣故迦葉佛時作比丘尼自恃貴姓端正心生憍慢而破禁戒故墮地獄受種種罪受罪畢已值釋迦牟尼佛出家得阿羅漢道雖復破戒可得道果復次如佛在祇桓有一醉婆羅門來到佛所求作比丘佛勑阿難與剃頭著法衣醉酒既醒驚怖已身忽爲比丘即便走去諸比丘問佛何以聽此醉婆羅門作比丘佛言此婆羅門無量劫中都無出家心今因醉故暫發微心以此因緣故後當出家得道如是種種因緣出家之利功德無量以是故白衣雖有五戒不如出家功德大也

又雜寶藏經云昔盧留城有優陁羨王聰明解達有大智慧有一夫人名

日有相端正少雙兼有德行王甚愛敬時彼國法諸爲王者不自撣琴尒時夫人在於曲室共王歡戲自恃王寵遣王撣琴自起爲儛初舉手時王素善相覩見夫人死相巳現計其餘命不過七日王即捨琴憮然長歎夫人白王受王恩寵敢於曲室求王撣琴自起爲儛用爲歡樂有何不適捨琴長歎願王告語王不肯荅慇懃不巳王以實荅夫人聞之甚懷憂懼即白王言我聞石室比丘尼若能信心出家一日必得生天我欲出家願王聽許王愛情重語夫人言至六日頭當聽汝去不相免意遂至六日王語夫人汝有善心求欲出家若得生天必來見我我乃聽去作是誓巳夫人許可便得出家受八戒齋即於其日飲石蜜漿腹中絞結至七日旦即便命終乘是善緣得生天上憶本誓故來詣王所光明熾盛徧照王宮時王問言汝爲是誰天即荅言我是王婦有相夫人王喜白言願來就坐天荅之言我今覩王臭穢叵近但以先誓

故來見王王聞是巳心開意解而自歎言今彼天者本是我婦出家一日便得生天神志高遠而見鄙賤我今何故而不出家我曾聞說天一爪甲直一閻浮提地我此一國何足可貪作是語巳捨位與子出家修道得阿羅漢故智度論偈云

孔雀雖有色嚴身　不如鴻鶴能遠飛
白衣雖有富貴力　不如出家功德深

又雜譬喻經云昔者兄弟二人居勢富貴資財無量父母終亡無所依仰雖爲兄弟志念各異兄好道議弟受家業其弟見兄不親家業常嫌恨之共爲兄弟父母早終勤念生活反棄家業追逐沙門聽受佛經沙門豈能與汝衣財寶耶家轉貧困財物日耗人所嗤笑懈廢門戶繼續父母乃爲孝耳兄報之曰五戒十善供養三寶以道化親乃爲孝耳道俗相反自然之數道之所樂俗之所惡俗之所珍道之所賤智愚不同謀猶明冥是故慧人去冥就明以道致眞卿今所樂苦惱之僞豈知苦辛其弟含恚顒頭

不信兄見如是便謂弟曰卿貪家事以財爲貴吾好經道以慧爲珍今欲捨家歸命福田討命寄世忽若飛塵無常卒至爲罪所纒是故捨世避危就安弟見兄意志趣道義寂然無報兄則去家作沙門夙夜精進坐禪思惟行合經法成道果證弟聞此言瞋恚更盛弟貪家業未曾爲法其後壽終墮於牛中肥盛甚大賈客買取載鹽販之往還數迴牛遂羸頓不能復前上阪困頓躃臥不起賈人搥打搖頭纔動時兄游行飛在虛空遙見其弟便謂之曰弟居田宅今爲所在而自投身墮牛畜中即以威神照示本命即自識知淚出自責由行不善慳貪嫉妒不信佛法輕慢聖衆不信兄語觝突自用故墮牛中疲頓困劣悔當何逮兄知心念愴然哀傷即爲牛主說其本末賈人聞之便以施與即將牛去還至寺中使念三寶飯食隨時其命終盡得生忉利天時衆賈客各自念言我等治生不能施與不識道義死亦恐然便共出舍捐其妻子

棄所珍翫行作沙門精進不懈皆亦得道由是觀之世間財寶不益於人奉敬三尊修身學道世世獲安

又付法藏經云昔尊者羅漢闍夜多將諸弟子詣德义尸羅城到其城已慘然不悅小復前行路見一烏欣然微笑弟子白師願說因緣尊者荅我初至城於城門下見一鬼子飢急語我我母入城爲我求食與母別來經五百歲飢虛困乏命將不遠尊者入城若見我母道我辛苦願語早來始入城便見彼母具說子意鬼母荅我吾入城來經五百歲未曾能得一人洟唾諸鬼奪我今值一人遇得少唾欲持出城共子分食門下多有大力鬼神畏不敢出唯願尊者送我出城我即將出令共子食我即問鬼生來幾時鬼荅我言吾見此城七返成壞我聞鬼言悲歎生死受苦長遠是以慘然時彼烏者乃往過去九十一劫有佛出世號毗婆尸我於介時爲長者子欲得出家是時出家必得羅漢父母不聽强爲娉妻旣得妻已復求出家

父母語我若生一子乃當相放我尋受教後生一男至年六歲我復欲去父母教兒求抱我脚啼哭而言父若捨我誰見養活先當殺兒然後可去我時見已起愛染心即語子言吾爲汝故不復出家由彼兒故從是以來九十一劫流轉五道未曾得見今以道眼觀見彼烏乃是前子愍其愚癡久處生死是以微笑以是因緣若復有人障他出家此人罪報常在惡道受極苦痛無得解脫惡道罪畢若生人中生盲無目是故智者若見有人欲出家者應勤方便勸佐令成勿作留難

又出家功德經云昔佛在世時佛與阿難入毗舍離城時到乞食有一王子字鞞羅羡那與諸婇女在高樓上共相娛樂佛聞樂音語阿難言我知此人却後七日必當命終若不出家或墮地獄阿難聞已即往教化勸其出家王子聞勸於六日中極意受樂至第七日求佛出家一日一夜修持淨戒即便命終生四天王爲北天王

毗沙門子與諸婇女受五欲樂極天之壽滿五百歲後生忉利爲帝釋子壽天千歲天生燄摩復爲王子壽二千歲後生兜率亦爲王子壽四千歲天生化樂爲天王子壽八千歲化樂壽盡復生第六他化自在爲天王子與諸婇女所受五欲於下最勝盡天壽命萬六千歲如是受樂於六欲天往來七返而無中夭一日出家滿二十劫不墮惡道常生天上受福自然最後人中生富樂家財寶具足壯年已過臨老猒世出家修道成辟支佛名毗流帝梨廣度天人不可限量以是因緣出家功德無量無邊不可爲喻假使羅漢滿四天下若有一人一百歲中盡心供養四事無乏乃至涅槃各爲起塔華香瓔珞種種供養所得功德不如有人爲求涅槃一日一夜出家持戒之功德也以斯而言出家之法眞可尊貴不得以少財色貪著俗事流浪生死自苦其身

中本起經云提婆達多（唐云天熱以其生時人天等衆心皆驚熱因以名焉）

又無性攝論云提婆者（唐云天授亦云天與謂從天乞得故云天授也）

又增一阿含經云提婆達白佛言願聽在道次佛言汝宜在家分檀惠施夫爲沙門實爲不易復再三白佛復告不宜出家提婆便生惡念此沙門懷嫉妬心我今宜自剔頭善修梵行何用是沙門語爲提婆後犯五逆罪惡心欲至如來所適下足在地地中有大火風起生繞提婆身爲火所燒便發悔心稱南無佛然不究竟便入地獄中阿難悲泣言提婆在地獄中爲經幾時佛言經於大劫命終生四天王上展轉至他化自在天經六十劫不墮三惡趣最後受身成辟支佛名曰南無由命終之時稱南無故時大目連言我欲至阿鼻獄中見提婆達慰勞慶賀佛言阿鼻罪人不解人間音響目連白言我解六十四音當以此音往語彼人目連如屈申臂頃至阿鼻獄上虛空中命曰提婆達獄卒曰此間亦有拘樓秦佛迦葉佛時提婆達今命何者目連曰吾命釋迦文

佛叔父兒提婆達獄卒燒炙彼身使令覺寤曰汝仰觀空中見大目連坐寶蓮華語目連曰尊者何由屈此目連曰如來記汝欲害世尊緣入阿鼻最後成辟支佛號名南無提婆聞已歡喜言我今日以右脅臥阿鼻獄中經歷一劫終無勞倦目連復問苦痛有增損乎提婆報以熱鐵輪轢我身環復以鐵杵吹咀我形有黑暴象蹈蹋我體復有火山來鎮我面昔日袈裟化爲銅鍱極爲熾盛今寄頭面禮世尊足復禮尊者阿難目連即攝神足還世尊所又智度論云提婆達弟子名俱迦離謗舍利弗及目揵連命終墮蓮華地獄中又本起經名儞和離

又報恩經云提婆達多過去久遠不可計劫有佛出世名曰應現佛滅度後於像法中有一坐禪比丘獨住林中尒時比丘常患蟣虱而作約言我若坐禪汝宜默然隱身寂住其虱如法於後一時有土蚤來至虱邊問言汝云何身體肌肉肥盛虱言我所依主

人常修禪定教我飲食時節我如法飲食故所以身體鮮肥蚤言我亦欲修習其法蝨言能尒隨意尒時比丘尋便坐禪尒時土蚤聞血肉香即便食噉尒時比丘心生苦惱即便脫衣以火燒之佛言尒時坐禪比丘者今迦葉是尒時土蚤者今提婆達多是尒時蝨者今我身是提婆達多爲利養故毀害於我乃至今日成佛亦爲利養出佛身血生入地獄提婆達多常懷惡心毀害如來若說其事窮刼不盡

又雜寶藏經云佛在迦毗羅衛國入城乞食到弟孫陁羅難陁舍會值難陁與婦作莊香塗眉聞佛門中欲出外看婦共要言出看如來使我額上莊未乾頃便入來難陁即出見佛作禮取鉢向舍盛食奉佛佛不爲取過與阿難亦不爲取阿難語言汝從誰得鉢還與本處於是持鉢詣佛至尼拘屢精舍佛即勅剃髮師與難陁剃髮難陁不肯怒拳而語剃髮人言迦毗羅一切人民汝今盡可剃其髮

耶佛問剃髮者何以不剃荅言畏故不敢爲剃佛共阿難自至其邊難陁畏故不敢不剃雖得剃髮常欲還家佛常將行不能得去後於一日次當守房而自歡喜今眞得便可還家去待佛衆僧都去之後我當還家佛入城後作是念言當爲汲水令滿澡瓶然後還歸尋時汲水一瓶適滿一瓶復翻如是經時不能滿瓶便作是言俱不可滿使諸比丘來還自汲我今但著瓶屋中而去適即閉門適一扇開一扇復開適閉一戶一戶復開更作是念俱不可閉且置而去縱使失諸比丘衣物我饒財寶足可償之即出僧房而自思惟佛必從此來我則從彼異道而去佛知其意亦從異道來遥見佛來至大樹後藏樹神舉樹在虛空中露地而立佛見難陁將還精舍而問之言汝念婦耶荅言實尒即將難陁向阿那波山上又問難陁汝婦端正不荅言端正山中有一老瞎獼猴又復問言汝婦孫陁利面首端正何如此獼猴耶難陁懊惱便作念

言我婦端正人中少雙佛今何故以我之婦比瞎獼猴佛復將至忉利天上徧諸天宮而共觀看見諸天子與諸天女共相娛樂見一宮中有五百天女無有天子尋來問佛佛言汝自往問難陁往問諸宮殿中盡有天子此中何以獨無天子耶諸女荅言閻浮提内佛弟難陁佛逼使出家以出家因縁命終當生於此天宮爲我天子難陁荅言即我身是便欲即住天女語言我等是天汝今是人人天路殊且還捨人壽更生此間便可得住便還佛所以如上事具白世尊佛語難陁汝婦端正何如天女難陁荅言比彼天女如瞎獼猴比於我婦佛將難陁還閻浮提難陁爲欲生天故勤加持戒阿難尒時爲說偈言

譬如羺羊鬬　將前而更却
汝爲欲持戒　其事亦如是

佛將難陁復至地獄見諸鑊湯悉皆煮人惟見一鑊炊沸空停怪其所以而來問佛佛告之言汝自往問獄卒言諸鑊盡皆煮治罪人此鑊何故空

無所著答言閻浮提內有如來弟子
名爲難陁以出家功德當得生天以
欲罷道因緣之故天壽命終墮此地
獄是故我今吹鑊而待難陁難陁聞
已恐怖畏獄卒留即作是言南無佛
陁南無佛陁唯願將我擁護還至閻
浮提內佛語難陁汝能勤持戒脩汝
天福不難陁答言不用生天今唯願
我不墮此獄佛爲說法一七日中成
阿羅漢諸比丘歎言世尊出世甚奇
甚特佛言非但今日如是乃往過去
亦復如是諸比丘言過去亦尒其事
云何請爲我說佛言昔迦尸國王名
曰滿面毗提希國有一婬女端正殊
妙尒時二國常相怨疾傍有侫臣向
迦尸王歎說彼國有婬女端正世所
希少王聞是語心生惑著遣使從索
彼國不與重遣使言求暫相見四五
日間還當發遣時彼國王約勅婬女
汝之姿態所有伎好悉具足備使
迦尸王惑著於汝須臾之間不能遠
離即遣令去經四五日尋復喚言欲
設大祀須得此女暫還放來後當更

遣時迦尸王即遣婦還大祀已訖遣
使還索答言明日當遣既至明日亦
復不遣如是妄語經歷多日王心惑
著單將數人欲往彼國諸臣勸諫不
肯受用時仙人山中有獮猴王聰明
博達多有所知其婦適死取一雌獮
猴諸獮猴衆皆共瞋呵責此雌獮猴
衆所共有何緣獨當時獮猴王將雌
獮猴走向迦尸國投於王所諸獮猴
衆皆共追逐既到城內發屋壞牆不
可料理迦尸國王語獮猴王言汝今
何不以雌獮猴還諸獮猴獮猴王言
我婦死去更復無婦王今云何欲使我
歸王語之言今汝獮猴破亂我國耶
得不歸獮猴王言此事不好耶王答
言不好如是再三王故言不好獮猴
王言汝宮中有八萬四千夫人汝不
愛樂欲至敵國追逐婬女我今無婦
唯取此一汝言不好一切万姓視汝而
活爲一婬女云何捐棄國事大王當
知婬欲之事樂少苦多猶如逆風而
執燋炬愚者不放必見燒害欲爲不
淨如彼屎聚欲現外相薄皮所覆欲

無反復如屎塗毒蛇欲如怨賊詐親
附人欲如假借必當還歸欲爲可惡
如廁生華欲如疥痒而向於火搔之
轉劇欲如狗齧枯骨涎唾共合謂爲
有味脣齒破盡不知猒足欲如渴人
飲於鹹水逾增其渴欲如段肉衆鳥
競逐欲如魚戰貪味至死其患甚大
尒時獮猴王者我身是也尒時王者
難陁是也尒時婬女者孫陁利是也
我於尒時欲淤泥中拔出難陁今亦
拔其生死之苦
未曾有經羅睺羅年至九歲出家
爲沙彌王勅豪族諸公王子五十人
隨逐羅睺悉共出家舍利弗爲和尚
大目揵連作阿闍梨與授十戒羅睺
母耶輸陁羅爲太子婦未滿三年即
捨出家（自餘弟子事廣繁多不可
具述且逐要略跡三五也）沙彌者耶
舍傳云（隨云勞之小者以脩道爲勞也又翻
息慈謂息世染之情以慈濟万物也）
（又剃除佛法俗情
情存須息惡行慈）
又增一阿含經云佛告諸比丘有四姓
出家者無復本姓但言沙門釋迦子所
以然者生由我生成由法成其猶四大
海皆從阿耨泉出又彌沙塞律云汝等

比丘雜類出家皆捨本姓稱釋子沙門沙門者息惡也又長阿含經云彌勒出世諸比丘弟子等亦皆稱慈子如我今弟子稱爲釋子彌勒者姓也此云慈氏也覩大覺俯應跡均俗典所以苗裔繼哲姻婭重疊並緣發曠刧故能翼讚靈化又四河入溟俱名爲海四族歸道並號曰釋可謂揔彼殊源同乎一味者矣

頌曰

宿祐因熟　今蒙出度　弃俗遺塵
超然欣悟　慧在恬虛　妙不以數
感時會道　絶羈纏務　精勤慕學
服玆甘露　功業弗墜　感聖嘉護
肅肅靈儀　依依神步　彼我無他
法侶相遇

感應緣 略引五驗

宋沙門智嚴　宋沙門求那跋摩
宋沙門尼曇輝　宋居士趙習
宋東宮命二女

宋京師枳園寺有釋智嚴西涼州人弱冠出家便以精勤著名游歷西國諮受禪法博通經論罕所希類還於西域所得經論未及譯寫到宋元嘉四年乃共寶雲等譯出不受別請公衛自資道化靈感幽顯咸服有見鬼者云見西州太社關鬼相語云嚴公至當辟易此人未之解俄而嚴至聊問姓字果稱智嚴默而識之密加禮異儀同蘭陵蕭思話婦劉氏疾病常見鬼來呼可駭畏時迎嚴說法嚴始到外堂劉氏便見群鬼迸散嚴既進爲夫人說經疾以之瘳因稟五戒一門宗奉嚴清素寡欲隨受隨施少而游方更無滯著稟性沖退不自陳叙故雖多美行世無得而盡傳嚴昔未出家時嘗受五戒有所虧犯後入道受具常疑不得戒每以爲懼積年禪觀而不能自了遂更汎海重到天竺諮諸明達羅漢比丘具以事問羅漢不敢判決乃爲嚴入定往兜率宮諮彌勒彌勒荅云得戒嚴大喜於是步歸至罽賓無疾而死時年七十有八彼國凡聖燒身各處嚴雖戒操高明而實行未辯始移屍向凡僧墓地而屍重不起改向聖墓則飄然自輕嚴弟子智明智遠故從西來報此徵瑞俱還外國以此推嚴信是得道也但未知果向中間深淺耳

宋京師祇桓寺有求那跋摩此云功德鎧本是剎利種累世爲王治在罽賓國機辯雋達深有大度仁愛汎博崇德務善以宋元嘉八年正月達于建業文帝引見勞問慇懃因又言曰弟子常欲持齋不殺迫以身拘不獲從志法師既不遠萬里來化此國將何以教之跋摩曰夫道在心不在事法由己非由人且帝王與匹夫所脩各異匹夫身賤名劣言令不威若不剋己苦躬將何爲用帝王以四海爲家萬民爲子出一嘉言則士女咸悅布一善政則人神以和形不夭命役無勞力則使風雨適時寒暖應節百穀滋繁桑麻鬱茂如此持齋齋亦大矣不殺戒亦衆矣寧在闕半日之餐全一禽之命然後方爲普濟耶帝乃撫几歎曰夫俗人迷於遠理沙門滯於近教迷遠理者謂至道虛說滯近教者則拘戀篇章至如法師所言眞謂開悟明達可與言論天人之際矣

乃勅住祇桓寺供給隆厚王公英彥莫不宗奉大翻經論具在高僧傳並文義詳允梵漢弗差時影福寺尼慧果淨音等共請跋摩云去六年有師子國八尼至京云宋地先未經有尼那得二衆受戒恐戒品不全跋摩云戒法本在大僧衆發設不本事無妨得戒如愛道之緣諸尼又恐年月不滿苦欲更受跋摩稱云善哉苟欲增明甚助隨喜但西國尼年臘未登又人不滿且令學宋語別因西域居士更請外國尼來足滿十數其年夏在定林下寺安居時有信者採花布席唯跋摩所坐花采更鮮衆咸崇以聖禮夏竟還祇桓其年九月二十八日中食未畢先起還閤其弟子後至奄然已終春秋六十有五既終之後即扶坐繩牀顏貌不異似若入定道俗赴者千有餘人並聞香氣芬烈咸見一物狀若龍蛇可長一丈許起於屍側直上衝天莫能銘者以香薪闍維香油灌之五色焰起氤氳麗空四部群集哀聲慟天悲泣望斷不能自勝

驗出梁高僧傳錄

宋尼釋曇輝蜀郡成都人也本姓青陽名曰玉年七歲便樂坐禪每坐輒得境界意未自了亦謂是夢耳曾與姊共寢夜中入定姊於屏風角得之身如木石亦無氣息姊大驚怪喚告家人互共抱扶至曉不覺奔問巫覡皆言鬼神所憑至年十一有外國禪師畺良耶舍者來入蜀輝請諮所見耶舍以輝禪既有分欲勸化令出家時輝將嫁已有定日法育尼展閻說其家潛迎還寺家既知將逼嫁之輝遂不肯行深立誓言若我道心不果遂被限逼者便當投火飼虎弃除穢形願十方諸佛證見至心刺史甄法崇信尚正法聞輝志業迎與相見并召綱佐及有懷沙門互加難問輝敷演無屈坐者歎之崇乃許離夫家聽其入道元嘉十九年臨川康王延致廣陵寺

宋淮南趙習元嘉二十年為衛軍府佐疾病經時憂必不濟常至心歸佛夜夢一人形貌秀異若神人者自屋

梁上以小裹物及剃刀授習云服此藥用此刀病必愈習既驚覺果得刀藥焉登即服藥疾除出家名僧秀年逾八十乃亡

宋元嘉元年東宮倫二女姊十歲妹九歲里越愚蒙未知經法忽其年二月八日並失所在三日而歸粗說見佛至九月十五日又失一旬還作外國語誦經梵書見西域僧便相開解明年正月十五日又失在田作人見從風上天父母哀哭求神鬼經月乃返剃頭為尼被服法衣持髮而歸自說見佛及比丘尼曰汝宿緣為我弟子手摩頭髮便落與其法名大曰法緣小曰法綵遣還曰可作精舍當與經法既達家即除鬼坐立精舍旦夕禮誦每現五色光流氾峯嶺自此容止音調詮正有法上京風規不能過也刺史韋朗孔默等皆迎敬異云

右此三驗出冥祥記

法苑珠林卷第二十二

法苑珠林卷第二十二

校勘記

一　底本，金藏廣勝寺本。

一　五二八頁中一行經名，徑無（未換卷）。

一　五二八頁中二行撰者，磧、普作「大唐上都西明寺沙門釋道世撰」；南作「唐上都西明寺沙門釋道世撰」；徑無（未換卷）；清作「唐西明寺沙門釋道世撰」。

一　五二八頁中三行至五行「入道篇……引證部」，徑作「入道篇第十三之一」。

一　五二八頁中六行「第一」，徑無。以下部目下序數例同。

一　五二八頁中一〇行「節食」，徑、清作「節飡」。又「蔬飡」，徑、清作「蔬食」。

一　五二八頁中二〇行首二字「住家」，磧、普、南、徑、清作「住家者」。

一　五二八頁下七行「貪利樂」，磧、普、南、徑、清作「貪利苦」。又「貪利苦」，麗作「貪利樂」。

一　五二八頁下二二行第二、三字「憍慢」，磧、普、南、徑、清作「憍慢處」。

一　五二九頁上一行「常有」，磧作「當有」。

一　五二九頁上一一行「有其」，磧、普、南作「其」；徑、清作「有」。

一　五二九頁下四行「留凝」，磧、普、南、徑、清作「留礙破壞」。

一　五二九頁下一四行「白豪相」，磧、普、南、徑、清、麗作「白毫相」。

一　五二九頁下二〇行「廣大」，磧、普、南、徑、清作「弘大」。

一　五二九頁下末行「闍梨」，磧、普、南、徑、清作「阿闍梨」。又夾註右「諸法」，磧、普、南、徑、清作「請法」。

一　五三〇頁上二行「受戒」，磧、普、南、徑、清作「受戒不得不聞死受戒」；麗作「受戒不得若不聞死受戒」。

一　五三〇頁上五行第一一字「後」，磧、南、徑、清無。

一　五三〇頁上七行「偈云」，徑、清作「偈言」。

一　五三〇頁中五行「入聖道」，磧、普、南、徑、清作「弘聖道」。

一　五三〇頁中一二行首字「依」，磧作「智」；南、徑、清作「又」。

一　五三〇頁中一三行第四字「後」，磧作「從右」；南作「之」。又末字「慶」，磧、普、南、徑、清作「陳」。

一　五三〇頁中一五行「遇哉」，磧、南、徑、清作「善哉」。

一　五三〇頁中二〇行「最好」，磧、南、徑、清作「最後」。

一　五三〇頁中二二行夾註左「彌勝」，至此，徑卷第三十終，卷第三十一始，並有「入道篇第十三之餘」一行。

一　五三〇頁下六行「早生」，磧、普、南、徑、清作「一生」。

一　五三〇頁下一〇行「具述」，磧、普、南、徑、清作「具道」。

五三〇頁下一一行「欲以」，磧、普、南、徑、清作「以欲」。

五三〇頁下一九行第五字「云」，磧、普、南、徑、清無。

五三一頁上一一行首字「已」，磧、普、南、徑、清作「竟」。

五三一頁上二〇行「以是故」，磧、普、南、徑、清作「以是之故」。

五三一頁中一四行第一三字「王」，磧、普、南、徑、清作「至」。

五三一頁中二二行「夫人」，磧、南、徑、清作「天人」。

五三一頁下一〇行末字「勢」，磧、普、南、徑、清作「世」。

五三一頁下一二行「道議」，徑、清作「道義」。

五三一頁下一三行第一一字「常」，磧、普、南、徑、清作「恒」。

五三一頁下一六行第三字「衣」，磧、普、南、徑、清作「衣食」。

五三一頁下末行「頓頭」，磧作「捭頭」；普、南、徑、清作「掉頭」。

五三二頁上六行第五字「作」，磧、普、南、徑、清作「而作」。

五三二頁上一一行「上阪」，磧作「轉曾」；普、南、徑、清作「轉增」。

五三二頁中七行第一二字「答」，磧、普、南、徑、清作「答曰」。

五三二頁中一三行末字「唾」下，磧、普、南、徑、清、麗有「我既新產氣力羸劣設得少唾」十二字。

五三二頁中一六行第九字「送」，磧、普、南、徑、清作「延」。

五三二頁中一七行第三字「今」，磧、普、南、徑、清、麗作「令」。

五三二頁下五行「見已」，磧、普、南、徑、清作「於子」。

五三二頁下八行「觀見」，麗作「觀是」。

五三二頁下一三行「勸佐令成」，磧、普、南、徑、清作「勸令成就」。

五三三頁上二二行「中本起經」，普、南、徑、清作「又中本起經」。

五三三頁上末行夾註右「因以」，麗作「故以」。

五三三頁中三行「提婆達」，磧、普、南、徑、清作「提婆達多」。下同。

五三三頁中四行「慧施」，磧、普、南、徑、清、麗作「惠施」。

五三三頁中一四行第三字「上」，普作「天」。

五三三頁中二〇行「彼人」，磧、普、南、徑、清作「罪人」。

五三三頁下四行第五字「記」，磧、普、南、徑、清作「說」。

五三三頁下五行「提婆」，磧、普、南、徑、清作「提婆達多」。八行同。

五三三頁下一〇行「昔日」，徑、清作「昔者」。

五三三頁下二〇行「蟣蝨」，磧、普、南、徑、清作「蟣蝨即便告虱」。

五三四頁上一七行第六字「便」，磧、普、南、徑、清、麗作「便還」。

五三四頁中三行「常欲」，磧、普、南、徑、清作「恒欲」。

五三四頁中五行第七字「真」，清

作「値」。

一　五三四頁中一〇行末字「但」，麗作「俱」。

一　五三四頁中一三行第七字「且」，磧、普、南、徑、清作「但」。

一　五三四頁中一七行第八字「後」，磧、普、南、徑、清作「從」。

一　五三四頁下二一行「炊沸」，磧、普、南、徑、清作「次沸」。

一　五三四頁下二二行「往問」，磧、普、南、徑、清作「往問難陁即往問」；麗作「往問難陁即問」。

一　五三五頁上二〇行「伎好」，磧作「伎耐好」；普作「技藝精好」；南、徑、清作「伎藝精好」。

一　五三五頁中一四行第六字「今」，磧、普、南、徑、清無。

一　五三五頁中二二行首字「執」，磧、普、南、徑、清作「熱」。

一　五三五頁下三行第八字「痒」，磧、普、南、徑、清作「瘡」。又第一三字「搔」，磧、普、南、徑、清作「把」。

一　五三五頁下六行「逾增」，磧、普、南、徑、清作「愈增」。

一　五三五頁下一二行第四字「經」，磧、普、南、徑、清作「經云」。

一　五三五頁下一四行「悉共」，磧、南、徑、清作「悉皆」。

一　五三五頁下一八行夾註右「隨云」，磧、普、南、麗作「隋云」；徑、清作「此云」。又「爲勞也」，磧作「爲也」；南作「爲勞」。

一　五三五頁下一九行夾註右三「染」，磧、普、南、徑、清無。又左「行慈」，磧、南、徑、清作「行慈也」。

一　五三六頁上四行夾註左末「也」，徑無。

一　五三六頁上五行「苗裔」，磧、普、南、徑、清作「胤裔」。

一　五三六頁上一〇行「遺塵」，麗作「遺塵」。

一　五三六頁上一三行「甘露」，磧、南、徑、清作「世露」。

一　五三六頁上一八行「沙門尼」，徑、清作「尼釋」。

一　五三六頁上一九行「東宮命」，磧、南、徑、清作「東官命」。下同。

一　五三六頁中二行「感服」，磧、普、南、徑、清作「眼」。

一　五三六頁中六行末字「常」，磧、普、南、徑、清作「恒」。次頁中二二行第一〇字同。

一　五三六頁下五行「大度」，磧、普、南、徑、清作「遠度」。

一　五三六頁下八行「身拘」，磧、普、南、清作「身佝」；徑作「身狥」。

一　五三六頁下一四行「士女」，磧、普、南、徑、清作「士庶」。

一　五三六頁下一五行第一〇字「形」，徑、清、麗作「刑」。

一　五三六頁下一八行「不殺」，磧、普、南、徑、清作「持不殺」。

一　五三六頁下一九行「然後方爲普濟」，磧、普、南作「然復方知弘濟」；徑、清作「然後方爲弘濟」。

一　五三七頁上二行「具在」，磧、普、

南、徑、清作「具存」。

一　五三七頁上七行「本事」，磧、普、南、徑、清作「奉事」。

一　五三七頁上一四行「花來」，磧、普、南、徑、清、麗作「花采」。

一　五三七頁上二〇行「龍蛇」，磧、普、徑作「龍陀」。又「一丈」，磧、普、南、徑、清作「一疋」。

一　五三七頁上二一行「銘者」，磧、普、南、徑、清作「詺者」。

一　五三七頁上二二行「氳氳」，徑、清作「氤氳」。

一　五三七頁上末行夾註「又二」，磧、普、南、徑、清作「有二」。

一　五三七頁中三行「名曰玉」，磧作「名白王」；普、南、徑、清作「名白玉」。

一　五三七頁中八行第六字「凴」，普、南、徑、清、麗作「憑」。

一　五三七頁中一〇行「耶舍尼」，徑、清作「耶舍者」。

一　五三七頁中一七行第二字「召」，磧、普、南、徑、清作「石」。

一　五三七頁中一八行「歎之」，磧、普、南、徑、清作「難之」。

一　五三七頁中二〇行末字「寺」，磧、普、南、徑、清無。

一　五三七頁中二一行首字「宋」，磧、普、南、徑、清作「時宋」。

一　五三七頁下二行第七字「愈」，磧、南、徑、清作「即愈」。

一　五三七頁下一一行第九字「求」，徑、清作「求禱」。

一　五三七頁下一六行「除鬼」，磧作「除皃」。

一　五三七頁下一九行末字「云」，磧、普、南、徑、清作「云云」。

一　五三七頁下卷末經名，徑無（未換卷）。

法苑珠林卷第二十三　五十五紙　願

慚愧篇第十四
獎導篇第十五
說聽篇第十六

西明寺沙門釋道世撰

慚愧篇 此有二部

述意部第一

夫三世輪轉六道旋還若有一片神明無不經離多處既其稟生無定有智有愚受性不同為善為惡為善故有慚有愧為惡故無慚無愧但凡夫之法相惑居懷若未得治道斷除理應日夜勵己策修慚愧冥空辭謝幽顯從來無智不識至真致使煩惱森然結漏繁擁冀藉一善消除萬累排蕩重昏豁然清淨是故大聖殷勤制諸道俗深慚應供橫受福田之名仰愧沙門虛當乞士之號進無菩薩兼濟之能退乏聲聞自調之德點辱師僧辜負檀越不堪行國王之地無以報父母之恩事等破瓶義同燋種亦如多羅既斷寧可重生析石已離終無還合鬼常埽迹唱是惡人如來勅言非我弟子不能為世福田豈可勝他禮拜近障人天遠妨聖道如斯罪累何可言陳在道尚然居俗寧救是以一失人身動經累劫再逢服本還同過木今當以慚愧水洗浴戒塵執發露刀割覆藏網仰愧先賢深慚後德盡誠懺謝徹窮來際見一切凡聖敬同佛想自勸己心卑如賤想所有諸過不起一念私隱之心所有諸善常生修學之意粗陳此心是名慚愧也

第二十五　第三張　願字號

引證部第二

如涅槃經云有二白法能救眾生一慚二愧慚者自不作惡愧者不教他造慚者內自羞恥愧者發露向人慚者羞人愧者羞天是名慚愧有慚愧故則能恭敬父母師長一切道俗人及非人便能敬重三寶滅諸惡業又迦延論云何名無慚答曰可慚不慚可比不比不善恭敬不善往來此謂無慚云何名無愧可羞不羞可畏不畏惡事不畏故稱無愧又不善往來名無慚惡事不見畏稱無愧謝此前

名故云慚愧
又新婆沙論云世間有情見無慚者言是無愧見無愧者言是無慚到謂此二其體是一今欲顯示性相差別令彼疑者得決定解問無慚無愧有何差別答於自在者無怖畏轉是無慚於諸罪中不見怖畏是無愧復於自在者無怖畏轉是無慚於諸罪中不見怖畏是無愧復不恭敬是無慚不怖畏是無愧復不猒賤煩惱是無慚不猒賤惡行是無愧復作惡不自顧是無慚作惡不顧他是無愧復作惡不自羞是無慚作惡不恥他是無愧復作惡不羞恥是無慚作惡而傲逸是無愧復獨一造罪而不羞恥是無慚對他造罪而不羞恥是無愧復若對少人造罪而不羞耻是無慚若對衆人造罪而不羞恥是無愧復若對惡趣有情造罪而不羞恥是無慚若對善趣有情造罪而不羞恥是無愧復若對愚者造罪而不羞恥是無慚若對智者造罪而不羞恥是無愧復若對卑者造罪而不羞恥是無慚若

對尊者造罪而不羞恥是無愧復若對在家者造罪　而不羞恥是無慚若對出家者造罪而不羞恥是無愧復若對非親教軌範造罪而不羞恥是無慚若對親教軌範造罪而不羞恥是無愧復若作惡時不羞天者是無慚若作惡時不恥人者是無愧復若於諸惡因不能訶毀是無慚於諸惡果不能猒怖是無愧復貪等流是無慚於癡等流是無愧是謂無慚無愧差別如是二法唯欲界繫唯是不善一切不善心心所法皆徧相應唯自性（各翻前惡是名慚愧）又瑜伽論云云何無慚無愧謂觀於自他無所羞恥故思毀犯犯已不能如法出離好爲種種鬬訟違諍是名無慚無愧也又遺教經云慚如鐵鉤能制人非法是故比丘常當慚愧無得暫替若離慚愧則失諸功德有愧之人則有善法若無愧者與諸禽獸無相異也

又智度論偈云

入道慚愧人　持鉢福衆生
云何縱欲塵　沈沒於五情

著鎧持刀杖　見敵而退走
如是怯弱人　舉世所輕賤
比丘爲乞士　除髮著袈裟
五情馬所制　取笑亦如是
又如豪貴人　衣服以嚴身
而行乞衣食　取笑於衆人
比丘除飾好　毀形以攝心
而更求欲樂　取笑亦如是
已捨五欲樂　棄之而不顧
如何還欲得　如愚自食吐
如是貪欲人　不知觀本願
亦不識好醜　狂醉於渴愛
慚愧尊重法　一切皆已棄
賢智所不親　愚癡所愛近
諸欲求時苦　得之多怖畏
失時懷愁惱　一切無樂處
諸欲患如是　以何當捨之
得福禪定樂　則不爲所欺
欲樂著無猒　以何能滅除
若得不淨觀　此心自然無

又正法念經云若破戒多欲而行惡法實非沙門自稱沙門猶如野干著師子皮如虛僞寶内空無物又莊嚴

論偈云
既著壞色衣　應當修善法
斯服宜善寂　常思自調柔
云何著是服　豎眼張其目
蹙眉復聚頞　而起瞋恚相
瞋恚於出家　不應所住處
嫌恨如屠枷　瞋乃是恐怖
輕賤之屋宅　醜陋之種子
麤惡語之伴　燒意林猛火
示惡道之業　鬪諍怨害門
惡名稱牀縛　暴速作惡本
應當自觀察　出家之標相
心與相相應　為不相應耶
比丘之法者　從他乞自活
云何食信施　而生重瞋恚
他食在腹中　云何生瞋恚
而為於信施　之所消滅耶
此身不清淨　九孔常流汙
臭穢甚可惡　乃是衆苦器
是身極鄙陋　癰瘡之所聚
若共觳觸時　生於大苦惱
身如彼箭鏑　有鏑箭即中
有身衆苦加　無身則無苦

蚊蝱蠅毒虫　皆能螫殺人
應當勤精進　遠離於此身
故知上來所録若道若俗常須作意
正念現前不得微解少法便起慢心
不生慚愧如四果人等唯不可受㧞
報別報猶受故賢愚經云如鴦崛魔
羅由殺九百九十九人雖值佛成羅
漢居在房中地獄之火從毛孔出極
患苦痛何況外凡未起對治隨造一
業決定墮三惡道但人身難得遇惡
因緣則便易失以惡多善少一日之
中罪念百千善念無一
又淨度三昧經云罪福相累重數分
明後當受罪福之報一一不失一念
受一身善念受天上人中身惡念受
三惡道身百念受百身千念受千身
一日一夜種生死根後當受八億五千
萬雜類之身百年之中種後世栽甚
為難數䰟神逐種受形徧三千大千
剎土體骨皮毛徧大千剎土地間無
空處又菩薩處胎經偈云
吾從無數劫　往來生死道
捨身復受身　不離胞胎法

計我所經歷　記一不說餘
純作白狗形　積骨億須彌
以利針地種　無不值我體
何況雜色狗　其數不可量
吾故攝其心　不貪道放逸
又提謂經云如有一人在須彌山上
以纖縷下之一人在下持針迎之中
有旋嵐猛風吹縷難入針孔人身難
得甚過於是又菩薩處胎經世尊說
偈云
盲龜浮木孔　時時猶可值
人一失命根　億劫復難是
海水深廣大　三百三十六
一鍼投海中　求之尚可得
一失人身命　難得過於是
又大莊嚴論偈云
離諸難亦難　將於人間難
既得離諸難　應當常精進
我昔聞有一小兒經中說盲龜值浮木
孔其事甚難時此小兒故穿一版作
孔受頭擲著池中自入池中低頭舉
頭欲望入孔水漂版故不可得值即
自思惟極生猒惡人身難得佛以大

海爲喻浮木孔小盲龜無眼百年一出竅難可值我今池小其版孔大復有兩眼日百出頭猶不能值況彼盲龜而當得值耶爲說偈云

巨海極廣大　浮木孔復小
百年而一出　得值甚爲難
我今池水小　浮木孔極大
數數自出頭　不能值木孔
盲龜遇浮木　相值甚爲難
惡道復人身　難值亦如是
我今值人身　應當不放逸
河沙等諸佛　未曾得值遇
今日得諮受　十力世尊言
佛所說妙法　我必當修行
若能善修習　濟拔極爲大
非他作已得　是故自精勤
若墮八難處　云何可得離
世間業隨逐　墜墮於惡道
我今當逃避　得出三有獄
若不出此獄　云何得解脫
畜生道若干　歷劫極久長
地獄及餓鬼　黑闇苦惱深
我若不勤修　云何而得離
險難諸惡道　今日得人身
不盡苦邊際　不離三有獄
應當勤方便　必離三有獄
今我求出家　必使得解脫

又罪業報應經偈云

水流不常滿　火盛不久燃
日出須臾沒　月滿已復缺
尊榮豪貴者　無常復過是

故知人身難遇易失以易失故不須生著當知人身念念近死如牽豬羊詣於屠所故涅槃經云觀是壽命常爲無量怨讎所繞念念損減無有增長猶如暴水不得停住亦如朝露勢不久停如囚趣市步步近死又摩耶經偈云

譬如旃陁羅　驅牛就屠所
步步近死故　人命疾過是

自大聖已還體未圓明雖復分證無生猶爲三相遷流況於凡愚理隔淨境善惡雜糅明白未分豈能免黜累之愆愛染之失今聞出家入道之美不得便言無惡聞白衣在家之過不得都無其善若內修其行則如出家之美若內乖其信徒爲剪落在家之人有諸眷屬公私擾擾資待所須尚不應慳沙門淨行出然獨立止須三衣六物極至百一供身自外妨緣何須蓄積經律具呵明在聖教若慳恪法財不惠愚貧智種不成便失聖胎乃至小罪猶懷大懼常應謙肅恭敬大小不得自大輕慢前人若具犯大罪廣畜田宅過分貯積勤營俗事此定極惡何須述之今且略論中下之人薄學淺識謂智過人起大憍慢放誕形容褻戲一切籠罩天地踑踞師長之前叱吒尊人之側道本和合恭順爲僧既心形乖反豈成僧寶也或有專讀外典妉玩琴棊諷讀詩書徒消日月內教法藥救生爲急文與理深詞華祕博能解一句演無量義新舊經論卷軸數千曾不窺撿一句之文外書不急之事日夜勤學若恐白衣笑我無知不學世典者何如俗人聞我經義不能荅恥居內不閑於外未足可羞在內不解於內恥辱彌甚良由時將末法人命轉促無常交臂

朝不謀夕恐一入幽塗累刼難出再遇佛法想見無由雖有經律許一分學外爲伏外道此爲上品聰叡者說先諳於内兼令知外識辯鋒茲出言關典内外博究堪爲師匠得如經說爲伏外道令自量身觸事無能神識常蔽愚頑瞢然自救無憀何能利物色香不通何辯菽麥顧自私退省己爲學故涅槃經云佛語諸比丘出家之人應修慧學尋究經典不得披讀外道典籍路伽耶等常處山澤空閑靜室修禪禮誦斷邪顯正是汝所宗

又叔迦經中說叔迦婆羅門子白佛言在家白衣能修福德善根勝出家者是事云何佛言我於此中不定荅出家或有不修善根則不如在家在家能修則勝出家

又三千威儀云出家人所作業務者一者坐禪二者誦經法三者勸化衆事若具足作三業者是應出家人法若不行者徒生徒死唯有受罪之因

又百喻經云昔有一人事須火用及以冷水即便宿火以澡罐盛水置於

火上後欲取火而火都滅欲取冷水而水復熱火及冷水二事俱失世閒之人入佛法中出家求道既得出家還念妻子五欲之樂由是之故失其功德之火兼失持戒之水念欲之人亦復如是

又涅槃經佛言我涅槃後有聲聞弟子愚癡破戒喜生鬪爭捨十二部經讀誦種種外道典籍文頌手筆受畜一切不淨之物言是佛聽如是之人以好栴檀貿易凡木以金易鍮石以銀易白鑞以絹易氀褐以甘露易於惡毒

又遺教經云晝則勤心修習善法無令失時初夜後夜亦勿有廢中夜誦經以自消息無以睡眠因緣令一生空過無所得也依是行道可得四沙門果乃至菩提如是行者堪爲師範眞良福田得消信施

又婆沙論云如人觀日眼不明淨外道書論思求之時便慧眼不淨如人觀月眼則明淨佛法經論思求之時令慧眼明淨若思求外俗如打獼猴

唯出不淨若思求佛法如練眞金多練多淨又菩薩善戒經云菩薩不讀不誦如來正經讀誦世典文頌書疏者得罪不犯者若爲論義破於邪見若二分佛經一分外書何以故爲知外典是虛妄法佛法眞實故爲知世事故不爲世人所輕慢故以此文證佛法學人若一向廢内尋外則便得罪縱解理行唯可暫習爲伏外道還須厭離進修内業務令增勝若偏耽著則壞正法故地持論云若菩薩於佛所說棄捨不學乃習外道邪論世俗經典是名爲犯衆多犯是犯染汙起若上聰明人能速受學得不動智於日月中常以二分受學佛法一分外典是名不犯若於世典外道邪教愛樂不捨不作棄想是名爲犯衆多犯是犯染汙起頌曰

冬狐理豐毳　春蠶緒輕絲
形骸翻爲阻　心識還自欺
鞀鼓歌鼓腹　平生少年時
驅車追俠客　酌酒弄妖姬
但念目前好　安知後世悲

惕然一以愧　永與情愛辭
願識眞妄本　染淨自分離
羞慚滯五盡　馬知同四依

獎導篇第十五 此有四部

述意部　引證部
生信部　業因部

述意部第一

夫貴賤靡常貧富無定譬水火更互寒暑遞來故見有財富室溫衣豐人足不勞營覓自然而至復見有貧苦飢弊役力馳求晨起夜寐形骸爲之沮悴心情爲之勞擾縱有所獲百方散失終日願於富饒未甞暫有以此苦故所以勸獎令其慧施力厲修福若復有人衣裘服玩鮮華香潔春秋氣序寒溫冷煖四時變改隨須無闕而復見有尺布不見丈帛殘弊垢穢塵墨臭膩朽爛炎暑不識絺綌冰雪不知繒纊乃至形骸不蔽男女惡露非唯可恥實亦慙作若見此苦豈可不遠所以勸獎令其修福應施衣服及以室宇豈不見衆人皆有而我獨無是故應須勇猛修習若復有人食則甘味並薦珍羞備擧連机重案滿牀亘席芳脂芬馥馨香具列而復有脫粟之飯不充藜藿之羹常乏鹽梅早旨兩無魚菜久巳雙闕乃至并日而餐糜粥相係雜以水菓加以草菜萎黃困篤自濟無方若見此苦豈可不遠所以勸獎令其修福應施飲食及以水漿豈可衆人皆足而我獨困是故應須勇猛修習若復有人榮位通顯乘肥衣輕適意自在行則天人瞻仰住則鬼神敬貴而復見有卑鄙猥賤人所不齒生不知其生死不知其死塗炭溝渠之側坐臥糞壤之中雖有叱咄之聲反致捶撲之苦非唯神鬼不敬乃亦狗犬加毒若見此苦豈可不遠所以勸獎令其修福應滅憍慢奉行謙敬豈可他人常貴而我常賤是故應當勇猛修習若復有人形貌端正言音風吐常存廣利仁慈博愛語不傷物而復有人而狀痤醜所言嶮暴唯知自利不計念彼彼忍辱故所以致勝多瞋恚故所以招惡若見此苦豈可不遠所以勸獎令其修福應滅瞋恚奉行忍辱豈可以令衆人常處勝地而我永隔淨緣是故應須勇猛修習若復有人意力强幹少病　常堪行道無有障礙而復有人羸瘵多患氣力獎劣動輙增困眠坐不安見有此惡寶宜捨遠所以勸獎令其修福應施醫藥隨時賑救豈可衆人常無疾頓而我永嬰沉滯是故應須勇猛修習凡是如此之事實最應勸若不相勸則學者不勤也

引證部第二

如涅槃經云居家如牢獄妻子如枷鏁財物如重擔親戚如怨家而能一日一夜受持清禁六時行道兼年常三長月常六齋菜蔬節味撿身口意不馳外緣專崇出俗高慕佛法俯仰無虧坐臥無失夜係明相晝思淨法深敬沙門悲心利俗若能如是雖居在家可得度苦故經云佛法欲盡白衣護法修善上生天上如空中雪墮比丘違於戒律墮陷惡道如雨從天落當知於苦修福其福最大於福作罪其罪不輕是以從苦入樂未知樂中

之樂從樂入苦方知苦中之苦斯言可驗幸願省之又法句經偈云

熱無過婬　毒無過怒
苦無過身　樂無過滅

佛說偈已告諸比丘往昔久遠無數世時有五通比丘名精進力在山中樹下閑寂求道時有四禽獸依附左右常得安隱一者鴿二者烏三者毒蛇四者鹿是四禽獸者晝行求食暮則還宿四禽獸一夜自相問言世間之苦何者爲重烏言飢渴最苦飢渴之時身羸目冥神識不寧投身羅網不顧鋒刃我等喪身莫不由之以此言之飢渴爲苦鴿言婬欲最苦色欲熾盛無所顧念危身滅命莫不由之毒蛇言瞋恚最苦毒意一起不避親踈亦能殺人復亦自殺鹿言驚怖最苦我在林野心常怵惕畏懼獵師及諸豺狼髣髴有聲奔投瀟壑母子相捐肝膽悼悸以此言之驚怖爲苦比丘聞之即荅之曰汝等所論是其末耳不究苦本天下之苦無過有身身爲苦器憂畏無量吾以是故捨俗學道滅意斷想不貪四大欲斷苦源志存泥洹是故知身爲大苦本故書云大患莫若於身也

生信部第三

如那先比丘問佛經云時有彌蘭王問羅漢那先比丘言人在世間作惡至百歲臨欲死時念佛死後生天我不信是語復言殺一生死即入泥犂中我亦不信是也那先比丘問王如人持小石置在水上石浮耶沒耶王言其石沒也那先言如令持百枚大石置在船上其船沒不王言不沒那先言船中百枚大石因船故不得沒人雖有本惡一時念佛用是不入泥犂便生天上何不信耶其小石沒者如人作惡不知佛經死後便入泥犂何不信耶王言善哉善哉那先比丘言如兩人俱死一人生第七梵天一人生罽賓國此二人遠近雖異死則一時俱到如有一雙飛鳥一於高樹上止一於卑樹上止兩鳥一時俱飛其影俱到地耳那先比丘言如愚人作惡得殃大智人作惡得殃小譬如燒鐵在地一人知爲燒鐵一人不知兩人俱取然不知者手爛大知者小作惡亦介愚者不能自悔故其殃得大智者作惡知不當爲日自悔過故其殃少耳

又四品學經云凡俗之人或有不如畜生畜生或勝於人所以者何人作罪不止死入地獄罪畢始爲餓鬼餓鬼罪畢轉爲畜生畜生罪畢乃還爲人以畜生中畢罪便得爲人是故當作善奉三尊之教長離三惡道受天人福後長解脫

又四十二章經云佛言天下有廿難貧窮布施難豪貴學道難制命不死難得覩佛經難生值佛世難是也

又雜譬喻經有十八事於世甚難一值佛世難二正使值佛得爲人難三正使成人在中國生難四正使在中國生種姓家難五正使在種姓家四支六情皃具難六正使四支六情皃具得財產難七正使得財產值善知識難八正使得善知識具智慧難九正使得

智慧具善心難十正使得善心能布施難十一正使能布施欲得賢善有德人難十二正使得賢善值有德人往至其所難十三正至其所得宜適難十四正使得宜適得受聽說難十五正使聽說得正解智慧難十六正使得解能受深經難十七正使受深經得如說脩行難十八正使能受深經得如說修行得證聖果難是為十八事難

業因部第四

佛說太子刷護經云阿闍世王太子名為刷護白佛言菩薩何因緣得顏貌端正何因緣不入女人腹於蓮華中化生何因緣故能知宿命之事

佛告太子由能忍辱故即為姝好不婬泆故即能化生人生七日便知宿命無數世事

復何因緣身有三十二相復何因緣有八十種好復何因緣見佛身者視之無厭

佛告太子本為菩薩好喜布施種種雜物與諸佛菩薩及師父母人民壹用故得三十二相當有慈心哀念十方蠕動之類如視赤子皆欲度脫故得八十種好見怨如視父母等心無異故視佛無厭

復何因緣知深經慧及陀羅尼行復何因緣知三時定意得安隱復何因緣佛所說善其有聞者皆喜信受

佛告太子菩薩喜書信受諷誦學問是故知深經智慧及得陀羅尼行復常專心意用是故得三昧安隱所說至誠是故所語人皆信向聞者歡喜

復何因緣不生惡處復何因緣得生天上復何因緣不貪愛欲

佛告太子菩薩世世信佛法僧用是故不生八惡處由持戒不缺是故生天由知經法本空是故不貪欲

復何因緣菩薩身口心行所念皆淨復何因緣魔不得便復何因緣不敢誹謗三寶

佛告太子菩薩喜愛三寶是故得淨精勤不懈是故魔不得便所作皆至誠是故衆人不敢誹謗三寶

復何因緣菩薩得好高聲如梵天聲復何因緣有八種音復何因緣知衆人念皆悉能報

佛告太子菩薩世世至誠不欺是故得好高聲如梵天聲由世世不惡口是故得八種音由世世不兩舌不妄語是故衆人所念悉皆能報

復何因緣得壽命長復何因緣身得無病復何因緣家室和順不令別離

佛告太子由不殺生是故為人壽命長由不持刀杖擊人是故後生為人無病由見鬬和解令喜是故後生為人不得別離

復何因緣得財不離復何因緣不為劫盜復何因緣得處尊高

佛告太子由不貪人財是故富樂喜施不慳是故不亡財物心不嫉妒是故生得尊高

復何因緣得天眼洞視復何因緣得天耳徹聽復何因緣知世間死生之事

佛告太子由好意燃燈供於佛前是故得天眼洞視由喜持伎樂於佛寺前是故得天耳徹聽由喜定意是故

知世間死生之變
復何因緣得飛行四禪復何因緣知
前世無數劫來之事復何因緣得三
佛身便般涅槃
佛告太子由喜施車馬船等與三寶
人用是故得飛行四禪足由常專念
諸佛三昧喜行教人是故得念前世
無數劫事由菩薩得阿惟越致道是
故能斷死生之根得佛道已便般涅
槃
頌曰
湛湛荒宇　蠢蠢迷昉　居若謂樂
靡勤靡獎　不遵厥理　空傳妄想
外順情塵　内乖心朗　慈誘返迷
扣誠發奐　靈通吐曜　冥賁妙響
歸心正覺　津悟福賞　撫之有會
功超由曩
感應緣　略引三驗
晉竺長舒
宋邢懷明
宋王叔達
晉竺長舒者其先西域人也世有資
貨為富人竺居晉元康中内徙雒陽
長舒奉法精至尤好誦觀世音經其

後隣比失火長舒家悉草屋又正下
風自計火已逼近政復出物所全無
幾乃勑家人不得撻物亦無灌救者
唯至心誦經有頃火燒其隣屋與長
舒隔籬而風忽自迴火亦際屋而止
于時咸以為靈里中有輕險少年四
五人共毀笑之云風偶自轉此復何
神伺晴燥夕當爇其屋能令不燃
者可也其後天甚旱燥風起亦駛少
年輩密共束炬擲其屋上三擲三滅
乃大驚懼各走還家明晨相率詣長
舒家自說昨事稽顙辭謝長舒答曰
我了無神政誦念觀世音當是威靈
所祐諸君但當洗心信向耳自是隣里
鄉黨咸敬異焉
宋邢懷明河間人宋大將軍參軍嘗
隨南郡太守朱脩之北伐俱見陷没
於是伺候閒隙俱得道歸夜行晝伏
已經三日猶懼追捕乃遣人前覘虜
候既數日不還一夕將雨陰闇所遣
人將曉忽至乃驚曰向遇見火光甚
明故來投之那得至而反闇脩等怪
愕懷明先奉法自征後頭上常戴觀

世音經轉讀不廢尒夕亦正暗誦咸
疑是經神力於是常共祈心遂以得
免居于京師元嘉十七年有沙門詣
懷明云貧道見此巷中及君家殊有
血氣宜移避之語畢便去懷明追而
目之出門便没意甚惡之經二旬隣
人張景秀傷父及殺父妾懷明以為
血氣之徵庶得無事時與劉斌敬文
比門連接同在一巷其年並以劉湛
之黨同被誅夷云
宋王球字叔達太原人也為涪陵太
守以元嘉九年於郡失守繫在刑獄
著一重鏁釘鑠堅固球先精進既有
囹圄用心尤至獄中百餘人並多飢
餓球每食皆分施之日自持齋至心
念觀世音夜夢昇高座見一沙門以
一卷經與之題云光明安行品并諸
菩薩名球得而披讀忘第一菩薩名
第二觀世音第三大勢至又見一車
輪沙門曰此五道輪也既覺鏁皆斷
脱球心知神力彌增專到因自釘治
其鏁經三日而被原宥　右此三驗出冥祥記
説聽篇第十六　此有八部

述意部　引證部　儀式部
簡衆部　漸頓部　法施部
報恩部　利益部

述意部第一

夫師資義重慧學為勝修以義方多聞為善故馬鳴振將絶之綱龍樹興大小之辯慧蹤昭晰清論英出信可談領名數藻雲龍疑晰學而不說是父所憂於義不了釋尊所誡故經曰法之供養勝諸供養故外書云善人是不善人之師不善人是善人之資受說無違則理超情腑如說聽乖宗則尠難通會是以一象既虧則六爻斯墜一言有失則累劫受殃故知傳法不易受聽極難良由去聖日久微言漸昧而一說一受固亦難行恐名利關心垢情難淨也

引證部第二

如中論偈云

眞法及說者　聽者難得故
如是則生死　非有邊無邊

又十地論云由說聽二人不稱法故各有兩過一不平說過二佛不隨喜

過故大集經偈云

若諸衆生無法器　如來於彼修捨心
設大方便待時節　為令彼得眞解脫

大莊嚴論偈云

隨聞而得覺　未聞慎勿毀
無量餘未聞　謗者成癡業

寶性論偈云

愚癡及我慢　樂行於小法
謗法及法師　則為諸佛呵
外現如儀相　不識如來教
謗法及法師　則為諸佛呵

今見初學黑白幼童發足守迷於文義中生知足想自恃欺他轉加輕侮故地持論云隨文取義有五種過一無正信二退勇猛三誑衆生四輕法五謗法能說之人尚垢自心況所聽之人能生信乎若淨心說法縱是生死變為涅槃若染心說縱是涅槃變為生死

又涅槃經云大乘為甘露亦名為毒藥能消即為甘露不消即成毒藥如人置毒乳中則能殺人故寶性論偈云

無知無善識　惡友損正行
黿鼉落乳中　是乳則為毒

又十輪經云如剎利旃陁羅等見有依我法中出家若聲聞辟支佛乃至大乘說法法師誹謗罵辱欺誑正法而作留難惱亂法師以是因緣墮阿鼻地獄若見依我法中而出家者於此人所數數瞋恚罵辱我所說法不肯信受破壞塔寺僧坊堂舍殺害比丘先所修習一切善根皆悉滅盡命欲終時支節皆疼如火焚燒其人舌根如被繫縛於多日中口不能語命終之後墮阿鼻地獄

儀式部第三

如三千威儀云上高座讀經有五事一當先禮佛二當禮經法上座三當先一足躡阿僧提上正住座四當還向上座五先手按座已座有五事一當正法衣安座二揵椎聲絶當先讚偈唄三當隨因緣讀四若有不可意人不得於座上瞋恚五若有持物施者當排下著前又問經有五事一當如法下牀問二不得共座問三有解

不得直當問四不得持意念外因緣五設解頭面著地作禮反向出户

又十住毗婆沙論云法師處師子座有四種法何等爲四一者欲昇高座先應恭敬禮拜大衆然後昇座二者衆有女人應觀不淨三者威儀視瞻有大人相敷演法音顏色和悅人皆信受不說外道經書心無怯畏四者於惡言問難當行忍辱

復有四法一於諸衆生作饒益想二於諸衆生不生我想三於諸文字不生法想四願諸衆生從我聞法於阿耨菩提而不退轉

復有四法一不自輕身二不輕聽者三不輕所說四不爲利養又文殊師利問經云文殊師利白佛言四衆於何時中不得作聲或身口木石及諸餘聲

佛告文殊師利於六時中不得作聲禮佛時聽法時衆和合時乞食時正食時大小便時何故是時不得作聲佛告文殊於是時中有諸天來彼諸天等常清淨心無染心空心隨波羅蜜心觀佛法心以彼聲故令心不定以不定故悉皆還去以諸天去故諸惡鬼來作不饒益不安隱事彼人於此生諸惱患人民飢餓更相侵犯是故文殊應寂靜禮佛佛說祇夜云

不作身口聲　木石餘音聲

寂靜禮佛者　如來所讚歎

又佛本行經云佛告諸比丘從今日制諸弟子不得請於諸根闇鈍及以缺漏戒不具者而說其法從今以後若請說法應請妙行具足之人於諸衆內勝行成就多解修多羅及解毗尼解摩登伽人應選擇文字分明具足辯才者說法是等比丘從下座次第差遣爲衆說法若一乏者更請第二第二疲乏應請第三第三疲乏應請第四第四疲乏應請第五乃至若干堪說法者次第應請爲衆說法尒時衆人見彼法師辯才具足能演說法即持香華而散其上時諸比丘不受其法而生猒離何以故以佛斷故出家之人不得將持塗香粖香及諸香鬘時諸人輩聞見此事毀呰說言是等比丘如是供養尚不堪受況復勝者時諸比丘以如是事具往白佛尒時佛告諸比丘言汝諸比丘若有諸白衣檀越以歡喜心以吉祥故持種種香華塗香粖香及諸華鬘散法師上者應當受之是白衣諸檀越等遂將種種資財寶物及袈裟等供養法師是諸比丘恐懼慚愧不受彼物世諸人輩毀呰談說是輩沙門諸釋子等若干輕物尚不堪受況復勝者尒時諸比丘聞是事已具往白佛尒時佛告諸比丘言汝諸比丘若有俗人持諸財物及袈裟等奉施法師爲歡喜故我許捨施若有須者聽其受取若不須者我許送還

時諸比丘取經中要略義味而爲化說不依次第於時比丘慚愧恐怖慮違經律具以白佛於時佛告諸比丘言我許隨便於諸經中擇取要義安比文句爲人說法但取中義莫壞經本

又佛本行經云時諸比丘集一堂内有二比丘復演說法是故相妨即造

一堂二堂之內各別說法猶故相妨此堂之內將引比丘往詣彼堂彼堂之處有諸比丘迭相誘接令詣此堂往來交雜遂乃亂衆人或去來法事斷絕或有比丘於此法門不喜聞說時諸比丘具以白佛佛告諸比丘自今已去不得一堂二人說法亦復不得二堂相近使聲相接以相妨礙亦復不得彼詣此衆此詣彼衆亦復不得憎惡法門不喜聞說若憎惡者須如法治之（又四分律亦不許同一堂內二法師說法高座相近並坐而說歌詠聲說雙聲合唄並皆不許餘律亦不許法師高座受自衣散花花若著身即須振却）又善見律云若法師爲人講聽者說法女人聽者以扇遮面慎勿露齒笑若有笑者驅出何以故三藐三佛陁憐愍衆生金口所說汝等應生慚愧心而聽何以笑之驅出

法苑珠林卷第二十三

遠法部第四

如佛藏經云佛言舍利弗當來比丘好讀外經當說法時莊校文辭令衆歡樂惡魔尒時助惑衆人障礙善法若有貪著音聲語言巧飾文辭若復有人好讀外道經者魔皆迷惑念心不安隱是諸人等爲魔所惑覆障慧眼深貪利養著諸外書猶如群盲爲誑所欺皆使令墮深坑而死復次舍利弗不淨說法者不知如來隨宜意趣自不善解而爲人說是人現世得五過失何等爲五一說法時心懷怖畏恐人難我二內懷憂怖而外爲他說三是凡夫無有真智四所說不淨但有言辭五言無次第處處抄撮是故在衆心懷恐怖如是凡夫無有智慧心無決定但求名聞疑悔在心而爲人說是故舍利弗身未證法而在高座身自不知而教人者法墮地獄　又增一阿含經云尒時世尊告諸比丘當知有此四鳥云何爲四一或有鳥聲好而形醜謂拘翅羅鳥是也二或有鳥形好而聲醜謂鷲鳥是也三或有鳥聲醜形亦醜謂土梟是也四或有鳥聲好形亦好謂孔雀鳥是也世間亦有四人當共觀知云何爲四一或有比丘顏貌端正威儀成就然不能有所諷誦諸法初中後善是謂此人形好聲不好二或有人聲好而形醜出入行來威儀不成而好廣說精進持戒初中後善義理深遠是謂此人聲好而形醜三或有人聲醜形亦醜謂有人犯戒不精進復不多聞所聞便失是謂此人聲醜形亦醜四或有人聲好形亦好謂比丘顏貌端正威儀具足然復精進修行善法多聞不忘初中後善善能諷誦是謂此人聲好形亦好也　又增一阿含經云尒時世尊告諸比丘有四種雲云何爲四一或有雲雷而不雨二或有雲雨而不雷三或有雲亦雨亦雷四或有雲不雨不雷是四種雲而像世間四種人一云何比丘雷而不雨或有比丘高聲誦習十二部經諷誦不失其義然不廣與人說法是謂雷而不雨二云何雨而不雷或有比丘顏貌端正威儀皆具然不多聞高聲誦習十二部經復從他受亦不忘失好與善知識相隨亦好與他人說法是謂雨而不雷三云何不雨不雷或有人顏色不端威儀不具不修善法亦不多聞復不與他人說法是謂此人不雨不雷四云何亦雨亦雷或有人顏色端正威儀皆具好喜學問亦好學他說法勸進他人令便承受是謂此人亦雨亦雷

法苑珠林卷第二十三

校勘記

一　底本，金藏廣勝寺本。五四二頁中八行至末行、本頁下二二行至次

頁中二行原版殘缺，以麗藏本補。
一　五四二頁中一行經名，徑無（未換卷）。
一　五四二頁中二行撰者，磧、普作「大唐上都西明寺沙門釋道世撰」；南作「唐上都西明寺釋道世撰」；徑無（未換卷）；清作「唐西明寺沙門釋道世撰」。
一　五四二頁中三行「慚愧篇第十四」下，磧、普、南、清有夾註「此有二部」。
一　五四二頁中四行至五行「獎道……第十六」，磧、普、南作「獎道篇第十五　說聽篇第十六　述意部　引證部」；徑無；清作「述意部　引證部」。
一　五四二頁中六行「慚愧篇　此有二部」，磧、普、南、徑、清無。
一　五四二頁中七行「第一」，徑無。以下部目下序數例同。
一　五四二頁中八行「旋還」，磧、普作「旋褱」；南、徑、清作「旋環」。
一　五四二頁中九行第五字「離」，磧、普、南、徑、清作「歷」。
一　五四二頁中一九行「點辱」，南、徑、清作「玷辱」。
一　五四二頁下一行第五字「常」，磧、普、南、徑、清作「恒」。
一　五四二頁下六行第一二字「戒」，磧、普、南、徑、清作「識」。
一　五四二頁下二〇行「可比不比」，磧、普、南、徑、清、麗作「可避不避」。
一　五四三頁上三行第一三字「到」，徑、清作「則」。
一　五四三頁上七行至九行「復於……無愧」，磧、普、南、徑、清無。
一　五四三頁上九行第八字「不」，磧、南無。
一　五四三頁中一二行「唯自性」，磧、普、南、徑、清、麗作「唯除自性」。
一　五四三頁下九行「棄之」，磧、普、南作「棄捨」。
一　五四四頁上三行第六字「常」，磧、普、南、徑、清作「恒」。一八行第八字同。
一　五四四頁上二行第五、七字「鏑」，磧、普、南、徑、清作「的」。
一　五四四頁中一行第八字「葢」，磧、南、徑、清作「蓋」。
一　五四四頁中一六行第一二字「受」，磧、普、南、徑、清無。
一　五四四頁中一七行末字「千」，徑作「十」。
一　五四四頁中一八行第一三字「裁」，磧、普、南作「擮」。
一　五四四頁下五行第八字「道」，磧、普、南、徑、清作「著」。
一　五四四頁下一七行第六字「將」，普、南、徑、清作「生」；麗作「得」。
一　五四四頁下一九行第一一字「盲」，磧、普、南、徑、清無。
一　五四五頁上二行第二字「窬」，磧、普、南、徑、清作「實」。
一　五四五頁上一二行「河沙」，磧、普、南、徑、清作「恒沙」。

一　五四五頁中一七行第五字「故」，磧、普、南、徑、清、麗作「地」。又第八字「疾」，磧、普、南、徑、清作「疢」。

一　五四五頁中二〇行第一三字「點」，徑、清作「玷」。

一　五四五頁下六行第八字「種」，磧、普、南、徑、清作「積」。

一　五四五頁下一〇行首字「定」，磧、普、南、徑、清作「等」。

一　五四五頁下一五行「姚玩」，磧、普、南、徑、清作「歌詠」。又「諷讀」，磧、普、南、徑、清作「諷誦」。

一　五四五頁下一七行第四字「祕」，磧、南作「必」。

一　五四五頁下一九行首字「文」，磧、普、南、徑、清作「義」。

一　五四五頁下二一行第八字「恥」，磧、普、南、徑、清作「耶」。

一　五四六頁上五行首字「關」，磧、南作「開」。

一　五四六頁上七行「常蔽」、「蔷然」、「無慘」，磧、普、南、徑、清分別作「常閉」、「恒閉」、「無聊」。

一　五四六頁中二一行第八字「便」，磧、普、南、徑、清、麗作「使」。

一　五四六頁中末行第一二字「打」，南作「揖」；徑、清作「摵」。

一　五四六頁下八行第七字「向」，磧、普、南、徑、清無。

一　五四六頁下一二行第八字「乃」，磧、普、南、徑、清作「及」。

一　五四七頁上三行第五字「盡」，磧、普、南、徑、清、麗作「蓋」。又「四依」，至此，徑卷第三十一終，第三十二始。

一　五四七頁上四行「此有四部」，徑無。

一　五四七頁上五行至六行「述意部……業因部」，徑無。

一　五四七頁上八行「靡常」，磧、普、南、徑、清作「靡恒」。又「更互」，磧、普、南、徑、清作「更王」。

一　五四七頁上九行末字「人」，磧、普、南、徑、清作「食」。

一　五四七頁上一三行「富饒」下，磧、普、南、徑、清有「而富饒」三字。

一　五四七頁上一四行「慧施」，磧、普、南、徑、清、麗作「惠施」。

一　五四七頁上一七行「丈帛」，徑、清作「文帛」。

一　五四七頁上一九行「惡露」，磧、普、南、徑、清作「露雜」。

一　五四七頁上二〇行「懃作」，磧、普、南、徑、清作「奇苦」；麗作「懃怍」。

一　五四七頁中二行「芬馥」，磧、普、南、徑、清作「馚馥」。

一　五四七頁中三行「藍梅」，磧、普、南、徑、清、麗作「鹽梅」。

一　五四七頁中六行「困篤」，磧、普、南作「困茶」；徑、清作「困茶」。

一　五四七頁中一八行首字「常」，磧、普、南、徑、清作「恒」。本頁下二行第四字、次頁上一八行第七字同。

一　五四七頁下四行「少病」，磧、普、

南、徑、清作「素少病疾」；麗作「少有疾病」。

一 五四七頁下五行「奬劣」，磧作「弊茶」；普、南、徑、清作「弊茶」。

一 五四七頁下六行第七字「此」，磧、普、南、徑、清作「此等」。

一 五四七頁下一五行第四字「常」，磧、普、南、徑、清作「恒」。又第一一字「撿」，磧、普、南、徑、清作「檢斂」。

一 五四七頁下一六行第四字「緣」，磧、普、南、徑、清無。

一 五四八頁上一五行「危身」，磧、普、南、徑、清作「失身」。

一 五四八頁上一九行「溝塹」，磧、普、南、徑、清作「坑岸」。

一 五四八頁中一四行「本惡」，磧、普、南、徑、清作「大惡」。

一 五四八頁下一三行「廿難」，磧、普、南、徑、清、麗作「五難」。

一 五四八頁下一四行「制命」，磧、普、南、徑、清作「判命」。

一 五四八頁下一五行「是也」，磧、普、南、徑、清無。

一 五四八頁下二二行末字至末行第一〇字「八……難」，磧、普、南、徑、清、麗無。

一 五四九頁上四行第九字「正」，磧、普、南、徑、清、麗作「正使」。

一 五四九頁上七行末字「受」，磧、普、南、徑、清作「能受」。

一 五四九頁中六行「三時」，磧、普、南、徑、清作「三昧」。

一 五四九頁中八行第八字「書」，磧、普、南、徑、清作「書寫經卷」。

一 五四九頁中二一行第一二字「作」，磧、普、南、徑、清無。

一 五四九頁下七行首字「復」，磧、普、南、徑作「得」。

一 五四九頁下一〇行首字「長」，磧、普、南、徑、清作「得長」。

一 五四九頁下一一行第四字「見」，磧、普、南、徑、清作「是」。

一 五四九頁下一九行「死生」，磧、普、南、徑、清作「生死」。

一 五五〇頁上六行「四禪足」，麗作「四神足」。

一 五五〇頁上七行第五字「喜」，磧、普、南、徑、清作「善」。

一 五五〇頁中二行第八字「政」，磧、普、南、徑、清作「致」。

一 五五〇頁中三行第八字「揵」，磧、普、南、徑、清作「犍」。

一 五五〇頁中八行第三字「晴」，磧、普、南、徑、清作「時」。

一 五五〇頁中一二行第二字「家」，磧、普、南、徑、清無。

一 五五〇頁中一八行第九字「道」，磧、普、南、徑、清作「遁」。

一 五五〇頁中二一行第五字「至」，磧、普、南、徑、清作「至至」。

一 五五〇頁中末行第一二字「常」，磧、普、南、徑、清作「恒」。

一 五五〇頁下八行「敬文」，磧、普、南、徑、清、麗作「劉敬文」。

一 五五〇頁下一三行末字「有」，磧、

普、南、徑、清作「在」。
一五五〇頁下一七行「業行品」，磧、普、南、徑、清作「安行品」。
一五五〇頁下末行「此有八部」，磧、普、南、清作「此有九部」；徑作「之一」。
一五五一頁上一行至三行「述意部……利益部」，徑無。
一五五一頁上一行「儀式部」下，磧、普、南、清有「違法部」三字。
一五五一頁上六行「振將絶之綱」，磧、南、徑、清作「摒將絶之綱」；普作「摒將絶之綱」。又末字「與」，磧、普、南、徑、清作「與」。
一五五一頁上八行第七字「舊」，磧、普、南、徑、清作「奮」。
一五五一頁上一二行第九字「腑」，磧、普、南、徑、清作「俯」。
一五五一頁上一三行「六爻」，磧、普、南、徑、清作「六爻」。
一五五一頁中一〇行「如儀」，磧、普、南、徑、清作「威儀」。
一五五一頁中一八行第八字「說」，磧、普、南、徑、清作「說法」。
一五五一頁中二一行第七字「露」，磧、普、南、徑、清無。又第一三字「藥」，磧、普、南、徑、清無。
一五五一頁下一八行「按座」，磧、普、南、徑、清作「安座乃却坐」；麗作「按座乃却坐」。
一五五二頁上二行「設解」，磧、普、南、徑、清作「說解」。
一五五二頁中三行第一三字「人」，磧、普、南、徑、清、麗作「入」。
一五五二頁中四行第四字「焰」，磧、普、南、徑、清作「諂」。
一五五二頁下一六行末字「化」，磧、普、南、徑、清作「他」。
一五五二頁下末行第五字「復」，磧、普、南、徑、清無。
一五五三頁上一行「一堂」，磧、普、南、徑、清、麗作「二堂」。
一五五三頁上一〇行「法門」，麗作「沙門」。
一五五三頁上一三行「講聽者」，磧、普、南、徑、清無。
一五五三頁上一八行卷末經名前，磧、普、南、徑、清有違法部一篇，兹據磧砂藏本補録於卷後，並校以普、南、徑、清。
一五五三頁中一行「第四」，徑無。
一五五三頁中六行首字「念」，南、徑、清作「令」。
一五五三頁下一三行第六字「間」，普、南、徑、清作「闌」。
一五五三頁下一五行第一二字「學」，徑、清作「與」。

法苑珠林卷第二十四　困　三王紙舍

西明寺沙門釋道世撰

說聽篇第廿六之三

簡衆部第五

夫法師昇座先須禮敬三寶自淨其心觀時擇人具慈悲意救生利物然後爲說故報恩經云聽者坐說者立不應爲說若聽者求說者過不應爲說若聽者依人不依法依字不依義依不了義經不依了義經依識不依智並不應爲說何以故是人不能恭敬諸佛菩薩清淨法故若說尊重於法聽法之人亦生崇敬至心聽受不生輕慢是名清淨說故阿含經偈云

聽者端心如渴飲　一心入於語義中
聞法踊躍心悲喜　如是之人可爲說

又五分律云除其貪心不自輕心不輕大衆心慈心喜心利益心不動心立此等心乃至宣說一四句偈令前人如實解者長夜安樂利益無量

又涅槃經云若有受持讀誦書寫宣說非時非國不請而說輕心輕他自

歎隨處而說反滅佛法乃至令無量人死墮地獄則是衆生惡知識也

又十誦律云有五種人問法皆不應爲說一試問二無疑問三不爲悔所犯故問四不受語故問五詰難故問並不得答若前人實有好心不具前意爲欲生善滅惡者法師隨機方便好心爲說若自解未明或於法有疑者則不得爲說恐令前人有錯傳之失彼此得罪

又百喻經及毗曇論問答有四一有決定答譬如人問一切有生皆死此是決定答二問死者必有生是應分別答愛盡者無生有愛者必有生是名分別答三有問人爲最勝不此應反問言汝問三惡道爲問諸天若問三惡道人實爲最勝若問於諸天人必爲不如如是等義名反問答四若問十四難若問世界及衆生有邊無邊有始終無始終如是等義名置答論問若論諸外道愚癡自以爲智不閑四論唯作一分別論

又優婆塞戒經云佛言如法住者能

自他利不如法住者則不得名自他利如法住者有八智何等爲八一法智二義智三時智四知足智五自他智六衆智七根智八上下智是人具足如是八智凡有所說具十六事一時說二至心說三次第說四和合說五隨義說六喜樂說七隨意說八不輕衆說九不訶衆說十如法說十一自他利說十二不散亂說十三合義說十四真正說十五說已不生憍慢十六說已不求來世報如是之人能從他聽從他聽時具十六事一時聽二樂聽三至心聽四恭敬聽五不求過聽六不爲論議聽七不爲勝聽八聽時不輕說者九聽時不輕於法十聽時終不自輕十一聽時遠離五蓋十二聽時爲受持讀誦十三聽時爲除五欲十四聽時爲具信心十五聽時爲調衆生十六聽時爲斷聞根善男子具八智者能說能聽如是之人能自他利不具足者則不得名自利利他

復次能說法者復有二種一者清淨二者不清淨不清淨者復有五事一

爲利故說二爲報而說三爲勝他說四爲十報說五疑說

清淨說者復有五事一先施食然後說二爲增長三寶故說三斷自他煩惱故說四爲分別邪正故說五爲聽者得最勝故說善男子不淨說法者名曰垢穢名爲賣法亦名汙辱亦名錯說亦名失意 清淨說者翻前即是

又法句喻經云於是世尊即說偈言

雖誦千章　句義不正　不如一要　聞可滅意
雖誦千言　不義何益　不如一義　聞行可度
雖多誦經　不解何益　解一法句　行可得道

又大法炬陁羅尼經云若受法人欲行呪法令不斷者彼諸法師欲說法時歛容端坐先誦呪曰

怛經他　陁迦那　阿迦男迦那　迦那　迦那那迦　迦迦那迦　阿迦迦那迦　迦那迦那　迦那阿迦那　迦迦那　婆鼻殺帝夜他婆鼻殺　夜他伽伽耶　多他婆鼻殺帝　多他摩迦舍　那迦舍　迦迦舍

法師尒時眷屬圍遶即得成此加護方便令彼法師心不動亂說法不斷滅除欲執令諸羅剎女等所有聽衆不爲留難法師所須不爲障礙

漸頓部第六

如百喻經云昔有一聚落去王城五由旬村中有好美水王勅村人常使民日日送其美水村人疲苦悉欲移避遠此村去時彼村主語諸人言汝等莫去我當爲汝白王改五由旬作三由旬使汝得近往來不疲即往白王王爲改之作三由旬衆人聞已便大歡喜有人語言此故是本五由旬更無有異雖聞此言信王語故終不肯捨世間之人亦復如是修行正法度於五道向涅槃城心生疲倦便欲捨離頓駕生死不能復進如來法王有大方便於一乘法分別說三小乘之人聞之歡喜以爲易行修善進德求度生死後聞人說無有三乘故是一乘以信佛語終不肯捨如彼村人亦復如是

又華嚴經云佛子譬如日出光照一切大山王次照一切大山次照金剛寶山然後普照一切大地日光不作是念我應先照諸大山王次第乃至普照大地但彼山地有高下故照有先後如來應供等正覺亦復如是成就無量無邊法界智慧日輪常放無量無礙智慧光明光照菩薩等諸大山王次照緣覺次照聲聞次照決定善根衆生隨應受化然後悉照一切衆生乃至邪定爲作未來饒益因緣如來智慧日光不作是念我當先照菩薩乃至邪定但放大智日光普照一切佛子譬如日月出現世間乃至深山幽谷無不普照如來智慧日月亦復如是普照一切無不明了但衆生悕望善根不同故如來智光種種差別

法施部第七

如十住毗婆沙論云若菩薩欲以法施衆生者應如決定王大乘經中稱法師功德及說法義戒隨順修學謂說法者應行四法何等爲四一者廣博多學能持一切言辭章句二者決定善知世間出世間諸法生滅相三者得禪定慧於諸經法隨順無諍四

者不增不損如所說行
又正法念經云若有衆生正行善業為邪見人說一偈法令淨信佛命終生應聲天受種種樂從天還退隨業流轉若為財物故與人說法不以悲心利益衆生而取財物或用飲酒或與女人共飲共食如伎兒法自賣求財如是法施其果甚少生於天上作智慧鳥能說偈頌是則名曰下品法施也云何名為中品法施耶為名聞故為勝他故為勝餘大法師故為人說法或以妒心為人說法如是法施得報亦少生於天中受中果報或生人中是則名曰中品法施也云何名為上品法施耶以清淨心為欲增長衆生智慧而為說法不為財利為令邪見衆生等住於正法如是法施自利利人無上最勝乃至涅槃其福不盡是則名曰上品法施也
又迦葉經云介時世尊而說偈曰
三千大千界　珍寶滿其中　以此用布施
所得功德少　若說一偈法　功德為甚多
三界諸樂具　盡持施一人　不如一偈施

功德為最勝　此功德勝彼　能離諸苦惱
若河沙世界　珍寶滿其中　以施諸如來
不如一法施　施寶福雖多
不及一法施　一偈福尚勝
況多難思議
又十住毗婆沙論云在家之人當行財施出家之人當行法施何以故在家法施不及出家人以聽受法者於在家人信心淺薄故又在家之人多有財物出家之人於諸經法讀誦通達為人解說在衆無畏非在家者之所能及又使聽者起恭敬心不及出家又欲說法降伏人心不及出家中偈說曰
先自修行法　然後教餘人
乃可作是言　汝隨我所行
身自行不善　安能令彼善
自不得寂滅　何能令人寂
又出家之人若行財施則妨餘善遠離阿練若處必至聚落與白衣從事多有言說發起三毒於六度等心薄乃至貪著五欲捨戒還俗故名為死或能反戒易起重罪是名死等諸煩

惱苦患以是因緣故於出家者稱歎法施於在家者稱歎財施
又金光明經云說法者有五種事一者法施彼我兼利財施不介二者法施能令衆生出於三界財施者不出欲界三者法施利益法身財施之者長養色身四者法施增長無窮財施必有竭盡五者法施能斷無明財施只有伏貪心故知財施不及法也就法施中自有階漸若有所解不用他知恐他勝己祕而有說則自未來常不聞法
又智度論云若悋惜法則常生邊地無佛法處由悋法故障他慧明此則不如賣法他人反勝過此
又成實論云若人但能為他說法是名利他是人雖不自隨法行為他說故自亦得利於此惠施門略有三品下法施者說布施法不說智慧中法施者說於持戒上法施者說於智慧以說智慧教人觀理得斷惑智二障出離生死遠成菩提涅槃樂果乃至但能唯說小乘教化一人令觀生空信

解依行雖未得道亦勝教化一閻浮中所有衆生令行十善以信解人解修聖道則有出因要得涅槃

又諸法勇王經云閻浮提中所有水陸空行衆生盡得人身若有一人教是諸人令其安住五戒十善所得功德不如有人教誨一人令得信行

又十住毗婆沙論云有四法能退失智慧菩薩所應遠離何等爲四一不敬法及說法者二於要法祕悋惜三樂法者爲作障礙壞其聽心四壞憍慢自高卑人復有四法得其智慧應常修習何等爲四一恭敬法及說法者二如所聞法及所讀誦爲他人說其心清淨不求利養三知從多聞得智慧故勤求不息如救頭然四如所聞法受持不忘貴如說行不貴言說

報恩部第八

如善恭敬經云佛告阿難若有從他聞一四句偈或抄或寫書之竹帛所有名字於若干劫取彼和尚阿闍梨等荷擔肩上或時背負或以頂戴常

負行者復將一切音樂之具供養是師作如是事尚自不能具報師恩若當來世於師和尚所起不敬心常說於過我說愚癡極受多苦於當來世必墮惡道是故阿難我敎汝等常行恭敬尊重之心當得如是勝上之法所謂愛重三寶甚深之法

又梵網經云若佛子見大乘法師同見同行來入僧坊舍宅城邑若百里千里來者即迎來送去禮拜供養日日三時供養日食三兩金百味飲食牀座供養法師一切所須盡給與之常請法師三時說法日日三時禮拜不生瞋心患惱之心爲法滅身請法若不介者犯輕垢罪

又優婆塞戒經云若優婆塞受持六重戒已四十里中有講法處不能往聽得失意罪

又大方等陁羅尼經云佛告阿難若有父母妻子不放此人至於道場者此人應向父母等前燒種種香長跪合掌應作是言我今欲至道場哀愍聽許亦應種種諫曉隨宜說法亦應

三請若不聽者此人應於舍宅默自思惟誦持經典

又正法念經云若人供養說法法師當知是人即爲供養現在世尊其人如是隨所供養所發願成就乃至得阿耨菩提以能供養說法師故何以故以聞法故心得調伏以調伏故能斷無知流轉之闇若離聞法無有一法能調伏心

又勝思惟經云不起罪業不起福業不起無動業者是名供養佛

又華手經云若以華香衣食湯藥等供養諸佛不名爲眞供養如來坐道場所得微妙法隨能修學者是名眞供養故說偈云

若以華塗香　衣食及湯藥
以此供諸佛　不名爲眞供
如來坐道場　所得微妙法
若人能修學　是眞供養佛

又十住婆沙論云佛告阿難天雨香華不名供養恭敬如來若比丘比丘尼優婆塞優婆夷一心不放逸親近修集聖法是名眞供養佛

又寶雲經云不以財施供養於佛何以故如來法身不待財施唯以法施供養於佛為具佛道以法供養為最第一

又善恭敬經云佛言若有比丘雖復有夏不能閑解如是法句彼亦應當從他依止所以者何自尚不解況欲與他作依止師假令耆舊百夏比丘而不能解沙門祕密之事不解法律等亦應說依止若有比丘從他受法於彼師邊應起尊貴敬重之心欲受法時當在師前不得輕笑不得露齒不得交足不得視足不得動足不得蹲脚師不發問不得輒言凡有所使勿得違命勿視師面離師三肘令坐即坐勿得違教於彼師所應起慈心若有所疑先應諮白若見師許然後請決當知一日三時應參進止若三時間不參進止是師應當如法治之若參師不見應持土塊或木或草以為記驗若當見師在房室內是時學者應起至心繞房三匝向師頂禮尒乃方還若不見師眾務皆止不得為也除大小便又復弟子於其師所不得麁言師所呵責不應反報師坐卧牀應先敷拭令無塵汙蟲蟻之屬若師坐卧乃至師起應修誦業時彼學者至日東方便到師所善知時已數往師邊諮問所須我作何事又復弟子在於師前不得洟唾若行寺內恭敬師故勿以袈裟覆於肩髆不得籠頭天時若熱日別三時以扇扇師三度授水授令洗浴又復三時應獻冷飲師師所營事應盡身力而營助之佛告阿難若將來世有諸比丘或於師所不起恭敬說於師僧長短之者彼人則非是須陁洹亦非凡夫彼愚癡人應如是治師實有過尚不得說況當無也若有比丘於其師邊不恭敬者我說別有一小地獄名為摩撲當墮是中墮彼處已一身四頭身體俱然狀如火聚出大猛焰熾然不息然已復然於彼獄處復有諸蟲名曰鉤觜彼諸毒蟲常噉舌根時彼癡人從彼捨身生畜生中皆由往昔罵辱於師舌根過故常食屎尿揩彼身已雖生人間常生邊地具足惡法雖得人身皮不似人不能具足人之形色常被極賤誹謗毀辱離佛世尊常無智慧從彼死已還墮地獄更得無量無邊苦患之法

利益部第九

如正法念經云說法有十功德多所利益何等為十一時處具足二分別易解三與法相應四非為利養五為調伏心六隨順說法七說施有報八說生死法多諸障礙九說天退歿十說有業果若說法人有此十法令聞法者得多功德利益安樂乃至涅槃若聞法功德成就深心信根清淨一向淨心信於三寶諮聽法處為聞正法隨舉一足皆生梵福又大菩薩藏經云於諸菩薩起深愛樂猶如大師於正法所起愛樂心如自己身於如來所起愛樂心如自己命於尊重師起愛樂心猶如父母於諸眾生起愛樂心視如一子於阿遮利耶受教師所起愛樂心敬如眼目於諸正行起愛樂心猶如耳目身首於波羅蜜起

愛敬心猶如手足於說法師起愛樂
心如衆重寶所求正法起愛樂心猶
如良藥於能舉罪及憶念者起愛樂
心猶如良醫
又僧伽吒經云尒時一切勇菩薩白
佛言世尊若有衆生聞此法者壽命
幾劫佛言壽命滿八十劫一切勇白
佛言劫以何量佛言譬如大城縱廣
十二由旬高三由旬盛滿胡麻有長
壽人過百歲已取一而去如是城中
胡麻悉盡劫猶不盡又如大山縱廣
二十五由旬高十二由旬有長壽人
過一百歲以輕繒帛一往拂之如是
山盡劫猶不盡是名劫量時一切勇
菩薩白佛言世尊一發菩願尚得如
是福德之聚壽命八十劫何況於佛
法中廣脩諸行
又涅槃經云若離四法得涅槃者無
有是處何等為四一親近善友二專
心聽法三繫念思惟四如法修行以
是義故聽法因緣則得近於大般涅
槃何以故聞法眼故世有三人一者無
目（譬凡夫人）二者一目（譬聲聞人）三者二目（譬菩薩）

言無目者常不聞法一目之人雖暫
聞法其心不住二目之人專心聽受
如聞而行以聽法故得知世間如是
三人
又法句喻經云昔佛在舍衛國給孤
精舍為諸天人民說法時波斯匿王
有一寡女名曰金剛父母哀愍別為
作好舍宅給五百妓女以娛樂之衆
共有一長老青衣名曰度勝常行市內
買脂粉香華時見男女無數大衆各
賫香華出城詣佛即問行人欲何所
至衆人荅言佛出於世三界之尊度
脫衆生皆得泥洹度勝聞之心悅意
喜即自念言今老見佛宿世之福便
分香直持買好華隨衆人輩往到佛所
作禮却立散華燒香一心聽法已過
市取香因聽法功宿行所追香氣熏
聞斤兩倍前嫌其遲晚而共詰之度
勝奉道即如事言世有聖師三界之
尊擊無上法鼓震動三千往聽法者
無央數人竇隨聽法是以稽遲金剛之
徒聞說世尊法義殊妙非世所聞悚然
心歡而自歎曰吾等何罪獨隔不聞即

報度勝試為我說之度勝白曰身賤
口穢不敢便宜說法之儀先施高座
度勝受勑具宣聖旨五百侍女皆大
歡喜各脫衣服一領積為高座度勝
洗浴承佛威神如應說法金剛之等
五百侍女疑結破惡得須陁洹道說
法甚美不覺失火一時燒死即生天
上王將人從來欲救火見之已然收
拾棺斂葬送畢已往過佛所為佛作
禮叉手言曰金剛不幸不覺失火大小
燒盡適棺斂訖不審何罪遇此火害
唯願世尊彰告未聞佛告大王過去
世時有城名波羅柰有長者婦將釆
女五百人至城外大祠祀其法難急他
性之人不得到邊無問親疎其有來
者擲著火中時世有辟支佛名曰迦
羅處在山中晨來分衞暮輒還山迦
羅分衞來趣郊祠長者婦見之忿然
瞋恚共捉迦羅撲著火中舉身燋爛
便現神足飛升虛空衆女驚怖泣淚
悔過長跪舉頭而自陳曰女人愚戇
不識至眞群迷長慢毀辱神靈自惟
過釁罪惡如山願降尊德以消重殃

尋聲即下而般泥洹諸女起塔供養舍利佛為大王而說偈言

愚癡作惡　不能自解　殃追自焚　罪成熾然　愚不望處　不謂適苦　臨憤厄地　乃知不善

佛告大王尒時長者婦者今王女金剛是五百侍女者今度勝等五百妓女是罪福追人久無不彰善惡隨人如影隨形說是法時諸來大小即得道迹

又阿育王經云昔阿恕伽王使道人說法時以步障遮諸婦女使其聽法尒時法師為諸婦女說法常說施論戒論生天之論有一婦女分犯王法發慕向法師前問法師言如來大覺於菩提樹下覺諸法時覺悟施戒耶更悟餘法耶法師答言佛覺一切有漏法皆苦猶若融鐵此苦因從習而生猶如毒樹修八正道以滅苦習是女人得聞此語獲得須陁洹道以刃繫頸往到王所而白王言我今日犯王重法願王以法治我王問言汝犯何事答言我破王禁制至道人所譬如渴牛不避於死我實渴於佛法是以默突聽法王問言汝聽法時頗有所得不答言得法見四眞諦解陰入界及以諸大皆知無我遂得法眼王聞是語踊躍歡喜即為作禮便唱令言自今已後不聽作障隔樂聽法者聽直至法師所對面聽法歎言奇哉我宮內乃出人寶以是因緣當知聽法有大利益

又雜寶藏經云尒時般遮羅國以五百白鴈獻波斯匿王王令送著祇桓精舍衆僧食時人人乞食鴈見僧衆來在前立佛以一音說法衆生各得類解當時群鴈亦解僧語聞法歡喜鳴聲相和還於池水後毛羽轉長飛至餘處獵師以網都覆殺之一鴈作聲諸鴈皆和謂聽法

忉利天生天之法法有三念一念本所從來二念定生何處三念先作何業得來生天便自思惟自見宿因更無餘善唯佛僧邊聽法作是念已五百天子即時來下在如來邊佛為說法悉得須陁洹波斯匿王遇到佛所常見五百鴈羅列佛前是日不見便問佛言此中諸鴈向何處去佛言欲見諸鴈者先鴈飛去他處為獵師所殺命終生天今此五百諸天子等著好天冠端正殊特者是今日聽法皆得須陁洹王問佛言此諸群鴈以何業緣墮於畜生命終生天今日得道佛言昔迦葉佛時五百女人盡共受戒用心不堅毀所受戒犯戒因緣墮畜生中作此鴈身以受戒故得值如來聞法獲道以鴈身中聽法因緣生於天上

又舊雜譬喻經云昔有沙門晝夜誦經有狗伏牀下一心聽經不復念食如是積年命盡得人形生舍衛國中作女人長大見沙門分衛便走自持飯與沙門歡喜後作比丘尼得應眞道

頌曰

王猷外瑩　神道內綏　皇覺正法

斯極宗師　敬承玄教　崇德振輝

師弟說授　芳葉秀滋　四諦感悟

三達熙怡　啓境金牒　開訓神機

空有齊軌　玄門洞微　遣于無遺

至道非彊

感應緣（略引九驗）

宋沙門竺道生　宋居士費崇先
魏沙門天竺勒那　齊沙門釋僧範
隋沙門釋曇延　隋沙門釋慧遠
隋沙門釋法彦　唐沙門釋道宗
唐沙門釋道慧

宋長安龍光寺有竺道生本姓魏鉅鹿人也少小出家聰銳神異年在志學便登法座吐納宮商道俗高伏年至具戒器鑒日深性度機警神氣清穆初入廬山幽栖七年以求其志常以入道之要慧解爲本故鑽仰群經斟酌雜論万里隨法不憚疲苦後與慧叡慧嚴同游長安從什公受業關中僧衆咸謂神悟後還都止青園寺宋太祖文皇帝深加歎重後太祖設會帝親同衆御于地筵下食良久衆咸疑日晚帝曰始可中耳生曰白日麗天天言始中何得非中遂取鉢食於是一衆從之莫不歎其樞機得衷後校閱真俗研思因果乃立善不受報頓悟成佛又著二諦論佛性當有

論法身無色論佛無淨土論應有緣論等籠罩舊說妙有淵旨而守文之徒多生嫌嫉與奪之聲紛然競起又六卷泥洹先至京都生剖析經理洞入幽微乃說一闡提人皆得成佛于時大本未傳孤明先發獨見忤衆於是舊學以爲邪說機憤滋甚遂顯大衆擯而遣之生於大衆中正容誓曰若我所說反於經義者請於現身即表癘疾若與實相不相違背者願捨壽之時據師子座言竟拂衣而遊初投吴之虎丘山旬日之中學徒數百其年夏雷震青園佛殿龍升于天光影西壁因改寺名曰龍光時人歎曰龍既已去生必行矣俄而投迹廬山銷影巖岫山中僧衆咸共敬服後涅槃大本至于南京果稱闡提悉有佛性與前所說合若符契生既獲斯經尋即講說以宋元嘉十一年冬十一月庚子於廬山精舍升于法座神色開明德音濬發論義數番窮理盡妙觀聽之衆莫不悟悅法席將畢忽見麈尾紛然而墜端坐正容隱几而卒顏

色不異似若入定道俗嗟駭遠近悲泣於是京邑諸僧內慚自疾追而信服其神鑒之至徵瑞如此乃葬廬山之阜初叡公及嚴觀同學齊名故時人評曰生叡發天真嚴觀窪流得慧義彭亨進冤淵于默塞生及叡公獨標天真之目故以秀出群士矣初關中僧肇始注維摩世咸翫味生乃更發深旨顯暢新異及諸經義疏世皆寶焉王微以生比郭林宗乃爲之立傳旌其遺德時人以生推闡提得佛此語有據頓悟不受報等時亦憲章宋太祖嘗述生頓悟義有沙門僧弼等皆設巨難帝曰若使逝者可興豈爲諸君所屈龍光寺又有沙門寶林初經長安受學後祖述生公諸義時人號曰遊玄生著涅槃記及注異宗論擬魔文等林弟子法寶亦學兼內外著金剛後心論等亦祖述生義焉近代又有釋慧生者亦止龍光寺蔬食善衆經兼攻草隸時人以同寺相繼號曰大小二生（右此一驗出梁高僧傳）

宋費崇先者吴興人也少頗信法至

三十餘精勤彌篤至泰始三年受菩薩
戒寄齋於謝慧遠家二十四日晝夜
不懈每聽經常爲鵠尾香鑪置膝前
初齋三夕見一人容服不凡徑來舉
鑪將去崇先視膝前鑪猶在其處
更詳視此人見提去甚分明崇先方
悟是神異自惟衣裳新濯了無不淨
唯坐側有唾壺既使去壺即復見此
人還鑪坐前未至席須猶見兩鑪既
至即合爲一然則此神人所提者蓋
鑪影乎崇先又嘗聞人說福遠寺
有僧欲尼精勤得道欣然願見未及
得往屬意甚至嘗齋於他家夜三更
中忽見一尼容儀儼若著緒布袈裟正
立齋席之前食須而滅及崇先後覩
此尼色貌被服即隱前所覩者也右此
驗出冥祥記
元魏時有中天竺沙門勒那魏云寶
意是西國人不知氏族徧通三藏妙
入惣持以魏永平之初來游東夏宣
武皇帝每請講華嚴經披閱精勤毋
廢一日正處高座忽有一人持笏執名
者形如大官云奉天帝命來請法師

講華嚴經意曰今此法席尚未停止
待訖經文當來從命雖然法事所資
獨不能建都講香火維那梵唄咸皆
須之可請令定使者如所請見講諸
僧既而法事將了又見前使云奉天
帝命故來下迎意乃含笑熙怡告衆
辭訣奄然卒於法座都講四人亦同
時殞魏境道俗聞見斯異無不嗟嘆
齊鄴東大覺寺沙門僧範姓李平鄉
人也善解群書時𢀖府庫晚年出家
經論請妄言行相輔祥徵屢降嘗有
膠州刺史杜弼於鄴顯義寺請範冬
講至華嚴六地忽有一鴈飛下從浮
圖東順行入堂正對高座伏地聽法
講散徐出還順塔西尒乃翔逝又於
此寺夏講雀來在座西南伏聽終於
九旬又曾處濟州亦有一梟飛來入聽
講訖便去又有一僧懷忿加毀罵云
伽什汝何所知當夜有神打而幾死
自非道洽冥符能感應如是以天保
六年三月二日卒於大覺寺年八十
矣
隋京師延興寺釋曇延姓王蒲州萬

泉人也世家豪族官歷齊周而姓協
書籍鄉邦稱叙探賾玄旨洞曉無差
欲著涅槃大疏恐滯凡情每祈誠寤
寐願得嘉徵乃於夜夢有人被白服
乘於白馬騣尾拂地而道授經旨延
手執馬騣與之請論寤後惟曰此必
馬鳴菩薩授我義端執騣知其宗旨
抵事可觀耳雖感此瑞猶恐不合理
更持經疏於陳州治仁壽寺舍利塔
前燒香誓曰延以凡度仰測聖心銓
釋已了具如別卷若幽致微達願示
明靈如無所感誓不傳授言訖涅槃
卷軸並放光明通夜呈祥道俗稱慶
塔中舍利又放光明三日三夜暉光
不絶上燭天漢下照山河合境望光
皆來謁拜既感徵祥衆伏傳受君臣
重德罕有斯人以隋開皇八年八月
十三日終於延興寺春秋七十有三
隋京師淨影寺釋慧遠姓李燉煌人
後居上黨之高都爲三藏備通九流
洞曉天縱疏朗儀止沖和講導爲叢
天下同歸昔在清化先養一鵝聽講
爲務開皇七年勑召入京鵝在本寺

栖宿廊廡晝夜鳴呼衆共愍之附使
達京至淨影寺大門放之鳴叫騰躍
注入遠房依前馴聽不避寒暑但聞
法集鐘聲不問旦夕皆入講堂靜聲
伏聽僧徒梵散出堂翔鳴若值白黑
布薩鳴鍾終不入聽時共異之若遠
常途講解依法潛聽中間及餘語便
鳴翔而出信知道籍人知靈鳥嘉應
不可非其身未證法輒升法座定墮
地獄此亦別時之意不得雷同揔發
也以開皇年中卒於淨影寺
隋西京眞寂道場釋法彥姓張寓居
治州志隆大法而聰明振響冠遠儕
倫雖三藏並通偏以大論馳美游涉
法會莫敢抗言開皇十六年下勑以
彥爲大論衆主住眞寂寺鎭長引化
仁壽造塔復召送舍利于汝州四年
又勑送舍利沂州善應寺掘其深丈
餘乃得金沙濤汰成純凡有二升光
曜奪日又感黃牛自至塔前屈膝前
足兩拜而止迴身又禮文帝比景像
一拜及入石函于時三萬許人並見
天雲五色長十餘丈闊三四丈四繞

白雲狀如羅綺正當基上空中自午
至未方乃歇滅後降五色雲從四方
來狀同前瑞又感玄鶴五頭從西北
來迴旋塔上乃經四度去復還來復
感白鶴於上褰回久之乃逝又感五
色蛇盤屈函外可三尺頭向舍利驚
終不怖如此數度刺史鄭善果以表
奏聞曰
臣聞敬天育物則乾象著其能順地
養民則坤元表其德是以陶唐感躬
弗懈伏氣呈祥夏后水土成功玄珪
告錫方知天時人事影響若神伏惟
陛下秉圖揖讓受命君臨區宇無塵
聲教盡一含弘光大慈愍無邊天佛
垂鑒降茲榮瑞塔基六處並得異砂
炫曜相暉俱同金寶牛爲禮拜太古
未經雲騰五色於今方見又感蛇形
雜采盤旋塔基鶴飈玄素褰回空際
雖軒皇景瑞空傳舊章漢帝慶徵徒
書簡策自非德隆三寶道冠百王豈
能感斯美慶致招靈異帝乃大悅著
于別記以大業三年卒于所住春秋
六十矣

唐西京勝光寺釋道宗俗姓孫氏萊
州即墨人也三藏通明大論尤精每
講大論天雨衆華旋繞講堂飛流戶
內既不委地久之還去合衆驚嗟希
覩斯瑞武德六年卒于所住春秋七
十有一
唐蒲州仁壽寺釋道慧俗姓張氏河
東虞鄉人也神氣高邈器度虛簡善
通機會鑒達治方雖通群典偏以涅
槃攝論爲栖神之宅也至貞觀二年
冬月有請講涅槃預知將終苦不受請
前人不測鄭重延之不免來意赴請
登座發題告諸四衆悲歎而言自惟
去聖遙遠微言隱絶庸愚所傳不足
師範但以信心歸向自當識悟今席講
說止於云何偈後但世界法尒不久當
終時日既促願各用心遂文依叙恰
至偈初即覺失念無疾而終春秋七
十有五即以其年十二月送往玉城子
午谷中南山之陰闔境同號若喪考妣
當夜降雪周三四里乃埽路通行陳
屍山嶺經夕忽有異華繞屍周匝備
地涌出可五百枝長二尺許上發鮮

榮似款冬華而形相全異大衆驚慟悲慶諠山乃折入城示諸耆宿乃內水瓶至來年五月猶不萎瘁自非宿祐所資豈感冥祥嘉應也晉州有人性愛畋獵初不奉信有傳慧感乃造山見唯覩空處自悔哀哭曰生不蒙開信死不逢瑞獨何無感必有神道願示徵祥言訖地涌奇華還長二尺欣慰嘉應發心永固 右此八驗出唐高僧傳

法苑珠林卷第二十四

甲辰歲高麗國分司大藏都監奉

勅彫造

法苑珠林卷第二十四

校勘記

一 底本，麗藏本。

一 五五八頁上一行經名，磧、普、南、徑、清作「法苑珠林卷第二十四說聽之二」；徑無(未換卷)。

一 五五八頁上二行撰者，磧、普作「大唐上都西明寺沙門釋道世撰」；南作「唐上都西明寺沙門釋道世撰」；清作「唐西明寺沙門釋道世撰」；徑無(未換卷)。

一 五五八頁上三行「說聽篇第十六之二」，磧、普、南、徑、清無。

一 五五八頁上四行「第五」，徑無。以下部目下序數例同。

一 五五八頁中五行「詰難」，磧、普、南、徑、清作「語難」。

一 五五八頁中二一行「不聞」，磧、南作「不問」。

一 五五八頁下一行第一三至一五字「自他利」，磧、普、南、徑、清作「自利利他」。

一 五五九頁上四行首字「說」，磧、普、南、徑、清作「爲說」。

一 五五九頁中三行「障礙」，至此，徑卷第三十二終，卷第三十三始，並有「說聽篇第十六之餘」一行。

一 五五九頁中七行首字「民」，磧、普、南、徑、清無。

一 五五九頁中一三行「此言」，磧、南作「此語」。

一 五五九頁中二二行「光照」，磧、普、南、徑、清作「先照」。本頁下六行同。

一 五五九頁下一九行第九字「戒」，磧、普、南、徑、清作「戒律」。

一 五六〇頁上七行「自實」，磧、普、南、徑、清作「自責」。

一 五六〇頁上二一行「大千界」，徑、清作「大世界」。

一 五六〇頁中二行「河沙」，磧、普、南、徑、清作「恒沙」。

一 五六〇頁中八行第一一字「受」，

磧、普、南、徑、清無。

一　五六〇頁中一三行末字「中」，磧、普、南、徑、清作「如」。

一　五六〇頁下九行第二字「有」，磧、普、南、徑、清無。

一　五六〇頁下一一行「有說」，磧、普、南、徑、清作「不說」。

一　五六〇頁下一八行第八字「恚」，磧、普、南、徑、清無。

一　五六一頁上一五行第一二字「知」，磧、普、南、徑、清作「如」。

一　五六一頁中三行第一三字「常」，磧、普、南、徑、清作「恒」。次頁中末行第七字、次頁下三行第一三字同。

一　五六一頁下五行第八字「發」，磧、普、南、徑、清無。

一　五六一頁下六行第一〇字「法」，磧、普、南、徑、清作「法法」。

一　五六一頁下一七行「供諸佛」，磧、普、南、徑、清作「諸供養」。

一　五六二頁上二行「不待」，磧、普、南、徑、清作「不得」。

一　五六二頁中一一行第四字「師」，磧、普、南、徑、清無。又第一一字「力」，磧、普、南、徑、清無。

一　五六二頁下三行「極賤」，磧、普、南、徑、清作「輕賤」。

一　五六三頁上八行第一〇字「如」，磧、普、南、徑、清無。

一　五六三頁中一行「一且」，磧、普、南、徑、清作「一目」。

一　五六三頁中九行第一二字「常」，磧、普、南、徑、清作「恒」，次頁上一三行第一一字同。又末字「内」，磧、普、南、徑、清無。

一　五六三頁中一一行「詣佛」，普、南作「盡詣佛所」。

一　五六三頁中末行「不間」，磧、普、南、徑、清作「不聞」。

一　五六三頁下二〇行首字「便」，磧、普、南、徑、清作「更」。

一　五六三頁下二一行「愚戇」，磧、普、南、徑、清作「愚憃」。次頁上三行同。

一　五六四頁上八行「不彰」，磧、普、南、徑、清作「不鄣」。

一　五六四頁上二一行第六字「而」，磧、普、南、徑、清無。

一　五六四頁中一二行末字「衆」，磧、普、南、徑、清作「聚」。

一　五六四頁中一七行末字「法」下，磧、普、南、徑、清有「時聲乘是善心生」七字。

一　五六四頁下六行第一〇字「諸」，磧、普、南、徑、清無。

一　五六四頁下一七行「得應」，磧、普、南、徑、清作「應得」。

一　五六四頁下二一行第四字「授」，徑、清作「受」。又「芳葉」，磧、普、南、徑、清作「芳業」。

一　五六四頁下末行第四字「軼」，磧、普、南、徑、清作「較」。

一　五六五頁上七行「道慧」，磧、普、南、徑、清作「道愻」。

一　五六五頁上二二行第一二字「善」，

磧、南、徑、清作「善惡」。

一 五六五頁中二行第一三字「文」，磧、南、徑、清作「久」。

一 五六五頁中五行「一闡提人」，磧、普、南、徑、清作「阿闡提人」。

一 五六五頁中七行「機憤」，磧、普、南、徑、清作「譏憤」。

一 五六五頁中九行「謂於現身」，磧、南、徑、清作「請現於身」；普作「請於現身」。

一 五六五頁中一〇行「癩疾」，磧、普、南、徑、清作「厲疾」。

一 五六五頁中二一行「濬發」，磧、普、南、徑、清作「俊發」。

一 五六五頁下三行第一一字「乃」，磧、普、南、徑、清作「仍」。

一 五六五頁下四行「敎公」，磧、普、南、徑、清作「生與敎公」。

一 五六五頁下五行「霔流」，磧、普、南、徑、清作「窪流」。

一 五六五頁下六行第七字「手」，磧、普、南、徑、清作「千」。

一 五六五頁下二一行第五字「攻」，磧、普、南、徑、清、清作「工」。

一 五六六頁上一行第三字「餘」，磧、普、南、徑、清作「際」。又第七字「篤」，磧、普、南、徑、清無。

一 五六六頁上三行「常爲」，磧、普、南、徑、清作「常以」。

一 五六六頁上四行「徑來」，磧作「遥來」。

一 五六六頁上一〇行首字「至」，磧、普、南、徑、清無。

一 五六六頁上一四行「儼若」，磧、普、南、徑、清作「端儼」。

一 五六六頁上一五行末字「觀」，磧、普、南、徑、清作「覲」。

一 五六六頁上一七行首字「驗」，磧、普、南、徑、清作「一驗」。

一 五六六頁上二一行「精勤」，磧、普、南、徑、清作「精義」。

一 五六六頁中七行「都講」，磧、普、南、徑、清作「都講等」。

一 五六六頁中一七行「一梟」，磧、普、南、徑、清作「一鴟梟」。

一 五六六頁中一九行「伽升」，磧、普、南、徑、清作「伽叔」。

一 五六六頁中二〇行第七字「能」，磧、普、南、徑、清作「何能」。

一 五六六頁中末行末字「萬」，磧、普、南、徑、清作「業」。

一 五六六頁下一行第一三字「姓」，磧、普、南、徑、清作「性」。

一 五六六頁下二行第八字「鰿」，磧、普、南、徑、清作「悟」。

一 五六六頁下一五行「上燭」，磧、普、南、徑、清作「上屬」。

一 五六六頁下一七行「重德」，磧、普、南、徑、清作「重望」。

一 五六七頁上三行首字「注」，磧、普、南、徑、清作「徑」。

一 五六七頁上一〇行末字「廢」，磧、普、南、徑、清作「撥」。

一 五六七頁上一三行「治州」，磧、普、南、徑、清作「洺州」。又末字「儕」，磧、普、南、徑、清作「齊」。

一　五六七頁上一八行第一二字「其」，磧、普、南、徑、清作「基」。

一　五六七頁中二行第六字「滅」，磧、普、南、徑、清作「減滅」。

一　五六七頁中二〇行第七字「隆」，磧、普、南、徑、清作「降」。

一　五六七頁下三行「旋繞」，磧、普、南、徑、清作「遶旋」。

一　五六七頁下五行末字「七」，磧、普、南、徑、清作「六」。

一　五六七頁下七行「仁壽年釋道慧」，磧、普、南、徑、清作「仁壽寺釋道懸」。

一　五六七頁下八行「神氣」，徑、清作「神器」。

一　五六七頁下一七行「逐文依叙」，磧、普、南、徑、清作「遂依文叙」。

一　五六七頁下一八行「失念」，磧、普、徑、清作「失悆」；南作「失愈」。

一　五六七頁下一九行末字至二〇行首字「子午」，磧、普、南、徑、清無。

一　五六八頁上一行「似欺」，磧、普、南、徑、清作「似凝」。又「大衆」，磧、普、南、徑、清作「七衆」。

一　五六八頁上二行第五字「乃」，磧、普、南、徑、清作「有」。

一　五六八頁上五行第三字「吱」，磧、普、南、徑、清作「遊」。又一一字「慧」，磧、普、南、徑、清作「懸」。

一　五六八頁上七行第六字「瑞」，磧、普、南、徑、清作「奇瑞」。

一　五六八頁上八行「徽祥」，磧、普、南、徑、清作「徵祥」。

一　五六八頁上九行夾註右「八驗」，磧、普、南、徑、清作「七驗」。

一　五六八頁上卷末經名，徑作「法苑珠林卷第三十三」。

法苑珠林卷第二十五　因二十三紙

西明寺沙門釋道世撰

見解篇第十七 此有二部

述意部第一

夫心識運變厥理無常解惑相翻聖人何迹澄神虛照應機如響所謂寂滅不動感而遂通悟道緣機然後神化是以文字應用彌綸宇宙聖變隨方詠羅法界非六通之至聖孰能埀化於五道者也

引證部第二

如分別功德論云如來所以廣爲四部各說第一者乃爲將來遺法之中四姓出家見解不同共相是非自稱爲尊餘人爲卑如是之雜不可稱計故預防於未然開其自足之路如光明之中日爲其最星宿之中月爲其最川流之中海爲其最六天之中波旬以爲其最色界十八天之中淨居以爲其最九十六部之中釋僧以爲其最九十六道之中佛道以爲其最如五百聲聞弟子之中神解各別不可具列 略列一二十人餘之不盡備在廣本

第一如拘鄰比丘初化受法善來之首故稱第一如憍梵鉢提比丘善護譏嫌藏身天上故稱第一故功德論云牛脚比丘以二事不得居世間何者此比丘脚似牛甲食飽則呞以是二事不得居世若外道見謂諸沙門食無時節生誹謗心是以佛遣上天在善法講堂坐禪善覺比丘常爲衆僧作使至天上佛涅槃後迦葉鳴椎大集衆僧命阿那律阿那律徧觀世間誰不來者阿那律即觀世界盡來唯有憍梵比丘今在天上即遣善覺命召使來善覺到三十三天見在善法講堂入滅盡定彈指覺之曰世尊涅槃已十四日迦葉集衆遣我相命可下世間至衆集所憍梵荅曰世間已空我寧忍還欲取涅槃即以衣鉢付於善覺還歸衆僧便取涅槃以是因緣善護其身安處天上故稱第一也

第二論云憂留毗迦葉所以稱第一者乃宿世已來兄弟三人常有千弟子相隨今遇佛得度俱得羅漢四事供養由此而興將護聖衆故供養中第一也

第三論云舍利弗所以稱智慧第一者世尊方欲知身子智慧多少者以須彌爲硯以四大海水爲墨以四天下竹木爲筆滿四天下人爲書師欲寫身子智慧者猶不能盡況凡夫五通而能測量耶故稱智慧第一也

第四論云大目揵連所以稱神足第一者世尊正說三災流行人民大飢欲反大地取地下肥以供民命佛止不聽恐損衆生又欲一手執衆生一手反地佛復不許故知神足第一也

如密迹金剛力士經云目連承佛聖旨西方有一世界名光明幡佛名光明王現在說法目連到彼聽佛語見其身長四十里諸菩薩身長二十里其諸菩薩所食鉢器其高一里目連行鉢際上時諸菩薩白世尊曰唯然大聖此蟲從何而來被沙門服行鉢際上於時彼佛言諸族姓子慎勿發心輕慢此賢所以者何今斯少年名大目連是釋迦文佛聲聞弟子中神足第

一時光明佛告大目連吾土菩薩及諸聲聞見卿身小咸發輕慢仁當顯神足力承釋迦文威德目連稽首足下繞佛七匝踊身在空廣現神足已復住佛前諸菩薩歎未曾有佛言欲試釋迦文佛音響遠近故到此土仁者不宜試如來音響如來音響無限無遠無近廣遠無量不可爲喻世尊告曰云何以汝神力到此世界故是世尊釋迦文佛威德所立當遙禮釋迦文佛自當至彼假使卿身以巳神足欲還本國一劫不至目連右膝著地向於東方禮釋迦文佛叉手自歸屈申臂頃即時得至故知目連神足中第一也

第五論云阿那律所以稱第一者時佛爲大會說法那律坐眠佛見謂曰令如來說法汝何以眠耶夫眠者心意閉塞與死何異那律慚愧剋心自誓不敢復眠不眠遂久眼便失明所以然者凡有六食眼有二食一視色二睡眠五情亦各二食得食者六根乃全以眼失食故喪眼根佛命耆域治之曰不眠不可治巳失宍眼無所復覩五百弟子各棄馳散倩人貫針捫襆補衣線盡重貫無人可倩左右唱曰誰求福者與我貫針世尊忽然到前取來吾與汝貫問曰是誰曰我是佛也曰佛巳福足復欲求福耶曰福德可得猒耶那律思惟佛尚求福況於凡人耶心中感結馳向佛視以至心故忽得天眼重復思惟便得羅漢凡得羅漢皆有三眼一宍眼二天眼三慧眼三眼視者恐宍眼亂天爭功精麁以雜覩故專用天眼觀大千界精麁悉覩故言天眼第一也

第六論云迦旃延所以稱善分別義第一者將欲撰集法藏心中惟曰爲人聞憒內精思不專故隱地中七日纂集大法巳訖呈佛稱曰善哉聖所印可以爲一藏此義微妙降伏外道故稱第一又佛稱仁者辯才析理解義第一也

第七論云所以稱婆拘羅壽命極長者以曩昔曾供養六萬佛於諸佛所常行慈心蜎飛蠕動有形命類常加慈愍無有豪釐殺害之想佛告阿難如我今日正壽八十者如來隨世欲適衆生不現其異故壽八十婆拘羅者受前宿世慈心之福故年壽加倍一百六十往昔毗婆尸如來出世時有長者居明貞修稟性良謙請佛及僧九十日四事供養有一比丘來求索藥長者問曰何所患苦荅曰頭痛長者荅曰此必膈上有水仰攻其頭是以頭痛即施一呵梨勒果因服病除緣是福報九十一劫未曾病患阿難問婆拘羅何以不爲人說法爲無四辯智慧而不說耶荅曰我於四辯攄疾之智非爲不足直自樂靜不喜憒內故不說法故長命省事第一也

第八論云所以稱優波離持律第一者是五百釋子剔髮師不輕不重泯然除盡佛命善來即成沙門佛即受戒得阿羅漢次受五百釋子戒優波離爲上座諸釋子言此我家僕何緣禮之佛言不介法無貴賤先達爲兄俛仰不已制意爲禮即時天地大動諸天於上讚曰善哉善哉今日諸釋

降伏貢高此意難勝故地為動當五百釋子為道時亦有九萬九千人出家為道優波離自從佛受戒已來未曾犯如毫釐故稱持律第一又祇園精舍比有一比丘得病經六年不差波離往問何所患苦欲何所須曰我有所須以違佛教故不可說曰但說無苦曰我唯思酒五升病便除愈優波離曰且住我為汝問佛還即問佛有比丘病須酒為藥不審可得飲不世尊曰我所制法除病苦者優波離即還索酒與病比丘病即除愈重與說法得羅漢道佛讚波離汝問此事使病比丘得蒙除差又使得道若不得度後墮三塗無有出期乃為將來比丘能設禁法使知輕重得濟危厄汝々具持律以律付汝勿令漏失不可示以沙彌白衣復稱第一也

第九論云所以稱難陁比丘端正第一者餘諸比丘各各有相舍利弗有七相目連有五相阿難有二十相唯難陁有三十相難陁金色阿難銀色衣服光曜金縷履屐執瑠璃鉢入城

乞食其有見者無不欣悅自捨如來餘諸弟子無能及者故稱端正第一柰女請佛於外見難陁愛樂情深接足為禮以手摩之雖覩美姿寂無情想形影相感則失不淨柰女不達疑有欲心佛知其意告柰女曰勿生疑心難陁却後七日當得羅漢必是言之知心不變故稱第一

第十論云所以稱婆陁比丘解人疑滯第一者三世諸佛皆共八萬四千以為行法眾生得道不必偏行眾行隨其所悟處以為宗趣何者眾生結使不同病有多少垢有厚薄是故如來設教若干或有一藥治眾病或有眾藥治一病猶六度相統一行為主眾行悉從一行不專眾病隨起隨病所起對藥應之若計常起以無常對之若計有心起以空心對之當其無常領行萬行皆無常也猶施造八萬八萬皆為施所造也亦猶如來八音中一音統八響一響統百教一教統百義一一相領至千萬億一音報萬億其變如是略說統行其喻亦尒此比

丘專以略說為主故稱第一也

第十一論云所以稱天須菩提著好衣第一者五百弟子中有兩須菩提一王者種一長者種其天須菩提出王者種所言天者為五百世中常生天上化應聲聞下生王家食福自然未曾匱乏佛還本國佛勑出家約身守節麁衣惡食草蓐為牀大小便為藥此比丘聞佛切教退欲還家佛受波斯匿王請即詣佛所辭退而還阿難語曰君且住一宿須菩提曰道人屋舍如何可止且至白衣家寄止一宿明當還歸阿難曰但住今當嚴辦即往王所種種座具幡華香油嚴飾皆備此比丘便於中止宿以適本心意便得定思惟四諦至於後夜即得羅漢阿難白佛天須菩提已得羅漢飛在虛空佛語阿難夫衣有二種可親不可親若著好衣益其道心此可親近若損道心此不可親近也是故阿難或從好衣得道或從五納弊惡得道所悟在心不拘形服也是故言之天須菩提著好衣第一也

第十二論云所以稱羅雲持戒不毀第一者或云羅雲嘗妄語好瞋佛捨輪王之位而作沙門東西行乞不可羞耶以嫌如來故作妄語若有人問如來所在實在祇園而云在耆闍崛實在耆闍崛而言在祇園反覆妄語誑於來人阿難白佛羅雲妄語佛喚羅雲來卿實妄語耶對曰實尒我所以捨聖王位者以不可恃怙皆歸無常正使帝釋梵王皆不可保況復聖王而可恃耶佛語羅雲我前後捨此不可稱計而汝今時方恨我耶佛語羅雲汝取水來羅雲即盛滿鉢水授與如來如來執鉢水謂羅雲曰汝見此水不對曰已見佛言此水滿鉢無所減者喻持戒完具無所損落復瀉半棄謂羅雲曰汝見此水不對曰見之佛言此水失半喻戒不具足復瀉水盡示羅雲曰見此空鉢不答曰已見佛言犯戒都盡喻如空鉢復以鉢覆地示曰汝見此不答曰已見佛言已犯戒盡當墮地獄喻鉢口向地也羅雲自被約勅以後未曾復犯如毫釐戒故稱持戒第一也忍行亦爲第一故舍利弗將羅雲入舍衛城乞食時有婆羅門見羅雲在後行即興惡意打羅雲頭破血流汙面羅雲即生惡念要當方便報此怨家舍利弗已知心念爲其拭血謂羅雲曰當憶汝父昔爲王時人來索眼即挑眼與截手截足亦不悔恨若爲象時以牙與人亦不戢倦汝今云何起此惡念羅雲聞說即自剋責我今云何惡心向彼即忍如地不起害心如毛髮許時打羅雲者墮無擇地獄中以是因緣持戒忍行最爲第一也

第十三論云所以稱般陁比丘暗鈍然能變形第一者良由佛教使誦掃箒得箒忘掃得掃忘箒六年之中專心誦此意遂解悟而自思惟曰箒者篲掃者除篲者即喻八正道糞者喻三毒垢也以八正道篲掃三毒垢所謂掃箒義者止謂此耶深思此理心即開解得阿羅漢道復有婆羅門名曰梵天亦名世典博覽群籍圖書祕讖天文地理無不關練故名世典自以德高命共論議謂般陁曰能與我共論耶般陁曰我尚能與汝父祖梵天共論何況汝盲無目人乎梵志尋言即語曰盲與無目有何等異般陁默然不對無以相訓即以神足相答騰空去地四丈九尺結跏趺坐梵志仰瞻敬情內發時舍利弗知其辭匱現變相答若不往屈梵志不度即以神足作般陁形便使般陁本形不現化形問曰汝爲是天是人乎答曰是人又問人爲是男子不曰是男子又問男子與人有何等異答曰不異又問人者統名男子據形何得不異向言盲者謂不見今世後世善惡之報無目者謂無智慧之眼以斷結使也梵志心解即得法眼淨以是因緣般陁變形爲第一也（此之羅漢且偏據一長云第一者論實德神解並皆是也）

如增一阿含經云時世尊於十五日說戒時諸比丘僧及五百比丘衆從祇桓沒詣阿耨達池時龍王至世尊所頭面禮足在一面坐觀衆空無舍利弗今無此坐佛告目連言汝速至舍利弗所以我聲告目連承教往舍衛

城語舍利弗言佛呼汝來阿耨達龍
王欲得相見舍利弗自解衹支帶著
目連前謂目連曰汝有神足舉此衣
帶結目連執帶不能移動盡力欲舉
地皆大動舍利弗便舉目連著東弗
于逮又以帶纏須彌山目連便舉動
須彌山舍利弗復以此帶纏如來座
目連遂不能動捨帶還龍王所遥見
舍利弗已在前至結跏趺坐繫念在
前目連白佛言我不失神足耶何以
故舍利弗後没先至佛曰不退舍利
弗有大智慧佛告目連衆多比丘無
恭敬心於汝言舍利弗神足勝汝汝
可於此衆中現其威力對曰承教即
於座起往須彌山頂以一足蹈山頂
舉一足著梵天上蹴須彌山使地六
返震動時諸比丘歎未曾有目連說
偈時六十比丘因此漏盡意解
又文殊師利般涅槃經云佛告跋陁
羅菩薩此文殊師利有大慈悲生於
此國多羅聚落梵德婆羅門家其生
之時家內屋宅化如蓮華從母右脇出
身紫金色墮地能語如天童子有七

寶蓋隨覆其上九十五種諸論議師
無能詶對唯於佛所出家學道住首
楞嚴三昧佛涅槃後四百五十歲當
至雪山為五百仙人宣揚十二部經
教化令住不退已至本生地於空野
澤尼拘律陁樹下結跏趺坐入首楞
嚴三昧身諸毛孔出金色光徧照十
方世界度有緣者身如紫金山正長
丈六圓光嚴顯面各一尋於圓光內
有五百化佛一一化佛有五化菩薩
以為侍者佛告跋陁波羅是文殊師
利有無量神通變現不可具記若有
衆生但聞文殊師利名除却十二億
劫生死之罪若禮拜供養者生生之
處常生佛家若未得見當誦持首楞
嚴稱文殊師利名一日至七日文殊必
來至其人所若有宿業障者夢中得
見夢中見者於現在身若求聲聞以
見文殊師利故得須陁洹乃至阿那
含若出家人見者以得見故一日一夜
成阿羅漢若有深信方等經典是法
王子於禪定中為說深法亂心多者
於其夢中為說實義令其堅固於無

上道得不退轉我滅度後一切衆生
其有得聞文殊師利名者見形像者
百千劫中不墮惡道若有受持讀誦
文殊師利名者設有重障不墮阿鼻
極惡猛火常生他方清淨國土值佛
聞法得無生忍
又賢愚經云佛在王舍城鷲頭山中
時波羅㮈王名波羅摩達王有輔相
生一男兒相好備滿身色紫金姿容
挺特輔相見子倍增怡悅其母素性
不能良善懷妊已來恤矜苦厄悲潤
黎庶等心護養父召相師令占相之
相師見喜因為立字號曰彌勒其兒
殊稱合土宣聞國王聞懼恐大奪位
聞其未長當預除滅即勑輔相聞汝
有子容相有異汝可將來吾欲得見
時宮內人及父知王欲圖甚懷湯火
推計即報王言近遣向南天國外舅家養來奉示王其兒有舅名波
婆梨在波婆富羅國為彼國師聰明
高博智達殊才五百弟子常逐諮稟
於時輔相憐愛其子懼被其害密封
遣人乘象送之舅見彌勒觀其色好
加意愛養敬視在懷其年漸大教使

學問一日誥受勝餘終年學未經歲月普通經書時波婆梨見其外甥學旣不久通達諸書欲為作會顯揚其美遣一弟子至波羅柰語於輔相說兒所學索於珍寶欲為設會其弟子往至于中道聞人說佛無量德行思慕欲見即往趣佛未到中間為虎所噉乘其善心生第一四天波婆梨自竭所有為設大會一切都集設會已訖大施噠嚫人得五百金錢財物罄盡有一婆羅門名勞度叉最於後至獨不得食唯與五百金錢勞度叉言聞汝設施云何空尒若必拒逆不見給者汝更七日頭破七叚時波婆梨恐有惡呪及餘蠱道事不可輕深以為懼前使弟子終生天者遙見其師愁頼無賴即從天下來到其前問其師言何故愁憂師具廣說天白師言勞度叉者未識頂法愚癡迷網惡邪之人竟何所能而乃憂此今惟有佛最解頂法無極法王特可歸依時波婆梨聞天說佛即重問之佛是何人天即說佛功德智慧不可稱計今在王舍城鷲頭山中時波婆梨聞歎佛德自思必是我書所記沸星下現天地大動當生聖人今悉有此即勑彌勒等十六人往看相好心念難之我師波婆梨為有幾相我師年幾我師是何種姓我師有幾弟子若荅知數斯必是佛汝等必為弟子遣一人語我消息時彌勒等進趣王舍近到鷲山見佛光明種種神異衆相赫然益以歡喜即奉師勑遙以心難佛遙荅之一一無差深生敬仰頭面禮訖佛為說法其十五人得法眼淨求索出家佛言善來鬚髮自墮法衣在身重為說法成阿羅漢十六人中時有一人字賓祈奇是波婆梨子即遣往白消息還到本國具以聞見廣為說之波婆聞喜即從坐起長跪合掌向王舍城誠心請佛唯願屈神來見接濟如來遙知屈申臂頃來到其前禮已舉頭見佛驚喜佛為說法逮阿那含於時世尊尋還鷲山（唯彌勒一人不取小果誓發大願志趣菩提也）佛告諸比丘於未來世此閻浮提土地方正平坦廣博無有山川地生耎草猶如天衣尒時人民壽八萬四千歲身長八丈端正殊妙人性仁和具修十善彼時當有轉輪聖王名曰勝伽（晉言具也）彼時有婆羅門家生一男兒字曰彌勒身色紫金三十二相衆好畢滿光明殊赫出家學道成最正覺廣為衆生轉尊法輪其第一會度九十三億衆生之類第二會度九十一億第三大會度九十億如是三會說法得蒙度者悉我遺法種福衆生皆得在彼三會之中阿難白佛不審從何造起名為彌勒佛言過去久遠習慈三昧定意柔輭更無害心故字彌勒（梵云彌勒此曰慈氏彌勒者亦是姓也翻經云過去有佛已字彌勒值佛立願同名彌勒字阿逸多者此云無勝習通於人故云無勝也）

頌曰

賢人軌宗度　弱喪共虛遷　師通資自發
神光照有緣　應變各殊別　聖錄同靈篇
乘乾因九五　逸響亮三千　法鼓振玄教
龍飛應人天　恬智冥徽妙　縹渺詠重玄
盤紆七七紀　嘉運在中幡　挺此四八姿
暎蔚華林園

感應緣（如生譬之宿淡安之頻頑德衆多附在別篇不繁具錄且略引二驗）

晉沙門鳩摩羅什　宋沙門釋法顯

晉長安有鳩摩羅什此云童壽天竺
人也家世國相什祖父達多倜儻不
群名重於國父鳩摩羅琰聰明有懿
節將嗣相位乃辭避出家東度葱嶺
龜茲王聞其棄榮甚敬慕之自出郊
迎請為國師王有妹年始二十才悟
明敏過目必能一聞則誦且體有赤
黶法生智子諸國娉之並皆不許及
見琰心欲當之乃逼以妻焉既而懷
什什在胎中其母慧解倍常聞雀梨
大寺名德既多又有得道之僧即與王
族貴女德行諸尼彌日設供請齋聽
法什母忽自通天竺語難問之辭必
窮淵致衆咸歎之有羅漢達摩瞿沙
曰此必懷智子為說舍利弗在胎之
證及什生之後還忘前言頃之什母
樂欲出家夫未之許遂更產一男名
弗沙提婆後因出城游觀見塚間枯
骨異處縱橫於是深惟苦本定求離
俗誓求落髮不咽飲食至六日夜氣
力綿乏疑不達旦夫乃懼而許焉以
未暢髮故猶不嘗進即勅人除髮乃
下飲食次旦受戒仍業禪法專精匪

懈學得初果什年七歲亦俱出家從
師受經日誦千偈偈有三十二字凡三
万二千言誦毗曇既過師授其義即
自通達無幽不暢時龜茲國人以其
母王女利養甚多乃攜什避之什年
九歲隨母度辛頭河至罽賓國遇名
德法師盤頭達多即罽賓王之從弟
也淵粹有大量才明博識獨步當時
三藏九部莫不該練從旦至中手寫
千偈從中至暮亦誦千偈名播諸國
遠近師之什至即崇以師禮從受雜
藏中長二含凡四百萬言達多每稱
什神俊遂聲徹於王王即請入集外
道論師共相攻難言氣始交外道輕
其年幼言頗不遜什乘隙而挫之外
道折伏愧惋無言王益敬異日給鵝
腊一雙粳米麵各三升蘇六升此外國
之上供也所住寺僧乃差大僧五人
沙弥十人營視掃灑有若弟子其見
尊崇如此至年十二其母携還龜茲諸
國皆聘以好爵什並不顧時什母將
什至月氏北山有一羅漢見而異之
謂其母曰常當守護此沙弥若至二

十五不破戒者當大興佛法度無數
人與優波掘多無異若戒不全無能
為也止可才明俊乂法師而已什進
到沙勒國頂戴佛鉢心自念言鉢形
甚大何其輕耶即重不可勝失聲下
之母問其故答云兒心有分別鉢有輕
重耳遂停沙勒一年其冬誦阿毗曇
於十門修智諸品無所諮受而受備
達其妙又於六足諸門無所滯礙沙
勒國王有三藏沙門名喜見謂其王
曰此沙彌不可輕王宜請令初開法門
凡有二益一國內沙門恥其不逮必
見勉勵二龜茲王必謂出我國而彼
尊之是尊我也必來交好王許焉即
設大會請什昇座說轉法輪經龜茲
王果遣使酬其親好什以說法之暇
乃尋訪外道經書善學韋陀含多論
多明文辭製作問荅等事博覽四韋
陀典及五明諸論陰陽星筭莫不畢
盡妙達吉凶言若符契為性率達什
初學小乘後專務方等乃歎曰吾昔
學小乘如人不識金以鍮石為妙因
廣求義要受誦中百二論及十二門

論等須之隨母進到溫宿國即龜茲之北界時溫宿有一道士神辯英秀振名諸國手擊王鼓而自誓言論勝我者斬首謝之什既至以二義相檢即迷悶自失稽首歸依於是聲滿葱左譽宣河外龜茲王躬往溫宿迎什還國廣說諸經四遠學宗莫不能抗時王女為尼字阿竭耶末帝博覽群經特深禪要云已證二果聞法喜踊乃更設大集請問方等經奧什為析辯諸法皆空無我分別陰界假名非實時會聽者莫不悲感追悼皆恨悟之晚矣至年二十受戒於王宮從卑摩羅叉學十誦律有頃什母辭往天竺謂龜茲王白純曰汝國尋衰吾其去矣行止天竺進登三果什母臨去謂什曰方等深教應大闡真丹傳之東土唯爾之力但於自身無利其可如何什曰大士之道利彼忘軀若必使大化流傳能曉悟曚俗雖復身當鑪鑊苦而無恨於是留住龜茲止乎新寺後於寺側故宮中初得放光經始就披讀魔來蔽之唯見空牒什知魔所為誓心逾固魔去字顯仍習誦之復聞空中聲曰汝是智人何用讀此什曰汝是小魔宜時速去我心如地不可轉也停住三年廣誦大乘經論洞其祕奧龜茲王為造金師子座以大秦錦褥鋪之令什昇而說法什曰家師猶未悟大乘欲躬往迎禮不得停此俄而大師盤頭達多不遠而至王曰大師何能顧達多曰一聞弟子所悟非常二聞大王弘贊佛道故冒涉艱危遠萃神國什得師至欣遂本懷為說德女問經多明因緣空假昔與師俱所不信故先說也師謂什曰汝於大乘見何異相而欲尚之什曰大乘深淨明有法皆空小乘偏局多滯名相師曰汝說一切皆空甚可畏也安捨有而愛空乎如昔狂人令績師績縷極令細好績師加意細若微塵狂人猶恨其麤績師大怒乃指空示曰此是細縷狂人曰何以不見師曰此縷極細我工之巧猶且不見況他人耶狂人大喜以付織師師亦效焉皆蒙上賞而實無物汝之空法亦由此也什乃連類而陳之往復苦至經一月餘日方乃信服師歎曰師不能達反啓其志驗於今矣於是禮什為師言和尚是我大乘師我是和上小乘師矣西域諸國咸伏什神雋每至講說諸王皆長跪座側令什踐而登焉其見重如此什既道流西域名播東川時苻堅僭號關中有外國前部王及龜茲王弟並來朝堅堅引見二王說堅云西域多產珍奇請兵往定以求內附至堅建元十三年歲次丁丑正月太史奏云有星見外國分野當有大德智人入輔中國堅曰朕聞西域有鳩摩羅什襄陽有沙門道安將非此耶即遣使求之至十七年二月鄯善王前部王等又說堅請兵西伐十八年九月堅遣驍騎將軍呂光陵江將軍姜飛將前部王及車師王等率兵七萬西伐龜茲及烏耆諸國臨發堅餞光於建章宮謂光曰夫帝王應天而治以子愛蒼生為本豈貪其地而伐之正以懷道之人故也朕聞西國有鳩摩羅什深解法相善閑陰陽為後學之宗朕甚思之賢哲者國之

大寶若剋龜茲即馳驛送什光軍未至什謂龜茲王白純曰國運衰矣當有勍敵日下人從東方來宜供承之勿抗其鋒純不從而戰光遂破龜茲殺純立純弟震爲主光既獲什未測其智量見其年齒尚少乃凡人戲之光還中路置軍於山下將士已休什曰不可在此必見狼狽宜徙軍隴上光不納諫至夜果大雨洪潦暴起水深數丈死者數千光始密而異之什謂光曰此凶亡之地不宜淹留推運揆數應速言歸中路必有福地可居光從之至涼州聞苻堅已爲姚萇所害光三軍縞素大臨城南於是竊號關外稱年太安太安二年正月姑臧大風什曰不祥之風當有姦叛然不勞自定也俄方驗什之言也什停涼積年呂光父子既不弘道故蘊其深解無所宣化苻堅已亡竟不相見及姚萇僭有關中亦挹其高名虛心要請呂以什智計多解恐爲姚謀不許東入及萇卒子興襲位復遣敦請興弘始三年三月有樹連理生廟庭逍遙園葱變

爲茝以爲美瑞謂智人應入至五月興遣隴西公碩德西伐呂隆隆軍大破至九月隆上表歸降方得迎什入關以其年十月二十日至于長安興待以國師之禮甚見優寵語言相對則淹留終日研微造盡則窮年忘倦自大法東被始於漢明涉歷魏晉經論漸多而支竺所出多滯文格義興少崇三寶銳志稱集什既至止仍請入西明閣及逍遙園譯出衆經什既率多諳誦無不究盡轉能漢言音譯流便既覽舊經義多紕僻皆由先度失旨故不與梵本相應興使沙門僧䂮僧遷法欽道流道常道標僧叡僧肇等八百餘人諮受什旨更令出大品什持梵本興執舊經以相讎校其雜文異舊者義皆圓通衆心愜伏莫不欣贊興以佛道沖邃其行唯善信爲出苦之良津御世之洪則故託意九經游心十二乃著通三世論以勗示因果王公已下並欽贊厥風大將軍常山公顯左將軍安城侯嵩並篤信緣業屢請什於長安大寺講說新

經續出大小乘經論凡有三百九十餘卷名在別傳並暢顯神源揮發幽致于時四方義士萬里必集盛業久大于今式仰諸方道俗英賢之徒如釋慧遠等學貫群經棟梁遺化而時去聖久遠疑義莫決乃封以諮什凡覲國王必有贊德見佛之儀以歌歎爲貴經中偈頌皆其式也但改梵爲秦失其藻蔚雖得大意殊隔文體有似嚼飯與人非徒失味乃令嘔噦也什嘗作頌贈沙門法和云心山育明德流熏萬由延哀鸞孤桐上清音徹九天

凡爲十偈辭喻皆尒什雅好大乘志存敷廣常歎曰吾若著筆作大乘阿毗曇非迦旃延子所比也今在秦地深識者寡折翮於此將何所論乃悽然而止唯爲姚興著實相論二卷并注維摩經出言成章無所改刪辭喻婉約莫非玄奧什爲人神情朗徹傲岸出群應機領會鮮有儔匹篤性仁厚汎愛爲心虛己善誘終日無勌姚主嘗謂什曰大師聰明超悟天下莫二

若一旦從世何可使法種無嗣於是杯度比丘在彭城聞什在長安乃歎曰吾與此子戲別三百餘年杳然未期遲有遇於來生耳什未終旨覺四大不愈口云願凡所宣譯傳流後世咸共弘通今於眾前發誠實誓若所傳無謬者當使焚身之後舌不燋爛以偽秦弘始十一年八月二十日卒於長安是歲晉義熙五年也即於逍遙園依外國法以火焚燒薪滅形碎唯舌不灰

宋江陵新寺有釋法顯姓龔平陽武陽人志行明敏儀軌整肅常慨經律舛闕志欲尋求以晉隆安三年與同學慧景道整慧應慧嵬等發自長安西度流沙上無飛鳥下無走獸四顧茫茫莫測所之唯視日以准東西人骨以標行路耳屢有熱風惡鬼遇之必死顯任緣委命直過險難有頃至葱嶺葱嶺冬夏積雪有惡龍吐毒風雨沙礫山路艱危壁立千仞昔有鑿石通路傍施梯道凡度七百餘所又躡懸絙過河數十餘處皆漢時張騫甘父所不至也次度雪山遇寒風暴起慧景噤顫不能前語顯曰吾其死矣卿可前去勿得俱殞言絕而卒顯撫之泣曰本圖不果命也奈何復自力孤行遂過山險凡所經歷四十餘國將至天竺去王舍城三十餘里有一寺逼瞑過之顯欲詣耆闍崛山寺僧諫曰路甚艱阻且多黑師子亟經噉人何由可至顯曰遠涉數萬誓到靈鷲身命不期出息非保豈可使積年之誠既至而廢耶雖有險難吾不懼也眾莫能止乃遣兩僧送之顯既至山日將曛夕遂欲停宿兩僧危懼捨之而還顯獨留山中燒香禮拜翹感舊跡如覩聖儀至夜有三黑師子來蹲顯前舐脣搖尾顯誦經不輟一心念佛師子乃低頭下尾伏顯足前顯以手摩之祝曰若欲相害待我誦竟若見試者可便退矣師子良久乃去明晨還返路窮幽梗止有一徑通行未至里餘忽逢一道人年可九十容服麤素而神氣儁遠顯雖覺其韻高而不悟是神人後又逢一少僧顯問曰向耆年是誰耶荅云頭陁迦葉大弟子也顯方大惋恨更追至山所有橫石塞于室口遂不得入顯流涕而去進至迦施國國有白耳龍每與眾僧約令國內豐熟皆有信效沙門為起龍舍并設福食每至夏坐訖龍輒化作一小蛇兩耳悉白眾皆咸識是龍以銅盂盛酪置龍於中從上座至下行之徧乃化去年輒一出顯亦親見後至中天竺於摩竭提邑波連弗阿育王塔南天王寺得摩訶僧祇律又得薩婆多律抄雜阿毗曇心綫經方等泥洹經等顯留三年學梵語梵書方躬自書寫於是持經像寄附商客到師子國顯同旅十餘或留或亡顧影唯已常懷悲慨忽於玉像前見商人以晉地一白團絹扇供養不覺悽然下淚停二年復得彌沙塞律長雜二含及雜藏並漢土所無既而附商人大舶循海而還舶有二百許人值黑風水入眾皆惶懼即取雜物棄之顯恐棄其經像唯一心念觀世音及歸命漢土眾僧舶任風而去得無

傷壞經十餘日達耶婆提國停五月復隨他商東適廣州舉㠶二十餘日夜忽大風令舶震懼衆咸議曰坐載此沙門使我等狼狽不可以一人故令衆俱亡共欲推之法顯檀越勵聲呵商人曰汝若下此沙門亦應下我不尒便當見殺漢地帝王奉佛敬僧我若至彼告王必當罪汝商人相視失色俛仰而止既水盡粮竭唯任風隨流忽至岸見藜藿菜依然知是漢地但未可測何方即乘舡入浦尋村見獵者二人顯問此是何地耶獵人曰此是青州長廣郡牢山南岸獵人還以告太守李嶷嶷素信敬忽聞沙門遠至躬自迎慰顯持經像隨還頃之欲南歸青州刺史請留過冬顯曰貧道投身於不返之地志在弘通何期未果不得久停遂南造京師就外國禪師佛馱跋陁於道場寺翻譯經律論等百餘萬言流布教化咸使見聞有一家失其姓名居近朱雀門世奉正化自寫一部讀誦供養無別經室與雜書共屋後風火忽起延及其家資物皆盡唯泥洹經儼然具存煨燼不侵卷色無改京師共傳咸歎神妙其餘經律後至荊州卒於新寺春秋八十有六衆咸慟惜其游履諸國別有大傳右二驗出梁高僧傳

法苑珠林卷第二十五

甲辰歲高麗國分司大藏都監奉勅彫造

法苑珠林卷第二十五

校勘記

一　底本，麗藏本。

一　五七二頁上一行經名，徑作「法苑珠林卷第三十四」。卷末經名同。

一　五七二頁上二行撰者，磧、普作「大唐上都西明寺沙門釋道世撰」；南作「唐上都西明寺沙門釋道世撰」；徑作「唐上都西明寺沙門釋道世玄惲撰」；清作「唐西明寺沙門釋道世撰」。

一　五七二頁上三行「此有二部」，徑無。

一　五七二頁上三行與四行之間，磧、普、南、清有「述意部　引證部」一行。

一　五七二頁上四行「第一」，徑無。

一　五七二頁上五行第九字「常」，磧、普、南、徑、清作「恒」。次頁中末行第一三字同。

一　五七二頁上七行首字「滅」，磧、普、

南、徑、清作「然」。
一　五七二頁上一一行「第二」，徑無。
一　五七二頁中一行夾註「略……本」，磧、普、南、徑、清無。
一　五七二頁中一七行末字「寧」，磧、普、南、徑、清作「不」。
一　五七二頁下五行第五字「以」，磧、普、南、徑、清作「子」。
一　五七二頁下一〇行第四字「正」，磧、普、南、徑、清作「證」。
一　五七二頁下一七行「四十」，磧、普、南、徑、清作「四千」。又「二十」，磧、普、南、徑、清作「二千」。
一　五七三頁中一一行末字「天」，磧、普、南、徑、清作「天眼」。
一　五七三頁中一七行首字「纂」，磧、普、南、徑、清作「撰」。
一　五七三頁下五行「往昔」，磧、普、南、徑、清作「復昔」。
一　五七三頁下一四行「不喜」，磧、普、南、徑、清作「不善」。
一　五七三頁下一八行末字「受」，徑、清作「授」。一九行第七字同。
一　五七四頁上二一行末字「唯」，磧、普、南、徑作「猶」，清作「獨」。
一　五七四頁中五行「形影」，磧、普、南、徑、清作「形形」。
一　五七五頁上五行「祇園」，磧、普、南、徑、清作「祇舍」。
一　五七五頁中一七行第一一字「思」，磧、普、南、徑、清無。
一　五七五頁下二行末字至三行首字「父祖」，磧、普、南、徑、清作「祖父」。
一　五七五頁下一七行夾註右末「云」，磧、普、南、徑、清作「而云」。
一　五七六頁中六行「律陁」，磧、普、南、徑、清作「樓陀」。
一　五七六頁中一二行「具記」，磧、普、南、徑、清作「具說」。
一　五七六頁中一五行第二字「常」，磧、普、南、徑、清作「恒」。本頁下二〇行第一一字同。
一　五七六頁下一一行「恤矜」，磧、普、南、徑、清作「悲矜」。
一　五七六頁下一四行第六字「閙」，磧、普、南、徑、清作「鬧」。
一　五七六頁下一八行夾註左「奉示」，磧、普、南、徑、清作「奉侍」。
一　五七七頁上一行第一五字「月」，磧、普、南、徑、清無。
一　五七七頁中二行「記沸」，磧、普、南、徑、清作「說佛」。
一　五七七頁中一四行「賓祈寄」，磧、普、南、徑、清作「賓祈奇」。
一　五七七頁下三行夾註右「晉言」，磧、普、南、徑、清作「晉書」。
一　五七七頁下六行第八字「尊」，普、南、徑、清作「妙」。又末字「會」，磧、普、南、徑、清作「大會」。七行第一二字同。
一　五七七頁下一三行夾註右「彌勒者」，磧、普、南、徑、清作「故彌勒者」。
一　五七七頁下一四行夾註右「无勝」，磧、普、南、徑、清作「無能勝」。左同。

一　五七七頁下一六行第四字「宗」，磧、普、南、徑、清作「玄」。

一　五七七頁下一九行「徽妙」，磧、普、南、徑、清作「微妙」。

一　五七七頁下二二行夾註「如生肇之流……二驗」，磧無；南、徑、清作「略引二驗」。

一　五七七頁下末行「鳩摩羅什」，磧、普、南、徑、清作「竺鳩摩羅什」。

一　五七八頁上三行「鳩摩羅琰」，磧、普、南、徑、清作「鳩摩羅炎」。

一　五七八頁上九行第二字「琰」，普、南、徑、清作「炎」。

一　五七八頁上一四行「歎之」，普、南、徑、清作「歎異」。

一　五七八頁上二〇行第三字「求」，磧、普、南、徑、清作「不」。

一　五七八頁中一七行「一雙」，磧、普、南、徑、清作「一隻」。又「三升」，磧、普、南、徑、清作「二斗」。

一　五七八頁中末行末字「二」，磧、普、南、徑、清作「三」。

一　五七八頁下八行第一三字「受」，磧、普、南、徑、清無。

一　五七八頁下一〇行第三字「王」，磧、普、南、徑、清無。

一　五七八頁下一三行第一〇字「出」，普作「什出」。

一　五七八頁下一四行「尊我」，磧、南、徑、清作「我尊」。

一　五七九頁上七行第一〇字「不」，磧、普、南、徑、清作「有」。

一　五七九頁上一六行第二字「止」，磧、普、南、徑、清作「至」。

一　五七九頁上一九行第一四字「曉」，磧、普、南、徑、清作「洗」。

一　五七九頁上二〇行首字「矇」，徑、清作「矇」。

一　五七九頁上二二行末字「之」，磧、普、南、徑、清作「文」。

一　五七九頁中三行末字「三」，磧、普、南、徑、清作「二」。

一　五七九頁中七行第四字「迎」，磧、普、南、徑、清作「仰」。

一　五七九頁中八行第一三字「顧」，普、南、徑、清作「遠顧」。

一　五七九頁中一〇行第四字「冐」，磧、普、南、徑、清作「肎」。

一　五七九頁中一七行第二字「績」，普、南、徑、清作「織」，下至一八行第一〇字同。又第五字「縷」，磧、普、南、徑、清作「錦」。

一　五七九頁中二〇行第一〇字「巧」，磧、南作「功」；普、徑、清作「良匠」。

一　五七九頁下七行「名播」，磧、普、南、徑、清作「名被」。又「僭號」，磧、普、南、徑、清作「僞號」。

一　五七九頁下九行第四字「說」，南作「因説」。

一　五七九頁下一〇行「十三」，普作「十二」。

一　五七九頁下一五行「鄯部王」，磧、普、南、徑、清作「鄯鄯王」。

一　五八〇頁上一行第八字「馳」，磧、普、南、徑、清無。

一 五八〇頁上三行「供承」，徑、清作「恭承」。
一 五八〇頁上一一行第六字「二」，磧、普、南、徑、清作「亡」。
一 五八〇頁上一八行「既不弭道」，磧作「既一弥道」。
一 五八〇頁上末行第七字「生」，磧、普、南、徑、清作「生于」。
一 五八〇頁中一行第二字「薙」，磧、普、南、徑、清作「苣」。
一 五八〇頁中三行首字「彼」，磧、普、南、徑、清作「破」。
一 五八〇頁中五行第一一字「語」，磧、普作「悟」；徑、清作「晤」。
一 五八〇頁中六行第九字「畫」，磧作「晝」；普、南、徑、清作「盡」。
一 五八〇頁中八行「支竺」，磧、南、徑、清作「天竺」。
一 五八〇頁中九行第七字「稱」，普、南、徑、清作「講」。
一 五八〇頁中一四行「道常」，磧、普、南、徑、清作「道恒」。

一 五八〇頁下一一行第三字「嗇」，磧、南、徑、清作「常」。
一 五八〇頁下一五行第三字「廣」，磧、普、南、徑、清作「演」。
一 五八〇頁下二一行「鮮有儔匹」，磧、普、南、徑、清作「罕有其疋」。
一 五八一頁上五行「不愈」，磧、普、南、徑、清作「不悆」。
一 五八一頁上一〇行「焚燒」，磧、普、南、徑、清作「焚屍」。
一 五八一頁上一二行「新寺」，磧、普、南、徑、清作「辛寺」。次頁中三行同。
一 五八一頁上一四行第四字「欲」，磧、普、南、徑、清作「勵」。
一 五八一頁中一行「雪山」，磧、普、南、徑、清作「雪山山」。
一 五八一頁中二行第六字「齡」，磧、普、南、徑、清作「嘌」。
一 五八一頁中一九行「可便」，磧、普、南、徑、清作「可使」。
一 五八一頁下三行末字「滅」，磧、普、南、徑、清作「涕」。
一 五八二頁上三行第五字「令」，磧、普、南、徑、清作「合」。
一 五八二頁上五行第二字「令」，磧、普、南、徑、清作「令一」。
一 五八二頁上一四行第一二字「忽」，磧、普、南、徑、清作「志」。
一 五八二頁上一九行「道場寺」，徑、清作「道楊寺」。
一 五八二頁中五行夾註「右二驗出梁高僧傳」，磧無；南、徑、清作「二驗出梁高僧傳」。

法苑珠林卷第二十六　頗　二十三紙

西明寺沙門釋道世撰

宿命篇第十八 此有四部

述意部　引證部

習氣部　五通部

述意部第一

夫業行參差宿緣之途非一壽命修短明昧之理無常良由業因善惡致使報有冥爽或有憶識多劫或有緣念累代或有但記一生或有唯知見在所以凡聖殊隔宿命延促雖復託神感聖習氣尚存除惑見理戲心猶在自非位登十地行滿三祇奚能永斷習因感茲勝報也

引證部第二

第一天趣中依婆沙論云亦有生處得智知他心等然微細故不別說之如上天報中已具說之亦同下傍生鬼趣中述故婆沙論云所以者何非田器故有勝覩相聞語智等所覆損故有他心通及願智等所瞙蔽故評曰應作是說於四趣中生處得智各知五趣於理無違

第二閒人趣亦有本性念生智類應能知他心等何故不說答應說而不說者當知此義有餘復次少故不說人趣中得此智者極少有故而不說之如婆沙論說此皆從不惱害業能生此智若有衆生能護身口不惱他者在母胎時其必寬容不為冷熱二觸母腹不淨惡血所困至出胎時又復不為產門逼迫令心錯亂以是因緣覺了惺寤念知前事今不知者良由違前法故忘失錯亂故不能知也

問曰各知幾趣耶答曰還如婆沙論說天知五趣人知四趣除天鬼知三趣畜生知二趣地獄唯知地獄之事由勝故上得知下下由劣故不知上問曰若由劣故不知上者何故經說善住龍王伊鉢羅龍王等能知帝釋勝人心之所念耶答曰如婆沙論說此等皆是比知非是正知如彼帝釋欲與脩羅戰時善住龍王背上諸骨自然出聲彼即念言我今背骨出大音聲定知諸天必欲與彼脩羅共鬪定當須

我作是念已即便向彼帝釋邊去又如帝釋欲游戲時伊鉢羅龍王背上自然有其香手現彼則念言我今背上香手現定知帝釋欲戲園林必當須我作是念已即自化身作象三十三頭通其舊首合有三十三頭於彼一一頭上各出六牙一一牙上各出七大寶池一一池中各出七莖蓮華一一蓮華各出七葉一一葉上出七寶臺一一臺中起七寶帳一一帳內有七天女一一天女有七侍者一一侍者有七妓女一一妓女皆作天樂作是化已屈申臂頃往詣帝釋殿前而住帝釋見已即與眷屬昇其常頭之上自餘三十二天輔臣各將眷屬昇餘三十二頭之上昇已即便舉身陵空迅疾往詣游戲之處以此驗知亦是比知非是正知也以此引事證知上得知下下不知上也然此理未盡如下狼知女心殺兒而去此即下亦知上何言下不知上耶且據從多而說上得知下下不得知上若細尋求上下通知不可具引

又新婆沙論云如王舍城內有一屠兒名曰伽吒是未生怨王少小知友曾白太子汝登王位與我何願太子語言當恣汝請後未生怨害父自立伽吒於是從王乞願王便告曰隨汝意求伽吒白言願王許我王舍城中獨行屠殺王遂告曰汝今云何求此惡願豈不怖畏當來苦耶屠兒白王諸善惡業皆無有果何所怖畏王遂告曰汝云何知伽吒白王我憶過去六生於此王舍城中常行屠殺最後生在三十三天中多受快樂從彼天歿來生此間少小與王得為知友故知善惡其果定無王聞生疑便往白佛佛告王曰此事不虛然彼屠兒曾以一食施與獨覺發邪願言使我常於王舍城內獨行屠殺後得生天由勝業因果遂其願彼先勝業與果今盡卻後七日定當命終生號叫地獄次第受先屠業苦果是故此智極知七生復有說者此極能憶五百生事謂有苾芻自憶過去五百生中恒墮餓鬼趣念彼所受飢渴苦時徧身流汗深心怖惱息諸事業精進熾然後經多時得預流果復有苾芻自憶過去五百生中恒墮地獄趣念彼所受地獄苦時諸毛孔中徧皆血流身及衣服非常臭穢每日詣水澡浴浣衣衆人謂之計水為淨

又薩婆多論問曰願智宿命智有何差別答宿命知過去願智知三世宿命智知有漏願智二俱兼知宿命智知自身過去願智自他兼知宿命智知一身二身次第得知願智一念超知百劫古時畜生所以能語今時畜生所以不能語謂劫初時先有人天未有三惡盡從人天中來以宿習近故是以能語今時畜生多從三惡道中來是以不語又婆沙論說謂於生處自性能知過去宿命及知他心於其生處不假修因自性而知此智徧通五趣然有強弱三塗及天此四趣中作用則强若在人趣用則微弱何故如是為人趣中有瞻相言智及有修禪發智乃至他心法等智為此等智之所覆隱是故雖有作用微隱不現

如新婆沙論云若論有情見嶮隘處修令寬博使往來者無有艱難由彼業力在母腹中無迫窄苦故得此智或有餘說若諸有情施他種種大妙飲食由彼業力能引此智若諸有情不造惱害他業常作饒益他事由斯業故在母腹中不為風熱痰陰病等之所逼切後出胎時無迫窄苦是故能憶諸宿住事故有是說若諸有情住在母腹及出胎時不受衆病迫窄苦者皆應能憶過去生事但由母病及迫窄苦悉皆忘之

第三鬼趣中亦有生處得智知他心等云何知耶昔有女人為鬼所魅羸瘦將死呪師問鬼汝今何為惱此女人鬼便報言此女過去五百生中常害我命我亦過去五百生中常害彼命怨怨相報于今未息彼若能捨我亦捨之呪師因報彼女人曰汝若惜命當捨怨心女人報言我已捨矣鬼觀女意都不捨怨恐命不全妄言已捨遂斷其命捨之而去

第四畜生趣中云何知有宿命智荅如婆沙論中昔有一女置兒在地緣行他處時有一狼將其兒去其母見已趁而語言汝狼何以將我兒去狼即報言汝是我怨曾於五百生中常食我兒我今還欲於五百生殺害汝子此乃怨讎相報理當法尒何以生瞋作是報已復更語言若汝能捨怨害者我則放汝之子兒母報曰我捨怨心時狼即便起坐思惟觀彼女人之心乃知不捨還復語言汝雖口言心猶不捨作是語已即便斷其兒命而去此乃自識宿命亦知於彼女人之心此為良驗自餘鬼及天趣並識宿命及知他心前後諸篇經論具說不煩重述然此二智非是種智論他心宿命二種智唯據靜慮禪定發得此乃報得行在散心故知非也

第五地獄趣中云何得有自性宿命智生荅如涅槃經中五百婆羅門為彼仙育國王殺已至於地獄發三善念憶本所作即其驗也又如論說地獄衆生亦能念知獄卒等心亦是其驗也

宿習部第三

如佛說師子月佛本生經云佛在王舍城迦蘭陁竹園與大比丘衆千二百五十比丘百菩薩俱尒時衆中有一菩薩比丘名婆須蜜多游行竹園閒緣樹上下聲如獼猴或施三鈴作那羅戲時諸長者及行路人競集看之衆人集時身到空中跳上樹端作獼猴聲耆闍崛山八萬四千金色獼猴集菩薩所菩薩復作種種變現令其歡喜時諸大衆各作是言沙門釋子猶如戲兒幻惑衆人所行惡事無人信用乃與鳥獸作於非法如是惡聲偏王舍城有一梵志上啓大王頻婆娑羅王聞此語嫌諸釋子即勑長者迦蘭陁曰此諸釋子多聚獼猴在卿園中為作何等如來知不長者啓王婆須蜜多作變化事令諸獼猴一時歡喜諸天雨華持用供養為作何等自所不知尒時大王前後導從往諸佛所遙見世尊身放光明如紫金山普令大衆同於金色尊者蜜多及八萬四千獼猴亦作金色時諸獼猴

見大王來作種種變中有㮈華奉大王者大王見已與諸大衆俱至佛所爲佛作禮右繞三匝却坐一面白佛言此諸獼猴宿有何福身作金色復有何罪生畜生中尊者賓多復宿殖何福生長者家出家學道復有何罪雖生人中諸根具足不持戒行與諸獼猴共爲伴侶歌語之聲悉如獼猴使外道笑唯願天尊爲我分別令我開解佛告大王諦聽善思念之吾當爲汝分別解說乃往過去無量億劫之前有佛出世名曰然燈彼佛滅後有諸比丘於山澤中修行佛法堅持禁戒如人護眼因是即得阿羅漢時空澤中有一獼猴至羅漢所見於羅漢坐禪入定即取羅漢座具被作袈裟如沙門法偏袒右肩手擎香鑪繞比丘行時彼比丘從定覺已見此獼猴有好善心即爲彈指告獼猴言法子汝今應發無上道心獼猴聞說歡喜踊躍五體投地敬禮比丘起復㮈華散比丘上尒時比丘即爲獼猴說三歸依尒時獼猴即起合掌白言大德我今欲歸依佛法僧比丘爲受三歸已次當懺悔具說罪業我得羅漢能除衆生無量重罪如是慇懃三爲懺已告獼猴言法子汝今清淨是名菩薩汝今盡形受五戒已求阿耨菩提尒時獼猴依教受已發願已竟踊躍歡喜走上高山緣樹墮死由受五戒破畜生業即生兜率天上值一生補處菩薩爲說無上道心即持天華下空澤中供養羅漢羅漢見已即便微笑告言天王善惡之報如影隨形終不相捨而說偈言

業能莊嚴身　處處隨取趣
不失法如券　業如負財人
汝今生天上　由於五戒業
前身落獼猴　從於犯戒生
持戒生天梯　破戒爲鑊湯
我見持戒人　光明莊嚴身
七寶妙臺閣　諸天爲給使
衆寶爲牀帳　摩尼華瓔珞
值遇未來佛　娛樂說勝法
我見破戒人　墮在泥犂中
鐵犂耕其舌　臥在鐵牀上
鎔銅四面流　燒煑壞其身
或處於刀山　劒林及沸屎
灰河寒氷獄　鐵丸飲鎔銅
如是等苦事　常爲身瓔珞
若欲脫衆難　不墮三惡道
遊處天上路　超越得涅槃
當勤持淨戒　布施修淨命

時阿羅漢說此偈已默然無聲獼猴天子白言大德我前身時作何罪業生獼猴中復有何福值遇大德得免畜生生於天上羅漢答言乃往過去此閻浮提有佛出世名曰寶慧如來至涅槃後於像法中有一比丘名道華藏多與國王長者居士而爲親友邪命諂曲不持戒行身壞命終落阿鼻獄如蓮華數滿十八隔具受諸苦壽命一劫劫盡更生如是經歷諸大地獄滿八萬四千劫從地獄出墮餓鬼中吞飲鎔銅經八萬四千歲從餓鬼出復墮牛豬狗猴中各五百身緣前供養持戒比丘結誓要重今復遇我得生天上持戒比丘即我身是放逸比丘即汝身是獼猴天子聞此語

已心驚毛竪懺悔前罪即還天上
佛告大王彼獮猴者雖是畜生一見羅漢受持三歸及以五戒緣前功德超越千刼極重惡業得生天上值遇一生補處菩薩從是已後值佛無數淨脩梵行具六波羅蜜住不退地於最後身次彌勒後當成阿耨菩提佛號師子月如來
佛告大王欲知彼國師子月佛者今此會中婆須蜜多比丘是也王聞此語即起合掌徧體流汗悲泣雨淚悔過自責向婆須蜜多頭面著地接足為禮懺悔前罪
佛告大王欲知此等八萬四千金色獮猴者乃是過去拘樓秦佛時波羅柰國俱睒彌國二國之中共有八萬四千比丘尼行諸非法犯諸重禁狂愚無智如癡獮猴見好比丘視之如賊時有羅漢比丘尼名善安隱具為說法復懷忿恨時羅漢尼見諸惡人不生善心即起慈悲身昇虛空作十八變時諸惡人見變化已各脫金環散阿羅漢尼上願我生生身作金色前所作惡今悉懺悔時諸惡人身壞命終墮阿鼻地獄次第經歷至九十二刼常處地獄從地獄出五百身中常為餓鬼從餓鬼出一千身中常為獮猴身作金色大王當知尒時八萬四千犯戒尼罵羅漢尼者今此會中八萬四千諸金色獮猴是也尒時供養諸惡比丘尼者今大王是此諸獮猴因宿習故持華持香供養大王尒時汙彼比丘尼者今瞿迦梨及王五百黃門是佛告大王身口意業不可不慎
尒時王聞佛說對佛懺悔慚愧自責豁然意解成阿那含王所將八千人求王出家並成羅漢餘一萬六千人皆發菩提心八萬諸天亦俱發心八萬四千金色獮猴聞昔因緣慚愧自責繞佛千匝向佛懺悔各發無上菩提心隨壽長短命終之後當生兜率天上值遇彌勒得不退轉更過百萬億那由他阿僧祇比河沙刼當得成佛八萬四千次第出世同共一刼刼名大光同名普金光明王如來

又處處經云佛言有憍梵提已得阿羅漢道反作牛齝弟子問佛何以故佛言是比丘前世宿命時七百世作牛今世得道餘習未盡故作齝食若依智度論問何以作牛荅由過去世經他穀田取五六粒粟口嘗吐地以損他粟故作此牛由作牛多身故牛脚齝食也

五通部第四

如菩薩處胎經云尒時有妙勝菩薩白佛言世尊五通菩薩修習何法得神通道佛告妙勝此欲界中善男子善女人不須眼通生便徹見一閻浮內衆生之類麁細好醜城郭樹木或有人眼能觀二三四天下不須眼通生便觀見或有人不須眼通耳通清徹聞一天下男聲女聲一切音聲即能別知一不修耳通一一曉了或有人不習不學自識宿命吾從某處來生此間父母種族名姓盡能別知或有人不修習神通知他人心行善惡趣向生處有緣衆生無緣衆生並悉能知或有人身能飛行周旋往來不

修身通身便能飛無所觸礙履空如
地履地如空佛告善男子善女人修
眼聖通除色斷垢三空定門便能得
見一千天下二千天下三千大千天
下或有聞一千天下二千天下三千
大千天下一切諸聲善惡六道悉能
曉了或有人除去識垢內外無瑕得
意聖通自識宿命一生二生乃生無
數阿僧祇劫所從來處父母眷屬國
土清淨悉能識知或有人修十神通
解知法性強記不忘便能得知他人
心念一生二生乃至無數阿僧祇劫
所從來處父母眷屬國土清淨名姓
種族皆悉知之或有人思惟法觀以
心持身以身持心睡眠覺寤意想如
空便能舉身一天下二天下乃至三
千大千剎土入地如空山河石壁無
所罣礙或有人臨當成佛以智慧力
除衆生垢坐樹王下不起于坐故得
成佛六通清徹尒時世尊而說偈曰

凡夫所得通　猶如諸飛鳥
有近亦有遠　不離生死道
佛通無礙法　眞實無垢穢
念則到十方　往返不疲倦
以慈念衆生　得通無罣礙
仙人五通慧　轉退不成就
我通堅固法　要入涅槃門

尒時坐中有菩薩名曰普光前白佛
言未審六通識法是一是若干若識
是一法如來金色神足道場遊諸佛
剎爲識致身爲身致識若身致識則
無六通若識致身此名一法無身無
識唯願世尊報我此義佛告普光菩
薩汝所問義爲第一義問爲世俗義
問若世俗義問識法若干無有定相
若第一義問則無身無識何以故分
別識法自性空寂無來無去亦無染
著汝問金色此有爲法五陰成就非
自然法非第一義我今爲汝說識想
法菩薩六通身識共俱非識先身後
非身先識後何以故法相自然識不
離身身不離識猶如二牛共其一軛
若黑牛前白牛後則種不成就若白
牛前黑牛後種亦不成非黑牛前白
牛後非白牛前黑牛後則種成就神
足道果亦復如是身識共俱無有前
後中間如來色身有前有後有中間
此世俗法非第一義於空寂法無有
若干

頌曰

善惡宿熏習　感報各殊方
曾爲鬼害怨　或作狼雖殃
屠兒憶殺業　須蜜戲猴鄉
宿祐除患者　在處遊天堂
觸類興清講　目擊洞兼忘
凡聖欽嘉會　賢愚慶流芳
四生行善業　六趣感神光
苦樂雖殊別　同知命短長

感應緣　略引九驗

晉羊太傅　晉王練
晉向靖　宋釋曇諦
魏釋乘師　隨刺史崔彥武
唐釋道綽　唐劉善經
唐沙門玄高

晉羊太傅祜字叔子泰山人也西晉
名臣聲冠區夏年五歲時嘗令乳母
取先所弄指環乳母曰汝本無此於
何取耶祜曰昔於東垣邊弄之落桑
樹中乳母曰汝可自覓祜曰此非先

宅兒不知處後因出門游望遙而東行乳母隨之至李氏家乃入至東垣樹中探得小環李家驚異曰吾子昔有此環常愛弄之七歲暴亾亾後不知環處此亾兒之物也云何持去叔持環走李氏遂問之乳母既說叔言李氏悲喜遂欲求叔還為其兒里中解喻然後得止叔年長常患頭風醫欲攻治叔曰吾生三日時頭北戶覺風吹頂意甚患之但不能語耳病源既久不可治也叔後為荊州都督鎮襄陽經給武當寺殊餘精舍或問其故叔嘿然後因懺悔叙說因果乃曰前身承有諸罪賴造此寺故獲申濟所以使供養之情偏殷勤重也

晉王練字玄明琅邪人也宋侍中父珉字季琰晉中書令相識有一梵僧每瞻珉風彩甚敬悅之輙語同學云若我後生得為此人作子於近願亦足矣珉聞而戲之曰法師才行正可為弟子子耳須之沙門病亾亾後歲餘而練生焉始能言便解外國語及絕國奇珍銅器珠貝生所不見未聞

其名即而名之識其產出又自然親愛諸梵過於漢人咸謂沙門審其先身故珉字之曰阿練遂為大名云

晉向靖字奉仁河內人也在吳興郡喪數歲女女始病時弄小刀子母奪取不與傷母手喪後一年母又產一女女年四歲謂母曰前時刀子何在母曰無也女曰昔爭刀子故傷母手云何無耶母甚驚怪具以告靖靖曰先刀子猶在不母曰痛念前女故不錄之靖曰可更覓數箇刀子合置一處令女自擇女見大喜即取先者曰此是兒許父母大小乃知前女審其先身 右二驗出自冥祥記

宋岷崙山有釋曇諦姓康其先康居人漢靈時移附中國獻帝末亂移止吳興諦父彤嘗為冀州別駕母黃氏晝寢夢見一僧呼黃為母寄一麈尾并鐵鏤書鎮二枚眠寤見兩物具存因而懷孕生諦諦年五歲母以麈尾等示之諦曰秦王所餉母曰汝置何處答云不憶至年十歲出家學不從師悟自天發後隨父之樊鄧遇見關

中僧䂮道人忽喚䂮名䂮曰童子何以呼宿士名諦曰向者忽言阿尚是諦沙彌為眾僧採菜被野豬所傷不覺失聲耳䂮經為弘覺法師弟子為僧採菜被野豬所傷䂮初不憶此乃詣諦父諦父具說本末并示書鎮麈尾等䂮乃悟而泣曰即先師弘覺法師也師經為姚萇講法華貧道為都講姚萇餉師二物今遂在此追計弘覺捨命正是寄物之日復憶採菜之事彌深悲仰諦後游覽經籍遇目斯記晚入吳虎丘寺講禮易春秋各七徧法華大品維摩各十五徧又善文翰集有六卷亦行於世性愛林泉後還吳興入故章崐崙山閑居澗飲二十餘載以宋元嘉末卒於山舍春秋六十餘 右一驗出梁高僧傳

元魏之時有北代秉禪師常受持法華精勤不懈命終中陰託河東薛氏為第五子生而能言自陳宿業不願處俗其父任北棣州刺史其第五郎隨任便往中山至七帝寺尋得前世本時弟子語曰汝頗憶從我渡水往

狼山不乘禪師者即我身是吾房中靈机可速除却弟子聞驗抱師悲慟哀傷人衆道俗竒怪將爲大徵父母戀惜恐其出家便與納室尒後便忘宿命之事而常興猒離常樂靜居（右一驗出唐高僧傳）

隋開皇中魏州刺史博陵崔彥武因行部至一邑愕然驚喜謂從者曰吾昔甞在此邑中爲人婦今知家處因乘馬入脩巷屈曲至一家命叩門主人公年老走出拜謁彥武入家先昇其堂覩東壁上去地六七尺有高隆處客謂主人曰吾昔所讀法華經并金釵五隻藏此壁中高處是也其經第七卷尾後紙火燒失文字吾今每誦此經至第七卷尾常忘失不能記得因令左右鑿壁果得經函開第七卷尾及金釵並如其言主人涕泣曰亡妻存日常誦此經釵亦是其處彥武指庭前槐樹吾欲產時自解頭髮置此樹空中試令人探樹中果得髮於是主人悲喜彥武留衣物厚給主人而去崔尚書敦禮說云然往年見盧文勵說亦大同但言齊州刺史不得姓名未如崔具故依崔錄（右一驗出冥報記）

唐并州玄中寺釋道綽姓衛并州汶水人也清約雅素慧悟天開承昔鸞師專崇習業以貞觀二年四月八日綽知命將盡通告事相聞而赴者滿于山寺咸見鸞師在七寶船上告綽云汝淨土堂成但餘報未盡并見化佛住空天華下散士女等衆以裙襟承得薄滑可愛又以蓮華乾地而插者經七日乃萎及餘善相不可殫記至年七十忽然齔齒新生如本全無歷異報力增强自非行感倫通詎能會斯嘉應也（右一驗出唐高僧傳）

唐汾州隰城人劉善經少小孤母所撫育其母平生常習讀內典精勤苦行以貞觀二十一年亡善經哀毀過禮哭聲不輟至明年善經恍惚之間見其母曰我爲生時修福得受男身今生於此縣南石趙村宋家汝欲相見可即至彼也言終不見善經如言而往不移時而至彼於是日宋家生男善經因奉衣物具言由委此男見在善經常以母禮事之隰州沙門善撫與善經舊知見善經及鄉人所說爲餘令言之

相州滏陽縣智力寺僧玄高俗姓趙氏其兄子先身於同村馬家爲兒馬家兒至貞觀末死臨死之際顧謂母曰兒於趙宗家有宿因緣死後當與宗家爲孫宗即與其同村也其母不信乃以墨點兒左脇作一大黑子趙家妻又夢此兒來云當與孃爲息因而有娠夢中所見宛然馬家之子產訖驗其黑子還在舊處及兒年三歲無人道引乃自向馬家云此是兒舊舍也于今現存已年十四五相州智力寺僧慧永法眞等說之

法苑珠林卷第二十六

法苑珠林卷第二十六

校勘記

一　底本，金藏廣勝寺本。

一　五八六頁中一行經名，徑作「法苑珠林卷第三十五」。

一　五八六頁中二行撰者，磧、普作「大唐上都西明寺沙門釋道世撰」，南作「唐上都西明寺沙門釋道世撰」；徑作「唐上都西明寺沙門釋道世玄惲撰」；清作「唐西明寺沙門釋道世撰」。

一　五八六頁中三行「此有四部」，徑無。

一　五八六頁中四行至五行「述意部……五通部」，徑無。

一　五八六頁中五行「習氣部」，清作「宿習部」。

一　五八六頁中六行「第一」，徑無。以下部目下序數例同。

一　五八六頁中八行第七字「常」，磧、普、南、徑、清作「恒」。

一　五八六頁中一一行末字「託」，磧、普、南、徑、清作「拓」。

一　五八六頁中二〇行末字「捐」，磧、普、南、徑、清、麗作「損」。

一　五八六頁下五行首字「人」，磧、普、南、徑、清、麗作「謂人」。

一　五八七頁上五行第一二字「象」，磧、普、南、徑、清無。

一　五八七頁上一五行「三十二天」，磧、徑作「三十三天」。

一　五八七頁上二〇行首字「狼」，磧、南作「猜」。

一　五八七頁上二一行第九字「據」，磧、普、南、徑、清作「處」。

一　五八七頁中一一行第八字「常」，磧、普、南、徑、清作「當」。

一　五八七頁下八行「宿命」，磧、普、南、徑、清、麗作「宿命智」。

一　五八八頁上六行第七字「常」，磧、普、南、徑、清作「恒」。

一　五八八頁上一〇行「母腹」，磧、南、徑、清作「母胎」。又「及出胎」，磧、南作「若出胎」。

一　五八八頁上一六行末字「常」，磧、普、南、徑、清作「當」。一七行第一二字、本頁中四行末字同。

一　五八八頁中一〇行第三字「乃」，磧、普、南、徑、清作「仍」。

一　五八八頁下六行第一一字「施」，磧、普、南、徑、清作「旋」。

一　五八八頁下一二行「戲兒」，磧、普、南、徑、清作「兒戲」。

一　五八八頁下一三行「作於」，磧、普、南、徑、清作「而作」。

一　五八九頁上一行末字「奉」，磧、普、南、徑、清作「奉上」。

一　五八九頁上九行「天尊」，磧、普、南、徑、清作「世尊」。

一　五八九頁中五行第六字「形」，磧、普、南、徑、清作「形壽」。

一　五八九頁中七行第八字「緣」，磧、普、南、徑、清作「懸」。

一　五八九頁下二一行「比丘」，磧、普、南、徑、清無。

一五九〇頁中三行第三字「常」，磧、普、南、徑、清作「恒」。四行首字同。

一五九〇頁中六行第一二字「此」，磧、普、南、徑、清作「者」。

一五九〇頁中一五行首字「王」，磧、普、南、徑、清作「佛」。

一五九〇頁中二一行「比河沙」，磧、普、南、徑、清、麗作「恒河沙」。

一五九〇頁中末行「普金光明王」，磧、南、徑、清作「並金光明」；普作「並金光明王」。

一五九〇頁下一行「憍梵提」，磧、普、南、徑、清、麗作「憍梵鉢提」。

一五九〇頁下三行「七百」，磧、普、南、徑、清作「七百三十」。

一五九一頁上五行第五字「一」，磧、普、南、徑、清作「一天下」。

一五九一頁上八行「乃生」，磧、普、南、徑、清、麗作「乃至」。

一五九一頁下七行第九字「猴」，南、徑、清作「獼」。

一五九一頁下一四行「晉王練」，徑作「昏瑯瑘王練」；清作「瑯瑘王練」。

一五九一頁下一五行「晉向靖」，徑作「昏河内向靖」；清作「河内向靖」。

一五九一頁下一六行「隨刺史崔彥武」，磧、普、南、麗作「隋刺史崔彥武」；徑、清作「隋崔彥武」。

一五九一頁下一八行「唐沙門玄高」，磧、普、南作「魏沙門玄高」；徑、清作「魏釋玄高」。

一五九一頁下一九行第五字「祋」，磧、普、南、徑、清作「祜」；麗作「祐」。下同。

一五九二頁上一行第一二字「遙」，磧、普、南、徑、清作「逕」。

一五九二頁上三行「樹中」，磧、普、南、徑、清作「樹下」。又「李家驚異」，磧、普、南作「李家驚悵」；徑、清作「李氏驚悵」。

一五九二頁上六行「遂問」，普、麗作「逐問」。

一五九二頁上九行第九字「頭」，磧、普、南、徑、清、麗作「頭首」。

一五九二頁上一〇行第二字「其」，麗作「甚」。

一五九二頁上一七行末字「僧」，磧、普、南、徑、清作「沙門」。

一五九二頁上二二行第六字「始」，麗作「始生」。

一五九二頁上末行「絕國奇珍銅器」，磧、南、徑、清作「絕國之奇珍銀器」；普作「絕國之奇珍銅器」。

一五九二頁中三行末字「云」，磧、南、徑、清作「云云」。

一五九二頁中一四行夾註左一「自」，磧、普、南、徑、清無。

一五九二頁中一八行第八字「黄」，磧、普、南、徑、清作「黄氏」。

一五九二頁下二行「宿士」，磧、普、南、徑、清作「宿老」。

一五九二頁下一二行「禮易」，磧、普、南、徑、清作「禮記周易」。

一 五九二頁下二一行「北棣州」，磧、普、南、徑、清作「北肆州」。

一 五九三頁上五行第一〇字「常」，磧、普、南、徑、清作「恒」，一六行第九字、本頁中一六行第七字、本頁下一行第二字同。

一 五九三頁上七行首字「隨」，磧、普、南、徑、清、麗作「隋」。

一 五九三頁上一〇行第四字「脩」，磧、普、南、徑、清作「修」。

一 五九三頁上一三行首字「處」，磧、普、南、徑、清無。

一 五九三頁上一四行「高處」，麗作「經函」。

一 五九三頁上一九行「已妻」，磧、普、南、徑、清作「亡妻」。

一 五九三頁上二〇行第二字「指」，磧、普、南、徑、清作「曰」。

一 五九三頁上二一行「空中」，普、南、徑、清作「穴中」。

一 五九三頁上二二行第八字「武」，麗無。

一 五九三頁中七行「感見」，磧、普、南、徑、清作「咸見」。

一 五九三頁中八行第五字「堂」，磧、南、徑、清作「當」；普作「功」。

一 五九三頁下二行第一三字「餘」，磧、普、南、徑、清作「余」。

一 五九三頁下八行第二字「家」，磧、普、南、徑、清無。

一 五九三頁下九行「左脇」，磧、普、南、徑、清作「左肋」。

一 五九三頁下一二行「墨子」，磧、普、南、徑、清作「黑子」。

一 五九三頁下一五行末字「之」下，磧、普、南、徑、清、麗有夾註「右二驗出寘報拾遺」。

一 五九三頁下卷末經名，徑無（未換卷）。

法苑珠林卷第二十七　順二十七張

西明寺沙門釋道世撰

至誠篇第十九 此有八部

述意部第一

夫至誠所感無神弗應大士運心無機不赴勵已尅意盡未來際所以一一弘誓莫不忍智相應心心廣博皆在阿惟越致自非立行重於松筠起願逾於金石殞命護持深心拯濟弘道以報四恩育德以資三有此明功被三祇果周十地也

求寶部第二

大志經云昔有國名歡樂有居士名摩訶檀妻名旃陁生一子姿容端正世間少雙墮地便語發誓願言我當布施濟益貧窮父母因名大意至年十七為衆生故發意入海取明月寶珠以濟衆生初入海中至白銀城龍王與明月珠有二十里寶前行復至金城龍王與明月珠有四十里寶復

前行至水精城龍王與明月珠此珠有六十里寶復前行至瑠璃城龍王與明月珠此珠有八十里寶後得道時願我為弟子淨意供養過於今日令長得智慧大意受珠而去欲還本國經歷海中諸海神王因共議言我海中雖多衆珍名寶無有此珠便勑海神要逆奪取神化作人與大意相見問言聞卿得奇異之物寧可借視大意舒手示其四珠海神便搖其手使珠墮水大意自念王與我言此珠難保我幸得之今為此子所奪非趣也即語海神言我自勤苦經涉險阻得此珠來汝反奪我今不相還我當抒盡海水海神知之問言卿志奇高海深三百三十六萬由延其高無涯柰河竭之如日終不墮地如大風不可攬東日尚可墮風尚可攬大海水不可抒令竭也大意笑荅之言我自念前後受身生死壞敗積骨過於須彌山其血流過五河尚欲斷之生死之根本但此小海何足不抒我昔供養諸佛誓願言令我志行勇於道決所

向無難當移須彌山竭大海水終不退意便一心以器抒海水精誠之意四天王來助大意抒水三分巳二於是海中諸神皆大振怖共議言今不還珠者非小故也水盡泥出壞我宮室海神於是便出衆寶以與大意大意不取但欲得我珠終不相置海神知其意感便出珠還之大意得珠還其本國悉意大施自是以後境界無復飢寒窮乏之者佛告諸比丘昔大意者我身是也阿難白佛以何功德致此四珠衆寶隨之佛言乃昔維衞佛時大意當以四寶爲佛起塔供養三尊持齋七日是時有五百人同時共起寺或縣繒燃燈者或燒香散華者或供養比丘僧者或誦經講說者今皆值佛並悉得度

故僧祇律云時海神便作是念假使百年抒此海水終不能減毛髮許感其專精即還其寶是時海神爲婆羅門而說偈言

精勤方便力　志意不休息
專精之所感　雖失復還得

求戒部第三

如雜譬喻經云昔有人名薩薄聞於外國更有異寶欲往治生而二國中間有羅剎難不可得過薩薄游行見市西門有一道人空牀上坐云賣五戒薩薄問言五戒云何荅曰無形直口授心持後得生天現世能却羅剎鬼難薩薄欲買問索幾錢荅金錢一千即就受竟語言卿向外國到界畔上羅剎若來卿但語言我是釋迦五戒弟子薩薄少時到二國中間見有羅剎身長一丈三尺頭黃如蘘眼如赤丁舉體鱗甲更互開口如魚鼓鰓仰接飛鷁蹈地沒膝口熱血流群衆數千直捉薩薄語言我是釋迦五戒弟子羅剎聞此永不肯放薩薄聊以兩拳捉之拳入鱗甲拔不得出又以腳蹹頭衝拔復不出五體沒鱗甲中唯背得動羅剎以偈語言

汝身及手足　一切悉被羈
但當去就死　跳踉復何爲

薩薄志意猶固以偈語羅剎曰

我身及手足　一時雖被繫
攝心如金石　終不爲汝斃

羅剎又語薩薄曰

吾是鬼中王　爲人多力膂
從來食汝輩　不可得稱數
但當去就死　何爲自寃語

薩薄更欲罵怒自念此身輪迴三界未曾乞人我今當以乞此羅剎作頓飽食即說偈曰

我此腥臊身　久欲相去離
羅剎得我便　悉持以布施
志求摩訶乘　果成一切智

羅剎聰明解薩薄語便生愧心放薩薄去長跪合掌向其謝曰

君是度人師　三界之希有
志求摩訶乘　成佛當不久
是故自歸命　頭面禮稽首

羅剎悔過竟送薩薄至外國大得珍寶又送還家大修功德遂成道迹故知戒力不可思議勸諸行者堅持禁戒還如此人立志勇猛

求忍部第四

如智度論云有大力毒龍以眼視人弱者即死以氣噓人強者亦死時龍

受一日戒出家入林樹間思惟坐久疲懈而睡龍法眠時形狀如蛇七寶雜色獵者見之驚喜言曰以此希有難得之皮獻上國王以為船舫不亦宜乎便以杖案其頭刀剝其皮龍自念言我力能傾國土此一小物豈能困我我今以持戒故不計此身當從佛語自忍閉目不視閉氣不喘憐愍此人為持戒故一心受剝不生悔意既以失皮赤宍在地時日大熱婉轉土中欲趣大水見諸小蟲來食其身為持戒故不復敢動自思惟言今我此身以施諸蟲為佛道故今以宍施以充其身後以法施以益其心身乾命終即生忉利天上畜生尚能堅持禁戒至死不犯況復於人寧容故犯

又五分律云佛言乃往過去有一黑蛇螫一犢子還入穴中有一呪師以羖羊呪呪令出穴不能令出呪師便於犢子前燃火呪之化成火蜂入蛇穴中燒蛇蛇不堪痛然後出穴殺羊以角抄著呪師前呪師語言汝還歃毒不尒投此火中黑蛇即說偈言

我既吐此毒　終不還收之
若有死事至　畢命不復迴

於是遂不收毒自投火中佛言尒時黑蛇者今舍利弗是昔受如此死苦猶不收毒況今更取所棄之藥

求進部第五

如雜寶藏經云佛言過去世時亦復曾於迦尸國毗提醯國二國中間有大曠野有惡鬼名沙吒盧斷絕道路一切人民無得過者有一賈主名曰師子將五百賈人欲過此路諸人恐怖畏不可過賈主語言慎莫怖畏但從我後於是前行到于鬼所而語鬼言汝不聞我名也答言我聞汝名故來欲戰問言汝何所能即捉弓箭而射是鬼五百發箭皆沒鬼腹弓刀器仗亦入鬼腹直前拳打拳復入去以右手托右手亦著以右脚蹹右脚亦著以左脚蹹左脚亦著又以頭打頭亦復著鬼作偈言

汝以手脚及與頭　一切諸物悉以著
餘有何物而不著　賈主說偈而答言
我今手足及與頭　一切財錢及刀仗

此諸雜物雖入沒　唯有精進不著汝
精進若當不休息　與汝鬬諍終不廢
我今精進不休息　終不於汝生怖畏

時鬼答言今為汝故五百賈客盡皆放去

求定部第六

如新婆沙論云魔王遂見菩薩坐菩提樹端身不動誓取菩提速出自宮往菩薩所謂菩薩曰剎帝利子可起此座今濁惡時衆生剛强定不能證無上菩提且應現受轉輪王位我以七寶當相奉獻菩薩告曰汝今所言如誘童子日月辰星可令墮落山林大地可昇虛空欲令我今不取大覺起此座者定無是處後魔將三十六俱胝魔軍各現種種可畏形執持戰具色類無邊徧三十六踰繕那量俱時奔趣菩提樹下惱亂菩薩皆不能得菩薩身心不動逾須彌山也

求果部第七

如雜寶藏經云佛法寬廣濟度無涯至心求道無不獲果乃至戲笑福不唐捐如往昔時有老比丘年已朽邁

神情昏塞見諸年少比丘種種說法聞說四果心生羨尚語少比丘言汝等聰慧願以四果以用與我諸少比丘嗤而語言我有四果須得好食然後相與時老比丘聞其此語歡喜即設種種餚饍請少比丘求乞四果諸少比丘食其食已更相指麾弄老比丘語言大德汝在此舍一角頭坐當與尒果時老比丘聞已歡喜如語而坐諸少比丘即以皮毱打其頭上而語之言此是須陁洹果老比丘聞已繫念不散即獲初果諸少比丘復弄之言雖與尒須陁洹果然其故有七生七死更移一角次當與尒斯陁含果時老比丘獲初果故心轉增進即復移坐諸少比丘復以毱打頭而語之言與尒二果時老比丘益加專念即證二果諸少比丘復弄之言汝今已得斯陁含果猶有往來生死之難汝更移坐我當與尒阿那含果時老比丘如言移坐諸少比丘復以毱打而語之言我今與尒第三之果時老比丘聞已歡喜倍加至心即時復證阿

那含果然故於色無色界受有漏身無常遷壞念念是苦汝更移坐次當與尒阿羅漢果時老比丘如語移坐諸少比丘復以皮毱撩打其頭而語之言我今與尒彼第四果時老比丘一心思惟即證阿羅漢果得四果已甚大歡喜設諸餚饍種種香華請少比丘報其恩德與少比丘共論道品無漏功德諸少比丘發言滯塞時老比丘方語之言我已證得阿羅漢果已諸少比丘聞其此音咸皆謝悔先戲弄罪是故行人宜應念善乃至戲弄猶獲實報況至心也

又雜寶藏經云若人求道要在精誠相感能獲道果如往昔時有一女人聰明智慧深信三寶常於僧次請二比丘就舍供養時有一老比丘次到其舍年耆根鈍素無知曉時彼女人齋食已訖求老比丘為我說法獨敷一坐閉目靜默時老比丘自知愚闇不知說法趣其睡眠棄走還寺然此女人至心思惟有為之法無常苦空不得自在深心觀察即獲初果既得

果已求老比丘欲報其恩此老比丘審已無知棄他走避倍更慚恥復棄藏避而此女人苦求不已方自出現女人於時具論上來蒙得道果故賚供養用報大果時老比丘以慚愧故深自尅責即獲初果是故行者應當至心若至心者所求必獲

濟難部第八

如僧伽羅剎經云昔者菩薩現為鸚鵡常處于樹風吹彼樹更相切磨便有火出火漸熾盛遂焚一山鸚鵡思惟猶如飛鳥軀止于樹故當反復起報恩心何況於我長夜處之而不減火即往詣海以其兩翅取大海水至彼火上而灑於火或以口灑東西馳奔時有善神感其勤苦尋為滅火

又智度論云昔野火燒林林中有一雉勤身自力飛來入水以水灑林往反疲乏不以為苦時天帝釋來問之言汝作何等荅曰我救此林愍眾生故此林蔭育處居日久清涼快樂我諸種類及諸宗親皆悉依仰我有身力云何不救天帝問言汝乃精勤當

至幾時雖言以死爲期天帝言誰爲汝證即自立誓我心至誠信不虛者願火即自滅是時淨居天知雖弘誓即爲滅火始終常莊不爲火燒（故經云人有善願天必從之斯言驗矣）

頌曰

志誠抱氷雪　慕齒追桑榆
太息波川迅　悲哉人代拘
歲聿皆採穫　冬晚懼嚴枯
精誠求施戒　忍精定慧睟
結侶同共逵　勝地心相符
商人不顧死　羅刹未能逾
求寶竭大海　神佛捧明珠
寄言求道者　立志報非虛

感應緣（詳夫古今無問道俗但有至誠誠必感徹且此外中有三內中十一內外合說略述一十四驗）

晉明帝殺力士含玄
楚熊渠夜行射石
楚干將莫耶藏劍
宋韓馮妻㼛王奪
宋伏萬壽念觀音
宋顧邁念觀音
宋沙門慧和念觀音

宋韓徽念觀音
宋彭子喬念觀音
趙沙門單服松香石
唐董雄念觀音
唐沙門道積諫志
唐沙門法誠經驗
唐比丘尼法信經驗

晉明帝殺力士含玄玄謂持刀者曰我頭多筋斫之必令即斷吾將報汝持刀者不能留意遂斫數瘡然始絕尋後見玄絳冠朱服赤弓丹矢射之持刀者呼曰含玄緩我少時而死（右一驗出冤魂志）

楚熊渠夜行見寢石以爲伏虎彎弓射之沒金鏃羽下視知其石也復射之矢摧無跡漢世復有李廣爲右北平太守射虎得石亦如之劉向曰誠之至也而金石爲之開況人乎夫倡而不和動而不隨中必有不全者也夫不降席而匡天下者求之已也

楚干將莫耶爲楚王作劍三年乃成王怒欲殺之其劍有雄雌其妻重身當產夫語妻曰吾爲王作劍三年乃成王怒往必殺我汝若生子是男大告之

曰出戶望南山松生石上劍在其背於是即將雌劍往見楚王楚王大怒使相之劍有二雄雌雌來雄不來王怒誅殺之莫耶子名赤比後壯問其母曰吾父所在母曰汝父爲楚王作劍三年乃成王怒殺之去時囑我語汝子出戶望南山松生石上劍在其背於是子出戶望南不見有山但覩堂前松柱下石砥之上則以斧破其背得劍日夜思欲報楚王楚王夢見一兒眉間廣尺欲報讎王即購之千金兒聞之亡去入山行歌客有逢者謂子年少何哭之甚悲耶曰吾干將莫耶子也楚王殺吾父吾欲報之客曰聞王購子頭千金將子頭與劍來爲子報之兒曰幸甚即自刎兩手捧頭及劍奉之立不僵客曰不負子也於是屍乃仆客持頭往見楚王楚王大喜客曰此乃是勇士頭也當於湯鑊煑之王如其言煑頭三日三夕躍不爛頭踔出湯中躓目大怒客曰此兒頭不爛願王自臨視之是必爛也王即臨之客以劍擬王頭墮湯中客亦

自擬已頭頭復墮湯三皆俱爛不可
識別分其湯害葬之故通名三王墓
今在汝南北宜春縣界
宋時大夫韓馮取妻而美康王奪之
馮怨王因之論爲城旦妻密遺馮書
繆其辭曰
甚雨淫淫河大水深日出當心既而
王得其書以示左右左右莫解其意
臣賀對曰甚雨淫淫言秋且思也河
大水深不得往來也日出當心必有
死志也俄而馮乃自殺其妻乃陰腐
其衣王與之登臺妻遂因投臺下左
右攬之衣不中手而死遺書於帶曰
王利其生妾利其死願以屍骨賜馮
馮合葬王怒弗聽使里人之塚相望
也曰尒夫婦相愛不已若能使塚合
則吾弗禁也宿昔之間便有灾梓木
於二塚之端旬日而大盈抱屈體以
相就根交於下枝錯於上又有鴛鴦
雌雄各一常栖樹上晨夜不去交頸
悲鳴音聲感人宋人哀之遂號其木
曰相思樹相思之名起於此也今睢陽
有韓馮城其歌謠至今存焉右三驗出搜神記

宋伏萬壽平昌人也元嘉十九年在
廣陵爲衞府行叅軍假訖反州四更
初過江濟之時長波安流至中江而
風起如箭時又極暗莫知所向萬壽
先奉法對至唯一心歸命觀世音念
無間息俄尒與船中數人同覩北岸
有光狀如村火相與喜曰此必是歐
陽火也迴舳趣之未旦而至問彼人
皆云昨夜無然火者方悟神力至設
齋
宋顧邁吳郡人也奉法甚謹爲衞府
行叅軍元嘉十九年亦自都還廣陵
發石頭城便逆湖朔風至横決風勢
未彌而舟人務進既至中江波浪方
壯邁單船孤征憂危無計誦觀世音
經得十許徧風勢漸歇浪亦稍小既
而中流屢聞奇香芬馥不歇邁心獨
嘉故歸誦不輟遂以安濟
宋慧和沙門者京師衆造寺僧也宋
義嘉之難和猶爲白衣疑劉胡部下
胡嘗遣將士數十人值諜東下和亦
預行行至鵲渚而值臺軍西上諜衆
離散各逃草澤和得竄下至新林外

會見野老衣服縷弊和乃以兒整袴
褶易其衣提籃負擔若類田人時諸
游軍捕此散諜覩和形色疑而問之
和荅謬略因被笞掠登將見斬和自
散走便常誦念觀世音經至將斬時
祈懇彌篤既而軍人揮刀屢趺三舉
三折並驚而釋之和於是出家遂成
精業
宋韓徽者未詳何許人也居于枝江
其尗幼宗宋末爲湘州府中兵昇明
元年荊州刺史沈攸之舉兵東下湘
府長史庾佩玉阻甲自守未知所赴
以幼宗猜貳殺之戮及妻孥徽以兄子
繫于郡獄鐵木竟體鉗梏甚嚴須孝
畢情黨將悉誅滅徽惶迫無計待期
而已徽本嘗事佛頗諷誦觀世音經
於是晝夜誦經至數百徧方晝而鏁
忽自鳴若燒炮石瓦爆炸之聲已而
視其鏁灌然自解徽懼獄司謂其解
截遽呼告之吏雖驚異而猶更釘鏁
徽如常諷誦又經一日鏁復鳴解狀
如初時吏乃具告佩玉玉取鏁詳視
服其通感即免釋之徽今尚在勤業

妹至
宋彭子喬者益陽縣人也任本郡主
簿事太子沈文龍建元元年以罪被
繫子喬少年嘗經出家末雖還俗猶
常誦習觀世音經時文龍感怒防械
稍急必欲殺之子喬憂懼無復餘計
唯至誠誦經至百餘徧疲而書寢時
同繫者有十許人亦俱睡臥有湘西
縣吏杜道榮亦繫在獄乍寐乍寤不
甚得熟忽有雙白鶴集子喬屏風上
有須一鶴下至子喬邊時復覺如美
麗人形而已道榮起見子喬雙械脫
在脚外而械雖猶在焉道榮驚視始
畢子喬亦寤共視械杳嗟問子喬有
所夢不喬曰不夢道榮如向所見說
之子喬雖知必已尚慮獄家疑其欲叛
乃解脫械雖更著經四五日而蒙釋放
琰族兄璉親識子喬及道榮聞二人
說皆同如此
趙沙門單或作善字道開不知何許
人也别傳云燉煌人本姓孟少出家
欲窮栖巖谷故先斷穀食初進麮
三年後服鍊松脂三十年復唯時呑

小石子石子下輒復斷酒脯雜菓體
畏風寒唯噉樹薑氣力微弱而膚色
潤澤行步如飛山神數試未曾傾動
仙人常來意亦不耐每齧蒜以却之
端坐靜念晝夜不眠久在抱罕石虎
建武二年自西平迎來至鄴下不乘
舟車日行七百餘里過南安度一童
子為沙彌年十三四行亦及開既至
居于昭德佛圖裳服縷獘肘常袒
於屋内作棚閣高八九尺上織菅為
帳禪于其中絶穀七載常御雜藥藥
有松脂茯苓之氣善能治目疾常周
行墟野救療百姓王公遠近贈遺累
積皆受而施散一毫無餘石虎之末
逆知其亂乃與弟子南之許昌升平
三年來至建業復適番禺住羅浮山
蔭臥林薄遜然自怡以其年七月卒
遺言露屍林裏弟子從之陳郡袁彦
伯興寧元年為南海太守與弟穎升
登游此岳致敬其骸燒香作禮右六驗出冥祥記
唐貞觀年中有河東董雄為大理寺
丞少來信敬蔬食十年至十四年中
為坐李仙童事主上大怒使侍御韋

琮鞫問甚急因禁數十人大理丞李
敬玄司直王欣同連此坐雄與同屋囚
鏁專念普門品日得三千徧夜坐誦
經鏁忽自解落地雄驚告忻玄忻玄
共視鏁堅全在地而鉤鏁相離數尺
即告守者其夜監察御史張守一宿
直命吏開鏁以火燭之見鏁不開而
相離甚怪又重鏁紙封書上而去雄
如常誦經五更中鏁又解落有聲雄
又告忻玄等至州告敬玄視之封題
如故而鏁自相離敬玄素不信佛法
其妻讀經常謂曰何為胡神所魅而
讀此書耶及見雄此事乃深悟不信
之咎方知佛為大聖也時忻亦誦八
菩薩名滿三萬徧晝鏁解落視之如
雄不異其事臺中内外具皆聞見不
久俱免右一驗出冥報拾遺
唐蒲州普救寺釋道積河東安邑縣
人也俗姓相里名子才既莅玄門更
名道積其先蓋鄭大夫子產之苗裔
矣昔子產生初執拳而出啓手觀之
文成相里其後因而氏焉父宣恢廓有
大志用好學該富宗尚嚴君積早習丘

壙神氣爽烈博通經論大小洞明成
匠道俗並潤朱藍結宗慈訓遠近通
洽而深護煩惱重慎譏疑尼衆歸依
初不引顧每謂衆曰女爲戒垢聖典
常言佛度出家損滅正法尚以聞名
汗心況復面對無染且道貴清顯不
參非濫俗重遠嫌君子依奉余雖不
逮請遵其度由此受戒教授没齒未
登衆謁諸講不驗入室鄰則骨梗潔
已清貞高踏河東英俊莫與同風先
是沙門寶澄滿初於普濟寺創營大
像百丈萬功纔登其一不卒此願而
澄早逝鄉邑耆艾請積繼之乃惟大
像造之未成也引七貴而崇樹之修建
十年彫莊都了道俗慶賴欣喜相并
初積受請之夕寢夢崖傍見二師子
於大像側連吐明珠相續不絕既寤惟
曰獸王自在則表法流無滯寶珠自涌
又喻財施不窮冥運潛開功成斯在
即命工匠圖夢所見於彌勒大像前
今猶存焉其寺蒲阪之陽高爽華博
東臨州里南望河山像設三層巖廊
四合上坊下院赫奕相臨園磑田蔬

周環俯就小而成大咸積之功揮空
樹有皆積之力而獎衣蔬食輕財重
命普救殷贍退静歸閑爲而不恃即
處幽隱天懷抗志頓絕人世不令而
衆自嚴不出而物自往僕射裴玄寂
寵居上宰欽其令問頻贈香衣刺史
杜楚客知人之重造展求法其感動
柔靡皆此類也往經隨季擁閑河東
通守堯君素鎮守荒城偏師肆暴
時人莫敢竊視也欲議諸沙門登城
守固敢諫者斬玄素同憂無能忓者
積憤歎內發不顧形命謂諸屬曰時
乃感衰法無隆替天之未喪其文斯
在且沙門塵外之賓迹類高世何得
執戈擐甲爲禦侮之卒乎遂引沙門
道遜神素等歷階厲色而諫曰貧道
聞之不畏死不可以死懼之今視死若
生但懼不得其死死而有益是可甘
心計城之存亾公之略也世之否泰公
之運也豈在三五虛怯而能濟乎昔
者漢欽四皓天下隆平魏重干木舉
國大治今欲拘繫以從軍役反天常
以會靈祇恐納不祥之地耳敢布腹

心願深圖之無宜空肆一朝自傾於
後爲天下笑也貧道等但依聖誠言
行道禮誦爲國崇福冥益百姓神鬼
護助寧可索頭與頭仍爲本願必縱
以殘生逼充步甲者則不知生爲何
生死爲何死積陳此語傍爲寒心素
初聞諫重積詞氣厲但張目直視曰
異哉值斯人乎何爲心氣太重之壯
耶因捨而不問放還本寺後知其屈
詣積陳懺堯素以殺戮無度黥其毒
心加又舉意輕陵雖復當時獲寢而
禍作其坒卒爲城人薛宗所害但積
宗既出家後呵責本緣挫拉元情轉
性剛勇志決不迴遇逢瞋忿動爲魚
增和忍歲登耳順此行彌隆習與性
成斯言不爽以貞觀十年九月十七
日終于本寺春秋六十有九初積云
疾的無可自知將委告門人曰吾今
七十有五卒今年矣其徒曰師六十
九矣何遽辭乎告曰死生法介吾不
懼也且吾將年七十剌史貌吾增爲
六歲故其命在旦夕宜深剋勵視吾
所行又曰經不聞乎世實危脆無牢

強者去終三日鍾不發聲逝後如舊衆咸哀歎慕惜罕疇

唐終南山悟眞寺釋法誠俗姓樊氏雍州萬年縣人幼小出家止藍田王孝寺事沙門僧和爲師和亦鄉族所推敬奉比聖僧有人欲害夜往其房見門内猛火騰焰并帳遂即追悔和性潔無染人或弄之密以羊骨水洗令飲和素不知飲便嘔吐其冥感潛識爲若此也誠奉佩訓勗每誦法華用爲常式法華三昧翹心奉行澡沐中表温恭朝夕夢感普賢勸書大教誠曰大乘也所謂諸佛智慧般若大智於即入淨行道重顯匠工令書八部般若香臺寶軸莊嚴成就又於寺南橫嶺造華嚴堂陻山間谷列棟開甍前對重巒右臨斜谷吐納雲霧下瞰雷霆實奇觀也又竭其精志書寫受持弘文學士張孝靜者是張瓚父時號銀鉤罕有加勝乃請至山令受戒潔齋洗淨身口口含香汁身服新衣然靜長途寫經紙別不盈五數誠倍與直慕令精好靜利其貨竭力寫之終部以已誠每燒香供養在其案前點墨之間心緣目覩略無遺漏故其翹心鑽注時感異鳥形色希世飛入堂中裴回鼓儛下至經案復上香鑪攝足住看自然馴狎久之翔逝來年經了將事興慶鳥又飛來如前馴擾鳴嗄哀亮貞觀初年復畫千佛鳥又飛來登上匠背營齋供慶日次中時怪其不來誠顧山峯曰鳥既不至吾不感矣將不嫌諸穢行艱旋輕薄致使無徵言已欻然飛來旋環鳴囀入香水中奮迅羽毛浴已便逝前後呈祥重疊難述誠素善筆工鄉曲知聞山巖惡路經偈妙辭自寫令誦皆誠筆也又自寫法華正當露地因事他行忘以收舉忽屬洪雨滂注溝澗走往看之案獨乾燥餘並流波當却偃橫松遂落懸溜未至下澗不覺已登高岸不損一毛信知經力又青泥坊側有古佛龕周氏瘞藏今猶未出誠夜夢其處大有尊形既寤往開恰獲龕像年月積久並悉剝壞誠而修理道俗稱善斯並冥衛之功自誠聞發至貞觀十四年夏末日忽感餘疾自知即世願生兜率索水洗訖又索修舉傍自撿校不許榮厚恰至月末明相將現無故語曰欲來但入未假絃歌顧侍人曰吾聞諸行無常生滅不住九品往生此言驗矣今有童子相迎久在門外吾今去世尒等好住佛有正戒無得有虧後致憂悔也言已出口光明照于楹内又聞異香苾芬而至但見端坐儼思不覺其神已逝時年七十有八誠之誦業一夏法華斷五百徧餘日讀誦兼而行之猶獲兩徧縱有人客要須與語者非經度訖不共他言略計十年之功一萬餘徧右二驗出唐高僧傳

唐武德時河東有練行尼法信常誦法華經訪工書者一人數倍酬直特爲淨室令寫此經一起一浴然香熏衣仍於寫經之室鑿壁通外加一竹筒令寫經人每欲出息輒含竹筒吐氣壁外寫經七卷八年乃畢供養殷重盡其恭敬龍門僧法端常集大衆講法華經以此尼經本精定遣人請

之尼囙辯不與法端責讓之尼不得
已乃自送付法端等開讀唯見黃紙
了無文字更開餘卷悉皆如此法端
等慚懼即送還尼尼悲泣受以香水
洗函沐浴頂戴繞佛行道於七日夜
不暫休息既而開視文字如故知抄
寫深加潔淨比來無驗只爲不殺左
驗出冥報記

法苑珠林卷第二十七

甲辰歲高麗國分司大藏都監奉
勅彫造

法苑珠林卷第二十七

校勘記

一　底本，金藏廣勝寺本。六〇四頁下至六〇六頁上原版或缺或殘，以麗藏本補換。

一　五九七頁中一行經名，徑無(未換卷)。

一　五九七頁中二行撰者，磧、普作「大唐上都西明寺沙門釋道世撰」；南作「唐上都西明寺沙門釋道世撰」；徑無(未換卷)；清作「唐西明寺沙門釋道世撰」。卷第三十同。

一　五九七頁中三行「第十九」，徑作「第十九之一」。又「此有八部」，徑無。

一　五九七頁中四行至六行「述意部……濟難部」，徑無。

一　五九七頁中七行「部第一」，徑無，以下「部」字與序數相連者例同。

一　五九七頁中一三行第一三字「明」，磧、普、南、徑、清、麗作「則」。

一　五九七頁下三行第一一字「寶」，磧、普、南、徑、清作「寶龍王遂發願言」。

一　五九七頁下七行第六字「珍」，磧、普、南、徑、清作「珠」。

一　五九七頁下一六行「由延」，磧、南、徑、清作「由旬」。又「其高」，磧、普、南、徑、清作「其廣」。

一　五九七頁下一七行「奈河」，磧、普、南、徑、清、麗作「奈何」。

一　五九七頁下二一行第一二字「之」，磧、普、南、徑、清無。

一　五九七頁下二二行「不抒」，磧、普、南、徑、清作「可抒」。

一　五九八頁上二行第三字「便」，磧、普、南、徑、清作「使」。

一　五九八頁上一五行第六字「繒」，磧、普、南、徑、清作「繒蓋」。

一　五九八頁中八行第七字「索」，磧、南作「賁」；普、徑、清作「齎」。

一　五九八頁中一五行「直捉薩薄語薩薄言」，磧作「直捉薩薄語言」；

普、南、徑、清作「直捉薩薄薩薄語言」。

一　五九八頁中一九行「語言」，磧、普、南、徑、清作「語薩薄言」。

一　五九八頁下一行末字「艷」，磧、南、徑、清作「梶」。

一　五九九頁上四行「船舫」，磧、普、南、徑、清作「船飾」。

一　五九九頁上一二行第一二字「今」，磧、普、南、徑、清無。

一　五九九頁上一八行第二字「蠚」，磧、普、南、徑、清作「蜇」。

一　五九九頁上二二行第二字「杪」，磧、普、南、徑、清作「抄」。

一　五九九頁中二二行第二字「有」，磧、普、南、徑、清作「外」。

一　五九九頁下四行「汝故」，磧、普、南、徑、清作「汝等故」。

一　五九九頁下一九行「逾須彌山也」，磧、南、徑、清作「逾於蘇迷山也」；普作「於蘇迷山也」。至此，徑卷第三十五終，卷第三十六始，並有「至誠篇第十九之餘」一行。

一　六〇〇頁上四行第二字「蚩」，磧、普、南、徑、清作「嗤」。

一　六〇〇頁上末行「歡喜」，磧、普、南、徑、清作「歡喜信受」。

一　六〇〇頁下四行第七字「上」，磧、普、南、徑、清作「上恩」。

一　六〇〇頁下五行「大果」，磧、普、南、徑、清、麗作「大恩」。

一　六〇一頁上五行夾註左「斯言」，磧、普、南、徑、清作「其言」。

一　六〇一頁上七行第六字「慕」，磧、普、南、徑、清、麗作「暮」。

一　六〇一頁上八行第九字「伐」，磧、普、南、徑、清、麗作「代」。

一　六〇一頁上一〇行末字「眸」，清作「眹」。

一　六〇一頁上一四行「報非虛」，磧、普、南、徑、清作「菩提林」。

一　六〇一頁上一五行夾註左「感徹」，磧、普、南、徑、清、麗作「感徵」。又「且列」，普、徑、清作「但列」。

一　六〇一頁上一九行首字「楚」，清無。

一　六〇一頁上二二行首字「宋」，清無。下至本頁中二行同。

一　六〇一頁中五行首字「唐」，清無，六行及七行首字同。

一　六〇一頁中六行第六字「經」，徑、清作「誦經」。

一　六〇一頁中一二行夾註右三「驗」，磧、普、南、徑、清無。次頁上末行夾註右三同。

一　六〇一頁中一四行第一三字「復」，磧、普、南、徑、清無。

一　六〇一頁中一八行第一二字「金」，磧、普、南、徑、清、麗作「全」。

一　六〇一頁中末行第一三字「大」，磧作「夫」。

一　六〇一頁下八行「望南」，磧、普、南、徑、清作「南望」。

一　六〇一頁下一七行第六字「不」，磧、普、南、徑、清無。

一　六〇一頁下一八行第四字「仆」，

磧、普、南、徑、清作「僊」。

一　六〇一頁下二〇行第一三字「遂」，磧、普、南、徑、清無。

一　六〇一頁下末行第九字「頸」，磧、普、南、徑、清作「王頸」。

一　六〇二頁上一行第四字「頸」，磧、普、南、徑、清作「頸」。

一　六〇二頁上二行第六字「害」，磧、普、南、徑、清、麗作「肉」。

一　六〇二頁上五行第四字「因」，麗作「囙」。又第九字「且」，普、南、徑、清作「旦」。

一　六〇二頁上七行「甚雨淫淫」，磧、普、南、徑、清作「其雨淫淫」。下同。

一　六〇二頁上九行第一一字「旦」，磧、普、南、徑、清作「且」。

一　六〇二頁上一〇行「必有」，磧、普、南、徑、清作「心有」。

一　六〇二頁上一五行首字「馮」，磧、普、南、徑、清、麗無。又第七字「聽」，清作「德」。

一　六〇二頁上一七行「弗禁」，磧、普、南、徑、清作「弗阻」。

一　六〇二頁上二〇行第五字「常」，磧、普、南、徑、清作「恒」。下至次頁中四行第三字同。

一　六〇二頁上二二行「睢陽」，磧作「睺陽」；麗作「雎陽」。

一　六〇二頁中三行「江濟」，磧、普、南、徑、清作「江初濟」；麗作「初江濟」。又第一一字「至」，磧、普、南、徑、清無。

一　六〇二頁中五行第四字「對」，磧、普、南、徑、清作「勤」。

一　六〇二頁中八行第五字「舳」，麗作「舡」。

一　六〇二頁中九行第一三字「至」，麗作「至乃」。

一　六〇二頁中一〇行首字「齋」，普、徑、清作「齋會」。

一　六〇二頁中一四行「未彌」，磧、普、南、徑、清、麗作「未弭」。

一　六〇二頁中一九行「慧和沙門」，普、徑、清作「沙門慧和」。

一　六〇二頁中二〇行第三字「之」，磧、普、南、徑、清無。又第一〇字「疑」，普、徑、清作「隸」。

一　六〇二頁下四行第二字「荅」，磧、普、南、徑、清、麗作「答對」。

一　六〇二頁下五行第三字「便」，磧、南、徑、清作「但」。

一　六〇二頁下六行「彌篤」，磧、普、南、徑、清作「彌至」。又「揮刀」，磧、南作「揮刀」。

一　六〇二頁下一五行末字「期」，磧、普、南、徑、清作「斯」。

一　六〇二頁下一六行「諷誦」，磧、普、南、徑、清作「諷讀」。

一　六〇二頁下一九行「漼然」，磧、南、徑、清作「錯然」。

一　六〇三頁上九行「道榮」，磧、普、南、徑、清作「道策」。下同。

一　六〇三頁上末行第一一字「復」，磧、普、南、徑、清、麗作「後」。

一　六〇三頁中五行「久在抱牢」，磧、

普、南、徑、清作「久住抱罕」。

一　六〇三頁中九行「裳服縷獘背膊常袒」，磧、普、南、徑、清作「服縷粗弊背膛恒袒」。

一　六〇三頁中一五行首字「逆」，磧、南作「迸」。

一　六〇三頁下一行第六字「因」，清作「囚」。

一　六〇三頁下七行第四字「開」，磧、普、南、徑、清作「關」。

一　六〇三頁下一〇行「至州告敬玄」，徑、清作「至明告李敬玄」。

一　六〇三頁下一二行「所魅」，磧、普、南、徑、清作「所媚」。

一　六〇三頁下一五行第八字「晝」，磧、普、南、徑、清、麗作「畫」。

一　六〇三頁下一六行第二字「不」，磧、普、南、徑、清無。

一　六〇四頁上二行首字「匠」，磧、普、南作「近」。又第五字「潤」，磧、普、南、徑、清作「閏」。

一　六〇四頁上一一行第七字「初」，磧、普、南、徑、清作「初初」。

一　六〇四頁上一四行「七貴」，磧、普、南、徑、清作「七寶」。

一　六〇四頁上一五行「彫莊」，磧、普、南、徑、清作「雕裝」。

一　六〇四頁上二二行末字「廓」，磧、普、南、徑、清、麗作「廊」。

一　六〇四頁中七行第三字「容」，磧、普、南、徑、清作「客」。

一　六〇四頁中八行「隨季」，磧、普、南、徑、清、麗作「隋季」。

一　六〇四頁中一一行「諫者」，磧、普、南、徑作「陳首」。又「忏者」，磧、普、南、徑、清作「忤者」。

一　六〇四頁中一六行「道愻」，磧、普、南、徑、清作「道遜」。

一　六〇四頁中一七行第二字「之」，磧、普、南、徑、清作「人」。

一　六〇四頁下五行「不知」，普、南、徑、清作「未知」。

一　六〇四頁下二一行第一一字「貌」，普、南、徑、清作「完」。

一　六〇五頁上四行「廱州」，磧、普、南、徑、清作「雍州」。

一　六〇五頁上四行至五行「王孝寺」，磧、普、南、徑、清作「王效寺」。

一　六〇五頁上一〇行「每誦」，磧、普、南、徑、清作「常誦」。

一　六〇五頁上一一行第三字「常」，磧、普、南、徑、清作「恒」。

一　六〇五頁上二二行「五數」，磧、普、南、徑、清作「五十」。

一　六〇五頁中五行第三字「足」，磧、普、南、徑、清作「靜」。

一　六〇五頁中七行第五字「亮」，磧、普、南、徑、清作「號」。

一　六〇五頁中一七行「案獨乾燥」，磧、普、南、徑、清作「案乾獨燥」。

一　六〇五頁中末行第一〇字「術」，磧、普、南、徑、清作「衛」。

一　六〇五頁中末行末字「閒」，磧、普、南、徑、清作「開」。

一　六〇五頁下三行首字「修」，磧、普、南、徑、清作「終」。又第九字「榮」，

磧、普、南、徑、清作「營」。

一　六〇五頁下二〇行首字「第」，磧、普、南、徑、清作「筒」。

一　六〇六頁上五行「七日夜」，磧、普、南、徑、清作「七日七夜」。

一　六〇六頁上六行第一二字「故」，磧、普、南、徑、清作「故故」。

一　六〇六頁上卷末經名，徑無（未換卷）。

法苑珠林卷第二十八　困　四三三

西明寺沙門釋道世撰

神異篇第二十　此有五部

述意部　角通部

降邪部　胎孕部

雜異部

述意部第一

夫神道之爲化也蓋以抑夸强摧侮
慢挫凶銳解塵紛至若飛輪御寶則
善信歸降竦石參煙則力士潛伏當
知至治無心剛柔在化所以或韜光
晦影俯同迷俗或顯現神奇遙記方
兆或死而更生或定而後空靈迹怪
詭莫測其然夫理之所貴者合道也
事之所貴者濟物也故權者反常而
合道利用以成務然傳所紀其詳莫
究或由法身應感或是道仙高逸但
使一分兼人便足高矣若其夸衒方
伎左道亂時因藥石而高飛藉芳芝
而壽考與天上雞鳴雲中狗吠蛇鶴
不死龜蔡千年稱爲是異未可軟其
聖變也今之集者且錄聲聞三五之

神異若論諸佛菩薩聖德自在不
可以言知不可以心測備列諸篇不
局此章矣

角通部第二

如大方等大集念佛三昧經云大目
連答阿難言憶念我昔於一時間取
此三千大千世界悉內口中其時衆
生乃至無有一念驚覺往來想復念
我昔在世尊前作師子吼能以須彌內
於口中能過一劫若減一劫如是爲常復念往
昔至於東方住彼第三千世界有一
大城名曰寶門於彼有六萬億千家
我於彼中一一皆現我身而爲說法
安住正法爾時舍利弗答阿難言我
念昔取一袈裟投置地上時大目連
第一上座威神若是既不能取乃至
不能舉令離地何云手擎阿難又念
我昔居世尊前作師子吼時諸外道
欲共我較隱身說法唯除世尊一切
知見大力菩薩自外所有聲聞弟子
乃至外道而問我隱沒身時住在何
處終不能知我身所在爾時大迦葉
答阿難言我念一時在世尊前作師

子吼於此三千大千世界須彌諸山
之屬一以口吹能令破散乃至無有
如微塵許其有衆生住彼山者不令
損害亦無覺知如是諸山皆悉滅也
我又一時於此大千世界一切大海
河池諸水乃至無量億千那由他百
千水聚以口一吹皆令乾竭而彼衆生
不知不覺我又一時在大衆前作師
子吼能於三千大千世界之內以口一
吹即令大火熾然偏滿猶如劫燒終
亦不使損一衆生竟不覺知爾時彌
勒文殊諸大菩薩等聞大迦葉作師
子吼便化華聚若須彌山乃至卌三
散迦葉上復化作大七寶蓋住虛空中
覆大迦葉頂并覆一切聲聞大衆
爾時富樓那答阿難曰我念昔時有
諸衆生應以通化者便爲彼取三千
大千世界以手摩之開示彼等當爾
之時無一衆生有驚怕想亦不覺知
唯彼衆生應與化者乃見我手摩此
世界又我能取三千世界以手迴轉
不以爲難又我能於世尊前以一指
節取此三千世界一切水聚皆令入

我手指節間無一衆生有損減想我又一時於初夜中以淨天眼觀此大千世界所有無量衆生疑惑不出是定皆爲除疑令彼衆生各作斯念我蒙尊者獨往我前爲我宣説隨機獲益無有滯礙尒時羅睺羅荅阿難曰我念往昔唯此三千大千世界諸山之類皆納一毛孔中我身如本衆生不異我又一時取此大千世界所有大海河池水聚悉入毛孔我身無損衆生無害一切水聚各皆如本我又一時此處入禪即於東北方至一佛界佛號難勝現身禮敬已即還此界求栴檀香還持供佛香氣徧滿皆作無量種種變化

尒時須菩提荅阿難曰我念一時入於三昧此大千世界弘廣若斯置一毛端往來旋轉如陶家輪當尒之時無一衆生有驚懼心亦不覺知已之何處我又往昔於如來前作師子吼白言世尊如此大千世界我能以口微氣一吹皆令散滅其中衆生不驚不怕無往來想復於佛前能以大千世界

所有衆生皆悉安置一指節端上至有頂還來本處令彼衆生無往返想又念一時宴坐三昧見十方諸佛無量無邊百千世界各有六萬諸佛曾所未見今皆見知以是定心復發神力至須彌頂天帝釋邊撮取一掬栴檀末香往彼無量諸世界中供養向尒許如來彼界衆生皆悉明了見我往是閻浮供養承事

降邪部第三

如阿育王經云昔阿恕伽王深信三寶常供養佛法衆僧諸婆羅門外道等皆生嫉妬共相聚集簡選宿舊取五百人皆誦四韋陀典天文地理無不博達共集議言阿恕伽王一切盡供養剔頭禿人我等宿舊未曾被問當設何方便使彼意迴有一善呪婆羅門言諸賢但從我後却後七日我當以呪力作魔醯首羅身飛行至到王宮門汝等皆當步從我後我能使其大作供養汝等都得諸婆羅門皆共然可到七日首善呪婆羅門即自呪身化作魔醯首羅於虛空中飛到王門首

諸婆羅門亦皆侍從到王門首遣人白王言虛空中有魔醯首羅將四百九十九婆羅門從空來下今在門外餘婆羅門在地而立欲得見王阿恕伽王喚使來前使喚來入坐於兩廂牀上王言小坐共相問訊即語之言魔醯首羅何能屈意故來相見欲何所須荅言須飲食即勅廚中擎五百案飲食著前魔醯首羅等皆手推言我從生巳來未曾食如此食阿恕伽王荅言先不約勅不知當食何食魔醯首羅等皆同聲言我之所食剔頭禿人阿恕伽王即勅一臣汝往到雞頭末寺語尊者耶奢王宮内有五百婆羅門一自稱言魔醯首羅不知爲是人爲是惡羅刹請問所以願阿闍梨來爲我驅遣使去所使之人是邪見婆羅門弟子到彼衆中情不稱實如王所言阿恕伽王有五百婆羅門貌狀似人語似羅刹唯作是言正欲得汝沙門作食上座耶奢即語維那鳴搥集僧起辭衆僧言我年以至耄我爲衆僧當如此事衆僧安隱護持佛法聽

我使去第二上座言上座不應去我身無所堪能惟我應去第三者言第二上座不應去正應我去如是展轉乃至沙彌十六萬八千僧中其最下頭七歲沙彌起至衆僧中長跪合掌而作是言一切大僧一不足擾動我旣幼小不能堪任護持佛法唯願大衆必聽我去上座耶奢極大歡喜手摩沙彌頭言子汝應合去使人不待即於先去阿恕伽言頗有來者不使人荅言更相推致今次最下沙彌來王作是言大者羞恥故使小者來使作酬對阿恕伽王聞沙彌來即出門迎坐此沙彌著御座上諸婆羅門皆大瞋恚阿恕伽王大不識別我等宿德尚不起迎爲此小兒而自出迎沙彌問王言何以見嗔王時荅言此魔醯首羅欲得阿闍梨爲食隨阿闍梨欲爲作食不爲作食沙彌言我年幼小朝來未食王先施我食然後我當與彼令食王即勑厨宰擎食來與食一案食悉皆都盡如是擎五百案食與皆未足王復勑厨家言所有餘食盡持擎來

與沙彌得食忽尒都盡問言足未荅言未足飢渴如本厨監白王飲食都盡王言庫中麨餔乾食一切都來儵忽都盡王問言足未荅言猶未足王荅言一切飲食悉皆都盡更無有食沙彌言撮下頭婆羅門將來我欲食之即時敢盡如是悉食四百九十九婆羅門悉皆令盡唯有魔醯首羅極大驚怖飛向虛空欲去沙彌即時座上舉手從虛空中撮頭復敢使盡王即時驚怕見噉諸婆羅門使盡復不噉我以不沙彌知王心念即語王言王是佛法擅越終無損減愼莫驚怕即語王言王能共至雞頭末寺不王言阿闍梨將我上天入地皆當隨從沙彌即時共王到雞頭末寺王見沙彌朝所食之食諸衆僧等皆令共食所食五百婆羅門皆驗除鬚髮被著法衣在諸衆僧下行末坐最初食者最在上座首魔醯首羅最在行末五百人見王沙彌極生慚愧我等尚不能與此沙彌共戰何況與諸大衆而共捔力猶如鷄尾侯於鑪炭猶如蟲子與金

翅鳥捔飛遲疾猶如小兎共師子王捔其威力如此之比不自度量五百婆羅門心生慚愧得須陁洹道

胎孕部第四

如雜寶藏經云佛告諸比丘過去久遠無量世時波羅柰國中有山名曰仙山有梵志在彼山住大小便利常於石上後有精氣墮小行處有雌鹿來舐即便有娠日月滿足來至仙人所生一女子端正殊妙唯脚似鹿梵志取之養育長成梵志事火使火不絕此女宿火小不用意使令火滅此女恐怖畏梵志瞋有餘梵志離此住處此女往彼乞火梵志見跡跡有蓮華要此女言繞我舍七匝當與汝火若去時亦繞七匝莫行本跡異道而還即如其言取火而去時梵豫國王出行遊獵見彼梵志繞舍周匝十四重蓮華復見二道有兩行華怪其所以問梵志言都無水池云何有此妙華彼具荅之王尋華跡至梵志所從索女看見其端正甚適悅意即從梵志求索此女梵志與王王即立爲第二

夫人後時有娠相師占言當生千子
王大夫人聞已生妒漸作計挾恩好
招諭鹿女左右多與財寶日月滿足
便生千葉蓮華欲生之時大夫人以
物縵眼不聽自看捉臭爛馬肺承著
其下取千葉蓮華盛著檻裹擿於河
中還為解眼而語之言看汝所生唯
見一段臭爛馬肺王遣人問為生何物
而荅王言唯生臭肺大夫人而語王
言王喜倒惑此畜生所生仙人供養
生此不祥臭穢之物王即便退其夫
人之職不復聽見時烏耆延王將諸
徒衆從夫人姝女下流游戲見黃雲
蓋從河上流隨水而來王作是念此
雲蓋下必有神物遣人往看於黃雲
下見有一檻即便接取開而看之千
葉蓮華葉葉有一小兒取之養育以
漸長大各有大力烏耆延王歲常貢
獻梵豫王集諸獻物遣使欲去諸子
問言欲作何等時王荅言欲貢獻彼
梵豫國王諸子各言若有一子猶望能
伏天下俠來貢獻況有千子而當獻
他千子即時將諸軍衆降伏諸國次

到梵豫國王聞軍至募其國中誰能
攘却如此敵都無有人能攘却者第
二夫人來受募言我能却之問言云
何得却夫人荅言但為我作百丈之
臺我坐其上必能攘却作臺已竟夫
人在上而坐尒時千子欲舉弓射自
然手不能舉夫人語言汝慎莫舉手
向父母我是汝母千子問言何以為
驗母荅子言我若按乳一乳有五百
岐各入汝口是汝之母若當不尒非是
汝母即時兩手按乳一乳之中五百
岐入千子口中其餘軍衆無有得者
千子降伏向父母懺悔諸子於是和
合二國無復怨讎自相勸率以五百
子與親父母以五百子與養父母時
二國王分閻浮提各畜五百子佛言
欲知彼時千子者賢劫千佛是也尒
時嫉妒夫人縵他目者文鱗瞽目龍
是也尒時父者白淨王是也尒時母者
摩耶夫人是也諸比丘白佛言此女
有何因緣生鹿腹中足下生華復有
何因為王夫人佛言此女過去世時
生貧賤家母子二人田中鋤穀見一

辟支佛持鉢乞食母語女言我欲家
中取我食分與是快士女言亦取我
分并與母即歸家取母子二人食分
來與辟支佛女取草採華為之敷草
座散華著上待辟支佛坐女怪母遲
上一高處遙望其母已見其母而語
母言何不急疾鹿驟而來母既至已
嫌母遲故尋作恨言我生在母邊不
如鹿邊生也母即以二分食與辟支
佛餘殘母子共食辟支佛食竟擲鉢著
空作十八變時母歡喜即發誓願使
我將來常生聖子如今聖人以是業
緣後生五百子皆得辟支佛一作養
母一作所生母以語母鹿驟故生鹿
腹中脚似鹿甲以採華散辟支佛故
跡中一百華生以敷草故常得為王
夫人其母後身作梵豫王其女後身
作蓮華夫人由是業緣後生賢劫千
聖以誓願力常生賢聖諸比丘聞已
歡喜奉行

又分別功德經云昔有長者名曰善施
家有未出門女在家向火㗚氣入身
遂便有娠父母驚怪詰其由狀其女

寶對不知所以父母重閉加諸杖楚
其女不敢遂上聞王王復詰責女亦
不異許之以死女即稱怨曰天下乃
當有無道之王枉殺無辜我若不良
自可保試見枉如是王即撿保如女所
言無他增減語其父母我欲取之母
對曰隨意取之用此死女何爲王即
內之宮裏隨時瞻養日月遂滿産得
一男端正姝妙年遂長大出家得道
聰明博達精進不久得阿羅漢道還
度父母
又譬喻經云昔有夫妻二人無子祠
祀天神以求係嗣神即許之遂便懷
妊生四種物一者椑榼斗盛米二者
甘露瓶三者寶囊四者七節神杖其
人歎曰吾求兒子更生餘物便到神所
重求所願神即語言汝欲得子何物
稱益答曰子當使令給養吾等神云
食此米斗用之無盡甘露瓶食之
無減而消百病珍寶之囊用之無損
七節神杖以備凶暴兒子豈能辨此
其人大喜還家試驗如言不虛遂成
大富不可筭計國王聞之即遣衆兵

欲往攻奪其人擎杖飛游擊敵摧破
强衆皆悉退散其人歡喜無復憂患
雜異部第五
如譬喻經云昔有大家收穀千斛埋
著地中前至春溫開窖取種子不見
穀而有一蟲大如牛昔無有手足亦
無頭目如猶鈍突主人大小莫不怪
之出著平地即問汝是何等終無可
道便以鐵錐刺一處語曰欲知我者
持我著大道傍自當有名我者於是
舉著道邊三日之中無能名者文有
數百乘黃馬車衣服侍從皆黃駐車
而呼穀賊汝爲何在是間答曰吾食
人穀故持我著此語極之便辭別去
主人問穀賊向者是誰也答言是金
寶之精居在此西三百餘步大樹下
有百石甕滿中金主人即將數十
人往掘即得甕金家室歡喜棒車載將
歸叩頭向穀賊云今日得金是大神
恩寧可留神共歸更設供養穀賊曰
前食君穀不語姓字者欲令君得是
金報今當轉行福於天下不得復住
言竟忽然不現

又譬喻經云王舍城東南隅有一汪
水城內溝瀆汙穢屎尿盡趣其中臭
不可近有一大蟲生汪水內身長數
丈無有手足而婉轉低昂戲汪水中
觀者數千阿難入衛見而往觀蟲即
踴踉波浪動涌具以啓佛佛與諸比
丘共詣池所衆人見佛各各念言今
日如來當爲衆會說蟲本末以釋衆
疑不當快乎佛言昔維衛佛泥洹後
時有塔寺有五百比丘經過寺中寺主
見大歡喜請留供養三月衆皆受請
寺主盡心供饌無有所遺後五百商
人入海採寶還過塔寺見五百比丘
精勤行道並各發心當設薄供五百
商人各捨一珠得五百摩尼珠以寄
寺主囑寺主言曰足以吾珠供僧比
丘言諾即皆受之後生不善心圖欲
獨取不爲供衆衆僧問言前賈客施
珠應當設供而發遣耶寺主言是施
我耳若欲奪吾糞可施汝若不時去
剔汝手足投於糞坑衆愍其癡默然
各去故知惡祝不可不愼
又智度論云佛在世時有人遠行獨

宿空舍夜中有鬼擔一死人來著其前復有一鬼逐來瞋罵云死人我物汝忽擔來先鬼言是我物我自持來後鬼言是死人實我擔來二鬼各捉一足一手爭之前鬼言此閒有人可問後鬼即問是死人誰擔來是人思惟此二鬼力大若實不實俱不免死便語言前鬼擔來者是後鬼大瞋捉其人手拔出著地前鬼怒之急取死人一臂附之即著如是兩臂兩脚頭脇舉身皆易於是二鬼共食所易人身拭口而去其人思惟我父母生身眼見二鬼食盡今我此身悉是他宍我今定有身耶為無身耶行到佛塔問諸比丘廣說上事諸比丘言從本已來常自無我但以四大和合故計為我身如汝本身與本無異諸比丘度之為道得阿羅漢果

又善信經云有神藥樹名曰摩羅陀祇主獸天下萬毒不得妄行有大神蛇身長一百二十尺蛇行索食有黑頭蟲身長五丈蟲行道中與蛇相逢適欲舉頭前齧大蟲蛇聞藥香屈頭欲走蛇身羅藥樹身即中斷分作兩段頭半生得走尾便臭爛諸毒聞此蛇臭眾惡毒氣皆悉消滅

又智度論云明月摩尼珠多在龍腦中有福眾生自然得之亦名如意珠常出一切寶物衣服飲食隨意皆得得此珠者毒不能害火不能燒或是帝釋所執金剛與修羅鬪時碎落閻浮提變成此珠又言過去久遠佛舍利法既滅盡變成此珠以為利益

又華嚴經云大海中有四寶珠一切眾寶皆從之生若無此四珠一切寶物漸就滅盡諸小龍神不能得見唯娑伽羅龍王密置深寶藏中此深寶藏有四種名一名眾寶積聚二名無盡寶藏三名遠熾然四名一切莊嚴聚又大海之中有四熾然光明大寶一名日藏光明大寶二名離潤光明大寶三名火珠光明大寶四名究竟無餘光明大寶若大海中無此四寶四天下金剛圍山乃至非想非非想處皆悉漂沒日藏光明能變海水為酪離潤光明能變海酪為蘇火珠光明能然海蘇究竟無餘光明能然海蘇永盡無餘

頌曰

至聖冥運　罔慮罔識　神功掩暉
賢愚難測　善惡共居　昇沈同色
對事思悟　知之神匿　勑染不涅
遺塵攸息　匪伊玄覽　孰扇其極
省已愚懵　高慕齊德　萬代揚名
千齡福力

感應緣略引十八驗

晉沙門釋曇邃　晉沙門釋法相
晉沙門釋仕行　晉沙門釋耆域
晉沙門釋佛調　晉沙門釋揵陀
晉居士抵世常　宋參軍程德度
齊沙門釋弘明　齊沙門釋法獻
隋沙門釋普安　隋沙門釋法安
隋沙門釋慧侃　唐沙門釋轉明
唐沙門釋貫逸　唐沙門釋法順
唐兗州鄒縣人張志宇
諸傳雜明神異記

晉河陰白馬寺有釋曇邃未詳何許人少出家止河陰白馬寺蔬食布衣誦正法華經常一日一徧又精達經

旨亦為人解說嘗於夜中忽聞扣戶
云欲請法師九旬說法邃不許固請
乃赴之而猶是眠中比覺已身在白
馬塢神祠中并一弟子自尒日日密
往餘無知者後寺僧經祠前過見有
兩高座邃在北弟子在南如有講說
聲又聞有奇香之氣於是道俗共傳
咸云神異至夏竟神施以白馬一匹
白羊五頭絹九十匹呪願畢於是各
絕邃終不知所在
晉越城寺有釋法相姓梁不測何人
常山居精苦誦經十餘萬言鳥獸集
其左右皆馴若家禽太山祠有大石
函貯財寶相時山行宿于廟側忽見
一人玄衣武冠令相開函言絕不見
其石函蓋重過千鈞相試提之飄然
而起於是取其財以施貧民至晉元
興末卒春秋八十矣 右二驗出梁高僧傳
晉仕行沙門者穎川人也姓朱氏氣
志方遠識宇沈正循心直詣榮辱不
能動焉時經典未備唯有小品而章
句闕略義致弗顯魏甘露五年發迹
雍州西至于闐尋求經藏諭歷諸國

西域僧徒多小乘學聞仕行求方等
諸經咸駭怪不與曰邊人不識正法
將多惑亂仕行曰經云千載後將末
法當東流若疑非佛說請以至誠驗
之乃焚柴灌油煙燄方盛仕行捧經
涕流稽顙誓曰若果出金口應宣布
漢地諸佛菩薩宜為證明於是投經
火中騰燎移景既而一積煨燼文字
無毀皮牒若故舉國欣敬因留供養
遣弟子法饒賚送梵本還至陳留浚
儀倉垣諸寺出之凡九十篇二十萬
言河南居士竺叔蘭練解方俗深善
法味親共傳譯令放光首品是也仕
行八十乃土依闍維之火滅經日屍形
猶全國人驚異皆曰若真得道法當
毀壞應聲碎散乃斂骨起塔慧志道
人先師相傳釋公亦具載其事
晉沙門耆域者天竺人也自西域浮
海而來將游關雒達舊襄陽欲寄載
船北渡船人見梵沙門衣服弊陋輕
而不載比船達北岸耆域亦上舉船
皆驚域前行兩虎迎之弭耳掉尾域
手摩其頭虎便入草於是南北岸奔

往請問域曰無所應答及去有數百
人追之見域徐行而眾走猶不及惠
帝末域至雒陽雒陽道士悉往禮焉
域不為起譯語譏其服章曰汝曹分
流佛法不以真誠但為浮華求供養
耳見雒陽宮曰忉利天宮髣髴似此
當以道力成就而生死力為之不亦
勤苦乎沙門支法淵竺法興並年少
後至域為起立法淵作禮訖域以手
摩其頭曰好菩薩羊中來見法興入
門域大欣笑往迎作禮捉法興手舉
著頭上曰好菩薩從天人中來尚方
中有一人發病數年垂死域往視之
謂曰何以墮落生此憂苦下病人於
地臥單席上以應器置腹上紵布覆
之梵唄三偈訖為梵呪可數千語尋
有臭氣滿屋病人曰活矣域令人舉
布見應器中如汙泥者病人遂差
長沙太守滕永文先頗精進時在雒
陽兩脚風攣經年域為呪應時得申
數日起行雨水寺中有思惟樹先枯
死域向之呪旬日樹還生茂時寺中有
竺法行善談論時以比樂令見域稽首

曰已見得道證願當稟法域曰守口攝意身莫犯如是行者度世去法行日得道者當授所未聞斯言八歲沙彌亦以之誦非所望於得道者域笑曰如子之言八歲而致誦百歲不能行人皆知敬得道者不知行之卽自得以我觀之易耳妙當在君豈慍未聞京師貴賤贈遺衣物以數千萬億悉受之臨去封而留之唯作幡八百枚以駱駝負之先遣隨估客西歸天竺又持法興一納袈裟隨身謂法興曰此地方大爲造新之罪可哀如何域發送者數千人於雒陽寺中中食訖取道人有期日發長安來見域在長安寺中又域所遣估客及駱駝奴達燉煌河上逢估客弟於天竺來云近燉煌寺中見域弟子濕登者云於流沙北逢域言語欵曲計其旬日又域發雒陽時也而其所行蓋已萬里矣

晉沙門佛調不知何國人往來常山積年業尚純朴不表辭飾時咸以此重之常山有奉法者兄弟二人居去寺百里兄嫂病甚薦載出寺側以近醫藥兄既奉調爲師朝晝常在寺中諮詢行道異日調忽往其家弟具問嫂所苦并審兄安否調曰病者粗可御兄如常調去後弟亦策馬繼往言及調旦來兄驚曰和尚旦初不出寺汝何容相見兄弟爭問調調笑而不荅咸共異焉調或獨入深山一年餘半齎乾飯數斗還常有餘有人嘗隨調山行數十里天暮大雪調入石穴虎窟中宿虎還橫臥窟前調語曰我奪汝居處有愧如何虎弭耳下山隨者駭懼調自剋亡期遠近悉至乃興訣曰天地長久尚有崩壞豈況人物而欲求存若能盪除三垢專心眞淨形數雖乖而神會必同衆咸湊流調還房端坐以衣蒙頭奄然而終終後數年調白衣弟子八人入西山伐材忽見調在高巖上衣服鮮明姿儀暢悅皆驚喜作禮問和上尚在此耶荅曰吾常自在耳具問知故消息良久乃去八人便捨事還家向同法者說衆無以驗之共發塚開棺不見其屍

晉揵陁勒不知何國人也嘗游雒邑周歷數年雖敬其風操而莫能測焉後語人曰盤鵄山中有古塔寺若能修律其福無量衆人許之與俱入山既至唯草木深蕪莫知基朕勒指示曰此是寺基也衆試掘之果得塔下石礎復示講堂僧房井竈開鑿尋求皆如其言於是始疑其異寺既修復勒爲僧主去雒百里每朝至雒邑赴會聽講竟輒乞油一鉢擎之還寺雖復去來早晚未曾失中晡之期有人能行數百里者欲隨而驗之乃與俱發此人馳而不及勒顧笑曰汝執吾袈裟可以不倦既持衣後不及移晷便已至寺其人休息數日乃還方悟神人後不知終

晉抵世常中山人也家道殷富大康中禁晉人作沙門世常奉法精進潛於宅中起立精舍供養沙門于法蘭亦在焉僧衆來者無所辭却有一比丘姿形傾陋衣服塵獘跣涉塗濘來造世常常出爲作禮命奴取水爲其洗足比丘曰世常應自洗我足常曰年老疲瘵以奴自代比丘不聽世

常竊罵而去比丘便現神足變身八尺顏容瓌偉飛行而去世常撫膺悔嘆自撲泥中時扺家僧尼及行路者五六十人俱得望覩見在空中數十丈上了了分明奇芬異氣經月不歇法蘭即名理法師是宗者也有記在後卷傳蘭以語於弟子法階階每說之道俗多聞矣

宋程德度武昌人父道慧廣州刺史度爲衛軍臨川王行參軍時在尋陽屋有驚窠夜見屋裏忽然自明有一小兒從窠而出長可尺餘潔淨分明至度牀前曰君却後二年當得長生之道儵然而滅德度甚秘異之元嘉十七年隨王鎮廣陵遇禪師釋道恭因就學禪甚有解分到十九年春其家武昌空齋忽有殊香芬馥達于衢路闔境往觀三日乃歇 右六出冥祥記

齊永興栢林寺有釋弘明本姓嬴會稽山陰人少出家貞苦有戒節止山陰雲門寺誦法華習禪定精勤禮懺六時不輟每旦則水瓶自滿實感諸天童子以爲給使也明嘗於雲門坐禪

虎來入明室內伏于牀前見明端然不動久久乃去又時見一小兒來聽明誦經明曰汝是何人荅曰昔是此寺沙彌盜帳下食今墮圊中聞上人道業故來聽經願助方便使免斯累也明即說法勸化領解方隱後於永興石姥巖入定又有山精來惱明明捉得以腰繩繫之鬼遜謝求脫云不敢復來乃解放於是絕迹以齊永明四年卒於栢林寺春秋八十有四

齊南海荊山有釋法獻是廣州人始居北寺寺歲久彫衰獻率化有緣更加治葺改曰延祥後入藏薇山創寺寺成後有兩童子攜手來歌云

藏薇有道德　歡樂方未央

言終忽然不見舉寺驚嗟咸歎神異獻後入禪忽見一人來云磬繩斷何不早治獻驚起往視垂將委地申其手接得無折損後不知所終

隋終南山楩梓谷釋普安姓郭氏雍州北涇陽人也儀軌行法獨處林野不宿人世專崇禪思至于没齒栖遑荒險不避狼虎常讀華嚴手不釋卷

遵修苦行亡身爲物常游山野用施禽獸虎豹雖來嗅而不食常懷耿耿不副情願值周廢教常共碩德三十餘僧避地終南安置幽谷自身行乞資給豐足雖被聞徹皆獲免難時有譪法師避難在義谷杜映世家揺窯藏之安被放還因過禮覲譪曰安公明解佛法頗未寬多而神志絕倫不避強禦蓋難及也安曰今蒙脫難乃惟華嚴經力也至隋文帝創歷佛教大興廣募遺僧依舊安置時楩梓一谷三十餘僧應詔出家並住官寺唯安一人習樂山居守素林壑時行村聚慧益生靈終寢煙霞不接浮俗末有人於子午虎林兩谷合澗之側鑿龕結菴延而住之初住龕日上有大石正當其上恐落損出逐峻崩下安自念曰願移餘處莫碎龕窟石遂依言迸避餘所大衆共怪安曰是華嚴經力也未足異之又於龕東石壁澗左有索陁者川鄉巨害縱橫非一陰嫉安德常恐思誅與伴三人持弓挾刃攘臂挽強將欲放箭箭不離弦手張

不息怒眼舌齗立住經宿聲相通振
遠近雲會鄉人稽首歸誠請救安曰
素志不知豈非華嚴力也若欲除免
但令懺悔如語教之方蒙解脫又龕
西魏村張暉者夙興惡念以盜為業
夜往安所私取佛油甕受五斗背負
而出既至院門迷昏失路若有所縛不
能得動眷屬鄉村同來為謝安曰余
不知也蓋華嚴力也語令懺悔扶取
油甕如語得脫又龕南張卿者來盜
安錢袖中持去既達家內寫而不出
口噤無言卿尋歸懺服過而去又有
程郭村程暉和者頗懷信向常來安
所聽受法要因患身死已經兩宿纏
屍於地伺欲棺殮安時先往鄠縣返
還在道行達西南之德行寺東去暉
村五里遙喚程暉和何為不見迎耶
連聲不已田人告曰和久死矣無由
迎矣安曰斯乃浪語吾不信也尋至
其村厲聲大喚和遂動身傍親乃割
所纏繩令斷安入其庭又大喚之和
即忽起匍匐就安安令屏除棺器覆
一竹筌以當佛坐令和繞旋尋服如

故更壽二十年後遇重病來投乞救
安曰放尒游蕩非吾知也便遂命終
時安風聲搖逸道俗榮荷其側眾也
皆來請謁興建福會多有通感故於
昆明池東北白村有老母病臥失瘖
百有餘日指揮男女思見安形會其
母意請來至宅病母既見不覺下迎
言問起居奄同常日遂失病苦于時
聲名更振村聚齋集欲設大齋大萬
村中有田遺生者家途壁立而有四女
妻著弊布至膝而已四女赤露迥無
覆身大女名華嚴年已二十唯有麤
布二尺擬充布施安引村眾次至其
門愍斯貧苦遂度不入大女思念由我
貧煎不及福會今又不修當來何救
周徧求物間無一物仰面悲號遂見
屋甍一把亂糜穰用塞明孔撿取抖擻
得穀十粒挼以成米并將前布擬用
隨喜身既無衣待至夜暗匍匐而行
趣齋供所以前施物遙擲眾中十餘
粒米別奉炊飯因發願曰女人窮困
由昔種慳業今得貧報困苦如是今
竭貧行施用希來報作此願已以此

十粒黃米投飯甑中必若至誠貧業
盡者當願所炊之飯變成黃色如無
所感命也柰何作此誓已掩淚而返
於是飯中五石米飯並成黃色大眾
驚嗟未知所以周尋緣搆乃云是用
田遺生女之願力也齋會齊率獲粟
十斛尋濟之安辦法衣仍度華嚴送
入京寺尒後聲名重振弘悟轉述安
居處雖隱每行慈救年常二社血祀
者多周行救贖勸修法義不殺生邑
其數不少嘗於龕側村社縛豬三頭
將加亯宰安聞往贖社人恐不得殺
增價索錢十千安曰貧道見有三千
已加本價十倍可以相與眾各不同
更相忿競忽有小兒羊皮裹腹來至
社會助安贖豬既見諍競因從乞酒
行歆行儛煜煌旋轉合社老少眼並
失明須臾自隱不知所在安即引刀自
割髀宍曰此彼俱宍耳豬食糞穢尒尚
噉之況人食米理是貴也社人聞見
一時同放豬既得脫繞安三匝以鼻
掾觸若有愛敬故使効之南西五十
里內雞豬絕嗣乃至于今其感發慈

善皆此類也性多誠信樂讀華嚴一鉢三衣累紀彌勵開皇八年頻勅入京爲皇儲門師長公主營律靜法復延住寺名雖帝宇常寢巖阿以大業五年十一月五日終于靜法禪院春秋八十矣

隋東都寶楊道場釋法安姓彭安定鶉孤人少出家在太白山九隴精舍慕禪爲業麁食弊衣卒于終老到開皇中來至江都令通晉王門人以其形質䵷陋言笑輕舉並不爲通曰别門首喻遣不去試爲通之王聞召入相見如舊便住慧日王所游履必賫隨從及駕幸泰山時遇渴乏四顧惟巖無由致水安以刀刺石引水崩注用給帝王時大嗟之問何力致尒荅王力使尒乃從王入磧達于泥海中應遭變怪皆預避之得無損敗後往泰山神通寺僧來請檀越安爲達之王乃手書寺壁爲弘護也初與王入谷安見一僧著弊衣乘白驢而來王問何人安曰斯朗公也即創造神通故來迎引及至寺中又見一神狀其偉大

在講堂上手凴鴟吻下觀人衆王又問之荅曰此太白山神從王者也尒後諸奇不可廣錄至大業之始帝彌重之威攝王公見皆屈膝常侍三衞奉之若神又往名山召諸隱逸郭智辯釋志公鐙公杯度一時揔萃慧日道場有道藝者二千餘人四事供給齋安爲首又於東都爲立寶楊道場唯安一衆居中樹葉至十一年春四方多難無疾而終春秋九十有八初將終前告帝曰安亡後百日火起出於宫内彌須慎之及至寒食油沸上焚夜中門閉三院宫人一時火死帝時不以爲怪迸柩太白賚俸官給然安德潛於內外尚諸侶眠不施枕頸無委曲延頸牀前口出流涎每有升餘將呈所表各獲靈徵

隋蔣州大歸善寺釋慧偘姓楊晉陵曲阿人也靈通幽顯世莫識之而翹敬尊像事同真佛每見立像不敢輒坐勸人造像唯作坐者道行遇厄沒命救之後往嶺南歸心真諦専釋禪法大有深悟末住栖霞安志虛靜往還

自任不拘山世時往楊都偘法師所偘素知道行異禮接之將還山寺請見神力偘云許復何難即從牕中出臂長數十丈解齊熙寺佛殿上額將還房中語偘云世人無遠識見多驚異故吾所不爲耳以大業元年終於蔣州大歸善寺春秋八十有二初偘終日以三衣襆遶擲堂中自云三衣還衆僧吾今死去徒衆好住便還房內大衆驚起追之乃見房中白骨一具跏坐牀上就而撼之鏘然不散

唐西京化度寺釋轉明俗姓鹿氏未詳何許人形服僧儀頗質佤儜容止淡然色無喜愠以隋大業八年無何而來居住雒邑告有賊起及至覆撿宗緒莫從帝時惑之未能加罪擁令收禁初不測其然至來年六月果逢梟感作逆驅逼凶醜充席東都誅戮極甚方委其言下勅放之而明雖被拘散情計如常與語言議曾無所及會帝往江都行達偃師時獄中死囚數有五十剋時斬決明日吾當放此死厄即往獄所假爲餉遺面見諸囚

告日明日車駕當從此過介等一時大呼云有賊至若問所由云吾所委當免死矣及至期會便如所告勅乃揔放諸囚然牧明入禁便大笑而受都無憂懼于時四方草竊人不聊生如明言矣大業末歲猶被拘縶越王踐祚方蒙釋放雖往還自在而常居乾陽門內別院供擬恐其潛逸密遣三衛私防護之及皇唐秦建議軍國謀猷常預帷幄籌計利害僞鄭世充倍加信奉守衛嚴設又兼常度至開明二年即當唐武德三年也明從雒言安然而出周圍五重初不見迹審僞都之將敗故西達京師太武皇帝夙奉音問深知神異特隆禮敬勅住化度寺數引禁中具陳徵應及後事會咸同契合以其年八月忽然不見衣資什物儼在房中尋下追徵徧國周訪了無所獲有所諮學者常以平等一法志而奉之然記諸道俗過未苦樂等報皆有靈驗行至揔持顧僧衆曰此寺不久當有血流宜共慎之恰都師法談

等私度世充兒孫尋被收錄戮之都市方悔前失追不可及

唐安州沙門賈逸不知何人隋仁壽初游于安陸言戲出沒有逾符讖形服改變游陟不定或緇或素分身諸縣及至推驗方敬其德行迹不輕爲無識所恥有方等寺沙門慧暠學行通博因行過之以紙五十張施云法師由此得解耳初不測其所因後有諍起暠被引禁官司責問列辯而荅紙盡事了如符本契徵應所合例皆如此末至一家云承卿有女欲爲婚嫌此家初許因往市肆倡令告乞云某家與我婦須得禮贈廣索錢米剋日成婚數往彼門揚聲陳倡女家羞恥遂密殺之埋屍異下經停三日行游市上逢人說言被殺之事大業五年天下清晏逸與諸群小戲水側或騎橋檻手把弄之云抑羊頭接羊頭衆人倚看笑其所作及至江都揚家禍亂咸契前言不知所終

唐廱州義善寺釋法順俗姓杜氏廱州萬年縣人禀性柔和志存儉約京

室東阜地號馬頭空崖岸重邃堪爲靈窟有因聖寺僧珍禪師本是順受業師珍草創伊基勸俗修理端坐指揮示其儀則忽感一犬不知何來白足身黃自然馴擾徑入窟內口銜土出須臾往返勞而不倦食則同僧過中不飲既有斯異四遠響歸乃以聞上隋高重之日賜米三升因供常限乃至龕成無爲而死今所謂因聖寺是也順時躬覩其事更倍歸依力助締搆勸民設會供限五日臨時倍來供主懼少順曰莫遮通給千人供足猶有餘剩常有張河江張弘暢家畜牛馬性本弊惡人皆患之賣無取者順語慈善如有聞從自後調善更無觝齧又每年夏中引衆驪山栖靜地多蟲蟻無因種菜順恐有損就地指示令蟲移徙不久往示恰無蟲矣又順患腫膿潰流決有敬嗽之或以帛拭尋即除愈餘膿發香氣氳氤難比拭帛猶在香氣不歇又有三原縣人田薩埵者生來患聾兼有張蘇等亦患瘂順聞命來與共言議遂如好人永即痊

復又有武功縣僧爲毒龍所魅衆以
投之順端拱對坐毒遂陰託病僧曰
禪師既來義無久住極相勞嬈尋即
釋放但有鄣癘魔邪所惱者歸順皆
愈不施呪術福力如是其不測者謂
有陰德所加故使感靈偏敬致言所
教多抑淨詞顯直正理致實爲褾見
有樹神廟室多即焚除汎愛道俗貴
賤皆投讚毀兩途開劍莫二似如不
知翻作餘語因行南野將度黄渠其
水汎漲無人敢度岸復峻滑雖登還
墮水忽斷流如行陸地及順上岸水
尋還溢門徒目覩不測其然所感幽
通事多非一財帛雍恪通用無主但
服麁弊卒無兼副朝野知委聞徹
皇帝引入內宮崇敬致禮合宮歸抑
請受戒法以貞觀十四年都無疾苦
告累門徒生來行法令後承用言訖
如常跏趺坐卒終於南郊義善寺春
秋八十有四臨終忽有雙鳥投房悲
哀驚切因即坐送于樊川之北原鑿
穴處之京邑道俗同嗟制服人馬亘
野悲號慟地容色不變經月逾鮮安

坐三周枯骸不散自終至今常有異
香流注屍所往者同聞學侶門徒恐
有外侵乃藏龕內不懼外竊四衆良
辰赴供彌滿右八驗出唐高僧傳

唐兗州鄒縣人姓張忘字曾任縣尉
貞觀十六年欲詣京赴選途經太山
因而謁廟祈福廟中府君及夫人并
諸子等皆現形像張時偏禮拜訖至
於第四子傍見其儀容秀美同行五
人張獨祝曰但得四郎交游詩賦舉
酒一生分畢何用仕官及行數里忽
有數十騎馬揮鞭而至從者云是四
郎四郎曰向見兄垂殷故來仰謁因而
言曰承兄欲選然今歲不合得官復
恐前途將有災難不復須去也張不
從之執別而去行經一百餘里張及同
伴夜行被賊劫掠裝具並盡張遂祝
曰四郎豈不相助有須四郎車騎畢
至驚嗟良久即令左右追捕其賊顛
仆迷惑却來本所四郎令人決杖數
十其賊脛膊皆爛已而別去四郎指
一大樹兄還之日於此相呼也是年張
果不得官而歸至本期處大呼四郎

俄而即至乃引張云相隨過宅即有
飛樓綺觀架逈陵虛雉堞參差非常
壯麗侍衛峻峙同王者所居張既入
中無何四郎即云須參府君始可安坐
乃引張入經十餘重門趨走而進至
大堂下謁拜而見府君非常偉絶張
時戰懼不敢仰視判官判事似用
朱書字皆大府君命侍宣曰汝乃能
與我兒交游深爲善道宜停一二日
讌聚隨便好去即令引出至一別館
盛設珍羞海陸畢備絲竹奏樂歌吹
盈耳即與四郎同室而寢已經一宿
張至明旦因而游戲庭序裵回往來
遂窺一院正見其妻於衆官人前著
枷而立張還堂中意甚不悅四郎怪
問其故張具言之四郎大驚云不知
嫂來此也即自往造諸司法所其類
乃有數十人見四郎來咸走下階重
足而立以手招一司法近前具言此事
司法報曰不敢違命然須白録事知
遂召録事録事許諾云仍須夾此案
於衆案之中方便同判始可得耳司
法乃斷云此婦女勘別案內嘗有寫

經持齋功德不合即死遂放令歸張
與四郎涕泣而別立之仍囑張云唯作
功德可以益壽張乘本馬其妻從四
郎借馬與妻同歸妻雖精魂事同平
素行欲至家去舍可百步許忽不見
張大怖懼走至家中即逢男女號哭
又知已殯張即呼兒女急往發之開
棺見妻忽起即坐甑然笑曰爲憶男
女勿怪先行於是已死經六七日而
蘇也兗州士人說之云尒 右一驗出冥報記
述征記曰桓沖爲江州刺史遣人周
行廬山冀覩靈異既陟崇巘有一湖
匝生桑樹有群白鵠湖中有敗艑赤鱗
魚使者渴極欲往飲水赤鱗魚張鬐
向之使者不敢飲
神異經曰北方荒外有湖方千里平
滿無高下有魚長七八尺形狀如鱧
而目赤晝在湖中夜化爲人剌之不
入煑之不死以烏梅二七煑之即熟
食之可以愈邪病
臨海記曰郡東北二十五里任曾逸
家有一石井自然天成非人功所造
井深四丈常有涌泉大水不溢大旱

不竭夏絕香冷冬至甜溫長老相傳
云昔有採材人臨谿洗器流失酒杯
後出於井中
地鏡圖曰夫寶物在城郭丘牆之中
樹木爲之變視柯偏有折枯是其
候也視折枯所向寶在其方凡有金
寶常變作積蛇見此輩便脫隻履
若屐以擲之若溺之即得凡藏寶忘
不知處以大銅盤盛水著所疑地行
照之見人影者物在下也
地鏡圖曰視屋上瓦獨無霜其下有
寶藏日妾子春秋日和氏之璧井里之
朴耳良工修之則爲存國之寶 孔穉子云井里之厥 又云玉人琢之爲天下寶
述異記曰南康雩都縣沿江西出去
縣三里名夢口有穴狀如石室舊傳常
有神鷄色如好金出此穴中奮翼迴
翔長鳴響徹見之輒飛入穴中因號
此石爲金鷄石昔有人耕此山側望
見雞出游戲有一長人操彈彈之雞
遙見便飛入穴彈丸正著穴上丸徑
六尺許下垂蔽穴猶有間隙不復容
人又有人乘船從下流還縣未至此

崖數里有一人通身黃衣擔兩籠黃
苽求寄載之黃衣人乞食船主與之
食訖船適至崖下船主乞瓜此人不
與仍唾盤上徑上崖直入石中船主
初甚忿之見其入石始知神異取向
食器視之見盤上唾悉是黃金
吴錄曰日南北景縣有火鼠取毛爲
布燒之而精名火浣布晉陽秋日有
司奏依舊調白㲲武帝不許
搜神記曰崐崘之墟有炎火之山山
上有鳥獸草木皆生於炎火之中故
有火浣布非此山草木之皮則獸之
毛也魏文帝以爲火性酷烈無含養
之氣著之典論刊廟門之外是時西
域使人獻火浣布袈裟於是刊滅此
論
地鏡圖曰山上有韮下有金
博物志曰妊娠者不可食薑令兒盈
指抱朴子曰山中樹能語者非樹語
也其精名曰雲陽山中夜見火光者
皆古枯木所作勿怪也
山中午日稱仙人者老樹也
孫綽子曰海人與山客辯其方物海

人曰衡海有魚額若華山之頂一吸万頃之波山客曰鄧林有木圍三万尋直上千里旁蔭數國有人曰東極有大人斬木爲筞短不可杖釣魚爲鮮不足充脯玄中記曰百歲之樹其汁赤如血千歲之樹精爲青羊萬歲之樹精爲牛

法苑珠林卷第二十八

甲辰歲高麗國分司大藏都監奉
勑彫造

法苑珠林卷第二十八

校勘記

一　底本，麗藏本。

一　六一一頁上一行經名，[徑]無（未換卷）。

一　六一一頁上二行撰者，[磧]、[南]作「唐上都西明寺沙門釋道世撰」；[普]作「大唐上都西明寺沙門釋道世撰」；[徑]無（未換卷）；[清]作「唐西明寺沙門釋道世撰」。

一　六一一頁上三行「第二十」，[徑]作「第二十之一」。又「此有五部」，[徑]無。

一　六一一頁上四行至六行「述意部……雜異部」，[徑]無。其中四行「角通部」，[磧]、[普]、[南]、[清]作「觔通部」。

一　六一一頁上七行「第一」，[徑]無，以下部目下序數例同。

一　六一一頁上一七行「道仙」，[磧]、[普]、[南]、[徑]、[清]作「逌仙」。

一　六一一頁中四行「角通部」，[磧]、[普]、[南]、[徑]、[清]作「觔通部」。

一　六一一頁中一一行第八字「第」，[磧]、[普]、[南]、[徑]、[清]作「等」。

一　六一一頁中一四行至次行首字「舍利弗答阿難言我念」，[磧]、[普]、[南]、[徑]、[清]作「阿難念言我」。

一　六一一頁中一七行「何云」，[磧]、[普]、[南]、[徑]、[清]作「云何」。

一　六一一頁下二行「一以口吹」，[徑]、[清]作「以口一吹」。

一　六一一頁下二二行第七字「能」，[磧]、[普]、[南]、[徑]、[清]作「能以」。

一　六一二頁上七行「唯此」，[磧]、[普]、[南]、[徑]、[清]作「以此」。

一　六一二頁上一二行第一〇字「方」，[磧]、[普]、[南]、[徑]、[清]無。

一　六一二頁上二二行「不怕」，[磧]、[普]、[南]、[徑]、[清]作「不迫」。

一　六一二頁中四行末字「曾」，[磧]、[普]、[南]、[徑]、[清]作「昔」。

一　六一二頁中七行末字「向」，[磧]、[普]、[南]、[徑]、[清]作「向時」。

一　六一二頁中一六行首字「剔」，磧、普、南、徑、清作「剃髮」。

一　六一二頁中一八行首字「言」，磧、普、南、徑、清作「語諸婆羅門言」。

一　六一二頁中二二行第五字「首」，磧、普、南、徑、清作「頭」。末行末字、本頁下一行第一二字、次頁中二〇行第四字同。

一　六一二頁下一二行第一一字「食」，磧、普、南、徑、清作「食食」。

一　六一二頁下一三行第一四字「頭」，磧、南無。

一　六一二頁下一九行第二字「言」，磧、普、南、徑、清作「言語衆僧作如是言」。

一　六一三頁上一一行第六字「今」，磧、普、南、徑、清作「令」。

一　六一三頁上二二行第一二字「皆」，磧、普、南、徑、清作「皆都」。

一　六一三頁中三行「鈔餔」，磧、普、南、徑、清作「鈔脯」。

一　六一三頁下七行末字「常」，磧、普、南、徑、清無。

一　六一四頁上二行「恩好」，磧、普、南、徑、清作「恩厚」。

一　六一四頁上六行第一〇字「擸」，磧、普、南、徑、清作「籃」，一六行第五字同。又第一二字「擿」，磧、普、南、徑、清作「擲」。

一　六一四頁上一一行第九字「王」，磧、普、南、徑、清作「王大夫人」。

一　六一四頁上一六行末字「千」，磧、普、南、徑、清作「見千」。

一　六一四頁中二行「如此敵」，磧、普、南、徑、清作「如此之敵」。

一　六一四頁中九行「按乳」，磧、普、南、徑、清作「構乳」，一一行同。

一　六一四頁中一一行「五百」，磧、普、南、徑、清作「有五百」。

一　六一四頁下五行第九字「佛」，磧、普、南、徑、清無。

一　六一四頁下一〇行「食竟」，磧、普、南、徑、清作「食訖」。

一　六一四頁下一二行第四字「常」，磧、普、南、徑、清作「恒」。

一　六一四頁下一六行「一百華」，磧、普、南、徑、清作「一一華」。

一　六一四頁下二二行「出門」，磧作「出家」；南、徑、清作「出嫁」。

一　六一四頁下末行第四字「娠」，磧、普、南、徑、清作「軀」。又第九字「詰」，磧、南、徑、清作「請」。

一　六一五頁上二行第二字「女」，磧、普、南、徑、清作「辭」。第一三字同。

一　六一五頁上八行「瞻養」，普、南、徑、清作「贍養」。

一　六一五頁上一三行第七字「嗣」，磧、普、南、徑、清作「胤」。

一　六一五頁上一九行第四字「斗」，磧、普、南、徑、清作「升」。

一　六一五頁中二行「憂患」，至此，徑卷第三十六終，卷第三十七始，並有「神異篇第二十之餘」一行。

一　六一五頁中五行第一二字「子」，磧、普、南、徑、清作「了」。

一六一五頁中九行「語曰」，磧、普、南、徑、清作「蟲即語曰」。

一六一五頁中一二行「數百」，磧、普、南、徑、清作「數百人」。

一六一五頁下四行「低昂」，磧、普、南、徑、清作「低仰」。

一六一六頁上九行第四字「拔」，磧、普、南、徑、清作「捩」。

一六一六頁上一三行第一三字「宍」，磧、普、南、徑、清作「空」。

一六一六頁上一六行首字「常」，磧、普、南、徑、清作「恒」。

一六一六頁上二二行「五丈」，磧、普、南、徑、清作「丈五」。

一六一六頁下七行第九字「孰」，磧、普、南、徑、清作「敦」。

一六一六頁下一一行第七字「昏」，清無。下至一四行首字同。

一六一六頁下一三行「捷陁」，磧、普、南、徑、清作「揵陀」。

一六一六頁下一五行第七字「齊」，清無。

一六一六頁下一六行「普安」，磧作「普空」。又第七字「隋」，清無。一七行首字同。

一六一六頁下一八行首字「唐」，清無。下至一九行首字同。

一六一七頁上一行第七字「嘗」，磧、南、徑、清作「常」。

一六一七頁上一一行「何人」，磧、普、南、徑、清作「何許人」。

一六一七頁上一七行第九字「施」，磧、普、南、徑、清作「救」。

一六一七頁上一九行「仕行沙門」，普、徑、清作「沙門仕行」。

一六一七頁上二〇行第八字「循」，磧、普、南、徑、清作「修」。

一六一七頁中三行第一二字「後」，磧、普、南、徑、清無。

一六一七頁中六行「洟流」，磧、普、南、徑、清作「涕淚」。

一六一七頁中一七行「其事」，磧、南、徑、清作「其事也」。

一六一七頁中二二行「兩虎」，磧、普、南、徑、清作「有兩虎」。

一六一七頁下二一行「雨水寺」，普、南、徑、清作「滿水寺」。

一六一八頁上八行「萬億」，磧、普、南、徑、清作「億萬」。

一六一八頁上一四行第三字「期」，普、南、徑、清作「其」。

一六一八頁上一七行「濕登」，磧、普、南、徑、清作「漯登」。

一六一八頁上末行「兄嫂」，磧、普、南、徑、清作「兄婦」。

一六一八頁中七行「餘半」，磧、普、南、徑、清作「半歲」。

一六一八頁中八行「數斗」、「還常」、「常隨」，磧、普、南、徑、清分別作「數升」、「還恒」、「嘗隨」。

一六一八頁中一二行第一三字「興」，南、徑、清作「與」。

一六一八頁中一七行「伐材」，磧、普作「伐林」；南、徑、清作「伐木」。

一六一八頁下七行末字「復」，磧、南、徑、清無。

一六一八頁下一一行末字「發」，磧、南、徑、清無。

一六一八頁下一六行「大康」，磧、普、南、徑、清作「太康」。

一六一九頁上八行末字「矣」，磧、普、南、徑、清無。

一六一九頁上一〇行首字「度」，磧、普、南、徑、清作「廣」。

一六一九頁上一一行第四字「窠」，徑作「巢」。一二行第四字同。

一六一九頁上一八行夾註「右六」，徑、清作「右六驗」。

一六一九頁中一二行「北寺」，磧、南、徑、清作「此寺」。又第四字「寺」，磧、普、南、徑、清無。

一六一九頁中一九行「無折撿」，徑、清作「無所損」。

一六一九頁中二〇行第五字「㮔」，磧、普、南、徑、清作「梗」。本頁下一一行第一一字同。

一六一九頁下三行第九字「常」，磧、普、南、徑、清作「恒」。次頁上一三行第一二字同。

一六一九頁下一〇行「創歷」，清作「創立」。

一六一九頁下二二行「常恐思誅」，磧作「恒恐思誅」；普、南、徑、清作「恒思誅殄」。

一六二〇頁上一行第六字「齡」，磧、普、南、徑、清作「喋」。

一六二〇頁上三行「素志」，磧、普、南、徑、清作「素了」。

一六二〇頁上七行「失路」，磧作「失悝」；普、南、徑、清作「失性」。

一六二〇頁上一二行第五字「卿」，磧、普、南、徑、清作「即」。

一六二〇頁上一九行末字至次行首字「至其」，磧、普、南、徑、清作「其至」。

一六二〇頁上末行「竹筌」，磧、普、南、徑、清作「筥笭」。

一六二〇頁中三行「榮苛」，普、南、徑、清作「崇向」。

一六二〇頁中四行第八字「會」，磧、南作「貧」。

一六二〇頁中五行末字「瘖」，磧、普、南、徑、清作「音」。

一六二〇頁中一六行第五字「間」，磧、普、南、徑、清作「閒」。

一六二〇頁中一七行第七字「穰」，磧、普、南、徑、清無。又末字「撒」，磧、普、南、徑、清作「藪」。

一六二〇頁中二一行第六字「飯」，磧作「飲」。

一六二〇頁中二二行第八字「貧」，南、徑、清作「窮」。

一六二〇頁下五行末字「用」，普、南、徑、清作「因」。

一六二〇頁下七行第六字「安」，磧、南、徑、清作「女」。

一六二〇頁下二〇行第八字「是」，徑、清作「至」。

一六二〇頁下二二行首字「㖨」，磧、普、南、徑、清作「啄」。

一六二一頁上一二行「喻遣」，普作「愈遣」。

一六二一頁上一三行第六字「便」，磧、普、南、徑、清作「更」。

一六二一頁上一七行第五字「乃」，磧、普、南、徑、清作「及」。

一六二一頁上末行第一二字「其」，磧、普、南、徑、清作「甚」。

一六二一頁中四行「威攝」，磧、普、南、徑、清作「威鑠」。

一六二一頁中六行「鐙公」，磧、普、南、徑、清作「澄公」。

一六二一頁中八行首字「齋」，磧、普、南、徑、清作「資」。

一六二一頁中一八行「姓楊」，磧、普、南、徑作「姓陽」。

一六二一頁下二行「接之」，磧、普、南、徑、清作「接足」。

一六二一頁下一三行「貌質恢偉」，磧、普、南、徑、清作「貌非弘偉」。

一六二一頁下一六行「惑之」，磧、普、南、徑、清作「感之」。

一六二一頁下一八行「充庠」，磧、南、徑、清作「棄斥」。

一六二一頁下二〇行「拘散」，南、徑、清作「拘繫」。

一六二二頁上七行第一三字「常」，磧、普、南、徑、清作「恒」。一〇行第一〇字、一二行第四字、次頁中一行第一二字同。

一六二二頁上一六行「隆禮」，磧、普、南、徑、清作「興禮」。

一六二二頁中三行「何人」，磧、普、南、徑、清作「何許人」。

一六二二頁中五行「游陟」，磧、普、南、徑、清作「游涉」。

一六二二頁中六行「不輕」，普作「不經」。

一六二二頁中八行「過之」，磧、普、南、徑、清作「遇之」。

一六二二頁中一三行第八字「倡」，磧、普、南、徑、清作「唱」。一五行第九字同。

一六二二頁下一行「崖岸」，磧、普、南、徑、清作「岸斥」。

一六二二頁下七行「四遠」，磧、南、徑、清作「四方」。

一六二二頁下一一行「五日」，磧、普、南、徑、清作「五百」。

一六二二頁下一四行「弊惡」，磧、普、南、徑、清作「憋惡」。

一六二二頁下二〇行第一〇字「氲」，磧、普、南、徑、清作「氛氲」。

一六二三頁上二行第八字「毒」，普、南、徑、清作「毒龍」。

一六二三頁上四行「鄣癘」，普、徑、清作「瘴癘」。

一六二三頁上六行「所加」，磧、普、南、徑、清作「所感」。

一六二三頁中一一行首字「酒」，磧、普、南、徑、清作「措」。

一六二三頁下三行「峻峙」，磧、普、南、徑、清作「嚴峻有」。

一六二三頁下七行「判事」，磧、普、南、徑、清作「判官事」。

一六二三頁下八行第五字「大」，磧、普、南、徑、清作「極大」。

一六二三頁下一八行末字「重」，磧、

普、南、徑、清作「並」。

一六二四頁上一行「放令」，磧、普、南、徑、清作「故令」。

一六二四頁上一〇行「土人」，磧、普、南、徑、清作「士人」。

一六二四頁上一一行「桓沖」，磧、普、南、徑、清作「桓仲」。

一六二四頁中八行第二字「屣」，磧、普、南、徑、清作「屐」。

一六二四頁下八行「晉陽秋」，磧、普、南、徑、清作「晉陽春秋」。

一六二四頁下一七行第九字「下」，磧、普、南、徑、清作「必」。

一六二五頁上一行「衡海」，磧、普、南、徑、清作「横海」。

一六二五頁上五行第五字「脯」，磧、普、南、徑、清作「餔」。

一六二五頁上卷末經名，徑作「法苑珠林卷第三十七」。

法苑珠林卷第二十九　撗

西明寺沙門釋道世撰

感通篇第二十一　此有二部

述意部第一

敬尋釋教肇自漢明終至
皇唐政流歷代年將六百輶軒繼接
備盡觀方千有餘國咸歸風化莫不
梯山貢職望日來王而前後傳錄差互
不同事迹罕述稱謂多惑雖霑餘潤
幽旨未圓夷夏殊音文義頗備推究
聖蹤難以致盡故此土諸僧各懷鬱
怏時有
大唐沙門玄奘法師慨大道之不通愍
釋教之抑泰故以貞觀三年季春三
月弔影單身西尋聖迹從初京邑漸
達沙州獨涉嶮塞伊吾高昌備經危
難時值高昌王麴氏為給什貨賫傳送
突厥葉護衙所又被將送雪山以北
諸蕃胡國具觀佛化又東南出大雪
山昔人云葱嶺停雪即是雪山奘親
目覩過此雪山即達印度經由十年
後返從葱嶺南雪山北具歷諸國東

歸于闐婁蘭等凡經一百五十餘國
備歷艱辛人里莫比至貞觀十九年
冬初安達京師奉
詔譯經兼　勑令撰出西域行傳一
十二卷至今龍朔三年翻譯經論未
似奘師游國博聞翻經最多依奘師
行傳王玄策傳及西域道俗任土所
宜非無靈異勑令文學士等總集詳
撰勒成六十卷號為西國志圖畫四
十卷合成一百卷從于闐國至波斯
國已來大唐總置都督府及州縣折
衝府合三百七十八所九所是都督
府八十所是州一百三十三所是縣一
百四十七所是折衝府四洲所有人物
別異者並蘭配諸篇非此所明今之
所錄者直取佛法聖迹住持別成一
卷餘之不盡者具存大本冀後殷鑒
知有廣略矣

聖迹部第二

西域傳云奘師發迹長安既漸至高
昌得蒙厚禮從高昌給乘傳送至瞿
薩旦那國東境即漢史所謂于闐國
也彼土自謂于遁國也東二百餘里

有媲摩城中有栴檀立像高二丈餘
極多靈異光明疾者隨痛以金薄帖
像上痛便即愈其像本在憍賞彌國
是鄔陁衍那王所造陵空至此國北曷
勞落迦城有異羅漢每往禮之王初
不信以沙土坌羅漢乃告敬信者曰卻
後七日沙土滿城後二日乃雨寶滿街
至七日夜果雨土填略無遺人其先
告者預作地穴從孔而出時王都城
西百六十里路中大磧唯有鼠壤形
大如蝟毛金銀色昔匈奴來寇王祈鼠
靈乃夜齧人馬兵箭斷壞自然走退
都城西五里許寺有浮圖高百餘尺
多現光相王感舍利數百粒羅漢以
右手舉浮圖安之函內乃下之無傾
動也都城西南十餘里有瞿室綾伽
山此云牛角山有寺像現光明佛曾
游此為天人說法山巖石室有一羅
漢入滅心定待彌勒佛其國南界接
東女國
又從國城西越山谷行八百餘里至斫
句迦國即是涅槃國也國南有山
立多羅塔松泉流茂石室深淨有三

羅漢現入滅定鬚髮稍長僧常剃之
其五印度僧有證果者多止此室又
從國西北上大沙嶺度徙多河（舊名辛頭河）
行五百里至佉沙國（舊名疏勒國）其俗生子
押頭遍匾從此南行五百里至烏鎩
國都城西二百餘里至大山嶺上有
搭數百年前山崖自崩中有比丘瞑
目而坐形甚偉大鬚髮下垂覆于肩
面國王以蘇灌之擊揵椎比丘高視
曰我師迦葉波佛在耶荅曰無今始
聞已入涅槃又問釋迦佛出世耶告
曰已滅度矣即昇空化火焚身
又西南逾大葱嶺八百餘里至朅盤
陁國其國東南有大石室二口各一
羅漢入滅定已經七百歲其鬚髮長
年別為剃又越三國行四千餘里至
達摩鐵悉帝國國都城寺內有石像
上懸金銅圓蓋衆寶飾之人有旋繞
蓋亦隨轉人止便止四周石壁莫測其
然有說聖力使之然也自高昌至於
鐵門凡經一十六國人物優劣奉信
淳疏具諸圖傳其鐵門者即是漢之
西屏鐵門之關見漢門扉一竪一卧

外鐵裹木加懸諸鈴必掩此關寔惟
天固南出斯門千餘里東據葱嶺西
接波斯南大雪山北據鐵門縛芻大
河中境西流即經所謂博义河其境
自分為二十國不可具列名字各有
君長信重佛教僧以十二月十六日
安居坐其春分以其溫熱雨多故也
又順北下從呾蜜國越十三國至喝
縛國土地華博時俗號為小王舍城
國近葉護南衙也王都城外西南寺
中有佛澡罐可容卄許雜色炫曜金
石難名又有佛牙長寸餘廣八九分
色黃白而光淨兼有佛掃箒用迦
奢草長二尺餘圍可七寸雜寶飾柄
三物齋日法俗所感放大光明王城
西北五十餘里有提謂城王城正北
四十餘里有波利城各有浮圖高三
丈許各表靈迹即釋迦初成道時元
獻蜜麨長者本邑之髮爪塔也又有
佛僧伽胝鬱多羅僧僧脚崎又覆鉢
竪錫杖次第立塔
又度兩國東南入大雪山至梵衍那
國度大雪山東寺有佛齒及劫初獨

覺齒長五寸廣四寸又有金輪王齒
長三寸廣二寸又有商諾迦縛婆（舊云商那和脩傳法第三師）大阿羅漢鐵鉢可受九卄
卄九條僧伽胝絳赤色設諾草皮之
所績成以其先世於解夏日持此草
施僧由此福力所被五百世來於中
陰身生常服之從胎俱出逐身而長
阿難當度時變為法服受具已後又
變為九條其齒鉢等並用金緘之羅
漢從證滅定入邊際智以願力故留
架裟待遺法盡方乃變壞今已有少
損信有徵矣又東入雪山逾黑嶺至
迦畢試國奉信彌勝王常歲造丈八
銀像自修供之王城東三里北山下
有大寺佛院東門南大神王像右足
下有大寶藏近有外王逐僧欲掘取
其神冠中鸚鵡鳥像奮羽鳴呼地動
王軍皆仆起謝而歸寺北嶺上有數
石室亦多藏寶欲私開者即有藥叉（舊云夜叉）
變為師子蛇蟲來震怒之室西
三里大嶺上有觀自在像誠願者像
亦妙身安言行者城東南四十餘里
曷邏怙羅寺大臣所造以名目之浮

圖高百餘尺昔日夜夢令造浮圖從王請舍利也及旦至宮有人持舍利瓶日留舍利令人先入乃持瓶登塔覆鉢自開安舍利訖王使追之石已合矣齋日放光流出黑油夜聞音樂王都城西北二百餘里大雪山頂有龍池山下爲龍立寺塔中有佛骨实舍利升餘有時煙起或如火猛焰漸滅之時方見舍利狀如白珠繞柱入雲還下塔中城西北大河南岸古王寺中有佛弱齡亂齒長一寸餘又此東南往古王寺有佛頂骨一片廣二寸餘色黃白髮孔分明至大唐龍朔元年春初使人王玄策從西國將來今現宮內供養又此寺有佛髮青色螺旋右縈引長尺餘卷可寸許又西南古王妃寺金銅浮圖高百餘尺舍利升餘每十五日夜旋光繞盤曉入塔中城西南北羅婆路山頂盤石上有塔高百餘尺舍利升餘山北巖泉是佛受山神飯已漱口嚼楊枝因生今爲茂林寺號楊枝又從龍池東行六百餘里越雪山度黑嶺至北

印度界已前並是胡國制服威儀不參大夏名爲邊國蔑戾車（唐云垢濁種也）至此方合中道

又東行至濫波國即是印度之北境言印度者即是天竺之正名亦名申毒賢豆此並訛號北背雪山三垂大海地形南狹如月上弦川平廣衍周萬九千里七十餘國依一王命又東行百餘里逾大嶺大河至那伽羅曷國屬北印度名華氏城城東二里有石塔高三百尺編石特起雕鏤非常此即昔時值然燈佛授記敷鹿皮衣髮布掩泥之地經劫猶存此無憂王建此石塔每於齋日天輒雨華又城內大塔故基舊有佛齒別塔高三丈餘云從空而來既非人工寔多靈異城西南十餘里有塔是佛自中印度陵空來降迹處次東有塔是昔值然燈佛買華處又城東二十餘里小石嶺上有塔高二百餘尺東岸石壁大洞穴是龍王所居昔佛於此化龍留影煥若真形至誠請者乃暫明現窟外方石有佛足迹輪相發光窟西北

隅塔者佛經行處又側有髮爪塔窟西石上有濯袈裟文又城東三十餘里有醯羅城中有重閣上安佛頂骨周尺二寸其色黃白髮孔分明欲知善惡用香泥印之反覩香泥隨心而現又有佛髑髏狀如荷葉色同頂骨有佛眼精大如柰許清白映徹並用七寶函盛前三迹又以寶函盛而緘封有佛大衣細氎黃色置寶函中微有壞相有佛錫杖白鐵作環栴檀爲笴寶銅函盛之斯五聖迹王令五淨行者執持掌護有須見者稅一金錢請印稅五升實乃重覲禮彌繁閣西北有小塔而多靈異人以手觸基上塔鈴便大震動又東南山谷行五百里至健陁邏國屬北印度有大論師如勝尊者造毗婆沙處又有菩薩捨千眼處又有佛化鬼子母處又有商莫迦菩薩（舊云睒子是也）被王射處又有彈多落迦（舊云檀特山也）山嶺上是蘇達拏棲隱之所婆羅門捶男女處流血塗地今現草木皆同絳色巖間石室妃習定處又有獨角大仙爲女亂處

又此城北越山行六百餘里至烏仗
那國此北印度之正國也（舊云烏長）王都城
東五里有大塔多有瑞佛昔作忍仙
為羯利（此云鬪諍）王支解之處又有方石上
佛足迹相放光照寺為天說本生處
又有佛昔聞法折骨寫經處又有昔
尸毗迦王割身代鴿處又有佛昔為
慈力王刺血飲五藥叉處又大寺中
有刻木梅呾麗耶（舊云彌勒）菩薩像金色
晃朗高百餘尺是末田底迦阿羅漢
所造（舊云末田地羅漢）羅漢以通力引匠昇覩
史多天三返觀相乃成其好大有靈
相不可具述
又隣一國度河至呾叉始羅國屬北
印度王都城西北七十里有兩山間
塔高百餘尺佛昔記慈氏興卅四大
藏者此地出一又城北十二里有月
光王塔於齋日常放神光仙華天樂
近有癩者於塔禮懺除穢塗香不久
便愈身又香絜即是昔佛為戰達羅
鉢剌婆王（舊云月光）以頭施處凡經千施又
有伊羅鉢龍王所經之池月光抉目之
地育王標塔舉高十丈又有薩埵王

子捨身飼虎處以竹自刺血啗獸處
地及草木今猶絳色又有佛化藥叉
不食宍處
又隣二國東南登山乘鐵橋千餘里
至迦溼彌羅國屬北印度（舊云羯賓）國内
有四浮圖各有舍利一升餘佛滅度
後第四百年有脇尊者年八十方
出家證無學果將五百羅漢來此造
鄔波弟鑠釋素呾纜藏（舊名優婆提舍論）次造
毗柰耶毗婆沙論次造阿毗達磨論
此三論各有十萬頌凡有六百六十
萬言備釋三藏兼有佛牙長寸半色
黃白齋日便放光又有觀自在菩薩立
像有願見者斷食便覩
又隣三國東行至那僕底國屬北印
度都城東南五百餘里至暗林寺周二
十餘里佛舍利塔數百千區并石室
等有賢劫千佛立此說法釋迦滅後
第三百年迦多衍那（舊名迦旃延）於此造大
智論寺塔高二十餘丈有四佛行坐
迹處
又隣四國東行至秣菟羅國屬中印
度（舊云摩偷羅國）王都城内有三塔四佛遺

迹甚多及舍利子沒特伽羅子（舊名目連）
滿慈子（舊名富婁那）優波釐（舊名優波離）阿難陁
羅怙羅曼殊室利等諸塔每三長
月六齋日諸僧尼集供養諸塔有阿
毗達摩衆供養舍利遺塔有習定衆
供養目連塔有誦經衆供養滿慈塔
有毗柰耶衆供養憂波釐塔有尼衆
供養阿難塔有未具衆供養羅怙羅
塔有大衆供養諸菩薩塔（尋此諸塔未必遺身但應立像設供呈心如羅怙羅文殊室利等像縱未滅度准可知也）城東六里有
山崖寺是尊者烏波毱多之所造中
有佛指爪塔寺北有石室室東南二
十餘里有大泅池池側有塔佛曾游
此有獼猴持蜜獻佛令水和徧衆同
歆猴喜墮坑而死便生人中池北林
中有四佛行處大有遺迹
又隣一國東北四百餘里至窣祿勤
那國屬中印度東境臨殑伽河（舊名恒河）北
接大山城東南閻牟那河從國西北
山中出中境而流都城東臨閻牟河
河西大寺東門外塔佛曾於此說法
度人其側有佛髮爪塔閻牟河東八
百餘里至殑伽源廣三四里東南入

海廣十餘里水色滄浪味甘砂細隨水而流俗謂福水有沐除罪或有輕命自沈乞願生天受樂剋有靈感

又隣六國於此東南行至劫比他國屬中印度中有天祠十所同事大自在天皆作天像其狀人根形甚長偉俗人不以爲惡謂諸衆生從天根生也王都城東二十餘里大寺側大垣內有天帝釋爲佛造三道寶階中皆附黃金左以水精右用白銀南北而列東面下地是佛從逝多林(舊云祇陀林)昇天至善法堂爲母三月說法下降處百年已前階尚猶在今並沒盡後王倣之猶高七十餘尺上起精舍石側有柱光潤暎現隨其罪福影出柱中育王所造階側有浮圖四佛行坐迹處又有佛澡浴處立塔其所有佛入室精舍又其側佛經行石基長五十步高七尺足可覆處皆有蓮華文又基左右小塔梵王所造次前是蓮華尼化爲輪王先見佛處佛告尼曰非汝先也有蘇部底(舊云須菩提)宴坐石室知諸法空此先見吾法身也

又從此北行二百里至羯若鞠闍國是中印度曲女城也都城西近殑伽河長二十餘里廣四五里即統五印度之都王也王前尸羅逸多(唐云戒日)吠奢姓初欲登位於殑伽岸有觀自在像乃請告曰汝本此林蘭若比丘金耳月王既滅佛法王當重興慈物在懷方王五境慎勿昇師子座及稱大王號也王乃共童子王平殄外道月王徒衆又約嚴令有敢宍者當截舌殺生者當斬手乃與寡妹共知國事於殑伽側律千餘浮圖各高百餘尺二十年來五年一會傾及府藏拯濟羣有唯留兵器用備一不虞初作會日集諸國僧三七日中四事供養令相論議若戒行貞固道德優洽者昇師子座王便受戒清淨無學示有崇仰穢行彰露者驅出國界城西北育王所造昔佛於此七日說法其側有髮爪塔四佛行坐迹又南臨殑伽寺有佛牙長寸半光色變改寶函盛之遠近瞻者日有百千守者煩擾重稅金寶而樂禮者不辭重貨齋日便出置

高座上散華雖積亓齒不沒又城東南百餘里有塔佛曾七日說法處中有舍利時放光明其側有佛行坐迹寺北四里臨殑伽河有塔佛曾七日說法五百餓鬼解悟生天其側又有髮爪塔次側又有四佛行坐迹

又至阿輸陁國屬中印度都城北五里殑伽河岸大寺中塔佛爲天人三月於此說法有四佛行坐迹次西五里有佛髮爪塔城西南五里大菴沒羅林中故寺是阿僧伽菩薩夜昇天宮於彌勒所受瑜伽莊嚴大乘經論及中邊論等晝下爲衆說之林西北百餘步有佛髮爪塔城東南臨殑伽有塔佛曾三月說法處有髮爪青石塔有四佛行坐迹

又隣二國東南行至鉢羅伽耶國屬中印度王城西南臨閻牟河曲中有塔佛曾於此降外道處有髮爪塔經行迹處又有提婆菩薩作廣百論處城中有天祠堂前大樹枝葉蒙密有食人鬼依之左右遺骸爲積人至祠

中無不輕命上樹投下爲鬼所誘城東兩河間交廣十餘里土地平豐細沙彌布古今王豪諸貴諸有捨施莫不止焉號爲大施場戒曰大王亦修此葉場東合流口日數人自溺而死彼俗名爲生天所也有欲行此法者於七日中絶粒自沈中流遠近相趣乃至山猨野獸羣鹿等亦遊水濱絶食沈死當戒曰王行施之時有二獼猴雌爲狗殺雄者負屍擲此河中雄者又自餓累日而死

又從此西南大林野行五百餘里至憍賞彌國屬中印度王城內故宮大精舍高六十尺刻檀佛像上懸石蓋即鄔陁衍那王（舊云優陁延王唐云出愛）之所造也靈光閒起諸王以力欲舉終莫之移昔佛爲母上天說法王請目連神力接上就天摸相及佛下天像便起迎佛慰喻曰方爲佛事舍東百餘步四佛行坐迹佛浴室井今猶充汲城內東南隅有具史羅長者宅有佛精舍鼓爪塔有四佛行坐迹城西九里石室有佛降毒龍處側有大塔高二

十餘丈有佛經行迹及有髮爪塔病求多愈又有釋迦遺法滅盡在此國中貴賤入境自然感傷窰東北行七百里度殑伽北岸至迦奢布羅城是護法菩薩伏外道處佛曾於此六月說法有佛經行迹及有髮爪塔

又從此北行一百八十里至鞞索迦國屬中印度王城南有寺塔高二十餘丈佛曾於此六年說法其側有奇樹高七十尺春冬不改是佛淨齒木棄而茂生諸邪外道競欲殘伐尋生如故罰者受殃側有四佛行坐迹井有髮爪塔基角相連林池交影

又從此東北五百里至室羅伐悉底國屬中印度（舊云舍衛國也）都城荒毀故殿東基上有小塔是鉢羅犀那恃多王（舊云波斯匿唐言勝軍也）比丘尼造精舍處次東塔是蘇達多（唐云善施）之故宅也側有大塔是鴦窶利摩羅（唐云指鬘）耶捨處城南六里許有逝多林是給孤園太子所造寺也今荒廢之尚有石柱高七十餘尺育王造之甎室一存餘並湮滅室中有爲母說法金像東北有佛洗病僧塔

西北有目連舉身子衣塔不遠有井塔佛所汲用又有舍利弗與佛經行道說法處並有表塔靈樂異香常降其所又有外道殺女以陰謗佛立塔表處寺東百餘步大深坑是調達置毒害佛生身陷處又南有大坑是瞿伽離比丘毀佛生身陷處又南八百步大深坑是戰遮婆羅門女毀謗佛生身陷處此三大坑皆深洞達無底縱有洪雨大注終無停偃寺東七十步有精舍名曰影覆高六十尺中有東面坐像與外道論處次東天祠量同精舍初日影西不蔽佛舍晚日蔭東遂覆天祠又東四里大涸池是毗盧釋迦王（舊云瑠璃王也）陷入地處後人立記之又有身子初造寺時與外道捔處亦立塔記寺西北四里有得眼林中有佛經行迹塔其緣勝軍王抉五百賊眼聞佛慈力一時平復捨杖遂生城西北六十里故城是人壽二萬歲時迦葉波佛本生處其北即是此佛全身舍利之所育王造塔表記之處

又東南行五百里至劫比羅伐窣堵

國屬中印度(舊云迦毗羅國)故城無人住城內正殿基上精舍中作王像其側是摩訶摩耶(唐云大術)夫人寢殿基上精舍作夫人像其側精舍中作菩薩像神降之相彼執不同上座部云當唐國五月十五日諸部又云當此五月八日此蓋見聞之異耳城南有塔是太子捔力擲象越城墮地為大坑處其側有精舍作太子像及受業處其傍有精舍是妃寢處作耶輸陁羅并羅怙羅像別本云太子初夜踰城北門出去又城東南隅精舍中作太子乘白馬陵空踰城處四城門各有精舍作老病死沙門像城南四里尼拘盧林塔佛得道與天人說法之所城南五十里故城中塔是人壽六萬歲時迦羅迦村馱佛本生城城東南塔即此佛遺身處無憂王於前建立石柱高三丈又東北三十餘里故城中塔是人壽四萬歲時迦諾迦牟尼佛本生城城東北塔即此佛遺身處無憂王為建立石柱銘記之高二丈餘城東北四十餘里有太子生樹下塔

大城西北數百千塔是誅釋子塔有四釋子拒王軍衆瑠璃王退城人不受被罰出境至今不絕城南尼拘律樹塔是佛初來見父王處城南門外塔是太子兄弟捔射處東南三十餘里是太子射矢沒地因涌泉流俗傳箭泉病飲多愈或持泥附額隨苦皆愈又東北九十里臘伐尼林釋種浴池華水相暎其北二十五步有無憂華樹今已枯瘁佛本誕處有說云當此三月八日者上座部云當此三月十五日者次東有塔二龍浴太子處佛初生已不扶而行四方各七步所蹈之處出大蓮華既右脇生天帝衣接四王捧之置金几上凡施四塔并立石柱表之傍有小河東南而流俗號油河是太子產已天化此池光潤令沐以除風虛今變水河尚膩如油又從此東行二百餘里荒林中至藍摩國屬中印度都城空城東南有佛塔減百尺昔初八分之一分舍利也靈光時起其側有清池龍變為蛇出繞其塔有野象採華以散之無憂王

欲開龍請不許又東大林百餘里大塔是太子至此解寶衣中末尼珠付闡鐸迦還父王處又東有贍部樹枯株尚在有小塔是太子以餘衣易鹿布處其側塔者剃髮處年自不定或云十九二十九者又東南行百九十里尼拘陁林塔高三丈是昔人於佛焚地收餘灰炭於此起塔病者祈愈亦有四佛行坐迹塔高百餘尺左右數百小塔

又從此東北大林踈嶮行五百里至拘尸那揭羅國屬中印度城荒人少城內東北角塔是純陁故宅其井猶美營供所穿城西北四里度阿恃多伐底河(唐云有金)近西岸娑羅林兩林中間相去數十步中有四樹特高作大甎精舍中造佛涅槃像北首而臥傍高二百餘尺前有石柱記佛滅相有云當此土三月十五日者說有部云當此九月八日諸部異議去至今龍朔三年則經一千二百年此依菩提寺石柱記也或云一千三百年或云一千五百年或云始過九百未滿千者其精

舍側有佛昔爲雉王救火及鹿救生
各立一塔次西塔者是蘇跋陁羅(唐云善賢)
滅諍處次有一塔是執金剛神躃地處
次側一塔是停棺七日處次側一塔是
阿泥樓陁上天告母降來哭佛處城
北度尼連禪那河三百步塔者是佛
涅疊般那處(唐云焚燒)地今黃黑土雜灰
炭有祈感者剋獲舍利次側一塔佛
爲大迦葉波現雙足處次有一塔前
立石柱刻記八國分舍利事
又從此西南大林行五百里至婆羅
痆(女黠反)斯國屬中印度(舊云波羅奈也)都城
西臨殑伽河城居人滿城東北有婆羅
痆斯河東北十餘里是鹿野寺又西
南塔高百餘尺前有石柱高七十餘
尺洞徹清淨誠感像現隨其善惡即
成道已初轉法輪處其側三塔即昔
三佛行坐處傍有諸塔是五百獨覺
入滅度處又側一塔是慈氏菩薩受記
處又西一塔是佛過去爲護明菩薩迦
葉波佛授今佛成道處次南有四佛
經行處長五十步高七尺青石積成
上作釋迦經行像形特異宍髻上顯

髮頭抽出神而有徵寺迹極多精舍
浮圖乃有數百事難述盡寺西有清
池周二百步佛昔盥浴次西小池佛
嘗滌器處次北小池佛嘗有澣衣處
次之三池龍止其中味甘且淨有慢
觸者金毗羅獸即而害之次側有方
石上有佛袈裟文迹外道凶人有輕
蹈者池龍輒興風雨害之次側有浮圖
佛曾作六牙象王見獵師者被法衣
故拔牙與處次又一塔佛昔爲象與
猴相問大小處又大林中塔佛與調
達昔爲鹿王佛代孕鹿命處鹿野之
號因此得名寺西南三里有一塔是
五人迎佛處又大林東三里有塔佛
昔爲兎與諸獸衆自知形小燒身饋
之因感天帝下來讚故使月輪有兎
像現
又東順殑伽河行三百里至戰王國
都城人滿城臨殑伽河城西北有寺
塔佛舍利一卅昔佛於此七日說法
并四佛行處河北有佛降鬼塔半已
陷地又有佛爲噉人鬼說法處又東
南度河百餘里塔者即分舍利瓶及

餘舍利灰日放光
又東北度殑伽河行百五十餘里至
吠舍釐國屬中印度(梵云吠舍離國)都城頹
毀故基周七十里少人居住宮城周
五里宮西北六里有寺塔是說維摩
經處又東是舍利子證果塔又東大
塔是王得一分舍利一斛許無憂王
取九卅均造餘塔後更有王欲開地
震遂止次南有獼猴爲佛穿池池西
羣猴持佛鉢上樹取蜜處池南猴奉
佛蜜處各有塔記寺東北四里許有
塔是維摩故宅基尚多靈神其舍壘
甎傳云積石即是說法現疾處也於
大唐顯慶年中　勅使衞長史王玄
策因向印度過淨名宅以笏量基止
有十笏故號方丈之室也并長者寶
積宅菴羅女宅佛姨母入滅處皆立
表記寺北四里有塔佛將往拘尸天
人送立處次後一塔是佛最後觀城
邑處次是菴羅女以園施佛處其側
一塔是佛三告阿難涅槃處又側一塔
是千子見父母處即賢劫千佛也東
故重閣講堂基塔時放光明是佛說

普門住處城東南十五里大塔是七
百賢聖重結集處殑伽河南北岸各
有一塔是阿難陁分身與二國處
又隣一國西北行一千五百里入山
谷至尼波羅國屬北印度都城東南
不遠有水火林東一里許有阿耆波
沵水周二十步旱澇湛然不流常沸
家火投之徧池火起煙焰數尺以水
灑火火更增熾碎土以投亦即然盡
無問投者並成灰燼架釜水上煑食
立熟賢德傳云此水中先有金匱前
有國王將人取之匱已出泥人象挽
之不動夜神告曰此是慈氏佛冠在
中後彌勒下生擬著不可得也火龍
所護城南十餘里孤山特秀寺居重
疊狀若雲霞松竹魚龍隨人馴附就
人取食犯者滅門比者國命並從此
國而往還矣即東女國與吐蕃接界
唐梵相去可一萬餘里
又從南行百五十里度殑伽河至摩
揭陁國屬中印度城少人居邑落極
多故城在王舍城山北東二百四十
里北臨殑伽河故宮北石柱高數丈

昔無憂王作地獄處是頻婆娑羅王
之曾孫也王即戒日之女壻也所治城
名華氏城王宮多華故因名焉石柱
南有大塔即八萬四千之塔一數也
安佛舍利一升時有光瑞即是無憂
王造近護羅漢役鬼神所營其側精
舍中有大石是佛欲涅槃北趣拘尸
南顧摩竭故蹈石上之雙足迹長尺
八寸廣六寸輪相華文十指各異近
為惡王金耳毀壞佛迹鑿已還平文
采如故乃捐殑伽河中尋復本處貞
觀二十三年有使圖寫迹來次側有
四佛行坐迹塔故城東南有龍猛菩
薩伏外道處次北有鬼辯塔馬鳴事
又西南度尼連禪河有伽耶城少人物
可千餘家城西南六里許至伽耶山
谿谷杳冥世謂靈岳自古君王封告
成也頂有石塔高百餘尺時放奇光
佛於此說寶雲等經山東南尼連河
減二里許至鉢羅笈菩提山言正覺
佛時證先登因名也佛自東北岡上
頂欲入金剛定振地搖山神懼告佛
又至西南半崖中面閒坐石地山又

震淨居天告曰此西南十五里近苦
行處畢鉢羅樹下金剛座處是菩提
座三世諸佛咸此成正覺佛方就之
仍為石室龍留影也世稱名地其菩
提樹周垣甎壘以崇固之東西闊周
可五百四十步奇樹名華連陰列植
正門東開對尼連河南門接大華池
西阨險固北門通大寺其院內聖迹
諸塔列多樹垣正中金剛座上者賢
劫初成與大地俱大千界中下極金
輪上至地際金剛所成周百餘步千
佛同坐入金剛定故因號焉即證道
之處又曰道場大地震時獨無搖也
如來得道之日互說不同或云三月八
日及十五日垣北門外大菩提寺六
院三層墻高四丈壘甎為之師子國
王買取此處興造斯寺僧徒僅千大
乘上座部所住持也有骨舍利狀如
人指節舍利者大如真珠彼土十二
月三十日當此方正月十五日也世
稱大神變月若至其夕必放光瑞天
雨奇華充滿樹院彼土常法至於此
時道俗千萬七日七夜競申供養凡

有兩意謂覩光瑞及取樹葉其樹青翠冬夏不改每至入涅槃日及以夏末一時彫落通夕新抽與舊齊等後爲無憂王妃伐截於西數十步聚而燒之用以祠天煙焰未止忽生兩樹猛火之中茂葉同榮因謂號爲灰菩提樹王覩生信以香乳溉餘根者至旦樹生如本王妃忿之又夜重伐王重祈請以乳灌之不日還生壘石周垣其高丈餘近爲金耳國月王又伐此樹掘至泉水不盡根底乃縱火焚之又以甘蔗澆之令其爛絕其本也數月之後爲補剌拏伐摩王此言滿冑即先無憂王之玄孫也聞樹被誅舉身投地請僧七日經行繞樹大坑以數千牛乳灌之六日夜樹生丈餘恐後剪伐周峙石垣高二丈四尺樹今出於石壁上二丈餘圍三尺餘樹東青甎精舍高百六十餘尺基廣二十餘步上有石鉤欄繞之高一丈層龕皆有金像四壁鏤諸天仙上頂金銅阿摩勒迦果此謂寶瓶及寶臺也東却接爲重閣三層簷宇特異並金銀飾鏤三重

門外龕中左觀自在右慈氏像並鑄銀成高一丈許是無憂王造精舍初小後巨廣之

依王玄策行傳云西國瑞像無窮且錄摩訶菩提樹像云昔師子國王名尸迷佉拔摩唐云功德雲梵王遣二比丘來詣此寺大者名摩訶諵此云大名小者優波此云授記其二比丘禮菩提樹金剛座訖此寺不安置其二比丘乃還其本國王問比丘往彼禮拜聖所來靈瑞云何比丘報云閻浮大地無安身處王聞此語遂多與珠寶使送與此國王三謨陁羅崛多因此以來即是師子國比丘又金剛座上尊像元造之時有一外客來告大衆云我聞募好工匠造像我巧能作此像大衆語云所須何物其人云唯須香及水及料燈油支料既足語寺僧云吾須閉門營造限至六月慎莫開門亦不勞飲食其人一入即不重出唯少四日未滿六月大衆平章不和各云此塔中狹迮復是漏身因何累月不開見出疑其所爲遂開塔門乃不見匠人其像已成

唯右乳上有少許未竟後空神驚誡大衆云我是彌勒菩薩像身東西坐身高一丈一尺五寸肩闊六尺二寸兩膝相去八尺八寸金剛座高四尺三寸闊一丈二尺五寸其塔本阿育王造石鉤欄塔後有婆羅門兄弟二人兄名王主弟名梵主兄造其塔高百肘弟造其寺其像自彌勒造成已來一切道俗規摸圖寫聖變難定未有寫得王使至彼請諸僧衆及此諸使人至誠殷請累日行道懺悔兼申來意方得圖畫髣髴周盡直爲此像出其經本向有十卷將傳此地其匠宋法智等巧窮聖容圖寫聖顏來到京都道俗競摸

奘師傳云像右乳上圖飾未周更塡衆寶遙看其相終似不滿像坐跏趺右足跏上左手斂右手垂所以垂手者像佛初成道時佛語魔王指地爲證近被月王伐樹令臣毀像王自東返臣本信心乃於像前橫施塼障心愧暗故置燈於內外畫自在天像功成報命月王聞懼舉身生皰肌膚皆

裂尋即喪没大日馳報即除壁障往還多日燈猶不滅今在深室晨持鏡照乃覩其相見者悲戀敬仰忘返又依王玄策傳云此漢使奉　勅往摩伽陁國摩訶菩提寺立碑至貞觀十九年二月十一日於菩提樹下塔西建立使典司門令史魏才書

昔漢魏君臨窮兵用武興師十萬日費千金猶尚北勒闐顏東封不耐大唐牢籠六合道冠百王文德所加溥天同附是故身毒諸國道俗歸誠

皇帝愍其忠欵遐軫

聖慮乃命使人朝散大夫行衛尉寺丞上護軍李義表副使前融州黄水縣令王玄策等二十二人巡撫其國遂至摩訶菩提寺所菩提樹下金剛之座賢劫千佛並於中成道嚴飾相好具若眞容靈塔淨地巧窮天外此乃曠代所未見史籍所未詳

皇帝遠振鴻風光華道樹爰命使人屆斯瞻仰此絕代之盛事不朽之神功如何寢默詠歌不傳金石者也乃爲銘曰

大唐撫運　膺圖壽昌　化行六合
威稜八荒　身毒稽顙　道俗來王
爰發明使　瞻斯道場　金剛之座
千佛代居　尊容相好　彌勒規摹
靈塔壯麗　道樹扶疏　歷劫不朽
神力焉如

又奘師傳云佛以唐國三月八日成道上座部云當此三月十五日成道時年三十者或云三十五者斯之差互彼自不同由用曆前後故有此異由神州曆筭元各不同三代定正延縮何足怪乎且據一相取悟便止樹西大精舍内有鍮石像東面立飾以奇珍前有青石奇文異釆初成道日梵王起七寶堂帝釋起七寶座佛據上七日思惟放光照樹今寶爲石樹南浮圖高百餘尺初佛於河沐已將坐念草帝釋化人以始尸草(此云吉祥草)以奉佛坐有王造塔表之次東北有塔是佛證果時有羣青雀來繞世尊亦有羣鹿繞之處樹東大路左右各有一塔是魔王嬈佛衰退處樹西北有精舍中迦葉波佛時放光明俗云至誠

七繞生得宿命智又垣西北有欝金香泥高一丈四尺樹垣東南隅有尼拘律樹樹側有塔精舍中有坐像初證果時大梵王請轉法輪處垣内四隅皆有塔初佛受草趣樹先至西南地動又向西北又東北又東南並爲地動即西北至樹下東面坐金剛座上地方安靜故立塔記垣外西南有二牧牛女宅處其側有煑乳糜處又側有佛受糜處皆立表塔樹南門外大池周七百餘步清澄魚龍所宅次南有池是帝釋所造爲佛濯衣池西大石是帝釋雪山持來爲佛曬衣次側有塔是佛納故衣處次南林中一塔是佛受貧母施故衣處化池東林龍池清潔其水甘美岸西有小精舍中像佛初成道此坐七日入定龍王繞佛七匝化多頭蓋佛處龍池東林精舍作佛羸瘦形像其側有經行迹七十餘步南北各有畢鉢羅樹往來攀而後起即是苦行六年日食一麻麥處今有疾者以香油塗像多愈又有五比丘住處又東南有塔是佛入

法苑珠林第三十九　第三十張　續

尼連河浴處次近河有佛食乳糜處
其側有二塔是長者獻麨蜜處樹東
南塔是四天王奉佛石鉢處其側有
塔是佛成道後爲母說法處又有度
迦葉兄弟千人處樹垣北門外即是
摩訶菩提寺庭宇六院觀閣三重周
垣高五丈有佛舍利大如指節光潤
鮮白通徹內外完舍利者大如青珠
形帶紅色每年至佛大神變月出以
示人即印度十二月三十日於唐國
當正月十五日於此之時放光雨華
大起深信其寺常有千僧習大乘上
座部法儀清肅是南海僧伽羅國王
請立經今四百年寺多有師子國人
每年比丘解安居訖四方道俗百千
萬衆七日七夜香華伎樂徧林供養
印度諸僧以唐國五月十六日入夏安
居以唐國八月十五日解夏斯亦隨
方用曆不同不可一定如雪山北有
國坐春坐秋者意以一年之內多溫
熱處制三月住就中前後一月延促
不定君據修道何時不安故律制三
時游行通結有罪必有善緣亦聞兼

法苑珠林第三十九　第三十一張　續

瀨院東瀕河大林中塔北池者佛昔
爲香象子侍盲象母處前有石柱
昔迦葉波佛於此宴坐側有四佛行
坐迹林中小石柱是鬱頭藍發惡願
處又東度黃河百餘里至屈屈吒播
陁山（舊云雞足）直上三峯狀如雞足頂樹
大塔夜放神炬光明通照即大迦葉
波於中寂定處也初佛以姨母織成
金縷大衣袈裟傳付彌勒令度遺法
四部弟子迦葉承佛教言佛涅槃後
第二十年捧衣入山以待彌勒山路
徑極梗澀多諸林竹師子虎象從衡
騰爲奘法師至彼每思登踐取進無
由奘乃告王請諸防援蒙王給兵三
百餘人各備鋒刃斬竹通道日行十
里尒時彼國聞奘往山禮拜士女大
小數盈十萬奔隨繼至共往雞足既
達山阿壁立無路乃縛竹爲梯相連
而上達山頂者三千餘人四瞬欣然
轉增喜踊具覩石罅散華供養又依
王玄策傳云粵以大唐貞觀十七年
三月內爰發
明詔令使人朝散大夫行衛尉寺承

法苑珠林第三十九　第三十二張　續

上護軍李義表副使前融州黃水（德形）
縣令王玄策等送婆羅門客還國
其年十二月至摩伽陁國因即巡省
佛鄉覽觀遺蹤聖迹神化在處感徵
至十九年正月二十七日至王舍城遂
登耆闍崛山流目縱觀傍眺罔極自
佛滅度千有餘年聖迹遺基儼然
具在一行一坐皆有塔記自惟器識
邊鄙忽得躬覲靈迹一悲一喜不能
裁抑因銘其山用傳不朽欲使
大唐皇帝與日月而長明佛法弘宣
共此山而同固其辭曰
大唐出震膺圖龍飛光宅率土恩覃
四夷化高三五德邁軒羲高懸玉鏡
垂拱無爲（其一）道法自然儒宗隨世安
上作禮移風樂制發於中土不同業
斎釋教降此運於無際（其二）神力自在
應化無邊或涌於地或降於天百億
日月三千大千法雲共扇妙理俱宣
（其三）鬱乎此山奇狀增多上飛香雲下
臨澄波靈聖之所降集賢懿之所經
過存聖迹於危峯芳遺趾於巖阿（其四）
參差嶺障重疊巖廊鏗鏘寶鐸韻

韞異香覽華山之神蹤勒貞碑於崇
崗馳大唐之淳化齊天地之久長其五
又奘師傳云從此山東行六十里至
矩奢揭羅補羅城北門外有塔佛舒
手現五師子伏提婆醉象處又東北
塔是舍利子聞馬勝比丘說法證聖
處塔北大坑傍塔是室利毱多設火
坑以害佛處又東至姞栗陁羅矩吒
山此云鷲峯亦云鷲臺舊云耆闍崛山傍有大石高丈四
五廣三十餘步是提婆達多擲佛處
其南崖下有塔佛此處說法華經處
南山崖有大石室佛舊入定阿難別
室被魔怖之以手通石擘頂現有通
穴精舍東北大石是佛曬衣處衣文
明徹石內傍有佛迹山城北門西有
毗布羅山西南崖昔有五百溫泉今
猶數十泉西卑鉢羅石室佛昔常居
後壁洞穴是阿素洛宮山門外一里
至迦蘭陁竹園精舍東大塔是阿闍
多沒吐路唐云未生怨也即是阿闍世王也竹
園西南六里許南山陰大竹林中有
大石室是大迦葉波與千羅漢於此
集三藏處僧中上座即號為上座部

室西北塔是阿難受責證果處山城
之北可五里許至曷羅闍姞利溫唐
言新王舍城南門外道左塔者度羅
怙羅處又北三十餘里至那爛陁寺
唐云施無厭寺贍部洲中寺之最者勿高此矣
五王共造供給倍隆故因名焉其寺
都有五院同一大門周閭四重高八
丈許並用甎壘其最下壁猶厚六尺
外墎三重墻亦甎壘高五丈許中間
各繞極深池塹備有華香嚴麗可觀
自置已來防衛清肅女人垢濫未曾
容隱常住僧衆四千餘人外客道俗
通及邪正乃出萬數皆周給衣食無
有窮竭故復號施無猒也中及左右
聖迹重疊不可殫記有諸論師智識
清遠王給封戶乃至十城漸降量賞
不減三城其寺現在受封大德三百
餘人通經已上不掌僧役重愛學問
諮訪異法故烏耆已西被於海內諸
出家者皆多義學任國追師都無隔
礙王雖守國不敢遮障又東行入山
二百餘里至伊爛拏國見佛坐迹入
石寸許長五尺二寸廣二尺一寸有

瓶迹沒石寸許八出華文都似新畫
有佛立迹長尺八寸强闊六寸許
又隣七國西北行至羯羅拏國邪正
兼事別有三寺不食乳酪是調達部
僧也又西南行七百里至烏荼國東
境臨海有發行城多有商侶停於海
濵次南大海中有僧伽羅國謂執師
子是也相去約指二萬餘里每夜南
望見彼國中佛牙塔上寶珠光明騰
焰暉赫現於天際
又西南行具經諸國並有異迹可五
千里至憍薩羅國即南印度之正境
也崇信彌篤王都西南三百餘里有
黑蜂山是昔大王為龍猛菩薩造立
斯寺唐云龍樹其寺上下五重鑿石為之
引水旋注多諸變異洎彼達今淨人
固守罕有登者龕中石像形極偉大
寺成之日龍猛就山以藥塗之變成
紫金世無等者又有經藏夾傳無數
古老相傳盡初結集並現存在雖外
佛法屢遭誅殄而此一山住持無改
近有僧來於彼夏坐但得讀誦不許
持出具陳此事但路幽阻難可尋問

又南行至秣遠羅國屬南印度都城西南二十餘里孤山嶺上石塔即是陳那菩薩造因明論處

又南行千里至馱那羯磔迦國屬南印度都城東西據山間各有大寺昔王為佛造斬山疏石列極華博賢聖游息佛滅未有千年前其處有千凡僧安居罷日皆證無學陵空飛去今窮無人其處有婆毗吠伽論師即是般若燈論主也於觀自在前絕粒而飲水三年立志祈請待見彌勒觀自在乃為現色身今在城南大山巖執金剛神所誦金剛呪三年神授方云此巖石內有阿素洛宮如法行請石壁當開可即入中待彌勒出我當相報又經三年然呪芥子擊於石壁豁即洞開時百千衆觀覩驚歎論師跨門再三顧命唯有六人從入餘者謂是毒蛇窟也當即石門還合如壁

又復南行六千餘里至秣羅矩吒國即贍部最南際海濱境也山出龍腦香及有白檀香樹又有羯薩羅香樹松身無葉香如氷雪即龍腦香也從此南大海中有天宮觀自在菩薩常所住處（昔云觀世音菩薩也）臨海有城即是古師子國入海中可三千里非結大伴則不可至自此西北四千餘里中途經國具諸神異國東南隅數千里那羅稽羅洲人長三尺鳥喙唯食椰子

又至摩訶剌他國其王自在未賓戒日寺有百餘僧徒五千東境山寺羅漢所造有大精舍高百餘尺中安石像長八丈餘上施石蓋凡有七重虛懸空中相去各三尺禮謁見者無不歎異傳云羅漢願力所持或云藥呪術力所持

又越二國西北至摩臘婆國屬南印度都城西北二十餘里有大婆羅門邑側大陷坑水流無滿是昔大慢婆羅門謗大乘生陷入地處又西北至阿吒釐國屬南印度此國出胡椒藁薩香樹葉如棠

又周迴西北越十餘國至波剌斯國非印度所攝此國多出金銀鍮石頗胝水精死多棄屍佛鉢在王宮中西北接拂懍國出白狗子本赤頭鴨生於穴中案梁貢職圖云去波斯北一萬里西南海島有西女國非印度攝拂懍年別送男夫配焉略陳聖迹依如前述具列俗紀備存大本

頌曰

希音遠流　乃眷東顧　欣風慕道
仰規西度　妙盡毫端　運微輕素
託采虛凝　殆暎霄霧　迹流眾像
理深其趣　奇興開禁　引凡聖路
千佛同化　萬賢來曙　皇情有感
緇素同遇

法苑珠林卷第二十九

甲辰歲高麗國大藏都監奉勅彫造

法苑珠林卷第二十九

校勘記

一　底本，麗藏本。

一　六三一頁上一行經名，徑作「法苑珠林卷第三十八」。

一　六三一頁上二行撰者，磧、普作「大唐上都西明寺沙門釋道世撰」；南作「唐上都西明寺沙門釋道世撰」；徑作「唐上都西明寺沙門釋道世玄惲撰」；清作「唐西明寺沙門釋道世撰」。

一　六三一頁上三行「第二十一」，徑作「第二十一之一」。又「此有二部」，徑無。

一　六三一頁上三行與四行之間，磧、普、南、清有「述意部　聖迹部」一行。

一　六三一頁上四行「第一」，徑無。

一　六三一頁上五行「終至」，磧、普、南、徑、清作「繼至」。

一　六三一頁上七至八行「千有……日來」，普無。

一　六三一頁上九行「罕迷」，磧、普、南、徑、清作「罕述」。

一　六三一頁上二一行第一二字「由」，磧、普、南、徑、清無。

一　六三一頁中三行「安建」，磧、普、南、徑、清作「方建」。

一　六三一頁中六行第三字「師」，磧、普、南、徑、清作「法師」。末字同。

一　六三一頁中七行第一二字「任」，徑、清作「住」。

一　六三一頁中一五行第五字「蘭」，磧、普、南、徑、清作「籣」。

一　六三一頁中一九行「第二」，徑無。

一　六三一頁中末行「于遁國」，磧、普、南、徑、清作「于道國」。

一　六三一頁下一行「媲摩」，磧、普、南、徑、清作「娓摩」。

一　六三一頁下二行末字「帖」，磧、普、南、徑、清作「貼」。

一　六三一頁下九行末字「城」，磧、普、南、徑、清作「域」。

一　六三一頁下一〇行第一三字「壞」，徑、清作「壊」。

一　六三一頁下二二行「涅槃」，磧、普、南、徑、清作「沮渠」。

一　六三一頁下末行「羅塔」，磧、普、南、徑、清作「羅漢塔」。又「松泉流茂」，磧、普、南、徑、清作「松林欝茂」。

一　六三二頁上一行「稍長」，磧、普、南、徑、清作「恒長」。

一　六三二頁上三行夾註「辛頭河」，磧、南、徑、清作「新頭河」。

一　六三二頁上五行「區匯」，磧、普、南、徑、清作「令區遞」。

一　六三二頁上九行「比丘」，磧、普、南、徑、清作「此比丘」。

一　六三二頁上一七行第七字「國」，普、南、徑、清無。

一　六三二頁上末行「門扉」，磧、南、徑、清作「門扇」。

一　六三二頁中七行第四字「其」，徑、清作「至」。

一　六三二頁中八行末字至次行首二字「喝縛國」，磧、普、南、徑、清作「縛喝國」。

一　六三二頁中末行第七字「寺」，磧

作「去」。

一　六三二頁下二行第九字「啇」，普、徑、清作「商」。下至次頁下一八行第一一字同。

一　六三二頁下七行第四字「常」，磧、普、南、徑、清作「恒」。一三行第一〇字同。

一　六三二頁下二二行首字「示」，磧、普、南、徑、清作「亦現」。

一　六三三頁上一六行「尺餘」，磧、普、南、徑、清作「丈餘」。

一　六三三頁中一一行「特起」，磧、普、南、徑、清作「峙起」。

一　六三三頁中二二行末字「窟」，磧、普、南、徑、清作「塔」。

一　六三三頁下五行「反觀」，磧、普、南、徑、清作「及觀」。

一　六三三頁下七行「眼精」，磧、普、南、徑、清作「眼睛」。

一　六三三頁下八行「七寶」，磧、普、南、徑、清作「七寶瓶」。

一　六三三頁下一三行「五枡」，磧、普、南、徑、清作「五科」。

一　六三四頁上三行第九字「瑞」，磧、普、南、徑、清作「祥瑞」。

一　六三四頁上六行「折骨」，南、徑、清作「析骨」。

一　六三四頁上九行「咀麗」，磧、普、南、徑、清作「呾麗」。

一　六三四頁上一一行夾註左「羅漢」，磧、普、南、徑、清作「羅漢也」。

一　六三四頁上一六行第八字「記」，磧、南、徑、清作「説」。

一　六三四頁上二二行「所經」，磧、普、南、徑、清作「聽經」。

一　六三四頁中一行「飤虎」，磧、普、南、徑、清作「飼虎」。

一　六三四頁中末行夾註「舊云摩偷羅」，磧、普、南作「舊云摩偷羅」；徑、清作「舊名摩偷羅」。

一　六三四頁下一〇行夾註左「准可」，磧、南、徑作「唯可」。

一　六三四頁下一五行第二字「猴」，磧、南、徑、清作「獼猴」。

一　六三五頁上一一行首字「面」，磧、南、徑、清作「西」。

一　六三五頁中六行「此林」，普、南、徑、清作「北林」。

一　六三五頁中九行「王平」，磧、南、徑、清作「王子」。

一　六三六頁上一八行「接上」，磧、普、南、徑、清作「接工」。

一　六三六頁中一一行首字「棄」，磧、普、南、徑、清作「葉」。

一　六三六頁中一二行「罰者」，磧、普、南、徑、清作「伐者」。

一　六三六頁中一九行「耶捨」，磧、普、南、徑、清作「捨邪」。

一　六三六頁下一行第八字「子」，磧作「十」。

一　六三六頁下二行第三字「所」，磧、普、南、徑、清作「可」。

一　六三六頁下五行末字「置」，磧、普、南、徑、清作「欲」。

一　六三六頁下一一行「影覆」，磧作「影霞」。

一　六三七頁上六行「當此」，磧、普、南、徑、清作「當此土」。

一　六三七頁上一五行「天人」，磧、普、南、徑、清作「夫人」。

一　六三七頁中一五行「凡施」，磧、普、南、徑、清作「几施」。

一　六三七頁中一九行至二〇行「藍摩國」，磧、普、南、徑、清作「藍摩國」。

一　六三七頁中二一行「塔滅」，清作「塔高」。

一　六三八頁上六行「尼連禪那」，磧、普、南、徑、清作「尸連禪那」。

一　六三八頁上七行「涅疊」，磧、普、南、徑、清作「涅槃」。

一　六三八頁上一四行「疕斯河」，磧、普、南、徑、清作「疕河河」。

一　六三八頁上一六行末字「即」，磧、普、南、徑、清作「佛」。

一　六三八頁上末行「彤特異」，磧、普、南、徑、清作「其形特異」。

一　六三八頁中三行「二百步」，南、徑、清作「三百步」。

一　六三八頁中一九行「人滿」，徑作「大滿」。

一　六三八頁下三行夾註「梵云」，磧、普、南、徑、清作「舊云」。

一　六三八頁下一九行第二字「送」，磧、普、南、徑、清作「送往」。

一　六三九頁上六行「水火林」，磧、普、南、徑、清作「水火村」。

一　六三九頁上一〇行「無問」，磧、普、南、徑、清作「無間」。

一　六三九頁上二二行第一〇字「東」，磧、普、南、徑、清作「倚東」。

一　六三九頁中一六行第二字「千」，磧作「十」。

一　六三九頁中二〇行第一二字「言」，磧、普、南、徑、清作「唐言」。

一　六三九頁下一六行「三層」，磧作「二層」。又「墻高」，磧、普、南、徑、清作「垣墻高」。

一　六三九頁下一七行第六字「興」，磧、普、南、徑、清作「與」。

一　六四〇頁上四行「數十步」，磧、普、南、徑、清作「數千步」。

一　六四〇頁上二二行夾註左首字「及」，徑、清作「即」。

一　六四〇頁中一八行首字「支」，磧、普、南、徑、清作「艾」。

一　六四〇頁中二〇行「未滿」，磧、普、南、徑、清作「不滿」。

一　六四〇頁中二一行第三字「平」，磧、普、南、徑、清作「評」。

一　六四〇頁下一行第三字「乳」，磧、普、南、徑、清作「嬭」。又第一〇字「後」，磧、普、南、徑、清作「後有」。

一　六四〇頁下一七行第八字「似」，磧、普、南、徑、清作「以」。

一　六四〇頁下一九行「佛語」，徑、清作「佛與」。

一　六四一頁上九行「封不耐」，磧、普、南、徑、清作「村不到」。

一　六四一頁上一六行「菩提寺」，磧、普、南、徑、清作「菩提寺其寺」。

一 六四一頁上一七行第一一字「道」，磧、普、南、徑、清作「道觀」。

一 六四一頁中六行「焉如」，至此，徑卷第三十八終，卷第三十九始，並有「感通篇第二十一之餘」、「聖迹部之餘」兩行。

一 六四一頁中一四行「異釆」，磧、普、南、徑、清作「如來」。

一 六四一頁中二一行第三字「繞」，磧、普、南、徑、清作「呈祥」。

一 六四一頁下二行第三字「高」，磧、普、南、徑、清作「塔高」。

一 六四一頁下二二行首字「叅」，磧、普、南、徑、清作「一叅」。

一 六四二頁上四行第一三字「有」，磧、南、徑、清無。

一 六四二頁中一行第二字「院」，磧、普、南、徑、清作「樹院」。

一 六四二頁中二行「盲象」，磧、普、南、徑、清作「育象」。

一 六四二頁中六行夾註右「舊云」，徑、清作「舊名」。

一 六四二頁中一二行首字「徑」，磧、普、南、徑、清無。

一 六四二頁下末行「嶺障」，磧、普、南、徑、清作「嶺嶂」。

一 六四二頁下末行末字至次頁上一行首字「馩馧」，磧、南作「氤氳」；普、徑、清作「氛氳」。

一 六四三頁上一七行「常居」，磧、南、徑、清作「恒居」。

一 六四三頁上一八行第一一字「門」，磧、普、南、徑、清作「北門」。

一 六四三頁上一九行第四字「陁」，磧、普、南、徑、清無。

一 六四三頁上末行末字「部」，南無。

一 六四三頁中一行首字「室」，南、徑、清作「石室」。

一 六四三頁中五行夾註右「唐云」，南作「或云」。

一 六四三頁中一一行第一一字「垢」，徑、清作「姤」。

一 六四三頁下六行「商侶」，徑、清作「商旅」。

一 六四三頁下一六行第一一字「達」，磧、普、南、徑、清作「達上」。

一 六四三頁下一九行第一一字「夾」，磧、普、南、徑、清作「甲」。

一 六四三頁下二〇行「盡初」，清作「最初」。

一 六四四頁上二行「二十」，磧、普、南作「二二」；徑、清作「二百」。

一 六四四頁上六行「造劃」，磧、普、南、徑、清作「造殿」。又「石列」，磧、普、南、徑、清作「石製」。

一 六四四頁上一二行「今在」，磧、普、南、徑、清作「又在」。

一 六四四頁上一四行「行請」，磧、普、南、徑、清作「祈請」。

一 六四四頁中一七行「入地」，磧作「地獄」；普、南、徑、清作「入地獄」。

一 六四四頁下卷末經名，徑無（未換卷）。

法苑珠林卷第三十　　横　三十七

西明寺沙門釋　道世　撰

住持篇第二十二　此有十部

述意部第一

夫法不自弘，弘之在人。人通邪正，法
逐人訛。將欲住持三寶，必須德行內
充，律教一宗，兼先諳究，不憚勞苦，不
好聲譽，令遐通道俗，欣心有據，界中
行者慕崇，進業緇素，相依法得久住。
故四分律云：非制不制，是制便行，如
是漸漸令法久住。若法出常情，言無
規矩，翻同鄙俗，何成匡衆？宜自私退
省，已爲人故。律云：非制而制，是制便
斷，如是漸漸令法速滅。數見朝貴門
首多有癡病僧尼，或有行醫針灸，求
貪名利；或有蒱博歌戲，不護容儀；或
有婚姻相託，媒嫁男女；或有科斂酒
宍，公然衆會；或有服翫奢華，馳騁衣
馬；或有執腕抵掌，類同賤俗；或有結
搆惡友，朋仗麁人，致使穢響盈路，汙
染俗情，貴勝同知，聞徹天聽。於是雷
同惣撥，枉濫清人，非直僧尼不依聖
教，亦由白衣不識賢良。寔因一二凡僧
毀謗無量好衆。或有勤求學問，博知
三藏；或有講導利生，無闕四時；或有
專居禪思，常坐不卧；或有讀誦經論，
常勤匪懈；或有六時禮懺，晝夜行道；
或有納衣乞食，儉素無爲；或有山居
蘭若，頭陁苦行；或有專營福利，供養
三寶；或有興建齋講，化俗入道；或有
營造經像，締搆伽藍。如是略列，疇能
殫記？此之名德，常依道場，專行福智，
寸陰不遺，無瑕染俗。所以公貴不識，
唯共鄙徒結友，情盃染習，既久以非
爲是，縱覩聖僧，將爲凡衆，唯生瞋慢，
何曾加敬？靜思此事，豈非濫歟？

治罰部第二

自大聖西隱，正教東流，佛法付囑國
王令加護持。但王法侵移，日就衰亂，
治犯憲章，漸將殆盡。若聞說者，反被
陵辱。以道俗濫惡情乖，日久設欲治

罰改惡就善恃官勢力枉壓清人僧衆無力反汙淨心其懷轉姧實難拯伏致使大教息用遺風訛替故大集經云若未来諸王四姓爲護法故能捨身命寧護一如法比丘不護無量諸惡比丘是王捨身生淨土中若隨惡者是王無量世中不復人身王等不治則斷三寶奪衆生眼雖無量世修施戒慧則爲滅失又犯過比丘應須治者一月兩月苦使或不與語不與共坐或擯出一國乃至四國有佛法處治如是等惡比丘諸善比丘安樂受法故使佛法久住不滅又薩婆多論云違王制故得突吉羅罪又勝鬘經云世尊應折伏者而折伏之應攝受者而攝受之何以故以折伏攝受故令正法得久住天人充滿惡道減少於如來所轉法輪而得隨轉又涅槃經云善男子諦聽諦聽當爲汝說如來所得長壽之業菩薩以是業因緣故得壽命長欲得長壽應當懸念一切衆生同於子想生大慈大悲大喜大捨受不殺戒教修善法亦當安置

一切衆生於五戒十善復入地獄餓鬼畜生阿脩羅等一切諸惡趣拔濟是中苦惱衆生脫未涅槃者令得涅槃安慰一切諸恐怖者以如是等業因緣故菩薩則得壽命長遠於諸智慧而得自在隨所壽終生於天上迦葉菩薩白佛言世尊於佛法中有破戒者作逆罪者毀正法者云何當於如是等人同子想耶佛告迦葉善男子譬如國王諸群臣等有犯王法隨罪誅戮而不捨置如來世尊不如是也於毀法者與驅遣羯磨呵責羯磨捨置羯磨舉罪羯磨不可見羯磨滅擯羯磨未捨惡見羯磨善男子如來世尊與謗法者作如是等降伏羯磨爲欲示諸行惡之人有果報故我涅槃已隨其方面有持戒比丘威儀具足護持正法見壞法者即能驅遣呵責懲治當知是人得福無量不可稱計乃至若善比丘見壞法者置不呵責驅遣舉處當知是人佛法中怨若能驅遣呵責舉處是我弟子真聲聞也又云如來今以無上正法付囑諸

王大臣宰相比丘比丘尼優婆塞優婆夷是諸國王及四部衆應當勸勵諸學人等令得增上戒定智慧若有不學是三品法懈怠破戒毀正法者王者大臣四部之衆應當苦治又經若有比丘供身之具亦當豐足復能護持所受禁戒能師子吼廣說好法謂修多羅乃至阿浮陀達磨以如是等九部經典爲他廣說利益安樂諸衆生故唱如是言涅槃經中制諸比丘不應畜養奴婢牛羊非法之物若有比丘畜如是等不淨物者應當治之如來先於異部經中說有比丘畜如是等非法之物某甲國王如法治之驅令還俗若有比丘能作如是師子吼時有破戒者聞是語已咸共瞋恚害是法師是說法者設復命終故名持戒自利利他以是緣故我聽國主群臣宰相諸優婆塞等護說法人經中廣明覺德比丘護正法時制諸比丘不得破戒畜非法物破戒徒衆聞是語已便來害之時有國王名曰有德沒命護持覺德比丘與共戰鬪救得法師從

是之後常得值佛乃至二人皆得成佛自指云尒時王者則我身是說法比丘迦葉佛是爲護法故皆得成就是金剛身又云我涅槃後濁惡之世國土荒亂互相抄掠人民飢餓尒時多有爲飢餓故發心出家如是之人名爲秃人是秃人輩見有持戒威儀具足清淨比丘護持正法驅逐令出若殺若害迦葉菩薩白佛言世尊是持戒人護正法者云何當得遊行村落城邑教化善男子是故我今聽持戒者依諸白衣持刀杖者以爲伴侣若諸國王大臣長者優婆塞等爲護法故雖持刀杖我說是等名爲持戒雖持刀杖不應斷命若能如是即得名爲第一持戒又云我於經中亦說有犯四波羅夷乃至微細突吉羅等應當苦治衆生若不護持禁戒云何當得見於佛性一切衆生雖有佛性要因持戒然後乃見因見佛性得成阿耨菩提又偈云

比丘若修集　戒定及智慧
當知則不久　親近大涅槃

又月燈偈云

雖廣讀衆經　恃多聞毀禁
多聞不能救　破戒地獄苦

又十輪經佛說偈云

有眞善剎利　供養於正法
三乘得熾盛　當獲功德海
具足七寶等　徧滿閻浮提
持用施諸佛　其福猶有限
乃至四天下　造僧房供養
彼雖得大福　不如護正法
假使爲諸佛　滿中造塔廟
彼雖得大福　不如護正法
譬如五日出　能竭於大海
若護我法者　則竭煩惱結
譬如風災起　悉摧一切山
若護正法者　亦滅諸煩惱
譬如水災起　漂蕩壞大地
若護正法者　亦消諸煩惱

思愼部第三

夫欲成大醫弘其三藏先須當機自療已患然後治他法得久住不得爲名利故空談名教不修一行遂同狂醉故大莊嚴論云有二種醉一者家色財等成就時醉二者他稱讚時醉此之二醉前一多是在家人等富貴時醉開放逸門造地獄因後一多是出家人等貪學名利輕賤自身希望他讚便生憍慢昏於志趣失於聖意盲不見道流浪三塗故涅槃經云佛告迦葉我般涅槃七百歲後是魔波旬漸當沮壞我之正法譬如獵師身服法衣魔王波旬亦復如是作比丘像比丘尼像優婆塞優婆夷像亦化作須陁洹身乃至化作阿羅漢身及佛色身魔王以此有漏之形作無漏形壞我正法又經云若有比丘以利養故爲他說法是人所有徒衆眷屬亦效是師貪求利養是人如是便自壞衆又云若有比丘雖持禁戒爲利養故與破戒者坐起行來共相親附同其事業是名破戒亦名雜僧又云復有常沒非一闡提何者是耶如人爲有修施戒善是名常沒故經云善男子有四善事獲得惡果何等爲四一者爲勝他故讀誦經典二者爲利養故受持淨戒三者爲他眷屬故而行布施

四者爲非想非非想處繫念思惟是四善事得惡果報又云是一闡提滅諸善根非其器故假使是人百千萬歲聽受如是大涅槃經終不能發菩提之心所以者何無善心故又經云善男子我涅槃後無量百千歲四道聖人悉復涅槃正法滅後於像法中當有比丘像似持律少讀誦經貪嗜飲食長養其身身所衣服麤陋醜惡形容憔悴無有威德放畜牛羊擔負薪草頭鬚髮爪悉皆長利雖服袈裟猶如獵師細步徐行如猫伺鼠常唱是言我得羅漢多諸病苦眠臥糞穢外現賢善内懷貪嫉如受瘂法婆羅門等實非沙門現沙門像邪見熾盛誹謗正法如是等人滅壞如來所制戒律正行威儀說解脫果離不淨法及壞甚深秘密之教各自隨意反說經律而作是言如來皆聽我等食肉飲酒自生此論言是佛說互共諍訟各自稱是沙門釋子善男子尒時復有諸沙門等貯聚生穀受取魚宍手自作食執持油瓶寶蓋革屣親近國

王大臣長者占相星宿勤修醫道畜養奴婢金銀雜寶學諸伎藝畫師泥作造書教學種殖根栽蠱道呪幻和合諸藥作唱伎樂香華治身摴蒱圍碁諸工巧等若有比丘能離如是諸惡事者當說是人眞我弟子若反習是事親近國王王子大臣及諸女人高聲大笑或復默然於諸法中多生疑惑多語妄說長短好醜或善不善好著妙衣如是種種不淨之物於施主前躬自讚歎出入游行不淨之處所謂酤酒婬女博弈如是之人我今不聽在比丘中應當罷道還俗役使譬如稗穢悉滅無餘當知是等經律所制悉是如來之所說也若有隨順魔所說者是魔眷屬若有隨順佛所說者即是菩薩乃至經云破戒比丘當於百千億萬劫數割截身宍以贈施主若生畜生身常負重所以者何如析一髮爲千億分破戒比丘尚不能消一分供養況能消他衣服飲食臥具醫藥又云樂視婦女不附男子乃至憎持戒者親附破戒常讚布施不讚持戒

忍辱精進禪定智慧不讚寂滅遠離獨處常好讖論持戒者過亦不稱讚行頭陁者或指其事惡口橫加又經云善男子如來正法將欲滅盡尒時多有惡行比丘不知如來微密之藏嬾惰懈怠不能讀誦宣揚分別如來正法譬如癡賊棄捨眞寶擔負草麩不解如來微密藏故於是經中懈怠不勤哀哉大嶮當來之世甚可怖畏苦哉衆生不勤聽受是大乘典大涅槃經唯諸菩薩摩訶薩等能於是經取眞實義不著文字隨順不逆爲衆生說復次善男子如牧牛女人爲欲賣乳貪利多故加二分水轉賣與餘牧牛女人彼女人得已復加二分轉賣與近城女人得已復加二分復轉賣與城中女人彼女得已復加二分詣市賣之時有一人爲子納婦當須好乳以贍賓客至市欲買是賣乳者多索價數是人荅言汝乳多水不直尒許正值我今贍待賓客是故當取取已還家煑用作糜都無乳味雖復無味於苦味中千倍爲勝何以故乳之

爲味諸味中最善男子我涅槃後正
法未滅餘八十年尒時是經於閻浮
提當廣流布是時多有諸惡比丘抄
掠是經分作多分能滅正法色香美
味是諸惡人雖復讀誦如是經典滅
除如來深密要義安置世間莊嚴文
飾無義之語抄前著後抄後著前前
後著中中著前後當知如是諸惡比
丘是魔伴侶受畜一切不淨之物而
言如來悉聽我畜如牧牛女多加水
乳諸惡比丘亦復如是唯以世語錯
定是經令多衆生不得正說正寫正
取尊重讚歎供養恭敬是惡比丘爲
利養故不能廣宣流布是經所可分
流少不足言如彼牧牛貧窮女人展
轉淡薄無有氣味雖無氣味猶勝餘
味足一千倍緣彼乳味於諸苦味爲千
倍勝何以故是大乘典大涅槃經於
聲聞經最爲上首喻如牛乳味中最
勝以是義故名大涅槃

說聽部第四

如涅槃經云復次善男子若我弟子
受持讀誦書寫演說是涅槃經莫非

時說莫非國說莫不請說莫輕心說
莫處處說莫自歎說莫輕他說莫滅
佛法時說莫熾然世說善男子若我
弟子受持是經非時而說乃至熾然
世說者人當輕呵而作是言若佛
秘藏大涅槃經有威力者云何令汝
非時而說乃至熾然世而說若持經
者作如是說當知是經爲無威力若
無威力雖復受持爲無利益緣是輕
毀涅槃經故令無量衆生墮於地獄
則是衆生惡知識也非我弟子是魔
眷屬若爲利養五欲名聞而說經
者事同博易速滅正法又涅槃經云
云何栴檀貿易凡木如我弟子爲供
養故向諸白衣演說經法白衣情逸
不喜聽聞白衣處高比丘在下兼以
種種餚饍飲食而供給之猶不肯聽
是名栴檀貿易凡木云何以金貿易
鍮石鍮石譬色聲香味觸金譬於戒
我諸弟子以色因緣破所受戒是名
以金貿易鍮石云何以銀貿易白鑞銀
譬十善鑞譬十惡我諸弟子放捨
十善行十惡法是名以銀貿易白鑞

云何以絹貿易氀褐氀褐以譬無慚
無愧絹譬慚愧我諸弟子放捨慚愧
習無慚愧是名以絹貿易氀褐云何
甘露貿易毒藥毒藥以譬種種供養
甘露以譬諸無漏法我諸弟子爲利
養故向諸白衣昔自譽讚言得無漏
是名甘露貿易毒藥

又法華經云菩薩摩訶薩不親近國
王王子大臣官長不親近諸外道梵
志尼揵子等及造世俗文筆讚詠外
書乃至畋獵漁捕諸惡律儀不親近
求聲聞人又不應於女人身取能生
欲想相而爲說法亦不樂見若入他
家不與小女處女寡女等共語亦復
不近五種不男之人以爲親友不獨
入他家若有因緣須獨入時但一心念
佛若爲女人說法不露齒笑不現胸
臆乃至爲法猶不親厚況復餘事不
樂畜年少弟子沙彌小兒亦不樂與
同師常好坐禪於空閑處修攝其心

又佛藏經云不淨說法有五種一者
自言盡知佛法二者說佛經時出諸
經中相違過失三者於諸法中心疑不

信四者自以所知非他經法五者為
利養故為人說法如是說者我說此
人當墮地獄不至涅槃又云我久勤
苦求是法寶而此惡人捨置不說但
以經相違語義互相是非不順正法
於聖法中畜心自大隨意而說為求
利養若比丘說法雜外道義者有善
比丘應從坐去若不尒者非善比丘亦
復不名隨佛教者如是說者我說此
人名為外道尼乾弟子非佛弟子謂
是地獄畜生餓鬼何以故身未證法
而在高座身自不知而教人者法墮
地獄又當來比丘好讀外經當說法
時莊挍文辭令衆歡樂惡魔尒時助
惑衆人障礙善法若有貪著音聲語
言巧飾文辭若有人好外道經者魔
皆迷惑令心安隱又如群盲人捨所
得物欲詣大施而墮深坑我諸弟子
亦復如是捨麁衣食而逐大施求好
供養以世利故失大智慧而墮深坑
阿鼻地獄又云不淨說法得罪極多
亦為衆生作惡知識亦謗過去未來
今佛若人悉奪三千大千世界衆生

命比不淨說法罪多於此何以故是
人皆破諸佛阿耨多羅三藐三菩提
為助魔事亦使衆生於百千世受諸
衰惱但能作縛不能令解當知是人
於諸衆生為惡知識為是妄語於大
衆中謗毀諸佛以是因緣墮大地獄
教多衆生以邪見事是故名為惡邪
見者又云舍利弗尒時破戒比丘乃
至為得一杯酒故與諸白衣演說佛
法於意云何多貪恚癡多樂讀經貪
著利養行不清淨舍利弗若有比丘
耆年有德比丘中龍有深智慧是
人能信無所有自相空法無我無人
法何以故是人不樂衆內雜語不樂
睡眠多事不為白衣營執事務不為
使命持送文書不行醫行不讀醫方
不為販賣不樂論說世間語言但樂
欲說出世間法舍利弗我今明了告
汝求自利已善比丘等當尒之時不
應入衆乃至一宿唯除阿羅漢煩惱
已斷及病比丘於中有緣何以故舍
利弗當尒時人貪欲瞋恚愚癡毒盛
不活慵畏常所逼切求利善人常應

自匿小林空靜乃至畢命如野獸死
又云我此眞法不久住世何以故衆
生福德善根已盡濁世在近
又大集月藏經云若有衆生唯依讀
誦欲求阿耨多羅三藐三菩提者是
人多喜著於世俗以世俗故尚不能
調伏已心煩惱何能調伏他人煩惱
善男子樂著讀誦求菩提者便有嫉
妒求於名利高心自恃輕慢毀他尚
不能得欲界善根何況能得色無色
界一切善根
又摩訶衍大寶嚴經云譬如醫師持
藥游行而自身病不能療治多聞之
人有煩惱病亦復如是雖有多聞不
御煩惱不能自利徒無所用譬如死
人著金瓔珞多聞破戒被服法衣受
他供養亦復如是
又方廣十輪經云若有衆生起於麁
獘愚癡惡口自謂為智乃至不離邪
見為求他利而生嫉妒貪著名稱自
舉輕他不能守護身口意等心常念
惡常作是語而自稱說是大乘人亦
敎他讀誦但自讚已非毀於他以是

義故讚歎大乘自不調伏於大乘道而欲教他修行大乘乃至云得人身難亦失聲聞辟支佛乘常趣惡道不欲親近諸有智者而唱是言作師子吼我是大乘善男子譬如有驢著師子皮自以爲師子有人遠見亦謂師子驢未鳴時無能分別既出聲已遠近皆知非實師子諸人見者皆悉唾言此弊惡驢非師子耶乃至毀犯禁戒作惡行者於一切處不成法器若自說言我是大乘能破一切衆生煩惱塵勞大陣亦爲衆生住八正道入無畏城則無是處

又佛藏經云過去世時有五比丘一名普事二名苦岸三名薩和多四名將去五名跋難陁是五比丘爲大衆師其普事者知佛所說眞實空義無所得法餘四比丘皆墮邪道多說有人普事比丘爲四部所輕無有勢力多人惡賤四惡比丘多教人衆以邪見道於佛法中不相恭敬相違逆故以滅佛法乃至云是諸惡人滅佛正法亦與多人大衰惱事又是惡人命

終之後墮阿鼻地獄仰臥九百萬億歲伏臥九百萬億歲左右臥亦然於熱鐵上燒然焦爛是中退死更生炙地獄大炙地獄活地獄黑繩地獄皆如上歲數受諸苦惱於黑繩地獄死還生阿鼻大地獄中乃至云親近是人及善知識并諸檀越凡有六百四萬億人與此四師俱生俱死在大地獄受諸燒煮乃至云如是展轉一劫受苦大劫將燒故在地獄又說大劫若燒是四惡人及六百四萬億人從此阿鼻大地獄中轉生他方在大地獄何以故舍利弗重罪具足其報不少在於他方無數百千萬億那由他歲受大苦惱世界還生是四罪人及六百四萬億人并及餘人罪未畢者於彼命終還生此間大地獄中又云久久雖免地獄苦惱得生人中於五百世從生而盲然後得值一切相佛乃至云於彼佛法出家十萬億歲勤行精進如救頭然不得順忍況得道果又涅槃經云善星比丘誦得十二部經智度論云提婆達多出家學道誦

得六萬法聚述曰此之二人皆不修方便道中眞佛性觀四念處等行法觀察五陰無常苦空非我我所貪著我見人見衆生見已起大逆罪誹謗如來由斯義故此之二人生身陷入阿鼻地獄中受無窮苦如是流例述難可盡

菩薩部第五

如迦葉經云尒時佛告摩訶迦葉如來不久當般涅槃迦葉白佛言世尊唯願世尊住世一劫若減一劫守護正法佛告迦葉彼愚癡人假使千佛出世種種神通說法教化彼愚癡人於彼惡欲不可令息迦葉當來末世後五百歲有諸衆生具足善根其心清淨能報佛恩守護我法迦葉白佛言世尊我修少行智慧微淺如持重擔我不能堪唯有菩薩堪能荷負如斯重擔譬如有人年耆極老年百二十身嬰重病不能起止時有一人巨富饒財賫持珍寶至病人所而語之言我有緣事當至他方以寶相寄爲我守護待我還時汝當歸我彼老病

人無有子息唯獨一身彼人去已未
久之閒困篤命終所寄財物悉皆散
失彼人行還求索無所世尊聲聞之
人亦復如是智慧微淺修行甚少又
無伴侶不能久住在於世閒若付正法
不久散滅佛讚迦葉我已了知而故
付汝令彼癡人得聞此已生於悔心
尒時迦葉白佛言世尊我今更說第
二譬喻譬如有人身力盛壯無諸患
苦壽命無量百千萬歲生大種姓
具足財寶善持淨戒有大慈悲內懷
歡喜利益多人令得安樂時有一人
賫持寶物來至其所而語之言我有
緣事當至他方以寶相寄當好守護
若十年還若二十年還待我來時當
見相還其人得寶藏積守護彼人行
還即便歸之世尊菩薩摩訶薩亦復
如是若以法寶付諸菩薩無量千億
那由他劫終無失壞利益無量無邊
衆生不斷三寶世尊如是之事我不
能持唯有菩薩乃能堪受世尊此彌
勒菩薩摩訶薩俱在此會如來付之
於當來世後五百歲法欲滅時如來

所集之法悉能守護流演廣說何以
故此彌勒菩薩於當來世證得阿耨
菩提譬如國王第一太子當爲王事
如法治世彌勒菩薩亦復如是治法
王位守護正法尒時佛讚迦葉如汝
所說即申右手摩彌勒頂作如是言
彌勒我付囑汝當來末世後五百歲
正法滅時汝當守護三寶莫令斷絕
尒時如來摩彌勒頂時於此三千大
千世界六種震動光明徧滿大千世
界尒時地天及虛空天至阿迦膩吒
天悉皆合掌白彌勒菩薩摩訶薩言
如來以法付囑聖者唯願聖者爲利
一切諸天人故受此正法尒時彌勒
菩薩從座而起偏袒右肩右膝著地
合掌恭敬白佛言世尊我爲利益一
切衆生尚受無量億劫之苦況復如
來付我正法而當不受世尊我尒時
受持於當來世演說如來無量阿僧
祇劫所集阿耨菩提法彌勒菩薩說
此語時三千世界六種震動
又大集經云尒時世尊告上首彌勒
及賢劫中一切菩薩摩訶薩言諸善

男子我昔行菩薩道時曾於過去諸
佛如來作是供養以此善根與我作
於三菩提因我今憐愍諸衆生故以
此報果分作三分留一分自受第二
分者於我滅後與禪解脫三昧堅固
相應聲聞令無所乏第三分者與彼
破戒讀誦經典相應聲聞正法像法
剃頭著袈裟者令無所乏彌勒我今
復以三葉相應諸聲聞衆比丘比丘
尼優婆塞優婆夷寄付汝手勿令乏
少孤獨而終及以正法像法毀破禁
戒著袈裟者寄付汝手勿令彼等於
諸資具乏少而終亦勿令有旃陁羅
王共相惱害身心受苦我今復以彼
諸施主寄付汝手我今所有器以非
器爲我出家而供養者汝等亦當護
持養育彌勒若於現在及未來世讀
誦受持此法門者彼等當得十種清
淨功德何等爲十始從身清淨故離
殺生乃至離邪見是爲十種功德
從是已後百千萬生常得如是十種
清淨功德若有至心聽此法門者是
人住如實際得於八種清淨功德何

等爲八一長壽二端正三富貴四名稱五常爲諸天守護六所須常無所乏七盡諸業障八命欲終時有十方佛及諸大衆放大光明照其眼目令其人見得生善處於百千萬生常得如是八種功德我今更復略說是人當得十三種清淨功德何謂十三一生死流轉終不更起顛倒惡見二不生五濁無佛國土三常得見佛四常聞正法五常得供養衆僧六值善知識七常與六波羅蜜相應八不墮小乘九常以大慈大悲大方便力成熟衆生十常發勝願十一乃至菩提而常不離如上等法十二速能滿足六波羅蜜十三於阿耨多羅三藐三菩提而成正覺若有受持書寫讀誦爲他解說如說修行此月藏法門者所得功德如前所說

又大集經云尒時無勝意童子白佛言世尊他方佛土所有人民常作是言娑婆世界雜穢然我今者常見清淨佛言如是如是如汝所說又此世界諸菩薩等或作種種天人畜生

之像遊閻浮提教化如是種類衆生若爲人天調伏衆生是不爲難若爲畜生調伏衆生是乃爲難

閻浮提外東方海中有瑠璃山名之爲湖具種種寶其山有窟名種種色是昔菩薩所住之處有一毒蛇在中而住修聲聞慈復有一窟名曰無死亦是菩薩昔所住處中有一馬修聲聞慈復有一窟名曰善住處亦是菩薩昔所住處中有一羊修聲聞慈其山樹神名曰無勝有羅刹女名曰善行各有五百眷屬圍繞是二女人常共供養如是三獸

閻浮提外南方海中有頗梨山其山有窟名曰上色亦是菩薩昔所住處有一獼猴修聲聞慈復有一窟名擔願亦是菩薩昔所住處中有一雞修聲聞慈復有一窟名曰法牀亦是菩薩昔所住處中有一犬修聲聞慈中有火神有羅刹女名曰眼見各有五百眷屬圍繞是二女人常供養是三鳥獸

閻浮提外西方海中有一銀山名曰

菩提月中有一窟名曰金剛亦是菩薩昔所住處中有一豬修聲聞慈復有一窟名香功德亦是菩薩昔所住處中有一鼠修聲聞慈復有一窟名高功德亦是菩薩本所住處中有一牛修聲聞慈山有風神名曰動風有羅刹女名曰天護各有五百眷屬圍繞是二女人常供養如是三獸

閻浮提外北方海中有一金山名曰功德相中有一窟名爲明星亦是菩薩昔所住處有一師子（此方名虎）修聲聞慈復有一窟名曰淨道亦是菩薩昔所住處中有一兔修聲聞慈復有一窟名曰喜樂亦是菩薩昔所住處中有一龍修聲聞慈山有水神名曰水天有羅刹女名修慚愧各有五百眷屬圍繞是二女人常共供養如是三獸是十二獸晝夜常行閻浮提內人天恭敬功德成就已於諸佛所發深重願一日一夜常令一獸遊行教化餘十一獸安住修慈周而復始七月一日鼠初遊行以聲聞乘教化一切鼠身令離惡業勸修善事如是次

第至十二日鼠復還行如是乃至盡十二月至十二歲亦復如是常爲調伏諸衆生故此土多有功德乃至畜獸亦能教化演說無上菩提之道是故他方諸菩薩等常應恭敬此佛世界

述曰此之十二獸並是菩薩慈悲化導故作種種人畜等形住持世界令不斷絕故人道初生當此菩薩住窟即屬此獸護持得益是故漢地十二辰獸依此而行不異經

羅漢部第六

依付法藏傳佛以正法付大迦葉令其護持不使天魔龍鬼邪見王臣所有輕毀既受屬已結集三藏流布人天迦葉又以法屬累阿難如是展轉乃至師子合二十五人並閻浮洲中六通聖者大迦葉今在靈鷲山西峯巖中坐入滅盡定經五十六億七千萬歲慈氏佛降傳釋迦佛所付大衣廣現神變然後涅槃

又于闐國南二千里沮渠國有三無學羅漢在山入定無數年來卓然如生至十五日外僧入山爲剔鬚髮又案諸經律佛令大阿羅漢賓頭盧不得滅度令傳佛法每三天下福利群生令出生死又入大乘論賓頭盧羅

睺羅等十六無學羅漢及九十九億羅漢皆於佛前受籌住法

又依新翻大阿羅漢難提蜜多羅所說法住記云薄伽梵般涅槃後八百年中執師子國勝軍王都有阿羅漢名難提蜜多羅唐云慶友化緣既畢將般涅槃集諸苾芻苾芻尼等但有疑者應可速問承告洟噎良久乃問我等未知世尊釋迦牟尼與上正法當住幾時時尊者告曰汝等諦聽如來先已說法住經今當爲汝粗更宣說佛薄伽梵般涅槃時以無上法付囑十六大阿羅漢并諸眷屬令其護持使不滅沒及勅其身與諸施主作眞福田令彼施者得大果報時諸大衆聞是語已少解憂悲復重請言所說十六大阿羅漢我輩不知其名何等慶友荅言第一尊者名賓度羅跋羅惰闍與自眷屬千阿羅漢多分住在西瞿陁尼洲第二尊者名迦諾迦伐蹉與自眷屬五百阿羅漢多分住在北方迦濕彌羅國第三尊者名迦諾跋釐惰闍與自眷屬六百阿羅漢多

分住在東勝身洲第四尊者名蘇頻陁與自眷屬七百阿羅漢多分住在北俱盧洲第五尊者名諾詎羅與自眷屬八百阿羅漢多分住在南贍部洲第六尊者名䟦陁羅與自眷屬九百阿羅漢多分住在躭沒羅洲第七尊者迦理迦與自眷屬千阿羅漢多分住在僧伽荼洲第八尊者名伐闍羅弗多羅與自眷屬千一百阿羅漢多分住在鉢剌拏洲第九尊者名戍博迦與自眷屬九百阿羅漢多分住在香醉山中第十尊者名半託迦與自眷屬千三百阿羅漢多分住在三十三天第十一尊者名羅怙羅與自眷屬千一百阿羅漢多分住在畢利颺瞿洲第十二尊者名那伽犀那與自眷屬千二百阿羅漢多分住在半度波山第十三尊者名因揭陁與自眷屬千三百阿羅漢多分住在廣脅山中第十四尊者名伐那婆斯與自眷屬千四百阿羅漢多分住在可住山中第十五尊者名阿氏多與自眷屬千五百阿羅漢多分住在鷲峯山

中第十六尊者名注荼半託迦與自眷屬千六百阿羅漢多分住在持軸山中如是十六大阿羅漢一切皆具三明六通八解脫等無量功德離三界染誦持三藏博通外典承佛勅故以神通力延自壽量乃至世尊正法應住常隨護持及與施主作真福田令彼施者得大果報若此世界一切國王輔相大臣長者居士若男若女發殷重心爲四方僧設大施會或設五年無遮施會或慶寺慶像慶經幡等施設大會或延請僧至所住處設大福會或詣寺中經行處等安布上妙諸座臥具衣藥飲食奉施僧衆時此十六大阿羅漢及諸眷屬隨其所應分散往赴現種種形蔽隱聖儀同常凡衆密受供具令諸施主得勝果報如是十六大阿羅漢護持正法饒益有情至此南贍部洲人壽極長至於十歲刀兵劫起互相誅戮佛法尒時當暫滅沒刀兵劫後人壽漸增至百歲位此洲人等猒前刀兵殘害苦惱復樂修善時此十六大阿羅漢與

諸眷屬復来人中稱揚顯說無上正法度無量衆令其出家爲諸有情作饒益事如是乃至此洲人壽六万歲時無上正法流行世間熾然無息後至人壽七万歲時無上正法方永滅沒時此十六大阿羅漢與諸眷屬於此洲地俱来集會以神通力用諸七寶造窣堵波嚴麗高廣釋迦牟尼如来應正等覺所有遺身馱都皆集其內尒時十六大阿羅漢與諸眷屬遶窣堵波以諸香華持用供養恭敬讚歎遶百千帀瞻仰礼已俱昇虛空向窣堵波作如是言敬礼世尊釋迦如来應正等覺我先受勅護持正法及與天人作諸饒益法藏已沒有緣已周今辭滅度說是語已一時俱入無餘涅槃先定願力火起焚身如燈焰滅骸骨無遺時窣堵波便陷入地至金剛際方乃停住尒時世尊釋迦牟尼無上正法於此三千大千世界永滅不現從此無間此佛土中有七百俱胝獨覺一時出現至人壽八万歲時獨覺聖衆復皆滅度次後彌

勒如來應正等覺出現世間時贍部洲廣博嚴淨具如經說

僧尼部第七

如毗尼母經云若出家僧尼有五法因緣能令正法不速隱沒一者所誦習經文句具足前後次第所有義味悉能究盡復教徒衆弟子同已所知如此人者能令佛法久住於世二者廣習三藏文義具足復能爲四部之衆如所解教之其身雖滅令後代正法相續不絕如此人者能使正法不墜於地三者僧中若有大德上座爲四部所重者能勤修三業捨營世事其徒衆弟子迭代相續皆亦如是此亦復令正法久住四者若有比丘其性柔和言無違逆聞善從之聞惡遠避若有高才智德者訓悔其言奉而修行是亦能令佛法久住五者若比丘共相和順不爲形勢利養朋黨相助共諍是非如此五事能令正法流轉不絕是名說法中上座

長者部第八

如優婆塞戒經云尒時會中有長者

子名曰善生白佛言世尊外道六師常演說法敎衆生言若能晨朝敬禮六方則得增長壽命之財何以故東方之土屬于帝釋有供養者則為護助南方之土屬閻羅王有供養者則為護助西方之土屬婆樓那天有供養者則為護助北方之土屬拘毗羅天有供養者則為護助下方之土屬于火天有供養者則為護助上方之土屬于風天有供養者則為護助佛法之中頗有如是六方不耶

佛言善男子我佛法中亦有六方所謂六波羅蜜東方即是檀那何以故始初出者為出智慧光因緣故彼東方者屬衆生心若有衆生能供養檀檀則為增長壽命與財南方即是尸羅何以故尸羅名之為右若人供養亦得增長壽命與財西方即是羼提何以故彼西方者名之為後一切惡法棄於後故若有供養則得增長壽命與財北方即是毗梨何以故北方名號勝諸惡法若人供養亦得增長命之與財下方即是禪定何以故能正

觀察三惡道故若人供養亦得增長命之與財上方即是般若何以故上方即是無上無上故若有供養則得增長命之與財善男子是六方者屬衆生心非如外道六師所說如是六方誰能供養善男子唯有菩薩乃能供養

天王部第九

如舍利弗問經云舍利弗白佛言云何如來告天帝釋及四天王云我不久滅度汝等各於方土護持我法我去世後摩訶迦葉賓頭盧君徒般歎羅睺羅四大比丘住不泥洹流通我法佛言但像教之時信根微薄雖發信心不能堅固不能感致諸佛弟子雖專到累年不如佛在世時一念之善故彌勒下生聽汝泥洹

又雜阿含經云尒時世尊告天帝釋及四天王言如來不久當以無餘涅槃而般涅槃汝等各於方土護持正法我滅度後過於千歲教法滅時當有非法出世間十善悉壞閻浮提中多諸患難如來頂骨佛牙佛鉢安置東方如是未後付囑天王帝釋四王六欲備在經文不可具說

又勝天王經云或有衆生見此菩薩今始成道或見菩薩久遠成道或見一世界四天王獻鉢或見十方恒河沙世界四天王獻鉢舍利弗菩薩尒時度衆生故即受衆鉢重疊掌中合而為一其諸天王又不相見皆謂世尊獨用我鉢

又依鉢記云釋迦如來在世之時所用青石之鉢其形可容三升有係佛泥洹後此鉢隨緣往福衆生最後遺化興於漢境此記從北天竺來有兩紙許甲子歲三月至石澗寺僧伽耶舍小禪師使於漢土宣示令知

鬼神部第十

如大集經云尒時一切諸天一切諸龍乃至一切迦吒富單那等於三寶中得增上信作如是言我等一切從今以往護持正法若諸國王見有如是為佛出家受持禁戒乃至為佛鬀頭鬚髮不受禁戒受而毀犯無可積聚如其事緣治其身罪鞭打之者我等不復護持養育如是國王捨離彼國

以捨離故令其國土所有種種諂詐鬬諍疫病飢饉三兵俱起非時風雨亢旱毒熱傷害苗稼令其國土所有世尊聲聞弟子悉向他國使其國土空無福田若有世尊聲聞弟子乃至但著袈裟片者若有宰官鞭打彼等其剎利王不遮護者我等亦當出其國土

又大集經云尒時世尊以震旦國付囑毗首羯磨天子五千眷屬迦毗羅夜叉大將五千眷屬乃至雙瞳目大天女十七大將各領五千眷屬汝等賢首皆共護持震旦國土於彼所有一切鬬惱鬬諍怨讎忿競言訟兩陣灾戰飢饉疫病非時風雨氷寒毒熱悉令休息遮障不善諸惡衆生瞋恚麁獷苦辛惱觸無味等物悉令休息令我法眼得久住故紹三寶種不斷絕故

頌曰

於赫大聖　種覺圓明　無非不察
如響酬聲　弗資延慶　孰寤歸誠
良道可仰　寔引迷生　百川邪浪

一味吞并　物有取捨　善惡虧盈
八邪馳鋭　四句爭名　識非鑒是
法住安寧

法苑珠林卷第三十

法苑珠林卷第三十

校勘記

一、底本，金藏廣勝寺本。六四九頁中至次頁上及六五四頁中二〇行至本頁下一二行原版缺，以麗藏本補。

一　六四九頁中一行經名，二行撰者徑無（未換卷）。

一　六四九頁中三行「第二十二」，磧、普、南、清作「二十二」；徑作「二十二之一」。又「此有十部」，徑無。

一　六四九頁中四行至七行「述意部……鬼神部」，徑無。

一　六四九頁中八行「第一」，徑無。以下部目下序數例同。

一　六四九頁中一五行第一一字「常」，磧、普、南、徑、清作「恒」。

一　六四九頁中一六行「匡衆」，磧作「主衆」。

一　六四九頁中二一行「科斂」，磧作「科歛」。

一　六四九頁下二行「朋仗」，磧、普、南、徑、清作「朋伏」。

一　六四九頁下八行「專居」，磧作「爲居」。

一　六四九頁下九行「禮懺」，磧、普、南、徑、清作「行懺」。

一　六四九頁下一五行「無暇染浴」，磧作「無遐染俗」；普、南、徑、清作「無暇染俗」。又「所以」，磧、普、南、徑、清作「或以」。

一　六四九頁下一八行末字「歟」，磧作「然」。

一六四九頁下二二行「治犯」，磧、普、南、徑、清作「持犯」。

一六五〇頁上四行「未來」，磧、普、南、徑、清作「未有」。

一六五〇頁中三行第七字「脫」，磧、普、南、徑、清、麗作「脫未脫者度未度者」。

一六五〇頁中一三行首字「捨」，磧、普、南、徑、清無。

一六五〇頁下五行末字「經」，磧、普、南、徑、清作「經云」。

一六五〇頁下七行「好法」，磧、普、南、徑、清作「妙法」。

一六五〇頁下一八行「國主」，磧作「國中」。

一六五二頁上一一行「頭鬚」，磧、普、南、徑、清作「頭鬢」。

一六五二頁上一七行第一一字「離」，磧、普、南、徑、清作「雜」。

一六五二頁中二行「學諸」，磧、普、南、徑、清作「與諸」。

一六五二頁中一二行「婬女」，磧、南、徑、清作「婬妷」；普作「婬泆」。

一六五二頁中一三行「罷道」，磧、普、南、徑、清作「休道」。

一六五二頁中一八行「以贈」，磧、普、南、徑、清作「以償」。

一六五二頁下二一行「正值」，磧、普、南、徑、清作「正直尒許」。

一六五三頁上六行「安置」，磧、南、徑、清作「安至」。

一六五三頁上一七行首字「味」，磧、普、南、徑、清作「經」。又「緣彼」，磧、普、南、徑、清作「如彼」。

一六五三頁上二〇行「大涅槃」，至此，徑卷第三十九終，卷第四十始，並有「住持篇第二十二之餘」一行。

一六五三頁中一行「國說」，麗作「固說」。

一六五三頁中三行第三字「時」，磧、普、南、徑、清無。又第八字「世」，磧、普、南、徑、清作「世法」。五行首字、七行第九字同。

一六五三頁中一三行「博易」，南作「博奕」；徑、清作「貿易」。

一六五三頁下六行第七字「苦」，磧、普、南、徑、清作「若」。

一六五四頁中一行第二字「比」，磧、普、南、徑、清無。

一六五四頁中一〇行末字至次行第三字「貪著利養」。磧、普、南、徑、清作「貪外經利」。

一六五四頁下一行「小林」，磧、普、南、徑、清作「山林」。

一六五四頁下一二行「醫師」，磧、普、南、徑、清作「藥師」。

一六五四頁下二二行「常作」，磧、普、南、徑、清作「恒作」。

一六五五頁上三行「難亦」，磧、普、南、徑、清作「甚難」。

一六五五頁上一八行末三字至次行首字「多說有人」，磧、普、南、徑、清作「倒說誘人」。

一六五五頁上二〇行「多教」，磧、普、南、徑、清作「教諸」。

一　六五五頁中九行「一刼」，磧、普、南、徑、清作「一切」。

一　六五五頁下一七行首字「言」，磧、普、南、徑、清無。

一　六五五頁下二〇行「身嬰重病」，磧、普、南、徑、清作「身瘦長病」。

一　六五六頁上二行「困篤」，磧、普、南、徑、清作「困至」。

一　六五六頁上一二行第七字「令」，磧、普、南、徑、清作「命」。

一　六五六頁中二行「證得」，磧、普、南、徑、清作「當證」。

一　六五六頁中一一行第一〇字「至」，磧、普、南、徑、清作「上至」。

一　六五七頁上七行「何謂」，磧、普、南、徑、清作「何爲」。

一　六五七頁中一六行第一三字「名」，磧、普、南、徑、清作「名曰」。

一　六五七頁中一八行「法牀」，麗作「法林」。

一　六五七頁下六行「風神」，麗作「風神」。

一　六五八頁上三行「此土」，磧、普、南、徑、清作「是故此土」。

一　六五八頁上七行夾註左末字「經」，磧、普、南、徑、清、麗作「經也」。

一　六五八頁上二二行第四字「令」，磧作「今」。

一　六五八頁中一三行「并諸眷屬」，磧、普、南、徑、清作「并眷屬等」。

一　六五八頁中一九行「住在」，磧、普、南、徑、清作「住地」。

一　六五八頁下一八行「目揭陁」，普、南、徑、清作「因揭陁」。

一　六五九頁上一〇行「重心」，磧、普、南、徑、清作「淨心」。

一　六五九頁中三行「乃至」，徑、清作「乃在」。

一　六五九頁中五行末字「永」，麗作「未」。

一　六五九頁下五行「能令」，磧、普、南、徑、清作「得令」。

一　六五九頁下一七行「訓悔」，普、徑、清、麗作「訓誨」。

一　六六〇頁上一六行首字「檀」，磧、普、南、徑、清作「檀那」。

一　六六〇頁中一六行第三字「到」，磧、普、南、徑、清作「至」。

一　六六〇頁中二二行第四字「出」，磧、普、南、徑、清作「出現」。又第一〇字「壞」，磧、普、南、徑、清、麗作「壞」。

一　六六〇頁下一行夾註右「如是」，磧、普、南、徑、清作「此是」。

一　六六〇頁下一〇行「三外有係」，磧、普、南、徑、清作「三斟有餘」。

一　六六〇頁下二一行第三字「不」，磧、普、南、徑、清作「片不」。

一　六六一頁上二行「三兵」，磧、普、南作「刃兵」；徑、清作「刀兵」。

一　六六一頁上一七行「惱觸」，磧、普、南、徑、清作「溢觸」。

一　六六一頁中卷末經名，徑作「法苑珠林卷第四十」。

法苑珠林卷第三十一　横　五十七紙

西明寺沙門釋道世撰

潛遁篇第二十三

妖怪篇第二十四

潛遁篇此有二部

述意部第一

蓋聞聖賢應世影跡無方所止之國莫非利益俗士封其吉凶上智恬其善惡正心而候則與天同量矣昔晉武之世有天竺耆域宋武之初有彭城杯度並顯示徵瑞昭寤氓俗膏梁之有沙門保誌者始現於永明之初晦智若狂體同濬塵而藏往知來每中靈驗動容發辭鮮有遺策士庶響赴所在如雲跡拘塵垢神遊冥寂水火不能燋濡蛇虎不能侵毒雖復限以九關身終無凝語其佛理則聲聞以上談其隱淪則遁仙高士世有可善故出善應之世有可惡故出惡應之可謂懸於日月槃於金石者矣無壃之福於斯見焉

引證部第二

如生經云佛告諸比丘乃昔過去無數劫時姊弟二人姊有一子與舅俱給官御府織見帑藏中奇寶好物即共議言吾織作勤苦藏物多少寧可共取用解貧乏伺夜人定鑿作地窟盜取官物不可籌數明監藏者覺物減少以啓白王王詔之曰勿廣宣之令外知聞舅甥盜者謂王不覺王曰至于後日必復重來且嚴警守以用待之得者收捉無令放逸藏監受詔即加守備其人久久則重來盜外甥教舅舅今年尊體羸力少若為守者所得不能自脫我力強盛當濟挽舅舅適入窟為守者所執執者喚呼諸人甥捉不制畏明識之輙截舅頭出窟持歸晨曉藏監具以啓聞王又詔曰輿出其屍置四交路其有對哭取死屍者則是賊魁棄之四衢警守積日人馬填噎塞路奔突其賊射夾載兩車薪置其屍上守者啓王王詔微伺若有燒者收縛送來於是外甥教童執炬舞戲人衆擾鬧以火投薪薪然熾盛守者不覺具以啓王王又詔曰若

闍維更增嚴伺其來取骨則是元首甥又覺之兼饋醲酒特令醇厚詒守備者微而沽之遣守者連昔飢渴見酒蕞飲飲酒過多皆共醉寐酒瓶感骨而去守者不覺明復啓王王又詔曰前後警守竟不級獲其賊狡黠更當設謀王即出女莊嚴寶飾安立房室於大水傍衆人侍衛伺察非妄必有利色來趣女者逆抱捉喚令人收執他日異夜甥尋窺來因水放株令順流下唱嗷犇隱守者驚趣謂有異人但見株杌如是連昔數數不變守者睡眠甥即乘株到女房室女則執衣甥告女曰用為牽衣可捉我臂甥素凾黠預持死人臂以用授女便放衣捉臂而大稱嗷暹守者寤甥得脫走明具啓王王又詔曰此人方便獨百無雙久捕不得當柰之何女即懷姙十月生男男大端正使乳母抱行周徧國中有人見鳴便縛送來抱兒終日無就鳴者甥為餅師住餅鑪下小兒飢啼乳母抱兒趣餅鑪下市餅餔兒甥見兒鳴具以白王王又詔曰

何不縛送乳母荅曰小兒飢啼餅師授餅因而鳴之不識是賊何因白之王又使母更抱兒出見近兒者便縛將來甥沽美酒呼母伺者勸酒醉眠便盜兒去醒寤失兒具以啓王王又詔曰卿等頑騃貪嗜狂水既不得賊復亾失兒甥時得兒抱至他國前見國王占謝荅對引經說義王大歡喜輙賜禄位以為大臣而謂之曰吾之一國智慧方便無逮卿者欲以臣女若吾之女當以相配自恣所欲對曰不敢若王見哀其實欲索某國王女王曰善哉從所志願王即自以為子遣使求彼王女王即可之即遣使者欲迎王女勑其太子五百騎乘皆使嚴整甥為賊臣甥懷恐懼若到彼國王必覺我見執不疑便啓其王若王見遣當令人馬衣服鞍勒一無差異乃可迎婦王然其言王令二百五十騎在前二百五十騎在後甥在其中跨馬不下女父自出屢觀察之王入騎中躬執甥出尒為是非前後方便捕何叵得稽首荅曰實尒是也王

曰卿之聰黠天下無雙卿之所願以女配之得為夫婦佛告諸比丘欲知尒時外甥者則吾身是外國王者舍利弗是其舅者今調達是女婦翁者輸頭檀王是婦母者摩耶夫人是其婦者拘夷是其子者羅雲是佛說是時莫不歡喜

又智度論云菩薩思惟觀空無常相故雖有妙好五欲不生諸結譬如國王有一大臣自覆藏罪人所不知王言取無脂肥羊來汝若不得者當與汝罪大臣有智繫一大羊以草穀好養日三以狼而畏怖之羊雖得養肥而無脂牽羊與王王遣人殺之肥而無脂王問云何得尒荅以上事菩薩亦如是見無常苦空狼令諸結脂消諸功德肉肥

又賢愚經云尒時摩竭國中有一長者生一男兒相貌具足甚可愛敬其生之日藏中自然出一金象父母歡喜因瑞立號名曰象護兒漸長大象亦隨大既能行步象亦行步出入進止常不相離若意不用便住在內象

大小便唯出好金由是因緣庫藏寶滿象護長大常騎東西遲疾隨意甚適人情阿闍世王聞知素看象護父子乘象在門王聽乘象入內下象拜王王大歡喜命坐賜食粗略談論須臾之間辭王欲去王告象護留象在此莫將出耶象護慼然奉教留之空步出宮未久之間象沒於地踊在門外象護還得乘之象護慮王見害投佛出家得羅漢道每與比丘林間思惟其金象者常在目前舍衛國人聞有金象競集觀之憒閙不靜妨廢行道時諸比丘以意白佛佛告象護因此致煩還之令去然不肯去佛復告曰汝可語之我今生分已盡更不用汝如是至三象當滅去尒時象護奉教語之是時金象即入地中佛告比丘因何有此果報乃往過去迦葉佛時人壽二萬歲彼佛涅槃後起塔廟中有菩薩本從兜率天乘下入胎象彼時象身有少剝破時有一人見破治補因立誓願使我將來常與尊貴財用無乏彼人壽終生於天上盡其天

命下生世間常在尊貴每有金象隨時衛護尒時治象人者今象護是由彼治象封受自然緣其敬心奉三尊故今值我得道

又雜寶藏經云昔難陁王聰明博通事無不鍊以己所知謂無詶敵群臣無對時諸臣等即白王言有比丘名那伽斯那聰明絕倫今在山中王欲試之即使人賷一瓶蘇湛然盈滿王意以為我智滿足誰加於我斯那獲蘇即解其意於弟子中取鍼五百用刺蘇中蘇亦不溢尋遣歸王王既獲已即知其意尋遣使請斯那即赴延入宮中王與麤食食三五匙便言已足後與細美方乃復食王復問言向云已足何故今者猶故復食斯那荅言我向足麤未足於細即語王言今者殿上可盡集人令滿其上尋即喚人充塞徧滿更無容處王在後來將欲上殿諸人畏故盡皆攝腹其中轉寬乃容多人斯那尒時即語王言麤飯如民細者如王民見於王誰不避路王復問言出家在家何者得道斯那荅言

二俱得道王復問言若二俱得道何用出家斯那荅言譬如去此三千餘里若遣少健乘馬賷糧捉於器仗得速達不王荅言得若遣老人乘於瘦馬復無糧食為可達不王言縱令賷糧由恐不達況無糧也斯那荅言出家得道喻如少壯在家得道如彼老人王復問言日之在上其體是一何以夏時極熱冬時極寒夏則日長冬則日短斯那荅言須彌山有上下道日於夏時行於上道路遠行遲照于金山故長而暑熱日於冬時行於下道路近行速照大海水短而極寒也

頌曰

潛遁巧變　善弄冥馳　偉哉仁智
官捕推移　羊肥無脂　象護天隨
福應所感　冥運根機　靜也沖默
動也神輝　綿綿遠御　亹亹長菲
反宗元象　光潛影離　隱顯叵測
眞偽難知

感應緣（略引一十三驗）

西晉沙門劉薩何　西晉沙門杯度
西晉沙門竺佛圖澄　西晉沙門釋道進

宋沙門釋曇始　宋沙門釋法朗
宋沙門釋邵碩　宋沙門釋慧安
齊帝高洋　齊沙門釋僧慧
梁沙門釋保誌　吳居士徐光
搜神雜傳地仙等記

西晉慈州郭下安仁寺西劉薩何師廟者昔西晉之末此鄉本名文成郡即晉文公避地之所也州東南不遠高平原上有人名薩何姓劉氏其廟壯麗備盡諸飾初何在俗不異於凡常懷殺害全不奉法何因患死却蘇曰在冥道中見觀世音曰汝罪重應受苦念汝無知且放令活雒下齊城丹陽會稽並有育王塔可往禮拜得免先罪何得活已改革前習土俗無佛承郭下有之便具問已方便開喻通展仁風稽胡專直信用其語每年四月八日大會平原各將酒餅及以淨供從旦至中酣飲戲樂即行淨供至中便止過午已後共相讚佛歌詠三寶乃至于曉何遂出家法名慧達百姓仰之敬如佛想然表異迹生信逾隆晝在高塔為衆說法夜入繭中以自沈隱旦從繭出初不寧舍故俗名為蘇何聖蘇何者稽胡繭也以從繭宿故以名焉故今彼俗村村佛堂無不立像名胡師佛也今安仁寺廟立像極嚴土俗乞願華香不一每年正月輿巡村落去住自在不惟人功欲往彼村兩人可舉額文則開顏色和悅其村一歲死衰則少不欲去者十人不移額文則合色貌憂慘其村一歲必有災障故俗至今常以為候俗亦以為觀世音者假形化俗故名慧達有經一卷俗中行之純是胡語讀者自解故黃河左右磁隰嵐石丹延綏銀八州之地無不奉敬皆有行事如彼說之然今諸原皆立土塔上施柏剎繫以蠶繭擬達之栖止也何於本鄉既開佛法東造丹陽諸塔禮事已訖西趣涼州番禾御谷禮山出像行出肅州酒泉郭西沙磧而卒形骨小細狀如葵子中皆有孔可以綰連故今彼俗有災障者就磧覓之得以凶亾不得吉喪有人覓既不得就左側觀音像上取之至夜便失明旦尋之還在像手故土俗以此尚之

西晉杯度沙門不知何許人出自冀州年可七十許隱匿姓字不甚修行時人未重也嘗寄宿一家家有金像杯度晨興輒持而去主人策馬追之度自徐行而騎走不及至河乘一小杯以過孟津因號曰杯度後在彭城人每見之常在途路莫有知其居處所在擔一蘆簞行止自隨或於凝雪之辰叩氷盥浴膚色煇然不以寒慘義熙中數在廣陵刺史沛國劉蕃素聞其名因人要來猶擔此簞使人舉視重不能勝蕃自起看正有敗納衣耳度辭去一手挈簞若提鴻毛永嘉初中卒羅什聞度在彭城嘆曰我與此子戲別已數百年矣於時乃寤什亦神人也

西晉末竺佛圖澄西域人形貌似百歲人左脇孔圓可四五寸以帛塞之齋日就水邊抽腸胃出洗已內孔夜則除帛光照一室以讀書雖未通群籍與諸學士輒辯析無滯莫不伏者至永嘉中游雒下時石勒屯兵河北

以殺戮爲威道俗遇害不少澄往造
軍門務定吉凶勒見每拜澄化令奉
佛減虐省刑故中州免者十而八九
勒與劉曜相拒攝隙以問澄澄曰可
生擒耳何憂乎麻油塗掌令視見之
曜被執朱繩縛肘後果獲之如掌所
見至建平四年四月八日勒至寺灌
佛微風吹鈴有聲顧謂衆曰解此鈴
音者不鈴言國有大喪不出今年至
七月而勒死石虎即位師奉過勒賜以
輿輦入出乘焉所有祥感其相極多
略而不述虎末年澄告弟子曰禍將
作矣及期未至吾且過世至戊申年
太子殺其母弟虎怒誅及妻子明年
虎死遂有冉閔之亂塋於鄴西一云
澄死之日商者見在流沙虎開棺唯
見衣鉢澄在中原時遭凶亂而能通
暢仁化其德最高非夫至聖何能
救此塗炭凡造寺九百八十餘所通
濟道俗者中分天下矣
西晉鄴中有佛圖澄弟子名道進學
通內外爲石虎所重嘗言及隱士事
虎謂進曰有楊軻者朕之民也徵之十

餘年不恭王命故往省視傲然而臥
朕雖不德君臨萬邦乘輿所向天沸
地涌雖不能令木石屈膝何匹夫而
長傲耶昔太公之齊先誅華士太公
賢哲豈其謬乎進對曰昔舜優蒲
衣禹造伯成魏軾干木漢美周黨
寧不應曹氏皇甫不屈晉世二聖四
君共加其節將欲激厲貪競以峻清
風願陛下遵舜禹之德勿效太公用
刑君舉必書豈可令趙史遂無隱逸
之傳乎虎悅其言即遣軻還其所止
差十家供給之進還具以白澄澄睆
然笑曰汝言善也但軻命有縣矣後
秦州兵亂軻弟子以牛負軻西奔軍
追擒并爲所害虎嘗晝寢夢見群羊
負魚從東北來寤以訪澄澄曰不祥
也鮮卑其有中原乎慕容氏後果
都之
宋僞魏長安有釋曇始關中人自出
家以後多有異迹晉孝武太元之末
齎經律數十部往遼東宣化顯授三
乘立以歸戒蓋高句驪聞道之始也
義熙初復還關中開導三輔始足白

於面雖跣涉泥水未嘗沾泥天下咸
稱白足和上時長安人王胡其叔死
數年忽見形還將胡遍遊地獄示諸
果報胡辭還叔謂胡曰既已知因果
但當奉事白足阿練胡遍訪衆僧唯
見始足白於面因事之晉末朔方凶
奴赫連勃勃嗟之並放沙門悉皆不
煞始於是潛遁山澤脩頭陁之行後
拓跋燾復剋長安擅威關洛時有博
陵崔皓少習左道猜嫉釋教既位居
僞輔燾所伏信乃與天師寇氏說燾
以佛化無益有傷民利勸令廢之燾
既惑其言以僞太平七年遂毀滅佛
法分遣軍兵燒掠寺舍統內僧尼悉
令罷道其有竄匿者皆遣人追捕得
必梟斬一境之內無復沙門始閑絕
幽深軍兵所不能至至太平之末始
知燾化時將及以元會之日忽杖錫
到宮門有司奏云有一道人足白於
面從門而入燾令依軍法屢斬不傷
遽以白燾燾大怒自以所佩劍斫之
體無餘異唯劍所著處有痕如布線
焉時北園養虎于檻燾令以始餧之

虎皆潛伏終不敢近試以天師近檻虎輒鳴吼焘始知佛化尊高黄老所不能及即延始上殿頂禮足下悔其信失始為說法明辯因果焘大生愧懼遂感癘疾崔寇二人次發惡病焘以過由於彼於是誅剪二家門族都盡宣下國中興復正教俄而焘卒孫濬襲位方大弘佛法盛迄于今始後不知所終

宋高昌有釋法朗高昌人幼而執行精苦多諸徵瑞韜光蘊德人莫測其所階朗師釋法進亦高行沙門進嘗閉戶獨坐忽見朗在前問從何處來荅云從戶鑰中入云與遠僧俱至日既將中願為設食進即為設食唯聞匙鉢之聲竟不見人昔廬山慧遠嘗以一袈裟遺進進即以為嚫朗云衆僧已去別日當取之後見執爨者就進取衣進即與之訪常執爨者皆云不取方知是先聖人權迹取也至魏虜毀滅佛法朗西適龜玆龜玆王與彼國大禪師結約若有得道者至當為我說我當供養及朗至乃以白王王待以聖禮後終於龜玆焚屍之日兩肩涌泉直上于天衆歎希有收骨起塔後西域人來此土具傳此事

宋岷山通雲寺有沙門邵碩者本姓邵名碩始康國人形貌似狂而深敬佛法以宋初出家入道自稱碩公出入行往不擇晝夜至人家眠地者人家有死就人乞細席必有小兒亡時人咸以此為讖至四月八日成都行像碩於衆中匍匐作師子形尒日郡縣亦見碩作師子形乃悟分身也刺史蕭慧開及劉孟明等並拖事之後一朝忽著布帽詣孟明少時明卒先是孟明長史沈仲玉改鞭杖之格嚴重常科碩謂玉曰天地嗷嗷從此起若除鞭格得刺史玉信而除之及孟明卒仲玉果行州事以宋元徽元年九月一日卒峨嵋山通靈寺臨亡語道人法進云可露吾骸急繫屐著脚既而依之出屍置寺後經二日不見所在俄而有人從郫縣來過集云昨見碩公在市中一脚著屐漫語云小子無宜適失我屐一隻進驚而檢問沙彌沙彌荅云近送屍時怖懼右脚一屐不得好繫送失之其迹詭異莫可測也後竟不知所終

宋江陵琵琶寺有釋慧安未詳何許人年十八出家止江陵琵琶寺風貌庸率頗共輕之時為沙彌衆僧列坐輒使行水安執空瓶從上至下水常不竭時咸以異焉及受具戒稍顯靈迹常月晦夕共同學慧濟上堂布薩堂戶未開安乃綰濟指從壁隙而入出亦如之濟甚駭懼不敢發言後與濟共至塔下便語濟云吾當遠行今與君別須之便見天人伎樂香華布滿空中濟唯驚懼竟不得語安又謂曰吾前後事迹慎勿妄說說必有咎唯西南有一白衣是新發意菩薩可具為說之於是辭去便附商人入湘川中路患痢極篤謂船主曰貧道命必應盡但出置岸邊不須器木氣絕之後即施蟲鳥商人依其言出臥岸側夜見火焰從身而出商人怪懼就往觀之已氣絕矣商人行至湘東見安亦已先至俄又不知所之濟

後至陟屺寺詣隱士南陽劉虬具言其事虬即起遥禮之謂齊曰此得道之人入火光三昧也

齊帝諱洋即元魏丞相高歡之第二子也嫡兄澄急慢爲奴所害洋襲其位代爲相國魏將曆窮洋築壇於南郊筮遇大横大吉漢之卦也乃鑄金像一寫而成魏收爲禪文魏帝畧之即受其禪爲大齊也凡所行履不測其愚智委政僕射楊遵彦帝大起佛寺僧尼溢滿諸州冬夏供施行道不絶時稠禪師箴帝曰檀越羅剎治臨水自見帝從之覩群羅剎在後於是遂不食肉禁鷹鷂去官漁屠辛葷悉除不得入市帝常坐禪竟日不出禮佛行繞其疾如風受戒於昭玄大統法上面掩地令上履髮而授焉先是帝在晉陽使人騎駝勑曰向寺取經函使問所在帝曰任駝出城及出奄如夢至一山山半有佛寺群沙彌遥曰高洋駱駝來便引見一老僧拜之曰高洋作天子何如曰聖明曰尒來何爲曰取經函僧曰洋在寺嬾讀

經令北行東頭與之使者反命初齊至谷口木井佛寺有捨身癡人不解語忽謂帝曰我去尒後來是癡人死帝尋崩於晉陽

齊荆州有釋僧慧姓劉不知何許人在荆州數十年南陽劉虬在陟屺寺請以屈之時人見之已五十年終亦不老舉止趣尒無甚威儀往至病人家若瞋必死喜者必差時咸以此爲讖凡未相識者並悉其親表存亾之意慧嘗至江邊告津吏求度吏迫以舟小未及過之須臾已見慧在彼岸諸人咸歎神異中山甄恬南平車曇同日請慧慧皆赴之後兩家驗覆知分身齊永明中文慧要下京行過保誌誌撫背曰赤龍子他無所言慧後還荆遇見鎮西長史劉景蕤忽泣慟而投之數日蕤果爲刺史所害後至湘州城南忽云地中有碑衆人試掘果得二枚慧後不知所終或云永元中卒於江陵長沙寺

梁京師有釋保誌本姓朱金城人少出家止京師道林寺師事沙門僧儉

爲和尚修習禪業至宋太始初忽如僻異居止無定飲食無時髮長數寸常跣行街巷執一錫杖杖頭掛剪刀及鏡或掛一兩疋帛齊建元中稍見異迹數日不食亦無飢容與人言語始若難曉後皆效驗時或賦詩言如讖記京土仕庶皆共事之齊武帝謂其惑衆收往建康獄既旦人見共入市鄽還撿獄中誌語獄吏門外有兩輿食來金鉢盛飯汝可取之既而齊文慧太子竟陵王子良並送食餉誌果如其言建康令呂文顯以事聞武帝帝即迎入居之後堂一時屏除内宴誌亦隨衆出既而景陽山上猶有一誌與七僧俱帝怒遣推撿失所閽吏啓云誌久出在省方以墨塗其身時僧正法獻欲以一衣遺誌遣使於龍光罽賓二寺求之並云昨宿且去又至其常所造廣候伯家尋之伯云誌昨在此行道旦眠未寤使還以告獻方知其分身三處宿焉誌嘗盛冬袒行沙門寶亮欲以納衣遺之未及發言誌忽來引納而去又時就人求生

魚鱠人爲辨竟致鮑乃吐還視盆中
魚游活如故誌後假武帝神力見高
帝於地下常受銼刀之苦帝自是永
發銼刀齊衛尉胡諧病請誌誌注疏
云胡屈明日竟不往是日諧亡載屍
還宅誌云胡屈者明日屍出也齊太
尉司馬殷齊之隨陳顯達鎮江州辭
誌誌畫紙作一樹樹上有鳥語云急
時可登此後顯達逆節留齊之鎮州
及敗齊之叛入廬山追騎將及齊之
見林中有一樹樹上有鳥如誌所畫
寤而登之鳥竟不飛追者見鳥謂無
人而返卒以見免齊屯騎桑偃將欲
謀反往詣誌誌遥見而走大呼云圖
臺城欲返逆斫頭破腹後未旬事發
偃叛往誅方爲人所得果斫頭破腹
梁鄱陽忠烈王常屈誌來第會忽令
覓荊子甚急既得安之門上莫測所
以少時王便出爲荊州刺史其預鑒
之明此類非一誌多去來興皇淨名
兩寺及今上龍興甚見崇禮先是齊
時多禁誌出入今上即位下詔曰誌
公迹向塵垢神游冥寂水火不能燋

濡蛇虎不能侵懼語其佛理則聲聞
以上談其隱淪則遁仙高士豈得以
俗士常情空相拘制何其鄙陋一至
於此自今行來隨意出入勿得復禁
誌自是多出入禁内天監五年冬旱
雩祭備至而未降雨誌忽上啓云誌
病不差就官乞治若不啓白官應得
鞭杖願於華光殿講勝鬘經請雨上即
使沙門法雲講勝鬘講竟夜便大雪
誌又云須一盆水加刀其上俄而雨
大降高下皆足上常問誌云弟子煩
惑未除何以治之荅云十二識者以
爲十二因緣治惑藥也又問十二之
旨荅云在書字時節刻漏中識者以
爲書之在十二時中又問弟子何時
得靜心修習荅云安樂禁識者以爲
禁者止也至安樂時乃止耳後法雲
於華林講法華至假使黑誌忽問風
之有無荅云世諦故有第一義則無
也誌往復三四番便笑云若體是假
有此亦不可解難可解其辭旨隱
沒類皆如此陳征虜者舉家事誌甚
篤誌嘗爲其現眞形光相如菩薩像

焉誌知名顯奇四十餘載士女恭事
者數不可稱至天監十三年冬於臺
後堂謂人曰菩薩將去未及旬日無
疾而終屍體香軟形貌怡悅臨亡然
一燭以付後閤舍人吳慶慶即啓聞
上歎曰大師不復留矣燭者將以後
事屬我乎因厚加殯送葬于鍾山獨
龍之阜仍於墓所立開善精舍勅陸
倕製銘辭於塚内王筠勒碑文於寺
門傳其遺像處處存焉初誌顯迹之
始年可五六十許而終亦不老人咸
莫測其年有徐捷道者居于京師九
日臺北自言是誌外舅弟小誌四年
計誌亡時應年九十七矣（右此一驗出梁高僧傳）
徐光在吳世常行幻術於市鄽閒種
苽棗橘栗立得食之而市肆賣者皆
已耗失凡言水旱甚驗常過大將軍
孫琳門褰裳而趨左右唾濺或問其故
荅曰流血覆道臭腥不可琳聞而殺
之斬其首無血及琳廢幼帝更立景
帝將拜蔣陵有大飄風如廩從室中
墜琳車上車爲之傾頓見徐光在
松樹上撫手指揮嗤笑之琳問左右

無見者琳恐之俄而景帝誅琳兄弟四人一旦爲戮 出寃魂志

周時老子者姓李名聃字伯陽楚國苦縣瀨鄉曲仁里人其母感大流星而有娠雖受氣於天然見生於李家猶以李爲姓或云老子先天地生或云是天之魂精靈之屬或云其母懷之七十歲乃生生時剖其母左腋出出而白首故謂之老子或言其母夫老子氏母家或老子母適到李樹下而生老子老子生言指李樹曰以此爲我姓或云老子欲西出關關令尹喜知其非常從之問道術老子驚怪故吐舌聃然遂有老聃之號皆不然也今案九變及先生十二化經老子未出關時固以名聃矣老子數易名字非但聃而已所以尒者案九宮三五經及元辰經人生各有厄會到時易其名字以隨生氣之音則可以延年度厄今世有道者亦如此老子在周乃二百餘年二百餘年之中必有厄會非一是以名字稍多耳

殷時彭祖諱鏗帝顓頊之玄孫至殷

之末世年已七百六十七歲而不衰老少好恬靜不恤世務不營名譽不飾車服惟以養生治身爲事王聞其壽以爲大夫常稱病閑居不與政事善於補導之術并服水桂雲母粮粉麋角常有少容閉氣內息從平旦至日中乃危坐拭目摩搦身體舐脣咽唾服氣數十乃以起行言笑其體中或有疲倦不安便導引閉氣以攻所患心在存身頭面九竅五藏四支至毛髮皆令其在覺其氣運行體中起於鼻口下達十指王自詣問訊安不告致遺珍翫前後數萬彭祖皆受以恤貧賤者略無所留又有婇女者亦少得道知養形方年二百七歲視之如十五六王奉事之於旋庭爲立華屋紫閣飾以金玉乃令婇女乘輜軿往問道於彭祖婇女具受諸要法以教王王試爲之有驗欲殺之彭祖知之乃去不知所如其後七十餘年門人於流沙之西見之王不能常行彭祖之道得壽百三歲氣力丁壯如五十時後得鄭女妖婬王失道而殂俗間

相傳言彭祖之道不殺人者由於王禁之故也彭祖去殷時七百歲非壽終也 右此二驗出神仙傳

漢時雒下有一洞穴其深不測有一婦人欲殺夫謂夫賸賸曰未嘗見此穴夫自送視婦遂推下經多時至底婦於後擲飯物如欲祭之當時顛墜恍忽良久蘇得飯食之氣力小強周遑覓路仍得一穴便匍匐從就崎嶇反側行數十里穴寬亦有微明遂得平步行百餘里覺所踐如塵而聞粇米香噉之芬美即裹而爲糧復齋以行所歷幽遠里數難詳而轉就明廣食所齎盡便入一都城郭修整宮舘壯麗臺榭房宇悉以金魄爲飾雖無日月而踰三光人皆長三丈被羽衣奏奇樂非世所聞便告求哀長人語令前去凡過如此者九處最後至苦飢餒長人指中庭一大栢樹近百圍下有一羊令跪捋羊鬚初得一珠長人取之次捋亦取後捋令噉即得療飢請問九處之名求停不去荅云君命不得停還問張華當悉此間人便

復隨穴出交州還雒問華以所得物示之華云如塵者是黃河下龍涎泥是崑山下泥九處地仙名九館大夫羊為癡龍其初一珠食之與天地等壽次者延年後者充飢而已此人還往七八年間

漢永平五年剡縣劉晨阮肇共入天台山迷不得返經十三日糧乏盡飢餒殆死遙望山上有一桃樹大有子實永無登路攀緣藤葛乃得至上各噉數枚而飢止體充復下山持杯取水欲盥漱見蕪菁葉從山腹流出甚鮮新復一杯流出有胡麻飯糝便共沒水逆流行二三里得度山出一大溪邊有二女子姿質妙絕見二人持杯出便笑曰劉阮二郎捉向所失流杯來晨肇既不識之二女便呼其姓如似有舊相見而悲問來何晚因要還家皆銅瓦屋南壁及東壁下各有一大牀皆施絳羅帳帳角懸鈴金銀交錯牀頭各有十侍婢勅云劉阮二郎經涉山岨向雖得瓊實猶尚虛弊可速作食食胡麻飯山羊脯牛肉甚甘美食畢行酒有一群女來各持五三桃子笑而言賀汝婿來酒酣作樂至暮令各就一帳宿女往就之言聲清婉令人忘憂遂停半年氣候草木是春時百鳥啼鳴更懷悲思求歸甚苦女曰罪牽君當可如何遂呼前來女子有三四十人集會奏樂共送劉阮指示還路既出親舊零落邑屋改異無復相識問訊得七世孫傳聞上世入山迷不得歸至晉太元八年忽復去不知何所

漢時太山黃原平旦開門忽有一青犬在門外伏守備如家養原紲犬隨鄰里獵日垂夕見一鹿便放犬犬行甚遲原絕力逐不及行數里至一穴入百餘步忽有平衢槐柳列植行牆迴匝原隨犬入門列房櫳戶可有數十間皆女子姿容妍媚衣裳鮮麗或撫琴瑟或執博碁至北閣有三間屋二人侍直若有所伺見原相視而笑此青犬所致妙音婿也一人留一人入閣須臾有四婢出稱太真夫人白黃郎有一女年已弱笄冥數應為君婦既暮引原入內內有南向堂堂前有池池中有臺臺四角有徑尺穴穴中有光映帷席妙音容色婉妙侍婢亦美交禮既畢宴寢如舊經數日原欲暫還報家妙音曰人神道異本非久勢至明日解珮分袂臨階涕泗後會無期深加愛敬若能相思至三月旦可修齋潔四婢送出門半日至家情念恍忽每至其期常見空中有軿車髣髴若飛（右此三驗出幽冥錄）

述異記曰廬山有三石梁長數十丈廣不盈尺俯眄杳無底咸康中 江州刺史庾亮迎吳猛猛將弟子登山游觀因過此梁見一老公坐桂樹下以玉杯承甘露與猛猛徧與弟子又進至一處見崇臺廣廈玉宇金房琳琅焜耀暉彩眩目多珍寶玉器不可識各見數人與猛共言若舊相識設玉膏終日

又述異記曰獨角者巴郡江人也年可數百歲俗失其名頂上生一角故謂之獨角或忽去積載或累旬不語及有所說則旨趣精微咸莫能測焉

所居獨以德化亦頗有訓導一旦與家辭因入舍前江中變爲鯉魚角尚在首後時時暫還容狀如平生與子孫飲醼數日輒去

穀城鄉卒常生不知何所人也數死而復生時人爲不然後大水出所害非一而卒輒在缺門山上大呼言卒常生在此云復雨水五日必止止則上山求祠之但見卒衣杖革帶後數十年復爲華陰市門卒

琴高趙人也以鼓琴爲康王舍人行涓彭之術浮游冀州碭郡間二百餘年後復時入碭水中取龍子與諸弟子期日期日皆潔齋侍於水傍設屋祠果乘赤鯉魚出入坐祠中碭中旦有萬人觀之留一月復入水

冠先宋人也以釣爲業居睢水傍百餘年得魚或放或賣或自食之常冠帶好種荔食其葩實焉宋景公問其道不告即殺之後數十年踞宋城門上鼓琴數十日乃去宋人家家奉祠之(右三驗出搜神異記)

妖怪篇第二十四(此有二部)

述意部第一

妖怪者千寶記云蓋是精氣之依物者也氣亂於中物變於外形神氣質表裏之用也本於五行通於五事雖消息昇降化動萬端然其休咎之徵皆可得域而論矣此是俗情之近見未達大聖之因果考斯徵變乃是衆生宿業之雜因感現報之緣發因緣相會物理必然故有斯徵未足可怪也

引證部第二

如佛本行經云尒時佛告諸比丘言我念往昔有一馬王名雞尸形貌端正身體白淨猶如珂雪又若白銀如淨滿月如居陁華其頭紺色走疾如風聲如妙鼓於彼時間閻浮提有五百商人時諸商人欲入大海辦具責粮行到大海即祠海神備諸船舶雇得五船師求覓珍寶時諸人輩至其海內忽値惡風吹其船舫至羅剎國其國多有羅剎之女欲到彼國大風飄搏船悉破壞時諸商人各運手足截流浮去欲詣彼岸時羅剎女聞彼大海有船破壞羅剎女等即往救接一時捉得五百商人共彼商人五欲自娛歡喜踊躍共生男女將彼商人置一鐵城既安置已變化本形令使端正可喜過人　才不及　天香湯澡浴以香塗身著種種衣瓔珞莊嚴妙華天冠縣以寶鈴擁疾走行詣商人所語諸人言是諸聖子莫有恐也莫有愁也過汝手來過汝臂來過汝腕來是時商人窮極護命恐怖畏死遂於彼所起實女想與其手臂時羅剎女度諸商人慈言哀愍從何遠來可爲我夫憐愍我等爲我作主我等無人愛念作歸依處除滅我等憂愁煩惱爲我等輩當作家長我等承事不令虧失尒時商人咸共惻愴舉聲啼哭各吐熱氣共相慰喻迭互安心詣羅剎城未到彼城於其中路見有一所其地寬廣皆悉平正樹林華菓枝葉扶踈諸鳥游集如是無量復有雜華池沼華鳥滿中觀者欣悅能滅憂煩其羅剎城四壁潔白狀如珂雪又如冰山其城在地若遙觀者乃

見彼城如白雲隊從地涌出其城莊飾如經具述尒時諸羅刹女將諸商人向彼城已教脫舊衣以諸香湯沐浴身體令坐種種妙勝之座以五欲具而娛樂之五音諸聲於前而作經於久時受大快樂後時諸羅刹女等告諸商人善哉聖子是城南面不得從彼出向其處有一商人智慧深細聰明利見即生疑念作是思惟以何等故不聽南過我應伺諸女睡臥之時尋往所禁之處次第觀看善惡之事尒時商主作是念已即伺彼諸羅刹女等臥睡眠已遂安詳而起不令有聲即執刀從家而出尋逐意趣漸漸前進至於少地見一微徑恐怖之所無有草木甚可畏懼乃聞有人大嗷喚聲狀如嗷喚地獄中苦痛之聲聞此聲已身毛皆豎嘿然而住良久喘定還詣彼道漸進其路見一鐵城其城高峻聲出之處詣城巡行而不見門到於北面見有一樹名曰合觀近城而生其樹高大出於城上時彼商主見斯樹已即上其樹觀看城內見彼城

中多有人死百有餘數或有死者已被食半或命未斷半身支解或有飢渴逼惱而坐或復消瘦唯有筋骨眼目坎陷如井底星迷悶在地頭鬚蓬亂塵土坌身甚大羸瘦各相割肉而噉食之以是因緣作大嗷喚如閻羅王所居之處見諸衆生受大苦惱是大商主見是事已亦復如是即以手捉合觀樹枝而搖動之一枝動已舉樹枝葉互相振觸而有聲出尒時受苦諸人聞是聲已仰觀城上見彼商主在合觀樹見已悲呼汝是誰耶爲天爲龍爲夜叉爲帝釋爲大梵王等耶在於厄難憐愍我輩故來至此救拔我等苦耶時彼人輩合十指掌頭頂遶禮哀泣發聲仰面上觀作如是白善哉仁者汝今濟拔於我到於親愛之所耶尒時商主從彼苦人聞是語已鬱快不樂身心悲惱而報彼言是諸人輩當知我今非是天龍乃至非大梵天也但我等輩從閻浮提興生至此爲求財故入於大海我等特欲至於陸地忽遇大風船舶破散值諸

婦女來至我邊濟拔我等從尒已來常共如是諸女歡娛受樂我今云何能濟汝苦是時商主復問彼言汝諸人等云何在此受如斯事彼苦人輩即荅言曰善哉善人我等今者亦復如是行人同伴亦五百人船破至岸亦遭羅刹女共受五欲將我等輩置鐵城中入此城來已被他食二百五十今唯二百五十人在我等亦共彼輩和合生於男女彼羅刹女語言微妙其聲婉媚但彼女等貪食肉故共生男女悉還食盡汝諸人輩慎莫共彼受樂娛樂何以故彼甚可畏無愛心故是時商主復問彼言諸人輩頗有方便得脫難不彼即報言有一方便商主復問方便如何善哉爲說彼等報言十五日滿四月節會過大喜樂日月與昴宿合會之時有一馬王名雞尸（隋云多髮）形貌端正見者樂觀白如珂貝其頭紺黑行疾如風聲如妙鼓彼所停處乃有粇米自無糠糩甚大鮮白香美具足彼馬所食食是米已來詣海岸露現半身口出人聲而作

是言誰欲度彼大鹹苦水如是三說
我今當令安隱得度彼岸若值如
是馬者即得免難唯有此事更無餘
也汝等若欲脫諸難者勿泄此言商
主復問汝等頗曾見馬王不汝若見
者何不親近何不度汝汝初從誰聞
如是之事彼等報言我從虛空聞如
是聲而有信者尋虛空聲詣於北道
馬王之所雖往其所不受彼言而復
還歸我等皆由受羅刹女是故如此
今受是厄是諸商主復問彼言汝輩
去來可共詣彼馬王之所彼等報言
我欲上城城即增長掘地欲出其孔
還合我等是處無解脫期我輩必為
羅刹女食何當得見彼親眷屬汝等
人輩慎莫放逸隨意所去速詣父母
及自眷屬還歸本鄉唯願汝等心意
和合我等本生某處某城某邑善哉
汝等若至彼處為我等輩問訊父母
諸親朋友作是語已復告彼言汝等
後時更莫發心向彼大海何以故大
海內有諸恐怖但在彼處隨宜活命
得共父母妻子眷屬不復分離能行
布施多造福業嚴持齋戒是為第一
是時商主聞彼語已生大恐怖遂即
下樹時彼諸人一時發聲嗷嘆啼哭
嗚呼極苦閻浮提內微妙之地何當見
若本知是厄處寧住在彼飡噉牛糞
用為活命不為求財而來此也尒時
商主依著本道還向本處見彼等輩
諸羅刹女猶故睡眠商主尒時還即
眠臥至於天曉便作是念云何令彼
諸商人輩得知此事若輒出言是即
漏泄若其漏泄羅刹諸女恐將我等
至厄難處我之此語應須隱默乃至
四月臨當節會馬王來曰乃告彼等
所以者何昔有偈說

凡於知識處　輕陳心實者
其事當漏泄　聞者各各傳
是以怨所得　便受大苦惱
故有智慧者　輒不漏其言

尒時商主隱默而住乃至四月歡樂
會時方始告彼諸商人知汝等今者
慎莫放逸戀著愛心或貪婦女或貪
飯食及餘資財我於汝等極生憐愍
我今審語時諸商人聞商主說猶如
師子在於山林忽大哮吼有諸凡獸
在彼山邊聞其吼聲生大驚怖各相
謂言我等今者未脫大海可惡之事
時彼商人過彼日已遂至夜內見彼
羅刹一切諸女並著睡眠安隱而臥
私密盜竊從臥牀起咸共詣彼期處
詣彼處已白商主言善哉商主所見
之者願為我說尒時商主即告彼等
說前見事諸人聞已憂愁不樂白商
主言善哉商主我等今當宜可速至
彼馬王所願我等輩安隱得達閻浮
提內本生之處時諸商人皆詣馬王
所尒時馬王至於海岸露現半身以
人音聲而三唱告誰欲樂度鹹水彼
岸我當安隱負而度之令到彼岸時
諸商人聞馬王如是語已歡喜踊躍
身毛皆豎合十指掌頂禮馬王作如
是言善哉馬王我等欲度樂至彼岸
願濟我等從水此岸達到彼岸尒時
馬王告諸商人汝等當知彼羅刹女
不久應來或將男女顯示於汝慈悲
哀哭受於苦惱汝等於時莫生染著
愛戀之心汝等若起此意假使乘我

背上必當墮落爲彼羅剎之所噉食若作如是意念彼非我許物非我男女設使以手執我一毛而縣之者我於是時安隱將送速到彼岸作是語已汝等今者可乘我背或執我身分脚足支節時諸商人依語乘之尒時馬王負彼商人出哀愍聲飛騰空裏行疾如風尒時彼諸羅剎女輩聞彼馬王哀愍之聲復聞走聲狀如猛風忽從睡覺覓彼商人悉皆不見處處觀看乃遙見商人乘馬王上乘空而去既見是已速將男女馳走奔赴至於海岸發慈愍聲哀號啼哭作大苦惱咎作是言汝諸聖子今者捨我欲何所去令我無主汝是我主汝等於先墮在海難大恐怖中我等度汝唯願汝等與我爲夫汝等今者捨背於我欲詣何所無恩無義何故相棄若有違犯今乞懺悔從今已去不作諸惡如其不用我者今此男女可收將去時羅剎女雖作如是慈流言語雖尸馬王仍將彼輩五百商人安隱得度大海彼岸到閻浮提諸比丘於意

云何時難尸馬王豈異人乎即我身是五百人中商主者豈異人乎即舍利弗是五百商人豈異人乎即删闍耶波離婆闍迦諸弟子等五百人是我於彼時以此五百諸商人等至厄難處救其厄難達到彼岸今者還復至删闍耶邪見之處舍利弗化已將詣我所我於邪見曠野之中化令得脫度生死海是故汝等當於佛所應生尊重恭敬之心

又舊雜譬喻經云昔有五道人俱行逢雪過一神祠中宿舍中有鬼神像彤國人所奉容四人言今夕大寒可取木人燒之用炊一人言此是人事不可敗之便置不破此室中鬼常噉食人自相與語言正噉彼一人一人畏我餘四人惡不可犯放之其不敢破者夜聞鬼語起呼伴去餘四人言何不破像用炊然乎便取燒之噉人鬼怕即奔走去夫人學道亦復如是常須堅意不可怯弱令鬼得便誤損人也故維摩經云譬如人畏時非人得其便也又菩薩處胎經云尒時世尊

告智淨菩薩曰一生補處菩薩以權方便在卑賤家生欲得示現除無明結十月在胎臨生之日現無手足父母覩見謂爲是鬼擯棄曠野不使人見其後數日母復懷妊具滿十月生一男兒端正殊妙世之希有晝生夜死父母號哭推胷向天山神樹神何不憐我先生一子而無手足擯棄曠野今生一子端正無比狀如天神今復晝生夜死心肝斷絕當復柰何復經數月母漸懷妊十月具滿生一男兒三頭八脚四眼八臂覩者毛豎父母眷屬捨而欲去菩薩權現令不得去父母問曰爲是天耶爲是龍鬼神耶尒時所生兒即以偈報父母曰

非天夜叉鬼　須倫迦樓羅
爲母除愚闇　權生父母家
先無手足子　亦復是我身
朝生若暮死　八住無上尊
我今受形分　三頭八手脚
何爲捨我去　徑向地獄門
焚燒善根本　求滅亦欲難
今我還復體　現本端正形

守戒不失願　託生父母家
前後捨身命　其數如微塵
衆生病非一　投於甘露藥
趣使入道險　不令入邪徑
諸天受福樂　甘露除病藥
不違聖教藥　解脫涅槃樂

頌曰

求寶失舟濟　飄浮思救形
幻媚多方趣　妖魅誑人情
假接度海難　虛發親愛聲
自非馬王負　危苦詎安寧

感應緣略引二十六驗

東陽留寵為血怪
魯昭公為龍怪
漢惠帝為龍怪
漢武帝為蛇怪
漢桓帝為蛇怪
晉太康中為魚怪
漢成帝為鼠怪
漢景帝為犬怪
漢章帝為魅怪
賈誼為服鳥怪
安陽城有亭廟怪
東越閩中有蛇怪
中山王周南有鼠怪
桂陽張遺有樹怪
南陽宋大賢有亭怪
吳時廬陵郡亭中有鬼怪
建安中東郡界有老公怪
晉時有老狸作人父怪
晉南京烏巢殿屋怪
晉時有狸作人婦怪
晉時有狸作人女產兒怪
晉時張春女邪魅怪
宋時梁道修宅內鬼魅怪
西方山中有人食蝦蟹怪
宋時王家作蟹斷有材怪
唐時逆人張亮有霹靂怪

東陽留寵字道弘居于姑熟每夜門庭自有血數斗不知所從來如此三四後寵為折衝將軍見遣北征將行而炊飯盡變為蟲其家人蒸沙亦變為蟲其火逾猛其蟲逾壯寵遂北征軍敗於壇上為徐龍所殺

魯昭公十九年龍鬬於鄭遠門之外洧淵京房易傳曰衆心不安厥妖龍鬬其邑中也

漢惠二年正月癸酉朔旦兩龍現於蘭陵庭東里溫陵井中京房易傳曰有德遭害厥妖龍見井中行刑甚惡黑龍從井出

漢武帝太始四年十月趙有蛇從郭外入與邑中蛇鬬孝文廟下邑中蛇死後二年秋有衛太子事自趙人江充起

漢桓帝即位有大蛇現德陽殿上雒陽市令淳于翼曰蛇有鱗甲兵之象也

晉太康中有鯉魚二枚現武庫屋上武庫兵府有鱗甲亦是兵之類也魚又極陰屋上太陽魚現屋上象至陰以兵革之禍干太陽也及惠帝之初誅太后父楊駿矢交宮闕廢后為庶人也死於幽宮元康之末而賈后專制謗殺太子尋亦廢故十年之間母后之難再興自是禍亂搆矣京房易妖曰魚去水飛入道路兵且作應

漢成帝建始四年九月長安城南有鼠銜黃藁栢葉上民塚栢及榆樹上為巢桐栢為多巢中無子皆有乾鼠

數廾時議臣以爲恐有水災起鼠盜
竊小獸夜出晝匿今正晝去穴而登
木象賤人將居貴顯之象也桐栢衛
思后園所在也其後趙后自微賤登
至尊與衛后同類趙后終無子而爲
害明年有鳶焚巢殺子之象云京房
傳曰臣私祿罔辟厥妖鼠巢也
漢景帝三年邯鄲有犬與家豕交時
趙王遂與六國共反外結匈奴以爲援
五行志以爲趙王昏亂豕類外交之異
匈奴犬豕之類也
壽光侯者漢章帝時人也能劾百鬼
衆魅令自縛見其形其縣人有婦爲
魅所疾侯爲劾之時大蛇數丈死於
門外樹樹有精人止者死鳥過者墜
侯劾之樹盛夏枯落有大蛇長七八
丈縣死其間章帝聞之徵問對曰有
之帝曰殿下有怪夜半後常有數人
絳衣被髮持火相隨豈能劾之侯曰
能此小怪耳帝僞使人爲之侯劾三
人三人登時著地無氣帝驚曰非魅
也朕相試耳即使便解之
賈誼爲長沙王太傅四月庚子日有

服鳥飛入其舍止于座隅良久乃去
誼發書占之曰野鳥入處主人將去
誼忌之故作服鳥賦齊死生而等禍
福以致命定志焉
安陽城南有一亭廟不可宿也若宿
殺人有一書生乃過宿之亭民曰此
不可宿前後宿此未有活者書生曰
無苦也吾自能諧遂住廟舍乃端坐
誦書良久乃休夜半後有一人著皁
單衣來往戶外呼亭主亭主應曰諾
亭中有人耶答曰向者有一書生在
此讀書久適休似未寐乃喑嗟而去
須臾復有一人冠幘赤衣呼亭主亭
主應諾亦復問亭中有人耶亭主答
如前復喑嗟而去於是書生無他起
詣向者呼處微呼亭主亭主亦應諾
復問亭中有人耶亭主答如前乃問
向者黑衣來者誰曰北舍母豬也又曰
赤冠幘來者誰曰西舍老雄雞父也
曰汝復誰耶曰我是老蠍也於是書
生密便誦書至明不敢寐天明亭民
來視驚曰君何以得活耶書生曰汝
捉索函來吾與卿取魅乃握昨夜應

處果得老蠍大如琵琶毒長數尺於
西家得老雄雞父北舍得母豬凡殺
三物亭毒遂靜永無災橫也
東越閩中有庸嶺高數十里其下北
隰中有大蛇長七八丈圍之一丈土
俗常懼東治都尉及屬城長吏多有死
者祭以牛羊故不得福或與人夢或
諭巫祝欲得啗童女年十二三者都
尉令長並共患之然氣厲不息共請
求人家生婢子兼有罪家女養之至
八月朝祭送蛇穴口蛇輒夜出呑齧
之累年如此前後已用九女尒時預
復募索未得其女將樂縣李誕家有
六女無男其小女名寄應募欲行父母
不聽寄曰父母無相唯生六女無有一
男雖有如無女無緹縈濟父母之功
既不能供徒費衣食生無所益不如
早死賣寄之身可得少錢以供父母
豈不善耶父母慈憐終不聽去寄自
潛行不可禁止乃往告貴請好劍及
咋蛇犬至八月朝便詣廟中坐懷劍
將犬先作數石米餈蜜麨灌之以置
穴口蛇夜便出頭大如囷目如二尺

鏡聞飡香氣先噉食之寄便放犬犬
就齧蠶寄從後斫蛇得瘡痛急因踊
出至庭而死寄入視穴得其九女髑髏
悉舉出乃咤言曰汝曹怯弱爲蛇所
食甚可哀愍於是寄女緩步而歸越
王聞之娉寄爲后拜其父爲將樂令
母及姊皆有賜賞自是東治無復妖
邪之怪其歌謠曰至今存焉
中山王周南正始中爲襄邑長有鼠
從穴出在廳事上語曰周南尒以某
月某日當死周南急往不應鼠還穴
後至期復出更冠幘皂衣而語曰周
南汝日中當死周南復不應鼠復入
穴斯須復出復入轉行數語如前日
過中鼠復曰周南汝不應我復何道
言訖顛蹶而死即失衣冠周南便卒
取視俱如常鼠
桂陽太守江夏張遺字昇高居鄢陵
田中有大樹十餘圍蓋六畝枝葉扶
踈蟠地不生穀草遣客斫之斧數下
樹大流血出客驚怖歸白昇高昇高
怒曰老樹汁赤此等何怪因自斫之
血大流出昇高更斫枝有一空處白
頭老公長四五尺突出赴昇高昇高
以刀逆斫殺之四五老公並死左右
皆驚怖伏地昇高神慮恬然如舊
諸人徐視似人非人似獸非獸此所
謂木石之怪夔魍魎者乎其伐樹年
中昇高作辟司空御史兗州刺史
南陽宋名大賢西鄂有一亭不可止
止則害人大賢以正道不可干且上樓
皷琴而已不設兵杖至於夜半時有
鬼來登梯與大賢語瞋目磋齒形貌
可惡大賢皷琴如故鬼乃去於市中
取死人頭來還語大賢曰寧可行小
熟噉因以死人頭投大賢前大賢曰
甚佳吾暮臥無枕正當得此鬼復去
良久乃還曰寧可共手搏耶大賢曰
善語未竟前大賢便逆捉其腰鬼但
急言死死賢遂殺之明日視之乃是
老狐也因止停毒更無害怖
吳時廬陵郡都亭重屋中常有鬼魅
宿者輒死自後使官莫敢入舍時丹
陽人姓湯名應大有膽武使至廬陵
便入亭止吏啓不可止此應不隨諫
盡遣所將人還外止宿應唯持一口
大刀臥至三更中聞有叩閤者應遙
問誰答云部郡相聞應使進相聞已
而去經須臾聞復有扣閤者如前曰
府君相聞應復使進身著皂衣去後
應謂是人了無疑也須復扣閤言是
部郡府君詣來應乃疑曰此夜非時
又府君部郡不應同行知是鬼魅持
刀迎之見有二人皆盛衣服俱進坐
畢府君者便與應談談未畢而部郡
跳至應背後應顧以刀擊中之府君
下座走出之應急追至亭後牆下及
之斫傷數下去其處已還臥達曙將人
往尋見有血迹追之皆得云稱府君
者是老狐魅云部郡者是老貍魅自
後遂絕永無妖怪
建安中東郡界家有怪者無故盆器
自發訇訇作聲若有人馬盤案在前
忽然便失之雞矢輒失子如是數歲
甚疾惡之乃多作美食覆蓋著一室
中藏戶間伺之果復重來發聲如前
便閉戶周旋室中更無所見爲闇但
以杖撾地良久於室隅間有所中呼
曰唷唷冥死開戶視之得一老翁可

百餘歲言語了不相當貌狀頗欲類獸遂行推問乃於數里上得其家人云失來十餘年得之哀喜後歲餘日復更失之聞在陳留界復作姣怪如此時人猶以爲此翁也

晉時吳興一人有二男田中作作時見父來罵詈打拍之兒歸以告母母問其父其父大驚知是鬼魅便令兒斫之鬼便寂不復往父憂恐兒爲鬼所困便自往看兒謂是鬼便殺而埋之鬼便遂歸作其父形語家二兒已得殺妖矣兒暮歸共相慶賀遂積年不覺後有一師過其家語二兒云君尊侯有大邪氣兒以白父父大怒兒出以語師令速去師便作聲入父成大老狸入牀下遂得之往所殺者乃眞父也改殯治服一兒遂自殺一兒忿懊亦死 右一十八驗出搜神記

晉南京寺記云波提寺在秣陵縣新林青陵昔晉咸安二年簡文皇帝起造本名新林寺時歷陽郡烏江寺尼道容苦行通預知禍福世傳爲聖麼咸安初有烏巢殿屋帝使常埜人

占之曰西南有女人師當能銷伏此怪即遣使至烏江迎聖麼問此吉凶麼曰修德可以禳災齋戒亦能轉障帝乃建齋七日禮懺精勤法席未終忽有群烏運巢而去一時淨盡帝深加敬信因爲聖麼起此寺焉

晉海西公時有一人母終家貧無以葬因移柩深山於其側作屋晝夜不休將暮有一婦人抱兒來寄宿轉夜孝子作未竟婦人每求眠而於火邊睡乃是一貍抱一烏雞孝因打殺擲後坑中明日有男子來問細小昨行以寄宿今爲何在孝云正有一貍即已殺之男子曰君枉殺吾婦何得言貍貍今何在因共至坑視貍已成婦人男子因縛孝付官應償死乃謂令曰此實妖魅但出獵犬則可知魅復來催殺孝令因問獵事能別犬不荅云性畏犬亦不別也因放犬便化爲老貍則射殺之婦人已還成貍

晉太元中瓦官佛圖前淳于矜年少潔白送客至石頭城南逢一女子美姿容矜悅之因訪問二情既和將入

城北角共盡忻好便各分別期更剋集便欲結爲伉儷女曰得壻如君死何恨我兄弟多翁母並在當問我翁母矜便令女婢問其翁母翁母亦懸許之女因勑婢取銀百斤絹百匹助矜成婚經久養兩兒當作祕書監明果騶卒來召車馬導從前後部鼓吹經少日有獵者過覓矜將數十犬徑突入齧婦及兒並成貍絹帛金銀並是草及死人骨

晉永初中張春爲武昌太守時人嫁女未及昇車忽便失性出外毆擊人乘云不樂嫁女家事俗巫云是邪魅將女至江 右此三驗出幽冥錄

宋時安定梁清字道修居揚州右尚方問桓徐州故宅元嘉十四年二月數有異光仍聞擘籬聲令婢子松羅往看見一人問云姓華名芙蓉爲六甲至尊所使從太微紫宮中下來過舊居仍留不去或鳥頭人躯舉是眼搏灑糞穢清射之應弦而滅並有絳汁染箭又覩一物形如猴懸在樹擲令人刺中其髀墮地奄沒經日反從屋

上跛行就婢乞食圌飯授之頓進二
升數曰衆鬼群至醜惡不可稱論拉
擗林障塵石飛揚累晨不息婢採菊
路遇一鬼著衣幘乘馬衛從數十謂
採菊曰我是上天仙人勿名作鬼問
何以常擲穢汙荅曰糞汙者錢財之
象也投擲者速遷之徵也須之淸果
爲武將軍北魯郡太守淸塵毒旣久
乃呼外國道人波羅疊讀祝文諸鬼
悑遽或踰壁穴而走皆作鳥聲於此
都絕在郡少時夜中松羅復見威儀
器械人衆數萬一人戴幘送書麁紙
有七十許字筆迹婉媚遠擬義獻又
歌云登阿儂孔雀樓遙聞鳳皇鼓下
我鄒山頭髮鬝見梁魯鬼有叔操操
哭泣荅弔不異世人鬼傳敎曾乞松
羅一函書題云故孔修之死罪白牋
以弔其叔喪叙致哀情甚有詮次復
云近往西方見一沙門自召大摩刹
問君消息寄五丸香以相與之淸先
奉使墩煌憶見此僧淸家有婢產於
此便斷
瑯邪王騁之妻陳郡謝氏生一男小

字奴子經年後王以婦婢招利爲妾
謝元嘉八年病終王大墓在會稽假
瘞建康東岡旣空反虞與靈入屋𢇁
几忽於空中擲地便有瞋聲曰何不
作挽歌令我寂寂上道耶騁之云非
爲永葬故不具儀耳 右二驗出異苑
周仲尼謂季桓子曰丘聞之木石之
怪夔蝄蜽 韋昭注曰木石謂山也夔一足越人謂之山魈或言獨足蝄蜽山精好學人聲而迷惑人也
右出國語史記曰秦始皇云山鬼不
過知一歲事也
西方深山中有人焉其長尺餘袒身
捕鰕蟹性不畏人見人止宿喜依其
火以炙鰕蟹伺人不在而盜人鹽以
食蟹名曰山魈其音自歗人常以竹
著火中烞熚 上音朴下音必 而山魈皆驚犯之
令人寒熱 此雖人形亦鬼魅類耳所在山中皆有之 右出神異
經
宋元嘉初富陽人姓王於窮瀆中作
蟹斷且往視之見一材長二尺許在
斷中而斷裂開蟹出都盡乃修治斷
出材岸上明往看之見材復在斷中
斷敗如前王又治斷出村晨視所見

如初王疑此材妖異乃取內蟹籠中
繫頭擔歸云至家當斧斫然之未至
家三里聞籠中倅倅動轉顧見向材
頭變成一物人面猴身一手一足語
王曰我性嗜蟹比日實入水破君蟹
斷入斷食蟹相負已尒望君見恕開
籠出我我是山神當相祐助并令斷
大得蟹王曰汝犯暴人前後非一罪自
應死此物種類專請乞放王迴頭不
應物曰君何姓何名我欲知之頻問
不已王遂不荅去家轉近物曰旣不
放我又不告我姓名當復何計但應
就死耳王至家熾火焚之後寂然無
復異土俗謂之山魈云知人姓名則
能中傷人所以勤勤問王欲害人自
免 右二驗出述異記
唐逆人張亮昔爲幽州都督於智泉
寺禮拜見一大像相好圓滿遂別供
養亮遇霹靂其堂柱迸木擊亮額
角而不甚傷及就寺禮像像額見有
破處事在冥報記又貞觀年中其像
忽然繞頸有痕迹大如線焉時人見
之咸以爲不祥之地未幾亮果以罪

被誅其痕于今見在出冥報拾遺記

法苑珠林卷第三十　第五十七張　[illegible]字号

法苑珠林卷第三十一

編錄通慧大師賜紫沙門臣[illegible]勘

法苑珠林卷第三十一

校勘記

一　底本，金藏廣勝寺本。六六四頁中一行至六六六頁上一〇行及本頁中八行至一三行原版或缺或殘，以麗藏本補換。

一　六六四頁中一行經名，徑作「法苑珠林第四十一」。

一　六六四頁中二行撰者，資、磧、南作「大唐上都西明寺沙門道世撰」；徑作「唐上都西明寺沙門釋道世玄惲撰」；清作「唐西明寺沙門釋道世撰」。卷第三十五同。

一　六六四頁中三行「潛遁」，磧、南作「潛道」。又「二十三」下，資、磧、南、清有夾註「此有二部」。

一　六六四頁中四行「妖怪篇第二十四」，徑無；清作「述意部　引證部」。

一　六六四頁中五行「潛遁篇　此有二部」，資、磧、南、徑、清無。

一　六六四頁中六行「第一」，徑無。

一　六六四頁中一三行「濇塵」，資、磧作「緇塵」；南、徑、清作「緇庶」。

一　六六四頁中二〇行第八字「弊」，資、磧、南、徑、清作「蔽」。

一　六六四頁中末行「第二」，徑無。

一　六六四頁下五行「地窟」，資、磧、南、徑、清作「地穴」。

一　六六四頁下二〇行「微伺」，資、磧、南、徑、清作「候伺」。

一　六六五頁上二行「醇厚」，資、磧、南、徑、清作「醲厚」。

一　六六五頁上三行「沽之」，資、磧、南、徑、清作「語之」。又「遣守者」，南、徑、清作「遺守者」。

一　六六五頁上四行「蓋飲」，資、磧、南、徑、清作「聚飲」。

一　六六五頁上九行第一〇字「捉」，資、磧、南、徑、清作「投」。

一　六六五頁上一五行第一二字「女」，資、磧、南、徑、清作「女女」。

一　六六五頁上一八行首字「百」，徑、

清作「自」。

一 六六五頁中一〇行末字「女」，資、磧、南、徑、清作「兒」。一一行第四字同。

一 六六五頁中一二行「某國」，資、磧、南、徑、清作「本國」。

一 六六五頁中二〇行第九字「騎」，資、磧、南、徑、清作「乘」。

一 六六六頁上二行第六字「常」，資、磧、南、徑、清作「恒」。一一行第六字、二二行第一〇字同。

一 六六六頁上一二行第八字「憒」，資、磧、南、徑、清作「憁」。

一 六六六頁上二〇行「乘下入胎象」，資、磧、南、徑、清作「乘象下入胎」。

一 六六六頁中一行第一〇字「每」，資、磧、南、徑、清作「恒」。

一 六六六頁中二行首字「時」，資、磧、南、徑、清作「侍」。

一 六六六頁中六行第四字「鍊」，資、磧、南、徑、清作「練」。又「訓敵」，資、磧、南、徑、清作「酬敵」。

一 六六六頁中二〇行「攝腹」，資、磧、南、徑、清作「攝伏」。

一 六六六頁下一三行末字「也」，資、磧、南、徑、清無。

一 六六六頁下一五行「潛遁」，磧、南作「潛道」。

一 六六六頁下一八行末字「菲」，資、磧、南、徑、清作「斐」。

一 六六六頁下一九行「反宗」，麗作「宗反」。

一 六六六頁下二〇行「難知」，資、磧、南、徑、清作「難議」。

一 六六六頁下二二行「杯度」，資、磧、南、徑、清作「釋杯度」。

一 六六七頁上四行「釋保誌」，徑、清作「釋寶誌」。下同。

一 六六七頁上七行第三字「昔」，資、磧、南、徑、清作「而」。

一 六六七頁上一〇行「壯麗」，資、磧、南、徑、清作「莊麗」。下同。

一 六六七頁上一一行首字「常」，資、磧、南、徑、清作「人」。又「何因患死却蘇曰」，資、磧、南、徑、清作「何亦同之因患死蘇曰」。

一 六六七頁上一三行第八字「令」，資、磧、南、徑、清作「今」。又第九字「活」，資、磧、南、徑、清無。

一 六六七頁上一五行「土俗」，磧、南、徑、清作「士俗」。本頁下一行同。

一 六六七頁上二一行「慧達」，資、磧作「慧遠」。本頁中一一行同。

一 六六七頁中二行第八字「胡」，資、磧、南、徑、清、麗作「胡名」。

一 六六七頁中五行「華香」，資、磧、南、徑、清作「粹者」。

一 六六七頁中一二行「胡語」，資、磧、南、徑、清作「梵語」。

一 六六七頁中一三行第八字「磁」，資、磧、南、徑、清作「慈」。

一 六六七頁中一五行末字「栢」，資、磧、南、徑、清作「相」。

一 六六七頁中一九行第九字「磧」，資、磧、南、徑、清作「礰」。二一行

第八字同。

一　六六七頁中二〇行末字「今」，資、磧、南、徑、清作「令」。

一　六六七頁中二二行「吉喪」，資、磧、南、徑、清作「告喪」。

一　六六七頁下五行「莱馬」，資、磧、南、徑、清、麗作「策馬」。

一　六六七頁下九行「籚箄」，資、磧、南、徑、清作「蘆篙」。下同。

一　六六七頁下一四行首字「耳」，南作「杯」。

一　六六八頁上二行「務定」，資、磧、南、徑、清、麗作「豫定」。

一　六六八頁上七行末字「灌」，資、磧、南作「觀」。

一　六六八頁上一二行第七字「年」，資、磧、南、徑、清無。

一　六六八頁上一五行第五字「冄」，資、磧作「染」；南、徑、清作「冉」。

一　六六八頁上一六行第五字「啇」，資、磧、南、徑、清作「商」。下同。

一　六六八頁中八行「共加」，資、磧、南、徑、清作「共嘉」。

一　六六八頁中一〇行第九字「趙」，資、磧、南、徑、清無。

一　六六八頁中一四行末字「軍」，資、磧、南、徑、清作「運」。

一　六六八頁中二二行第二字「立」，南、徑、清作「及」。

一　六六八頁下六行第七字「因」，資、磧、南、徑、清作「因茲」。

一　六六八頁下一一行「所伏」，資、磧、南、徑、清作「所仗」。

一　六六八頁下一二行「有傷」，南、徑、清作「有損」。

一　六六八頁下一三行第二字「感」，資、磧、南、徑、清作「惑」。

一　六六八頁下一四行「燒揀」，南、徑、清作「燒煅」。

一　六六八頁下一五行「竄匿」，資、磧、南、徑、清作「竄逸」。

一　六六八頁下二二行「布線」，資、磧、南作「布綿」。

一　六六九頁上九行「所終」，資、磧、南、徑、清作「所終也」。

一　六六九頁中三行「此土」，資、磧、南、徑作「北土」。

一　六六九頁中四行「通雲寺」，麗作「通靈寺」。

一　六六九頁中五行第六字「國」，資、磧、南、徑、清無。

一　六六九頁中一七行「元徽」，南、徑、清作「元嘉」。

一　六六九頁中一八行「峨嵋山」，資、磧、南、徑、清作「岷山」。

一　六六九頁中二一行「過集」，資、磧、南、徑、清作「遇進」；麗作「過進」。

一　六六九頁下二行第四字「送」，資、磧、南、徑、清作「遂」。

一　六七〇頁上四行「高歡」，資、磧、南、徑、清作「王歡」。

一　六七〇頁上五行「急慢」，徑、清作「急暴」。

一　六七〇頁上七行「大横」，南、徑、清作「大壯」。又第九字「之」，麗

作「文」。

一　六七〇頁上八行「魏收」，資、磧、南、徑、清作「魏牧」。

一　六七〇頁上一四行第一二字「屠」，資、磧、南、徑、清作「屠宰」。

一　六七〇頁上一五行第八字「常」，資、磧、南、徑、清作「恒」。

一　六七〇頁上一七行「法上」，資、磧、南、徑、清作「法師」。

一　六七〇頁中一行「反命」，資、磧作「及命」。

一　六七〇頁中二行首字「至」，徑、清作「在」。

一　六七〇頁中三行第一一字「是」，資、磧、南、徑、清、麗作「是夜」。

一　六七〇頁中七行「五十年」，資、磧、南、徑、清、麗作「五六十年」。

一　六七〇頁中一二行末字「岸」，資、磧、南、徑、清作「兩岸」。

一　六七〇頁中一四行至一五行「兩家驗覆知分方身」，資、磧、南、徑、清作「兩家檢覆方知分身」；麗作「兩家驗覆方知分身」。

一　六七〇頁中一八行首字「投」，資、磧、南、徑、清作「捉」。

一　六七〇頁下八行「往建康獄」，資、磧、南、徑、清作「住建康」。

一　六七〇頁下九行第六字「誌」，資、磧、南、徑、清、麗作「誌猶在焉誌」。

一　六七一頁上一行「致飽乃吐」，資、磧、南、徑、清作「致飽乃去」。

一　六七一頁上四行第一三字「注」，資、磧作「泣」。

一　六七一頁上八行第四字「紙」，資、磧、南、徑、清作「絹」。又第一一字「烏」，資、磧作「鳥」。

一　六七一頁上一一行第一一字「如」，資、磧、南、徑、清作「乃」。

一　六七一頁上一三行第七字「兔」，資、磧、南、徑、清、麗作「免」。

一　六七一頁上一六行第四字「誅」，資、磧、麗作「朱」；南、徑、清作「殊」。

一　六七一頁上一七行第七字「常」，資、磧、南、徑、清作「嘗」。本頁中一一行第八字同。

一　六七一頁上末行第三字「向」，資、磧、南、徑、清、麗作「枸」。

一　六七一頁中一行第八字「寤」，資、磧、南、徑、清、麗作「語」。

一　六七一頁中二行「高士」，資、磧、南、徑、清作「高者」。

一　六七一頁中四行第一一字「勿」，資、磧、南、徑、清作「勿令」。又第一三字「復」，徑作「後」。

一　六七一頁中六行第六字「未」，資、磧、南、徑、清作「求」。

一　六七一頁中七行「白官」，資、磧、南、徑、清作「白於官」。

一　六七一頁中八行第一一字「經」，資、磧、南、徑、清無。

一　六七一頁中一八行第一〇字「黑」，資、磧、南、徑、清、麗作「黑風」。

一　六七一頁下四行「屍體」，資、磧、南、徑、清作「屍骸」。又「怡悅」，資、磧、南、徑、清作「熙悅」。

一六七一頁下五行第七字「門」，資、磧、南、徑、清無。又第一二字「慶」，資、磧、南、徑、清無。

一六七一頁下一四行夾註右「右此一驗」，資、磧、南、徑、清作「右十一驗」。

一六七一頁下一六行首字「苶」，資、磧、南、徑、清無。

一六七一頁下一八行「唾濺」，資、磧、南、徑、清作「唾唆」。

一六七一頁下一九行末字「殺」，資、磧、南、徑、清作「怒殺」。

一六七一頁下二一行「室中」，資、磧、南、徑、清作「空中」。

一六七一頁下末行「撫手」，資、磧、南、徑、清作「拊手」。

一六七二頁上五行「有娠」，資、磧、南、徑、清作「有娠也」。

一六七二頁上一一行「生言」，資、磧、南、徑、清作「生而言」。

一六七二頁上一二行至一三行「關令尹喜」，資、磧、南、徑、清作「關尹」。

一六七二頁上一九行「時易其」，資、磧、南、徑、清作「其時其易」。

一六七二頁中九行第一二字「攻」，資、磧、南、徑、清作「固」。

一六七二頁中一一行「運行」，資、磧、南、徑、清作「雲行」。

一六七二頁中一五行「養形」，資、磧、南、徑、清作「養形神」。

一六七二頁中一六行「旋庭」，資、磧、南、徑、清作「掖庭」。

一六七二頁中一七行「輜軒」，資、磧、南、徑、清作「輜軿」。

一六七二頁中末行第四字「鄮」，資、磧、南、徑、清作「鄖」。又「而姐俗間」，資、磧、南、徑、清作「而殂洛間」；麗作「而殂落俗間」。

一六七二頁下一行第八字「不」，資、磧、南、徑、清無。

一六七二頁下二行「七百歲」，資、磧、南、徑、清、麗作「年七百歲」。

一六七二頁下五行「賸賸」，資、磧、南、徑、清無。

一六七二頁下六行第四字「送」，資、磧、南、徑、清作「逆」。

一六七二頁下九行第一一字「從」，資作「徙」；磧、南、徑、清作「徒」。

一六七二頁下一四行「城郭」，資、磧、南、徑、清作「郡郭」。又「官館」，資、磧、南、徑、清、麗作「宮館」。

一六七二頁下一六行「而踰三光」，資、磧、南、徑、清作「而明踰三光」；麗作「明踰三光」。

一六七二頁下一九行「飢餧」，資、磧、南、徑、清作「飢餒」。下同。

一六七三頁上一七行第六字「之」，資、磧、南、徑、清作「之緣」。

一六七三頁上一八行「相見」，資、磧、南、徑、清作「乃相見」。又「因要」，資、磧、南、徑、清作「因邀」。

一六七三頁上一九行首字「皆」，資、磧、南、徑、清作「其家」。

一六七三頁中九行第二字「復」，資、磧、南、徑、清無。

一 六七三頁中一五行「不及」，資、磧、南、徑、清作「終不及」。

一 六七三頁中一七行「攏户」，資、磧、南作「龍户」。

一 六七三頁下一〇行夾註左「幽冥録」，資、磧、南、徑、清作「幽明録」。

一 六七三頁下一一行「盧山」，資、磧、南、徑、清作「廬山上」。

一 六七三頁下一二行「俯盻」，資、磧、南、徑、清作「俯眄」。

一 六七三頁下一八行「各見數人與猛共言若舊相識」，資、磧無。

一 六七四頁上一四行第九字「侍」，資、磧、南、徑、清、麗作「待」。又末字「屋」，資、磧、南、徑、清作「星」。

一 六七四頁上二二行夾註「搜神異記」，至此，徑卷第四十一終，卷第四十二始。

一 六七四頁上末行夾註「此有二部」，徑無。

一 六七四頁中一行前，清有「述意部 引證部」一行。

一 六七四頁中一行「第一」，徑無。

一 六七四頁中一一行「第二」，徑無。

一 六七四頁中二二行「飄博」，資、徑、清、麗作「飄摶」。

一 六七四頁下五行「可喜過人才不及」，資、磧、南、徑、清作「可喜過人人纔不及」；麗作「可喜過人才不及天」。又「天香」，資、磧、南、徑、清、麗作「用天香」。

一 六七五頁上一四行第一〇字「逐」，資、磧、南、徑作「遂」。

一 六七五頁上二一行「合覲」，資、磧、南、徑、清、麗作「合歡」。本頁中九行、一二行同。

一 六七五頁下一三行「受樂」，資、磧、南、徑、清作「愛樂」。

一 六七五頁下一七行第一二字「遇」，資、磧、南、徑、清無。

一 六七五頁下一九行首字「名」，資、磧、南、徑、清作「名曰」。

一 六七六頁上六行第一〇字「汝」，資、磧、南、徑、清無。

一 六七六頁中四行末字「見」，資、磧、南、徑、清、麗作「得見」。

一 六七六頁中一三行「來曰」，資、磧、南、徑、清作「來日」。

一 六七六頁下一一行「安隱」，資、磧、南、徑、清作「安置」。

一 六七七頁上四行「將送」，資、磧、南、徑、清作「相送」。

一 六七七頁上一五行第四字「令」，資、磧、南、徑、清作「今」。

一 六七七頁中七行第五字「邪」，資、磧、南、徑、清無。

一 六七七頁中一二行第三字「過」，資、磧、南、徑、清作「遇」。

一 六七七頁中一六行第八字「正」，麗作「止」。

一 六七七頁中一七行第八字「犯」，資、磧、南、徑、清無。

一 六七七頁下四行「損棄曠野」，資、磧、南、徑、清、麗作「捐棄曠野」。八行同。

一 六七八頁上四行「道險」，麗作「道

除」。

一　六七八頁上六行末字「樂」，資、磧、南、徑、清作「藥」。

一　六七八頁上一二行夾註「二十六」，徑、清作「二十七」。

一　六七八頁上一四行第四字「爲」，資、磧、南、徑、清作「時」。一五、一六、一七、一九、二〇、二一諸行之「爲」字同。

一　六七八頁上一八行第五字「爲」，資、磧、南、徑、清作「有」。

一　六七八頁上二二行「爲服鳥怪」，資作「見鵩烏怪」；磧作「見鵩烏怪」；南、徑、清作「見鵩鳥怪」；麗作「爲鵩烏怪」。

一　六七八頁中一行第五字「有」，資、磧、南、徑、清無。二、三、四、五、六、一三、一五諸行之「有」字同。

一　六七八頁中七行第七字「人」，資、磧、南、徑、清無。

一　六七八頁中八行「昏南京烏巢殿屋怪」，資、磧、南、徑、清作「昏南京寺記烏巢殿怪」。

一　六七八頁中一二行與一三行之間，徑、清有「瑯琊王驊之妻」一行。

一　六七八頁中一四行第九字「材」，資、磧、南作「犲」。

一　六七八頁中一六行「姑熟」，資、磧作「湖塾」；南、徑、清作「湖孰」。

一　六七八頁中一七行「數斗」，資、磧、南、徑、清作「數升」。

一　六七八頁中一九行「蒸沙」，資、磧、南、徑、清作「蒸炒」；麗作「蒸粆」。

一　六七八頁中二一行「壇上」，資、磧、南、徑、清作「壇丘」。

一　六七八頁中二二行第一一字「遠」，資、磧、南、徑、清作「持」；麗作「時」。

一　六七八頁中末行「消屏」，資、磧、南、徑、清作「洧洴」；麗作「洧淵」。

一　六七八頁下一六行「太后」，資、磧、南、徑、清作「皇后」。

一　六七八頁下二〇行「妖曰」，麗作「曰妖」。又末字「應」，資、磧、南、徑、清無。

一　六七九頁上七行第六字「岡」，資、磧、南、徑、清、麗作「罔」。

一　六七九頁上九行末字「授」，資、徑、清、麗作「援」。

一　六七九頁上一四行第三字「疾」，資、磧、南、徑、清作「病」。

一　六七九頁上一五行第三字「樹」，資、磧、南、徑、清作「有大樹」。

一　六七九頁上二二行第八字「便」，資、磧、南、徑、清無。

一　六七九頁下五行首字「隰」，資、磧、南、徑、清作「隙」。

一　六七九頁下六行第四字「東」，資、磧、南、徑、清無。

一　六七九頁下二〇行第二字「行」，資、磧、南、徑、清作「嚴」。又「乃往」，資、磧、南、徑、清作「寄乃行」。

一　六七九頁下二一行首字「齰」，資、磧作「作」。

一　六八〇頁上二行「齰齧」，資、磧、

南、徑、清作「嚙咋」。又第八字「蛇」，資、磧、南、徑、清無。又第一三字「因」，資、磧、南、徑、清作「蛇因」。

一　六八〇頁上四行第四字「乃」，資、磧、南、徑、清無。

一　六八〇頁上六行「娉寄」，資、磧、南、徑、清作「聘寄女」。

一　六八〇頁上八行第三字「怪」，資、磧、南、徑、清作「物」。又第七字「曰」，資、磧、南、徑、清無。

一　六八〇頁上一四行第五字「出」，資、磧、南、徑、清作「出出」。

一　六八〇頁上一五行首字「過」，資、磧、南、徑、清作「適」。

一　六八〇頁上二〇行「蟠地」，資、磧、南、徑、清作「盤地」。

一　六八〇頁上二一行第三字「流」，資、磧、南、徑、清無。

一　六八〇頁上二二行「此等何怪」，資、磧、南、徑、清作「此何得怪」。

一　六八〇頁中一行第一〇字「赴」，資、磧、南、徑、清作「趍」。

一　六八〇頁中一一行末字「中」，資、磧、南、徑、清無。

一　六八〇頁中一六行「前大賢」，徑、清作「大賢前」。

一　六八〇頁下八行「近之」，資、磧、南、徑、清作「迎之」。

一　六八〇頁下一八行「難矢」，資、磧、南、徑、清作「難生」；麗作「難生」。

一　六八一頁上一二行第三字「妖」，資、磧、南、徑、清作「奴」。

一　六八一頁上一九行「袜陵」，南、徑、清作「秣陵」。

一　六八一頁上二〇行首字「杯」，資、磧、南、徑、清、麗作「林」。

一　六八一頁上二二行第五字「通」，資、磧、南、徑、清、麗作「通靈」。

一　六八一頁中一行第一二字「銷」，資、磧、南、徑、清無。

一　六八一頁中二行「吉凶」，資、磧、南、徑、清作「吉凶爲在」。

一　六八一頁中八行「作屐」，資、磧、南、徑、清作「志孝結墳」。

一　六八一頁中一一行第一〇字「孝」，資、磧、南、徑、清作「孝子」。

一　六八一頁中一三行首字「以」，資、磧、南、徑、清作「遇夜」。又「孝云正有」，資、磧、南作「孝子云正有」；徑、清作「孝子云止有」；麗作「孝云止有」。

一　六八一頁中一五行末字「人」，資、磧、南、徑、清作「人死在坑中」。

一　六八一頁中一六行「因縛孝」，資、磧、南、徑、清作「因縛孝子」。又「乃謂」，資、磧、南、徑、清作「孝子乃謂」。

一　六八一頁中一七行至一八行「復來催殺孝」，資、磧、南、徑、清無。

一　六八一頁中二〇行第五字「之」，資、磧、南、徑、清作「視之」。

一　六八一頁下三行「翁母」，資、磧、南、徑、清作「父母」。下至四行第一一、一二字同。

一　六八一頁下八行「數十犬」，資、磧、南、徑、清作「數十狗」。

一　六八一頁下一〇行「死人骨」，資、磧、南、徑、清作「死人骨蛇魅等」。

一　六八一頁下一四行夾註「幽冥録」，資、磧、南、徑、清作「幽明録」。

一　六八一頁下一六行首字「方」，資、磧、南、徑、清、麗作「坊」。

一　六八一頁下二〇行第一二字「是」，資、磧、南、徑、清作「視」。又末字「搏」，資、磧、南、徑、清作「搏擲」。

一　六八一頁下二二行「彤如猴」，資、磧、南、徑、清作「形如猿」。又「樹摽」，徑、清作「樹標」。

一　六八二頁上二行末字至次行首字「拉攞」，資、磧作「松攞」；南、徑、清作「松羅」。

一　六八二頁上六行第三字「常」，資、磧、南、徑、清作「恒」。

一　六八二頁上八行第一一字「壓」，資、磧、南、徑、清作「厭」。

一　六八二頁上九行「祝文」，資、磧、南、徑、清作「呪文」。

一　六八二頁上一〇行「悑遽」，南、徑、清作「怖懅」；麗作「怖懼」。

一　六八二頁上一五行「郍山」，麗作「雞山」。又末字「操」，資、磧、南、徑、清作「喪」。

一　六八二頁上一九行「自召」，資、磧、南、徑、清、麗作「自名」。

一　六八二頁上二一行第一〇字「家」，徑、清無。

一　六八二頁中三行第八字「反」，資、磧、南、徑、清作「及」。又第一〇字「與」，麗作「興」。

一　六八二頁中八行夾註左「山魑」，資、磧、南、徑、清作「山狳」。下同。

一　六八二頁中末行第一一字「晨」，資、磧、南、徑、清作「明晨」。

一　六八二頁下二行第五字「云」，麗作「去」。又第一〇字「斫」，資、磧、南、徑、清作「破」。

一　六八二頁下一四行第九字「云」，徑、清作「亦」。

一　六八二頁下二〇行第一〇字「像」，資、磧、南、徑、清無。

一　六八二頁下二二行末字至末行首字「見之」，徑、清無。

一　六八三頁上卷末經名，徑作「法苑珠林卷第四十二」。

法苑珠林卷第三十二　播罟紙
西明寺沙門釋道世撰

變化篇第三十五
眠夢篇第三十六

變化篇此有三部

述意部　通變部　猒欲部

述意部第一

夫聖人之用玄通無礙致感多方不可作一途求不可以一理推故麤以麤應細以細應麤細隨機理固然矣所以放大光明現諸神變者此應十方諸大菩薩將紹尊位者耳若匈俗接麤挍邪歸正者復須隨緣通變量稱物情不可以妙理通窮指事而變現不思議之形質用遮不思議之碩見也譬聖人亦入鹿馬而度脫之當在鹿馬豈同於鹿馬哉若不異於鹿馬應時常流不待此神變明矣

通變部第二

如華嚴經云佛子如一如來一化身轉如是等不可說譬喻法輪雲一切法界虛空界等世界悉以毛端周徧

度量一一毛端處於念念中化不可說不可說佛剎微塵等身乃至盡未來際劫一一化佛身有不可說不可說佛剎微塵等頭一一頭有不可說不可說佛剎微塵等舌一一舌出不可說不可說佛剎微塵等音聲一一音聲說不可說不可說佛剎微塵等修多羅一一修多羅說不可說不可說佛剎微塵等法一一法中說不可說不可說佛剎微塵等句身味身復不可說不可說佛剎微塵等劫說異句身味身音聲充滿法界一切衆生無不聞者盡未來際常轉法輪如來音聲無異無斷不可窮盡是爲一切諸佛大力那羅延幢佛所住法

又華嚴經云一切諸佛悉有八種微妙音聲一一音聲悉有五百妙音聲眷屬不可稱數百千音聲以爲莊嚴無量無邊妙音聲伎樂皆悉清淨普能演說一切諸佛正法義味悉離恐怖安住無畏大師子吼悉令一切法界一切衆生聞其音聲隨其本行種種善根皆令開解是爲一切諸佛最

勝無上口業莊嚴

又處處經云佘時佛笑口中有五色光出者有五因緣一欲令人有所問因所問有益故二恐人言佛不知笑故三爲現口中光故四笑諸不至誠故五笑阿羅漢守空不得菩薩道光還從頂上入者當示後人大明故

又佛說心明經云佘時世尊爲梵志乃笑五色光從口出照十方五趣之類夫欲至人心喜令餓鬼地獄痛息畜生意開罪除尋光來詣佛所諸佛笑法皆有常瑞若授菩薩決徧照十方光從頂入授緣覺決光入面門授聲聞決光入肩斗說生天事光從膺入說降人中光從膝入說趣三苦光從足心入諸佛之欣不以欲笑不以瞋笑不以癡笑不放逸笑不利欲笑不榮貴笑不富饒笑今佛普等愍傷群生行大慈笑無斯七也

又智度論云如佛初轉法輪時應持菩薩從他方來欲量佛身上過虛空無量佛剎至華上世界見佛身如故而說偈言

虛空無有邊　佛功德亦佘
設欲量佛身　唐勞不能盡
上過虛空界　無量諸佛土
見釋師子身　如故而不異
佛身如金山　演出大光明
相好自莊嚴　猶如春華敷

又處處經云佛在世時諸天鬼神龍人民皆到佛所聽經數百千重前後皆見佛面所以者何佛前世時言語無前後故是故無不見佛面者人臥皆隨佛所首向佛尊故

獸欲部第三

如大莊嚴法門經云佘時王舍城中有婬女女名金色光明威德彼女宿世善根因緣形貌端正衆相具足身眞金色光明照曜容儀媚麗世所希有神慧聰敏辯才無礙音辭清妙深達柔輭言常含笑隨所行處皆金光照所著衣服亦皆金色一切人衆見者繫心愛著無捨隨所游處皆悉隨從有長者子名上威德爲欲樂故多與財寶共相要契車乘莊嚴往詣園林佘時金色女宿緣冥感爲文殊師利化令入道神變自在故以頭枕彼威德膝上而睡即以神力於其臥處現爲死相膖脹臭爛難可附近須臾腹破肝腸剖裂五藏露現臭穢可惡大小便道流溢不淨諸根肢節蠅蛆唼食不可稱說時長者子見此死屍生大恐怖身毛皆豎而作是念我今無救徧觀四方無歸依處倍增怖畏發大怖聲彼長者子二因緣故生大怖畏一昔所未見如是惡事是故生怖二大衆知我與彼同來在此而今忽死謂我故殺阿闍世王不鑒此理橫見加戮是故生怖時長者子獨於此林不見一人一切凡聖誰能救者彼長者子過去善根雖熟以不聞見文殊共金色女所說法故文殊師利即以神力令諸樹林悉說偈言長者子聞已心大歡喜深自慶幸捨棄死屍從林而出即往佛所具說怖緣佘時佛告長者子汝莫憂怖我當施汝一切無畏汝歸佛者一切無怖長者白佛一切怖畏從何而生佛言從貪瞋癡因緣故畏當知一切諸怖無主無作無

有執者汝先欲覺今何所在長者子言此中所見好色惡覺凡夫貪著於聖法中無如是事於是佛為種種方便說法時長者子得順法忍時金色女知長者子受教化已莊嚴五百馬車前後圍繞來詣佛所却住一面尒時文殊問長者子言汝識此姝不長者子言我今實識文殊師利言汝云何識時長者子即向文殊而說偈言

見色如水沫　諸受悉如泡
觀想同陽焰　如是我識彼
見行如芭蕉　知識猶如幻
女名假施設　如是我識彼
身無覺如木　亦如草瓦礫
心則不可見　如是我識彼
諸凡夫如醉　顛倒生惡覺
智者所不染　如是我識彼
如彼林中屍　臭爛惡不淨
身體性如是　如是我識彼
過去本不滅　未來亦不生
現在不暫住　如是我識彼
文殊當善聽　彼恩難可報
我本多貪欲　見不淨解脫
彼身實不死　為化我現死
愍衆故示現　誰見不發心
如是貪瞋癡　及一切煩惱
如是體法性　善哉甚微妙

尒時佛告阿難此金色女上威德男已於過去教化令發菩提今更聞法得順法忍此金色女於當來世過九十百千劫當得作佛號曰寶光如來威德長者於寶光佛所得菩薩身名曰德光寶光滅後當得作佛號曰寶餘如來

又觀佛三昧經云佛告阿難我昔夏安居時波羅柰國有一婬女在樓上名曰妙意昔日於佛有緣尒時世尊化三童子年皆十五面貌端正勝諸世間一切人類此女見已身心歡喜白言丈夫我今此舍如功德天富力自在衆寶莊嚴我今以身及與奴婢奉上丈夫可備灑掃若能顧納隨我所願一切供給無所愛惜作是語已化人就牀未及食頃女前親近白言丈夫願遂我意化人不違隨已所欲既附近已一日一夜心不疲厭至二日時愛心漸息至三日時白言丈夫可起飲食化人即起纏綿不已女生厭悔白言丈夫異人乃尒化人告言我先世法凡與女通經十二日尒乃休息女聞此語如人食噎既不得吐又不得咽身體苦痛如被杵擣至四日時如被車轢至五日時如鐵丸入體至六日時支節悉痛如箭入心女作念言我聞人說迦毗羅城淨飯王子身紫金色三十二相愍諸盲冥救濟苦人常在此城常行福度放金色光濟一切人今日何故不來救我我從今日乃至壽終終不貪色寧與虎狼同處一穴不貪色欲受此苦惱化人亦瞋咄弊惡婦女廢我事業我今共汝合體一處不如早死父母宗親若來見何處自藏我寧經死不堪恥辱女言弊物我不用尒欲死隨意是時化人取刀刺頸血流滂沲塗汙女身萎陁在地女不能勝二日青瘀三日膖脹四日爛潰五日漸爛六日宍落七日唯有臭骨如膠如漆粘著女身一切

大小便利及諸惡蟲逆血諸膿塗漫女身女極惡猒而不得離女發誓願若諸天神及與仙人淨飯王子能免我苦我持此舍一切珍寶以用給施作是念時佛將阿難難陁帝釋在前梵王在後佛放常光照曜天地一切大衆皆見如來詣此女樓時女見佛心懷慚愧藏骨無處取諸白氎纏裹臭屍臭氣如故不可覆藏女見世尊為佛作禮以慚愧故身暎骨上臭骨忽然在女背上女極慚愧流淚而言如來功德慈悲無量若能令我離此苦者願為弟子心終不退佛神力故臭骨不現女大歡喜為佛作禮白佛言世尊我今所珍一切施佛佛為祝願梵音流暢女聞祝願心大歡喜應時即得須陁洹道五百侍女聞佛音聲皆發無上菩提道心無量梵衆見佛神變得無生忍帝釋所將諸天有發菩提心者有得阿那含者

又百緣經云佛在世時舍衛城中有一長者婦產一男兒形貌極醜狀似惡鬼有人見者捨之而去年漸長大父母猒惡驅令遠棄乃至畜生見此醜陋尚懷怖懼何況人類又於一時詣林採菓以自存活飛鳥走獸無不怖走絕迹無住世尊慈念將諸比丘到林欲度見佛避走佛以神力使不得去時諸比丘在樹下跏趺繫念世尊化作醜陋人執持應器盛滿中食漸向醜人形狀類已心懷喜悅今此人者真是我伴尋求共語同器而食食已時彼化人忽然端正醜陋問言汝今何以忽然端正化人荅言我食此食以善心觀彼樹下坐禪比丘使我端正醜陋聞已尋復效之尋得端正心懷喜悅即向化人深生信解於是化人還服本形醜陋見佛三十二相八十種好光明普曜如百千日前禮佛足却坐一面佛即為其種種說法得須陁洹果即於佛前求索出家佛告善來比丘鬚髮自落法服著身便成沙門精勤修習得阿羅漢果時諸比丘見是事已請佛為說宿本因緣佛告比丘乃往過去無量世中有佛出世號曰弗沙在一樹下結跏趺坐我及彌勒俱為菩薩到彼佛所種種供養而翹一足於七日中說偈讚佛

天上世間無如佛　十方世界亦無有
世界所有悉能見　無有能及如佛者

尒時菩薩說此偈已時彼山中有一鬼神作醜陋形來恐怖我我以神力令彼行處縣崖嶮岨不能得過時彼山神即作是念我以惡心恐怖他故令我今者行處嶮難不可得過今當往彼懺悔先罪作是念已尋即往詣懺悔訖已發願而去佛告比丘欲知彼山神恐怖我故五百世中形體醜陋見者驚走由彼懺悔故今遭值我出家得道比丘聞已歡喜奉行

頌曰

大聖神變　隨事開曚　含英秀發
開寤相應　服以邪道　化現神通
隱顯利物　乃軌高蹤　群生息謗
感寤興隆　潛運自在　見者生恭
罕逢斯聖　絕代靈龍　含生有福
遇此休功

感應緣略引二十五驗

通叙神化多種之變

周時有左慈能變
舌埵山有帝女能變
夏鯀及趙王如意變
魏襄王年中有女變
漢建平中有男子變
漢建安中有男子變
晉元康中有女變
晉惠懷時有男女變
漢景帝時有人變
漢宣帝時有雞變
晉太康年中有蟹基及蟹壁變
孔子於陳絃歌館中有鯷魚變
梁朝居士韋英妻梁氏嫁變
晉豫章郡吏易拔變
晉宜陽縣有女姓彭名娥變
晉太末縣吳道宗母變
晉復陽縣有牛變
炎帝之女變
諸傳雜記之變
秦時有江南亭廟神變
秦時南方有落民飛頭變
高陽氏同產夫婦變
魏時尋陽縣北山蠻人作術變

魏時清河宋士母因浴變

夫慈濟之道震古式瞻通化之方由來難測此是方外之大聖非是域中之凡能窮之不可原究之不可盡然凡聖雖別變化有同良由智有淺深障有麁細機有大小化有寬陿蓋達生死之本可以言變化矣若依佛敎明信因果因緣相假方成變化若據外俗未達大方唯信緣起不賴因成故千寶記云天有五氣萬物化成木精則仁火精則禮金精則義水精則智土精則恩五氣盡純聖德備也木濁則弱火濁則淫金濁則暴水濁則貪土濁則頑五氣盡濁民之下也中土多聖人和氣所交也絕域多怪物異氣所產也苟稟此氣必有此形苟有此形必生此性故食穀者智慧而文食草者多力而愚食桑者有絲而蛾食宍者勇憨而悍食土者無心而不息食氣者神明而長壽不食者不死而神大腰無雄細腰無雌無雄外接無雌外育三化之蟲先孕後交兼愛之獸自爲牝牡寄生因夫高木女

蘿託乎伏苓木株於土萍植於水鳥排虛而飛獸蹠實而走蟲土閑而蟄魚淵潛而處本乎天者親上本乎地者親下本乎時者親旁則各從其類也千歲之雉入海爲蜃百年之雀入江爲蛤千歲黿鼉能與人語千歲之狐起爲美女千歲之蛇斷而復續百年之鼠而能相卜數之至也春分之日鷹變爲鳩秋分之日鳩變爲鷹時之化也故腐草之爲螢也朽葦之爲蛬也稻之爲蛩也麥之爲蛺蝶也羽翼生焉眼目成焉心智存焉此自無知而化爲有知而氣易也鶴之爲麞也蛇之爲鼈也蛬之爲蝦也不失其血氣而形性變也若此之類不可勝論應變而動是謂順常苟錯其方則爲妖眚故下體生於上氣之反者也人生獸獸生人氣之亂者也男化爲女女化爲男氣之質者也魯牛哀得疾七日而化爲虎形體變易爪牙施張其兄將入搏而食之當其爲人不知將爲虎當其爲虎不知當爲人故晉太康中陳留阮士禽瞻於道不忍

其痛數嗁其瘡巳而雙䖝成於鼻中
元康中曆陽紀元載客食道龜巳而
成瘕醫以藥攻之下龜子數升大如
小錢頭足殼備文甲皆具唯中藥巳
死夫噑非化育之氣鼻非胎孕之所
享道非物之具從此觀之萬物之生
死也與其變化也非通神之思雖求
諸巳惡識所自來然朽草之為螢由
乎腐也麥之為蛺蝶由乎溼也尒則
萬物之變皆有由也農夫止麥之化
者漚之以灰聖人理萬物之化者濟
之以道 其與不然乎今所覺事 者固
未足以究其變化之極也此乃由衆
生本識雜 業熏成因種既熟緣假外
形情與非情隨緣興變若先無種縱
遇其緣緣疏力弱亦未能獨變故因
假緣故種不獨成緣假因故緣不獨
辨因緣和合力用相齊萬類由生一
非能建庶將來哲豈精餘卜也
左慈字元放廬江人也有神道嘗在
曹公坐公曰今日高會恨不得吴松
江鱸魚為鱠放云可得也求銅盤貯
水放以竹竿餌釣盤中須臾引一鱸

出公大撫掌會者皆驚公曰一魚不
周座席得兩為佳放乃復餌鉤之須
臾引出皆三尺餘生鮮可愛公便目
前鱠之周賜座席公曰今既得鱸恨
不得蜀生薑耳放曰可得也公恐其
近道買因曰吾昔使人至蜀買錦可
勑人告吾使使增市二端人去須臾
還得生薑又云於錦肆下見公使巳
勑增市二端復經歲餘公使還果增
市二端錦問之云昔某月某日見人
於肆下以公勑勑之增市二端錦後
公近郊士人從者百許人放乃賫酒
一甖脯一片手自傾甖行酒百官百
官皆醉飽公還驗之酤賣家昨悉亾
其酒脯矣公惡之陰欲殺元放元放
在公座將收之放却入壁中霍然不
見乃募取之或見於市乃捕之而市
人皆放同形後或見放於陽城山頭
行人逐之放入於群羊行人知放在
羊中告之曰曹公不復相殺本成君
術既驗但欲與相見羊中忽有一大
老羝屈前兩膝人立而言曰遽如許
人即云此羊是競往欲取而群羊數

百皆為羝羊並屈前膝人立云遽如
許於是莫知所取焉老子曰吾之所
以為大患者以吾有身也及吾無身
吾有何患哉若老子之疇可謂能無
身矣豈不遠哉
舌埵山帝之女死化為怪草其葉鬱
成其華黃色其實如菟絲故服怪草
者常媚於人焉
周宣王三十三年幽王生是歲有馬
化為狐
晉獻公二年周惠王居于鄭鄭人入
王府多取化為蜮射人萇弘見殺蜀
人藏其血故三年而為碧
漢靈帝時江夏黃氏之母浴伏盤水
中久而不起變為黿矣婢驚走告比
家人來黿轉入深淵其後時時出現
初浴簪一銀釵猶在其首焉於是黃氏
累世不敢食黿宍
吴寶鼎元年六月晦日丹陽宣騫母
年八十矣亦因池浴化為黿其狀如
黃氏騫兄弟四人閉戶衛之掘堂上
作大坑寫水其黿入水中游戲一二
日閒常延頸出亦望伺戶小開便輪

轉自擢入于深淵遂不復還
夏縣天子之父趙王如意漢祖之子
而縣爲黃能意爲蒼狗
魏襄王三年有女子自首化爲丈夫
與妻生子故京房易傳曰女人化爲
丈夫茲謂陰昌賤人爲王丈夫化爲
女子茲謂陰勝陽厥咎亡
漢建平中豫章有男子化爲女子嫁
爲人婦生一子長安陳鳳曰陽變爲
陰將亡繼嗣生一子者將復一世乃
絶也故使哀帝崩平帝沒而王莽簒
焉
漢建安七年越嶲有男子化爲女子
周群曰哀帝時亦有此變將有易代
之事也至二十五年獻帝封山陽公
晉元康中安豐有女子曰周世寧年
八歲漸化爲男至十七八而氣性成女
體化而不盡男體成而不徹畜妻而無
子
晉惠懷之世京雒有人一身而有男
女二體亦能兩幸而尤好婬天下兵
亂由男女氣亂而妖形作也當中興
之間又有女子其陰在腹肚居在揚
州亦性好婬色故京房易妖曰人生
子陰在首則天下大亂若在腹則天
下有事若在背則天下無後
漢景帝元年九月膠東下密人年七
十餘生角角有毛生故京房易傳曰
家宰政厥妖人生角五行志以爲人
不當生角猶諸侯不當舉兵向京師
也其後有七國之難起
漢宣帝黃龍元年未央殿輅軨廄中
雌雞化爲雄雞毛衣亦變不鳴不將
無距元帝初元中丞相府史家雌雞
化爲雄雞冠距鳴將至永光年中有
獻雄雞生角者五行志以爲王氏之
應也
晉太康四年會稽郡蟚蜞及蟹皆化
爲鼠其衆覆野大食稻爲災始成有
毛宍而無骨其行不能過田塍數日
之後則皆爲牡至六年南陽獲兩足虎
虎者陰精而居乎陽金獸也南陽火
名也金精入火而失其形王室亂之
妖也
孔子厄於陳弦歌於館中夜有一人
長九尺餘著皂衣高冠大吒聲動左
右子貢進問何人耶便提子貢而挾
之子路引出與戰于庭有頃未勝孔
子察之見其甲車間時時開如掌孔
子曰何不探其甲車引而奮之子路
如之沒手仆於地乃是大鯷魚也長
九尺餘孔子歎曰此物也何爲來哉
吾聞物老則群精依之因衰而至此
其來也豈以吾遇厄絶糧從者病乎
夫六畜之物及龜蛇魚鼈草木久者
神皆依憑能爲妖怪故謂之五酉五
酉者五行之方皆有其物酉者老也
故物老則爲怪矣殺之則已夫何患
焉或者天之未喪斯文以是繫予之
命乎不然何爲至於斯也弦歌不輟
子路烹之其味滋病者興明日遂行
右十三驗出搜神記
晉時豫章郡吏易拔義熙中受番還
家違遁不反郡遣追見拔言語如常
亦爲施設使者催令裝束拔因語曰
汝看我面仍見眼目角張身有黃斑
色便豎一足徑出門去家先依山爲
居至麁變成三足大虎所豎之脚即
成其尾 右此一驗出異苑

晉永嘉之亂郡縣無定主强弱相暴宜陽縣有女子姓彭名娥父母昆弟十餘口爲長沙賊所殺時娥負器出汲於溪聞賊至走還正見塢壁已破不勝其哀與賊相格賊縛娥驅出溪邊將殺之溪際有大山石壁高數十丈娥仰呼曰皇天寧有神不我爲何罪而當如此因奔走向山山立開廣數丈平路如砥群賊亦逐娥入山山遂崩合泯然如初賊皆壓死山裏頭出娥遂隱不復出娥所捨汲器化爲石形似雞土人因號曰石雞山水爲娥潭 右此一驗出幽冥錄

晉義熙四年東陽郡太末縣吳道宗少失父單與母居未有婦兒宗賃不在家隣人聞其屋中砰磕之聲闚不見其母但有烏斑虎在其屋中鄉里驚怛恐虎入其家食其母便鳴鼓會人共往救之圍宅突進不見有虎但見其母語如平常不解其意兒還母語之曰宿罪見追當有變化事後一月日便失母縣界內虎災屢起皆云母烏斑虎百姓患之發人格擊之殺

數人後人射虎中膺并戟刺中其腹然不能即得經數日後虎還其家故牀上不能復人形伏牀上而死其兒號泣如葬其母法朝哭臨之 右此一驗出齊諧記

晉復陽縣里民有一家兒牧牛牛忽舐此兒舐處肉悉白兒俄而死其家葬此兒殺牛以供賓客凡食此牛肉男女二十餘人悉變作虎 右此一驗出續廣州記錄

炎帝之女娃 惡佳反 游于東海溺而死化爲精衛其狀如烏常銜西山之木石以堙東海 堙者塞也其音曰因 夸父與日競走渴飲河河涸不足北飲大澤未及尚死棄其杖化爲鄧林 右此三驗出山海經

博物志曰松脂淪入地千年化爲伏苓伏苓千年化爲虎魄虎魄一名江珠今太山有伏苓而無虎魄益州永昌出虎魄而無伏苓或復云燒蜂巢所作未詳此二說孰是 神農本草經云取雞卵殼黃白渾雜者熟煮及尚軟隨意刻作物以苦酒漬數宿既堅內著粉中假者亂真 此世所常用無不成

韓詩外傳曰孔子曰老雚爲雚老蒲爲葦 搜神記曰土蜂名曰蜾蠃今世

謂蠮螉細腰之類其爲物雄而無雌不交不產常取桑蟲之子育之則皆化成己子也

秦周訪少時與商人泝江俱行夕止宮亭廟下同侶相語誰能入廟中宿訪性膽果決因上廟宿竟夕晏然晨起廟中見有白頭老公訪遂擒之化爲雄鴨訪捉還船欲烹之因而飛去後竟無他 右此一驗出述異記

秦時南方有落民其頭能飛其種人部有祭祀號曰蟲落故因取名焉吳時將軍朱桓得一婢每夜臥後頭輒飛去或從狗竇或從天窗中出入以耳爲翼將曉復還數數如此傍人怪之夜中照視唯有身無頭其體微冷氣息裁屬乃蒙之以被至曉頭還礙被不得安兩三墮地噫咤甚愁而其體氣急狀若將死乃去被頭復起傅頸有頃平和桓以爲巨怪畏不敢畜乃放遣之既而詳之乃知天怪也時南征大將亦往往得之又嘗有覆以銅盤者頭不得進遂死

昔者高陽氏有同產而爲夫婦帝放

之於崆峒之野相抱而死神鳥以不死草覆之七年男女同體而生二頭四足四手是爲蒙雙氏右二驗出搜神記

魏時尋陽縣北山中蠻人有術能使人化作虎毛色介身悉如眞虎餘鄉人周昣有一奴使入山伐薪奴有婦及妹亦與俱行既至山奴語二人云汝且上高樹視我所爲如其言既而入草須臾一大黄斑虎從草出奮迅吼喚甚爲可畏二人大怖良久還草中少時復還爲人語二人歸家愼勿道後遂向等輩說之周尋復知乃以醇酒飲之令熟醉使人解其衣服及身體事事詳視了無異唯於髻髮中得一紙畫作大虎虎邊有符周密取錄之奴既醒喚問之見事已露遂具說本末云先嘗於蠻中告糴有一蠻師云有此術以三尺布一斗米精一赤雄雞一斗酒受得此法

魏時有清河宋士宗母以黄初中夏天於浴室裏浴遣家中子女盡出戶獨在室中良久家人不解其意於壁穿中闚不見人木盆水中有一大黿

遂開戶大小悉入了不與人相承嘗先著銀釵猶在頭上相與守之啼泣無可奈何意欲求去永不可留視之積日轉懈自捉出戶外而去馳逐之不及遂使入水復數日忽還巡行宅舍如平生了無所言而去時人謂士宗應行喪治服士宗以母形雖變而生理尚存竟不治喪與江夏黄母相似右二驗出續搜神記

梁時開善寺京兆人韋英宅也英早卒其妻梁氏不治喪而嫁更納河內向子集爲夫雖去改嫁仍居英宅英聞梁嫁白日來歸乘馬將數人至於庭前呼曰阿梁卿忘我耶子集驚怪張弓射之應箭而倒即變爲桃人所騎之馬亦化成茅馬從者數人盡爲蒲人梁氏惶懼遂捨爲寺見伽藍寺記傳

眠夢篇第二十六此有五部

述意部　三性部　善性部

不善部　無記部

述意部第一

原是一心積爲三界凝流慢惰昏滯沈浸欲討其際難測其本所以遠自

無始至於今身生死輪轉塵轢莫之比明闇遞來薪火不能遷逝水非駛器月難保且夫盛衰之道與時大攡睡夢之途因心而動動由內識境由外熏緣熏好醜夢通三性若宿有善惡則夢有吉凶此爲有記若習無善惡汎覩平事此爲無記若晝緣青黄夢想還同此爲想夢若見外沈水火夾侵此爲病夢雖夢通三性然有報無報欲知斯事如下經說

三性部第二

如善見律云夢有四種一四大不和夢二先見夢三天人夢四想夢云何四大不和夢答眠時夢見山崩或飛騰虛空或見虎狼師子賊逐此是四大不和夢虛而不實云何先見夢答或晝日見或白或黑或男或女夜剋夢見是名先見夢此亦不實云何天人夢答若善知識天人爲現善夢令人得善若惡知識者爲現惡夢此即眞實云何想夢者答此人前身或有福德或有罪障若福德者現善夢罪者現惡夢如菩薩初欲入母胎時夢

見白象從忉利天下入其右脇此是想夢也若夢禮佛誦經持戒布施種種功德此亦想夢問夢為善不善無記耶答亦善不善無記若夢見禮佛聽法說法此是　善功德若夢見殺盜婬此是不善夢若夢見青黃赤白色等此是無記夢也問曰若尒者應受果報答曰不受果報何以故以心業羸弱故不感報是故律云除夢中不犯也又迦延論云云何一切睡眠相應耶答曰或睡不眠相應如來眠時身不耎心不耎身　重心重身　瞢瞢心瞢瞢身憒心憒身睡心睡為睡所纏是謂睡不眠相應云何眠不睡相應答曰不染汙心眠夢是謂眠不睡相應云何睡眠相應答曰染　汙心眠夢是謂睡眠　相應云何不睡不眠答曰除上尒所　事問眠當言善不善無記耶答曰眠或善或不善或無記云何為善答曰善心眠夢云何不善答曰不善心眠夢云　何無記答曰除上尒所　事如夢中施與作福　持戒守齋如善心眠時所作福當言餘　福迴是名善云何眠時所作不福當言迴耶答曰如夢中殺盜等如不善心眠餘不福心迴是名不善云何眠時所作福不福不當言迴答曰如眠時非福心非不福心迴如無記心眠時所作福非福不當言迴是名無記問夢名何等法答曰是五蓋中無明蓋也

善性部第三

如出生菩提心經云尒時世尊告迦葉婆羅門言汝善男子有四種善夢得於勝法何等為四所謂於睡眠中夢見蓮華或見繖蓋或見月輪及見佛形如是見已應自慶幸我遇勝法尒時世尊而說偈言

若有睡夢見蓮華　及以夢見於繖蓋
或復夢裏見月輪　應當獲得大利益
若有夢見佛形像　諸相具足莊嚴身
眾生見者應歡喜　念當必作調御師

又雜寶藏經云昔有惡生王為行殘暴無悲邪見如來還迦旃延化其本國惡生王及夫人皆得生信王大夫人號為尸婆具沙後生太子字喬波羅時王於寢夢見八事一頭上火然二兩蛇繞署三細鐵網纏身四見二赤魚吞其雙足五有四白鶴飛來向王六血泥中行泥沒其膝七登大白山八鸛雀屋頭於夢寤已以為不祥愁憂慘悴尋即問諸外道婆羅門外道聞王此夢素嫌於王兼嫉尊者迦旃延因王此夢言大不吉不禳厭之禍及王身王聞其語信以為然益增憂惱即問之言若禳厭時當須何物諸婆羅門言所須用者王所珍愛我若說者王必不能時王答言　此夢甚惡但恐大禍殃及我身除我以往餘無所惜請為我說所須之物諸婆羅門等見其殷勤知其心至即語王言所可用者此夢有八還須八種可得禳災一殺王所敬夫人尸婆具沙二殺王所愛太子喬婆羅三殺輔相大臣四殺王所有烏臣五殺王一日能行三千里象六殺王一日能行三千里駝七殺王良馬八殺王所敬尭頭迦旃延却後七日若殺此八聚集其血入中而行可得消災王聞其言以已命重即便許可還至宮中愁憂

懊惱夫人問王何故如是王荅夫人具陳說上不祥之夢并道婆羅門攘夢所須夫人聞已而作是言但使王身平安無患妾之賤身豈足貴耶白王言却後七日我當歸死聽我往彼尊者迦旃延所六日之中受齋聽法王言不得汝若至彼或語其實彼若知者捨我飛去夫人殷懃王不能免即便聽往夫人到彼尊者所禮拜問訊遂經三日尊者怪問王之夫人未曾至此經停信宿何故今者不同於常夫人具說王之惡夢却後七日當殺我等用攘災患餘命未幾故來聽法因向尊者說王所夢尊者迦旃延言此夢甚吉當有歡慶不足為憂一頭上火然者寶主之國當有天冠直十萬兩金來貢於王正為斯夢夫人心急七日向滿為王所害懼其來晚問尊者言何時來到尊者荅言日晡時必當來至二兩蛇繞腰者月支國王當獻雙劒價直十萬兩金今日當至三細鐵網纏身者大秦國王當獻珠瓔價直十萬兩金後日朝晨當

至四赤魚吞足者師子國王當獻毗琉璃寶屐價直十萬兩金後日食時當至五四白鶴來者跋耆國王當獻金寶後日日中當至六血泥中者安息國王當獻鹿毛欽婆羅衣價直十萬兩金後日日昳當至七登大白山者曠野國王當獻大象後日晡時當至八鵲雀屋頭者王與夫人當有私密之事事至自當知之果如尊者所言期限既至諸國所獻一切皆到王大歡喜尸婆具沙夫人先有天冠重著寶主國所獻天冠王因校戲脫尸婆具沙夫人所著一重天冠著金鬘夫人頭上時夫人瞋恚而言若有惡事我先當之今得天冠與彼而著尋以酪器擲王頭上王頭盡汙王大瞋恚拔劒欲斫夫人夫人畏王走入房中即閉房日王不得前王尋自寤尊者占夢云有私密事正此是耳王及夫人尋至尊者迦旃延所具論上來信於非法惡邪之言幾於尊者妻子大自所愛之物行大惡事今蒙尊者離於惡事即詣尊者敬奉供養

驅諸外道婆羅門等遠其國界即問尊者有何因緣如此諸國各有所珍奉獻於我尊者荅言乃往過去九十一劫介時有佛名毗婆尸彼佛出時有一國名曰槃頭王之太子信樂精進至彼佛所供養禮拜即以所著天冠寶劒瓔珞大象寶車欽婆羅衣用上彼佛緣是福慶生生尊貴所欲珍寶不求自至王聞是已於三寶所深生敬信作禮還宮

不善部第四

如發覺淨心經云佛告彌勒等菩薩言菩薩當觀二十種眠睡諸患何等二十一樂睡眠者當有懶惰二身體沈重三膚皮不淨四皮實麁澀五諸大穢濁威德薄少六飲食不消七體生瘡皰八多有懈怠九增長癡網十智慧羸弱十一善欲疲倦十二當趣黑暗十三不恭敬十四稟質愚癡十五多諸煩惱心向諸使十六於善法中而不生欲十七一切白法能令減少十八常行驚怖之中十九見精進者而毀辱之二十至於大衆被他輕賤又

國王不黎先泥十夢經云佛在世時
時有國王名不黎先泥夜夢十事一夢見三瓶併兩邊瓶滿氣出相交往來不入中央空瓶中二夢見馬口食尻亦食三夢見小樹生華四夢見小樹生菓五夢見一人索繩人後有羊羊主食繩六夢見狐坐於金牀上於金器中食七夢見大牛還從犢子乳八夢見四牛從四面鳴來相趣欲鬪當合未合不知牛處九夢見大陂水中央濁四邊清十夢見大谿水流正赤王夢見是事已即寤大怖恐亡其國及身妻子王至明日即召公卿大臣及諸道人曉解夢者即言昨夜夢見十事寤即恐怖意中不樂誰能解夢有一婆羅門言我為王解之恐王聞者愁憂不樂王言如卿所覩說之勿有所諱婆羅門言王夢皆惡當取所重愛夫人太子及邊親近侍人奴婢皆殺以祠天王可得無他王有臥具及著身珍寶好物皆當燒已祠天如是者王身可得無他王聞夢惡愁憂不樂即入齋房思念是事王正夫人名摩尼到王所問王言何為入齋房愁憂不樂耶我身有過於王耶王言汝無過於我我自愁耳夫人復問王言汝莫問我聞者令汝不樂夫人復言我是王身半設有善惡王語我云何不相語耶王便為夫人具說夜夢十事夫人言王莫愁憂如人買金磨石好醜善惡其色自見於石上今佛近在精舍去國不遠何不往問如佛所解王當隨之王即勅群臣嚴駕而出到佛所頭面佛足却坐白佛言我昨夜夢見十事具如前述所夢如是寤即恐怖恐亡我國及身妻子唯佛為解所夢十事願聞教誡佛言王莫恐怖夢者無他乃為後世當來之事非今世惡此後世人當不畏法禁婬泆貪利嫉妬不知猒足少義無慈喜怒無慚愧

佛言第一夢見三瓶併兩邊瓶滿氣出相交往來不入中央空瓶中者此後世人豪貴者自相追隨不親貧者王夢瓶併正謂是耳王莫恐怖於國於太子於夫人皆亦無他

佛言第二王夢見馬口食尻亦食者此後世人作帝王及大臣稟食縣官俸禄復採萬民不知猒足王夢正是王莫恐怖

佛言第三夢見小樹生華者此後世人年未滿三十而頭生白髮貪婬多欲年少强老王夢正是王莫恐怖

佛言第四王夢見小樹生菓者此後世女人年未滿十五行嫁抱兒而歸不知慚愧王夢正是王莫恐怖

佛言第五王夢見一人索繩人後有羊羊主食繩者此後世人夫壻出行賈作其婦於後便與他家男子交通食其財物王夢正是王莫恐怖

佛言第六王夢見狐坐金牀上於金器中食此後世人下賤便尊貴有財產衆人敬畏公侯子孫更貧賤處於下坐飲食在後王夢正是王莫恐怖

佛言第七王夢見大牛還從小犢子乳者此後世人無有禮義母反為女作媒誘他家男子與女交通求財物以自供給不知慚愧王夢正是王莫

恐怖
佛言第八王夢見四牛從四面鳴來
相趣欲鬭當合未合不知處者此後
世帝王長吏及人民皆無至誠之心
更親詐愚癡瞋恚不敬天地是故雨
澤不時長吏人民請禱求雨天當四
面起雲雷電有聲長吏人民咸言
當雨須臾之間雲散不墮所以者何
帝王長吏人民無有忠正慈仁主
夢正是王莫恐怖
佛言第九王夢見大陂水中央濁四
邊清者此後世中國當擾亂治行不
平人民不孝父母不敬長老邊國四
面當清平人民和穆孝順二親王夢
正是王莫恐怖
佛言第十王夢見大谿水流正赤者
此後世諸國當忿爭興軍聚衆更相
攻伐當作車兵步兵騎兵共鬬相殺
傷不可數死者於路血流正赤王夢
正是王莫恐怖於國於太子於夫人
皆亦無他
王聞長跪心即歡喜今受佛恩令得
安隱作禮還歸重賜宮臣從今已後
不信諸異外道及婆羅門

無記部第五

如十誦律云有比丘衆中睡佛言聽
水洗頭猶睡不可信令比丘以五法
用水洗他一者憐愍二者不惱他三
者睡眠四者頭倚牆壁五者舒脚坐
猶睡不止聽以手撐猶故睡不止佛
聽以毱擲若故睡不止佛聽用禪杖
者善取禪杖時應生敬心以兩手捉
杖放戴頂上若坐睡不止應起看餘
睡者以禪杖築築已還坐若無睡者
還以禪杖著本處已坐若故睡不止
佛聽用禪鎮安孔作之以繩貫孔中
繩頭施紐掛身上去額前四指著禪鎮
憒地佛言禪鎮憒者應起庠行如鵝
行法

頌曰

昏沈睡蓋　游想妄現　親族虛聚
徒露美醮　既寤空無　妄生愛戀
雖通三性　終成七變

感應緣略引三驗

漢甘陵府丞文穎　宋陳秀遠
宋太守諸葛覆　宋馬虔伯
齊沙門釋僧護　唐沙門釋智興

漢南陽文穎字叔良建安中爲甘陵
府丞過界止宿夜鼓三時夢見一人
跪前曰昔我先人葬我於此水來湍
墓棺木溺漬水處半燥然無以自溫
聞君在此故來相依屈明日暫住須
臾幸之相還高燥處鬼披衣示穎而
皆沾溼穎心中愴然即寤寤已語左
右左右曰夢爲虛耳何足可怪穎乃
還眠向晨復夢見謂穎曰我以窮苦
告君柰何不相愍悼乎穎夢中問曰
子爲是誰對曰吾本趙人今屬汪送
氏之神穎曰子棺今爲所在對曰近
在君帳北十數步水側枯楊樹下即
是吾也天將明不復得見君必念之
穎荅曰諾忽然便寤天明可發穎曰
雖云夢不足怪此何太適左右曰亦
何惜須臾不驗之耶穎即起率之十
數人將導順水上果得一枯楊曰是
矣掘其下未幾果得棺棺甚朽壞沒
半水中穎謂左右曰向聞於人謂爲
虛矣世俗所傳不可無驗爲移其棺
醊之而去右一驗出搜神記

宋陳秀遠者潁川人也嘗爲湘州西曹客居臨湘縣少信奉三寶年過耳順篤業不衰宋元徽二年七月中於昏夕閒閑臥未寢歎念萬品死生流轉無定自惟已身將從何來一心祈念冀通感夢時夕結陰室無燈燭有頃見枕邊如熒火者冏然明照流飛而去俄而一室盡明爰至空中有如朝晝秀遠遽起坐合掌喘息須見中庭四五丈上有一橋閣馬欄檻朱采立於空中秀遠了不覺升動之時而已自見平坐橋側見橋上士女往還填衢衣服莊束不異世人末有一嫗年可三十許上著青襖下服白布裳行至秀遠左邊而立有頃復有一婦人通體衣白布爲偏環髻手持花香當前而立語秀遠曰汝欲覩前身即我是也以此華供養佛故得轉身作汝迴指白嫗曰此即復是我先身也言畢而去去後橋亦漸隱秀遠忽然不覺還下之時光亦尋滅去 右一驗出冥祥記

宋琅邪諸葛覆宋永嘉年爲九眞太守家累悉在陽都唯將長子元崇送職覆於郡病亡元崇年始十九送喪欲還覆門生何法僧貪其資貨與伴共推元崇墮水而死因分其財介夜元崇母陳氏夢元崇還具敍亡父事及身被殺委曲屍骸流漂怨酷無雙違奉累載一旦長辭銜悲茹恨如何可諭歔欷不能自勝又云行速疲極因臥窗下牀上以頭枕窗母視兒臥處足知非虛矣陳氏悲怛驚起把火照兒眠處沾溼猶如人形於是舉家號泣便如問于時徐森之始除交州徐道立爲長史道立即陳氏從姑兒也具疏所夢託二徐檢之二徐道遇諸葛喪船驗其父子亡日如鬼語乃收得行凶二人即皆款服依法殺之更差人送喪達都 右一驗出冤魂志

宋馬虔伯巴西閬中人也少信佛法嘗作宣漢縣以元嘉十二年七月夜於縣得夢見天際有三人長二丈餘姿容嚴麗臨雲下觀諸天伎樂盈牣空中告曰汝厄在荊楚戊寅之年八月四日若處山澤其禍尅消人中齋戒亦可獲免若過此期當寤道也時備見相識楊暹等八人並著鏁械又見道士胡遼半身土中天中天際神人皆記八人命盡年月唯語遼曰若能修立功德猶可延長也暹等皆如期終亡遼益懼奉法山居勤厲彌至虔伯後爲梁州西曹州將蕭思話也蕭轉南蠻復命爲行參軍虔伯思荊楚之言心甚懼然求蕭解職將適衡山蕭苦不許十五年即戊寅歲也六月末得病至八月四日危篤守命其日黃昏後忽朗然徹視遙見西面有三人形可二丈前一人衣帔垂鬚頂光圓明後二人資質金耀儀相端備列于空中去地數仞虔伯委悉詳視猶是前所夢者也須臾之不見餘芳移時方歇同居大小皆聞香氣因而流汗病即小差虔伯所居宇卑陋于時自覺處在殿堂廊壁瓌曜皆是珍寶於是所患以漸平復 右一驗出冥祥記

高齊時有釋僧護守道直心不求慧業願造丈八石像咸怪其言後於寺北谷中見一臥石可長丈八乃雇匠營造向經一周面復粗了而背猶著

法苑珠林第三十二　第四十二張　　播

地以六具拗舉之如初不動經夜至旦忽然自翻即就營訖移置佛堂晉州陷日像汗流地周兵入齊燒諸佛寺此像獨不變色又欲倒之人牛六十頭挽不動忽有異僧以瓦木土塹壘而圍之須臾便了失僧所在像後降夢信心者曰吾患指痛其人寤而視焉乃木傷其二指也遂即補之開皇十年有盜像幡蓋者夢丈八人入室責之賊遂慚惶悔而謝焉其像現在

唐京師大莊嚴寺釋智興俗緣宋氏洺州人也謙約成務勵行堅明依首律師誦經持律心口相弔不輟昏曉至大業五年仲冬次當維那鳴鐘依時僧徒無擾同寺僧名三果者有兄從煬帝南幸江都中路身亾初無凶告通夢其妻曰吾行達彭城不幸病死由齋戒不持今墮地獄備經五苦辛酸叵述誰知吾苦賴以今月初日蒙莊嚴寺僧智興鳴鐘發響聲振地獄同受苦者一時解脫今生樂處思報其恩汝可具絹十疋早奉與之并

法苑珠林卷第三十二　第四十三張　　播

陳吾意寄禮殷誠從眠驚寤怪夢所由與人共說初無信者尋又重夢及諸巫覡咸陳前說後經十日凶告奄至恰與夢同果乃奉絹與之而興白陳無德並施大衆寺主恭禪師等合寺大德咸問興曰何緣鐘鳴乃感斯應興曰余無他術見付法藏傳云罽膩吒王受苦由鳴鐘得停及增一阿含經鳴鐘偈福敬遵此轍勵力行之嚴冬登樓風切皮宍僧給羔神用執鐘推興自勵意露手鳴椎掌中傷破不以為苦兼鳴鐘之始先發善願願諸賢聖同入道場同受法食然後三下將欲長打如先致敬願諸惡趣聞此鐘聲俱時離苦速得解脫如斯願行志常奉修豈惟微誠遂能遠感衆服其言信驗非謬以貞觀六年二月遘疾少時自知後世捨緣身資召諸師友因食陳別尋卒莊嚴春秋四十有五

右二驗出唐高僧傳

法苑珠林卷第三十二

甲辰歲高麗國分司大藏都監奉

勅彫造

法苑珠林卷第三十二

校勘記

一　底本，金藏廣勝寺本。六九二頁中，七〇〇頁中、下，七一〇頁中、下至七一二頁中，七〇五頁下至次頁中，原版殘，以麗藏本換。

一　六九二頁中一行經名，徑作「法苑珠林卷第四十三」。

一　六九二頁中二行撰者，資、磧作「大唐上都西明寺沙門釋道世撰」；南作「唐上都西明寺沙門釋道世撰」；徑作「唐上都西明寺沙門釋道世玄惲撰」；清作「唐西明寺沙門釋道世撰」。卷第三十四、三十八同。

一　六九二頁中三行「變化篇第二十五」下，資、磧、南、清有「此有三部」四字。

一　六九二頁中四行「眠夢篇第二十六」，徑、清無。

一　六九二頁中五行「變化篇此有三

部」，資、磧、南、徑、清無。

— 六九二頁中六行「述意部……猷欲部」，徑無。

— 六九二頁中七行「第一」，徑無。下至次頁中一二行部目下序數例同。

— 六九三頁上一〇行「令餓鬼」，資、磧、南、徑、清、麗作「令餓鬼飽」。

— 六九三頁上一四行第七字「斗」，資、磧、南、徑、清作「井」。

— 六九三頁上一六行「欲笑」，清作「欣笑」。

— 六九三頁下五行「蠅蚀」，資、磧、南作「蠅疽」；徑、清作「蠅蛆」。

— 六九三頁下一七行「長者子開己」，資、磧、南、徑、清作「長者聞已」；麗作「長者子聞已」。

— 六九四頁中一四行至一五行「在樓上名曰」，資、磧、南、徑、清作「在高樓上有女名」。

— 六九四頁下一二行首字「常」，資、磧、南、徑、清作「恒」。

— 六九四頁下一八行首字「覓」，麗作「覓者」。又「何處」，資、磧、南、徑、清作「我處」。

— 六九五頁上八行「藏骨」，資、磧、南、徑、清作「藏骸」。

— 六九五頁中六行「在樹下」，資、磧、南、徑、清作「各在樹下」。

— 六九五頁中九行「真是」，資、磧作「直是」。又「尋求」，資、磧、南、徑、清作「尋來」。

— 六九五頁中一三行「敹之」，資、磧、南、徑、清作「數之」。

— 六九五頁中一五行「還服」，資、徑、清、麗作「還復」。

— 六九五頁下一六行「開曚」，資、磧、南、徑、清作「啓朦」。

— 六九五頁下二〇行「靈籠」，資、磧、南、徑、清作「靈龍」。

— 六九五頁下二一行「休功」，資、磧、南、徑、清作「休徵」。

— 六九六頁上一行「周時」，清作「漢時」。

— 六九六頁上三行「夏鯀」，南、徑、清、麗作「夏鯀」。

— 六九六頁上一三行「梁朝居士韋英妻梁氏嫁變」，徑、清置於本頁中一行與二行之間。

— 六九六頁上二〇行「江南」，資、磧、南、徑、清作「江南宮」。

— 六九六頁中八行第一三字「若」，資、磧、南、徑、清作「矣」。

— 六九六頁下六行「能與」，徑、清作「能語」。

— 六九六頁下二〇行「而化」，資、磧、南、徑、清作「化而」。

— 六九六頁下末行「禽膓」，資、磧、南、徑、清、麗作「禽傷」。

— 六九七頁上四行「殼備」，資、磧、南、徑、清作「縠備」。

— 六九七頁上五行第三字「嘍」，資、南、徑、清作「妻」；磧作「嘍」。

— 六九七頁上一一行「以灰」，資、磧、南、徑、清作「以夜」。

— 六九七頁上二〇行「神道」，徑、清作「神通」。

一六九七頁上二二行第五字「鱠」，資、磧、南、徑、清作「膾」。本頁中四行第二字同。

一六九七頁上末行第七字「鈞」，資、磧作「鈎」。

一六九七頁中三行末字「目」，資、磧作「日」。

一六九七頁中九行第六字「復」，資、磧、南、徑、清、麗作「後」。

一六九七頁下四行「之疇」，資、磧、南、徑、清作「之儔」。

一六九七頁下五行末字「哉」，資、磧、南、徑、清作「哉也」。

一六九七頁下六行「葉毿」，資、磧、南作「葉藥」；徑、清作「葉蓝」。

一六九七頁下八行第二字「常」，資、磧、南、徑、清作「恒」。末行第三字同。

一六九七頁下一二行「取化」，資、磧、南作「脱化」；徑、清作「脫化」。

一六九七頁下一七行第一一字「爲」，資、磧、南、徑、清無。

一六九七頁下一九行首字「吴」，資、磧、南、徑、清作「又吴」。

一六九八頁上一行「擢入」，資、磧、南、徑、清作「躍入」。

一六九八頁上二行第二字「縣」，資、磧作「鰥」；南、徑、清作「鯀」。三行第二字同。

一六九八頁上五行「女人」，資、磧、南、徑、清作「女子」。

一六九八頁上七行第四字「謂」，徑、清作「爲」。又末字「亾」，資、磧、南、徑、清作「亡也」。

一六九八頁中一行「妖曰」，麗作「曰妖」。

一六九八頁中六行「家宰」，資、磧、南作「塚宰」；徑、清作「冢宰」。又「政厥」，麗作「政闕」。又「五行悉」，資、磧、南、徑、清、麗作「五行志」。

一六九八頁中一八行「爲壯」，南、徑、清作「爲北」。

一六九八頁中末行「大吒」，資、磧、南、清作「大叱」。

一六九八頁下一五行第一〇字「與」，徑、清、麗作「興」。

一六九八頁下二二行第三字「鹿」，資、磧、南、徑、清作「麓」。

一六九九頁上三行「所殺」，資、磧、南、徑、清作「所攻」。

一六九九頁上四行「正見」，南作「止見」。

一六九九頁上一一行首字「出」，資、磧、南、徑、清作「出山入」。

一六九九頁上一二行第一三字「水」，資、磧、南、徑、清無。

一六九九頁上一三行夾註左「幽冥録」，資、磧、南、徑、清作「幽明録」。

一六九九頁上二一行「宿罪」，資、磧、南、徑、清作「當罪」。

一六九九頁中六行第四字「處」，資、磧、南、徑、清作「舐處」。

一六九丸頁中八行夾註左首字「微」，資、磧、南、徑、清作「徽」。

一六九九頁中一二行「及尚」，資、磧、南、徑、清、麗作「至道」。

— 六九九頁中一三行「其杖」，資、磧、南、徑、清作「其狀」。又夾註右「三驗」，資、磧、南、徑、清作「二驗」。

— 六九九頁中一九行「夘殻」，資、磧、南、徑、清作「卵㲉」。

— 六九九頁中二一行「假者」，資、磧、南、徑、清作「佳者」。又夾註右四「常」，資、磧、南、徑、清作「恒」。

— 六九九頁中二二行「爲薩」，資、磧、南、徑、清作「爲雀」。

— 六九九頁下一行「蠮螉」，資、磧、南、徑、清作「蜠蠸」。

— 六九九頁下二行第六字「取」，資、磧、南、徑、清無。

— 六九九頁下一三行「大聰」，資、磧、南、徑、清、麗作「天窗」。

— 六九九頁下一七行「兩三」，資、磧、南、徑、清作「兩三度」。

— 六九九頁下一八行末字「傅」，資、磧、徑、清作「傳」。

— 六九九頁下二〇行「天怪」，資、磧、南、徑、清作「大怪」。

— 七〇〇頁上三行第三字「四」，資、磧、南、徑、清無。

— 七〇〇頁上一八行「一斗」，資、磧、南、徑、清作「一升」。

— 七〇〇頁上一九行「一斗酒受得此法」，資、磧、南、徑、清作「一升酒受得此法也」。

— 七〇〇頁上末行第六字「人」，資、磧作「入」。

— 七〇〇頁中一行第八字「了」，磧作「子」。

— 七〇〇頁中四行「投出户外而去」，資、磧、南、徑、清作「捉出户外其去」。

— 七〇〇頁中一〇行第六字「京」，資、磧、南、徑、清作「京師」。

— 七〇〇頁中一六行「茅馬」，磧作「茅馬」。

— 七〇〇頁中一八行「第二十六」，徑作「第二十六之一」。又「此有五部」，徑無。

— 七〇〇頁中一九行至二〇行「述意部……無記部」，徑無。

— 七〇〇頁中二一行「第一」，徑無。以下部目下序數例同。

— 七〇〇頁中末行「欲討」，磧、南作「欲計」。

— 七〇〇頁下一行「塵轢」，資、磧、南、徑、清作「塵劫」。

— 七〇〇頁下末行「菩薩」，資、磧、南、徑、清作「菩薩母」。

— 七〇一頁上一二行第一〇、一一字「薹蔓」，資、磧、南、徑、清作「瞪瞢」。下同。

— 七〇一頁下三行「大白」，徑、清作「太白」。次頁中六行同。

— 七〇一頁下四行「鶴雀」，資、磧作「鸛雀」。

— 七〇二頁上四行末字「白」，資、磧、南、徑、清作「復白」。

— 七〇二頁上五行「當歸」，資、磧、南、徑、清作「歸當」。

— 七〇二頁上一三行「穰災」，資、磧、南作「攘災」；徑、清作「禳

災」。

一　七〇二頁上末行「朝晨」，資、磧、南作「陵晨」；徑、清作「淩晨」。

一　七〇二頁中二行「寶展」，資、磧、南、徑、清作「寶跂」。

一　七〇二頁中四行第一三字「者」，資、磧、南、徑、清作「行者」。

一　七〇二頁中九行「自當知之」，資、磧、南、徑、清作「後日自當知之夫人白王良久」。

一　七〇二頁中一二行「重著」，資、磧、南、徑、清作「著重」。

一　七〇二頁中一七行「瞋恚」，資、磧、南、徑、清作「瞋忿」。

一　七〇二頁中一八行第六字「曰」，資、磧、南、徑、清作「户」。

一　七〇二頁下八行「用上」，資、磧、南、徑、清作「上獻」。

一　七〇二頁下一〇行「還宮」，至此，徑卷第四十三終，卷第四十四始，並有「眠夢篇第二十六之餘」一行。

一　七〇二頁下一三行「眠睡」，資、磧、南、徑、清作「睡眠」。

一　七〇二頁下一九行「不恭敬」，資、磧、南、徑、清作「不行恭敬」。

一　七〇二頁下二二行「常行」，資、磧、南、徑、清作「恒行」。

一　七〇三頁上一四行「即言」，資、磧、南、徑、清作「問言」。

一　七〇三頁上二二行至末行「王聞夢惡愁憂不樂」，資、磧、南、徑、清作「王聞此語轉加愁憂」。

一　七〇三頁中五行「身半」，資、磧、南、徑、清作「半身」。又「王語」，資、磧、南、徑、清作「王應語」。

一　七〇三頁中一一行「佛足」，資、磧、南、徑、清作「禮佛足」。

一　七〇三頁下九行第二字「女」，資、磧、南、徑、清無。

一　七〇三頁下一四行首字「食」，資、磧、南、徑、清作「貪」。

一　七〇三頁下二二行末二字至末行首字「求財物」，資、磧作「婇女求財物」；南作「嫁女求財物」；徑、清作「嫁女求財」。

一　七〇四頁上三行「不知」，資、磧、南、徑、清、麗作「不知牛」。

一　七〇四頁上五行第二字「相」，資、磧、南、徑、清無。

一　七〇四頁上一三行末字「四」，資、磧、南、徑、清無。

一　七〇四頁上一四行「清平」，資、磧、南、徑、清作「平清」。

一　七〇四頁上一七行第六字「當」，徑、清無。

一　七〇四頁上二〇行第九字「於」，資、磧、南、徑、清無。

一　七〇四頁中四行第八字「信」，資、磧、南、徑、清作「佛」。

一　七〇四頁中七行「手撐」，資、磧、南作「手棠」；徑、清作「手撲」。又「猶故」，資、磧、南、徑、清、麗作「若故」。

一　七〇四頁中九行「善取」，資、磧、南、徑、清、麗作「若取」。

一七〇四頁中一四行「身上」，資、磧、南、徑、清、麗作「耳上」。又「著禪鎮」，資、磧、南、徑、清作「著禪鎮時禪鎮」。

一七〇四頁下一五行「吾也」，資、磧、南、徑、清作「吾墓也」。

一七〇四頁下末行「醞之而去」，資、磧、南、徑、清作「醞而去之」。

一七〇五頁上九行「喘息」，資、磧、南、徑、清作「喘念」。

一七〇五頁上九行末三字至次行首字「頃見中庭」，資、磧、南、徑、清作「頃見中宁」。

一七〇五頁上一〇行「欄檻」，資、磧、南、徑、清作「又欄檻」。

一七〇五頁上一八行第一〇字「故」，資、磧、南、徑、清作「故故」。

一七〇五頁上二一行「滅去」，資、磧、南、徑、清作「滅也」。

一七〇五頁上二二行「九眞」，資、磧、南、徑、清作「元眞」。

一七〇五頁上末行「陽都」，資、磧、南作「楊都」；徑、清作「揚都」。

一七〇五頁中七行第一三字「因」，資、磧、南、徑、清作「困」。

一七〇五頁中八行「臥處」，資、磧、南、徑、清作「眠處」。

一七〇五頁中一一行第二字「如」，麗作「始」。

一七〇五頁中一四行「喪船」，徑、清作「喪船」。又末字「得」，資、磧、南、徑、清作「其」。

一七〇五頁中一八行第五字「縣」，資、磧、南、徑、清作「縣宰」。

一七〇五頁下七行第一二字「思」，資、磧、南、徑、清作「耳」。

一七〇五頁下一二行「垂鬚」，南、徑、清作「垂鬢」。

一七〇五頁下一三行「資質」，資、磧、南、徑、清作「姿質」。

一七〇五頁下一六行「大小」，資、磧、南、徑、清作「小大」。

一七〇五頁下一八行「瓌曜」，資、磧、南、徑、清作「環曜」。

一七〇五頁下一九行「以漸平復」，資、磧、南、徑、清作「悉以復」。

一七〇五頁下末行「面復」，資、磧、南、徑、清作「面腹」。

一七〇六頁上一五行第一三字「鍾」，徑、清作「鐘」。下同。

一七〇六頁上二一行「莊嚴寺」，資、磧、南、徑、清作「禪定寺」。

一七〇六頁中一行第四字「寄」，資、磧、南、徑、清作「冀」。

一七〇六頁中二行第一一字「又」，資、磧、南、徑、清作「入」。

一七〇六頁中六行「鍾鳴」，資、磧、南作「鳴鍾」；徑、清作「鳴鐘」。

一七〇六頁中九行「偈福」，徑、清作「修福」。又「以轍勵力」，資、磧、南、徑、清作「此事轍力」。

一七〇六頁中一〇行第一〇字「神」，資、磧、南、徑、清作「袖」。

一七〇六頁中一五行「俱時」，資、磧、南、徑、清作「俱得」。

一七〇六頁中一六行「豈惟」，徑、清

作「豈欲」。

一、七〇六頁中卷末經名，徑無（未換卷）。

法苑珠林卷第三十三　横甲八

西明寺沙門釋道世撰

興福篇第二十七此有八部

述意部　興福部　生信部
校量部　修造部　嚫施部
雜福部　洗僧部

述意部第一

昔優填初刻栴檀波斯始鑄金質皆現寫真容工圖妙相故能流光動瑞避席施虔爰至髮爪兩塔衣影二臺皆是如來在世已見成軌自收迹河邊闍維林外八王請分還國起塔及瓶炭二所於是十剎興焉其生處得道說法涅槃髮髻頂骨四牙雙跡鉢杖唾壺泥洹僧等皆樹塔勒銘標碣神異尒後百有餘年阿育王遣使浮海壞撒諸塔分取舍利還值風潮頗有遺落故今海族之中時或遇者是後八萬四千因之而起育王諸女亦次發淨心並鐫石鎔金圖寫神狀至能浮江汎海影化東川雖復靈迹潛通而未彰視聽及蔡愔秦景自西域

還至始傳畫㲲釋迦於是涼臺壽陵並圖其相自茲厥後形像塔廟與時競列洎于梁代遺光粵盛但法身無像因感故形感見有參差故形應有殊別若乃心路蒼茫則真儀隔化情志慊切則木石開心故劉殷至孝誠感釜庾爲之生銘丁蘭溫凊竭誠木母以之變色魯陽迴戈而日轉杞婦下淚而城崩斯皆惻隱入其性情故使徵祥照乎耳目是知道藉人弘神由物感豈曰虛哉是以祭神如神在則神道交矣敬像如敬佛則法身應矣故入道必以智慧爲本智慧必以福德爲基譬猶鳥備二翼儵舉萬尋車足兩輪一馳千里豈不勤哉豈不勗哉

興福部第二

如佛說福田經云佛告天帝復有七法廣施名曰福田行者得福即生梵天何謂爲七一者興立佛圖僧房堂閣二者園菓浴池樹木清涼三者常施醫藥療救衆病四者作牢堅船濟渡人民五者安設橋梁過渡羸弱六者近道作井渴乏得飲七者造作圊

廁施便利處是爲七事得梵天福

尒時坐中有一比丘名曰聽聰聞法欣悅即白佛言我自惟念先世之時生波羅奈國爲長者子於大道邊起立精舍牀臥漿糧供給衆僧行路頓乏亦得止息緣此功德命終生天爲天帝釋下生世間爲轉輪王各三十六返典領天人九十一劫足下生毛躡空而遊食福自然今值世尊顧臨衆生獨我愚濁安以淨慧生死栽枯號曰真人功報成諦其爲然矣復有一比丘名曰波拘盧即白佛言憶念我昔生拘那竭國爲長者子時世無佛衆僧教化大會說法我往聽法聞法歡喜將一藥菓名呵梨勒奉上衆僧緣此果報命終生天下生世間常處尊貴與衆超絕九十一劫未曾疾病餘福值佛逮得應真

復有一比丘名曰須陁耶即白世尊曰我念宿命生維耶離國爲小民家子時世無佛衆僧教化我時持酪入市欲賣值衆僧大會講法過而立聽聞法歡喜即舉瓶酪布施衆僧僧得

祝願益懷欣躍緣此福德命終生天上下生世間常處尊貴九十一劫末後餘愆下生世間母妊數月得病命終埋母塚中月滿乃生塚中七年飲死母乳用自濟活微福值佛逮得應眞

復有一比丘名曰阿難即白世尊曰憶念我昔生羅閱祇國爲庶民子身生惡瘡治之不差有親友道人來語我言當浴衆僧取其浴汁以用洗瘡亦可得愈又可得福我即歡喜往到寺中加敬至心更作新井香油浴具洗浴衆僧取其浴汁以用洗瘡尋蒙除愈緣是功德所生端正金色晃昱不受塵垢九十一劫常得淨福增德廣遠今復值佛心垢消除逮得應眞

介時坐中有一比丘尼名曰柰女即白佛言我念宿命生波羅柰國爲貧女人時世有佛名曰迦葉時與大衆圍繞說法我時在坐聞經歡喜意欲布施顧無所有自惟貧賤心用悲感詣他園圃乞求果瓜當以施佛乞得一柰大而香好擎一杅水并柰一枚

奉迦葉佛及諸衆僧佛知至意祝願受之分布水柰一切周普緣此福祚命終生天得爲天后下生世間不由胞胎九十一劫生柰華中端正鮮潔常識宿命今值世尊開示道眼

介時天帝即從座起爲佛作禮長跪叉手白佛言世尊我自惟念先世之時生拘留大國爲長者子青衣把行入城游觀偶值衆僧街巷分衛時見人民施者甚多即自念言願得財寶布施衆僧不亦快乎即解珠瓔布施衆僧同心祝願歡喜而去從是因緣壽終生天得爲天帝九十一劫永離八難

佛告天帝及諸大衆聽我自說宿命所行昔我前世於波羅柰國近大道邊安設圊廁國中人衆得輕安者莫不感義緣此功德世世清淨累劫行道穢染不汙金色晃昱塵垢不著食自消化無便利之患

佛告天帝九十六種道中佛道最尊九十六種法中佛法最眞九十六種僧中佛僧最正所以者何由如來從阿僧祇劫發願誠諦殞命積德誓爲

衆生六度四等衆善普備得慧成滿三界天尊無能及者其有衆生發一敬心向如來者勝獲大千世界珍寶施矣三十七品十二部經分別罪福言皆至誠開三乘教皆得奉行聞者歡喜樂作沙門信佛行法志尚清高捨世貪諍導世間福天人路通衆僧之由矣是爲最尊無上之道

生信部第三

如舊雜譬喻經云昔舍衛城外有人婦清信戒行純具佛自至門乞食婦以飯著佛鉢中却行作禮佛言種一生十種十生百種百生千種萬生億得見諦道其夫不信默於後聽佛祝願夫曰瞿曇沙門言何過甚施一鉢飯乃得介福復見諦道佛言卿從何來答曰從城中來佛言汝見尼拘陁樹高幾許耶答曰高四五里歲下數萬斛實其核大如芥子答曰汝語過甚何有種一芥子乃高四五里歲下數十萬子答曰世人共見其實如是佛言地是無知其報力尚介何況人是有情歡喜持一鉢飯上佛其福甚

大不可稱量夫婦二人心開意解應
時即得須陁洹道
又智度論云昔佛在世時佛與阿難
從舍婆提城向婆羅門城時婆羅門
城王屬外道聞佛欲來即立制限若
與佛食共佛語者當罰金錢五百文
後佛來到入城乞食人皆閉門佛與
阿難空鉢而出見一老婢持破瓦器
盛臭潘淀出門棄之見佛相好空鉢
而來心念欲施佛知其意申鉢從乞
所棄潘淀婢即淨心持來施佛佛受
施已語阿難言此婢因施十五劫中
天上人間受福快樂不墮惡道後得
男身出家學道成辟支佛當時佛邊
有一婆羅門聞佛此語即語佛言汝
是淨飯王之太子何故爲食而作妄
語是時佛即出舌覆面上至髮際而
語之言汝頗見有如此舌人而作妄
語不婆羅門言若舌覆鼻尚不妄語
何況覆面上至髮際即生信心而白
佛言我今不解小施報多佛即告言
汝頗曾見希有事不婆羅門言我曾
行見尼拘陁樹其蔭徧覆五百乘車
佛即問言樹種大小彼荅言大如芥
子三分之一佛復語言誰當信汝婆
羅門言實尒世尊我眼見之非妄語
也佛即語言我見此女淨心施佛得
大果報亦如此樹因少報多時婆羅
門心開意解向佛懺悔佛爲說法得
須陁洹即時舉手大唱聲言一切衆
人甘露門開如何不出諸人聞已皆
送五百金錢與王請佛供養即破制
限王與群臣亦歸依佛佛爲說法悉
獲道果以是因緣如來所說無有虛
妄善惡果報必受不差一切衆生應
當信受
又譬喻經云昔有二比丘俱得須陁
洹果一人常行敎化乞丐以用作福
布施飯僧一人但直坐禪自守不樂
作福時坐禪者語乞者言何不坐禪
唐自勤苦修福者言佛常亦說比丘
云當修行布施後俱命終生長者家
乞作福者爲長者家子奴婢承給衣
食自然快樂無極其坐禪者生爲婢
子在地獨坐飢渴啼哭俱知宿命時
長者子語婢子言我本語汝汝當布
施不肯用語是汝自過何爲啼哭其
長者子長大騎乘出行游觀一切奴
客及以婢子皆侍從出後時二人俱
求出家旣出家已得阿羅漢果其長
者子常直端坐人皆競送衣食來與其
婢子者在外乞求人無與者常受飢
渴以是因緣行道之人不但持戒禪
誦而已亦當布施作諸福德故大愛
道經佛說偈云

夙夜不學　日無所覺　動入罪中
婉轉益深　自沒其體　其亦苦辛
往而不返　投命太山　地獄之罪
難可堪任　生時不學　死當入淵
老不止婬　塵滅世間　呼吸而盡
何足自珍　能自改悔　守身良眞
今世滅罪　後世得申　有財不施
世世受貧

校量部第四

如須達經云世尊告須達長者曰有
居士行施不信施與不隨時與不自
手與不往而施與亦不知亦不信亦
不知有因緣行果報而行施與當知
彼受報意不妙（反前爲妙）昔有過去世有

鞞藍大婆羅門大富多財彼作大施
以八十四千金鉢碎銀滿中彼行大
施八十四千銀鉢滿中碎金八十四
千金鉢滿中碎金八十四千銀鉢滿
中碎銀八十四千象象白如雪八十
四千馬金飾交露八十四千牛轂乳
滿器八十四千玉女端正姝妙諸瓔
嚴飾如是行施餘不可數彼居士鞞
藍大富作如是大施與閻浮提凡夫
人寧施與彼一仙人得福多雖與仙
人不如施一須陁洹此得福多雖與
須陁洹不如施與一斯陁含雖與斯
陁含不如施一阿那含雖與阿那含
不如施與阿羅漢百須陁洹百斯陁
含不如施與一阿那含雖與百阿那
含不如施與一阿羅漢雖與百阿羅
漢不如施與一辟支佛雖與百辟支
佛不如施與如來無所著等正覺此
得福多彼居士作如是施與閻浮提
凡夫人至百辟支佛作房舍以施招
提僧得福增多雖與招提僧不如以
清淨意作三自歸佛法僧受其戒此
得福多雖受三歸受戒不如於一衆

生行於慈悲至轂牛項此得福多雖
於一切衆生分別行慈下至轂牛項
謂不如一切行無常苦空無我思惟
念者下至一彈指頃此得福多
又增一阿含經云尒時世尊告諸比丘
有四梵福云何爲四若有信人未曾
起偷婆處塔是於中能起偷婆者是
初受梵天之福若有信人能補治故
寺者是謂第二受梵天之福若有信
人能和合聖衆者是謂第三受梵天
之福若佛初轉法輪時諸天世人勸
請轉法輪是謂第四受梵天之福尒
時有異比丘白世尊言梵天之福竟
爲多少世尊告曰閻浮里地衆生所
有功德如是展轉行從四天下至他
化自在天之福故不如一梵天王之
福若求其福此是其量也
又薩婆多論云有檀越與闍那比丘
三十萬錢作大房即日成即日崩倒
功用甚大檀越心退諸比丘爲檀越
說法房雖崩倒功德成就房未壞時
佛已到此房中即是受用佛是無上
福田佛既受用功德深廣不可測量

又房始成有一新受戒年少比丘戒
德清淨入此房中已畢檀越信施之
德若起億數種種房閣莊嚴下至金
剛地際高廣嚴飾猶若須彌設有一
淨戒比丘暫時受用已畢施恩以戒
非世間是向泥洹門不同房舍臥具
飲食湯藥是世間法非是離世難得
之法

修造部第五

若欲修造理須如法造作雖少得福
無量若不依法縱多無益故佛在金
棺敬福經云經像主莫論道雇經像
之匠莫云客作造佛布施二人獲福
不可度量欲說其福窮劫不盡受若
約勑是佛眞子如是精誠造少福多
問工匠之法作經像得物合取直不
佛言不得取價直如賣父母取財者
逆過三千眞是天魔急離吾佛法
非我眷屬飲酒食宍五辛之徒不依
聖教雖造經像數如塵沙其福甚少
蓋不足言劫燒之時不入海龍王宮旁
而少功不敬之罪死入地獄主匠無
益諸天不祐不如不造直心禮拜得

福無量如向所列造多福少若像師造像不具相者五百萬世中諸根不具第一畫心爲上妙果先升

又罪福決疑經云僧尼白衣等或自捨財及勸化得物擬佛受用經營人將此物造作鳥獸形像安佛𥬠上者計損滿五犯逆罪究竟不還一劫墮阿鼻地獄贖香油燈供養者無犯佛不求利無人堪消初獻佛時上中下座必敎白衣奉佛及僧獻佛竟行與僧食不犯若不介者食佛物故千億歲墮阿鼻地獄檀越不受前教亦招前報若生人間九百萬歲墮下賤生何以故佛物無人能評價故述曰此謂施主決定入佛受用所以須償若如今時齋上每出佛飯飲食情還彼此不屬情者食訖還入施主不勞收贖如七月十五日獻佛及僧無佛僧受用即須贖用也

又觀佛三昧經云時優填王戀慕世尊鑄金爲像聞佛當下寶階象載金像來迎世尊介時金像從象上下猶如生佛足步虛空足下雨華亦放光明來迎世尊合掌叉手爲佛作禮介時世尊亦復長跪合掌向像空中百千化佛亦皆合掌長跪向像介時世尊而語像言汝於來世大作佛事我滅度後我諸弟子以付囑汝空中化佛異口同音咸作是言若有衆生於佛滅後造立形像持用供養是人來世必得念佛清淨三昧

又外國記云佛上忉利天爲母說法經九十日波斯匿王思欲見佛刻牛頭栴檀作如來像置佛坐處佛後還入精舍像出迎佛佛言還坐吾般涅槃後可爲四部衆作諸法式像即還坐此像是衆像之始佛移住兩邊小精舍與像異處相去二十步祇桓精舍本有七層諸國競興供養不絕堂內長明燈鼠銜燈炷燒諸幡蓋遂及精舍七重都盡諸國王人民皆大悲惱謂檀像已燒却後四五日開東邊小精舍戶忽見本像移向彼房衆大歡喜共治精舍得作兩重移像本處

又優填王作佛形像經云昔佛在世時跋耆國王名曰優填來至佛所頭面頂禮合掌白佛言世尊若佛滅後其有衆生作佛形像當得何福佛告王曰若當有人作佛形像功德無量不可稱計世世所生不墮三惡道天上人中受福快樂身體常作紫磨金色眼目清潔面貌端正身體手足奇絕妙好常爲衆人之所愛敬若生人中常生帝王大臣長者賢善家子所生之處豪尊富貴財產珍寶不可稱數常爲父母兄弟宗親之所愛重若作帝王王中特尊爲諸國王之所歸仰乃至得轉輪聖王王四天下七寶自然千子具足飛升天上無所不至若生天上天中最勝乃至得作六欲天王於六天中尊貴第一若生梵天作大梵王端正無比勝諸梵天常爲諸梵之所尊敬後皆得生無量壽國作大菩薩最尊第一過無數劫當得成佛入泥洹道若當有人作佛形像獲福如是又法華經偈云

若人爲佛故　建立諸形像
乃至童子戲　若草木及筆
或以指爪甲　而畫作佛像
如是諸人等　皆已成佛道

又造立形像福報經云佛至拘羅瞿

國時國主名優塡王年始十四聞佛當來即勅傍臣左右皆悉迎佛到以頭面禮佛長跪叉手白佛言天上人中無能及佛者光明巍巍乃能如是佛去已 後恐不復見今欲作佛形像恭敬承事得何福報願佛哀愍為我說之

介時世尊說偈答曰

王諦聽吾說　福地上灰土
福德無過者　作佛形像報
常生大富家　尊貴無極珍
眷屬常恭敬　作佛形像報
常得天眼報　無比紺青色
作佛形像報　父母見歡喜
端正威德重　愛樂終無厭
作佛形像報　金色身焰光
猶妙師子像　眾生見歡喜
作佛形像報　閻浮提大姓
剎利婆羅門　福人於中生
作佛形像報　不生邊地國
不盲不醜陋　六情常完具
作佛形像報　臨終識宿命
見佛在其前　不覺死苦時

作佛形像報　作大名聞王
金輪飛行帝　典主四天下
作佛形像報　作釋 天名因
神足典第二　三十三天奉
作佛形像報　此過出欲界
作梵梵天王　迦夷眾梵恭
作佛形像報　受福正如是
若能刻畫作　天地尚可稱
此福不可量　是故供養佛
華香香汁塗　供養大士者
得漏盡無為

又付法藏經云昔過去九十一劫毗婆尸佛入涅槃後四部弟子起七寶塔時彼塔中有佛形像面上金色少處缺壞有一貧女游行乞丐得一金珠見像面壞欲傅像面迦葉介時作鍛金師女即持往倩令修造金師聞福歡喜為治用補像面因共立願願我二人常為夫婦身真金色常受勝樂從是已來九十一劫身真金色生天人中快樂無極最後託生第七梵天時摩竭國有婆羅門名尼俱律陁過去修福聰明多智巨富無量金銀

七寶牛羊田宅奴婢車乘比瓶沙王千倍為勝瓶沙王有金犁千具彼婆羅門恐與王齊畏招罪咎其家但作九百九十九具金犁唯少一具其家有氎最下之者其價猶直百千兩金有六十簞金粟一簞有三百四十斛其家雖富而無兒息於其舍側有一樹神夫婦常往祈請祭祀求乞有子多年無應瞋忿語曰今更七日盡心奉事若復無驗必相燒樹樹神愁怖告四天王王告帝釋釋觀閻浮提無堪彼子即詣梵天王廣宣上事梵王即以天眼徧觀見一梵天臨當命終即往語之勸其往生梵天受教即來託生滿足十月生一男兒顏貌端正身真金色光明赫奕照四十里相師占曰此兒宿福必當出家父母聞之甚懷愁惱夫婦議曰當設何方斷絕其意覆自思惟世所耽著唯有美色當為娉娶端正好女用斷其情至年十五欲為娉妻語父母言我志清淨不須婦也父母不聽兒知難免便設權計語父母言能為我得紫金色女

端正超世我當納之父母即召諸婆羅門徧行娉求諸婆羅門鑄一金女端正奇特轝行村落高聲唱言若有女人得見金神禮拜之者後出嫁時必得好壻身真金色端正殊妙女聞悉出唯有一女軀體金色端正殊好即是往日金色女也以昔勝緣有此妙身志樂清潔獨不肯出諸女强將共見金神此女即到金色光明暎奪金神婆羅門見即為娉得既到夫家夫婦相對各皆清潔了無欲意共立要契各住一房父母知已毀除一房令共同室安置一牀迦葉語婦我若眠息汝當經行汝若眠息我當經行後次婦臥垂手牀前毒虵入室欲螫其手迦葉見已以衣裹手舉著牀上婦便驚寤而責之曰共我立誓要不相近今復何緣竊舉吾手迦葉答言有虵來入恐傷汝手故舉之耳即指虵示婦意乃寤夫婦即操深猒世間啓辭父母求欲出家父母見已遂便聽許於是夫婦俱共出家來至佛所佛與分座佛為說法即於座上得阿羅

漢婦於後時亦得羅漢迦葉在世常與如來對坐說法佛滅度後所有法藏悉付迦葉後時結三藏竟至雞足山入般涅槃全身不散俟彌勒佛出世之時從山而出在大衆中作十八變度人無量然後滅身未來成佛號曰光明（六十華金粟者出薩婆多傳未來成佛出法華經）

又智度論云昔佛在世時迦毗羅衛城中淨飯王子佛弟難陁身體端正有三十相王為納婦字孫陁利面首端正世間少雙難陁晝夜愛敬婦故不欲出家佛以方便化令出家既出家已得阿羅漢比丘見已而白佛言難陁比丘宿殖何福與佛同生有三十相身體端正世間無比又捨豪貴出家得道佛告比丘乃往過去九十一劫毗婆尸佛入涅槃後難陁尒時為大長者於辟支佛塔廟之中青黛塗壁而以畫作辟支佛像因而發願願我世世生尊貴家常得端正身相金色值佛得道緣此善根發願功德從是以來九十一劫不墮惡道天上人中身體端正有三十相豪尊富貴快樂無極乃至今日與我同生出家得道

嚫施部第六

如輪轉五道經云佛言凡作功德隨身之行燒香然燈得福甚多燒香作福及以轉經不得倩人而不嚫願如倩人食豈得自飽燒香潔淨然燈續明燒香齋食讀經噠嚫以為常法布施得福諸天接將万惡皆却衆魔降伏懈怠之人不能精進一朝疾病又不吉利便欲燒香方始作福諸天未降諸魔在前競來嬈觸作諸變怪以是之故常當精進罪福隨人如影隨形種殖福田如尼俱類樹本種一核稍稍漸大收子無限佛言阿難施一得萬倍言不虛也佛時說偈言

賢者好布施　天神自扶將
施一得萬倍　安樂壽命長
今日施善人　其福不可量
皆當得佛道　度脫諸十方

雜福部第七

如薩婆多論云若作僧房及以塔像曠路作井及作橋梁船此人功德一切時生常資施主除三因緣一前事

法苑珠林卷第三十三　第二十二張　積　主

毀壞二此人若死三若起惡邪無此
三因緣者福德常生
又增一阿含經云尒時世尊告諸比
丘有五施不得其福云何為五一以
刀施人二以毒施人三以野牛施人
四以婬女施人五造作神祠是謂有
此五施不得其福復有五施人天得
福云何為五一造作園觀二造作林
樹三造作橋梁四造作大船五與當
來過去造作房舍住處是謂有此五
事今得其福尒時世尊便說此偈
園觀施清涼　及作好橋梁
河津度人民　并作好房舍
彼人日夜中　常當受其福
戒定以成就　此人必生天
又僧祇律有諸天子以偈問佛
何等人趣善　何等人生天
何等人晝夜　長養善功德
尒時世尊以偈荅言
曠路作好井　種殖園菓施
樹林施清涼　橋船度人民
布施修淨戒　智慧捨慳貪
功德日夜增　常生天人中

法苑珠林卷第三十三　第二十三張　積

又正法念經云若有眾生施人美水
或覆井泉恐諸毒蛇墮於井中行人
飲之而致苦惱命終生三空俟天受
五欲樂從此命終若得人身王所愛
重若見病困咽喉出聲餘命未盡施
其漿飲或施其財以續彼命命終生
深水天如帝釋快樂從天命終隨業
流轉不墮三塗得受人身從生至生
不遭病苦無有惱亂若有眾生持戒
見比丘僧以扇布施令得清涼讀誦
經法命終生風行天香氣來吹悅樂
無比若有眾生於河津濟造立橋船
以善心渡持戒人兼渡餘人不作眾
惡命終生持鬘天受五欲樂命盡人
中為王典藏
又譬喻經云昔有母子三人常作三
事一作大船置於河中以渡百姓二
於都市造立好井以供萬民三於四
門各作園廁給人便利緣是功德命
終之後皆生天上受福自然下生人中
富貴長壽所生之處不經三塗設此微
福尚獲果報巍巍無量何況有人廣
修功德造立塔寺分檀布施作諸福

法苑珠林卷第三十三　第二十四張　積

業百千萬倍復勝於此不可計量故
成實論引經偈云
若種樹園林　造井橋梁等
是人所為福　晝夜常增長
又華手經云佛告舍利弗菩薩有四
法終不退轉無上菩提何等為四一
者若見塔廟毀壞當加修治若塊若
泥乃至一塼二者若於四衢道中多
人觀處起塔造像為作念佛善福之
緣塔中畫作若轉法輪及出家相乃
至雙樹入涅槃相三者若見有比丘
僧二部諍訟勤求方便令其和合四
者若見佛法欲壞能讀誦說乃至一
偈令法不絕為護法故敬養法師專
心護法不惜身命菩薩若成是四法
者世世當作轉輪聖王得大身力如
那羅延捨四天下而行出家能得隨
意修四梵行命終生天作大梵王乃
至究竟成無上道是故智者欲求佛
道當作是學
又放牛經 出增一阿含別品同譯
佛告諸比丘有十一法放牛兒不知
放牛便宜不曉養牛何等為十一

者放牛兒不知色二者不知相三者不知摩刷四者不知護瘡五者不知作煙六者不知擇道行七者不知處牛八者不知何道渡水九者不知逐好水草十者不知擊牛不遺殘十一者不知分別養可用不可用如是十一事放牛兒不曉養護其牛者牛終不蕃息日日有減此諭比丘亦有十一種損益不可具述佛於是頌曰

放牛兒審諦　牛主有福德
六頭牛六年　成六十不減
放牛兒聰明　知分別諸相
如此放牛兒　先世佛所譽

洗僧部第八

如譬喻經云佛以臘月八日神通降伏六師六師不如投水而死仍廣說法度諸外道外道伏化白佛言佛以法水洗我心垢我今請僧洗浴以除身穢仍爲常緣也（今臘月八日洗僧緣出此經文）

又摩訶刹頭經亦名灌佛形像經云佛告天下人民十方諸佛皆用四月八日夜半時生皆用四月八日夜半時去家學道皆用四月八日夜半時得佛道皆用四月八日夜半時般泥洹佛言所以用四月八日者爲春夏之際殃罪悉畢萬物普生毒氣未行不寒不熱時氣和適今是佛生日故諸天下人民共念佛功德浴佛形像如佛在時以示天下人佛言我爲菩薩時三十六返爲天王帝釋三十六返作金輪王三十六返作飛行皇帝今日諸賢誰有好心念釋迦佛恩德者以香華浴佛形像求第一福者諸天鬼神所證明知四月八日浴佛法時當取三種香一都梁香二藿香三艾納香合三種草香挼而漬之此則青色水若香少者可以紺黛秦皮權代之又用鬱金香手挼漬之於水中挼之以作赤水以水清淨用灌像訖以白練拭之斷後自占更灌名曰清淨其福第一也

又溫室經云佛告祇域長者澡浴之法當用七物除去七病得七福報何謂爲七物一者然火二者淨水三者澡豆四者蘇膏五者淳灰六者楊枝七者內衣此是澡浴之法何謂除七病一者四大安隱二者除風三者除溼痺四者除寒氷五者除熱氣六者除垢穢七者身體輕便眼目清明是爲除七病得七福者一者四大無病所生常安二者所生清淨面首端正三者身體常香衣服淨潔四者肌體濡澤威光德大五者饒多人從拂拭塵垢六者口齒香好所說肅用七者所生之處自然衣服

又十誦律云洗浴得五利一除塵垢二治身皮膚令一色三破寒熱四下風氣調五少病痛舍利弗夏盛熱時有一客作人園中汲水灌樹見舍利弗發小信心喚舍利弗脫衣樹下以水澆洗身得輕涼作人後命終即生忉利天上有大威力爲功雖少以遇良田獲報甚多即下詣舍利弗所散華供養舍利弗因其信心爲說法要得須陁洹果

又賢愚經云介時首陁會天下閻浮提至世尊所請佛及僧洗浴供養世尊默然許可即設飲食幷辦洗具溫室暖水調適蘇油浣草皆悉備有於

是世尊及諸比丘納受其供共洗浴已并厚飲食其食甘美世所希有食竟澡漱各還本處是時阿難白佛此天往昔作何功德形體殊妙威相奇特光明顯赫如大寶山佛告阿難乃往過去毗婆尸佛時此天彼世為貧家子常行庸作以供身口聞佛說洗僧之德情中欣然便勤作務得少錢穀用設洗具并及飲食請佛衆僧而以盡奉由此福行壽終之後生首陁會天有此光相七佛已來乃至千佛出世亦皆如是洗佛及僧佛授記曰於未來世兩阿僧祇百劫之中當得作佛號曰淨身十號具足

又雜譬喻經云昔佛弟難陁乃往昔維衛佛時人一洗衆僧之福功德自追生在釋種身珮五六之相神容晃昱金色乘前之福與佛同世研精道場便得六通古人施一猶有弘報況今檀越能多行者普等之行必逮尊號加增歡喜廣度一切

又福田經云有比丘名阿難白世尊曰我念宿命生羅閱祇國為庶民子

身生惡瘡治之不差有親友道人來語我言當浴衆僧取其浴水以用洗瘡便可得愈又可得福我即歡喜往到寺中加敬至心更作新井香油浴具洗浴衆僧以汁洗瘡尋蒙除愈從此因緣所生端正金色晃昱不受塵垢九十一劫常得淨福慶祐廣遠今復值佛心垢消滅逮得應眞

又十誦律云外國浴室形圖猶如圓倉開户通煙下作伏瀆出外内施三擎閣齊人所及處以瓴盛水滿三重閣火氣上升上閣水熱中閣水暖下閣水冷隨宜自取用無別作湯故云淨水耳

又增一阿含經云尒時世尊告諸比丘造作浴室有五功德云何為五一除風二病得差三除去塵垢四身體輕便五得肥白若有四部之衆欲求此五功德者當求造浴室

又僧祇律云若欲浴時使園民等埽灑令淨辦具薪炭溫暖得所乃打揵稚應知入浴各以要帶繫衣作識安衣架上入時不得掉兩臂而入一手

遮前而入若欲與師揩者當先白已無罪不得一時舉兩手當先令揩一臂一手覆前竟次揩一臂一手及餘内外已閉户而坐令身汗出籌量用水不得多用若池水洗自恣無罪不聽露地裸形而浴若水齊腰腋得用無罪若坐水中至臍亦得出已取已衣著正理而去

述曰因明洗僧遂申歎德恐邊遠道俗不閑法用故略明法事以標厥致耳

竊惟尼連河裏非有垢而見除嵐毗園内實無塵而示蕩故知洗沐是清昇之本灌澡為澄潔之原可謂乘香汎七華之水以濯一乘之賓西方瑩八德之池用滌九品之輩故使醫王夜念發造溫室之心長者晨言敬申洗僧之願遂蒙如來善巧近說七物之儀大覺垂慈遠記五天之報然今此處摩訶施主某官斯乃運廣大心行無上業生生常修佛事世世常轉法輪故能信正法於群邪敬緇徒於像

季深知講宣四句價重隋珠飯沐一
法苑珠林第三十三　第三十一張　撰　書五
僧田高異道遂使共相率勵勸課等
侶各捨淨財同崇此福於是辦七物
於嘉時洗三尊於此日又能屈請高
德某法師講宣溫室洗浴衆僧經一
部法師乃時稱學海世號詞宗出玄
義而似雲屯決衆難而方泉涌能使
俗徒開解猶朗日之闢重昏法侶除
疑等嚴霜之卷零葉今既玄章盡軸
座停雷梵之八音蕩浴時臻次歎洗
僧之七物一者鴆鑪熾火巨鑊氛氳
盈室既已除寒龍泉自然沉熱二者
輕清德水流湛金池蕩垢晈若開紅
身首霑便玉潤三者銀光豆屑細滑
逼於兜羅却膩本若雲披潔體方開
露日四者八味蘇膏五香芬馥排風
去癢未謝摩抵瑩質光顏何慙妙藥
五者玉管神灰雪華霜潔邪風遇便
息扇亂想賴巳恬疑六者青楊細柳
綠幹輕條去熱則口發幽蘭淨齒則
氣合優鉢七者齊纎魏素持作內衣
蔭患并得身安蕩報自然光飾七物
並皆精備一心奉上惟衆慈悲爲歎

祝願
法苑珠林第三十三　第三十二張　抄
夫欲起居淨國必須預蕩十力之形
迴託天宮先當澡彼六和之衆譬若
聲調響順形直影端因果之理必然非
開鬼神之授貺今施主等仰襲醫王
律斯溫室營辦七物洗浴三尊獎率
有緣弘揚妙典以茲殊勝莫大善根
先用莊嚴今日某法師等有大勢力
生生常轉法輪獲大神通世世常修
佛事長幼受無窮之智眷屬極不夭
之年鄣累與朝霧俱消嘉慶共繁星
等列諸施主等願高臨八正趣大道
於菩提富有七珍惠蒼生而無盡又
願片時營佐之者除七病而莫遺豪
分助讚之徒獲七福而無竭見聞隨
喜咸趣法城叩頭彈指齊昇佛果
敷揚玄教巳自周圓嚴儀洗具復皆
備訖唯衆一心奉請三寶稽首歸依
上請十方諸佛三世慈尊五分法身
眞應兩體九十八使惑縲巳盡三十
二相微妙莊嚴實無四求假同四事
爲衆生故有感便來唯願各各乘摩
尼寶殿坐瑪瑙雲中放百億光明照

三千剎土梵王持蓋帝釋布華降此
法苑珠林第三十三　第三十三張　撰
道場入溫室浴
次請發心巳上補處巳還歡喜離垢
之人善慧法雲之士三賢十聖一切諸
菩薩惟願運天人於掌內安法界於
毛端齊馭四足之靈鵬俱馳六通之
神驥不見相而見不來相而來降此
道場入溫室浴
次請山中宴坐獨覺大人言下證眞
四果高士及向趣聖僧賓頭上座等
惟願空中振錫戲六神通雲內持瓶
具十八變發波斯之信仰伏勞度之
邪心及此現前和合大衆百臘巳下
乃至無臘並入溫室浴
次請弘慈本誓普度四生方便善權
權形六道隨聲即至如影赴身不念
即彰不請之友並入溫室浴
次請三界天衆四海龍王八部鬼神
一切含識有形之類蠕動之流並入
溫室浴
歎請既周大衆和合唄讚持香依次
行道頌曰
三寶冥興　四生標式　慈蔭十方

恩流萬德　智苞八藏　化周百億
酬恩義重　斯由福力　采畫雕形
傳經津福　舟濟橋梁　興齊沐浴
不顧身命　精誠何抑　感哉勝業
功成難測

感應緣 略引十二驗

晉大司馬桓溫　晉夫人謝氏
隋沙門釋慧達　唐沙門釋住力
唐沙門釋志超　唐沙門釋慧震
唐沙門釋慧雲　唐沙門釋道英
唐沙門釋叉德　唐沙門釋通達
唐上柱國王懷智

晉大司馬桓溫末年頗奉法飯餚尼僧有一比丘尼失其名來自遠方投溫為檀越尼才行不恒溫甚敬待居之門內尼每浴必至移時溫疑而窺之見尼裸身揮刀破腹出藏斷截身首支分臠切溫怪駭而還有頃尼出浴室身形如常溫以實問尼荅云若遂淩君上形當如之時溫方謀問鼎聞之悵然故以戒懼終守臣節尼後辭去不知所在

晉琅邪王凝之晉左將軍夫人謝氏奕之女也常頻亡二男悼惜過甚哭泣累年若居至艱後忽見二兒俱還皆著鏁械慰勉其母宜自寬割兒並有罪若垂哀憐可為作福於是哀痛稍止而勤功德 右二驗出冥祥記

隋天台山瀑布寺釋慧達姓王氏襄陽人幼年出家繕修成務或登山臨水或游履聚落但據形勝之處皆措心營造安處寺宇為僧衆行道至仁壽年中於楊州白塔寺建七層木浮圖料石既充付後營立乃渡江西上至鄱陽豫章諸郡觀撿功德願與衆生同此福緣故至所到村邑見有坊寺禪宇靈塔神儀無問金木土石並皆率化成造其數非一晚為沙門慧雲邀請遂上廬岳造西林寺重閣七間欒櫨重疊光耀鮮華初造之日誓用黃楠圍境推求了無一樹皆欲改用餘木達曰誠心在此豈更餘求必其有徵松變為楠若也無感閣成無日衆懼其言四出追求乃於境內下巢山感得一谷並是黃楠而在窮澗幽深無由可出達尋行崖壁忽見一處晃有光明窺見其中可得通道唯有五尺餘並天崖遂牽曳木石至於江首中途灘瀨簰筏並壞及至廬阜不失一根閣遂得成去冠前搆後忽偏斜向南三尺工匠設計取正無方有石門澗當于閣南忽有猛風北吹還正于今尚存達形服麁弊始不可覩傍觀沈伏似不能言而指揮應附立有成遂斯即變繁不嬈固其人也大業六年七月晦日舊疾忽增七日倚臥異香入室旋繞如雲閣中尊像並汗流地衆見此瑞審達當終官人撿驗具以聞奏達神志如常累以餘業奄尒長逝年八十七矣

唐揚州長樂寺釋住力姓褚氏河南陽翟縣人器宇凝峻虛懷挹譽第之高有閑緇俗於本寺四部王公共造高閣并二挾樓妙盡奇工即年成立寺衆三百同皆歡喜至大業十年自竭身資以栴檀香木摸寫瑞像并二菩薩不久尋成同安閣內至十四年隋室喪亂道俗流亡嚴若萎朽充諸衢市誓以身命守護殿閣寺居孤

免顧景爲儔歠菽飲水冉離寒暑雖
耆年暮齒而心力逾壯泥塗圮落周
亟火燒口誦不輟手行治葺賊徒雲
泣見者哀歎往往革心相佐修補
皇唐受命弘宣大法舊僧餘衆並造
相投邑屋雖焚此寺猶在武德六年
江表賊師輔公祐負阻擅兵潛圖反叛
凡百寺觀撤送江南力乃致書苒請願
在閣前燒身以留寺宇祐僞號尊稱
志在傾殄雖得其書全不顧遂力謂
弟子曰吾無量劫來積習貪愛不能
捐捨形命以報法恩今欲自於佛前
取盡決不忍見像宜齊江可積乾薪
自燒供養吾滅之後像必南度衣資
什物並入尊像泣服施靈理宜改革
便以香湯沐浴跏趺面西引火自燒
卒於炭聚時年八十即武德六年十
月八日也命終火滅合掌凝然更足
閣維一時都化初力在佛前焚時有
群鵲哀鳴其聲甚切右繞七匝方始
飛去及身沒後像果南遷殿閣房廊
得免煨燼法寶僧衆如疇昔焉門人
慧安智驣師資義重甥舅恩深爲

樹高碑于寺之内東宮庶子虞世南
爲文今像還於閣迄今猶在
唐汾州光嚴寺釋志超俗姓田同州
馮翊人也精厲不群雅度標遠至武
德七年止於汾州抱腹山僧徒僅百
偏資大齋麥唯六石同置一倉日磨
五升用供常調從春至夏計費極多
怪而檢覆止磨兩石據量此事幽致
可思又數感異僧乘空來往雖無音
問儀形可驗同住憧者便蒙神警至
於召衆鐘聲隨應石泉上涌隨人用
足靈瑞多感寔由超福至貞觀十五
年三月十一日忽因遘疾卒於城寺
春秋七十有一
唐梓州通泉寺釋慧震姓龐身長八
尺聽善三論玄窮逾篤每年正月轉
經千僧袈裟周足奉施無闕常弘三
論聽僧百餘忽於高座似悶見人語
曰西山頭好造大佛既覺下座領衆按
行中龕造像兩邊泉流即命石工鑴
鑿窣身高百三十尺貞觀八年周備
成就四面都集道俗三萬慶此尊像
其像口中放大白光遠近同覩先有

一馬日行五百里曾經入渾餘馬並死
唯此得還至十四年七月忽自嘶鳴
不食三日震聞毛豎有一異僧名爲
十力語震曰馬與主別主當先行來
年正月十五日日正中時應入涅槃
法師須財物無留於後於身無益言
已而隱莫知其由先造藏經請僧常
轉開大施門四遠悲敬來者皆給至
終年初又請衆僧讀經行道作三七
日俗緣昆季内外同集至於八日氣
猶不歇從旦至午寺内樹木土地皆
生蓮華衆覩奇瑞知其即世震曰嘉
相已現不容待滿便行嚫施早令食
訖手執香鑪繞盧舍那三匝還於佛
前胡跪正念大衆滿堂不覺已逝春秋六
十有六停喪待滿香氣猶存兄弟三
人各捨錢五十萬於墓所作僧德施
及以悲田作石塔高五丈龕安繩牀
扶屍置上經百餘日猶不委仆道俗
萬餘悲泣相繼
唐京師弘福寺釋慧雲姓王太原人
也遠祖避地止于九江弱年樂道投
匡山大林寺時年二十五有達禪師

江淮內外所在興造雲爲寺廟毀壞故邀達營造得周至隋季末年中表咸亂有林士弘者結衆務章僞稱楚帝有尚書令鄱陽胡秀才親領士衆臨據九江因感發心欲寫廬山東林寺文殊瑞像以雲有出衆之奇令鑒鑪錐光儀乃具唯頸及胷兩處有孔時衆未寤其年秀才僞勑所追有像色金百二十兩感以竹筒盛以賊徒蜂起無方守護並用付才又以念誦銅珠一貫遺才爲信行營葶亭士乞福才得便風舉帆前引於江中路遭浪船沒財物蕩盡唯人達岸諸無所恨但恨失像色金煩寃江畔吁嗟未絕誓願不成深爲恭也須臾金筒隨浪逆流并遺銅珠前後相繼汎汎隱隱向岸就才既獲像金舉衆大歎放慶無量計被沒處至所出岸三十餘里重而能浮逆波相授軍民通怪驚焉初才之欲繫賊以金用委叔父擔以避難不免爲賊所奪既失像金取求無計尋有賊中來盜金投曉倶不

知是金擔也曉得本金表雲成就光相超挺今在山閣初鑄像時有李五戒私發願曰若鎔金日誓然一臂雲爲摹揉早成遂前成日李氏不知已鑄像了乃夢像曰汝先願燒臂如何違信邪李氏夢寤因始知之即往像前以刀解臂蠟布纏骨燒而供養天香垂下像放光照異種奇瑞不可述盡雲以貞觀年初因事入京值首律師伏膺律業幸貴覩其德高請奏令住弘福至貞觀二十年思慕本鄉還歸九江本寺身今現在

唐蒲州普濟寺釋道英姓陳氏蒲州猗氏人也時年十八叔休律師化令出家父母戀逼取妻共割愛辭親示同脫屣在俗不染色聲出家經論洞明乃曰法相可知心藏須曉至開皇十九年遂入解縣太行山栢梯寺修學止觀忽然發解人法二空深寤心首坐處樹枝下暎四表兼理僧役以事考心後在京師住勝光寺從曇遷禪師聽攝大乘論學徒五百英解獨儁禪師歎曰學徒極多雖通文義

得其言歸唯道英乎常依華嚴發願供僧因事呈理調伏心行自介儀服飲啜不守章篇頗爲識目恠違也營僧之外禪誦無廢窮尋理性心眼洞明至大業九年身居知事有俗爭地恐損僧利於俗無益苦諫不從便語彼云吾爲汝死矣忽然倒仆示同僵屍諸俗固執云此道人多詐以針刺甲可知眞僞針刺雖深死色轉變身心不動將欲膖壞傍有智者教令歸懺誓不敢諍尋聲起坐語笑如常又行至臺澤見池魚游戲共曰吾與汝共諍人我何者爲勝便即脫衣入水經于六宿弟子持衣守之後出告曰吾在水中唯獎土全不覺水氣又屬嚴冬冰厚天雪復壯乃曰如此平淨之地何得不眠遂露身仰臥經于三宿及起笑曰幾不大冬殺我如是隨事以法對之縱任自在不以爲難良由唯識之言洞曉心腑外事之質豈得礙乎晚還蒲州住普濟寺置莊三所皆在夏縣東山深隱之處不與俗事交爭故使八方四部其湊若林晝則

營理僧務夜則爲說禪觀或獎其勞者然不覺其疲常依攝論起信用資心脩至於一日說起信論到心眞如門奄然不語衆怪覩之氣絶身冷衆知滅想任不怪之經于累宿方從定起身色怡泰如證初禪河東沙門道遜高德名僧素是同學祖習心道契友金蘭初在夏縣領徒盛講及遜捨命去英五十里未及相報終夕便知告其衆曰遜公已逝相與送乎人問其故此乃俗事心轉不可怪也及行中路便逢告使㝠通來事類皆如此自及終前集衆告曰今日早須收積恐明日人畜衆聚損食穀草英亦自運催促撿急衆但知助然不測其意至夜都了索水洗浴還本坐處披以大衣告衆曰諸人喚余爲英禪師禪師之相不可違俗語門人志哀曰禪師知英氣息可有幾許哀以事荅之英言如是因說法要又曰無常常耶不可自欺不可空死令誦華嚴經賢首偈至臨終勸念善處明相既現口云捨却故身

奄然神逝人怪不動以手循摩從下而冷以經驗之縱是凡夫定升善處況嘉徵如是豈同凡僧即貞觀七年九月中也春秋七十有七初將終日衆問後事荅曰佛有明敎但依行之則衆累盡矣當終之日感群鳥集房數盈千計悲鳴相切哀慟人心慧貢侍側見有青衣二童執華而入紫氣如光從英身出騰焰繞梁及明露結周二十里人物先光三日方歇蒲晉一川行化之所聞哀屯赴如喪重親又感僧牛吼嗷聲徹數里流淚嗚咽不食水草經于七日將欲藏殮道俗爭之以英生平不樂喧譁但存道素便即莊南夏禹城東延年陵南鑿土龕安之始下一钁地忽大震人各攬草自防懼謂身落周十五里皆動大悑又感白虹兩道連亘極所白鳥二頭翔鳴龕上旋顧裵回哀聲而逝英開導人物存亡俱益自非位齊種姓豈感嘉祥揔華不負身世誠斯人乎

唐雍州梁山釋义德醴泉縣人形質長偉秀眉骨面立履清白服麤素衣好游化俗營搆福業而故言來事多所弘獎年有凶暴毒氣疫癘者先勸四民令奉三寶或禮佛設齋或稱名念誦用其言者皆禳災禍有不信者殃禍交及預記萌兆略如對目時遭亢旱懼而問焉又以指揮某日當雨但齊某處約時雨至必如其言或記螽蝗暴亂廣陿所及或記天澇潤澤近遠淺深皆事符明鏡一不洪纖毫且執志清慎不濫刑科力所未行不受其法昔壯年在道唯遵十戒而於篇聚雜相多所承修末於九嵏山南造阿彌陀池幷鐫石鉢即於池側用濟衆生以貞觀十二年卒於山舍百姓感戀爲起白塔迢然山表

唐京師律藏寺釋通達雍州涇陽人卅出家棲止無定乃入太白山不賫粮粒飢則食草渴則飲水息則依樹坐則禪思經踰五年棲遑靡息因以木打凷凷破形銷既覩斯變廓然大寤既寤心路晩住律藏游聽大乘情量虛蕩一裙一帔布納重縫所著麻鞋經三十載縉帛雜飾未經冠體冬

夏一服不避寒暑當於講席評叙玄
奥不事宫商人無肖之初言乍楯噉
食此事難行世人悉伏左僕射房玄
齡聞而異焉迎至第中敬重如父而
達體道不拘形骸出言不簡放暢心
懷玄齡以風表處之不以形言致隔
見貴如是朝野皆遵不食五穀唯食
蔬菜縱得菁蘿攬而食之事同佳味
若得桃杏穀菓之屬合核而食不以為
難人怪問之答云信施難棄貞觀已
來轉顯神異屢届人家歡笑則吉愁
慘必凶或索財功力隨命多少即須
依送若違來意後遭凶禍有人乘驢
歷寺游看達從乞之惜而不施其驢
尋死斯例非一故京室貴賤咸宗事
之禍福由其一言説道雖存雜著所
得財利為主營寺有大將軍薛萬均
初聞異行迎宅供養百有餘日不遺
僧軌忽於一夜索食欲噉初不與之
苦求不已試與遂食從介已後稍改
前迹專顯變應其行多僻欲往入内
將軍兄弟其性麁武不識審行大怒
打之幾死仰而告曰卿已打我身宍

都毁血汙不淨須作湯洗待水沸已
脱衣入鑊身不傷爛狀入冷池傍人
捕之猶催加火不睬我身合宅驚奉
恣其寢宿因此已後若有病苦之者
使令煮水涌沸先自入洗後教人入
病無不愈達曾負人錢百有餘貫後
辨得錢無人可送乃將錢至寺門首
伺見行人隨負多少倩詣西市覓主
還之付而不禁後勘不失一文由達
德行虚懷所以人不虧信又時逢來
貴欲設大齋乃命寺家多放疏請及
至明旦來赴盈千而供度闕盡全無
支擬大衆恥責深愧外客達曰他許
送供計非虚妄臨時恐過僧尼欲散
忽見熟食美膳連車接轝充道馳走
而來皆充足餘長供庫更濟多人食
訖須臾人車並散究尋來處畢竟不
知良由賢愚難辯故冥感神供朝野
具瞻叙事無盡 右八驗出唐高僧傳
唐坊州人上柱國王懷智至顯慶初
亡没其母孫氏及弟懷善懷表並
存至四年六月雍州高陵有一人失
其姓名死經七日背上已爛而蘇此

人於地下見懷智云見任泰山録事遣
此人執筆口授為書謂之曰汝雖合
死今方便放汝歸家宜為我持此書
至坊州訪我家通人兼白我嬢懷智
今為太山録事參軍幸蒙安泰但家
中曾貸寺家木作門此既功德物請早
酬償之懷善即死不合之住速作經
像救助不然恐無濟理此人既蘇之後
即賷書故送其舍所論家事無不闇
合至經三日懷善遂即暴死合州道
俗聞者莫不增脩功德鄜州人勳衞侯
智純説之 右一驗出冥報拾遺

法苑珠林卷第三十三

甲辰歲高麗國分司大藏都監奉
勅彫造

法苑珠林卷第三十三

校勘記

一　底本，麗藏本。

一　七一三頁上一行經名，徑無（未換卷）。

一　七一三頁上二行撰者，資、磧作「大唐上都西明寺沙門釋道世撰」；南、清作「唐上都西明寺沙門釋道世撰」；徑無（未換卷）。

一　七一三頁上三行「第二十七」，徑作「第二十七之一」。又「此有八部」，徑無。

一　七一三頁上四行至六行「述意部……洗僧部」，徑無。

一　七一三頁上七行「第一」，徑無。以下部目下序數例同。

一　七一三頁中三行第九字「粵」，資、磧、徑、清作「奧」。

一　七一三頁中六行第二字「切」，資、磧、南、徑、清作「忉」。

一　七一三頁中九行「惻隱」，資、磧、南、徑、清作「隱惻」。

一　七一三頁下一六行「常處」，資、磧、南、徑、清作「恒處」。次頁上二行同。

一　七一三頁下末行第一三字「僧」，資、磧、南、徑、清無。

一　七一四頁上一行第二字「願」，南、徑、清作「願福」。

一　七一四頁上五行末字至次行首字「應真」，資、磧、南、徑、清作「真諦」。

一　七一四頁上一五行「增德」，資、磧、南、徑、清作「僧德」。

一　七一四頁上二二行「果㼌」，資、磧、南、徑、清作「果蓏」。

一　七一四頁上末行「杅水」，徑、清作「盂水」。

一　七一四頁中一七行「感義」，資、磧、南、徑、清作「感羨」。

一　七一四頁下一〇行末字至次行首字「人婦」，資、磧、南、徑、清作「婦人」。

一　七一四頁下一三行「種百生千」，資、磧、南、徑、清作「種百生千種千生萬」。

一　七一四頁下一六行「卵從」，磧作「外從」。

一　七一四頁下一九行「其核大如芥子答曰汝語」，資、磧、南、徑、清作「又問其核大小荅如芥子佛言汝語」。

一　七一四頁下末行第六字「持」，徑作「特」。

一　七一五頁中一八行首字「唐」，資、磧、南、徑、清作「空」。

一　七一五頁下一五行「守身」，徑、清作「守命」。

一　七一五頁下二二行第六字「行」，資、磧、南、徑、清作「行業」。

一　七一六頁上二行「碎銀」，磧作「碎金」。

一　七一六頁上七行「姝妙」，資、磧、南、徑、清作「殊妙」。

一　七一六頁上一四行「百須陁洹」，

資、磧、南、徑、清作「百須陁洹不如施與一斯陀含雖與」。

一 七一六頁上二二行「受其戒」，南、徑、清作「受具戒」。

一 七一六頁中七行夾註「塔是」，資、磧、南、徑、清作「塔是也」。

一 七一六頁下一四行「受若」，資、磧、南、徑、清作「若受」。

一 七一六頁下一六行「工匠」，資、磧作「二匠」。

一 七一七頁上七行第三字「五」，資、磧、南、徑、清作「五錢」。

一 七一七頁上一四行至一六行夾註「述曰……用也」，徑、清作正文。

一 其中一五行夾註左「牧贖」，資、磧、南、徑、清作「收贖」。

一 七一七頁中一一行「之始」，資、磧、南、徑、清作「之始也」。

一 七一七頁中一三行「七層」，徑、清作「七重」。

一 七一七頁中一六行「却後」，資、磧、南、徑、清作「已後」。

一 七一七頁中一七行「移向」，資、磧、南、徑、清作「移在」。

一 七一七頁中二一行第七字「曰」，資、磧、南、徑、清無。

一 七一七頁下七行「豪尊富貴」，資、磧、南、徑、清作「豪貴巨富」。

一 七一七頁下二一行「或以」，磧、徑、清作「或有」。

一 七一八頁上一行「國主」，資、磧、南、徑、清作「國王」。

一 七一八頁上二行末字「以」，資、磧、南、徑、清作「已」。

一 七一八頁上五行「佛去己後恐不復見」，資、磧、南、徑、清作「恐佛去己後慮不復見」。

一 七一八頁上九行「上灰」，資、磧、南、徑、清作「灰上」。

一 七一八頁上一一行首字「常」，資、磧、南、徑、清作「恒」。本頁中一九行第一二字、次頁中二〇行第七字及七二〇頁上一四行第六字同。

一 七一八頁中一六行「欲傅」，資、磧、南、徑、清作「欲補」。

一 七一八頁下六行第三字「十」，資、磧、南、徑、清無。

一 七一八頁下一〇行「必相」，資、磧、南、徑、清作「必定」。

一 七一九頁上七行「金色女」，資、磧、南、徑、清作「施金女」。

一 七一九頁上二〇行首字「示」，資、磧、南、徑、清作「示之」。

一 七一九頁中三行第八字「結」，資、磧、南、徑、清作「結集」。

一 七一九頁中四行第一〇字「候」，資、磧、南、徑、清作「後」。

一 七一九頁中八行「迦毗羅衛」，資、磧、南、徑、清作「迦葉毗羅衛」。

一 七一九頁下一行「得道」，至此，徑卷第四十四終，卷第四十五始，並有「興福篇第二十七之餘」一行。

一 七二〇頁上四行「五施」，資、磧、南、徑、清作「五慧」。

一 七二〇頁中三行「三空侯」，資、磧、南、徑、清作「三管箜篌」。

一七二二頁上一行第九字「受」，資、磧、南、徑、清無。

一七二二頁上七行第三字「常」，資、磧、南、徑、清作「恒」。本頁下二二行第六字、次頁中九行第一三字同。

一七二二頁上一七行第七字「珮」，徑、清作「佩」。

一七二二頁上一八行首字「昱」，資、磧無。又「精道」，資、磧、南、徑、清作「精進」。

一七二二頁中六行「晃昱」，磧作「晃晃」。

一七二二頁中七行「淨福慶祐」，資、磧、南、徑、清作「清淨福祐」。

一七二二頁中九行「形圖」，資、磧、南、徑、清作「形圓」。

一七二二頁中二一行第五字「具」，資、磧、南、徑、清作「其」。

一七二二頁中二二行第一三字「識」，資、磧、南、徑、清作「幟」。

一七二二頁下一四行第一三字「乘」，資、磧、南、徑、清作「垂」。

一七二二頁下一七行末字「夜」，資、磧、南、徑、清作「念」。

一七二二頁下二一行「摩訶」，資、磧、南、徑、清作「有摩訶」。

一七二三頁上一〇行「藻浴」，資、磧、南、徑、清作「澡浴」。

一七二三頁上一三行「開紅」，資、磧、南、徑、清作「蓮紅」。

一七二三頁上一四行第三字「霑」，資、磧作「露」。

一七二三頁上一五行第七字「本」，資、磧、南、徑、清作「既」。

一七二三頁上一六行「露日」，資、磧、南、徑、清作「露白」。

一七二三頁上一七行第六字「抵」，資、磧、南、徑、清作「祇」。

一七二三頁上一九行「青楊」，資、磧、南、徑、清作「垂楊」。

一七二三頁上二一行第二字「合」，資、磧、南、徑、清作「含」。

一七二三頁上末行末字「歎」，資、磧、南、徑、清作「讚歎」。

一七二三頁中一行末字「願」下，資、磧、南、徑、清有「念佛法僧」四字。

一七二三頁中二行第三字「起」，資、磧、南、徑、清作「超」。又末字「形」，資作「刑」。

一七二三頁中一一行「嘉慶」，資、磧、南、徑、清作「嘉處」。

一七二三頁中一四行末字至次行首字「豪分」，資、磧、南、徑、清作「分毫」。

一七二三頁中一七行「復皆」，資、磧、南、徑、清作「後皆」。

一七二三頁下一二行「信仰」，資、磧、南作「正信仰」；徑、清作「正信」。

一七二三頁下一三行第一一字「百」，資、磧、南、徑、清作「百千」。

一七二四頁上三行「興齊」，資、磧、南、徑、清作「興齋」。

一七二四頁上四行「勝業」，南、徑、清作「勝集」。

一　七二四頁上七行「晉夫人」，徑作「晉王凝之夫人」；清作「王凝之夫人」。

一　七二四頁上九行首字「唐」，清無。一至一二行首字同。

一　七二四頁上一三行至一四行「頗奉法飯餄尼僧」，資、磧、南、徑、清作「頗奉佛法飯饌僧尼」。

一　七二四頁上一八行「有頃」，資、磧、南、徑、清作「及至」。

一　七二四頁上二〇行第六字「彤」，資、磧、南、徑、清作「刑」。

一　七二四頁上末行「王凝之」，資、磧、南、徑、清作「王凝之妻」。

一　七二四頁中一行第五字「常」，資、磧、南、徑、清作「嘗」。

一　七二四頁中九行第一〇字「衆」，資、磧、南、徑、清無。

一　七二四頁中一五行首字「皆」，資、磧、南、徑、清作「即」。

一　七二四頁下三行「中途」，資、磧、南、徑、清作「途中」。

一　七二四頁下九行「不娩」，資、磧、南、徑、清作「不撓」。

一　七二四頁下一一行「旋繞」，資、磧、南、徑、清作「則旋繞」。

一　七二四頁下一六行第一二字「寤」，清作「物」。

一　七二五頁上一行「歎菽」，資、磧、南、徑、清作「啜菽」。

一　七二五頁上二行「圮落」，資、磧、南、徑、清作「褫落」。

一　七二五頁上七行第七字「祐」，徑、清作「祏」。九行第一〇字同。又第一〇字「擅」，資、磧、南、徑、清作「繕」。

一　七二五頁上九行「尊稱」，資、磧、南、徑、清作「稱尊」。

一　七二五頁上一三行「宜齊江」，資、磧、南、徑、清作「濟江宜齊」。

一　七二五頁中二行第六字「於」，徑、清無。

一　七二五頁中六行首字「偏」，徑、清作「徧」。

一　七二五頁中一一行「隨應」，資、磧、南、徑、清作「隨時自響」。

一　七二五頁中一六行第三字「罵」，資、磧、南、徑、清作「罵師」。又第九字「蔦」，資、磧、南、徑、清作「藍」。

一　七二五頁中一七行首字「經」，資、磧、南、徑、清作「藏經」。

一　七二五頁中二二行末字「像」，資、磧、南、徑、清作「儀」。

一　七二五頁下一行第七字「里」，資、磧、南、徑、清無。又第一一字「渾」，資、磧、南、徑、清作「陣」。

一　七二五頁下六行第三字「須」，資、磧、南、徑、清作「傾」。

一　七二五頁下一〇行末字至次行首字「氣猶」，資、磧、南、徑、清作「香氣」。

一　七二五頁下二〇行「相繼」，資、磧、南、徑、清作「相結」。

一　七二五頁下二二行「弱年」，資、磧、南、徑、清作「弱冠」。

一　七二六頁上三行第一〇字「務」，資、磧、南、徑、清作「豫」。

一　七二六頁上四行第二字「有」，資、磧、南、徑、清作「僞」。

一　七二六頁上一一行「行營」，資、磧、南、徑、清作「行宮」。

一　七二六頁上二一行「繫賊」，資、磧、南、徑、清作「擊賊」。

一　七二六頁上末行第八字「来」，資、磧、南、徑、清作「來者」。

一　七二六頁中末行首字「俊」，資、磧作「悛」。

一　七二六頁下三行第一一字「恡」，資、磧、南、徑、清作「佐」。

一　七二六頁下七行第七字「矣」，資、磧、南、徑、清無。又「倒仆」，資、磧、南、徑、清作「倒卧」。

一　七二六頁下一八行首字「及」，資、磧、南、徑、清作「乃」。

一　七二六頁下二一行「晚還」，資、磧作「晚還」。

一　七二七頁上三行「心俯」，資、磧、南、徑、清作「心腑」。

一　七二七頁上一七行「告衆曰」，資、磧、南、徑、清作「告衆人曰」。

一　七二七頁中七行「慧裏」，資、磧、南、徑、清作「慧哀」。

一　七二七頁中一〇行「先光」，資、磧、南、徑、清作「交光」。

一　七二七頁中一二行「鳴咽」，徑、清作「嗚咽」。

一　七二七頁中二一行「摠華」，資、磧、南、徑、清作「總萃」。

一　七二七頁中二二行「乂徳」，資、磧、南、徑、清作「乂德」。

一　七二七頁中末行「履清」，資、磧、南、徑、清作「清履」。

一　七二七頁下一行「故言」，資、磧、南、徑、清作「放言」。

一　七二七頁下二行「疫勵」，徑、清作「疫癘」。

一　七二七頁下四行「禳災」，資作「攘災」，磧、南、徑、清作「禳災」。

一　七二七頁下六行第九字「以」，資、南、徑、清作「以手」。

一　七二七頁下八行「蟊蝗」，資、磧、南、徑、清作「蟲蝗」。

一　七二七頁下一二行第九字「修」，資、磧、南、徑、清作「循」。

一　七二七頁下末行首字「轅」，資、磧、南、徑、清作「鞋」。

一　七二八頁上一行「當於」，資、磧、南、徑、清作「常於」。

一　七二八頁上二行「牟楯」，南、徑、清作「矛盾」。

一　七二八頁上九行「殺菓」，資、磧、南、徑、清作「穀菓」。

一　七二八頁上一〇行首字「難」，資、磧、南、徑、清作「艱」。又「荅云」，徑、清作「荅言」。

一　七二八頁上一二行第六字「財」，資、磧、南、徑、清作「財物」。

一　七二八頁上一五行「京室」，清作「京師」。

一　七二八頁上一六行「雖存」，資、磧、南、徑、清作「唯存」。

一　七二八頁上一七行「薛萬均」，〔資〕、〔南〕、〔徑〕、〔清〕作「薛萬拘」；〔磧〕作「薩萬拘」。

一　七二八頁中二行「狀入」，〔徑〕、〔清〕作「狀如」。

一　七二八頁中七行首字「辦」，〔資〕、〔磧〕、〔南〕作「辧」。

一　七二八頁中八行第九字「倩」，〔資〕、〔磧〕作「債」。

一　七二八頁中九行「不禁」，〔資〕、〔磧〕、〔南〕、〔徑〕、〔清〕作「以」。

一　七二八頁下卷末經名，〔徑〕作「法苑珠林卷第四十五」。

法苑珠林卷第三十四　收　三十四

西明寺沙門釋道世撰

攝念篇第二十八

發願篇第二十九

攝念篇此有二部

述意部第一

惟夫凡情難禁，譬等山猨，常隨外境，類同狂象，三業鼓動，緣搆玆彰。故佛立教，令常制馭，故經云：當爲心師，不師於心。身口意業，不與惡交，身戒心慧，不動如山。又經云：制之一處，無事不辦。然心性惑倒，我見爲先，煩惑難攝，亂使常行，於一切時，高舉顚屈，自非託處寂靜，摧伏三毒，身不游行，口默緘言，少睡多覺，常坐省食，思量正法，知非有無，直身正意，繫念在前，如斯等教，是名攝念也。

引證部第二

如增一阿含經云：尒時世尊告諸比丘：當修行十法，便成神通，去衆亂想，至致涅槃。一謂念佛，二謂念法，三謂念衆，四謂念戒，五謂念施，六謂念天，七謂念休息，八謂念安般，九謂念身非常，十謂念死。當善修行

佛法聖衆念　　戒施及天念

休息安般念　　身死念在後

第二張

第一念佛者，專精念佛如來形相，功德具足，身智無涯，周旋往來，皆具知之。修行一法，自致涅槃，不離念佛，便獲功德，是名念佛。

第二念法者，專精念法，除諸欲愛，無有塵勞渴愛之心，永不復興，於欲無欲，離諸結縛諸蓋之病，猶如衆香之氣，無有瑕疵亂想之念，便成神通，自致涅槃，思惟不離，便獲功德，是名念法。

第三念衆者，謂專精念如來聖衆，成就質直，無有邪曲，上下和穆，如來聖衆，四雙八輩，當敬承事，除諸亂想，自致涅槃，不離僧念，便獲功德，是名念僧。

第四念戒者，所謂戒者，息諸惡故，戒能成道，令人歡喜，戒瓔珞身，現衆好故，猶如吉祥瓶，所願便剋，除諸亂想，自致涅槃，不離戒念，便獲功德，是名

第三張

念戒
第五念施者謂專精念施所施之上永無悔心無反報想快得善利若人罵毀相加刀仗當起慈心不興瞋恚我所施者施意不絕除諸亂想自致涅槃不離施念便獲功德是名念施
第六念天者謂專精念天身口意淨不造穢行戒行成身身放光明無所不照成彼天身善業果報成彼天身衆行具足除諸亂想自致涅槃不離天念便獲功德是名念天
第七念休息者謂心意想息志性詳諦亦無卒暴當專一心意樂閑居於求方便入三昧定常念不貪勝光常達除諸亂想自致涅槃不離休息便獲功德是名念休息
第八念安般者謂專精念安般者若息長時觀知我今息長若復息短亦當觀知我今息短若息極冷極熱亦當觀知我今息冷熱出入分別數息長短除諸亂想自致涅槃不離安般便獲功德是名念安般
第九念身者謂專精念身髮毛爪齒皮宍筋骨膽肝肺心脾腎大腸小腸白直旁光屎尿百葉滄蕩脾泡溺淚唾洟膿血脂涎髑髏腦等何者是身地種水種火種風種是也皆是父母所造從何處來爲誰所造此之六根於此終已當生何處除諸亂想自致涅槃不離身念便獲功德是名念身

第四張

第十念死者謂專精念死此沒生彼往來諸趣命逝不停諸根散壞如腐敗木命根斷絕種族分離無形無響亦無相貌除諸亂想自致涅槃不離死念便獲功德是名念死而說偈曰

佛法及聖衆　乃至竟死念
雖與上名曰　其義各別異

又分別功德論云第一念佛何事佛身金剛無有諸漏若行時足離地四寸千輻相文跡現於地足下諸蟲七日安隱若其命終皆得生天昔有一惡比丘本是外道假服誹謗逐如來行自殺飛蟲著佛跡處言佛蹈殺然蟲雖死遇佛跡處尋還得活若入城邑足蹈門閫天地大動百種音樂不鼓自鳴諸聾盲瘂百病自除覩佛相好隨行得度功德所濟不可稱計揔會萬行運載爲先所謂念佛其義如此
第二念法者法是無漏道無爲無欲佛者是諸法之主法者是結使之主法出諸佛法生佛道若然者何不先念法後念佛耶荅曰法雖微妙無能知者猶若伏藏無處不有要藉通人示處方得自濟窮乏法亦如是理雖玄妙非如來不暢是以念佛在先稱法爲後
第三念僧者謂四雙八輩十二賢士捨世貪諍開導天人則是衆生良祐福田故昔有薄福比丘名梵摩達（律名羅旬喻比丘也）在千二百五十衆中令衆僧不得食莫知誰咎佛使分爲二部一部得一部不得復分不得爲二部半得半不得如是展轉乃至二人一得食一不得食乃知無福雖得至鉢自然消化佛愍其厄自手授食在於鉢中神力所制不能化去佛欲令現身得福故令二滅盡比丘以食飽此即時得福時波斯匿王聞此薄福佛愍與食

我今亦當爲其設福即遣粇米時有一烏飛來銜一粒米去使人呵曰王爲梵摩達設福汝何以持去耶烏即持還本處所以然者此比丘蒙僧福力鳥獸不能侵害也用是證知爲良福田旣自度度人至三乘道念衆之法其義如此

第四念戒者從五戒十戒二百五十至五百戒皆禁制身口斂諸邪非斂御六情斷諸欲念中表清淨乃應戒性昔有二比丘共至佛所路經曠澤頓乏水漿時有小池汪水衆蟲滿中一比丘深思禁律以無犯爲首若飲此水殺生甚多寧全戒殞命於是命終即生天上一比丘自念飲水全命可至佛所焉知死後當生何趣即飲蟲水所害甚多雖得見佛去我甚遠啼泣向佛自云同伴命終佛指上天曰汝識此天不此是汝伴以全戒功即生天上今來在此卿雖見我去我大遠彼雖喪命常在我所卿今見我正觀我完形豈識眞戒乎以是經云波羅提木叉是汝大師若能持戒展轉行之即是如來法身常在而不滅也夫戒有三種一是俗戒二是道戒三是定戒五八十具戒等爲俗戒無漏四諦爲道戒三昧禪思爲定戒以慧御戒使成無漏乃合道戒聲聞家戒喻若滕華動則解散大士持戒喻若頭上繫華行止不動小乘撿形動則越儀大士領心不拘外軌大小軌異故以形心爲殊內外雖殊俱至涅槃故曰念戒也

又佛般泥洹經云又欲近道當有四喜宜善念行一曰念佛意喜不離二曰念法意喜不離三曰念衆意喜不離四曰念戒意喜不離念此四喜必令具足而自了見當堅正度求解身要可以除斷地獄畜生餓鬼之道雖往來走天上人中不過七生自得苦際

又三千威儀云當念有五事一當念佛功德二當念佛經戒三當念佛智慧四當念佛恩大難報五當念佛精進乃至泥洹復有五事一當念比丘僧二當念師恩三當念父母恩四當念同學恩五當念一切人皆使解脫離一切苦

又處處經云譬如大海中沙不能計知如人所作善惡殃福前後所作不可復計要在命盡作惡逢惡處作善逢善處殃福皆預有處亦預有父母兄弟妻子眷屬等得道便止若不得道便不斷絕佛語比丘當念自身無常有一比丘即報佛言我念非常如人在世間極可至五十歲佛言莫說是語復有一比丘言可三十歲佛言莫說是語復有一比丘言可十歲佛言莫說是語復有一比丘言可一歲佛言莫說是語復有一比丘言可一月佛言莫說是語復有一比丘言可一日佛言莫說是語復有一比丘言可一時佛言莫說是語復有一比丘言可噓噏間佛言是也佛言出息不還則屬後世人命峻速在噓噏之間

又毗尼母經云若說法比丘復應常念觀身苦空無常無我不淨莫使有絕何以故當得十二念成聖法故何者

十二念一念成就已身二念成就他人三念願得人身四念生種姓家五念於佛法中得生信心六念所生處不加其功而得寤法七念所生處諸根完具八念值佛世尊出現於世九念所生處常得說正法十念願所說法常得久住十一念願法久住得隨順修行十二念常得憐愍諸衆生心故得此十二念具足必得聖法

又雜阿含經云尒時世尊告諸比丘過去世時有河中草有龜於中住止時有野干飢行覓食遥見龜蟲疾來捉取龜蟲見來即便藏六野干守伺冀出頭足欲取食之久守龜蟲永不出頭亦不出足野干飢乏瞋恚而去諸比丘汝等今日亦復如彼知魔波旬常伺汝便冀汝眼著於色耳聞聲鼻齅香舌甞味身著觸意念法欲令出生染著六境是故比丘汝等今日常當執持眼律儀住執持眼根律儀惡魔不得其便隨出隨緣耳鼻舌身意亦復如是於其六根若出若緣不得其便猶如龜蟲野干不得其便尒時世尊即說偈言

龜蟲畏野干　藏六於殼內
比丘善攝心　密藏諸覺想
不依不怖彼　覆心勿言說

尒時世尊告諸比丘譬如士夫游空宅中得六種衆生一者得狗即執其狗繫著一處次得其鳥次得毒蛇次得野干次得失收摩羅次得獼猴得斯衆生悉縛一處其狗者樂欲入村其鳥者常欲飛空其蛇者常欲入穴其野干者樂向塜間失收摩羅者長欲入海獼猴者欲入山林此六衆生悉縛一處各各嗜欲到所安處各不相樂於他處所而繫縛故各用其力向所樂方而不能脫如是六根種種境界各各自求所樂境界不樂餘境界眼常求可愛之色不可意色則生其猒耳鼻舌身意亦復如是此六種根種種行處各各不求異根境界其有力者堪能自在隨覺境界如彼士夫繫六衆生是故當勤修習身念觀

尒時世尊告諸比丘譬如有四蚖蛇凶惡毒熾盛一篋中時有士夫聰明求樂猒苦求生猒死時有一士夫語向士夫言汝今取此篋蛇摩拭洗浴恩親養食出内以時若四毒蛇脫有惱者或能殺汝或令近死汝當防護尒時士夫畏四毒蛇及五拔刀怨驅馳而走人復語言士夫內有六賊隨逐伺汝得便當殺汝當殺汝當防護尒時士夫畏四毒蛇五拔刀怨及內六賊恐怖馳走還入空村見彼空舍危朽腐毀有諸惡物促皆危脆無有堅固人復語言士夫是空聚落當有六賊來必掩汝尒時士夫畏毒蛇五拔刀賊內六惡賊空村群賊而復馳走忽尒道路臨一大河其水復急但見此岸有諸怖畏而見彼岸安隱快樂清淨無畏而無橋船可度得至彼岸作是思惟我取草木縛束成栰手足方便度至彼岸作是念已即拾草木依於岸傍縛束成栰手足方便截流橫度如是士夫免四毒蛇五拔刀怨六內惡賊復得脫於空村群賊度於濵流離於此岸種種怖畏得至彼岸安隱快樂我說譬喻當解其義比丘篋者譬此身色麤四大

四大所造精血之體穢食長養沐浴
衣服無常變壞危脆之法毒蛇者譬
如四大地界水界火界風界地界若
諍能令身死及以近死水火風諍亦
復如是五拔刀怨者譬五受陰內六
賊者譬六愛喜空村者譬六內入觀
察眼入之處是無常變壞虛偽之法
耳鼻舌身意亦復如是空村群賊者
譬外六入處眼爲可意不可意色所
害耳聲鼻香舌味身觸意法亦如是
復流者譬如四流欲流有流見流無
明流河譬三愛欲愛色愛無色愛此
岸多恐怖者譬有身彼岸清涼安樂
者譬無餘涅槃栰者譬八正道手足
方便截流度者譬精進勇猛得到彼
岸婆羅門住處者譬如來應等正覺
又木槵子經云時有難國王名波瑠
璃白佛言我國邊小頻歲寇賊五穀
涌貴疫疾流行人民用苦我常不安
法藏深廣不得修行唯願垂矜賜我
法要佛告王言若欲滅煩惱障者當
貫木槵子一百八常以自隨至心無散
稱南無佛陁南無達摩南無僧伽名

乃過一木槵子如是漸次度木槵子
若十二十若百若千乃至百千萬若
能滿二十萬徧身心不亂離諸諂曲
者捨命得生第三焰摩天衣食自然
常安樂行若復能滿一百萬徧者當
斷除百八結業獲無上果王聞歡喜
我當奉行佛告王曰有莎斗比丘誦
三寶名經歷十歲得成斯陁含果漸
次修行今在普香世界作辟支佛王
聞是已倍復修行
又賢愚經云波羅㮈國有居士字曰
毱提此人有子名優波毱提後年長
大家貧燋煎父付財物居肆販賣有
邪貰羇阿羅漢往到其邊而爲說法
教使繫念以白黑石子用當籌算善
念下白惡念下黑優波毱提奉受其
教善惡之念輒投石子初黑偏多白
者尠少漸漸修習白黑正等繫念不
止更無黑石純有白者善念已盛逮
得初果
又譬喻經云昔有人不信敬婦甚事
佛婦白壻曰人命無常可修福德壻
無心懶惶婦恐將來入地獄中卽復

白壻欲懸一鈴安著戶上君出入時
搖鈴作聲稱南無佛壻曰甚善如是
經久其壻命終獄卒叉之擲鑊湯中
叉搖鑊作聲謂是鈴聲稱南無佛獄
官聞之此人奉佛放令出去得生人
中
又雜譬喻經云昔有五百賈客乘船
入海值摩竭魚出頭張口欲食衆生
時日少風而船去如箭薩薄主語衆
人言船去太疾可捨帆如言捨下船
去轉駛不可得止薩薄主問樓上人
言汝見何等我見上有兩日出下有
白山中有黑山薩薄主驚言此是大
魚當柰何哉我與汝等今遭困厄入
此魚腹無有活理汝等各隨所事一
心求之於是衆人各隨所奉一心歸
命求脫此厄所求逾篤船去逾疾須
臾不止當入魚口於是薩薄主告諸
人言我有大神號名爲佛汝等各捨
奉神一心稱之時五百人俱發大聲
稱南無佛魚聞佛名自思惟言今日
世間乃復有佛我當何忍傷害衆生
卽便閉口水皆倒流轉得遠魚五百

賈人善心即生皆得解脫
又大集經云譬如沙門自有頭鬚生不知日長幾分如是菩薩罪生不能自知言我無罪者
又雜阿含經尒時世尊說偈言
善護於身口　及意一切業
慚愧而自防　是名善守護
尒時世尊告諸比丘有二淨法能護世間何等為二所謂慚愧假使世間無此二淨法者世間亦不知有父母兄弟姊妹妻子宗親師長尊卑之緒顛倒渾亂如畜生趣即說偈言
世間若無有　慚愧二法者
違越清淨道　向生老病死
世間若成就　慚愧二法者
增長清淨者　永閉生死門
又惟無三昧經云佛告阿難善男子人求道安禪先當斷念人生世間所以不得道者但坐思想穢念多故一念來一念去一日一宿有八億四千萬念念念不息一善念者亦得善果報一惡念者亦得惡報報如響應聲如影隨形是故善惡罪福各別頌曰
靜念遺忘慮　有慮非理盡
境來投虛空　虛空何所軨
託陰游重冥　冥亾影迹殯
四果皆欣求　一乘獨玄泯

發願篇第二十九（此有二部）

述意部第一
夫佛果聲絕登之有階法雲峻極屆之有漸是以創發大誠則玄福招於極果初立弘誓則妙願徧於來際一念興行遂感塵刧之瑞華半刻虔躬乃得大千之甘露蓋是大乘之根基種智之津衢也

引證部第二
如阿彌陁經云佛語阿難阿彌陁佛為菩薩時常奉行是二十四願珍寶愛重保持恭順何等為二十四願
第一願使某作佛時令我國中無有泥犁禽獸薜荔蜎飛蠕動之類得是願乃作佛不得是願終不作佛
第二願使某作佛時令我國中無有婦人女人欲來生我國中者即作男子諸無央數天人民蜎飛蠕動之類來生我國者皆於七寶水池蓮華中化生長大皆作菩薩阿羅漢都無央數得是願乃作佛不得是願終不作佛
第三願使某作佛時令我國土自然七寶廣縱甚大曠蕩無極極自軟好所居舍宅被服飲食都皆自然比如第六天王所居處得是願乃作佛不得是願終不作佛
第四願使某作佛時令我名字皆聞八方上下無央數佛國皆令諸佛各於比丘僧大座中說我功德國土之善諸天人民蜎飛蠕動之類聞我名字莫不慈心歡喜踊躍者皆令來生我國得是願乃作佛不得是願終不作佛
第五願使某作佛時令八方上下諸無央數天人民及蜎飛蠕動之類若前世作惡聞我名字欲來生我國者即便反正自悔過為道作善便持經戒願欲生我國不斷絕壽終皆令不復泥犁禽獸薜荔即生我國在心所願得是願乃作佛不得是願終不作佛

第六願使某作佛時令八方上下無央數佛國諸天人民若善男子善女人欲來生我國用我故益作善若分檀布施繞塔燒香散華然燈懸雜繒綵飯食沙門起塔作寺斷愛欲齋戒清淨一心念我晝夜一日不斷絕皆令來生我國作菩薩得是願乃作佛不得是願終不作佛

第七願使某作佛時令八方上下無央數佛國諸天人民若善男子善女人有作菩薩道奉行六波羅蜜經若作沙門不毀經戒斷愛欲齋戒清淨一心念欲生我國晝夜不斷絕若其人壽欲終時我即與諸菩薩阿羅漢共飛行迎之即來生我國則作阿惟越致菩薩智慧勇猛得是願乃作佛不得是願終不作佛

第八願使某作佛時令我國中諸菩薩欲到他方佛國生者皆令不更泥犁禽獸薜荔皆令得佛道得是願乃作佛不得是願終不作佛

第九願使某作佛時令我國中諸菩薩阿羅漢面目皆端正淨潔姝好悉同一色都一種類比如第六天人得是願乃作佛不得是願終不作佛

第十願使某作佛時令我國中諸菩薩阿羅漢皆同一心所念欲所言者預相知意得是願乃作佛不得是願終不作佛

第十一願使某作佛時令我國中諸菩薩阿羅漢皆無有淫泆之心終無念婦女意終無有瞋怒愚癡者得是願乃作佛不得是願終不作佛

第十二願使某作佛時令我國中諸菩薩阿羅漢皆令心相敬愛終無相嫉憎者得是願乃作佛不得是願終不作佛

第十三願使某作佛時令我國中諸菩薩欲共供養八方上下無央數諸佛皆令飛行即到欲得自然萬種之物即皆在前持用供養諸佛悉皆得徧以後日未中時即飛行還我國得是願乃作佛不得是願終不作佛

第十四願使某作佛時令我國中諸菩薩阿羅漢欲飯時即皆自然七寶鉢中有自然百味飯食在前食已自然去得是願乃作佛不得是願終不作佛

第十五願使某作佛時令我國中諸菩薩身皆紫磨金色三十二相八十種好皆令如佛得是願乃作佛不得是願終不作佛

第十六願使某作佛時令我國中諸菩薩阿羅漢語者如三百鍾聲說經行道皆如佛得是願乃作佛不得是願終不作佛

第十七願使某作佛時令我洞視徹聽飛行十倍勝於諸佛得是願乃作佛不得是願終不作佛

第十八願使某作佛時令我智慧說經行道十倍於諸佛得是願乃作佛不得是願終不作佛

第十九願使某作佛時令八方上下無央數佛國諸天人民蜎飛蠕動之類皆令得人道悉作辟支佛阿羅漢皆坐禪一心共欲計數知我年壽幾千億萬劫歲數皆令無有能極知壽者得是願乃作佛不得是願終不作佛

第二十願使某作佛時令八方上下各千億佛國中諸天人民蜎飛蠕動之類皆令作辟支佛阿羅漢皆坐禪一心共欲計數我國中諸菩薩阿羅漢知有幾千億萬人皆令無有能知數者得是願乃作佛不得是願終不作佛

第二十一願使某作佛時令我國中諸菩薩阿羅漢壽命無央數劫得是願乃作佛不得是願終不作佛

第二十二願使某作佛時令我國中諸菩薩阿羅漢皆智慧勇猛自知前世億萬劫時宿命所作善惡却知無極皆洞視徹知十方去來現在之事得是願乃作佛不得是願終不作佛

第二十三願使某作佛時令我國中諸菩薩阿羅漢皆智慧勇猛頂中皆有光明得是願乃作佛不得是願終不作佛

第二十四願使某作佛時令我頂中光明色好勝於日月之明百千億萬倍絕勝諸佛光明焰照諸無央數天下幽冥之處皆當大明諸天人民蜎飛蠕動之類見我光明莫不慈心作善者皆令來生我國得是願乃作佛不得是願終不作佛

佛告阿難阿彌陁佛為菩薩時當奉行是二十四願不犯道法絕去財色精明求願積功累德無央數劫今致作佛悉皆得之不亾其功也

又佛說滅十方冥經云時有釋種童子名面善悅來白佛言唯天中天今我二親身不安和横為非人所見侵嬈晝夜寤寐不得寧息出入行步亦見逼惱或遭非人嫩蠱婆邪無以防護唯願世尊告示以法隨時救濟令無嬈害佛告面善悅當為汝說擁護之法

佛言東方去此過于八千那術佛土有世界名拔眾塵勞其佛號等行如來今現在說法人若東行先當稽首歸命供養於東方佛則無恐懼莫敢侵嬈有所興作悉當如願

佛告童子南方去此過于十億百千佛土有世界名消冥等要脫其佛號初發心念離恐畏歸依超首如來今現在說法若欲南行當遙稽首歸命彼佛專意不離則無恐懼不遇患難

佛告童子西方去此如殑伽河沙諸佛剎土有世界名善選擇其佛號金剛步迹如來今現在說法若欲西行先當稽首禮於彼佛一心歸命則無恐懼不逢患難

佛告童子北方去此過二萬佛土有世界名覺辯其佛號寶智首如來今現在說法若欲北行設在家居稽首作禮歸命彼佛則無恐懼不遇患難

佛告童子東北方去此過于百萬億佛土有世界名持所念其佛號壞魔慢獨步如來今現在說法若諂東北方當遙稽首歸命彼佛所在獲安則無所畏

佛告童子東南方去此過二殑伽河沙等佛土有世界名常照曜其佛號初發心不退轉輪成首如來今現在說經若東南方行先當稽首五體投地一心歸命然後乃進則無恐懼

佛告童子西南方去此過于八萬佛

土有世界名覆白灰露其佛號寶蓋照空如來今現在說法若西南行先當稽首彼方如來以華遙散念於無相然後乃進則無恐懼

佛告童子西北方去此過六姟伽河沙佛之刹土有世界名住清淨其佛號開化菩薩如來今現在說法若西北方行先禮彼佛自歸悔過淨修梵行然後出家則無恐懼

佛告童子下方去此過九十二姟佛之刹土有世界名念無倒其佛號念初發意斷疑拔欲如來今現在說法若欲坐時若夜臥時念斯如來稽首自歸常以普慈念救衆生然後坐臥則無恐懼

佛告童子上方去此過六十姟伽河沙等佛土有世界名離恐懼無有處所其佛號消冥等超王如來今現在說法若從坐起常禮彼佛自歸供養則無恐懼所至獲安

佛告童子假使有人受此經典持諷讀誦爲他人說具足備悉令不缺減速成所願終無恐懼若到縣官不見侵枉若行賊中不見危害若行大火中即爲消滅若行大水中終不沒溺天龍鬼神獒惡之神無敢觸者諸惡獸無敢近者諸魅魍魎無能嬈者若在閑居獨處則爲如來之所擁護佛說如是帝釋善面悅童子等聞經歡喜作禮而退

又持地論云菩薩發願略說五種一發心願二生願三境界願四平等願五大願彼菩薩初發無上菩提心是名發心願願未來世爲衆生故隨善趣生是名生願願正觀諸法無量等諸善根思惟境界是名境界願願未來世一切菩薩善攝事是名菩薩平等願大願者即平等願

菩薩又說十種大願

一者願一切種供養無量諸佛

二者願護持一切諸佛正法

三者願通達諸佛正法

四者願生兜率天乃至般涅槃

五者願行菩薩一切種正行

六者願成熟一切衆生

七者願一切世界悉能現化

八者願一切菩薩一心方便以大乘度

九者願一切正行方便無礙

十者願成無上正覺

是菩薩住於初地方便淨信現在修行於未來事生十大願

一者以清淨心常願供養一切諸佛

二者受持守護諸佛正法

三者勸請諸佛轉未曾有法

四者順行菩薩正行

五者一切器界具足成熟

六者一切世界悉能現化

七者自淨佛土

八者一切菩薩同一方便以大乘化

九者利益衆生一切不空

十者一切世界得阿耨菩提作一切佛事

如是大願能生無量百千大願不離衆生界不離世間此諸大願生生常行終不忘失

又華嚴經云諸佛子菩薩住歡喜地以十願爲首生如是等百萬阿僧祇大願以不可盡法而生是願爲滿是

願勤行精進何等爲十一衆生不可盡二世界不可盡三虛空不可盡四法界不可盡五涅槃不可盡六佛出世不可盡七諸佛智慧不可盡八心所緣不可盡九起智不可盡十世間轉法輪智轉不可盡若衆生盡我願乃盡乃至起智轉盡我願乃盡而衆生乃至起智諸轉實不可盡我諸願善根亦不可盡

又文殊師利問菩提經云尒時天子問文殊師利言菩薩有幾心能攝因能攝果文殊荅言諸菩薩有四心能攝因攝果何等爲四一初發心二行道心三不退轉心四一生補處心初發心爲行道心作因緣行道心爲不退轉心作因緣不退轉心爲一生補處心作因緣

又初發心如種穀田中行道心如穀子增長不退轉心如華果始成補處心如華果有用

又初發心如車匠輮材行道心如斫治材木不退轉心如安施材木一生補處心如車成運致

又初發心如月新生行道心如五日月不退轉心如月十日一生補處心如月十四日如來智慧如十五日月

又初發心能過聲聞地行道心能過辟支佛地不退轉心能過不定地一生補處心安住定地

又初發心如病者求藥行道心如分別藥不退轉心如病服藥補處心如病得差

又大集經云尒時舍利弗白佛言世尊菩薩初發無上菩提心時聞諸衆生有如是行不驚不怖是事實難不可思議佛言舍利弗於意云何如師子雖復初產聞師子吼有怖畏不不也世尊菩薩摩訶薩初發無上菩提心時聞衆生行亦復如是舍利弗於意云何火熱雖小畏乾薪不不也世尊菩薩初發無無上菩提心已得智慧火亦復如是舍利弗今以非喻爲喻舍利弗譬如猛火與諸乾薪結期七日當大戰鬬尒時一切乾樹草木種種枝葉悉共合聚如須彌山尒時猛火有一親友而告之言汝今何故不自莊嚴多覓有救援助彼衆汝唯一已何能當之時火荅言彼怨雖多我力能敵不須伴黨舍利弗菩薩摩訶薩亦復如是雖諸煩惱悉共和合其熱熾盛菩薩智慧力能消伏如阿伽陁一丸之藥能破大毒菩薩智慧亦復如是小智慧藥能壞無量大煩惱毒

又佛本行經云尒時佛告諸比丘僧作如是言汝諸比丘我念往昔久遠之時有一貧人以乞自活從一城至波羅柰城至彼城已其城所有乞人見者皆呵責言汝從何來而至於此遂遮不聽游行告乞尒時彼人見有障礙作是思惟我於彼輩無有過失何故障我而告乞也於時波羅柰城有一長者遺失銅鉢時彼長者求覓銅鉢所在不獲因求鉢故至餘一村時彼乞人於糞聚中得彼銅鉢掛於杖頭將來往入波羅柰城從街至街從街至街從此夾街至彼夾街從此方隅至彼方隅口唱是言此之銅鉢是誰之物識者收取而彼游歷處處東西

求覓其主了不能得既不得主便即往至付梵德王乃至長者後聞有人從彼㝔中得一銅鉢掛於杖頭將來入彼波羅柰城處處游訪不知主處既不得主便付梵德王既聞是已到梵德王邊到已白言大王當知前者乞人所奉銅鉢是我之物時梵德王遣使往喚彼之乞人而語之言汝於前者所送銅鉢今此長者云是我許其事如何彼人即白梵德王言如是大王我本不知彼之銅鉢是誰之物在㝔聚中我既得已即掛杖頭將來入城東西訪問不知主處遂奉大王任王所用尒時梵德聞彼語已心大歡喜而告彼言仁者汝今欲於我邊乞何等願我當與汝而彼銅鉢還其長者尒時彼人白梵德王作如是言大王今若必欲歡喜與我願者願王於此波羅柰城所有乞人用我為王也時梵德王復告彼言今者何用與彼乞兒而為王也但當更乞諸餘好願或金或銀或索國中最勝村落用為封邑我即與汝時彼乞人復白王言王若歡喜與我願者我今止欲得前所願王遂報言任汝所樂隨汝作耳尒時在彼波羅柰城合有五百乞兒依住彼乞願者悉喚令集而告之言我今得與汝等為王汝等必當聽我處分時諸乞人問彼王言汝今云何處分我等令作何事時彼人言汝等相共或有捉置髆上者或有取我而背負者自餘皆悉為我左右圍繞而行而彼五百諸乞兒輩聞彼語已即從處分或有轝者或背負者處處游行所有飲食坐席之所即往彼乞乞已將向一處分張而共食噉如是方便多時活命時有一人屏處獨食摩呼茶迦(隨言歡喜丸也)尒時乞王從其人邊奪取彼食已將走其王徒衆五百乞兒逐彼王走至於遠處皆悉疲乏既疲乏已悉各迴還其彼乞王身力壯健走而不乏更至遠已迴頭望看五百乞兒悉皆不見既不見已入一園內取水洗手坐於一邊欲食彼食未食之間便生悔心我今不善我今何故於彼人邊取其食更復誑我隨從人輩此食既多我食不盡若世間內有諸聖人願知我意而來此者我即分與發是心已有辟支佛名曰善賢從虛空東飛騰而來在彼人前從空直下去其不遠其人遙見彼辟支佛威儀庠序行步齊亭舉動得所不緩不急見如是已於彼辟支佛所心得淨信得淨信已作如是念由我往昔所受貧煎及以現在皆悉不值如是福田於如是人不行布施恭敬供養我昔若值如是福田今日應不遭斯困頓亦不應被他逼切而得活命我今將此食奉上仙人未審此仙受納以不若蒙受者願我將來免此貧煎困厄之身作是念已即將此食奉此仙人彼辟支佛有如是法唯現神通教化衆生更無別法時辟支佛受取彼食從地騰空而去其人見彼歡喜踊躍徧滿其體不能自勝以歡喜故頂戴指掌遙禮彼尊辟支佛足作是禮已心發是願我此身於未來世每常值遇如是世尊或勝此者而彼世尊所說之法願我一聞速得證

解又願我於未來世中在大威德豪族姓家為王治化更莫在彼貧兒之内復作是願生生世世不墮惡道佛告諸比丘作如是言汝諸比丘若有心疑於彼之時波羅柰城乞兒之王施辟支佛摩乎茶迦此是誰者莫作異見婆提喇迦比丘是也時乞兒王施辟支佛食因彼業果今生釋種大豪貴族資財無乏少由昔願故今得王位又由昔願不墮惡道常生人天多受快樂又由昔願今值於我而得出家受具足戒得羅漢果我又授記於我聲聞弟子之中豪姓出家最第一者婆提喇迦比丘是也

頌曰

賢人慕高節　志願菩提因
御鶴翔伊水　筞馬出王田
本祈立弘誓　感報彌陁身
能仁修八正　超逾九劫前
聲流徧三界　慈化通大千
掩塵息安想　凡聖並欣然
合生同志趣　保益啓心神
生死必永盡　豈同莊老仙

法苑珠林卷第三十四

法苑珠林卷第三十四　校勘記

一　底本，金藏廣勝寺本。

一　七三五頁中一行經名，徑作「法苑珠林卷第四十六」。卷末經名同。

一　七三五頁中三行「攝念篇第二十八」下，資、磧、南、清有夾註「此有二部」。

一　七三五頁中四行「發願篇第二十九」，徑、清無。

一　七三五頁中五行「攝念篇　此有二部」，資、磧、南、徑、清無。

一　七三五頁中五行與六行之間，清有「述意部　引證部」一行。

一　七三五頁中六行「第一」，徑無。一八行部目下序數例同。

一　七三五頁中八行「兹彰」，資、磧、南、徑、清作「滋彰」。

一　七三五頁下五行第一二字「彤」，資、磧、南、徑、清、麗作「形」。下同。

一　七三五頁下一六行「和穆」，徑、清作「和睦」。

一　七三六頁上八行「戒行成身」，資、磧、南、徑、清作「行戒成身」。

一　七三六頁上一三行第六字「當」，資、磧、南、徑、清作「恒」。又末字「於」，資、磧、南、徑、清、麗作「常」。

一　七三六頁上一四行末字「常」，資、磧、南、徑、清作「上」。

一　七三六頁上一八行第八字「急」，

資、磧、南、徑、清、麗作「息」。

一　七三六頁中二行首字「白」，資、磧、南作「句」；徑作「匈」；清作「匀」。又「脾泡」，南、徑、清作「脾胞」。

一　七三六頁中三行第六字「涎」，資、磧、南、徑、清作「羡」。

一　七三六頁中七行「身念」，資、磧、南、徑、清作「念身」。

一　七三六頁中一四行「名曰」，資、磧、南、徑、清、麗作「名同」。

一　七三七頁上一行「即遺粋米」，資、磧、南、徑、清作「即遣粋米」；麗作「即遺鞾米」。

一　七三七頁上八行「戒者」，資、磧作「戒時」。

一　七三七頁上一二行「汪水」，資、磧、南、徑、清作「注水」。

一　七三七頁上一七行「去我甚遠」，資、磧、南、徑、清無。

一　七三七頁上一八行「上天」，資、磧、南、徑、清作「一天」。

一　七三七頁中一行「法身」，資、磧作「法師」。

一　七三七頁下一三行第八字「一」，資、磧、南、徑、清無。

一　七三七頁下一九行「峻速」，資、磧、南、徑、清作「駿速」。

一　七三八頁上一六行「如彼」，資、磧、南、徑、清作「如是」。

一　七三八頁中二行「殼內」，資、磧、南、徑、清作「㱿內」。

一　七三八頁下五行第一三字「怨」，資、磧、南、徑、清作「仗」。

一　七三八頁下六行首字「馳」，資、磧、南、徑、清作「驅」。

一　七三八頁下七行「汝當殺」，資、磧、南、徑、清、麗無。

一　七三八頁下一〇行第九字「促」，資、磧、南、徑、清作「但」。

一　七三八頁下一二行「必掩」，資、磧、南、徑、清作「必奄」。又「毒蛇」，資、磧、南、徑、清作「四毒蛇」。

一　七三八頁下二一行「澓流」，資、磧、南、徑、清作「彼流」。

一　七三九頁上三行第一三字「界」，資、磧、南、徑、清無。

一　七三九頁上六行「愛喜」，資、磧、南、徑、清作「憂喜」。

一　七三九頁上一〇行第一二字「亦」，資、磧、南、徑、清作「亦復」。

一　七三九頁上一九行第一二字「常」，資、磧、南、徑、清作「恒」。

一　七三九頁中三行第一一字「離」，資、磧、南、徑、清無。

一　七三九頁中一七行第七字「捉」，資、磧、南、徑、清、麗作「投」。

一　七三九頁下三行第九字「叉」，資、磧、南、徑、清作「扠」。四行首字同。

一　七三九頁下一〇行第九字「航」，資、磧、南、徑、清、麗作「帆」。

一　七三九頁下一一行第三字「駛」，資、磧、南、徑、清作「使」。

一　七四〇頁上三行「不知」，徑、清作「不自知」。

一　七四〇頁上一六行「永閑」，資、

磧、南、徑、清作「永開」。

一七四〇頁上二二行「報報」，資、磧、南、徑、清、麗作「果報」。

一七四〇頁中四行末字「殞」，資、磧、南、徑、清作「隕」。

一七四〇頁中六行夾註「此有二部」，徑無。

一七四〇頁中六行與七行之間，清有「述意部　引證部」一行。

一七四〇頁中七行「第一」，徑無。一四行部目下序數例同。

一七四〇頁中一六行末字「寶」，清作「實」。

一七四〇頁下一行第六字「皆」，資、磧、南、徑、清無。

一七四〇頁下六行「廣縱」，麗作「縱廣」。又「極自受好」，資、磧、南、徑、清作「自然軟好」。

一七四一頁上一一行第一三字「經」，麗無。

一七四一頁上末行「姝好」，資、磧、南、徑、清作「姝妙」。

一七四二頁上二一行「色好」，資、磧、南、徑、清、麗作「絕好」。

一七四二頁中一一行首字「娆」，徑、清作「撓」。下至次頁中四行一二字同。

一七四二頁中二〇行第五字「與」，南、徑、清作「興」。

一七四二頁中二二行首字「佛」，資、磧、南、徑、清作「億」。

一七四二頁下四行「殑伽河」，資、磧、南、徑、清作「恒河」。下同。

一七四二頁下一一行第六字「比」，資、磧、南、徑、清無。

一七四二頁下一二行第五字「佛」，資、磧、南無。

一七四二頁下一五行第一二字「詣」，資、磧作「諸」。

一七四二頁下二一行第六字「方」，徑、清無。

一七四三頁上一五行「則無恐懼」，資、磧、南、徑、清作「則無恐懼所願必果」。

一七四三頁上一七行「恐懼」，資、磧、南、徑、清作「諸恐懼」。

一七四三頁上二一行「佛告」，資、磧、南、徑、清作「佛言」。又第一三字「持」，資、磧、南無。

一七四三頁中四行「諸魅」，資、磧、南、徑、清作「諸鬼」。

一七四三頁中六行「善面」，徑、清作「面善」。

一七四三頁中八行「持地論」，資、磧、南、徑、清作「地持論」。

一七四三頁中一七行「供養」，資、磧、南、徑、清作「供養供養」。

一七四四頁上一三行「攝果」，麗作「能攝果」。

一七四四頁上一七行「因緣」，資、磧、南、徑、清作「因緣也」。

一七四四頁上二一行「輯材」，資、磧、南、徑、清作「集材」。

一七四四頁中一行「五日月」，資、磧、南、徑、清作「月五日」。

一七四四頁中一五行「十五日月」，資、

磧、南、徑、清作「月十五日」。

一七四四頁中一八行第六字「無」，資、磧、南、徑、清、麗無。

一七四四頁下五行第二字「熱」，資、磧、南、徑、清、麗作「勢」。

一七四四頁下一六行「告乞」，資、磧、南、徑、清作「乞告」。

一七四四頁下二一行「方隅」，資、磧、南、徑、清作「嵎角」。二二行同。

一七四五頁上三行第六字「一」，資、磧、南、徑、清無。

一七四五頁上一九行「爲王」，資、磧、南、徑、清作「爲乞人王」。

一七四五頁中一行「止欲得」，資、磧、南、徑、清作「正欲彼」；麗作「正欲得」。

一七四五頁中八行第六字「捉」，資、磧、南、徑、清作「捉我」。

一七四五頁中一〇行第一三字「語」，磧、南、徑、清作「證」。

一七四五頁中一四行「一人」，資、磧、南、徑、清作「一一乞人」。

一七四五頁中一五行夾註「隨言歡喜丸也」，資、磧、南、麗作「隋言歡喜丸也」；徑、清作「此言歡喜丸」。

一七四五頁中末行第七字「取」，資、磧、南、徑、清、麗作「奪取」。

一七四五頁下四行第五字「裏」，資、磧、南、徑、清無。

一七四五頁下二二行「每常」，資、磧、南、徑、清作「恒常」。

一七四六頁上一〇行第一一字「常」，資、磧、南、徑、清作「恒」。

一七四六頁上二一行「安想」，資、磧、南、徑、清、麗作「妄想」。

法苑珠林卷第三十五

西明寺沙門釋道世撰

法服篇第三十
然燈篇第三十一

法服篇此有六部

述意部　功能部　會名部
濟難部　感報部　違損部

述意部第一

夫袈裟爲福田之服如敬佛塔泥洹僧爲儭身之衣尊之如法衣名銷瘦取能銷瘦煩惱鎧名忍辱取能降伏衆魔亦喻蓮華不爲汙泥所染亦名幢相不爲邪衆所傾亦名田文之相不爲見者生惡亦名救龍之服不爲金鳥所食亦名降邪之衣不爲外道所壞亦名不正之色不爲俗染所貪是以教有内外之别人有道俗之異在家則依乎外教服先王之法服順先王之法言上有敬親事君之禮下有妻子官榮之變此則恭孝之躅理叶儒律出家則依乎内教服諸佛之法服行諸佛之法行上捨君親愛敬之重下割妻子官榮之好以禮誦之善自資父母行道之福以報國恩之重既許不以毀形易服爲過豈宜責以敬親事君之禮是故鬚髮之辰天魔聞而遙慟染衣之日帝釋見而遠歡戲女聊披無漏遂滿醉人暫剪惡緣即捨龍子賴而息驚象王見而止怯故知三領法衣蔽身儉用三種壞色伏我愛情既做稻田自成應供之德遠同先佛寔遵和敬之道出塵反俗所貴如斯者乎

功能部第二

如華嚴經云著袈裟者捨離三毒也又大悲經云但使性是沙門汙沙門行自稱沙門形似沙門被著袈裟於彌勒佛乃至樓至佛所得入涅槃無有遺餘又悲華經云釋迦牟尼佛昔於過去寶藏佛所發菩提心願我成佛時令我袈裟有五功德一者我成佛已若有衆生入我法中出家著袈裟者或犯重禁或犯邪見若於三寶輕毀不信集諸重罪比丘比丘尼優婆塞優婆夷若於一念中生恭敬心尊重佛法僧如是衆生乃至一人必與授記於三乘中得不退轉二者我成佛已天龍鬼神人及非人若能於此著袈裟者恭敬供養尊重讚歎其人若得見此袈裟少分即得不退於三乘中三者若有衆生爲飢渴所逼若貧窮鬼神下賤諸人乃至餓鬼衆生若得袈裟少分乃至四寸其人即得飲食充足隨其所願疾得成就四者若有衆生共相違反起賊想展轉鬭諍若諸天龍八部人及非人共鬭諍時念此袈裟尋生悲心柔輭之心無怨賊心寂滅之心調伏善心五者有人若在兵甲鬭訟斷事之中持此袈裟少分至此輩中爲自護故供養恭敬尊重袈裟是諸人等無能侵毁觸嬈輕弄常得勝他過此諸難若我袈裟不能成就如是五事聖功德者則爲欺誑十方世界現在諸佛於未來世不成菩提作佛又正法念經云若有衆生持戒信心清淨知僧福田爲法衣故施一菓直爲作衣價心常愛樂而生隨喜命終生林戲天自

在游戲隨意所至若生人中神德自在若有衆生心有淨信爲比丘僧染治袈裟法服命終生彩地天與諸天女五欲自娛飲食甘露無有醉亂從天命終得受人身人所愛敬

會名部第三

如大方等陀羅尼經云佛言若趣向道場應如比丘法修諸淨行具於三衣楊枝澡水食器坐具行者如是應畜至於道場如比丘法

佛告阿難衣有三種一出家衣者作於三世諸佛法式二俗服者令我弟子趣道場時當著一服常隨逐身寸尺不離若離此衣即得障道罪第三衣者具於俗服將至道場常用坐起其名如是汝當受持

又薩婆多論問曰佛常驗髮不答曰不尒佛驗常如驗髮後一七日復問曰佛初得道時著袈裟不答曰無有白衣得佛者要有三十二相出家著法衣威儀具足捨離煩惱而復一切種智入其身內袈裟者秦言染衣也結愛等亦名染也著此服者在猒不畏是故獵師假服令獸遠見

又舍利弗問經云摩訶僧祇部勤學衆經宣講眞義以處本居中應著黃衣曇無屈多迦部通達理味開導利益表發殊勝應著赤色衣薩婆多部博通敏達以導法化應著皂衣迦葉維部精勤勇猛攝護衆生應著木蘭衣彌沙塞部禪思入微究暢幽密應著青衣是故羅旬踰比丘分衞不能得食後以五種律衣更互著之便大得食何以故是其前世執性多嫉見沙門來急閉戶云大人不在見他布施歡喜攝念發心願作沙門是故今身雖得出家窮弊如此我法出家純服弊帛及死人衣因羅旬踰故受種種衣也又三千威儀云有四事到他國不著袈裟無罪一無塔寺二無比丘僧三有盜賊四國君不樂道

濟難部第四

如僧祇律云昔佛在世時尊者達尼迦閭取官材罪在不捨時瓶沙王信敬三寶見達尼迦身著袈裟雖取官材釋然不問比丘見已而白佛言此達尼迦宿殖何業爲瓶沙王原恕乃尒佛告比丘乃往過去尒時有一金翅鳥王其身極大兩翅相去六千餘里常入海中取龍食之諸龍常法畏金翅鳥常求袈裟著宮門上鳥見袈裟生恭敬心便不復前行食彼諸龍鳥食龍時以翅博海水擗龍現而取食之時有一龍爲鳥所逐即取袈裟戴著頂上尋岸而走時金翅鳥化作婆羅門追逐龍後種種罵言汝今何不放此袈裟龍畏死故急捉不捨尒時海邊有一仙人龍時恐怖投趣仙人鳥見仙人不敢復前仙人即出爲鳥說法教鳥向龍共相懺悔已各去佛告比丘昔仙人者今我身是金翅鳥者瓶沙王是尒時龍者達尼迦是昔蒙袈裟得免鳥食今復蒙我袈裟因緣得脫王難出家修道獲阿羅漢是故當知袈裟威力不可思議

又海龍王經云尒時有龍王而白世尊曰於此海中無數種龍有四種金翅鳥常食斯龍及龍妻子願佛擁護常得安隱於是世尊脫身皂衣告海

龍王汝取是衣分與諸龍皆令周徧
有值一縷者金翅鳥王不能犯觸持
禁戒者所願必得尒時諸龍各懷驚
懼各心念言是佛皂衣甚爲小少安
得周遍大海諸龍時佛則知龍心所疑
告龍王言假使三千大千世界所有
人民各分如來皂衣終不減盡譬如
虛空隨其所欲則自然生時龍即取
佛衣而分作無鞅數百千萬段各各
分與隨其所之廣狹大小自然給與
其衣如故給不知盡當敬此衣如敬世
尊如敬塔寺佛言觀如來衣者即脫
龍身於是賢劫中皆得無著當般泥
洹尒時四金翅鳥王各與千眷屬俱
白佛言今日吾等自歸三寶悔過前
犯奉持禁戒從今日始常以無畏施
一切龍擁護正法到于滅盡不違佛
教佛告金翅鳥王汝等先於金仁佛時
爲四比丘名曰欣樂大欣樂上勝上
友是四比丘違犯戒法貪於供養不
護身口意作惡衆多供養金仁佛亦
不可計以是之故不墮地獄墮此禽
獸前後殺生不可稱計佛現神足令

識宿命所作罪福普悉念之我等
寧沒身命不敢犯惡佛爲說經授其
決言彌勒佛時在第一會皆當得度

感報部第五

如百緣經云佛在世時迦毗羅衛城
中有一長者名曰瞿沙其婦生女端
正殊妙有白氎衣裹身而生因爲立
字名曰白淨年漸長大衣亦隨長鮮
白淨潔不煩浣染衆人見之競共求
索白父母言我今不貪世俗榮華願
樂出家父母愛念不能違逆尋將佛
所求索入道佛告善來比丘尼頭髮
自落身上白衣化爲袈裟成比丘尼
精勤修習得阿羅漢果阿難見已請
問因緣佛告阿難此賢劫中有佛出
世號曰迦葉將諸比丘游行聚落教
化衆生時有女人見佛及僧心懷歡
喜持一張氎布施佛僧發願而去緣
是功德天上人中常有淨衣裹身而
生乃至今者遭值於我出家得道比
丘聞已歡喜奉行

又百緣經云佛在世時波羅奈國有
梵摩達王其婦生女身被袈裟端正

殊妙世所希有因爲立字名伽尸孫
陁利年漸長大衣亦隨大稟性賢善
慈仁孝順將諸侍衛出城游戲漸次
往到鹿野苑中見佛相好心懷喜悅
前禮佛足却坐一面佛爲說法心開
意解得須陁洹果復求出家佛告善
來比丘尼頭髮自落法服著身成比
丘尼精勤修習得阿羅漢果諸天世
人所見敬仰時諸比丘見是事已請
問因緣佛告比丘乃往過去無量世
時有佛出世號加那牟尼將諸比丘
游行教化時有王女值行見佛心懷
喜悅前禮佛足請佛及僧三月受請
四事供養已復以妙衣各施一領緣
是功德天上人中尊榮豪貴常有袈
裟隨身而生佛告比丘欲知王女者
今孫陁利比丘尼是比丘聞已歡喜
奉行

又百緣經云佛在世時波斯匿王夫
人生一男兒端正殊妙世所希有身
被袈裟生已能語問父王言如來世
尊今者在不大德迦葉舍利弗大目
揵連如是徧問悉爲在不父王答曰

皆悉都在唯願大王爲我設供請佛及僧尋勅爲請佛入宮已見其太子而問之曰汝自憶念迦葉佛時是三藏比丘不荅言實是處此胞胎爲安隱不蒙佛遺恩得存性命得過日耳時王夫人見此太子佛世尊共相問荅喜不自勝而白佛言今此太子宿殖何福生便能語乃能與佛感有問荅唯願世尊敷演解說尒時世尊即便爲王說偈言

宿造諸善緣　百刧而不朽
善業因緣故　今獲如是報

此賢刧中有佛出世號曰迦葉將諸比丘游行敎化到迦翅王國時王太子名曰善生見佛世尊深生信敬歸白大王求索入道王不聽許言我唯一子當繼王位養育民衆終不聽汝出家入道時王太子聞已愁瘁斷穀不食已經六日恐命不全勅彼太子共作要誓汝今若能讀誦三藏經書通利聽汝出家然後見我時太子聞已心懷喜悅尋即出家誦習三藏盡令通利王大歡喜即語比丘我今庫藏所有財物隨汝取用終不恡惜於是王子比丘聞已取財設百味食請迦葉佛及二萬比丘供養既已一一比丘各施三衣六物緣是功德不墮惡世天上人中常有袈裟裹身而生乃至今者遭値於我故有袈裟出家得道比丘聞已歡喜奉行

違損部第六

如賢愚經云昔過去無量阿僧祇刧此閻浮提有大國王名曰提毗摠領八萬四千小國時世無佛有辟支佛在山林中福度衆生禽獸亦附時有師子名曰堅誓軀體金色食菓噉草不害群生有一獵師剔除鬚髮身著袈裟内佩弓箭行見師子而心念言可殺取皮以用上王足得脫貧値師子睡獵師便以毒箭射傷師子驚覺即往欲害見著袈裟便自念言著袈裟人不久在世必得解脫所以然者此袈裟乃是三世聖人標相我若害之則起惡心向三世諸賢聖人念已息害毒箭入體命在不久即說偈言

耶囉囉　婆奢沙莎呵

說此語時天地大動無雲而雨諸天觀見雨華供養死已剝皮持以奉王求索賞募王見念言經書有云若有禽獸金色身者必是菩薩我今云何與物賞之若與賞者同彼無異王即問言師子死時有何瑞應獵師荅言口說八字雨華動地無雲而雨王聞語已悲喜交集即召諸臣令解是義無能解者時山林中有一仙人名曰奢摩善解字義王即請來爲王解說耶囉囉者謂剔頭著袈裟者當於生死疾得解脫婆奢沙者謂剔頭著染衣者皆是三世賢聖之相近於涅槃莎訶者謂剔頭著染衣者當爲一切諸天世人所見敬仰仙人解竟王大歡喜即召八萬四千小王悉集共作七寶高車載師子皮燒香散華盡心供養打金作棺盛師子皮以用起塔尒時人民因是善心命終之後悉得生天佛告阿難尒時師子由發善心向染衣人十億萬刧作轉輪王給足衆生廣殖福業致得成佛時師子者今我身是時王提毗由因供養師子

皮故十萬億劫天上人中尊貴第一修諸善本今彌勒是時仙人者今舍利弗是時獵師者今提婆達多是以是義故若有衆生有惡心向諸沙門著袈裟者當知是人則起惡心向於三世諸佛賢聖以起惡故獲無量罪若有衆生能發信心敬於出家著袈裟人獲無量福

又大集月藏經云佛言我昔爲於一切衆生修諸苦行起大悲心捨身頭目耳鼻舌等各如毗福羅山及捨象馬國城妻子經於三千阿僧祇劫悲愍一切苦惱衆生及謗正法毀呰賢聖無慚無愧不善衆生及於一切淨佛國土所棄衆生爲如是等諸衆生故發願在於五濁惡世成無上道爲救三塗苦惱衆生安置善道及涅槃樂若有衆生於我法中爲我出家剃除鬚髮被著袈裟雖不受戒及受毀犯若有護持供養是人得大果報何況供養具持戒者若未來世國王大臣及斷事者於我弟子及著袈裟罵辱打縛或驅使及奪財物資生之具

是人則壞三世諸佛眞實報身則挑一切天人眼目則隱一切諸佛正法令諸天人墮於地獄時憍陳如及梵天王而白佛言若有爲佛剃除鬚髮被著袈裟不受禁戒受已毀犯若王大臣及斷事者罵辱打縛得幾許罪佛告梵王我今爲汝且略說之若人出於萬億佛血得罪多不梵王荅佛若人但出一佛身血其罪尚多無量無邊何況具出萬億佛血終無有能廣說彼人罪業果報佛告梵王若有惱亂罵辱打縛爲我剃髮被著袈裟不受禁戒受而犯者得罪多彼出萬億佛血何以故是人爲我出家剃髮被著袈裟雖不受戒或受毀犯是人猶能爲諸天人示涅槃道是人便已於三寶中心得敬信勝於一切九十五道其人必能速入涅槃勝於一切在家俗人是故天人應當供養若有國王見出家人作大罪業止得如法擯出國土及在寺外不得鞭打及以罵辱一切不應加其身罪若故打罵是人便已退失解脫及離一切人天

善道必定歸趣阿鼻地獄何況鞭打爲佛出家具持戒者

頌曰

外嚴內明　同資淨土　戒品無虧
法服庠序　既傚田文　亦救龍苦
威儀可觀　恩霑法雨

感應緣略引五驗

西域志云有佛袈裟驗
魏明帝有火浣布袈裟驗
宋沙門釋僧妙有袈裟驗
唐沙門釋慧光有袈裟驗
唐沙門道宣感通袈裟之驗

西域志云娑羅雙樹林邊別有一牀是釋迦佛素像在上右脇而臥身長二丈二尺四寸以金色袈裟覆上今猶現在數放神光又王舍城東北是耆闍崛山有佛袈裟石佛在世時將就池浴脫衣於此有鷲鳥銜袈裟升飛既而墜地化成此石縱橫葉文今現分明其南有佛觀田命弟子難陁製造袈裟處並數有瑞光現大唐使人王玄策等前後三迴往彼見者非一魏文帝時不信南方有火浣布帝云火

功尚能鑠石銷金何爲不燒其布文帝既崩至太子明帝時西國有獻火浣布袈裟明帝初依父語不信以火試之久燒不壞始知有徵言不虛也文帝前已著史籍上有不信火浣布之文者並私改有之

宋沙門僧妙者上黨人也家姓馮氏居于江陵上明村妙至大明年初游乞零陵因居郡治龍華精舍販貨蓄聚米至數千斛大明八年卒龍華寺災焚蕩盡妙臨終以財物付弟子法宗令造講堂僧房法宗立堂畢頗陁延日未時律房至泰始三年正月被疾甚篤時有道猛比丘隨泉陵令高陽許靜慧在縣縣即郡治之邑也猛往省宗疾入寺數步見一沙門著樺華布裙單黃小被行且罵云小子法宗違戾分不立僧房費散財物云云既迴見道猛如驚羞狀以被蒙頭入法宗房猛常往來此寺未嘗見此沙門不欲干突之先造法超道人說所聞見超疑猛或詐妄檢問形狀音氣猛具言之超曰即法宗之師亡來數載共歎悵之其夕即靈語使急召法宗法宗既至數罵甚嚴猶以僧房爲言聲音氣調不異平生法宗稽首謝之既畢問和尚今生何處善惡云何妙曰生處復粗可耳但應受小謫二年外乃可得免兼有小抑橫欲訴所司爲無袈裟不能得行可急爲製也法宗曰袈裟可辦未審和尚云何得之妙曰汝可請僧設供以袈裟爲嚫我即得也法宗如言飯僧嚫衣道猛時在會又見僧妙倚于堂戶之外拱立聽經飯嚫畢猛即見袈裟已在妙身仍進堂中欲依僧次就坐問猛年臘猛云吾忘其年是索勇虜臨江歲之二月也妙云與吾同臘見大一月耳乃坐猛下猛即空一坐位妙端默聽至坐散乃不復見時一堂道俗百餘人零陵太守秦山羊闡亦預法集自猛與妙講論往反衆但聞猛獨言耳所以咸知驗實者猛與妙不相識說其形色舉動年臘少宿莫不符同法宗始病厄困殆命至靈語日枕疾即愈靈語所著蓋是弱僮而聲氣音用聽者莫辯其殊故並信異之初聞不甚奉法因是大興敬寤建律福集即其年設講於此寺持齋布施

大唐貞觀五年梁州安養寺慧光法師弟子母氏家貧內無小衣求入子房取故袈裟作之而著與諸鄰母同聚言笑忽覺腳熱漸上至臂須臾雷震霹靂擲鄰母百步之外土泥兩耳悶絕經日方得醒寤所用衣母遂被震死火燒焦踡題其背曰由用法衣不如法也其子收殯之又再震出乃露骸林下方終銷散是知受持法服福利三歸之龍信不虛矣近有山居僧在深巖宿以衣障前感異神來形極可畏申臂內探欲取宿者畏觸袈裟礙不得入遂得免脫（右此二驗出唐高僧傳）

西明寺道宣律師乾封二年仲春二月住持感應因緣具在第十卷初時有四天王日子白宣律師曰如來臨涅槃三月未至前命文殊師利汝往戒壇所鳴鍾召四方菩薩并及比丘天龍八部等使集祇桓文殊依命告集已世尊告文殊大衆言我初踰城入

山學道以無價寶衣賀得鹿裘著有樹神現身手執僧伽梨告我言悉達太子汝今修道定得正覺過去迦葉涅槃時將此布僧伽梨大衣付囑於我令善守護待至仁者出世令我付悉達我於于時欲受大衣地便大動樹神告言今為汝開衣示福田相樹神既開我見福田相即入金剛三昧定地又大動樹神又言汝今猶是俗人未合被此法衣當置于頂上恭敬供養令汝求佛道不為魔嬈我依樹神即以頭頂戴之我初戴時大地震動不勝我身彼地神堅牢從金剛際踊出金剛山齎我所行處處承我始得安住我將六年苦行身體既羸衣猶頂上不敢辭疲唯有梵王數來見我深起大悲愍我勞苦將我伽梨上至梵天地又大動日月無光地神又告梵言汝可持衣還安頂上梵王依教大地乃安日月還明太子又告梵王汝知僧伽梨在我頂上意不答言不知太子言此為未來諸惡比丘比丘尼等不敬我解脫法服故以衣在頂上住為擁

伏天魔外道故我入河浴受二牧女乳糜時被著此大衣即得第三禪樂衆苦皆盡我坐菩提樹初轉法輪尒時樹神將塔來奉上我令我脫此服安置塔中我自成佛來于今五十載敬重此大衣守護自濯常使金剛神擎持寶塔未嘗置地每轉法輪便被此服自成道來被著五十度我欲涅槃須有付囑

佛告文殊及諸比丘天龍八部等此是迦葉佛麁布僧伽梨有大威德我以佛眼觀諸天龍鬼神及十地菩薩等未能動此大衣如毛髮許既不能動唯有如來擎此衣塔三匝繞戒壇從南面西階升于戒壇上從西面北轉至于北面上立世尊擲衣塔上空中衣塔放光徧照百億國土一切苦趣蒙光皆除猶如天樹妙樂國土如來發聲普告諸佛我欲涅槃有古迦葉佛麁布僧伽梨付我住持末法衆生諸來十方佛等願各捨一衣共持末法十方諸佛聞是語已即各脫僧伽梨以施牟尼佛世尊受已魔王

又白佛言伏願哀愍聽我欲施黃金珠寶用作盛衣塔願見聽許世尊許已便以神力於一念須衆塔皆成成已世尊自將大衣一一內寶塔中魔衆白佛不知此塔付囑何人安置何處於是如來臨欲涅槃即告羅雲汝命阿難來阿難來已世尊放光徧照大千百億釋迦俱集祇桓諸佛集已世尊即從坐起升于戒壇又告阿難汝往震旦國於清涼山窟命文殊師利我欲付囑迦葉僧伽梨諸來釋迦佛即與文殊於一彈指頃來至戒壇佛告文殊及諸來大衆我今涅槃欲付汝迦葉佛衣塔持我遺法我入涅槃後將迦葉衣塔置我戒壇北經于十二年又告四天王汝將天樂常供養衣塔

佛告文殊有惡比丘共相鬪諍滅我正法北天竺國有惡王治信受小乘誹謗大乘小乘學者更相扇惑惡魔所習所以殺害大乘三藏學者佛告文殊以是因緣聽住戒壇北十二年中惡王治世正法滅時汝當以神力擎

持衣塔游行彼國所有大乘教收內塔中彼持戒比丘為王殺者各有僧伽梨如法受持者汝亦收取內我衣塔中彼持戒比丘命未盡者汝當以神力接取安須彌頂上尒時魔王白佛言我於未來世護持正法至彼惡王出除滅大乘時我從須彌頂下大石山壓彼惡王并惡比丘猶如微塵我有千子並大威力下生閻浮提為彼諸國各造萬僧伽藍滿閻浮提及三天下為滅憂慮護持正法佛告文殊汝持我衣鉢之塔周徧閻浮及三天下乃至大千世界處處安置鎮我遺法有阿育王塔亦勸令造徧三千土

又佛告文殊師利汝以神力往祇桓中堂西寶樓上取我珠玉函將示大衆我初踰城離父王宮四十里到彼蔢林身小疲息權時止息時彼樹神現身告我言汝今修道定得金色身為三界大師迦葉佛涅槃時付囑我珠函并綃僧伽梨令我轉付囑汝我語神言汝綃僧伽梨非我所用我聞

先老所言諸佛出世不著蠶衣我今修道如何害生以付我著汝今是魔故來相惱樹神告言汝大智人何輒麁言諸佛慈悲實不著蠶衣此絲化出非是害生汝今受此珠函開中有字我即開函具見諸奇特事有大毗尼及修多羅藏迦葉遺教並在此中并見僧伽梨彼佛手迹遺書付囑樹神令付與我迦葉佛書云我初成道時大梵天王施我彼絲是化出之非是繰繭梵天王施經絲堅牢地神王施緯絲由彼二施主共成一法衣由是義故今持施我我自成道已來常披此衣未曾損失今付悉達若得成佛取我僧伽梨安置祇桓中若轉毗尼時當為我著今留此衣汝涅槃後一百年初有無智比丘分毗尼藏遂為五部從百年後分汝修多羅當為無量部諍論由興令法速滅由彼愚僧不閑三藏聞開著繒衣即為殺蠶汝若成道後彼絲自出諸國非是殺蠶故我將付樹神今轉付汝此函中並是我遺教亦將付汝住持遺法我

既讀書已地即六種震動珠函自開又放大光樹神又告我言可將此衣函置汝左肩上常起恭敬勿安餘處珠函在肩能摧諸魔及伏外道令速成佛我自受函來常在肩上乃至受乳糜菩提樹下坐時帝釋來至我所從肩上取函開取僧伽梨令我披著又取迦葉佛麁布僧伽梨安于綃衣上梵王將帝釋復施布大衣我依前納受既披三重衣二是迦葉佛衣一是我許大梵天王來告我言我見過去諸佛亦披三大衣地所不能勝世尊宜可去二大衣還安本處著我所施衣大地方得安住我遂依王言大地乃安住尒

又釋迦佛初成道時乃至涅槃唯服麁布僧伽梨及白氎三衣未曾著蠶衣繒帛何為惡比丘等謗黷我云毗尼教中開許著之初成道時受道比丘尼手執金縷袈裟持施與我我不敢受今持施僧況我三界大師服著蠶衣我於三藏教中雖聽用繒綵供養佛法僧然本非是蠶口出絲綿我

此閻浮洲及以大洲之外有千八百
大國並有繒帛絲綿皆從女口出
之非是蠶口中出由不殺害衆生命
故福業所感故從女口中出問何以
得知荅曰若欲須絲作衣時即須然
香至桑樹下便有二化女子從彼樹
下出形如八歲女從口中吐絲彼國
人等但設維車從女口中取絲轉至
維車上取足便止化女即滅我聽著
繒綵者是此女絲及天繒綵本非害
生取絲而用云何謗我害生取絲用
邪
尒時文殊便白佛言今有少疑欲有
所決未知許不佛告文殊可隨汝意
我觀大衆心皆有疑前云迦葉佛小
珠函唯長三寸三分盛彼僧伽梨一
衣亦恐不受何況容受迦葉佛三藏
教迹一切經典邪佛告文殊大衆等
是諸佛力不可思議唯佛與佛乃能
知之非汝等境界之所籌度世尊又
令文殊師利捧函世尊起禮以指闢
函如開大城門大衆咸覩一切衆事
珠塔綃衣金銀樓觀其數十萬盛諸

三藏復有天樂而常供養臺高四十
里塔高十由旬然函無增減依本三
寸十方諸來佛等各讚牟尼能於惡
世廣度衆生各施僧伽梨及一珠函
用助牟尼尊者住持遺法佛命文殊
令開佛函其中各有大衣臺觀三藏
教迹一如迦葉佛塔平等無異佛告
文殊汝將此塔還至祇桓戒壇北臺
內安置待我涅槃時自當有付囑因
此文殊重問世尊涅槃後此函塔等
當付何人何處世尊對諸大衆令付
文殊置戒壇上經三年已移置東南
角經三十年住過是年已後移西印
度頻伽羅山頂光明池南住如來滅
度後經四十五年有一惡王出現於
世破損佛法逼掠僧尼不可具述時
有魔王兵衆及四天王等便下大石
壓殺惡王娑竭龍王陷彼宮殿成大
池水惡王種族無有遺餘唯有伽藍
及諸民衆西印度人甚知識威寺有
十三萬僧有六十萬及菩薩衆亦有
無量經有十二萬藏金縷字經有八
萬藏金銀七寶像大者高百尺小者

丈六合有一百三十萬軀自餘小者
數不可量此之經像皆是忉利天
王工匠具相造之以是因緣故其衣
塔等往彼山住至像法末時一千七
百年我此閻浮提及諸四天下多惡
比丘起造伽藍不修禪慧亦不讀經
不識文字縱有識者千有一二至彼
惡世令文殊師利擎持衣函塔等徧
歷諸國教化人民令造衣塔以神通
力普被大千令彼惡比丘等改惡修
善習讀三藏令法久住所作既已還
將衣塔置于本處至彌勒下時令文
殊師利將塔付彌勒佛是為安置處
所以相付囑也
又如來成道後第二十一年佛告大
目連汝往祇桓戒壇北鳴鍾召十方
僧如普賢觀音菩薩等並集我今身
百億釋迦佛各乘樓觀至戒壇所依
教集已佛告普賢菩薩汝往獼猴池
所我常經行處有破僧伽梨衣角有
小珠塔可持將來普賢依教持至祇
桓世尊受此塔已即告大衆我初踰
城至城樓上城神歎我言我為此城

神經今十三刧見過去諸佛皆踰城學道破恩愛網殺煩惱賊成無上道度脫一切汝今亦尒勿令有遺迦葉佛時付我小珠塔待悉達踰城令我付汝此是拘留孫四牙印之塔展轉相付乃至婁至佛太子受已禮拜塔訖放大光明塔門自開便見四牙及佛遺教有金銀臺觀其數八萬並盛經律又有摩尼臺觀上常有燈香供養并傍有銀題字告釋迦文佛汝初成道時當取一牙印印汝脚足下千輻輪現文取一牙印印汝手掌中便有萬字現又取一牙印印汝胷臆上便有德相現又取一牙印印汝頂上便獲大圓光現我後成道依此四印隨印現相皆如前說印竟內塔中門自然閉塔基有銘文令置袈裟角自成道來置于左肩上又告諸來佛及人天衆各施一珠塔住待未來諸佛依言施已並付普賢守護待如來涅槃送至祇桓中安戒壇北至闍維舍利竟令普賢守護住二十年已後付文殊開塔取此四牙至正法末時令傳閻

浮諸國佛法住持乃至一千一百年後將此四牙印百億世界形像皆有光明生希有心後乃至四洲六欲天等流通化益後文殊師利將付彌勒佛

尒時世尊又告大衆我初成道時欲入河洗尒時河神現身手執此寶塔內有黃金函盛一安陁會并一尼師壇及有一鉢袋迦葉佛四牙並在函中此是迦葉佛付我令付世尊今澡浴竟請披安陁會我即受著地爲六種震動而安陁會四角放光照千百億國土十方諸梵王尋光來至我所前白我言此白氎五條是拘留孫佛衣佛涅槃已展轉相付乃至婁至佛釋迦佛涅槃後付囑娑竭龍王令依此法衣造八萬領仍造塔供養鎮後遺法而此安陁會四角及條頭皆安萬字此衣賢刧中最初而造而此寶塔形同五寸而世尊開塔現眞珠樓觀其數八萬盛拘留孫佛所說遺教又有彼佛三比丘坐禪佛命文殊汝取我法蠡至彼比丘所吹佛興世曲文殊依命吹蠡入定比丘即起問

文殊師利今有何佛出世文殊答言此賢刧中第四釋迦佛出世彼三比丘俱來禮佛在一面住即白佛言拘留孫佛般涅槃時付我安陁會尼師壇及鉢袋令我住此塔中乃至婁至佛令我始入涅槃迦葉佛又付我四牙牟尼佛施我少爪髮並置塔中世尊涅槃後從塔中出於此閻浮提乃至大千界處處流布衣塔鎮後遺法也

又問如來成道竟佛度迦葉兄弟徒衆漸多於迦蘭陁竹園集二部僧於水池邊令二部衆並脫僧伽梨遺敷尼師壇比丘在上坐令褺僧伽梨置比丘頭上尒時世尊問比丘汝解我意不比丘荅不解我滅度後一千一百年多有非法比丘毀滅我正法有惡國王殺害比丘焚燒經像故如來從座起自脫僧伽梨褺置頭上

佛告諸比丘我此僧伽梨過去未來諸佛皆著此衣得至解脫末世惡比丘不受持三衣亦不持戒輕慢法衣令法速滅我今與汝合三千大衣願

汝受持勿令損失當用布褐作此伽梨不得用繒帛及細輭者並用麁大布作之令末世比丘不樂好衣服世尊發此言時地之六種震動天人歎息皆大歡喜令此諸大衣世尊教勅將付四天王及諸八使者令八部鬼神守護此衣勿令損失乃至彌勒下生付囑彼佛又付梵王帝釋若至六齋日年三長齋月埽灑天宮殿令將僧伽梨至彼天宮供養藏七寶匣中用牛頭栴檀沈水末香煮取香汁瀚濯伽梨曝曝令乾已後取香屑安寶匣中用熏僧伽梨令彼大衣久住六齋七日長齋則一月過此日月後還付四天王是爲安置處也

世尊又告阿難言往須彌山頂鳴鍾召集四方一切諸比丘皆集戒壇所各各自言得四果者合得八百萬人皆令脫七條披著僧伽梨以前憂多羅送至世尊前如來手自受之安置覆金上世尊自脫七條安置諸衣上如來發聲普告大衆天人龍神等我於無量劫中捨頭目髓腦及内外財

寶方得解脫衣證無上菩提教化群生我涅槃後諸惡比丘不信我教不持禁戒不護解脫衣無有威德毀滅正法諸惡比丘尼不順教勅於金剛道場内行不淨行猶如婬舍不行八敬輕慢比丘速滅我正法令天人衆滅諸惡充滿我今共汝發四弘願愍念來世諸惡僧尼守護此衣勿令損失安置塔中住持佛法說此語時地之六種震動天人龍神悲憨歎喜聲至大千世尊安多會五條衣及尼師壇廣起問答大同僧伽梨世尊皆從梵王帝釋魔王等索諸寶王世尊遣塔不盈七日寶塔皆成屋轉相付乃至彌勒下時付彼求通

又世尊初成道度五拘隣竟至第七年中諸聲聞弟子漸漸增多有一比丘名眞陁羅是閻浮洲北瞿陁羅國人因商賈爲業來至中天竺遇佛出家命善來度彼國無有布帛氈毛一切國人純著駁犢皮以爲上衣此眞陁羅比丘於王舍城見一駁犢皮從彼俗人索作袈裟彼俗譏嫌有比丘白佛佛喚呵責佛告諸大衆我此閻浮提及餘大千界如瞿陁羅國以皮

爲袈裟揔有二十萬國恐我入涅槃後多惡比丘手害生命取皮爲衣佛告目連汝至我父王所白父王言我爲童子時毀前四齒令父王收舉遺我今須留住末世鎭我遺法目連依命取已來付世尊佛告諸來佛及以分身佛可施一齒及一金剛塔告諸鬼神龍王於一彈指須各造金剛塔感前四齒及十方諸來佛及我分身佛皆施我齒塔令娑竭龍王收在大海中供養

又告文殊師利及觀音大士待我滅度後汝以神力分身取我齒塔擎往彼國至僧伽藍中令塔放光於光明中出諸布氎汝爲商客至彼貿易或施爲法衣汝復變爲三藏比丘教化彼國比丘勿著皮衣若如佛教勤行精進諸天送衣并施飲食

又我滅度後一千四百年後我此閻浮提及大千界多有惡比丘不修禪戒多造塔寺徧滿天下雖非皮國多有布氎繒綵不以爲衣手樂殺生取其斑駁色皮以爲上服汝至彼惡世

時當以神力震動大千令塔放光觸
彼惡人令生改悔不習惡法也

然燈篇第三十一（此有二部）

述意部第一

夫日舒則夜卷月生則陰滅燈之破
暗猶慧之銷障是以度躬燈王克成
彌陁之尊致力續明遂受定光之號
苐照輕緣逌獲身色之暉燭施微因
受果眼根之淨況乃振此大智開彼
勝光者哉是以育王臨終之日捴造
八萬四千之燈普照八萬四千之塔
製窮機巧體極殊妙莫不名應法區
事動真境灼爍電揺蘊華列倒影
綠水籠光碧樹曄曄文暎似朝霞之
鏤白日昭昭聯暉若常星之繡天漢
睇金鋪以念夜臨玉砌而疑曉可謂
無盡之福常照感明之徵常映如也

引證部第二

如菩薩本行經云佛言我昔無數劫
來放捨身命於閻浮提作大國王便
持刀授與左右勑令剜身作千燈處
出其身宍深如大錢以蘇油灌中而作
千燈安炷已訖語婆羅門言先說經

法然後炙燈而婆羅門為王說偈言

常者皆盡　高者亦墮
合會有離　生者有死

王聞偈已歡喜踊躍今為法故以身
為燈不求世榮亦不求二乘之證持
是功德願求無上正真之道發是願
已即時大千世界六種震動身炙千
燈一切諸天帝釋梵王輪王等皆來
慰問身炙千燈得無痛耶頗有悔耶
王荅天帝不以為痛亦無悔根若無
悔根以何為證王便誓言而我千燈
用求無上之道審當成佛者諸瘡即
愈作是語已身即平復無有瘡瘢帝
釋諸天王自眷屬無量庶民異口同
音悉讚歎喜皆行十善

如阿闍世王受決經云時阿闍世王
請佛食已佛還祇洹王與耆婆議曰
佛飯已竟更復何宜耆婆言唯多然
燈於是王乃勑具百斛麻油膏從宮
門然至祇洹精舍時有貧窮老母見
王作此功德乃更感激行乞得兩錢
以至油家買油膏膏主曰母人大貧
窮乞得兩錢何不買食以自連繼用

此膏為母曰我聞佛生難值百劫一
遇我幸逢佛而無供養今日見王作
大功德雖實貧窮欲然一燈作後世
本於是膏主嘉其至意與兩錢膏應
得二合特益三合凡得五合母則往
當佛前然之計此不足半夕乃自誓
言若我後世得道如佛膏當通夕光
明不消作禮而去王所然燈或滅或
盡母所然燈光明特朗殊勝諸燈通
夕不滅膏又不盡至明朝旦佛告目
連天今已曉可滅諸燈目連承教以
次滅燈諸燈皆滅唯母一燈三滅不
盡便舉袈裟以扇之燈光益明乃以
威神引隨嵐風以吹燈燈更熾盛
上照梵天傍照三千世界悉見其光
佛告目連止止此當來佛之光明功
德非汝威神所滅此母宿命供養百
八十億佛已從前佛受決務以經法
未暇脩檀故今貧窮無有財寶却後
三十劫當得作佛号曰須彌燈光如
來至真等正覺世界無有日月人民
身中皆有大光光明相照如忉利天
母聞歡喜作禮而去王問耆婆我作

功德巍巍如此佛不與我決此母一
燈便與授決者婆曰王所作雖多心
不專一不如此母注心於佛也於是後
時闍王以至誠心奉獻油華供養佛
故佛便授王決曰却後八萬劫劫名
喜觀王當爲佛佛號淨其闍王太子
名旃陁和利時年八歲見父受決甚
大歡喜即脫身衆寶以散佛上曰願
淨其佛所我作金輪王得供養佛佛
般泥洹我當承續爲佛佛言必如汝
願佛號旃檀

又賢愚經云阿難白佛不審世尊過
去世中作何善根致斯無極燈供果
報佛告阿難過去二阿僧祇九十一
劫此閻浮提有大國王名波塞奇大
夫人生一太子身紫金色相好具足
後漸長大出家成佛教化人民度者
甚多尒時父王請佛及僧三月供養
有一比丘字阿梨蜜羅（晉言聖友）於三月中
作燈檀越日日入城求索蘇油燈炷
之具時王女名曰牟尼踐於高樓見此
比丘日行入城經營所須心生敬愍
遣人往問何所營理比丘報言我今

三月與佛及僧作燈檀越求乞蘇油
燈炷之具使還報命王女歡喜自今
已往莫復行乞我當給汝燈炷之具
比丘可之於是已後常送蘇油燈炷
之具聖友比丘誠心般著佛授其記
汝於來世阿僧祇劫當得作佛名曰
定光（錠經名然燈佛）王女牟尼聞聖友比丘
授記作佛心自念言佛燈之物悉是
我有比丘已記我獨不得作是念已
往詣佛所自陳所懷佛復授記告牟
尼曰汝於來世二阿僧祇九十一劫當
得作佛名釋迦牟尼十號具足王女
聞記歡喜發心化成男子重禮佛足
求爲沙門佛便聽之精修不息由昔
燈明布施從是已來無數劫中天上
人間受福自然身體殊異超絕餘人
至今成佛受此燈明之報

又施燈功德經云佛告舍利弗或有
人於佛塔廟諸形像前而設供養故
奉施燈明乃至以少燈炷或蘇油塗
然持以奉施其明唯照一道一階舍
利弗如此福德非是一切聲聞緣覺
所能可知唯佛如來乃能知也求世

報者福德尚尒況以清淨深樂心相
續無間念佛功德照道一階福德尚
尒何況念照一切階道也或二三四階道
或塔身一級二級乃至多級一面二
面乃至四面乃至佛形像舍利弗彼
所然燈或時速滅或風吹滅或油盡滅
或炷盡滅或俱盡滅如是少時於佛
塔廟奉施燈明爲信佛法僧故如是
少燈奉施福田所得果報福德之聚
唯佛能知少燈尚多不可筭數況我
滅後於佛塔寺若自作若教他作或
然一燈二燈乃至多燈香華瓔珞寶
幢幡蓋及餘種種勝妙供養復次若
人於佛塔廟施燈明已臨命終時得
三種明何等爲三一者彼人臨命終
時先所作福悉皆現前憶念善法而
不忘失因此念已心生踊悅二者因
此便能起念佛心能行布施得欣喜心
無有死苦三者因此便得念法之心
又舍利弗彼人臨命終時更復得見
四種光明何等爲四一者臨終見於
日輪圓滿踊出二者見淨月輪圓滿
踊出三者見諸天衆一處而生四者

見於如來應正徧知坐菩提樹垂得菩提自見己身尊重如來合十指掌恭敬而住又舍利弗於佛塔廟施燈明已於臨終時得見如是四種光明死已便生三十三天生彼天已於五種事而得清淨一者得清淨力二者於諸天中得殊勝威德三者常得清淨念慧四者常得聞於攝意之聲五者而得眷屬常護彼意心得於喜於彼天宮捨壽命已不墮惡趣生於人中最上種姓信佛法家其時世間若無佛者亦不在輕賤吉凶邪見家生由施燈已復得四種可樂之法何等爲四一者色力二者資財三者大善四者智慧若人住於大乘於佛塔廟施燈明已得於八種可樂勝法何等爲八一者獲勝肉眼二者得於勝念無能測量三者得於勝達分天眼四者爲於滿足修集道故得不缺戒五者得智滿足證於涅槃六者先所作善得無難處七者所作善業得值諸佛能爲一切衆生之眼八者以彼善根得轉輪王所得輪寶不爲他障其身

端正或爲帝釋得大威力具足十眼或爲梵王善知梵事得大禪定舍利弗以其迴向菩提善根得是八種所樂勝法又舍利弗若人於如來前見他施燈信心清淨合十指掌起隨喜心以此善根得於八種增上之法何等爲八一者得增上色二者得增上眷屬三者得增上戒四者於人天中得增上生五者得增上信六者得增上辯七者得增上聖道八者得阿耨菩提又告舍利弗有五種法最爲難得一者得人身難二者於佛正法得信樂難三者樂於佛法得出家難四者具清淨戒難五者得漏盡難一切衆生於是五法言爲難得汝等已得

此經一卷略取要言

又燈指經云昔王舍城五山圍繞於江摩伽陁最處其裏諸勝智人修梵行者咸以此地莊嚴殊特心生喜樂自遠而來雲集其中尒時城中有一長者其家巨富庫藏盈溢如毗沙門然無子嗣禱祀神祇求乞有子其婦不久便覺有娠滿足十月生一男兒

是兒先世殖福因初生之日其手一指出大光明明照十里父母歡喜即集親族及諸相師施設大會爲兒立字因其指光字曰燈指集諸會者覩其異相歎未曾有時此會中有婆羅門名曰婆修博聞多知事無不曉見兒奇相非常含笑而言此兒或是那羅延天帝釋提桓因日之天子諸大德天來現生也時兒父母聞是語已倍增歡喜七日設大施會舉國知聞上徹於王闍王聞已即勅將來長者受勅尋即抱兒詣王宮門值王醼會通啓不得其兒指光徹照宮庭赫然大明照于王身及以宮觀一切雜物斯皆金色其光徧照於王宮內王即怪問此光何來忽照吾宮將非世尊欲化衆生至我門邪又非大德諸天釋提桓因日天子等下降來邪王尋遣人往門外看使人見已還入白王向者大王所喚小兒今在門外此小兒手在乳母肩上其指出光明來徹照故有此光王勅使言速將兒來王既見已深異此兒自捉兒手觀

其兒相諦瞻覩已而作是言外道六師稱無因果眞爲誑惑若無因果云何此兒得有此光以此觀之諸外道輩陷諸衆生顛墜惡趣定知此兒非自在天等自然而有必因宿福獲斯善報始知佛語審諦不虛而不修福一何怪哉王言今猶未審此指光曜或因於日而有此明或因於月而有此明必欲驗者須待夜半旣至日暮即以小兒置于象上在前而行王將群臣共入園中而此小兒指光所照幽闇大明觀視園中鳥獸華菓與晝無異王觀此已喟然歎曰佛之所說何期眞妙我於今日於因於果生大堅信深鄙六師愚迷之甚是故於佛倍生宗仰於時耆域即白王言假令貧窮尚應盡竭而修善業況復富饒而不作福如是語頃天已平曉還將燈指入于王宮王甚歡喜大賜珍寶放令還家燈指漸大其父長者爲求婚所選擇高門娉以爲婦長者旣富禮敎先備閨門雖穆資産轉盛夫盛有衰合會有離長者及母俱時喪亡

如日到沒處暉光潛翳如日旣出月光不現如火爲灰熾焰永滅强健好色爲病所壞少壯之年爲老所侵所愛之命爲死所奪父母旣終生計漸損而此燈指少長富逸不閑家業惡伴交游恣心放意躭惑酒色用錢無度倉庫貯積無人料理如月盈昃闇轉就損時彼國法歲一大會集般舟山于時燈指服飾嚴從詣彼會所時後群賊知燈指未還伺其空便往到其家劫掠錢財一切盡取燈指暮歸見已舍內爲賊劫掠唯有木石塼瓦等見此事已悶絶躃地傍人水灑方得惺寤憂愁啼哭而作是念我父昔來廣作方宜修治家業劬勞積聚倉庫財寶是父所爲生育我身見有委付如何至我不紹父業浮游嬾惰爲人欺誑父之餘財一旦喪失倉庫空虛畜産逬散當于尒時指光亦滅其妻厭賤捨棄而走僮僕逃失親里斷絶極親厚者反如怨讎貧窮之人如起屍鬼一切怖畏能毀盛年好色氣力名聞種族門戶智慧仁義信行悉

能壞之我之貧厄世間少比正欲捨身不能自殞當作何方以自存濟復作是念世人所鄙不過擔屍此事雖惡亦無供世受苦之業有人聞語即雇擔屍燈指取直尋從其言擔負死人到於冢間意欲擲棄于時死人急抱燈指譬如小兒抱其父母急捉不放盡力挽却不能得去死人著脊猶如胡膠不可得脫排推不離甚大怖畏作是念言我於今日擔此死屍欲何處活即詣旃陀羅村語言誰能却我背上死屍當重相雇諸旃陀羅詳共盡力共挽却之亦不肯去餘見之者罵燈指言狂人何爲擔負死屍入人村落競以杖石而打擲之身體傷破痛懼並至有人憐愍將其詣城旣到城門守門之人逆遮打之不得近門此何癡人擔負死屍欲來入城自見己身被諸杖木身體皆破甚懷懊惱發聲大哭由我貧困不擇作處爲斯賤業如何一旦復值苦毒寧作餘死不負屍生且哭且言時守門者深生憐愍放令還家到自空室先同乞

索諸貧人等共往之者遥見死屍在其背上悉皆捨去既到舍已屍自墮地燈指于時逾增惶怖悶絶躃地久乃得蘇尋見死屍手指純是黄金雖復怖畏見是好金即前視之以刀試割實是真金既得金已心生歡喜復前剪頭項手足如是剪已尋復還生須臾之頃金頭手足其積過人譬如王者失國還復本位如盲得眼視照明了燈指歡喜亦復如是庫藏珍寶倍勝於前威德名譽有過先日親里朋友妻子僮僕一切還來燈指歎曰嗚呼怪哉富有大力能使世人來歸亟疾嗚呼怪哉貧有大力能使所親捨我亟速我先貧時素有所親眤灾游道絶聊無一人與我語者今日一切顒顒承事合掌恭敬假使生處如天帝釋勇力如羅摩知見如天師若無錢財都無所直富者不問愚智皆稱好人實無所知人以為智亦得勇健諸善名聞雖復醜陋老弊少壯婦女樂至其邊阿闍世王聞其還富尋即遣人來取其寶其所取者盡是死人還擲屋中見是真金燈指知王欲得此寶即以金頭手足以用上王王既得已賷之還宮於後燈指作是思惟而說偈言

五欲極輕動　如電毒蛇蟲
榮樂不久停　即生猒患心

尋以珍寶施與衆人於佛法中出家求道精勤修習得阿羅漢雖獲道果而此屍寶常隨逐之比丘問佛燈指比丘以何因緣從生已來有是指光以何因緣受此貧困復以何因緣有此屍寶常隨逐之佛告比丘至心諦聽吾當為汝說其宿緣燈指比丘乃往古世生波羅㮈國大長者家為小兒時乘車在外游戲晚來門戶已閉大喚開門無人來應良久母來與兒開門瞋罵母言舉家擔死人去耶賊來刼耶何以無人與我開門以是業緣死墮地獄地獄餘報還生人中受斯貧困光指因緣屍寶因緣為汝更說過去九十一劫有佛名毗婆尸彼佛入涅槃後佛法住世燈指尒時為大長者其家大富往至塔寺恭敬禮拜見有泥像一指破落尋治此指以金薄薄之修治已訖尋發願言我以香華伎樂供養治像功德因緣願生天上人間常得尊豪富貴假令漏失尋還得之使我於佛法中出家得道以治佛指故得是指光及死屍寶聚以惡口故從地獄出時貧窮果報以是因緣少種福業於形像所得是福報乃至涅槃形像尚尒況復如來法身者乎

又譬喻經云昔佛在世時佛大弟子大目揵連乘通往到忉利天上入帝釋園游行觀看見一天女形貌端正光明照曜與衆超絶目連見已即問天女汝本前身種何福緣今受此報奇妙無量天女荅曰我本前身時作瓶沙王宮中使人時王宮中有佛精舍我時夜入見佛塔中暗無光明我即然燈著精舍中由是因緣今受此身光明殊妙天堂受福快樂無極

又譬喻經云昔佛在世時諸弟子中德各不同如舍利弗智慧第一大目連神通第一如阿那律天眼第一能

見三千大千世界乃至微細無幽不覩阿難見已而白佛言此阿那律宿有何業天眼乃尒佛告阿難乃往過去九十一劫毗婆尸佛入涅槃後此人尒時身行劫賊入佛塔中欲盜塔物時佛塔中佛前然燈其燈欲滅賊即以箭正燈使明見佛威光歘然毛竪即自念言他人尚能捨物求福我云何盜便捨而去緣正燈炷福德因緣從是以來九十一劫常生善處漸捨諸惡福祐日增今得值我出家修道得阿羅漢於衆人中天眼徹視最爲第一何況有人至心割捨然燈佛前所獲福德難可稱量又智度論云若人盜佛塔中珠及盜燈明死墮地獄苦出爲人世世生盲

又灌頂經云救脫菩薩白佛言若族姓男女其有厄羸著牀痛惱無救護者我今當勸請諸衆僧七日七夜齋戒一心受持八禁六時行道四十九徧讀是經典勸然七層之燈懸五色續命神幡阿難問言續命幡燈法則云何神幡五色四十九尺燈亦復尒七

層之燈一層七燈燈如車輪若遭厄難閉在牢獄枷鏁著身亦應造立幡燈放諸雜類衆生至四十九可得過度危厄之難不爲諸橫惡鬼所持

又超日明三昧經云日天王與無數天人來詣佛所稽首言以何等行得爲日天照四天下復以何緣而爲月天照除夜冥佛言有四事一常喜布施二修身愼行三奉戒不犯四然燈於佛寺若於父母沙門道人皆殖光明又身口意行不殺等十善佛言又有四事得爲月王一布施貧匱二奉持五戒三恭事三尊四冥設燈光於君父師等

又僧祇律云佛言從今日聽然燈時當置火一邊漸次然之當先然照金剎及佛形像先禮拜已當出次然餘處滅時不得卒滅當言諸大德欲滅燈不聽用口吹滅（義云爲有含火蟲恐人口氣損蟲所以不聽口吹也）聽以手扇滅及衣扇滅當羇折頭燋去入時不得卒入當唱言諸大德燈欲入始得入之若不如是越威儀法也又三千威儀云然燈有五事一當

持淨巾拭中外令淨二當作淨炷三當自作麻油四著膏不得令滿亦不得令少五當護令堅莫懸妨人道又五百問事云續佛光明晝不得滅佛無明闇以本無言念齊限故滅有罪又大唐三藏波頗師云佛前燈無處取燈以物傍取不損光者得

頌曰

爇樹亦無極　華雲衣數重
織竹能爲象　縛荻巧成龍
落灰然雞威　垂油溼畫峯
天宮儻若照　燈王復可逢

感應緣（略引三驗）

宋沙門釋道冏
隋沙門釋法純
唐簡州三學山寺神燈

宋京師南澗寺有釋道冏姓馬扶風人初出家爲道懿弟子懿病常遣冏等四人至河南霍山採鍾乳入穴數里跨木度水三人溺死炬火又亡冏判無濟理冏素誦法華唯憑誠此業又存念觀音有頃見一光如熒光追之不及遂得出穴於是進修禪業節

法苑珠林第三十五　第十二張　積

行彌新頗作數度普賢齋並有瑞應或見胡僧入坐或見騎馬人至並未敘暄涼儵忽不見後與同學人南游上京觀矚風化夜乘氷度河中道氷破三人沒死囧又歸誠觀音乃覺脚下如有一物黿鼉復見赤光在前乘光至岸達都止南澗寺常以般舟為業嘗中夜入禪忽見四人御車至房呼令上乘囧欻不自覺已見身在郡後沈橋間見一人在路坐胡牀侍者數百人見囧驚起曰坐禪人耳彼人因語左右曰向止令知處而已何忽勞屈法師於是禮拜執別令人送囧還寺扣門良久方開入寺見房猶閉衆咸莫測其然宋元嘉二十年臨川康王義慶携往廣陵終於彼也右此一驗出梁高僧傳

隋西京淨住寺釋法純姓祝氏扶風始平人也性愛定林情兼拯溺嘗於道場然燈遂感燈明續焰經于一七夜不添油炷而光曜倍常私客異之為滅累之嘉相也又油瓮所止在佛堂內忽然不見乃經再宿還來本處

法苑珠林卷第三十五　第十三張　積

而油滿如故每於夜靜聞有說法教授之聲異香尋隟氣衝於外就而覘之一無所見識者以為幽祇所集故也至仁壽三年遂覺不愈閉室靜坐而無痛所白衣童子手捧光明立侍於右弟子慧進入問此是何人荅曰是第六欲天頻來命我但以諸天著樂竟不許之由妨修道故也常願生無佛法處教化衆生慎勿彰言死後門徒為建齋修福道俗湊集並在純前有雙鴿飛來入純房內在衣桁上注目看純雖人觸捉都無有懼純云任之勿捉至暮方遊與衆辭別不覺餘想卒于淨住春秋八十有五即仁壽三年五月十二日也

唐蜀川簡州三學山寺至隋開皇十二年寺東壁有佛跡現長尺八寸闊七寸兼有神燈自空而現每夕常尒齋日則多有州宰意欲尋之乘馬來寺十里已外空燈列見漸近漸昧遂並失之返還十里如前還見至今不絕初出一燈至大從此大燈流散四空千有餘現遇大風起吹此小燈還

法苑珠林卷第三十五　第十四張　積

滅滅已大燈還出小燈流散四空迄至天明始滅每月於六齋日常出如此至貞觀末有僧法藏以乞為心不護細行夜宿寺中有大神衣甲羽冑從門中拔出擲于寺外七里傷足餘無所損夜還返寺重門皆閉從遂改勵精勤道業右此一驗出高僧傳

依道宣律師感通記云律師問天人曰其蜀地簡州三學山寺空燈常照因何而有荅曰山有菩薩寺迦葉佛正法時初立有憘喜王菩薩造之寺名法燈自彼至今常明空表有小菩薩三百人斷粒遐齡常住此山此燈又是山神李特續後供養特舊蜀主故至正月處處然燈以供佛寺

法苑珠林卷第三十五

甲辰歲高麗國分司大藏都監奉
勑彫造

法苑珠林卷第三十五

校勘記

一　底本，麗藏本。

一　七五〇頁上一行經名，徑作「法苑珠林卷第四十七」。

一　七五〇頁上三行「法服篇第三十」下，資、磧、南、清有夾註「此有六部」。

一　七五〇頁上四行「然燈篇第三十一」，徑、清無。

一　七五〇頁上五行「法服篇此有六部」，資、磧、南、徑、清無。

一　七五〇頁上六至七行「述意部……違損部」，徑無。

一　七五〇頁上八行「第一」，徑無。以下部目下序數例同。

一　七五〇頁上二〇行「之變」，資、磧、南、徑、清作「之戀」。

一　七五〇頁上二一行第三字「律」，資、磧、南、徑、清作「津」。

一　七五〇頁中六行第一三字「剪」，資、磧、南、徑、清作「前」。

一　七五〇頁中末行「念中」，資、磧、南、徑、清作「一念中」。

一　七五〇頁下七行「餓見」，資、磧、南、徑、清作「餓鬼」。

一　七五〇頁下一〇行「賊想」，資、磧、南、徑、清作「怨賊想」。

一　七五一頁上一七行第七字「曰」，資、磧、南、徑、清無。

一　七五一頁上一八行第一三字「復」，資、磧、南、徑、清作「狀」。

一　七五一頁下七行第五字「博」，資、磧、南、徑、清作「搏」。

一　七五一頁下一四行第一二字「去」，資、磧、南作「云」。

一　七五二頁上九行「無鞅」，徑、清作「無央」。

一　七五二頁上一一行第五字「給」，資、磧、南、徑、清作「終」。

一　七五二頁上一八行第一一字「先」，資、磧、南、徑、清無。

一　七五二頁中八行第四字「白」，資、磧、南、徑、清無。

一　七五二頁中二〇行「今者」，徑、清作「今日」。

一　七五二頁下一〇行「因緣」，資、磧、南、徑、清作「所緣」。

一　七五三頁上五行「佛遺恩」，資、磧、南、徑、清作「佛道恩」。

一　七五三頁上六行「太子佛」，資、磧、南、徑、清作「太子與佛」。

一　七五三頁上八行「感有」，資、磧、南、徑、清作「咸有」。

一　七五三頁上一六行第一〇字「許」，資、磧、南、徑、清無。

一　七五三頁中三行第一〇字「既」，資、磧、南、徑、清作「訖」。

一　七五四頁上一二行「三千」，資、磧、南、徑、清作「三大」。

一　七五四頁中一三行「多被出」，資、磧、南、徑、清作「多彼」。

一　七五四頁下八行末字「驗」，徑、清無。下至一二行末字同。

一　七五四頁下一二行首字「唐」，清

無。又第一〇字「之」，資、磧、南、徑、清無。

一　七五四頁下一三行「雙樹林」，資、磧、南、徑、清作「雙林樹」。

一　七五四頁下一四行「素像」，徑、清作「塑像」。

一　七五四頁下一九行「墜地」，資、磧、南、徑、清作「墮地」。

一　七五四頁下二〇行第八字「田」，資、磧、南、徑、清作「曰」。

一　七五五頁上二一行第七字「造」，資、磧、南、徑、清作「告」。

一　七五五頁上末行第一〇字「師」，資、磧、南、徑、清作「師也」。

一　七五五頁中一二行第四字「畢」，資、磧、南、徑、清作「既畢」。

一　七五五頁中一四行第八字「勇」，資、磧、南、徑、清無。

一　七五五頁中末行第一一字「用」，徑、清作「詞」。

一　七五五頁下四行首字「大」，南、徑、清無。

一　七五五頁下五行「來入」，資、磧、南、徑、清作「入來」。

一　七五五頁下八行末字「其」，資、磧、南、徑、清作「耳」。

一　七五五頁下一七行「西明寺」，徑、清作「唐西明寺」。

一　七五六頁上三行「迦葉」，資、磧、南、徑、清作「迦葉佛」。次頁中七行同。

一　七五六頁中九行第二字「湏」，資、磧作「頃」。

一　七五六頁下一九行第一〇字「治」，資、磧、南、徑、清作「治世」。

一　七五六頁下二二行「以是」，資、磧、南、徑、清作「是以」。

一　七五七頁中一〇行第一三字「之」，資、磧、南、徑、清無。

一　七五七頁中二〇行「即爲殺蠶」，資、磧、南、徑、清作「即謂殺蠶」。

一　七五七頁下一五行首字「乃」，資、磧、南、徑、清作「乃得」。

一　七五八頁上一二行「邪」，磧、南、徑、清作「取」。

一　七五八頁上一三行「少疑」，徑、清作「小疑」。

一　七五八頁中一一行「今付」，資、磧、南、徑、清作「令付」。

一　七五八頁中一六行「僧尼」，資、磧、南、徑、清作「尼衆」。又「具述」，資、磧、南、徑、清作「具說」。又末字「時」，資、磧、南、徑、清作「爾時」。

一　七五八頁中二二行「字經」，資、磧、南、徑、清作「經字」。

一　七五八頁下二行首字「數」，資、磧、南、徑、清作「不可數」。

一　七五八頁下四行「像法」，資、磧、南、徑、清作「法像」。

一　七五八頁下九行「諸國」，資、磧、南、徑、清作「國土」。

一　七五九頁上六行第四字「妻」，徑、清作「樓」。下同。

一　七五九頁上八行第六字「臺」，資、磧、南、徑、清無。又第一二字「並」，

資、磧、南、徑、清作「普」。

一　七五九頁上九行「燈香」，資、磧、南、徑、清作「香燈」。

一　七五九頁中二行第八字「世」，資、磧、南、徑、清無。

一　七五九頁中三行第九字「洲」，資、磧、南、徑、清無。

一　七五九頁中九行第一三字「今」，資、磧、南、徑、清作「令」。

一　七五九頁中一一行第一三字「千」，資、磧、南、徑、清作「于」。

一　七五九頁中二二行第二字「取」，資、磧、南、徑、清作「吹」。又末三字至次行首字「佛興世曲」，資作「興出世曲」；磧、南、徑、清作「興出世典」。

一　七六〇頁上一一行末字至次行首字「㳽濯」，資、磧、南、徑、清作「浣灌」。

一　七六〇頁上一二行「曝曝」，資、磧、南、徑、清作「曝曬」。

一　七六〇頁中一二行夾註右「諸寶王」，資、磧、南、徑、清作「諸寶玉」。

一　七六〇頁中一七行第三字「商」，資、磧、南、徑、清作「商」。下同。

一　七六〇頁中二二行「呵責」，資、磧、南、徑、清作「所責」。

一　七六〇頁下五行首字「遺」，資、磧、徑、清作「道」，南作「導」。

一　七六一頁上二行「法也」，至此，徑卷第四十七終，卷第四十八始。

一　七六一頁上三行夾註「此有二部」，徑無。

一　七六一頁上三行與四行之間，清有「述意部　引證部」一行。

一　七六一頁上一三行「饋韞」，資、磧、南、徑、清作「氛氳」。

一　七六一頁上一四行「緑水」，資、徑、清作「渌水」。

一　七六一頁上一五行「常星」，資、磧、南、徑、清作「恒星」。

一　七六一頁上一七行「常昳如也」，資、磧、南、徑、清作「恒皎也」。

一　七六一頁中一行第四字「灸」，資、磧、南、徑、清作「炙」。下同。

一　七六一頁中五行第一三字「證」，資、磧、南、徑、清作「燈」。

一　七六一頁中二〇行第九字「有」，磧、徑、清無。

一　七六二頁上一〇行「承續」，資、磧作「承讀」。又末字「汝」，資、磧、南、徑、清無。

一　七六二頁上一九行夾註左「聖友」，資、磧、南、徑、清作「聖及」。

一　七六二頁中五行第九字「報」，資、磧、南、徑、清作「𢿘」。

一　七六二頁下三行第七字「切」，資、磧、南、徑、清無。

一　七六二頁下一八行第七字「心」，資、磧、南、徑、清無。

一　七六三頁上一五行第一一字「於」，資、磧、南、徑、清作「施」。

一　七六三頁上一六行首字「施」，資、磧、南、徑、清無。

一　七六三頁上一八行第一一字「分」，資、磧、南、徑、清作「淨分」。

一　七六三頁中一行「十眼」，資、磧、南、徑、清作「千眼」。

一　七六三頁中一六行夾註左末「言」，資、磧、南、徑、清作「書」。

一　七六三頁中二二行「子嗣」，資、磧、南、徑、清作「子胤」。

一　七六三頁下一三行第五字「不」，資、磧、南、徑、清作「未」。又第一一字「徽」，資、磧、南、徑、清無。

一　七六四頁上三行「此光」，資、磧、南、徑、清作「指光」。

一　七六四頁上四行第一三字「兒」，資、磧、南、徑、清無。

一　七六四頁中七行第一三字「旲」，資、磧、南、徑、清作「側」。

一　七六四頁中一〇行「其空」，資、磧、南作「其室」。

一　七六四頁中二〇行「迯失」，磧、南作「迯失」。

一　七六四頁中二一行第三字「親」，資、磧、南、徑、清無。

一　七六四頁下四行「惡灾」，資、磧、南、徑、清作「惡災」。

一　七六四頁下一五行第九字「打」，資、磧、南、徑、清無。

一　七六五頁上七行第四字「項」，資、磧、南、徑、清無。

一　七六五頁上一五行「有所」，資、磧、南、徑、清作「所有」。

一　七六五頁上末行「所取」，資、磧、南、徑、清作「所收」。

一　七六五頁中二二行「佛法」，資、磧、南、徑、清作「法行」。

一　七六五頁下二行「薄薄」，資、磧、南、徑、清作「薄傳」。

一　七六五頁下四行「尊豪」，資、磧、南、徑、清作「尊榮」。

一　七六六頁上八行首字「豎」，資、磧、南、徑、清作「竪」。

一　七六六頁上一〇行第一〇字「常」，資、磧、南、徑、清作「恒」。次頁上七行第一〇字同。

一　七六六頁中四行第三字「戹」，資、磧、南、徑、清無。

一　七六六頁中一六行末字至次行首字「金剎」，資、磧、南、徑、清作「舍利」。

一　七六六頁下三行第一三字「道」，資、磧、南、徑、清作「行道」。

一　七六六頁下七行末字「得」，資、磧、南、徑、清作「得也」。

一　七六六頁下一一行第四字「毽」，資、磧、南、徑、清作「藥」。又第九字「晝」，資、磧、南作「畫」。

一　七六六頁下一四行末字「囙」，徑、清作「冏」。下同。

一　七六六頁下一六行「簡州」，資、磧、南、徑、清作「漢州」。下同。

一　七六六頁下一八行第一二字「常」，資、磧、南、徑、清作「嘗」。

一　七六六頁下二〇行第四字「度」，資、磧、南、徑無。

一　七六六頁下二二行「見一光」，資、磧、南、徑、清作「見一一光」。

一　七六七頁上三行首字「叙」，資、磧、南、徑、清作「及」。

一　七六七頁上五行第七字「又」，資、磧、南、徑、清作「入」。

一　七六七頁上六行「䶨硊」，資、磧、南、徑、清作「自[illegible]」。

一　七六七頁中三行「幽祇」，資、磧、南、徑、清作「幽奇」。

一　七六七頁中四行第一〇字「愈」，資、磧、南、徑、清作「愈」。

一　七六七頁下二行「月於」，資、磧、南、徑、清作「於月」。

一　七六七頁下七行第二字「精」，資、磧、南、徑、清無。又夾註左「高僧傳」，資、磧、南、徑、清作「唐高僧傳」。

一　七六七頁下末行卷末經名，徑無（未換卷）。

法苑珠林卷第三十六　假

西明寺沙門釋道世撰

懸幡篇第三十二
華香篇第三十三
唄讚篇第三十四

懸幡篇此有二部

述意部第一

夫因事寤理必藉相以導真瞻仰聖容敬神幡以薦奉是以育王創遺身之塔架迥浮空魏主起通天之臺仁祠切漢於是華幡飄颺冀騰翥於大千珠紫相暎吐輝煥於百億慧風或動清昇之業有徵微吹時來輪王之報無盡也

引證部第二

如迦葉詰阿難經云昔阿育王自於境內立千二百塔王後病困有一沙門省王病王言前為千二百塔各織作金縷幡欲手自懸幡散華始得成辦而得重病恐不遂願道人語王云王好叉手一心道人即現神足應時千二百寺皆在王前王見歡喜便使取金幡金華懸諸刹上塔寺低昂即皆就王手王得本願身復病愈即發大意延壽二十五年故名續命神幡又普廣經云若四輩男女若臨終時若已過命於其亡日造作黃幡懸著刹上使獲福德離八難苦得生十方諸佛淨土幡蓋供養隨心所願至成菩提幡隨風轉破碎都盡至成微塵幡一轉時轉輪王位乃至吹塵小王之位其報無量燃燈供養照諸幽冥苦痛眾生蒙此光明互得相見緣此福德拔彼眾生悉得休息述曰何故經中為亡人造黃幡掛於刹塔之上者荅曰雖未見聖解可以義求此五大色中黃色居中用表忠誠引生中陰不之邊趣冥生中國也又黃色像金鬼神冥道將為金用故解祠之時務白紙錢鬼得白錢用剪黃紙錢得金錢用故譬喻經云時有竊賊盜主人殺盡主人捉得責言汝何以盜我殺盡汝是何神殺賊言將我王路有人知我名道逢黃為車乘衣服皆黃黃衣人問云殺賊汝何在此主人方知是殺賊主人又問云乘馬黃衣是誰殺賊言是黃金之精以報主人食乘之直主人因此得金用不可盡也良由人鬼趣殊感見各別故聖制黃幡為其亡人掛之刹塔令著之得賓赦濟亡靈也又百緣經云昔佛在世時迦毗羅衛城中有一長者其家巨富財寶無量不可稱計生一男兒端正殊妙與眾超絕其兒初生於虛空中有一大幡

徧覆城上父母見已歡喜無量因爲立字名波多迦年漸長大求佛出家得阿羅漢三明六通具八解脫比丘見已而便白佛言此波多迦宿殖何福生便端正與衆超絶於虚空中有大幡蓋徧覆城上又值世尊出家得道佛告比丘乃往過去九十一劫毗婆尸佛入涅槃後時有王名槃頭末帝收其舍利造四寶塔高一由旬而供養之時有一人於彼塔邊施設大會作一長幡懸著塔上發願而去緣是功德從是以來九十一劫不墮惡道天上人中常有大幡覆蔭其上受福快樂乃至今者遭值於我出家得道

又菩薩本行經云昔佛在世與諸比丘及與阿難從鬱卑羅延國游行村落時天威熱無有陰涼有放羊人見佛涉熱即起淨心編草作蓋用覆佛上遊隨佛行去羊大遠放蓋擲地還趣羊邊佛便微笑告阿難言此放羊人以恭敬心而以草蓋用覆佛上以此功德十三劫中不墮惡道天上人間生尊貴家快樂無極常有自然七寶之蓋而在其上竟十三劫出家修道成辟支佛名阿耨婆達

頌曰

寶刹承高露　綺綵暎空天
宛轉雲間颺　倒覆似紅蓮
霞幡開錦色　香氣合鑪煙
飄颻無定所　秖爲本輕旋
池照萬影現　泉弄百華鮮
夙夜風吹動　重疊輪王緣
舉仰無猒足　結侶感留連
何知色中緣　招福壽長延

感應緣 略引一驗

宋劉琛之沛郡人也曾在廣陵逢一沙門謂琛之曰君有病氣然當不死可作一二百錢食飯餉衆僧則免斯患琛之素不信法心起忽慢沙門曰當加敬信勿用爲怒相去二十步忽不復見琛之經七日便病時氣危頓殆死至九日方晝如夢非夢見有五層佛圖在其心上有二十許僧繞塔作禮因此而寤即得大利病乃稍愈後在京師住忽有沙門先不相識直來入戶曰君有法緣何不精進琛之因說先所逢遇荅曰此賓頭盧也語已便去不知所向琛之以元嘉十七年夏於廣陵遥見慧汪精舍前幡蓋甚衆而無形像馳往觀之比及到門奄然都滅 右此一驗出冥祥記

華香篇第三十三 此有二部

述意部第一

敬尋釋迦降神羅衞託質王宮智寶生知道惟偏覺演慧明於百億注法雨於大千靈像周於十方寶塔徧於法界名香鬱馥似輕雲而散霧寶華含彩若倒藕而垂蓮虔誠供養同趣法莚叩頭彈指俱霑福利也

引證部第二

如佛說華聚陀羅尼經云佛言若復有人於如來滅度之後行於曠路見如來塔廟能持一華一燈若一團泥用塗像前以用供養乃至能持一錢施於佛像爲補治故若以一掬水用灑佛塔除去不淨以華香供養舉足一步詣於塔寺若一稱南無佛欲使此人墮三惡道百千萬劫終無是處

又正法念經云若有衆生持戒香塗佛塔命終生香樂天與諸天女常相娛樂從天命終得受人身生大富家又阿闍世王經云過去無數劫有佛號一切度與其眷屬俱行分衞有三長者子嚴服共戲見佛及諸菩薩光明巍巍互相指示而吾等當共供養二兒荅言既無香華當用何物其一兒脫頭上白珠以著手中便謂二兒可以供佛二兒數之解頭上白珠著其手中即至佛所一兒復問二兒持是功德以何求索其一兒言願如佛右面比丘其一兒言願如佛左面神足比丘二兒共問一兒報言我欲如佛八千天子皆言善哉若如所言天上天下一切蒙恩是三小兒已到佛前各以白珠而散佛上二兒發聲聞意者珠在佛肩上其一兒發菩提心者珠在佛頭上化為珠華交露之帳其中有佛佛告舍利弗中央兒者則我身是右面兒者舍利弗是左面兒者目連是舍利弗汝等本畏生死故不發菩薩心欲疾泥洹觀此一兒發阿

耨菩提故得成佛又採華授決經云時有羅閱國王使十餘人常採好華以給王家後宮貴人一日出城採華遇佛發心稽首為禮心自念言寧棄身命以華上佛并散聖衆縱使見害不憚苦痛便以華散佛及聖衆却自歸命一心重禮佛知其念甚慈愍之具為說法諸採華人皆發道意佛即授決後當得佛號曰妙華時採華夫還家中與二親別我今命盡為王見殺父母愕然問何罪咎具荅所由無華貢王必見危命故辭別耳二親聞之益以愁慼發篋視之滿中好華香徹四面父母告曰可以進王時王大瞋見不時來將人反縛罪當棄市入宮見王面色不變王怪問之汝等罪過命在當殺何故不懼即白王曰人生有死物成有敗每以非法不惜身命朝來採華值佛供上以知違令罪當合死寧以有德而死不以無德而存還視華篋續滿如故皆是如來恩仁所覆王甚怪之心不信然故詣佛所問佛是意佛言實

然此人至心欲度十方不惜身命故取衆華以散佛上意無想報以得受決將來成佛號曰妙華王大歡喜解縛悔過自責愚意不及菩薩唯原其罪佛言善哉能自改者與無過同

又百緣經云佛在舍衞國祇樹給孤獨園尒時世尊將諸比丘著衣持鉢將詣乞食至一街中有一婦女抱一小兒在街坐地時彼小兒逢見世尊心懷歡喜從母索華母即與買小兒得已持詣佛所散於佛上於虛空中變成華蓋隨佛行住小兒見已甚大歡喜發大誓願以此供養善根功德使我來世得成正覺過度衆生如佛無異尒時世尊見此小兒發是願已佛即微笑從其面門出五色光繞佛三帀還從頂入尒時阿難前白佛言如來尊重不妄有笑以何因緣今日微笑唯願世尊敷演解說佛告阿難汝今見此小兒以華散我於未來世不墮惡趣天上人中常受快樂過十三阿僧祇成辟支佛號曰華盛廣度衆生不可限量是故笑耳尒時諸比

丘聞佛所說歡喜奉行
又百緣經云佛在舍衛國祇樹給孤
獨園時彼城中豪富長者皆共聚集
詣泉水上作唱伎樂而自娛樂為波
羅柰國作華鬘會時彼會中遣於一
人詣林採波羅柰華作鬘時採華人
還來會所路見世尊相好光明普曜
如百千日心懷歡喜前禮佛足以所
採華散佛而去還上樹採華枝折墮
死命終生忉利天端正殊妙以波羅柰
華而作宮殿帝釋問曰汝於何處造
修福業而來生此以本因緣具報帝
釋尒時帝釋以偈讚曰
身如真金色　照曜極鮮明
容顏殊端正　諸天中最勝
尒時天子即說偈荅帝釋曰
我蒙佛恩德　散以波羅華
由是善因緣　今得是果報
尒時天子即共帝釋來詣佛所佛為
說法心開意解破二十億邪見業障
得須陁洹果心懷欣慶即於佛前說
偈讚佛
巍巍大世尊　最上無有比

父母及師長　功德無有及
軌竭四大海　超越白骨山
閉塞三惡道　能開三善門
又雜寶藏經云尒時天女說偈曰
我昔以華鬘　奉迦葉佛塔
今生於天上　獲是勝功德
生在於天中　報得金色身
又薩婆多論云若四方僧地不得作
塔為佛法自為種殖若僧和合者得
不和合者不得作之若僧地有種種
華應淨人取次第與僧隨意供給
不得私取自供養三寶若華多僧取
不盡若僧和合聽隨意取之若僧坊
內不得起塔作像以近人臭穢不清
淨故若重閣舍若經像在下重不得
在上住若塔地華不得供養僧法正
應供養佛此華亦得賣取錢以供養
塔用若屬塔水以供塔用設用有殘
若致功力是塔人者應賣此水以錢
屬塔不得餘用用則計錢犯若塔內
無人致水功力一由僧人殘水多少
善好籌量用之
又文殊問經云尒時文殊師利白佛

言世尊諸供養餘華用治眾病其法
云何佛告文殊華各別祝一百八徧
誦佛華祝曰
南無佛闍寫治莎呵
般若波羅蜜華祝曰
那末柯盧履(民旨反)般若波羅蜜多
裒莎呵
佛足華祝曰
那莫波陁制黙躭盬莎呵
菩提樹華祝曰
南無菩提過力龕嵐莎呵
轉法輪處華祝曰
南無達摩斫柯羅夜莎呵
塔華祝曰　那莫鍮跋耶莎呵
菩薩華祝曰
南無菩提薩埵野莎呵
衆僧華祝曰
那莫僧伽野莎呵
佛像華祝曰
那莫波羅底耶莎呵
佛告文殊師利用此華若諸四衆能
信修行應當早起清淨澡浴漱口念
佛功德恭敬此華不以足蹈及跨華

上如法執取安置淨器若人患寒熱額痛皆以冷水摩華以用塗身若吐痢出血或腹內煩疼以漿飲摩華當服此華飲若口有瘡以暖水摩華含此華汁若天雨不止於空閑處以火燒華令雨即止若天亢旱在空閑處以華置水中復呪冷更灑華上天即降雨若牛馬等本性不調以華飴之即便調伏若諸果樹華實不茂以冷水牛糞摩取華汁以灌其根不得踐蹋華實即多若田中多水苗稼損減擣華為末以散田中即得滋長若國中疾病以冷水摩華塗螺鼓等吹擊出聲聞者即愈若敵國怨賊欲來侵境以水摩華在於彼處用灑散之即得退散若於高山有盤石處眾多比丘於石上摩華摩華既竟相與禮拜久後石上自生珍寶（撮要略述餘廣依經）佛告文殊一一誦滿一百八徧此呪章句汝於處處當說如佛華法餘華亦尒

又華嚴經云昔人中有香名大象藏因龍鬬生若燒一丸興大光明細雲覆上味如甘露七日七夜降香水雨若著身者身則金色若著衣服宮殿樓閣亦悉金色若有眾生得聞此香七日七夜歡喜悅樂滅一切病無有橫枉遠離恐怖危害之心專向大慈普念眾生我知彼已而為說法令無量眾生得不退轉又牛頭栴檀香從離垢山生若以塗身火不能燒

又百緣經云昔佛在世時迦毗羅衛城中有一長者其家巨富財寶無量不可稱計生一男兒容貌端正世所希有身諸毛孔出栴檀香從其口出優鉢華香父母見已歡喜無量因為立字名栴檀香年漸長大求佛出家得阿羅漢果比丘見已而白佛言此栴檀香宿殖何福生於豪族身口出香又值世尊出家得道佛告比丘乃往過去九十一劫毗婆尸佛入涅槃後時有王名盤頭末帝收其舍利造四寶塔高一由旬而供養之時有長者入佛塔中見地破落和泥塗治以栴檀香坌散其上發願而去緣是功德從是以來九十一劫不墮惡道天上人中身口常香受福快樂乃至今者遭值於我出家得道

又大莊嚴論云佛言我昔曾聞迦葉佛時有一法師為眾說法於大眾中讚迦葉佛以是緣故命終生天於人天中常受快樂於釋迦文佛般涅槃後百年阿輸迦王時為大法師得阿羅漢常有妙香從其口出時彼法師去王不遠為眾說法口中香氣遍於王所王聞香氣心生疑惑作是思惟彼比丘者為和妙香含於口耶香氣乃尒作是念已語比丘言開口漱口猶有香氣比丘白王何故語我張口漱口時王荅言我聞香氣心生疑故便張口及以漱口香氣逾盛唯有此香口比丘餘無所有王語比丘願為我說比丘微笑即說偈言

天地自在者　今當為汝說
此非沈水香　復非華葉莖
栴檀等諸香　和合能出是
我生希有心　而作如是言
由昔讚迦葉　便獲如是香
彼佛時已合　與新香無異
晝夜常有香　未曾有斷絕

又曰雲經云香煙不盡放地得越棄罪盡五百歲墮糞屎地獄何以故由放恣心故又夜悶經云莊嚴供養具以口吹去灰者墮優鉢羅地獄傍報作風神王又要用最經云鼻齅香者由滅香氣無其福德正報墮波頭摩地獄未來世鼻根無香味又曰供養經云供養時香不合閉者墮黑糞屎地獄盡其半劫受罪得無信慧報何以故由起下氣坌香故（右二經雖無目錄並感神教故別蹟記也）

又三千威儀云燒香著佛前有三事一易中故香二當自出香三當布與人具香鑪有三事一當先倒去故灰拾取中香聚一面二當拭令淨乃著火還取故香著中三火著時爇然不得吹令炭滅

頌曰

久厭無明樹　方欣柰苑華
始入香山路　仍逢火宅車
慈父屢引接　劬子背恩賒
避窮危藤鼠　終悲在篋蛇
鹿苑禪林茂　鷲嶺動枝柯

定華發智果　乘空查度河
法雨時時落　香雲片片多
若爲將羽化　來濟在塵羅

感應緣（略引七驗）

宋沙門求那跋摩
齊高士明僧紹
梁沙門釋慧劍
南齊晉安王蕭子懋
唐沙門釋慧主
唐雍州渭南豹山谷神香
兼又雜俗出香處

晉宋永嘉年中有外國三藏法師求那跋摩勅延祇桓寺每於講說四衆雲會嘗夏安居竟信心者採雜華施僧座下中竟檢視唯跋摩所坐鮮榮如初預知死時依日先洗浴叉手誦經端坐而化身體香軟於座下得手迹遺文一卷其偈曰

摩羅婆國界　阿蘭若寺中
我初得聖果　道迹靜諸漏
若於師子國　村名劫波利
進修得弍果　是名斯陁含

文帝深加悅懌又於屍所見一物狀

若龍蛇長一丈許直上昇天僧衆悲戀乃依外國法香薪闍維起塔（右一驗出梁高僧傳）

齊棲霞寺在南徐州琅邪郡江乘北鄉頻佳里攝山之中齊高士平原明僧紹以宋太始中起造嘗聞法鐘自響山舍去村五六里宋昇明中村民平旦並見半山有幡蓋羅列煙光五色暎照虛空男女瞻望皆言是實競來覲視了無所見時有法度法師於山舍講無量壽經中夜忽有金光照寺於其光中如有臺館形像弘宣寺中僧衆及淨人等小不如法及白衣賓客有穢濁入寺者虎即出現吼嗷巡房響振山谷至今猶尒或有念誦小有疲懈山神現形又著烏衣身長一丈手執繩索僧衆驚懼誦習不懈

梁南冥真寺在秣陵縣中興里普通五年沙門慧劍起造慧劍生緣姓徐胥初隨舅在廬陵於路拾得一襆襆中有綃帊帊裹有五色紙各爲一裹始開四重都無所見未開最下縫紙見光影如電晃曜一室因此仍感神

瑞入水不沒入火不燃家人以為發
狂始就籠檻關閉甚嚴俄而出外乃
知神力因設虛座請福空中有言我是
長生菩薩應利益國土汝可依佛法清
淨供養於是競以香華貢奉每有靈
驗南人李叔獻紹願乞本州後果為
交州刺史乃造沈香神景世人以神
重名華因號為華娘神百姓送供闐
噎齋會所餘慧劍教化悉以起寺右
二驗出涼京寺記
南齊晉安王蕭子懋字雲昌武帝之
子也始年七歲阮淑媛嘗病危篤請
僧行道有獻蓮華供養佛者眾僧以
銅罌盛水浸其華莖欲令不萎如此
三日而華更鮮子懋流淚禮佛誓曰
若使阿姨因此勝和願佛之力令華
竟齋不萎七日齋畢華更鮮紅看視
罌中稍有根鬚母病尋差當代稱其
孝感也子懋弟南海王子罕字雲華
其母樂容華寢疾子罕晝夜禮拜于
時以竹為燈纘其燈照曜訖夜極明
此纘經宿枝葉茂盛母病尋愈事出吳
均春秋

唐始州永安縣釋慧主姓賈持律第
一兼營福業後至故鄉南山藏伏唯
食松葉異類禽獸同集無聲或有山
神與送茯苓甘松香來六時行道一
時不闕禽獸隨行禮佛請經似如聽
仰仍為幽顯受菩薩戒後有群猴言
為君異也佛日通也主深怪異畜生
能言罕所未有更有祥龍飛獸集持
異香充塞山內後有八人挾弓材者
甚大驚駭便慰主曰聖君出世時號開
皇矣至貞觀三年寺有明禪師清卓
不群白日獨坐見無半身向眾述曰
吾與主律師建立此寺兩人同心忽
失半身將不律師先去不耶至明日
食時俗人驚云寺家設會耶見有四
路客僧數千人入寺今何所在尋尒
午時主便無疾而逝春秋八十有九
唐雍州渭南縣南山倒豹谷崖有縣
石文狀倒豹因以名焉谷有巖像於
佛面亦號像谷古老傳云昔有梵僧
來云我聞此谷有像面山七佛龕昔
有七佛曾來此谷說法澗內有瞻蔔
華常所供養近至永徽年中南山龍

池寺沙門智積聞之往尋至谷聞香
莫知何所深訶香氣從澗內沙出即
撥沙看形似茅根裹甲沙土然極芬
馥就水抖擻洗之一澗皆香將還龍
池佛堂中合堂皆香極深美氣山下
俗人時見此山或如佛塔或全如佛
面挺出空際故像頭之號非是虛立
傍去嘉美谷甚近即姚秦時王嘉所
住也右二驗出唐高僧傳
搜神記曰初鉤弋夫人有罪以譴死
殯屍不臭而香
續搜神記曰合淝口有一大白舡覆
在水中漁人夜宿其傍聞箏笛之
音又香氣非常發相傳云曹公載
妓舡覆於此
異苑曰司州衛士度母常誦經長齋
非道不行曾出自齋堂眾僧未食俱
望見雲中有一物下既落其前乃是
大鉢滿中香飯舉坐肅然一時敬禮母
自分而齋人皆七日不飢
述異記曰昔有人發盧山採松聞人
語云此未可取此人尋聲而上見一異
華形甚可愛其香非常知是神

異因報而服之得壽三百歲
幽明録曰陳相子吳興烏程人始見
佛家經遂學昇霞之術及在人間
齋輒聞空中殊音妙香芬芳清越
許邁別傳曰邁少名暎高平閻慶等
皆就受業栁慶等方去暎燒香皆
五色烟出
浮圖澄傳曰澄以鉢盛水燒香祝之
須臾生青蓮華
博物志曰西域使獻香漢制獻香不
滿斤不得受西使臨去乃發香器如
大豆者試著宮門香氣聞長安四面
數十里中經日乃歇
扶南傳曰頓遜國人常以香華事天
神香有多種區撥葉華致華各遂
華摩夷華冬夏不衰日載數十車於
市賣之燥乃益香亦可為粉以傅身
體
述征記曰北芒有張母墓舊說是王
氏妻葬有年載後開墓而香大猶
燃其家奉之稱清水道世說曰桓車
騎時有陳莊者入武當山中學道所
居有白烟香氣聞徹

麝香山海經曰翠山之陰多麝本草
經曰麝香味辛辟惡殺鬼精生中臺
山
葳蕤香孫氏瑞應圖曰葳蕤者王禮
備至則生本一曰王者愛人命則生一
名葳香
鬱金香周禮春官上鬱人曰鬱人掌
祼（古亂反）器凡登禮賓客之祼事和鬱
鬯以實彝而陳之（築鬱金煑之以和鬯酒也）
說文曰鬱鬯百草之華遠方所貢芳
物鬱人合而釀之以降神也
蘇合香續漢書曰大秦國合諸香煎
其汁謂之蘇合廣志曰蘇合香出大
秦國或云蘇合國國人採之榨其汁
以為香膏乃賣其滓與賈客或云合
諸香草煎為蘇合非自然一種物也
傅子曰西國胡言蘇合香者獸所作
也中國皆以為怪
雞舌香吳時外國傳曰五馬州出雞
舌香續搜神記曰劉廣豫章人年少
未婚至田舍見一女云我是何參軍
女年十四而夭為西王母所養使與
下土人交廣與之纏綿其日於席下

得手巾裹雞舌香其母取巾燒之乃
是火浣布南州異物志曰雞舌香出
杜薄州云是草萎可含香口俞益期
牋曰外國老胡說衆香共是一木木
華為雞舌香
雀頭香江表傳曰魏文帝遣使於吳求
雀頭香
薰陸香魏略曰大秦出薰陸南方草
物狀曰薰陸香出大秦國云在海邊
自有大樹生於沙中盛夏時樹膠流
出沙上夷人採取賣與人（南州異物志同其異者唯云狀如桃膠典術同唯云如陶松脂法長飲食之令通神靈）俞益期牋曰
衆香共是一木木膠為薰陸
流黃香吳時外國傳曰流黃香出都
昆國在扶南南三千餘里（南州異物志同也）廣
志曰流黃香出南海邊國
青木香廣志曰青木出夾州徐衷南
方記曰青木香出天竺國不知形狀
南州異物志曰青木香出天竺是草
根狀如甘草俞益期牋曰衆香共是
一木木節是青木香
栴檀香竺法真登羅山疏曰栴檀出
外國元嘉末僧成藤於山見一大樹

圓蓊數畝三丈餘圍辛芳酷烈其間枯條數尺援而刃之白梅檀也俞益期牋曰衆香共是一木木根爲梅檀

甘松香廣志曰甘松出涼州諸山兜納香魏略曰出大秦國兜納廣志曰兜納出西方

艾納香廣志曰艾納香出瀏國樂府歌曰行胡從何來列國持何來氍毹毾㲪五木香迷迭艾納及都梁

藿香廣志曰藿香出自南諸國吳時外國傳曰都昆在扶南出藿香南州異物志藿香出典遜海邊國也屬扶南香形如都梁可以著衣服中俞益期箋曰衆香共是一木木葉爲藿香

楓香南方記曰楓香樹子如鴨卵爆乾可燒魏武令曰房室不潔聽得燒楓膠及蕙草棧香廣志曰棧香出自南諸國

木蜜香異物志曰木蜜香名曰香樹生千歲根本甚大先伐僵之四五歲乃往看歲月久樹根惡者腐敗唯中節堅貞芬香獨在耳廣志曰木蜜出交州及西方本草經曰木香一名蜜

香味辛而温

䅸香南方草物狀曰䅸香並生烏滸

都梁香廣志曰都梁出淮南

沈香異苑曰沙門支法存在廣州有八尺氍毹又有沈香八尺版牀太元中王漢爲州大兒劭求二物不得乃殺而藉焉南州異物志曰木香出日南欲取當先斫壞樹著地積久外白朽爛其心中堅者置水則沈香其次在心白之閒不甚堅精置之水中不沈不浮與水平者名曰棧香其最小麁白者名曰䔧香顧微廣州記曰新興縣悉是沈香如同心草土人斫之經年內爛盡心則爲沈香俞益期箋曰衆香共是一木木心爲沈香

甲香廣志曰甲香出南方范曄和香方曰甲煎棧香是也

迷迭香魏略曰大秦出迷迭廣志曰迷迭出西海中

零陵香南越志曰零陵香土人謂爲鷰草芸香大戴禮夏小正月採芸爲廟菜禮記月令曰仲冬之月芸始生（鄭玄曰芸香草也）說文曰芸草似目蓿淮南說

芸可以死而復生

蘭香周易繫辭曰同心之言其臭如蘭（王廣曰蘭芳也）易通卦驗曰冬至廣莫風至蘭始生說文曰蘭香草也本草經曰蘭草一名水香久服益氣輕身不老

槐香出蒙楚之閒故稽合述槐香賦序

兜末香漢武故事曰西王母當降上燒兜末香兜末香者兜渠國所獻如大豆塗門香聞百里關中嘗大疫死者相係燒此香死者止

又生香眞人關尹傳曰老子曰眞人游時各各坐蓮華之上華徑十丈有反生靈香逆風聞三十里

神香十洲記曰天漢三年西國王使獻靈膠吉光裘神香使者香起天殘之死疾後元年長安城內大病死者日百數帝試取月氏神香燒之於城內其死未三日皆活芳氣經三日不歇帝使祕錄餘後一旦失之

驚精香十洲記曰聚窟洲在西海中上多眞仙靈館宮第比門有大樹與楓木相似而芳香聞數百里名爲反

瑰樹扣樹能有聲如牛吼聞者駭振伐其根心於玉釜中煑取汁更微煎令可丸名曰驚精香或名震靈又名反生香或名人鳥精或名却死香香聞數百里死屍在地聞氣乃活

唄讚篇第三十四 此有四部

述意部 引證部

讚歎部 音樂部

述意部第一

夫褒述之志寄在詠歌之文詠歌之文依乎聲響故詠歌巧則褒述之志申聲響妙則詠歌之文暢言詞待聲相資之理也尋西方之有唄猶東國之有讚讚者從文以結音唄者短偈以流頌比其事義名異實同是故經言以微妙音聲歌讚於佛德斯之謂也昔釋尊入定琴歌震於石室提婆颰唄清響激於淨居覺世至音固無得而稱矣至于末代修習極有明驗是以陳思精想感魚山之梵唱帛橋誓願通大士之妙音藥練勤行受法韻於幽祇文宣勵誠發夢響於齋室並能寫氣天宮摹聲淨刹抑揚詞契吐納節文斯亦神應之顯徵學者之明範也源夫經音為懿妙出自然製用可修而研響非習蓋所以炳發道聲移易俗聽當使清而不弱雄而不猛流而不越凝而不滯趣發祇鷲之風韻結霄漢之氣遠聽則汪洋以峻雅近屬則縱容以和肅此其大致也經稱深遠雷音其在玆乎若夫稱講聯齋衆集永久夜緩晚遲香銷燭揜睡蓋覆其六情嬾結纏其四體於是擇妙響以昇座選勝聲以啓軸宮商唄發動玉振金反折四飛哀惋七衆同迦陵之聲等神鸞之響能使寐覘更開憒情還肅滿堂驚耳列席歡心當尒之時乃知經聲之為貴矣

引證部第二

如長阿含經云其有音聲五種清淨乃名梵聲何等為五一者其音正直二者其音和雅三者其音清徹四者其音深滿五者周徧遠聞具此五者乃名梵音

又梵摩喻經云如來說法聲有八種一最好聲二易了聲三柔輭聲四和調聲五尊慧聲六不誤聲七深妙聲八不女聲言不漏闕無得其短者

又十誦律云為諸天聞唄心喜故開唄聲也

又毗尼母經云佛告諸比丘聽汝等唄唄者言說之辭雖聽言說未知說何等法佛言從修多羅乃至優婆提舍隨意所說十二部經復有疑心若欲次第說文衆大文多恐生疲猒若略纂集好辭直示現義不知如何以是因緣具白世尊佛即聽諸比丘引經中要言妙辭直顯其義

尒時有一比丘去佛不遠立高聲作歌音誦經佛聞不聽用此音誦經有五過患同外道歌音說法一不名自持二不稱聽衆三諸天不悅四語不正難解五語不巧故義亦難解是名五種過患

又賢愚經云昔佛在世時波斯匿王與兵衆至祇洹邊過聞一比丘唄聲雅好軍衆立聽無有猒足象馬豎耳住不肯行王與軍衆即入寺看見唄比丘形貌矬短醜陋極感王不忍看王

即問佛令此比丘宿作何業得斯果報佛告王曰乃往過去有佛出世號曰迦葉入涅槃後機里毗王收取舍利欲用起塔有四龍王化作人形來到王所問起塔事為用寶作為用土耶王即荅言欲令塔大無多寶物今欲土作令方五里高二十五里龍白王言我是龍王故來相問若用寶作我當佐助王聞歡喜龍復語王四城門外有四泉水東門泉水取用作墼變成瑠璃南門泉水取用作墼變成黃金西門泉水取用作墼變成白銀北門泉水取用作墼變成白玉王聞是語倍增歡喜即立四監各典一面其三監者作工欲成一監懈怠工獨不就王行看見以理訶責其人懷怨而白王言此塔太大當何時成王勑作人晝夜勤作一時都訖塔極高峻衆寶莊嚴極有異觀其監見已歡喜踊躍懺悔前過持一金鈴著塔殼頭發其願言令我所生音聲極好一切衆生莫不樂聞將來有佛號釋迦牟尼使我得見度脫生死緣於往昔嫌塔大故生常醜陋由持鈴縣塔殼頭及願見佛從是以來五百世中極好音聲今復值佛出家修道得阿羅漢果以是因緣一切衆生見他作福不應毀呰後得惡報悔無所及也

讚歎部第三

如菩薩本行經云佛告阿難我念往昔有一如來出現於世號曰弗沙多陀阿伽度阿羅訶三藐三佛陀時彼佛在雜寶窟內我見彼佛心生歡喜合十指掌翹於一脚七日七夜而將此偈讚歎彼佛而說偈言

天上天下無如佛　十方世界亦無比
世界所有我盡見　一切無有如佛者

阿難我以此偈歎彼佛已發如是願乃至彼佛語侍者言是人過於九十四劫當得作佛號釋迦牟尼我於彼時得受記已不捨精進增長功德無量世中作梵釋天轉輪聖王以是善業因緣力故我得四種辯才具足無有一人能與我論降伏我者我得成阿耨菩提乃至轉於无上法輪

又涅槃經云時迦葉菩薩即於佛前以偈讚佛

憐愍世間大醫王　身及智慧俱寂靜
無我法中有真我　是故敬禮無上尊
發心畢竟二不別　如是二心先心難
自未得度先度他　是故我禮初發心

又寶性論偈云

我今悉歸命　一切無上尊
為開法王藏　廣利諸群生
佛體無前際　及無中間際
亦復無後際　寂靜自覺知
既自覺知已　覺他令他覺
是故為彼說　無畏常行道
佛智慈悲力　能執金剛杵
摧破諸見山　故我今敬禮
不可思議法　非聞慧境界
出離言語道　內心智清涼
彼真妙法日　清淨無塵垢
大智慧光明　普照諸世間
能破諸曀障　覺觀貪瞋癡
一切煩惱等　故我今敬禮
以能知於彼　自性清淨心
見煩惱無實　故離諸煩惱
無障淨智慧　如實見衆生

自性清淨心　佛法身境界
無礙淨智眼　見諸衆生性
徧無量境界　故我今敬禮
又發菩提心論論主讚佛偈云
敬禮無邊際　去來現在佛
等空不動智　救世大悲尊
吾師天中天兩行偈（出普曜經）云何得長壽兩行偈（出涅槃經）如來妙色身兩行偈（出勝鬘經）處世界如虛空兩行偈（出超日明經）云
大慈哀愍群生　為蔭蓋眞者
開無目使視聯　化未聞以道明
處世界如虛空　猶蓮華不著水
心清淨超於彼　稽首禮無上尊
述曰漢地流行好為刪略所以處衆作唄多為半偈故毗尼母論云不得作半唄得突吉羅罪然此梵唄文詞未審依如西方出何典誥荅但聖閑作唄依經讚偈取用無妨然闡內闡外吳蜀唄詞各隨所好唄讚多種但漢梵既殊音韻不可互用至於宋朝有康僧會法師本康居國人博學辯才譯出經典又善梵音傳泥洹唄聲製哀雅擅美於世音聲之學咸取則

焉又昔晉時有道安法師集製三科上經上講布薩等先賢立制不墜於地天下法則人皆習行又至魏時陳思王曹植字子建魏武帝第四子也幼含珪璋十歲屬文下筆便成初不改字世閒術藝無不畢善邯鄲淳于見而駭服稱為天人植每讀佛經輒流連嗟翫以為至道之宗極也遂製轉讚七聲昇降曲折之響世人諷誦咸憲章焉嘗游魚山忽聞空中梵天之響清雅哀婉其聲動心獨聽良久而侍御皆聞植深感神理彌寤法應乃摹其聲節寫為梵唄撰文製音傳為後式梵聲顯世始於此焉其所傳唄凡有六契

音樂部第四

如百緣經云佛在世時王舍城中豪富長者各相率合設大節會作諸伎樂而自娛樂時有舞師夫婦二人從南方來將一美女字青蓮華端正姝妙世所希有聰明智慧難可訓對婦女所有六十四藝皆悉備知善解舞法迴轉頫仰曲得節解作是唱言今此

城中頗有能舞如我者不明解經論能問荅不時人荅曰有佛世尊在迦蘭陀竹林善能問荅使汝無疑舞女聞已尋將諸人共相隨逐且歌且舞到竹林中見佛世尊猶故憍慢放逸戲笑不敬如來尒時世尊見其如是即以神力變此舞女如百年老母鬢白面皺牙齒踈缺傴僂而行行時舞女自覩其身形狀極老而作是言今此女身以何因緣卒有如是衰相現耶今者必是佛之威神使我故尒遂於佛前深心慚愧唯願世尊當見原恕尒時世尊知此舞女心已調伏以神通力變身如前大衆見此舞女卒老卒壯無有常定各生猒離解寤無常心開意解有得四沙門果者有發無上菩提心者時彼舞女及其父母即於佛前求索出家佛即告言善來比丘尼頭髮自落法服著身成比丘尼精勤修習得阿羅漢果諸天世人所見敬仰時諸大衆見是事已請說因緣佛告大衆乃往過去無量世時波羅柰國王有太子字孫陀利入山學道

獲五神通見緊那羅女端正姝妙狀
如諸天作諸姿態且歌且舞鼓動我
心觀使染著退失仙道我於彼時心
遂堅固無有慾想語彼女言一切有
為無有常定我今觀汝形體臭穢充
滿其中薄皮覆上不可久保正尒當
有髮白面皺傴僂而行汝今何為憍
慢放恣乃至如是向者歌聲其音已
變何故在此作諸姿態於是緊那羅
女聞是語已尋向仙人懺悔罪咎因
發願言使我來世得斷生死我於汝
邊獲得道果佛告大衆欲知彼時王
子學仙道者則我身是彼緊那羅女
者今青蓮華比丘尼是由於彼時發
願力故今值我出家得道比丘聞已
歡喜奉行
又百緣經云佛在世時迦毗羅衛城
中有一長者財寶無量不可稱計其
婦生男端正姝妙世所希有年漸長
大有好音聲令衆樂聞值佛出家得
阿羅漢果諸比丘等請佛為說得道
因緣佛告比丘乃往過去九十一劫
有佛出世號毗婆尸入涅槃後有國

王名槃頭末帝收取舍利造四寶塔
高一由旬而供養之時有一人見此
塔故心懷歡喜便作音樂以繞供養
發願而去緣是功德九十一劫不墮
三塗天上人中常好音聲令衆樂聞
乃至今者遭值於我出家得道比丘
聞已歡喜奉行
又百緣經云昔佛在世時舍衛城中
有諸人民各自莊嚴作唱伎樂出城
遊戲至城門中遇值佛僧入城乞食
諸人見佛歡喜禮拜即作伎樂供養
佛僧發願而去佛即微笑語阿難言
此諸人等由作伎樂供養佛僧緣此
功德於未來世一百劫中不墮惡道
天上人中最受快樂過百劫後成辟
支佛皆同一號名曰妙聲以是因緣
若人作樂供養三寶所得功德無量
無邊不可思議故法華經偈云
若使人作樂　擊鼓吹角貝
簫笛琴箜篌　琵琶鐃銅鈸
如是衆妙音　盡持以供養
皆以成佛道
又菩薩處胎經云緊那羅住須彌山

北邊小鐵圍有大黑山亦在十寶山
間無有佛法日月星辰由昔布施之
力今居七寶宮殿壽命甚長此王本
人中有大長者興造佛塔此緊那羅
施一剎柱成辦寺廟復以淨食施於
工匠壽盡作胷臆神在兩山間先在
人中為大長者居財無量有一沙門
乞食婦擎飯施之乃大瞋怒云何
乞人瞻視我婦當令此人手腳斷壞
壽終以後受此醜形八十四劫常無
手足諸天醼會皆悉與乾闥婆分
番上下天欲奏樂而其腋下汗流便
自上天有一緊那羅名頭婁磨琴歌
諸法實相以讚世尊時須彌山及諸
林樹皆悉震動迦葉在座不能自安
五百仙人心生狂醉失其神足
又大樹緊那羅王所問經云尒時大
樹緊那羅王以已所揮琉璃之琴閻
浮檀金華葉莊嚴善淨業報之所造
作在如來前善自調琴及餘八萬四
千伎樂是大樹王當揮此琴鼓衆樂
時其音普皆聞此三千大千世界是
琴音聲及妙歌聲隱蔽欲界諸天音

樂所有諸山藥草藂林悉皆徧動如
人極醉前却顛倒須彌駊騀涌沒不
定一切凡聖唯除菩薩不退轉者其
餘一切聞是琴聲及諸樂音各不自
安從坐起舞一切聲聞放捨威儀誕
貌逸樂如小兒舞戲不能自持尒時
天冠菩薩語是聲聞大迦葉等汝諸
大德已離煩惱得八解脫云何今者
各捨威儀如彼小兒舉身動舞於時
大德諸聲聞等荅言善男子我於是
中不得自在如旋嵐大風吹諸樹木
彼無有力能自安持非彼本心之所
欲樂尒時天冠菩薩語大迦葉汝今
觀是不退菩薩威德勢力誰見如是
而當不發無上正真菩提道心琴聲
威力皆說法音八千菩薩得無生忍
頌曰
玄亮吐清氣　神響徹幽聾
登臺發春詠　高興希避縱
乘虛感靈覺　魚山振思重
摹寫天歌梵　冀布法音周
忽高故不下　飄颺數仞中
比丘歌聲唄　人畜振心忪
斯由暢玄句　即感鴈游空
神期發筌寤　豁尒自靈通

感應緣　略引六驗

晉沙門帛法橋
晉沙門支曇籥
齊沙門釋僧辯
齊沙門釋曇憑
齊有仕人姓梁
唐刺史任義方

晉中山有帛法橋是中山人少樂轉
讀而稍乏聲每以不暢爲慨於是絕
粒懺悔七日七夕稽首觀音以祈現
報同學苦諫誓而不改至第七日覺
喉內豁然即索水洗漱云吾有應矣
於是作三契經聲徹三里許遠近驚
嗟人畜悉來觀聽尒後誦經五十萬
言晝夜諷詠哀婉通神至年九十聲
猶不變以晉穆帝永和中卒于河北
即石虎末世也
晉有支曇籥本月氏人寓居建鄴少
出家精苦蔬食憩吳虎丘山晉孝武
初勑請出都止建初寺孝武從受五
戒敬以師禮籥特稟妙聲善於轉讀
嘗夢天神授其聲法覺因裁製新聲
梵響清美四飛却轉反折還弄雖復
東阿先變康會後造始終修還未有
如籥之妙後進傳寫莫匪其法所製
六言梵唄傳響于今後終於所住年
八十一
齊安樂寺有釋僧辯姓吳建康人出
家止安樂寺少好讀經哀婉折衷獨步
齊初無人加之嘗在新亭劉紹宅齋
辯初夜讀經始得一契忽有群鶴下
集階前及辯度一卷一時飛去由是
聲振天下遠近知名後來學者莫不
宗事永明七年二月十九日司徒竟
陵文宣王夢於佛前詠維摩一契因
聲發而寤即起至佛堂中還如夢中
法更詠古維摩一契便覺音韻流好
有工常日明旦即集京師善聲沙門
僧辯等次第作聲辯傳古維摩一契
瑞應七言偈一契最是命家之作後
人時有傳者並訛失大體辯以齊永
明十一年卒
齊白馬寺有釋曇憑姓楊旋爲南安
人少游京師學轉讀止白馬寺音調

甚工而過且自任時人未之推也於是專精規矩更加研尋晚遂出群翁然改觀誦三本起經尤善其聲後還蜀止龍淵寺巴漢懷音者皆崇其聲範每梵音一吐輒象馬悲鳴行徒住足因製造銅鍾於未來常有八音四辯庸蜀有銅鍾始於此也後終所住

吴景帝世烏程民有得固病及差能以響言響言者於此而聞彼然自所聽之不覺其聲之大也自遠聽之如人對言不覺聲之自遠來也聲之所往隨其所向遠者不過十數里右此四驗出梁高僧傳

北齊時有仕人姓梁甚豪富將死謂其妻子曰吾平生所愛奴馬及皆使用日久稱人意吾死可以爲殉不然無所乘也及死家人以囊盛土壓奴殺之馬猶未殺奴死四日而蘇說云當不覺去忽至官府門門人因留止在門所經一宿明旦見其亾主被鏁兵守衛入官所見奴謂曰我謂死人得使奴婢故遣言喚汝今各自受其苦全不相關今當白官放汝言畢而入奴從屏外闚之見官問守衛人曰昨日壓脂多少乎對曰得八斗官曰更將去壓取一斛六斗主則被壓牽出竟不得言明旦又來有善色謂奴曰今當爲汝白也又入官問得脂乎對曰不得官問何以主司曰此人死三日家人爲請僧設會每聞經唄聲鐵梁輒折故不得也官曰且將去主司白官請官放奴即喚放俱出門主遣傳語其妻子曰賴汝等追福獲免大苦然猶未脫更能造經像以相救濟冀因得免自今無設祭既不得食而益吾罪言畢而別奴遂重生而具言之家中果以其日設會於是傾家追福合門練行右一驗出冥報拾遺記

唐括州刺史樂安任義方武德年中死經數日而蘇自云被引見閻羅王王令人引示地獄之處所說與佛經不殊又云地下晝日昏暗如霧中行于時其家以義方心上少有煴氣遂即請僧行道義方乃於地下聞其讚唄之聲王檢其案謂之吏曰未合即死何因錯追遂放令歸義方出度三關關吏皆睡送人云但尋唄聲當即到舍見一大坑當道意欲跳過遂落坑中應時即起論說地獄畫地成圖其所得俸禄皆造經像曾寫金剛般若千餘部義方自說右一驗出冥報拾遺

法苑珠林卷第三十六

法苑珠林卷第三十六

校勘記

一　底本，金藏廣勝寺本。七七三頁中一行至次頁上九行原版或缺或殘，以麗藏本補、換。

一　七七三頁中一行經名，徑無（未換卷）。

一　七七三頁中二行撰者，資、磧、南作「大唐上都西明寺沙門釋道世撰」；徑無（未換卷）；清作「唐西明寺沙門釋道世撰」。

一　七七三頁中三行「懸幡篇第三十二」下，資、磧、南、清有夾註「此有二部」。

一　七七三頁中四至五行「華香篇第三十三唄讚篇第三十四」，徑、清無。

一　七七三頁中六行「懸幡篇此有二部」，資、磧、南、徑、清無。

一　七七三頁中六行與七行之間，清有「述意部　引證部」一行。

一　七七三頁中七行「第一」，徑無。以下部目下序數例同。

一　七七三頁中九行第一二字「創」，資、磧、南、徑、清作「創造」。

一　七七三頁中一〇行「魏主起」，資、磧、南、徑、清作「巍起」。

一　七七三頁中一一行第九字「飄」，資、磧、南、徑、清作「颻」。

一　七七三頁中一二行第三字「珠」，資、磧、南、徑、清作「朱」。

一　七七三頁中一三行首字「或」，資、磧、南、徑、清作「時」。

一　七七三頁下一行第一三字「昂」，資、磧、南、徑、清作「仰」。

一　七七三頁下六行「八巔」，資、磧、南、徑、清作「八難」。

一　七七三頁下九行第五字「轄」，資、磧、南、徑、清無。

一　七七三頁下一一行「互得」，資、磧、南、徑、清作「得互」。

一　七七三頁下一四行夾註左「白錢」，資、磧、南、徑、清作「銀錢」。

一　七七三頁下一六行夾註右第一六字「名」，資、磧、南、徑、清無。

一　七七三頁下一七行夾註右第一一字「又」，磧、南、徑、清無。又「乘馬」，資、徑、清作「適乘馬」；磧、南作「商乘馬」。

一　七七三頁下一八行夾註左「掛之剎塔」，資、磧、南、徑、清作「懸之塔」。

一　七七三頁下一九行夾註右「救濟」，資、磧、南、徑、清作「以救濟」。

一　七七四頁上八行末字「末」，資、磧、南、徑、清作「求」。

一　七七四頁中六行「倒覆」，資、磧、南、徑、清作「倒下」。

一　七七四頁中九行「池照」，資、磧、南、徑、清作「池沼」。

一　七七四頁中一〇行末字「緣」，資、磧、南、徑、清作「因」。

一　七七四頁中一一行首字「舉」，資、磧、南、徑、清作「攀」。又末字「連」，資、磧、南、徑、清作「瞻」。

一　七七四頁中一二行末字「延」，資、磧、南、徑、清作「年」。

一　七七四頁下六行夾註左「冥祥記」，至此，徑卷第四十八終，卷第四十九始。

一　七七四頁下七行「此有二部」，徑無。

一　七七四頁下七行與八行之間，清

有「述意部　引證部」一行。

一七七五頁上一行「持戒」，資、磧、南作「若時」；徑、清作「若持」。

一七七五頁上五行末字「長」，資、磧、南、徑、清作「尊」。

一七七五頁上一〇行「數之」，資、磧、南、徑、清作「效之」。

一七七五頁上一五行「善哉」，資、磧、南、徑、清作「善哉善哉」。

一七七五頁上末行「菩薩」，麗作「菩提」。

一七七五頁中一〇行首字「還」，資、磧、南、徑、清作「還歸」。

一七七五頁中一八行「每以」，磧、南、徑、清作「無以」。

一七七五頁中二〇行首字「令」，資、磧、南、徑、清作「命」。

一七七五頁下四行「唯原」，磧作「唯願」。

一七七五頁下八行第七字「術」，資、磧、南、徑、清作「巷」。下同。

一七七六頁上五行第六字「蠻」，資、磧、南、徑、清無。

一七七六頁上九行第八字「上」，資、磧、南、徑、清、麗作「復上」。

一七七七頁上七行第七字「冷」，資、磧、南、徑、清、麗作「冷水」。

一七七七頁上一一行第九字「水」，磧、南無。

一七七七頁中二行末字「香」，資、磧、南、徑、清無。

一七七七頁中七行第三字「若」，資、磧無。又末字「燒」，資、磧、南、徑、清作「燒也」。

一七七七頁下末行第三字「常」，資、磧、南、徑、清作「恒」。

一七七八頁上八行「供養時香不合閉」，資、磧、南、徑、清作「供養香時口不合閉」。

一七七八頁上一〇行第五字「下」，南、徑、清作「不」。又夾註右「右二經」，資、磧、南、徑、清、麗作「右三經」。又夾註左「神教」，磧、南、徑、清作「神報」。

一七七八頁上一四行末字「灰」，資、磧、南、徑、清作「火」。

一七七八頁上二〇行首字「始」，資作「如」。

一七七八頁上二二行第四字「藤」，資、磧、南、徑作「騰」。

一七七八頁中一行第八字「查」，資作「且」；磧、南、徑、清作「具」。

一七七八頁中四行「七驗」，徑、清作「六驗」。

一七七八頁中一〇行首字「唐」，清無。又「南豹山」，資、磧、南、徑、清、麗作「南山豹」。

一七七八頁中一一行「兼又」，資、磧、南、徑、清作「兼出」。

一七七八頁中二二行「式果」，資、磧、南、徑、清、麗作「三果」。

一七七八頁中末行「悅懌」，資、磧、南、徑、清作「悅惜」。

一七七八頁下一行「一丈」，資、磧、南、徑、清作「一疋」。

一七七八頁下四行第一三字「垂」，

資、磧、南、徑、清作「乘」。
一七七八頁下一八行「袜陵」，徑、清作「秣陵」。
一七七八頁下二一行「繍帊帊裹」，資、磧、南、徑、清作「繍帕帕裹」。
一七七九頁上一行末字「發」，磧、清作「法」。
一七七九頁上三行「有言」，資、磧、南、徑、清作「有言曰」。
一七七九頁上六行「紹願」，資、磧、南、徑、清作「結願」；麗作「繼願」。
一七七九頁上七行第一〇字「景」，資、磧、南、徑、清作「影」。
一七七九頁上一〇行夾註「涼京寺記」，資、磧、南、徑、清作「梁京寺記」。
一七七九頁上一六行「勝和」，南、徑、清作「勝利」。
一七七九頁上二一行第六字「纘」，資、磧、南、徑、清作「續」。二二行第二字同。
一七七九頁中五行「請經」，徑、清作「誦經」。
一七七九頁中六行末字「言」，資、磧、南、徑、清作「共」。
一七七九頁中七行首字「爲」，資、磧、南、徑、清作「爲治道主曰汝性躁擾而作此何爲獼猴答言時」。
一七七九頁中一四行第五字「不」，徑、清作「主」。
一七七九頁中二二行「七佛」，磧作「七僧」。
一七七九頁下三行第八字「裹」，資、磧、南、徑、清作「裹」。
一七七九頁下一〇行「鉤弋夫人」，資、磧、南作「鉤七夫人」。
一七七九頁下二〇行「分烏」，資、磧、南、徑、清、麗作「分賦」。
一七八〇頁上一行末字「歲」，資、磧、南、徑、清作「歲也」。
一七八〇頁上八行「浮圖澄」，資、磧、南、徑、清作「佛圖澄」。
一七八〇頁上一四行第九字「常」，資、磧、南、徑、清作「恒」。
一七八〇頁上二一行第六字「稱」，南作「猶」。
一七八〇頁中二行「辟惡」，資、磧、南、徑、清作「辟惡氣」。
一七八〇頁中八行正文第一〇字「事」，資、徑、清無。
一七八〇頁中九行夾註右首字「莱」，資、磧、南、徑、清、麗作「棸」。
一七八〇頁中一四行第一二字「榨」，資、磧、南、徑、清作「笮」。
一七八〇頁下三行「杜薄州」，資、磧作「社薄州」。
一七八〇頁下四行「一木」，徑、清作「一大木」。
一七八〇頁下五行末字「香」，資、磧、南、徑、清作「香也」。
一七八〇頁下一一行首字「出」，資、磧、南、徑、清作「涉」。又夾註左首字「其」，資、磧作「具」。
一七八〇頁下一二行夾註右第六字「同」，資、磧、南、徑、清作「又同」。
一七八〇頁下一七行「徐袁」，資、磧

作「徐裏」。

一　七八〇頁下二一行末字「香」，〔資〕、〔磧〕、〔南〕、〔徑〕、〔清〕無。

一　七八一頁上五行「兆納」，〔資〕、〔磧〕、〔南〕、〔徑〕、〔清〕無。

一　七八一頁上七行「瀏國」，〔資〕、〔磧〕、〔南〕、〔徑〕、〔清〕作「對國」。

一　七八一頁上八行「氍毹」，〔資〕、〔磧〕、〔南〕、〔徑〕、〔清〕作「氎氌」。

一　七八一頁上一〇行第九字「自」，〔資〕、〔磧〕、〔南〕、〔徑〕、〔清〕作「日」。

一　七八一頁上一七行「楓曝」，〔資〕、〔磧〕、〔南〕、〔徑〕、〔清〕作「楓膠」。又「檖香」，〔資〕、〔磧〕、〔南〕、〔徑〕、〔清〕作「棧香」，下同。又末字「自」，〔資〕、〔磧〕、〔南〕、〔徑〕、〔清〕作「日」。

一　七八一頁上二一行「乃往看歲」，〔資〕、〔磧〕、〔南〕、〔徑〕、〔清〕作「乃往看歲乃往看歲」。

一　七八一頁中一行第四字「而」，〔資〕、〔磧〕、〔南〕、〔徑〕、〔清〕無。

一　七八一頁中八行末字「白」，〔資〕、〔磧〕、〔南〕作「日」；〔徑〕、〔清〕作「自」。

一　七八一頁中九行「中堅」，〔資〕、〔磧〕作「志堅」；〔南〕、〔徑〕、〔清〕作「至堅」。又「置水則沈香」，〔南〕、〔徑〕、〔清〕作「置水則沉名曰沉香」。

一　七八一頁中一〇行第七字「甚」，〔資〕、〔磧〕、〔南〕、〔徑〕、〔清〕作「其」。

一　七八一頁中一二行「顧微」，〔資〕、〔磧〕、〔南〕、〔徑〕、〔清〕作「顧徵」。

一　七八一頁中一四行「肉爛」，〔資〕、〔磧〕、〔南〕、〔徑〕、〔清〕作「朽爛」。

一　七八一頁中一七行第三字「甲」，〔資〕、〔磧〕、〔南〕、〔徑〕、〔清〕作「甲前」。

一　七八一頁中一九行「迷趺」，〔資〕、〔磧〕、〔南〕、〔徑〕作「迷迭」。

一　七八一頁中二〇行「零陵香」，〔資〕、〔磧〕、〔南〕、〔徑〕、〔清〕作「苓陵香」。下同。

一　七八一頁中末行「目蓿」，〔南〕、〔徑〕、〔清〕作「苜蓿」。

一　七八一頁下三行夾註右「王廣」，〔南〕、〔徑〕、〔清〕作「王弼」。

一　七八一頁下一二行「又生香」，〔資〕、〔磧〕、〔南〕、〔徑〕、〔清〕作「反生香」。

一　七八一頁下一四行「逆風」，〔資〕、〔磧〕、〔南〕、〔徑〕、〔清〕作「送風」。

一　七八一頁下一六行「使者香」，〔麗〕作「使者曰」。

一　七八一頁下一八行「月氏」，〔資〕、〔磧〕、〔南〕、〔徑〕、〔清〕作「月支」。下同。

一　七八一頁下一九行第一一、一二字「三日」，〔資〕、〔磧〕、〔南〕、〔徑〕、〔清〕作「三月」。

一　七八二頁上一行「牛吼」，〔資〕、〔磧〕、〔南〕、〔徑〕、〔清〕作「牛呴」。

一　七八二頁上二行「玉釜」，〔資〕、〔磧〕、〔南〕、〔徑〕、〔清〕作「玉谷」。

一　七八二頁上五行「乃活」，〔資〕、〔磧〕、〔南〕、〔徑〕、〔清〕作「仍活」。

一　七八二頁上六行「唄讚篇第三十四」，〔徑〕作「唄讚第三十四之一」。又「此有四部」，〔徑〕無。

一　七八二頁上七行至八行「述意部……音樂部」，〔徑〕無。

一　七八二頁上一四行「結音」，〔資〕、

磧、南、徑、清作「結章」。

一　七八二頁上一七行「提婆」，資、磧、南、徑、清作「婆提」。

一　七八二頁上二〇行「魚山」，南、徑、清作「漁山」。

一　七八二頁上二一行「藥練」，徑、清作「篇練」。

一　七八二頁中一行第三字「文」，磧、南、徑、清作「之」。

一　七八二頁中二行「源夫」，資、磧、南、徑、清、麗作「原夫」。

一　七八二頁中七行「縱容」，麗作「從容」。

一　七八二頁中九行第一三字「拚」，資、磧、南、徑、清作「揄」。

一　七八二頁中一一行「宫商」，資、磧、南、徑、清作「宮商」。

一　七八二頁中一五行第二字「之」，資、磧、南、徑、清無。

一　七八二頁下一〇行「纂集」，資、磧、南、徑、清作「撰集」。

一　七八三頁上三行第一三字「取」，徑、清作「其」。

一　七八三頁上一〇行末字「塹」，資、磧、南作「塹」。下同。

一　七八三頁上二〇行「軗頭」，資、磧作「棠頭」；南作「揲頭」；徑、清作「撐頭」。下同。

一　七八三頁中一行第四字「常」，資、磧、南、徑、清作「恒」。又第九字「鈴」，資、磧、南、徑、清作「金鈴」。

一　七八三頁中一四行「世界」，資、磧、南、徑、清作「世間」。

一　七八三頁下四行「畢應弍不別」，資、磧、南、徑、清、麗作「畢竟二不別」。

一　七八三頁下一二行「常行道」，資、磧、南、徑、清作「常恒道」。

一　七八三頁下一五行「思議」，資、磧、南、徑、清作「思量」。

一　七八四頁上九行夾註左末字「云」，資、磧、南、徑、清無。

一　七八四頁上二〇行第一三字「宋」之旁註「吴」，資、磧、南、徑、清、麗無。

一　七八四頁中五行第三字「含」，資、磧、南、徑、清作「合」。

一　七八四頁中六行「改字」，資、磧、南、徑、清作「改定」。又末字「于」，資、磧、南、徑、清無。

一　七八四頁中九行「世人」，資、磧、南、徑、清作「世之」。

一　七八四頁中一三行「纂文」，資、磧、南、徑、清作「撰文」；麗作「纂文」。

一　七八四頁中一五行「六契」，至此，徑卷第四十九終，卷第五十始，並有「唄讚篇第三十四之餘」一行。

一　七八四頁中二〇行第二字「方」，資、磧、南、徑、清無。

一　七八四頁中末行「頻仰」，資、磧、南、徑、清、麗作「俯仰」。

一　七八四頁下八行「傴僂」，資、磧、南、徑、清作「俯僂」，次頁上七行同。又第一二字「時」，磧、南、徑、清作「而」。

一七八四頁下一二行「原恕」，資、磧、南、徑、清作「無恕」。

一七八五頁上三行第二字「觀」，資、磧、南、徑、清作「望」。

一七八五頁上六行「正介」，磧、南、徑、清作「正是」。

一七八六頁上二行「駭騃」，資、磧、南作「頗峨」；徑、清作「岠峨」。

一七八六頁上一九行「避縱」，麗作「遐縱」。

一七八六頁上二〇行「魚山振思重」，資、磧、南作「魚山振思童」；徑、清作「漁山振思童」。

一七八六頁上二一行末字「周」，資、磧、南、徑、清、麗作「同」。

一七八六頁上末行末字「忪」，資、磧、南、徑、清作「鍾」。

一七八六頁中三行夾註「略引」，南、清作「略出」。

一七八六頁中二一行第七字「愒」，資、磧、南、徑、清、麗作「憩」。

一七八六頁下一行末字「聲」，資、磧、南、徑、清無。

一七八六頁下三行第一一字「修」，資、磧、南、徑、清作「循」；麗作「巡」。

一七八六頁下九行「加之」，資、磧、南、徑、清作「如之」。

一七八六頁下一五行「佛堂中」，徑、清作「佛堂前」。

一七八六頁下一七行第三字「常」，資、磧、南、徑、清作「恒」。

一七八六頁下二二行「楊旋」，資、磧、南、徑、清、麗作「楊捷」。

一七八六頁下末行第八字「讀」，資、磧、南、徑、清作「讚」。

一七八七頁上二行「出群」，資、磧、南、徑、清作「出郡」。

一七八七頁上四行第六字「巴」，資、磧、南、徑、清作「已」。

一七八七頁上五行「行徒」，資、磧、南、徑、清作「行途」。

一七八七頁上八行「固病」，麗作「痼疾」。

一七八七頁上一六行第九字「可」，資、磧、南、徑、清無。

一七八七頁上二一行第四字「入」，麗作「言入」。

一七八七頁上二二行「遣言」，磧、南、徑、清作「遺言」。

一七八七頁中一九行「晝日」，磧、南、徑、清作「晝夜」。

一七八七頁中二〇行「熅氣」，資、磧、南、徑、清作「温氣」。

一七八七頁下五行夾註右第三字「驗」，資、磧、南、徑、清無。

一七八七頁下末行經名，徑無（未換卷）。

法苑珠林卷第三十七　伐 大能

西明寺沙門釋道世撰

敬塔篇第三十五此有六部

述意部　引證部　興造部
感福部　旋繞部　修故部

述意部第一

敬惟如來應現妙色顯於三千正覺韜光遺形傳於八萬是以塔踊靈山影留石窟刻檀畫氎之儀鑄金鏤玉之狀全身碎身之迹聚塔散塔之奇而光曜重昏福資含識致使英聲遐美邪徒結信肇啓育王之始終傳大唐之初自歷代纂興神化非一故經曰正法住正法滅意存茲乎

引證部第二

如觀佛三昧經云佛留影石室在那乾呵羅國毒龍池側佛坐龍石室窟中為龍作十八變踊身入石猶如明鏡在於石內映現於外遠望則見近望不現諸天百千供養佛影亦說法迄今不滅待至彌勒

又大集經云忉利天城東照明園中有佛髮塔城南麁澀園中有佛衣塔城西歡喜園中有佛鉢塔城北駕御園中有佛牙塔

又智度論云天帝釋取菩薩髮及衣於天上城東門外立佛髮塔衣塔

又育王傳云王得信心問道人曰我從來殺害不必以理今修何善得免斯殃荅曰唯有起塔供養衆僧赦諸徒囚賑濟貧乏故譬喻經云王宮內常以四事供養二万沙門盡心種種禮不可具述王曰何處可起塔道人即以神力左手擁日光作八萬四千道散照閻浮提所照之處皆可起塔今諸塔處是也時王欲建舍利塔將四部兵衆至王舍城取阿闍世王佛塔中舍利還復修治此塔與先無異如是更取七佛塔中舍利至衆摩村中時諸龍王將王入龍宮中王從龍索舍利供養龍即分與之時王作八萬四千金銀瑠璃頗梨篋盛佛舍利又作八萬四千寶瓶以盛此篋又作無量百千幢幡繖蓋使諸鬼神各持舍利供養之具勅諸鬼神言於閻浮提至於海際城邑聚落滿一億家者為世尊立

塔時有國名德叉尸羅有三十六億
家彼國人語鬼神言可三十六篋舍
利與我等起立佛塔王作方便國中
人少者令分與彼令滿家數而立為
塔時巴連弗邑有上座名曰耶舍王
詣彼所白上座曰我欲一日之中立八
萬四千佛塔徧此閻浮提意願如是
時彼上座白言善哉大王剋後十五
日日正食時令此閻浮提一時起諸
佛塔如是依數乃至一日之中立八
萬四千塔世間人民興慶無量共號
曰阿育王塔

又大阿育王經云八國共分舍利阿
闍世王分數得八萬四千又別得佛
口齒還國道中逢難頭和龍王從其
求舍利分阿闍世王不與便語言我
是龍王力能壞汝國土阿闍世王怖
畏即以佛齒與之龍還於須彌山下
高八萬四千里於下起水精塔阿闍
世王得還國以紫金函盛舍利作千
歲燈火於五莬伽河水中置塔埋之
後阿育得其國土王娶夫人身長八
尺髮亦同等衆相具足王令相師觀

之師言當為王生金色之子王即拜
為第二夫人後還有娠足滿十月王
有緣事宜出外行王太后妒嫉便作
方便共欲除之募覓猪母即應產者
語第二夫人言卿是年少甫尒始產
不可露面視天以被覆面即生金子
光照宮中盜持兒去殺之即以猪子
著其邊便罵言汝云當為王生金色
之子何故生猪便取輪頭拍囚內後
園中令服菜茹王還聞之不悅久久
之後王出行園見之憶念迎取歸宮
第二夫人漸得親近具說情狀王聞
驚怖即殺八萬四千夫人阿育王後
於城外造立地獄治諸罪人佛知王
殺諸夫人應墮地獄即遣消散比丘
化王王發信寤問比丘言殺八萬四
千夫人罪可得贖不道人言各為人
起一塔塔下著一舍利當得脫罪耳
王即尋覓阿闍世王舍利有國相父
年百二十將五百人取本舍利上得
大喜即分與鬼神各還所部令一日
一時同戴八萬四千剎諸鬼神言多
隔山障不得相知王言汝曹但還治

膝護剎安鈴我當使阿修倫以手摸
日四天下亦同時震

又阿育經云塔成造千二百繖成幡
及雜華未得懸幡王身崩沒塔成已
六日王請僧至園供養時有優波崛
多羅漢將一萬八千阿羅漢受王請
尊者崛多顏貌端正身體柔輭而王
體醜陋肌膚麁澀尊者即說偈言

我行布施時　淨心好財物
不如王行施　以沙施於佛

王告大臣我以沙施佛報獲如是云
何而不修敬於世尊王後尋佛弟子
迦葉阿難等所有佛在世時弟子塔
廟躬到塔所具展哀情責心修敬各
興種種供養更立大塔各捨十萬兩
珍寶供養是塔次至薄拘羅塔應當
供養王問彼有何功德崛多尊者荅
曰彼無病第一乃至不為人說一句法
寂默無言王曰以一錢供養諸臣白
王言功德既等何故於此供養一錢
王告之曰聽吾所說偈

雖除無明癡　智慧能鑒察
雖有薄拘羅　於世何所益

時彼一錢還來至王所時大臣輩見是希有事異口同音讚彼嗚呼尊者少欲知足乃至不須一錢王及供養菩提樹不絕夫人名曰低舍羅絺多作念王極愛念於我念王今捨我珍寶至菩提樹閒我方便殺樹令死王不得往可得與我相娛夫人即遣人以熱乳澆之樹枯華落王聞是語悶迷躃地夫人見王憂愁不樂當悅王心白王曰若無彼樹我命亦無如來於彼樹得道彼樹既無何用活耶復以冷乳灌之彼樹更生王聞歡喜詣於樹下目不暫捨以千甕香湯溉灌菩提樹倍復嚴好增長茂盛後王潔淨身心手執香鑪在於殿上向西方作禮心念口言如來賢聖弟子在諸方者憐愍我故受我供養如是語時有三十萬比丘悉來集彼大衆中十萬是阿羅漢二十萬是學人及凡夫宮人太子群臣共王所作功德無量不可述盡

又雜阿含經云阿育王問比丘言誰於佛法中能行大施諸比丘言給孤

獨長者最行大施王問彼施幾許比丘答曰以捨億千金王聞已彼長者尚能捨億千金我今為王何緣復以億千金施當以億百千金施乃至用私藏盡將此閻浮提夫人婇女太子大臣揔施與聖僧後用四十億金還復贖取如是計校揔用九十六億千金乃至王得重病自知命盡常願以億百千金作功德今願不滿便就後世唯減四億未滿王即辦諸珍寶送與雞頭摩寺乃至以半阿摩勒菓送與僧禮拜僧足問訊大聖衆等我領此閻浮提是我所有今者頓盡不得自在唯此半果哀愍納受令我得福上座耶舍令研磨著石榴羹中行之一切皆得周徧王復問傍臣曰誰是閻浮提王諸臣啓言大王是也時王從臥起而坐顧望四方合掌作禮念諸佛功德心念口言我今復以此閻浮提施與三寶時王書紙上而封緘之以齒印印之作如是事畢即便無常尒時太子及諸人民興種種供養葬送如王之法而闍維之

又法益經云今是大地屬於三寶云何而立太子為王諸臣聞已議出四億金送與寺中將贖其地

又善見論云阿育王以金錢九十六億起八萬四千寶塔復大種種布施

興造部第三

述曰上來所引經論興置所由其已知乎然未識塔義是何復有幾種所為之人復通凡不答曰梵漢不同翻譯前後致有多名文有訛正所云塔者或云塔婆此云方墳或云支提翻為滅惡生善處或云斗藪波此云護讚若人讚歎擁護歎者西梵正音名為窣堵波此土云廟廟者貌也即是靈廟也安塔有其三意一表人勝二令他信三為報恩若是凡夫比丘有德望者亦得起塔餘者不合若立支提有其四種一生處二得道處三轉法輪處四涅槃處諸佛生處及得道處此二定有支提生必在阿輸柯樹下此云無憂樹此是夫人生太子之處即號此樹為生處支提如來得道在於菩提樹下即呼此樹下為得道支

提如來轉法輪及涅槃處此二無定初轉法輪為五比丘在於鹿苑縱廣各二十五尋一尋八尺古人身大故一尋八尺合二十丈今天竺人處處多立轉法輪取一好處而依此量豎三柱安三輪表佛昔日三轉法輪相即名此處為轉法輪支提如來入涅槃處安置舍利即名此處為涅槃支提現今立寺名涅槃寺此則為定若據舍利處處起塔則為不定此四亦名窣堵波

又毗婆沙論云若人起大塔如來生處轉法輪處若人取小石為塔其福等前大塔所為尊故若為如來大梵起大塔或起小塔以所為同故其福無量又阿含經云有四種人應起塔一如來二辟支佛三聲聞四輪王

又十二因緣經云有八人得起塔一如來二菩薩三緣覺四羅漢五那含六斯陀含七須陀洹八輪王若輪王已下起塔安一露槃見之不得禮以非聖塔故初果二露槃乃至如來安八露槃八槃已上並是佛塔

又僧祇律云初起僧伽藍時先規度好地將作塔處不得在南不得在西應在東應在北不侵佛地僧地應在西在南作僧房佛塔高顯處作不得塔院內浣染曬衣唾地得為佛塔四面作龕作師子鳥獸種種綵畫內懸幡蓋得為佛塔四面造種園林華果是中出華應供養塔若樹檀越自種檀越言是中華供養佛果與僧食佛言應從檀越語若華多者得與華鬘家語言尒許華作鬘與我餘者與我尒許直若得直得用然燈買香以供養佛兼得治塔若直多者得置佛無盡物中若人言佛無貪怒癡但自莊嚴用是華果而受樂者得罪報重

佛言亦得作支提有舍利者名塔無舍利者名支提如佛生處得道處轉法輪處佛泥洹處菩薩像辟支佛像佛脚跡處此諸支提得安佛華蓋供養若供養中上者供養佛塔下者供養支提若猝風雨來應收供養具隨近安之不得言我是上座我是阿練若乞食大德等得越毗尼罪若塔僧物賊來急時不得藏弃佛物莊嚴佛像僧座具應敷安置種種飲食令賊見相若起慈心賊問比丘莫畏出來年少應看若賊猝至不得藏物者應言一切行無常作是語已捨去是名難法

感福部第四

如小未曾有經云佛告阿難若有一人盡四天下滿中草木皆悉為人得四道果及辟支佛盡壽四事供養所須具足至滅度後一一起塔香華幢幡寶蓋供養復造帝釋大莊嚴殿用八萬四千寶柱八萬四千寶牕八萬四千天井寶牕八萬四千樓櫓館閣四出圍繞衆寶挍飾若有善男子善女人作如上百千億大莊嚴殿用施四方僧其福雖多然不如有人於佛般涅槃後以如芥子舍利起塔大如菴摩勒果其剎如針上施槃蓋如酸棗葉若佛形像如麵麥大勝前功德滿足百倍不及一千倍萬倍百千萬倍所不能及不可稱量阿難當知如來無量功德戒分定分智慧分解脫分解

脱知見分無量功德有大神通變化及六波羅蜜如是等無量功德又無上依經云阿難向佛合掌而作是言我於今日入王舍城乞食見一大重閣莊嚴新成內外宛審若有清信人布施四方僧并具四事若如來滅後取佛舍利如芥子大安立塔中起塔如阿摩羅子大𢧐剎如針大露槃如棗葉大造佛如麥子大此二功德何者爲勝佛告阿難如滿四天下四果聖人及辟支佛如甘蔗林竹荻麻田等若有一人盡壽供養四事具足及入涅槃後悉起大塔供養然燈燒香衣服幢幡等阿難於意云何是人功德多不阿難言甚多世尊阿難且致又如帝釋天宮住處有大飛閣名常勝殿種種寶莊各八萬四千若有清信男子女人造作如是常勝寶殿百千拘胝施與四方衆僧若復有人如來般涅槃後取舍利如芥子大造塔如阿摩羅子大𢧐剎如針大露槃如棗葉大造佛形像如麥子大此功德勝前所說百分不及一千萬億分乃

至阿僧祇數分所不及一何以故如來無量功德故縱碎娑婆世界末爲微塵以此次第悉是四沙門果及辟支佛若有清信男女盡形供養及以滅後起塔供養亦不如取舍利如芥子大乃至造像如麥子大此功德前所說百分千萬億分不及一分乃至筭數譬喻所不能及如是阿難一切如來昔在因地知衆生界自性清淨客塵煩惱之所汙濁然不入衆生清淨界中能爲一切衆生說深妙法除煩惱障不應生下劣心以大量故於諸衆生尊重心起大師敬起般若起闍那起大悲依此五法菩薩得入阿鞞跋致位（此云不退）依如證大方便得阿耨菩提

又涅槃經云若於佛法僧供養一香燈乃至獻一華則生不動國善守佛僧物塗埽僧佛地造像塔如母指常生歡喜心亦生不動國此即淨土常嚴不爲三災所動也

又僧祇律云佛於拘薩羅國游行時婆羅門耕地見世尊過持牛杖拄地

禮佛世尊見已便發微笑諸比丘白佛何因緣故笑唯願欲聞佛告諸比丘是婆羅門今禮二佛諸比丘白言何等二佛佛告比丘禮我杖下有迦葉佛塔諸比丘白佛願見迦葉佛塔

佛告諸比丘汝從此婆羅門索土由并是地即便索之時婆羅門便與之得已尒時世尊即現出迦葉佛七寶塔高一由延其面廣半由延婆羅門見已便白佛言我姓迦葉是我迦葉土堆尒時世尊即於彼處作迦葉佛塔諸比丘白佛我得授泥不佛言得授即說偈言

眞金百千擔　持用行布施
不如一團泥　敬心治佛塔

尒時世尊敬過去佛故便自作禮諸比丘亦禮佛說偈言

人等百千金　持用行布施
不如一善心　恭敬禮佛塔

尒時比丘即持香華來奉世尊敬過去佛故即持供養塔佛即說偈言

百千車眞金　持用行布施
不如一善心　香華供養塔

尒時大衆雲集佛告舍利弗汝爲諸人說法佛說偈言

百千閻浮提　滿中眞金施
不如一法施　隨順令修行

尒時座中有得道者佛說偈言

百千世界中　滿中眞金施
不如一法施　隨順見眞諦

又法句喻經云昔佛在世時遣一羅漢名曰須曼持佛髮爪至罽賓國南山之中造佛塔寺中常有五百羅漢旦夕燒香繞塔禮拜時山中有五百獼猴見僧繞塔禮拜供養即共負石學僧作塔繞之禮拜于時天雨山水瀑漲五百獼猴一時沒死生忉利天七寶宮殿巍巍無量衣食自然快樂無極既得生天各自念言我等何緣得來生此即以天眼觀見前身作其獼猴由學衆僧戲爲作塔山水所漂命終生此即共相將賫持香華從天下來供養死屍迴詣佛所禮拜問訊佛爲說法五百天子一時皆得須陁洹果既得果已還歸天上獼猴學僧戲爲作塔尚獲福報巍巍乃尒豈況於人信心造塔寧無果報

又譬喻經云昔佛涅槃後阿育王國有迦羅越其人福德世間希有意有所須應念即至其家舍宅七寶所成閤內婦女端正少雙晝夜娛樂快樂無極其人信心每常供養二萬餘僧阿育王聞便召見之而語之言聞卿大富家有何物即荅王言家無所有王不信之便遣人看使至唯見門閤七重舍宅堂宇七寶莊嚴巍巍無量使入室中不見餘物唯見婦女端正少雙使見即還具以白王王意漸解時迦羅越知王解已便於王前以手東指即時空中七寶雨下不可限量指餘三方亦復如是王見乃知是大福德王即詣寺請問此事寺有上座得阿羅漢三明六通王問上座此迦羅越宿殖何福所須自然應念即至上座荅王乃往過去九十一劫毗婆尸佛入涅槃後迦羅越尒時與其四人同共造塔用心偏殷造塔成已復以七寶及取好華上塔頭上四面散下而以供養發誓願言使我世世食福自然常不斷絕緣是功德從是以來九十一劫不墮惡道天上人中食福自然快樂無極尒時但願食福無盡不願度脫故至今日唯受勝福未得道迹

又大悲經云佛告阿難若人樂著三有果報於佛福田若行布施諸餘善根願我世世莫入涅槃以此善根不入涅槃無有是處是人雖不樂求涅槃然於佛所種諸善根我說是人必入涅槃也

又百緣經云昔佛在世時舍衛城中有一長者其家巨富財寶無量不可稱計生一男兒端正殊妙世所希有其兒兩手各把金錢取已還生無有窮盡父母歡喜因爲立字名曰寶手年漸長大慈心孝順好喜布施有人來乞申其兩手出好金錢尋以施之後與諸人出城遊觀前到祇洹見佛相好心懷歡喜頂禮請佛及比丘僧願受我供阿難語言設供須財於是寶手即申兩手金錢兩落須臾滿地積聚過人佛勅阿難令爲營供飯食

訖已佛為說法得須陁洹歸辭父母
求乞出家既出家已得阿羅漢果阿
難見已而白佛言寶手比丘宿殖何
福生於豪族手出金錢取無窮盡又
值世尊出家得道佛告阿難昔迦葉
佛入涅槃後有迦翅王收其舍利造
四寶塔時有長者見竪塔廟心生隨
喜持一金錢安著塔下發願而去緣
是功德不墮惡道天上人中常有金
錢受福快樂乃至今者遭值於我出
家得道

又百緣經云佛在世時迦毗羅衛城
中有一長者財寶無量其婦懷妊生
一男兒容皃端正世所希有然其生時
頂上自然有摩尼寶蓋徧覆城上父
母歡喜因為立字名曰寶蓋漸長值
佛出家得羅漢果佛告比丘乃往過
去九十一劫有佛出世號毗婆尸還
神入涅槃後有國王名槃頭末帝收
取舍利造四寶塔高一由旬而供養
之時有賈人入海採寶安隱得來即
以摩尼寶珠蓋其塔頭發願而去緣
是功德九十一劫不墮惡趣天上人

中常有寶蓋隨共而生乃至今者得
值於我出家獲道聞佛所說歡喜奉
行

又百緣經云佛在世時迦毗羅衛城
中有一長者財寶無量不可稱計其
婦生一男兒端正殊妙世所希有頭
上自然有摩尼珠時父母因為立字
名曰寶珠年漸長大見佛出家成阿
羅漢果入城乞食時寶珠故在頭上
城中人民怪其所以競來看之深自
慚恥還歸所止白言世尊我此頭上
有此寶珠不能使去今者乞食為人
蚩笑願佛世尊見却此珠
佛告比丘汝但語珠我今生分已盡
更不須汝如是三說珠自當去比丘
受教寶珠不現時諸比丘請佛為說
宿業因緣佛告比丘乃往過去九十
一劫有佛出世號毗婆尸入涅槃後
時彼國王名槃頭末帝收其舍利造
四寶塔高一由旬而供養之時彼國王
入塔禮拜持一摩尼寶珠繫著棖頭
發願而去緣是功德九十一劫不墮
三塗天上人中常有寶珠在其頂上

受天快樂至今值佛出家得阿羅漢
果比丘聞已歡喜奉行

旋繞部第五

如菩薩本行經云昔佛在世時佛與
阿難入舍衛城而行乞食時彼城中
有一婆羅門從外而來見佛出城光
相巍巍時婆羅門歡喜踊躍繞佛一
匝作禮而去佛便微笑告阿難言此
婆羅門見佛歡喜以清淨心繞佛一
匝以此功德從是以後二十五劫不
墮惡道天上人中快樂無極竟二十
五劫得辟支佛名持韃那祇梨以是
因緣若人旋佛及旋佛塔所生之處
得福無量也

又提謂經云長者提謂白佛言散華
燒香然燈禮拜是為供養旋塔得何
等福佛言旋塔有五福德一後世得
端正好色二得聲音好三得生天上四
得生王侯家五得泥洹道何因緣得
端正好色由見佛像歡喜故何緣得
聲音好由旋塔說經故何緣得生天
上由當旋塔時意不犯戒故何緣得
生王侯家由頭面禮佛足故何緣得

泥洹道由有餘福故佛言旋塔有三法一足舉時當念足舉二足下時當念足下三不得左右顧視唾寺中地右繞者經律之中制令右繞若左繞行為神所呵乃至左繞麥積為俗所責其徒衆矣今時行事者順於天時面西北轉右肩袒膊向佛而恭也或旋百匝十匝七匝三匝各有所表且論常行三匝者表供養三尊止三毒淨三業滅三惡道得值三寶故華嚴經偈云

始欲旋塔　當願衆生　施行福祐究暢道意　繞塔三匝　當願衆生得一向意　永絕四毒

又賢者五戒經云旋塔三匝者表敬三尊一佛二法三僧亦念滅三毒一貪二瞋三癡　又三千威儀云繞塔有五事一低頭視地二不得蹈蟲　三不得左右顧視四不得唾塔前地上五不得中住與人語

法苑珠林卷第三十七

法苑珠林卷第三十七

校勘記

一　底本，金藏廣勝寺本。七九四頁中一行至八行原版殘，以麗藏本換。

一　七九四頁中一行經名，[徑]無（未換卷）。

一　七九四頁中二行撰者，[資]、[磧]作「大唐上都西明寺沙門釋道世撰」；[南]作「唐上都西明寺沙門釋道世撰」；[徑]無（未換卷）；[清]作「唐西明寺沙門釋道世撰」。

一　七九四頁中三行「敬塔篇第三十五」，[徑]作「敬塔篇第三十五之一」。

一　七九四頁中四行至五行「述意部又「此有六部」，[徑]無。

……修故部」，[徑]無。

一　七九四頁中六行「第一」，[徑]無。以下部目下序數例同。

一　七九四頁中一二行末字「大」，[南]、[徑]、[清]作「有」。

一　七九四頁中二〇行第一〇字「佛」，[資]、[磧]、[南]、[徑]、[清]作「佛佛」。

一　七九四頁中末行第二字「大」，[資]、[磧]、[南]、[徑]、[清]無。

一　七九四頁下九行「徒因」，[麗]作「因徒」。

一　七九四頁下一〇行夾註右「被禮」，[麗]作「備禮」。

一　七九四頁下一三行第九字「塔」，[資]、[磧]、[南]、[徑]、[清]無。

一　七九五頁上一行「德叉尸羅」，[資]、[磧]、[南]、[徑]、[清]作「奢叉尸羅」。

一　七九五頁上二一行「殑伽河」，[資]、[磧]、[南]、[徑]、[清]作「恒河沙」。又「置塔」，[資]、[磧]、[南]、[徑]、[清]作「塔藏」。

一　七九五頁上二二行「阿育」，[資]、[磧]、[南]、[徑]、[清]作「阿育王」。本頁下三行同。

一　七九五頁中三行「太后」，[資]、[磧]、[南]、[徑]、[清]作「大皇后」。

一　七九五頁中四行「募覓」，[資]、[磧]、[南]、[徑]、[清]作「慕覓」。

一七九五頁中五行第九字「年」，資、磧、南、徑、清無。

一七九五頁中六行「金子」，資、磧、南、徑、清作「金色之子」。

一七九五頁中八行第三字「邊」，資、磧、南、徑、清作「身邊」。

一七九五頁中一〇行第六字「茹」，資、磧、南、徑、清無。

一七九五頁中一三行「驚怖」，資、磧、南、徑、清作「驚怪」。

一七九六頁上三行第一二字「及」，麗作「多」。

一七九六頁上八行「悶迷」，資、磧、南、徑、清作「迷悶」。

一七九六頁中一六行「周偏」，清作「問偏」。

一七九六頁中一七行「啓言」，資、磧、南、徑、清作「啟王言」。

一七九六頁下一行第五字「云」，資、磧、南、徑、清作「云爾時諸大臣言」。

一七九六頁下二行「聞已議出」，資、磧、南、徑、清作「語已共議出」。

一七九六頁下一四行第五字「土」，資、磧、南、徑、清無。

一七九七頁上一九行「那含」，資、磧、南、徑、清作「阿那含」。

一七九七頁下一行「藏弃」，資、磧、南、徑、清作「藏舉」；麗作「藏棄」。又「莊嚴」，資、磧、南、徑、清作「應莊嚴」。

一七九七頁下末行末字至次頁上一行第三字「解脱知見」，資、磧、南、徑、清作「知見解脱」。

一七九八頁上四行第八字「城」，資、磧、南、徑、清無。

一七九八頁上五行「新成」，磧、南作「新城」。

一七九八頁上一五行末字「致」，資、磧、南、徑、清作「置」。

一七九八頁中一行第一〇字「一」下，資、磧、南、徑、清有「及譬喻所不及」六字。

一七九八頁中一三行「衆生」，資、磧、南、徑、清作「衆生生」。

一七九八頁中一五行「依如」，麗作「依如實知」。

一七九八頁中一九行「僧佛地」，資、磧、南、徑、清作「佛僧地」。

一七九八頁下一一行「土堆」，資、磧、南、徑、清作「土皁」。

一七九八頁下一四行「百千擔」，資、磧、南作「百千萬」。

一七九九頁上一八行第七字「爲」，資、磧、南、徑、清作「笑」。二二行末字同。

一七九九頁中六行「每常」，資、磧、南、徑、清作「恒常」。

一七九九頁中二〇行「迦羅」，資、磧、南、徑、清、麗作「迦羅越」。

一七九九頁中二一行第七字「偏」，資、磧、南、徑、清作「徧」。

一七九九頁下一行第三字「常」，資、磧、南、徑、清作「恒」。

一七九九頁下七行「諸餘」，磧、南、徑、清作「餘諸」。

一七九九頁下一七行「慈心」，磧、南、徑、清作「慈悲」。

一七九九頁下二二行第九字「兩」，資、磧、南、徑、清、麗作「雨」。

一八〇〇頁上一行第二字「已」，徑、清無。

一八〇〇頁上七行「塔廟」，資、磧作「塔棠」；南作「塔樘」；徑、清作「塔棖」。

一八〇〇頁上一七行第一二字「尼」，資、磧、南、徑、清、麗作「乃」。

一八〇〇頁上二一行「賣人」，資、磧、南、徑、清作「商主」。

一八〇〇頁中二一行「棖頭」，資、磧作「棠頭」；南作「樘頭」。

一八〇〇頁下一二行第九字「覩」，資、磧、南、徑、清作「儭」。

一八〇一頁上一行第四字「由」，資、磧、南無。

一八〇一頁上四行首字「右」，徑作「左」。又第一一字「繞」，徑、清作「旋」。

一八〇一頁上五行「左繞」，徑作「右繞」。

一八〇一頁上一二行「當願衆生」，磧作「當生衆生」。下同。

一八〇一頁上一三行首字「究」，磧、南作「九」。

一八〇一頁上一四行「永絶四毒」，資、磧、南、徑、清作「不續四毒」；麗作「永絶三毒」。

一八〇一頁上卷末經名，徑作「法苑珠林卷第五十」。

法苑珠林卷第三十八　假三十七

西明寺沙門釋道世撰　書

敬塔篇第三十五之二

故塔部第六

依像法決疑經云造新不如修故作福不如避禍斯言驗矣或有村坊墳塔故寺伽藍堂殿朽壞舍屋崩摧藩扇蓬戶靡隔煙塵甕瓦喘茅茨無掩霜露是以門墻凋毀棗穢盈階路絕人蹤僧徒漂寄不修不飾日就衰羸造罪造愆無時暫捨夜暗燈燭本自無聞晝日幡華元來非見堂絕梵唄鐘停海檀遂使惡鬼效靈善神捨衞伽藍無固直為僧徒慢惰佛法既衰亦由白衣無敬此而不憂更欲何求

又寶梁經云有一賢者面上有國王文理相師見已嫁女與之後時賢者入僧寺中杖倚伽藍生憍慢故失國王文理墮大地獄

又薩遮經云或嫌塔寺及諸形像妨礙送置餘處者如是惡人攝在惡逆衆生分中上品治之

又十輪經云若破寺殺害比丘其人壽終支節皆疼多日不語死墮阿鼻地獄具受諸苦又三千威儀云埽塔上有五事一不得著屣上二不得背佛埽塔三不得取上善土持下棄四不當下佛像上故華五當旦過澡手自持淨巾還拭佛像復有五事一當先灑地二當使調三當待燥四不逆埽五不得逆風埽復有五事一不得去善土二當自手捨草三當取中土轉著下處四不得令四角埽處有迹五埽塔前六步使淨　此據事務武限約六步若事閑還多埽彌善也

又正法念經云若有衆生淨心供養衆僧埽如來塔命終生意踪天身無骨肉亦無汗垢香氣能熏一百由旬其身淨潔猶如明鏡

又正法念經云若有衆生識於福田見有佛塔風雨所壞若僧房舍以福德心塗飾治補復教他人令治故塔命終生白身天其身鮮白入珊瑚林與諸天女五欲自娛業盡還退若生人中其身鮮白

又雜寶藏經云若埽僧房一閻浮提

地不如埽佛塔一手掌（成論亦同）
又撰集百緣經云埽地得五功德一自除心垢二除他垢三去憍慢四調伏心五增長功德得生善處
又無垢清淨女問經云埽地得五功德一自心清淨他人見生淨心二為他愛三天心歡喜四集端正業五命終生善道天中又沙彌威儀經云埽地有五法一不得背人二不得逆埽三當令淨四不得有迹五當即畚棄
又增一經云埽佛塔有五法一水灑地二除去瓦石三平正其地四端意埽地五除去穢惡地既淨已隨能持一枝香華散布地上供養得福無量故華嚴偈云

散華莊嚴淨光明　莊嚴妙華以為帳
散衆雜華徧十方　供養一切諸如來

又百緣經云昔佛在世時與諸比丘到殑伽河邊見一故塔毀落崩壞比丘問佛此是何塔朽故乃尒佛告比丘此賢劫中波羅柰國梵摩達王正法治化唯無子息禱祀諸神求索有子因不能得時王國中有一池水生一蓮華其華臺中有一童子結跏趺坐有三十二相八十種好口出優鉢羅華香身諸毛孔出栴檀香王及妃后見甚歡喜即抱還宮養育漸大隨其行處蓮華承足因香立字栴檀香後寤非常成辟支佛身升虛空作十八變尋入涅槃王收舍利起塔供養是彼塔耳比丘問佛宿殖何福受斯果報佛告比丘乃往過去拘樓孫佛時有長者子甚好婬色見一婬女心生耽著無財可與遂至塔中盜華與之乃共夜宿曉即身體生其惡瘡痛不可言喚醫療治醫占云須牛頭栴檀用塗瘡上可得除愈時長者子即賣家宅得於金錢滿六十萬壽用買香正得六兩擬用塗瘡心自思惟事語豎言我今所患乃是心病即持所買牛頭栴檀擣以為末入其塔中發誓願言如來往昔修諸苦行誓度衆生除其厄難我今此身憧一生數唯願世尊慈悲憐愍除我此患作是誓已用香塗塔以償華價至心供養求哀懺悔瘡尋得差身諸毛孔有栴檀香聞此香已歡喜禮拜發願而去緣是功德不墮惡道天上人中常受快樂隨其行處蓮華承足身諸毛孔常有香氣是故智者當作是學
又小法滅盡經云後劫火起時曾作伽藍所不為火焚乃至金剛界為土臺也
又菩薩本行經云昔佛在世時告五百阿羅漢汝等各說前世宿行所作功德令得值我得道因緣時有阿羅漢名婆竭多梨即從坐起白佛言世尊我念過去無央數劫有佛出世號曰定光入涅槃後分布舍利起塔供養法欲未時有一貧人無方自濟賣薪為業向澤採薪遙見澤中有一塔塔寺甚為巍巍即到塔邊瞻相形像歡喜作禮唯見狐狼飛鳥走獸止宿之處草木荊棘不淨滿中迥絕無人復無行跡無供養者貧人覩見心中愴然而不曉知如來神德但以歡喜誅伐草木埽除不淨埽訖歡喜繞之八匝作禮而去緣此功德命終之後生光音天衆寶宮殿光明晃燿於諸天

中巍巍最勝不可計量盡其天壽而後百返作轉輪王七寶自然王四天下後復壽盡常生國王大姓長者家財富無量顔容端正殊妙無雙人見歡喜無不愛敬欲行之時道路自淨虚空之中雨散衆華婆竭多言昔貧人者今我身是由昔掃塔生處自然一阿僧祇九十劫中不墮惡道天上人間富貴尊榮封受自然快樂無極今最後身值釋迦佛捨豪出家得阿羅漢三明六通具八解脱若有人能於佛法僧少作微善如毛髮許所生之處受報弘大無有窮盡

又譬喻經説祇陁太子昔毗婆尸佛時布施一奴一婢給掃寺廟緣此功德世世常得此寶宫宅門戸兩邊常有自然金銀男女擎持寶鉢滿中七寶取無窮盡夜中常有自然天兵五百餘騎衛護其舍無敢近者輪王七寶者一金輪寶二白象寶三紺馬寶四神珠寶五玉女寶六主藏臣寶七主兵神寶

又雜寶藏經云昔舍衛國中有一長者造立塔寺後時命終生忉利天其婦晝夜追憶夫故愁憂苦惱以憶夫故常埽治夫所造塔寺夫下觀見即來婦所問訊安慰而語之言汝憶我故大憂愁耶婦即語言汝為是誰天尋答言我是汝夫以作塔寺功德因緣得生天見汝憶我修治塔寺故來汝所婦言近我夫答言人身臭穢不復可近汝復欲得為我妻者勤供佛僧修埽塔寺願生我天若得生天我必當還以汝為妻婦用夫語作諸功德發願生天其後命終得生天上還為夫婦夫婦相將來至佛所佛為説法夫婦並得須陁洹果既得果已還歸天上

又分別功德論云昔舍衛城中有夫婦二人而無子息夫婦精進信敬三寶時婦早亾由信敬故生忉利天以為天女面首端正天中少比天女自念我極端正今此世間誰任我夫便以天眼觀見本夫今已出家年老暗短尊信而已常勤埽除塔廟善業見其埽塔必應生天天女尋下光明照曜住其夫前比丘見已問其因緣天女荅曰我是君婦今為天女我觀天上無任我夫見君精進常勤埽塔必應生天若得生天願同一處還為我夫是以故來陳其情狀白意已訖還歸天上時夫比丘見此事已從是以後倍加精進修補塔廟積功轉勝應生第四兜率天上天女憶夫復來語言君福轉勝應生兜率天我今不復得君為夫語訖還去比丘聞已倍加精進遂獲得阿羅漢果三明六通具八解脱

又百緣經云佛在世時迦毗羅城中有一長者財寶無量其婦生一兒端正殊妙見者敬仰漸大見佛得阿羅漢果尒時世尊告諸比丘乃往過去九十一劫有毗婆尸佛入涅槃後有王名槃頭末帝收取舍利造四寶塔而供養之其後小毀有童子入塔見此破處和顔悦色集喚衆人共塗治塔發願而去緣是功德九十一劫不墮地獄畜生餓鬼天上人中受樂無極常為天人所見敬仰乃至今值於我

爲諸人所見敬仰出家得道聞佛所說歡喜奉行

頌曰

遺身八萬塔　寶飾高百丈
儀鳳異靈烏　金盤代仙掌
積栱承雕角　高甍挂樹網
寶地若池沙　風鈴如積響
刻削生千變　丹青圖萬像
煙霞時出沒　神仙乍來往
晨霧半層生　飛幡接雲上
游蜺不敢息　翔鵾詎能仰
聖變無窮瑞　感福豈三兩
願假舟航末　彼岸誰爲廣

感應緣 略引二十一驗

西晉會稽鄮縣塔
東晉金陵長干塔
石趙青州東城塔
姚秦河東蒲阪塔
周岐州岐山南塔
周瓜州城東古塔
周沙州城内大乘寺塔
周洛州故都西塔
周涼州姑臧故塔
周甘州刪丹縣故塔
周晉州霍山南塔
齊代州城東古塔
隋益州福感寺塔
隋益州晉源縣塔
隋鄭州超化寺塔
隋懷州妙樂寺塔
隋并州淨明寺塔
隋并州榆社縣塔
隋魏州臨黃縣塔
統明神州山川并海東塔
雜明西域所造之塔

右前二十一塔並是如來在日行化乞食因有童子戲弄沙土以爲米麵宿祐冥會以上麵施佛佛感渠善心爲受塗地記此童子吾滅度後一百年滿有王出世號爲阿育作鐵輪王王閻浮提一切鬼神並皆臣屬且使空中地下四十里内所有鬼神開前八塔所獲舍利役諸鬼神於一日一夜一億家施一塔廣計有八萬四千塔具如上經故不備載今惟此神州即是東境故此漢地案諸典籍尋訪有二十塔並是育王所造若更具引佛法東流已來道俗所造感通者則有百千且述育王二十一塔内逐要感徵同見聞者略述二十一條餘之不盡者備如廣傳

初西晉會稽鄮縣塔寺今在越州東三百七十里鄮縣界東去海四十里在縣東南七十里南去吳村二十五里按前傳云晉太康二年有并州離石人劉薩何者生在田家弋獵爲業得病死蘇見一胡僧語何曰汝罪重應入地獄吾憫汝無識且放今洛下齊城丹陽會稽並有古塔及浮江石像悉阿育王所造可勤求禮懺得免此苦既醒之後改革前習出家學道更名慧達言南行至會稽海畔山澤處求覓莫識其緒達悲塞煩寃投造無地忽於中夜聞土下鍾聲即迁記其處剌木爲剎三日間忽有寶塔及舍

利從地踊出靈塔相狀青色似石而非石高一尺四寸方七寸五層露盤似西域于闐所造面開龕子四周天金中縣銅磬每有鍾聲疑此磬也繞塔身上並是諸佛菩薩金剛聖僧雜類等像狀極微細瞬目注睹乃有百千像現面目手足咸具備焉斯可謂神功聖迹非人智所及也今在大木塔内於八王日舉巡邑里見者莫不下拜念佛生善齋戒終身其舍利者在木塔底其側多有古迹

塔側諸暨縣越舊都之地也以句章鄮剡等四縣爲之諸暨東北一百七里大部鄉有古越城周迴三里地記云越之中葉在此爲都離宮別館遺基尚在悉生豫章多在門階之側行位相當森竦可愛風雨晦朔猶聞鍾磬之聲百姓至今多懷肅敬其迹繁矣

輿志云阿育釋迦弟子能役鬼神一日夜於　天下造佛骨寶塔八萬四千皆從地出案晉沙門竺慧達云東方兩塔一在於此一在彭城今秣陵長干又是其一則有三矣今以經驗億家造一塔計此東夏理多不疑且見揚越即有二塔廣統九域故有隱之

會稽記云東晉承相王導云初過江時有道人神采不凡言從海來相造昔與育王共游鄮縣下眞舍利起塔鎮之育王與諸眞人捧塔飛行虛空入海諸弟子攀引一時俱墮化爲烏石石猶人形其塔在鐵圍山也太守褚府君云行者述島上有聚烏石作道人形頗有衣服褚令鑿取將視之石文悉如袈裟之狀

梁祖普通三年重其古迹建木浮圖堂殿房廊周環備滿號阿育王寺四面山繞林竹葱翠華卉間發飛走相娛實閑放者之佳地也有碑頌之著作郎顧胤祖文

寺東南三里山上有佛右足跡寺東北三里山頭有佛左足跡二所現于石上莫測其先寺北二里有聖井其實深池中有鰻鱺魚俗號爲魚菩薩也人至井所禮拜魚隨聲出至隋末賊過僞禮魚現賊便以刀斫之因斷魚尾自尒潛隱雖喚不出時有至心邀請禮拜者但歎水而已初有一僧聞塔來禮處所荒涼將食爲難有一老姥患脚來爲造食便去日日如是怪之去後私尋乃入池内扶量即是池魚所化也其塔靈往往不一大略爲瑞多現聖僧繞塔行道每夕然燈於光影中現形在壁旋轉而行且列數條多則詞費

至唐貞觀十九年敏法師者寓穴道勝歷瞻覽聖迹依然動神領徒數百來寺一月敷講經論士俗咸會夜中有人見胡僧百餘繞塔行道以事告衆寺僧曰此事常有不足可怪自古至今四大良日遠近來寺建齋樹福然於夜中每見胡僧行道誦經贊唄等相

唐永徽元年會稽處士張太玄於寺禮誦沙門智悅獨與太玄連牀而寢半夜聞誦金剛般若了了分明二人靜聽形心欣泰乃至誦訖覩契其相若眞尋視無形明知神授也

西京城内東南曲池日嚴寺寺即隨煬帝造昔在晉蕃作鎮淮海京寺有塔未安舍利乃發長干寺塔下取之入京埋於日嚴寺塔下施銘於上于時江南大德五十餘人咸言京師塔下舍利非是育王造塔舍利育王舍利乃在長干本寺道俗懷疑不測是非至武德七年日嚴寺廢僧徒散配其舍利塔無人守護時有道宣律師門徒十人配住西市南長壽坊崇義寺乃發掘塔下得舍利三枚白色光明大如黍米并爪一枚少有黃色并白髮數十餘有雜寶琉璃古器等摠以大銅函盛之檢無螺髮又疑爪黃而小如人者尋佛倍人爪赤銅色今則不尒乃將至崇義寺佛堂西南塔下依舊以大石函盛之本銘覆上埋于地府南僧咸曰此爪髮至梁武帝時已有疑焉據事以量則長干佛骨頗移於帝里矣然江南古塔猶有神異崇義所流蓋蕞如也故兩述之但年歲綿遠後人莫測其源故別疏記尒

西京西扶風故縣在岐山南古塔在平原之南下北高鄉曰鳳泉周魏以前寺名阿育王僧徒五百及周滅佛法廟宇破壞唯有兩堂至大業末年四方賊起百姓共築此城以防外寇唐初雜住失火焚之一切都盡二堂餘爐焦黑尚存至貞觀五年岐州刺史張亮素有信向來寺禮拜但見故塔基曾無上覆奏勑請望雲宮殿以蓋塔基下

詔許之古老傳云此塔一閉經三十年一出示人令道俗生善恐開聚衆不敢私開奏

勑許開深一丈餘獲二古碑並周魏之所樹也既出舍利徧示道俗有一盲人積年目冥努眼直視忽然明淨京邑内外奔赴塔所日有數萬舍利高出見者不同或見如玉白光曒徹内外或見綠色或見佛形像或見菩薩聖僧或見赤光或見五色雜光或有全不見者問其本未為一生已來多造重罪有善友人教使徹到懺悔煉指刺血灑地殷重至誠遂得見之種種不同不可備錄

至顯慶四年九月内有山僧智琮慧辯以解呪術見追入内語及育王塔事年歲久遠須假弘護

帝曰豈非童子施土之育王耶若近有之則八萬四千之一塔矣琮曰未詳虛實請更出之

帝曰能得舍利深是善因可前至塔所七日行道祈請有瑞乃可開耶給錢五千貫絹五千匹以充供養琮與給使王長信等十月五日從京旦發六日通夜方到琮即入塔内專精苦到行道久之未驗至十日三更乃臂上安炭火燒香懍厲專注曾無異想忽聞塔内像下振裂之聲尋聲往觀乃見瑞光流溢霏霏上涌塔内三像足下各放光明赤白綠色旋繞而上至於桁桷合成合成帳蓋琮大喜踊躍欲召僧看乃覩塔内側塞僧徒合掌而立謂是同寺須臾既久光蓋漸歇冊冊而下去地三尺不見衆僧方知聖隱

中使王長信等同覩瑞相流輝徧滿赫奕瀾漫若有旋轉久方沒盡又

旦看之獲舍利一枚殊大於粒光明
鮮潔更細尋視又獲七粒揔置盤水
一枚獨轉繞餘七粒各放光明炫燿
人目琮等以所感瑞具狀上聞
勑使常侍王君德等送絹三千匹令
造朕等身阿育王像餘者修補故塔
仍以像在塔內可即開發出佛舍利
以流福慧又
勑僧智琮慧䇲鴻臚給名住會昌寺
初開舍利二十餘人同共下鑿及往
舍利諸人並見唯一人不見其人懊
惱自拔頭髮苦心邀請乃置舍利於
掌雖覺其重不見如初由是諸人
恐不見骨不敢覩光寺東雲龍坊人
使未至前數日望寺塔上有赤色光
周照遠近或見如虹直上至天或見
光照寺城內赤如晝且具以聞寺僧
歎訝曰舍利不久應開此瑞如貞觀
不異其舍利形狀如小指初骨長可
二寸內孔正方外楞亦尒下平上漸
內外光淨以指內孔恰得受指便得
勝戴以示大眾至於光相變現不可
常准于時京邑內外道俗連接二百

里閭往來相續皆稱佛德一代光華
京師慈恩寺僧慧滿在塔行道忽見
綺井覆海下一雙眼睛光明殊大通
召道俗同視亦然皆慴然喪膽更不
敢重視至顯慶五年春三月下
勑請舍利往東都入內供養時西域
又獻佛東頂骨至京師人或見者高
五寸闊四寸許黃紫色又追京師僧
七人往東都入內行道
勑以舍利及頂骨出示行道僧曰此
佛眞身僧等可頂戴供養經一宿還
收入內
皇后捨所寢衣帳准價千匹絹為舍
利造金棺銀槨彫鏤窮奇以龍朔二
年送還本塔至二月十五日京師諸
僧與塔寺僧及官人等無數千人共
下舍利于石室掩之俟三十年後非
余所知至後開瑞萛補茲處
岐州岐山縣華陽鄉王莊村有人姓
馮名玄嗣先來麁獷殊不信敬母兄
承舍利從東都來將欲藏掩嗣不許
往母兄不用其語至舍利所禮拜還家
玄嗣怒曰此有何驗而往禮之若舍

利有功德者我家中佛像亦有功德
即取佛像燒之竟有何驗母兄救之
已燒下半玄嗣忽倒不覺暴死經三
日始活說云忽到一處似是地獄有大
鳥飛來啄睛噉舌入大火坑燒烙困
苦覺身癢悶以手摩面眉鬚墮落目
看大地全無精光親屬傍看皆知罪
驗諸人語曰汝自造罪無可代者玄
嗣神識不與人同但曰火燒我心以
取道士之語教吾不信謗佛之罪令
殃著身東西馳走又被打狀怕懼號
哭但惟叩頭彈指懺悔乞命而晝夜
號走不曾暫住至二月十三日親屬
哀愍請僧懺悔乞願造像又將至
塔所于時景邑大德極多時行受法
師為眾說法褒尚宮比丘尼等數百
俗人士女向有萬人咸見玄嗣五體投
地對舍利前號哭自撲至誠懺悔不
信之罪又懺犯尼淨行打罵眾僧盜
食僧果自懺已後眠夢稍安大患仍
自不差未經一年方死
其佛頂骨用珍寶贖之計直四千匹
絹遂依其數以綵練酬之頂骨今現

在内供養即是螺髻束髮小頂骨歟
大頂骨猶未至此
益州郭下福感寺塔者在州郭下城西本名大石相傳云是鬼神奉育王敎西山取大石爲塔基舍利在其中故名大石也隨蜀王秀作鎭井絡闇之令人掘鑿仝是一石尋縫至泉不見其際風雨暴至人有於石傍鑿取一片將出乃是黳玉問於識寶商云此是眞黳玉世中希有隨初有誌律師見此古迹於上起九級木浮圖今見在焉
益州旱澇官人祈雨必於此塔祈即有應奇特感徵故名福感寺近有人盜鈴將下三級有神擎櫨斗起以壓賊腔內中其人被壓唱呼寺僧爲射斗起方得脫出至永徽元年有王顏子者剽掠有名夜上相輪取博山將下至底級兩柱忽夾之求出不得漸漸急困見有胡僧曰可大唱賊不尒死矣即唱數聲寺僧聞救方得拔出至貞觀年初地大振動此塔搖颺將欲摧倒于時郭下無數人來忽見四神形如塔量各以背告非塔之四面乍歘乍倒率以免壞觀瑞道俗歎未曾有塔上露盤猶來小短不稱塔形有一人極豪侈多產業見前靈瑞乃捨金三百兩共諸信者更造露盤既成拆下至覆盆香氣蓬勃如雲勝涌流芳城邑七日乃歇
益州晉源塔者在州西南一百餘里今號爲等泉寺本名大石其基本緣略亦同前尋諸古塔其相輪同豈非當部鬼神情有所樂案蜀三塔同一石蓋餘不定准也
州北百里雒縣塔者在縣城北郭下寶興寺中本名大石基相同前隨初有天竺僧曇摩掘叉遠至東夏禮育王塔承蜀三塔又往禮拜至雒縣大石寺塔所敬事已訖欲往成都宿兩女驛將旦聞左右行動聲又曰是何人耶妄相恐動空中應曰有十二神王從本國來所在之處擁護法師明日當見城都塔今欲西還與師別耳又曰既能遠送何不見形神即見形又爲人善畫便一一皃之既徧形隱及至城都禮大石塔訖誌律師乃依圖刻木爲十二神像莊飾在於塔下今猶見在
益州郭下法成寺有沙門道卓是名僧也大業初雒縣寺塔無人脩葺纔有下基卓乃率化四部造木浮圖莊飾備矣塔爲龍護居在西南角井中時有相現側有三池莫知深淺三龍居之人莫臨視貞觀十三年三龍大鬬雷霆振擊水火交飛久之乃靜塔如本住人皆拾取龍毛長三尺許黃赤可愛
鄭州起化寺塔者在州西南百餘里寥縣界在縣東南十五里塔在寺東南角其北連寺方十五步許其寺塔基在淖泥之上西面有五六泉南面亦有皆孔方三尺騰涌沸出流溢成川泉上皆有安栢柱鋪在泥水上以炭沙石灰次而重塡最上以大方石可如八尺牀編次鋪之四面細腰長一尺五寸深五寸生鐵固之近有人試發一石下有石灰乃至栢團便抽一團長三丈徑四尺現在自非輪王表

塔神功所爲何能辨此基攡終古不見其儔也今於上架塔二重塔南大泉涌沸鼓怒絕無水聲豈非神化所致也有幽州僧道嚴者姓李氏彤極奇偉本入隨煬四道場從後俗服今年一百五歲獨住深山每年七日來此塔上盡力供養嚴怪其泉流涌注無聲乃遣善水昆侖入泉尋討但見石柱羅列不測其際中有寶塔可高三尺獨立空中四面水圍凝然而住竟不至塔所考其原始莫測其由時俗所傳育王所立隨祖已來寺塔現在

懷州妙樂寺塔者在州東武陟縣西七里妙樂寺中見有五級白淨圖塔方可十五步並是側石編砌石長五尺闊三赤以下鱗次葺之極細密道俗自見咸驚訝其神鬼所造其下不測其底古老相傳塔從地涌出下有大水莫委眞虛有刺史疑僧濫飾乃使人傍基掘下至泉源猶不見其際魏州臨黃塔者在縣西三十里本名舍利寺今爲尼住基塔見在三邊有水惟西開路基攡編石從水底上蓮華瀰滿於三面其水際深人皆怯入傳云舍利塔在其水內空中如鄭州者今改爲莫州大都督府

齊州臨濟縣東有甎塔云是誌公所營四面石獸擁護驚人周滅法時令人百千用力挽出終不可脫亦無損今現在焉

益州城南空慧寺內金藏有穴在寺近有道士素知有藏來就守寺神乞神令入穴取得二斗金粟依言即入唯見地下金甕行行相對莫測其邊寺僧通知無敢侵者

坊州玉華宮寺南二十里許大高嶺俗號檀臺山上有古塔基甚宏壯面方四十三尺上有一層甎身四面開戶石門高七尺餘廣五尺餘傍有破甎無數古老傳云昔周文王於此遊獵見有沙門執錫持鉢山頭立住喚下不來王遣往捉將至不見遠看仍在乃勅掘所立處深三丈獲得鉢杖而已王重之爲聖故爲起甎塔一十三級左側村墟常聞鐘聲至龍朔元年京師大慈恩寺沙門慧貴法師聞之便往又聞鐘聲慷慨古迹將事修理恨無泉水懷惑猶豫貴又感詳云護塔善神曰可即經始不勞疑慮又感異僧曰我是南方淨土菩薩行化至此云是塔自古至今已經四造勿辭勞倦功用必成唯須牢作不事華侈三層便止貴聞此告覩事經營塔側古窯三十餘所猶有熟甎塡滿更尋塔南川中乃是古寺皆山面水一期幽栖之勝地也自未修前鐘聲時至恰今營攡依時發聲三下長打如今集僧上堂方法

龍朔三年掘得古銘云周保定年塔崩塔初成時南望見渭又云置塔經四百餘年崩計周保定至開皇元年得二十年開皇至龍朔初得八十一年又討銘記四百年後始崩則塔是後漢時所造後周無濫文者前周大遠未知古老所傳周文是何帝代但知塔甎巨萬終非下俗所立耳

江州廬山有三石梁長數十丈廣不及尺下望無底晉咸康年中庾亮爲

江州登山遇梁見老公姝偉厦屋崇峻玉堂眩目奇塔崇竦莫測是何脩繞久之終非人宅乃拜謝而返唐貞觀二十一年荆州大興國寺塔西南柱無故有聲人往看之乃見有金銅佛頭出如是日日漸出經三夕方盡長六寸許是立佛道俗咸異之

高麗遼東城傍塔者古老傳云往昔高麗聖王出現按行國界次至此城見五色雲覆地即往雲中有僧執錫住立既至便滅遠看還見傍有土塔三重上如覆釜不知是何更往覓僧唯有荒草掘深一丈得杖并履又掘得銘上有胡書侍臣識之云是佛塔王委曲問答曰漢國有之彼名蒲圖王因生信起木塔七重後佛教始至具知始末今更增高本塔朽壞則育王統一閻浮洲處處立塔不足可怪倭國在此洲外大海中岠會稽萬餘里隨大業初彼國官人會丞來此學問內外博知至貞觀五年共本國道俗七人方還倭國未去之時京內大德每問彼國佛法之事因問云阿育王依經所說佛入涅槃一百年後出世取佛八國舍利使諸鬼神一億家為一佛塔造八萬四千塔徧閻浮洲彼國佛法晚至未知已前有阿育王塔不會承答曰彼國文字不說無所承據然驗其靈迹則有所歸故彼土人開發土地往往得古塔靈盤佛諸儀相數放神光種種奇瑞詳此嘉應故知先有也

西域志云罽賓國廣崇佛教其都城內有寺名漢寺昔日漢使向彼因立浮圖以石構成高百尺道俗虔恭異於殊常寺中有佛頂骨亦有佛髮色青螺文以七寶裝之感以金匣王都城西北有王寺寺內有釋迦菩薩幼年齔齒長一寸次其西南有王犯寺寺有金銅浮圖高百尺其浮圖中有舍利骨每以六齋日夜放光明照燭繞承露盤至其達曙

西域志云波斯匿王都城東百里大海邊有大塔塔中有小塔高一丈二尺裝衆寶飾之夜中每有光曜如大火聚云佛般泥洹五百歲後龍樹菩薩入大海化龍王龍王以此寶塔奉獻龍樹龍樹受已將施此國王便起大塔以覆其上自昔以來有人求願者皆叩頭燒香奉獻華蓋其華蓋從地自起裵回漸上當塔直上乃至空中經一宿變滅不知所在

西域志云龍樹菩薩於波羅柰國造塔七百所自餘凡聖造者無量直於禪連河上建塔千有餘所五年一設無遮大會

西域乾陁羅城東南七里有雀離浮圖推其本緣乃是如來在世之時與諸弟子遊化此土指城東曰我入涅槃後二百年有國王名迦尼色迦在此處起浮圖佛入涅槃後二百年有國王字迦尼色迦出游城東見四童子壘牛糞為塔可高三尺俄然即失失王怪此童子即作塔籠之糞塔漸高挺出於外去地四百尺然後始定王更廣塔基三百餘步從地構木始得齊等上有鐵棖高三百尺金盤十三重沓去地七百尺施功既訖糞塔如初在大塔南三百步時有婆羅門

不信是眞以手探之遂作一孔年歲
雖久眞猶不爛以香湼塡孔不可充
滿今有天宮籠蓋之雀離浮圖自作
已來三爲天火所災國王修之還復
如本父老云此浮圖天火七燒佛法當
滅塔内佛事悉是金玉千變萬化難
得而稱旭日始開則金盤晃朗微風
暫發則寶鐸鏗鏘西域浮圖最爲第
一
雀離浮圖南五十步有一石塔其形
正直舉高二丈甚有神變能與世人
表作吉凶之徵以指觸之若吉者金
鈴鳴應若凶者假令人搖亦不肯鳴
宣師住持感應云律師問四天王世
尊舍利闍維始了舍利灰石當置幾
塔天人龍鬼各得分不答曰人得八
分天得三分龍得十二分灰石分三
分鬼神得二分脩羅得三分力士得
一分汝等天人龍神愼勿起諍此是
世尊敎
又問世尊僧伽梨當置何處鉢盂錫
杖復置何處答曰世尊伽梨付囑堅
疾天令善護持鉢盂錫杖付囑頻伽
天隨在供養世尊僧伽梨先遣在祇
桓十二年中住鉢盂在鷲頭山十五
年中住錫杖在龍泉四十年中住
又問伽梨鉢杖等何故歷年住耶答
曰佛告我言初度比丘尼損我正法
又爲末世多惡比丘貯畜不淨物不
受持三衣毀滅正法故令僧伽梨等
六年住僧戒壇六年住尼戒壇令正
法久住
又問何故伽梨分爲二處住耶答曰
亦爲末世惡比丘比丘尼等不受持
衣多犯禁戒無有威德是故世尊令
將伽梨六年住戒壇令招威德天人
龍神敬佛意故不嫌比丘比丘尼伽
梨六年住戒壇亦爲惡尼令修行八
敬供養比丘勿起婬意修持淨行令
諸鬼神敬順佛意日夜六時來至伽
藍擁護尼衆故住六年
又問何故佛鉢在靈鷲山十五年住
答曰世尊未涅槃前在鷲山精舍分
析白豪光明以爲百千分留一分光
施末法弟子若持戒若破戒乃天龍
鬼神等於如來法中能作一念善者
施此光明世尊初成道時四天王奉
佛石鉢唯世尊得用餘人不能持用
如來滅度後安鷲山與白豪光共
爲利益於末法中當隨佛鉢於他方
國施比丘食及以天龍等衆隨順佛
意縱造非法終不見過
又問何故十五年在鷲頭精舍答曰
初住五年者欲表諸比丘令觀五陰
得證三昧十年欲令解了諸法得百
法門自此隨緣流行諸國乃至法滅
也
又問何故錫杖在於龍窟中四十年
住耶答曰爲護諸外道及伏煩惱惡
龍破諸結使開竊大乘四諦法輪如
來去世後四十年中有飛行羅刹能
說毗尼藏及十二部經詐爲善比丘
食諸持戒者日別四百爲斷此惡故
鎭龍窟復令正法增住四百年復令
像法增住千五百年復令末法增住
二萬年
今時大梵天王來至世尊所白佛言
如來初踰城至洴沙王國問樹神道
樹神請佛至宮已白佛言我受此神

身經二十大劫過去諸佛皆來至此我此宮中有過去諸佛四牙一千四塔我今請佛昔爲童子時齔牙四枚請佛垂慈賜我四牙欲造塔供養佛即許之即告阿難汝往父王所從彼典藏目取我四牙阿難依命即取佛告樹神令留一牙與汝供養汝可造塔并寫我經教我令四弟子在塔入滅盡定守我牙塔尒時樹神即將七寶來至世尊所以神力故於一念須即成四塔高五十由旬又造眞珠樓觀及以白銀臺於此四塔内各造臺觀具八萬四千既造臺塔已待我涅槃後迦葉結集竟當寫我教令大毗尼藏安彼塔中我留此塔汝好護持勿令損壞至我涅槃時勑語文殊我於三大劫修無量苦行今得四牙已造塔安竟令後末世法欲滅時令作利益正法興顯

佛告阿難我初成道時從河洗浴訖我昔行六年手足爪甲不剪皆長七寸許時大梵天王見我爪甲長手執七寶刀剪我手足爪甲我將付父王令善護持王既崩後轉付典藏目汝可往至彼道我須爪甲阿難依命取來至世尊所佛開函取爪甲普示大衆我之手足二十爪甲猶如赤銅色佛告大衆汝等天人龍神等可將我爪甲當細熟視恐未來世中諸魔及外道別將相似物換我眞甲汝若疑非者當以金剛鎚碪以甲置鐵碪上以鎚打擊無片損者乃眞我甲若以火燒鍊變爲金色出五色光上照有頂見此相者是我眞爪甲也

佛告文殊師利及四天王等從此末法後多諸惡比丘滿閻浮提無有威德無有智慧至千四百年後汝將我十爪塔游歷四天下一國住經七日如是周歷已當至香山頂阿耨達池中金砂洲上住至千五百歲我此大千界八百億國教初流行彼汝文殊師利分身變爲國王金剛齊菩薩分身爲大自金剛幢菩薩分身爲比丘汝等三大士共流通我教幸不生疲勞懈怠也

又問漢地塔寺古迹云何答曰今諸處塔寺多是古佛遺教基育王表之福地不可輕也今有名塔如常所聞無名藏者隨處亦有如河西甘州郭中寺塔下有古佛舍利及河州靈巖寺佛殿下亦有舍利

秦州麥積崖佛殿下舍利山神藏之此寺周穆王所造名曰靈安寺經四十年當有人出荆州長寧寺塔是育王所造下有舍利入地一丈餘石函五重感碑身骨益州三塔大石（今名福感）武擔（今名靜亂）駱縣（今名法成）並有神異如別傳說

又問楊都長干塔鄮縣塔是育王造者是事云何答曰是昔劉薩何感靈令往楊州上越城望見長干有異氣因標掘得如今傳所明道宣師問若尒已有若干便有佛剎不答曰非剎干也干是地之長壟名壟爲干塔偏長壠之側書不云乎包括干越越地多有長壠也

臨海鄮縣塔者亦是育王古塔是賢劫佛者有迦葉佛臂骨非人所見從地踊出爲開俗福也有羅漢將往鐵

圌山留小塔其塔大有善神且現二魚井中鰻鯬魚護塔神也其側有足跡石上者云是前三佛蹈處也昔周時此土大有人住故置此塔

又問若尒周穆已後諸王建置塔時何爲此土文記罕見荅曰立塔爲於前緣多是神靈所造人有見者少故文字少傳揚雄劉向尋於藏書往往見有佛經豈非秦前已有也今衡岳南可六百里在永州北有大川東西五百餘里南北百餘里川中昔有人住數十萬家今生諸巨樹大者徑二三丈下無草木深林可愛中有大江東流入湘江尋澗覓之即得川南有谷北出入谷有方池四方砌石水深龍居有犯者輒雷震山谷左側多有山果橘柚陽梅之屬列植相次池南有育王大塔石華捧之上以石籠覆與地平塔東崖上具有碑篆書可識之登梯抄取足知立塔之由也

衡山南大明師置寺處亦有古塔云云其寺南北十餘里七處八會流渠靜院處處皆立又問諸神自在威力殊大至如蜀川三塔咸名大石人有掘者莫測其原至如秦川武功一塔古老相傳名曰育王三十年中一度出現至貞觀已來已兩度出雖光瑞殊壯而舍利如指骨在石臼中如何陋陋若此荅曰諸鬼神中貧富不定各是往業如人不殊天中亦尒隨其所有而用供養此塔自丁云云

皷山竹林寺名何代所出耶荅曰是迦葉佛時造周穆王於中更重造寺穆王佛殿并及塑像至今現存山神從佛請五百羅漢住此寺中即今現有二十聖僧繞寺左側現有五萬五通神仙供養此寺僧餘事云云如前和尚驗記

法苑珠林卷第三十八

編錄道慧大師賜紫沙門日靈校

法苑珠林卷第三十八

校勘記

一 底本，金藏廣勝寺本。八〇四頁中一行至次頁中一三行原版或缺或殘，以高麗藏本補換。

一 八〇四頁中一行經名，徑作「法苑珠林卷第五十一」。又經名下，資、磧、南有夾註「敬塔之二」。

一 八〇四頁中三行「敬塔篇第三十五之二」，資、磧、南、清無；徑作「敬塔第三十五之餘」。

一 八〇四頁中四行「第六」，徑無。

一 八〇四頁中六行末字至次行第三字「墳塔故寺」，資、磧、南、徑、清作「塔寺損故」。

一 八〇四頁中一三行「海檀」，資、磧、南、徑、清作「海岸」。

一 八〇四頁中一七行第二字「理」，資、磧、南、徑、清無。一九行第三字同。

一 八〇四頁下一二行夾註右「此據」，

資、磧、南、徑、清作「此處」。又左「閑麗」，資、磧、南、徑、清作「閑豫」。

一八〇四頁下一五行「汗垢」，資、南、徑、清作「汙垢」。

一八〇四頁下二一行首字「與」，資、磧、南、徑、清無。

一八〇五頁上一行首字「地」，徑、清無。

一八〇五頁上一〇行「舂橐」，資、磧、南、徑、清作「分却」。

一八〇五頁上一九行「殑伽河」，資、磧、南、徑、清作「恒河」。

一八〇五頁中五行「立字」，資、磧、南、徑、清作「立字名」。

一八〇五頁中一六行「事語」，資、磧、南、徑、清、麗作「即語」。

一八〇五頁中一九行第一二字「除」，資、磧、南、徑、清作「隨」。

一八〇五頁中二〇行第六字「墮」，資、磧、南、徑、清作「隨」。

一八〇五頁下三行「常有」，資、磧、南、徑、清作「恒有」。

一八〇五頁下一二行「無殃數」，徑、清、麗作「無央數」。

一八〇五頁下一六行首字「塔」，資、磧、南、徑、清、麗無。又第一二字「相」，資、磧、南、徑、清、麗作「覩」。

一八〇五頁下一九行末字「中」，資、磧、南、徑、清作「用」。

一八〇六頁上二行首字「後」，資、磧、南、徑、清作「復」；麗作「後復」。

一八〇六頁上三行「常生」，磧、南、徑、清作「常住」。

一八〇六頁上一六行「此寶」，資、磧、南、徑、清、麗作「七寶」。

一八〇六頁上一七行「男女」，資作「男子」。

一八〇六頁中五行末字「天」，南、徑、清作「夫」。

一八〇六頁中七行第四字「天」，資、磧、南、徑、清作「天上」。

一八〇六頁中八行「夫荅」，資、磧、南、徑、清作「夫即答」；麗作「夫則答」。

一八〇六頁中二二行「善業」，資、磧、南、徑、清作「爲業」。

一八〇六頁下一〇行「倍加」，資、磧、南、徑、清作「倍更」。

一八〇七頁上五行第五字「烏」，磧、南、徑、清作「鳥」。

一八〇七頁上六行第二字「栱」，資、磧、南、徑、清作「拱」。

一八〇七頁上一二行第五字「瑞」，資、磧、南、徑、清作「端」。

一八〇七頁上一三行「誰爲」，資、磧、南、徑、清作「誰云」。

一八〇七頁上二〇行首字「周」，清無。下至本頁中二行首字同。

一八〇七頁中四行首字「隨」，資、磧、南、徑、清、麗作「隋」。

一八〇七頁中五行首字「隨」，資、磧、南、徑、麗作「隋」；清無。下至一〇行首字同。

一八〇七頁中一三行「右前二十一

塔」，資、磧、南、徑、清作「右以前數内十九塔」。

一　八〇七頁中一四行「因有」，資、磧、南、徑、清作「因遇」。

一　八〇七頁中一六行第五字「渠」，資、磧、南、徑、清作「其」。又末字「地」，資、磧、南、徑、清作「壁」。

一　八〇七頁中一八行首字「有」，資、磧、南、徑、清作「作」。

一　八〇七頁中二一行第六字「前」，資、磧、南、徑、清作「往前」。

一　八〇七頁中末行第七字「有」，資、磧、南、徑、清無。

一　八〇七頁下三行「二十塔」，資、磧、南、徑、清作「十九塔」。

一　八〇七頁下四行「所造」，資、磧、南、徑、清作「所造八万四千之數也」。

一　八〇七頁下六行「二十一」，資、磧、南、徑、清作「十九」。

一　八〇七頁下七行第六字「同」，資、磧、南、徑、清作「并同」。又末字「述」，資、磧、南、徑、清作「述者」。

一　八〇七頁下九行「傳」，資、磧、南、徑、清作「傳也」。

一　八〇七頁下一四行「劉薩何」，南、徑、清作「劉薩訶」。

一　八〇七頁下一五行第四字「見」，資、磧、南、徑、清作「云見」。又第九字「何」，南、徑、清作「訶」。

一　八〇七頁下二〇行第四字「言」，資、磧、南、徑、清、麗作「如言」。又末字「處」，資、磧、南、徑、清、麗作「處處」。

一　八〇七頁下二二行第一二字「迁」，資、磧、南、徑、清作「遷」。

一　八〇七頁下末行「刺木」，麗作「刾木」。

一　八〇八頁上三行末字「金」，資、磧、南、徑、清作「全」。

一　八〇八頁上九行第六字「擧」，資、磧作「舉」。

一　八〇八頁上一一行「其側」，資、磧、南、徑、清、麗作「其塔左側」。

一　八〇八頁上一三行首字「勤」，資、磧、南、徑、清作「鄞」。

一　八〇八頁上一五行「中業」，資、磧、南、徑、清、麗作「中葉」。又「離宮」，資、磧、南、徑、清作「驪宮」。

一　八〇八頁上一六行第七字「章」，資、磧、南、徑、清作「樟」。

一　八〇八頁上末行「袜陵」，南、徑、清作「秣陵」。

一　八〇八頁中五行「承相」，資、磧、南、徑、清作「丞相」。

一　八〇八頁中六行「神采」，資、磧、南、徑、清作「神來」。

一　八〇八頁中一一行「行者」，資、磧、南、徑、清、麗作「海行者」。

一　八〇八頁中一二行第九字「令」，磧、南、徑作「令」。

一　八〇八頁下三行「歕水」，資、磧、南、徑、清作「潰水」。

一　八〇八頁下四行第一三字「一」，資、磧、南、徑、清無。

一　八〇八頁下七行第七字「靈」，資、

一　磧、南、徑、清、麗作「靈異」。

一　八〇八頁下一三行「感會」，資、磧、南、徑、清、麗作「咸會」。

一　八〇八頁下二一行「半夜」，麗作「中夜」。

一　八〇九頁上一行「東南」，資、磧、南、徑、清作「東西」。

一　八〇九頁上二二行「疏記」，資、磧、南、徑、清作「流記」。又末字「尒」下，徑、清有夾註「此下闕青州河東二驗」。

一　八〇九頁上末行「西京」，徑、清作「周西京」。

一　八〇九頁中三行「廂宇」，資、磧、南、徑、清作「廟宇」。

一　八〇九頁中一〇行「三十」，資、磧、南、徑、清作「四十」。

一　八〇九頁中一五行「真視」，資、磧、南、徑、清、麗作「直視」。

一　八〇九頁中二二行「煉指」，資、磧、南、徑、清、麗作「或有燒頭煉指」。

一　八〇九頁下五行第九字「一」，資無。

一　八〇九頁下八行第一二字「開」，資、磧、南、徑、清、麗作「開發」。

一　八〇九頁下一七行「析楠合成合成」，資、磧、南、徑、清作「衡角合成」；麗作「析楠合成」。

一　八〇九頁下二〇行「衆僧」，資、磧、南、徑、清作「群僧」。

一　八〇九頁下二二行首字「中」，資、磧、南、徑、清作「勑」。

一　八一〇頁上二行末字「水」，資、磧、南、徑、清作「木」。

一　八一〇頁上五行「迭絹」，資、磧、南、徑、清、麗作「送絹」。

一　八一〇頁上六行「專身」，資、磧、南、徑、清、麗作「等身」。

一　八一〇頁上一一行「一人」，資、磧作「一后」。

一　八一〇頁上一五行首字「使」，資、磧、南、徑、清、麗作「勑使」。

一　八一〇頁上一七行第五字「内」，資、磧、南、徑、清作「丹」。

一　八一〇頁上一九行「小指」，資、磧、南、徑、清作「上指」。

一　八一〇頁上二二行第二字「戴」，資、磧、南、徑、清作「載」。

一　八一〇頁中三行「眼睛」，資、磧、南、徑、清作「眼精」。

一　八一〇頁中四行第七字「然」，資、磧、南、徑、清無。

一　八一〇頁中五行首字「敢」，徑、清無。

一　八一〇頁下五行「喙睛」，資、磧、南、徑、清作「喙精」。

一　八一〇頁下一一行第一一字「狀」，資、磧、南、徑、清作「杖」；麗作「拍」。

一　八一〇頁下一二行「乞命」，資、磧、南、徑、清作「乞命乞命」。

一　八一〇頁下一五行「景邑」，資、磧、南、徑、清、麗作「京邑」。

一　八一〇頁下末行第七字「綵」，資、磧、南、徑、清作「蕃」。

一八一一頁上二行「至此」下，徑、清有夾註「此下闕瓜州沙州洛州涼州甘州晉州代州七驗」。

一八一一頁上三行「益州」，徑、清作「隋益州」。本頁中八行同。

一八一一頁上六行第六字「隨」，資、磧、普、南、徑、清、麗作「隋」，以下關涉朝代「隨」字者同。又第一三字「絡」，資、磧、南、徑、清作「終」。

一八一一頁上八行「人有」，資、磧、南、徑、清作「有人」。

一八一一頁上九行「黳玉」，資、磧、南、徑、清、麗作「竪玉」，下同。又「識寶商」，資、磧、南、徑、清作「識實商」。

一八一一頁上一四行「奇特」，資、磧、南、徑、清作「特奇」。

一八一一頁上一六行第一二字「僧」，資、磧、南、徑、清無。

一八一一頁上一八行第三字「剽」，資、磧、南、徑、清作「漂」。

一八一一頁上二二行「地大振動」，資、磧、南作「大地振動」；徑、清作「大地震動」。

一八一一頁中一行第九字「靠」，資、磧、南、徑、清作「抵」。又末字至次行首三字「乍欹乍側」，資、磧、南、徑、清作「乍倚乍傾」。

一八一一頁中六行首字「拆」，資作「折」；磧、南、徑、清作「析」；麗作「坼」。又第一二字「勝」，資、磧、南、徑、清、麗作「騰」。

一八一一頁中一〇行「輪同」，資、磧、南、徑、清、麗作「不同」。

一八一一頁中一四行「大石基相同前」，資、磧、南、徑、清作「石基相亦同前」。

一八一一頁中二一行第五字「城」，資、磧、南、徑、清、麗作「成」。本頁下一行第四字同。

一八一一頁中末行「貞之」，資、磧、南、徑、清作「邀之」。

一八一一頁下五行第九字「塔」，資、磧、南、徑、清無。

一八一一頁下一一行「拾取」，資、磧、南、徑、清作「拾得」。

一八一一頁下一三行「鄭州」，徑、清作「隋鄭州」。

一八一一頁下一八行第五字「有」，資、磧、南、徑、清作「下」。

一八一一頁下二二行第一〇字「栢」，資、磧、南、徑、清作「百」。

一八一二頁上五行「從後」，資、磧、南、徑、清、麗作「後從」。

一八一二頁上一四行「懷州」，徑、清作「隋懷州」。

一八一二頁上一八行「自見」，麗作「目見」。

一八一二頁上二一行末字「際」下，徑、清有夾註「此下闕淨明榆社二驗」。

一八一二頁上二二行「魏州」，徑、清作「隋魏州」。

一八一二頁上末行「基塔」，資、磧、南、徑、清作「其塔」。

一八一二頁中七行「亦無損」，資、
磧、南、徑、清、麗作「亦無有損」。
一八一二頁中八行末字「焉」，資、
磧、南、徑、清無。
一八一二頁下三行第一三字「詳」，
磧、南、徑、清、麗作「祥」。
一八一二頁下八行「經營」，資、磧、
南作「經勞」。
一八一二頁下九行「古窯」，徑、清作
「古窰」。
一八一二頁下一八行第三字「討」，
資、磧、南、徑、清作「計」。
一八一二頁下一九行「濫文」，徑、清
作「謚文」。
一八一三頁上一行第五字「遇」，資、
磧、南、徑、清、麗作「過」。
一八一三頁上一六行第一二字「教」，
資、磧、南、徑、清無。
一八一三頁上一七行第五字「令」，
資、磧、南、徑、清、麗作「今」。又
末二字至次行首三字「則育王統
一」，資、磧、南、徑、清、麗作「斯則
育王所統一」。
一八一三頁上一九行第一〇字「岠」，
資、南、徑、清作「距」。
一八一三頁上二一行「貞觀」，資、
磧、南、徑、清作「唐貞觀」。
一八一三頁上末行第一二字「云」，
資、磧、南、徑、清無。
一八一三頁中五行第四字「丞」，資、
磧、南、徑、清作「丞」。
一八一三頁中一六行「王犯寺」，資、
磧、南、徑、清作「王梵寺」；麗作
「王妃寺」。
一八一三頁下四行第七字「奉」，資、
磧、南、徑、清無。
一八一三頁下五行「乃至」，資、磧、
南、徑、清作「乃止」。
一八一三頁下二二行第三字「皆」，
資、磧、南、徑、清作「合」。
一八一四頁上一四行「宣師住持感
應」，資、磧、南、徑、清作「宣律師
住持感應傳」。
一八一四頁上一七行末字「三」，資、
磧、南、徑、清作「六」。
一八一四頁上二二行「伽梨」，資、
磧、南、徑、清作「僧伽梨」。本頁
中一三行同。
一八一四頁中二二行第一二字「乃」，
資、磧、南、徑、清、麗作「乃至」。
一八一四頁下一行首字「施」，資、
磧、南、徑、清作「皆施」。
一八一四頁下九行「十年」，麗作「十
年者」。又「解子」，資、磧、南、徑、
清、麗作「解了」。
一八一四頁下二一行「今時」，資、
磧、南、徑、清、麗作「爾時」。
一八一五頁上七行第四字「令」，資、
磧、南、徑、清作「今」。
一八一五頁上一三行第八字「既」，
資、磧、南、徑、清作「即」。
一八一五頁上一九行首字「作」，資、
磧、南、徑、清作「住」。
一八一五頁中四行第八字「爪」，資、
磧、南、徑、清無。
一八一五頁中八行第一〇字「碪」，

資、磧、南、徑、清作「鈷」。九行首字同。

一八一五頁下一一行正文「駱縣」，資、磧、南、徑、清作「駱縣等」。又夾註「今名法成」，資、磧、南、徑、清無。

一八一五頁下一三行首字至末行第八字「又……也」，資、磧、南、徑、清無。

一八一六頁上一行「且現」，資、磧、南、徑、清作「旦現」。

一八一六頁上六行「罕見」，資、磧、南、徑、清作「罕現耶」。

一八一六頁上一一行第一三字「有」，資、磧、南、徑、清無。

一八一六頁上一七行「陽梅」，資、磧、南、徑、清作「楊梅」。

一八一六頁上一九行末字「之」，資、磧、南、徑、清無。

一八一六頁上二一行小字「云云」，資、磧、南、徑、清無。

一八一六頁中一行第五字「川」，資、磧、南、徑、清無。

一八一六頁中一一行「塑像」，資、磧、南、徑、清作「素像」。

一八一六頁中一三行「二十」，資、磧、南、徑、清作「二千」。

一八一六頁中一四行夾註右「餘事」，資、磧、南、徑、清作「除事」。又左末字「記」，資、磧、南、徑、清作「說」。

一八一六頁中卷末經名，徑作「法苑珠林卷第五十一」。

法苑珠林卷第三十九　假　三十五紙　衆

西明寺沙門釋道世撰

伽藍篇第三十六此有三部

述意部　營造部　致敬部

述意部第一

原夫伽藍者昔布金西域肇樹福基締構東川終祈淨業所以寶塔蘊其光明精舍圖其形像徧滿三千之界住持一萬之年津苦海之舟航爲信根之枝幹覩則發心見便忘返益福生善稱爲伽藍也但惟年代日遠法教衰替寺像雖立敬福罕儔或眞或僞致換隨情或精或麁乃同糞土遂令目覩其迹莫識厥旨日用其事不知所由是以行道之衆心無所安流俗之徒於法無敬輕慢於是乎生陵蹈於是乎起欲以此護法不亦難哉者乎是以古德寺諸乃有多名或名道場即無生廷也或名爲寺即公廷也或名淨住舍或名法同舍或名出世間舍或名精舍或名清淨無極園或名金剛淨剎或名寂滅道場或名

遠離惡處或名親近善處並隨義立各有所表今道俗雜居豈得稱名也

營造部第二

依宣律師祇桓寺感通記云經律大明祇桓寺之基趾多云八十頃地一百二十院准約東西近有十里南北七百餘步祇陁須達二人共造成之已後經二百年被燒都盡則當此土姬周第十三主平王之三十一年祇陁太子初雖不許賣後見布金欣然奉施即告長者吾自造寺不假於卿須達不許因此共造太子立願後若荒廢願樹還生恰至被燒屋宇頓盡所立樹者如本不殊何以被燒良由須達爲凡之時賣肉得財居賤出責常願荒儉家雖巨富財由織心以此造寺終遭煨燼太子願力淨心樹生業行有殊表之深淨也於後五百年有摘育迦王依地而起十不及一經千百年被賊燒盡經十三年有王六師迦者依前重造屋宇壯麗皆齊莊嚴一百年後惡王壞之爲殺人場四天王及娑竭龍王忿之以大石壓之

殺毀者經九十年荒無人物忉利天王令第二子下爲人王又依地造莊飾嚴好過佛在時經百五十年魔天燒滅則當此土漢末獻帝二十九年以事往微顯宗已後和安桓靈之代西域往來行人接踵則見天王背構之作祇樹載茂之緣後雖有造者僅接遺基至于今日荒涼而已依南天王子撰祇桓圖一百卷北天王子撰五大精舍圖二百卷各在本天不可具述

夫造寺法用不可指定隨其施主物有豐儉雖量力而作然須用心精誠而造寺物雖小得福弘大故無上依經云雖造四果聖人塔廟滿四天下盡形供養不如有人佛涅槃後取佛舍利造塔供養所得功德勝前功德百千萬億分不可爲喻也一由福有優劣二由心有強弱若有眞心縱小尚得福多何況於大若有僞心縱大尚得福少何況於小是故行者若欲造作必須殷重不得輕慢也

如賢愚經云天語須達長者云汝往見

佛得利無量正使令得百車珍寶不
如轉足一步至趣世尊正使令得百
車象珍寶不如舉足一步往趣世尊
正使令得一四天下滿中珍寶不如
舉足一步至向世尊所得利益盈逾
於彼百千萬倍聞已歡喜佛為說法
成須陁洹果須達問舍利弗世尊足
行日能幾里舍利弗言日半由旬如
轉輪王足行之法世尊亦尒時須達
長者即於道次住二十里作停舍須
達請太子欲買園造精舍祇陁太子
言若能以黃金布地令間無空者便
當相與須達曰諾謹隨其價太子
祇言我戲語耳須達言太子不應妄
語即共與訟時首陁會天化作一人
為評詳言夫太子法不應妄語價既
已決不宜中悔太子遂與之便使人
象負金出八十頃中須臾欲滿殘餘
少地（雜阿含經幾五百步李經亦云太子祇有園八十頃去城不遠）須達
思惟何藏金足不多不少當取滿之
祇陁問言嫌貴置之荅言不也自念
金藏何者可足當補滿祇陁念言佛
必大德乃使斯人輕寶乃尒敕齊且

止勿更出金園地屬卿樹木屬我我
自上佛共立精舍須達歡喜即然可
之即便歸家當施功作六師聞之往
白國王長者須達買祇陁園欲為瞿
曇沙門興立精舍聽我徒衆與共捔
術沙門得勝便聽起立若其不如不
得起也瞿曇徒衆住王舍城我等徒
衆當住於此王報須達六師出如此
言須達愁惱不樂舍利弗怪問不樂
須達具述報之舍利弗言正使六師
滿閻浮提數如竹林不能動吾足上
一毛欲捔何等自恣聽之須達歡喜
即報國王却後七日當於城外寬博
之處時舍利弗共勞度义各現神變
外道不如（具在經文）時舍利弗既見外道受
屈即為說法隨其本行宿福因緣各
得道迹六師徒衆三億弟子於舍利弗
所出家學道捔技訖已各還所止長
者須達共舍利弗往圖精舍須達自
手捉繩一頭時舍利弗自捉一頭共
經精舍時舍利弗欣然含笑須達問
言尊人何笑荅言汝始於此經地六
欲天中宫殿已成即借道眼悉見六

天嚴淨宫殿問舍利弗是六天何處
最樂舍利弗言下三欲染上二憍逸
第四天中少欲知足常有一生補處
菩薩來生其中法訓不絕須達言曰
我正當生第四天中出言已竟餘宫
悉滅唯第四天宫殿湛然復更徙繩
時舍利弗慘然憂色即問尊者何故
憂色荅言汝今見此地中蟻子不對
曰已見時舍利弗語須達言汝於過
去毗婆尸佛亦於此地為彼世尊起
立精舍而此蟻子在此中生乃至七
佛已來汝皆為佛起立精舍而此蟻
子亦在中生至今九十一劫受一種
身不得解脫生死長遠唯福為要不
可不種是時須達悲心憐傷經地已
竟起立精舍為佛作窟以妙栴檀用
為香泥別房住止千二百處凡百二
十處別打揵椎施設已竟欲往請佛
即往白王王聞即遣請佛世尊與諸
四衆前後圍繞放大光明震動天地
徧照三千城中伎樂不鼓自鳴盲聵
病者皆得具足男女大小覩斯瑞應
歡喜踊躍來詣佛所十八億人都悉

來集聚尒時世尊隨病授藥爲說妙法各得道迹佛告阿難今此園地須達所買林樹華果祇陀所有二人同心共立精舍應當與號太子祇陀樹給孤獨食園名字流布傳示後世尒時阿難及四部衆聞佛所說頂戴奉行

又涅槃經云須達取金隨集布地一日之中唯五百步金未周徧祇陀即語須達餘未徧者不復須金請以見與我自爲佛造立門樓常使如來經由入出祇陀太子自造門坊須達長者七日之中成立大房足三百口禪坊靜處六十三所冬室夏堂各各別異廚坊浴室洗脚之處大小圊廁無不備足

問曰何故如來偏住此園耶答曰依眞諦師傳云過去第四拘留孫佛時人壽四萬歲有長者名曰毗沙此地廣一由旬純以金版布地徧滿其上奉施如來以爲住處第五拘那含牟尼佛時人壽三萬歲有長者名大家主以此園地廣三十里純以銀衣等徧

布其地并以乳牛及犢子充滿其中奉施如來起爲住處第六迦葉波佛時人壽二萬歲有長者名大幡相以此園地廣二十里純以七寶徧布其地奉施如來起爲住處第七今釋迦牟尼佛人壽百歲時有長者名須達多此園地廣唯十里純以金餅布地周滿園中金厚五寸買此園地奉施如來起爲住處至後彌勒佛出世時人壽八萬歲須達尒爲時蠰佉國大臣名須達多此園地還廣一由旬純以七寶徧布地奉施如來起爲住處過去未來地雖延促終是一所能施之人雖有前後據體而論還是一人常爲長者殷富熾盛常充供養諸佛不絕至釋迦時初得須陁洹果臨終時得阿那含果至彌勒佛出時方證阿羅漢果故雜阿含經云給孤獨長者疾病佛自往看病記其得阿那含果乃至命終生兜率陁天常下來禮拜佛聽法已還歸天上以據迹中示其小說論實是大菩薩

又大集經云佛告梵天王等我諸聲聞現在未來三業相應及與三種菩

提相應有學無學具足持戒多聞善行度諸衆生於三有海及諸施主爲我聲聞而造塔寺亦復供給一切所須及彼眷屬付囑汝等勿令惡王非法惱亂尒時梵釋天王龍王夜叉等合掌向佛而作是言大德婆伽婆已有一切如來塔寺及阿蘭若處及未來世若在家出家人爲於世尊聲聞弟子造塔寺處我等悉共守護令離一切諸難惱畏亦如有給施飲食衣服卧具湯藥一切所須如是施主我等亦當護持養育故七佛經云護僧伽藍神斯有十八神一名美音二名梵音三名天鼓四名歎妙五名歎美六名摩妙七名雷音八名師子九名妙歎十名梵響十一名人音十二名佛奴十三名歎德十四名廣目十五名妙眼十六名徹聽十七名徹視十八名偏視寺既有神護居住之者亦宜自勵不得惰怠恐招現報也

致敬部第三

述曰依如西域凡有士女既到伽藍至寺門外慶已所遇先整衣服揔設

一禮入寺門已復設一拜然後安庠直進不得左右顧眄

故涅槃經云往僧坊者有其七法一者生信二者禮拜三者聽法四者至心五者思義六者如說修七者迴向大乘利安多人住是七善最勝最上不可譬喻又郁迦長者經佛言長者居家菩薩入佛寺精舍當住門外一心作禮然後當入精舍自念言我何時當得如是居寺出塵垢之處

又十住毗婆沙論云在家菩薩若入佛寺初欲入時於寺門外五體投地應作是念此是善人住處行慈悲喜捨住處是故須禮若見諸比丘威儀具足見已恭肅敬心禮拜親近問訊

又自愛經云時有國王詣佛所遥見精舍下車却蓋解劒脱履拱手直進

又僧祇律云若行平視迴時合身揔迴行時先下脚跟後下脚指

又智度論云出入來去安庠一心舉足下足觀地而行為避亂心為護衆生故是名不退菩薩相又西國寺圖云行至佛所禮三拜竟圍繞三帀唄

讚三契禮佛既已方至僧房房外一拜然後入見上座次第至下各設三拜僧多一拜若見非法之事不得譏訶若發言嫌責自失善利非入寺之宜

故涅槃經云夫入寺者棄捨刀杖雜物然後入寺捨刀杖者去瞋恚三寶心也捨雜物者去從三寶乞求心也且除兩過乃可入寺順佛而行不得逆行設復緣礙左繞常想佛在右入出之時悉轉面向佛禮拜三寶者常念體唯是一何者覺法滿足名佛所覺之道名法學佛道者名僧則知一切凡聖體同無二也若入寺時低頭看地不得高視見地有蟲勿誤傷殺當歌唄讚歎不唾僧地若見草木不淨即須除却

又四分律云入僧寺已應先禮佛塔次禮聲聞塔後禮第一上座乃至第四上座

又五分律云若入僧多但別禮師餘人揔禮而去

又四分律云得禮出家五衆亡人塔及如來塔

又五百問事云弟子得禮師塚以報恩故

又增一阿含經云塔中不應禮餘人

又十誦律云佛塔聲聞塔前自他不得禮

又五百問事云佛塔前禮餘人得罪

又三千威儀經云不得座上作禮（今時數有諸寺又以俗家見有道俗在牀上禮佛此大憍慢譬如欲拜人王豈得在牀上拜耶入王尚自不許何況法王得相比耶）毗尼母論云不得著革屣富羅入塔（此是靴履總名）五百問事云若是淨潔靴履屩等得著禮拜

僧祇律云若受人禮拜不得如瘂羊不語當相問訊少病少惱安樂不道路不疲苦不

述曰若有士人或難因緣須至寺宿不得臥僧牀席必無私有借臥如法然不得共僧同其牀臥故寶梁經云共僧同牀半身枯死墮地獄受其大苦僧未眠時不得在先眠不得調戲言笑說非法語失於威儀驚動衆心若有便利涕唾為求法宿不得出外者無犯睡時右脇著牀以脚相壘心

係明相念當早起表出家因也是故經云仰臥者是脩羅臥伏地臥者是餓鬼臥左脇臥者是貪欲人臥右脇臥者是出家人臥衆僧未起在前早起嚴儀容服至僧房前故沙彌威儀經云若入師房應三彈指又三千威儀經云若入師房當具五法一於外彈指二當脫帽三作禮四正住敎坐乃坐五不忘持經

又僧祇律云弟子應晨起先右脚入師房已頭面禮足問安眠不故善見論云弟子參師當避六處一不得當前二不得當後三不得太遠四不得太逼五不得處高六不得上風立當不近不遠側廂而立令師小語得聞不費尊力也又欲行時威儀進止皆不得離師故善見論云弟子從師行不得遠師七尺又沙彌威儀經云弟子從師行不得以足蹈師影

述曰若女人入寺法用同前但不得在男子上坐形相語笑脂粉塗面畫眉假飾非法調戲共相排盪持手棖

人必須攝心整容隨人敎令依次持香一心供養懺悔自責生女人中常成障礙於此妙法修奉無因不得自專由他而辨一何苦哉深生悲悼若見沙彌禮如大僧勿以小位而不加敬此於大僧爲小在俗爲尊如此等法竭力而行法用既多具在士女篇

述

述曰若男女所修事訖須欲出寺佛塔前設禮三拜還須右繞三帀合掌唄讚然後却行出寺門外復設一禮若見僧時徒衆若少各禮三拜僧若多時揔辭三拜故善見論云禮佛時應繞三帀三拜四方作禮合十指掌又手於頂却行而出絕不見如來更復作禮迴前而去(表恭戀三寶自疊報恩也)凡欲入寺之行爲作出世之緣律立寺者開淨土之因供養僧者爲出離之軌故惟穢俗之鄙質入伽藍之淨刹所有施爲恐乖法式若也還家纖捨自贖表僧有法施俗有財恩擧動合宜內外俱益也

頌曰

玄風冠西土　內範軼東矜

大川開寶匣　福地下金繩
繡楤高可暎　薑拱疊相承
日馭非難假　雲師本易憑
陽樓疑難燧　陰軒類鑒氷
迥題飛星沒　長楣病露凝
旌門曙光轉　輦道夕雲蒸
祇桓多靈物　竹園滿休徵
虛薄筆難紀　微軀竊自凌
優游徒可恃　恩蔭永難勝

感應緣(略引一十九寺)

晉建元寺并建康太清寺
宋靈味寺在鍾山蔣林里
漢平等寺在南京
晉升平白塔寺在秣陵三井里
晉白馬寺在建康中黃里
臨海天台山石梁聖寺
東海蓬萊山聖寺
抱罕臨河唐述谷仙寺
相州石鼓山竹林聖寺
巖州林慮山靈隱聖寺
晉陽眞寂山聖寺
代州五臺山大孚聖寺
魏太山丹嶺聖寺

雍州太一山九空仙寺

終南山大秦嶺竹林寺

梁州道子午關南獨聖寺

終南折谷炬明聖寺

西域志諸山感供聖寺

揔述中邊化迹降靈記

晉律元寺律康太清里寺基本宋北第元徽二年宫人陳太妃造寺塔舍利靈應相仍每夕放光寺大殿後畫迦毗羅王及毗沙門天王二像若有僧侶失儀童豎褻慢者無不影響表異使其恭肅若使虔誠懺禮標心懇切者必空中有彈指聲或循繞巽衞其間有請福祈願者莫不剋諧

宋靈味寺建康鍾山蔣林里宋永初三年沙門法意起造晉末有高逸沙門莫顯名迹巖栖谷飲常在鍾山之阿一夜忽聞怪石崩墜聲振林薄明旦履行唯見清泉湛然因聚徒結宇號曰靈味寺焉

漢平等寺廣平武穆王懷舍宅所立也寺門外有金像一軀高二丈八尺相好端嚴常有神驗國之吉凶先炳

祥異孝昌三年十二月此像面有悲容垂淚徧體皆濕時人號曰佛汗京師士女空市而觀有一比丘以淨綿拭其淚須臾之間綿濕都盡更以他綿換拭俄然復濕如此三日乃止至明年四月尒朱榮入雒陽誅戮百官死亾塗地至永安二年三月此像復汗京邑仕庶復往觀視五月北海入雒莊帝北巡七月北海大敗所將江淮子弟五千餘人盡被俘虜無一得還永安三年七月此像悲泣復如初汗每經神驗朝野惶懼禁人不聽觀視至十二月尒朱兆入雒擒莊帝帝崩於晉陽宫殿空虗百日無主唯尚書令司州牧樂平王尒朱世隆鎮京師商旅四通盜賊不作

白塔寺在秣陵三井里晉升平中有鳳皇集此地因名其處為鳳皇臺至宋升明二年齊太祖起造立寺之始咸以山高難於谷汲比丘法和爰發誓云若此地可居當使自然出水乃於食堂前試鑿井曾不數仞而清泉湛然甘香清美流未甞竭

白馬寺在建康中黃里太興二年晉中宗元皇帝起造昔外國王欲滅佛法宣令四遠毀壞塔寺次招提寺忽有一白馬從西方來繞塔悲鳴騰躍空中或復下地一日一夜鳴聲不絶以事白王王潛下淚深自愧責即勅普停已毀之塔並更修復由此白馬大法更興因改招提為白馬此寺之號亦取是名焉

東晉初天台山寺者昔有沙門帛道猷或云竺道猷統涉山水窮括奇異承天台石梁終古無度乃慷慨曰彼何人斯獨無貞操故使聖寺峹尒對面千里遂揭錫獨往往趣石梁周瞰崖㵎久之方獲其山石梁非一聖寺亦多將欲直度不惜形命且虹梁亘谷下望萬尋上闊尺許莓苔斜側東邊似通西礙大石攀登路絶猷乃別思冥授夜宿梁東便聞西寺磬聲經唄唱薩勇意相續通夕不安又聞聲日却後十年當來此住何須苦求雖尒不忘晨夕惋恨結草為菴彌年禪觀後試造梁乃見橫石洞開梁道平正

因即得度遂見棟宇宏壯圖塔瓌奇神僧叙接宛同素識中食既訖將陳住意僧曰却後十年自當至此何勞早住相送度梁横石已塞至晉太元年終於山所形似紅色端坐如生王羲之聞之造焉望崖仰挹今有往者雲迷其道

宋時朱齡石者使往遼東還返失道隨風泛海一月餘日達于一島糧米俱竭入島求泉漸深登山乃見一寺堂宇莊嚴非所曾覩僧問所從具說行事設食飲水問以去留石曰此乃聖居非凡可住僧曰欲住任意石告辭欲還僧告曰此間去都二十餘萬里石等聞之驚怖曰若尒何緣得達僧曰自當相送不勞致憂又問曰識杯度道人不曰識之便指壁上鉢袋曰此是彼物有小過罰在人中便取鉢袋與石并書一封上為書字然不可識曰可以書鉢與之令沙彌送勿從來道此有直路疾至船所須臾至海沙彌以一竹杖著船頭語曰但閉船聽往不勞航柂於即依言但

聞颻颻風聲有竊視者見船在空雲飛奔於山林海上數息間遂達楊都桁正見杯度奇桁欄口云馬馬齡石既至書自飛上度手度驚曰汝那得蓬萊道人書喚我歸耶乃說緣由又將鉢與之手捧鉢曰吾不見此鉢四千餘年擲上入雲下還接取太初中無故而死事在高僧傳

晉初河州唐述谷寺者在今河州西北五十里度風林津登長夷嶺南望名積石山即禹貢導之極地也衆峯競出各有異勢或如寶塔或如層樓松栢映巖丹青飾岫自非造化神功何因綺麗若此南行二十得其谷焉鑿山構室接梁通水繞寺華果蔬菜充滿今有僧住南有石門濱於河上鐫石文曰晉太始年之所立也寺東谷中有一天寺窮討處所略無定指常聞鍾聲又有異僧故號此谷名為唐述羌云鬼也所以古今諸人入積石者每逢仙聖行往恍忽現寺現僧東北嶺上出於醴泉甜而且白服者不老

高齊初有異僧投鄴下寺中夏坐與同房僧亾名欵曲意得客僧患痢甚困名以酒與之客曰不可也名曰但飲酒雖是戒禁有患通開客顰眉為飲之患損夏滿辭還本寺相送出都客曰願聞鼓山竹林寺乎名曰聞之古來虛傳竟無至者客曰無心相造何由而至一夏同房多相惱亂患痢飲酒乃是佳藥本非所欲為意而飲願不此及人山寺孙迥時可歷覽見想一登陟以副虛懷名聞喜躍曰必能導達夕死無恨至九月閒剋望尋展幸賜提引不尒無由客曰若來可從鼓山東面而上東度小谷又東北上即是山寺至期與好事者五六人直詣石窟寺山僧曰何以得來曰欲往竹林道由於此僧曰卋人可笑專聽妖言此山東西我並游涉何處有寺古有斯言不勞往也名曰彼客致詞極非猛浪何有虛也只得尋之尋而不獲非余咎也石窟寺僧數十相隨依言東上度谷尋嶺忽見一翁把钁斫地又見一僧來至鋤禾四邊把鋤曳钁

曰去年官寺道人放馬食我禾盡今年復來蹋我秋苗舉钁趂僧普迯歸唯名一人東北獨上翁曰放你上山乞蟲喫却遂依東上林木深茂闇南嶺上有吟詠聲名曰非往者客耶曰是也排榛而出執手叙闊相將造寺瞬目閒忽見崇峯遮日脩竹干雲重門洞開複殿基列門外東西槽櫪飾以金鋪似有馬蹤而無繫者行至門首曰且住此通和尚去須臾便出引入至佛殿前禮拜訖西至廊下和尚可年九十許眉長鼻高狀如西僧傍有官吏可三十人執文簿有所判斷舉手告曰下里山寺殊無可覩何能遠涉名即禮拜十數拜和尚曰行來疲頓可止將至房去便引西房北東轉見僧湛案讀經名便禮拜都不慰問便引盡北行東出至本客房中歡笑通宵屢言永住彼曰一任和尚不敢爲礙待明爲諮報曰和尚不許乃至中食不異鄴中臨別和尚曰知欲永住知友情也然出家人不可兩處安名本寺受供可得乖否必欲永

住可除彼名好去便辭送出執手愴悢既別悽然行一里間數數反顧寺塔林竹依然滿目更行二里返顧並無但是峯崖雜樹行行西下依隨本道不見田苗亦無田翁乃至石窟備爲僧說之

高齊文宣在晉陽使人騎白驢駝向我寺取經函去使問不知何寺帝曰但任駝行自知寺處曰晚出城駝行至急奄然如睡忽至一山名爲冥寂山半有寺有群沙彌曰高洋驢駝來也便引入寺見一老僧拜已問曰高洋作天子何似答曰聖明問曰尒來何爲答曰令取經函僧曰洋在寺嬾讀經今取何用指示北行東頭是其本房汝可彼取函與之即乘駝而返如睡如夢奄至晉陽以函反命不久帝行至谷口木井寺有捨身癡人不解語忽語帝曰我先去尒後可來帝然之是夜癡人死不久帝於晉陽不豫使劉桃枝負行鼻血淋瀝是夜帝崩

代州東南五臺山古稱神仙之宅也

山方三百里極嶮巖崇峻有五臺上不生草木唯松栢茂林經中明文殊將五百仙人往清涼雪山即斯地也地極嚴寒多雪號曰清涼山所以古來求道之士多游此山遺迹靈窟即目極多中臺最高去并七百望如抵掌上有小石浮圖其量千計即是魏文帝宏所立也石上人馬跡宛然如新有大泉名曰太華清澄如鏡有二浮圖夾之中有文殊師利像人有至者鍾聲香氣無日不有神僧瑞像往往逢遇龍朔三年下

勅令長安會昌寺僧會賾往彼修理寺塔前後再返亦遇靈感中臺東南下三十里有大孚靈鷲寺古傳漢明所造現有東西二道場像設猶存南有華園二頃許四時相間互相暎發古今常然不知元由貞觀年中有禪師名解脫聚住習定自云於華園北四度見文殊師利菩薩翼從滿空群仙異聖不可勝紀近有僧朗禪師居山三十餘載亦遇仙聖飛空而去唯留故皮南臺三十里內多是名華徧

於峯岫俗號華山中有聖寺鐘聲時發曾見異人形偉冠世言語之閒超騰遂遠其山甚近滯俗罕登登者必感勝緣

魏太山丹嶺寺釋僧照未詳氏族性多虛放好追靈迹譎詭之處無不登踐承瀑布之下多諸洞穴仙聖游止以魏普泰年行至桑山見飛流下有穴孔因穴而入行可五六里便得出穴外有微逕其東北上可行數里得石渠闊三兩步水西流清澄徹上下藥草延蔓委地青翠渠北有瓦舍口形甚古陋庭前穀穗縱橫鳥雀殘食甚衆東頭屋內有數架黃袠中閒有鐵臼兩具亦有釜器並附游塵都無炊爨之迹西頭室裏有一沙門端坐儼然塵沒膝四壁瞻眺唯見茂林懸澗非有人居須臾之閒逢一神僧年可六十眉長丈餘盤掛耳上相見欣然傾慰若舊問所從來荅云我同學三人來此避世一人外行未返一人死來極久似入滅定今在西屋內汝見之未今日何姓為主荅曰是魏

家曰享國已久不姓曹邪照云姓元僧曰我不知之遂取穀穗擣之作粥又往林中葉下取梨棗與之令噉僧云汝但食之我不噉此又問誦何經業照云吾誦法華經神僧鎮頭曰大好精進業今東屋架上如許經吾並自誦之欲得聞不照合掌曰唯敢聞命彼遂部別誦之聲氣朗徹乃至通達旦不眠更為造食照謝曰幸得奉謁今暫還歸尋來接事僧亦不留但言我同學行去汝若值者大有開寤恨不見之既言須歸好去照尋路得還結侶重來瀑布見穴莫測其處今終南諸山亦有斯事不可具述

雍州鄠縣南繫頭山寺者其山本舟人繫船其頂故以名焉昔太一未分山連太行王屋白鹿河水停於此川號為山海及巨靈大人秦洪海者患水浩蕩以左掌托太華右足蹋中條太一為之裂河通地出山遂高顯仍本號為張衡西京賦云高掌遠蹠以流河曲者是也古老傳云繫頭南有九

空仙寺昔有人山採樵暮不知歸道依林而宿夜聞鐘聲在近即尋之忽見一寺僧衆百餘但有行坐而不敘問其人恠之至明失寺此來在近無往尋者有僧曾至山但有留足峯秀林不可登踐又云山有九窟仙人所居也有藍田大谷伏羲城側歸義寺僧弘藏者有膽勇聞而往尋積日累夜巡繞山隴止獲五窟甚圓淨如人所造無鈌隔似有居者又光明寺了禪師亦往尋覓依窟一夏今所謂照陽窟也是為華望之大觀也而仙寺終不見焉子午關南大秦嶺竹林寺者至貞觀初採蜜人山行聞有鐘聲尋而往至焉寺舍二閒有人住處傍大竹林可有二頃其人斷二節竹以盛蜜可得五升許兩人力負下尋路而至大秦戍具告防人以林至此可十五里戍主利其大竹將往伐取遣人依言往覓過小竹谷達于崖下有鐵鎖長三丈許防人曳鎖掣手之太牢將上有二大虎據崖頭向下大呼其人怖急返走

又將十人重尋值大洪雨便返藍田寤眞寺僧歸眞少小山栖聞之便往至小竹谷北上望崖失道而歸常以爲言眞云此竹林至關可五十許里子午關南第一驛名三交驛東有澗東南坡數十頃是栗樹素不知有僧住屢聞鍾聲不以爲奇一時驛家婦女採樵入澗忽值一僧獨坐石上縫衣傍無一物此女有信心白曰不知師在此日時欲至向驛食來僧云貧道山居不得食驛家官食女曰自有私食足以供養僧曰信心人食亦不可得女恐時過馳走取食及來尋之不見其迹由是常令家人左近追之求不可値而有鍾聲此寺去驛五里

又終南析谷内椶櫚寺者近有人見一僧云倩爲擎襆向寺問寺在何處云在析谷炬明東嶺頭其人爲荷襆將至寺見一僧從南崖來可長五十尺相召來其人辭返語曰君日日入山採柴可於柴下取齋殘餅食之不須道得之由緣便隨其言日得其餅妻怪窮之不得已便說遂瘂經年又見二僧入谷其人手招指口如是三返便得語其人近死今入山者至炬明嶺側常聞鍾聲亦往往見有異僧近有一僧聞已遇見入谷僧疑是椶櫚寺問言大德不是椶櫚寺僧不曰是欲隨大德去得不曰可相隨來但聞耳邊颼飂風聲至急心惟曰此何必是聖或入深山躓頓我竊生念時前僧便失懊惱之甚返迴三日方達谷口乃於避世堡立精舍以之精舍見存其僧不知所終

又終南庫谷内西南又名胡盧谷昔有人於山採斫遇見一寺并石室石門門内並寶器重大不可勝然不見僧人是衆僧供用具度其人褰回顧眄記誌處所以所賷瓠盧掛於室樹下山召村人往尋其谷内樹上往往悉是瓠盧莫知蹤迹今有尋山云石門扇在山崖傍半入山下其半雖出無人力開之今其谷名庫地名天藏故谷口府坊皆名天藏測其山中則彌勒下生方現於俗耳

西域志云烏萇國西南有檀特山山中有寺大有衆僧日日有驢運食無控馭者自來留食還去莫知所在

西域志云王玄策至大唐顯慶五年九月二十七日菩提寺寺主名戒龍爲漢使王玄策等設大會使人已下各贈華氎十段并食器次伸呈使獻物龍珠等具錄大眞珠八箱象牙佛塔一舍利寶塔一佛印四至於十月一日寺主及餘衆僧餞送使人西行五里與使泣淚而別曰會難別易物理之然況龍年老此寺即諸佛成道處爲奏上於此存情預修當來大覺之所言意勤勤不能已已（若廣明西域塔寺靈迹嘉祥徵瑞具如上感通卷述）

敬尋佛法東流年向六百三寶傳記卷盈三千其内名僧德重可觀神通變化靈瑞感通向有千人自古君臣隱遁逸民負才傲俗之流並皆崇敬如賢如聖備在傳記不可具述

故入大乘論云尊者聖人賓頭盧羅睺羅等有十六大阿羅漢住世通法又有九億無學聖人亦在此洲未入涅槃准此而詳今諸山海所居衆僧

多聞磬聲或尋遇寺豈非聖人之所
剏乎今更約諸門以分三時一約往
卌二約賢劫三約釋迦一佛爲候初
約往劫用辯通塞者如西域所列往
劫行事如薩埵捨身流血尚在達拏
捨子杖捶遺血布髮掩泥之所捨身
求偈之地月光斬首尸毗飼鷹斯等
遺跡並惟古劫計數災蕩如何尚存
天竺名僧亦疑斯致理如所問無宜
獨留而往事迹有僧釋云此乃如來
神力由菩薩志行雖有三災不可除
滅後成世界依而集之亦有人言三
災之化無往不除乃至無一隙塵而
得存焉今云塔在豈不乖乎諸德釋
云但非聖跡者如無一隙得住今云
有者由聖力加備故得久住欲使後
代師之慕仰冀慕聖蹤依之得道世
界初成昔古遺跡相似而現並是佛
之神力變化所爲故五不可思議中
一是佛神力也所以往劫生事而列
之第二約同劫以明相對有四且如
一鉢千佛共同故傳云釋迦受食四
王奉鉢滅後流行至毗舍離若干百

年又至乾陁衛又至西月氏于填丘
夷次當達震旦返向師子國還來天
竺上升兜率彌勒見曰釋迦佛鉢今
來至此七日供養還下龍宮彌勒成
佛四王還獻二者龍宮佛影千佛同
留三者方石說法千佛同坐即揵
陁羅鉢樹下是也四者石塔咸襄千
佛同作上傳之中多明四佛行坐之
跡准此未來抑亦可見第三明釋迦
一代通而不等如天道寶階滅無遺
緒吒王大塔七化巴三道樹滅而更
生佛跡毀而還現楊枝擢而重出舍
利試而逾靈諸如此例故應不通後
佛至如雞足迦葉留化慈尊山宮明
辯持身待聖沮渠滅定之侶摩利應
供之徒事局未來神化絕域皆爲明
通開顯累俗慈導有情澄神諸有也
依道宣律師感應記問天人曰荊州
河東寺者此國甚大余與慈恩寺嵩
法師交頗積年其人即河東羅雲法師
之學士也云此寺本曾住萬僧震旦
之最聞之欣然莫測河東之號請廣
而述之亦佛法之大觀也荅曰晉氏南

遷郭璞多聞之士周昉地圖云此荊
楚舊爲王都欲於硤州置之嫌逼山
遂止便有宜都之號下至松滋地有
面勢都邑之像乃掘坑秤土嫌其太
輕覆寫本坑土又不滿便止曰昔金
陵王氣於今不絕固當經三百年矣
便都建業仍於此置河東改遷裴薛
柳杜四姓居之地在江曲之間類蒲州
河曲故有河東目也
有東西二寺昔苻堅伐晉荊州北岸
並沒屬秦時桓仲爲荊牧邀翼法師
度江造東寺安長沙寺僧西寺安四
層寺僧苻堅死後北岸諸地還屬晉
家長沙四層諸僧各還本寺西東二
寺因舊廣立自晉宋齊梁陳氏僧
徒常數百人陳末隋初有名者三千
五百人淨人數千大殿一十三間惟
兩行柱通梁長五十五尺欒櫨重疊
國中京冠即彌天釋道安使弟子翼
法師之所造也自晉至唐曾無虧損
殿前四鐵鑊各受十餘斛以種蓮華
殿前塔宋譙王義季所造塔內素像
忉利天工所造佛殿中多金銅像寶

帳飛仙真珠華珮並是四天王天人所作寺內僧衆兼於主客出萬餘人當途講說者五十三人十三人得其聖果各領千僧餘小法師五百餘人十誦律師有四十人九人得聖大小乘禪師八百餘人其得聖人二百二十四人徒衆嚴肅說不可盡寺法立制誦經六十紙者免維那誦法華度免直歲寺房五重並皆七架別院大小今有十所般舟方等二院莊嚴最勝夏別常有千人四周廊廡減一万間寺開三門兩重七間兩廈殿宇橫設並不重安約准地數取其久故所以殿宇至今三百年餘無有損敗東川大寺唯此爲高暎曜川原實稱壯觀也

又問彌天釋氏宇內式瞻云乘赤驢荊襄朝夕而見未審如何荅曰虛也

又曰若尒虛傳何爲東寺上有驢臺峴南有中驢村據此行由則乘驢之有地也荅曰非也後人築臺於寺植樹供養焉有佛殿之側頓置驢耶

又中驢之名本是閻國鄀國之故地

也後人不練遂妄擬之云云

法苑珠林卷三十九

甲辰歲高麗國分司大藏都監奉

勅彫造

法苑珠林卷第三十九

校勘記

一　底本，麗藏本。

一　八二三頁上一行經名，徑作「法苑珠林卷第五十二」。

一　八二三頁上二行撰者，資、磧、普作「大唐上都西明寺沙門釋道世撰」；南作「唐上都西明寺沙門釋道世撰」；徑作「唐上都西明寺沙門釋道世玄惲撰」；清作「唐西明寺沙門釋道世撰」。卷第四十同。

一　八二三頁上三行「此有三部」，徑無。

一　八二三頁上四行「述意部……致敬部」，徑無。

一　八二三頁上五行「第一」，徑無。以下部目下序數例同。

一　八二三頁上一三行「糞土」，諸本(不含石，下同)作「蕃土」。

一　八二三頁上一八行第八字「詰」，資、磧、普、南作「誥」。

一　八二三頁中九行「姬周第十三主」，諸本作「周姬第十三王」。

一　八二三頁中一四行「良由」，南、徑、清作「是由」。

一　八二三頁中一六行第五字「家」，諸本無。又「織心」，資、磧、普、南、徑、清作「織心故」。

一　八二三頁下六行「接踵」，諸本作「踵接」。

一　八二三頁下一一行「述」，諸本作「述也」。

一　八二三頁下一八行第一三字「福」，

諸本無。

一　八二四頁上一行第八字「今」，諸本作「令」。

一　八二四頁上二行「今得」，磧、南、徑、清作「令得」。四行同。

一　八二四頁上三行首字「車」，諸本無。

一　八二四頁上九行「亦尒時」，諸本作「亦爾爾時」。

一　八二四頁上一四行首字「秖」，諸本作「祇陀」。

一　八二四頁上一九行夾註右「孛經亦云」，諸本作「孛經亦」。又左「太子秖」，諸本作「太子祇陀」。

一　八二四頁上二二行第七字「當」，諸本作「當得」。

一　八二四頁中一〇行首字「須」，諸本無。

一　八二四頁中一四行「度义」，諸本作「度差」。

一　八二四頁中一九行第八字「往」，諸本作「住」。

一　八二四頁中二二行「尊人」，諸本作「尊者」。

一　八二四頁下一行「舍利弗」，諸本作「舍利弗言」。

一　八二四頁下二行「欲染」，諸本作「色染」。

一　八二四頁下三行第九字「常」，諸本作「恒」。次頁中一四行末字、二〇行第一〇字同。

一　八二四頁下八行第一三字「不」，諸本作「不耶」。

一　八二五頁上一二行「大子自造門坊」，諸本作「長者自造門樓」。

一　八二五頁中七行首字「多」，諸本作「於」。

一　八二五頁中一一行「園地」，資、磧作「園也」。

一　八二五頁中二一行夾註右第五字「示」，資、磧、南、徑、清作「亦」。

一　八二五頁下四行「惡王」，資、磧、普、南作「惡主」；徑、清作「惡生」。

一　八二五頁下七行第一一字「若」，諸本無。

一　八二六頁上二行「顧盻」，諸本作「顧眄也」。

一　八二六頁上五行第一〇字「修」，普、徑、清作「修行」。

一　八二六頁上八行末字至次行首字「一心」，資、磧、普、南作「五心」；徑、清作「五體」。

一　八二六頁上一五行「足見」，諸本無。又「問許」，諸本作「問訊也」。

一　八二六頁上二〇行「出入」，諸本作「先入」。

一　八二六頁中一〇行第九字「常」，資、磧、普、南、徑、清作「恒」。

一　八二六頁下一〇行夾註右首字「耶」，諸本無。

一　八二六頁下一二行「鞮屩」，諸本作「鞋靺」。

一　八二六頁下一三行第六字「受」，諸本無。

一　八二六頁下一五行末字「不」下，諸本有夾註「已下廣明諸律」。

一 八二六頁下末行第四字「睡」，諸本作「眠」。
一 八二七頁上三行「右脇」，諸本作「若右脇」。
一 八二七頁上一五行第六字「廂」，諸本作「相」。
一 八二七頁中一二行「善見論」，諸本作「善現論」。
一 八二七頁下二行第二字「愡」，諸本作「松」。
一 八二七頁下四行「陰軒類鑒氷」，資、磧、南作「降軒類鑒氷」；普、徑、清作「陰軒類鑿氷」。
一 八二七頁下九行第三字「徒」，資、磧、南、徑、清作「從」。
一 八二七頁下一四行「秣陵」，諸本作「秣陵」。
一 八二七頁下一五行首字「晉」，清無。
一 八二七頁下一九行「相州」，徑、清作「齊相州」。
一 八二七頁下二〇行「巖州林慮山靈隱聖寺」，徑、清無。
一 八二八頁上三行「梁州道」，徑、清無。
一 八二八頁上四行與五行之間，徑、清有別目「終南庫谷内寺」。
一 八二八頁上一八行首字「阿」，諸本作「河」。
一 八二八頁上二〇行「靈味寺焉」，資、磧作「靈曜」；南、徑、清作「靈味」。
一 八二八頁上二一行「王壞舍宅」，諸本作「王懷捨宅」。
一 八二八頁中八行「仕庶」，諸本作「士庶」。
一 八二八頁中一六行第二字「啇」，諸本作「商」。
一 八二八頁中一七行「白塔寺」，徑、清作「晉白塔寺」。
一 八二八頁下一行「白馬寺」，徑、清作「晉白馬寺」。
一 八二八頁下六行第七字「下」，諸本無。
一 八二八頁下一一行「窮括」，諸本作「窮枯」。
一 八二八頁下一二行第七字「古」，資、磧作「石」。
一 八二八頁下一四行「往趣」，諸本作「而趣」。
一 八二八頁下一九行第三字「投」，諸本作「授」。
一 八二九頁上五行「紅色」，諸本作「緑色」。
一 八二九頁上九行「糧米」，資、磧、普、南、徑作「糧水」。
一 八二九頁上末行「航栬」，諸本作「航柁也」。又「於即」，普、徑、清作「於是」。
一 八二九頁中一行「風聲」，諸本作「風中聲」。
一 八二九頁中五行「緣由」，諸本作「由緣」。
一 八二九頁中一二行第二字「出」，資、磧、普、南、徑作「出出」。
一 八二九頁中一四行「二十」，諸本

作「二十里」。
一八二九頁中一八行末字「指」，諸本作「止」。
一八二九頁中二一行第八字「往」，諸本作「住」。
一八二九頁下一〇行首字「此」，諸本作「以此」。
一八二九頁下一一行「喜躍」，諸本作「喜踊」。
一八二九頁下二〇行「猛浪」，諸本作「孟浪」。
一八二九頁下二一行「數十」，諸本作「十數」。
一八二九頁下末行末字「鑺」，諸本作「钁」。
一八三〇頁上四行「林木」，諸本作「林水」。
一八三〇頁上七行「簉日」，資、磧作「造日」。
一八三〇頁上一七行第一〇字「便」，資、磧、普作「使」。
一八三〇頁上一九行第六字「言」，諸本無。又第七字「永」，普、南、徑、清作「求」，二二行第二字、末行末字同。
一八三〇頁中一行末字至次行首字「憒惋」，資、磧、南、徑、清作「恨恨」；普作「悢悢」。
一八三〇頁中三行末字「並」，諸本作「一」。
一八三〇頁中一一行第一一字「洋」，諸本作「詳」。一三行首字、一四行第一一字同。
一八三〇頁中一七行第一一字「反」，諸本作「及」。
一八三〇頁下三行第九字「雪」，資、磧、普、南、徑、清作「之」。
一八三〇頁下六行首字「目」，諸本作「自」。又「去并七百」，諸本作「去項七百里」。又末字「抵」，諸本作「指」。
一八三〇頁下一二行「三年」，諸本作「一二年」。
一八三一頁上八行「滎山」，諸本作「滎山」。
一八三一頁上一二行「延蔓」，諸本作「蔓莚」。
一八三一頁上一三行「穀穗」，諸本作「穀穀穗」。
一八三一頁上一四行「黄袠」，資、磧、南、徑、清作「黄表」；普作「黄裘」。
一八三一頁上一七行第四字「塵」，諸本作「飛塵」。
一八三一頁中一行第二字「曰」，諸本無。
一八三一頁中五行「鎮頭」，諸本作「叩頭」。
一八三一頁中八行第三字「遂」，普、徑、清作「逐」。
一八三一頁中九行第一二字「常」，諸本作「恒」。
一八三一頁中一九行「秦洪海」，諸本作「秦供海」。
一八三一頁中二二行第八字「眐」，諸本無。

一　八三一頁下九行第二字「繞」，諸本作「擾」。

一　八三一頁下一一行末字「窟」，諸本作「空」。

一　八三一頁下一三行「子午關南」，徑、清作「終南山」。

一　八三一頁下二〇行末字「谷」，資、磧作「各」。

一　八三二頁上一三行第一一字「及」，資、磧、普、南作「走」。

一　八三二頁上一六行「析谷」，諸本作「折谷」，下同。又「樓櫚寺」，諸本作「樓蔺寺」，下同。

一　八三二頁上一七行第七字「樸」，磧、普、南、徑、清作「樸」。下同。

一　八三二頁上一八行第八字「嶺」，諸本作「嶺」。本頁中三行第二字同。

一　八三二頁中五行第七字「不」，諸本無。

一　八三二頁中七行「飄颸」，諸本作「颼颸」。

一　八三二頁中一〇行第七字「堡」，諸本作「堡」。

一　八三二頁中一六行首字「盻」，諸本作「眄」。

一　八三二頁下一一行第三字「然」，諸本無。

一　八三二頁下一七行「隱遁」，諸本作「隱道」。

一　八三三頁上一三行第一二字「隙」，諸本作「隙」。一五行第一〇字同。

一　八三三頁上一六行「加備」，普、徑、清作「加被」。

一　八三三頁上一七行「慕仰」，諸本作「鑚仰」。

一　八三三頁上二一行「且如」，徑、清作「具如」。

一　八三三頁上末行第八字「至」，資、普、南、徑作「王」；清作「在」。又「若干」，諸本作「若千」。

一　八三三頁中一行「西月氏」，諸本作「西月支」。又「于填」，徑、清作「于闐」。

一　八三三頁中二行第二字「次」，諸本作「羡」。

一　八三三頁中一五行「待聖沮渠」，諸本無。又「摩利」，諸本作「摩支」。

一　八三三頁下一行「周昉」，諸本作「周訪」。

一　八三三頁下七行末字「薛」，磧、南作「薩」。

一　八三三頁下二二行「宋譙」，南、徑、清作「宋謙」。

一　八三四頁上一行「眞珠」，資、磧作「珠」；普、南、徑、清作「珠瓔」。

一　八三四頁上一一行第一二字「減」，諸本作「咸」。

一　八三四頁上二一行第一三字「寺」，諸本無。

一　八三四頁中一行小字「云云」，諸本無。

一　八三四頁中卷末經名，資、磧、普、南、清作「法苑珠林卷第三十九」；徑作「法苑珠林卷第五十二」。

法苑珠林卷第四十　假十七　字号

西明寺沙門釋道世撰

舍利篇第三十七此有五部

述意部　引證部　佛影部

分法部　感福部

述意部第一

夫聖德遐邈冠絕人天理妙六經神高百氏超群有之遺蹤越賢良之勝迹化緣既畢從俗韜光故雙樹八枝隨義所表舍利八分亦逐緣感會入金剛定預碎全身欲使福被天人功流海陸至於牙齒髮爪之屬頂蓋目睛之流衣鉢瓶杖之具坐處足蹈之迹囊括今古聖變無窮祥應荐臻瑞光頻朗賢愚共覩豈猜來感且如三皇五帝夏殷文武孔丘莊老惟聖惟賢共遵共敬莫不葬骨五泉遺塵九土聲光寂寞孰識其蹤罕知生福奚感來報豈比能仁大聖形影垂芳應感之道不窮敬仰之風逾遠紹化迹於大千拔沈冥於沙界致使開示之道隨義或殊會空之言齊其一實也

引證部第二

第二張　牧字号

舍利者西域梵語此云身骨恐濫凡夫死人之骨故存梵本之名舍利有其三種一是骨舍利其色白也二是髮舍利其色黑也三是宍舍利其色赤也菩薩羅漢等亦有三種若是佛舍利椎打不碎若是弟子舍利椎擊便破矣

又菩薩處胎經云世尊告諸大衆念我古昔所行功德捨身受身非一非二今當為汝說一形法諸佛全身舍利盡在下金剛剎中金剛剎厚八十四萬億里下有諸佛碎身舍利盡在彼剎彼有佛剎名曰妙香佛名不住如來十號具足今現在說法佛告大衆碎身舍利下厚八十四萬億里國土清淨佛名徧光十號具足彼佛今現在說法復下有國土名施無盡藏佛名勸助復下有國土名法鼓佛名善見彼土乃有全身舍利過去億千萬佛皆留舍利彼土舍利我亦有分又海龍王經云尒時諸龍白佛言今世尊還閻浮利地海中諸龍無所依

仰惟加大哀佛滅度時在此大海留
全舍利一切衆類皆得供養轉加功
德速脫龍身獲得無上正眞之道唯
佛垂恩威德兼加所願得果佛言善
哉從尒所志須菩提謂諸龍言一切
人天舍利須徧普蒙獲濟卿等求願
使佛舍利獨全奉侍一切衆生何緣
得度諸龍荅言唯須菩提勿宣斯言
無以巳身限礙之智以限如來無極
之慧如來聖德無不變現三千世界
各各化現佛全舍利不增不減普現
一切譬如日影現於水中佛亦不生
亦不滅度云何欲限如來智慧者乎
須菩提聞默而無言佛歎諸龍仁等
賢明誠如所云無有異也佛道高妙
無邊無際無方無圓無廣無陿無遠
無近譬如虛空不可爲喻

佛影部第三

如觀佛三昧經云佛初留影石室在
那乾呵囉國毒龍池側阿那斯山巖
南有五羅剎女與毒龍通常降雹雨
百姓飢疫巳歷四年時王禱祀祝龍
羅剎女氣威祝術不行王長跪合掌
讚佛通慧應知我心願屈慈悲光臨
此國尒時如來往至彼國龍興雷電
鱗甲煙焰五羅剎女眼如掣電時金
剛神手把大杵杵頭火然如旋火輪
燒惡龍身龍王驚怖走入佛影如甘
露灑見諸金剛極大惶怖爲佛作禮
五羅剎女亦禮如來龍王於其池中
出寶臺奉佛佛言不須汝臺但以羅
剎石窟施我諸天各脫寶衣拂窟佛
攝神足獨入石室令此石上楚爲七
寶時龍爲四大弟子及阿難造石窟
尒時世尊從石窟出時龍聞佛還國
啼哭雨淚云何捨我我不見佛當作
惡事墜墮惡道佛安慰龍我受汝請
當坐汝窟中經千五百歲佛坐窟中
作十八變踊身入石猶如明鏡在於
石內映現於外遠望則見近望不現
諸天百千供養佛影影亦說法（迄今猶在）

分法部第四

如菩薩處胎經云時八國王共諍舍
利有一大臣名優波吉諫八國王何
爲興兵共相征伐尒時帝釋即現爲
人語王言我等諸天亦當有分若共
諍力則有勝負幸可見與勿足爲難
尒時阿耨達龍王文隣龍王伊那鉢
龍王語八王言我等亦應有分若不
見與力足相伏時臣優波吉告言諸
君並止舍利宜共分之何須見諍即
分爲三分一分與諸天一分與龍王
一分與八王分甕受一石餘此臣以
蜜塗甕裏以甕量分諸天得舍利
還於天上即起七寶塔龍得舍利還
於宮中起七寶塔臣優波吉著甕舍
利并甕亦起寶塔灰及土量得四十
九斛亦起四十九寶塔闍維處亦起
寶塔高三十九仞（一仞七尺）
又阿育王經云八國王諍舍利各起
兵天帝釋自下曉喻以金甖分之闍
王共數各得八萬四千舍利餘有佛
口一鬚無敢取者以闍王初來得舍
利及鬚還各歡喜作樂動天難頭禾
龍王化作人身到泥洹所道逢闍王
還語王言可持一分見與王言不可
得龍王言我是難頭禾龍能舉卿國
土著八萬里外磨碎成屑闍王怖懼
即奉佛鬚與之龍王即還須彌山下

起水精塔高八萬四千里起水精瑠璃塔闍王終後阿育王得其國土時有大臣白阿育王言難頭和龍先輕闍王奪佛髮去阿育王聞大瞋怒即勅諸鬼神王作鐵網鐵罝縱罝須彌山下水中欲縛取龍王龍大驚怖共設計言阿育事佛當伺其臥取宮殿移著須彌山下水中其瞋必息即便遣龍捧取育王宮殿王臥覺不知是何處見水精塔高八萬四千里喜怖交心龍自出謝言闍王自與我佛髮我不奪也佛在世時與我要言般泥洹後刧盡之時所有經戒及毘尼應歸我皆當取藏著是塔中彌勒來下當復出著阿育王聞此言大謝實不知此龍王便使諸龍還復王宮殿置於本處

又善見論云帝釋宮內有二舍利一右佛牙二佛右缺盆骨

又十誦律云佛般泥洹八國皆來求舍利各舉四兵八軍圍繞有一婆羅門姓煙高聲大唱言諸力士舍利現在當分作八分諸力士言敬如來議更復唱言感舍利瓶請以見惠還頭那羅聚落起塔時畢波羅延那婆羅門復請燒佛處炭還國起塔時拘尸城力士得第一分起塔波婆國得第二分還國起塔羅摩聚落第三分還歸起塔遮勒國諸刹帝利得第四分還國起塔毗[illegible]諸婆羅門得第五分還國起塔毗耶離諸利昌得第六分還國起塔迦毗羅婆國諸釋子得第七分還國起塔摩伽陁國主阿闍世王得第八分還王舍城起塔姓煙婆羅門得感舍利瓶還頭那羅聚落起塔畢波羅延婆羅門得炭還國起塔尒時閻浮提中八舍利塔第九瓶塔第十炭塔自此已後起無量塔

又阿育王經云昔阿恕伽王欲取阿闍世王所舉舍利阿闍世王著殑伽河中作大鐵輪使水輪轉著舍利處種種方便取不能得問蓮華比丘云何可得比丘荅言擲數千斛粢著中可得止輪尋用此語以粢著於水中偶試一粢粢墮機關孔中輪即定更不迴轉然大龍王守護都不可得王時問言何由可得龍王福勝無由可得問言云何知彼福勝以金鑄作龍像及以王像以稱稱之量者福勝即時稱量龍像倍重王見此事即勤修福既修福已復更鑄像復更稱量王像龍像稱量正等王更脩福復更鑄像稱看王像轉重王知像重將諸軍衆往到水邊龍王自出獻種種寶王語龍言阿闍世王遺我舍利我今欲取龍王自知威力不如即將王至舍利所開門取舍利與阿闍世王所造油燈始欲盡賜舍利既出燈亦盡滅王怪而問蓮華比丘云何阿闍世王裁量油燈至取舍利方始乃滅尊者荅言彼時有善筭者計百年中用尒許油用如是計故使至今也

感福部第五

如大悲經云尒時世尊告阿難我滅度後若有人乃至供養我之舍利如芥子等恭敬尊重謙下供養我說是人以此善根一切皆得涅槃界盡涅槃際若有造立形像塔廟乃有信心念佛功德乃至一華散於空中我說

是人以此善根一切皆當得涅槃界盡涅槃際

佛告阿難若有衆生以念佛故乃至一華散於空中如是福德所得果報不可窮盡若有衆生以至誠心念佛功德乃至一華散於空中於未來世當得釋天王梵天王轉輪聖王於其福報亦不能盡施佛福田不以有爲果報所能盡邊我說是人必得涅槃盡涅槃際乃至若有畜生於佛世尊能生念者我亦說其善根福報當得涅槃盡涅槃際若有三千大千世界滿中四沙門果及辟支佛如甘蔗竹葦若有人能若現在若滅後起塔供養若一劫若減一劫以諸稱意一切樂具恭敬尊重謙下供養若復有人於諸佛所但一合掌一稱佛名如是福德比前福德百分不及一千分百千億分乃至迦羅分不及一何以故以佛如來諸福田中爲最無上是故施佛成大功德神通威力

頌曰

金軀遺散骨　寶塔徧天龍
創開一十塔　終成八萬重
珠蓋靈光燮　剎柱吐芙蓉
屢聞朝霧露　數示曉靈蹤
紅霓相暎發　風搖響和鍾
仙鸞往往見　神僧數數從
獨超群聖上　含識普生恭
砧椎繫不碎　方知聖德顒

感應緣（略列一十六代隨有五十三州）

漢法內傳云明帝既弘佛法立寺度僧五岳山館諸道士等請求捔試釋老優劣道經以火試焚隨火消燼道士衆首費才愧恥自感衆前而死張衍啓竊說共出家于時西域所將舍利五粒五色直上空中旋環如蓋暎蔽日光摩騰羅漢踊身高飛居空如地履地如空神化自在爲衆說法天雨寶華散佛僧上天樂異音大衆同聞度人無量廣如下破邪篇說魏明帝洛城中本有三寺其一在宮之西每繫舍利在幡剎之上輒見宮內帝患之將毀除壞時有外國沙門居寺乃齎金盤成水水貯舍利五色光明騰焰不息帝見歎曰非夫神劾安得尒乎乃於道東造周閭百間名爲宮佛圖精舍云

吳孫權赤烏四年有外國沙門康僧會創達江表設像行道吳人以爲妖異以狀聞之權召會問佛有何靈瑞曰佛晦靈迹遺骨舍利應現無方權曰何在曰神迹感通祈求可獲權曰若得舍利當爲興寺經三七日至誠求請遂獲瓶中旦呈於權光照宮殿權執瓶寫于銅盤舍利下衝盤即破碎權大驚異希有瑞也會進曰佛之靈骨金剛不朽劫火不焦椎砧不碎權使力者盡力擊之椎砧俱陷舍利不損光明四射耀晃人目又以火燒騰光上踊作大蓮華權大發信乃爲立寺名爲建初改所住地名佛陁里

孫皓虐政將欲除屏佛法幡經夷塔有信諫曰且少寬假知無神驗誅除不晚皓從之召會曰若能驗現於目前助君興之如其不能將廢加戮會曰佛以緣應感而必通即冀給假請劾不難皓與期三日于時僧衆百餘

同集會寺皓陳兵圍寺刀鋸齊至尅期就戮僧恐無靈先自縊者會謂衆曰佛留舍利止在今時前巳有驗今豈罔哉恰期便獲乃進於皓此是如來金剛之骨志誠貫獲擊以百鈞之杵終無微毀皓曰金石可磨枯骨豈堅沙門面欺抵速死耳乃更置之鐵砧以金椎擊之金鐵並凹而舍利如故又以請水行之舍利揚光散采洞燭一殿皓乃欣欣服信革誠膺化

晉初竺長舒先有舍利重之其子為沙門名法顏每欲還俗笑曰舍利是沙石耳何足可貴父投之水中五色三匝光高數尺見微生信遂不歸俗長舒臨死還發俗念輒病委頓卒為沙門以舍利安江夏塔中

晉大興中於潛董汪信尚木像夜有光明後像側有聲投地視乃舍利水中浮沈五色晃昱右行三匝後沙門法常看之遂騰踊高四五尺投常懷中常曰若使常興立寺宇更見威神又躍于前於即常為建寺塔於潛入法者日以十數焉

晉大興中北人流播廣陵日有千數有將舍利者建立小寺立剎舍利放光至于剎峯感動遠近

晉咸和中北僧安法開至餘杭欲建立寺無資財手索錢貫貨之積年得錢三萬市地作屋常以索貫為資欲立剎無舍利有羅幼者先自有之開求不許及開至寺禮佛見幼舍利囊巳在座前即告幼幼隨來見之喜悅與開共立寺宇於餘杭云

晉咸康中建安太守孟景欲建剎立寺於夕聞牀頭鏘然視得舍利三枚因立寺剎元嘉十六年六月舍利放光通照上下七夕乃止一切咸見

晉義熙元年有林邑人嘗有一舍利每齋日有光沙門慧邃隨廣州刺史刁逵在南敬其光相欲請之未及發言而舍利自分為二逵聞心悅又請留敬而又分為三逵欲摸長干像寺主固執不許夜夢人長數丈告曰像貴宜導何爲恪耶明報聽摸既成逵以舍利著像髻中西來諸像放光者多由舍利故也宋元嘉六年賈道子

行荆上明見芙蓉方發聊取還家聞華有聲怪尋得一舍利白如真珠焰照梁棟敬之擎以箱案懸于屋壁家人每見佛僧外來解所被衣而堅案上有人寄宿不知敬慢之乃夢人告曰此有釋迦真身衆聖來敬尒何行惡死墮地獄出為奴婢何得不悑其人大懼無幾癘死舍利屋地生荷八枝六旬乃枯歲餘失之不知所去

宋元嘉八年會稽安千載者家門奉佛夜有扣門者出見十餘人著赤衣運材積門內云官使作佛圖忽無所見明至他家齋食上得一舍利紫金色椎打不碎以水行之光明照發便自舉敬常有異香後出欲禮忽而失之尋覓備至半日還時臨川王鎮江陵迎而行之雜光間出佐史沙門咸見不同王捧水器祝曰云云輒應聲光出夜見百餘人繞舍利屋燒香持華如佛出狀及明人及舍利俱失

宋元嘉九年潯陽張須元家設八關齋道俗數十人見像前華上似冰雪視得舍利數十便以水行之光焰相

屬後遂失之數日開厨更視獲牙函
中有白氎裹舍利十枚光焰屬天諸處
咸來請之
宋元嘉十五年南郡劉凝之隱衡山
徼不出奉五斗米道不信佛法夢見
人去地數丈曰汝疑方解覺忽反寤
旦夕勤至半年禮佛忽見頷下有紫
光揣光處得舍利二枚剖擊不損水
行光出復於食時口中隱齒吐出有
光妻息又獲一枚合有五枚後又失
之尋尒又得
宋元嘉十九年高平徐椿讀經及食
得二舍利盛瓶中後看漸增乃至二
十後寄廣陵令劉馥馥私開之空瓶
椿在都忽自得之後退轉皆失舍利
應現值者甚多皆敬而得之慢而失
之
舍利東流綿歷帝代傳紀所及略陳
萬一由事相重沓屢現非奇佛化潛
隱誠其致也然有國興塔無勝隨代
一化之內百有餘所神瑞開發陳諸
別傳今略出之以顯感德云云
隨文帝立佛舍利塔 二十八州起塔 五十三州感瑞

雍州仙游寺　岐州鳳泉寺
華州思覺寺　同州大興國寺
涇州大興國寺　蒲州栖巖寺
秦州岱岳寺　并州無量壽寺
定州常岳寺　嵩州嵩岳寺
相州大慈寺　廓州連雲岳寺
衡州衡岳寺　襄州大興國寺
牟州巨神山寺　吳州會稽山寺
蘇州虎丘山寺
右此十七州寺起塔出打剎物乃王
庫物造
秦州　瓜州　楊州　益州
亳州　桂州　交州　汝州
番州　蔣州　鄭州
右此十一州隨逐山水州縣寺等清
淨之處起塔出物同前
門下仰惟正覺大慈大悲救護群生
津梁庶品朕歸依三寶重興聖教思
與四海之內一切人民俱發菩提共
修福業使當今見在爰及來世永作
善因同登妙果宜請沙門三十人諳
解法相兼堪宣導者各將侍者二人
并散官各給一人熏陸香一百二十
斤馬五匹分道送舍利往前件諸州
起塔如川陸寺就有山水寺所起塔
依前山舊無寺者於當州內清靜寺
處建立其塔所司造樣送往當州僧
多者三百六十人其次二百四十人
其次一百二十人若僧少者盡見僧
為朕皇后太子廣諸王子孫等及內
外官人一切民庶幽顯生靈各七日
行道并懺悔起行道日打剎莫問同
州異州任人布施錢限至十文已下
不得過十文所施之錢以供營塔若
少不充役丁及用庫物率土諸州僧
尼並為舍利設齋限十月十五日午
時同下入石函揔管刺史以下縣尉
以上自非軍機停常務七日專檢校
行道及打剎等事務盡誠敬副朕意
焉主者施行
仁壽元年六月十三日內史令豫章
王臣暕宣
舍利感應記二十卷
隨著作王邵　撰
皇帝昔在龍潛有婆羅門沙門來詣
宅上出舍利一裹曰檀越好心故留

與供養沙門旣去求之不知所在其後皇帝與沙門曇遷各置舍利於掌而數之或少或多並不能定曇遷曰曾聞婆羅門說法身過於數量非世間所測於是始作七寶箱以置之神尼智仙言曰佛法將滅一切神明今巳西去兒當為普天慈父重興佛法一切神明還來其後周氏果滅佛法隨室受命乃興復之皇帝每以神尼為言云我興由佛故於天下舍利塔內各作神尼之像焉

皇帝皇后於京師法界尼寺造連基浮圖以報舊願其下安置舍利開皇十五年季秋之夜有神光自基而上右繞露盤赫若冶鑪之燄其一旬內四度如之皇帝以仁壽元年六月十三日御仁壽宮之仁壽殿本降生之日也歲歲於此日深心永念修營福善追報父母之恩故延諸大德沙門與論至道將於海內諸州選高爽清靜三十處各起舍利塔

皇帝於是親以七寶箱奉三十舍利自內而出置於御座之案與諸沙門燒香禮拜願弟子常以正法護持三寶救度一切衆生乃取金瓶瑠璃各三十以瑠璃盛金瓶置舍利於其內熏陸香為泥塗其蓋而印之三十州同剋十月十五日正午入於銅函石函一時起塔諸沙門等各以舍利奉送諸州一切道俗各盡境內嚴持香華寶幢音樂埽灑道路盡誠竭力奉迎舍利不可具陳各感靈瑞備如廣傳今略寫十餘以示後人皇帝夵日共皇后太子宮內妃嬪精誠用心竭力懺悔普為含識共結善緣皇帝見一異僧被褐色覆膊以語左右曰勿驚動他置之尒去巳重數之果不須現舍利之將行也皇帝曰今佛法重興必有感應其後處處表奏皆如所言

皇帝當此十月之內每因食次於齒下得舍利皇后亦然以銀盤盛水浮其一出示百官須臾忽見有兩粒右旋相著二貴人及晉王昭豫章王暕蒙賜硯勑令審視之各於硯內得舍利一未過二旬宮內凡得十九多放光明自是遠近道俗所有舍利率奉獻焉皇帝曰何必皆是眞身諸沙門相與推試之果有十三玉粟其眞舍利鐵窜而無損雍州城西盩厔縣南仙游寺立塔之日天降陰雪晦嶺重厚舍利將下昏雲忽散日光朗照道俗歎畢雲合如舊

岐州鳳泉寺立塔感得文石如玉為函又現雙樹鳥獸靈祥基石變如水精

涇州大興國寺立塔三處各送舊石非世所有合用為函恰然相可

秦州靜念寺立塔定基巳瑞雲再覆雪下草木開華入函光照聲贊

華州思覺寺立塔初陰雪將欲下舍利日光晃朗五色氣光高十丈照覆塔上屬天降寶華

同州大興國寺立塔值雨無壅障處及舍利入函忽然雲啓馳散日光照曜復有神光重繞於日至十二月內夜光照五十里

蒲州栖巖寺立塔地震山吼鍾鼓大聲又放光五道至二百里皆見

并州無量壽寺立塔初晝昏雲重將
下舍利入函天晴日照復放神光五
色天神現形莫知多少
定州北岳寺立塔之日有異老公來
施布負土畢已失之舊此無水忽有
水流前後非一
相州大慈寺立塔之日天陰降雪將
下舍利入函日出下後復合天雨竒
華連注極多
鄭州定覺寺立塔之日感得神光如
流星入寺設供二十萬人食不盡
嵩州閑居寺立塔感得白兎來至輿
前初陰雪將下日朗入已復合
亳州開寂寺立塔界内無石別覓三
石合而成函基至盤石二浪井夾之
汝州興世寺立塔初陰雲雪將下天
晴入函畢已陰雲還合
秦州岱岳寺立塔夜振鼓聲三重門
自開有騎從廟出迎光瑞非一
青州勝福寺起塔掘基遇自然磐石
函將入塔有光瑞現
牟州巨神山寺立塔獲紫芝二莖陰
雲將下日開閉訖還合

隨州智門寺立塔掘基得神龜甘露
降黑蠢繞龜有符文
襄州大興國寺立塔初天陰將下日
朗入函雲合
楊州西寺立塔久旱舍利入境夜雨
普洽
蔣州栖霞寺立塔隣人先夢佛從西
北來入寺及至如夢
吴州大禹寺立塔舍利汎度五江風
波皆不起又放神光獲得紫芝
蘇州虎丘山寺立塔掘基得一舍利
空中天樂人皆聞之井吼三日舍利
方至
衡州岳寺立塔四遇逆風四乞順水
峯上白雲闊二丈直至基所三匝乃
去
桂州緣化寺立塔未至十里鳥有千
許夾輿行飛入城乃散
番州靈鷲寺立塔坑内有神仙現騰
雲氣像
益州法聚寺立塔初陰晦冥將下日
朗奄已便陰
廓州法講寺立塔初行郊西尒夜廓
州光瑞高數丈從東來入地内外皆
見
洧州官人王威送流人九十道逢舍
利善心共發放之為期其因放千里
一期無一逃者
隨州人於湏水作魚獄三百古來傳
業既見舍利悉決放之永斷兹惡餘
州亦效矣

慶舍利感應表并荅

隨安德王雄百官等

臣雄等言臣聞大覺圓備理照空有
至聖虚凝義無生滅故雖形分聚萘
尚貯金㸑體散吹塵猶興寶刹自釋
提請灰之後育王建塔以來未有分
布舍利紹隆勝業伏惟皇帝積因曠
刧宿證菩提降迹人王護持世界往
者道消在運仁祠廢毁慈燈滅影智
海絶流皇祚既興法鼓方振區宇之
内咸為淨土生靈之類皆覆梵雲去
夏六月爰發詔旨延請沙門奉送舍
利於三十州以十月十五日同時起
塔而蒲州栖巖寺規摸置塔之所於
虵山上乃有鍾鼓之聲舍利在講堂

内其夜前浮圖之上發大光明爰及堂裏流照滿室將置舍利於銅函又有光若香鑪乘空而上至浮圖實瓶復起紫燄或散或聚皆成蓮華又有光明於浮圖上狀如佛像華趺宛具停住久之稍乃消隱又有光明繞浮圖寶瓶蒲州城内仁壽寺僧等遙望山頂如樓闕山峯澗谷昭然顯見照州城東南一隅良久不滅其栖巖寺者即是太祖武元皇之所建造又華州置塔之處于時雲霧大重忽即開朗正當塔上有五色相輪舍利下訖還起雲霧皇帝皇后又得舍利流輝散彩或出或沈自非至德精誠道合靈聖豈能神功妙相致此奇特臣等命偶昌年既覩太平之世生逢善業方出塵勞之境不勝抃躍謹奉表陳賀以聞

門下仰惟正覺覆護群品濟生靈於苦海救愚迷於火宅朕所以至心迴向結念歸依思與率土臣民爰及幽顯同崇勝業共為善因故分布舍利營建神塔而大聖慈愍頻示光相宮殿之内舍利降靈莫測來由自然變現歡喜頂戴得未曾有斯實群生多幸延此嘉福豈朕微誠所能致感覽王公等表悚歎彌深朕與王公等及一切民庶宜更加尅勵興隆三寶今舍利真形猶有五十所司可依前式分送海内庶三塗六道俱免蓋纏稟識含靈同登妙果主者施行

高麗百濟新羅三國使者將還各請一舍利於本國起塔供養詔並許之詔於京師大興善寺起塔先置舍利於尚書都堂十二月二日旦發焉是時天色澂明氣和風靜寶輿幡幢香華音樂種種供養彌徧街衢道俗仕庶不知幾千萬億服章行位從容有敘上柱國司空公安德王雄以下皆步從至寺設無遮大會而禮懺焉有青雀狎於衆内或抽佩刀擲以布施當人藂而下都無所傷

仁壽二年正月二十三日復分布五十三州建立靈塔令總管刺史已下縣尉以上廢常務七日請僧行道教化打刹施錢十文一如前式期用四月八日午時合國化内同下舍利封入石函所感瑞應者別録如左

常州(無雲雨下天降瑞華徧城如此)　泉州　循州　營州(三放白光感得古石解作函)　洪州(白頭烏引路無窮)　杭州(掘基有白石窟容入石函)　涼州　德州(感得大禽旋塔人皆不識)　滄州　觀州(塔上五色雲現從午至暮)　瀛州(基内有紫芝現)　冀州(有患晉人及聾皆差)　幽州(函如水鏡放光象像)　徐州(函現仙人聖僧等相)　莒州(三現神光基得古塔患瘂能言)　齊州　萊州　楚州(野鹿來聽鳳翔塔上)　江州(地出銅像)　潭州(舍利至江神鳥千迎)　毛州(天雨金銀華)　貝州　宋州(井苦變甘放光天雨瑞華如雪)　趙州(放赤光瑞像無量)　濟州(二放神光香氣鐘響出於雲際)　兗州　壽州　信州　荊州(雲蓋塔上雨華不下)　蘭州(基下得石像又得二銅像)　梁州　利州(放光如日月)　潞州(靈泉自涌病遇得差)　黎州(地下瓦文十秋舉動)　慈州(雲蓋如飛仙靈泉涌出病得愈)　魏州(數放光明天雨寶華人人得之)　沈州　汴州(異香放光見像悉差)　許州(去州九十放光照見覆巻甘井涌現)　豫州(五色光現文字五色)　潁州　曹州(光變最繁)　安州(感香一夕放光雲蓋奧集)　晉州(三度放五色光明)　懷州(雉兔自來馴附放光異迹)　陝州(前後十一度現光靈瑞)　洛州(香氣如風數放光明)　鄧州(函作文現)　秦州(重得舍利函變馬瑙)　衛州(光照於外)　洺州(僧先患聾不行聞迎十里得差)　鄭州(放光幡内向明)　杞州(放光五色)

右總五十三州四十州已來皆有靈瑞不可備列具存大傳

法苑珠林卷第四十

法苑珠林卷第四十

校勘記

一　底本，金藏廣勝寺本。

一　八三九頁中一行經名，徑作「法苑珠林卷第五十三」。卷末經名同。

一　八三九頁中三行夾註「此有五部」，徑無。

一　八三九頁中四行至五行「述意部……感福部」，徑無。

一　八三九頁中六行「第一」，徑無。以下部目下序數例同。

一　八三九頁中九行第五字「畢」，資、磧、普、南、徑、清作「終」。

一　八三九頁中一〇行「亦逐」，南、徑、清作「亦遂」。

一　八三九頁下二行「身骨」，資、磧、普、南、徑、清作「骨身」。

一　八四〇頁上一六行「無陿」，資、磧、普、南、徑、清作「無狹」。

一　八四〇頁上二一行「常降雹雨」，資、磧、普、南、徑、清作「恒降雨雹」。

一　八四〇頁中一〇行第一二字「[illegible]」，資、磧、普、南、徑、清作「變」。

一　八四〇頁中一八行小字「猶在」，資、磧、普、南、徑、清作「猶現」。

一　八四〇頁下一六行第一二字「餘」，南、徑、清作「惟」。

一　八四〇頁下一八行第五字「各」，資、磧、普、南、徑、清作「大」。

一　八四一頁上一行「精塔」，資、磧、普、南、徑、清無。

一　八四一頁上七行末字「著」，資、磧、南作「者」。

一　八四一頁上一三行「毾㲪」，諸本（不含石，下同）作「罽[illegible]」。

一　八四一頁上一九行「右佛牙」，諸本作「佛右牙」。又「盆骨」，資、磧、普、南、徑、清作「甕骨」。

一　八四一頁上二一行第七字「八」，普無。

一　八四一頁中三行第七字「炭」，麗作「灰」。一三行第一一字、一五行第四字同。

一　八四一頁中四行「起塔」，資、磧、普、南、徑、清作「起塔舍利即於國中起塔」。

一　八四一頁中五行「二分還國」，資、磧、普、南、徑、清作「二分舍利還歸」。又「聚落第三分」，資、磧、普、南、徑、清作「聚落拘樓羅得第三分舍利」；麗作「聚落得第三分」。

一　八四一頁中七行「毗嵬」，資、磧、普、南、徑、清作「毗挑」。

一　八四一頁中一六行「阿恕伽」，資、磧、南、徑、清作「阿怒伽」。

一　八四一頁中一七行「殑伽」，資、磧、南、徑、清作「洹」；普作「恒」。

一　八四一頁中二二行第七字「憒」，資、磧、普、南、徑、清作「遺」。

一　八四一頁下一行「龍王」，資、磧、普、南、徑、清作「答言龍王」。

一　八四一頁下三行「量者」，諸本作「重者」。

一　八四一頁下一二行第七字「賜」，

普、南、徑、清作「偈」。

一八四二頁中一行第三字「一」，資、磧、普、南、徑、清作「於」。又末字「重」，資、磧、普、南、徑、清作「興」。

一八四二頁中三行末字「蹤」，資、磧、普、南、徑、清作「徵」。

一八四二頁中七行第三字「繫」，諸本作「擊」。又「德顒」，資、磧、南作「頗窮」；普、徑、清作「叵窮」。

一八四二頁中八行夾註右「略列一十六十六代」，徑、清作「略引一十六驗」。又末字「隨」，諸本作「隋」。

一八四二頁中八行與九行之間，徑、清有一簡目「漢僧道角法　魏外國沙門金盤貯舍利五色騰焰　吳康僧會祈舍利　孫皓毀法舍利揚彩　晉竺長舒以舍利投水中五色光現　晉董汪家木像舍利發光　晉廣陵舍利放光　晉北僧法開建寺求舍利　晉孟景建寺獲舍利三顆　晉義熙有一舍利自分爲三　宋賈道子於芙蓉內得一舍利　宋安千載家奉佛得舍利　宋張須元家於像前華上得舍利數十顆　宋劉凝之額下得舍利二枚　宋徐椿讀經得二舍利」。

一八四二頁中一〇行第一二字「桷」，資、磧、普、南、麗作「捔」；徑、清作「角」。

一八四二頁中一一行「消爐」，資、磧、普、南、徑、清作「消盡」。

一八四二頁中一二行「自感」，麗作「自憾」。

一八四二頁中二二行「成水」，資、磧、普、南、徑、清作「盛水」。

一八四二頁下二行末字「云」，資、磧、普、南、徑、清作「矣」。

一八四二頁下七行「神迹」，資、磧、普、南、徑、清作「佛神迹」。

一八四二頁下一九行「有信」，資、磧、普、南、徑、清作「有臣」。

一八四二頁下二二行「即蕒給假」，資、磧、普、南、徑、清作「既給假」。

一八四三頁上五行第一〇字「擊」，資、磧、普、南、徑、清作「設」。

一八四三頁上七行第七字「抵」，麗作「祇」。

一八四三頁上九行「如故」，資、磧、普、南、徑、清作「如固」。又「請水」，諸本作「清水」。

一八四三頁上一四行第七字「微」，諸本作「徵」。

一八四三頁上二〇行第二字「常」，資、磧、普、南、徑、清作「恒」。下至二一行第六字同。

一八四三頁上二二行「常爲建寺塔」，資、磧、普、南、徑、清作「恒建寺塔」。

一八四三頁中一〇行末字「云」，資、磧、普、南、徑、清作「也」。

一八四三頁下四行第一二字「而」，資、磧、普、南、徑、清作「雖」。

一八四三頁下五行「褻慢」，資、磧、普、南、徑、清作「汙漫」。

一八四三頁下八行第六字「癘」，資、磧、普、南、徑、清作「癩」。

一 八四三頁下一二行第二字「材」，徑、清作「財」。

一 八四四頁上一行第四字「失」，資、磧、普、南、徑、清無。

一 八四四頁上二行「屬天」，資、磧、南、徑、清作「屬」；普作「相屬」。

一 八四四頁上四行「南郡劉凝之」，普作「劉凝之南郡人」。

一 八四四頁上八行第一〇字「剖」，資、磧、南、徑、清作「割」；普作「剥」。

一 八四四頁上二〇行第一三字「隨」，諸本作「隋」。以下有關朝代之「隨」字同。

一 八四四頁上二二行「云云」，資、磧、普、南、徑、清作「也」。

一 八四四頁上末行夾註右「起答」，諸本作「起塔」。

一 八四四頁中四行「秦州」，諸本作「泰州」。

一 八四四頁中五行「常岳寺」，資、磧、普、南、徑、清作「恒岳寺」。又「嵩岳寺」，徑、清作「閑居寺」。

一 八四四頁中八行「會稽山寺」，徑、清作「大禹寺」。

一 八四四頁中一〇行「乃王」，諸本作「及正」。

一 八四四頁中一六行末字「前」，資、磧、南、徑、清作「前也」。

一 八四四頁下二行「如川陸寺」，資、磧、普、南、徑、清作「其末汪寺」。

一 八四四頁下三行「當州」，資、磧、普、南、徑、清作「本州」，次行同。又「清靜寺」，磧、普、南、徑、清作「清淨寺」。

一 八四四頁下六行第一三字「見」，資、磧、普、南、徑、清作「見在」。

一 八四四頁下七行第七字「廣」，資、磧、普、南、徑、清無。

一 八四四頁下二一行「隨著作」，資、磧、普、南、徑、清作「隋著作郎」；麗作「隋著作」。

一 八四四頁下二二行「龍潜」，資、磧、普、南、徑、清作「潜龍」。

一 八四五頁上二二行第一〇字「奉」，資、磧、普、南、徑作「捧」。

一 八四五頁中二行「瑠璃」，資、磧、普、南、徑、清作「瑠璃瓶」。三行同。

一 八四五頁中五行第二字「剋」，資、磧、普、南、徑、清作「刻」。

一 八四五頁中二二行第三字「硯」，資、磧、普、南、徑、清作「蜆」。第一一字同。

一 八四五頁下三行第三字「推」，資、磧、普、南、徑、清作「椎」。

一 八四五頁下八行至次頁下八行「岐州……效矣」，徑、清編排順序不盡相同，除個別影響内容者外，一般不出校。

一 八四五頁下一四行末字「贊」下，徑有夾註「此下瓜州文缺」。

一 八四五頁下一六行「高十丈」，諸本作「高數十丈」。

一 八四五頁下一九行「雲啓」，普作「雲起」。

一　八四六頁上三行首字「色」，普、徑、清作「道」。

一　八四六頁上四行「北岳寺」，資、磧、普、南、徑、清作「恒岳寺」。又第一〇字「有」，資、磧、普、南、徑、清作「有見」。

一　八四六頁上一一行「三十萬」，資、磧、普、南、徑、清作「二千萬」。

一　八四六頁上一八行「秦州」，諸本作「泰州」。

一　八四六頁上末行首字「雪」，麗作「雲」。

一　八四六頁中一行至二行「隨州……符文」，徑、清置於本頁下二行與三行之間，且於「符文」下，有夾註「此下非二十八州數」。

一　八四六頁中九行「吴州」，徑、清作「吴州會稽山」。

一　八四六頁中一四行「岳寺」，普、徑、清、麗作「衡岳寺」。

一　八四六頁中一七行末字「千」，普作「十千」。

一　八四六頁中一八行末字「散」下，徑、清有夾註「此下交州文缺」。

一　八四六頁下三行「洧州」，資、磧、普、南、徑、清作「隨州」。

一　八四六頁下四行第一二字「放」，諸本作「被放」。

一　八四六頁下一六行「人王」，徑、清作「人皇」。

一　八四七頁上一七行第一二字「表」，資、磧、普、南、徑、清作「拜表」。

一　八四七頁上一八行「以聞」，資、磧、普、南、徑、清作「以聞謹奏勑答」。

一　八四七頁上二一行第一三字「及」，資、磧、普、南、徑、清作「乃」。

一　八四七頁中一三行「瀲明」，資、磧、普、南、徑、清作「澄明」。

一　八四七頁中一五行「仕庶」，資、磧、普、南、徑、清作「士女」；麗作「士庶」。

一　八四七頁中一九行首字「施」，資、磧、普、南、徑、清作「於」。

一　八四七頁下三行「常州」，資、磧、普、南、徑、清作「恒州」。此後各州州目編列順序，普不盡相同，不出校。

一　八四七頁下五行「德州」下夾註右「大禽」，資、磧、普、南、徑、清作「大鳥」。

一　八四七頁下九行「宋州」下夾註右「放光」，資、磧、普、南、徑、清作「旋光」。

一　八四七頁下一二行「利州」下夾註左「日月」，資、磧、普、南、徑、清作「月明」。又「黎州」下夾註左「瓦文」，資、磧、普、南、徑、清作「凡聞」。

一　八四七頁下一三行「慈州」下夾註右「雲蓋」，資、磧、普、南、徑、清作「靈蓋」。又左第三字「出」，資、磧、普、南、徑、清無。

一　八四七頁下一四行「許州」上，資、磧、南、徑、清有「梓州」及夾註「放光五色」。又「許州」下夾註右「光

照」，資、磧、普、南、徑、清作「光明」。

一　八四七頁下一五行「豫州」下夾註左「文字五色」，資、磧、普、南、徑、清作「文字金色」。又「曹州」上，普有「梓州」及夾註「放光五色」。

一　八四七頁下一六行夾註左「臾集」，諸本作「兼集」，又「曾州」下夾註右「三度」，資作「二度」。

一　八四七頁下一七行「鄧州」下夾註「玉文」，南、徑、清作「五文」。

一　八四七頁下一八行「洺州」，普、徑、清作「洛州」；麗作「沼州」。

一　八四七頁下一九行「鄭州」下夾註右「光幡」，資、磧、普、南、徑、清作「光播」。又「杞州」，資、磧、普、南、徑、清作「祀州」。

法苑珠林卷第四十一　　二十紙　四

西明寺沙門釋道世撰

供養篇第三十八

受請篇第三十九

供養篇此有二部

述意部第一

夫三寶平等曠若虛空理無怨親事絕貴賤是以隨力虔誠普供內外務存遺相莫興普徧故昔毗舍佉母別請羅漢五百如來譏訶顯說平等故知心無限極則徧及十方財無多少則心周法界也

引證部第二

如地持論云菩薩供養如來略說十種一身供養二支提供養三現前供養四不現前供養五自作供養六他作供養七財物供養八勝供養九不染汙供養十至處道供養若菩薩於佛色身而設供養是名身供養若菩薩為如來故若供養偷婆若窟若舍若故若新是名支提供養若菩薩面見佛身及支提而設供養是名現前

供養若菩薩於如來及支提希望心俱歡喜心俱現前供養如一如來三世亦然及現前供養如來支提三世十方無量世界若新若故是名菩薩共現前供養

若菩薩於不現前如來及支提及以涅槃後以佛舍利起偷婆若一若二乃至億百千萬隨力所能是名廣不現前供養以是因緣得無量大果常攝梵福於無量大劫不墮惡趣無上菩提衆具滿足若菩薩現前供養得大功德不現前供養得大功德共現前不現前供養得最大大功德

若菩薩於如來及支提手自供養不依懈憒令他施作是名菩薩自作供養

若菩薩於如來及支提不獨供養普令親屬在家出家悉共供養是名自他共供養若菩薩有少許物以慈悲心施彼貧苦薄福衆生令供養如來及支提令得安樂而不自為是名他作供養自作供養者得大果報他作供養者得大大果報自作他作供養

者得最大果報
若菩薩於如來及支提以衣食雜寶種種供養者是名財物供養
若菩薩久來以財物供養若多若少現前不現前自作他作淳淨信心而作供養以是善根迴向無上菩提是名勝供養
若菩薩自手供養如來及支提不輕他人不放逸不懈息至心恭敬不染汙心不於信心勝人所現諂曲求財亦不以諸不淨物等供養是名無染供養
若菩薩殊勝不染財物供養如來及支提若自力得若從他求若如意得財若化作身若二若三乃至百千萬億身悉禮如來彼一一身化作百手手彼一一手以種種華香供養如來及支提彼一切身悉讚歎如來眞實功德饒益衆生如是等名爲如意自在力供養不待如來出現于世何以故住不退轉地菩薩於一切佛剎未曾障礙故
若菩薩不自力得財亦不從他求而爲供養然於他衆生乃至十方無量世界上中下心所作供養菩薩於彼一切供養以淨信心勝妙解心周徧隨喜是菩薩以少方便興大供養攝大菩提乃至於犛牛湏於一切衆生修四無量心等是名至處道供養如來第一最上比前財物供養百倍千倍乃至筭數譬諭不得爲比
如是十事名菩薩一切種供養如來法僧亦尒當知於此三寶作十種供養菩薩於如來所起六種淨心謂福田無上心恩德無上心於一切衆生無上心如優曇鉢華難遇心於三千大千世界獨一心於世間出世間法一切具足依義心以此六心少想供養如法僧獲無量功德何況多
又瑜伽論云何菩薩於如來所供養如來當知供養略有十種一設利羅供養二制多供養三現前供養四不現前供養五自作供養六教他供養七財敬供養八廣大供養九無染供養十正行供養 釋文大同
又優婆塞戒經云佛言善男子在家菩薩若欲受持優婆塞戒先當次第供養六方言東方者即是父母若有人能供養父母衣服飲食卧具湯藥房舍財寶恭敬禮拜讚歎尊重是人則能供養東方父母是父母還以五事報之一至心愛念二終不欺誑三捨財與之四爲娉上族五教以世事
南方者即是師長若有人能供養師長衣服飲食卧具湯藥尊重讚歎恭敬禮拜早起晚卧受行善教是人則能供養南方師長是師復以五事報之一速教不令失時二盡教不令不盡三勝己不生嫉妒四將付嚴師善友五臨終捨財與之
西方者即是妻子若有人能供給妻子衣服飲食卧具湯藥瓔珞服飾嚴身之具是人則能供養西方妻子是妻子復以十四事報之一所作盡心營之二常作終不懈慢三所作必令終竟四疾作不令失時五常爲贍視賓客六淨其房舍卧具七愛敬言則柔輭八僮使輭言教詔九善能守護財物十晨起夜寐十一能設淨食十

二能忍教誨十三能覆惡事十四能瞻病苦

北方者即是善知識若有人能供施善友任力與之恭敬柔言禮拜讚歎是人則能供養北方善知識是善知識復以四事而還報之一教修善法二令離惡法三有恐怖時能為救解四放逸之時能令除捨

下方者即是奴婢若有人能供給奴婢衣食病瘦醫藥不罵不打是人則能供給下方奴婢是奴婢復以十事報之一不作罪過二不待教作三作必令竟四疾作不令失時五主雖貧窮終不捨離六早起七守物八少恩多報九至心敬念十善覆惡事

上方者即是沙門婆羅門等若有供養上方沙門婆羅門衣服飲食房舍臥具病瘦醫藥怖時能救飢饉世施食聞惡能遮禮拜恭敬尊重讚歎是人則能供養上方沙門等是出家人復以五事報之一能令生信二教修智慧三教令行施四教令持戒五教令多聞若有供養是六方者是人

則能增長財命能得受持優婆塞戒

又智度論云諸佛恭敬法故供養於法以法為師何以故三世諸佛皆以諸法實相為師問曰如佛不求福德何故供養答曰佛從無量劫中修諸功德常行諸善不但求報敬功德故而作供養如佛在世時阿那律未得天眼前盲無所見而以手縫衣時針絍脫便言誰愛福德為我絍針是時佛到其所語比丘言我是愛福德人為汝絍來是比丘識佛聲疾起著衣禮佛足白佛言佛功德已滿云何言愛福德佛報言我雖功德已滿我深知功德恩報力故令我於一切衆生中得最第一由此功德又為欲教化弟子故語之言我尚作功德汝云何不作如伎家百歲老翁而儛有人訶之言老翁年已百歲何用是儛老翁答曰我不須儛但欲教子孫故耳佛亦如是功德雖滿為教弟子作功德故而作供養故佛乳母大愛道亾四天王轝牀送佛在前擎香鑪燒香供養為報恩故雖不求果而行等供養

唯佛應供養佛餘人不知佛德如說偈言

智人能敬智　智論則智喜
智人能知智　如蛇知蛇足

又頻毗娑羅王詣佛供養經云尒時摩竭國頻毗（此云顔色）娑羅（此云端正）往詣佛所白世尊我典此國界所有資財能有所辦欲盡形壽供養如來及比丘衆衣被飲食牀榻臥具病瘦醫藥亦當勸率臣民使得蒙度得離三塗永處安隱佛受請已便說偈言

祠火最為首　詩頌亦為首
王為人中首　衆流海為首
衆星月為首　光明日為首
上下及四方　諸所生品物
天上及世間　佛最無有上
欲求種德者　當求於三佛

又雜寶藏經云佛告諸比丘言有八種人應決定施不復生疑一父二母三佛四弟子五遠來之人六遠去之人七病人八看病者

又智度論云諸菩薩無量無盡功德成就以一食供養十方諸佛及僧皆

悉充足而亦不盡譬如涌泉出而不
竭如文殊師利以一鉢歡喜丸供養
八萬四千僧皆悉充足而亦不盡復
次菩薩於此以一鉢食供養十方諸
佛而十方佛前飲食之具具足而出
譬如鬼神得人一口之食而千萬倍
出
又舊雜譬喻經云昔有梵志年百二
十少小不妻娶無婬泆之情處在深
山無人之處以茅爲廬蓬蒿爲席以
水果爲食不積財寶國王聘之不往
起意靜處無爲於山數年與禽獸相
娛絶於人路山有四獸一名狐二名
獼猴三名獺四名兎此之四獸日於
道人所聽經說戒如是積久食諸果
菰皆悉訖盡後道人意欲徙去四
獸大愁憂情不樂共相議言我曹各
行求索供養道人獼猴去至他山得
甘果來以上道人願止莫去野狐行
化作人求得一囊飯麨來以上道人
可給一月粮願止莫去水獺亦復入
水取得大魚以上道人給一月粮願
止莫去兎自思念我當用何等供養
道人即念當持身供養便取樵以燃
火作炭往白道人言今我爲兎請入
火中作炙以身奉上道人可給一日
粮便自投火中火爲不然道人見兎
感其仁義哀愍傷之則自止留佛言
尒時梵志者今提和竭佛是尒時兎
者今我身是尒時獼猴者今舍利弗
是尒時野狐者今阿難是尒時水獺
者今目連是也
又僧祇律云佛住梨耆闍河邊時世
尊鉢比丘鉢共在露處時有獼猴行
見樹中有無蜂熟蜜來取世尊鉢諸
比丘遮佛言莫遮此無惡意便持鉢
取蜜奉獻世尊不受須待水淨獼猴
不解佛意謂呼有蟲轉看見鉢邊有
流蜜乃到水邊洗鉢水濺鉢中持還
奉佛佛即受取佛受已獼猴大歡
喜却行而僻墮坑命終即生三十
三天時諸比丘即說偈言
十力世雄在榛林　佛鉢僧鉢在露處
野獸殖德有情智　見好成熟無蜂蜜
直前往取世尊鉢　比丘欲遮佛不聽
得鉢盛蜜來獻佛　如來慈愍爲受之
心悅歡喜却行僻　脚跌墮岸而命終
即生三十三天上　下生出家成羅漢
又文殊師利問經云菩薩爲供養佛
法僧及父母兄弟得畜財物爲起寺
舍造像爲布施若有此因緣得受金
銀財物無有罪過
頌曰
眇眇長津　遙遙遐轡　煩籠幽閉
難成出離　自非鷹上　乘何高位
供養三寶　果超十地
受請篇第三十九此有九部
述意部　請僧部　聖僧部
施食部　食時部　食法部
食訖部　呪願部　施福部
述意部第一
夫供會之法以不限爲本無適無莫
乃應檀心故冥懷遣相與空際而爲
極任時隨緣共法界而等量因既不
窮則果亦無盡也且俗儉財貧限物
爲施物既有限心亦拘執或計人以
擬供或選德而後請有涯之福未捨
無邊之報未霑夫愚法施者雖物周
而施寡善權惠者使物寡而施周是

以外國設齋平廣無遮運心十方該羅法界也

請僧部第二

如賢愚經云時佛姨母摩訶波闍波提佛已出家手自紡織預作一端金色之氎（織成大衣）奉上如來佛令持此往奉衆僧姨母恩念規心俟佛唯願垂愍爲我受之佛知母專心欲用施我然恩愛之心福不弘廣若施衆僧獲報彌多我知此事是以相勸若有檀越於十六種具足別請雖獲福報亦未爲多何謂十六比丘比丘尼各有八輩不如漫請四人所得功德福多於彼十六分中未及其一將來末世法垂盡時正使比丘畜妻挾子四人已上名字衆僧應當敬視如舍利弗目揵連等時波闍波提心乃開解即以其衣奉施衆僧僧中次行無欲取者到彌勒前尋爲受之尒時彌勒問衆僧言若有檀越請一持戒清淨沙門就舍供養所得盈利何如有人得十萬錢時憍陳如尋即說言假使有人得百車珍寶計其福利不如請一淨戒沙門就舍供養得利弘多舍利弗言假令有人得一閻浮提滿中珍寶猶不如請一淨戒者就舍供養獲利彌多目揵連言正使有人得二天下滿中七寶猶不如請一清淨沙門就舍供養得利彌多其餘比丘如是各各引於方喻比格其利皆悉多彼時阿那律復自說言正令得滿四天下寶其利猶復不如請一清淨沙門詣舍供養得利殊倍所以然者我是其證自念過去世毗婆尸佛般涅槃後法滅盡時有一長者名阿淚吒家貧焦煎復值歲儉人飢食穀不繼日往取薪賣糶稗子共家婦兒以自供活見一辟支佛乞食不得請到其家分稗子糜躬自持施辟支語言汝亦飢渴當共分噉阿淚吒言我曹俗人食無時節尊日一食但願爲受即受食訖感其至心令發大願時辟支佛還歸所止時阿淚吒即還入澤取薪時見一兔意欲捕取以鎌遙擲即時墮地適欲前取化爲死人上其背上急抱其頭盡力推却不能令却心懷恐怖慞惶苦惱意欲入城共婦解却復恐人見令不聽入留待日暮以衣用覆擔負往舍已到舍內自然墮地變成一聚閻浮檀金光明晃昱并照比舍展轉談之響徹於王王自來看見是死人形漸欲臭即問淚吒汝見是何荅言看實是金即取少許用奉於王王見金色敬之未有問其所由何緣得此由施辟支王聞歎善即更賜與拜爲大臣如是諸尊彼阿淚吒者即我身是我於彼世以少稗糜施辟支佛緣是以來九十一劫生天人中無所乏少

又像法決疑經云若檀越設食召請衆僧遣人防門遮障比丘及諸老病貧窮乞人不聽入會徒喪飲食了無善分

又普廣經云四輩弟子若行齋戒心當存想請十方僧不擇善惡持戒毀戒高下之行到諸塔寺請僧之時僧次供養無別異想其福最多無量無邊若值羅漢四道果人及大心者緣此功德受福無窮一聞說法可得至

道無上涅槃
又十誦律云鹿子母別請五百羅漢佛言無智不善若於僧中次請一人者得大功德果報利益勝別請五百羅漢一切遠近無不悉聞又請僧福田經及仁王經種種訶責不許別請若別請者是外道法非七佛法
又梵網經云若有檀越來請衆僧客僧有利養分僧房主應次第差客僧受請而先住僧獨受請而不差客僧房主得無量罪畜生無異非沙門非釋種姓犯輕垢罪
若佛子一切不得受別請利養入已而此利養屬十方僧而別受請即取十方僧物入已用者犯輕垢罪
若有出家在家一切檀越請僧福田求願之時應入僧房問知事人今欲次第請者即得十方賢聖僧而世人別請五百羅漢菩薩僧不如僧次一凡夫僧若別請僧者是外道法七佛無別請法不順孝道若故別請僧者犯輕垢罪
又智度論云如有一富貴長者信樂衆僧白僧執事我次第請僧於舍會日日次請乃至沙彌執事不聽沙彌受請諸沙彌言以何意故不聽沙彌答言以檀越不喜請年少故便說偈言

鬚髮白如雪　齒落皮肉皺
僂步形體羸　樂請如是事

諸沙彌等皆是大阿羅漢如打師子頭欻然從座起而說偈言

檀越無智人　見形不取德
捨是耆年相　但取老瘦黑

上尊耆年之相者如佛說偈云

所謂長老相　不必以年耆
形瘦鬚髮白　空老內無德
能捨罪福果　精進行梵行
已離一切法　是名為長老

是時沙彌復作是念我等不應坐觀檀越量僧好惡即說偈言

讚歎訶罵中　我等心雖一
是人毀佛法　不應不教誨
當疾到其舍　以法教語之
我等不度者　是則為棄物

即時諸沙彌自變其身皆成老年

鬚髮白如雪　秀眉垂覆眼
皮皺如波浪　其脊曲如弓
兩手負杖行　次第而受請
舉身皆振掉　行止不自安
譬如白楊樹　隨風而動搖
檀越見此輩　歡喜迎入坐

坐已須臾頃還復年少形檀越驚怖言

如是耆老相　還變成少身
如服還年藥　是事何由然

諸沙彌言汝莫生疑平量是事甚可傷愍故現是化汝當深識之聖衆不可量如偈說曰

譬如以蚊觜　猶可測海底
一切天與人　無能量僧者
僧以功德貴　猶尚不分別
而汝以年歲　稱量諸大德
大小生於智　不在於老少
有智勤精進　雖少而是老
懈怠無智慧　雖老而是少

汝今平量僧是則為大失如欲以一指測知大海底為智者之所笑汝不聞佛說四事雖小而不可輕太子雖

小當爲國王是不可輕蛇子雖小毒能殺人亦不可輕小火雖微能燒山野亦不可輕沙彌雖小得聖神通最不可輕檀越聞是事已見是神通力身驚毛豎合手白諸沙彌言諸聖人等我今懺悔我是凡夫心常懷罪今欲請問於佛僧寶中信心清淨何者福勝荅言我等初不見佛僧寶中有增減何以故如佛一時入舍婆提城乞食有婆羅門姓婆羅埵逝佛數數到其家乞食心作是念是沙門何以來數數如負其債佛時說偈言

時雨數數墮　五穀數數成
數數修福業　數數受果報
數數受生法　故受數數死
聖法數數成　誰數數生死

婆羅門聞是偈已大聖具知我心慚愧取鉢入舍盛滿美食以奉上佛佛不受作是言我爲說偈故得此食我不食也婆羅門言是食當與誰佛言我不見天及人能消是食者汝持去置少草地若無蟲水中即如佛敎持食著無蟲水中水即大沸煙火俱出如投大熱鐵婆羅門見已驚怖言未曾有也乃至食中神力如是禮佛懺悔乞出家受戒漸漸斷結得阿羅漢道復有摩訶憍曇彌以金色上下寶衣奉佛佛勸施僧能消能受故知佛寶僧寶福無多少故說偈言

若人愛敬佛　亦當愛敬僧
不當有分別　同皆爲寶故

又法句喻經世尊說偈云

人當念有意　每食自知少
從是痛用薄　節消而保壽

又雜譬喻經云昔者舍衛國有一貧家庭中有蒲萄樹上有數穗念施道人時國王先前請食一月是貧家力勢不如王正縣一月乃得一道人便持施之語道人言念欲施來已經一月今乃得願道人語優婆夷已一月中施優婆夷言我但施一穗蒲萄那得一月施耶道人言但一月中念欲捨施則爲一月也

法苑珠林卷第四十一

大宋咸平元年奉
勑雕
編録通慧大師賜紫沙門臣[illegible]
內品監印經院[illegible]
內侍殿頭高品監印經院[illegible]

法苑珠林卷第四十一

校勘記

一　底本，金藏廣勝寺本。

一　八五三頁中一行經名，徑作「法苑珠林卷第五十四」。

一　八五三頁中二行撰者，資、磧、普作「大唐上都西明寺沙門釋道世字玄惲撰」；南作「唐上都西明寺沙門釋道世字玄惲撰」；徑作「唐上都西明寺沙門釋道世玄惲撰」；清作「唐西明寺沙門釋道世撰」。

一　八五三頁中三行「第三十八」下，資、磧、普、南、清有「此有二部」四字。

一　八五三頁中四行「受請篇第三十九」，徑、清無。

一　八五三頁中五行「供養篇此有二部」，資、磧、普、南、徑、清無。

一　八五三頁中五行與六行之間，清有「述意部　引證部」一行。

一　八五三頁中六行「第一」，徑無。

一　八五三頁中九行「遺相」，麗作「遣相」。

一　八五三頁中一〇行第一一字「說」，資、磧、普、南、徑、清無。

一　八五三頁中一三行「第二」，徑無。

一　八五三頁下一三行第九字「大」，磧、南、徑、清無。

一　八五三頁下一五行「施作」，資、磧、普、南、徑、清作「施住」。

一　八五四頁中五行第九字「須」，資、磧、普、南、徑、清、麗作「頃」。

一　八五四頁中一六行第三字「如」，資、磧、普、南、徑、清作「如來」。

一　八五四頁中二一行第三字「敬」，資、磧、普、南、徑、清無。

一　八五五頁上三行「供施」，麗作「供養」。

一　八五五頁上四行「恭敬」，資、磧、普、南、徑、清作「恭教」。

一　八五五頁上一八行第一三字「世」，資、磧、普、南、徑、清無。

一　八五五頁中二二行第一〇字「香」，資、磧、普、南、徑、清無。

一　八五五頁中末行第一二字「等」，資、磧、普、南、徑、清作「平等」。

一　八五五頁下三行末字「喜」，麗作「善」。

一　八五五頁下九行第六字「榻」，資、磧、南無；普、徑、清作「座」。

一　八五五頁下一二行第二字「大」，清作「天」。

一　八五六頁上九行「妻娶」，麗作「娶妻」。

一　八五六頁上一二行「數年」，資、磧、普、南、徑、清作「數中」。

一　八五六頁中二行第三字「炭」，普、南、徑作「炙」。

一　八五六頁中一六行第三字「乃」，資、磧、普、南、徑、清作「有」。

一　八五六頁下一一行「第三十九」，徑作「第三十九之一」。又「此有九部」，徑無。

一　八五六頁下一二行至一四行「述意部……施福部」，徑無。

一　八五六頁下一五行「第一」，徑無。

一　八五六頁下一八行第二字「任」，資、普作「住」；磧、南作「位」。

一　八五七頁上三行「第二」，徑無。

一　八五七頁上九行第四字「之」，資、磧、普、南、徑、清無。

一　八五七頁上二二行「十萬」，麗作「千萬」。

一　八五七頁中五行「猶不如」，資、磧、普、南、徑、清作「實不如」。

一　八五七頁下三行「已到」，磧、普、南、徑、清作「既到」。

一　八五七頁下二二行「道果」，資、磧、普、南、徑、清作「果道」。

一　八五七頁下末行末字「至」，普、南、徑、清作「正」。

一　八五八頁上一九行第三字「五」，資、磧、普、南、徑、清無。

一　八五九頁上五行「毛豎」，資、磧、普、南、徑、清作「毛竪」。

一　八五九頁中四行「上下」，普、南、徑、清作「止上」。

一　八五九頁中六行「僧寶」，磧、南無。

一　八五九頁中卷末經名，徑無（未換卷）。

法苑珠林卷第四十二　傚

西明寺沙門釋道世撰

受請篇第三十九之二

聖僧部第三

自大覺泥洹法歸衆聖開士應眞導揚末教並飛化衆剎隨緣攝誘感殊則同室天隔應合則異境對顔宋泰始之末正勝寺釋法願正喜寺釋法鏡等始圖畫聖僧列坐標擬迄至唐初亟降靈瑞或足趾顯露半現於拄間或植杖遺跡印陷於平地所以梁帝聞而讚悅敬心翹仰家國休感必於齋供到永明八年帝躬弗悆雞和鶡鷹術而苗枕猶滯乃結心發誓歸命聖僧勅於延昌殿內七日祈請供飯諸佛及衆聖賢齋室嚴峻輕塵不動七日將滿方感靈應乃有天香妙氣洞鼻徹心暎蔽燻鑪無復芳勢又足影屐跡布滿堂中振錫清越響發隔外覩蹤聞香皆肅然竦聳時有徐光顯等十有餘人咸同見聞登共奏啓於是齋坐既畢而御膳康復所以偏朝歸依明驗神應其後徐光顯等道俗數人設齋奉請並有徵瑞聖人通感不可備載

如昔有樹提伽長者造旃檀鉢著絡囊中懸高象牙杙上作是言若沙門婆羅門不以梯杖能得者即與之諸外道知欲現神通無智挫頭而去賓頭盧聞是事問目連言實尒不荅言實尒汝師子吼中第一便往取之其目連懼佛教不肯取賓頭盧即往其舍入禪定便於座上申手取鉢依四分律當時坐於方石縱廣極大逐身飛空得鉢已還去佛聞呵責云何比丘爲外道鉢而於未受戒人前現神通力從今盡形擯汝不得住閻浮提於是賓頭盧如佛教勅往西瞿耶尼教化四衆廣宣佛法閻浮提四部弟子思見賓頭盧白佛佛聽還坐現神足故不聽涅槃勅令爲末世四部衆作福田其亦自誓三天下有請悉赴又阿育王經海意比丘從鑊乘空爲王說偈云

汝身同人身　汝力過人力
應令我知之　爲汝作神力

王發心請四方僧說偈云

有諸阿羅漢　當來攝受我
我請阿羅漢　當悉來此處

故依請賓頭盧經云如天竺優婆塞國王長者若設一切會者常請賓頭盧頗羅墮誓阿羅漢賓頭盧者字也頗羅墮誓者姓也其人爲樹提長者現神足故佛遏之不聽涅槃勅令末法四部衆生作福田請時於靜處燒香禮拜向天竺摩梨山至心稱名言大德賓頭盧頗羅墮誓受佛教勅爲末法人作福田願受我請於此處食若新作屋舍亦應請之願受我請於此舍牀敷上宿若普請衆僧澡浴時亦應請之言受我請於此洗浴及未明前具香湯灰水澡豆楊枝香油調和冷煖如人浴法開戶請入然後閉戶如人浴訖須衆僧乃入凡欲會食澡浴要須一切請僧至心求解脫不疑不昧信心清淨然後可屈近世有一長者聞說賓頭盧大阿羅漢受佛教勅爲末法人作福田即如法施設

大會至心請賓頭盧氍毹下徧敷好華欲以驗之大衆食訖發氍毹華皆萎黃懊惱自責不知過所從來更復精竭審問經師重設大會如前布施華亦復皆萎復更傾竭盡家財產復作大會猶亦如前懊惱自責更請百餘法師求請所失懺謝罪過如向上座一人年老四布悔其愆咎上座告之汝三會請我我皆受請汝自使奴門中見遮以我年老衣服獘壞謂是被擯賴提沙門不肯見前我以汝請欲强入汝奴以杖打我頭破額右角瘡是第二會亦來復不見前我欲强入復打我頭額中瘡是第三會復亦來如前被打頭額左角瘡是汝自爲之何所懊惋言已不現長者乃知是賓頭盧自尒已來諸人設福皆不敢遮門若得賓頭盧來其坐處華即不萎若新立房舍牀褥欲請賓頭盧時皆當香湯灑地然香油燈新牀新褥褥上奮綿敷之以白練覆上初夜如法請之還閉房戶愼勿輕慢竊看皆各至心信其必來精誠感徹無不至

也來則褥上現有臥處浴室亦現用湯水處受大會請時或在上座或在中座或在下座現作隨處僧形人求其異終不可得去後見坐處華不萎乃知之矣

述曰今見齋家多不依法但逐人情安置凡人全不憂佛及聖僧既如前經所說施主先須預埽灑佛堂及安置聖僧坐處洗浴潔身燒上名香懸繒幡蓋散衆雜華手執香鑪盡誠敬仰奉請三寶及以聖僧十方法界一切聖凡亦皆普請受弟子請降屈聖儀來臨住宅合家大小並共虔誠預前七日已來發此重心若是貧家無好香華復無安置之處然須臨時斟酌僧未坐前先上好處安置佛座埽灑如法其次好處安聖僧座敷設輭物新白淨者布綿在上若施主心重有感食訖候看似人坐處即知報身來訃若無相現但化身來若全輕慢報化俱不至其座不得彩畫錦綺綾羅金銀雜飾及散華置上雖是羅漢然共凡僧同受二百五十別解脫戒

所以不受雜綵金銀等物若是諸佛菩薩大乘之人非局出家相者所以得受種種供養安聖僧座及以獻食亦不得越過尺六高處安置尺六巳下如法僧座則得亦不得作塑形聖僧在座安置儻報身自來豈可推却塑像而坐亦不得在寺將常住僧器盛食恐報身來不可觸僧淨器而食若用鉢盂及俗盤器獻者即通化報最爲如法若有聖僧錢還入聖僧用將置鉢盂匙箸銅盞手巾及將買上好盤器皿背上朱書題字記之餘人不敢雜用日別隨家常食每旦及午盛食常獻佛及僧豈非好事更有餘錢買取一胡牀及一油單食訖澡豆淨洗置胡牀上以油帊覆之日別如是表供養三寶心常不絕大得功德若多得錢即如西國寺法及俗人舍空靜上處爲聖僧造房堂隨四時冬夏安物供養若在夏內堂內日別敷好淨席襯身單敷銅盆銅瓶澡豆淨巾若至午前并獻飲食夜中然燈燒香隨心量力如法供養若至冬寒安被

厚帔氈褥炭火湯水燈明隨時供養
縱有餘長聖僧錢財不得將入別僧
乃至常住僧用亦不得入佛法用亦
不得作別聖僧形數見有人索聖僧
錢彩畫佛形及四壁畫聖僧迦葉阿
難等形以賓頭盧羅漢聖人現在不
入涅槃既不得聖僧囑授進止豈得
互用浪將別入若已用者並須倍還不
還得罪故四分律云許此處不得異處
得罪（如似已物他人不問己身餘人輙將作別用豈可得不）上來所
述並依經律聖意錄之不得不行三
寶物重不得互用恐差之毫毛失之
千里誠言不墜省已用之故梁武帝
時漢國大德英儒共請西域三藏纂
集聖僧法用翻出五卷如前所述並
亦同之

施食部第四

如涅槃經云因曠野鬼神爲授不殺
戒已以不食肉故氣力虛弱命欲將
終佛告鬼言我勑聲聞弟子隨有佛
法處悉施汝等食若有住處不能施
者是魔眷屬非我弟子眞聲聞也
然出衆生食時須有分齊若食他施主

食即須依五分律云若與乞兒烏狗
等並應量己分內減施與之不得取
分外施（比見道俗至於齋上施主儉約不與要見先供衆僧將爲福田僧等不量前食多少先自飽食多將施食乞飼烏犬損他施主又自得罪若平分內減將已食任意多少不論限約）又十二頭陀經云若得食時應作
是念見渴乏衆生以一分施之我爲
施主彼爲受者施已作是願言令一
切衆生興福救之莫憧慳貪持至空
靜處減一段著淨石上施諸禽獸亦
如上願正欲食時作是念言身中有
八萬戶蟲蟲得此食皆悉安隱我今
以食施此諸蟲後得道時當以法施
汝是爲不捨衆生
又灌佛形像經云佛告大衆世人多
有發意求所願者布施之日不計多
少趣使充饒事華畢竟殘有餚饌噉
食不盡皆當送與守寺中持法沙門
衆僧自共分之以出物時當望生福不
應各各競分歸與妻子是爲種於石
上根株燋盡終無生時今以布施者
餘福重以施僧是爲施一得萬倍報
又四分律施僧粥得五種利益一除
飢二除渴三消宿食四大小便調適

五眼目精明僧祇律施粥得十種利
益故偈云

持戒清淨人所奉　恭敬隨時以粥施
十利饒益於行者　色力壽樂辭清辯
宿食風除飢渴消　是名爲藥佛所說
欲生人天長壽樂　今當以粥施衆僧

又食施獲五福報經云佛告諸比丘
當知食以節度受而不損佛言人持
飯食施人有五功德令人得道智者
消息意度弘廓則獲五福何等爲
五一曰施命二曰施色三曰施力四
曰施安五曰施辯何謂施命人不得
食時顏色憔悴不可顯示不過七日
奄忽壽終是故智者則爲施食其施
食者則爲施命其施命者世世長壽
生天世間壽命延長不中夭殤自然
福報則富無量是爲施命何謂施色
人不得食時顏色憔悴不可顯示是
故智者則爲施食其施食者則爲施
色其施色者世世端正生天世間顏
色暐曄人見歡喜稽首作禮是爲施
色何謂施力人不得食時身羸意弱所
作不能是故智者則爲施食其施食

者則爲施力其施力者世世多力生
天人間力無等雙出入進止力不耗
減是爲施力何謂施安人不得食時
心愁身危坐起不定不能自安是故
智者則爲施食其施食者則爲施安
其施安者世世安隱生天人間不遇
衆殃其所到處常遇賢良財富無量
不中夭傷是爲施安何謂施辯人不
得食時身羸意弱口不能言是故智
者則爲施食其施食者則爲施辯口
說法利無所質礙慧辯通達生天世
間聞者歡喜靡不稽首聽採法言是
爲五福食之報也
又增一阿含經云施有五事名爲應
時一遠來二遠去三病時四冷熱時
五初得果蓏若得新穀先與持戒精
進人然後自食又施有三法一送食
至寺名上就舍供養名中造舍乞施
發心供養名下
又長阿含經云佛命阿難吾渴欲飲汝
取水來阿難白言向有五百乘車於
上流渡水濁未清可以洗足不中飲
也如是三勑阿難汝取水來阿難白

言今拘孫河去此不遠清冷可飲亦
可澡浴時有鬼神居在雪山篤信佛
道即以鉢盛八種淨水奉上世尊佛
爲愍彼故爲受之
食時部第五
問曰何名食時何名過時答曰依四
分律云謂明相出時始得食粥（明相未出即是非時）乃至日中案此午時爲法即是食
時（依僧祇律云過此午時影一髮一瞬草葉即是非時）四天下准
此皆同故毗羅三昧經世尊爲法惠
菩薩說云食有四種旦天食時午法
食時暮畜生食時夜鬼神食時佛斷
六趣因令同三世佛故日午時是法食
時也過此已後同於下趣非上食時故
曰非時也十誦律云唯天得過中食
無罪
又十誦律云有閻浮比丘至西拘耶
尼用閻浮提時拘耶尼比丘往餘三
方亦如是若此閻宿則用此閻時若
在彼宿則用彼閻時餘三方亦尒故
摩德勒伽論問頗有非時食不犯耶
答曰有若住北鬱單越用彼食時不
犯餘方亦尒若在閻浮日正午時比

方是夜半東方是日沒西方是日出
餘方互轉可知
又薩婆多論曰釋時有四一始從日
出乃至日中其明轉熾名之爲時從
中已後至後夜分其明減沒故名非
時二從旦至中是作食時乞不生惱
故名爲時從中已後至於夜分是俗人
讌會游戲之時入村乞食多有觸惱故
名非時三從旦至中俗人作務婬亂未
發乞不生惱故名爲時從中已後事
務休息婬戲言笑入村乞食喜被誹
謗故名非時四從旦至中是乞食時
得食濟身寧心修道事順應法故名
爲時從中已後宜應修道非乞食時
故名非時
食法部第六
如大遺教經云比丘欲食時當爲檀
越燒香三唄讚揚布施可食美食又
從上座教言道士各自出澡手漱口
已還各就座而坐各說一偈以隨次
起不得踰越
又增一阿含經云若有設供者手執香
鑪而唱時至佛言香爲佛使故須燒

香徧請十方(設欲燒香本擬請佛凡夫心隔目覩不知佛令燒香福請十方一切凡聖表呈福事勝空普熏正行香作唄時一切道俗依華嚴經各說一偈云)

戒香定香解脫香　光明雲臺徧世界
供養十方無量佛　見聞普熏證寂滅

又三千威儀經云坐受香亦得爲女人行香恐觸手染著故開坐受(若恐譏慢令懸放下亦得男子行香女人受香翻前即是)述曰若得衣食不簡精麁但得支濟身命令得修道便合佛意如膏車須油何簡精妙但令運轉得達前所即是佳事故雜寶藏經世尊說偈云

此身猶如車　好惡無所擇
香油及臭脂　等同於調利

又智度論云食爲行道不爲益身如芻馬豢豬無異若初得食時先獻三寶後施四生故華嚴經偈云

若得食時　當願衆生
爲法供養　志在佛道

又優婆塞戒經云若自造作衣服鉢器先奉上佛并令父母師長和尚先一受用然後自服若上佛者以華香贖凡所食噉要先施於沙門梵志然後自食也正下食時復須作念初下

一匙飯時願斷一切惡盡下第二匙時願修一切善滿下第三匙時所修善根迴施衆生普共成佛若不能口作念臨欲食時揔作一念亦得故摩德勒伽論云若得食時口口作念得衣時著著作念入房時入入作念若鈍根者揔作一念故華嚴經第六卷菩薩有一百四十願凡所施爲皆誦偈念如此食者非有煩惱利生物善故增一阿含經云施中上者不過法施葉中上者不過法葉恩中上者不過法恩若過分飽食則氣急身滿百脉不通令心壅塞坐念不安若限分少食則身羸心懸意慮無固故增一阿含經偈云

多食致患苦　少食氣力衰
處中而食者　如秤無高下

薩遮尼乾子經偈云

噉食太過人　身重多懈怠
現在未來世　於身失大利
睡眠自受苦　亦惱於他人
迷悶難寤寐　應時籌量食

述曰所以出家之人欲食之時先以

淨手從他受者爲出家高勝不同凡下故須受已而食故薩婆多論比丘受食凡有五意一爲斷竊盜因緣故(自取而食似盜相)二爲作證明故(儻有失脫不干比丘)三爲止誹謗故(出家自取非是高勝)四爲成少欲知足故(若當不受非同儉素)五爲生他信敬心故(見受而食外道生信)如昔有一比丘與外道共行止一樹下樹上有果食時將到外道語比丘云上樹取果比丘言我戒法中樹過人不應上又語比丘言何不搖樹取果比丘言我戒法中不得自搖樹落果外道聞已自上樹取果擲地與之語比丘言取果食比丘言我戒法中不得不受而食外道下樹取果授與比丘外道既見如此於一果上尚有如此法用何況出世之法外道遂生信敬心知佛法清淨不同外道於是即隨比丘於佛法中出家修道尋得漏盡

又舍利弗問經云佛言外道梵志尚知受食取況我弟子而不受食但一切諸物不得不受唯除生寶及施女人若作法者猶應授與體上之衣若

貯金器受則制施
又十誦律云舍衛國中摩訶迦羅比丘受一切糞埽衣食有死人處衣食皆取持至水上淨洗已不受便食常在死人處住有疫病時便不入城時人皆謂噉死人宍惡名流布諸比丘白佛佛集比丘僧制云從今諸比丘不受食著口中得罪
又大方等陁羅尼經云又受食時莫視女色但自念言我心中毒箭當云何拔用視女色爲我從無始世來坐以女色墮於三塗無有出期觀諸六塵亦應如是我諸弟子不應著此如是諸賊喪人善功
述曰一切僧食並須平等無問凡聖上下均普故僧祇律云若檀越行食多與上座者上座應問一切僧盡得尒許不荅止上座得耳應言一切平等與若言盡得者應受僧上座法不得隨下便食待行徧唱等供已然後得食上座之法當徐徐食不得速食竟在前出去應待行水隨順祝願已然後乃出

又處處經云佛言中後不食有其五福一者少婬二者少臥三者得一心四者無有下風五者身得安隱亦不作病是故沙門知福不食
述曰若於食長貪增加煩惱即須觀猒作不淨之想故智度論云說食猒想者當觀是食從不淨生如肉從精血水道生是爲膿蟲住處如蘇乳酪血變所成與爛膿無異厨人汗垢種種不淨若著口中腦有爛涎二道流下與唾和合然後成味其狀如吐從腹門入地持水爛風動火煑如釜熟糜滓濁下沈清者在上譬如釀酒滓濁爲屎清者爲尿舊有三孔風吹臟汁散入百脉與先血和合凝變爲肉從新肉生脂骨髓從是中生身根從新舊肉合生五情根從此五根生五識五識次第生意識分別取相籌量好醜然後生我我所心等諸煩惱及諸罪業復次思惟此食功夫甚重計一鉢之飯作夫流汗集合量之食少汗多此食辛苦如是入口即成不淨宿昔之間變爲屎尿本是美味惡不

欲見行者自思如此獘食我若貪著當墮三塗如是觀食當猒五欲譬如有一婆羅門脩淨潔法有事緣故到不淨國自思我當云何得免不淨唯當乾食可得清淨見一老母賣白髓餅而語之言我有因緣住此百日常作餅送來多與汝價老母日日作餅送之婆羅門貪著飽食歡喜老母作餅初時白淨後轉無色無味即問老母何緣尒耶母言癰瘡差故婆羅門問此何謂耶母言我大家夫人隱處生癰以麪蘇傅之癰熟膿出和合蘇麪日日如是以此作餅與汝是以餅好今夫人癰差我當何處更得婆羅門聞之兩拳打頭搥胷乾嘔我當云何破此淨法我爲了矣棄捨緣事馳還本國行者亦尒著是飲食歡喜樂噉不觀不淨後受苦報悔將何及

食訖部第七

如波離論云出家僧尼白衣等齋訖不用澡豆末巨摩等用澡口者皆不成齋如過去有比丘字蓮提六十歲持齋戒不闕唯一日食用巨摩豆屑

等成齋若不尒者皆不成齋（此經無目出要律儀云巨摩者牛糞是也若依此經豈用牛糞淨口耶依耶舍法師傳記云西方俗人外道等宗事梵天牛等以此二事能生萬物養育人民故將牛糞以淨道場佛隨俗法亦以爲淨然不用淨口耶）若依四分律等但護行住坐臥四法不論澡豆淨口成齋時節若過威種威儀食五正食四相不乖便成齋儀若失縱用澡屑亦不成齋又善見論云齋已吐食未出咽喉還咽無犯若出還咽犯罪又僧祇律云食已若渴佛令取一切穀豆麥煮不破者非時取汁得飲若蘇油蜜及石蜜諸生果汁等要以水淨得飲若器底殘水被雨渧亦名爲淨善見論云舍樓伽果漿澱汁使清非時得飲（謂藕根是）摩德勒伽論沙糖漿亦得非時飲僧祇律云人有四百四病風大百一用油脂治之火大熱病百一用蘇治之水病百一用蜜治之雜病百一隨用上三藥治之十誦律云石蜜非時不得輒噉有五種人得非時食謂遠行人病人不得食人食少人若施水處和水得飲五分律云聽飢渴二時得飲（故知無病非時縱是石蜜蘇油等亦不得食）僧祇律云胡椒蓽

茇蘲訶梨勒等此藥無時食和者聽非時服又四分律云一切苦辛鹹甘等不任爲食者聽非時盡形作藥服善見論云一切樹木及果根莖枝葉等不任爲食者並得作盡形藥服

述曰比見諸人非時分中食於時食何者是耶謂邊方道俗等聞律開舍果汁漿遂即食乾棗汁或生梨蒲萄石榴不擣汁飲并子摠食雖有擣汁非澱使清取濁濃汁并滓而食或有聞開食舍樓伽果漿以患熱病遂取生藕并根生食或有取清飯漿飲或身無飢渴非時食蘇油蜜石蜜等或用杏人煎作稠湯如此濫者非一不可具述若准十誦非前遠行等五種之人不得輒食食便破齋見數犯者多故別疏記

祝願部第八

如佛本行經云尒時世尊日在東方著衣持鉢諸比丘僧左右圍繞佛爲衆首來至輸頭檀王宮内到已坐於所設佛座諸比丘僧各各依次如法而坐尒時輸頭檀王以佛爲首諸比

丘僧次第坐已自手行諸微妙飲食盡其種數食已於時世尊教化輸頭檀王令其解寤生歡喜已從座而起還歸本處

又十誦律云有比丘受他請食默然入默然去諸居士呵責云我等不知食好不好諸比丘白佛佛言從今食時應爲施主唄讃祝願不知誰作佛言上座作若上座不能次第能者應作故僧祇律上座應知前人爲何等施當爲應時祝願若爲亾人施福者應如是祝願云

一切衆生類　有命皆歸死
隨彼善惡行　自受其果報
行惡入地獄　爲善者生天
善能修行道　漏盡得泥洹

若生子設福者應如是祝願云

童子歸依佛　如來毗婆施
尸棄毗葉婆　拘樓拘那含
迦葉及釋迦　七世大聖尊
譬如人父母　慈念於其子
舉世之樂具　皆悉欲令得
令子受諸福　復倍勝於彼

家家諸眷屬　受樂亦無極
若入新舍設供者應如是祝願云
屋舍覆陰施　所欲隨意得
吉祥賢聖衆　處中而受用
世有黠慧人　乃知於此處
請持戒梵行　修福設飲食
僧口祝願故　宅神常歡喜
善心生守護　長夜於中住
若入於聚落　及以曠野處
若晝若於夜　天神常隨護
若估客欲行設福者應如是祝願云
諸方皆安隱　諸天吉祥應
聞已心歡喜　所欲皆悉得
兩足者安隱　四足者亦安
去時得安隱　來時亦安隱
夜安晝亦安　諸天常護助
諸伴皆賢善　一切悉安隱
康健賢善好　手足皆無病
舉體諸身分　無有疾苦處
若有所欲者　去得心所願
若為娶婦施者應如是祝願云
女人信持戒　夫主亦復然
由有信心故　能行修布施

二人俱持戒　修習正見行
歡樂共作福　諸天常隨護
此業之果報　如行不齎粮
若為出家人布施者應如是祝願云
持鉢家家乞　值瞋或遇喜
將適護其意　出家布施難
故五分律云上座齋上量其前事為
檀越祝願食施得具足果又增一阿
含經世尊為女施園便祝願云
園果施清涼　橋梁度人民
近道作圊廁　人民得休息
晝夜獲安隱　其福不可量
諸法戒成就　死必生天上
施福部第九
如百緣經云佛在世時王舍城中有
一長者財寶無量不可稱計其婦生
女尋即能語家中自然百味飲食皆悉
備有時父母見其如是謂是非人毗
舍闍鬼畏不敢近時彼女子見其怖
畏合掌向母而說偈言
願母聽我語　今當如實說
實非毗舍闍　及諸餘鬼等
我今實是人　業行相逐隨

善業因緣故　今獲如是報
尒時父母聞女說偈喜不自勝尋前
抱取乳哺養育因為立字名曰善愛
時彼女子見母歡喜合掌白母言為
我請佛及比丘僧尋即與請百味飲
食皆悉充足即於佛前渴仰聞法佛
即為說得須陁洹後求出家佛告善
來比丘尼頭髮自落法服著身成比
丘尼精勤修習得阿羅漢果諸天世
人所見敬仰尒時世尊將千二百五
十比丘詣於他邦到曠野中食時已
至告善愛尼言汝今可設飲食供養
佛僧尋取佛鉢擲虛空中百味飲食
自然盈滿如是次第取千二百五十
比丘鉢飯亦皆滿都令豐足阿難見
已歎未曾有請佛說本因緣佛告阿
難此賢劫中有佛出世號曰迦葉著衣
持鉢將諸比丘入城乞食次到大長
者家設諸餚饍欲請賓客客未至頃
有婢使見佛及僧在於門外乞食立
住不白大家取其飲食盡持施與佛
及衆僧後客來坐勅彼婢　言辦設食
來婢答大家今有佛僧在其門外乞

食立住我持此食用布施盡大家聞已尋用歡喜即語婢言我等今者值是福田汝能持此飯食施與快不可言我今放汝隨意所求婢荅大家若見放者聽在道次尋即聽許作比丘尼一萬歲中精勤無替便取命終不墮惡趣天上人中百味飲食應念即至今得值我出家得道比丘聞已歡喜奉行

又百緣經云佛在舍衛國祇樹給孤獨園時夏安居竟將諸比丘欲遊行他國時頻婆娑羅王將諸群臣出城遙望如來來受我供尒時世尊遥知王意深生渴仰及比丘僧漸欲遊行詣摩竭提國值諸群鳥中有鸚鵡子王遙見佛來飛騰虛空逆道奉迎唯願世尊及比丘僧慈哀憐愍詣我林中受一宿請佛即然可時鸚鵡王知許可已還歸本林勑諸鸚鵡各來奉迎尒時世尊將諸比丘詣鸚鵡林各敷座具在於樹下坐禪思惟時鸚鵡王見佛比丘寂然宴坐甚懷喜悅通夜翔繞佛比丘四向顧視無諸師子虎狼

禽獸及以盜賊觸惱世尊比丘僧至明清旦世尊進引鸚鵡歡喜在前引導向王舍城白頻婆娑羅王言世尊今者將諸比丘遂來在近唯願大王設諸餚饍逆道奉迎時王聞語已勑設餚饍執持幢幡香華伎樂將諸群臣逆道奉迎時鸚鵡王於其夜中即便命終生忉利天忽然長大如八歲小兒便作是念我造何福生此天上尋自觀察知從鸚鵡由請佛故一宿止住得來生此我今當還報世尊恩頂戴天冠著諸瓔珞莊嚴其身賫持香華而供養佛却坐一面佛即為其說四諦法心開意解得須陁洹果繞佛三帀還歸天上時諸比丘白佛言今此天子宿造何業生鸚鵡中復修何福得生天上來供養佛聞法獲果尒時世尊告諸比丘此賢劫中波羅柰國有佛出世號曰迦葉於彼法中有一長者受持五戒便於一時毀犯一戒故生鸚鵡中餘四完具今得值我出家得道佛告諸比丘欲知彼時優婆塞者今鸚鵡是聞佛所說歡喜

奉行

又付法藏經云昔過去九十一劫毗婆尸佛入涅槃後有一比丘甚患頭痛薄拘羅尒時作一貧人見病比丘即便持一呵梨勒果施病比丘比丘服訖病即除愈緣施藥故九十一劫天上人中受福快樂未曾有病最後生一婆羅門家其母早亡父更娉妻拘羅年幼見母作餅從母索之後母嫉妬即捉拘羅擲置鏊上鏊雖燋熱不能燒害父從外來見薄拘羅在熱鏊上即便抱下母於後時釜中煮肉時薄拘羅從母索肉母益瞋恚尋擲釜中亦不燒爛父覔不見即便喚之拘羅聞喚釜中而應父即抱出平復如故母後向河拘羅逐去後母瞋忿而作是言此何鬼魅妖祥之物雖復燒煮不能令死即便捉之擲置河中值一大魚即便吞食以福緣故猶復不死有捕魚師捕得此魚詣市賣之索價既多人無買者至暮欲臭薄拘羅父見即隨買持來歸家以刀破腹見在魚腹高聲唱言願父安庠勿令

傷見父開魚腹抱兒而不傷損年漸長大求佛出家得阿羅漢果從生至老年百六十未曾有病乃至無有身熱頭痛由施藥故得是長壽五處不死鑊鑠不焦釜煮不爛水溺不死魚吞不消刀割不傷以是因緣智者應當作如是事

又十誦律云時王舍城中有居士名尸利仇多大富多財是外道婆羅門弟子此人每疑沙門瞿曇有一切智不行到佛所白言沙門瞿曇明日我舍食佛以彼應度故默然受請時居士還到舍於外門間作大火坑令火無烟焰以沙覆上即入舍敷不織坐牀又以毒和食心生口言瞿曇若是一切智人當知此事若非一切智人當墮此坑及中毒死遣使白佛言飲食已辦佛語阿難令諸比丘皆不得先佛前行時佛著衣持鉢前行比丘從後入尸利仇多舍佛變火坑作蓮華池滿中淨水既甘而冷種種蓮華徧覆水上時佛與僧皆行華葉上入舍坐不織牀變令成織告尸利仇多當

除心中疑我實是一切智人是居士見二神力信心即生尊重於佛叉手白佛言此食毒藥不堪佛食佛言但施此食僧不得疾佛告阿難僧中宣令未唱等供一不得食是時佛祝願婬欲瞋恚愚癡是世界中毒佛有實法除一切毒以是實語故毒皆得除食即清淨是時居士行澡水手自斟酌衆僧飽滿竟洗手執鉢居士取小坐具於佛前坐聽法即於坐處得法眼淨佛還已以是事集僧告言從今不得在佛前行及和尚師僧上座前行未唱等供不得食也

又摩得勒伽論云衆僧行食時上座應語一切平等與使唱僧跋然後俱食

頌曰

法會設佳供　齋日感神靈
普召無別請　客主發休禎
凡聖俱晨往　災難普安寧
良由慈善力　翻惡就福城

感應緣 略引六驗

晉司空何充

晉尼竺道容

晉闕公則

晉南陽滕並

晉沙門仇那跋摩

梁沙門釋道琳

晉司空廬江何充字次道弱而信法心業甚精常於齋堂置一空座筵帳精華絡以珠寶設之積年庶降神異後大會道俗甚盛坐次一僧容服麤垢神情低陋出自衆中徑昇其座拱默而已無所言說一堂怪駭謂其謬僻充亦不悅嫌於顏色及行中食此僧飯於高座飯畢提鉢出堂顧謂充曰何侯勞精進因擲鉢空中陵虛而去充及道俗馳遽觀之光儀偉麗極目乃沒追共惋恨稽懺累日

晉尼竺道容不知何許人居乎烏江寺戒行精峻屢有徵感晉明帝時甚見敬事以華藉席驗其所得果不萎焉時簡文帝事清水道所奉之師即京師所謂王濮陽也第內具道舍容函開化帝未之從其後帝每入道屋輒見神人爲沙門形盈滿室內帝疑容

所為因事為師遂奉正法晉氏顯尚佛道此尼力也當時崇異號為聖人新林寺即帝為容所造也孝武初忽而絕迹不知所在乃葬其衣鉢故寺邊有塚云

晉闕公則趙人也恬放蕭然唯勤法事晉武之世死于雒陽道俗同志為設會於白馬寺中其夕轉經宵分聞空中有唱讚聲仰見一人形器壯偉儀服整麗乃言曰我是闕公則今生西方安樂世界與諸菩薩共來聽經合堂驚躍皆得覩見時復有汲郡衛士度亦苦行居士也師於則公其母又甚信向誦經長齋常飯僧時日將中母出齋堂與諸尼僧逍遙眺望忽見空中有一物下正落母前乃則鉢也有飯盈焉馨氣充勃闔堂肅然一時禮敬母自分行齋人食之皆七日不飢此鉢猶云尚存北土度善有文辭作八關懺文晉末齋者尚用之晉永昌中死亦見靈異有造像者作聖賢傳具載其事云度亦生西方吳興王該曰燭日闡叟登宵衛度繼軌咸恬

泊於無生俱蛻骸以不死者也

晉南陽滕並累世敬信妻吳郡全氏尤能精苦每設齋會不逆招請隨有來者因留供之後會僧數闕少使人衢路要尋見一沙門蔭柳而坐因請與歸淨人行食翻飯于地傾簞都盡罔然無計此沙門云貧道鉢中有飯足供一衆使並今行既而道俗內外皆得充飽清淨既畢擲鉢空中翻然上昇極目乃滅並即刻木作其形像朝夕拜禮並家將有凶禍則此像必先倒踣云並子含以蘇峻之功封東興者也

沙門竺法進者開度浮圖主也聰達多知能解殊俗之言京雒將亂欲處山澤衆人請留進皆不聽大會燒香與衆告別臨當布香忽有一僧來處上座衣服塵垢面目黃腫法進怪賤牽就下次輒復來上牽之至三乃不復見衆坐既定方就下食忽暴風揚沙粰案傾倒法進懺悔自責乃止不入山時論以為世將大亂法進不宜入山又道俗至意苦相留慕故見此神

異止其行意云

宋仇那跋摩者齊言功德鎧罽賓王子也幼而出家號三藏法師宋初來游中國宣譯至典甚衆律行精高莫與為比慧觀沙門欽其風德要來京師居于祇洹寺當時來詣者疑非凡人而神味深密莫能測焉嘗赴請於鍾山定林寺時諸道俗多採衆華布僧席下驗求眞人諸僧所坐華同萎頓而跋摩席華鮮榮若初於是京師歎然增加敬異至元嘉八年九月十八日卒都無病患但結跏趺坐斂衽叉手乃經信宿容色不變于時或謂深禪既而得遺書於筵下云獲沙門二果乃知其終弟子侍側並聞香煙京師赴會二百餘人其夕轉經戶外集聽盈階將曉而西南上有雲氣勃然俄有一物長將一匹繞晃而去同集咸覩云跋摩未亡時作三十偈以付弟子曰可送示天竺僧也（右五驗出冥祥記）

梁富陽齊堅寺有釋道琳本會稽山陰人少出家有戒行善涅槃法華誦維摩經吳國張緒禮事之後居富陽

法苑珠林第四十二　第二十四張　佷

縣泉林寺寺常有鬼㑌自琳居之則消
琳弟子慧韶爲屋所壓頭陷入胷琳
爲韶祈請韶夜見兩胡道人拔出其
頭旦起遂平復琳於是設聖僧齋鋪
新帛於牀上齋竟見帛上有人迹皆
長三尺餘衆咸服其徵感富陽人始
家家立聖僧座以飯之至梁初琳出
居齊熙寺天監十八年卒春秋七十
有二 右一驗出梁高僧傳

法苑珠林卷第四十二

甲辰歲高麗國分司大藏都監奉
勑彫造

法苑珠林卷第四十二

校勘記

一　底本，麗藏本。

一　八六二頁上一行經名，徑無（未換卷）。又經名下，資、磧、普、南有夾註「受請之二」。

一　八六二頁上二行撰者，資、磧作「大唐上都西明寺沙門釋道世字玄惲撰」；普作「大唐上都西明寺沙門釋道世撰」；南作「唐上都西明寺沙門釋道世字玄惲撰」；徑無（未換卷）；清作「唐西明寺沙門釋道世撰」。

一　八六二頁上三行「受請篇第三十九之二」，諸本（不含石，下同）無。

一　八六二頁上四行「第三」，徑無。以下部目下序數例同。

一　八六二頁上九行第二字「等」，磧、普、南、徑、清作「寺」。

一　八六二頁上一三行「弗悆」，徑、清作「弗愈」。

一　八六二頁上一四行「茵枕」，諸本作「茵褥」。又「結心」，普、徑、清作「潔心」。

一　八六二頁中七行「外道」，諸本作「内外道」。又「無智」，資、磧、南作「智」；普無；徑、清作「力」。

一　八六二頁中八行第一一字「尒」，資、磧作「命」。

一　八六二頁中一一行「座上」，磧、普、南、徑、清作「座中」。

一　八六三頁上一行「氍毹」，徑、清作「氍毹」，下同。又「下偏斆」，磧、普、南、徑、清作「不偏斆」。

一　八六三頁上四行末字「施」，諸本無。

一　八六三頁中七行「不憂」，諸本作「不愛」。

一　八六三頁中二〇行第一二字「全」，諸本作「令」。

一　八六三頁下一六行「胡牀」，諸本作「故牀」。又「油吧」，資、磧、普作「油吧」；南、徑、清作「油肥」。

一八六四頁上五行第九字「盡」，資作「畫」。
一八六四頁上七行第九字「嚼」，資、磧、普、南作「矚」。
一八六四頁上一二行第六字「互」，磧作「乎」。
一八六四頁上一六行「亦同之」，至此，徑卷第五十四終，卷第五十五始，並有「受請篇第三十九之餘」一行。
一八六四頁上一八行第一二字「授」，諸本作「受」。
一八六四頁中四行夾註右「多将」，南作「多授」。
一八六四頁中一一行第五字「蟲」，諸本無。
一八六四頁中一九行第一三字「於」，磧、普、南、徑、清作「樹」。
一八六四頁下一三行「樵瘁」，諸本作「顦顇」。下同。
一八六四頁下一六行「夭殤」，磧、普、南、徑、清作「夭傷」。次頁上八行同。
一八六四頁下一七行第三字「則」，南、徑、清作「財」。
一八六五頁上七行第五字「到」，資、磧作「利」。
一八六五頁上一一行第二字「法」，諸本作「流」。
一八六五頁中三行末字「佛」，諸本無。
一八六五頁中一〇行「法惠」，資、磧、南、徑、清作「惠法」；普作「慧法」。
一八六五頁下三行第六字「曰」，諸本作「云」。
一八六六頁上九行第四字「膏」，資、磧作「告」。
一八六六頁上一五行「剪馬豢猪」，諸本作「養馬養猪」。
一八六六頁上一八行「爲法供養」與「志在佛道」，諸本互置。
一八六六頁中二行第一三字「所」，諸本作「願所」。
一八六六頁中一三行第一〇字「念」，諸本作「卧」。
一八六六頁中二二行「寤寐」，諸本作「寤寤」。
一八六六頁下二行第一二字「論」，諸本作「論云」。
一八六六頁下四行夾註左「迹同」，諸本作「亦同」。
一八六六頁下一四行「不受」，徑、清作「不授」。
一八六六頁下二一行第三字「食」，諸本無。
一八六七頁中一四行第八字「𦞂」，資、磧作「復」；普、南、徑、清作「腰」。
一八六七頁下一行第一三字「貪」，諸本作「食」。
一八六七頁下一二行「傅之」，資作「柎之」；磧、普、南、徑、清作「柎之」。
一八六七頁下一三行第二字「麪」，諸本作「餅」。
一八六七頁下二一行第一一字「口」，

磧、南作「豆」。

一　八六八頁上一四行第三字「澂」，諸本作「澄」。本頁中一〇行第二字同。

一　八六八頁上一七行末字「病」，磧、普、南、徑、清作「大」。

一　八六八頁上末行夾註左「不得食」，諸本作「不得食也」。

一　八六八頁中五行第三字「任」，磧、普、南作「住」。

一　八六八頁中一二行「并根」，磧、南作「根并」。

一　八六九頁上一九行第八字「疾」，諸本作「病」。

一　八六九頁中七行第九字「上」，諸本作「了」。

一　八六九頁下九行第一一字「果」，資、磧、普、南作「并」。

一　八六九頁下一九行「銪鐇」，清作「銪鏌」。

一　八六九頁下二〇行第二字「婢」，諸本作「一婢」。

一　八六九頁下二一行「大家」，磧作「家大」。

一　八七〇頁上一五行末字「子」，資、南、徑、清無。

一　八七〇頁上末行「比丘」，諸本作「比丘僧」。

一　八七〇頁中九行「是念」，磧、南作「大念」。

一　八七〇頁下末行「高聲」，諸本作「出聲」。

一　八七一頁上一行「不傷損」，諸本作「出」。

一　八七一頁上三行第一三字「有」，諸本無。

一　八七一頁上一〇行末字「不」，諸本作「乃」。

一　八七一頁上一九行末字至次行首字「從後」，諸本作「後從」。

一　八七一頁中四行第六字「疾」，資、磧、南、徑、清作「病」；普作「食」。

一　八七一頁下三行末字「並」，諸本作「普」。下同。

一　八七一頁下七行第一〇字「一」，磧、南、徑、清作「於」。

一　八七一頁下一二行「不悅」，諸本作「不平」。

一　八七一頁下一四行「何俟勞」，諸本作「何俟徒勞」。又「陵虛」，磧、南、徑、清作「陵空」。

一　八七一頁下一七行「居乎」，南、徑、清作「居于」。

一　八七一頁下二一行第一一字「具」，諸本作「其」。又末字「函」，諸本作「亟」。

一　八七一頁下二二行第四字「末」，諸本作「未」。

一　八七二頁上五行末字「云」，諸本作「在焉」。

一　八七二頁上一三行「則公」，諸本作「公則」。

一　八七二頁上一四行第九字「常」，諸本作「家常」。

一　八七二頁上一九行「北土」，徑、清作「此土」。

一 八七二頁上二一行第九字「造」，諸本作「浩」。

一 八七二頁上末行「閼叓」，諸本作「闘夐」。

一 八七二頁中三行首字「尤」，資、磧、普、南作「亢」。

一 八七二頁下一行末字「云」，諸本作「也」。

一 八七二頁下一一行「敬異」，磧、普、南、徑、清作「敬意」。

一 八七二頁下一五行「香煙」，諸本作「馨烟」。

一 八七二頁下一八行「一匹」，資、磧、南作「一迊」；普、徑、清作「一匝」。

一 八七二頁下一九行第四字「摩」，諸本無。

一 八七三頁上卷末經名，徑作「法苑珠林卷第五十五」。

法苑珠林卷第四十三　途(千九紙)　伏

西明寺沙門釋道世撰

輪王篇第四十(此有五部)

述意部　會名部

七寶部　頂生部

育王部

述意部第一

蓋聞飛行皇帝統御四洲邊鄙遊命則七寶威伏十善引化則千子咸現囊括遐邇獨勵中原發慈父之撫育感赤子之忠臣出居久遠貪逸彌繁峻極威我遠思天報於是行轉輪之猛騰帝釋之宮圖度非分退失輪王之位懷悲苦切劇同塗炭之殃哀斯痛矣深可嗟乎

會名部第二

依眞諦三藏法師云於成劫時人壽無量歲於住壞劫時人壽八萬歲時有輪王出世若減不出輪王有三一軍輪王二財輪王三法輪王若減八萬財輪王不出世所以然者此王福德壽命長遠即與壽相違故不出世

若減法輪王出世所以然者如來大悲令諸衆生知苦無常易可化故出世也故論云劫減佛興世劫初轉輪王唯彌勒佛出時人民福德二王俱出世也財有四一金輪王則化被四天下二銀輪王則政隔北鬱單王三天下三銅輪王則除北鬱單及西俱耶尼王二天下四鐵輪王則唯局閻浮提王一天下若減八萬歲時有軍輪王出以軍威伏王一天下即是阿育王等如來爲法輪王言劫增轉輪王者此據財輪王也若論軍輪故通劫減鐵輪有二百五十輻銅輪有五百輻銀輪有七百五十輻金輪有千輻故仁王經云道種堅德王乘金輪王四天下性種性王乘銀輪王三天下習種性王乘銅輪王二天下以上十善得王乘鐵輪王一天下

七寶部第三

如長阿含經云佛告比丘世間有轉輪聖王成就七寶有四神德云何成就七寶一金輪寶二白象寶三紺馬寶四神珠寶五玉女寶六居士寶(餘經名典寶)七主兵寶云何金輪寶成就若轉輪聖王出閻浮提地剎利水澆頭種以十五日月滿時沐浴香湯上高殿上與婇女衆共相娛樂天金輪寶忽現在前輪有千輻光色具足天金所成天匠所造非世所有輪徑丈四輪王見已默自念言我曾從先宿諸舊聞如是語若剎利王水澆頭種以十五日月滿時沐浴香湯升法殿上婇女圍繞自然金輪忽現在前輪有千輻光色具足天匠所造非世所有輪徑丈四是則名爲轉輪聖王今此輪現將無是耶我今寧可試此輪寶時王即召四兵向金輪寶偏露右臂右膝著地以右手摩捫金輪語言汝向東方如法而轉勿違常則輪即東轉時王即將四兵隨其後行輪所住處王即止駕尒時東方諸小王見大王至以金鉢盛銀粟銀鉢盛金粟來詣王所拜首白言善哉大王今此東方土地豐樂多諸珍寶人民熾盛志性仁和慈孝中順唯願聖王於此治正我等當給使左右承受所治當

時輪王語小王言止止諸賢汝等則爲供養我已但當以正法治化勿使偏枉無令國內有非法行身不殺生教人不殺生偷盜邪婬兩舌惡口妄言綺語貪瞋嫉妒邪見之人此即名爲我之所治時諸小王聞是語已即從大王巡行諸國至東海表次行南方西方北方隨輪所至其諸國王各獻國土亦如東方諸小王比此閻浮提所有名曰土沃野豐多出珍寶林水清淨平廣之處輪則周行封地圖度東西十二由旬南北七由旬天神於中夜造城郭其城七重七重欄楯七重羅網七重行樹周匝交飾七寶所成乃至無數衆鳥相和造此城已金輪於城中圖度封地東西四由旬南北二由旬天神於中夜造宮殿七寶所成乃至無數造宮殿已聖王踊躍而言此金輪寶眞爲我瑞我今眞爲聖王是爲輪寶成就云何名爲白象寶還清旦殿上坐自然象寶忽現在前其毛純白七處平住力能飛行其首雜色六牙纖傭眞金間塡辟王

見已念言此象馴良即試調習諸能悉備即乘其上清旦出城周行四海食時已還時王踊躍而言此眞我瑞是爲象寶成就云何名爲紺馬寶成就還清旦殿上坐自然馬寶忽現在前身紺青色朱騣尾色頭頸如象善能飛行時王見已此馬賢良即試調習諸能悉備即乘其上清旦出城周行四海食時已還時王踊躍而言此眞我瑞是爲馬寶成就云何名爲神珠寶成就還清旦殿上坐自然神珠忽珠在前質色清徹無有瑕穢時王見已此珠妙好若有光明可照宮內時王欲試即召四兵以此寶珠置高幢上於夜冥中賚幢出城其珠光明照一由旬城中人民皆起作務謂爲是晝時王踊躍而言此眞我瑞是爲神珠寶成就云何名爲王女寶成就時玉女寶忽然出現顏色姿容面貌端正不長不短不麁不細不白不黑不剛不柔冬則身溫夏則身涼舉身毛孔出栴檀香口出優鉢羅華香言語柔輭舉動安詳先起後坐不失宜

則時王見已心不暫捨況復親近踊躍而言此眞我瑞是爲王女寶成就云何名爲居士寶成就時居士丈夫忽然自出寶藏財富無量居士宿福眼能徹視地中伏藏有主無主皆悉見知其有主者能爲擁護其無主者取給王用時居士寶往白王言大王有所給與不足爲憂我自能辦聖王欲試即勑嚴船於水遊戲告居士曰我須金寶汝速與我居士報曰大王小待須至岸上時居士寶即於船上長跪以右手內著水中寶瓶隨出如蟲緣樹彼居士寶亦復如是內之水中寶緣手中充滿船上而白王言向須寶者爲須幾許時王語言止吾無所須向相試耳聞王語已尋以寶物還沒水中聖王踊躍而言此眞我瑞是爲居士寶成就云何名爲主兵寶成就時主兵寶忽然出現智謀雄猛英略獨決即詣王所白言大王有所討伐不足爲憂我自能辦王欲試兵即集四兵而告之曰汝今用兵未集者集已集者放未嚴者嚴已嚴者

解未去者去已去者住時主兵寶即令四兵依如王語王見踊躍而言此眞我瑞是爲轉輪聖王七寶成就謂四神德一表壽不夭無能及者二身强無患無能及者三顔容端正無能及者四寶藏盈溢無能及者王行國人慈育民物如父愛子國民慕王如子仰父所有珍奇盡以貢王願垂納受在意所與時王報日且止諸人吾自有寶汝可自用王之國土安隱豐樂平正如掌衣食自然不須營覓唯行十善不爲非法猶如北欝單不可具述

又十誦律云有阿耨達池縱廣五十由旬繞池四邊種種菓樹善住象王宮殿住處有八千象以爲眷屬若轉輪聖王出於世時八千象中最下小者出爲象寶給輪王乘又外大海内洲有月明山婆羅醯馬王宮殿住處有八千馬以爲眷屬若輪王出於世時八千馬中最下小者出爲馬寶給輪王乘

又起世經云此象馬寶於一日中暫

受調伏堪任衆事爲試象馬於其晨朝日初出時乘此象寶等周迴巡歷徧諸海岸盡大地際既周徧已還轉輪王還至本宮乃進小食

又大樓炭經云轉輪聖王有四種一者大富珍寶田宅奴婢等天下無有如王者二者王最端正姝好顔色無比天下無有如王者三者王常安隱無有疾病亦無寒熱諸所飲食食皆安隱四者王常安隱長壽天下無有如王者是爲轉輪聖王四德具足七寶如法

又薩遮尼乾子經云佛言大王當知轉輪聖王復有七種名爲輭寶所有功德少前七寶何等爲七一劒寶二皮寶三牀寶四園寶五屋舍寶六衣寶七足所用寶第一劒寶者輪王所王國内若有違王命者彼劒寶即從空飛往諸小王見即降伏拜第二皮寶者此海龍王皮出大海中廣五由旬長十由旬體淨鮮潔光曜白日火燒不燋水漬不爛猛風吹不能動體含温涼能却寒熱隨王去處皮寶

亦去所有士衆滿十由旬徧覆其上能作别屋不相妨礙第三牀寶者王所用牀立能平正柔輭得所若王入禪即入解脱禪定三昧能滅貪瞋癡女人見王坐寶牀者即皆得離貪瞋癡心第四園寶者入彼園時即得定心若王欲受五欲樂時依王所行善業功德諸天界中所有華果池河戲樂之具自然隱沒現於王前第五舍寶者王入彼屋欲見日月星宿所有殊異珍玩伎樂屋中悉聞即離憂惱一切疲勞於睡眠中極受快樂第六衣寶者王所有衣無如世間絹布絲縷縱廣文章第一柔輭一切塵垢不能黠污著彼寶衣即離寒熱飢渴憂惱而水火刀等所不能損第七足所用寶者所謂鞾等若王著者涉水不沒入火不燒雖復遠行百千由旬不覺疲極是名輪王七種輭寶是十善中少分習氣功德非正具足十善業道

又中阿含經云若轉輪王出於世時當知有此七寶出世如是如來無所

著等正覺出於世時當知亦有七支寶出於世間云何為七一念覺支寶二擇覺支寶三精進覺支寶四喜覺支寶五息覺支寶六定覺支寶七捨覺支寶

頂生部第四

如賢愚經云佛告比丘過去無量阿僧祇劫此閻浮提有一大王名曰瞿薩離典斯天下有八萬四千小國有二萬夫人婇女一萬大臣時王頂上欻生一皰其形如繭淨潔清徹亦不疼痛後大如瓠便劈看之得一童子甚為端正大王已崩頂生為王七寶具足衣食音樂自然作樂經八萬四千歲時有夜叉踊出殿前高聲唱言東方有國名弗婆提其中豐樂快善無比大王可往王即悅意欲行金輪復轉踊虛而進群臣七寶皆悉隨從既至彼土諸小王等盡來朝賀王於彼國五欲自恣經八千歲夜叉復言西方有國名瞿耶尼王可至彼還如前去經十四億歲夜叉復唱北方有國名鬱單越王可到彼還如前去經十八億歲夜叉復唱有四天王處其樂

難量王可游之王與群臣及四種兵乘空而上四天遙見甚懷恐怖即合軍衆出外拒之竟不奈何頂生於中優游受樂經十億歲意中復念欲昇忉利即與群臣蹈虛登上時有五百仙人住在須彌山腹王之象馬屎尿下落汙仙人身諸仙相問何緣有此中有智者告衆人言吾聞頂生王欲上三十三天必是象馬失此不淨仙人忿恨便結神呪令頂生王及其人衆悉住不轉王復知之即立誓願若我有福斯諸仙人悉皆當來承王威感五百仙人盡到王邊挾輪御馬共至天上未到之頃遙覩天城名曰快見其色皦白高顯殊特此快見城有千二百門諸天怖畏悉閉諸門著三重鐵關頂生兵衆直趣不疑王即取唄吹之張弓扣彈千二百門一時皆開帝釋尋出與共相見因請入宮與共分坐天帝人王貌類一種其初見者不能分別唯以視瞬遲疾知其異耳王於天上受五欲樂盡三十三天末後欲害帝釋獨霸為快惡心已生尋

即墮落當本殿前委頓欲死諸人來問頂生荅曰統領四域三十億歲七日雨寶及在二天而無猒足故致墮落阿難又問此頂生王宿殖何福而獲大報佛告之曰乃往過去不可計劫時世有佛號曰弗沙與其徒衆游化世間時婆羅門子適欲娶婦手把大豆當用散婦是其舊世俗之家禮於道值佛心意歡喜即持此豆奉散於佛四粒入鉢一粒住頂由此因緣受無極福四粒入鉢王四天下一粒在頂受樂二天

又頂生王故事經云尒時頂生適生是念即於釋提桓因坐處墮閻浮提及四部兵退失神足舉身皆痛如人欲死時七寶等皆亦命終尒時大王五處親屬皆悉雲集往頂生所白頂生曰大王命終後若備有尒時頂生王者即我身是當知乃至五欲而無猒足染著聚集貯欲無猒所謂足者至賢聖道然後乃足尒時世尊便說偈言

不以錢財業　　覺知欲猒足

樂少苦惱多　智者所不為
設於五欲中　竟不愛樂彼
愛盡便得樂　是三佛弟子
貪欲拘利國　終便入地獄
本欲安所生　命為苦所切
諸法悉無常　生者必壞敗
生生悉歸盡　彼滅第一樂

尒時尊者阿難聞佛所說歡喜奉行
又起世經云輪王捨命必生天上與
三十三天同處共生命終已後始經
七日七寶並皆隱沒

育王部第五

如雜阿含經云尒時世尊晨朝著衣
持鉢共諸比丘入王舍城乞食時彼
世尊光相普照如千日之焰順邑而
行時彼有兩童子一者上姓二者次
姓共在沙中嬉戲一名闍耶二名毗
闍耶遙見世尊來三十二大人相莊
嚴其體時闍耶童子心念我當以麥
麨手捧細沙著世尊鉢中時毗闍耶
合掌隨喜而發願言以惠施善功德
令得一天下繖蓋王即於此生得供
養佛乃至得成無上正覺故世尊發

微笑相尒時阿難見世尊微笑即便
合掌向佛白言世尊非無因緣而發
微笑尒時世尊告阿難曰我今笑者
其有因緣阿難當知我滅度一百年
之後此童子於巴連弗邑統領一方
為轉輪王姓孔雀名阿育正法治化
又復廣布我舍利當造八萬四千法
王之塔安樂無量眾生如偈所說

於我滅度後　是人當作王
孔雀姓名育　譬如頂生王
於此閻浮提　獨王世所尊

佛告阿難取此鉢中所施之沙捨著
如來經行處令當生彼處阿難受教
即取鉢沙捨經行處阿難當知於巴
連弗邑有王名曰月護彼王當生子
名曰頻頭娑羅當治彼國彼復有子
名曰脩師摩時彼瞻婆國有一婆羅
門女極為端正令人樂見為國所珍
諸相師輩見彼女相即記彼女當為
王妃又生二子一當領一天下二當出
家學道當得聖迹時婆羅門聞彼
相師所說歡喜無量即莊嚴女嫁與
此王王見其女端正有德即為夫人

前夫人及諸婇女見其夫人來作是
念言此女端正國中所珍王棄捨我
等乃至目所不視諸女即使學習剃
毛師業彼悉學已為王料理鬚髮料
理之時王大歡喜即問彼女汝何所
求欲女啓王言唯願王心愛念我耳
如是三啓時王言我是刹利灌頂王
汝是剃毛師云何得愛念汝彼女白
王言我非是下姓生乃是高貴婆羅
門之女相師語我父云此女應嫁與
國王是故來至此耳王言若然者誰
令汝習下劣之業女啓王言是舊夫
人婇女令我學此王即勅言自今勿
復習下業王即立為第一夫人王常
與彼自相娛樂仍便懷體月滿生子
生時安隱母無憂惱過七日後立字
名無憂又復生子名曰離憂無憂者
身體麁澀（以其施沙得相似果）父王不大附捉情
所不念又王欲試二子呼賓伽羅阿時
婆羅門言和尚觀我諸子於我滅後
誰當作王婆羅門言將此諸子出城
金殿園館中於彼當觀其相乃至出往
彼園時阿育王母言承王出向金殿

園館中觀諸王子誰當作王汝今云何不去阿育啓言王既不念我亦復不樂見我母復語言但往彼所阿育復啓母言今便往去願母當送飯食母言如是當出城門時逢一大臣名曰阿㝹羅陁此臣問阿育言王子今至何所阿育荅言聞大王出金殿園館觀諸王子於我滅後誰當作王今往詣彼王先勑大臣若阿育來者當使其乘老鈍象又復老人為眷屬時阿育乘是老象乃至園館中於諸王子中地坐時諸王子各下飯食阿育母以瓦器盛酪飯送與阿育如是諸王子各食飲食時父王問師言此中誰有王相當紹我位時彼相師視諸王子見阿育具有王相當得紹位我若語言王愁不樂即語言我今捴記王報言如師所教師言此中若有乘好乘者是人當作王時諸王子聞彼所說各念言我乘好乘時阿育言我乘老象我得作王又言此中有第一座者彼當作王諸王子各相謂言我坐第一座阿育言我今坐地是我勝座

我當作王又言此中上器食者此當作王乃至阿育念言我有勝乘勝座勝食時王觀子相畢便即還宫時阿育母問阿育言誰當作王婆羅門記誰耶阿育啓言上乘上座上器上食當作王王子自見當作王老象為乘以地為座素器盛食粇米雜酪飯時彼婆羅門知阿育當作王數修敬其母其母亦重餉婆羅門若子作王者師當一切善得吉利盡形供養時頻頭羅王邊國德叉尸羅反時王語阿育汝將四兵衆伐彼國王子去時都不與兵甲時從者白王子言今往伐彼國無有軍仗云何得平阿育言我若為王善根果報者兵甲自然來應發是語時尋聲地開兵甲從地而出即將四兵往伐彼國時彼諸國人民聞阿育來即平治道路莊飾城郭執持吉瓶之水及種種供養奉迎王子而作是言我等不反大王及阿育王子然諸臣輩不利我等是故違背聖化即以種種供養王子請入城邑平此國已又使至伐佉沙國時彼二

大力士為王平治道路諸天宣令阿育當王此天下汝等勿興逆意彼國王即便降伏如是乃至平此天下至於海際時父王得重疾王語諸臣吾今欲立修師摩為王令阿育往至彼國時諸臣欲令阿育作王以黃物塗阿育體及面手脚已諸臣白王言阿育王子今得重疾諸臣即便莊嚴阿育將至王所今且立此子為王我等後徐徐當立脩師摩為王時王聞此語甚以不喜默不對時阿育心念口言我應正得王位諸天自然來以水灌我頂妻繒繫首時王見此相號極生愁惱即便命終阿育王如禮法殯父王已即立阿㝹樓陁為大臣時修師摩王子聞父崩背今立阿育為王心生不忍即集諸兵而來伐阿育阿育王四門中二門安二力士第三門安大臣自守東門時阿㝹樓陁大機關木象又作阿育王形像即騎象安置東門外又作無煙伙坑以物覆之修師摩既來到阿㝹樓陁大臣語修師摩王子欲作王者阿育在東門

可往伐之能得此王者自然得作王
時彼王子即趣東門即墮火坑便即
死亡有一大力士名曰跋陁申陁閶
修師摩終亡猒世將無數眷屬於佛法
中出家學道得阿羅漢時諸臣輩
我等共立阿育為王故輕慢於王不
行君臣之禮王亦自知諸臣輕慢於我
時王語諸臣曰汝等可伐華菓之樹
殖於刺棘諸臣荅曰未嘗見聞却除
華菓而殖刺樹而應除伐刺棘樹而
殖菓實乃至三勑令伐彼亦不從
尒時國王忿諸大臣即持利劒殺五
百大臣又時王將婇女眷屬出外園
中遊戲見一無憂樹華極敷盛王見
此華樹與我同名心懷歡喜王形體醜
陋皮膚麁澁諸婇女輩心不愛王憎
惡王故以手毀折無憂樹華王從眠覺
見無憂樹華狼藉在地心生忿怒繫
諸婇女以火燒殺王行暴惡故曰暴
惡阿育王時阿㝹樓陁大臣白王言
王不應為是法云何以手自殺人諸
臣婇女王今當立屠殺之人應有可
殺以付彼人王即宣敕立屠殺者彼

有一山名曰耆梨中有一織師家織
師有一子亦名耆梨兇惡撾打繫縛
小男小女及捕水陸之生乃至非逆
父母是故世人傳云兇惡耆梨子時
王使語彼汝能為王斬諸凶人不彼荅
曰一切閻浮提有罪者我能淨除況
復此一方時彼使輩還啓王言彼人
已得王言竟將來耶諸使呼彼荅曰
小忍先奉辭父母具說上事父母言
子不應行是事如是三勑彼生不仁
之心即便殺父母已然後乃至諸使
問曰何以經久不速來耶時彼兇惡
具說上事以具啓王王即勑彼我所
有罪人事應至死汝當知之彼啓王
言為我作舍王為作舍極為端嚴唯
開一門亦極精嚴於其中間作治罪
之法狀如地獄彼兇惡人啓王乞願若
人來入此中者不復得出王荅言當
以與願彼諸屠主往詣寺中聽諸比
丘說地獄事時有比丘誦地獄經有
衆生生地獄者以熱鐵鉗鉗開其口
以熱鐵丸著其口中次融銅灌口復
以鐵斧斬截其體次復杻械枷鏁搒

繫其身次復火車鑪炭次復鐵鑊次
復灰河次復刀山劒樹具如五天使
經所說彼屠主具聞比丘說是諸事
開其住處所作治罪之法如彼所說
案此法則而治罪人又一商主入海
十年採諸重寶還到本鄉道中值
五百群賊殺於商主商主之子見父
死及失寶物猒世出家遊行諸國次
至巴連弗邑過此夜已晨朝著衣持
鉢入城乞食誤入屠殺舍中時彼比
丘遙見舍裏火車鑪炭等治諸衆
生如地獄中尋生恐怖衣毛皆竪便欲
出門時兇惡主即往執彼比丘言入
此中者無有得出汝今此死比丘聞
說心生悲毒涕淚滿目兇主問曰汝
云何如小兒啼尒時比丘以偈荅曰

我不恐畏死　志願求解脫
所求不成果　是故我啼泣
人身極難得　出家亦復然
遇釋師子王　自今不重覩

尒時兇主語比丘曰汝今必死何所
憂惱比丘復以哀言荅云乞我少時
生命可至一月彼兇不聽如是日數

滅止七日彼即聽許時此比丘知將死不久勇猛精進坐禪息心終不能得道至於七日時王宮内人有事王死送付兇惡之人令治其罪兇惡將是女人著臼中以杵擣之令成碎末時比丘見是事極猒惡此身嗚呼苦哉我不久亦當如是而說偈言

嗚呼大悲師　演說正妙法
此身如聚沫　於義無有實
向者美色女　今將何所在
生死極可捨　愚人而貪著
係心緣彼處　今當脫鏁木
令度三有苦　畢竟不復生
如是勤方便　專精修佛法
斷除一切結　得成阿羅漢

時彼兇惡人語此比丘期限已盡比丘問曰我不解尒之所說彼兇荅曰先期七日今既已滿比丘以偈荅曰

我心得解脫　無明大黑闇
斷除諸有蓋　以殺煩惱賊
慧日今已出　鑒察心意識
明了見生死　今者懸人時
隨順諸聖法　我今此身骸

任汝之所為　無復有悋惜

尒時彼兇惡主執彼比丘著鐵鑊油中足與薪火火終不然假使然者或復不熱兇主見火不然打拍使者而自然火火即猛盛久久見開鐵鑊蓋見彼比丘鐵鑊中蓮華上坐生希有心即啓國王王即便嚴駕將無量衆來看比丘時彼比丘調伏時至即身昇虛空猶如鴈王示種種變化如偈所說

王見是比丘　身昇在虛空
心懷大歡喜　合掌觀彼聖
我今有所白　意中所不解
形體無異人　神通未曾有
為我分別說　修習何等法
令汝得清淨　為我廣敷演
令得勝妙法　我了法相已
為汝作弟子　畢竟無有悔

時彼比丘而作是念我今伏是王多有所導攝持佛法當廣分布如來舍利安樂無量衆生於此閻浮提盡令信三寶以是因緣故自顯其德時阿育王聞彼比丘所說自於佛所生大

敬信又白比丘言佛未滅度時何所記說比丘荅言佛記大王於我滅後過百歲之時於巴連弗邑有三億家彼國有王名曰阿育當王此閻浮提為轉輪王正法治化又復宣布我舍利於閻浮提立八萬四千塔佛如是記大王然大王今造此大地獄殺害無量民人王應慈念一切衆生施其無畏令得安隱時彼阿育王於佛所極生敬信合掌向比丘作禮我得大罪今向比丘懺悔我之所作甚為不可願受我懺勿復責我愚人今復歸命時彼比丘度阿育王已乘空而化時王從彼地獄出兇惡白王言王不復得去王曰汝今欲殺我耶彼曰如是王曰誰先入此中荅曰我是王曰若然者汝先應取死王即勑人將此兇惡主著作膠舍裏以火燒之又勑壞此地獄施衆生無畏

又雜阿含經云阿育王言我今先當供養所覺菩提之樹然後香美飲食施設於僧勑諸臣唱令國界王今捨十萬兩金布施衆僧千甕香湯溉灌

菩提樹集諸五衆時王子名曰拘那羅在左右邊舉二指而不言說意欲二倍供養大衆見之皆盡發笑王亦發笑而語言嗚呼王子乃有增益功德供養王復言我復以三十萬兩金供養衆僧復加千甕香湯洗浴菩提樹時王子復舉四指意在四倍時王瞋恚語諸臣曰誰教王子作是事與我興競臣啓王言誰敢與王興競然王子聰慧利根增益功德故作是事耳時王右顧視王子白上座耶舍曰除我庫藏之物餘一切物閻浮提夫人婇女諸臣眷屬及我拘那羅子皆悉布施賢聖衆僧唱令國界集諸比丘衆而說偈言

除王庫藏物　夫人及婇女
臣民一切衆　布施賢聖僧
我身及王子　亦復悉捨與

時王上座及比丘僧以甕香湯洗浴菩提樹時菩提樹倍復嚴好增長茂盛以偈頌曰

王浴菩提樹　無上之所覺
樹增於茂盛　柯條葉柔軟

時王及諸群臣生大歡喜時王洗浴菩提樹已次復供養衆僧時彼上座耶舍語王言大王今有大比丘僧集當發淳信心供養時王從上至下自手供養復以三衣并四億萬兩珍寶贖五部衆贖願已復以四十億萬兩珍寶贖取閻浮提宮人婇女及太子群臣阿育所作功德無量如是

又雜阿含經云阿育王問諸比丘言誰於如來法中行大布施諸比丘白言給孤獨長者最行大施王復問曰彼施幾許寶物比丘荅曰以億千金王聞是已彼長者尚能捨億千金我今爲主何緣復以億千金施當以億百千金施時王起八萬四千佛塔於彼二塔中復施百千金復作五歲大會會有三百千比丘用三百億金供養於彼彼衆中第一分是阿羅漢第二分是學人第三分是眞實凡夫除私庫藏此閻浮提夫人婇女太子大臣施與聖僧四十億金還贖取如是計較用九十六億千金乃至王得病欲以滿億百千金作功德今願不

得滿足便就後世時計較前後所施金銀珍寶唯減四億未滿王即辦諸珍寶送與雞雀寺中時益之子名三波提爲太子諸臣等啓太子言大王將終不久今以此珍寶送與寺中今庫藏財寶已竭諸王法以物爲尊太子今宜斷之勿使大王用之時大王自知索諸物不復能得所食金器送與寺中時太子令斷金器勒以銀器王食已復送寺中又斷銀器給以銅器王亦送寺中又斷銅器給以瓦器時大王手中有半阿摩勒果悲淚告諸大臣今誰爲地主時諸臣啓白大王王爲地主王即說偈荅曰

汝等護我心　何假虛妄語
我今墜王位　不復得自在
阿摩勒半果　今在於我手
此即是我物　於是得自在
嗚呼尊富貴　可猒可棄捨
先領閻浮提　今一旦貧至
如殑伽駃流　一逝而不返
富貴亦復然　逝者不復還

時阿育王呼侍者言汝今憶我恩養汝持此半阿摩勒果送雞雀寺

中作我意禮拜諸比丘僧足白言阿

育王問訐諸大衆我是阿育王領此
閻浮提閻浮提是我所有今者頓盡無
有財寶布施衆僧於一切財而不得
自在今唯此半阿摩勒果我得自由
此是最後布施檀波羅蜜衰毀我故
納受此施令我得供養僧福時彼使
者受王勑已即持此半果至雞雀寺
中至上座前五體投地作禮長跪合
掌具向上座說前王教時彼上座告
諸大衆誰聞是語而不猒世時彼上
座令此半果一切衆僧得其分食即
教令研磨著石榴羹中行已衆僧一
切皆得周徧時王復問傍臣曰誰是
閻浮提王臣答王言大王是也時王
從臥起而坐顧望四方合掌作禮念
諸佛德心念口言我今復以此閻浮
提施與三寶隨意用之時王以此語
盡書紙上而封緘之以齒印印之作
是事畢便即就盡尒時太子臣民
葬送王已諸臣欲立太子紹王位中
有大臣名曰阿㕧羅陁語諸臣曰不
得立太子為王大王在時願滿十萬

億金作諸功德唯减四億不滿十万

以是故今捨閻浮提施與三寶欲令
滿足今是大地屬於三寶云何而立
為王時諸臣聞已即送四億諸金送
與寺中即便立法益之子為王名三
波提

頌曰

睿葉澄暉　宿祐因淨　七寶來投
千子威併　十善御宇　四洲歸正
無思不恤　有意斯感　秉式康衢
昆蟲養性　八萬增壽　四八光瑩
鬼神翊衞　不言而令　樂哉至矣
輪

法苑珠林卷第四十三

甲辰歲高麗國分司大藏都監奉
勑彫造

法苑珠林卷第四十三

校勘記

一　底本，麗藏本。金藏廣勝寺本原版多所殘缺，今採用其中可用者三版又六行，即八七七頁下、次頁中、下及八七九頁上一至六行。

一　八七七頁上一行經名，徑作「法苑珠林卷第五十六」。卷末經名同。

一　八七七頁上二行撰者，資、磧、普作「大唐上都西明寺沙門釋道世字玄惲撰」；南作「唐上都西明寺沙門釋道世字玄惲撰」；徑作「唐上都西明寺沙門釋道世玄惲撰」；清作「唐西明寺沙門釋道世撰」。

一　八七七頁上三行夾註「此有五部」，磧、南、徑無。

一　八七七頁上四至六行「述意部……育王部」，徑無。

一　八七七頁上七行「第一」，徑無。以下部目下序數例同。

一　八七七頁上九行「感現」，普、南、

徑、清作「咸隨」。

一八七七頁上一八行第六字「壞」，資、磧、普、南、徑、清無。

一八七七頁中四行「出時」，資、磧、普、南、徑、清作「出世時」。

一八七七頁下二二行「中順」，資、磧、普、南、徑、清作「忠順」。

一八七七頁下末行「治正」，普、南、徑、清作「治政」。

一八七八頁上三行第二字「抂」，資、磧、普、南、徑、清作「枉」。

一八七八頁上一〇行「名曰土涹野豐」，資、磧、普、南、徑、清作「國名曰沃壤豐樂」。

一八七八頁上一四行「交飾」，資、磧、普、南、徑、清作「校」。

一八七八頁中一行「馴良」，資、磧、普、南、徑、清作「賢良」。

一八七八頁中三行「而言」，資、磧、普、南、徑、清無。

一八七八頁中四行「成就」，資、磧、普、南、徑、清無。又「紺馬」，資、磧、普作「駙馬」。

一八七八頁中六行「紺青色朱駿尾」，磧、普作「駙青色珠駿尾」；徑、清、麗作「紺青色珠駿尾」。

一八七八頁中一二行第二字「珠」，資、磧、普、南、徑、清作「現」；麗作「顯」。

一八七八頁中一三行「見巳此珠」，資、磧、普、南、徑、清作「見此神珠」。

一八七八頁中末行末字「宜」，南、徑、清作「儀」。

一八七八頁下八行第四字「與」，資、磧、普、南、徑、清作「無」。

一八七八頁下一一行「須至岸上」下，資、磧、普、南、徑、清有「王言正爾須寶」六字。

一八七八頁下一四行「手中」，資、磧、普、南、徑、清、麗作「手出」。

一八七八頁下一五行第一二字「止」，資、磧、普、南、徑、清作「止止」。

一八七九頁上四行第五字「表」，資、磧、普、南、徑、清、麗作「長」。

一八七九頁上六行第一三字「行」，資、磧、普、南、徑、清作「化」。

一八七九頁上一二行「北鬱單」，資、磧、普、南、徑、清作「北單」。

一八七九頁中五行「四種」，徑、清作「四種德」。

一八七九頁中一八行首字「王」，資、磧、普、南、徑、清作「用」。

一八七九頁下九行末字「舍」，資、磧、普、南、徑、清作「屋舍」。

一八七九頁下一五行末字至次行首字「憂惱」，資、磧、普、南、徑、清作「病憂」。

一八八〇頁上二行末字「擇」，資、磧、普、南、徑、清作「擇法」。

一八八〇頁上七行第一三字「曰」，資、磧、普、南、徑、清無。

一八八〇頁上八行「斯天下」，資、磧、普、南、徑、清作「四天下」。

一八八〇頁中七行第三字「汙」，資、磧、普、南、徑、清作「汙」。

一八八〇頁中一一行第七字「復」，資、磧、普、南、徑、清作「後」。

一八八〇頁中一五行第四字「皦」，資、磧作「激」。

一八八〇頁中一七行末字「唄」，資、磧、普、南、徑、清作「貝」。

一八八〇頁下三行第九字「而」，資、磧作「兩」。

一八八一頁上四行首字「貪」，資、磧、普、南、徑、清作「食」。又第五字「盛」，資、磧、普、南、徑、清作「歲」。

一八八一頁上二〇行第一二字「毗」，資、磧、普、南、徑、清無。

一八八一頁中三行「微笑」，資、磧、普、南、徑、清作「微笑世尊以何因緣而發微笑」。

一八八一頁中五行第九字「弗」，資、磧、普、南、徑、清無。

一八八一頁中一六行「娑羅」，資、磧、普、南、徑、清作「婆羅」。

一八八一頁下九行第一二字「貴」，資、磧、普、南、徑、清無。

一八八一頁下一四行末字「常」，資、磧、普、南、徑、清作「恒」。

一八八一頁下二二行第三字「圍」，資、磧作「國」。

一八八二頁上二〇行首字「說」，資、磧、普、南、徑、清作「報」。

一八八二頁中一三行「從者」，資、磧、普、南、徑、清作「諸從者」。

一八八二頁下一一行第六字「默」，資、磧、普、南、徑、清作「默然」。

一八八二頁下一三行第四字「素」，資、磧、南作「索」。

一八八二頁下一七行第二字「生」，資、磧作「往」。

一八八二頁下一九行末字「大」，資、磧、普、南、徑、清作「作」。

一八八二頁下二〇行第一二字「即」，資、磧、普、南、徑、清作「如」。

一八八三頁上四行第一〇字「數」，資、磧、普、南、徑、清無。

一八八三頁上一七行「樹華」，資、磧、普、南、徑、清作「華樹」。

一八八三頁上二〇行第一三字「王」，資、磧、普、南、徑、清無。

一八八三頁中五行第一二字「人」，資、磧、普、南、徑、清無。

一八八三頁中一二行第六字「文」，資、磧作「人」。

一八八三頁中一九行第六字「屠」，資、磧、普、南、徑、清作「徒」。本頁下三行第五字同。

一八八三頁中二〇行「比丘」，資、磧、普、南、徑、清作「比丘至」。

一八八三頁下二行「五天」，資、磧、普、南、徑、清作「天五」。

一八八四頁上一〇行「美色女」，徑作「美女色」。

一八八四頁中一行第二字「汝」，資、磧、普、南、徑、清作「爾」。

一八八四頁中二行第一一字「著」，清作「者」。

一八八四頁中三行第一三字「者」，清作「著」。

一八八四頁中八行第九字「調」，清作「謂」。

一八八五頁上二行第三字「左」，資、磧、普、南、徑、清無。

一八八五頁上一九行第三字「上」，資、磧、普、南、徑、清作「子」。

一八八五頁中二二行「計較」，資、磧、普、南、徑、清作「計校」。下同。

一八八五頁下二〇行「殑伽」，資、磧、普、南、徑、清作「恒河」。

一八八六頁上三行第一三字「頓」，資、磧、普、南、徑、清作「預」。

一八八六頁上末行末二字至本頁下一行首字「十萬億」，資、磧、普、南、徑、清作「億百千」。

一八八六頁中一行「十万」，資、磧、普、南、徑、清作「億百千」。

一八八六頁中二行「以是故今捨」，資、磧、普、南、徑、清作「以是之故全捨」。

一八八六頁中三行末字「立」，資、磧、普、南、徑、清作「立太子」。

一八八六頁中四行第一二字「諸」，資、磧、普、南、徑、清無。

一八八六頁中五行第九字「之」，資、磧、南無。

一八八六頁中一二行第三字「翊」，資、磧、普、南、徑、清作「翔」。

一八八六頁中一三行「輪」，資、磧、普、南、徑、清作「輪王顯聖」。

法苑珠林卷第四十四　途

西明寺沙門釋道世撰

君臣篇第四十一 此有六部

述意部　王德部　王過部
王榮部　王福部　王都部

述意部第一

昔如來在世預以末法囑累帝釋及諸國王良由天力可以摧萬邪王威可以率土庶也今遺法所付者意在伏以流通以四衆之微弱恐三寶之廢壞藉王者以威伏假王者以勢逼令有不肖者寢其瑕疵訕黷者掩其縱案助大猷以惟新扇皇風以遐暢一變告其漸弗變滌區宇群生佩聖德之恩佛法得委寄之道斯付囑之謂也如俗曰昔者聖王立制意使陰陽有位君臣有章男女有別政令有序故王者南面而治天下居后於北宮居太子於東方天子立廟王后立市日蝕則王修德月蝕則后修刑此體陰陽之位也故乾始於子故子爲天正坤始於未其衡在丑陰不專制往而

承陽故丑爲地正聖王承天序地以成其功故寅爲人正三正迭用有變無絕是以王者必存二代之後體三正也易曰西南得朋乃與類行東北喪朋乃終有慶故使臣從乎君女歸乎男也乾始於子左行而終於戌坤始於未右行而終於酉故使男貴左女貴右也

王德部第二

依瑜伽論云大王當知王之功德略有十種王若成就如是功德雖無大府庫無大輔佐無大軍衆而可歸仰何等爲十一種姓尊高二得大自在三性不暴惡四憤發輕微五恩惠猛利六受正直言七所作諦思八善順儀則九顧戀善法十善知差別知所作思十不自縱任不行放逸（翻前十種雖有大庫大佐大軍不可歸仰）大王當知王之方便略有五種何等爲五一善觀察攝受群臣二能以時行恩妙行三無放逸專思機務四無放逸善守府庫五無放逸專修法行（若翻前五行便成五種損門退失現法及失法利也）大王當知略有五種可愛樂法何等爲五一世所敬愛二

自在增上三能摧怨敵四善攝養身五能往善趣復有五種能引可愛何等爲五一恩養世間二英勇具足三善權方便四正受境界五勤修法行（翻前五種名不可愛）又諸國王有三種圓滿一果報圓滿二士用圓滿三功德圓滿若諸國王生富貴家長壽少病有大宗葉成就俱生聰利之慧是王名爲果報圓滿若諸國王善權方便所攝持故恒常成就圓滿英勇是王名爲士用圓滿若諸國王任持正法名爲法王安住正法與諸內宮王子群臣英傑豪貴國人共修慧施樹福受齋堅持禁戒是王名爲功德圓滿又果報圓滿者受用先世淨業果報士用圓滿者受用現法可愛之果功德圓滿者亦於當來受用圓滿淨業果報若有國王三不具足名爲下士若有果報圓滿或士用圓滿或俱圓滿名爲中士若三具足名爲上士

又中阿含經云若諸王剎利以水灑頂得爲人主整御大地有五儀式一綱二蓋三天冠四珠柄拂五嚴飾屐一切

除却復有三臣一有忠信無技能智
慧二有忠信技能無智慧三具忠信
技能智慧初名下士次名中士後名
上士若不忠信無有技能亦無智慧
當知此臣下中之下

王過部第三

如像法決疑經云乃至一切俗人不問
貴賤不得撾打三寶奴婢畜生及受
三寶奴婢禮拜皆得殃咎故薩遮尼
揵經云若破塔寺或取佛物若教作
助喜若有沙門身著染衣或有持戒
破戒若繫閉打縛或令還俗或斷其
命若犯如是根本重罪決墮地獄受
無間苦以王國內行此不善諸仙聖人
出國而去大力諸神不護其國大臣
諍競四方咸起水旱不調風雨失時
人民飢餓劫賊縱橫疫厲疾病死亡
無數不知自作而怨諸天
又仁王經云國王大臣自恃高貴滅
破吾法以作制法制我弟子不聽出
家不聽造作佛像立統官典制等安籍
記錄僧比丘地立白衣高坐又國王
太子橫作法制不依佛教因緣破僧

因緣統官攝僧典主僧籍苦相攝持
佛法不久
又瑜伽論云大王當知王過有十何
等為十一種姓不高二不得自在三立
性暴惡四猛利憤發五恩惠奢薄六
受邪佞言七所作不思不順儀則八
不顧善法九不知差別忘所作恩十
一向縱任專行放逸
又百喻經云昔有一人說王過罪而作
是言王甚暴虐治政無理王聞是語
既大瞋恚竟不究悉信傍佞人捉一
賢臣仰使剝脊取百兩肉有人證明
此無是語王心便悔索千兩肉用為
補脊夜中呻喚甚大苦惱王聞其聲
問言何以苦惱取汝百兩十倍與汝
意不足耶何故苦惱傍人答言大王
如截子頭雖得千頭不免子死雖十
倍得肉不免苦痛愚人亦介不畏後
世貪濁現樂苦切眾生調發百姓多
得財物望得滅罪而得福報譬如彼
王割人之脊取人之肉以餘肉補望使
不痛無有是處
又雜譬喻經云昔有國王喜食人肉

勅廚士曰汝等夜行密採人來以供廚
食以此為常臣下咸知即共廢逐捐
於界外更取良賢以為國王於是噉
人王經十三年後身生兩翅飛行噉
人無復遠近向山樹神請求祈福當
取國王五百人身祠山樹神使我還
復國王便飛行取之已得四百九十九
人將之山谷以石塞口時有國王將
諸後宮詣池浴戲始出宮門逢一道
人說偈求乞王即許之還宮當賜金
銀時王入池當欲澡洗其噉人王空中
飛來抱王將去還於山中國王見噉
人王不恐不怖顏色如故噉人王
曰吾本怖人當持祠天已得四
百九十九人今得卿一人其數已滿
殺以祠天汝何不懼國王對曰人生
有死物成有敗合會有離對來分之
何須愁耶旦出宮時路逢道人為吾
說偈即許施物今未得與以是為恨
今王弘慈寬恕假日施訖還來不敢
違要也即聽令去而告之曰與汝七
日期若不還者吾往取汝亦無難也
王即還宮都中內外莫不歡喜即開

庫藏布施遠近拜太子為王殷勤百姓辭決而去敢人王逢見其來念曰此得無異人乎從死得生而故來還即問曰身命世人所重愛者也而卿捨命世之難有不審何所志趣願說其意國王荅曰即日吾施至誠願當得阿惟越三佛願度十方彼王問曰求佛之義其事云何國王便為廣說五戒十善四等六度心開豁然從受五戒為清信士因放四百九十九人各令還國諸王共至其國感其信誓蒙得濟命各不肯還於本國遂便住止此國於此國王各為立第一舍雕文刻鏤光飾嚴整諸國王飲食服御與王無異四方人來問言何以有此如王舍宅徧一國中衆人荅曰皆是諸王舍也名遂遠布從此巳來故號為王舍城也佛得道巳自說本末立信王者我身是也噉人王者鴦崛摩是還王舍說法所度無量皆是宿命作王時因緣人也

王業部第四

如諫王經云佛在世時有國王名不

犁先尼出行國界道過佛所為佛作禮就座而坐

佛告王曰王治當以正法無失節度常以慈心養育人民所以得霸治為國王者皆由宿命行善所致統理民事不可偏枉諸官公卿群僚下逮凡民皆有怨辭王治行不平海內皆念身死神入太山地獄後雖悔之無所復及王治國平政常以節度臣民歎德四海歸心天龍鬼神皆聞王善死得上天後亦無悔王無好婬泆以自荒壞無以忿意有所殘賊當受忠臣剛直之諫夫與人言常以寬詳無灼熱之語唯有孝順慈養二親供事高行清淨沙門見凡老人當尊敬之所有財寶與民同歡當以善心施惠於民無以讒言殘賊民命為王之法當宣聖道教民為善惟守一心心存三尊王者如斯諸聖咨嗟天龍鬼神擁護其國生有榮譽死得上天世間榮位如幻如夢不可久保人欲死時諸家內外聚會其邊椎胷呼天皆云柰何淚下交橫嗚呼痛哉神靈獨遊捨吾之

乎聞之者莫不傷心覩之者莫不助哀載之出城捐於曠野飛鳥走獸齚掣食之身中有蟲還食其肉日炙風飄骨皆為乾往昔尊榮豪貴隱隱闐闐亦如大王今者霍然不復見之此是無常之明證也古尚如此況於今日王孰思之無念婬泆無受佞言證人入罪當受忠諫治以節度當畏地獄考治之痛諸含血蟲皆貪生活不當殺之佛說經竟王意即解願為弟子即受五戒頭面著地為佛作禮

又摩達國王經云佛在世時有國王號名摩達王時當出軍征討時有比丘巳得羅漢道到國分衛並見錄將詣王宮門王有馬監令比丘養視官馬勤苦七日王後身自臨視軍陣比丘見王即於其前輕舉飛翔上住空中現其威神王便恐怖叩頭悔過我實愚癡不別真偽推問國內誰令神人為是養馬今當治殺比丘告王言非王及國人過也自我宿命行道常供養師我時為師設飯師謂我言且先澡手巳乃當飯我愚癡心念言師亦不養

宫馬何故不預澡手師即謂我言汝今念此輕耳後重如何我聞是語便愁憂之師知其意便念言我會當泥洹何故令人惱耶即以其夜三更時般泥洹從來久遠各更生死今用是故受其宿殃養馬七日夫善惡行輙有殃福如影隨形王聞罪福乞歸命三寶受五戒作優婆塞佛便爲王及人民說法得須陁洹道

又法句喻經云昔有國王治行正法民慕其化無有太子以爲憂愁佛來入國尊受五戒奉敬不懈有一給使其年十一常爲王使忠信奉法不以爲勞卒得重病遂致無常其神來還爲王作子至年十五立爲太子父王命終習代爲王憍慢自恣不理國事自寮廢調民被其患佛知其行不會本識將諸弟子往到其國佛告王曰令王自知本所從來不王曰愚暗不達不知先世佛告大王本以五事得爲國王何等爲五一者布施得爲國王萬民奉獻宫觀貲財無極二者興立寺廟供養三尊牀榻幃帳以是爲王在於正

殿御座理國三者親身禮敬三尊及諸長德以是爲王一切萬民莫不爲之作禮四者忍辱身三口四及意無惡以是爲王一切見者莫不歡喜五者學問常求智慧以是爲王決斷國事莫不奉行此之五事世世爲王王前世時爲大王給使奉佛以信奉法以愛奉僧以敬奉親以孝奉君以忠常行一心精進布施勞身苦體初不懈惓是福追身得爲王子補王之弟今者富貴而反懈怠夫爲國王當行五事何謂爲五一者領理萬民無有枉濫二者養育將士隨時廪與三者念修本業福德無絕四者當信忠臣正直之諫無受讒言以傷正直五者節欲貪樂心不放逸行此五事名聞四海福祿自來捨此五事衆綱不舉民窮則思亂士勞則勢不舉無福則鬼神不助自用則失大理忠臣不敢諫則心蕩放逸國主不理務民則多怨若如是者身失令名後則無福於是世尊重說偈言

夫爲世間將　修正不阿枉　心調勝諸惡

如是爲法王　見正能修慧　仁愛好利人
旣利以平均　如是衆附親

佛說是時王大歡喜五體懺悔謝佛聞法得須陁洹道

又賓頭盧爲優陁延王說法經云昔輔相子賓頭盧阿羅漢爲優陁延王說偈云

生老病死患　於中未解脫　無明愛毒箭
猶未得拔出　人帝汝云何　而生樂著想
如象處林中　四邊大火起　處此急難處
云何有歡喜　大王應當知
榮位須臾間　智者深觀察　不應於此事
而生希有想　汝何故錯解　未脫生死胎
橫生無畏想　欲賊劫諸根　橫生無畏想
無常不堅固　如芭蕉水沫　亦如浮雲散
天王尊勝位　危脆亦如是　人帝應當知
貪利極速駛　如水注深谷　嗜欲極輕疾
動轉如掉索　愚癡深爲欲　不覺致墮落

尊者言大王我今爲王略說譬喻王至心聽昔日有人行在曠路逢大惡象爲象所逐狂懼走突無所依怙見一丘井即尋樹根入井中藏上有黑白二鼠互齧樹根此井四邊有四毒

蛇欲螫其人而此井下有三大毒龍傍畏四蛇下畏毒龍所攀之樹其根動搖樹上有蜜五滴墮其口中于時動樹敲壞蜂窠衆蜂散飛唼螫其人有野火起復來燒樹大王當知彼人苦惱不可稱計而彼人得味甚少苦患甚多其所味者如牛跡水其所苦患猶如大海味如芥子苦如須彌味如螢火苦如日月如藕根孔比於太虛亦如蚉子比金翅鳥其味苦惱多少如是尊者言大王曠野者喻於生死彼男子者喻於凡夫象喻於無常丘井喻於人身樹根喻於人命白黑鼠者喻於晝夜齧樹根者喻念念滅四毒蛇者喻於四大蜜者喻於五欲衆蜂喻惡覺觀野火燒者喻其老邁下有三毒龍者喻其死亡墮三惡道是故當知欲味甚少苦患甚多生老病死於一切人皆得自在世間之人身心勞苦無歸依處衆苦所逼輕疾如電是可憂愁不應愛著

王福部第五

如舊雜譬喻經云昔有國王出射獵

還過寺繞塔爲沙門作禮辟目共笑之王覺知問辟目曰有金在釜沸以手取得不荅曰不可得王言汝以冷水投中可得取不目白王曰可得也王言我行王事射獵所作如湯沸燒香然燈繞塔禮僧如持冷水投沸湯中夫作王有善惡之行何爲但有惡無善乎

又迦葉經云佛告迦葉過去無量阿僧祇劫有佛號妙華時有輪王名曰尼彌如法治世主四天下尒時大王見二化生童子得出家已即以太子令紹王位王與九百九十九子八萬四千夫人五千大臣及諸人民以淨信心俱共出家尒時太子登位七日內自思惟我終不捨薩婆若心何用王位作是念已發心出家於十五日游四天下說此偈言

我父及親屬　皆悉已出家　無量億衆生
爲法亦出家　我今樂出家　不樂住五欲
一心求佛道　欲詣導師所　若發心出家
離諸欲火者　應速隨我去　離難甚難得
不發出家心　不遠離欲火　安心在居家
安住於實法

迦葉時彼童子說此偈時四天下中無一衆生樂在家者皆悉發心願求出家既出家已不須種殖其地自然生諸粇米諸樹自然生諸衣服一切諸天供侍給使一切衆生皆得道果

王都部第六

如十二游經云波斯匿王者晉言和悅迦維羅越國者晉言妙德舍衛國者晉言無物不有維耶離國者晉言廣大一名度生死羅閱祇城者晉言王舍城鳩留國者晉言智士波羅柰國者晉言鹿野一名諸佛國閻浮提中有十六大國八萬四千城有八國王四天子東有晉天子人民熾盛南有天竺國天子土地多饒象西有大秦國天子土地饒金玉北有月支天子土地多好馬八萬四千城中有六千四百種人萬物音響各別有五十六萬億丘聚魚有六千四百種鳥有四千五百種獸有二千四百種樹有萬種草有八千種雜藥有七百四十種雜香有四十三種寶有百二十一種

正實有七種海中有二千五百國有百八十國人噉五穀有三百三十國人噉魚鼈黿鼉五大國王一王主五百城第一王名斯黎國土地盡事佛不事衆邪第二王名迦羅土地出七寶第三王名不羅土地出四十種香及白瑠璃第四王名閣耶土地出華菱胡椒第五王名耶頻土地出白珠及七色瑠璃五大國城人多黑色短小相去六十五萬里從是已去但有海水無有人民去鐵圍山百四十萬里

又智度論問曰如舍婆提諸大城皆有諸王舍何故獨名此城爲王舍城荅曰有人言是摩迦陁國王有子一頭兩面四臂時人以爲不祥王即裂其身首棄之曠野羅剎女鬼名闍羅還合其身而乳養之後大成人力能併諸國王有天下取諸國王萬八千人置此五山中以大力勢治閻浮提人因名此山爲王舍城復有人言摩伽陁王先所住城城中失火一燒一作如是至七國人疲役王大憂怖集諸智人問其意故有言宜應易處王即

更求住處見此五山周匝如城即作宮殿於中止住以是義故名王舍城復往古世時此國有王名婆藪心猒世法出家作仙人是時居家婆羅門與出家諸仙人共論議居家婆羅門言經書云天祀中應殺生噉肉諸出家仙人言不應天祀中殺生噉肉共諍云云諸出家婆羅門言此有大王出家作仙人汝等信不諸居家婆羅門言信諸出家仙人言我以此人爲證後日當問諸居家婆羅門即以其夜先到婆藪仙人所種種問已語婆藪仙人明日論義汝當助我如是明旦論時諸出家仙人問婆藪仙人天祀中應殺生噉肉不婆藪仙人言婆羅門法天祀中應殺生噉肉諸出家仙人言於汝實心云何婆藪仙人言爲天祀故應殺生噉肉此生在天祀中死故得生天上諸出家仙人言汝大不是汝大妄語即唾之言罪人滅去是時婆藪仙人尋陷入地沒踝是初開大罪門故諸出家仙人言汝應實語若故妄語者汝身當陷入地中婆藪仙

人言我知爲天故殺生噉肉無罪即復陷入地至膝如是漸漸稍沒至要至項諸出家仙人言汝今妄語得現世報更以實語者雖入地下我能出汝令得免罪尒時婆藪仙人自思惟言我貴人不應兩種語又婆羅門四韋陁法中種種因緣讚祀天法我一人死當何足計一心言天應天祀中殺生噉肉無罪諸出家人言汝重罪人推去不用見汝於是舉身沒地中從是已來乃至今日常用婆藪仙人王法於天祀中殺羊當下刀時言婆藪仙人殺汝婆藪之子名曰廣車嗣位爲王後亦猒世法而不能出家如是思惟我父先王出家生入地中若治天下復作大罪我今當何以自處如是思惟時聞空中聲言汝若行見難値希有處汝應是中作舍住作是語已便不復聞聲未經幾時王出畋獵見有鹿走其疾如風王便逐之而不可及遂逐不止百官侍從無能及者轉前見有五山周匝峻固其地平正生草細軟好華遍地種種樹林華菓茂

咸溫泉浴池皆悉清淨其地莊嚴處
處有散天華天香聞天伎樂尒時捷
闥婆伎樂適見王來各自還去是處
希有未曾所見今我正當在中作舍
住如是思惟已群臣百官尋跡而到
王告諸臣我前所聞空中聲言汝行
若見希有難值之處汝於是中作舍
住我今見此希有之處我應是中作
舍住即捨本城於此山中住是王初始
在此中住從是已後次第止住是王
元起造立宮舍故名王舍城
又智度論者闍崛山者此名鷲頭山
問曰何故名鷲頭山荅曰是山頂似
鷲王舍城人見其似鷲故共傳言鷲
頭山因而名之為鷲頭山又王舍城
南尸陁林中多諸死人諸鷲常來食
之還在山頭時人遂名鷲頭山是山
於五山中最高大多好林水聖人住
處
又大哀經云佛在王舍城靈鷲山者
古昔諸佛之所游居如來威神之所
建立其地道場諸菩薩衆所共咨嗟
無極法座天龍鬼神等咸俱歸命

稽首為禮
又智度論問佛普慈一切何故獨住
王舍城不住餘城荅曰亦住餘城希
少而多住王舍城舍婆提城為諸城
邊國又彌離車地多弊惡人善根未
熟故不住之又佛知恩故多住此二城
問曰何故知恩多住二城荅曰憍薩
羅國是佛生身地舍婆提大城佛為
法主故亦在此城問曰若知恩故多住
舍婆提城者迦毗羅城近佛生處何
以不住荅曰佛無餘習近諸親屬亦無
累想然釋種弟子多未離欲若近親
屬則深著心生以報生地恩故多住
舍婆提一切衆生皆念生地故如偈
說
一切論義師　自受所知法
如人念生地　雖出家猶諍
以報法身地恩故多住王舍城諸佛
皆愛法身故如偈說
過去未來　現在諸佛　供養法身
師敬尊重
法身於生身勝故二城中多住王舍城
頌曰

君臣感德　靈篇金鏡　寶冊葳蕤
帝圖掩映　烏紀稱祥　龍書表慶
萬國來朝　百辟作詠　肇高武皇
後嗣宗聖　西夷險阻　威感除併
慈蔭蒼生　業隆壽命　至哉勝業
聖君啓政
感應緣略引五驗
燕臣莊子儀　漢王如意
漢靈帝　漢宣帝　又漢靈帝
燕臣莊子儀無罪而簡公殺之子
儀曰死者無知則已若其有知不出三
年必使君知之朞年簡公祀於祖澤
燕之有祖澤猶宋之有桑林國之大
祀也男女觀子儀起於道左荷朱杖
擊公公死於車上
漢王如意漢高帝第四子也呂后生
長子也立為皇太子而如意母戚夫
人得寵於帝帝數欲譖太子而立如
意群臣爭之故遂封如意於趙呂后
以是嫉之及高帝崩呂后徵如意到
長安而拉殺之又肢斷戚夫人手足
號為人彘後呂后被除於灞上還道
中見物如蒼狗攫后腋忽而不見卜

之云趙王如意爲祟遂病腋傷而崩
右二驗出冤魂志
漢靈帝數游戲於西園令後宫婇女
爲客舍主身爲商賈行至舍間婇女
下酒因共飲食以爲戲樂蓋是天子
將欲失位降在皁隸之徵也其後天
子遂傳古志之曰赤厄三七三七者
經二百一十載當有外戚之篡丹眉
之妖篡盜短祚極於三六當有龍飛
之秀興復祖宗又歷三七當復有黄
首之妖天下大亂矣自高祖𨒪業至
于平帝之末二百一十年而王莽篡
位蓋因母后之親十八年而山東賊
樊子都等起實丹其眉故天下號曰
赤眉於是光武以興於其名曰秀至于
靈帝中平元年而張角起置三十六
萬衆數十萬人皆是黄巾故天下號
曰黄巾賊故今道服由此而興初起於
鄴會於眞定誑惑百姓曰蒼天已死
黄天立歲名甲子年天下大吉起於
鄴者天下始業也會於眞定也小民相
向跪拜信趣出荆楊尤甚棄財産流
溢道路死者數百角等初以二月起

兵其冬十二月悉破自光武中興至
黄巾之起未盈二百一十年而天下
大亂漢祚廢絶實應三七之運也
漢宣帝之世燕代之間有三男共取
一婦生其四子及至將分妻子而不可
均乃致諍訟廷尉范延壽斷之曰此非
人類當以禽獸從母不從父也請戮
三男子以兒還母宣帝嗟歎曰事何
必古若此則可謂當於理而厭人情
也延壽蓋見人事而知用刑矣未知
論人妖將來之應也
漢靈帝建寧三年河内有婦食夫河
南有夫食婦夫婦陰陽二儀之體也
有情之深者也今反相食陰陽相侵
豈特日月之眚哉靈帝既沒天下大
亂君有妄誅之暴臣有劫弑之逆兵
草傷殘骨肉爲讎生民之禍至矣故
人妖爲之先作恨不遭幸有晉乘之
論以測其情也　右三驗出搜神記

法苑珠林卷第四十四

甲辰歲高麗國大藏都監奉
勅彫造

法苑珠林卷第四十四

校勘記

一　底本，麗藏本。
一　八九〇頁上一行經名，徑作「法苑珠林卷第五十七」。卷末經名同。
一　八九〇頁上二行撰者，資、磧、普作「大唐上都西明寺沙門釋道世字玄惲撰」；南作「唐上都西明寺沙門釋道世字玄惲撰」；徑作「唐上都西明寺沙門釋道世玄惲撰」；清作「唐西明寺沙門釋道世撰」。
一　八九〇頁上三行「此有六部」，徑無。
一　八九〇頁上四行至五行「述意部……王都部」，徑無。
一　八九〇頁上六行「第一」，徑無。以下部目下序數例同。
一　八九〇頁上九行「所付者」，磧、普、南、徑、清作「可付者」。
一　八九〇頁上一六行「立制」，諸本(不含石，下同)作「之制」。

一　八九〇頁上末行第四字「未」，資、磧、普、南作「末」。本頁中七行首字同。

一　八九〇頁中三行「二代」，南、徑、清作「三代」。

一　八九〇頁中五行「有慶」，磧作「有變」。

一　八九〇頁中一四行第四字「憒」，諸本作「情」。

一　八九〇頁中一五行「正真」，諸本作「正直」。

一　八九〇頁中一六行「所作」，諸本作「所住」。

一　八九〇頁下一一行「任持」，磧作「住持」。

一　八九〇頁下一三行「慧施」，諸本作「惠施」。

一　八九一頁上一三行第一〇字「決」，諸本作「決定」。

一　八九一頁上二一行第一一字「典」，諸本無。

一　八九一頁中六行第三字「倿」，諸本作「佞」。下同。

一　八九一頁中一一行末字「一」，諸本作「此」。

一　八九一頁下四行「十三年」，磧作「十二年」。

一　八九一頁下六行末字至次行首字「還復」，磧、普、南、徑、清作「復還」。

一　八九一頁下一二行第五字「將」，諸本作「得」。

一　八九一頁下一四行「怖人」，諸本作「捕人」。

一　八九二頁上二行第二字「辭」，徑、清作「辯」。

一　八九二頁上二〇行「還王舍」，諸本作「今還王舍城」。

一　八九二頁中六行「下逮」，諸本作「下吏」。

一　八九二頁中一四行首字「語」，諸本無。

一　八九二頁中一六行第三字「民」，諸本作「臣」。

一　八九二頁中二二行第三字「其」，磧、普、南、徑、清無。

一　八九三頁上一二行「尊受」，諸本作「遵受」。

一　八九三頁中一三行「廪與」，諸本作「稟與」。

一　八九三頁中二〇行「國主」，諸本作「國王」。

一　八九三頁中二一行第一〇字「後」，諸本作「復」。

一　八九三頁下末行「互齧」，諸本作「牙齧」。

一　八九四頁中二行第一二字「釜」，諸本作「釜釜」。

一　八九四頁中二一行「佛道」，諸本作「出道」。

一　八九四頁下一七行第九字「北」，諸本作「西北」。

一　八九五頁下三行「至項」，資、磧、南、徑、清作「至頂」。

一　八九五頁下七行第一〇字「祀」，資、普作「詞」；磧、南、徑、清作

「祠」。

一八九五頁下二〇行第五字「其」，諸本無。

一八九六頁上一八行「林水」，諸本作「林泉」。

一八九六頁中二行第五字「問」，諸本作「問曰」。

一八九六頁下二行「鳥紀」，磧、普、南、徑、清作「鳥記」。

一八九六頁下七行夾註「略引」，磧、南、徑、清作「略出」。

一八九六頁下九行第七字「又」，諸本無。

一八九六頁下一二行「祀於」，南作「死於」。又「祖澤」，磧、普、南、徑、清作「祖澤」，一三行同。

一八九六頁下一四行「男女」，磧作「男子」。

一八九六頁下一八行「欲譖」，諸本作「欲替」。

一八九六頁下二〇行第一一字「徵」，諸本作「候」。

一八九六頁下二一行「拉殺」，資、磧、南作「燤煞」。

一八九六頁下二二行「人蠡」，資、磧、南作「人豕」。又「袚除」，資、磧作「拔除」。

一八九七頁上二行夾註右「右二驗」，徑、清作「右一驗」。

一八九七頁上六行第一〇字「徭」，諸本作「謠」。

一八九七頁上一五行第九字「於」，磧、普、南、徑、清作「祚」。

一八九七頁上末行首字「溢」，諸本作「沉」。

一八九七頁中四行第七字「代」，諸本作「岱」。

一八九七頁中一八行「不遭辛有」，諸本作「而不遭辛有」。

一八九七頁中一九行夾註右「右三驗」，諸本作「右其三驗」。

法苑珠林卷第四十五　用二十五紙

西明寺沙門釋道世撰

納諫篇第四十二　審察篇第四十三

納諫篇（此有二部）

述意部第一

夫納其理則言語絕乖其趣則諍論興然直言者德之本納受者行之原所以藉言而德顯納受而行全譬目短於自見借鏡以觀形髮拙於自理必假櫛以自通故面之所以形明鏡之力也髮之所以理玄櫛之功也行之所以芳蓋言之益也是故身之將敗必不納正諫之言命之將終必不可癡於良醫也

引證部第二

如雜寶藏經云佛言昔迦尸國王名為惡受極作非法苦惱百姓殘賊無道四遠賈客珍奇勝物皆稅奪取不酬其直由是之故國中寶物遂至大貴諸人稱傳惡名流布尒時有鸚鵡王在於林中聞行路人說王之惡即自思念我雖是鳥尚知其非今當詣彼為說善道彼王若聞我語必作是言彼鳥之王猶有善言奈何人王為彼譏責儻能改修尋即高飛至王園中迴翔下降在一樹上值王夫人入園遊觀于時鸚鵡鼓翼嚶鳴而語之言王今暴虐無道之甚殘害萬民毒及鳥獸含識嗷嗷人畜憤結呼嗟之音周聞天下夫人荷虵與王無異民之父母豈應如是夫人聞已瞋恚熾盛此何小鳥罵我濫口遣人伺捕尒時鸚鵡不驚不畏入捕者手夫人得之即用與王王語鸚鵡何以罵我鸚鵡荅言說王非法乃欲相益不敢罵王時王問言有何非法荅言有七事非法能危王身問言何等為七荅言一者躭荒女色不敬貞正二者嗜酒醉亂不恤國事三者貪著棊博不修禮敬四者遊獵殺生都無慈心五者好出惡言初不善語六者賦役謫罰倍加常則七者不以義理劫奪民財有此七事能危王身又有三事俱敗王國王復問言何謂三事荅言一者親近邪佞諂惡之人二者不附賢良不受善

言三者好伐他國不養人民此三不除傾敗之期非旦則夕夫爲王者率土歸仰王當如橋濟度萬民王當如稱親踈皆平王當如道不違聖蹤王者如日普照世間王者如月與物清涼王如父母恩育慈矜王者如天覆蓋一切王者如地載養萬物王者如火爲諸萬民燒除惡患王者如水潤澤四方應如過去轉輪聖王乃以十善道教化衆生王聞其言深自慚愧鵽鵽之言至誠至欵我爲人王所行無道請遵其教奉以爲師受修正行尒時國内風教既行惡名消滅夫人臣佐皆生忠敬一切人民無不歡喜尒時鵽鵽者我身是也

尒時迦尸國王惡受者今輔相是也

尒時夫人者今輔相夫人是也

又薩遮尼乾子經云時嚴熾王言大師頗有衆生聰明大智利根有罪過不荅言有何者是荅言大王即是王甚聰明大智利根黠惠有大威力心不怯弱好喜布施威德具足亦有罪過王言大師我之罪過云何荅言大

王之罪太極暴惡太嚴太急太一太卒大王當知若王子性太惡者彼爲一切多人不用多人不愛多人不喜乃至父母亦不喜見何況餘人是故大王不應太惡所爲作事當安祥不應太卒而說偈言

若王行惡行　瞋心不見事
動則惱衆生　乃至父母畏
何況餘非親　而當有念愛
大王應當知　智者捨瞋恚

尒時嚴熾王在坐對面聞尼乾子毀呰自身心生不忍瞋心不喜心生毒害即作是言薩遮尼乾子汝云何於大衆中說我過患我從昔來無人敢正看我汝今毀我罪應合死作是語已告諸臣言汝當捉此斷其命根尼乾驚惱語言大王汝今莫卒作如是惡我有善言願王暫時施我無畏聽我所說王言汝何所說當速說尼乾荅言大王當知我亦有罪由太實語不虛語稱事語以我如是大惡人前急性人前無慈悲人前卒作事人前如是行人前說如是實語大王當知

黠慧之人不應一切時一切處常說實語應當善觀可與語人不可與語人可語時不可語時當知實語世人不愛不善讚歎而說偈言

智者不知時　卒隨意說實
彼人智者呵　何況無智者
智者一切處　亦不皆實語
是實憍尸迦　實語入惡道

尒時王聞尼乾子說自身過罪即便開解歸誠懺悔

又大莊嚴論云佛言我昔曾聞有羌老母入於林中採波羅樹葉賣以自活路由關邏邏人稅之時老母不欲令稅而語之言汝能將我至王邊者稅乃可得若不尒者終不與汝於是邏人遂共紛紜往至王所王問老母汝今何故不輸關稅老母白王王頗識彼某比丘不王言我識是大羅漢又問第二比丘王復識不王言我識彼亦羅漢又問第三比丘王復識不王荅言識彼亦羅漢老母抚掌而白王言是三羅漢皆是我子此諸子等受王供養能使大王受無量福是則名爲與王

稅物去何更欲稅奪於我王聞是已歎未曾有善哉老母能生聖子我實不知彼羅漢是汝子者應加供養恭敬於汝老母即說偈言

吾生育三子　勇健超三界
悉皆證羅漢　爲世作福田
王若供養時　獲福當稅物
云何而方欲　稅奪我所有

王聞是偈已身毛皆豎於三寶所生信敬心流淚而言如此老母宜加供養況稅其物

又舊雜譬喻經云昔有沙門行至他國夜不得入城於外草中坐至夜有閱叉鬼來持之當噉沙門言汝相離遠矣鬼言何以爲遠沙門言汝欲害我我當生忉利天上汝當入地獄是不爲遠耶鬼則致謝作禮而去

又摩鄧女經云時阿難持鉢行乞食已隨水邊行見一女人在水邊擔水而阿難從女乞水女即與水女隨阿難視所止處女歸告母母名摩鄧女便於家內委臥而啼母問何爲悲啼女言母欲嫁我者莫與他人我於水邊

見一沙門從我乞水我問阿誰荅字阿難我得阿難乃可嫁如不得者我不嫁也母出行問阿難知阿難承事佛人母已知還告女言阿難事佛道人不肯爲汝作夫女啼不食母知蠱道請阿難飯女便大喜母語阿難我女欲爲卿作妻阿難言我持戒不畜妻復言我女不得卿爲夫者便欲自殺阿難言我師是佛未與女人交通母入語女具述此意女對母啼言但爲我閉門無令得出暮自爲夫母便閉門以蠱道法縛阿難至於晡時母爲女布席臥處女便大喜遂自莊飾阿難不就母令中庭地出火牽阿難衣言汝不爲我女作夫我擲汝火中阿難自鄙爲佛作沙門今反不能得出佛即持神心知阿難故救還佛所具白前事女見阿難去於家啼哭不止續念阿難女明日自求阿難復見阿難行乞食隨阿難背後視阿難足視阿難面阿難慚避女隨不止阿難白佛言摩鄧女今日復隨我後佛使追呼佛問女云汝追逐阿難何等所索女言我

聞阿難無婦我又無夫欲爲作婦也佛告女言阿難無髮汝今有髮汝能剔髮我使阿難爲汝作夫女言能剔佛言歸報汝母剔頭竟來女歸具白母知母言我生汝護汝頭髮何爲欲得沙門作婦國中大有豪富我自嫁汝女言我寧生死爲阿難作婦母言言辱我種族母爲下刀剃頭已女還到佛所言我已剔髮佛言汝愛阿難何等女言我愛阿難眼愛阿難鼻愛阿難口愛阿難耳愛阿難聲愛阿難行步佛言眼中但有淚鼻中但有涕口中但有涎耳中但有聹身中但有屎尿臭處不淨其有夫妻者便有惡露惡露中便生兒子已有兒子便有死亡已有死亡便有哭泣於是身中有有何所益女即思念身中惡露便自正心即得羅漢佛知得道即告女言汝起至阿難所女即慚愧低頭長跪佛前言女實愚癡故逐阿難今我心開如冥中有燈火如人乘船船壞依岸如盲人得扶如老人持杖今佛與我道令我心開如是諸比丘俱聞佛是女

人何因得道佛告諸比丘是摩鄧女
先世時五百世爲阿難作婦常相愛
敬故於我法中得道於今夫妻相見
如兄如弟如是佛道何用不爲佛說
是經諸比丘聞已皆大歡喜
又百緣經云佛在世時舍衛城中有
一婆羅門名曰梵摩多聞辯才明解
經論四韋陁典無不鑒達其婦生女
端正姝妙智慧辯才無有及者聞諸
婆羅門共父論議悉能受持一言不
失如是展轉所聞甚多與耆舊長宿
皆來諮啓無不通達聞世有佛始成
正覺教化蹇諮受法味尋自莊嚴往詣佛
所見佛發心求索出家佛告善來比
丘尼頭髮自落法服著身成比丘尼
精勤修習得阿羅漢果
阿難見已白佛言此須漫比丘尼宿
殖何福今值佛出家得道佛告阿難
此賢劫中有佛出世號曰迦葉入涅槃
後於像法中有一比丘尼心常喜樂
說法教化精勤無替因發誓願使我
來世釋迦牟尼佛法之中明解經論
發是願已便取命終生天人中聰明

智慧無有及者今值我出家得道名
聞第一比丘聞已歡喜奉行
又中阿含經云禪以聲爲刺世尊亦
說以聲爲刺所以者何我實如是說
禪有刺持戒者以犯戒爲刺護諸根
者以嚴飾身爲刺修習惡露者以淨
相爲刺修習慈心者以恚爲刺離酒
者以飲酒爲刺梵行者以見女色爲
刺入初禪者以聲爲刺入第二禪者
以覺觀爲刺入第三禪者以喜爲刺
入第四禪者以入出息爲刺入空處
者以色想爲刺入識處者以空處想
爲刺入無所有處者以識處想爲刺
入無想處者以無所有處想爲刺入
想知滅定者以想知爲刺復有三刺
欲刺恚刺愚癡刺此三刺者漏盡阿
羅訶已斷已知拔絕根本滅不復生
是爲阿羅訶無刺（除此刺者是名納諫）
又大魚事經云尒時世尊告諸比丘
昔時有一池水繞諸大魚尒時大魚
勑小魚曰汝等莫離此間往他處所
被爲惡人所得尒時小魚不從大魚
教便往至他處尒時獻師以飯網羅

緣捕諸魚諸小魚見便趣大魚處所
尒時大魚見小魚來便問小魚曰汝
等莫離此間往至他所不尒時小魚
便荅大魚曰我等向者已至他所來
大魚便勑小魚曰汝等既至他所不
爲羅網取捕耶小魚荅大魚曰我等
主彼不爲人所捕然遙見長綫尋我
後來大魚便語小魚曰汝等已爲所
害所以然者汝所遙見綫尋後來者
昔先祖父母等盡爲此綫所害汝見
必爲所害汝非我兒尒時小魚盡爲
獻師所捕舉著岸上如是小魚大有
死者（爲不受語爲網所害）
又僧祇律云佛告諸比丘過去世時
有城名波羅柰國名伽尸時有一婆
羅門於曠野中造立義井爲放牧行
者皆就井飲并及洗浴時日向暮有
群野干來趣井飲池殘水有野干主
不飲池水便內頭罐中飲水飲已戴罐
高舉撲破凡罐罐口猶貫其項諸野
干華語野干主若溼樹葉可用者尚
當護之況復此罐利益行人云何打
破野干主言我作是樂但當快心耶

知他事時有行人語婆羅門汝鑵已
破復更著之猶如前法為野干所破
乃至十四諸野干輩數數誅之猶不
受語時婆羅門便自念言是誰破鑵
當住伺之正是野干便作是念我福德井而作留
難便作木鑵堅固難破令頭易入難出持著井邊
然捉杖屏處伺之行人飲訖野干主如
前入飲飲訖撲地不能令破時婆羅
門捉杖打殺空中有天說此偈言

知識慈心語　很戾不受諫
守頑招此禍　自喪其身命
是故癡野干　遭斯木鑵苦

佛告諸比丘介時野干主者今提婆
達多是時群野干者今諸比丘諫提
婆達多者是當知於過去時已曾不
受知識輭語自喪身命今復不受諸
比丘諫當墮惡道長夜受苦

頌曰

智人受諫　愚人拒違　譬同明鏡
影照瑕疵　見過須改　慕在知機
頑嚚固執　困厄何依

審察篇第四十三此有四部

述意部　審怒部　審過部

審學部

述意部第一

夫聖人利物審境觀心調識情於實
所運假實於妄城故審非慧無以窮
其實慧非審無以察其照然則照察
之源審定之要故能無法不緣無境
不察然後緣法察境乃知同趣於玄
功交養於萬法也

審怒部第二

如僧祇律云佛告諸比丘過去世時
有婆羅門家貧有婦不生兒家有那
俱羅蟲便生一子時婆羅門以無子
故養如兒想那俱羅子於婆羅門亦
如父想於後婦便有身滿月生子便
作是念由那俱羅生吉祥子使我有
兒時婆羅門欲出乞食便勅婦言汝
若出行當將兒去慎莫留後婦與兒
食已便至比舍借碓舂穀是時小兒
有蘇酪香時有毒蛇乘香來至張口
吐毒欲殺小兒那俱羅蟲便作是念
我父出行母亦不在云何毒蛇欲殺我
弟便殺毒蛇段為七分父母知者必當
賞我以血塗口當門而住欲令父母見

之歡喜時婆羅門始從外來見婦舍
外便瞋恚言我敎行時當將兒去何
以獨行父欲入門見那俱羅口中有
血便作是念我夫婦不在將無殺食
我兒徒養此蟲即前打殺既入門內
自見已兒唼指而戱復見毒蛇七分
在地時婆羅門深自苦責是那俱羅善
有人情救我子命我不善觀卒便殺
之可痛可憐迷悶躃地空中有天即
說偈言

宜審諦觀察　勿行卒威怒
善友恩愛離　枉害傷良善
喻如婆羅門　殺彼那俱羅

又佛說太子沐魄經云佛告諸比丘
昔者有國名波羅柰王有太子字名
沐魄生無窮極之相端正好潔無有雙
比父母奇之供養瞻視須其長大當
為立字結舌不語十有三年㵸泊拙
朴志若死灰身如枯木耳不聽音目
不視色狀類瘖瘂聾盲之人於是父
王患而苦之王語夫人當奈之何此子必為
他國所笑夫人語王當更召相師使相之王即召
婆羅門師相之婆羅門言此子非世

閒人但熒惑耳外爲端正內懷不祥宜國剪棄將是不久不可育養宜當生埋誅而殺之今不除此子恐後無復立子於是夫人即隨王所爲王即召國中大臣共議之一臣言但棄於深山之中無人之處一臣言投於深水之中一臣言但隨師所語掘地作深坎而生埋之王即召國中外障兵二千餘人使掘地作藏給二十歲儲資粮時以太子奴僕珍寶瓔珞盡還太子於是夫人傷絕我獨無相子生薄命乃值此殃事不獲已於是送太子正殿上五百夫人來觀太子見太子端正好潔無有雙比而言太子何以不語而當生埋五百婇女來觀太子見太子端正好潔無有雙比而言太子何以不語而當生埋各爲太子作伎樂太子默然不觀不聽於是送太子外殿上五百大臣來觀太子見太子端正好潔馳白大王此子非不語之人且見小留語在不久婆羅門師不可審信王言此是國事非卿所知作藏已訖來追太子王語其僕使太子乘四望象車令國中人民使觀太子太子當語若語者使載來還於是太子乘車在路時國中耆艾大臣宛轉車前太子要當一語若不語者以車劈我上去諸龍虎貪扶侍使過時數千萬人皆圍繞於是太子復不得前飛鳥走獸繞藏三匝復塞藏戶於是太子復不得前便舉手住而言正欲不語而當生埋正欲發語恐入地獄所以不語欲令全身避害濟神離苦所以不語而信欺詐之言謂我聾盲爲實瘖瘂尒時人民聞太子絕妙之音行者爲止坐者爲起皆前叩頭願赦我罪其僕聞之歡喜踊躍馳白大王太子已語上徹蒼天下徹黃泉飛鳥走獸皆來伏聽於太子前太子以語歡喜踊躍王即與夫人乘四望象車往迎太子太子顧見父王下車避道四拜而起勞屈大王遠來見迎今父子生相捐棄恩愛已離其義甚乖不可聽觀王語太子不可不可汝爲智者當原不及共還入國舉位與汝我自避退太子荅言我前身已爲國王用行漏失下入地獄六萬餘歲蒸煑割裂甚痛難忍父母寧能知我苦痛以不我猒畏地獄是以結舌不語十有三年冀望免出塵埃之外不與罪會去道以遠高翔遠逝自濟於世世間無常恍忽如夢室家歡娛須臾間耳憂苦延長歡樂暫有王知至故惟聽學道於是太子棄國捐王入山求道思惟禪定命終即生兜率天上福盡下生人閒爲迦夷國王作太子太子自知作佛佛告阿難尒時太子沐魄者我身是也王者悅頭檀是也夫人者摩耶是也五僕者闡居輪等是也時婆羅門者調達是也調達與我世世有怨諸天龍神歡喜踊躍作禮而去

審過部第三

如付法藏因緣經云時蒨羅城中有一商主爲僧造作般遮于瑟大會有一比丘尼得阿羅漢觀察衆中誰爲福田又復思惟何者僧首見諸羅漢及與學人久斷煩惱堪受供養觀一比丘名阿沙羅未得解脫最居衆首時比丘尼即往語言大德今者應自

莊嚴時此比丘未達其意便著淨衣
剃鬚澡浴復於後時此比丘尼更語
嚴飾時阿沙羅極大瞋忿我隨汝語
甚自嚴潔有何醜惡屢出斯言比丘
尼曰大德當知此俗莊嚴非佛法也
佛法莊嚴者謂獲四果奇哉大德甚
為輕劣長者設會多諸賢聖汝為僧
首未免生死以有漏心最初受供是
故我今欲相覺寤阿沙羅比丘聞已
慚然悲泣自惟老朽何能盡漏比丘
尼言佛法無時豈簡壯老聞此語已
因向憂波毱多所即為說法成阿羅
漢復有一比丘性嗜飲食由此貪故
不能得道憂波毱多請令就房以香
乳糜而用與之語令待冷然後可食
比丘口吹糜尋冷語尊者言糜已冷
矣尊者告曰此糜雖冷汝欲火熱應
以觀水滅汝心火復以空器令吐食
出既吐食已還使食之比丘荅言涎
唾以合云何食耶尊者語言凡一切
食與此無異汝不觀察妄生貪著汝
今當觀食不淨想即為說法得羅漢
道

又百喻經云昔有二毗舍闍鬼共有
一篋一杖一屐二鬼共諍各欲得二
二鬼紛紜竟日不能使平時有一人
來見之已而問之言此篋杖屐有何
奇異汝等共諍瞋忿乃尒二鬼荅言
我此篋者能出一切衣服飲食牀褥
臥具資生之物盡從中出執此杖者
怨敵歸伏無敢與諍著此屐者能令
人飛行無有罣礙此人聞已即語鬼
言汝等小遠我當為尒平等分之鬼
聞其語尋即遠避此人即時抱篋捉
杖躡屐而飛二鬼愕然竟無所得人
語鬼言尒等所諍我已得去今使尒
等更無所諍毗舍闍者喻於衆魔及
以外道布施如篋人天五道資用之
具皆從中出禪定如杖消伏魔怨煩
惱之賊持戒如屐必昇人天諸魔外
道諍篋者喻於有漏中強求果報空
無所得若能修行善行及以布施持
戒禪定便得離苦獲得道果

審學部第四

如舊雜譬喻經云昔有二人從師學
道俱到他國路見象跡一人言此是

母象懷雌子象一目皆象上有一婦
人懷女兒一人言尒何以知之荅曰
以意思知汝若不信前到見之二人
俱及象悉如所言一人自念我與汝
俱從師學我獨不見而汝獨知後還
白師師為重開乃呼一人問曰何因知
此荅曰是師常所導者我見象小便
地知是雌象見其右足踐地深知懷
雌也見道邊右面草不動知右目盲
見象所止有小便知是女人見右足
蹈地深知懷女我以纖密意思惟之
耳師曰夫學當以意思穩審乃達也
又百喻經云譬如有人磨一大石勤加
功力經歷日月作小戲牛用功既重
所期甚輕世間之人亦復如是磨大
石者喻於學問精勤勞若作小牛者
喻於名聞互相是非夫為學者研思
精微博通多識宜應履行遠求勝果
方求名譽憍慢貢高增長過患
又智度論云有人一切時見有異事
皆審問之後時曠野行道逢羅剎執
捉其人其人見捉定死不感然見羅
剎背白背黑怪問所由羅剎荅言我

一生已來不喜見日所以常背日而行故前白後黑其人解意急掣其手遂向日走羅剎迴面向日不見其人其人得脫因說偈言

勤學第一道　　勤問第一方
道逢羅剎難　　背陰向太陽

頌曰

審察是非　清濁難測　善觀邪正
巧施軌則　內忿濫罰　外諍何息
願澄心腑　詳審慧力

感應緣略引三驗

博物志驗　白澤圖驗　抱朴子驗

博物志曰小山有𧆛其形如鼓一足知禮澤有委蛇狀如轂長如轅見之者霸昔夏禹觀河見長人魚身出曰吾河精豈河伯也

白澤圖曰廁之精名曰倚衣青衣持白杖知其名呼之者除不知其名則死又築室三年不居其中有滿財長二尺見人則掩面見之有福又築室三年不居其精名忽長七尺見者有福又築室三年不居其中有小兒長三尺而無鬚見人則掩鼻見之有福

又火之精名曰必方狀如鳥一足以其名呼之則去又木之精名彭侯狀如黑狗無尾可烹而食之又千歲木其中有蟲名曰賈詘狀如豚有兩頭烹而食之如狗肉味又上有山林下有川泉地理之間生精名曰必方狀如鳥長尾此陰陽變化之所生又玉之精名曰岱委其狀美女衣青衣見之以桃尖刺之而呼其名則得之又金之精名曰倉嚾狀如豚居人家使人不宜妻以其名呼之則去又水之精名曰罔象其狀如小兒赤目黑色大耳長爪以索縛之則可得烹之吉又故門之精名曰野狀如侏儒見之則拜以其名呼之宜飲食又故澤之精名曰冕其狀如蛇一身兩頭五采文以其名呼之可使取金銀又故廢丘墓之精名曰無狀如老役夫衣青衣而操杵好舂以其名呼之使人宜禾穀又故道徑之精名曰忌狀如野人行歌以其名呼之使人不迷又故車之精名曰寧野狀如輼車見之傷人目以其名呼之不能傷人目又在道

之精名曰作器狀如丈夫善眩人以其名呼之則去又故臼之精名曰意狀如豚以其名呼之則去又故井故淵之精名曰觀狀如美女好吹簫以其名呼之則去又絕水有金者精名侯伯狀如人長五尺絲衣以其名呼之則去又故臺屋之精名曰兩貴狀如赤狗以其名呼使人目明又左右有山石水生其澗水出流千歲不絕其精名曰喜狀如小兒黑色以其名呼之使取飲食又三軍所戰精名曰賓滿其狀如人頭無身赤目見人則轉以其名呼之則去又故水石者精名慶忌狀如人乘車蓋一日馳千里以其名呼之則可使入水取魚又丘墓之精名曰狼鬼善與人鬬不休為桃棘矢羽以雞羽以射之狼鬼化為飄風風脫履投之不能化也又故市之精名曰門其狀如囷而無手足以其名呼之則去又故室之精名曰孫龍狀如小兒長一尺四寸衣黑衣赤幘大冠帶劍持戟以其名呼之則去又山之精名夔狀如鼓一足如行以

其名呼之可使取虎狼豹又故收嚛池之精名曰戱頓狀如牛無頭見人則逐人以其名呼之則去又見堂下有兒被髮走匆惡之精名曰溝以其名呼之則無咎又百歲狼化爲人女名曰知女狀如美女坐道傍告丈夫曰我無父母兄弟若丈夫取爲妻經年而食人以其名呼之則迸走去又故溷之精名曰卑狀如美女而持鏡呼之知愧則去也

抱朴子曰山中大樹能語者非樹語也其精名曰雲陽以其名呼之則吉山中夜見胡人者銅鐵之精也見秦人者百歲木也在水之間見吏者名曰四激以其名呼之則吉山中寅日有稱虞吏者虎也稱當路君者狼也稱令長者貍也卯日稱丈夫者兔也稱東父者麋也稱西王母者鹿也辰日稱雨師者龍也稱河伯者魚也稱無腸公子者蟹也巳日稱寡人者社中蛇也稱時君者龜也午日稱三公者馬也稱三人者老樹也未日稱主人者羊也稱吏者麞也申日稱人君者猴也稱九卿者猨也酉日稱將軍者老鷄也稱賊捕者雉也戌日稱人姓字者犬也稱城陽公仲者狐也亥日稱自君者猪也稱婦人者金玉也子日稱社君者鼠也稱神人者伏翼也丑日稱書生者牛也知其物則不能爲害又熒惑火精生朱鳥辰星水精生玄武歲星木精生青龍太白金精生白虎鎮星土精生乘黃抱朴子曰山川石木井竈洿池溷皆有精氣人身之中亦有塊魄況天地爲物之至大者於理當有神精則賞善而罰惡但其體大網疏不必機發而響應耳

法苑珠林卷第四十五

大宋咸平元年奉

勑雕

編録通慧大師賜紫沙門臣贊寧
內品監印經院目陳景
內侍殿頭高品勾當印經院目鄭守鈞

法苑珠林卷第四十五

校勘記

一　底本，金藏廣勝寺本。九〇四頁中、下原版缺，以麗藏本補。

一　九〇〇頁中一行經名，徑作「法苑珠林卷第五十八」。卷末經名同。

一　九〇〇頁中二行撰者，資、磧、普作「大唐上都西明寺沙門釋道世字玄惲撰」；南作「唐上都西明寺沙門釋道世字玄惲撰」；徑作「唐上都西明寺沙門釋道世玄惲撰」；清作「唐西明寺沙門釋道世撰」。

一　九〇〇頁中三行「納諫篇第四十二」下，資、磧、普、南有「此有二部」四字；清有「此有二部述意部引證部」十字。又「審察篇第四十三」，徑、清無。

一　九〇〇頁中四行「納諫篇此有二部」，資、磧、普、南、徑、清無。

一　九〇〇頁中五行「第一」，徑無。

一　九〇〇頁中一五行「第二」，徑無。

一　九〇〇頁下二行「人王」，磧作「大王」。

一　九〇〇頁下八行「荷剋」，普、徑、清、麗作「苛剋」。

一　九〇〇頁下末行「邪佞」，徑、清作「邪佞」。又「賢良」，資、磧、普、南、徑、清作「賢勝」。

一　九〇一頁上一二行「爲師」，資、磧、普、南、徑、清作「師禮」。

一　九〇一頁中一行「太一」，麗作「太硬」。

一　九〇一頁中二行「王子」，資、磧、普、南、徑、清作「王者」。

一　九〇一頁中五行第一一字「當」，資、磧、普、南、徑、清作「當自」。

一　九〇一頁中一九行第一〇字「當」，資、磧、普、南、徑、清作「汝當」。

一　九〇一頁中二一行末字「前」下，資、磧、普、南、徑、清有「可畏人前」四字。

一　九〇一頁下二一行「抗聲」，資、磧、普、南、徑、清作「亢聲」。

一　九〇二頁上二二行第四字「內」，資、磧、普、南、徑、清無。

一　九〇二頁中二行第一〇字「如」，資、磧、普、南、徑、清作「我母」。

一　九〇二頁中四行「知還」，磧、徑作「追還」。

一　九〇二頁中一七行第四字「神」，資、磧、普、南、徑、清作「神呪」。又第一二字「佛」，磧、南無。

一　九〇二頁下五行第七字「汝」，資、磧、普、南、徑、清作「汝來」。

一　九〇二頁下八行首字「言」，諸本（不含石，下同）無。又第五字「族」，資、磧、普、南、徑、清無。

一　九〇二頁下一三行「有涎」，資、磧、普、南、徑、清作「有唾」。又「有聹」，資、磧、普、南、徑、清作「有垢」。

一　九〇二頁下一四行「夫妻」，磧、普、南、徑、清作「夫婦」。

一　九〇二頁下一七行首字「有」，諸本無。

一　九〇三頁上九行「殊妙」，普作「姝妙」。

一　九〇三頁中二二行首字「被」，諸本作「備」。

一　九〇三頁中末行「獻師」，資、磧、普、南、徑、清作「魚師」；麗作「漁師」。

一　九〇三頁下一二行「獻師」，資、磧、普、南、徑、清作「魚師」。

一　九〇三頁下一八行第八字「池」，諸本作「地」。一九行第三字同。

一　九〇三頁下二一行末字「尚」，資、磧、普、南、徑、清作「常」。

一　九〇四頁上一九行「愚人」，資、磧、普、南、徑、清作「愚夫」。

一　九〇四頁上二二行「此有四部」，徑無。

一　九〇四頁上末行至本頁中一行「述意部……審學部」，徑無。

一　九〇四頁中二行「第一」，徑無。以下部目下序數例同。

一　九〇四頁中四行第七字「城」，資、

磧、普、南、徑、清作「誠」。
一九〇四頁中七行第一三字「於」，資、磧、南作「故」。
一九〇四頁中八行第四字「於」，磧、普、南、徑、清無。
一九〇四頁中一九行「蘇酪」，資、磧、南作「蘇酥」；普、徑、清作「酥酥」。
一九〇四頁下一四行「大子」，資、磧、普、南、徑、清作「太子」。
一九〇四頁下一五行第四字「國」，資、磧、普、南、徑、清作「王」。
一九〇四頁下一六行第八字「相」，資、磧、普、南、徑、清作「明」。
一九〇五頁上七行「深坎」，資、磧、普、南、徑、清作「深坑」。
一九〇五頁上八行「外障兵」，資、磧、普、南、徑、清作「外陣兵」。
一九〇五頁中三行「耆艾」，資、磧、普、南、徑、清作「耆老」。
一九〇五頁中五行第六字「貪」，資、磧、普、南、徑、清作「憒」。
一九〇五頁中一九行「生相」，磧、普、南、徑、清作「相生」。
一九〇五頁下七行「至故」，資、磧、普、南、徑、清作「志固」。
一九〇五頁下一四行第二字「者」，普、南、徑、清作「相師者」。
一九〇五頁下一七行「宿羅城」，資、磧、普、南、徑、清作「室羅城」。
一九〇六頁上七行「賢聖」，磧、普、南、徑、清作「聖賢」。
一九〇六頁上一八行「觀水」，資、磧、普、南、徑、清作「水觀」。
一九〇六頁中二行「一屣」，資作「一屣」。
一九〇六頁中三行第一〇字「平」，麗作「乎」。
一九〇六頁中一七行「人天」，資、磧、普、南、徑、清作「天人」。
一九〇六頁下二行「介何以」，資、磧、普、南、徑、清作「汝何以」。
一九〇六頁下七行「常所導」，資、磧、普、南作「常所婦常導」；徑、清作「常所教常導」。
一九〇六頁下一六行第一〇字「若」，諸本作「苦」。
一九〇六頁下一九行「方求」，資、磧、普、南、徑、清作「勿求」。
一九〇六頁下二一行第五字「後」，清作「從」。
一九〇七頁上三行第九字「向」，徑、清作「背」。
一九〇七頁上一〇行「心腑」，資、磧、普、南作「心腑」；徑、清作「心府」。
一九〇七頁中七行首字「鳥」，磧作「烏」。
一九〇七頁中九行「挑尖」，資、磧、普、南、徑、清作「桃七」。
一九〇七頁中一二行末字「大」，磧、南作「犬」。
一九〇七頁中一三行「長瓜」，諸本作「長爪」。
一九〇七頁中一七行第五字「之」，資、磧、普、南、徑、清無。次頁上

一三行第一〇字同。

一　九〇七頁下一行「善該人」，資、磧、普、南、徑、清作「善眩人」。

一　九〇七頁下一八行第三字「風」，諸本無。又「投之」，資、磧、普、南、徑、清作「捉之」。

一　九〇七頁下一九行第五字「門」，資、磧、普、南、徑、清作「問」。又第九字「困」，資、磧作「困」；普、南、徑、清作「囫」。

一　九〇八頁上一行第一三字「收」，諸本作「牧」。

一　九〇八頁上二行「毦頓」，徑、清作「髡頓」。

一　九〇八頁上三行「又見」，諸本作「又夜見」。

一　九〇八頁上四行第六字「勿」，普、南、徑、清作「物」。

一　九〇八頁上五行「人女」，徑、清作「女人」。

一　九〇八頁上一三行末字「泰」，諸本作「「秦」。

一　九〇八頁上一七行「貍也」，資、磧、普、南、徑、清作「老狸也」。

一　九〇八頁中二行「戌日」，普、南、徑、清作「戍日」。

一　九〇八頁中四行「臣君」，磧、普、南、徑、清作「人君」。

一　九〇八頁中一〇行「竈洿池溷」，資、磧、普、南、徑、清作「竈河池酒」。

一　九〇八頁中一二行「有神精」，資、磧、普、南、徑、清作「有神精有神精」。

法苑珠林卷第四十六　二十五紙　用

西明寺沙門釋　道世　撰

思愼篇第四十四

儉約篇第四十五

思愼篇 此有五部

述意部　愼用部　愼禍部

愼境部　愼過部

述意部第一

夫思愼防過無患之理緘口息慮離惡之原誡始愼終是君子之鹽梅敬初護末是養生之要趣庶寤因緣之興起鑒生滅之非常識苦空之無我照平等之妙門而存其理弃其迹誡其禍招其福是和神之靈順物之道也

愼用部第二

修行道地經云昔有國王選擇一國明智之人以爲輔臣王欲試之欲知何如以重罪加勑告臣吏盛滿鉢油而使擎之從北門來至於南門去城二十里園名調戲令將到彼若墮一滴便級其頭不須啓問尒時群臣受

第二張

王重教盛滿鉢油以與其人兩手擎之甚大愁憂縱有車馬觀者塡道若見是非而不轉移縱有親族妻子來遶其人專心不左右視縱有合國觀者擾攘其人心端不見衆庶縱有玉女國內無雙歌儛相過見者皆喜其人一心擎鉢志不動轉亦不觀察安起片心專精擎鉢不聽其言於是頌曰

巧便而安庠　其儛最巧妙
一切人貪樂　譬如魔之后
能動離欲者　何況於凡人
來往其人邊　擎鉢心不傾

縱有象暴馬奔城中失火焚燒百姓展轉相呼救言避火莫墮坑塹官兵悉來一時救火其人一心擎鉢一滴不遺縱有天雷地動猛風亂起折樹塵飛雷電霹靂禽獸墮落人畜驚喚專心念油其人不聞尒時擎油至彼園觀一滴不墮諸臣啓王具陳斯事王聞嗟歎此人難及人中之雄不顧萬事其王歡喜立爲大臣行道行者御心如是雖有諸惡婬怒癡來擾

亂諸根內察外防攝心不散三昧定意亦復如是於是頌曰

如人擎油鉢　不動無所棄
妙慧意如海　專心擎油器
若人欲學道　執心當如是
意懷諸德明　皆除一切瑕
若干之色欲　而興於怒癡
有志不放逸　寂滅而自制
人身有疾病　醫藥以除之
心疾亦如是　四意止消之

又大集經濟龍品云尒時衆中有一盲龍名曰頗羅機梨奢舉聲大哭作如是言大聖世尊願救濟我願救濟我我今身中受大苦惱日夜常爲種種諸蟲之所唼食居熱水中無時暫樂佛言梨奢汝過去世於佛法中曾爲比丘毀破禁戒內懷欺詐外現善相廣貪眷屬弟子衆多名聲四遠莫不聞知我和尚得阿羅漢果以是因緣多得供養獨受用之見持戒人反惡加說彼人懊惱如是念言世世生中願我所在食汝身宍如是惡業死生龍中是汝前身衆生願故食噉汝身惡業因緣得此盲報又於過去無量劫中在融赤銅地獄之中常爲諸蟲之所食噉龍聞此語憂愁啼哭作如是言我等今者皆悉至心咸共懺悔願令此苦速得解脫彼龍衆中二十六億諸餓龍等念過去身皆悉雨淚念過去身於佛法中雖得出家備造惡業經無量身在三惡道以餘報故在龍中受極大苦如青色龍我亦如是尒時世尊語諸龍言汝可持水洗如來足令汝殃罪漸得除滅時一切龍以手掬水水皆成火變作大石滿於手中生大猛焰棄已復生如是至七一切龍衆見如是已驚怖懊惱啼泣雨淚佛教立大誓願已焰火皆滅乃至八過以以手捧水洗如來足至心懺悔佛記諸龍彌勒佛時當得人身值佛出家精進持戒得羅漢果時諸龍等得宿命心自念過業於佛法中或爲俗人親屬因緣或復聽法來去因緣所有信心捨施種種華菓飲食共諸比丘依次而食或有說云我曾嚼噉四方衆僧華菓飲食或有說言我往寺舍布施衆僧或復禮拜如是嚼噉或復說言我從毗婆尸如來法中曾作俗人乃至有說我釋迦牟尼佛法之中曾作俗人或以親舊閙評因緣或復來去聽法因緣往還寺舍有信心人供養僧故捨施華菓種種飲食比丘得已迴施於我我得便食彼業因緣於地獄中經無量劫大猛火中或燒或煑或飲洋銅或吞鐵丸從地獄出墮畜生中捨畜生身生餓鬼中如是種種備受辛苦惡業未盡生此龍中常受苦惱佛告諸龍此之惡業與盜佛物等無差別比五逆業其罪如半汝等今當盡受三歸一心修善以此緣故於賢劫中值最後佛名曰樓至於彼佛世罪得除滅時諸龍等聞是語已皆悉至心盡其形壽各受三歸

時彼衆中有盲龍女口中朧爛滿諸雜蟲狀如屎尿乃至穢惡猶若婦人根中不淨臊臭難看種種噉食膿血流出一切身分常爲蚖蝮諸惡毒蠅之所唼食身體臭處難可見聞尒時

世尊以大悲心見彼龍婦眼盲困苦如是問言妹何緣故得此惡身於過去世曾爲何業龍婦荅言世尊我今此身衆苦逼迫無暫時得停設復欲言而不能説我今過去三十六億於百千年生惡龍中受如是苦乃至日夜刹那不停爲我往昔九十一刧於毗婆尸佛佛法之中作比丘尼思念欲事過於醉人雖復出家不能如法於伽藍内犯於法律常受三惡道受諸燒煑説此語已願救濟我身尒時世尊説實語已即以少水瀉龍口中火及蟲膿悉皆滅盡龍口清涼作如是言大聖如來我憶過去迦葉佛時曾作俗人在田犂地有一比丘來從我乞求五十錢我時報言聽待穀熟當與汝食比丘復言若當五十不可得者願乞十文我於尒時瞋彼比丘而語之言乃至十錢亦不相與時彼比丘心生懊惱又於餘時往寺舍中入樹林下輒便盜取現在僧物十菴羅菓而私食之彼業因緣地獄受苦惡業未盡生野澤中作餓龍身常爲種種諸蟲食噉膿血流溢飢渴苦惱又彼比丘以瞋忿心惡業緣故死便即作小毒龍身生我腋下欶於我血熱氣觸身不可堪忍是故我身熱膿血滿龍白佛言大悲世尊唯願慈哀救濟於我令我脱彼怨家毒龍尒時世尊以手抄水發誠實語作如是言我曾往昔於飢饉世尒時願作大身衆生長廣無量以神通力於虚空中唱如是言彼野澤中有大身蟲名曰不瞋汝等可往取其身宍以爲飲食可得不飢時彼世中人非人等聞此聲已一切悉往競取食之誠是眞實諦信語時彼龍腋下小龍即出時此二龍俱白佛言世尊我等久近離此龍身解脱殃罪佛告龍言此業大重次五無間何以故若有四方常住僧物或現前僧物篤信檀越重心施物或華藥樹園飲食資生牀褥敷具疾病湯藥一切所須私自費用或持出外乞與知識親里白衣此罪重於阿鼻地獄所受果報是故汝等可受三歸歸三寶已乃可得往於冷水中如是三稱三受身即安隱得入水中尒時世尊即爲諸龍而説偈言

寧以利刀自割身　肢節身分肌膚宍
所有信心捨施物　俗人食者實爲難
寧吞大赤熱鐵丸　而使口中光焰出
所有衆僧飲食具　不應於外私自用
寧以大火若須彌　以手捉持而自食
其有在家諸俗人　不應輒食施僧食
寧以利刀自屠膾　身體皮膜而自噉
其有在家諸俗人　不應受取僧雜食
寧以自身投於彼　滿室大火猛焰中
其有在家俗人輩　不應坐臥僧牀席
寧以大熱尖鐵錐　拳手握持便燋爛
其有在家俗人等　不應私用於僧物
寧以勝利好刀碪　而自齎切其身肉
勿於出家清淨人　發起一念瞋恚心
寧以自手挑兩眼　捐棄投之擲於地
其有習行善法者　不應懷忿瞋心視
寧以熱鐵鍱其身　東西起動行坐臥
不應瞋忿心妒嫉　而著衆僧淨施衣
寧飲灰汁鹹鹵水　熱沸爍口猶如火
不應懷貪毒惡心　服食衆僧淨施藥

尒時世尊説此偈已一萬四千諸龍

眾等悉受三歸所有過去現在業報諸苦惱中而得解脫深信三寶其心不退復有八十億諸龍眾等亦於三寶起歸敬心

又大集經云或作比丘所得種種資生之具皆是信心檀越所施而是眾生或自食噉或與他人或共眾人盜竊隱藏私處自用如是業故墮三惡道久受勤苦復有眾生貧窮下賤不得自在是故出家望得富饒解脫安樂既出家已懈怠嬾墮不讀誦經禪慧精勤捨而不習樂知僧事復有比丘晝夜精勤樂修善法讀誦經典坐禪習慧不捨須臾以是因緣感諸四輩種種供養時知事人得利養已或自私食或復盜與親舊俗人以是等緣久處惡道出已還入如是愚冥不見當來果報輕重我今戒勅沙門弟子念法住持不得自稱我是沙門眞法行人倚眾僧故受他信施物或餅或菜或菓或華但是眾僧所食之物不得輒與一切俗人亦不得云此是我物別眾而食又亦不得以眾僧物貯積興生種種販賣云有利益招世譏嫌又亦不得出貴收賤與世爭利又亦不得為於飲食及僧因緣使諸眾生墮三惡道應須勸引安善法中令比丘眾眞信三寶攝諸眾生乃至父母令得安隱置三解脫

又十輪經云若有四方僧物資生雜物等持戒破戒如是人等悉不與之以是因緣命終已後皆墮阿鼻地獄

又大集經濟龍品云時娑伽羅龍王白佛言而此龍中或有諸龍所受樂報猶如諸天或有受樂如人有如餓鬼有如畜生有如地獄受大辛苦說是語已時娑伽羅大龍王子名青蓮華面前白佛言世尊我何惡業罪因緣故來生龍中身大端正所有色觸受用猶如火燒常無衣服赤體而行如我父王受樂最勝如轉輪王果報不異佛言華面當為汝說乃往過去三十一劫有佛世尊名曰尸棄時彼世中有王名曰培多富沙彼富沙王於三月中供養彼佛并及無量百千四沙門果大菩薩眾以種種衣服飲食湯藥而供給之至心聽法已即發菩提心并為造寺種種供養彼王第一太子名裴多娑樹帝見佛聞法於流轉中生大怖畏從父王邊願求出家王報任意既出家已又白父言我欲寺上停止王言亦隨時尸棄佛眾僧弟子在彼寺中受用飲食彼富沙 裴多樹帝妒嫉心生常瞋罵之時彼僧眾被瞋罵已悉離寺去見僧去已生歡喜心即自念言彼去者好我大安隱恣用寺內衣服飲食有餘人來即不聽住由具惡業命終之後生大地獄經無量千萬那由他歲受諸火燒地獄得脫生餓鬼中復經無量受辛苦餓鬼中死還墮地獄脫地獄已生餓鬼中如是經由三十一劫於流轉中具足如是受諸辛苦佛言華面彼娑樹帝者豈異人乎即汝身是也乃往過去惡業因緣故生大地獄餓鬼畜生輪轉受苦經是三十一大劫中備受眾苦未曾暫捨以殘業故來生龍中受是惡報時華面龍聞是語已大聲號哭舉身自投四肢布地禮

拜白佛作如是言我今至心從佛懺悔不敢覆藏我今至誠入於骨髓歸依佛法僧乃至壽盡作優婆塞佛言善哉善哉如是歸依我者得盡彼業此中死已值彌勒佛得於人身於彌勒佛法中出家證羅漢果

愼禍部第三

如舊雜譬喻經云昔有一國五穀熟成人民安寧無有疾病晝夜伎樂人無憂惱王問群臣我聞天下有禍何類荅曰臣亦不見王便使一臣至於鄰國求覓買之天神則化作一人於市中賣之狀類如豬持鐵鎖繫縛賣之臣問此名何等荅曰禍母臣曰賣不荅曰賣問索幾錢荅曰千萬問曰此食何等荅曰食針一升臣便家家發求覓針如是人民兩兩三三相逢求針使諸郡縣處處擾亂百姓所在之處患毒無聊臣白王曰雖得禍母致使民亂男女失業欲殺棄之未審許不王言大善便於城外將殺刺便不入斫則不傷剖而不死積薪燒之身赤如火便走出去過里燒里過市燒市入城燒城入國燒國擾亂人民飢餓困苦坐由貪樂買禍所致苦也此喻女色欲火所燒男子貪毒至死不知苦也

愼境部第四

如正法念經孔雀菩薩告諸天衆若有比丘畏於惡名則離諸過所謂不入女人戲笑之處不入酒肆不近酤酒不與共語不近嗜酒人亦不與語不近賊人不近先作大惡之人不近好鬬人不近陰惡懷毒人不近無常數捨道人不近博戲人不近伎樂人不近小兒不近繫縛女色人不近輕躁人不近不護口人不近貪人不近販賣欺誑人不近巧僞市道世所惡賤人不近掘河池人不近黃門女人同路一步不近調象人不近魁膾人不近調馬人不近斷見人不近無戒人如是惡人不應親近近如是人必與同行是故比丘當畏惡名不應與此不淨業人同路行於一足之地而說頌曰

若人近不善　　則爲不善人
是故應離惡　　莫行不善業
隨近何等人　　數數相親近
近故同其行　　或善或不善
一切人求善　　當近於善人
如是能得樂　　善則非苦因
近善增功德　　近惡增尤甚
功德及惡相　　今如是略說
若近於善人　　則得善名稱
若近不善人　　令人速輕賤
常應親善人　　速離於惡友
以近善人故　　能捨諸惡業

愼過部第五

如雜阿含經云尒時世尊告諸比丘譬如鐵丸投著火中與火同色熾著刼貝綿中云何比丘當速燃不比丘白佛如是世尊佛告比丘愚癡之人依聚落住晨朝著衣持鉢入村乞食不善護身不守根門心不繫念若見年少女人不正思惟取其色相起貪欲心欲燒其心欲燒其身身心燒已捨戒退減是愚癡人長夜當得非義饒益是故比丘當如是學善護其身守諸根門繫念入村尒時世尊告諸比

丘過去世時有一貓貍飢渴羸瘦於孔穴中伺求鼠子若鼠子出當取食之有時鼠子出穴游戲時彼貓貍疾取吞之鼠子身小生入腹中入腹中已食其內藏食內藏時貓貍迷悶東西狂走空宅塚間不知何止遂至於死如是比丘有愚癡人依聚落住晨朝著衣持鉢入村乞食不善護身不守根門心不繫念見諸女人起不正思惟而取色相發貪欲心已欲火熾然燒其身心已馳走狂逸不樂精舍捨戒退滅此愚癡人長夜常得不饒益苦是故比丘當如是學善護其身守諸根門繫心正念入村乞食

又雜阿含經云尒時世尊告諸比丘譬如木杵常用不止日夜消滅如是比丘從本已來不閑根門食不知量初夜後夜不勤覺寤修習善法當知是輩終日損減不增善法如彼木杵

又自愛經云佛言夫人處世心懷毒念口施毒言身行毒業斯三事出乎心身口唱成其惡以加衆生衆生被毒即結怨恨誓心欲報或現世獲或身終後魂靈昇天即下報之人中畜生鬼神太山更相剋賊皆由宿命非空生也佛說偈言

心爲法心　心尊心中　使心作惡
即言即行　罪苦自追　車轢乎轍
心爲法本　心尊心使　中心念善
即言即行　福樂自追　如影隨形

又十住毗婆沙論云在家菩薩若見破戒之人不應生瞋輕慢之心應生憐愍利益之心方便勸止令生善心若諫不改而生誹謗亦不得瞋妄見他過故此賢劫中聞有菩薩誹謗拘樓孫佛言何有禿人而當得道如是衆生難何得知自作自受何預於我若欲知彼或自傷害籌量衆生佛所不許如經中說

佛告阿難若人籌量於他即自傷身如偈說曰

有瓶蓋亦空　無蓋亦復空
有瓶蓋亦滿　無蓋亦復滿
當知諸世間　有此四種人
威儀及功德　有無亦如是
若非一切智　何能籌量人
寧以見威儀　而便知其德
正知有善心　名爲賢人相
但見外威儀　何由知其內
若以外量內　而生輕賤心
敗身及善根　命終墮惡道
外詐現威儀　遊行以賢善
但有口言說　如雷而無雨

是故經云勿輕未學敬學如佛唯有智慧可破煩惱若稱量者則爲自傷唯佛智慧乃能明了如此事者非我所知即於破戒人中不生瞋恚輕慢之心

又舊雜譬喻經云昔有一鼈遭遇枯旱湖澤乾竭不能自致有食之池時有大鵠集住其邊鼈從求哀乞相濟度鵠啄銜之飛過都邑鼈不默聲問此何等如是不止鵠便應之口開鼈墮人得屠食夫人愚頑不謹口舌其譬如是

又法句喻經云佛告婆羅門世有四事人不能行行者得福不致此貧何謂爲四一者年威力壯愼莫憍慢二者年老精進不貪婬泆三者有財珍

實常念布施四者就師學問聽受正言如此老公不行四事謂之有常不計成敗一旦離散譬如老鸖守此空池永無所得於是世尊即說偈言

晝夜慢惶　老不止婬　有財不施
不受佛言　有此四獘　爲自侵欺
咄嗟老至　色變作耄　少時如意
老見蹈踐　不修梵行　又不富貴
老如白鸖　守伺空池　既不守戒
又不積財　老羸氣竭　思故何逮
老如秋葉　行穢繿縷　命疾脫至
不用後悔

頌曰

思慎始終　務存正已　口無二言
心無妄起　少欲知足　安懷彼此
戰戰兢兢　誡勗憂喜

感應緣 略引十一驗

漢下邳周式　漢會稽句章人
漢諸暨吳詳　晉義興人周
晉淮南胡茂回　宋豫章庾之
宋秦始中張乙　宋襄城李頤
周宣帝宇文贇　齊京師釋慧豫
唐覲衞高法眼

漢下邳周式嘗至東海道逢一吏持一卷書求寄載行十餘里謂式曰吾暫有所過留書寄君船中慎勿發之去後式盜發視書皆諸死人錄下條有式名須臾吏還式首視書吏怒曰故以相告而勿視之式叩頭流血良久感卿遠相載此書不可除卿今日已去還家三年勿出門可得度也勿道見吾書式還不出已二年餘家皆怪之隣人卒亡父怒使往弔之式不得止適出門便見此吏吏曰吾令汝三年勿出而今出門知復柰何吾求不見連相爲得鞭杖今已見汝無可柰何後三日日中當相取也式還涕泣具道如此父故不信母晝夜與相守涕泣至三日日中時見來取便死 右此一驗出搜神記

漢時會稽句章人至東野還暮不及門見路傍小屋然火因投宿止有一少女不欲與丈夫共宿呼隣人家女自伴夜共彈箜篌歌戲曰

連綿葛上藤　一綏復一絚
汝欲知我姓　姓陳名阿登

明至東郭外有賣食母在肆中此人寄坐因說昨所見母聞阿登驚曰此是我女近亡葬於郭外

漢時諸暨縣吏吳詳者憚役委頓將投竄深山行至一溪日欲暮見年少女子綵衣甚端正女云我一身獨居又無鄉里唯有一孤嫗相去十餘步耳詳聞甚悅便即隨去行一里餘即至女家家甚貧陋爲詳設食至一更竟聞一嫗喚云張姑子女應曰諾詳問是誰荅云向所道孤獨嫗也二人共寢息至曉雞鳴詳去二情相戀女以紫巾贈詳詳以布手巾報行至昨所應處過溪其夜水大瀑溢深不可涉乃迴向女家覩不見昨處但有一冢耳

晉義興人姓周永和年中出都乘馬從兩人行未至村日暮道邊有一新小草屋見一女子出門望年可十六七姿容端正衣服鮮潔見周過謂曰日已暮前村尚遠臨賀詎得至周便求寄宿此女爲然火作食向有一更聞外有小兒喚阿香聲女應曰諾尋

云官喚汝推雷車女乃辭行云今有事當去夜遂大雷雨向曉女還周旣上馬看昨所宿處正見一新塚塚口有馬屎及餘草周甚驚惋至後五年果作臨賀太守（右此三驗出續搜神記）

晉淮南胡茂回此人能見鬼雖不喜見而不可止後行至楊州還歷陽城東有神祠中正值民將巫祝祀之至須臾須有群鬼相叱曰上官來各迸去出祠去迴顧見二沙門來入祠中諸鬼兩兩三三相抱持在祠邊草中望伺望沙門皆有怖懼須臾沙門去後諸鬼皆還祠中回於是信佛遂精誠奉佛（右此一驗出續搜神記）

宋時豫章胡庇之嘗爲武昌郡丞宋元嘉二十六年入解便有鬼怪中宵籠月戶牖少開有人倚立戶外狀似小兒戶閉便聞人行如著木屧聲看則無所見如此甚數二十八年三月擧家悉得時病空中語擲瓦石或是乾土夏中病者皆著而語擲之勢更猛乃請道人齋戒竟夜轉經倍來如雨唯不著道人及經卷而已秋冬漸有音聲瓦石擲人肉皆青黶而不甚痛庇之有一老㜷好罵詈鬼在邊大嚇庇之迎祭酒上章施符驅逐漸復歇絶至二十九年鬼復來劇於前明年丞解火頻四發狼狽澆沷並得時死鬼每有聲如犬家人每呼爲吃嚂後忽語吾似吳三更叩戶庇之問誰也答曰程邵陵把火出看了無所見數日二更中復戶外叩掌便復罵之云吾君勿罵我我是善神非前後來者陶御史見遣報君庇之云我不識陶御史鬼云陶敬玄君昔與之周旋庇之云吾與之在京日伏事衡陽又不嘗作御史云陶今處福地作天上御史前後相侵是沈公所爲此解本是沈宅來看宅聊復語擲狹獪忽君攘却太過乃至罵詈命婢使無禮向之復令祭酒上章苦罪狀之事徹天曹沈今上天言君是佛三歸弟子那不從佛家請福乃使祭酒上章自今唯願專意奉法不須與惡鬼當相困庇之請諸尼讀經仍齋訖經一宿後復聞戶外御史相聞白胡丞見沈相訟甚苦如其所言君頗無理若能歸誠正覺習經持戒則羣邪屏絶依依曩情故相白也

宋泰始中有張乙者被鞭瘡痛不歇人敎之燒死人骨末以傅之雇同房小兒登崗取一髑髏燒以傅瘡其夜戶內有爐燒火此小兒守火空中有物按小兒頭內火中罵曰汝何以燒我頭今以此火償汝小兒大喚曰張乙燒耳答曰汝不取與張乙張乙那得燒之按頭良久鬚燃都盡皮肉燋爛然後捨之乙大怖送所餘骨埋故處酒肉醊之無復災異也（右二驗出述異記）

宋襄城李頣其父爲人不信妖邪有一宅由來凶不可居居者輒死父便買居之多年安吉子孫昌熾爲二千石當徙家之官臨去請會內外親戚酒食旣行父乃言曰天下竟有吉凶不此宅由來言凶自吾居之多年安吉乃得遷官鬼爲何在自今已後便爲吉宅居者住正心無所嫌也語訖如廁須臾見壁中有一物如卷席大高五尺許正白便還取刀斫之中

斷便化爲兩人復橫斫之又成四人便奪取刀反斫李殺持刀至座上斫殺其子弟凡姓李必死唯異姓無他頤尚幼在抱家內知變乳母抱出後門藏他家止其一身獲免頤字景真位至湘東太守 右一驗出續搜神記

周宣帝宇文贇在東宮時武帝訓篤甚嚴常使官者成慎監察之若有纖豪罪失匿而不奏許慎以死於是慎常陳太子不法之事武帝杖太子百餘及即位顧見髆上杖瘢乃問成慎所在慎于時已出爲郡遂勅追之至便賜死慎奮厲曰此是汝父所爲成慎何罪勃逆之餘濫以見及死若有知終不相放于時宮掖禁忌相逢以目不得輒共言笑分置監官記錄愆罪左皇后下有一女子欠伸淚出因被奏劾謂其所思憶便勅對前考竟之初打頭一下帝便頭痛次打項一下帝又項痛遂大發怒曰此是我怨家乃使拉折其腰帝即腰痛其夜出南宮病遂漸增明旦早還患腰不得乘馬御車而入所殺女子處有黑掌如人形時謂是血蹟掃刷之旋復如故如此再三有司掘除舊地以新土埋之一宿之間亦還如本 因此七八日舉身瘡爛而崩及初下屍諸牀並曲牢不可脫唯此死女子所臥之牀獨是直脚遂以供用蓋亦鬼神之意焉帝崩去成慎死僅二十許日右此一驗出冥祥記

齊京師靈根寺有釋慧豫黃龍人來游京師止靈根寺少而務學徧訪衆師善談論美風則每聞臧否人物輒塞耳不聽先誦大涅槃法華十地又習禪業精於五門嘗寢見有三人來扣戶並衣冠鮮潔執持華蓋豫問覓誰荅云法師應死故來奉迎豫曰小事未了可申一年不荅云可尒至明年滿一周而卒是歲齊永明七年春秋五十有七 右此一驗出梁高僧傳

唐雍州長安縣高法眼是隋代僕射高熲之玄孫至龍朔三年正月二十五日向中臺參選日午還家舍在義寧坊東南隅向街開門化度寺東即是高家欲出子城西順義門城內逢兩騎馬逐後既出城已漸近逼之出城門外道北是普光寺一人語騎馬人云汝走捉普光寺門勿令此人入寺恐難捉得此人依語馳走守門法眼怕不得入寺便向西走復至西街金城坊南門道西有會昌寺復加四馬騎更語前二乘馬人云急守會昌寺門此人依語走捉寺門法眼怕急便語乘馬人云汝是何人敢逼於我乘馬人云王遣我來取法眼語云何王遣來乘馬人云閻羅王遣來法眼既聞閻羅王使來審知是鬼即共相拒鬼便大怒云急截頭䯱却一鬼捉刀即截法眼兩鬢附宍落地便至西街悶絕落馬暴死不覺既至大街要路跏蹰之閒看人逾千有巡街果毅瞋守街人何因聚衆守街人具述逗留次西街首即是高宅便喚家人舉向舍至明始蘇便語家內人云吾入地獄見閻羅王昇大高座瞋責吾云汝何因向化度寺明藏師房內食常住僧菓子宜吞四百顆熱鐵丸令四年吞了人中一日當地獄一年四日

便了從正月二十六日至二十九日便盡或日食百顆當二十六日惺了之時復有諸鬼取來法眼復共鬼鬬相趂力屈不如復悶暴死至地獄令吞鐵丸當吞之時咽喉開縮身體燋捲變為紅色吞盡乃蘇蘇已王又語言汝何因不敬三寶說僧過惡汝吞鐵丸盡已宜受鐵犂耕舌一年至二十九日既吞鐵丸了到正月三十日平旦復死至地獄中復受鐵犂耕舌自見其舌長數里傍人看見吐出一尺餘王復語獄卒此人以說三寶長短以大鐵斧截却舌根獄卒斫之不斷王復語云以斧細剉其舌將入鑊湯煑之煑復不爛王復怪問所由法眼啓王云臣曾讀法華經王初不信令檢功德部見案內有讀法華經部王檢知實始放出來其人見在蘇惺如舊觀者如市見者發心合門信敬勵志精勤檀忍不虧誡誠無倦京城道俗共知不煩引證

儉約篇第四十五（此有二部）

述意部第一

夫謬之於空談不如證之於事實聞之髣像不如決之於耳目故信不如學言不如行所以研機適理寔極聖之洪基息緣儉務是至人之大量不樹無方之心寧有不窮之應是以一毫一粒而意濟四生一念一彈常資六度斯則功超半息發彌來際抱素儉約而亦德逾高範也

引證部第二

如新婆沙論云問諸弟子中大迦葉波少欲喜足具杜多行（舊云頭陁）薄拘羅少病節儉具淨戒行此二何別荅尊者大迦葉波所得飲食若麁若妙隨次第食無所簡別猶如良馬隨得而食尊者薄拘羅所得飲食或麁或妙簡去妙者而食麁者如契經說有四聖種一依隨所得食喜足聖種二依隨所得衣喜足聖種三依隨所得卧具喜足聖種四依有無有樂斷樂修聖種

又中阿含經云尒時有一異學是尊者薄拘羅未出家時親善朋友往詣薄拘羅所請問其義薄拘羅因為說之我於此正法律中學道以來八十年未曾起欲想我持糞掃衣來已八十年亦無起貢高想亦未曾憶受居士衣未曾割截作衣未曾倩他比丘作衣未曾用針縫衣未曾持針線囊乃至一縷我乞食來已八十年亦無起貢高想亦未曾受居士請亦未曾超越乞食未曾從大家乞食於中當得淨好極妙豐饒食噉含消未曾視女人面未曾入比丘尼房中未曾與比丘尼共相問訊乃至道路亦不共語未曾畜沙彌未曾憶為白衣說法乃至四句偈未曾有病乃至彈指項頭痛者未曾憶服藥乃至一片訶梨勒我結跏趺坐於八十年未曾倚壁倚樹我於三日夜中得三達證我結跏趺坐而般涅槃是謂尊者薄拘羅未曾有法

又僧祇律云達膩伽羅漢深自慶慰而說偈言

欲得寂滅樂　當習沙門法
止則支身命　如蛇入鼠穴

欲得寂滅樂　當習沙門法
衣食繫身命　精麁隨衆得
欲得寂滅樂　當集沙門法
一切知止足　專修涅槃道

又舊雜譬喻經云昔有比丘於空閑樹下坐禪行道樹上有一獼猴見比丘食下住其邊比丘以飯與之獼猴得食輒行取水以給澡洗如是連月後日食竟忽忘不留獼猴以不得食大怒取比丘袈裟上樹裂破比丘忿之以杖誤中獼猴即死餘數獼猴並來共轝死獼猴到佛寺中比丘僧知必有所以推問其意比丘具說於是佛教自從今日比丘每食皆當割省留餘以施蠢動不得盡之

又五分律云佛告比丘乃往去世於殑伽河邊有一仙人住於石窟尒時龍王日從水出以身七匝圍繞仙人舒頭在上下向敬視仙人仙人游行弟子守窟龍亦如前日來恭敬弟子悑畏即大羸瘦我於尒時行菩薩道游行殑伽河邊見如此即故問意具荅如是我復問言汝今欲不復見龍耶荅言尒又問汝見龍胭下有何等物荅言有摩尼珠吾復語言龍若來時汝便合掌向龍作如是語我今須汝胭下摩尼寶珠願以施我尒時仙人弟子聞我語已龍從水出便從索之龍聞乞珠不前不却默然而住時仙人弟子復爲龍王說偈言

龍王今須汝　胭下摩尼珠
意甚愛樂之　如何默無言

龍即以偈荅言

我一切所須　皆由此珠得
汝今從吾乞　永絶不復來
如火急爆聲　使人心恐懼
我今聞汝言　惶悑逾於此

於是世尊引古說偈

乞者人不愛　數則致怨憎
龍王聞乞聲　一去不復還

又告比丘過去世時有迦夷國王好喜布施給諸窮乏時有梵志王甚愛重未嘗從王有所求乞尒時彼王爲說偈言

人皆從遠來　無妨從吾乞
而汝今在此　不求有何意

梵志即以偈荅言

乞者人不喜　不與致怨憎
所以默無求　恐離親愛憎

王復說偈荅言

乞非傷德行　亦無身口過
損有以補無　何爲而不索

梵志復以偈荅言

賢人不言乞　言乞必不賢
默然不有求　是謂爲大人

時王聞說賢人之偈心大歡喜即以牛王一頭及餘千牛而施與之

頌曰

六情無惰恣　四攝啓幽心
儉約避人物　偃息慕山林
曲巘停嚶響　夾枝落慢陰
池臺聚凍雪　簷牖參歸禽
石來無新故　峯形詎古今
大車何杳杳　奔馬送駸駸
何以修六念　虔誠在一音
未沈慈舟寶　徒勞杼海深

感應緣略引二驗

晉單道開
唐杜智揩

晉羅浮山有單道開姓孟燉煌人少懷栖隱誦經四十餘萬言絶穀餌栢實栢實難得復服松脂後服細石子一呑數枚數日一服或時多少噉薑椒如此七年後不畏寒暑冬袒夏溫晝夜不臥開學十人共契服食十年之外或死或退唯開全志進陵太守遣馬迎開開辭能步行三百里路一日早至山樹諸神或現異形試之初無懼色以石虎建武十二年從西平來一日行七百里至南安度一童子爲沙彌年十四稟受教法行能及開時太史奏虎云有仙人星現當有高士入境虎普勑州郡有異人令啓開其年冬十一月秦州刺史上表送開初止鄴城西法綝祠中後徙臨漳昭德寺於房内造重閣𡨥禪虎資給甚厚開皆以慧施時樂仙者多來諮問開都不荅迺爲說偈云

我矜一切苦　出家爲利世
利世須學明　學明能斷惡
山遠粮粒難　作斯斷食計
非是求仙侶　幸勿相傳說

佛圖澄曰此道士覩國興衰若去者當有大災至石虎太寧元年開與弟子南度許昌虎子姪相殺鄴都大亂至晉升平三年來之建鄴俄而至南海後入羅浮山獨處茅茨蕭然物外春秋百餘歲卒于山舍勑弟子以屍置石穴中弟子迺移之石室有康泓者昔在北聞闢開弟子敘開昔在山中每有神仙來去迺遙心敬挹及後役南海親與相見側席鑽仰稟聞備至迺爲之傳贊曰

蕭哉若人　飄然絶塵　外軌小乘
内暢空身　玄象暉曜　高步是臻
飡茹芝英　流浪巖津

晉興寧元年陳郡袁宏爲南海太守與弟頴叔及沙門支法防共登羅浮山至石室口見開形骸及香火瓦器猶存宏曰法師業行殊群正當蟬蛻耳迺爲贊曰

物儁招奇　德不孤立　遼遼幽人
望巖凱入　飄飄靈仙　茲焉游集
遺屣在林　千載一襲

後沙門僧景道漸等並欲登羅浮竟不至頂出梁高僧傳錄

唐曹州離狐人杜智楷少好釋典不仕不妻娶被僧衣服隱居泰山以讀誦爲事貞觀二十一年於山中遇患垂死以袈裟覆體昏然如夢見老母及美女數十人屢來相擾智楷端然不動群女漸相逼席並云舉將擲置北澗裏遂抱近前同時執捉有攬著袈裟者遂齊聲念佛却後懺悔請爲造阿彌陁佛并誦觀音菩薩三十餘徧少閒遂覺體上大汗便即瘳愈出冥報拾遺錄

法苑珠林卷第四十六

大宋咸平元年

勑賜

編錄通慧大師賜紫沙門臣[illegible]校勘

内品監印經院[illegible]

[illegible]

法苑珠林卷第四十六

校勘記

一 底本，金藏廣勝寺本。

一 九一二頁中一行經名，[徑]作「法苑珠林卷第五十九」。卷末經名同。

一 九一二頁中二行撰者，[資]、[磧]、[普]、[南]作「大唐上都西明寺沙門釋道世字玄惲撰」；[徑]作「唐上都西明寺沙門釋道世玄惲撰」；[清]作「唐西明寺沙門釋道世撰」。

一 九一二頁中三行「第四十四」下，[資]、[磧]、[普]、[南]、[清]有夾註「此有五部」。

一 九一二頁中四行「儉約篇第四十五」，[徑]、[清]無。

一 九一二頁中五行「思慎篇此有五部」，[資]、[磧]、[普]、[南]、[徑]、[清]無。

一 九一二頁中六至七行「述意部……慎過部」，[徑]無。

一 九一二頁中八行「第一」，[徑]無。下至九一六頁下一二行部目下序數例同。

一 九一二頁中一九行第六字「加」，[資]、[磧]、[普]、[南]、[徑]、[清]作「加之」。

一 九一二頁下五行末字「玉」，[麗]作「王」。

一 九一二頁下六行「國內」，[資]、[磧]、[普]、[南]、[徑]、[清]作「國地」。

一 九一三頁上二〇行末字至二一行「反惡加說」，[資]、[磧]、[南]作「反加說」；[普]、[徑]、[清]作「反加毀說」。

一 九一三頁中九行第二字「在」，[資]、[磧]、[普]、[南]、[徑]、[清]作「生在」。

一 九一三頁中一二行第七字「水」，[磧]、[普]、[南]、[徑]、[清]無。

一 九一三頁中一六行第六字「以」，諸本(不含石，下同)無。

一 九一三頁下一六行第六字「後」，[麗]作「彼」。

一 九一四頁上五行第七字「今」，諸本作「念」。

一 九一四頁上一〇行第九字「常」，[資]、[磧]、[普]、[南]、[徑]、[清]作「恒」。次頁下八行第九字同。

一 九一四頁上一二行「說實語已」，[清]作「聞是語已」。

一 九一四頁中三行第一〇字「欶」，[資]、[磧]、[普]、[南]、[徑]、[清]作「[口*束]」；[麗]作「嗽」。

一 九一四頁中一九行第二字「藥」，諸本作「果」。

一 九一四頁下一行「三受」，[資]、[磧]、[普]、[南]、[徑]、[清]作「三寶」。

一 九一四頁下一〇行「受取」，[磧]、[普]、[南]、[徑]、[清]作「取受」。

一 九一四頁下一三行第一〇字「握」，[磧]、[普]、[南]、[徑]、[清]作「掘」。

一 九一四頁下一四行第一一字「用」，[磧]、[普]、[南]、[徑]、[清]作「自」。

一 九一五頁上五行「所得」，[磧]、[普]、[南]、[徑]、[清]作「所作」。

一 九一五頁下七行「富沙」，諸本作「富沙子」。

一 九一五頁下一五行「辛苦」，[資]、[磧]、[普]、[南]、[徑]、[清]作「大辛苦」。

一九一五頁下末行「號哭」，資、磧、普、南、徑、清作「啼哭」。

一九一六頁上一九行「無聊」，資、磧、普、南作「無憭」；徑、清作「無憀」。

一九一六頁上二一行末字「便」，資、磧、普、南、徑、清作「硬」。

一九一六頁上二二行第七字「剖」，資、磧、普、南、徑、清作「割」。

一九一六頁中三行「男子」，磧、普、南、徑、清作「男女」。

一九一六頁中一一行末字「常」，資、磧、普、南、徑、清作「恒」。

一九一七頁上二一行第一二字「事」，資、磧、南無。

一九一七頁上二二行第五字「成」，磧、南、徑、清作「言」。

一九一七頁上末行第一三字「獲」，普、徑、清作「獲報」。

一九一七頁中四行「作惡」，資、普作「非愚」；磧、南、徑、清作「悲愚」。

一九一七頁中五行末字「轍」，資、磧、普、南、徑、清作「徹」。

一九一七頁中七行「如影」，資、磧、普、南、徑、清作「心影」。

一九一七頁下六行第八字「以」，磧、普、南、徑、清作「於」。

一九一七頁下八行第七字「未」，徑、清作「末」。

一九一七頁下一三行第一〇字「一」，資、磧、普、南、徑、清無。

一九一七頁下一五行第四字「集」，資、磧、普、南、徑、清作「來」。

一九一八頁上一〇行「積財」，資、磧、普、南、徑、清作「捨財」。又「思故」，資、磧、普、南、徑、清作「思欲」。

一九一八頁上一五行「妄懷」，資、磧、普、南、徑、清作「忘懷」。

一九一八頁上一七行夾註「十一驗」，資、磧、南作「九驗」。

一九一八頁上一九行「漢諸暨吴詳」，資、磧無；普、南、徑、清作「漢諸暨縣吏吴詳」。又末字「周」，資、磧、普、南、徑、清作「姓周」。

一九一八頁上二〇行「胡茂回」，資、磧作「胡筏回」。又「庇之」，諸本作「胡庇之」。

一九一八頁上二一行「李頤」，資、普、徑、清作「李賾」。次頁下一四行普、徑、清同。

一九一八頁上二二行第四字「宇」，資、磧、普、南、徑、清無。又「齊京師釋慧豫」，資、磧無。

一九一八頁中六行「良久」，資、磧、普、南、徑、清作「良久吏曰」。

一九一八頁中一三行第三字「相」，普、南、徑、清作「累」。

一九一八頁下一五行第七字「覩」，徑、清作「都」。

一九一八頁下二二行第一二字「有」，資、磧、普、南、徑、清作「至」。

一九一九頁上三行第八字「正」，徑、清作「止」。

一九一九頁上四行「馬屎」，資、磧、普、南、徑、清作「馬跡」。

一九一九頁上六行「胡茂回」，資、磧、普作「胡筏回」。

一九一九頁上一〇行首字「去」，諸本作「走」。

一九一九頁上一二行第二字「伺」，清作「祠」。

一九一九頁上一五行第八字「當」，磧、普、南作「當」。

一九一九頁上一六行「入解」，資、磧、普、南、徑、清作「入廨中」；麗作「入廨」。

一九一九頁中一行第八字「肉」，資、磧、普、南、徑、清作「內」。

一九一九頁中五行第三字「解」，普、南、徑、清、麗作「廨」。

一九一九頁中七行「吾似吴」，資、磧、普、南、徑、清作「語似牛」。

一九一九頁中一〇行「云荅」，資、磧、普、南、徑、清作「荅云」。

一九一九頁中一四行第六字「云」，普、徑、清作「鬼云」。

一九一九頁中一五行第一三字「解」，諸本作「廨」。

一九一九頁中一六行第四字「來」，普、徑、清作「因來」。又第一三字「忿」，資、磧、普、南、徑、清作「忽」。

一九一九頁中一七行第九字「命」，資、磧、普、南、徑、清作「令」。

一九一九頁中二一行第九字「與」，資、磧、普、南、徑、清作「興」。

一九一九頁下六行「登崗」，資、磧、普、南、徑、清作「登山崗」。

一九一九頁下七行「燒火」，資、磧、普、南、徑、清作「火燒」。又「守火」，資、磧、南、徑、清作「手又」。

一九一九頁下一二行「埋故」，資、磧、普、南、徑、清作「埋反故」；麗作「埋于故」。

一九一九頁下二一行第八字「正」，資、磧、普、南、徑、清作「止」。又第一〇字「無」，磧、南無。

一九二〇頁上二行第一〇字「刀」，資、磧、普、南、徑、清無。

一九二〇頁上四行首字「頤」，普、徑、清作「賾」。五行第一一字同。

一九二〇頁上八行第三字「常」，資、磧、普、南、徑、清作「恒」。

一九二〇頁上一一行第七字「膊」，資、磧、南作「脾」；普、徑、清作「髀」。又第一〇字「瘢」，磧作「癬」。

一九二〇頁中九行「靈根寺」，資、磧、普、南、徑、清作「靈相寺」。一〇行同。

一九二〇頁中一九行「隨代」，諸本作「隋代」。

一九二〇頁下九行第一一字「敦」，資、磧、普、南、徑、清作「敢」。

一九二〇頁下一〇行第九字「取」，麗作「取汝」。

一九二一頁上五行第九字「閑」，資、磧、普、南、徑、清作「閉」。

一九二一頁上一七行第一三字「部」，諸本作「一部」。

一九二一頁上二二行夾註「此有二部」，徑無。

一九二一頁上二二行與末行之間，清有「述意部　引證部」一行。

一九二一頁上末行「第一」，徑無。

九二一頁中二行首字「之」，麗作「之於」。

九二一頁中六行第五字「意」，資、磧、普、南、徑、清作「竟」。又第一三字「常」，普、麗作「而常」。

九二一頁中九行「第二」，徑無。

九二一頁中一九行第八字「依」，資、磧、普、南、徑、清作「依隨」。

九二一頁下四行「貢高想」，資、磧、普、南、徑、清作「功高想」。八行同。

九二二頁上二行末字「得」，資、磧、普、南、徑、清作「等」。

九二二頁上一七行「殑伽河」，資、磧、普、南、徑、清作「恒水」。下同。

九二二頁上二二行第七字「見」，資、磧、普、南、徑、清作「見其」。又末字「具」，南作「其」。

九二二頁中一行「胆下」，資、磧、普、南、徑、清作「咽下」。下同。

九二二頁中二二行「無妨」，資、磧、普、南、徑、清作「無方」。

九二二頁下三行末字「憎」，諸本作「情」。

九二二頁下六行首字「損」，磧、徑、清作「捐」。

九二二頁下一一行「牛王」，磧、普、南作「牛羊」。

九二二頁下一三行「憍恣」，資、磧、普、南、徑、清作「福志」。

九二二頁下一七行第二字「來」，麗作「采」。

九二二頁下二〇行第二字「沈」，資、磧、普、南、麗作「汎」；徑、清作「泛」。

九二二頁下末行「杜智指」，南、徑、清作「杜智楷」。

九二三頁上六行第六字「學」，資、磧、普、南、徑、清作「同學」。

九二三頁上七行第一一字「進」，資、磧、普、南、徑、清作「追」。

九二三頁上一四行末字「閞」，資、磧、普、南、徑、清作「閑」。

九二三頁上一八行「慧施」，資、磧、普、南、徑、清作「惠施」。

九二三頁上一九行首字「閞」，資、磧、普、南、徑、清無。

九二三頁中八行「北閒」，資、磧、徑、清作「比間」；麗作「北澗」。

九二三頁中一〇行首字「没」，麗作「役」。

九二三頁中一二行「蕭哉若人」，資、磧、普、南、徑、清作「肅哉善人」。

九二三頁中一五行「无年」，諸本作「元年」。

九二三頁中一六行第三字「頪」，資、磧作「類」。

九二三頁中二〇行第二字「儁」，資、磧作「携」。

九二三頁下二行「智指」，徑、清作「智楷」。六行同。

法苑珠林卷第四十七　　三八紙

西明寺沙門釋道世撰

愆過篇第四十六　和順篇四十七

愆過篇此有二部

述意部第一

夫形骸多患理須嚴誡根識昏沈宜常警策故經曰無以睡眠因緣令一生空過無所得也但有身則爲患本無身則患滅故禮無不敬儆不可長若縱儆高彌增憍慢徒施攻擊無奈患憂口是刀斧之門禍累之始心懷毒念口施毒言身行毒業興斯三業彌招四趣故書云一言可以興邦一言可以喪國又言行是君子之樞機樞機之發榮辱之主意爲業本身口由發所以先除凶懷袪耶務正故知可惡川流事由心造何以知然若瞥緣心起故口發惡言言由意顯靡惡心不爲故成實論云離心無思則無身口業也

引證部第二

如維摩經云故以若干苦切之言乃可入律書云聞諫如流斯言可録佷戾不信惡馬難調撫膺多愧常以自箴庶有聞論致序心曲今欲緘其言而整其身者未若先挫其心而次折其意故經云制之一處無事不辦譬如金山之窟狐兔所不敢停渟淵澄海蛙龜所不肯宿故知潔其心而淨其意者則三塗報息四德常滿防意如城守口如瓶可謂金河遺寄屬在伊人玉門化廣信於斯矣既策斯三業則能除四患何等四患謂生老病死也故受胎經云衆生受胎之時備盡艱難冥冥漠漠狀若淨塵十月將滿母胎知苦業風催促頭向産門慞地鞭觸如在刀山風激冷觸如似寒氷當介之時生爲實苦又涅槃經云譬如燈炷唯賴膏油膏油既盡勢不久停人亦如是唯賴壯膏壯膏既盡衰老之炷何得久住又出曜經佛說老苦偈云

少時意感壯　爲老所見過

形衰極枯槁　氣竭憑杖行

又佛說死苦偈云

氣絕神逝　形骸蕭索　人物一統
無生不終
又涅槃經云夫死者於嶮難處無有資粮去處懸遠而無伴侶晝夜常行不知邊際深邃幽暗無有燈明入無門戶而有處所雖無痛處不可療治往無遮止到不得脫又無量壽經云獨生獨死獨來獨去苦樂之地身自當之無有代者幽幽冥冥別離長久道路不同會見無期甚難甚難復得相值夫生則親族歡聚盡慈愛之和死則朝亡暮殯便有恐畏分離之狀歌哭相送往者不知反室空堂寂滅無覩存亡有無變化俄頃故出曜經佛重說死苦偈云

命如果待熟　常恐會零落
已生皆有苦　孰能致不死
猶如死囚　將詣都市　動向死道
人命如是　如河駛流　往而不返
人命如是　逝者不還

又出曜經云昔有梵志兄弟四人皆得五通自知命促七日必死兄弟議曰我等兄弟神通自在能以神力翻

覆天地現極大手捫摸日月移山住流無所不辦寧當不能避此難也第一兄曰吾入大海上下平等正處中間無常殺鬼安知我處第二弟言吾入須彌山腹中間還合其表使無際現無常殺鬼焉知我處第三弟言吾處虛空隱形無跡無常殺鬼安知我處第四弟言吾當隱在大市之中眾人猥鬧各不相識無常殺鬼趣得一人何必取吾四人議訖相將辭王而白王曰吾等計筭餘命日促各欲避走欲求多福王尋告曰善進其德於是別去各適所至七日期滿各從其處而皆命終佛以天眼見四梵志避於無常各求度世皆已命終而說偈言

非空非海中　非入山石間
無有地方所　脫之不受死

又增一阿含經云尒時世尊在舍衛國東鹿母園中與大比丘眾五百人俱是時世尊七月十五日於露地敷坐比丘僧前後圍繞佛告阿難曰汝今速擊揵椎今七月十五日是受歲

之日阿難叉手便說此偈

淨眼無餘等　無事而不練
智慧無染著　何等名受歲

世尊以偈報曰

受歲三業淨　身口意所作
兩兩比丘對　自陳所作短
還自稱名字　今日眾多歲
我亦淨意受　唯願原其過

是時阿難聞已歡喜即外講堂手執揵椎而說此偈

降伏魔力怨　除結無有餘
露地擊揵椎　比丘聞當集
諸欲聞法人　度流生死海
聞此妙響音　盡當運集此

尒時阿難擊揵椎已至世尊所白世尊言今正是時唯願世尊何所敕使是時世尊告阿難曰汝隨次坐當坐草座時諸比丘各坐草座是時世尊默然觀諸比丘已便勅諸比丘我今欲受歲我無過咎於眾人乎又不犯身口意耶如來說此語已諸比丘默然不對是時再三告諸比丘已時尊者舍利弗即從座起長跪白世尊言

諸比丘衆觀察如來無身口意過世
尊今日不度者度不脫者脫不般涅
槃令般涅槃無救者爲作救護盲者爲作眼目
爲病者作大醫王三界獨尊無能及
者以此事緣如來無咎於衆人亦無
身口意過是時舍利弗白世尊言我
今自陳無咎於如來及比丘僧乎世
尊告曰汝舍利弗都無身口意所作
非行汝今智慧無能及者汝今所說
常如法義未曾違理是時舍利弗白
佛言此五百比丘盡當受歲盡無咎
於如來乎世尊告曰亦不責此五百
比丘身口意此舍利弗大衆之中極
爲清淨無瑕穢今此衆中最小下座
得須陁洹必當上及不退轉法以是
之故我不恐責此衆
又佛本行經云尒時釋種宗族士衆
一切合有九萬九千及迦毗羅婆蘇
都城所居人民從城共往欲見如來
世尊遥見輸頭檀王與諸大衆嚴備
而來即作是念我若見彼不起迎奉
人當說我此豈戒行果報人乎云何
見父不起迎逆我今若見父及大衆
起往迎者彼等獲得無量大罪若我
今者持其威儀在此住者彼等於我
不生敬心如來作此三種念觀見有
如此三種因縁思量如是三種義已
從座而起飛騰虛空現種種神變令
大衆生信並皆入道
又梵網經云若佛子應如法次第坐
先受戒者在前坐後受戒者在後坐
不問老少比丘比丘尼貴人國王王
子乃至黄門奴婢皆應先受戒者在
前坐後受戒者次第而坐莫如外道
癡人若老若少無前無後坐無次第
兵奴之法我佛法中先者先坐後者
後坐而菩薩不次第坐者犯輕垢罪
若佛子常行教化大悲心入檀越貴
人家一切衆中不得立爲白衣說法
應白衣衆前高座上坐法師不得地
立爲四衆白衣說法若說法時法師
高座香華供養四衆聽者下坐如孝
順父母敬順師教如事火婆羅門其
說法者若不如法犯輕垢罪
又善見論云弟子參師當避六處一
不得當前二不得當後三不得太遠
四不得太近五不得處高六不得上
風立問曰四種身儀若坐立行臥何
故但云一面立荅曰爲衆故不應行
爲恭敬不應坐爲供養故不應臥
又三千威儀云欲上牀有五事一當
徐却踞牀二不得匍匐上三不得使
牀有聲四不得大拂拭牀席使有聲
五洗足未燥當拭之在牀上有五事
一不得大吹二不得叱咤嗜噫三不得
歎息思念世間事四不得狗群臥五
欲起坐當以時若意走不定當自責
本起又臥有五事一當頭首向佛二
不得臥視佛三不得雙申兩足四不
得向壁臥亦不得伏臥五不得豎兩
膝要當拘手檢兩足累兩膝又臥起
欲出戶有五事一起下牀不使牀有
聲二著履先當抖擻三正住著法衣
四欲開戶先三彈指不得使戶有聲
五戶中有佛像不得背出當還向戶
而出出不得住與人言
又正法念經云孔雀菩薩爲諸天衆
說調伏法若在家出家若老若少調
伏相應以此莊嚴如出家之人初以

袈裟而自調伏當行七事一者如其國法受糞埽衣在家之人所棄之衣若在塚間有死人衣死屍所壓則不應取若於塚間得破壞衣則應受用是名袈裟調伏之法
第二若入聚落觀地而行前視一尋念佛影像一心正念諸根不亂不觀一切所須之具不與女人言論不抱小兒不數動足亦不動臂及其牀座不手摩頭不數整衣不抖擻袈裟不按摩手亦不彈指是名第二調伏之法
第三若入施主家於飯食時齊腕澡手若受食時不大舒手當前一肘不滿口食亦不太少若所摶飯不大不小不大張口不令有聲所應之食但食二分食知止足不觀他鉢而生貪心所受飲食不懷他心自觀其鉢不左右顧視是名第三調伏之法
第四若於食時若於聚落或於城邑先所見食不生心念不數言說亦不悕望所受敷具如法受畜不求上勝是名第四調伏之法

第五一切所作不倚不著不惜身命於所用具不多聚積不行邊方危怖之處不異服飾不偏樂於一家往返是名第五調伏之法
第六不斷草木及掘生地不著雜色革屣雜色衣服不破他戒不謗不說心不悕望王者之饍心不甘著不親近於喜鬭比丘是名第六調伏之法
第七若有同意同法應當親近利益若於山窟樹下露地常修行空無相無願是名第七調伏之法若有比丘能如是行則能捨離一切諸縛而得解脫
又雜寶藏經云佛初出家夜佛子羅睺始入于胎初成道夜生羅睺羅舉宮婇女咸皆慚恥怪哉大惡耶輸陁羅不慮是非輕有所作不自愛慎令我舉宮都被染汙悉達菩薩久已出家今卒生子甚爲恥辱時有釋女名曰電光是耶輸姨母之女椎胷拍脞呵罵耶輸汝於尊親何以自損太子出家已經六年生此小兒甚爲非時從誰而得辱我種族不護惡名爭

飯王于時在樓見此大地六種震動見是相已謂菩薩死憂箭入心悶于宮中舉聲大哭王倍驚怖謂太子死走使女問是何哭聲女白王言太子不死耶輸陁羅今産一子舉宮慚愧是以哭耳王聞是語倍增憂惱發聲大哭揚聲大喚怪哉醜辱我子出家已經六年云何今日而方生子時彼國法擊于鼓一下一切運集九萬九千諸釋悉會即喚耶輸陁羅著白淨衣抱兒在懷都不驚怕於親黨中抱兒而立諸釋咸忿叱介凡鄙有何面目我等前立宜好實語竟爲何處而得此子耶輸陁羅都無慚恥正直而言從彼出家釋種名曰悉達而得此子王言我子悉達本在家時聞有五欲耳尚不聽況當有欲而生於子實是諂曲非正直法以此謗毀王極大瞋問諸釋言云何苦毒殺害復有釋言如我意者當作火坑擲置火中使其毋子都無遺餘諸人皆言此事最良即掘火坑以佉陁羅木積於坑中以火焚之即將耶輸至火坑邊時耶輸見火方大驚

悑譬如野鹿獨在圍中四向顧望無可恃怙耶輸自責既自無罪受斯禍患徧觀諸釋無救巳者抱兒歎念菩薩言汝有慈悲憐愍一切天龍鬼神咸敬於汝今我母子薄於祐助無過受苦云何菩薩不見留意何故不救我之母子今日危厄即時向佛一心敬禮復拜諸釋合掌向火而說實語我此兒者實不從他而有此子若實不從他而有此子若實不虛六年在我胎者火當消滅終不燒害我之母子作是語已即入火中而此火坑變為水池自見已身處蓮華上都無恐悑顏色和悅合掌向諸釋言若我虛妄應即燋死以今此兒實菩薩子以我實語得免火患有諸釋言視其形相不驚不畏而此火坑變為清池以此驗之知其無過時諸釋等將耶輸陁羅還歸宮中倍加恭敬為索乳母供事其子猶如生時等無有異祖白淨王愛重深厚不見羅睺終不能食若憶菩薩抱羅睺羅用解愁念略而言之滿六年已白淨王渴仰於佛遣往請

佛佛憐愍故還歸本國來到釋宮變千二百五十比丘皆如佛身光相無異耶輸陁羅語羅睺羅誰是汝父往到其邊時羅睺羅禮佛已訖正在如來右足邊立如來即以手摩羅睺羅頂即說偈言

我有生眷屬　及以所生子
無有偏愛心　但以手摩頂
我盡諸結使　愛憎永除盡
汝等勿懷疑　於子生猶豫
此亦當出家　重為我法子
略言其功德　出家學真道
當成羅漢果

頌曰

業風常泛濫　苦海濤波聲
漂我常游浪　遠離涅槃城
忽遇慈舟至　運我出愛瀛
是知高慕友　懲過改凡情
罪垢蒙除結　神珠啓闇冥
釋門光麗景　俗務苦重縈
冀除昏五蓋　方寤六塵輕
自非乘寶輅　何以息皴寧

感應緣 略引三驗

宋沙門釋僧苞　齊沙門釋僧遠
隋沙門釋洪獻

宋京師祇桓寺有釋僧苞本是京北人少在關受學什公宋永初中游北徐入黃山精舍復造靜定二師進業仍於彼建三七普賢齋懺至第十七日有白鵠飛來集普賢座前至中行香畢乃去至二十一日將暮又有黃衣四人繞塔數匝忽然不見苞少有志節加復祥感故匪懈之情因之彌勵日誦萬餘言經常禮數百拜佛後東下京師正值祇桓寺發講法徒雲聚士庶駢席苞既初至人未有識者乃乘驢往看衣服垢獘貌有風塵堂內既窄坐驢韉於戶外高座釋顯適竟苞始欲厝言法師便問客僧何名荅云名苞又問盡何所苞荅曰高座之人亦可苞耳乃致問數番皆是先達思力所不逮高座無以抗其詞遂遜退而止時王弘范泰聞苞論義歎其才思請與交言仍屈住祇桓寺開講衆經法化相續陳郡謝靈運聞風而造馬及見苞神氣彌深歎伏或問曰謝

公何如苞曰靈運才有餘而識不足抑不免其身矣苞常於路行見六劫被録苞爲說法勸念觀世音群劫以臨危之際念念懇切俄而送吏飲酒共醉劫解枷得免焉宋元嘉中卒（右廿一驗出梁高僧傳）

齊梁州薛河寺釋僧遠不知何許人爲性疏誕不修細行好逐流宕歡醼爲任以齊武平五年夢見大人齟齒責之曰汝是出家人面目如此蓬縱造惡何不取鏡自照遠忽覺驚悸流汗至曉以盆水自照乃見眼邊烏黕謂是垢汙便洗拭之眉毛一時隨手落盡因自咎責柰此殃譴遂改常習返形易性變衣破履一食長齋遵奉律儀昏曉行悔悲淚交注經一月日又夢前人含笑謂曰知過能改是謂智人赦汝前愆勿復相續忽驚喜覺流汗徧身面目津潤眉毛漸出遠於一身頻感兩報信知三世苦樂不虛自後竭情時不暫怠鄉所歸卒於本土

隨相州大慈寺釋洪獻少履道門早

明律檢聽涉勞頓遂兩目俱暗既無前導常處房中禮誦爲業不輟晨夕開皇十四年忽感一神自稱般若檀越來從受戒數致談話同房僧綱禪師上堂食後般若乃將綱一㡖衣來覩獻云勞陳法事利益不少微奉衣物願必受之獻納國中綱食還房怪夫衣服披求寺內乃於獻所得之具以告語綱終不信猜獻盜之神遂發撤綱房衣物被案狼藉滿庭竿肩秤尺摧折數段神於空中語曰僧綱不好設齋會供養三寶我會禍汝未許放汝獻感冥報與般若言及事同目覩神語獻曰伴衆極多悉在紫陌河上唯三十人相隨可令寺家設食衆僧便於西院會之神曰大好飲食勞費師等雖然僧綱不起齋供後會使知綱無柰之何恐迫不已便私費財物營諸齋福般若乃曰既能行福今相放矣仍以絹兩匹付獻云當以一匹施大衆一匹贈綱師獻對衆受得具皆聞見仍依付領綱後懲過彌勤經業卒於所住（右此二驗出唐高僧傳）

和順篇第四十七（此有五部）

述意部　引證部　和施部

和國部　和事部

述意部第一

夫善惡乖背言行兩違禍釁從生怨毒彌重所以言之者易行之者難是故綱柔得中違順得性譬鑄劒太剛則折太柔則卷欲劒無折必加其錫欲劒無卷必加其金何者金性剛而錫質柔剛柔均平則爲善矣含性和平則爲嘉矣故羅雲密行以自調故聖讚以美譽提婆麁行以獷惡故衆毀以過彰俗書云西門豹性急佩韋以自緩董安于性緩帶弦以自急故陰陽調天地之和也剛柔均人物之性也

引證部第二

如密跡金剛力士經云阿闍世王問佛言菩薩仁和爲有幾法往返周旋常存和雅不興麁心佛言菩薩仁和有八事法何謂爲八一志性質直而無諛諂二性行和雅常無佞僞三心存淳熟永無虛妄四心行堅要亦無羸劣五無迷惑志存於仁和六爲世衆祐

受其德行七心行了達而無所著八思惟罪福心無所念是爲八事於是阿闍世王白佛言菩薩有幾法行逮如是力無極之勢佛言有十法何謂爲十一寧棄身命勤受正法二未曾自大謙恪下意禮敬衆生三見於剛强難化衆生立之忍辱四見飢饉人以好美饍而充施之五覩諸恐懼勸慰安之六若有衆生得於重疾療以良藥七若有羸劣人所輕慢敬念戀之令無忽易者八以淨泥水塗如來廟補其虧缺九見孤苦人貧匱困厄常負重擔使去其難極重之殃十若有無護無所依歸常將濟之所語如言而不變失是爲十事法

又正法念經云若有衆生見他親友互相破壞心懷悲結能爲和合命終生欲愛天隨心所念即得五欲自娛若有衆生見人破亾爲他抄掠救令得脫或於險處教人正道或疑怖處令他安隱命終生正行天天女供養受五欲樂若生人中生於正見大長者家若有人能柔輭深心離一切垢涅

解脫猶如在手耎心之人心如白鑞修行善業衆人所信麁獷之人心如金剛恒常不忘怨結之心行不調伏衆人所憎不愛不信尒時孔雀菩薩以佛經偈而說頌曰

若人心柔輭　猶如成鍊金
斯人内外善　速得脫衆苦
若人心器調　一切皆柔輭
斯人生善種　猶如良福田

又呵鵰阿那含經云阿那含有八事不欲令人知何等爲八一不求不欲令人知二信不欲令人知三自羞不欲令人知四自慚不欲令人知五精進不欲令人知六自觀不欲令人知七得禪不欲令人知八黠慧不欲令人知所以不欲令人知者不欲煩擾於人故

和施部第三

如佛說一切施主所行檀波羅蜜經云佛言過去久遠無央數劫尒時世有大國王號字薩和達（晋言一切施主）尒時布施有所求索不逆其意尒時異國有婆羅門子少失其父獨與母姊弟爲活

居家貧陋其母告子居家困窮無以自供汝父在者當往薩和達王所乞丐可以自濟今何不行至彼王所從求錢寶兒報母言我今未有所知先當學問然後乃行母語兒言今汝家中了無所有而有學問尒乃當行若汝去後其處空乏何以自活兒即語母我先當假貸索一兩金可備一歲之糧母即聽之便行貸得金二兩還以與母乃出家行學一歲已竟便來歸家母見兒還便逆問言汝已行詣一切施王所耶兒復報母言所學未通當復更學母言前金已盡當作何計兒荅母言當更假貸兒即復往至前所貸金家向其主說復欲貸一兩金意金主語兒汝前取金既未還我甫復欲索汝若審復欲得金者持卿母及姊弟皆以上券尒乃可得若至時不畢當沒汝母及姊弟以爲奴婢便相許可適作券取持歸付母復捨家行學復終一年所知粗備欲歸語母行詣一切施王所在道中便爲債主所索及母姊弟將歸鑠脚婆羅門子語

債主言卿雖相繫正使終年我無益用不如相放我當往詣一切施王所乞丐得物還以相償其主思惟便解婆羅門子令去時有異國王軍起兵欲往取一切施王國時諸臣白王今有他國興兵入界不審大王當作何計時王自念人命至短當歸無常又我少小已來好喜布施慈仁忍辱無傷害意不欲與彼共相拒逆所以者何但以我一身故動搖兵衆設有所中實非我宜便勑諸臣不須爲備亦勿恐悑但且嚴出迎逆作禮恭敬承事受其敎勑令踰於我諸臣復白王言他國入界云何不備王默不應如是至三王言不須拒逆如我前言諸臣皆言王勑勿備我等俱然王言大善各且安家愼莫勞擾其王夜半即脫印綬默亡而去彼國王入國即領王位便募索一切施王其賞甚重王遂出國行五百餘里遙見婆羅門子王意即想此婆羅門子今者必來索我無疑時婆羅門子意亦想此人將無正是一切施王二人各前相逢便住王問婆

羅門子言卿從何來今欲所至婆羅門子荅言我欲行至一切施王所王復問欲詣一切施王所欲何求索婆羅門子報言少小失父居甚貧窮以毋及姊弟持行貸債欲從一切施王乞丐錢寶還贖毋姊弟幷得自濟王便語言我正是一切施王婆羅門子問王償從所在而獨行耶王言有他國來欲得我處是以避之所以者何不欲傷害於人兵故婆羅門子聞王所說即便躃地而大啼泣不能自勝王便前牽婆羅門子諫曉使起不須復啼所求索者今當相與婆羅門子言王今失國當持何等以相濟乞王便報言彼國來王相募甚重卿今可截我頭持往與之在所求索皆可得也於是婆羅門子說偈報言

世間殺父毋　命盡墮泥犂
今加害於王　其罪等無異
我今實不忍　加惡於大王
寧令身命盡　終不造逆意

於是一切施王復語婆羅門子言卿若不欲取頭者便可截我鼻耳送之

亦可得賞恐不中王故也婆羅門子報王言如我今日不忍爲是王復語婆羅門子言若不介者便可縛我送往與之亦可大有所得婆羅門子能相知還復爲王不爲彼害婆羅門子言王審欲介者可共俱還臨至本國乃當相縛於是王與婆羅門子便共相將俱還本國二十餘里王以欲至便自反手語婆羅門子言卿可縛我婆羅門子遂乃縛王一國人民皆聞知王一切施爲他國婆羅門子見縛送人民大小見王莫不啼哭躃地崩絕劇喪父毋遂前詣宮門諸臣即入白彼王前所募亡去王一切施者爲婆羅門子所見縛送今在宮門彼王即言便促見之一切施王便前入宮彼王及臣與諸官屬見一切施王無不躃地而啼泣者彼劫人王亦復淚出而問諸臣汝輩何以皆啼諸臣白言我等見一切施王棄國與王復持身施與婆羅門子所作不悔是故啼耳彼劫人王聞諸臣各各說是即便躃地而大啼泣不能自勝即問婆羅門子汝

今那得是王婆羅門子具荅王本末因由彼刼人王聞婆羅門子所說即復躃地啼淚而言告勑諸臣促解王縛洗浴衣被著其印綬還立爲王即還坐領國法如故於是彼王即長跪叉手讚歎而說偈言

自在本國時　遙聞大王德
今來至於此　見尊踰所聞
巍巍積功德　譬若如金山
其力堅如是　無能動搖者
今見王所行　於世甚無雙
願以國相還　幷奉所居界
願歸得本土　修敬爲臣禮
不敢復憍慢　事王如天尊

佛告諸比丘尒時一切施王者我身是也彼國王者舍利弗是婆羅門子者調達是成我六波羅蜜相好功德皆是調達恩調達是我善知識亦爲善師調達却後阿僧祇刼當得作佛號字提和羅耶晉言天人王

和國部第四

如雜寶藏經云佛言過去久遠有二國王一是迦尸國王二是比提醯國王比提醯王有大香象以香象力摧伏迦尸王軍迦尸王作是念言我今云何當得香象摧伏比提醯王軍時有人言我見山中有一白香象王聞此已即便募言誰能得香象者我當重賞有人募言多集軍衆往取彼象象思惟言若我遠去父母皆老不如調順往至王所尒時衆人便自將香象向王邊王大歡喜爲作好屋具被𣰽𣯍敷著其下與諸妓女彈琴鼓瑟以娛樂之與象飲食不肯食之時守象人來白王言象不肯食王自向象所上古畜生皆能人語王問象言汝何故不食象荅王言我有父母年老眼皆無與水草父母不食我云何食象白王言我欲去者王諸軍衆無能遮我去以父母皆老順王來耳王今見聽我去供養父母終其年壽自當還來王聞此語極大歡喜我等便爲人頭之象此象乃是象頭之人先迦尸國人惡賤父母無供養心因此象故王即宣令一切國內若不孝養父母者當與大罪尋即放象還父母所供養父母隨

壽長短父母喪亡還來王所王得白象甚大歡喜即時莊嚴欲伐彼國象語王言莫興鬪諍凡鬪諍法多所傷害王言彼欺凌我象言聽我使往令彼怨敵不敢欺侮王言汝若去者或能不還荅言無能遮我使不還者象即於是往彼國中比提醯王聞象來至極大歡喜自出往迎既見象已而語之言即住我國象白王言不得即住我立身已來不違言誓先許彼王當還其國汝二國王應除怨惡自安其國豈不快乎即說偈言

得勝增長怨　負則益憂苦
不諍勝負者　其樂最第一

尒時此象說斯偈已即還迦尸國從是以後二國和好尒時迦尸國王者今波斯匿王是比提醯王者今阿闍世王是尒時白象者今我身是也由我尒時孝養父母故令多衆生亦孝養父母尒時能使二國和好今日亦好

和事部第五

如僧祇律云佛告諸比丘過去世時有城名波羅奈國名伽尸有一婆羅門

有摩沙豆陳久煑不可熟持著肆上
欲賣與他都無人買時有一人家有一
態驢市賣難售時陳豆主便作是念
我當以豆貿此驢用便往語言汝能持
驢貿此豆耶驢主復念用是態驢爲
當取彼豆即便荅言可尒得驢已歡
喜尒時豆主便作是念今得子便即
說頌曰
婆羅門法巧販賣　陳久氷豆十六年
唐盡汝薪煑不熟　足折汝家大小齒
尒時驢主亦作頌曰
汝婆羅門何所喜　雖有四脚毛衣好
負重著道令汝知　錐刺火燒終不動
尒時豆主復說偈言
獨生千秋杖　頭著四寸針
能治敗態驢　何憂不可復
尒時驢聞復瞋即說頌曰
安立前二足　雙飛後兩蹄
折汝前版齒　然後自當知
尒時豆主聞驢此頌復說偈言
蚤蝨毒蟲螫　唯仰尾自防
當截汝尾却　令汝知辛苦
尒時驢復以偈荅曰

從先祖已來　行此㦬㥾法
今我故承習　死死終不捨
尒時豆主知此弊惡不可苦語便更
稱譽以頌荅曰
音聲鳴徹好　面白如珂雪
當爲汝取婦　共游林澤中
驢聞輭愛語即復說頌曰
我能負八斛　日行六百里
婆羅門當知　聞婦歡喜故
頌曰
性愛和柔　賢愚親附　情貪麁獷
人畜遠慮　外違常策　內順常御
萬代揚名　千齡久住

法苑珠林卷第四十七

法苑珠林卷第四十七

校勘記

一　底本，金藏廣勝寺本。
一　九二八頁中一行經名，徑作「法苑珠林卷第六十」。卷末經名同。
一　九二八頁中二行撰者，資、磧、普作「大唐上都西明寺沙門釋道世字玄惲撰」；南作「唐上都西明寺沙門釋道世字玄惲撰」；徑作「唐上都西明寺沙門釋道世玄惲撰」；清作「唐西明寺沙門釋道世撰」。
一　九二八頁中三行「懲過篇第四十六」下，資、磧、普、南、清有夾註「此有二部」。又「和順篇四十七」，資、磧、普、南作「和順篇第四十七」；徑、清無。
一　九二八頁中四行「懲過篇此有二部」，資、磧、普、南、徑、清無。
一　九二八頁中四行與五行之間，清有「述意部　引證部」一行。
一　九二八頁中五行「第一」，徑無。

一 九二八頁中七行首字「常」，資、磧、普、南、徑、清作「恒」。

一 九二八頁中一六行「祛耶」，資、磧、普、南、徑、清作「祛邪」；麗作「祛邪」。

一 九二八頁中一九行「成實論」，資、磧、普、南、徑、清作「成論」。

一 九二八頁中二一行「第二」，徑無。

一 九二八頁下六行第二字「之」，資、磧、普、南、徑、清無。又第一〇字「渟」，資、磧、普、南、徑、清作「淳」。

一 九二八頁下一四行末字「鞭」，資、磧、普、南、徑、清作「鞕」。

一 九二八頁下一五行第三字「在」，資、磧、普、南作「住」。

一 九二八頁下二一行末字「過」，資、磧、普、南、徑、清作「逼」。

一 九二九頁上一九行第七字「駛」，磧、清作「駃」。

一 九二九頁下二行第四字「餘」，資、磧、普、南、徑、清作「與」。

一 九二九頁下五行「三業」，資、磧、普、南、徑、清作「三藏」。

一 九二九頁下七行第九字「多」，諸本(不含石，下同)作「受」。

一 九二九頁下一四行第八字「運」，資、磧、普、南、徑、清作「雲」。

一 九三〇頁上二行末字至次行首字「涅槃」，諸本作「涅槃者」。

一 九三〇頁上三行「無救者」，資、磧、普、南、徑、清作「無救護者」。

一 九三〇頁上末行「迎逆」，資、磧、普、南、徑、清作「迎送」。

一 九三〇頁下三行第一〇字「条」，資、磧、普、南、徑、清作「來」。

一 九三〇頁下六行第二字「却」，資、磧、普、南、徑、清作「脚」。

一 九三〇頁下八行「未燥」，資、磧、普、南、徑、清作「未淨」。

一 九三〇頁下九行「暗噫」，資、磧、普、南、徑、清作「暗喈」。

一 九三〇頁下一一行第九字「走」，資、磧、普、南、徑、清作「起」。

一 九三〇頁下一五行第六字「檢」，普、徑、清作「斂」。

一 九三〇頁下一七行「抖擻」，資、磧、普、南、徑、清作「叩藪」。

一 九三一頁上一〇行「抖擻」，資、磧、普、南、徑、清作「抖藪」。

一 九三一頁上一八行「飲食」，磧、南、徑、清作「飯食」。又「不懷」，資、普作「不壞」。

一 九三一頁中末行「不護」，資作「不議」。

一 九三一頁下一〇行「陁羅」，資、磧、普、南、徑、清作「耶輸」。

一 九三一頁下一五行「王言」，資、磧、普、南、徑、清無。

一 九三二頁上九行至一〇行「此子若實不從他而有」，資、磧、普、南、徑、清無。

一 九三二頁中七行第二字「有」，諸本作「於」。

一 九三二頁中一五行第三字「常」，資、磧、普、南、徑、清作「恒」。

一 九三二頁中二一行「昏五蓋」，資、

磧、普、南、徑、清作「五昏蓋」。

九三二頁下二行末字「隨」，諸本作「隋」。次頁上末行首字同。

九三二頁下一五行第一一字「釋」，資、磧、南、徑、清作「主」，普作「王」。

九三三頁上二行「不免」，資、磧、南、徑、清作「不勉」。又「常於」，諸本作「嘗於」。

九三三頁上三行第二字「録」，資、磧、普、南、徑、清作「戮」。

九三三頁上四行第三字「之」，普無。

九三三頁上五行「共醉」，資、磧、普、南、徑、清作「洪醉」。

九三三頁上七行第一三字「許」，資、磧、普、南、徑、清無。

九三三頁上九行「五年」，資、磧、普、南、徑、清作「三年」。又「齵齒」，資、磧、普、南、徑、清作「切齒」。

九三三頁上一〇行第一三字「蓬」，資、磧、普、南、徑、清作「放」。

九三三頁中一行第三字「檢」，資、磧、普、南、徑、清作「部」。

九三三頁中六行「微奉」，磧、南作「懲奉」。

九三三頁中七行「國中」，資、磧、普、南、徑、清作「匱中」；麗作「櫃中」。

九三三頁中八行「夫衣服」，資、磧、普、南、徑、清作「失衣襆」；麗作「失衣服」。

九三三頁中二二行「彌勤」，普作「彌勒」。

九三三頁下一行夾註「此有五部」，徑無。

九三三頁下二至三行「述意部……和事部」，徑無。

九三三頁下四行「第一」，徑無。以下部目下序數例同。

九三三頁下七行「綱柔」，資、磧、南作「鋼柔」；普、徑、清、麗作「剛柔」。

九三三頁下一三行第一一字「韋」，資、磧、南作「葦」。

九三三頁下二一行「倭偽」，徑、清作「倭僞」。

九三四頁上一行第二字「其」，資、磧、普、南、徑、清作「異」。

九三四頁上一四行首字「有」，資、磧、普、南、徑、清無。

九三四頁中二行第一一字「獷」，資、磧、南、徑、清作「鑛」。

九三四頁中七行末字「苦」，磧作「生」。

九三四頁中一九行「施主」，資、磧、普、南、徑、清作「施王」。二一行夾註左同。

九三四頁中末行末字「活」，資、磧、普、南、徑、清無。

九三四頁下一行「貧陋」，資、磧、普、南、徑、清作「甚貧狹」。

九三四頁下七行「其處」，資、磧、普、南、徑、清作「其家」。

九三四頁下一六行首字「意」，資、磧、普、南、徑、清作「其」。

一　九三五頁上一〇行末字「實」，資、磧、普、南、徑、清作「害此」。

一　九三五頁上一二行第三字「且」，資、磧、南、徑、清作「旦」。又第七字「逆」，麗作「送」。

一　九三五頁上一八行「彼國王入國」，資、磧、普、南、徑、清作「彼王大國」。

一　九三五頁中一行「從何」，資、磧、普、南、徑、清作「何從」。

一　九三五頁下五行第三字「還」，諸本作「王還」。

一　九三五頁下一一行第二字「王」，資、磧、普、南、徑、清作「言」。又第五字「施」，資、磧、普、南、徑、清作「施王」。

一　九三五頁下一六行「促見」，資、磧、普、南、徑、清作「捉現」。

一　九三六頁上三行「啼淚」，普作「啼泣」。

一　九三六頁上二〇行夾註「天人王」，資、磧作「大人王」。

一　九三六頁中一〇行「毾㲪」，資、磧、普、南、徑、清作「蹋蹬」。

一　九三六頁中一七行首字「去」，諸本作「但」。

一　九三六頁中二一行第二字「賤」，資、磧、普、南、徑、清作「賊」。

一　九三六頁下三行第五字「興」，資、磧、普、南、徑、清作「與」。

一　九三六頁下二〇行「亦好」，資、磧、南作「亦耳好」；徑、清作「亦爾」。

一　九三七頁上六行末字「歡」，清作「欲」。

一　九三七頁上七行第一二字「子」，資、磧、普、南、徑、清作「驢子」。

一　九三七頁上九行「氷豆」，徑、清作「沙豆」。

一　九三七頁上一〇行第八字「足」，資、磧、普、南、徑、清作「蹙」。

一　九三七頁上一六行末字「復」，資、普、南、徑、清、麗作「伏」；磧作「狀」。

一　九三七頁中七行第六字「即」，徑、清無。

一　九三七頁中一一行末字「獱」，資、磧作「鑌」。

一　九三七頁中一二行第一一字「常」，資、磧、普、南、徑、清作「恒」。

法苑珠林卷第四十八　途三

西明寺沙門釋道世撰

誡勗篇第四十八 此有六部

述意部　誡馬部　誡學部
誡盜部　誡罪部　雜誡部

述意部第一

夫以立像表眞化俗彝訓寄指誓月
出道常規但以妄想倒情恣流固習
無思悛革隨業飄淪是以涅槃經云
爲善清升譬同爪土爲惡沈滯喻等
地塵良由六賊俱至十使交纏或比
行廁畫瓶或擬危城坏器故將崩
朽宅三火常然逃隱空聚五刀常逐
井河引喻逼形器於刹那屠肆牛羊
切性命於漏刻亦如鼠入脂角至窮
何趣況復五濁交橫四山常逼而能
安忍不生憂悔所以大聖垂訓法喻
所歸止在誡約身心無恣逸慾鑒塞
力勵專怔省過但見臨死眼光失落
眷屬藂聚對顏難救嗚呼洟泗慨彼
沈淪既屬斯苦何不自誡過由我生
改不藉他猶有微善宅報在人又逢
遺法親見三寶脫生惡道對目莫知
由此悲痛無由怠惰矣

誡馬部第二

如中阿含經云時有調馬師名曰只
尸來詣佛所稽首佛足退坐一面白
佛言世尊我觀世間甚爲輕淺猶如
羝羊世間唯我堪能調馬狂逸惡馬
我作方便須臾令彼態病悉現隨其
態病方便調伏佛告調馬師聚落主
汝以幾種方便調伏於馬馬師白佛
言有三種法調伏惡馬何等爲三一
者柔軟二者麁澀三者柔軟麁澀佛
告聚落主汝以三種方便調馬猶不
調者當如之何馬師白佛有不調者
便當殺之所以者何莫令辱我調馬
師白佛言世尊是無上調御丈夫爲
以幾種方便調御丈夫佛告聚落主
我亦以三種方便調御丈夫何等爲
三一者一向柔軟二者一向麁澀三
者柔軟麁澀佛告聚落主所謂一向
柔軟者如汝所說此是身善行此是
身善行報此是口意善行此是口意
善行報是名天是名人是名善趣化
生是名涅槃是爲柔軟第二一向麁
澀者如汝所說是身惡行是身惡行
報是口意惡行是口意惡行報是名
地獄是名畜生是名餓鬼是名惡趣
是名墮惡趣是名如來麁澀教也第
三彼柔軟麁澀俱者謂如來有時說
身善行有時說身善行報有時說
口意善行有時說口意善行報有時
說身惡行有時說身惡行報有時說
口意惡行有時說口意惡行報如是
名天如是名人如是名善趣如是名
涅槃如是名地獄如是名畜生餓鬼
如是名惡趣如是名墮惡趣是名如
來柔軟麁澀教調馬師白佛言世尊
若以三種方便調伏衆生有不調者
當如之何佛告聚落主亦當殺之所
以者何莫令辱我調馬師白佛言若
殺生者於世尊法爲不清淨世尊法
中亦不殺生而今言殺其義云何佛
告聚落主如來法中亦不殺生然如
來法中以三種教授不調伏者不復
與語不教不誡豈非死耶調馬師白
佛實尒世尊不復與語永不教誡眞

為死也以是之故我從今日離諸惡不善業也聞佛所説歡喜而去

又法句喻經云佛問象師調象之法有幾荅曰有三何謂為三一者剛鉤鉤口著其羈靽二者減食常令飢瘦三者捶杖加其楚痛由鐵鉤鉤口故以制强口由不與食飲故以制身獷由加捶杖故以伏其心佛告居士吾亦有三用調一切亦以自調得至無為一者以至誠故制御口患二者以慈貞故伏身剛强三者以智慧故滅意癡蓋持是三事度脱一切離三惡道

誡學部第三

如增一阿含經云一偈之中便出生三十七品及諸法義迦葉問言何等是時尊者阿難便説此偈

諸惡莫作　諸善奉行　自淨其意
是諸佛教

所以然者諸惡莫作戒具之禁清白之行諸善奉行心意清淨自淨其意除邪顛倒是諸佛教去愚惑想云何迦葉戒清淨者意豈不淨乎清淨者則不顛倒以無顛倒愚惑想滅諸三十七道品果便得成就以成道果豈非諸法乎

誡盜部第四

如雜阿含經云時有異比丘在拘薩羅國人間止一林中時彼比丘有眼患受師教云應嗅鉢曇摩華時彼比丘受師教已往至鉢曇摩池側於池岸邊逆風而坐隨風嗅香時有天神主此池者語比丘言何以盜華汝今便是盜香賊也尒時比丘説偈荅言

不壞亦不奪　遠住隨嗅香
汝今何故言　我是盜香賊

尒時天神復説偈言

不求而不捨　世間名為賊
汝今人不與　而自一向取
是則名世間　真實盜香賊

時有一士夫取彼藕根重負而去尒時比丘為彼天神而説偈言

如今彼士夫　斷截分陁利
拔根重負去　便是姧狡人
汝何故不遮　而言我盜香

時彼天神説偈荅言

狂亂姧狡人　猶如乳母衣
何足加其言　且堪與汝語
袈裟汙不現　黑衣黑不汙
姧狡兇惡人　世間不與語
蠅脚汙素帛　明者小過現
如墨點珂貝　雖小悉皆現

時彼比丘復説偈言

善哉善哉説　以義安慰我
汝可常為我　數數説斯偈

時彼天神復説偈言

我非汝買奴　亦非人與汝
何為常隨汝　數數相告語
汝今當自知　彼彼饒益事

誡罪部第五

如閻羅王五使經云佛告諸比丘人生世間不孝父母不敬沙門不行仁義不學經戒不畏後世者其人身死當墮地獄主者持行白閻羅王言其過惡此人不孝等種種諸過無有福德不恐畏死唯王處罰閻羅王常先安徐以忠正語為現五使者而問言第一汝不見世人始為嬰兒僵卧屎

尿不能自護口不知言不知好惡汝見以不人荅巳見王言汝自謂不如是然人神從行終即有生雖尚未見常當為善自端三業柰何放心快志造過人荅愚暗不知王言汝自愚癡縱意作惡非是父母師長君天沙門道人等過也罪自由汝豈得不樂令當受之是為閻王現第一天使也

第二閻王復問子為人時天使次到汝能覺不人荅不覺王曰汝不見世人年年老鬚白齒墮羸瘦僂步倚行起居任杖不人荅有是王曰汝謂獨免可得不老凡人巳生法皆老毛常當為善端身口心奉行經戒柰何自恣人荅愚癡故尒王曰汝自以愚癡作惡非是父母君天沙門道人過也罪自由汝豈得不樂令當受之是為閻王現第二天使也

第三閻王復問子為人時豈不見世間男女身有疾病身體苦痛坐起不安命近憂促衆醫不療不人荅言有王曰汝可得不病耶人生既老法皆當病聞身強律當勉為善奉行經

戒端身口意柰何自恣人荅愚暗故尒王曰汝自以為愚作惡非關父母君天沙門道人過也罪自由汝豈得不樂今當受之是為閻王現第三天使也

第四閻王復問子為人時豈不見世間諸死亡者或藏其屍或棄捐之至於七日肌宍壞敗狐狸百鳥皆就食之凡人已死身惡腐爛汝豈不見人荅言有王曰汝謂獨勉可得不死耶凡人已生法皆當死聞在世間常為善事勑身口意奉行經戒柰何自恣人荅愚暗故尒王曰汝自作惡非是父母君天沙門道人過也罪自由汝豈得不樂今當受之是為閻王現第四天使也

第五閻王復問子為人時不見世間弊人惡子為吏所捕取案罪所刑法加之或斷手足或劓耳鼻或燒其形懸頭日炙或屠割支解種種毒痛不人荅言有王曰汝謂為惡獨可解耶眼見世間罪福分明何不守善勑身口意奉行經戒云何自快人荅愚暗

故尒王曰汝自用心作不忠正非是父母君天沙門道人過也今是殃罪要當自受是為閻王現第五天使也佛說經已諸弟子等皆受敬誡ム前作禮歡喜奉行

雜誡部第六

大法句經偈云 總十一誡

誡信

士有信行　為聖所譽　樂無為者　一切縛解
比方世利　惠信為明　是財上寶　家產非常
欲見諸真　樂聽講法　能捨慳妒　此之謂信
無信不習　好駮正言　如拙取水　掘泉揚泥
賢夫習智　樂仰清淨　如善取水　要冷不擾
信不染他　莫如斯載　如大象調　自調最勝
信財戒財　慙愧亦財　聞財施財　慧為七財
生有此財　不問男女　終以不貧　賢者識真

誡死

所以非常　謂興衰法　夫生輒死　此滅為樂
如河駛流　往而不返　人命如是　逝者不還
生者日夜

命自刀削　壽之消盡　如榮穽水
常者皆盡　高者亦墮　合會有離
生者有死　衆生相剋　以喪其命
隨行所墮　自受殃禍　雖壽百歲
亦死過去　為老所厭　病條至際
是日已過　命則隨減　如少水魚
斯有何樂　老則色衰　所病自壞
形敗腐朽　命終其然　是身何用
常漏臭處　為病所困　有老死患
非有子恃　亦非父兄　為死所迫
無親可怙　晝夜慢惰　老不止婬
有財不施　不受佛言　有此四蔽
為自侵欺
誡殺
為仁不殺　常能攝身　是處不死
所適無患　不殺為仁　慎言守心
是處不死　所適無患　彼亂已整
守以慈仁　見怒能忍　是為梵行
至誠安徐　口無麁言　不瞋彼所
是謂梵行　垂拱無為　不害衆生
無所嬈惱　是謂梵行　常以慈哀
淨如佛教　知足知止　是度生死
普愛賢美　哀加衆生　常行慈心

所適者安　晝夜念慈　心無剋伐
不害衆生　是行無仇　臥安寤安
不見惡夢　天護人愛　不毒不兵
水火不喪　在所得利　死昇梵天
受樂自然　仁無亂志　慈最可行
愍傷衆生　此福無量
誡意
惡言罵詈　憍慢輕人　興起是行
疾怨茲生　遜言順辭　尊敬於人
棄結忍惡　疾怨自滅　夫士之生
斧在口中　所以斬身　由其惡言
爭為少利　如掩失財　從彼致諍
令意向惡　心為法本　心尊心使
中心念惡　罪苦自追　心為法本
心尊心使　中心念善　福樂自隨
隨亂意行　拘愚入冥　自大無法
何解善言　隨正意行　開解清明
不為嫉妒　敏達善言　慍於怨者
未常無怨　不慍自除　是道可宗
不好責彼　務自省身　如有知此
永滅無患
誡邪
以真為偽　以偽為真　是為邪見

不得真利　知真為真　見偽知偽
是為正見　必得真利　壁屋不密
天雨則漏　意不思正　邪法為穿
壁屋善密　雨則不漏　攝意惟正
邪匿不生　鄙夫染人　如近臭物
漸染習非　不覺成惡　賢夫染人
如近香熏　進智習善　行成皎潔
正念常興　邪法自滅　自制正法
善名日增　當思念道　强守正行
律者得度　吉祥無上　剋已調心
行不放逸　施戒忍勤　定慧常明
生不為惱　死而不感　禍福路分
昇沈殊趣
誡愚
愚著生死　莫知正法　愚蒙無智
如居暗室　觸事昏恥　異者不辯
雖久修習　猶不知法　雖復施行
為身招患　快心作惡　自致重殃
愚所望處　不謂適苦　臨墮厄地
乃知不善　愚惷作惡　不能自解
殃追自焚　罪成熾然　愚人樂寢
憂感長興　昏昏暗室　如蠶處繭
愚人樂惡　至死不休　雖與善言

反謂怨讎　罪猶未熟　愚將為觀
至其熟時　自受大殃　愚好財色
晝夜無猒　如焦谷山　注水不盈
愚多造過　觸處被瞋　雖加杖捶
猶不自止

誡惡

深觀善惡　心知畏忌　畏而不犯
終吉無憂　故世有福　念思紹行
善致其願　福祿轉勝　信善作福
積善不猒　信知陰德　久而必彰
喜法臥安　心悅意清　聖人演法
慧常樂行　賢人智者　齋戒奉道
如星中月　照明世間　弓師調角
水人調船　工匠調木　智者調身
譬如厚石　風不能移　智者意重
毀譽不傾　譬如深泉　澄靜清明
慧人聞道　心淨欣然　斷除五陰
靜思智慧　能自拯濟　顯理澄眞
抑制情欲　志樂無為　覽受正教
眞法常存

誡縛

去離憂患　脫於一切　縛結已解
消散自安　心淨得念　無所貪樂

已度枯涸　如鴈棄池　量腹而食
無所積藏　虛心無想　遠近無礙
度身而衣　不求餘長　省事無為
無所羈絆　制想從正　如馬調御
捨憍棄慢　為天所敬　不怒如地
不動如山　眞人無垢　生死世絶
心以休息　言行亦止　從正解脫
寂然歸滅　棄惡無著　破壞三界
情色永絶　是謂上智　在衆若野
處深不深　應眞所歎　莫不蒙祐
常樂空閑　衆人不逮　快哉上士
天人欽仰

誡誦

雖誦千言　不行何益　不如一聞
勤修得益　雖誦千言　句義不正
不如一要　聞可滅意　雖誦千言
不義何益　不如一義　聞行得度
雖誦千言　不敬何益　不如一行
欣樂奉修　雖誦千言　我心不滅
不如一句　捨憍放逸　雖誦千言
求名逾著　不如一說　棄執離著
雖誦千言　不欲除罪　不如一文
去離生死　雖誦千言　色情逾固

不如一解　心境忘懷　雖誦千言
不求出世　不如一寤　絶離三界
雖誦千言　不存悲智　不如一聽
自他兩利

誡行

人壽百歲　慳貪逾感　不如七日
割捨財色　人壽百歲　樂不持戒
不如一日　淨心守戒　人壽百歲
多忿不忍　不如一日　含喜不瞋
人壽百歲　怠惰不勤　不如一日
策勵身心　人壽百歲　情恣放逸
不如一日　歸心空寂　人壽百歲
昏暗識心　不如一日　洞寤無明
人壽百歲　拙御身心　不如一日
巧便運役　人壽百歲　常懷怯弱
不如一日　勇猛慧力　人壽百歲
不起善願　不如一日　發行四弘
人壽百歲　不生一智　不如一日
慧性聰利

誡口

雜阿含經諸天說偈云

士夫生世間　斧在口中生
還自斬其身　斯由其惡言

應毀便稱譽　應譽而便毀
其罪口中生　死則墮惡道

頌曰

律志誠心愚　高慕欣明儔
相與立弘誓　捨俗慕閑丘
蕭散人物外　晃朗免綢繆
寂寂求誠真　亹亹勵心柔
警策修三業　激切登四流
興心願弘誓　救溺運慈舟
嘉期歸妙覺　善會涅槃修
存心八正道　立志三祇休

感應緣（略引四驗）

晉沙門釋支遁
周沙門釋亡名
周沙門釋道安
齊沙門釋僧範

晉剡沃洲山有支遁字道林本姓關氏陳留人或云河東林慮人幼有神理聰明秀徹晉王羲之覩遁才藻驚絕罕儔遂披衿解帶留連不能已仍請住靈嘉寺意存相近又投迹剡山於沃洲小嶺立寺行道僧衆百餘常隨稟學時或有墮者遁乃著坐右銘

以勗之曰勤之勤之至道非弥奚為淹滯溺喪神奇茫茫三界眇眇長羈煩勞外湊冥心內馳殉赴欽渴緬邈忘疲人生一世涓若露垂我身非我云云誰施達人懷德知安必危寂寥清舉潔累禪池謹守明禁雅說玄規綏心神道抗志無為寥朗三蔽融冶六疵空洞五陰虛豁四支非指喻指絕而莫離妙覺既陳又玄其知婉轉平任與物推移過此以往勿思勿議

周渭濱沙門亡名法師自誡云夫以迴天倒日之力一旦草凋岱山磐石之固忽焉燼滅定知世相無常浮生虛偽譬如朝露其停幾何大丈夫生當降魔死當飼虎如其不尒徒生何益不如修禪定足以養志讀誦經足以自娛富貴名譽徒勞人耳乃棄其簪弁踢其騎駿衣納杖錫聽講談玄戰國未寧安身無地自厭形骸甚於桎梏思絕若本莫知其津大乘經曰

如說行者乃名是聖不但口之所言

小乘偈曰

能行說為正　不行何所說

若說不能行　不名為智者

所以顏回好學勤改前非季路未修懼聞後語功勞智擾役神傷命為道日損何用多知誓欲枯木其形死灰其慮降此患累以求虛寂乃作絕學箴亦名息心贊擬夫周廟其銘曰

法界內有如意寶人焉九緘其口而銘其膺曰古之攝心人也誡之哉誡之哉無多慮無多知多知多事不如息意多慮多失不如守一慮多志散知多心亂心亂生惱志散妨道勿謂何傷其苦悠長勿言何畏其禍鼎沸滴水不停四海將盈纖塵不拂五岳將成防末在本雖小不輕關尒七竅閉尒六情莫窺於色莫聽於聲聞聲者聾見色者盲一文一藝空中小蚋一伎一能日下孤燈英賢才藝是為愚弊捨棄淳樸耽溺婬麗識馬易奔心猿難制神既勞役形必損斃邪徑終迷修途永泥英賢才能是曰惛懵誇拙羨巧其德不弘名厚行薄其高速崩塗書汗卷其用不常內懷矜伐外致怨憎或談於口或書於手要人令

譽亦孔之醜凡謂之吉聖以之咎賞悅暫時悲憂長久畏影畏迹逾劇逾走端坐樹陰迹滅影沈猒生患老隨思隨造心想若滅生死長絕不死不生無相無名一道虛寂萬物齊平何勝何劣何重何輕何貴何賤何辱何榮澂天愧淨皦日慙明安夫岱岳固彼金城敬詒賢哲斯道利貞

周京師大中興寺釋道安姓姚氏馮翊故城人識寤玄理早附法門神氣高朗挾操清遠乃作遺誡九章以訓門人其詞曰

敬謝諸弟子等夫出家為道至重至難不可自輕不可自易所謂重者荷道佩德縈仁負義奉持淨戒死而有幾所謂難者絕世離俗永割親愛迴精易性不同於衆行人所不能行割人所不能割忍苦受辱捐棄軀命謂之難者名曰道人道人者仁也行必可履言必可式被服出家動為法則不貪不諍不讒不慝學問高遠志在玄默是為名稱參位三尊出賢入聖滌除精塊故得君主不望其報父母

不望其力普天之人莫不歸揖捐妻減養供奉衣食屈身俯仰不辭勞役恨者以其志行清潔通於神明悏怕虛白可奇可貴故自烝流道法遂替新學之人未體法則棄邪著正望其真實以小黠為智以小恭為足飽食終日無所用心退自推覈良亦可悲計今出家或有年歲經業未通文字不決徒喪一世無所成名如此之事不可深思無常之限非旦即夕三塗苦痛無強無弱師徒義深故以申示有情之流可為永誡其一曰卿已出家永違所生剃髮毀容法服加形辭親之日上下涕零割愛崇道意婺太清當遵此志經道修明如何無心故存色聲悠悠竟日經業不成德行日損穢跡遂盈師友慚恥凡俗所輕如是出家徒自辱名今故誨勵宜當專精其二曰卿已出家棄俗辭君應自誨勵志果清雲財色不顧與世不群金玉不貴惟道為珍約己守節甘苦樂貧進德自度又能度人如何改操趨走風塵坐不暖席馳務西東劇如佂伇

縣官所牽經道不通戒德不全朋友蚩弄同學棄捐如是出家徒喪天年今故誨勵宜各自憐其三曰卿已出家永辭宗族無親無踈清淨無欲吉則不歡凶則不哭超然從容豁然離俗志存玄妙執真守樸得度廣濟普蒙添福如何無心仍著染觸空靜長短銖兩斗斛與世諍利何異僮僕經道不明德行不足如是出家徒自毀辱今故誨示宜自洗浴其四曰卿已出家號曰道人父母不敬帝王不臣普天同奉事之如神稽首致敬不計富貧尚其清修自利利人減割之重一米七斤如何怠慢不能報恩倚縱遊逸身意虛傾無戒食施死入太山燒鐵為食融銅灌咽如斯之痛法句所陳今故誨約宜改自新其五曰卿已出家號曰息心穢雜不著唯道是欽志參清潔如玉如氷當修經戒以濟精神衆生蒙祐并度所親如何無心隨俗浮沈縱其四大恣其五根道德遂淺世事更深如是出家與世同塵今故誡約幸自開神其六曰卿已出家捐世形軀當

務竭情泥洹合符如何擾動不樂閑
居經道損耗世事有餘清白不履反
入泥塗隙影之命或在須臾地獄之痛
難可具書今故戒勵宜崇典謨其七曰
卿已出家不可自寬形雖鄙陋事行
可觀衣服雖麁坐起令端飲食雖䟽
出言可飡夏則耐暑冬能忍寒能自
守節不飲盜泉不肖之聚足不望前
久處私室如臨至尊學雖不多可齊
上賢如是出家足報二親宗族知識
一切蒙恩今故誡汝宜各自敦其八曰卿
已出家性有昏明學無多少要在專
精上士坐禪中士誦經下士修龕塔
寺經營豈可終日一無所成立身無
聞可謂虛生今故誨汝宜自端情其九曰
卿已出家永違二親道法革性俗服
離身辭親之日乍悲乍欣邈尒絕俗
超出埃塵當修經道制已履眞如何
無心更染俗因經道已薄行無毛分
言非可貴德非可珍師友致累恚恨
日殷如是出家損法辱身思之念之
好自將身
齊鄴東大覺寺釋僧範姓李平鄉人

也戒德清高守禁無虧嘗宿他寺意
欲聞戒至於十五日說戒之夜衆議
共停說戒乃爲法集有僧升座將欲
竪義叙云竪論法相深會聖言布薩
常聞聲難爲勝忽見一神形高丈餘
貌甚雄峻塵聲驚人來到座前問竪
義者今是何日答曰是布薩日神即
以手捐之曳之下座委頓垂死次問
上座問答同前捐還將死勢害二三
上座已神還掉臂而出當時道俗共
覩非一範師既見斯異乃自勤力兼
策大衆至於一生無敢說欲縱有病
重不堪勝轝請僧就病人所恭敬說
戒闔境僧尼承斯懲誡至布薩日亦
不虧法 右四誡出梁高僧傳

法苑珠林卷第四十八

甲辰歲高麗國分司大藏都監奉
勑彫造

法苑珠林卷第四十八

校勘記

一 底本，麗藏本。

一 九四一頁上一行經名，徑作「法苑珠林卷第六十一」。

一 九四一頁上二行撰者，資、磧、普作「大唐上都西明寺沙門釋道世字玄惲撰」；南作「唐上都西明寺沙門釋道世字玄惲撰」；徑作「唐上都西明寺沙門釋道世玄惲撰」；清作「唐西明寺沙門釋道世撰」。

一 九四一頁上三行「此有六部」，徑無。

一 九四一頁上四至五行「述意部……雜誡部」，徑無。

一 九四一頁上六行「第一」，徑無。以下部目下序數例同。

一 九四一頁上七行「化俗」，諸本（不含石，下同）作「恒俗」。

一 九四一頁上一一行「交緰」，諸本作「交縛」。

一　九四一頁上一三行第五字「常」，諸本作「恒」。
一　九四一頁上一九行第四字「怔」，諸本作「征」。
一　九四一頁上二一行第四字「屬」，諸本作「矚」。
一　九四一頁中一四行第一一字「有」，諸本作「遂」。
一　九四一頁下一九行「亦不殺生」，諸本作「示不殺生」。二〇行同。
一　九四二頁上一八行「諸善」，諸本作「衆善」。二一行同。
一　九四二頁中二行第七字「得」，諸本無。
一　九四二頁中九行「逆風」，磧、南、徑、清作「迎風」。
一　九四二頁中二二行「犴狡」，諸本作「犴姣」。下同。
一　九四二頁下一六行「五使」，資、磧、南作「五五使者」；普作「五使者」；徑、清作「五天使者」。
一　九四二頁下二二行第二字「徐」，諸本作「德」。
一　九四二頁下末行第一二字「僵」，諸本作「強」。
一　九四三頁上一三行末字至次行首字「常當」，普作「當常」。
一　九四三頁中一〇行「獨勉」，普、徑、清作「獨免」。
一　九四三頁中一九行第八字「剸」，諸本作「削」。
一　九四三頁下八行「誡信」，徑、清冠以序數「一」。以下其餘十誡「誡死」、「誡殺」乃至「誡口」，徑、清分別冠以序數「二」、「三」乃至「十一」。
一　九四三頁下一三行第六字「駮」，諸本作「剥」。又第一〇字「拙」，諸本作「掘」。
一　九四三頁下一四行「清淨」，諸本作「清流」。
一　九四三頁下一五行第六字「泠」，諸本作「令」。
一　九四四頁上一行第一〇字「滎」，資、磧、南作「榮」。
一　九四四頁上四行第一〇字「壽」，磧、南作「受」。
一　九四四頁上五行第三字「過」，資、磧作「適」。又第八字「猒」，諸本作「逼」。又第一〇字「倏」，資、磧、南作「終」。
一　九四四頁上九行首字「常」，諸本作「恒」。本頁下一一行第一一字同。
一　九四四頁上二〇行「是謂」，磧、南、徑、清作「是爲」。二一行同。
一　九四四頁上末行「普愛」，諸本作「普及」。
一　九四五頁上八行第九字「念」，諸本作「令」。
一　九四五頁上一九行第九字「覽」，諸本作「攬」。
一　九四五頁上二〇行首字「冀」，資、磧、南作「異」。
一　九四五頁下三行第六字「存」，南作「有」。

一九四五頁下一行第二字「勵」，清作「勤」。
一九四六頁上一行第九字「便」，諸本作「更」。
一九四六頁上四行第九字「明」，徑、清作「朋」。
一九四六頁上一九行第一〇字「靓」，南作「覩」。
一九四六頁上末行「墮者」，諸本作「惰者」。
一九四六頁中二行第三字「溺」，諸本作「弱」。
一九四六頁中七行第九字「寥」，諸本作「寮」。又末字「冶」，磧、南、徑、清作「治」。
一九四六頁下七行第一〇字「九」，諸本作「夂」。又末字「而」，諸本無。
一九四六頁下二〇行末字「洿」，諸本作「誇」。
一九四六頁下二二行「塗書汗卷」，諸本作「塗舒翰卷」。又「不常」，諸本作「不恒」。又「矜伐」，諸本作「憍伐」。
一九四六頁下末行第一二字「要」，諸本作「邀」。
一九四七頁上二行末三字至次行首字「逾劇逾走」，諸本作「逾走逾劇」。
一九四七頁上六行「何貴何賤何辱」，諸本作「何賤何辱何貴」。
一九四七頁上七行第二字「濺」，諸本作「澄」。
一九四七頁上一五行末三字至次行首字「死而有幾」，資、磧、普、南作「死而有已」；徑、清作「死而後已」。
一九四七頁上一九行「仁也」，諸本作「導人也」。
一九四七頁上二〇行第六字「式」，諸本作「法」。
一九四七頁上末行「君主」，普、徑、清作「君王」。
一九四七頁中一行第一二字「揖」，諸本作「攝」。
一九四七頁中二行末字「促」，諸本無。
一九四七頁中四行「故自」，諸本作「自獲」。又「遂替」，諸本作「遂替」。
一九四七頁中五行至六行「棄邪著正望其真實」，諸本作「棄正著邪忘其真實」。
一九四七頁中一七行「穢跡」，諸本作「穢積」。
一九四七頁中末行「西東」，諸本作「東西」。
一九四七頁下六行末字至次行首字「添福」，諸本作「福祿」。
一九四七頁下七行第一一字「靜」，諸本作「諍」。
一九四七頁下一一行「帝王」，諸本作「君帝」。
一九四七頁下一六行第四字「胆」，諸本作「咽」。
一九四七頁下一七行「宜改自新」，諸本作「宜自改新」。

一　九四八頁上三行第四字「隙」，諸本作「過」。

一　九四八頁上五行第一三字「事」，諸本作「使」。

一　九四八頁上七行「耐署」，諸本作「忍熱」。又第一〇字「能」，諸本作「則」。

一　九四八頁上八行第一〇字「聚」，諸本作「供」。又第一三字「望」，諸本作「妄」。

一　九四八頁上九行末字「齊」，資、磧、普、南、清作「濟」。

一　九四八頁上一二行末字「專」，諸本作「修」。

一　九四八頁上一三行「修龕」，諸本作「堪能」。

一　九四八頁上一四行第六字「殺」，諸本作「終」。

一　九四八頁上一五行第四字「唐」，諸本作「徒」。

一　九四八頁上一八行第二字「出」，諸本作「故」。

一　九四八頁中四行第五字「堅」，諸本作「豎」。

一　九四八頁中一四行第八字「懲」，諸本作「徵」。

一　九四八頁中卷末經名，徑無（未換卷）。

法苑珠林卷第四十九　途

西明寺沙門釋道世撰

忠孝篇第四十九　不孝篇第五十

忠孝篇（此有五部）

述意部　引證部　太子部

睒子部　業因部

述意部第一

竊聞孝誠忠敬高邁董黯之賢反慢尊親罪過王寄之逆是以木非親母供則響溢千齡凡非聖僧敬則光逾萬代理應傾心頂戴獲福無邊何得起慢高心反生輕侮也所以立身行道揚名於後代終身盡孝寔建國之美故念子路見於孔丘曰由事二親之時常食藜藿之食為親負米百里之外親沒之後南遊於楚從車百乘積粟萬鍾累茵而坐列鼎而食猶願食藜藿之食為親負米不可復得每感斯言雖存若亡父母之恩云何可報慈深河海孝若消塵永慕長號痛貫心首俗稱乳哺生我肉身一世之恩尚復難報況復如來大悲普

洽等同一子拔除三塗得離四生長辭八苦永御三乘靜思恩重豈同凡俗內心崩潰如焚如灼情切於理痛甚刀割歷劫瞻敬長薦珍羞亦未能報須臾之恩故涅槃經云佛有一味大慈悲愍念衆生如一子衆生不知佛能救毀謗如來及法僧

引證部第二

如末羅王經云人問世尊何等為父母力佛言謂受父母身體乳哺育養之恩或從地積珍寶上至二十八天悉以施人不如供養父母是為父母力

又增一阿含經云尒時世尊告諸比丘有二法與凡夫人得大功德成大果報一供養父母二供養一生補處菩薩施此二人獲大功德受大果報若復有人以父著左肩上以母著右肩上至千萬歲衣被飯食牀褥臥具病瘦醫藥即於肩上放屎尿猶不能得報恩當知父母恩重施育之時將護不失時節供養孝順

又地獄經云為人弟子謗師僧過者設師有實命終必入地獄噉其舌根

若得好食美菓等不與父母師僧先自食噉墮餓鬼中後生為人貧窮若人含毒向師長入鐵杙地獄後生毒蛇中若惡心學父母師長語入融銅地獄後生為人瘖吃

又薩婆多論云寧破塔壞像不說他麤罪若說則破法身不問前比丘有罪無罪皆不得說

又敬師經云一日三時應參師進止若參師來不見時應持土出草木以為記驗天時若熱日別三時以扇扇師若有比丘於彼師所或和尚邊不生敬心道說長短於將來世別有一小地獄名為拒撲當經是中墮彼處已一身四頭身體俱燋於彼獄處復有諸蟲名曰鉤嘴常噉舌根若從他聞一四句偈於各千千劫取彼和尚阿闍梨等荷擔肩上或時背負頂戴亦未能報也

又毗曇論云若病人及與說法師近佛諸菩薩施者得大果報

又六度集經云昔者菩薩身為鸚鳥生子有三時國大旱無以食之自裂

腋下肉以濟其命二子疑曰斯肉氣
味與母身氣相似無異得無吾母以
身肉飼吾等乎二子愴然有悲猛之
情又曰寧殞吾命不損母體也於是
閉口不食母覩不食而更宗焉天神
歎曰母慈慧難喻子孝希有也諸天
祐之願即從心佛告諸比丘鸛母者
吾身是也二子者舍利弗目連阿難
是也菩薩慈慧度無極行布施如是
又四十二章經云佛言飯凡人百不如
飯一善人飯善人千不如飯持五戒者
一人飯持五戒者萬人不如飯一須
陁洹飯須陁洹百萬人不如飯一斯
陁含飯斯陁含千萬人不如飯一阿
那含飯阿那含一億人不如飯一阿
羅漢飯阿羅漢十億人不如飯辟支
佛一人飯辟支佛百億人不如以三
尊之教度其一世二親教親千億人
不如飯一佛舉願求佛舉願求佛欲
濟衆生也飯善人福最大深重凡人
事天地鬼神不如孝其親矣二親最
神也

又雜寶藏經云昔過去久遠雪山之

中有一鸚鵡父母都盲常取好菓先
奉父母當於尒時有一田主初種穀
時而作願言所種之穀要與衆生而
共噉食時鸚鵡子以彼田主先有施
心常取其穀以供父母田主行穀見
有蟲鳥揃穀穗處瞋恚懊惱便設
羅網捕得鸚鵡鸚鵡尒時語田主言
田主先有好心布施故敢來取如何
今者而見網捕田主問言取穀為誰
鸚鵡答言有盲父母願以奉之田主
語言自今以後常於此取勿生疑難蓄
生尚尒孝養父母豈況於人佛告比
丘昔鸚鵡者今我身是時田主者舍
利弗是盲父母者今我父母淨飯王
摩耶夫人是由昔孝養今得成佛

太子部第三

如報恩經云佛告阿難過去久遠無
量無邊阿僧祇劫有佛出世號毗婆
尸入涅槃後於像法中波羅柰國王
名羅闍其王統領六十小國王有太
子作小國王有一大臣名羅睺羅心
生惡逆殺害大王并二太子王最小子
作邊國王仁性調善天神敬愛生一

太子名須闍提年始七歲聰明慈孝
王甚愛念時神語王羅睺大臣謀奪
國位收殺父王并殺二兄軍馬不久當
求殺王今可逃避王聞是語心驚毛
竪仰而問曰卿是何人但聞其聲不
見其形所宣實不即報王言我是大
王守宮殿神以王福德正法治國不枉
人民故先相告王宜速出避禍不久正
尒當至王聞是已即入宮中便自思
惟欲投他國時向隣國有其二道一
道計行七日乃到一道計行十四日
至王即尋辦七日糧食抱兒而去夫
人隨後時去怱怱心意荒錯迷惑誤
著十四日道其路嶮難復無水草初
發唯將一人食粮而於今者三人共
食數日糧盡前路猶遠王與夫人舉
聲大哭怪哉苦哉我從生來未曾聞
有如是苦惱何其今日身自更之窮
厄並至舉身投地自悔言我等宿罪
何惡行今受此禍思已大哭悶絶躃
地復自思念不可三人併命此死宜
殺夫人取肉活身并續子命念已拔
刀欲殺夫人其子見王欲殺其母前

捉王手問其因緣王即洟泣悲淚滿
目微聲語子欲殺汝母取其血肉以
續餘命若不殺者亦當自死我身亦
尒今者死活竟何所在為活子命欲
殺汝母子白父言王若殺母俱亦不食
何處有子噉於母宍既不噉宍子當俱
死王今宜可殺子取宍濟父母命王
聞子言即便悶絕踠轉躃地而語子
言子如吾目何處有人自挑目食吾
寧喪命終不殺子噉其宍也子又語
父言若斷子命宍則臭爛未得幾日
唯願父母宜可日日就子身上割宍
三斤分作三分二分奉父母一分自
食以續身命父隨子言割宍三斤支
命進路二日未到身宍轉盡骨節相
連餘命未斷即便倒地父母見已尋
前抱持舉聲大哭而作是言我等無
狀橫噉汝宍使汝苦痛前路猶遠未
達所在汝宍已盡今者併命聚屍一
處子諫父言已噉子宍進路至此計
前里程餘一日在子身今者捨命在
此仰願父母莫如凡人併命一處可
於子身諸支節閒悉割餘宍用濟父

母可達所在父母隨言割得少宍分
作三分一分與兒二分自食食已別
去子起立住看父母去父母尒時舉
聲大哭隨路而去父母去遠不見太
子戀其父母目不暫捨良久躃地身體
血出驅蠅唼食楚毒苦痛不可復言
餘命未斷發聲立誓願宿世殃惡從
是除盡自今已往更不敢作今我身
宍供養父母願我父母常得餘福臥
安覺安不見惡夢天護人愛縣官盜
賊陰謀消滅觸事吉祥餘身血肉施
此諸蟲皆使飽滿令我來世得成佛
道施以法食除汝飢渴生死重病發
是願時天地大動日無精光帝釋見
已即便化作師子虎狼恐怖太子欲
來搏齧太子語言汝欲噉我隨意取
食何為見怖釋即語言我非師子虎
狼之屬是天帝釋故來試汝太子聞
已歡喜無量釋問太子汝於今者難
捨能捨能以身宍供養父母如是功
德願作何等天王人王梵王魔王耶
太子答言我不願此欲求佛道度脫
一切天王釋言佛道長遠久受勤苦

然後乃成汝云何能受如是苦太子
答言假使熱輪在我頂上終不以苦
退於佛道天帝釋言汝唯空言誰當
信汝太子尋即立誓願言若我欺誑
天帝釋者令我身瘡始終莫合若不
尒者令我平復血變為乳太子誓已
即時身體平復如故血白為乳身體
形容端正倍常帝釋即讚言若得佛
道願先度我尒時父母到隣國已向
彼國王具說上事吾子孝養身宍供
養其事如是隣王聞已感其慈孝即
與兵衆遣還歸國往伐羅睺父將兵
衆順道還過與子別處即自念言吾
子死矣當收身骨還歸本國舉聲悲
哭隨路求覓遙見太子身體平復端
正倍常即前抱持悲喜交集語太子
言兒今活耶尒時太子具以上事向
父母說父母歡喜共載大象還歸本
國太子福德慈孝力故伐得本國父
王即立太子為王佛告阿難尒時父
王者今現我父悅頭檀是尒時母者今
現我母摩耶夫人是太子者今我身
是時帝釋者今阿若憍陳如是

睒子部第四

如睒子經云過去世時迦夷國中有一長者無有兒子夫妻喪目心願入山求無上道修清淨志信樂空閑時有菩薩名一切妙見心作念言此人發意微妙眼無所見若入山者必遇枉害菩薩壽終願生長者家名之為睒至孝仁慈奉行十善晝夜精進奉事父母如人事天年過十歲睒子長跪白父母言本發大意欲入深山求志空寂無上正眞豈以子故而絕本願父母取語便即入山睒以家中財物皆施貧者便至山中以草為屋施作牀褥不寒不熱常得其宜入山一年衆菓豐美食之皆甘泉水涌出清而且涼池華五色鳥獸音樂慈心相向無復害意睒至孝慈蹈地恐痛天神山神常作人形晝夜慰勞睒著鹿皮衣提瓶取水麋鹿衆鳥亦復往飲不相畏難時有迦夷國王入山射獵王見水邊群鹿引弓射之箭誤中睒胷睒被毒箭舉聲大呼言誰持一箭射殺三道人王聞人聲即便下馬

往到睒前睒謂王言象坐牙死犀坐角亡翠為毛終麋鹿為皮肉我今無事正坐何等死耶王問睒言卿是何等人被鹿皮衣與禽獸無異睒言我是王國人與盲父母俱來學道二十餘年未曾為虎狼毒蟲所見枉害今我為王所射殺登尒之時山中暴風切起吹折樹木百鳥悲鳴師子熊羆走獸之輩皆大號呼日無精光流泉為竭衆華萎死雷電動地時盲父母驚起相謂曰睒行取水經久不還將無為毒蟲所害禽獸號呼不如常時風起樹折必有災異王時怖懼大自悔責我作無狀本欲射鹿箭誤相中射殺道人其罪甚重坐貪小肉而受重殃我今一國珍寶之物宮殿妓女丘墎城邑以救子命時王便以手挽拔睒胷箭深不得出飛鳥走獸四面雲集號呼動山王益憧怖三百六十節節節皆動睒語言非王之過自我宿罪所致我不惜身命但憐盲父母年既衰老兩目復盲一旦無我亦當終歿無瞻視者以是懊惱非為毒痛王復重

言我寧入泥犁百劫受罪使睒得活若子命終我不還國便住山中供養卿父母如卿在時勿以為念諸天龍神皆當證知不負此誓睒聞王誓心喜悅豫雖死不恨以我父母仰累大王供養道人現世罪滅得福無量王言卿語我父母處及卿未死使我知之睒即指示從此步徑去此不遠自當見一草屋我父母在中王徐徐行勿令我父母怖懼以善權方便解寤其意為我上謝無常今至當就後世不惜我命但念父母年老兩目復盲一旦無我無所依仰以是懊惱用自酷毒死自常分宿罪所致無得脫者今自懺悔願罪滅福生世世相值不相遠離願父母終保年壽勿有憂患天龍鬼神常隨護助災害消滅王領此言便將數人徑詣父母所王去之後睒便奄絕鳥獸號呼繞睒屍上口舐胷血盲父母聞聲以益憎怖王行既疾觸動草木肅有人聲父母驚言此是何人非我子行王言我是迦夷國王聞道人在山學道故來供養父母

言大王善來勞屈威尊遠臨草野王
體安不宮殿夫人太子官屬國民皆
安善不風雨和調五穀豐足隣國不
相侵害不王荅道人言蒙道人恩皆
自平安王問評旨父母言來在山中
勞心勤苦樹木之間飛鳥走獸無侵
害不山中寒暑隨時安不盲父母言
蒙王厚恩常自安隱我有孝子名睒
常與我取菓蓏泉水常自豐饒山中
風雨和調無有乏短我有草席可坐
菓蓏可食睒行取水且欲來還王聞
傷心潸出且言我罪惡無狀入山射
獵見水邊群鹿引弓射之箭誤中睒
故來相語父母聞之舉身自撲如大
山崩地乃為動王便自前扶牽父母
號哭仰天自說我子孝慈蹈地恐痛
有何等罪而射殺之向者風起樹木
百鳥一時悲鳴疑我子死其母啼呼
父言且止人生必死不可得却今且
問王射睒何許今為死活王說睒言
父母感絕我一旦無子俱亦當死
依雜寶藏經云王便悲泣而說偈言
我為斯國王　　游獵於此山
但欲射禽獸　　不覺中害人
我今捨王位　　來事盲父母
與汝子無異　　慎莫生憂苦
盲父母以偈荅王言
我子慈孝順　　天上人中無
王雖見憐愍　　何得如我子
王當見憐愍　　願將示子處
得在見左右　　併命意分足
於是王將父母向兒所椎胷懊惱號
咷而言我子慈仁孝順無比天神山
神樹神河池諸神皆向說偈言
釋梵天世主　　云何不佐助
我之孝順子　　使見如此苦
深感我孝子　　而速救濟命
又睒子經云願王牽我二人往臨屍
上王即牽盲父母往到屍上父抱其
脚母抱其頭仰天大呼母便以舌舐
睒胷瘡願毒入我口我年已老目無
所見以身代子睒活我死死不恨也
睒若至孝天地所知者箭當拔出毒
藥當除睒當更生於是第二忉利天
王座即為動以天眼見二道人抱子
呼哭乃聞第四兜術天宮皆動釋梵
四天王即從第四天王如人屈申臂
須來下睒前以神藥灌睒口中藥入
睒口箭自拔出更活如故父母驚喜
見睒已死更活兩目皆開飛鳥走獸
皆大歡喜風息雲消日為重光泉水
涌出衆華五色樹木華榮倍於常時
王大歡喜不能自勝禮天帝釋還禮
父母及與睒子願以國財以上道人睒
曰王欲報恩者王且還國安隱人民
皆令奉戒王勿復射獵犬傷蟲獸
現世身不安隱壽盡當入泥犂中
人居世間恩愛暫有別離久長不可
常保王宿有功德今得為王莫以得
自在故而自放逸王自悔責從今已
後當如睒教從者數百皆大踊躍奉
持五戒王辭還宮令國中諸有盲父
母如睒比者皆當供養不得捐捨犯
者重罪於是國中皆如王教奉持五
戒十善死得生天無入三惡
佛告阿難宿世睒子者我身是也盲
父者今父王悅頭檀王是盲母者夫
人摩耶是迦夷國王者阿難是也時
天帝釋者彌勒是使我疾成無上正

眞道者皆由孝德也

業因部第五

如雜寶藏經云佛言若人於父母所作少供養獲福無量少作不順罪亦无量我於過去久遠世時生波羅柰國爲長者子字慈童女其父早喪與母共居家貧賣薪日得兩錢奉養於母方計轉勝日得四錢以供於母遂復漸差日得八錢供養於母後人投趣獲利轉多日得十六錢奉給於母衆人見其聰明福德皆來勸之入海採寶聞已白母母見慈孝謂不能去戲語之言聽汝入海兒即結伴尅日已定辭去母即抱兒啼哭而言不待我死何由得去兒已許他恐負言信便自掣出絶母頭髮傷數十根遂去入海多得寶還至於中路徒伴在前童女獨後失伴錯道到一山上見瑠璃城飢渴往趣有四玉女擎四如意珠作唱伎樂出城來迎四萬歲中受大快樂復生猒心捨之而去見玻瓈城有八玉女擎八如意珠作樂來迎八萬歲中極大歡喜後猒捨去至白銀城有十六玉女擎十六如意珠如前來迎十六萬歲受大快樂後復捨去至黃金城有三十二玉女擎三十二如意珠如前來迎三十二萬歲受大快樂後猒捨去到一鐵城入見一人頭戴火輪捨著童女頭上而去時慈童女即問獄卒我戴此輪何時可脫獄卒荅言世間有人作罪福業如汝入海經歷諸城然後當來代汝受罪若無代者終不墮地復問我昔作何罪福獄卒荅言汝昔兩錢供養母故得瑠璃城四如意珠及四玉女四萬歲中受其快樂四錢供母得玻瓈城八如意珠及八玉女八萬歲中受諸快樂八錢供母得白銀城十六如意珠十六玉女十六萬歲受於快樂以十六錢供養母故得黃金城有三十二如意珠三十二玉女三十二萬歲受大快樂以絶母髮今得鐵城火輪之報有人代汝乃可得脫復問獄卒今此獄中頗有受罪如我比不荅言無量不可稱計聞已念言我會不免願使一切應受苦者盡集我身作是念已鐵輪即墮獄卒見已鐵叉打頭尋即命終生兜率天佛告比丘昔慈童女今我身是以是因緣於父母所少作善惡獲報無量是故應勤供養父母又成實論云如來於諸聖人及父母等起善惡業則受現報又文殊問經佛說偈云

日月照諸華　無有恩報想

如來無所取　不求報亦然

頌曰

入朝輔王　立志存忠　居家事親

敬誠孝慈　況佛大恩　普濟無窮

酬恩報德　豈墮虔躬

感應緣 略引一十五驗

舜子有事父之感　郭巨有養母之感

丁蘭有刻木之感　董永有自賣之感

陳遺有燋飯之感　姜詩有取水之感

吳逵有供墓之感　蕭固有延基之感

吳沖有哀慟之感　王虛之有疾愈之感

伯俞有泣孃之感　石奮有代死之感

孝婦有養姑之感　雄和有投水之感

三千石有增墓之感

舜父有目失始時微微至後妻之言

舜有井穴之舜父在家貧厄邑市而居舜父夜臥夢見一鳳皇自名為雞口銜米以哺已言雞為子孫視之是鳳皇黃帝夢書言之此子孫當有貴者舜占猶也比年糴稻穀中有錢舜也乃三日三夜仰天自告過因至是聽常與市者聲故一人舜前之目霍然開見舜感傷市人大聖至孝道所神明矣

又郭巨河內溫人甚富父沒分財二千萬為兩分弟已獨取母供養住自比隣有凶宅無人居者共推與居無患妻生男慮養之則妨供養乃令妻抱兒已掘地欲埋之於土中得一釜黃金金上有鐵券曰賜孝子郭巨

又丁蘭河內野王人也年十五喪母刻木作母事之供養如生蘭妻夜火灼母面母面發瘡經二日妻頭髮自落如刀鋸截然後謝過蘭移母大道使妻從服三年拜伏一夜忽如風雨而母自還隣人所假借母顏和即與不和則不與孫綽之孝子傳曰蘭妻誤燒母面即夢見母痛人有求索許不先白母隣人曰枯木何知遂用刀斫木母流血蘭還悲號造服行發走斫以木感死宣帝嘉之拜太中大夫者也

又董永者劉向孝子傳曰永是千乘人少偏孤與父居乃肆力田畝鹿車載父自隨父終自賣於富公以供喪事道逢一女呼與語云願為君妻遂俱至富公富公曰女為誰答曰永妻欲助償債公曰汝織三百疋遣汝一旬乃畢女出門謂永曰我天女也天令我助子償人債耳語畢忽然不知所在右此四驗出劉向孝子傳

陳遺吳人少為郡吏母好食鐺底燋飯遺在役常帶囊每煮食錄其燋貽母後孫恩亂聚得數斗常帶自隨及敗多有餓死者遺得活母晝夜泣憶遺目為失明耳為無聞遺還入再拜號泣母目豁明右此一驗出宋躬孝子傳

姜詩字士游廣漢雒人母好飲江水兒常取水溺死婦痛惜恐母知詐云行學歲歲作衣投于江中俄而泉涌出於舍側味如江水甘美且出鯉魚一雙右此一驗出東觀漢記

吳逵吳興人也孫恩亂後兄弟嫂從有十三喪家貧壁立冬無被袴晝則傭賃夜還作塼夫妻執事無食自暇朞年辦七墓十三棺遂耳傭直以供

葬事隣人乃悉折以為賻一無所取躬耕償之晉義熙三年太守張崇禮辟之

又蕭固字季異東海蘭陵人何十四世孫舊居沛何倍長陵因家關中少有孝謹遭喪六年雉鵲游狎其庭麞鹿入其門墻徵辟不就固子芝字英彝孝心醇至除尚書郎有雉數十餘啄宿其上常上直送至路雉飛鳴車側右此二驗出鄭緝之傳

吳中書郎咸沖至孝母王氏失明沖躄行勑婢為母作食乃取蠐螬蟲蒸食之王氏甚以為美不知是何物兒還王氏語曰汝行後婢進吾一食甚甘美極然非魚非肉汝試問之既而問婢婢伏實是蠐螬沖抱母慟哭母目霍然開明右此一驗出祖台志怪

王虛之廬陵西昌人年十三喪母三十喪父二十年鹽酢不入口病著牀忽有一人來問病謂之曰君病尋差俄而不見又所住屋夜有光庭中橘樹隆冬三實病果尋愈咸以至孝所感右此一驗出宋躬之孝子傳

韓伯俞有過其母笞之泣母曰他日未甞泣今何泣也對曰他日俞得笞常痛今母力衰不能使痛是以泣也又石奢楚人事親孝昭王時爲令尹行道逢見有殺人者追之乃其父也奢縱父而還自繫獄使人言於王曰夫以父立政不孝廢法縱罪不忠請死贖父遂因自刎 右此二驗出[illegible]

漢書載東海孝婦養姑甚謹姑曰婦養我勤苦我已老何惜餘年久累年少遂自縊死其女告官云婦殺我母官收繫之拷掠治毒孝婦不堪楚毒自誣伏之時于公爲獄吏曰此婦養姑十餘年以孝聞徹必不殺也太守不聽于公爭不得理抱其獄辭哭於府而去自後郡中枯旱三年後太守至思求其所咎于公曰孝婦不當死前太守枉殺之咎當在此太守即時身祭孝婦之墓未返而大雨焉長老傳云孝婦名周青青將死車載十丈竹竿以懸五幡立誓於衆曰青若有罪願殺血當順下青若枉死血當逆流既行刑已其血青黄緣幡竹而上極標又緣幡而下云尒

犍爲苻先泥和其女者名雄泥和至永建元年爲縣功曹縣長趙祉遣泥和拜檄謁巴郡太守以十月乘船於城湍墮水死屍喪不得雄哀慟號咷命不圖存告弟賢及夫命勤覓父屍若求不得吾欲自沈覓之時雄年二十七有子男貢年五歲貰三歲又爲作繡香囊一枚盛金珠環預嬰二子哀號之聲不絕於口昆族私憂至十二月十五日父喪未得雄乘小船於父墮處哭數聲竟自投水中旋流沒底見夢告弟至二十一日與父俱出投期如夢與父相持並浮出江縣長表言郡太守肅登承上尚書遣戶曹掾爲雄立碑圖像其形令知誌孝 右二驗出搜神記

唐慈州刺史大原王千石性自仁孝以沉謹見稱尤精內典信心練行貞觀六年父憂居喪過禮一食長齋柴毀骨立廬於墓左負土成墳夜中常誦佛經宵分不寢每聞擊磬之聲非常清徹兼有異香延及數里道俗聞者莫不驚異 右一驗出冥報拾遺

不孝篇第五十 此有四部

述意部　五逆部　婦逆部

棄父部

述意部第一

夫以立忠立孝所以揚名於後代行逆行乖所以受報於來苦孝逆昇沉善惡胡越故大慈愍闍王之凶勃譽羅雲之善微將恐不孝毒火無由而滅惡逆重闇開了未期譬如牢獄重四具縈衆苦拖長枷穿大械帶金鉗負鐵鏁推撲其軀膿瘡穢爛周徧形骸臭惡纏匝而欲以此狀求見慈父懇誠難覩也

五逆部第二

如智度論云佛弟子提婆達多是佛堂弟出家學道誦得六萬法聚精進修行滿十三年其後爲供養故來至佛所求學神通佛告憍曇汝觀五陰無常可以得道亦得神通而不爲說取通之法出求舍利弗目揵連乃至五百阿羅漢皆不爲說言汝當觀五陰無常可以得道可以得通是時阿難未得他心智如佛所言以授提婆

達多提婆達多受學通法已入山不久便得五通得五通已自念誰當與我作檀越者如王子阿闍世有大王相欲與爲親厚到天上取天食還欝單越取自然粇米至閻浮林中取閻浮菓與王子阿闍世或自變其身作象寶馬寶以惑其心或作嬰孩種種變態以動其心王子意惑於柰園中大立精舍四種供養幷種種雜供無物不備以給提婆達多日日率諸大臣自送五百釜羹餅提婆達多大得供養而徒衆鮮少自念我有三十相減佛未幾直以弟子未集若七衆圍繞與佛何異如是思惟已生心破得五百弟子舍利弗目揵連說法教化僧還和合尒時提婆達多便生惡心推山壓佛金剛力士以金剛杵而遥擲之碎石迸來傷佛足指華色比丘尼呵之復以拳打尼尼即時眼出而死作三逆罪與惡邪師富蘭那外道等親厚斷諸善根心無悔恨復以惡毒著指爪中欲因禮佛以中傷佛欲去未到於王舍城中地自然破裂火車來迎

生入地獄提婆達多身有三十相而不能忍伏其心爲供養利故而作大罪生入地獄又涅槃經云善星比丘雖復讀誦十二部經獲得四禪乃至不解一偈一句一字之義親近惡友退失四禪退四禪已生惡邪見作如是說無佛無法無有涅槃沙門瞿曇善知相法是故能知他人心乃至尒時如來即與迦葉往善星所善星比丘遥見我來見已即生惡邪之心以惡心故生身陷入阿鼻地獄

又如智度論說欝陁羅伽仙人得五神通日日飛到國王宮中食王大夫人如其國法捉足而禮夫人手觸即失神通從王求車乘駕而出還其本處入樹林間更求五通乃至爲鳥急鳴以亂其意捨樹至水邊求定復聞魚鬬動水之聲此人求禪不得即生瞋恚我當盡殺魚鳥此人久後思惟得定生非有想非無想處於彼壽盡下生作飛貍殺諸魚鳥作無量罪墮三惡道又云有一比丘唯得四禪生增上慢謂得阿羅漢恃是而止不復

求進命欲終時見有四禪中陰相來便生邪見謂無涅槃佛爲欺我惡邪生故即失四禪中陰便見阿鼻地獄泥犁中陰相來命終即生阿鼻地獄佛爲說偈云

多聞持戒禪　未得無漏法
雖有此功德　此事不可信

又未生怨經云調達嫉佛徒衆還告太子未生怨曰汝父國寶以貢佛僧國藏空竭可早圖之即位爲王吾興師往征佛也子可爲王吾當爲佛兩得其所不亦善乎則勅勢臣奪其印綬付王獄禁王意怡然照之宿殃心無恐懼重信佛言王曰吾有何過而罪我乎皇后貴人率土巨細莫不哀慟王顧哭者曰佛說天地日月須彌山海有成必敗盛者即衰合會有離生者必死輪轉無際身尚不保何國之常王謂太子曰汝每有疾吾爲燋心欲以身命救危代汝親之仁恩唯天爲上汝懷何心忍爲逆惡夫殺親者死入太山吾是汝尊以國惠汝吾欲至佛請作沙門太子曰汝莫多云

吾獲宿願豈有赦哉勑獄吏曰絕其餉食以餓殺之瓶沙王向佛所在稽首重拜曰子有天地之惡吾無絲髮之愆仰天呼曰痛乎天豈有斯道哉舉國巨細靡不哀慟后謂太子曰大王桎梏處在牢獄坐臥須人欲見大王寧不可乎太子曰可后淨身澡浴以蜜麨塗身入見大王面貌瘦瘠不識本形后曰佛說榮樂無常罪苦有常王曰獄吏絕餉飢渴日久身有八十戶戶有數百種蟲擾吾腹中血肉消盡壽命且窮言之哽咽息絕復連后曰具照斯艱妾以麨蜜塗身可就食之當惟佛誡無忽憂心王食畢已向佛所在哽咽稽首佛說榮福難保㓜如夢誠如尊教吾不懼死唯恨不面稟佛清化與秋露子目連大迦葉講尊道與王謂后曰如目連等衆垢已除得六神通尚為貪嫉梵志所搥豈況吾哉為惡殃追人猶影響佛時難遇神化難聞稟其清化誠亦難值吾今死矣還神遠逝夫欲肆志莫尚佛教汝慎守之防來禍矣后聞王誡重更

哀慟尒時太子詰獄吏曰絕王食久不死何為對曰皇后入獄身塗麨蜜貢以延命太子曰自今莫令后見王身王飢勢起向佛所在稽首即為不飢夜時為明太子聞令塞窓牖削其足底無令得起而覲佛明有司即削足底其痛無量念佛不忘佛遣為王說經曰夫善惡行殃福歸身可不慎矣瓶沙對曰若當支解寸斬於體終不念惡世尊重曰吾今為佛大千日月天神鬼龍靡不稽首宿之餘殃于今不釋豈況凡庶具照宿殃王即叉手向佛遙稽首今日命絕永替神化嘟咿嚬咽斯須息絕舉國臣民靡不躃踊呼天柰何瓶沙大王即得道迹上生天上三道門塞諸鄣滅矣

述曰闍王後悔殷誠重懺具如涅槃不可備錄據迹似實約權俱化故依菩薩本行經云佛告阿闍世王殺父惡逆之罪用向如來改悔故在地獄中當受世間五百日罪便當得脫唯當自責改往修來莫用愁憂王聞歡喜不能自勝

又雜寶藏經云昔迦黙國鳩陁扇村中有一老母唯有一子其子勃逆不修仁孝以瞋母故舉手向母檛打一下即日出行遇逢於賊折其一臂不孝之罪尋即現報苦痛如是後地獄苦不可稱計也

又百緣經云佛在世時舍衛城中有一長者婆羅門婦產一男兒容貌醜惡身體臭穢飲母乳時能使乳敗若飲餘者亦皆敗壞唯以酥蜜塗指令舐得濟軀命因為立字名曰得飽後漸長大求佛出家佛告善來比丘鬚髮自落法服著身便成沙門精勤修習得阿羅漢果而行乞食亦不獲得便自悔責入其塔中見少坌汙即便埽灑時到乞食即便豐足心懷歡喜白衆僧言從今以往衆僧塔寺聽我埽灑僧即聽許後於一日眠不覺曉舍利弗見佛塔中有少塵坌即便埽之時黎軍支便從眠寤見舍利弗埽竟心懷懊恨語舍利弗汝埽我地令我今者飢困一日時舍利弗聞是語已而告之言我今自當共汝入城受請

可得飽滿汝勿憂也聞已心泰受請
時到共舍利弗入城受請正值檀越
夫婦鬪諍竟不得食飢餓而還時舍
利弗於第二日復更語言我於今朝
當自將汝受長者請令汝飽足時到
將往其上中下座皆悉得食唯此一
人獨不得食高聲唱言我不得食尒
時主人都無聞者飢困而還尒時阿
難聞已深憐於第三日語言我於今
朝隨佛受請為汝取食足使飽滿然
阿難受持如來八萬四千諸法藏門
未曾漏脫今故為此黎䡴支比丘取
其飲食忽然不憶空鉢而還於第四日
阿難復為取食還其所止道逢惡狗
所齧翻飲食棄地空鉢而還於第五
日大目揵連復為取食中道為金翅
鳥王見為搏翻合鉢將去置大海中
復不得食於第六日時舍利弗復為
取食到彼房門門自然閉復以神力
入其房內踊出其前失鉢墮地至金
剛際復以神力申手取鉢其口復翻
竟不能食時日已過口輒自開於第
七日竟不得食極生慚愧於四衆前

飡沙飲水即入涅槃時諸比丘見是
事已怪其所由請佛說本因緣佛告
比丘乃往過去無量世中有佛出世
號曰帝幢將諸比丘遊行教化時有
長者名曰瞿彌見佛及僧深生信敬
請來供養日日如是便經父亡母故惠
施子悋不聽乃至計食與母母故分
減施佛及僧子聞瞋恚即便捉母閉
著空室鏁戶棄去至七日頭母極飢困
從子索食兒荅母曰何如飡沙飲水
足活今者何為索食語已捨去竟不
得食母便去世其子命終入阿鼻獄
受苦畢已還生人中飢困如是然由
往昔供養佛故今得值我出家得道
比丘聞已歡喜奉行
又新婆沙論云昔有暴惡者令母執
器自擊牛乳擊便過量母止之言餘
者可留以乳犢子其人既聞忽生瞋
忿以手擲乳散其母面隨著母身乳
滴多少惡業力故即令彼人身上還
生尒所白癩

婦逆部第三

如雜寶藏經云昔有一婦稟性佷悷

不順禮度每所云為常與姑反後作
方計教其夫主自殺其母其夫愚癡
即用婦語便將其母至曠野中結縛
手足將欲加害罪逆之甚感徹上天
雲霧四合為下霹靂殺其兒毋即
還家其婦開門謂是夫主問言殺未
姑荅已殺至於明日方知夫死不孝
之罪現報如是後入地獄受苦無量

棄父部第四

如雜寶藏經尒時世尊而作是言恭
敬宿老有大利益而常讚歎恭敬父
母耆舊長宿老不但今日我於過去之
遠有國名棄老國彼國土中有老人
者皆遠驅棄有一大臣其父年老依
如國法應在驅遣大臣孝順心所不忍
乃深掘地作一密窟置父著中隨時
孝養
尒時天神捉持二蛇著王殿上而作
是言若別雄雌汝國得安若不別者
汝身及國七日之後悉當覆滅王聞
是已心懷懊惱即與群臣參議斯事
各自陳謝稱不能別即募國界誰能
別者厚加爵賞大臣歸家往問其父

父荅子言此事易別以細輭物停蛇著上其躁嬈者當知是雄住不動者當知是雌（故律云白疊試虵去住不同也）即如其言果別雄雌天神復問言誰於睡者名之爲寤誰於寤者名之爲睡王與群臣復不能辯大臣問父此是何言父言此名學人於諸凡夫名爲覺者於諸羅漢名之爲睡即如其言以荅天神又復問言此大白象有幾斤兩群臣共議無能知者大臣問父父言置象船上著大池中畫水齊船深淺幾許即以此船量石著中水没齊畫則知斤兩即以此智以荅天神又復問言以一掬水多於大海誰能知之群臣共議又不能解大臣問父此是何語父言此語易解若有人解信心清淨以一掬水施於佛僧及以父母困厄病人以此功德數千萬劫受福無窮海水極多不過一劫推此言之一掬之水百千萬倍多於大海即以此言用荅天神天神復化作餓人連骸拄骨而來問言世頗有人飢窮瘦苦劇於我不群臣思量復不能荅復以狀問父父荅子言世間有人慳貪嫉妬不信三寶不能供養父母師長將來之世墮餓鬼中百千萬歲不聞水穀之名身如大山腹如大谷咽如細針髮如錐刀纏身至脚舉動之時支節火然如此之人劇汝飢苦百千萬倍即以斯言用荅天神天神又化作一人手脚杻械項後著鏁身中火出舉體燋爛而又問言世頗有人苦劇我不群臣亦無知荅者大臣復問其父父即荅言世間有人不孝父母逆害師長叛於夫主誹謗三尊將來之世墮於地獄刀山劍樹火車鑪炭陷河沸屎刀道火道如是衆苦無量無邊不可計數以此方之劇汝困苦百千萬倍即如其言以荅天神天神又化作一女人端正瓌瑋踰於世人而又問言世間頗有端正之人似我者不群臣默然無能荅者臣復問父父時荅言世間有人信敬三寶孝順父母好施忍辱精勤持戒得生天上端正殊特過於汝身百千萬倍以此方之如瞎獼猴復以此言以荅天神天神又以一栴檀木方之正等又復問言何者是頭群臣智力無能荅者臣又問父父荅言易知放著水中根者必沈尾者必舉即以此言用荅天神天神又以二白騲馬形色無異而復問言誰母誰子群臣亦復無能荅者復問其父父荅言與草令食若是母者必推草與子如是所問悉皆荅之天神歡喜大遺王珍奇財寶而語王言汝今國土我當擁護令諸外敵不能侵害王聞是已極大踊悅而問臣言爲是自知有人教汝賴汝大智國土獲安既得珍寶又許擁護是汝之力臣荅王言非臣之智願施無畏乃敢具陳王言設汝今有萬死之罪猶尚不問況小罪過臣白王言國有制令不聽養老臣有老父不忍驅遣致犯王法藏著地中臣來應荅盡是父智非臣之力唯願大王一切國土還聽養老王即歎美心生喜悅奉養臣父尊以爲師濟我國家一切人命如此利益非我所知即便宣令普告天下不聽棄老仰令孝養其有不孝父母不

敬師長當加大罪

尒時父者我身是也尒時大臣者舍利弗是尒時王者阿闍世是也尒時天神者阿難是也故俗云贅老乞旨印其是也

又雜寶藏經云昔者世尊語諸比丘當知往昔波羅柰國有不善法流行於世父年六十與著敷䌫使守門戶尒時兄弟二人兄語弟言汝與父數䌫使令守門屋中唯有一敷䌫小弟便截半與父而白父言大兄與父非我所與大兄教父使守門屋兄向弟言何不盡與敷䌫截半與之弟荅兄言適有一敷䌫不截半與後更何處得兄問弟言欲更與誰弟言豈可得不留與兄耶兄言何以與我弟言汝當年老汝子亦當安汝置於門中兄聞此語驚愕曰我亦當如是耶弟言誰當代汝便語兄言如此惡法宜共除捨兄弟相將共至輔相所以此言論向輔相說輔相荅言實尒我等亦共有老輔相啓王王可此語宣令國界孝養父母斷先非法不聽更尒

又優婆塞戒經云是五逆罪殺父則

輕殺母則重殺阿羅漢重於殺母出佛身血重於殺阿羅漢破僧復重出佛身血

頌曰

君愛忠臣　父憐孝子　況佛大慈

拔苦樂彼　不荷其恩　害親存已

一墜幽塗　累劫終始

感應緣如是五逆及惡心向三寶現遭殃咎者無量並散在諸篇今略述二三不孝現報之驗也

周王彥偉　齊何君平　隋婦養姑

周時有人姓王字彥偉河南人為性兇惡好游獵父母孤養憐愛極重每諫不許共惡人交游復抑不聽射獵恐損身命不存條嗣偉不從父訓常獵不止兼逐惡人常為麁過父母既見不止兇行罰杖五十身瘡不得出以恨父母伺夜眠之後密以土袋壓父母口加身坐上望氣不出意令遣死無有瘡瘢將為卒亡不猜已身忽見有鬼來入堂內震動家內大小並覺鬫偉牀前偉便仰臥土袋已在偉腹父母蘇覺遂挽兒腹上土袋不能去叫救命合家大小及以隣人併力挽

之必竟不移偉聲不出但得以手叩頭合掌而卒

齊何君平相州人母裴氏少年誕平後更不孕父母憐愛劇同眼目父母憐重平長大不多教學問縱暴自游年至二十父母憐愛不聽別室父因使出行經年方還父行去後母憐共私父還到舍共母殺父埋之後園詐他道父未還天雷霹父屍出然後霹平身身上具題因緣親隣告官聞徹天聽勅殺裴氏暴屍不聽收埋右二見李歸心錄也

隋大業中河南人婦姑養姑不孝姑兩目盲婦以蚯蚓為羹以食之姑怪其味竊藏一臠留以示兒兒還見之欲送婦向縣未及而雨雷震失其婦俄而婦從空落身衣如故而易其頭為白狗頭言語不異問其故荅云以不孝姑為天神所罰夫以送官時乞食於市後不知所在右一驗出冥報記

法苑珠林卷第四十九

甲辰歲高麗國分司大藏都監奉勅彫造

法苑珠林卷第四十九

校勘記

一　底本，麗藏本。

一　九五二頁上一行經名，徑無(未換卷)。

一　九五二頁上二行撰者，資、磧、普作「大唐上都西明寺沙門釋道世字玄惲撰」；南作「唐上都西明寺沙門釋道世字玄惲撰」；徑無(未換卷)；清作「唐西明寺沙門釋道世撰」。

一　九五二頁上三行「忠孝篇第四十九」下，資、磧、普、南、清有「此有五部」四字；徑有「之一」二字。又「不孝篇第五十」，徑、清無。

一　九五二頁上四行「忠孝篇此有五部」，諸本(不含石，下同)無。

一　九五二頁上五至六行「述意部…業因部」，徑無。

一　九五二頁上七行「第一」，徑無。下至九五七頁上二行部目下序數例同。

一　九五二頁上八行「高邁」，諸本作「高柴」。

一　九五二頁上一三行第一〇字「孝」，諸本作「者」。

一　九五二頁上一四行首字「美」，諸本作「前美」。

一　九五二頁中一九行「放屎尿」，諸本作「放屎尿溺」。

一　九五二頁中二〇行第一一字「育」，普、南、徑、清作「肩」。

一　九五二頁下三行「鐵杖」，諸本作「鐵鉞」。

一　九五二頁下一三行「道說」，諸本作「導說」。

一　九五二頁下一六行「鈎[口隽]」，諸本作「鐵[口隽]」。

一　九五二頁下一七行第八字「千」，諸本無。

一　九五三頁上一九行第一〇至一三字「舉願求佛」，諸本無。

一　九五三頁中一五行「成佛」，至此，徑卷第六十一終，卷第六十二始，並有「忠孝篇第四十九之餘」一行。

一　九五三頁下一三行「錯迷惑」，諸本作「迷惑」。

一　九五三頁下一八行「更之」，徑、清作「受之」。

一　九五四頁上五行第一二字「俱」，徑、清作「我」。

一　九五四頁上八行「踠轉」，資、磧、南作「婉轉」；普、徑、清作「宛轉」。

一　九五四頁上二一行第一〇字「今」，磧、南作「命」。

一　九五四頁中一四行第一一字「光」，普作「元」。

一　九五四頁中一六行「[齒尃]齧」，諸本作「博嚙」。

一　九五四頁中末行「天王釋」，南、徑、清作「天帝釋」。

一　九五四頁下二行「熱輪」，諸本作「熱鐵」。

一　九五四頁下三行「天帝釋」，資、磧、普作「天王釋」。五行同。

一　九五四頁下四行第七字「立」，磧作「位」。

一　九五四頁下八行第七字「帝」，諸本無。

一　九五四頁下一一行「隣王」，徑、清作「隣國」。

一　九五五頁上一三行第一一字「草」，諸本作「蒲」。

一　九五五頁上一四行第八字「常」，諸本作「恒」。次頁上九行第九字同。

一　九五五頁中二行第一一字「肉」，諸本作「害」。

一　九五五頁中七行末字「切」，諸本作「忽」。

一　九五五頁中一九行「憚怖」，諸本作「惶怖」。

一　九五五頁下五行「雖死」，資、磧、普、南作「惟死」；徑、清作「唯死」。

一　九五六頁上一八行「其母」；諸本作「父母」。

一　九五六頁中八行「併命」，諸本作「并命」。

一　九五六頁中一一行第一一字「偈」，諸本無。

一　九五六頁中一二行「世主」，諸本作「世王」。

一　九五六頁下九行第四字「報」，諸本無。

一　九五六頁下一九行「三惡」，諸本作「三惡道」。

一　九五六頁下二〇行第八字「子」，諸本無。

一　九五六頁下末行「天帝釋」，資、磧、普作「天王釋」。

一　九五七頁上一〇行「得十六錢」，諸本作「一十六錢」。

一　九五七頁上一六行第七字「傷」，諸本作「殤」。

一　九五七頁中八行第一三字「汝」，諸本無。

一　九五七頁下一一行「輔王」，諸本作「輔主」。

一　九五七頁下一九行「旲沖」，徑、清作「咸沖」。又「王虛之」，資、磧、普、南作「王之」；徑、清作「虛之」。

一　九五七頁下二〇行「伯俞」，磧、南、徑、清作「伯瑜」。又「泣孃」，諸本作「泣衰」。

一　九五七頁下二二行首字「王」，諸本無。

一　九五八頁上一行第五字「之」，諸本作「乏」。

一　九五八頁上七行第七字「一」，諸本作「二」。又第一一字「之」，諸本作「祇之」。

一　九五八頁上一〇行首字「又」，徑、清無。一六行首字、本頁中一行首字、本頁下四行首字、次頁上四行首字同。

一　九五八頁上末行夾註右第一五字「悲」，諸本無。又左第六字「感」，諸本作「減」。

一　九五八頁中八行「忽然」，諸本作「忽然」。

一　九五八頁中九行第一二字「鎗」，諸本作「鐺」。
一　九五八頁中一〇行第五字「常」，諸本作「恒」。
一　九五八頁中一一行「斗常」，諸本作「升恒」。
一　九五八頁中一四行夾註左「宋躬」，諸本作「宋射」。
一　九五八頁中一八行第一一字「且」，諸本作「旦」。
一　九五八頁中二二行第二字「賃」，諸本作「書」。
一　九五八頁中末行「送耳」，諸本作「逆取」。
一　九五八頁下四行「季異」，諸本作「秀異」。
一　九五八頁下六行第一三字「庭」，諸本無。
一　九五八頁下九行首字「喙」，諸本作「喙」。又第五字「常」，諸本作「嘗」。
一　九五八頁下二二行第四字「三」，諸本徑、清作「生」。
一　九五九頁上一行「韓伯俞」，資作「韓伯愈」；磧、南、徑、清作「韓伯瑜」。
一　九五九頁上二行第一二字「俞」，徑、清作「瑜」。
一　九五九頁中二行首字「揵」，徑、清作「犍」。
一　九五九頁中四行第五字「巴」，諸本作「巳」。又第六字「郡」，資、磧、普、南作「郁」。
一　九五九頁中六行第九字「夫命」，諸本作「夫人令」。
一　九五九頁中八行第一〇字「貰」，清作「貫」。
一　九五九頁中一五行第五字「蕭」，諸本作「肅」。
一　九五九頁中一六行夾註右第三字「驗」，諸本無。
一　九五九頁中一七行「大原」，諸本作「太原」。
一　九五九頁中一八行「見稱」，諸本作「所稱」。
一　九五九頁中一九行末字「柴」，諸本作「柴形」。
一　九五九頁下一行「不孝篇第五十」，徑作「不孝篇第五十之一」。又「此有四部」，徑無。
一　九五九頁下二至三行「述意部⋯⋯棄父部」，徑無。
一　九五九頁下四行「第一」，徑無。以下部目下序數例同。
一　九五九頁下一〇行第三字「縈」，諸本作「嬰」。
一　九五九頁下一七行「十三年」，諸本作「十二年」。又「來至」，諸本作「求至」。
一　九五九頁下二一行第一〇字「言」，諸本作「但言」。
一　九六〇頁上五行「秔米」，磧、徑、清作「粳米」。
一　九六〇頁上一三行「七衆」，諸本作「大衆」。
一　九六〇頁上一四行第一四字「得」，

諸本作「僧」。

一 九六〇頁中一三行第六字「到」，普作「列」。

一 九六〇頁下一三行「怡然」，諸本作「恬然」。

一 九六〇頁下二二行第八字「汝」，諸本作「儞」。

一 九六一頁上四行「之慾」，諸本作「之忿被髮」。

一 九六一頁上六行第九字「人」，磧、南、徑、清作「入」。

一 九六一頁上七行「不可」，諸本作「可不」。

一 九六一頁上九行第一三字「常」，諸本作「恒」。

一 九六一頁上一二行「復連」，磧、普、南、徑、清作「腹連」。

一 九六一頁上一三行「具照斯艱」，諸本作「具招斯報」。

一 九六一頁上一七行「秋露」，資、磧作「秋鷺」；普、南、徑、清作「鶖鷺」。

一 九六一頁上一八行「衆垢」，諸本作「衆惱」。

一 九六一頁中五行第八字「聞」，諸本作「聞之」。

一 九六一頁中一二行「具照」，諸本作「具招」。

一 九六一頁中一三行第三字「佛」，資、磧、南、徑、清無。又「命絶」，諸本作「命終」。

一 九六一頁下三行「撾打」，諸本作「適打」。

一 九六一頁下二〇行「黎軍支」，普作「軍支黎」。次頁上一二行同。

一 九六二頁上三行「夫婦」，磧、普、南、徑、清作「夫妻」。

一 九六二頁上六行末字「一」，南無。

一 九六三頁上一三行第五字「然」，諸本無。

一 九六二頁上一五行「齰齧」，諸本作「齰喇」。

一 九六二頁上一七行「搏齧」，資、磧作「博喇」；普、南、清作「搏喇」；徑作「搏喇」。

一 九六二頁上二一行末字「齽」，諸本作「噤」。

一 九六二頁中一九行「隨著」，南、徑、清作「墮著」。

一 九六二頁下八行「無量」，至此，徑卷第六十二終，卷第六十三始，並有「不孝篇第五十之餘」一行。

一 九六二頁下一〇行「藏經」，諸本作「藏經云」。

一 九六二頁下一二行「耆長」，諸本作「耆長」。

一 九六二頁下一九行第三字「各」，諸本作「若」。

一 九六二頁下末行第四字「加」，資、磧、普作「如」。

一 九六三頁上一二行「畐石」，諸本作「量石」。

一 九六三頁上一六行第一〇字「解」，諸本作「能」。

一 九六三頁中四行「大山」，諸本作「太山」。

一　九六三頁中八行第六字「後」，諸本作「復」。次頁下一九行第三字同。

一　九六三頁中一三行「陷河」，諸本作「灰河」。

一　九六三頁中一七行「瓌瑋」，諸本作「璝瑋」。

一　九六三頁中二一行第九字「生」，資、磧、普、徑作「上」。又末字「殊」，普作「姝」。

一　九六三頁下四行「此言」，諸本作「其言」。

一　九六三頁下五行「驊馬」，資、磧、南作「草馬」。

一　九六四頁上七行「數綱」，諸本作「數屢」。下同。

一　九六四頁上二一行第四字「輔」，諸本作「轉」。

一　九六四頁中八行夾註左「略述二三」，徑、清作「略述三」。

一　九六四頁中一四行第七字「常」，諸本作「恒」。

一　九六四頁中一八行第二字「有」，諸本作「其」。

一　九六四頁中末行第九字「以」，資、磧、南作「之」。

一　九六四頁下卷末經名，徑無（未換卷）。

法苑珠林卷第五十 滅

西明寺沙門釋道世撰

報恩篇第五十一

背恩篇第五十二

報恩篇 此有二部

述意部第一

蓋聞重恩三寶慈蔭四生化育十方等同一子機無細而不臨智有來而必攝遂使優塡刻像攀影尒浮光斯匿鑄形超然避席自茲厥後靈瑞倍興嘉聲彌盛靡草從風念則罪滅福生敬則德隆終古良由如來長我法身父母養我生身既修長壽之因不存蜉蝣之命恩義深重特須恩報恩也

引證部第二

如正法念經云有四種恩甚為難報何等為四一者母二者父三者如來四者說法師若有供養此四種人得無量福現在為人之所讚歎於未來世能得菩提

又大般若經第四百四十三云 若有問言誰是知恩能報恩者應正荅言佛是知恩能報恩者何以故一切世間知恩報恩無過佛故

又增一阿含經云尒時世尊告諸比丘若有衆生知返復者此人可敬小恩尚不忘何況大恩設離此間百千由旬猶近我不異我常數譽若有衆生不知返復者大恩尚不憶何況小恩彼非近我我不近彼正使被僧伽梨在吾左右此人猶遠是故比丘當念返復莫學無返復

又舍利弗問經云佛言夫受戒隨其力辯可以為施不限多少文殊師利白佛言云何如來說父母恩大不可不報又言師僧之恩不可稱量其誰為最佛言夫在家者孝事父母在於膝下莫以報生長與之等以生育恩深故言大也若從師學開發知見其恩大也夫出家者捨其父母生死之家入法門中受微妙法師之力也生長法身出功德財養智慧命功莫大也追其所生乃次之耳

又中陰經佛問彌勒閻浮提兒生墮地乃至三歲母之懷抱為飲幾乳彌勒荅曰飲乳一百八十斛除母腹中所食四分東弗于逮兒生墮地乃至三歲飲乳一千八百斛西拘耶尼兒生墮地乃至三歲飲乳八百八十斛北欝單越兒生墮地坐著陌頭行人授指嗍指七日成人彼土無乳中陰衆生飲吸於風 古人用其小斗推今唐斗一斗當舊三斗故乳似多 又難報經云左肩持父右肩持母經歷千年便利背上猶不能報父母之恩又增一阿含經云孝順供養父母功德果報與一生補處菩薩功德一等

又佛說古來世時經阿那律比丘自說宿命云吾昔在波羅柰國穀米勇貴人民飢饉我負擔草賣以自活彼有緣覺名曰和理來游其國我早出城欲擔負草尒時緣覺著衣持鉢入城分衛至於中道吾負草還於城門中復與相遇空鉢而出和理緣覺逆見吾來即自念言吾早入城此人出城今負草還想朝未食吾當隨後往詣其家乞以遏飢我時擔草自還其舍下草著地顧見緣覺追吾之後

如影隨形我時心念朝出城時見此
緣覺入城分衛而空鉢還想來穫食
吾當斷食以奉施之即持食出長跪
授之道人愍受其緣覺曰今穀米飢
貴人民虛餓分為二分一分著鉢一
分自食尒為應法耳施主報之唯然
聖人白衣居家徐炊食之早晚無在
道人願受加哀一門時彼緣覺乘受
飯食吾因是德七返生天為諸天王
七返在世人中之尊因此一施為諸
國王長者人民群臣百官所見奉事
四輩道俗所見供養自來求吾吾無
所恡

又佛昇忉利天為母說法經云佛在
忉利天歡喜園中波利質多羅樹下
三月安居四衆圍繞身毛孔中放千
光明普照三千大千世界摩耶夫人
聞已乳自流出若審是我所生悉達
多者當令乳汁直至於口作此語已
兩乳直出猶白蓮華而便入如來口
中摩耶見喜踊躍怡悅如華開榮
一心五體投地專精正念結使消伏
佛為說法得須陀洹果佛在天上

種種利益不可具述尒時世尊夏三
月盡將欲還下閻浮放五色光照曜
顯赫時天帝釋知佛當下即使鬼神
作三道寶階中央閻浮檀金左用琉
璃右用馬瑙欄楯雕鏤極為嚴麗佛
語摩耶生死之法會必有離我今應
下還閻浮提不久亦當入於涅槃摩
耶垂淚說偈尒時世尊與母辭別下
躡寶階梵天王執蓋及四天王侍立
左右四部大衆歌唄讚歎天作伎樂
充塞虛空散華燒香導從來下閻浮
提其王波斯匿等一切大衆集在寶
階稽首奉迎佛還祇桓處師子座四
衆圍繞歡喜踊躍不可具說

又觀佛三昧經云父王白佛當往忉
利天為母說法佛言當如輪王行法
問訊檀越時持地菩薩入首楞嚴定
從金剛際作金剛華華華相次四龍
各持七寶臺持地為佛作三道寶階
世尊至已入宮白毫相光化作七寶
蓋覆母上作七寶林奉令坐

又六度集經云昔者菩薩為大理家
積財巨億常奉三尊慈向衆生覩

市覩鼈心悼之焉問價貴賤鼈主
知菩薩有普慈之德答曰一百萬菩薩
答曰大善將鼈歸家臨水放之覩其
游去悲喜誓曰衆難命全如尒今也
屬起弘願諸佛讚善鼈於後夜來齧
其門怪門有聲便出見鼈語菩薩曰
吾受重潤身得獲全無以答恩水居
之物知水盈虛洪水將至必為巨害矣
願速嚴舟臨時相迎答曰大善明晨
詣門如事啓王王以菩薩宿有善名
信用其言遷下處高時至鼈來洪水
至矣可速下載尋吾所之可獲無患
船尋其後有蛇趣船菩薩曰取鼈云
大善又覩漂狐曰取鼈云亦善又覩
漂人博頰呼天哀濟吾命曰取鼈曰
慎無取也凡人心偽尠有終信背恩
追勢好為凶逆菩薩曰蟲類尒濟人
類吾賤豈是仁哉吾不忍為也於是
取之鼈王悔哉遂之豐土鼈辭曰恩
畢請退答曰吾獲如來無所著至眞
等正覺者必當相度鼈曰大善鼈退
蛇狐各去狐以穴為居獲古人伏藏紫
磨名金百斤喜曰當以報彼恩矣狐

還白曰小蟲受潤獲濟微命蟲穴居之物求穴以自安獲金百斤斯穴非塚非家非劫非盜吾精誠之致願以貢賢菩薩深惟不取徒損無益於貧民可以布施衆生獲濟不亦善乎尋而取之漂人覩焉曰分吾半矣菩薩即以十斤惠之漂人曰尒掘塚劫金罪應奈何不半分之吾必告有司荅曰貧民困者吾欲等施尒欲專之不亦偏乎漂人遂告有司菩薩見拘無所告訴唯歸命三尊悔過自責慈願衆生早離八難莫有怨結如今吾也蛇狐會曰奈何斯事蛇曰吾將濟之遂銜良藥開關入獄見菩薩狀顏色有損愴而心悲謂菩薩言以藥自隨吾將齧太子其毒尤甚莫能濟者賢者以藥自閑傅即瘳矣菩薩默然蛇如所云太子命欲將殞王令曰有能濟茲封之相國吾與參治菩薩上聞傅之即瘳王喜問其所由本末自陳王悵然自咎曰吾闇甚哉即誅漂人大赦其國封為相國執手入宮並坐談論佛法遂致太平佛告諸沙

門理家者是吾身國王者彌勒是鼈者阿難是狐者秋露子是蛇者目連是漂人者調達是菩薩慈惠度無極行布施如是

又新婆沙論云昔揵馱羅國迦膩色迦王有一黃門常監內事暫出城外見有群牛數盈五百來入城內問驅牛者此是何牛荅言此牛將去其種於是黃門即自思忖我宿惡業受不男身今應以財救此牛難遂償其價悉令得脫善業力故令此黃門即復男身深生慶悅尋還城內佇立宮門附使啓王請入奉現王令喚入怪問所由於是黃門具奏上事王聞驚喜厚賜珍財轉授高官令知外事

頌曰

感哉能仁　悲救為先　乘機計感
鞠養慈憐　狐金蛇賞　闇人身全
知恩報德　幽冥應焉

感應緣 略引四驗

宋時吳子英
宋時有人念佛免難
宋時勃海陳裒

唐并州石壁寺僧

宋吳子英者舒鄉人善入水捕得赤鯉魚愛其色好持歸不殺養之池中數飼以米穀食之一年長丈餘遂生角有翅子英怖拜謝之魚言我來迎汝上我背與汝俱昇天歲來歸見其妻子魚後迎之如此有七十人故吳中門戶並作神魚子英祠 右此一驗出列仙傳

宋有一國與羅剎相近羅剎數入境食人無度王與羅剎約言自今已後國中家各專一日當分送往勿復枉殺有奉佛家唯有一子始年十歲次當充行父母哀號便至心念佛爰及宗親助子屬想便送此兒辭別捨之以佛威神力大鬼不得近明日見子尚在歡喜同歸於茲遂絕國人嘉慶慕焉 右一驗出幽冥錄

宋酒泉郡太守到官無幾輒卒死後有勃海陳裒見使此郡裒憂愁不樂就卜者占其吉凶卜者曰遠諸侯放伯裘能解此者則無憂裒仍不解此語卜者報曰但去自當解之裒既到官侍醫有王侯平有史侯董侯等裒

心瘖曰此所謂諸侯矣乃遠之即臥
思放伯裘之義不知何謂至夜半後
有物來上褏被上褏覺以被冒取之
其物跳踉訇訇作聲外人聞持火入
欲殺之魅乃言曰我實無惡意但欲
試府君耳聽一相赦當深報府君恩
府君曰汝為何物而忽干犯太守魅
曰我本百歲狐也今變為魅垂垂化
為神而正觸府君威怒甚遭困厄聽
一放我我字伯裘若府君有急難但
呼我字則自解矣褏乃喜曰卜真放
伯裘之義即便放之小開被忽然有
赤光如震電從戶出明日夜有敲戶
者褏問曰誰荅曰伯裘問曰何為荅
曰白事問曰白何事荅曰北界有賊
發奴也褏案發則驗每事先以語褏
於是境界無毫毛之姧而咸曰聖君
出後經月餘主簿李音共褏侍婢私
通既而驚懼慮伯裘來白遂與諸侯
謀殺褏却為傍無人便使諸侯持杖
直入欲格殺之褏惶怖即呼伯裘來
救我即有物如申一匹絳課然作聲
音侯伏地失魂乃以次縛取之拷問

來意故皆伏首後月餘日與褏辭曰
今得為神矣當上天去不得復與府
君相見往來遂去不見也 右此一驗出搜神異記
唐并州石壁寺有一老僧禪誦為業
精進練行貞觀末有鴿巢其房楹上
哺養二鷇法師每有餘食常就巢哺
之鴿鷇後雖漸長羽翼未成乃並學
飛俱墜地而死僧並收瘞之經旬後
僧夜夢二小兒白之曰兒等為先有
少罪遂受鴿身比來聞法師讀法華
經及金剛般若經既聞妙法得受人
身兒等今於此寺側十餘里某村某
姓名家託生為男十月之外當即誕
育僧乃依期往視見此家一婦人同
時誕育二子因為作滿月齋僧呼為
鴿兒兩兒並應之曰諾一應之後歲餘
始言 右此一驗出冥報拾遺 報恩事廣不可具述

背恩篇第五十二 此有二部

述意部第一

蓋聞四生沈溺必假舟航六趣昏迷
本憑獎導是故三寶大慈俯應蒼民
曲垂提引令脫苦難況復違背重恩
豈不永沈苦海是故婦人鴆毒夫豪

王賞獵人害熊現報臂落良由違恩
業重現受災報故智度論云知恩者生
大悲之根本開善業之初門人所愛敬
名譽遠聞死得生天終成佛道不知
恩者甚於畜生也

引證部第二

如百喻經云昔有一婦荒婬無度欲
情既盛嫉惡其夫每思方策規欲殘
害種種設計不得其便會值其夫騁
使隣國婦密為計造毒藥丸欲用害
夫詐語夫言爾今遠使慮有乏短今
我造作五百歡喜丸用為資糧以送
於爾爾若出國至他境界飢困之時
乃可取食夫用其言至他界已未及
食之於夜暗中止宿林間畏懼惡獸
上樹避之其歡喜丸忘置樹下即以
其夜值五百偷賊盜彼國王五百疋
馬并及寶物來止樹下由其逃突盡
皆飢渴於其樹下見歡喜丸諸賊取
已各食一丸藥毒氣盛五百群賊一
時俱死時樹上人至天明已見此群
賊死在樹下詐以刀箭斫射死屍收
其鞍馬并及財寶驅向彼國時彼國

王多將人衆尋跡來逐會於中路值
於彼王彼王問言汝是何人何處得
馬其人荅言我是某國人而於道路
值此群賊共相斫射五百群賊今皆一
處死在樹下由是之故我得馬及以
珍寶來投王國若不見信往看賊之
創痍殺害處所是王即遣親信往看
果如其言王時欣然歎未曾有既還國
已厚加爵賞封以聚落彼王舊臣咸生
妒嫉而白王言彼是遠人未可信伏
如何卒尒寵遇過厚至於爵賞逾越
舊臣遠人聞已而作是言誰有勇健
能共我試請於平原校其技能舊人
愕然無敢敵者後時彼國大曠野中
有惡師子截道殺人斷絶王路時彼
舊臣詳共議之彼遠人者自謂勇健
無能敵者今復若能殺彼師子為國
除害眞為奇特作是議已便白於王
王聞是已給賜刀仗尋即遣之尒時
遠人既受勅已堅强其意向師子所
師子見之奮迅墟吼騰躍而前遠人
驚怖即便上樹師子張口仰頭向樹
其人怖急失所捉刀落師子口師子

尋死尒時遠人歡喜踊躍來白於王
王倍寵遇時彼國人率尒敬服咸皆
讃歎
又諸經要集云有人入林伐木迷惑
失心時值大雨日暮飢寒惡蟲毒獸
欲侵害之是人入石窟中有一大熊
見之怖出熊語之言汝勿恐怖此舍
溫暖可於中宿時連雨七日常以甘
果美水供給此人七日雨止熊將此人
示其道徑熊語人言我是罪身多人
怨家若有問者莫言見我人荅言尒
此人前行見諸獵者問汝從何來見
有衆獸不荅言見一大熊於我有恩
不得示汝獵者言汝是人黨以人類
相觀何以惜熊今一失道何時復來
汝示我者我與汝多分此人心變即
將獵者示熊處所獵者殺熊即以多
分與之此人展手取宍二肘俱墮獵者
言汝有何罪荅曰是熊看我如父視
子我今背恩將是罪報獵者恐怖不
敢食宍持施衆僧上座是羅漢語諸
下座此是菩薩未來出世當得作佛
莫食此宍即時起塔供養王聞此事

勑下國内背恩之人無令住此新婆沙論云時上座觀宍是菩薩宍共取香薪焚燒其宍收其餘骨起窣堵波禮拜供養如串佛塔也
又九色鹿經云昔者菩薩身為九色
鹿其毛九種色角白如雪常在娧伽
河邊飲食水草常與一烏為知識時
水中有一溺人隨流來下或出或没仰
頭呼天山神樹神諸天龍神何不愍
我鹿聞下水救之語言汝可騎我背
捉我角負出上岸溺人下地繞鹿三
帀向鹿叩頭乞為大家作奴給其使
令採取水草鹿言不用且各自去欲
報恩者莫道我在此人貪我皮角必
來殺我時國王夫人夜夢見九色鹿
即詐病不起王問何以荅曰我昨夜夢
見非常之鹿其毛九種色其角白如
雪我思欲得其皮作坐褥其角作拂
柄王當為我得之王若不得我將死矣
王募國中若有能得當分國而治賜
其金鉢盛滿銀粟賜其銀鉢盛滿金
粟溺人聞之欲取富貴念言鹿是畜
生死活何在往至王所言知鹿處王
大歡喜言汝若能得其皮角來者報
之半國溺人面上即生癩瘡溺人言

大王此鹿雖是畜生大有威神王宜
多出人兵乃可得耳王即大出人衆
俓到殑伽河邊烏在樹頭見人兵來
即呼鹿言知識且起王兵來至鹿故
熟眠臥不覺烏下啄耳鹿方驚覺四
向顧望無復走地便往趣王車邊傍
臣欲射王曰莫射此鹿非常將是天
神鹿言大王且莫射我我前活王國
中一人鹿復長跪問王言誰道我在
此王便指示車邊癩面人是也鹿即
仰頭視此人面眼中淚出不能自勝
此人前溺在水中我不惜身命自投
水中負此人出約不相導人無反復
不如出水中浮木也王有愧色汝受
其恩柰何反欲煞之即下於國中若
有驅逐此鹿者當誅五族衆鹿數千
皆來依附飲食水草不侵禾稼風雨
時節五穀豐熟人無疾病其世太平
時九色鹿我身是也烏者阿難是也
國王者今父王悅頭檀是也時王夫
人者今孫陀利是也時溺人者調達
是也我雖有善心向之故欲害我難
有至意

又雀王經云昔者菩薩身爲雀王慈
心濟衆由護身瘡有虎食獸骨刺其
齒困飢將終雀王入口啄骨日日若
茲雀口生瘡身爲瘦瘠骨出虎活
雀飛登樹說佛經曰殺爲凶虐其惡
莫大虎聞雀誡厲聲勃然恚曰介
始離吾口而敢多言雀覩其不可化
即速飛去佛言雀王者是吾身虎者
是調達身
又雜寶藏經云時提婆達心常懷惡
欲害世尊乃雇五百善射婆羅門使
持弓箭詣世尊所挽弓射佛所射之
箭變成諸華五百婆羅門見是神變
皆大怖畏即投弓箭禮佛懺悔佛爲
說法皆得須陀洹道復白佛言願聽
我等出家學道佛言善來比丘鬚髮
自落法服著體重爲說法得阿羅漢
道諸比丘白佛言世尊神力甚爲希
有提婆達多常欲害佛然佛常生大
慈佛言非但今日如是於過去時波
羅奈國有一賈主名不識恩共五
百賈客入海採寶得寶還返到𣶒洄
處遇水羅刹而捉其船不能得前衆

賈人等極大驚怖皆共唱言天神地
神日月諸神誰能慈救濟我也有一
大龜背廣一里心生悲愍來向船所
負載衆人即得度海時龜小睡不識
恩者欲以大石打龜頭殺諸賈人言
我等蒙龜濟難活命殺之不祥不識
恩也不識恩曰我停飢急誰能念恩
輒便殺龜而食其肉即日夜中有大
群象蹋殺衆人介時大龜我身是也
介時不識恩者提婆達多是也五百
賈人者五百婆羅門出家得道是也
我於往昔濟彼免難今復拔其生死
之患也
又佛說栴檀樹經云佛告阿難諦聽
執受時維耶梨國有五百人入海採
寶置船步還經歷深山日暮止宿豫
嚴早發四百九十九人皆引去一人
臥熟失車仍遇天雨雪失去徑路窮
厄山中啼哭呼天有大栴檀香樹樹
神謂窮人言可止留此自相給衣食
到春可去窮人便留至于三月啓樹
神言受恩得全身命未有微報願有
二親今在本土實思得還願乞發遣

樹神言善便自從意以金一餅賜之去此不遠當得還邑窮人臨去問樹神言此樹香潔世所希有今當委還願知其名神言不須問也窮人復言依陰此樹積歷三月若到本國當宣樹恩神便報言樹名栴檀根莖枝葉治人百病其香遠聞世之奇異人所貪求不須道也窮人還至國中親族歡喜後無幾間國王病頭痛禱祀天地山水諸神痛不消差名醫省視唯得栴檀香以護病得愈王即募求民間無有便宣令國中得栴檀香者拜爲封侯妻以王女時窮人聞賞祿重便詣王所白言我知栴檀香處王便令匠日將窮人往伐取香樹至到樹所使者見樹洪直枝條茂盛華果煌煌以希見故心不忍伐不伐者則違王命躊躇顧回不知云何樹神空中言曰便伐但置其根伐已以人血塗之肝腸覆其上樹自當生還復如故使者聞神言如此便令人伐之窮人住在樹邊樹枝路地摽殺窮人使者便與左右議言向者樹神言當得人

血肝腸以祠樹心不知當以誰賽此人今死便以當之則屠割之取其肝血如神所勅樹即更生如本無異車載伐樹以還國中醫即進藥王病得愈舉國歡喜王命國中人民其有病者皆出香給病皆得愈舉國欣遂致太平阿難退坐稽首賀言是窮人何無反復違樹神重誓佛報曰乃往昔維衛佛時有父子三人其父奉行齋戒未曾懈怠大兒常於中庭空中燒香供養十方諸佛小弟愚癡不知三尊輒以衣覆香上兄謂弟言此事大重何以犯之弟起惡言誓斷兄兩足兄復起念當拍殺弟父言汝二子諍使我頭痛大兒報言願得我身爲藥令父平損口不妄言故世世受罪弟興惡意欲斷兄足後果將人往斷樹身兄欲拍殺弟今作樹神果因樹爲體拍殺弟身時國王頭痛者其父也奉齋精進故得尊貴時言使我頭痛者後果頭痛各受其殃佛言罪福報應如影隨形

頌曰

大悲愍濟　德重乾坤　恩深父母
義越君尊　忠孝盡命　猶難報恩
如違厥理　交喪其魂

法苑珠林卷第五十

甲辰歲高麗國分司大藏都監奉
勅彫造

法苑珠林卷第五十

校勘記

一　底本，麗藏本。

一　九七〇頁上一行經名，徑無(未換卷)。

一　九七〇頁上二行撰者，資、磧、普作「大唐上都西明寺沙門釋道世字玄惲撰」；南作「唐上都西明寺沙門釋道世字玄惲撰」；徑無(未換卷)；清作「唐西明寺沙門釋道世撰」。

一　九七〇頁上三行「報恩篇第五十一」下，資、磧、普、南、清有夾註「此有二部」。

一　九七〇頁上四行「背恩篇第五十二」，徑、清無。

一　九七〇頁上五行「報恩篇此有二部」，諸本(不含石，下同)無。

一　九七〇頁上六行「第一」，徑無。一六行部目下序數例同。

一　九七〇頁上七行「重恩三寶」，諸本作「三寶恩重」。

一　九七〇頁上一四行「不存」，諸本作「必存」。

一　九七〇頁上一五行首字「恩」，諸本無。

一　九七〇頁上一九行第四字「法」，諸本作「法法」。

一　九七〇頁中五行第一二字「聞」，清作「聞」。

一　九七〇頁中六行第九字「常」，諸本作「恒」。

一　九七〇頁中一〇行首字「念」，諸本無。

一　九七〇頁下六行第二字「味」，諸本作「嗽」。

一　九七〇頁下一三行至一四行「阿那律比丘自說宿命」，諸本無。

一　九七一頁上二行第七字「而」，諸本作「如」。

一　九七一頁上六行「尒爲應法耳」，諸本作「爲應法爾」。

一　九七一頁上七行「白衣居家」，諸本無。又「徐炊食之」，諸本作「願徐食之」。

一　九七一頁上一三行「所忘」，諸本作「所須」。

一　九七一頁中末行「三尊」，磧、普、南、徑、清作「三寶」。

一　九七一頁下一五行「博頻」，徑、清作「搏頻」。

一　九七一頁下一八行第三字「賤」，磧、普、南、徑、清作「賊」。

一　九七一頁下末行「名金」，諸本作「黃金」。又末字「狐」，諸本作「馳」。

一　九七二頁上二行末字至次行第三字「非塚非家」，諸本作「非家非家」。

一　九七二頁中二行「秋露」，資、磧作「秋鷺」；普、南、徑、清作「鶖鷺」。

一　九七二頁中六行第七字「常」，諸本作「恒」。次頁中六行第一一字同。

一　九七二頁中一七行第一一字「訃」，諸本作「赴」。

一　九七二頁中二一行「宋時吴子英」，資、磧、普、南、徑作「宋時吴子英春」；清作「宋吴子英春」。

一　九七二頁中二二行「宋時」，清無，末行同。

一　九七二頁下二行「吴子英」，諸本作「吴子英春」。

一　九七二頁下七行第五字「後」，諸本作「復」。

一　九七二頁下一三行第八字「便」，諸本作「使」。

一　九七二頁下一七行夾註右「右一驗」，徑、清作「右此一驗」。又左「幽冥録」，諸本作「幽明録」。

一　九七二頁下末行「侍醫」，諸本作「侍監」。

一　九七三頁上八行第一二字「垂」，諸本作「乎」。

一　九七三頁上一五行「北界」，徑、清作「此界」。

一　九七三頁上二二行第一一字「課」，磧、南、徑、清作「練」。

一　九七三頁中八行第九字「牧」，諸本作「收」。

一　九七三頁中一七行夾註右首字「右」，諸本無。

一　九七三頁中一八行「此有二部」，徑無。

一　九七三頁中一八行與一九行之間，清有「述意部　引證部」一行。

一　九七三頁中一九行「第一」，徑無。本頁下六行部目下序數例同。

一　九七三頁下二行末字「生」，諸本無。

一　九七三頁下三行第四字「根」，諸本無。

一　九七四頁上二行第八字「汝」，諸本作「爾」。

一　九七四頁上四行第一三字「今」，南無。

一　九七四頁上二一行「奮迅虓吼」，諸本作「奮嗷鳴吼」。於「嗷」字下，資、磧、普、南有音註「叫音」兩字。

一　九七四頁中五行「失心」，普、南、徑、清作「失道」。

一　九七四頁下二行夾註左末字「也」，諸本無。

一　九七四頁下四行第三字「毛」，諸本無。又末二字至次行首字「殑伽河」，諸本作「恒水」，次頁上三行同。

一　九七四頁下一〇行「大家」，諸本作「大天」。

一　九七五頁上一三行第一〇字「導」，諸本作「道」。

一　九七五頁上一五行「下於」，諸本作「下勅」。

一　九七五頁上末行「至意」，資、磧、南、徑、清作「意至」。

一　九七五頁中二行第一三字「刺」，諸本作「挂」。

一　九七五頁中四行「瘦瘠」，諸本作「瘦疵」。

一　九七五頁中六行第七字「厲」，諸本作「勑」。

一　九七五頁中八行首字「即」，諸本

作「退」。

一　九七五頁中一九行第一二字「常」，諸本作「恒」。

一　九七五頁下七行「我停」，諸本作「我儕」。

一　九七五頁下一二行「免難」，諸本作「厄難」。

一　九七五頁下一八行「失輩」，諸本作「失伴」。

一　九七六頁上一行第一二字「餅」，諸本作「餅」。

一　九七六頁上一〇行第六字「痛」，磧、普、南、徑、清作「病」。

一　九七六頁中二行第二字「今」，磧、普、南、徑作「令」。

一　九七六頁中三行第八字「更」，諸本作「便」。

一　九七六頁中一三行第一一字「誓」，諸本作「誓言」。

一　九七六頁中一五行第一一字「得」，諸本作「破」。

一　九七六頁中一六行第七字「不」，資、磧、南、徑、清無。

一　九七六頁下二行「君尊」，諸本作「君臣」。

一　九七六頁下三行末字「魂」，諸本作「身」。

一　九七六頁下卷末經名，徑作「法苑珠林卷第六十三」。

中華大藏經（漢文部分）

校勘凡例

一　《中華大藏經（漢文部分）》的底本以《趙城金藏》爲主；《趙城金藏》缺佚，則以《高麗藏》等作底本。各卷所用底本的名稱及涉及底本的其他問題，均在校勘記的第一條中説明。

一　《中華大藏經（漢文部分）》選用的參校本共八種，即《房山雲居寺石經》（[石]）、宋《資福藏》（[資]）、《影印宋磧砂藏》（[磧]）、元《普寧藏》（[普]）、明《永樂南藏》（[南]）、明《徑山藏》（[徑]）、《清藏》（[清]）、《高麗藏》（[麗]）。

一　校勘記中的「諸本」，若底本爲金藏，即包括[石]、[資]、[磧]、[普]、[南]、[徑]、[清]、[麗]全部八種校本；若底本爲麗藏，則包括[石]、[資]、[磧]、[普]、[南]、[徑]、[清]全部七種校本。其他情況若用「諸本」，校勘記中則另加説明。

一　校勘採用底本與校本逐字對校的办法，只勘出經文中的異同及字句錯落，一般不加評注。參校本若有缺卷，或有殘缺、漫漶等字迹無可辨認者，則略去不校，校勘記亦不作記録。

一　一經多卷，經名、譯者、品名出現同樣性質的問題，一般只在第一卷出校，並注明以下各卷同；分卷不同時，以底本爲主出校。

一　古今字、異體字、正俗字、通假字及同義字，一般不出校。如：

古今字：宍（肉）；猗（倚）；距（踄）；鉾（矛）；誼（義）等。

異體字：脎（桀）；剎（刹）；皃（貌）；惱（惱）；㝵（碍、礙、閡）等。

正俗字：怪（恠）；滴（渧）；體（躰）；刺（刾）；閑（閒）等。

通假字：惟（唯）；嫉（疾）；頻（嚬、顰）；揣（摶）；尠（鮮）等。

同義字：言（曰）；如（若）；弗（不）等。